Standard-
Wörterbuch

Business English

compact

Bisher sind in dieser Reihe erschienen:

- Standard Wörterbuch Französisch
- Standard Wörterbuch Italienisch
- Standard Wörterbuch Spanisch
- Standard Wörterbuch Englisch
- Standard Wörterbuch Business English

Baierbrunner Straße 27, 81379 München
Ausgabe 2015

Chefredaktion: Dr. Matthias Feldbaum
Redaktion: Helga Aichele
Fachkorrektur: Patricia McBride
Produktion: Ute Hausleiter
Gestaltung: textum GmbH, München
Umschlaggestaltung: h3a GmbH, München; Hartmut Baier

ISBN: 978-3-8174-9701-0
381749701/1

www.compactverlag.de

Angabe des ersten bzw. letzten Stichworteintrags der Seite

correspond [kɒrɪsˈpɒnd] *v (exchange letters)* korrespondieren, in Briefwechsel stehen

correspondence [kɒrɪsˈpɒndəns] *sb (letter writing)* Korrespondenz *f*, Briefwechsel *m*

Bedeutungshinweise kursiv in Klammern

correspondent bank [kɒrəsˈpɒndənt bæŋk] *sb* Korrespondenzbank *f*

C

Alphabetisches Daumenregister

cost [kɒst] *v irr* **1.** kosten; *sb* **2.** Kosten *pl; at no ~* kostenlos; **3.** *(fig)* Preis *m; at all ~s, at any ~* um jeden Preis

Kennzeichnung unregelmäßiger Verben

Stilangaben in Kursivschrift

cost accounting centre [kɒst əˈkaʊntɪŋ ˈsentə] *sb* Kostenstelle *f*

cost advantage [kɒst ədˈvɑːntɪdʒ] *sb* Kostenvorteil *m*

cost allocation [kɒst æləˈkeɪʃən] *sb* Kostenverrechnung *f*

cost and freight (C&F) [kɒst ænd freɪt] *sb* Kosten und Fracht (C&F)

cost-benefit analysis [kɒstˈbenɪfɪt əˈnælɪsɪs] *sb* Kosten-Nutzen-Analyse *f*

cost centre [kɒst ˈsentə] *sb* Kostenstelle *f*

cost cutting [kɒst ˈkʌtɪŋ] *sb* Kosteneinsparungen *f/pl*

cost-effective [kɒstɪˈfektɪv] *adj* rentabel

Angabe der Wortart

cost escalation [kɒst eskəˈleɪʃən] *sb* Kostenexplosion *f*

Genusangabe bei der deutschen Übersetzung der Substantive

cost estimate [kɒst ˈestɪmət] *sb* Kostenvoranschlag *m*

cost factor [kɒst ˈfæktə] *sb* Kostenfaktor *m*

costing expenditures [ˈkɒstɪŋ ɪksˈpendɪtʃəz] *pl* Anderskosten *pl*

costing rate [ˈkɒstɪŋ reɪt] *sb* Zuschlagssatz *m*

cost, insurance (C&I) [kɒst ɪnˈʃʊərəns] *sb* Kosten und Versicherung (C&I)

cost, insurance, freight (CIF) [kɒst ɪnˈʃʊərəns freɪt] *sb* Kosten, Versicherung, Fracht eingeschlossen (CIF)

cost, insurance, freight, collection, interest (CIFC&I) [kɒst ɪnˈʃʊərəns freɪt kəˈmɪʃən ˈɪntrɪst] *sb* Kosten, Versicherung, Fracht, Abholung und Zinsen (CIFC&I)

cost, insurance, freight, commission (CIF&C) [kɒst ɪnˈʃʊərəns freɪt kəˈmɪʃən] *sb* Kosten, Versicherung, Fracht und Kommission eingeschlossen (CIF&C)

costly [ˈkɒstlɪ] *adj* teuer, kostspielig

Inhalt

Benutzerhinweise

Dieses Wörterbuch bietet mit rund 120.000 Angaben schnellen Zugriff auf den aktuellen und umfassenden Wirtschafts-Wortschatz. Ergänzt wird das Nachschlagewerk durch zahlreiche Mustersätze und Formulierungshilfen, die schnelle Hilfe und zuverlässige Unterstützung für alle Bereiche des Geschäftslebens bieten.

1. Wörterbuch Englisch–Deutsch, Deutsch–Englisch

Alphabetisierung

Die blau gedruckten Stichwörter sind alphabetisch geordnet.

Die Buchstaben ä, ö, ü werden wie a, o, u alphabetisiert; ß wird wie ss eingeordnet.

Abkürzungen stehen in Klammern hinter dem Stichwort: *annual general meeting (AGM), Automatic Transferservice (ATS)*. Die in Klammern stehenden Abkürzungen und sonstigen Ergänzungen unterliegen nicht der Alphabetisierung.

Gliederung der Stichwörter

Um einen raschen Zugriff auf das gesuchte Wort zu ermöglichen, steht jedes Stichwort als eigener Eintrag; *multilateral* und *multilateraler Handel* stehen zum Beispiel nicht zusammen in einem Abschnitt, sondern sind selbstständige Stichwörter mit Lautschriftangabe.

Auch unregelmäßig gebildete Femininformen von Substantiven (z.B. *chairman/chairwoman, Anwalt/Anwältin*) stehen als selbständige Stichwörter. Ebenso sind Abkürzungen, die einer Erläuterung oder mehrerer Übersetzungen bedürfen (z. B. *GmbH & Co. KG*), als Stichwörter aufgeführt.

Aufbau eines Eintrags

Innerhalb eines Stichworteintrages wird das blau gedruckte Stichwort nicht wiederholt, sondern durch eine Tilde (~) ersetzt, es sei denn, es steht in einer Form, die eine andere Schreibweise nach sich zieht. Im Eintrag *cancel* z. B. steht statt *cancelled* einfach *~led*. Die Tilde bezieht sich nie auf eventuelle Klammerergänzungen im Stichwort.

Innerhalb eines Eintrags sind die einzelnen Übersetzungen nach Wortart und Häufigkeit geordnet. Bedeutungsgleiche (synonyme) Übersetzungen werden durch Komma voneinander getrennt. Nicht bedeutungsgleiche Übersetzungen werden entsprechend der Häufigkeit ihrer Verwendung durchnummeriert und mit Strichpunkt abgetrennt.

Englische Verben werden in diesem Buch im Infinitiv ohne *to* aufgeführt. Eine Ausnahme bilden Wendungen mit *to be*, z. B. *to be in good repair*.

Homonyme, d. h. Wörter, die gleich geschrieben werden, aber eine unterschiedliche Bedeutung haben, z. B. *modern* (zeitgemäß/Moder ansetzen) werden mit hochgestellten Zahlen gekennzeichnet.

Sind Auslassungszeichen (...) direkt an ein Wort angehängt, bedeutet dies, dass das Wort als Teil einer Zusammensetzung wiedergegeben wird.
Beispiel: **speculative** ['spekjʊlətɪv] *adj* Spekulations...

Lautschrift

Der Stichwortangabe folgt jeweils in eckigen Klammern die dazugehörige Aussprache in internationaler Lautschrift. Eine Übersicht über die Lautschriftzeichen befindet sich auf Seite VIII. Das Betonungszeichen (') steht jeweils vor der Silbe, die betont werden muss. Die Lautschrift einsilbiger Wörter enthält kein Betonungszeichen, die Aussprache der englischen Stichworte orientiert sich am britischen Sprachstandard („Received Pronunciation").

Steht in einem Eintrag eine zusätzliche Lautschriftangabe, so werden alle folgenden Bedeutungen entsprechend dieser Phonetikangabe ausgesprochen.

Wortart

Nach Stichwort und Lautschrift wird die Wortart des Stichwortes in abgekürzter Form angegeben. Sie ist kursiv gedruckt. Die Abkürzungen werden auf Seite VII erläutert. Gibt es für ein Stichwort mehrere Bedeutungen mit unterschiedlichen Wortarten, so werden diese durch Strichpunkt voneinander getrennt aufgeführt.

Hat ein Stichwort sowohl eine maskuline als auch eine feminine Form oder werden für ein Wort zwei unterschiedliche Genera gleich häufig verwendet, so stehen die entsprechenden Angaben kursiv hinter dem betreffenden Wort. Alle unregelmäßigen Verben sind mit der Abkürzung *v irr* gekennzeichnet.

Wendungen

Wendungen und idiomatische Ausdrücke sind dem bedeutungstragenden Wort der Wendung – in der Regel dem Substantiv – zugeordnet.
(z.B. stock; *take ~ of the situation* die Lage abschätzen).

Britisches und amerikanisches Englisch

Wichtige Unterschiede und Unregelmäßigkeiten in der Rechtschreibung werden aufgeführt. Ob Wörter oder Wortformen nur im britischen *(UK)* oder nur im amerikanischen *(US)* Englisch gebräuchlich sind, wird hinter dem Wort gekennzeichnet.

Können Verben sowohl mit *-ise* als auch mit *-ize* geschrieben werden (*realise/ realize, customise/customize*), ist in diesem Buch lediglich die Schreibweise mit *-ize* angegeben.

2. Begriffe und Wendungen

Der zweite Teil des Buches „Begriffe und Wendungen" ist in zehn Themengebiete untergliedert. Hier steht die praxisnahe Anwendung von Business English im Berufsalltag im Vordergrund. Die Verwendung der häufigsten Begriffe und Wendungen aus dem Geschäftsleben wird in Beispielsätzen, Textbausteinen und Musterdialogen verdeutlicht. Schlüsselbegriffe sind im Text farbig hervorgehoben, so prägen sie sich schnell ein und können gezielt angewendet werden.

Ein ausführliches Kapitel widmet sich der Geschäftskorrespondenz und stellt Beispiele für englische Geschäftsbriefe und E-Mails mit den jeweiligen Übersetzungen vor.

3. Anhang

Der Anhang bietet dem Benutzer zusätzliches Informationsmaterial, das übersichtlich dargestellt ist. Enthalten sind jeweils deutsche und englische Übersichten zu Themen wie Berufsbezeichnungen, Rechtsformen, Aufbau von Unternehmen sowie ein Musterlebenslauf.

Abkürzungen

adj	Adjektiv
adv	Adverb
art	Artikel
dem	demonstrativ
etw	etwas
f	weiblich
fam	umgangssprachlich
fig	bildlich
interj	Interjektion
interr	interrogativ
irr	unregelmäßig
jdm	jemandem
jdn	jemanden
jds	jemandes
jmd	jemand
konj	Konjunktion
m	männlich
n	sächlich
num	Zahlwort
o.s.	oneself
pl	Plural
pref	Präfix
prep	Präposition
pron	Pronomen
rel	relativ
sb	Substantiv
s.o.	someone
sth	something
UK	britisches Englisch
US	amerikanisches Englisch
v	Verb

Lautschrift

Konsonanten

Baum	b	big	Post, ab	p	pass
mich	ç		Rand	r	road
denn	d	day	nass, besser	s	sun, cellar
fünf, vier	f	fish, photo	Schule, Sturm	ʃ	shot
gut	g	get	Tisch, Sand	t	tap
Hemd	h	hat		θ	think
ja, Million	j	yes		ð	that
Kind	k	keep, cat	Weg	v	vote
Lob	l	life		w	wish
mir	m	me	lachen	x	
nein	n	no, knit	sein	z	zoo, is
links, lang	ŋ	hang	Genie	ʒ	pleasure

Vokale

blass	a	
Bahn, Saal	aː	
Feder, Uhr	ɐ	
	ɑː	jar, heart
	æ	back
egal	e	yes
weh, See	eː	
hätte, fett	ɛ	
Säge	ɛː	
gefallen	ə	above
	ɜː	turn, whirl
ist	ɪ	if
Diamant	i	
Liebe	iː	be, meet
Moral	o	
Boot	oː	
von	ɔ	
	ɔː	short, warm
	ɒ	dog
ökonomisch	ø	
Öl	øː	
völlig	œ	
Zunge	u	to
Zug	uː	blue, mood
	ʊ	put, hood
	ʌ	run, shove
Stück	y	
Typ	yː	

Doppellaute

heiß	aɪ	by, buy, lie
Maus	au	
	aʊ	round, now
	eɪ	late, day
	eə	chair, area
	əʊ	mow, go
	ɪə	near, here
neu, Häuser	ɔy	
	ɔɪ	joy, boil
	ʊə	sure, pure

Nasale (nur bei Fremdwörtern)

Orange	ɑ̃	en suite
Cousin	ɛ̃	
Saison	ɔ̃	bouillon

Englisch – Deutsch

A

A

abandon [əˈbændən] *v (a plan)* aufgeben
abandonment [əˈbændənmənt] *sb* **1.** *of a plan)* Aufgabe *f;* **2.** *(of a claim)* Verzicht *m;* **3.** *(a plant)* Stilllegung *f,* Abandon *m*
abatement [əˈbeɪtmənt] *sb* Minderung *f,* Verringerung *f*
ABC evaluation analysis [eɪ biː ˈsiː ɪvæljuˈeɪʃən əˈnæləsɪz] *sb* ABC-Analyse *f*
abeyance [əˈbeɪəns] *sb* **1.** Schwebezustand *m;* **2.** *(legal)* Anwartschaft *f*
ability [əˈbɪlɪtɪ] *sb* Fähigkeit *f,* Befähigung *f,* Können *n*
ability to inherit [əˈbɪlɪtɪ tu ɪnˈherɪt] *sb* Erbenfähigkeit *f*
able [ˈeɪbl] *adj* **1.** fähig; *to be ~ to do sth* etw können, imstande sein, etw zu tun; **2.** *(efficient)* tüchtig
abolition [æbəˈlɪʃən] *sb* Abschaffung *f;* Aufhebung *f*
above-average [əˈbʌv ˈævərɪdʒ] *adv* überdurchschnittlich
abroad [əˈbrɔːd] *adv* **1.** *(in another country)* im Ausland; **2.** *(to another country)* ins Ausland
abrogate [ˈæbrəgeɪt] *v* aufheben, abschaffen
abrogation [æbrəʊˈgeɪʃən] *sb* Widerruf *m,* Aufhebung *f*
absence [ˈæbsəns] *sb* Abwesenheit *f,* Fehlzeit *f,* Fehlzeiten *f/pl*
absence rate [ˈæbsəns reɪt] *sb* Fehlzeitenquote *f*
absent [ˈæbsənt] *adj* abwesend, nicht erschienen
absenteeism [æbsənˈtiːɪzəm] *sb* häufiges Fernbleiben *n,* Krankfeiern *n*
absolute monopoly [ˈæbsəluːt məˈnɒpəlɪ] *sb* absolutes Monopol *n*
absolute value [ˈæbsəluːt ˈvæljuː] *sb* Absolutwert *m,* absoluter Wert *m*
absorb [əbˈzɔːb] *v* absorbieren
absorption [əbˈzɔːpʃən] *sb* Absorption *f,* Übernahme *f,* Vollkostenrechnung *f*
absorption account [əbˈzɔːpʃən əˈkaʊnt] *sb* Wertberichtigungskonto *n*
absorption costing [əbˈzɔːpʃən ˈkɒstɪŋ] *sb* Durchschnittskostenrechnung *f,* Vollkostenrechnung *f*
absorption of liquidity [əbˈzɔːpʃən əv lɪˈkwɪdɪtɪ] *sb* Liquiditätsabschöpfung *f*
absorption system [əbˈzɔːpʃən ˈsɪstəm] *sb* Abschöpfungssystem *n*
absorptive capacity of the market [əbˈsɔːptɪv kəˈpæsətɪ əv ðə ˈmɑːkɪt] *sb* Aufnahmefähigkeit des Marktes *f*
abuse [əˈbjuːz] *v* **1.** missbrauchen, misshandeln; [əˈbjuːs] *sb* **2.** Missbrauch *m*
abuse of authority [əˈbjuːs əv ɔːˈθɒrɪtɪ] *sb* Amtsmissbrauch *m*
acceleration clause [əkseləˈreɪʃən klɔːz] *sb* Fälligkeitsklausel *f*
acceleration in demand [əkseləˈreɪʃən ɪn dɪˈmɑːnd] *sb* Nachfragebelebung *f*
acceleration maturity [əkseləˈreɪʃən məˈtjʊərɪtɪ] *sb* frühzeitige Fälligstellung *f*
acceleration of inflation [əkseləˈreɪʃən əv ɪnˈfleɪʃən] *sb* Inflationsbeschleunigung *f*
acceleration principle [əkseləˈreɪʃən ˈprɪnsɪpl] *sb* Akzelerationsprinzip *n*
accelerator [əkˈseləreɪtə] *sb* Akzelerator *m,* Beschleuniger *m*
accept [əkˈsept] *v* **1.** annehmen, akzeptieren; *(responsibility)* übernehmen; **2.** Übernahme *f*
acceptability as collateral [əkseptəˈbɪlɪtɪ æz kəˈlætərəl] *sb* Lombardfähigkeit *f*
acceptable risk [əkˈseptəbl rɪsk] *sb* Restrisiko *n*
acceptance [əkˈseptəns] *sb* **1.** *(receipt)* Annahme *f;* **2.** *(of a bill of exchange)* Akzept *n*
acceptance banks [əkˈseptəns bæŋks] *pl* Akzepthäuser *n/pl*
acceptance bill [əkˈseptəns bɪl] *sb* Dokumententratte *f*
acceptance commitments [əkˈseptəns kəˈmɪtments] *pl* Wechselverbindlichkeiten *f/pl*

A

acceptance credit [ək'septəns 'kredɪt] *sb* Akzeptkredit *m*, Wechselkredit *m*, Trassierungskredit *m*

acceptance credit scheme [ək'septəns 'kredɪt 'ski:m] *sb* Wechselkreditverfahren *n*

acceptance for collection [ək'septəns fɔ: kə'lekʃən] *sb* Inkassoakzept *n*

acceptance in blank [ək'septəns ɪn blæŋk] *sb* Blanko-Akzept *n*

acceptance in the marketplace [ək'septəns ɪn ðə 'mɑ:kɪtpleɪs] *sb* Marktakzeptanz *f*

acceptance liability [ək'septəns laɪə'bɪlɪtɪ] *sb* Akzeptverbindlichkeit *f*

acceptance of a bid [ək'septəns əv ə bɪd] *sb* Auftragsvergabe *f*, Zuschlag *m*

acceptance of a bill [ək'septəns əv ə bɪl] *sb* Wechselakzept *m*

acceptance of a shipment [ək'septəns əv ə 'ʃɪpmənt] *sb* Frachtannahme *f*

acceptance test [ək'septəns test] *sb* Markttest *m*

acceptance without reservation [ək'septəns wɪ'ðaut rezə'veɪʃən] *sb* vorbehaltlose Annahme *f*

accepted bill [ək'septɪd bɪl] *sb* Akzept *n*

accepted finance bill [ək'septɪd 'faɪnæns bɪl] *sb* Finanzakzept *n*

acceptor [ək'septə] *sb* Akzeptant(in) *m/f*

access ['ækses] *sb* Zugang *m*, Zutritt *m*, Zugriff *m*

access code ['ækses kəud] *sb* Zugangscode *m*, Zugriffscode *m*

accession [ək'seʃən] *sb* Eintritt *m*, Beitritt *m*, Antritt *m*

accident-prevention rules ['æksɪdənt prɪ'venʃən ru:lz] *pl* Unfallverhütungsvorschriften *f/pl*

accommodation [əkɒmə'deɪʃən] *sb* **1.** Kulanz *f*, Entgegenkommen *n*; **2.** *(lodging)* Unterkunft *f*

accommodation acceptance [əkɒmə'deɪʃən ək'septəns] *sb* Gefälligkeitsakzept *m*

accommodation allowance [əkɒmə'deɪʃən ə'lauəns] *sb* Wohngeld *n*

accommodation credit [əkɒmə'deɪʃən 'kredɪt] *sb* Überbrückungskredit *m*

accommodation endorsement [əkɒmə'deɪʃən en'dɔ:smənt] *sb* Gefälligkeitsgiro *n*

accompanying documents [ə'kɒmpəni:ɪŋ 'dɒkjuments] *pl* Begleitpapiere *n/pl*

account [ə'kaunt] *v* **1.** *~ for (substantiate)* belegen; *~ for (explain)* erklären; **2.** Konto *n*; **3.** *(customer)* Kunde/Kundin *m/f*

account analysis [ə'kaunt ə'næləsɪs] *sb* Kostenanalyse *f*

account balance [ə'kaunt 'bæləns] *sb* Kontostand *m*

account billing [ə'kaunt 'bɪlɪŋ] *sb* Werbekostenabrechnung *f*

account books and balance-sheets [ə'kaunt buks ənd 'bælənzʃi:ts] *pl* Geschäftsbücher *n/pl*

account classification [ə'kaunt klæsɪfɪ'keɪʃən] *sb* Kontengliederung *f*

account costing [ə'kaunt 'kɒstɪŋ] *sb* Kontenkalkulation *f*

account current [ə'kaunt 'kʌrənt] für Konto, für Rechnung (a/c)

account day [ə'kaunt deɪ] *sb* Börsentag *m*

account development [ə'kaunt dɪ'veləpmənt] *sb* Kundenakquisition *f*

account executive [ə'kaunt ɪk'zekjutɪv] *sb* Kundenbetreuer(in) *m/f*

account expenditures [ə'kaunt ɪk'spendɪtʃəz] *pl* Aufwandsrechnung *f*

account expenses [ə'kaunt ɪk'spensɪz] *pl* Spesenkonto *n*

account for reimbursements of expenses [ə'kaunt fɔ: ri:ɪm'bɜ:smənts əv ɪk'spensəz] *sb* Aufwandsausgleichkonto *n*

account heading [ə'kaunt 'hedɪŋ] *sb* Kontobezeichnung *f*

account holder [ə'kaunt 'həuldə] *sb* Kontoinhaber(in) *m/f*

account in arrears [ə'kaunt ɪn ə'rɪəz] *sb* Rechnungsrückstand *m*

account in foreign currency [ə'kaunt ɪn 'fɒrən 'kʌrənsɪ] *sb* Fremdwährungskonto *n*

account management [ə'kaunt 'mænɪdʒmənt] *sb* Kontoführung *f*

account movement [ə'kaunt 'mu:vmənt] *sb* Kontenbewegung *f*

account number [ə'kaunt 'nʌmbə] *sb* Kontonummer *f*

account receivable [ə'kaunt rɪ'si:vəbl] *sb* Buchforderung *f*

A

accountable [ə'kaʊntəbl] *adj* verantwortlich, rechenschaftspflichtig

accountancy [ə'kaʊntənsɪ] *sb* Buchführung *f*, Buchhaltung *f*, Rechnungswesen *n*

accountant [ə'kaʊntənt] *sb* Buchhalter(in) *m/f*, Rechnungsprüfer(in) *m/f*

accounting [ə'kaʊntɪŋ] *sb* Buchführung *f*, Buchhaltung *f*, Rechnungslegung *f*

Accounting and Reporting Law [ə'kaʊntɪŋ ænd rɪ'pɔ:tɪŋ lɔ:] *sb* Bilanzrichtliniengesetz *n*

accounting department [ə'kaʊntɪŋ dɪ'pɑ:tmənt] *sb* Buchhaltung *f*, Rechnungsstelle *f*

accounting exchange on the asset side [ə'kaʊntɪŋ ɪks'tʃeɪndʒ ɒn ðɪ 'æset saɪd] *sb* Aktivtausch *m*

accounting exchange on the liabilities side [ə'kaʊntɪŋ ɪks'tʃeɪndʒ ɒn ðə leɪə'bɪlɪti:z saɪd] *sb* Passivtausch *m*

accounting loss [ə'kaʊntɪŋ lɒs] *sb* Buchverlust *m*

accounting period [ə'kaʊntɪŋ 'pɪərɪəd] *sb* Abrechnungszeitraum *m*

accounting policy [ə'kaʊntɪŋ 'pɒlɪsɪ] *sb* Bilanzpolitik *f*

accounting principles [ə'kaʊntɪŋ 'prɪnsɪpəlz] *pl* Bilanzierungsgrundsätze *m/pl*

accounting profit [ə'kaʊntɪŋ 'prɒfɪt] *sb* Buchgewinn *m*

accounting reference day [ə'kaʊntɪŋ 'refrəns deɪ] *sb* Bilanzstichtag *m*

accounting regulations [ə'kaʊntɪŋ regjʊ'leɪʃənz] *pl* Bilanzierungsvorschriften *f/pl*

accounting rules [ə'kaʊntɪŋ ru:lz] *pl* Buchführungsrichtlinien *f/pl*

accounting statement [ə'kaʊntɪŋ 'steɪtmənt] *sb* Rechnungsaufstellung *f*

accounting system [ə'kaʊntɪŋ 'sɪstəm] *sb* Rechnungswesen *n*, Buchführung *f*

accounting transparency [ə'kaʊntɪŋ trænz'pærənsɪ] *sb* Bilanzklarheit *f*

accounting value [ə'kaʊntɪŋ 'vælju:] *sb* Buchwert *m*

accounting voucher [ə'kaʊntɪŋ 'vaʊtʃə] *sb* Buchungsbeleg *m*

accounts collection method [ə'kaʊnts kə'lekʃən 'meθəd] *sb* Rechnungseinzugsverfahren *n*

accounts payable [ə'kaʊnts 'peɪəbl] *pl* **1.** Verbindlichkeiten *f/pl;* **2.** Lieferkonto *n*

accounts payable department [ə'kaʊnts 'peɪəbl dɪ'pɑ:tmənt] *sb* Kreditorenbuchhaltung *f*

accounts receivable [ə'kaʊnts rɪ'si:vəbl] *pl* Außenstände *m/pl*, Forderungen *f/pl*

accounts receivable accounting [ə'kaʊnts rɪ'si:vəbl ə'kaʊntɪŋ] *sb* Debitorenbuchhaltung *f*

accounts receivable department [ə'kaʊnts rɪ'si:vəbl dɪ'pɑ:tmənt] *sb* Debitorenbuchhaltung *f*

accounts receivable risk [ə'kaʊnts rɪ'si:vəbl rɪsk] *sb* Vertriebswagnis *n*

accredit [ə'kredɪt] *v (a representative)* akkreditieren, beglaubigen; ~ to zuschreiben

accretion [ə'kri:ʃən] *sb* **1.** *(growth)* Zunahme *f*, Wachstum *n*, Wertsteigerung *f;* **2.** *(growing together)* Verschmelzung *f*

accrual basis [ə'kru:əl 'beɪsɪs] *sb* Fälligkeitsbasis *f*

accruals [ə'kru:əlz] *pl* Rückstellungen *f/pl*, Abgrenzungsposten *m/pl*, antizipative Posten *m/pl*

accruals and deferrals [ə'kru:əlz ænd də'fɜ:rəlz] *pl* Rechnungsabgrenzungsposten *m/pl*

accrue [ə'kru:] *v* **1.** anfallen, entstehen; **2.** *(interest)* auflaufen

accrued expense [ə'kru:d ɪk'spens] *sb* passive Rechnungsabgrenzung *f*

accumulation [əkju:mjʊ'leɪʃən] *sb* Akkumulation *f*, Ansammlung *f*

accumulation of capital [əkju:mjʊ'leɪʃən əv 'kæpɪtl] *sb* Kapitalbildung *f*, Kapitalakkumulation *f*, Thesaurierung *f*, Vermögensanhäufung *f*

accumulative investment fund [ə'kju:mjʊlətɪv ɪn'vestmənt fʌnd] *sb* Thesaurierungsfonds *m*

accusation [ækju:'zeɪʃən] *sb* Anklage *f*, Anschuldigung *f*, Beschuldigung *f*

acknowledgement of a debt [ək'nɒlɪdʒmənt əv ə 'det] *sb* Schuldanerkenntnis *n*

acknowledgement of receipt [ək'nɒlɪdʒmənt əv rɪ'si:t] *sb* Empfangsbestätigung *f*

A

acquire [ə'kwaɪə] *v* **1.** erwerben, erlangen, aneignen; **2.** *(purchase)* ankaufen

acquirer model [ə'kweɪrə 'mɒdl] *sb* Erwerbermodell *n*

acquisition [ækwɪ'zɪʃən] *sb* **1.** Erwerb *m*, Anschaffung *f*, Akquisition *f*; **2.** *(purchase)* Ankauf *m*, Kauf *m*

acquisition agreement [ækwɪ'zɪʃən ə'gri:mənt] *sb* Unternehmenskaufvertrag *m*

acquisition value [ækwɪ'zɪʃən 'vælju:] *sb* Anschaffungswert *m*

acquittal [ə'kwɪtl] *sb* Schulderlass *m*; *(in court)* Freispruch *m*

act [ækt] *v* **1.** *(function)* handeln, tätig sein; *~ upon sth, ~ on sth* aufgrund von etw handeln; *~ for (~ on behalf of)* vertreten; *sb* **2.** Gesetz *n*

Act on Foreign Trade and Payments [ækt ɒn 'fɒrən treɪd ænd 'peɪmənts] *sb* Außenwirtschaftsgesetz *n*

acting ['æktɪŋ] *adj (president, director)* stellvertretend, kommissarisch

action ['ækʃən] *sb* Tat *f*, Handlung *f*, Aktion *f*; *(measure)* Maßnahme *f*

action for damages ['ækʃən fɔ: 'dæmɪʒɪz] *sb* Schadensersatzklage *f*

action parameters ['ækʃən pə'rɑ:mɪtəz] *pl* Aktionsparameter *m/pl*

active balance ['æktɪv 'bæləns] *sb* Aktivsaldo *m*

active partner ['æktɪv 'pɑ:tnə] *sb* aktiver Teilhaber *m*

activity accounting [æk'tɪvɪtɪ ə'kaʊntɪŋ] *sb* Grenzplankostenrechnung *f*

activity base [æk'tɪvɪtɪ beɪs] *sb* Planbeschäftigung *f*

activity rate [æk'tɪvɪtɪ reɪt] *sb* Erwerbsquote *f*, Erwerbsrate *f*

actual accounting ['æktʃuəl ə'kaʊntɪŋ] *sb* Nachkalkulation *f*

actual amount ['æktʃuəl ə'maʊnt] *sb* ausmachender Betrag *m*

actual costs ['æktʃuəl kɒsts] *pl* Istkosten *pl*, tatsächliche Kosten *pl*

actual cost system ['æktʃuəl kɒst 'sɪstəm] *sb* Istkostenrechnung *f*

actual currency clause ['æktʃuəl 'kʌrɪnsɪ klɔ:z] *sb* Effektivvermerk *m*

actual profit ['æktʃuəl 'prɒfɪt] *sb* bereinigter Gewinn *m*

actual transaction ['æktʃuəl træn-'zækʃən] *sb* Effektivgeschäft *n*

actual value comparison ['æktjuəl 'vælju kəm'pærɪsən] *(production)* Soll-Ist-Vergleich *m*

actual wage ['æktʃuəl weɪdʒ] *sb* Effektivlohn *m*

actuarial [æktʃu'eərɪəl] *adj* versicherungsstatistisch, versicherungsmathematisch

actuary ['æktʃuərɪ] *sb* Versicherungsstatistiker(in) *m/f*, Versicherungsmathematiker(in) *m/f*

ad [æd] *sb (fam: advertisement)* Anzeige *f*, Annonce *f*, Inserat *n*

ad hoc cooperation [æd 'hɒk kəʊɒpə'reɪʃən] *sb* Ad-hoc-Kooperation *f*

ad hoc disclosure [æd 'hɒk dɪs'kləʊʒə] *sb* Ad-hoc-Publizität *f*

ad valorem [æd væl'ɔ:rəm] *adj* dem Wert entsprechend, dem Wert nach

ad valorem duty [æd væl'ɔ:rəm 'dju:tɪ] *sb* Wertzoll *m*

ad valorem tax [æd væl'ɔ:rəm tæks] *sb* Wertzollsteuer *f*

adaptation [ædæp'teɪʃən] *sb* Anpassung *f*, Umstellung *f*, Einstellung *f*

adaptive inflation [ə'dæptɪv ɪn'fleɪʃən] *sb* Anpassungsinflation *f*

add [æd] *v* **1.** hinzufügen, anfügen, anschließen; **2.** *(contribute)* beitragen; **3.** *(numbers)* addieren, summieren

added value ['ædɪd 'vælju:] *sb* **1.** Mehrwert *m*; **2.** Wertschöpfung *f*

addition [ə'dɪʃən] *sb* **1.** Addition *f*; **2.** *(adding sth to sth)* Beigabe *f*, Zusatz *m*

addition of accrued interest [ə'dɪʃən əv ə'kru:d 'ɪntrɪst] *sb* Aufzinsung *f*

additional capital [ə'dɪʃənl 'kæpɪtl] *sb* Zusatzkapital *n*, zusätzliches Kapital *n*

additional carriage [ə'dɪʃənl 'kærɪdʒ] *sb* Frachtzuschlag *m*

additional contribution [ə'dɪʃənl kɒntrɪ'bju:ʃən] *sb* Zuzahlung *f*

additional cost [ə'dɪʃənl kɒst] *sb* Zusatzkosten *pl*

additional delivery [ə'dɪʃənl dɪ'lɪvərɪ] *sb* Mehrlieferung *f*, zusätzliche Lieferung *f*

additional expenses [ə'dɪʃənl ɪk'spensɪz] *pl* Nebenkosten *pl*, Mehrkosten *pl*

additional payment of taxes [ə'dɪʃənl 'peɪmənt əv 'tæksɪz] *sb* Steuernachzahlung *f*
additional period [ə'dɪʃənl 'pɪərɪəd] *sb* Nachfrist *f*
additional risk premium [ə'dɪʃənl rɪsk 'pri:mjəm] *sb* Risikozuschlag *m*
additional sale [ə'dɪʃənl seɪl] *sb* Zusatzverkauf *m*
address [ə'dres] *v* **1.** *(a letter)* adressieren; *(speak to)* ansprechen; *sb* **2.** *(where one lives)* Adresse *f*, Anschrift *f*; **3.** *(speech)* Ansprache *f*
address index [ə'dres 'ɪndeks] *sb* Adresskartei *f*
address labels [ə'dres 'leɪblz] *pl* Adressetiketten *n/pl*
addressee [ədre'si:] *sb* Empfänger(in) *m/f*, Adressat(in) *m/f*
adequate and orderly accounting ['ædɪkwət ənd 'ɔ:dəlɪ ə'kaʊntɪŋ] *sb* ordnungsgemäße Buchführung *f*
adequate and orderly preparation of a balance sheet ['ædɪkwət ænd 'ɔ:dəlɪ prepə'reɪʃən əv ə 'bæləns ʃi:t] *sb* ordnungsmäßige Bilanzierung *f*
adhesion contract [əd'hi:ʒən 'kɒntrækt] *sb* Knebelungsvertrag *m*
adhesive [əd'hi:sɪv] *sb* Klebstoff *m*
adhesive stick [əd'hi:sɪv stɪk] *sb* Klebestift *m*
adhesive tape [əd'hi:sɪv teɪp] *sb* Klebeband *n*
adjacent right [ə'dʒeɪsənt reɪt] *sb* Nachbarrecht *n*
adjourn [ə'dʒɜ:n] *v* **1.** *(stop for the time being)* vertagen; **2.** *(to another place)* sich begeben; **3.** *(end for good) (US)* beenden
adjournment [ə'dʒɜ:nmənt] *sb* Vertagung *f*; *(within a day)* Unterbrechung *f*
adjudicated bankrupt [ə'dʒu:dɪkeɪtɪd 'bæŋkrʌpt] *sb* Gemeinschuldner *m*
adjunct ['ædʒʌŋkt] *sb* **1.** *(person)* Mitarbeiter(in) *m/f*, Assistent(in) *m/f*; **2.** *(item)* Zusatz *m*
adjust [ə'dʒʌst] *v* **1.** *(a device)* einstellen, regulieren, justieren; **2.** *(an account)* ausgleichen; **3.** ~ to sich einstellen auf, sich anpassen an; **4.** *(settle differences)* schlichten; **5.** *(coordinate)* abstimmen; **6.** *(parameter)* bereinigen, korrigieren
adjustment bond [ə'dʒʌstmənt bɒnd] *sb* Gewinnschuldverschreibung *f*
adjustment clause [ə'dʒʌstmənt klɔ:z] *sb* Wertanpassungsklausel *f*, Preisanpassungsklausel *f*
adjustment item [ə'dʒʌstmənt 'aɪtəm] *sb* Ausgleichsposten *m/pl*
adjustment lag [ə'dʒʌstmənt læg] *sb* Anpassungsverzögerung *f*
adjustment of an account [ə'dʒʌstmənt əv ən ə'kaʊnt] *sb* Kontobereinigung *f*
adjustment of value [ə'dʒʌstmənt əv 'vælju:] *sb* Wertberichtigung *f*
adjustment project [ə'dʒʌstmənt 'prɒdʒekt] *sb* Anpassungsinvestition *f*
administer [əd'mɪnɪstə] *v (run a business)* verwalten; ~ *an oath* vereidigen
administration [ədmɪnɪs'treɪʃən] *sb* **1.** Verwaltung *f*; **2.** *(government under a certain leader)* Regierung *f*
administration of the finances [əd'mɪnɪstreɪʃən əv ðə faɪ'nænsəz] *sb* Finanzverwaltung *f*
administrative [əd'mɪnɪstrətɪv] *adj* Verwaltungs..., administrativ
administrator [əd'mɪnɪstreɪtə] *sb* Verwalter(in) *m/f*, Verwaltungsbeamte(r) *f/m*
administrator of the deceased's estate [əd'mɪnɪstreɪtə əv ðə dɪ'sɪ:sts ɪ'steɪt] *sb* Nachlassverwalter(in) *m/f*
admission [əd'mɪʃən] *sb* Zulassung *f*; *(entry)* Zutritt *m*
admission of shares to official quotation [əd'mɪʃən əv ʃeɪz tu ə'fɪʃəl kwəʊ'teɪʃən] *sb* Kotierung *f*
admission to the stock exchange [əd'mɪʃən tu ðə stɒk ɪks'tʃeɪndʒ] *sb* Börsenzulassung *f*
advance [əd'vɑ:ns] *v* **1.** fortschreiten, vordringen, vorankommen; **2.** *(to be promoted)* aufsteigen; **3.** *(further sth)* fördern; *sb* **4.** *(of money)* Vorschuss *m*; **5.** *(progress)* Fortschritt *m*
advance against securities [əd'vɑ:ns ə'genst sɪ'kjʊərɪtiz] *sb* Lombardkredit *m*
advance on expenses [əd'vɑ:ns ɒn ɪk'spensɪz] *pl* Spesenvorschuss *m*

A

advance on receivables [əd'vɑ:ns ɒn rɪ'zi:vəbəlz] *sb* Zessionskredit *m*
advance payment [əd'vɑ:ns 'peɪmənt] *sb* Vorauszahlung *f*
advanced vocational training [əd'vɑ:nst vəʊ'keɪʃənəl 'treɪnɪŋ] *sb* berufliche Fortbildung *f*, Weiterbildung *f*
advancement [əd'vɑ:nsmənt] *sb* **1.** *(progress)* Fortschritt *m;* **2.** *(promotion)* Beförderung *f;* **3.** *(career ~)* Aufstieg *m*
advances against securities [əd'vɑ:nsəz ə'genst sɪ'kjʊərɪtiz] *pl* Effektenlombard *m*
advantage [əd'vɑ:ntɪdʒ] *sb* Vorteil *m*, Vorzug *m; take ~ of sth* etw ausnutzen
adventure marketing [əd'ventʃə 'mɑ:ketɪŋ] *sb* Erlebnis-Marketing *n*
adverse selection ['ædvɜ:s sɪ'lekʃən] *sb* Gegenauslese *f*, Adverse Selection *f*
advert ['ædvɜ:t] *sb (fam: advertisement)* Anzeige *f*, Annonce *f*, Inserat *n*
advertise ['ædvətaɪz] *v* **1.** Werbung machen für, anzeigen, ankündigen; **2.** *(place an advertisement)* annoncieren, inserieren; **3.** *~ a vacancy* eine Stelle ausschreiben; **4.** *(promote)* werben für
advertisement [əd'vɜ:tɪsmənt] *sb* **1.** Werbung *f*, Reklame *f;* **2.** *(in the newspaper)* Anzeige *f*, Annonce *f*, Inserat *n;* **3.** *(announcement)* Bekanntmachung *f*, Ankündigung *f;* **4.** *an ~ for sth (fig: a fine representative)* ein Aushängeschild für etw
advertisement of a vacancy [əd'vɜ:tɪsmənt əv ə 'veɪkənsɪ] *sb* Stellenausschreibung *f*
advertiser ['ædvətaɪzə] *sb* **1.** Werber(in) *m/f;* **2.** Inserentin *m/f*
advertising ['ædvətaɪzɪŋ] *sb* **1.** Werbung *f*, Reklame *f;* **2.** *(industry)* Werbebranche *f*
advertising activity ['ædvətaɪzɪŋ æk'tɪvɪtɪ] *sb* Werbeaktion *f*
advertising agency ['ædvətaɪzɪŋ 'eɪdʒənsɪ] *sb* Werbeagentur *f*
advertising aids ['ædvətaɪzɪŋ eɪdz] *pl* Werbemittel *n/pl*
advertising budget ['ædvətaɪzɪŋ 'bʌdʒɪt] *sb* Werbebudget *n*, Werbeetat *m*
advertising campaign ['ædvətaɪzɪŋ kæm'peɪn] *sb* Werbekampagne *f*
advertising copy ['ædvətaɪzɪŋ 'kɒpɪ] *sb* Werbetext *m*
advertising expert ['ædvətaɪzɪŋ 'ekspɜ:t] *sb* Werbefachmann/Werbefachfrau *m/f*
advertising frequency ['ædvətaɪzɪŋ 'fri:kwənsɪ] *sb* Werbefrequenz *f*
advertising gift ['ædvətaɪzɪŋ gɪft] *sb* Werbegeschenk *n*
advertising spot ['ædvətaɪzɪŋ spɒt] *sb* Werbespot *m*
advice [əd'vaɪs] *sb (counsel)* Beratung *f*, Rat *m*
advice note [əd'vaɪs nəʊt] *sb* Benachrichtigung *f*, Avis *m/n*
advice of delivery [əd'vaɪs əv dɪ'lɪvərɪ] *sb* Rückschein *m*
advise [əd'vaɪz] *v* **1.** *(give advice)* raten, anraten, *(professionally)* beraten; *~ gainst* abraten; **2.** *(inform)* verständigen, benachrichtigen
adviser [əd'vaɪzə] *sb* Berater(in) *m/f*
advisory board [əd'vaɪzərɪ bɔ:d] *sb* beratendes Gremium *n*, Beratungsgremium *n*, Beirat *m*
aeroplane ['eərəpleɪn] *sb (UK)* Flugzeug *n*
affidavit [æfɪ'deɪvɪt] *sb* Affidavit *n*, eidesstattliche Versicherung *f*
affiliated [ə'fɪlɪeɪtɪd] *adj* angegliedert, Tochter…
affiliated company [ə'fɪlɪeɪtɪd 'kʌmpənɪ] *sb* Tochtergesellschaft *f*
affiliation [əfɪlɪ'eɪʃən] *sb* Affiliation *f*
affluent society ['æfluənt sə'saɪtɪ] *sb* Wohlstandsgesellschaft *f*
afford [ə'fɔ:d] *v* **1.** sich leisten; **2.** *(provide)* bieten
affordable [ə'fɔ:dəbl] *adj* erschwinglich
after-date bill ['ɑ:ftədeɪt bɪl] *sb* Datowechsel *m*
after-hours dealing ['ɑ:ftəaʊəz 'di:lɪŋ] *sb* Nachbörse *f*
after-sales service ['ɑ:ftəseɪlz 'sɜ:vɪs] *sb* Kundendienst *m*, After-Sales-Services *m/pl*
after-sight bill ['ɑ:ftəsaɪt bɪl] *sb* Nachsichtwechsel *m*
after treatment ['ɑ:ftə 'tri:tmənt] *sb* Nachbereitung *f*

A

against cash [ə'genst kæʃ] gegen Barzahlung
against letter of credit [ə'genst 'letə əv 'kredɪt] gegen Akkreditiv
age profile [eɪdʒ 'prəʊfaɪl] *sb* Altersprofil *n*
agency ['eɪdʒənsɪ] *sb* **1.** Agentur *f;* **2.** *(government ~)* Amt *n,* Behörde *f*
agency abroad ['eɪdʒənsɪ ə'brɔːd] *sb* Auslandsvertretung *f*
agency agreement ['eɪdʒənsɪ ə'griːmənt] *sb* Geschäftsbesorgungsvertrag *m*
agency of equity financing transactions ['eɪdʒənsɪ əv 'ekwɪtɪ faɪ'nænsɪŋ træn'zækʃənz] *sb* Beteiligungsvermittlung *f*
agenda [ə'dʒendə] *sb* Tagesordnung *f,* Agenda *f*
agent ['eɪdʒənt] *sb* **1.** Agent(in) *m/f,* Makler(in) *m/f,* Vermittler(in) *m/f;* **2.** *(representative)* Stellvertreter(in) *m/f*
agglomeration [əglɒmə'reɪʃən] *sb* Agglomeration *f,* Anhäufung *f*
aggregate property ['ægrɪgət 'prɒpətɪ] *sb* Gesamtvermögen *n*
aggregation [ægrɪ'geɪʃən] *sb* Agglomeration *f,* Ansammlung *f*
agio ['ædʒɪəʊ] *sb* Aufgeld *n,* Agio *n*
agiotage ['ædʒɪəʊtədʒ] *sb* Agiotage *f*
AGM [eɪdʒiː'em] *sb* *(UK: annual general meeting)* Jahreshauptversammlung *f*
agree [ə'griː] *v* **1.** übereinstimmen; *(express ~ment)* zustimmen; **2.** *(come to an ~ment)* sich einigen, vereinbaren, sich absprechen; **3.** *~ to, ~ with (approve, consent to)* billigen, einwilligen, auf etw eingehen
agreed [ə'griːd] *adj* vereinbart; *Agreed!* Abgemacht!
agreement [ə'griːmənt] *sb* **1.** Vereinbarung *f,* Übereinkunft *f,* Verständigung *f;* **2.** *come to an ~* übereinkommen, sich einigen; **3.** *(consent)* Einwilligung *f,* Zustimmung *f;* **4.** *(contract)* Abkommen *n,* Vertrag *m*
agreement of purchase and sale [ə'griːmənt əv 'pɜːtʃəs ænd seɪl] *sb* Kaufvertrag *m*
agreement to terminate a contract [ə'griːmənt tu 'tɜːmɪneɪt ə 'kɒntrækt] *sb* Aufhebungsvertrag *m*
agricultural [ægrɪ'kʌltʃərəl] *adj* landwirtschaftlich, Landwirtschafts..., Agrar...
agricultural crisis [ægrɪ'kʌltʃərəl 'kraɪsɪs] *sb* Agrarkrise *f*
agricultural economics [ægrɪ'kʌltʃərəl iːkə'nɒmɪks] *sb* Agrarwissenschaften *f/pl*
agricultural enterprise [ægrɪ'kʌltʃərəl 'entəpraɪz] *sb* Agrarbetrieb *m*
agricultural goods [ægrɪ'kʌltʃərəl gʊdz] *pl* Agrargüter *n/pl*
agricultural loan [ægrɪ'kʌltʃərəl ləʊn] *sb* Landwirtschaftskredit *m*
agricultural market [ægrɪ'kʌltʃərəl 'mɑːkɪt] *sb* Agrarmarkt *m*
agricultural policy [ægrɪ'kʌltʃərəl 'pɒləsɪ] *sb* Agrarpolitik *f*
agricultural product [ægrɪ'kʌltʃərəl 'prɒdʌkt] *sb* Agrarprodukt(e) *f/pl,* Agrarerzeugnis *n*
agricultural protectionism [ægrɪ'kʌltʃərəl prə'tekʃənɪzm] *sb* Agrarprotektionismus *m*
agricultural state [ægrɪ'kʌltʃərəl steɪt] *sb* Agrarstaat *m*
agricultural subsidies [ægrɪ'kʌltʃərəl 'sʌbsɪdiːz] *pl* Agrarsubventionen *f/pl*
agricultural surpluses [ægrɪ'kʌltʃərəl 'sɜːpləsɪz] *pl* Agrarüberschüsse *m/pl*
agriculture ['ægrɪkʌltʃə] *sb* Landwirtschaft *f,* Ackerbau *m*
aide [eɪd] *sb* Assistent(in) *m/f,* Helfer(in) *m/f*
air freight [eə freɪt] *sb* Luftfracht *f*
airline ['eəlaɪn] *sb* Fluggesellschaft *f,* Airline *f*
air mail [eə meɪl] *sb* Luftpost *f*
air route [eə ruːt] *sb* Luftweg *m*
airplane ['eəpleɪn] *sb (US)* Flugzeug *n*
airport ['eəpɔːt] *sb* Flughafen *m*
airwaybill ['eəweɪbɪl] *sb* Luftfrachtbrief *m*
allegiance [ə'liːdʒəns] *sb* Treuepflicht *f*
allocation [ælə'keɪʃən] *sb* Verteilung *f,* Zuteilung *f,* *(of tasks)* Vergabe *f,* Allokation *f*
allocation of capital [ælə'keɪʃən əv 'kæpɪtəl] *sb* Kapitalallokation *f,* Kapitalbewilligung *f*
allocation policy [ælə'keɪʃən 'pɒləsɪ] *sb* Allokationspolitik *f,* Vergabepolitik *f*
allot [ə'lɒt] *v* verteilen, zuweisen

A

allotment [ə'lɒtmənt] *sb* Verteilung *f*, Zuteilung *f*, Zuweisung *f*
allotment right [ə'lɒtmənt raɪt] *sb* Zuteilungsrechte *n/pl*
allowance [ə'laʊəns] *sb* **1.** Zuschuss *m*; **2.** *(supplement to salary)* Gehaltszulage *f*, Zuschuss *m*; **3.** *(paid by the state)* Beihilfe *f*; **4.** *(pocket money)* Taschengeld *n*, Bewilligung *f*
allowance for expenses [ə'laʊəns fɔː ɪk'spensɪz] *sb* Spesenpauschale *f*
all-round bank ['ɔːlraʊnd bæŋk] *sb* Universalbank *f*
all-share certificate [ɔːl'ʃeə sə'tɪfɪkət] *sb* Global-Anleihe *f*
alteration of a balance sheet [ɔːltə'reɪʃən əv ə 'bæləns ʃiːt] *sb* Bilanzänderung *f*
alternating current ['ɔːltəneɪtɪŋ 'kʌrənt] *sb (AC)* Wechselstrom *m*
alternative [ɔːl'tɜːnətɪv] *sb* **1.** *(choice)* Alternative *f*, Wahl *f*; **2.** *I have no other ~.* Ich habe keine andere Wahl. **3.** *(substitute)* Ersatz *m*
amalgamate [ə'mælgəmeɪt] *v (companies)* verschmelzen, fusionieren
amalgamation [əmælgə'meɪʃən] *sb* Fusion *f*
amalgamation tax [əmælgə'meɪʃən tæks] *sb* Fusionssteuer *f*
amendment [ə'mendmənt] *sb (to a bill)* Abänderung *f*, Änderung *f*
amendment of a contract [ə'mendmənt əv ə 'kɒntrækt] *sb* Vertragsänderung *f*
amendment of the statutes [ə'mendmənt əv ðə 'stætjuːts] *sb* Satzungsänderung *f*
amends [ə'mendz] *pl* Wiedergutmachung *f*; *make ~ for sth* etw wiedergutmachen
American accounting system [ə'mærɪkən ə'kaʊntɪŋ 'sɪstəm] *sb* amerikanisches Rechnungswesen *n*
American Bankers Association [ə'mærɪkən 'bæŋkəz əsəʊsiː'eɪʃən] *sb* Amerikanische Bankiersvereinigung *f*
amnesty ['æmnəstɪ] *sb* Amnestie *f*
amortizable mortgage loan [ə'mɔːtɪzəbəl 'mɔːgɪdʒ ləʊn] *sb* Tilgungshypothek *f*
amortization [əmɔːtɪ'zeɪʃən] *sb* Amortisierung *f*, Tilgung *f*
amortization fund [əmɔːtɪ'zeɪʃən fʌnd] *sb* Tilgungsfonds *m*
amortization instalment [əmɔːtɪ'zeɪʃən ɪn'stɔːlmənt] *sb* Tilgungsrate *f*
amount [ə'maʊnt] *sb* **1.** *(of money)* Betrag *m*, Summe *f*, Geldbetrag *m*; **2.** *(quantity)* Menge *f*, Quantität *f*; *v* **3.** *~ to* sich belaufen auf
analyse ['ænəlaɪz] *v* analysieren, auswerten
analysis [ə'nælɪsɪs] *sb* Analyse *f*
analysis of actual performance [ə'nælɪsɪs əv 'æktʃuəl pə'fɔːməns] *sb* Istanalyse *f*
analysis of competitors [ə'nælɪsɪs əv kəm'petɪtəs] *sb* Konkurrenzanalyse *f*
analysis of fixed-cost allocation [ə'nælɪsɪs əv fɪkstkɒst ælə'keɪʃən] *sb* Fixkostendeckungsrechnung *f*
analysis of purchasing power [ə'nælɪsɪs əv 'pɜːtʃəsɪŋ 'paʊə] *sb* Kaufkraftanalyse *f*
analysis of requirements [ən'ælɪsɪs əv rɪ'kwaɪəmənts] *sb* Bedarfsanalyse *f*
analysis of shares [ə'nælɪsɪs əv ʃeəs] *sb* Aktienanalyse *f*
anchorage ['æŋkərɪdʒ] *sb* **1.** *(place for anchoring)* Ankerplatz *m*, Liegeplatz *m*; **2.** *(fees)* Liegegebühren *f/pl*
ancillary costs [æn'sɪlərɪ kɒsts] *pl* Nebenkosten *pl*
ancillary wage costs [æn'sɪlərɪ weɪdʒ kɒsts] *pl* Lohnnebenkosten *pl*
anniversary sales [ænɪ'vɜːsərɪ seɪlz] *pl* Jubiläumsverkauf *m*
annual ['ænjʊəl] *adj* jährlich, alljährlich, jährlich, Jahres...
annual accounts ['ænjʊəl ə'kaʊnts] *pl* Jahresabschluss *m*
annual audit ['ænjʊəl 'ɔːdɪt] *sb* Jahresabschlussprüfung *f*
annual balance sheet ['ænjʊəl 'bæləns ʃiːt] *sb* Jahresbilanz *f*
annual economic report ['ænjʊəl ɪkə'nɒmɪk rɪ'pɔːt] *sb* Jahreswirtschaftsbericht *m*
annual general meeting (AGM) ['ænjʊəl 'dʒenərəl 'miːtɪŋ] *sb* Jahreshauptversammlung *f*
annual holiday ['ænjʊəl 'hɒlɪdeɪ] *sb* Betriebsferien *pl*

annual income ['ænjuəl 'ɪnkʌm] *sb* Jahreseinkommen *n*
annual need ['ænjuəl ni:d] *sb* Jahresbedarf *m*
annual profits ['ænjuəl 'prɒfɪts] *pl* Jahresgewinn *m*
annual rental ['ænjuəl rentəl] *sb* Jahrespacht *f*
annual report ['ænjuəl rɪ'pɔ:t] *sb* Geschäftsbericht *m*, Jahresgutachten *n*, Lagebericht *m*
annual statement of accounts ['ænjuəl 'steɪtmənt əv ə'kaʊnts] *sb* Jahresabschluss *m*
annual surplus ['ænjuəl 'sɜ:plʌs] *sb* Jahresüberschuss *m*
annuity [ə'nju:ɪtɪ] *sb* Rente *f*, Jahreszahlung *f*, Annuität *f*
annuity bond [ə'nju:ɪtɪ bɒnd] *sb* Annuitätenanleihe *f*
annuity certificate [ə'nju:ɪtɪ sə'tɪfɪkət] *sb* Rentenbrief *m*
annuity department [ə'nju:ɪtɪ dɪ'pɑ:tmənt] *sb* Rentenabteilung *f*
annuity loan [ə'nju:ɪtɪ ləʊn] *sb* Annuitätendarlehen *n*
annul [ə'nʌl] *v* annullieren; *(a will)* umstoßen
annulment [ə'nʌlmənt] *sb* Annullierung *f*, Aufhebung *f*
anonymous savings accounts [ə'nɒnɪməs 'seɪvɪŋz ə'kaʊnts] *pl* anonyme Sparkonten *n/pl*
answering machine ['ɑ:nsərɪŋ mə'ʃi:n] *sb* Anrufbeantworter *m*
answering service ['ɑ:nsərɪŋ 'sɜ:vɪs] *sb* Telefonauftragsdienst *m*
antedated cheque ['æntɪdeɪtɪd tʃek] *sb* zurückdatierter Scheck *m*
anticipation term [æntɪsɪ'peɪʃən tɜ:m] *sb* Erwartungswert *m*
anticyclical reserve [æntɪ'saɪklɪkəl rɪ'sɜ:v] *sb* Konjunkturausgleichsrücklage *f*
anti-dumping duty [æntɪ'dʌmpɪŋ 'dju:tɪ] *sb* Antidumpingzoll *m*
antitrust [æntɪ'trʌst] *adj (US)* Antitrust..., kartellfeindlich; *~ laws* Kartellgesetzgebung *f*
antitrust authority [æntɪ'trʌst ɔ:'θɒrɪtɪ] *sb* Kartellbehörde *f*
app [æp] *sb (IT: application)* App *f*
appeal [ə'pi:l] *sb* Berufung *f*, Rechtsbeschwerde *f*; *(actual trial)* Revision *f*
applicant ['æplɪkənt] *sb* Bewerber(in) *m/f*, Antragsteller(in) *m/f*, Akkreditivsteller *m*
application [æplɪ'keɪʃən] *sb* **1.** Antrag *m*, Bewerbung *f*, Gesuch *n*; *letter of ~* Bewerbungsschreiben *n*; **2.** *(use)* Verwendung *f*, Anwendung *f*; **3.** *(software ~)* Anwendungsprogramm *n*; **4.** *(UK: for stocks)* Aktienzeichnung *f*
application documents [æplɪ'keɪʃən 'dɒkjumənts] *pl* Bewerbungsunterlagen *pl*
application file [æplɪ'keɪʃən faɪl] *sb* Bewerbungsunterlagen *pl*
application form [æplɪ'keɪʃən fɔ:m] *sb* Anmeldeformular *n*, Antragsformular *n*
application for quotation [æplɪ'keɪʃən fɔ: kwəʊ'teɪʃən] *sb* Antrag auf Börsenzulassung *m*
application service provider [æplɪ'keɪʃən 'sɜ:vɪs prə'vaɪdə] *sb* Application Service Provider (ASP) *m*
appointment [ə'pɔɪntmənt] *sb* **1.** *(arranged meeting)* Termin *m*, Verabredung *f*; **2.** *(to office)* Ernennung *f*, Berufung *f*, Bestellung *f*
appointment book [ə'pɔɪntmənt bʊk] *sb* Terminkalender *m*
appointment for a meeting [ə'pɔɪntmənt fɔ:r ə 'mi:tɪŋ] *sb* Gesprächstermin *m*
apportionment [ə'pɔ:ʃənmənt] *sb* **1.** Verteilung *f*, Einteilung *f*; **2.** Erteilung *f*
apportionment between accounting periods [ə'pɔ:ʃənmənt bɪ'twi:n ə'kaʊntɪŋ 'pɪərɪəds] *sb* Rechnungsabgrenzung *f*
appraisal [ə'preɪzəl] *sb* Bewertung *f*, Schätzung *f*, Taxierung *f*
appraise [ə'preɪz] *v* abschätzen, einschätzen, beurteilen
appreciation [əpri:ʃɪ'eɪʃən] *sb* **1.** Wertzuwachs *m*; **2.** *(esteem)* Wertschätzung *f*
apprentice [ə'prentɪs] *sb* Lehrling *m*, Auszubildende(r) *f/m*
apprenticeship [ə'prentɪsʃɪp] *sb* Lehre *f*, Lehrstelle *f*, Ausbildung *f*; *(period)* Lehrzeit *f*

A

appropriation account [əprəʊprɪ'eɪʃən ə'kaʊnt] *sb* Bereitstellungskonto *n*

approval procedure [ə'pruːvəl prə'siːdʒə] *sb* Genehmigungsverfahren *n*

aptitude test ['æptɪtjuːd test] *sb* Eignungstest *m*, Eignungsprüfung *f*

arbitrage ['ɑːbɪtrɪdʒ] *sb* Arbitrage *f*

arbitrage clause ['ɑːbɪtrɪdʒ klɔːz] *sb* Arbitrageklausel *f*

arbitrage dealings ['ɑːbɪtrɪdʒ 'diːlɪŋz] *pl* Arbitragegeschäft *n*

arbitrage in bullion ['ɑːbɪtrɪdʒ ɪn 'bʊljən] *sb* Goldarbitrage *f*

arbitrage in securities ['ɑːbɪtrɪdʒ ɪn sɪ'kjʊərɪtiz] *sb* Wertpapierarbitrage *f*

arbitrageur [ɑːbɪtrɑː'ʒʊə] *sb* Arbitrageur *m*, Arbitragehändler *m*

arbitrage value ['ɑːbɪtrɪdʒ 'væljuː] *sb* Arbitragewert *m*

arbitrage voucher ['ɑːbɪtrɪdʒ 'vaʊtʃə] *sb* Arbitragerechnung *f*

arbitrate ['ɑːbɪtreɪt] *v* schlichten

arbitration [ɑːbɪ'treɪʃən] *sb* Schlichtung *f*

arbitration in foreign exchange ['ɑːbɪtreɪʃən ɪn 'fɒrən ɪks'tʃeɪndʒ] *sb* Devisenarbitrage *f*

arbitrator ['ɑːbɪtreɪtə] *sb* Vermittler(in) *m/f*, Schlichter(in) *m/f*

archive ['ɑːkaɪv] *sb* Archiv *n*

archiving ['ɑːkaɪvɪŋ] *sb* Archivierung *f*

area calculation ['eərɪə kælkjʊ'leɪʃən] *sb* Flächenbedarfsermittlung *f*

area code ['eərɪə kəʊd] *sb* *(US)* Vorwahl *f*

argue ['ɑːgjuː] *v* **1.** streiten; **2.** *(with one another)* sich streiten; **3.** *(a case)* diskutieren

argument ['ɑːgjʊmənt] *sb* **1.** Wortstreit *m*, Streit *m*, Auseinandersetzung *f*; **2.** *(reason)* Argument *n*; **3.** *(line of reasoning)* Beweisführung *f*, Debatte *f*; **4.** *(discussion)* Diskussion *f*

argumentation [ɑːgjʊmən'teɪʃən] *sb* Argumentation *f*

arithmetical average [ærɪθ'metɪkəl 'ævərɪdʒ] *sb* arithmetisches Mittel *n*

arraign [ə'reɪn] *v to be ~ed* angeklagt werden, beschuldigt werden

arrangement [ə'reɪndʒmənt] *sb* **1.** Disposition *f*; **2.** Vereinbarung *f*, Absprache *f*; **3.** *(legal)* Vergleich *m*

arranging for a credit [ə'reɪndʒɪŋ fɔːr ə 'kredɪt] *sb* Kreditvermittlung *f*

arrears [ə'rɪəz] *pl* Rückstand *m*, Rückstände *m/pl*; *in ~* im Rückstand

arrears of payment [ə'rɪəz əv 'peɪmənt] *pl* Zahlungsrückstände *m/pl*

arrears on interests [ə'rɪəz ɒn 'ɪntrɪsts] *sb* Zinsrückstand *m*

arrival of goods [ə'raɪvəl əv gʊdz] *sb* Wareneingang *m*

article ['ɑːtɪkl] *sb* **1.** *(item)* Gegenstand *m*; **2.** *~ of clothing* Kleidungsstück *n*; **3.** *(in a contract)* Paragraf *m*; **4.** *~s of incorporation* Satzung *f*; **5.** *(goods)* Ware *f*, Artikel *m*

article coding system ['ɑːtɪkl 'kəʊdɪŋ 'sɪstəm] *sb* Artikelnummernsystem *n*

articulated lorry [ɑː'tɪkjʊleɪtɪd 'lɒrɪ] *sb* *(UK)* Sattelschlepper *m*

as agreed [æz ə'griːd] *adv* vereinbarungsgemäß, wie vereinbart

ASAP [eɪeseɪ'piː] *(fam: as soon as possible)* so bald wie möglich

Asian Dollar market ['eɪʒən 'dɒlə 'mɑːkɪt] *sb* Asiendollarmarkt *m*

ask [ɑːsk] *v* fragen; *~ a question* eine Frage stellen; *If you ~ me...* Wenn Sie mich fragen... *~ after s.o.* nach jdm fragen; *(require, demand)* verlangen, fordern

ask(ed) price [ɑːsk(d) 'praɪs] *sb* Briefkurs *m*

asking price ['ɑːskɪŋ praɪs] *sb* offizieller Verkaufspreis *m*

assemble [ə'sembl] *v* **1.** *(come together, convene)* sich versammeln, sich ansammeln, zusammentreten; **2.** *(an object)* zusammenbauen, montieren

assembler [ə'semblə] *sb* Monteur(in) *m/f*

assembly [ə'semblɪ] *sb* **1.** Versammlung *f*, Zusammenkunft *f*; **2.** *(of an object)* Zusammenbau *m*, Montage *f*

assembly line [ə'semblɪ laɪn] *sb* Fließband *n*, Montageband *n*

assess [ə'ses] *v* bewerten, einschätzen

assessment [ə'sesmənt] *sb* Beurteilung *f*, Bewertung *f*

assessment basis [ə'sesmənt 'beɪsɪs] *sb* Bemessungsgrundlage *f*

assessment centre [ə'sesmənt 'sentə] *sb* Assessment-Center *n*, Auswahl von Stellenbewerbern *f*

assessment note [ə'sesmənt nəʊt] *sb* Steuerbescheid *m*, Steuerfestsetzung *f*
assessor [ə'sesə] *sb* **1.** Beisitzer(in) *m/f*; **2.** Steuerschätzer(in) *m/f*
asset ['æset] *sb* **1.** Vermögenswert *m*; **2.** *(fig)* Vorzug *m*, Plus *n*, Vorteil *m*
asset and liability statement ['æset ænd leɪə'bɪlɪtɪ 'steɪtmənt] *sb* Vermögensbilanz *f*
asset erosion ['æset ɪ'rəʊʒən] *sb* substanzielle Abnutzung *f*
asset management ['æset 'mænɪdʒmənt] *sb* Asset-Management *n*, Vermögensverwaltung *f*
asset market ['æset 'mɑːkɪt] *sb* Asset Market *m*, Vermögensmarkt *m*
assets ['æsets] *pl* Vermögen *n*, Guthaben *n*, Güter *pl*; *(on a balance sheet)* Aktiva *pl*
assets account ['æsets ə'kaʊnt] *sb* Bestandskonto *n*
asset write-down ['æset 'raɪtdaʊn] *sb* Anlagenabschreibung *f*
assign [ə'saɪn] *v* **1.** *(a task)* anweisen, zuweisen; **2.** *(someone to a task)* beauftragen, aufgeben; **3.** *(sth to a purpose)* bestimmen; **4.** *(classify)* zuordnen; **5.** *(transfer rights or titles)* übereignen, übertragen
assignee [əsaɪ'niː] *sb* Zessionar(in) *m/f*, Assignat(in) *m/f*
assigner [ə'saɪnə] *sb* Zedent(in) *m/f*, Anweisende(r) *f/m*
assignment [ə'saɪnmənt] *sb* **1.** *(instruction)* Anweisung *f*; **2.** *(assigned task)* Aufgabe *f*, Auftrag *m*; **3.** *(legally)* Übertragung *f*, Abtretung *f*
assignment by way of security [ə'seɪnmənt baɪ weɪ əv sɪ'kjʊərɪtɪ] *sb* Sicherungsabtretung *f*
assistant [ə'sɪstənt] *sb* **1.** Assistent(in) *m/f*, Gehilfe/Gehilfin *m/f*; **2.** *(in a shop)* Verkäufer(in) *m/f*
associate [ə'səʊʃɪət] *sb* **1.** Kollege/Kollegin *m/f*, Mitarbeiter(in) *m/f*; **2.** *(partner in a firm)* Gesellschafter(in) *m/f*
associated companies [ə'səʊsɪeɪtəd 'kʌmpənɪz] *pl* verbundene Unternehmen *n/pl*
association [əsəʊsɪ'eɪʃən] *sb* Verein *m*, Verband *m*, Vereinigung *f*, Gemeinschaft *f*, Gesellschaft *f*; *articles of ~* Gesellschaftsvertrag *m*
Association of German Chambers of Industry and Commerce [əsəʊsɪ'eɪʃən əv dʒɜːmən 'tʃeɪmbəz əv 'ɪndəstrɪ ænd 'kɒməs] *sb* Deutscher Industrie- und Handelstag (DIHT) *m*
associations of shareholders [əsəʊsɪ'eɪʃənz əv 'ʃeəhəʊldəz] *pl* Aktionärsvereinigungen *f/pl*
assort [ə'sɔːt] *v* sortieren, ordnen, assortieren
assorted [ə'sɔːtɪd] *adj* gemischt, assortiert
assortment [ə'sɔːtmənt] *sb* Sortiment *n*, Mischung *f*
assortment policy [ə'sɔːtmənt 'pɒlɪsɪ] *sb* Sortimentspolitik *f*
assumption of an obligation [ə'sʌmpʃən əv ən ɒblɪ'geɪʃən] *sb* Schuldübernahme *f*
assurance [ə'ʃʊərəns] *sb* Assekuranz *f*, Versicherung *f*
asynchronous data transfer [eɪsɪŋ'krənəs 'deɪtə 'trænsfɜː] *sb* asynchrone Datenübertragung *f*
asynchronous transmission [eɪsɪŋ'krənəs trænz'mɪʃən] *sb* asynchrone Datenübertragung *f*
at best [æt best] *adv* bestens
at lowest [æt 'ləʊəst] *adv* billigst
ATM [eɪtiː'em] *sb* *(automated teller machine)* Geldautomat *m*
atomic energy [ə'tɒmɪk 'enədʒɪ] *sb* Atomenergie *f*
attach [ə'tætʃ] *v* befestigen, *(letter)* beilegen
attaché case [ə'tæʃeɪ keɪs] *sb* Aktenkoffer *m*, Aktentasche *f*
attached [ə'tætʃt] *adj* beigefügt; *Please find ~ ...* In der Anlage erhalten Sie ...
attachment [ə'tætʃmənt] *sb* **1.** *(IT)* Anhang *m*; **2.** *(letter)* Anlage *f*; **3.** *(tools)* Zubehörteil *n*; **4.** *(legal)* Pfändung *f*
attachment of earnings [ə'tætʃmənt əv 'ɜːnɪŋz] *sb* Lohnpfändung *f*
attendance stock exchange [ə'tendəns stɒk ɪks'tʃeɪndʒ] *sb* Präsenzbörse *f*
attend to [ə'tend tu] *v* **1.** *(see to)* sich kümmern um, erledigen, sorgen für; **2.** *(serve)* bedienen, betreuen, abfertigen

A

attest [ə'test] *v* beglaubigen, bescheinigen; ~ to bezeugen
attestation [ates'teɪʃən] *sb* *(document)* Bescheinigung *f*, Attest *n*
attorney [ə'tɜːnɪ] *sb* *(US)* Anwalt/Anwältin *m/f*, Rechtsanwalt/Rechtsanwältin *m/f*; *power of ~* Vollmacht *f*; Bevollmächtigte(r) *f/m*
auction ['ɔːkʃən] *sb* **1.** Auktion *f*, Versteigerung *f*; *v* **2.** *~ sth (off)* etw versteigern
audio conference ['ɔːdɪəʊ 'kɒnfərəns] *sb* Audiokonferenz *f*
audit ['ɔːdɪt] *v* **1.** prüfen; **2.** *sb* Buchprüfung *f*; **3.** *(final ~)* Abschlussprüfung *f*, Revision *f*
audit department ['ɔːdɪt dɪ'pɑːtmənt] *sb* Revisionsabteilung *f*
auditing ['ɔːdɪtɪŋ] *sb* Wirtschaftsprüfung *f*, Rechnungsprüfung *f*, Buchprüfung *f*
auditing association ['ɔːdɪtɪŋ əsəʊsɪ'eɪʃən] *sb* Prüfungsverband *m*
auditing requirements ['ɔːdɪtɪŋ rɪ'kwaɪəmənts] *pl* Revisionspflicht *f*
audit of prospectus ['ɔːdɪt əv 'prɒspektəs] *sb* Prospektprüfung *f*
audit opinion ['ɔːdɪt ə'pɪnjən] *sb* Testat *n*
auditor ['ɔːdɪtə] *sb* Wirtschaftsprüfer(in) *m/f*, Rechnungsprüfer(in) *m/f*
audit report ['ɔːdɪt rɪ'pɔːt] *sb* Prüfungsbericht *m*
autarchy ['ɔːtɑːkɪ] *sb* Autarkie *f*
authentic [ɔː'θentɪk] *adj* authentisch, echt, original
authenticate [ɔː'θentɪkeɪt] *v* beglaubigen, authentifizieren
authentication [ɔːθentɪ'keɪʃən] *sb* Beglaubigung *f*
authoritative style of leadership [ɔːθ'ɒrɪteɪtɪv staɪl əv 'liːdəʃɪp] *sb* autoritärer Führungsstil *m*
authority [ɔː'θɒrɪtɪ] *sb* **1.** *(power)* Autorität *f*; **2.** *(of a ruler)* Staatsgewalt *f*; **3.** *authorities pl* Obrigkeit *f*; **4.** *(entitlement)* Befugnis *f*; **5.** *(specifically dedicated)* Vollmacht *f*; **6.** *(government, government department)* Amt *n*, Behörde *f*; **7.** *(an expert)* Sachverständige(r) *f/m*, Fachmann *m*, Fachfrau *f*
authorization [ɔːθəraɪ'zeɪʃən] *sb* **1.** Ermächtigung *f*, Genehmigung *f*, Berechtigung *f*; **2.** *(delegation of authority)* Bevollmächtigung *f*, Mandat *n*
authorization to sign [ɔːθəraɪ'zeɪʃən tʊ saɪn] *sb* Zeichnungsberechtigung *f*
authorize ['ɔːθəraɪz] *v* ermächtigen, genehmigen, berechtigen; *(delegate authority)* bevollmächtigen
authorized ['ɔːθəraɪzd] *adj* berechtigt, befugt
authorized balance sheet ['ɔːθəraɪzd 'bæləns ʃiːt] *sb* genehmigte Bilanz *f*
authorized capital ['ɔːθəraɪzd 'kæpɪtəl] *sb* autorisiertes Kapital *n*, genehmigtes Kapital *n*
authorized clerk ['ɔːθəraɪzd klɑːk] *sb* Prokurist(in) *m/f*
authorized deposit ['ɔːθəraɪzd dɪ'pɒzɪt] *sb* Ermächtigungsdepot *n*
authorized person ['ɔːθəraɪzd 'pɜːsən] *sb* Bevollmächtigte(r) *f/m*
authorized representative ['ɔːθəraɪzd reprɪ'zentətɪv] *sb* Prokurist(in) *m/f*
authorized to undertake collection ['ɔːθəraɪzd tu ʌndə'teɪk kə'lekʃən] *adj* inkassoberechtigt
autocorrelation [ɔːtəʊkɒrə'leɪʃən] *sb* Autokorrelation *f*
automate ['ɔːtəmɪt] *v* automatisieren
automated clearing house (ACH) [ɔːtə'meɪtɪd 'klɪərɪŋ haʊs] *sb* computergestützte Clearingstelle *f*, Automated Clearing House *n*
automated teller machine (ATM) [ɔːtə'meɪtɪd 'telə mə'ʃiːn] *sb* Geldautomat *m*
automatic quotation [ɔːtə'mætɪk kwəʊ'teɪʃən] *sb* automatische Kursanzeige *f*
Automatic Transfer Service [ɔːtə'mætɪk 'trænsfɜː 'sɜːvɪs] *sb* Automatic Transfer Service (ATS) *m*
automation [ɔːtə'meɪʃən] *sb* Automation *f*, Automatisierung *f*
automation degree [ɔːtə'meɪʃən dɪ'griː] *sb* Automatisationsgrad *m*
automatism [ɔː'tɒmətɪzm] *sb* Automatismus *m*
automaton [ɔː'tɒmətən] *sb* Roboter *m*, Automat *m*

autonomous teams [ɔːˈtɒnəməs tiːmz] *pl* autonome Arbeitsgruppen *f/pl*
autonomous variables [ɔːˈtɒnəməs ˈværɪəbəlz] *pl* autonome Größen *f/pl*
autonomous wage bargaining [ɔːˈtɒnəməs weɪdʒ ˈbɑːgənɪŋ] *sb* Tarifautonomie *f*
autonomy [ɔːˈtɒnəmɪ] *sb* Autonomie *f*
autumn fair [ˈɔːtəm feə] *sb* Herbstmesse *f*, Herbstausstellung *f*
auxiliary [ɔːgˈzɪljərɪ] *adj* mitwirkend, Hilfs..., Zusatz...
availability [əveɪləˈbɪlɪtɪ] *sb* **1.** Verfügbarkeit *f*, Vorhandensein *n;* **2.** *(stocks)* Fälligkeit *f*
available [əˈveɪləbl] *adj* **1.** verfügbar, vorhanden, zu haben; **2.** *(not busy)* abkömmlich; **3.** *(to be bought)* erhältlich; **4.** *(from a supplier)* lieferbar; **5.** *(in stock)* vorrätig
available for distribution [əˈveɪləbl fə dɪstrɪˈbjuːʃən] ausschüttungsfähig
available funds [əˈveɪləbl fʌndz] *pl* Finanzdecke *f*
average [ˈævərɪdʒ] *adj* **1.** durchschnittlich; *sb* **2.** Durchschnitt *m; on ~* durchschnittlich; **3.** *(sea/air)* Havarie *f*
average costs [ˈævərɪdʒ kɒsts] *pl* Durchschnittskosten *pl*
averaging [ˈævərɪdʒɪŋ] *sb* **1.** Averaging *n;* Durchschnittskostenmethode *f;* **2.** *(mean)* Mittelwertbildung *f*
average price [ˈævərɪdʒ praɪs] *sb* Durchschnittspreis *m*
average product [ˈævərɪdʒ ˈprɒdʌkt] *(ecomomics)* Durchschnittsprodukt *n*
average rate [ˈævərɪdʒ reɪt] *sb* Durchschnittssatz *m*
average value [ˈævərɪdʒ ˈvæljuː] *sb* Mittelwert *m*
average value date [ˈævərɪdʒ ˈvæljuː deɪt] *sb* Durchschnittsvaluta *f*
average yield [ˈævərɪdʒ ˈjiːld] *sb* Durchschnittsertrag *m*
avoidance [əˈvɔɪdəns] *sb* **1.** Vermeidung *f;* **2.** *tax ~* Steuerhinterziehung *f*
avoirdupois [ævwɑːdjuːˈpwɑː] *sb ~ weight* Handelsgewicht *n*

B

B

baby bonds ['beɪbi bɒndz] *pl* Baby-Bonds *pl*
back delegation [bæk delɪ'geɪʃən] *sb* Rückdelegation *f*
back instalment [bæk ɪn'stɔ:lmənt] *sb* rückständige Rate *f*
backlog ['bæklɒg] *sb* Rückstand *m*
back-office career ['bækɒfɪs kə'rɪə] *sb* Innendienstkarriere *f*
back-office manager ['bækɒfɪs 'mænɪdʒə] *sb* Innendienstleiter(in) *m/f*
backpay ['bækpeɪ] *sb* Nachzahlung *f*
back-to-back letter of credit [bæk tu bæk 'letə əv 'kredɪt] *sb* Gegenakkreditiv *n*
backup ['bækʌp] *sb* Backup *n*, Sicherungskopie *f*
backwardation [bækwə'deɪʃən] **1.** Rückdatierung *f;* **2.** Deport *m*, Kursabschlag *m*
bad debt loss [bæd det lɒs] *sb* Ausfallforderung *f*
bad-weather compensation [bæd 'weðə kɒmpən'seɪʃən] *sb* Schlechtwettergeld *n*
bail [beɪl] *sb* Kaution *f*
bail bond ['beɪl bɒnd] *sb* Sicherheitsleistung *f*
bailiff ['beɪlɪf] *sb* Gerichtsvollzieher *m*
bailment ['beɪlmənt] *sb* Bürgschaftsleistung *f*, Kaution *f*
bailout ['beɪlaʊt] *sb* **1.** Notverkauf *m;* **2.** *(assistance)* Rettungsaktion *f*
balance ['bæləns] *sb* **1.** *(account ~)* Saldo *m; ~ carried forward* Übertrag *m;* **2.** *(remainder)* Rest *m*, Restbetrag *m; v* **3.** *(to be ~d)* ausgeglichen sein; **4.** *(~ the accounts, ~ the budget)* ausgleichen
balance analysis ['bæləns ə'næləsɪs] *sb* Bilanzanalyse *f*
balance date ['bæləns deɪt] *sb* Bilanzstichtag *m*
balance of account ['bæləns əv ə'kaʊnt] *sb* Kontenstand *m*, Saldo *m*
balance of capital transactions ['bæləns əv 'kæpɪtl træn'zækʃənz] *sb* Kapitalbilanz *f*
balance of goods and services ['bæləns əv gʊdz ænd 'sɜ:vɪsɪz] *sb* Leistungsbilanz *f*
balance of interest ['bæləns əv 'ɪntrəst] *sb* Zinssaldo *m*
balance of payments ['bæləns əv 'peɪmənts] *sb* Zahlungsbilanz *f*
balance of payments deficit ['bæləns əv 'peɪmənts 'defəsɪt] *sb* Zahlungsbilanzdefizit *n*
balance of payments equilibrium ['bæləns əv 'peɪmənts ɪkwə'lɪbrɪəm] *sb* Zahlungsbilanzgleichgewicht *n*
balance of payments surplus ['bæləns əv 'peɪmənts 'sɜ:pləs] *sb* Zahlungsbilanzüberschuss *m*
balance of trade ['bæləns əv 'treɪd] *sb* Handelsbilanz *f*
balance sheet ['bæləns ʃi:t] *sb* Bilanz *f*, Handelsbilanz *f*
balance sheet account ['bæləns ʃi:t ə'kaʊnt] *sb* Bilanzkonto *n*
balance sheet analysis ['bæləns ʃi:t ə'nælɪsɪs] *sb* Bilanzanalyse *f*, Bilanzkritik *f*
balance sheet audit ['bæləns ʃi:t 'ɔ:dɪt] *sb* Bilanzprüfung *f*
balance sheet continuity ['bæləns ʃi:t kɒntɪ'nju:ɪtɪ] *sb* Bilanzkontinuität *f*
balance sheet equation ['bæləns ʃi:t ɪ'kweɪʒən] *sb* Bilanzgleichung *f*
balance sheet figures ['bæləns ʃi:t 'fɪgəz] *pl* Bilanzzahlen *f/pl*
balance sheet statistics ['bæləns ʃi:t stə'tɪstɪks] *pl* Bilanzstatistik *f*
balance sheet total ['bæləns ʃi:t 'təʊtəl] *sb* Bilanzsumme *f*
balance sheet valuation ['bæləns ʃi:t vælju:'eɪʃən] *sb* Bilanzbewertung *f*
balance sheet value ['bæləns ʃi:t 'vælju:] *sb* Bilanzwert *m*
balance-sheet items ['bælənsʃi:t 'aɪtɪmz] *pl* Bilanzpositionen *f/pl*
balance statement ['bæləns 'steɪtmənt] *sb* Saldoanzeige *f*
balance transparency ['bæləns træns'pærənsɪ] *sb* Bilanzklarheit *f*
balancing item ['bælənsɪŋ 'aɪtɪm] *sb* Ausgleichsposten *m*

B

balancing of the budget [ˈbælənsɪŋ əv ðə ˈbʌdʒɪt] *sb* Budgetausgleich *m*
ballot [ˈbælət] *sb* Stimmzettel *m; ~ vote* geheime Abstimmung *f*
ban on advertising [bæn ɒn ˈædvətaɪzɪŋ] *sb* Werbeverbot *n*
ban on competition [bæn ɒn kɒmpəˈtɪʃən] *sb* Wettbewerbsverbot *n*
ban on exports [bæn ɒn ˈekspɔːts] *sb* Ausfuhrverbot *n*
ban on imports [bæn ɒn ˈɪmpɔːts] *sb* Importverbot *n*
ban on new issues [bæn ɒn njuː ˈɪʃuːz] *sb* Emissionssperre *f*
ban on recruitment [bæn ɒn rɪˈkruːtmənt] *sb* Einstellungsstopp *m*
bandwagon effect [ˈbændwægən ɪˈfekt] *sb* Nachahmungseffekt *m*, Bandwagon-Effekt *m*
bank [bæŋk] *sb (for financial affairs)* Bank *f*
bank acceptance [bæŋk ɪkˈseptəns] *sb* Bankakzept *n*
bank account [bæŋk əˈkaʊnt] *sb* Bankkonto *n*
bank audit [bæŋk ˈɔːdɪt] *sb* Bankrevision *f*
bank authorization [bæŋk ɔːθəraɪˈzeɪʃən] *sb* Bankausweis *m*
bank automation [bæŋk ɔːtəˈmeɪʃən] *sb* Bankautomation *f*
bank balance [bæŋk ˈbæləns] *sb* Bankguthaben *n*, Kontostand *m*
bank balance sheet [bæŋk ˈbæləns ʃiːt] *sb* Bankbilanz *f*
bank bonds [ˈbæŋk bɒndz] *pl* Bankanleihen *f/pl*, Bankobligation *f*, Bankschuldverschreibung *f*
bank branch numbering [bæŋk brɑːntʃ ˈnʌmbərɪŋ] *sb* Bankennummerierung *f*
bank charges [bæŋk ˈtʃɑːdʒɪz] *pl* Kontogebühren *f/pl*, Bankspesen *pl*
bank clerk [ˈbæŋk klɑːk] *sb* Bankangestellte(r) *f/m*, Bankkaufmann/-frau *m/f*
bank conditions [bæŋk kənˈdɪʃənz] *pl* Bankkonditionen *f/pl*
bank credit [bæŋk ˈkredɪt] *sb* Bankkredit *m*
Bank Custody Act [bæŋk ˈkʌstɪdi ækt] *sb* Bankdepotgesetz *n*
bank customer [bæŋk ˈkʌstəmə] *sb* Bankkunde/Bankkundin *m/f*
bank debit [bæŋk ˈdebɪt] *sb* Lastschrift *f*, Kontobelastung *f*
bank debts [ˈbæŋk dets] *pl* Bankschulden *f/pl*
bank deposit [bæŋk dɪˈpɒzɪt] *sb* Bankeinlage *f*
bank deposit insurance [bæŋk dɪˈpɒzɪt ɪnˈʃʊərəns] *sb* Depositenversicherung *f*
bank discount [bæŋk ˈdɪskaʊnt] *sb* Wechseldiskont *m*, Bankdiskont *m*
bank endorsed bill [bæŋk ɪnˈdɔːst bɪl] *sb* bankgirierter Warenwechsel *m*
Bank for International Settlements (BIS) [bæŋk fɔː ɪntəˈnæʃənəl ˈsetəlmənts] *sb* Bank für Internationalen Zahlungsausgleich (BIZ) *f*
bank guarantee [bæŋk gærənˈtiː] *sb* Bankgarantie *f*, Bankaval *m/n*
bank holiday [bæŋk ˈhɒlɪdeɪ] *sb* gesetzlicher Feiertag *m*
bank identification number [bæŋk aɪdentɪfɪˈkeɪʃən ˈnʌmbə] *sb* Bankleitzahl *f*
bank identifier code (BIC) [bæŋk aɪˈdentɪfaɪə kəʊd] *sb* BIC *m*
bank inquiry [bæŋk ɪnˈkwaɪərɪ] *sb* Bankauskunft *f*
bank letter of credit [bæŋk ˈletə əv ˈkredɪt] *sb* Bankakkreditiv *n*
bank liquidity [bæŋk lɪˈkwɪdɪtɪ] *sb* Bankliquidität *f*
bank manager [bæŋk ˈmænɪdʒə] *sb* Filialleiter(in) *m/f*
bank money order [bæŋk ˈmʌnɪ ˈɔːdə] *sb* Bankanweisung *f*
bank notification [bæŋk nəʊtɪfɪˈkeɪʃən] *sb* Bankavis *m/n*
bank order [bæŋk ˈɔːdə] *sb* Zahlungsanweisung *f*
bank rate [ˈbæŋk reɪt] *sb* Diskontsatz *m*
bank rate for loans on securities [ˈbæŋk reɪt fɔː ləʊns ɒn sɪˈkjʊərətɪz] *sb* Lombardsatz *m*
bank rate policy [ˈbæŋk reɪt ˈpɒlɪsɪ] *sb* Diskontpolitik *f*
bank relations [bæŋk rɪˈleɪʃəns] *pl* Bankbeziehungen *f/pl*
bank shares [ˈbæŋk ʃeəz] *pl* Bankaktie *f*
bank sort code [bæŋk ˈsɔːt kəʊd] *sb* Bankleitzahl *f*

B

bank statement [bæŋk ˈsteɪtmənt] *sb* Kontoauszug *m*, Bankauszug *m*
bank status [bæŋk ˈsteɪtɪs] *sb* Bankstatus *m*
bank stock [ˈbæŋk stɒk] *sb* Bankkapital *n*
bank supervision [bæŋk suːpəˈvɪʒən] *sb* Bankkontrolle *f*, Bankenaufsicht *f*
bank transfer [bæŋk ˈtrænsfɜː] *sb* Banküberweisung *f*
bank turnover [bæŋk ˈtɜːnəʊvə] *sb* Bankumsätze *m/pl*
bankbook [ˈbæŋkbʊk] *sb* Kontobuch *n*
banker [ˈbæŋkə] *sb* Bankier *m*, Banker(in) *m/f*
banker's commission [ˈbæŋkəz kəˈmɪʃən] *sb* Bankprovision *f*
banker's note [ˈbæŋkəz nəʊt] *sb* Dispositionsschein *m*
banker's order [ˈbæŋkəz ˈɔːdə] *sb* Dauerauftrag *m*
banker's reference [ˈbæŋkəz ˈrefərɪns] *sb* Bankauskunft *f*
banking [ˈbæŋkɪŋ] *sb* Bankwesen *n*, Bankgeschäft *n*
banking association [ˈbæŋkɪŋ əsəʊʃɪˈeɪʃən] *sb* Bankverband *m*
banking business [ˈbæŋkɪŋ ˈbɪznɪs] *sb* Bankgewerbe *n*
banking centre [ˈbæŋkɪŋ sentə] *sb* Bankplatz *m*
banking cover [ˈbæŋkɪŋ ˈkʌvə] *sb* Bankdeckung *f*
banking crisis [ˈbæŋkɪŋ ˈkraɪsɪs] *sb* Bankenkrise *f*
banking industry [ˈbæŋkɪŋ ˈɪndəstrɪ] *sb* Kreditwirtschaft *f*, Bankgewerbe *n*
banking interest [ˈbæŋkɪŋ ˈɪntrɪst] *sb* Bankzinsen *m/pl*
Banking Law [ˈbæŋkɪŋ lɔː] *sb* Kreditwesengesetz *n*
banking legislation [ˈbæŋkɪŋ ledʒɪsˈleɪʃən] *sb* Bankengesetzgebung *f*
banking network [bæŋkɪŋ ˈnetwɜːk] *sb* Bankstellennetz *n*
banking secrecy [ˈbæŋkɪŋ ˈsiːkrəsɪ] *sb* Bankgeheimnis *n*
banking statistics [ˈbæŋkɪŋ stəˈtɪstɪks] *pl* Bankenstatistik *f*
banking stocks [ˈbæŋkɪŋ stɒks] *pl* Bankaktien *f/pl*, Bankwerte *m/pl*
banking syndicate [ˈbæŋkɪŋ ˈsɪndɪkət] *sb* Bankenkonsortium *n*
banking system [ˈbæŋkɪŋ ˈsɪstɪm] *sb* Bankensystem *n*
banking transactions [ˈbæŋkɪŋ trænˈzækʃənz] *pl* Bankgeschäft *n*
banknote [ˈbæŋknəʊt] *sb* Banknote *f*, Geldschein *m*
bankrupt [ˈbæŋkrʌpt] *adj* bankrott, nicht zahlungsfähig
bankruptcy [ˈbæŋkrʌptsɪ] *sb* Bankrott *m*, Konkurs *m*; *~ proceedings* Konkursverfahren *n*
Bankruptcy Act [ˈbæŋkrʌptsɪ ækt] *sb* Konkursordnung *f*
bankruptcy assets [ˈbæŋkrʌptsɪ ˈæsets] *pl* Konkursmasse *f*
bankruptcy court [ˈbæŋkrʌptsɪ kɔːt] *sb* Konkursgericht *n*
bankruptcy offence [ˈbæŋkrʌptsɪ əˈfens] *sb* Konkursdelikt *n*
bankruptcy petition [ˈbæŋkrʌptsɪ pəˈtɪʃən] *sb* Konkursantrag *m*
bankruptcy proceedings [ˈbæŋkrʌptsɪ prəˈsiːdɪŋz] *pl* Konkursverfahren *n*
bankruptcy trustee [ˈbæŋkrʌptsɪ trʌˈstiː] *sb* Konkursverwalter(in) *m/f*
bankrupt's creditor [ˈbæŋkrʌpts ˈkredɪtə] *sb* Konkursgläubiger(in) *m/f*
bankrupt's estate [ˈbæŋkrʌpts ɪˈsteɪt] *sb* Konkursmasse *f*
bank's accounting [bæŋks əˈkaʊntɪŋ] *sb* Bankbuchhaltung *f*
bank's advice [bæŋks ədˈvaɪs] *sb* Bankavis *m/n*
banks' duty to publish [bæŋks ˈdjuːti tu ˈpʌblɪʃ] *sb* Bankpublizität *f*
banks' voting rights [bæŋks ˈvəʊtɪŋ raɪts] *pl* Bankenstimmrecht *n*
bar chart [ˈbɑː tʃɑːt] *sb* Balkendiagramm *n*, Säulenschaubild *n*, Blockdiagramm *n*
bar code [ˈbɑː kəʊd] *sb* Strichcode *m*, Barcode *m*
bargain [ˈbɑːgɪn] *v* **1.** feilschen, handeln; **2.** *~ for* rechnen mit, erwarten; *sb* **3.** *(transaction)* Handel *m*, Geschäft *n*, Abkommen *n*; **4.** *drive a hard ~* hart feilschen; **5.** *strike a ~* sich einigen; **6.** *(sth bought at a ~ price)* Gelegenheitskauf *m*; **7.** *(good buy)* preiswertes Angebot *n*, Schnäppchen *n*
bargaining [ˈbɑːgənɪŋ] *sb* Verhandeln *n*, Bargaining *n*
barrel [ˈbærəl] *sb* Fass *n*, Tonne *f*, Barrel *n*

barriers to entry ['bærɪəz tu 'entrɪ] *pl* Markteintrittsbarrieren *f/pl*
barrister ['bærɪstə] *sb* *(UK)* Rechtsanwalt/Rechtsanwältin *m/f* (bei höheren Gerichten), Barrister *m*
barter ['bɑ:tə] *v* tauschen; *sb* Tauschhandel *m*, Tausch *m*
barter transaction ['bɑ:tə træn'zækʃən] *sb* Kompensationsgeschäft *n*, Tauschgeschäft *n*, Bartergeschäft *n*
base [beɪs] *sb* Basis *f*, Grundlage *f*
base level ['beɪs levl] *sb* Ausgangsniveau *n*
base line ['beɪs laɪn] *sb* Vergleichsbasis *f*
base period [beɪs 'pɪərɪəd] *sb* Vergleichszeitraum *m*
base rate ['beɪs reɪt] *sb* Leitzins *m*
base year ['beɪs jɪə] *sb* Vergleichsjahr *n*, Basisjahr *n*
basic collective agreement ['beɪsɪk kə'lektɪv ə'gri:mənt] *sb* Manteltarifvertrag *m*
basic income ['beɪsɪk 'ɪnkʌm] *sb* Grundgehalt *n*, Basiseinkommen *n*
basic knowledge ['beɪsɪk 'nɒlɪdʒ] *sb* Grundwissen *n*, Grundkenntnisse *pl*
basic price ['beɪsɪk praɪs] *sb* Basispreis *m*
basic rate ['beɪsɪk reɪt] *sb* Eingangssteuersatz *m*
basic rate of interest ['beɪsɪk reɪt əv 'ɪntrɪst] *sb* Eckzins *m*
basic salary ['beɪsɪk 'sælərɪ] *sb* Grundgehalt *n*, Grundlohn *m*
basic savings ['beɪsɪk 'seɪvɪŋz] *pl* Spareckzins *m*
basic trend ['beɪsɪk trend] *sb* Basistrend *m*
basic wage ['beɪsɪk weɪdʒ] *sb* Grundlohn *m*
basis ['beɪsɪs] *sb* Basis *f*, Grundlage *f*, Fundament *n*
basis price ['beɪsɪs praɪs] *sb* Grundpreis *m*, Erwerbskurs *m*
basket currency ['bɑ:skɪt 'kʌrɪnsɪ] *sb* Korbwährung *f*
batch of commodities [bætʃ əv kə'mɒdɪti:z] *sb* Warenkorb *m*
batch production [bætʃ prə'dʌkʃən] *sb* Chargenproduktion *f*
batch size [bætʃ saɪz] *(production)* Losgröße *f*, Seriengröße *f*
baud rate ['bɔ:d reɪt] *sb* Baudrate *f*
bear ['beə] *sb* Baissespekulant(in) *m/f*, Baissier *m*; *to sell a ~* auf Baisse spekulieren
bear clause ['beə klɔ:z] *sb* Baisseklausel *f*
bearer ['beərə] *sb* **1.** *(of a message, of a cheque)* Überbringer(in) *m/f*; **2.** *(of a document)* Inhaber(in) *m/f*; **3.** *(carrier)* Träger(in) *m/f*
bearer bond ['beərə bɒnd] *sb* Inhaberschuldverschreibung *f*
bearer cheque ['beərə tʃek] *sb* Inhaberscheck *m*, Überbringerscheck *m*
bearer clause ['beərə klɔ:z] *sb* Inhaberklausel *f*
bearer instrument ['beərə 'ɪnstrəmənt] *sb* Inhaberpapier *n*
bearer land charge ['beərə lænd tʃɑ:dʒ] *sb* Inhabergrundschuld *f*
bearer share ['beərə ʃeə] *sb* Inhaberaktie *f*
bearer-type mortgage ['beərətaɪp 'mɔ:gɪdʒ] *sb* Inhaberhypothek *f*
bearish ['beərɪʃ] *adj* *(market)* bearish, auf Baisse gerichtet, flau
bear market [beə 'mɑ:kɪt] *sb* Baisse *f*
bear sale ['beə seɪl] *sb* Leerverkauf *m*
bear seller [beə 'selə] *(Börse)* Fixer *m*
bear selling position [beə 'selɪŋ pə'zɪʃən] *sb* Leerposition *f*
bear slide ['beə slaɪd] *sb* Kursrutsch *m*
beat [bi:t] *v irr* **1.** *(s.o. to sth)* zuvorkommen; **2.** *(surpass)* überbieten
beat down [bi:t 'daʊn] *v irr* *(prices)* herunterdrücken, herunterhandeln
before hours dealing [bɪ'fɔ:r 'aʊəz 'di:lɪŋ] *sb* Vorbörse *f*
belong [bɪ'lɒŋ] *v* gehören
belongings [bɪ'lɒŋɪŋz] *pl* Habe *f*, Besitz *m*, Eigentum *n*
benchmark rate ['bentʃmɑ:k reɪt] *sb* Ecklohn *m*
benchmarking ['bentʃmɑ:kɪŋ] *sb* Benchmarking *n*, Leistungsvergleich *m*
beneficial [benɪ'fɪʃəl] *adj* nützlich, gut, von Vorteil
beneficiary [benɪ'fɪʃəri] *sb* Nutznießer(in) *m/f*, Begünstigte(r) *f/m*
beneficiary of payment [benɪ'fɪʃəri əv 'peɪmənt] *sb* Zahlungsberechtigte(r) *f/m*
benefit ['benɪfɪt] *v* **1.** Nutzen ziehen, profitieren, gewinnen; *sb* **2.** Vorteil *m*,

B

B

Nutzen *m*, Gewinn *m*; **3.** *give s.o. the ~ of the doubt* im Zweifelsfalle zu jds Gunsten entscheiden; *(insurance ~)* Leistung *f*, Unterstützung *f*

benefit analysis ['benɪfɪt ə'nælɪsɪs] *sb* Nutzwertanalyse *f*

bequeath [bɪ'kwi:ð] *v* vermachen, vererben

bequest [bɪ'kwest] *sb* Vermächtnis *n*; *(to a museum)* Stiftung *f*

bespoke [bɪ'spəʊk] *adj (UK)* nach Maß angefertigt, Maß...

best price [best 'praɪs] *adj* billigst

bestow [bɪ'stəʊ] *v* schenken, erweisen

bestseller [best'selə] *sb* Bestseller *m*

bestselling ['bestselɪŋ] *adj* Erfolgs..., bestverkauft

beta factor ['bi:tə 'fæktə] *sb* Betafaktor *m*

beverage tax ['bevərɪdʒ tæks] *sb* Getränkesteuer *f*

BIC [bɪk] *sb (bank identifier code)* BIC *m*

bid [bɪd] *v irr* **1.** bieten; *sb* **2.** Angebot *n*; **3.** *(at an auction)* Gebot *n*

bidder ['bɪdə] *sb* Bieter(in) *m/f*; *the highest ~* der/die Meistbietende *m/f*; *the lowest ~* der/die Mindestbietende *m/f*

bidding ['bɪdɪŋ] *sb* Bieten *n*, Gebot *n*; *do s.o.'s ~* wie geheißen tun

bid price [bɪd 'praɪs] *sb* Geldkurs *m*

big bank [bɪg bæŋk] *sb* Großbank *f*

bilateral [baɪ'lætərəl] *adj* zweiseitig, bilateral, beiderseitig

bill [bɪl] *v* **1.** *(charge)* in Rechnung stellen; *sb* **2.** Rechnung *f*, Abrechnung *f*; **3.** *(US: banknote)* Banknote *f*, Geldschein *m*; **4.** *~ of sale* Verkaufsurkunde *f*

billboard ['bɪlbɔ:d] *sb* Reklametafel *f*, Werbetafel *f*

bill brokerage [bɪl 'brəʊkərɪdʒ] *sb* Wechselcourtage *f*

bill discount rate [bɪl 'dɪskaʊnt reɪt] *sb* Wechseldiskontsatz *m*

bill drawn by the drawer himself [bɪl 'drɔ:n baɪ ðə 'drɔ:ə hɪm'self] *sb* trassiert-eigener Wechsel *m*

billed [bɪld] *adj* in Rechnung gestellt, berechnet

bill endorsement [bɪl ɪn'dɔ:smənt] *sb* Wechselindossament *n*

bill finance [bɪl 'faɪnæns] *sb* Wechselfinanzierung *f*

bill for collection [bɪl fɔ: kə'lekʃən] *sb* Inkassowechsel *m*

bill guarantee [bɪl gærən'ti:] *sb* Wechselbürgschaft *f*, Wechselgarantie *f*

bill in foreign currency [bɪl ɪn 'fɒrɪn 'kʌrɪnsɪ] *sb* Devisen-Wechsel *m*

billion ['bɪlɪən] *sb* **1.** *(a thousand million)* Milliarde *f*; **2.** *(formerly UK: a million millions)* Billion *f*

bill of entry [bɪl əv 'entrɪ] *sb* Zolleinfuhrschein *m*

bill of exchange [bɪl əv ɪk'stʃeɪndʒ] *sb* Wechsel *m*

bill of exchange drawn for third party [bɪl əv ɪk'stʃeɪndʒ drɔ:n fɔ: θɜ:d 'pɑ:ti] *sb* Kommissionstratte *f*

bill of lading [bɪl əv 'leɪdɪŋ] *sb* Konnossement *m*, Seefrachtbrief *m*

bill of quantities [bɪl əv 'kwɒntɪtɪz] *sb* Leistungsverzeichnis *n*

bill of receipts and expenditures [bɪl əv rɪ'si:ts ænd ɪk'spendɪtʃəz] Einnahmen-Ausgabenrechnung *f*

bill payable [bɪl 'peɪəbəl] *sb* Schuldwechsel *m*

bill payable at sight [bɪl 'peɪəbəl ət saɪt] *sb* Sichtwechsel *m*

bill payable in instalments [bɪl 'peɪəbəl ɪn ɪn'stɔ:lmənts] *sb* Ratenwechsel *m*

bills and checks returned unpaid [bɪlz ænd tʃeks rɪ'tɜ:nd ʌn'peɪd] *pl (finance)* Retouren *f/pl*

bills discounted [bɪlz 'dɪskaʊntɪd] *pl* diskontierte Wechsel *m/pl*

bills drawn on debtors [bɪlz drɔ:n ɒn 'detəz] *pl* Debitorenziehung *f*

bills receivable [bɪlz rɪ'si:vəbəl] *pl* Besitzwechsel *m*

bills rediscountable at the Federal Bank [bɪlz rɪdɪs'kaʊntɪbəl æt ðə 'fedərəl bæŋk] *pl* bundesbankfähige Wertpapiere *n/pl*

bill transaction [bɪl træn'zækʃən] *sb* Wechselgeschäft *n*

binding ['baɪndɪŋ] *adj* verbindlich, bindend, verpflichtend

biodegradable [baɪəʊdɪ'greɪdəbl] *adj* biologisch abbaubar

biogas ['baɪəʊgæs] *sb* Biogas *n*

biotechnology [baɪəʊtek'nɒlədʒɪ] *sb* Biotechnologie *f*

birthday ['bɜ:θdeɪ] *sb* Geburtstag *m*

birthplace ['bɜ:θpleɪs] *sb* Geburtsort *m*
bit [bɪt] *sb* **1.** Stückchen *n*, Stück *n*; *~ by ~* stückweise, Stück für Stück; *every ~ as good as ...* genauso gut wie ...; **2.** *(US: coin)* Münze *f*; **3.** *computer)* Bit *n*
black box method [blæk bɒks 'meθəd] *sb* Black-Box-Methode *f*
black list [blæk lɪst] *sb* Blacklist *f*, schwarze Liste *f*
black market [blæk 'mɑ:kɪt] *sb* Schwarzmarkt *m*
blank [blæŋk] *adj* Blanko..., leer, blanko
blank bill [blæŋk bɪl] *sb* Blanko-Wechsel *m*
blank cheque [blæŋk tʃek] *sb* Blankoscheck *m*
blanket agreement ['blæŋkɪt ə'gri:mənt] *sb* Rahmenvereinbarung *f*
blanket allowance for special expenses ['blæŋkɪt ə'lauəns fɔ: 'speʃəl ɪk'spensɪz] *sb* Sonderausgaben-Pauschbetrag *m*
blank form [blæŋk fɔ:m] *sb* Blankoformular *n*
blank indorsement [blæŋk ɪn'dɔ:smənt] *sb* Blanko-Indossament *n*
blank signature [blæŋk 'sɪgnətʃə] *sb* Blankounterschrift *f*
block [blɒk] *v (credit)* sperren
block credit [blɒk 'kredɪt] *sb* Rahmenkredit *m*
blocked account [blɒkt ə'kaʊnt] *sb* Sperrkonto *n*
blocked balance [blɒkt 'bæləns] *sb* Sperrguthaben *n*
blocked deposit [blɒkt dɪ'pɒzɪt] *sb* gesperrtes Depot *n*
blocked safe-deposit [blɒkt seɪf dɪ'pɒzɪt] *sb* Sperrdepot *n*
blocked shares [blɒkt 'ʃeəz] *sb* gesperrte Aktien *f/pl*
block grant [blɒk 'grɑ:nt] *sb* Pauschalsubvention *f*
block of shares [blɒk əv 'ʃeəz] *pl* Aktienpaket *n*
blue chips ['blu: tʃɪps] *pl* erstklassige Aktien *f/pl*, Blue Chips *m/pl*
board [bɔ:d] *sb* **1.** *(of a computer)* Platine *f*; **2.** *(~ of directors)* Vorstand *m*, Direktorium *n*, Verwaltungsrat *m*
board of directors [bɔ:d əv dɪ'rektəz] *sb* Direktion *f*, Vorstand *m*
board of trustees [bɔ:d əv trʌs'ti:z] *sb* Kuratorium *n*
boardroom ['bɔ:dru:m] *sb* Sitzungssaal *m*
body ['bɒdɪ] *sb* **1.** *(group of people)* Gruppe *f*, Gesellschaft *f*; **2.** *(administrative)* Körperschaft *f*
body of assets ['bɒdɪ əv 'æsets] *sb* Vermögensmasse *f*
bogus company ['bəugəs 'kʌmpənɪ] *sb* Briefkastenfirma *f*, Scheinfirma *f*
bond [bɒnd] *sb* Obligation *f*, festverzinsliches Wertpapier *n*
bond capital [bɒnd 'kæpɪtəl] *sb* Anleihekapital *n*
bond certificate [bɒnd sə'tɪfɪkɪt] *sb* Anleiheschein *m*
bond coupon [bɒnd 'ku:pɒn] *sb* Zinsschein *m*
bonded ['bɒndɪd] *adj* unter Zollverschluss *m*
bonded warehouse ['bɒndɪd 'weəhaʊs] *sb* Zolllagerhaus *n*
bondholder ['bɒndhəuldə] *sb* Pfandbriefinhaber(in) *m/f*, Obligationär(in) *m/f*
bond issue [bɒnd 'ɪʃu:] *sb* Obligationsausgabe *f*
bond market [bɒnd 'mɑ:kɪt] *sb* Rentenmarkt *m*
bond option [bɒnd 'ɒpʃən] *sb* Bond-Option *f*
bonds [bɒndz] *pl* Rentenpapiere *n/pl*, Bonds *m/pl*, Obligation *f*
bond trading [bɒnd 'treɪdɪŋ] *sb* Rentenhandel *m*
bond warrant [bɒnd 'wɒrənt] *sb* Zollbegleitschein *m*
bonus ['bəunəs] *sb (monetary)* Prämie *f*, Bonus *m*, Gratifikation *f*, Bonifikation *f*, Zulage *f*
bonus-aided saving ['bəunəs 'eɪdɪd 'seɪvɪŋ] *sb* Prämiensparen *n*
bonus savings contract ['bəunəs 'seɪvɪŋz 'kɒntrækt] *sb* Prämiensparvertrag *m*
bonus share ['bəunəs ʃeə] *sb* Berichtigungsaktie *f*, Gratisaktie *f*, Zusatzaktie *f*
book [bʊk] *v (reserve)* buchen, reservieren, vorbestellen; *to be ~ed up* ausgebucht sein

book credit [bʊk ˈkredɪt] *sb* Buchkredit *m*
book debt [bʊk det] *sb* Buchschuld *f*
booking [ˈbʊkɪŋ] *f* Buchung *f*, Bestellung *f*
booking amount [ˈbʊkɪŋ əˈmaʊnt] *sb* Buchungsbetrag *m*
bookkeeper [ˈbʊkkiːpə] *sb* Buchhalter(in) *m/f*
bookkeeping [ˈbʊkkiːpɪŋ] *sb* Buchhaltung *f*, Buchführung *f*
bookkeeping department [ˈbʊkkiːpɪŋ dɪˈpɑːtmənt] *sb* Buchhaltungsabteilung *f*
bookkeeping error [ˈbʊkkiːpɪŋ ˈerə] *sb* Buchungsfehler *m*
book profit [bʊk ˈprɒfɪt] *sb* Buchgewinn *m*
books [bʊks] *pl* Bücher *n/pl*, Geschäftsbücher *n/pl*; *keep the ~s* die Bücher führen
book value [bʊk ˈvæljuː] *sb* Bilanzkurs *m*, Buchbestände *m/pl*; Buchwert *m*
boom [buːm] *v* **1.** *(prosper)* einen Aufschwung nehmen; *Business is ~ing.* Das Geschäft blüht. *sb* **2.** *(upswing)* Aufschwung *m*, Boom *m*, Hochkonjunktur *f*
boot [ˈbuːt] *v* *(IT)* laden
borrow [ˈbɒrəʊ] *v* borgen, sich leihen, sich entleihen
borrowed funds [ˈbɒrəʊd fʌndz] *pl* aufgenommene Gelder *n/pl*, fremde Mittel *n/pl*
borrower [ˈbɒrəʊə] *sb* Entleiher(in) *m/f*; *(with a bank)* Kreditnehmer(in) *m/f*
borrowing [ˈbɒrəʊɪŋ] *sb* Passivkredit *m*
borrowing limit [ˈbɒrəʊɪŋ ˈlɪmɪt] *sb* Kreditlimit *n*
borrowing line [ˈbɒrəʊɪŋ ˈlaɪn] *sb* Kreditlinie *f*
bottleneck [ˈbɒtlnek] *sb* *(fig)* Engpass *m*
bottle-neck factor [ˈbɒtlnek ˈfæktə] *sb* Engpassfaktor *m*
bottom [ˈbɒtəm] *v* auf dem Tiefpunkt sein, den tiefsten Stand erreicht haben; *~ out* die Talsohle verlassen
bottom line [ˈbɒtəm ˈlaɪn] *sb* **1.** Saldo *m*; **2.** *(result)* Fazit *n*, Endergebnis *n*
bottom-up planning system [ˈbɒtəm ʌp ˈplænɪŋ ˈsɪstɪm] *sb* Gegenstromverfahren *n*
bottom-up principle [ˈbɒtəmʌp ˈprɪnsɪpəl] *sb* Bottom-Up-Prinzip *n*
bottom wage groups [ˈbɒtəm weɪdʒ gruːps] *pl* Leichtlohngruppen *f/pl*
bourse [bauəs] *sb* Börse *f* *(auf dem europäischen Kontinent)*
box [bɒks] *v* **1.** *(put in boxes)* verpacken; **2.** *sb* Kasten *m*, Kiste *f*; *(made of thin cardboard)* Schachtel *f*
boxboard [ˈbɒksbɔːd] *sb* Wellpappe *f*, Karton *m*
boxcar [ˈbɒkskɑː] *sb* geschlossener Güterwagon *m*
box number [ˈbɒks ˈnʌmbə] *sb* Postfach *n*
boycott [ˈbɔɪkɒt] *sb* **1.** Boykott *m*; *v* **2.** boykottieren
brain drain [ˈbreɪn dreɪn] *sb* *(fam)* Braindrain *m*, Abwanderung hochqualifizierter Arbeitskräfte *f*
brains trust [ˈbreɪnz trʌst] *sb* Expertenausschuss *m*, Braintrust *m*
brainstorming [ˈbreɪnstɔːmɪŋ] *sb* Brainstorming *n*, Ideensammeln *n*
branch [brɑːntʃ] *sb* **1.** *(area)* Zweig *m*, Sparte *f*, Branche *f*; **2.** *(~ office)* Filiale *f*, Zweigstelle *f*; *v* **3.** *~ out* sich ausdehnen
branch abroad [brɑːntʃ əˈbrɔːd] *sb* Auslandsniederlassung *f*
branch manager [brɑːntʃ ˈmænɪdʒə] *sb* Filialleiter(in) *m/f*
branch office [brɑːntʃ ˈɒfɪs] *sb* Geschäftsstelle *f*, Zweigstelle *f*, Filiale *f*
branch of industry [brɑːntʃ əv ˈɪndəstrɪ] *sb* Wirtschaftszweig *f*
branch operation [brɑːntʃ ɒpəˈreɪʃən] *sb* Zweigstelle *m*
brand [brænd] *sb* *(name)* Marke *f*, Schutzmarke *f*
brand family [brænd ˈfæmɪlɪ] *sb* Markenfamilie *f*
brand leader [brænd ˈliːdə] *sb* führende Marke *f*
brand management [brænd ˈmænɪdʒmənt] *sb* Produktmanagement *n*, Markenmanagement *n*
brand marketing [brænd ˈmɑːkɪtɪŋ] *sb* Brandmarketing *n*
brand name [ˈbrænd neɪm] *sb* Markenname *m*
brand name article [ˈbrænd neɪm ˈɑːtɪkl] *sb* Markenartikel *m*
brand (name) loyalty [brænd (neɪm) ˈlɔɪjəltɪ] *sb* Markentreue *f*

brand switching [brænd 'swɪtʃɪŋ] *sb* Markenwechsel *m*

brand trademark [brænd 'treɪdmɑ:k] *sb* Marke *f*

brand trend survey [brænd trend 'sɜ:veɪ] *sb* Markenanalyse *f*

branding ['brændɪŋ] *sb* Branding *n*, Markenentwicklung *f*

breach [bri:tʃ] *v* **1.** *(a contract)* brechen, verletzen; *sb* **2.** Übertretung *f*, Verstoß *m*, Verletzung *f*; **3.** *~ of contract* Vertragsbruch *m*

break [breɪk] *v irr* **1.** brechen; **2.** *~ even* Kosten decken; **3.** *~ the news to s.o.* jdm etw eröffnen; **4.** *(stop functioning)* kaputtgehen; **5.** *(ruin)* kaputtmachen; *sb* **6.** *(pause)* Pause *f*; *take a ~* eine Pause machen

breakage ['breɪkɪdʒ] *sb* Bruch *m*; *(damage)* Bruchschaden *m*

breakage frequency ['breɪkɪdʒ 'fri:kwənsɪ] *sb* Ausschussquote *f*

break down [breɪk 'daʊn] *v irr (machine)* versagen, stehen bleiben

breakdown ['breɪkdaʊn] *sb* **1.** *(of a machine)* Versagen *n*, Betriebsstörung *f*; **2.** *(of a car)* Panne *f*; **3.** *(analysis)* Aufgliederung *f*

breakeven analysis [breɪk'i:vən ə'nælɪsɪs] Break-Even-Analyse *f*, Gewinnschwellenanalyse *f*

break-even point [breɪk'i:vən pɔɪnt] *sb* Gewinnschwelle *f*, Rentabilitätsschwelle *f*, Break-Even-Point *m*

breakthrough ['breɪkθru:] *sb* Durchbruch *m*

bribe [braɪb] *v* **1.** bestechen, schmieren; **2.** *sb* *(money)* Bestechung *f*, Bestechungsgeld *n*

bridging loan ['brɪdʒɪŋ ləʊn] *sb* Überbrückungskredit *m*

brief [brɪ:f] *sb* **1.** Instruktionen *f/pl*; *v* **2.** *~ s.o.* jdn einweisen, jdn instruieren

briefcase ['brɪ:fkeɪs] *sb* Aktentasche *f*, Aktenmappe *f*

briefing ['brɪ:fɪŋ] *sb* Briefing, vorbereitende Besprechung *f*

bring [brɪŋ] *v irr* **1.** bringen; **2.** *~ a charge against s.o.* gegen jdn Anklage erheben

bring forward [brɪŋ 'fɔ:wəd] *v irr* **1.** übertragen; **2.** *(a meeting)* vorverlegen

broadcast ['brɔ:dkɑ:st] *v irr* **1.** senden, übertragen; *sb* **2.** Übertragung *f*, Sendung *f*

brochure ['brəʊʃə] *sb* Broschüre *f*, Prospekt *m*

broken-period interest ['brəʊkən pɪərɪəd 'ɪntrest] *sb* Stückzinsen *pl*

broker ['brəʊkə] *sb* Broker(in) *m/f*; Makler(in) *m/f*

brokerage ['brəʊkərɪdʒ] *sb* Maklergeschäft *n*, Maklergebühr *f*, Provision *f*, Courtage *f*

brokerage bank ['brəʊkərɪdʒ bæŋk] *sb* Maklerbank *f*

brokerage business ['brəʊkərɪdʒ 'bɪznɪs] *sb* Vermittlungsgeschäft *n*

brokers' code of conduct ['brəʊkəz kəʊd əv 'kɒndʌkt] *sb* Maklerordnung *f*

brown goods [braʊn 'gʊdz] *pl* Unterhaltungselektronik *f*

bubble company ['bʌbəl 'kʌmpənɪ] *sb* Briefkastenfirma *f*, Scheinfirma *f*

bucket shop ['bʌkɪt ʃɒp] *sb* Winkelbörse *f*

budget ['bʌdʒɪt] *v* **1.** *~ for sth* einplanen, einkalkulieren; *sb* **2.** Etat *m*, Budget *n*, Haushalt *m*

budget adjustment ['bʌdgɪt ə'dʒʌstmənt] *sb* Planrevision *f*

budgetary deficit ['bʌdʒɪtəri 'defəsɪt] *sb* Haushaltsdefizit *n*, Budgetdefizit *n*

budgetary planning ['bʌdʒɪtəri 'plænɪŋ] *sb* Budgetplanung *f*

budget control ['bʌdʒɪt kən'trəʊl] *sb* Budgetkontrolle *f*

budget credit ['bʌdʒɪt 'kredɪt] *sb* Haushaltskredit *m*

budget cut ['bʌdʒɪt kʌt] *sb* Etatkürzung *f*, Budgetkürzung *f*

budgeted balance sheet ['bʌdʒɪtɪd 'bæləns ʃi:t] *sb* Planbilanz *f*

budgeted costs ['bʌdʒɪtɪd kɒsts] *pl* Sollkosten *pl*

budget law ['bʌdʒɪt lɔ:] *sb* Haushaltsgesetz *n*

budgeting ['bʌdʒɪtɪŋ] *sb* Budgetierung *f*, Finanzplanung *f*

buffer ['bʌfə] *sb* **1.** Puffer *m*; *v* **2.** puffern, abfedern

buffer stock ['bʌfə stɒk] *sb* Pufferbestand *m*

bug [bʌg] *v* **1.** verwanzen, abhören; *sb* **2.** *(programming error)* Defekt *m*

build [bɪld] *v irr* **1.** bauen, erbauen, errichten; **2.** *(fig: business, career, relationship)* aufbauen; **3.** *(assemble)* bauen, konstruieren, herstellen
builder [ˈbɪldə] *sb* **1.** *(contractor)* Bauunternehmer *m;* **2.** Erbauer *m,* Bauträger *m*
building and contracting industry [ˈbɪldɪŋ ənd kɒnˈtræktɪŋ ˈɪndəstrɪ] *sb* Bauwirtschaft *f*
building financing [ˈbɪldɪŋ ˈfaɪnænsɪŋ] *sb* Baufinanzierung *f*
building loan [ˈbɪldɪŋ ləʊn] *sb* Baukredit *m,* Baudarlehen *n*
building site [ˈbɪldɪŋ saɪt] *sb* Bauland *n,* Baustelle *f*
building society [ˈbɪldɪŋ səˈsaɪɪtɪ] *sb* *(UK)* Bausparkasse *f*
build-up account [ˈbɪldʌp əˈkaʊnt] *sb* Aufbaukonto *n*
bulk [bʌlk] *sb* **1.** *(size)* Größe *f,* Masse *f;* **2.** *(large quantity)* Masse *f*
bulk buyer [bʌlk ˈbaɪə] *sb* Großabnehmer(in) *m/f*
bulk buying [bʌlk ˈbaɪɪŋ] *sb* Großeinkauf *m*
bulk carrier [bʌlk ˈkærɪə] *sb* Frachtschiff *n,* Frachter *m*
bulk delivery [bʌlk dɪˈlɪvərɪ] *sb* Großlieferung *f*
bulk goods [bʌlk gʊdz] *pl* Massengüter *n/pl*
bulk mail [ˈbʌlk meɪl] *sb* Postwurfsendung *f*
bulky cargo [ˈbʌlkɪ ˈkɑːgəʊ] *sb* Sperrgut *n*
bull [bʊl] *sb* Haussespekulant *m,* Haussier *m*
bull market [bʊl ˈmɑːkɪt] *sb* Hausse *f*
bullion [ˈbʊljən] *sb* **1.** Bullion *n;* **2.** Barren *m*
bullion broker [ˈbʊljən ˈbrəʊkə] *sb* Bullionbroker *m*
bullish [ˈbʊlɪʃ] *adj* bullish, in Hausse-Stimmung, haussierend
buoyant [ˈbɔɪjənt] *adj* freundlich, lebhaft
burden [ˈbɜːdn] *v* **1.** belasten; *~ s.o. with sth* jdm etw aufbürden; *sb* **2.** Last *f;* **3.** *(of taxes)* Belastung *f*
burden sharing [ˈbɜːdn ʃeərɪŋ] *sb* Lastenverteilung *f*
bureau [ˈbjʊərəʊ] *sb (of the government)* Amt *n,* Behörde *f*
bureaucracy [bjʊəˈrɒkrəsɪ] *sb* Bürokratie *f*
bureaucrat [ˈbjʊərəkræt] *sb* Bürokrat(in) *m/f*
bureaucratic [bjʊərəˈkrætɪk] *adj* bürokratisch
burnout syndrome [ˈbɜːnaʊt ˈsɪndrəʊm] *sb* Burnout-Syndrom *n;* Burnout *m*
business [ˈbɪznɪs] *sb* **1.** *(firm)* Geschäft *n,* Betrieb *m,* Unternehmen *n;* **2.** *go out of ~* zumachen; **3.** *(trade)* Geschäft *n,* Gewerbe *n; (matter)* Sache *f,* Affäre *f,* Angelegenheit *f;* **4.** *get down to ~* zur Sache kommen
business acquisition [ˈbɪznɪs ækwɪˈzɪʃən] *sb* Geschäftsübernahme *f*
business administration [ˈbɪznɪs ədmɪnɪˈstreɪʃən] *sb* Betriebswirtschaftslehre *f*
business barometer [ˈbɪznɪs bəˈrɒmɪtə] *sb* Konjunkturbarometer *n*
business card [ˈbɪznɪs kɑːd] *sb* Geschäftskarte *f,* Visitenkarte *f*
business category costing [ˈbɪznɪs ˈkætəgərɪ ˈkɒstɪŋ] *sb* Geschäftsspartenkalkulation *f*
business combination [ˈbɪznɪs kɒmbɪˈneɪʃən] *sb* Unternehmenszusammenschluss *m*
business connections [ˈbɪznɪs kəˈnekʃənz] *pl* Geschäftsbeziehungen *f/pl,* Geschäftsverbindungen *f/pl*
business consulting [ˈbɪznɪs kənˈsʌltɪŋ] *sb* Unternehmensberatung *f*
business cycle [ˈbɪznɪs ˈsaɪkəl] *sb* Konjunkturverlauf *m,* Konjunkturzyklus *m*
business data processing [ˈbɪznɪs ˈdeɪtə ˈprəʊsesɪŋ] *sb* Wirtschaftsinformatik *f*
business deal [ˈbɪznɪs diːl] *sb* Geschäftsabschluss *m*
business economics [ˈbɪznɪs iːkəˈnɒmɪks] *pl* Betriebswirtschaftslehre *f*
business enterprise [ˈbɪznɪs ˈentəpraɪz] *sb* Erwerbsbetrieb *m,* Unternehmung *f*
business environment risk index [ˈbɪznɪs enˈvaɪənmənt rɪsk ˈɪndeks] *sb* BERI-Index *m*

business forecasting ['bɪznɪs 'fɔ:kɑ:stɪŋ] *sb* Konjunkturprognose *f*
business friend ['bɪznɪs frend] *sb* Geschäftsfreund *m*
business hours ['bɪznɪs 'aʊəz] *sb* Geschäftszeit *f*, Öffnungszeiten *f/pl*
business in foreign countries ['bɪznɪs ɪn 'fɒrɪn 'kʌntrɪz] *sb* Auslandsgeschäft *n*
business income ['bɪznɪs 'ɪnkʌm] *sb* gewerbliches Einkommen *n*
business indicator ['bɪznɪs 'ɪndɪkeɪtə] *sb* Konjunkturindikator *m*
business letter ['bɪznɪs 'letə] *sb* Handelsbrief *m*
business licence ['bɪznɪs 'laɪsəns] *sb* Gewerbeschein *m*
businessman ['bɪznɪsmæn] *sb* Geschäftsmann *m*, Kaufmann *m*
business merger ['bɪznɪs mɜ:dʒə] *sb* Unternehmenskonzentration *f*
business over the counter ['bɪznɪs 'əʊvə ðə 'kaʊntə] *sb* Schaltergeschäft *n*
business papers ['bɪznɪs 'peɪpəz] *pl* Geschäftspapiere *n/pl*
business park ['bɪznɪs pɑ:k] *sb* Gewerbegebiet *n*
business partner ['bɪznɪs 'pɑ:tnə] *sb* Geschäftspartner(in) *m/f*
business practice ['bɪznɪs 'præktɪs] *sb* Handelsbrauch *m*
business relations ['bɪznɪs rɪ'leɪʃənz] *pl* Geschäftsverbindung *f*, Geschäftsbeziehung *f*
business report ['bɪznɪs rɪ'pɔ:t] *sb* Geschäftsbericht *m*
business reply ['bɪznɪs rɪ'plaɪ] *sb* Werbeantwort *f*
business secret ['bɪznɪs 'sɪ:krət] *sb* Geschäftsgeheimnis *n*
business taxation ['bɪznɪs tæk'seɪʃən] *sb* Unternehmensbesteuerung *f*
business-to-business (B2B) ['bɪznɪs tʊ 'bɪznɪs] *sb* Business-to-Business, B2B (Geschäftsvorgänge zwischen Unternehmen)
business-to-consumer (B2C) ['bɪznɪs tʊ kəns'ju:mə] *sb* Business-to-Consumer, B2C (Geschäftsvorgänge zwischen Unternehmen und Endkunden)
businesswoman ['bɪznɪswʊmən] *sb* Geschäftsfrau *f*
business year ['bɪznɪs jɪə] *sb* Wirtschaftsjahr *n*
busy ['bɪzɪ] *adj* **1.** beschäftigt, tätig; **2.** *(telephone line) (US)* besetzt
buy [baɪ] *v irr* **1.** kaufen, einkaufen; *sb* **2.** *(fam)* Kauf *m*; *a good ~* ein günstiger Kauf *m*
buy-back ['baɪbæk] *sb* Anteilsrückkauf *m*
buy-back arrangements ['baɪbæk ə'reɪndʒmənts] *pl* Rückkaufgeschäfte *n/pl*
buyer ['baɪə] *sb* Käufer(in) *m/f*, Abnehmer(in) *m/f*
buyer's commission ['baɪəz kə'mɪʃən] *sb* Käuferprovision *f*
buyer's group ['baɪəz 'gru:p] *sb* Käuferschicht *f*
buyer's market ['baɪəz 'mɑ:kɪt] *sb* Käufermarkt *m*
buying rate ['baɪɪŋ reɪt] *sb* Geldkurs *m*
buy off [baɪ 'ɒf] *v irr (s.o.)* jdn abfinden
buy out [baɪ 'aʊt] *v irr* **1.** *(s.o.)* auszahlen; **2.** *(s.o.'s stock)* aufkaufen
by express [baɪ ɪk'spres] *adj* per Express
by lorry [baɪ 'lɒrɪ] *adj* per Lastwagen
by order [baɪ 'ɔ:də] *adj* im Auftrag
by procuration [baɪ prəkju'reɪʃən] *adj* per procura
by registered post [baɪ 'redʒɪstəd 'pəʊst] *adj* per Einschreiben
by return of post [baɪ rə'tɜ:n əv 'pəʊst] *adj* postwendend
bylaws ['baɪlɔ:z] *pl* Satzung *f*
by-product ['baɪprɒdʌkt] *sb* Nebenprodukt *n*, Abfallprodukt *n*
byte [baɪt] *sb* Byte *n*

C

C

cabotage [ˈkæbətaʒ] *sb* Kabotage *f*
calculable [ˈkælkjʊləbl] *adj* berechenbar, kalkulierbar
calculate [ˈkælkjʊleɪt] *v* **1.** rechnen; *(sth)* berechnen, errechnen; **2.** *(estimate)* kalkulieren
calculation [kælkjʊˈleɪʃən] *sb* Berechnung *f*, Kalkulation *f*, Rechnung *f*
calculation of compound interest [kælkjʊˈleɪʃən əv ˈkɒmpaʊnd ˈɪntrɪst] *sb* Zinseszinsrechnung *f*
calculation of earning power [kælkjʊˈleɪʃən əv ˈɜːnɪŋ ˈpaʊə] *sb* Rentabilitätsberechnung *f*
calculation of price of shares [kælkjʊˈleɪʃən əv praɪs əv ʃeəz] *sb* Effektenrechnung *f*
calculation of probabilities [kælkjʊˈleɪʃən əv prɒbəˈbɪlɪtɪz] *sb* Wahrscheinlichkeitsrechnung *f*
calculation of the budget costs [kælkjʊˈleɪʃən əv ðə ˈbʌdʒɪt kɒsts] *sb* Plankostenrechnung *f*
calculation unit [kælkjʊˈleɪʃən ˈjuːnɪt] *sb* Recheneinheit *f*
calculator [ˈkælkjʊleɪtə] *sb* *(pocket ~)* Taschenrechner *m*
calendar year [ˈkæləndə jɪə] *sb* Kalenderjahr *n*
call [kɔːl] *v* **1.** *(on the telephone)* anrufen; *(a meeting)* einberufen; **2.** *(a bond)* aufrufen; **3.** *(a loan)* abrufen; *sb* **4.** *(telephone ~)* Anruf *m*; *make a ~* telefonieren; *return a ~* zurückrufen
callable [ˈkɔːləbl] *adj* rückkaufbar, rückforderbar
callable bond [ˈkɔːləbəl ˈbɒnd] *sb* kündbare Schuldverschreibung *f*
callable forward transaction anticipato *m* [ˈkɔːləbəl ˈfɔːwəd trænˈzækʃən æntɪsɪˈpato] *sb* Wandelgeschäft *n*
callbox [ˈkɔːlbɒks] *sb* *(UK)* Telefonzelle *f*
call centre [ˈkɔːl sentə] *sb* Callcenter *n*, Telefonzentrale *f*
called [ˈkɔːld] *adj* eingefordert
called in [kɔːld ˈɪn] *adj* eingefordert
called in capital [ˈkɔːld ɪn ˈkæpɪtl] *sb* eingefordertes Kapital *n*
call forwarding [kɔːl ˈfɔːwədɪŋ] *sb* Anrufumleitung *f*
call letter [kɔːl ˈletə] *sb* Einzahlungsaufforderung *f*
call off [kɔːl ˈɒf] *v* *(cancel)* absagen
call officer [kɔːl ˈɒfɪsə] *sb* Firmenkundenbetreuer(in) *m/f*
call option [kɔːl ˈɒpʃən] *sb* Kaufoption *f*
call order [kɔːl ˈɔːdə] *sb* Abrufauftrag *m*
call transaction [kɔːl trænˈzækʃən] *sb* Call-Geschäft *n*
call up [kɔːl ˈʌp] *v* **1.** aufrufen; **2.** *(telephone)* anrufen
caller [ˈkɔːlə] *sb* *(on the telephone)* Anrufer(in) *m/f*; *(visitor)* Besucher(in) *m/f*
calling card [ˈkɔːlɪŋ kɑːd] *sb* *(fig, US)* Visitenkarte *f*
call-number [ˈkɔːlnʌmbə] *sb* *(UK)* Rufnummer *f*
camouflaged advertising [ˈkæməflɑːʒd ˈædvətaɪzɪŋ] *sb* Schleichwerbung *f*
canban system [ˈkænbæn ˈsɪstɪm] *sb* Kanban-System *n*
cancel [ˈkænsəl] *v* **1.** streichen, durchstreichen; **2.** *~ each other out (fig)* sich gegenseitig aufheben; **3.** *(a command)* widerrufen, aufheben; **4.** *(call off)* absagen; **5.** *(an order for goods)* abbestellen, stornieren; **6.** *(a contract)* annullieren, kündigen; **7.** *to be ~led* ausfallen
cancellation [kænsəˈleɪʃən] *sb* **1.** Streichung *f*, Aufhebung *f*, Annullierung *f*; **2.** *(of a contract)* Kündigung *f*; Abbestellung *f*, Stornierung *f*, Löschung *f*
cancellation fee [kænsəˈleɪʃən fiː] *sb* Rücktrittsgebühr *f*, Stornogebühr *f*
cancellation of a debt [kænsəˈleɪʃən əv ə det] *sb* Schuldenerlass *m*
cancellation period [kænsəˈleɪʃən ˈpɪərɪəd] *sb* Kündigungsfrist *f*

cancelled ['kænsld] *adj* **1.** ungültig, gestrichen; **2.** *(order)* storniert; **3.** *(meeting)* abgesagt; **4.** *(flight)* annulliert
candidate ['kændɪdeɪt] *sb* Kandidat(in) *m/f*, Anwärter(in) *m/f*, Bewerber(in) *m/f*
candidature ['kændɪdətʃə] *sb* Anwartschaft *f*, Kandidatur *f*
cap [kæp] *sb* Cap *n*, Obergrenze *f*
capacity [kə'pæsɪtɪ] *sb* **1.** *(ability)* Fähigkeit *f*; **2.** *(role)* Eigenschaft *f*; **3.** *in an advisory ~* in beratender Funktion; **4.** *(content)* Inhalt *m*, Umfang *m*; **5.** Kapazität *f*, Leistung *f*; *at full ~* bei voller Auslastung
capacity constraint(s) [kə'pæsətɪ kən'streɪnt(s)] *sb* Kapazitätsengpass *m*
capacity to contract [kə'pæsətɪ tu 'kɒntrækt] *sb* Geschäftsfähigkeit *f*
capacity to compete [kə'pæsətɪ tu kəm'pi:t] *sb* Wettbewerbsfähigkeit *f*
capacity to pay [kə'pæsətɪ tu peɪ] *sb* Zahlungsfähigkeit *f*
capital ['kæpɪtəl] *sb* **1.** Kapital *n*; **2.** Hauptstadt *f*
capital account ['kæpɪtəl ə'kaʊnt] *sb* Vermögensrechnung *f*
capital accumulation ['kæpɪtəl əkju:mjʊ'leɪʃən] *sb* Kapitalansammlung *f*
capital addition ['kæpɪtəl ə'dɪʃən] *sb* Anlagenzugang *m*
capital adjustment ['kæpɪtəl ə'dʒʌstmənt] *sb* Kapitalberichtigung *f*
capital aid ['kæpɪtəl eɪd] *sb* Kapitalhilfe *f*
capital analysis ['kæpɪtəl ə'nælɪsɪs] *sb* Kapitalanalyse *f*
capital assets ['kæpɪtəl 'æsets] *pl* Kapitalvermögen *n*
capital base ['kæpɪtəl beɪs] *sb* Kapitalbasis *f*
capital drain ['kæpɪtəl dreɪn] *sb* Kapitalabfluss *m*
capital expenditure ['kæpɪtəl ɪks'pendɪtʃə] *sb* Kapitalaufwand *m*, Investitionsausgaben *f/pl*
capital export ['kæpɪtəl 'ekspɔ:t] *sb* Kapitalexport *m*
capital flow ['kæpɪtəl fləʊ] *sb* Kapitalfluss *m*
capital formation ['kæpɪtəl fɔ:'meɪʃən] *sb* Vermögensbildung *f*
capital forming benefits ['kæpɪtəl 'fɔ:mɪŋ 'benəfɪts] *pl* vermögenswirksame Leistungen *f/pl*
capital fund ['kæpɪtəl fʌnd] *sb* Kapitalfonds *m*
capital gains tax ['kæpɪtəl geɪnz tæks] *sb* Kapitalertragssteuer *f*
capital gearing ['kæpɪtəl 'gɪərɪŋ] *sb* Fremdkapitalanteil *m*, Verschuldungsgrad *m*
capital goods ['kæpɪtəl gʊdz] *pl* Investitionsgüter *pl*, Anlagegüter *pl*
capital grant ['kæpɪtəl grɑ:nt] *sb* Kapitalzuschuss *m*
capital import ['kæpɪtəl 'ɪmpɔ:t] *sb* Kapitalimport *m*
capital industry ['kæpɪtəl 'ɪndəstrɪ] *sb* Produktionsgüterindustrie *f*
capital investment ['kæpɪtəl ɪn'vestmənt] *sb* Kapitalanlage *f*
capital investment company ['kæpɪtəl ɪn'vestmənt 'kʌmpənɪ] *sb* Kapitalanlagegesellschaft *f*
capital investment law ['kæpɪtəl ɪn'vestmənt lɔ:] *sb* Kapitalanlagegesetz *n*
capital issue ['kæpɪtəl 'ɪʃu:] *sb* Aktienemission *f*, Effektenemission *f*
capital levy ['kæpɪtəl 'levɪ] *sb* Vermögensabgabe *f*
capital majority ['kæpɪtəl mə'dʒɒrɪtɪ] *sb* Kapitalmehrheit *f*
capital market ['kæpɪtəl 'mɑ:kɪt] *sb* Kapitalmarkt *m*
capital market financing ['kæpɪtəl 'mɑ:kɪt 'faɪnənsiŋ] *sb* Kapitalmarktfinanzierung *f*
capital market interest rate ['kæpɪtəl 'mɑ:kɪt 'ɪntrɪst reɪt] *sb* Kapitalmarktzins *m*
capital market research ['kæpɪtəl 'mɑ:kɪt rɪ'sɜ:tʃ] *sb* Kapitalmarktforschung *f*
capital movements ['kæpɪtəl 'mu:vmənts] *pl* Kapitalbewegungen *f/pl*
capital outflows ['kæpɪtəl 'aʊtfləʊz] *pl* Kapitalabfluss *m*
capital productivity ['kæpɪtəl prɒdʌk'tɪvɪtɪ] *sb* Kapitalproduktivität *f*
capital program ['kæpɪtəl 'prəʊgræm] *sb* Investitionsprogramm *n*
capital protection ['kæpɪtəl prə'tekʃən] *sb* Kapitalschutz *m*

capital reduction [ˈkæpɪtəl rɪˈdʌkʃən] *sb* Kapitalherabsetzung *f*
capital requirement calculation [ˈkæpɪtəl rɪˈkwaɪəmənt kælkjʊˈleɪʃən] *sb* Kapitalbedarfsrechnung *f*
capital requirement(s) [ˈkæpɪtəl rɪˈkwaɪəmənt(s)] *sb* Kapitalbedarf *m*
capital reserves [ˈkæpɪtəl rɪˈzɜːvz] *pl* Kapitalrücklage *f*
capital resources [ˈkæpɪtəl rɪˈsɔːsɪz] *pl* Kapitalausstattung *f*
capital serving as a guarantee [ˈkæpɪtəl ˈsɜːvɪŋ æz ə gærənˈtiː] *sb* Garantiekapital *n*
capital share [ˈkæpɪtəl ʃeə] *sb* Kapitalanteil *m*
capital spending [ˈkæpɪtəl ˈspendɪŋ] *sb* Investitionsaufwand *m*, Kapitalaufwand *m*
capital stock [ˈkæpɪtəl stɒk] *sb* Grundkapital *n*
capital sum required as cover [ˈkæpɪtəl sʌm rɪˈkwaɪəd æz ˈkʌvə] *sb* Deckungskapital *n*
capital tie-up [ˈkæpɪtəl ˈtaɪʌp] *sb* Kapitalbindung *f*
capital transactions [ˈkæpɪtəl trænˈzækʃənz] *pl* Kapitalverkehr *m*
capital transaction tax [ˈkæpɪtəl trænˈzækʃən tæks] *sb* Kapitalverkehrssteuer *f*
capital transfer tax [ˈkæpɪtəl ˈtrænsfɜː tæks] *sb (UK)* Erbschaftssteuer *f*
capital turnover [ˈkæpɪtəl ˈtɜːnəʊvə] *sb* Kapitalumschlag *m*
capital value [ˈkæpɪtəl ˈvæljuː] *sb* Kapitalwert *m*
capital yield tax [ˈkæpɪtəl ˈjiːld tæks] *sb* Kapitalertragsteuer *f*
capitalism [ˈkæpɪtəlɪzm] *sb* Kapitalismus *m*
capitalist [ˈkæpɪtəlɪst] *sb* Kapitalist(in) *m/f*
capitalization [kæpɪtəlaɪˈzeɪʃən] *sb* Kapitalisierung *f*
capitalized value [ˈkæpɪtəlaɪzd ˈvaljuː] *sb* Ertragswert *m*
capitation [kæpɪˈteɪʃən] *sb* Kopfsteuer *f*
cap rate of interest [kæp reɪt əv ˈɪntrɪst] *sb* Zinskappe *f*
car [kɑː] *sb* Auto *n*, Wagen *m*
cardboard [ˈkɑːdbɔːd] *sb* Karton *m*, Pappe *f*; ~ box Pappkarton *m*
cardphone [ˈkɑːdfəʊn] *sb* Kartentelefon *n*
card holder [kɑːd ˈhəʊldə] *sb* Karteninhaber(in) *m/f*
card index [kɑːd ˈɪndeks] *sb* Kartei *f*
career [kəˈrɪə] *sb* Karriere *f*, Laufbahn *f*
cargo [ˈkɑːgəʊ] *sb* Ladung *f*, Fracht *f*
carnet [ˈkɑːneɪ] *sb* Zollcarnet *n*, Carnet *n*
car phone [ˈkɑː fəʊn] *sb* Autotelefon *n*
carriage [ˈkærɪdʒ] *sb* Fracht *f*
carriage charges [ˈkærɪdʒ ˈtʃɑːdʒɪz] *pl* Frachtkosten *pl*, Transportkosten *pl*
carriage of goods [ˈkærɪdʒ əv ˈgʊdz] *sb* Güterbeförderung *f*, Gütertransport *m*
carriage paid [ˈkærɪdʒ peɪd] *adj* franko, portofrei
carrier [ˈkærɪə] *sb* **1.** Träger *m*, Frachtführer *m*; **2.** *(shipping firm)* Spediteur *m*
carry [ˈkærɪ] *v* **1.** tragen; **2.** *(the cost of sth)* bestreiten; **3.** *(ship goods)* befördern
carry forward [ˈkærɪ fɔːwəd] *v* vortragen
carry-forward of the losses [kærɪ ˈfɔːwəd əv ðə ˈlɒsɪz] *sb* Verlustvortrag *m*
carry over [ˈkærɪ ˈəʊvə] *v* vortragen
carte blanche [ˈkɑːt ˈblɔ̃ʃ] *sb* Blankovollmacht *f*, Carte blanche *f*
cartel [kɑːˈtel] *sb* Kartell *n*
cartel act [kɑːˈtel ækt] *sb* Kartellgesetz *n*
cartel authority [kɑːˈtel ɔːˈθɒrɪtɪ] *sb* Kartellbehörde *f*
cartel law [kɑːˈtel lɔː] *sb* Kartellgesetz *n*
cartel to be registered [kɑːˈtel tu biː ˈredʒɪstəd] *sb* genehmigungspflichtiges Kartell *n*
carton [ˈkɑːtən] *sb* Karton *m*, Pappschachtel *f*
cascade tax [kæˈskeɪd tæks] *sb* Kaskadensteuer *f*, Mehrphasensteuer *f*
case [keɪs] *sb* **1.** *(packing ~)* Kiste *f*; *(display ~)* Vitrine *f*, Schaukasten *m*; **2.** *(situation)* Angelegenheit *f*, Fall *m*; **3.** *(court ~)* Prozess *m*

cash [kæʃ] *sb* **1.** Bargeld *n;* **2.** *~ on delivery* per Nachnahme; *adj* **3.** bar; *v* **4.** einlösen, einkassieren
cash accountancy [kæʃ ə'kauntənsɪ] *sb* Kassenhaltung *f*
cash against documents (c.a.d.) [kæʃ ə'genst 'dɒkjumənts] *sb* Zahlung gegen Dokumente (c.a.d.) *f*
cash and carry [kæʃ ænd 'kærɪ] *sb* Cash & Carry (C & C) *n,* Abholmarkt *m*
cash-and-carry clause [kæʃənd'kærɪ klɔ:z] *sb* Cash-and-carry-Klausel *f*
cash assets [kæʃ 'æsets] *pl* Barvermögen *n*
cash audit [kæʃ 'ɔ:dɪt] *sb* Kassenrevision *f*
cash-based ['kæʃbeɪst] *adj* pagatorisch
cash basis of accounting [kæʃ 'beɪsɪs əv ə'kauntɪŋ] *sb* Geldrechnung *f*
cash book ['kæʃ buk] *sb* Kassenbuch *n*
cash card ['kæʃ kɑ:d] *sb* Bankautomatenkarte *f,* Geldautomatenkarte *f*
cash cheque ['kæʃ tʃek] *sb (UK)* Barscheck *m*
cash contribution [kæʃ kɒntrɪ'bju:ʃən] *sb* Bareinlage *f*
cash cover [kæʃ 'kʌvə] *sb* Bardeckung *f*
cash cow [kæʃ kau] *sb* Cashcow *f,* ertragsstarkes Produkt *n*
cash credit [kæʃ 'kredɪt] *sb* Kassenkredit *m,* Barkredit *m*
cash deposit [kæʃ dɪ'pɒzɪt] *sb* Bardepot *n,* Bareinlage *f*
cash desk ['kæʃ desk] *sb* Kasse *f*
cash discount [kæʃ 'dɪskaunt] *sb* Barzahlungsrabatt *m,* Skonto *n*
cash dispenser [kæʃ dɪs'pensə] *sb* Geldautomat *m*
cash dividend [kæʃ 'dɪvɪdend] *sb* Bardividende *f*
cash flow [kæʃ fləu] *sb* Cash-Flow *m; ~ problems* Liquiditätsprobleme *n/pl*
cashier [kæ'ʃɪə] *sb* **1.** Kassierer(in) *m/f;* **2.** *~'s check (US)* Bankscheck *m*
cash in [kæʃ 'ɪn] *v ~ on sth* aus etw Kapital schlagen
cash in advance (c.i.a.) [kæʃ ɪn əd'vɑ:ns] *sb* Vorauszahlung (c.i.a.) *f*
cash in hand ['kæʃ ɪn hænd] *sb* **1.** Bargeldbestand *m,* Kassenbestand *m; adj* **2.** *(fam)* bar auf die Hand
cash inpayment [kæʃ 'ɪnpeɪmənt] *sb* Bareinzahlung *f*
cashless checkout systems ['kæʃlɪs 'tʃekaut 'sɪstɪmz] *pl* bargeldlose Kassensysteme *n/pl*
cashless payments ['kæʃlɪs 'peɪmənts] *pl* bargeldloser Zahlungsverkehr *m,* Girogeschäft *n*
cash letter of credit [kæʃ 'letə əv 'kredɪt] *sb* Bar-Akkreditiv *n*
cash loss payment [kæʃ lɒs 'peɪmənt] *sb* Bareinschuss *m*
cash on delivery (c.o.d.) [kæʃ ɒn dɪ'lɪvərɪ] *sb* (Lieferung gegen) Nachnahme *f,* Zahlung per Nachnahme *f,* Cash on delivery (c.o.d.)
cash on shipment (c.o.s.) [kæʃ ɒn 'ʃɪpmənt] *sb* zahlbar bei Verschiffung (c.o.s.)
cash payment [kæʃ 'peɪmənt] *sb* Barzahlung *f*
cash point ['kæʃ pɔɪnt] *sb* Kasse *f*
cash purchase [kæʃ 'pɜ:tʃɪs] *sb* Barkauf *m*
cash receipt [kæʃ rɪ'si:t] *sb* Kassenquittung *f*
cash sale [kæʃ seɪl] *sb* Barverkauf *m*
cash transactions [kæʃ træn'zækʃənz] *pl* Bargeschäft *n,* Kassageschäft *n*
cash transfer [kæʃ 'trænsfɜ:] *sb* Barüberweisung *f*
cash with order (c.w.o.) [kæʃ wɪθ 'ɔ:də] *sb* Zahlung bei Auftragserteilung (c.w.o.)
casualty insurance ['kæʒuəltɪ ɪn'suərəns] *sb* Schadensversicherung *f*
catalogue-based purchase ['kætəlɒg beɪst 'pɜ:tʃɪs] *sb* Katalogkauf *m*
catalogue ['kætəlɒg] *v* **1.** katalogisieren; *sb* **2.** Katalog *m,* Verzeichnis *n*
catalytic converter [kætə'lɪtɪk kən'vɜ:tə] *sb* Katalysator *m*
category of goods ['kætɪgərɪ əv 'gudz] *sb* Gütergruppe *f,* Güterkategorie *f*
cause [kɔ:z] *v* **1.** verursachen, anstiften, bewirken; *~ s.o. to do sth* jdn veranlassen, etw zu tun; *sb* **2.** Ursache *f; ~ and effect* Ursache und Wirkung
caution ['kɔ:ʃən] *v* **1.** warnen; *(officially)* verwarnen; *sb* **2.** Vorsicht *f, treat with ~* mit Vorsicht behandeln

C

cautionary land charge ['kɔ:ʃənərɪ lænd tʃɑ:dʒ] *sb* Sicherungsgrundschuld *f*
cautionary mortgage ['kɔ:ʃənərɪ 'mɔ:gɪdʒ] *sb* Sicherungshypothek *f*
CD-I [si:di:'aɪ] *sb* CD-I *f*
CD-ROM [si:di:'rɒm] *sb* CD-ROM *f*
cease [si:s] *v* **1.** aufhören, enden; **2.** *(payments)* einstellen
ceiling ['si:lɪŋ] *sb* Plafond *m*
ceiling rate ['si:lɪŋ reɪt] *sb* Höchstzinssatz *m*
cellular phone ['seljʊlə fəʊn] *sb (US)* Mobiltelefon *n*, Handy *n*
centigrade ['sentɪgreɪd] *adj degrees ~* Grad Celsius
centimetre ['sentɪmi:tə] *sb* Zentimeter *m*
central bank ['sentrəl bæŋk] *sb* Zentralbank *f*, Notenbank *f*
Central Bank Council ['sentrəl bæŋk 'kaʊnsəl] *sb* Zentralbankrat *m*
central bank money ['sentrəl bæŋk 'mʌnɪ] *sb* Zentralbankgeld *n*
central credit institution ['sentrəl 'kredɪt ɪnstɪ'tju:ʃən] *sb* Zentralkasse *f*
central depository for securities ['sentrəl dɪ'pɒzɪtərɪ fɔ: sə'kjʊərɪtɪz] *sb* Wertpapiersammelbank *f*
central giro institution ['sentrəl 'dʒaɪrəʊ ɪnstɪ'tju:ʃən] *sb* Girozentrale *f*
central rate ['sentrəl reɪt] *sb* Leitkurs *m*
centralization [sentrəlaɪ'zeɪʃən] *sb* Zentralisierung *f*, Zentralisation *f*
centralize ['sentrəlaɪz] *v* zentralisieren
centralized purchasing ['sentrəlaɪzd 'pɜ:tʃəsɪŋ] *sb* Zentraleinkauf *m*
CEO [si:i:'əʊ] *sb (US: chief executive officer)* Generaldirektor(in) *m/f*, Vorstandsvorsitzende(r) *f/m*
certificate [sə'tɪfɪkət] *sb* Bescheinigung *f*, Attest *n*, Urkunde *f*, Zertifikat *n*
certificate of audit [sə'tɪfɪkət əv 'ɔ:dɪt] *sb* Prüfungsvermerk *m*
certificate of deposit [sə'tɪfɪkɪt əv dɪ'pɒzɪt] *sb* Einlagenzertifikat *n*
certificate of employment [sə'tɪfɪkət əv ɪm'plɔɪmənt] *sb* Arbeitsbescheinigung *f*
certificate of indebtedness [sə'tɪfɪkət əv ɪn'detɪdnəs] *sb* Schuldschein *m*, Schuldbrief *m*
certificate of inheritance [sə'tɪfɪkət əv ɪn'herɪtəns] *sb* Erbschein *m*
certificate of insurance (C/I) [sə'tɪfɪkət əv ɪn'ʃʊərəns] *sb* Versicherungszertifikat (C/I) *n*
certificate of origin [sə'tɪfɪkət əv 'ɒrɪdʒɪn] *sb* Ursprungszeugnis *n*, Ursprungszertifikat *n*, Herkunftsnachweis *m*
certificate of pledge [sə'tɪfɪkət əv pledʒ] *sb* Pfandschein *m*
certificate of shipment [sə'tɪfɪkət əv 'ʃɪpmənt] *sb* Ladeschein *m*
certificate of warranty [sə'tɪfɪkət əv 'wɒrəntɪ] *sb* Garantiekarte *f*
certificated land charge [sə'tɪfɪkeɪtɪd lænd tʃɑ:dʒ] *sb* Briefgrundschuld *f*
certificated mortgage [sə'tɪfɪkeɪtɪd 'mɔ:gɪdʒ] *sb* Briefhypothek *f*
certification [sɜ:tɪfɪ'keɪʃən] *sb* Bescheinigung *f*, Beurkundung *f*, Beglaubigung *f*
certified ['sɜ:tɪfaɪd] *adj* **1.** bescheinigt, bestätigt, beglaubigt; *sb* **2.** *~ public accountant* amtlich zugelassener Bücherrevisor *m*
certified bonds ['sɜ:tɪfaɪd bɒndz] *pl* zertifizierte Bonds *m/pl*
certified cheque ['sɜ:tɪfaɪd tʃek] *sb* als gedeckt bestätigter Scheck *m*
certified copy ['sɜ:tɪfaɪd 'kɒpɪ] *sb* beglaubigte Abschrift *f*, beglaubigte Kopie *f*
certified letter of credit ['sɜ:tɪfaɪd letə əv 'kredɪt] *sb* bestätigtes Akkreditiv *n*
certify ['sɜ:tɪfaɪ] *v* bescheinigen, bestätigen, beglaubigen; *this is to ~* hiermit wird bescheinigt
cessation [se'seɪʃən] *sb* Einstellung *f*, Ende *n*
cessation of payments [se'seɪʃən əv 'peɪmənts] *sb* Zahlungseinstellung *f*
cession ['seʃən] *sb* Abtretung *f*, Zession *f*
chain store [tʃeɪn stɔ:] *sb (US)* Filialbetrieb *m*, Filiale *f*, Kette *f*
chair [tʃeə] *sb* **1.** *(chairmanship)* Vorsitz *m*; *v* **2.** leiten; *~ a committee* den Vorsitz über ein Komitee haben
chairman ['tʃeəmən] *sb* Vorsitzender *m*
chairman of the board ['tʃeəmən əv ðə bɔ:d] *sb* Vorstandsvorsitzender *m*

chairman of the supervisory board ['tʃeəmən əv ðə su:pə'vaɪzəri bɔ:d] *sb* Aufsichtsratsvorsitzender *m*
chairmanship ['tʃeəmənʃɪp] *sb* Vorsitz *m*
chairwoman ['tʃeəwʊmən] *sb* Vorsitzende *f*
challenge ['tʃælɪndʒ] *v* **1.** anfechten; **2.** in Frage stellen; *sb* **3.** Anfechtung *f;* **4.** Herausforderung *f*
chamber of commerce ['tʃeɪmbər əv 'kɒmɜ:s] *sb* Handelskammer *f*
chamber of foreign trade ['tʃeɪmbər əv 'fɒrən treɪd] *sb* Außenhandelskammer *f*
chamber of handicrafts ['tʃeɪmbər əv 'hændɪkrɑ:fts] *sb* Handwerkskammer *f*
Chamber of Industry and Commerce ['tʃeɪmbər əv 'ɪndʌstrɪ ænd 'kɒmɜ:s] *sb* Industrie- und Handelskammer (IHK) *f*
Chancellor of the Exchequer ['tʃɑ:nsələr əv ði: ɪks'tʃekə] *sb (UK)* Finanzminister(in) *m/f*
change [tʃeɪndʒ] *sb* **1.** *(money)* Wechselgeld *n; (small ~)* Kleingeld *n; v* **2.** Wandel *m;* **3.** *(money: into smaller denominations)* wechseln; **4.** *(money: into another currency)* umtauschen
change in plant operation [tʃeɪndʒ ɪn plɑ:nt ɒpə'reɪʃən] *sb* Betriebsänderung *f*
change of shift [tʃeɪndʒ əv ʃɪft] *sb* Schichtwechsel *m*
changeover ['tʃeɪndʒəʊvə] *sb* Umstellungsmaßnahme *f,* Wechsel *m*
channel ['tʃænl] *sb* **1.** Kanal; **2.** *official ~s pl* Dienstweg *m,* amtlicher Weg *m; v* **3.** kanalisieren, lenken
channel of distribution ['tʃænl əv dɪstrɪ'bju:ʃən] *sb* Vertriebskanal *m,* Absatzweg *m,* Absatzkanal *m*
channel of information ['tʃænəl əv ɪnfə'meɪʃən] *sb* Informationsweg *m*
character ['kærɪktə] *sb (sign)* Zeichen *n*
character reference ['kærɪktə 'refərəns] *sb* Leumundszeugnis *n,* Referenz *f*
charge [tʃɑ:dʒ] *v* **1.** *~ s.o. with a task* jdn mit einer Arbeit beauftragen; **2.** *(ask in payment)* berechnen, anrechnen; **3.** *(set as the price)* fordern; **4.** *~ s.o. for sth* jdn mit etw belasten, jdm etw in Rechnung stellen; **5.** *(arrange to be billed for)* in Rechnung stellen lassen, anschreiben lassen; *~ sth to s.o.* etw auf Rechnung eines anderen kaufen; **6.** *(a battery)* laden, aufladen; *sb* **7.** *(official accusation)* Anklage *f, (in a civil case)* Klage *f; press ~s against s.o. pl* gegen jdn Anzeige erstatten; **8.** *(fee)* Gebühr *f; free of ~* kostenlos; **9.** *in ~* verantwortlich; *put s.o. in ~ of sth* jdm die Leitung übertragen; *Who's in ~ here?* Wer ist hier der Verantwortliche?
charge card [tʃɑ:dʒ kɑ:d] *sb* Kundenkreditkarte *f*
charge levied [tʃɑ:dʒ 'levɪ:d] *sb* Umlage *f*
charge material [tʃɑ:dʒ mə'tɪərɪəl] *sb (manufacturing)* Fertigungslos *n*
chargeable to ['tʃɑ:dʒəbl tu] *adj* zu Lasten von, auf Kosten von
charge-back ['tʃɑ:dʒbæk] *sb* Ausgleichsbuchung *f*
charge-off ['tʃɑ:dʒɒf] *sb* Abschreibung *f*
chart [tʃɑ:t] *sb* Tabelle *f; (diagram)* Schaubild *n*
chart analysis [tʃɑ:t ə'nælɪsɪs] *sb* Chartanalyse *f*
chart of accounts [tʃɑ:t əv ə'kaʊnts] *sb* Kontenplan *m*
charter ['tʃɑ:tə] *sb* **1.** Charter *f; v* **2.** *(plane, bus, ship)* chartern, mieten
charter flight ['tʃɑ:tə flaɪt] *sb* Charterflug *m*
charter member ['tʃɑ:tə 'membə] *sb* Gründungsmitglied *n*
chartered accountant ['tʃɑ:təd ə'kaʊntənt] *sb* Wirtschaftsprüfer(in) *m/f,* Bilanzbuchhalter(in) *m/f*
cheap [tʃi:p] *adj* billig, preiswert
cheapen ['tʃi:pn] *v (price)* herabsetzen, senken, verbilligen
cheapening ['tʃi:pnɪŋ] *sb* Verbilligung *f,* Herabsetzung *f*
cheat [tʃi:t] *v (s.o.)* **1.** betrügen; *sb* **2.** Betrüger *m,* Schwindler *m*
check [tʃek] *v* **1.** *(make sure)* nachprüfen; **2.** *(~ figures)* nachrechnen; **3.** *(examine)* prüfen, kontrollieren, nachsehen; *sb* **4.** *(examination)* Kontrolle *f,* Überprüfung *f;* **5.** *(US: cheque)* Scheck *m;* **6.** *(US: bill)* Rechnung *f*
checker ['tʃekə] *sb* Kontrolleur(in) *m/f; (cashier)* Kassierer(in) *m/f*

C

check in [tʃek ˈɪn] *v* sich anmelden; *(at an airport)* einchecken
checking account [ˈtʃekɪŋ əˈkaunt] *sb (US)* Girokonto *n*
check list [ˈtʃek lɪst] *sb* Checkliste *f*
checkout scanner [ˈtʃekaut ˈskænə] *sb* Scannerkasse *f*
cheque [tʃek] *sb (UK)* Scheck *m; pay by ~* mit Scheck bezahlen
cheque book [ˈtʃek buk] *sb* Scheckheft *n*
cheque card [ˈtʃek kɑːd] *sb* Scheckkarte *f*
cheque certification [tʃek sɜːtɪfɪˈkeɪʃən] *sb* Scheckbestätigung *f*
cheque clause [ˈtʃek klɔːz] *sb* Scheckklausel *f*
cheque clearance [tʃek ˈklɪərəns] *sb* Scheckabrechnung *f*
cheque collection [tʃek kəˈlekʃən] *sb* Scheckeinzug *m*
cheque department [tʃek dɪˈpɑːtmənt] *sb* Scheckabteilung *f*
cheque fraud [ˈtʃek frɔːd] *sb* Scheckbetrug *m*
cheque recourse [tʃek rɪˈkɔːs] *sb* Scheckregress *m*
cheque to bearer [tʃek tu ˈbeərə] *sb* Inhaberscheck *m*
cheque to order [tʃek tu ˈɔːdə] *sb* Orderscheck *m*
cheque transactions [tʃek trænˈzækʃənz] *pl* Scheckverkehr *m*
cheque voucher [tʃek ˈvautʃə] *sb* Belegabschnitt *m*
chief accountancy [tʃiːf əˈkauntənsɪ] *sb* Hauptbuchhaltung *f*
chief executive officer (CEO) [tʃiːf ɪgˈzekjutɪv ˈɒfɪsə] *sb (US)* Generaldirektor(in) *m/f*, Vorstandsvorsitzende(r) *f/m*
child allowance [tʃaɪld əˈlauəns] *sb* Kinderfreibetrag *m*
child benefit [tʃaɪld ˈbenɪfɪt] *sb* Kindergeld *n*
child-rearing period [ˈtʃaɪldrɪərɪŋ ˈpɪərɪəd] *sb* Erziehungszeit *f*
chip [tʃɪp] *sb* Chip *m*
choice [tʃɔɪs] *sb* **1.** *(variety to choose from)* Auswahl *f;* **2.** *(chance to choose, act of choosing)* Wahl *f;* **3.** *make a ~, take one's ~* wählen, eine Wahl treffen; **4.** *(thing chosen)* Wahl *f*, Option *f*
choice of location [tʃɔɪs əv ləuˈkeɪʃən] *sb* Standortwahl *f*
circular [ˈsɜːkjulə] *sb (letter)* Rundschreiben *n*
circular to shareholders [ˈsɜːkjulə tu ˈʃeəhəuldəz] *sb* Aktionärsbrief *m*
circulate [ˈsɜːkjuleɪt] *v (blood, money)* fließen; *(news: get around)* in Umlauf sein, kursieren, sich verbreiten
circulation [sɜːkjuˈleɪʃən] *sb* **1.** Kreislauf *m*, Zirkulation *f; out of ~* außer Kurs; **2.** *(number of copies sold)* Auflagenziffer *f*
circulation of money [sɜːkjuˈleɪʃən əv ˈmʌnɪ] *sb* Geldumlauf *m*
circumstances [ˈsɜːkəmstænsɪz] *pl* **1.** Umstände *f/pl; under the ~* unter diesen Umständen, *under no ~* auf gar keinen Fall; **2.** *(financial state)* Vermögensverhältnisse *f/pl*
citizenship [ˈsɪtɪzənʃɪp] *sb* Staatsangehörigkeit *f*, Staatsbürgerschaft *f*
civic [ˈsɪvɪk] *adj* bürgerlich, Bürger...
civil [ˈsɪvəl] *adj* zivil, bürgerlich, Zivil...
civil code [ˈsɪvəl kəud] *sb* bürgerliches Gesetzbuch *n*
civil engineer [ˈsɪvəl endʒɪˈnɪə] *sb* Bauingenieur(in) *m/f*
civil engineering [ˈsɪvəl endʒɪˈnɪərɪŋ] *sb* Tiefbau *m*
civil law [ˈsɪvəl lɔː] *sb* Zivilrecht *n*
civil partnership [ˈsɪvəl pɑːtnəʃɪp] *sb* Gesellschaft bürgerlichen Rechts (GbR) *f*
civil servant [ˈsɪvəl ˈsɜːvənt] *sb* Beamter/Beamtin *m/f*, Staatsbeamter/Staatsbeamtin *m/f*
civil service [ˈsɪvəl ˈsɜːvɪs] *sb* Staatsdienst *m*
claim [kleɪm] *v* **1.** *(demand)* fordern, Anspruch erheben auf, beanspruchen; *sb* **2.** *(demand)* Anspruch *m*, Forderung *f; lay ~ to sth* auf etw Anspruch erheben; **3.** Behauptung *f*
claimable [ˈkleɪməbl] *adj* einforderbar, rückforderbar
claimant [ˈkleɪmənt] *sb (by application)* Antragsteller(in) *m/f*
claim for damages [kleɪm fɔː ˈdæmɪdʒɪz] *sb* Schadenersatzansprüche *m/pl*, Schadensforderungen *f/pl*

claim for return [kleɪm fɔː rɪˈtɜːn] *sb* Herausgabeanspruch *m*
claim in default [kleɪm ɪn dəˈfɔːlt] *sb* Not leidende Forderung *f*
class of goods [ˈklɑːs əv gʊdz] *sb* Warenart *f*, Klasse *f*
classified advertisements [ˈklæsɪfaɪd ədˈvɜːtɪsmənts] *pl* Kleinanzeigen *f/pl*
classified directory [ˈklæsɪfaɪd daɪˈrektərɪ] *sb* Branchenverzeichnis *n*
classify [ˈklæsɪfaɪ] *v* klassifizieren, einteilen, einstufen
clause [klɔːz] *sb* Klausel *f*
clean bill of lading [kliːn bɪl əv ˈleɪdɪŋ] *sb* reines Konossement *n*
clean factoring [kliːn ˈfæktərɪŋ] *sb* echtes Factoring *n*
clear [klɪə] *v (approve)* abfertigen; *~ sth through customs* etw zollamtlich abfertigen
clear off [klɪər ˈɒf] *v* **1.** *(debt)* zurückzahlen; **2.** *(mortgage)* abzahlen
clear up [klɪər ˈʌp] *v (a point, a situation)* klären, bereinigen, ausräumen
clearance [ˈklɪərəns] *sb* **1.** *(go-ahead)* Freigabe *f*; **2.** *(by customs)* Abfertigung *f*; **3.** *(of a debt)* volle Bezahlung *f*
clearance sale [ˈklɪərəns seɪl] *sb* Ausverkauf *m*, Räumungsverkauf *m*; *(end-of-season ~)* Schlussverkauf *m*
clearing bank [ˈklɪərɪŋ bæŋk] *sb* Clearingbank *f*, Verrechnungsbank *f*
clearing house [ˈklɪərɪŋ haʊs] *sb* Abrechnungsstelle *f*
clearing system [ˈklɪərɪŋ ˈsɪstɪm] *sb* Abrechnungsverkehr *m*, Gironetz *n*
clearing unit [ˈklɪərɪŋ ˈjuːnɪt] *sb* Verrechnungseinheit *f*
clerical work [ˈklerɪkl wɜːk] *sb* Büroarbeit *f*
clerk [klɑːk] *sb* **1.** *(office ~)* Büroangestellte(r) *f/m*, kaufmännische(r) Angestellte(r) *f/m*; **2.** *(US: shop assistant)* Verkäufer(in) *m/f*
client [ˈklaɪənt] *sb* Kunde/Kundin *m/f*, Auftraggeber(in) *m/f*; *(of a solicitor)* Klient(in) *m/f*; *(of a barrister)* Mandant(in) *m/f*
client base [ˈklaɪənt beɪs] *sb* Kundenstamm *m*
clientele [kliːɒnˈtel] *sb* Kundschaft *f*, Kundenkreis *m*
climb [klaɪm] *v (prices)* steigen, klettern
clock off [klɒk ˈɒf] *v* stempeln (wenn man die Arbeit verlässt)
clock on [klɒk ˈɒn] *v* stempeln (wenn man zur Arbeit kommt)
close [kləʊz] *v* **1.** *(sth)* zumachen, schließen, verschließen; **2.** *(a deal)* abschließen; **3.** *(bring to an end)* schließen, beendigen; *sb* **4.** Ende *n*, Schluss *m*; *bring to a ~* abschließen, beendigen
close down [kləʊz ˈdaʊn] *v* schließen, einstellen, beenden
close off [kləʊz ˈɒf] *v* abbuchen
closed-end real estate fund [kləʊzd-end rɪəl ɪˈsteɪt fʌnd] *sb* geschlossener Immobilienfonds *m*
close of stock exchange business [kləʊz əv stɒk ɪkˈstʃeɪndʒ ˈbɪznɪs] *sb* Börsenschluss *m*
closed shop principle [kləʊzd ʃɒp ˈprɪnsɪpəl] *sb* Closed-Shop-Prinzip *n*
closing balance [ˈkləʊzɪŋ ˈbæləns] *sb* Schlussbilanz *f*
closing date [ˈkləʊzɪŋ deɪt] *sb* letzter Termin *m*, letzter Tag *m*
closing price [ˈkləʊzɪŋ praɪs] *sb* Schlusskurs *m*, Schlussnotierung *f*
closing time [ˈkləʊzɪŋ taɪm] *sb* Geschäftsschluss *m*, Büroschluss *m*, Ladenschluss *m*
closure [ˈkləʊʒə] *sb* Schließung *f*, Schließen *n*, Stilllegung *f*, Schluss *m*
cloud [kləʊd] *sb (data)* Cloud *f*, Datenwolke *f*
cloud-based [ˈkləʊdbæsd] *adj (IT)* cloudbasiert
code [kəʊd] *v* **1.** kodieren; *sb* Gesetzbuch *n*, Kodex *m*; **2.** *(of a computer)* Code *m*
code number [kəʊd ˈnʌmbə] *sb* Kennzahl *f*
Code of Civil Procedure [kəʊd əv ˈsɪvəl prəˈsiːdjə] *sb* Zivilprozessordnung (ZPO) *f*
codeword [ˈkəʊdwɜːd] *sb* Passwort *n*, Kodewort *n*, Kennwort *n*
co-contractor [kəʊkənˈtræktə] *sb* Mitunternehmer(in) *m/f*
co-entrepreneur [kəʊɒntrəprəˈnɜː] *sb* Mitunternehmer(in) *m/f*

C

coin [kɔɪn] *sb* Münze *f*, Geldstück *n*
cold call [kəʊld kɔːl] *sb* Telefonaktion zur Werbung von Neukunden *f*
cold storage lorry [kəʊld ˈstɔːrɪdʒ ˈlɒrɪ] *sb* Kühlwagen *m*
collaborate [kəˈlæbəreɪt] *v* zusammenarbeiten, mitarbeiten
collaboration [kəlæbəˈreɪʃən] *sb* Zusammenarbeit *f*, Mitarbeit *f*
collaborator [kəˈlæbəreɪtə] *sb* *(associate)* Mitarbeiter(in) *m/f*
collapse [kəˈlæps] *sb* **1.** Kollaps *m;* **2.** *(price)* Preissturz *m*
collapse of prices [kəˈlæps əv ˈpraɪsɪz] *sb* Kurszusammenbruch *m*
collateral [kəˈlætərəl] *sb* Pfand *n*, Sicherheit *f*, Kreditsicherheit *f*
collateral credit [kəˈlætərəl ˈkredɪt] *sb* Lombardkredit *m*
collateral deposit [kəˈlætərəl dɪˈpɒzɪt] *sb* Lombarddepot *n*
collateral guarantee [kəˈlætərəl gærənˈtiː] *sb* Nachbürgschaft *f*
collateral holdings [kəˈlætərəl ˈhəʊldɪŋz] *pl* Lombard *m*
collateral loan business [kəˈlætərəl ləʊn ˈbɪznɪs] *sb* Lombardgeschäft *n*
colleague [ˈkɒliːg] *sb* Kollege/Kollegin *m/f*, Mitarbeiter(in) *m/f*
collect [kəˈlekt] *v* **1.** *(accumulate)* sich ansammeln, sich sammeln; **2.** *(get payment)* kassieren, einkassieren; **3.** *(taxes)* einnehmen, einziehen; **4.** *(debts)* einziehen
collect call [kəˈlekt kɔːl] *sb* *(US)* R-Gespräch *n*
collecting society [kəˈlektɪŋ səˈsaɪətɪ] *sb* Verwertungsgesellschaft *f*
collection [kəˈlekʃən] *sb* **1.** *(line of fashions)* Kollektion *f;* **2.** *(assortment)* Sortiment *n*, Ansammlung *f;* **3.** *(of taxes)* Einziehen *n;* **4.** *(of debts)* Eintreiben *n*, Inkasso *n*
collection business [kəˈlekʃən ˈbɪznɪs] *sb* Inkassogeschäft *n*, Einziehungsgeschäft *n*
collection commission [kəˈlekʃən kəˈmɪʃən] *sb* Inkassoprovision *f*
collection department [kəˈlekʃən dɪˈpɑːtmənt] *sb* Inkasso-Abteilung *f*
collection fee [kəˈlekʃən fiː] *sb* Inkassogebühr *f*
collection of bills of exchange [kəˈlekʃən əv bɪlz əv ɪkˈstʃeɪndʒ] *sb* Wechselinkasso *n*
collection on delivery (c.o.d.) [kəˈlekʃən ɒn dəˈlɪvərɪ] *sb* Zahlung gegen Nachnahme (c.o.d.) *f*
collection procedure [kəˈlekʃən prəˈsiːdʒə] *sb* Einzugsermächtigungsverfahren *n*
collection receipt [kəˈlekʃən rɪˈsiːt] *sb* Einzugsquittung *f*
collective [kəˈlektɪv] *adj* Kollektiv..., Gemeinschafts...
collective account [kəˈlektɪv əˈkaʊnt] *sb* Sammelkonto *n*
collective agreement [kəˈlektɪv əˈgriːmənt] *sb* Tarifvertrag *m*
collective bargaining [kəˈlektɪv ˈbɑːgənɪŋ] *sb* Tarifverhandlungen *f/pl*
collective bill [kəˈlektɪv bɪl] *sb* Sammeltratte *f*
collective debt register claim [kəˈlektɪv det ˈredʒɪstə kleɪm] *sb* Sammelschuldbuchforderung *f*
collective deposit [kəˈlektɪv dɪˈpɒzɪt] *sb* Sammeldepot *n*
collective order [kəˈlektɪv ˈɔːdə] *sb* Sammelauftrag *m*
collective property [kəˈlektɪv ˈprɒpətɪ] *sb* Gemeinschaftseigentum *n*
collective saving [kəˈlektɪv ˈseɪvɪŋ] *sb* Kollektivsparen *n*
collective transport [kəˈlektɪv ˈtrænspɔːt] *sb* Sammeltransport *m*
combat [ˈkɒmbæt] *v* *(sth)* bekämpfen, kämpfen gegen
combating rising costs [ˈkɒmbætɪŋ ˈraɪsɪŋ kɒsts] *adj* kostendämpfend
combination [kɒmbɪˈneɪʃən] *sb* **1.** Verbund *m*, Verbindung *f*, **2.** Konzern *m*, Kartell *n*
combine [ˈkɒmbaɪn] *sb* **1.** Konzern *m;* [kəmˈbaɪn] *v* **2.** kombinieren, verbinden, vereinigen
combined bank transfer [kəmˈbaɪnd bæŋk ˈtrænsfɜː] *sb* Sammelüberweisung *f*
come down [kʌm ˈdaʊn] *v irr* *(prices)* sinken, heruntergehen
come off [kʌm ˈɒf] *v irr* **1.** *(take place)* stattfinden; **2.** *~ successfully* erfolgreich verlaufen; **3.** *~ well/badly* gut/schlecht abschneiden

come out [kʌm ˈaʊt] *v irr* ~ *on the market* erscheinen, herauskommen
commencement of bankruptcy proceedings [kəˈmensmənt əv ˈbæŋkrʌpsɪ prəˈsiːdɪŋz] *sb* Konkurseröffnung *f*
comment [ˈkɒment] *sb* ~ *on* Stellungnahme *f*, Kommentar *m*
commerce [ˈkɒmɜːs] *sb* Handel *m*, Handelsverkehr *m*
commercial [kəˈmɜːʃəl] *adj* **1.** kommerziell, kaufmännisch, geschäftlich; *sb* **2.** *(advertisement)* Werbespot *m*
commercial agency [kəˈmɜːʃəl ˈeɪdʒənsɪ] *sb* Handelsvertretung *f*, Auskunftei *f*
commercial agent [kəˈmɜːʃəl ˈeɪdʒənt] *sb* Handelsvertreter(in) *m/f*
commercial balance sheet [kəˈmɜːʃəl ˈbæləns ʃiːt] *sb* Handelsbilanz *f*
commercial bank [kəˈmɜːʃəl bæŋk] *sb* Handelsbank *f*, Geschäftsbank *f*, Kreditbank *f*
commercial bill [kəˈmɜːʃəl bɪl] *sb* Warenwechsel *m*, Handelswechsel *m*
commercial book [kəˈmɜːʃəl bʊk] *sb* Handelsbuch *n*
commercial broker [kəˈmɜːʃəl ˈbrəʊkə] *sb* Handelsmakler *m*
Commercial Code [kəˈmɜːʃəl kəʊd] *sb* Handelsgesetzbuch (HGB) *n*
commercial credit [kəˈmɜːʃəl ˈkredɪt] *sb* Handelskredit *m*, Warenkredit *m*
commercial enterprise [kəˈmɜːʃəl ˈentəpraɪz] *sb* Handelsgewerbe *n*, Handelsbetrieb *m*
commercial instruments to order [kəˈmɜːʃəl ˈɪnstrʊmənts tu ˈɔːdə] *pl* kaufmännische Orderpapiere *n/pl*
commercial invoice [kəˈmɜːʃəl ˈɪnvɔɪs] *sb* Handelsfaktura *f*, Handelsrechnung *f*
commercial law [kəˈmɜːʃəl lɔː] *sb* Handelsrecht *n*
commercial letter of credit [kəˈmɜːʃəl ˈletər əv ˈkredɪt] *sb* Handelskreditbrief *m*, Akkreditiv (L/C) *n*
commercial paper [kəˈmɜːʃəl ˈpeɪpə] *sb* Commercial Paper *n*
commercial papers [kəˈmɜːʃəl ˈpeɪpəz] *pl* Geschäftspapier *n*, Handelspapiere *n/pl*
commercial policy [kəˈmɜːʃəl ˈpɒlɪsɪ] *sb* Handelspolitik *f*
commercial power of attorney [kəˈmɜːʃəl ˈpaʊə əv əˈtɜːnɪ] *sb* Handlungsvollmacht *f*
commercial principle [kəˈmɜːʃəl ˈprɪnsɪpəl] *sb* erwerbswirtschaftliches Prinzip *n*
commercial register [kəˈmɜːʃəl ˈredʒɪstə] *sb* Handelsregister *n*
commercial sample [kəˈmɜːʃəl ˈsɑːmpəl] *sb* Warenmuster *n*
commercial transactions [kəˈmɜːʃəl trænˈzækʃənz] *pl* Handelsgeschäfte *n/pl*
commercialism [kəˈmɜːʃəlɪzəm] *sb* Kommerz *m*, Kommerzialisierung *f*
commercialize [kəˈmɜːʃəlaɪz] *v* kommerzialisieren, vermarkten
commission [kəˈmɪʃən] *v* **1.** *(a person)* beauftragen; *(a thing)* in Auftrag geben; **2.** ~ *s.o. to do sth* jdn damit beauftragen, etw zu tun; *sb* **3.** ~ *to do sth* Auftrag *m*; *(form of pay)* Provision *f*, Kommission *f*; **4.** *out of* ~ außer Betrieb; **5.** *(committee)* Kommission *f*, Ausschuss *m*
commission agent [kəˈmɪʃən ˈeɪdʒənt] *sb* Kommissionär *m*
commission-bearing account [kəˈmɪʃənbeərɪŋ əˈkaʊnt] *sb* provisionspflichtiges Konto *n*
commission business [kəˈmɪʃən ˈbɪznɪs] *sb* Kommissionsgeschäft *n*
commission fee [kəˈmɪʃən fiː] *sb* Provisionsgebühr *f*
commission for acceptance [kəˈmɪʃən fɔː əkˈseptəns] *sb* Akzeptprovision *f*
commission-free account [kəˈmɪʃənfriː əˈkaʊnt] *sb* provisionsfreies Konto *n*
commission guarantee [kəˈmɪʃən gærənˈtiː] *sb* Provisionsgarantie *f*
Commission of the European Union [kəˈmɪʃən əv ðə jʊərəˈpɪən ˈjuːnjən] *sb* EU-Kommission *f*
commission on bank guarantee [kəˈmɪʃən ɒn bæŋk gærənˈtiː] *sb* Aval-Provision *f*
commission on turnover [kəˈmɪʃən ɒn ˈtɜːnəʊvə] *sb* Umsatzprovision *f*
commission payment [kəˈmɪʃən ˈpeɪmənt] *sb* Provisionszahlung *f*
commission trade [kəˈmɪʃən treɪd] *sb* Kommissionshandel *m*
commissioner [kəˈmɪʃənə] *sb* Bevollmächtigte(r) *f/m*

C

commissioning [kə'mɪʃənɪŋ] *sb* 1. Auftragsvergabe *f;* 2. Inbetriebnahme *f*
commitment [kə'mɪtmənt] *sb* 1. Engagement *n;* 2. Verpflichtung *f;* 3. Termin *m*
commitment fee [kə'mɪtmən fi:] *sb* Bereitstellungskosten *pl*
committee of inspection [kə'mɪtɪ əv ɪn'spekʃən] *sb* Gläubigerausschuss *m*
commodities [kə'mɒdɪtɪz] *pl* 1. *manufactured ~* Bedarfsartikel *m/pl;* 2. *(raw materials)* Rohstoffe *m/pl,* Commodities *f/pl*
commodities cartel [kə'mɒdɪtɪz kɑ:'tel] *sb* Rohstoffkartell *n*
commodity [kə'mɒdɪtɪ] *sb* Ware *f,* Artikel *m*
commodity exchange [kə'mɒdɪtɪ ɪks'tʃeɪndʒ] *sb* Warenbörse *f*
commodity forward trading [kə'mɒdɪtɪ 'fɔ:wəd 'treɪdɪŋ] Warenterminhandel *m*
commodity forward transaction [kə'mɒdɪtɪ 'fɔ:wəd træn'zækʃən] *sb* Rohstoffmarkt *m*
commodity futures [kə'mɒdɪtɪ 'fju:tʃəz] *pl* Commodity Futures *n/pl*
commodity futures exchange [kə'mɒdɪtɪ 'fju:tʃəz ɪks'tʃeɪndʒ] *sb* Warenterminbörse *f*
commodity futures trading [kə'mɒdɪtɪ 'fju:tʃəz 'treɪdɪŋ] *sb* Warentermingeschäft *n*
commodity market [kə'mɒdɪtɪ 'mɑ:kɪt] *sb* Gütermarkt *m*
commodity restriction scheme [kə'mɒdɪtɪ rɪ'strɪkʃən ski:m] *sb* Quotenkartell *n*
commodity securities [kə'mɒdɪtɪ sɪ'kjʊərɪtɪz] *pl* Warenwertpapiere *n/pl*
common debtor ['kɒmən 'detə] *sb* Gemeinschaftsschuldner *m*
common law ['kɒmən lɔ:] *sb* Gewohnheitsrecht *n*
common market ['kɒmən 'mɑ:kɪt] *sb* gemeinsamer Markt *m*
communicate [kə'mju:nɪkeɪt] *v* 1. *(with one another)* kommunizieren, sich verständigen; 2. *(news, ideas)* vermitteln, übermitteln, mitteilen
communication medium [kəmju:nɪ'keɪʃən mi:'dɪəm] *pl* Kommunikationsmittel *n,* Kommunikationsmedium *n*
communism ['kɒmjʊnɪzm] *sb* Kommunismus *m*
community [kə'mju:nɪtɪ] *sb* Gemeinde *f,* Gemeinschaft *f*
community of heirs [kə'mju:nɪtɪ əv eəz] *sb* Erbengemeinschaft *f*
community of interests [kə'mju:nɪtɪ əv 'ɪntrɪsts] *sb* Interessengemeinschaft (IG) *f*
community of property [kə'mju:nɪtɪ əv 'prɒpətɪ] *sb* Gütergemeinschaft *f*
commute [kə'mju:t] *v* 1. *(travel back and forth)* pendeln; 2. *(a right)* umwandeln
commuter [kə'mju:tə] *sb* Pendler(in) *m/f*
commuting accident [kə'mju:tɪŋ 'æksɪdənt] *sb* Wegeunfall *m*
compact ['kɒmpækt] *sb (agreement)* Vereinbarung *f,* Abmachung *f*
Companies Act ['kʌmpənɪz ækt] *sb* Aktiengesetz *n*
company ['kʌmpənɪ] *sb (firm)* Firma *f,* Unternehmen *n,* Gesellschaft *f*
company account ['kʌmpənɪ ə'kaʊnt] *sb* Firmenkonto *n*
company assets ['kʌmpənɪ 'æsets] *pl* Gesellschaftsvermögen *n*
company audit ['kʌmpənɪ 'ɔ:dɪt] *sb* Unternehmensprüfung *f,* Betriebsprüfung *f*
company board ['kʌmpənɪ bɔ:d] *sb* Aufsichtsrat *m,* Verwaltungsrat *m*
company car ['kʌmpənɪ kɑ:] *sb* Firmenwagen, Dienstwagen *m*
company law ['kʌmpənɪ lɔ:] *sb* Aktienrecht *n,* Firmenrecht *n*
company limited by shares ['kʌmpənɪ 'lɪmɪtɪd baɪ ʃeəz] *sb* Kapitalgesellschaft *f*
company merger ['kʌmpənɪ 'mɜ:dʒə] *sb* Firmenzusammenschluss *m,* Fusion *f*
company name ['kʌmpənɪ neɪm] *sb* Firmenname *m*
company objective ['kʌmpənɪ əb'dʒektɪv] *sb* Unternehmensziel *n*
company pension ['kʌmpənɪ 'penʃən] *sb* Betriebsrente *f*
company philosophy ['kʌmpənɪ fɪ'lɒsəfɪ] Unternehmensphilosophie *f*
company planning ['kʌmpənɪ 'plænɪŋ] *sb* Unternehmensplanung *f*

C

company policy ['kʌmpənɪ 'pɒlɪsɪ] *sb* Unternehmenspolitik *f*
company profile ['kʌmpənɪ 'prəʊfaɪl] *sb* Unternehmensprofil *n,* Firmenporträt *n*
company profit ['kʌmpənɪ 'prɒfɪt] *sb* Unternehmensgewinn *m*
company register ['kʌmpənɪ 'redʒɪstə] *sb* Firmenregister *n*
company stability ['kʌmpənɪ stə'bɪlɪtɪ] *sb* Firmenbeständigkeit *f*
company tax ['kʌmpənɪ tæks] *sb* Gesellschaftssteuer *f*
company-owned shares ['kʌmpənɪ-əʊnd ʃeəz] *pl* eigene Aktien *f/pl*
company's bank ['kʌmpənɪz bæŋk] *sb* Hausbank *f*
company's debts ['kʌmpənɪz dets] *pl* Gesellschaftsschulden *f/pl*
comparative balance sheet [kəm'pærɪtɪv 'bæləns ʃi:t] *sb* Vergleichsbilanz *f*
comparison [kəm'pærɪsən] *sb* Vergleich *m; in ~ with* im Vergleich zu; *by way of ~* vergleichsweise
comparison of prices [kəm'pærɪsən əv 'praɪsɪz] *sb* Kursvergleich *m*
compatibility [kəmpætə'bɪlɪtɪ] *sb* Kompatibilität *f,* Vereinbarkeit *f*
compensate ['kɒmpenseɪt] *v* **1.** *(recompense)* entschädigen; **2.** *(US: pay in wages)* bezahlen; **3.** *~ for (in money, in goods)* ersetzen, vergüten, wettmachen; **4.** *~ a loss* jdm einen Verlust ersetzen
compensating item ['kɒmpenseɪtɪŋ 'eɪtəm] *sb* Ausgleichsposten *m*
compensation [kɒmpen'seɪʃən] *sb* **1.** *(damages)* Entschädigung *f,* Ersatz *m,* Schadenersatz *m;* **2.** *in ~* als Entschädigung; **3.** *(settlement)* Abfindung *f,* Kompensation *f,* Verrechnung *f;* **4.** *(US: pay)* Vergütung *f,* Entgelt *n*
compensation for loss suffered [kɒmpen'seɪʃən fɔ: lɒs 'sʌfəd] *sb* Schadensersatz *m*
compensation fund [kɒmpen'seɪʃən fʌnd] *sb* Ausgleichsfonds *m*
compensation offer [kɒmpen'seɪʃən ɒfə] *sb* Abfindungsangebot *n*
compensation payment [kɒmpen'seɪʃən 'peɪmənt] *sb* Ausgleichszahlung *f*
compensatory pricing [kɒmpen'seɪtərɪ 'praɪsɪŋ] *sb* Mischkalkulation *f*
compete [kəm'pi:t] *v* konkurrieren, in Wettstreit treten
competence ['kɒmpətəns] *sb* **1.** Fähigkeit *f;* **2.** *(authority, responsibility)* Kompetenz *f,* Zuständigkeit *f*
competence to decide ['kɒmpətəns tu dɪ'saɪd] *sb* Entscheidungskompetenz *f*
competent ['kɒmpɪtənt] *adj* **1.** *(responsible)* zuständig; **2.** *(witness)* zulässig
competing firm [kəm'pi:tɪŋ fɜ:m] *sb* Konkurrenzfirma *f,* konkurrierende Firma *f*
competition [kɒmpə'tɪʃən] *sb* **1.** Konkurrenz *f;* **2.** *to be in ~ with s.o.* mit jdm konkurrieren, mit jdm wetteifern; **3.** *a ~* Wettbewerb *m,* Wettkampf *m;* **4.** *(write-in contest)* Preisausschreiben *n*
competition supervisory office [kɒmpə'tɪʃən su:pə'vaɪzərɪ 'ɒfɪs] *sb* Wettbewerbsaufsicht *f*
competitive [kəm'petɪtɪv] *adj* **1.** *(able to hold its own)* konkurrenzfähig, wettbewerbsfähig; **2.** *(nature, person)* vom Konkurrenzdenken geprägt; **3.** *(industry, market)* mit starker Konkurrenz
competitive advantage [kəm'petɪtɪv əd'vɑ:ntɪdʒ] *sb* Wettbewerbsvorteil *m*
competitive policy [kəm'petətɪv 'pɒlɪsɪ] *sb* Wettbewerbspolitik *f*
competitiveness [kəm'petɪtɪvnəs] *sb* *(of a thing)* Wettbewerbsfähigkeit *f,* Konkurrenzfähigkeit *f*
competitor [kəm'petɪtə] *sb* Konkurrent(in) *m/f,* Wettbewerber(in) *m/f*
complain [kəm'pleɪn] *v* sich beklagen, sich beschweren; *~ about* klagen über
complainant [kəm'pleɪnənt] *sb* Kläger(in) *m/f*
complaint [kəm'pleɪnt] *sb* **1.** Reklamation *f,* Beanstandung *f;* **2.** Strafanzeige *f*
complementary goods [kɒmplə'mentərɪ gʊdz] *pl* komplementäre Güter *pl*
complete [kəm'pli:t] *v (finish)* beenden, abschließen, absolvieren; *(a form)* ausfüllen; *adj (finished)* fertig
completion [kəm'pli:ʃən] *sb* Fertigstellung *f,* Beenden *n*

compliance [kəm'plaɪəns] *sb* Einhalten *n*, Befolgung *f*
comply [kəm'plaɪ] *v* **1.** ~ *with (a rule)* befolgen; **2.** ~ *with (a request)* nachkommen, entsprechen
component [kəm'pəʊnənt] *sb* **1.** Bestandteil *m;* Komponente *f;* **2.** *(technical ~)* Bauelement *n*
composition proceedings [kɒmpə'zɪʃən prə'si:dɪŋz] *pl* Ausgleichsverfahren *n*, Vergleichsverfahren *n*
compound interest ['kɒmpaʊnd 'ɪntrəst] *sb* Zinseszins *m*
comprehensive insurance [kɒmprɪ'hensɪv ɪn'ʃʊərəns] *sb* Vollkaskoversicherung *f*
compromise ['kɒmprəmaɪz] *sb* **1.** Kompromiss *m; v* **2.** *(agree on a ~)* einen Kompromiss schließen; **3.** *(put at risk)* kompromittieren, gefährden
compulsory [kəm'pʌlsərɪ] *adj* obligatorisch, Pflicht...
compulsory auction [kəm'pʌlsərɪ 'ɔ:kʃən] *sb* Zwangsversteigerung *f*
compulsory contribution [kəm'pʌlsərɪ kɒntrɪ'bju:ʃən] *sb* Pflichteinlage *f*
compulsory disclosure [kəm'pʌlsərɪ dɪs'kləʊʒə] *sb* Publikationspflicht *f*
compulsory health insurance funds [kəm'pʌlsərɪ helθ ɪn'ʃʊərəns fʌndz] *pl* Pflichtkrankenkassen *f/pl*
compulsory loan [kəm'pʌlsərɪ ləʊn] *sb* Zwangsanleihe *f*
compulsory saving [kəm'pʌlsərɪ 'seɪvɪŋ] *sb* Zwangssparen *n*
compulsory settlement [kəm'pʌlsərɪ 'setlmənt] *sb* Zwangsvergleich *m*
computation [kɒmpjʊ'teɪʃən] *sb* Berechnung *f*, Kalkulation *f*
compute [kəm'pju:t] *v (make calculations)* rechnen; *(sth)* berechnen, errechnen
computer [kəm'pju:tə] *sb* Computer *m*, Rechner *m*
computer-aided design (CAD) [kəm'pju:təeɪdɪd dɪ'zaɪn] *sb* Computer Aided Design (CAD) *n*
computer-aided engineering (CAE) [kəm'pju:təeɪdɪd endʒɪ'nɪərɪŋ] *sb* Computer Aided Engineering (CAE) *n*
computer-aided manufacturing (CAM) [kəm'pju:təeɪdɪd mænju:'fæktʃʊərɪŋ] *sb* Computer Aided Manufacturing (CAM) *n*
computer-aided quality assurance (CAQ) [kəm'pju:təeɪdɪd 'kwɒlɪtɪ ə'ʃʊərəns] *sb* Computer Aided Quality Assurance (CAQ) *f*
computer-aided selling (CAS) [kəm'pju:təeɪdɪd 'selɪŋ] *sb* Computer Aided Selling (CAS) *n*
computer centre [kəm'pju:tə 'sentə] *sb* Rechenzentrum *n*
computer graphics [kəm'pju:tə 'græfɪks] *pl* Computergrafik *f*
computer-integrated manufacturing (CIM) [kəm'pju:təɪntəgreɪtɪd mænju:'fæktʃʊərɪŋ] *sb* Computer Integrated Manufacturing (CIM) *n*
computer network [kəm'pju:tə 'netwɜ:k] *sb* Computernetzwerk *n*
computer ordering system [kəm'pju:tə 'ɔ:dərɪŋ 'sɪstəm] *sb* EDV-Bestellwesen *n*
computer program [kəm'pju:tə 'prəʊgræm] *sb* Computerprogramm *n*
computerise [kəm'pju:təraɪz] *v* computerisieren, auf Computer umstellen
concentration [kɒnsən'treɪʃən] *sb* Konzentration *f*
concentration of banks [kɒnsen'treɪʃən əv bæŋks] *sb* Bankenkonzentration *f*
concentration of capital [kɒnsen'treɪʃən əv 'kæpɪtəl] *sb* Kapitalkonzentration *f*
concept ['kɒnsept] *sb* Konzept *n*, Vorstellung *f*
conception [kən'sepʃən] *sb* Konzeption *f*, Vorstellung *f*
concern [kən'sɜ:n] *v* **1.** ~ *o.s. with sth* sich mit etw beschäftigen, sich für etw interessieren; **2.** *(worry)* beunruhigen; **3.** *to be ~ed about* sich kümmern um; **4.** *(to be about)* sich handeln um, gehen um
concerted [kən'sɜ:tɪd] *adj* konzertiert, gemeinsam
concession [kən'seʃən] *sb* Zugeständnis *n*, Konzession *f*
concessionary [kən'seʃənərɪ] *adj* in Konzession, Konzessions...
conciliation board [kɒnsɪlɪ'eɪʃən bɔ:d] *sb* Einigungsstelle *f*

C

conclusion [kən'klu:ʒən] *sb* Abschluss *m*
conclusion of a contract [kən'klu:ʒən əv ə 'kɒntrækt] *sb* Vertragsabschluss *m*
conclusion of a deal [kən'klu:ʒən əv ə di:l] *sb* Geschäftsabschluss *m*
concordance of maturities [kɒn'kɔ:dəns əv mə'tʊərɪtɪz] *sb* Fristenkongruenz *f*
concretion [kən'kri:ʃən] *sb* Konkretisierung *f*, Verwirklichung *f*
concurrent [kən'kʌrənt] *adj* **1.** *(simultaneous)* gleichzeitig; **2.** *(together)* zusammen; **3.** *(in agreement)* übereinstimmend
condition [kən'dɪʃən] *sb* **1.** *(stipulation)* Bedingung *f*, Voraussetzung *f*, Kondition *f*; **2.** *on ~ that ...* unter der Bedingung, dass ...
condition cartel [kən'dɪʃən ca:'tel] *sb* Konditionenkartell *n*
conditional capital increase [kən'dɪʃənəl 'kæpɪtəl 'ɪnkri:s] *sb* bedingte Kapitalerhöhung *f*
conditions [kən'dɪʃənz] *pl* Konditionen *f/pl*
conditions of acceptance [kən'dɪʃənz əv ək'septəns] *pl* Übernahmebedingungen *f/pl*
conditions of competition [kən'dɪʃənz əv kɒmpə'tɪʃən] *pl* Wettbewerbsverhältnisse *n/pl*, Wettbewerbsbedingungen *f/pl*
conditions of a contract [kən'dɪʃənz əv ə 'kɒntrækt] *pl* Vertragsbedingungen *f/pl*
conditions of delivery [kən'dɪʃənz əv dɪ'lɪvərɪ] *pl* Lieferbedingungen *f/pl*
condo ['kɒndəʊ] *sb (US, fam: condominium)* Eigentumswohnung *f*
conduct [kən'dʌkt] *v* **1.** *(direct)* führen, leiten, verwalten; ['kɒndʌkt] *sb* **2.** *(management)* Führung *f*, Leitung *f*; **3.** *(document)* Geleitbrief *m*
confer [kən'fɜ:] *v* **1.** *(consult together)* sich beraten, sich besprechen; **2.** *(bestow)* verleihen, übertragen
conference ['kɒnfərəns] *sb* Konferenz *f*, Besprechung *f*, Sitzung *f*; Tagung *f*
conference call ['kɒnfərəns kɔ:l] *sb* Konferenzgespräch *n*
conference date ['kɒnfərəns deɪt] *sb* Besprechungstermin *m*
confidence goods ['kɒnfɪdəns gʊdz] *pl* Vertrauensgüter *n/pl*
confidential [kɒnfɪ'denʃəl] *adj* vertraulich, geheim
confidential communication [kɒnfɪ'denʃəl kəmju:nɪ'keɪʃən] *sb* vertrauliche Mitteilung *f*
confidentiality [kɒnfɪdenʃɪ'ælɪtɪ] *sb* Vertraulichkeit *f*, Schweigepflicht *f*
configuration [kənfɪgjʊ'reɪʃən] *sb* Konfiguration *f*
confirmation [kɒnfə'meɪʃən] *sb* Bestätigung *f*
confirmation note [kɒnfə'meɪʃn nəʊt] *sb* Bestätigungsschreiben *n*
confirmation of cover [kɒnfə'meɪʃən əv 'kʌvə] *sb* Deckungszusage *f*
confirmation of order [kɒnfə'meɪʃən əv 'ɔ:də] *sb* Auftragsbestätigung *f*
confiscate ['kɒnfɪskeɪt] *v* beschlagnahmen, einziehen, sicherstellen
confiscation [kɒnfɪs'keɪʃən] *sb* Beschlagnahme *f*, Einziehung *f*
conglomerate [kən'glɒmərɪt] *sb* Konglomerat *n*
congress ['kɒŋgres] *sb* Kongress *m*, Tagung *f*
congruent ['kɒŋgrʊənt] *adj* **1.** deckungsgleich, kongruent; **2.** *(in agreement, corresponding)* übereinstimmend, sich deckend
connection [kə'nekʃən] *sb* **1.** Verbindung *f*, Beziehung *f*; **2.** *(flight)* Anschluss *m*
consent [kən'sent] *v* **1.** zustimmen, einwilligen, mit einverstanden sein; *sb* **2.** Zustimmung *f*, Einwilligung *f*, Genehmigung *f*; *age of ~* Mündigkeit *f*
consequence ['kɒnsɪkwəns] *sb* **1.** *(importance)* Bedeutung *f*, Wichtigkeit *f*; **2.** *(effect)* Konsequenz *f*, Folge *f*, Wirkung *f*; *take the ~s* die Folgen tragen
consequential [kɒnsɪ'kwenʃəl] *adj* sich ergebend, folgend
conservation technology [kɒnsə'veɪʃən tek'nɒlədʒɪ] *sb* Umwelttechnik *f*
consign [kən'saɪn] *v* versenden, verschicken, schicken

C

consignee [kɒnsaɪ'niː] *sb* Adressat(in) *m/f*, Empfänger(in) *m/f*, Warenempfänger(in) *m/f*

consignment [kən'saɪnmənt] *sb* **1.** Übersendung *f;* **2.** *on ~* in Kommission; *(overseas)* in Konsignation

consignment note [kən'saɪnmənt nəʊt] *sb* Frachtbrief *m*

consignment of goods [kən'saɪnmənt əv gʊdz] *sb* Warensendung *f*

consignment sale [kən'saɪnmənt seɪl] *sb* Kommissionsverkauf *m*

consignment stock [kən'saɪnmənt stɒk] *sb* Konsignationslager *n*, Kommissionslager *n*

consignment with value declared [kən'saɪnmənt wɪð 'væljuː dɪ'kleəd] *sb* Wertsendung *f*

consistency [kən'sɪstənsɪ] *sb (of a substance)* Konsistenz *f*, Beschaffenheit *f*

console ['kɒnsəʊlz] *sb* Konsole *f*, Tastatur *f*, Bedienungsplatz *m*

consolidate [kən'sɒlɪdeɪt] *v* **1.** konsolidieren, fundieren; **2.** *(combine)* zusammenlegen, vereinigen, zusammenschließen

consolidated balance sheet [kən'sɒlɪdeɪtɪd 'bæləns ʃiːt] *sb* konsolidierte Bilanz *f*

consolidated financial statement [kən'sɒlɪdeɪtɪd faɪ'nænʃəl 'steɪtmənt] *sb* Konzernabschluss *m*

consolidation [kənsɒlɪ'deɪʃən] *sb* **1.** *(bringing together)* Zusammenlegung *f*, Vereinigung *f*, Zusammenschluss *m*, Unifizierung *f;* **2.** Konsolidierung *f*

consolidation of shares [kən'sɒlɪdeɪʃən əv ʃeəz] *sb* Aktienzusammenlegung *f*

consortium [kən'sɔːtɪəm] *sb* Konsortium *n*, Zusammenschluss *m*

constant issuer ['kɒnstənt 'ɪʃjuːə] *sb* Dauerremittent *m*

Constitutional Court [kɒnstɪ'tjuːʃənəl kɔːt] *sb* Verfassungsgericht *n*

construction [kən'strʌkʃən] *sb (constructing)* Bau *m*, Konstruktion *f*, Errichtung *f; under ~* im Bau

construction industry [kən'strʌkʃən 'ɪndəstrɪ] *sb* Bauindustrie *f*

consular invoice ['kɒnsjuːlə 'ɪnvɔɪs] *sb* Konsulatsfaktura *f*

consult [kən'sʌlt] *v* **1.** konsultieren, befragen, um Rat fragen; **2.** *(files)* einsehen

consultant [kən'sʌltənt] *sb* Berater(in) *m/f*

consultant on pensions [kən'sʌltənt ɒn 'penʃənz] *sb* Rentenberater *m*

consultation [kɒnsəl'teɪʃən] *sb* Beratung *f*, Rücksprache *f*

consulting [kən'sʌltɪŋ] *adj* beratend

consumable [kən'sjuːməbl] *adj* Konsum...

consume [kən'sjuːm] *v* **1.** *(use up)* verbrauchen, verzehren; **2.** *(buy)* kaufen, konsumieren

consumer [kən'sjuːmə] *sb* Verbraucher(in) *m/f*, Konsument(in) *m/f*

consumer acceptance [kən'sjuːmə ək'septəns] *sb* Kaufbereitschaft *f*

consumer advice [kən'sjuːmə əd'vaɪs] *sb* Kundenberatung *f*

consumer cooperative [kən'sjuːmə kəʊ'ɒpərətɪv] *sb* Konsumgenossenschaft *f*

consumer credit [kən'sjuːmə 'kredɪt] *sb* Konsumkredit *m*, Konsumentenkredit *m*

consumer credit act [kən'sjuːmə 'kredɪt ækt] *sb* Verbraucherkreditgesetz *n*

consumer goods [kən'sjuːmə gʊdz] *pl* Verbrauchsgüter *pl*, Konsumgüter *pl*

consumer loan [kən'sjuːmə ləʊn] *sb* Anschaffungsdarlehen *n*

consumer market [kən'sjuːmə 'mɑːkɪt] *sb* Verbrauchermarkt *m*

consumer protection [kən'sjuːmə prə'tekʃən] *sb* Verbraucherschutz *m*

consumer society [kən'sjuːmə sə'saɪɪtɪ] *sb* Konsumgesellschaft *f*

consumper spending [kən'suːmə spendɪŋ] *sb* Konsumausgabe *f*

Consumers' Central Offices [kən'sjuːməz 'sentrəl 'ɒfɪsɪz] *sb* Verbraucherzentralen *f/pl*

consumption [kən'sʌmpʃən] *sb* Verbrauch *m*, Konsum *m*, Verzehr *m*

contact ['kɒntækt] *sb* **1.** *(communication)* Verbindung *f; to be in ~ with s.o.* mit jdm in Verbindung stehen; *lose ~ with s.o.* die Verbindung zu jdm verlieren; *(person to ~)* Kontaktperson *f*, Ansprechpartner(in) *m/f;* 2. *(useful acquaintance)* Verbindung *f; make ~s* Verbindungen

knüpfen; *v* **3.** sich in Verbindung setzen mit, Kontakt aufnehmen zu
contain [kən'teɪn] *v (have room for)* fassen, umfassen
container [kən'teɪnə] *sb* Behälter *m*, Gefäß *n*, Container *m*
container transport [kən'teɪnə 'trænspɔ:t] *sb* Behälterverkehr *m*
containerize [kən'teɪnəraɪz] *v* in Container verpacken
contamination [kəntæmɪ'neɪʃən] *sb* Kontamination *f*, Verschmutzung *f*
contango [kən'tæŋgəʊ] *sb* Report *m*
contango securities [kən'tæŋgəʊ sɪ'kju:rɪtiz] *pl* Reporteffekten *f/pl*
contango transaction [kən'tæŋgəʊ træn'zækʃən] *sb* Reportgeschäft *n*
content ['kɒntent] *sb ~s pl* Inhalt *m*
content norms ['kɒntent nɔ:mz] *pl* Inhaltsnormen *f/pl*
contest [kən'test] *v* anfechten; *(dispute)* angreifen, bestreiten
contingency budget [kən'tɪndʒensɪ 'bʌdʒɪt] *sb* Eventualhaushalt *m*
contingency plan [kən'tɪndʒənsɪ plæn] *sb* Ausweichplan *m*
contingent [kən'tɪndʒənt] *adj ~ upon* abhängig von
contingent liability [kən'tɪndʒent laɪə'bɪlɪtɪ] *sb* Eventualverbindlichkeit *f*
continued pay [kən'tɪndju:d peɪ] *sb* Entgeltfortzahlung *f*
continuous flow production [kən'tɪnjuəs fləʊ prə'dʌkʃən] *sb* Fließfertigung *f*
contract ['kɒntrækt] *sb* **1.** Vertrag *m*; *(order)* Auftrag *m*; *v* [kən'trækt] **2.** *~ sth out* etw außer Haus machen lassen; *~ to do sth* sich vertraglich verpflichten, etw zu tun
contract goods ['kɒntrækt gʊdz] *pl* Kontraktgüter *n/pl*
contract of assignment ['kɒntrækt əv ə'saɪnmənt] *sb* Abtretungsvertrag *m*
contract of carriage ['kɒntrækt əv 'kærɪdʒ] *sb* Frachtvertrag *m*
contract of employment ['kɒntrækt əv ɪm'plɔɪmənt] *sb* Arbeitsvertrag *m*, Dienstvereinbarung *f*
contract of pledge ['kɒntrækt əv pledʒ] *sb* Pfandvertrag *m*
contract of sale ['kɒntrækt əv seɪl] *sb* Kaufvertrag *m*
contract of service ['kɒntrækt əv 'sɜ:vɪs] *sb* Dienstvertrag *m*
contract period ['kɒntrækt 'pɪərɪəd] *sb* Vertragsdauer *f*
contraction [kən'trækʃən] *sb* Kontrahierung *f*
contractor [kən'træktə] *sb* Auftragnehmer(in) *m/f*
contractor work and services [kən'træktə 'wɜ:k ənd 'sɜ:vɪsɪz] *sb* Werkvertrag *m*
contracts on capital collecting ['kɒntrækts ɒn 'kæpɪtəl kə'lektɪŋ] *pl* Kapitalsammlungsverträge *m/pl*
contractual [kən'træktʃʊəl] *adj* vertraglich, Vertrags...
contractual obligation [kən'trækʃʊəl ɒblɪ'geɪʃən] *sb* Vertragsverpflichtung *f*
contractual penalty [kən'træktʃʊəl 'penəltɪ] *sb* Konventionalstrafe *f*, Vertragsstrafe *f*
contribute [kən'trɪbju:t] *v* **1.** beitragen; **2.** *~ to charity* spenden; **3.** *(food, supplies)* beisteuern
contribution [kɒntrɪ'bju:ʃən] *sb* **1.** Beitrag *m*; *make a ~ to sth* einen Beitrag zu etw leisten; **2.** *(donation)* Spende *f*
contribution margin [kɒntrɪ'bju:ʃən 'mɑ:dʒɪn] *sb* Deckungsbeitrag *m*
contribution receipt [kɒntrɪ'bju:ʃən rɪ'si:t] *sb* Einschussquittung *f*
contribution refund [kɒntrɪ'bju:ʃən 'ri:fʌnd] *sb* Beitragserstattung *f*
contributions [kɒntrɪ'bju:ʃənz] *pl* Beiträge *m/pl*
contributions paid to the building society [kɒntrɪ'bju:ʃənz peɪd tu ðə 'bɪldɪŋ sə'saɪətɪ] *pl* Bausparkassenbeiträge *m/pl*
control [kən'trəʊl] *v (sth)* **1.** Kontrolle haben über, kontrollieren; *(regulate)* kontrollieren; *(keep within limits)* in Schranken halten, in Rahmen halten, beschränken; *sb* **2.** Kontrolle *f*; *get under ~* unter Kontrolle bringen; *get out of ~* außer Kontrolle geraten; **3.** *(authority)* Leitung *f*, Macht *f*, Herrschaft *f*; *have no ~ over sth* keinen Einfluss auf etw haben; **4.** *(check)* Kontrolle *f*

C

control agreement [kən'trəʊl ə'gri:mənt] *sb* Beherrschungsvertrag *m*
control board [kən'trəʊl bɔ:d] *sb* Aufsichtsamt *n*
control factor [kən'trəʊl 'fæktə] *sb* Steuerungsgröße *f*
control group [kən'trəʊl gru:p] *sb* Kontrollgruppe *f*
control key [kən'trəʊl ki:] *sb (keyboard)* Control-Taste *f*
controllable [kən'trəʊləbl] *adj* kontrollierbar
controlled company [kən'trəʊld 'kʌmpənɪ] *sb* Organgesellschaft *f*
controlled corporate group [kən'trəʊld 'kɔ:pərət gru:p] *sb* Beteiligungskonzern *m*
controlled economy [kən'trəʊld ɪ'kɒnəmɪ] *sb* Dirigismus *m*
controller [kən'trəʊlə] *sb* Controller(in) *m/f; financial ~* Finanzcontroller(in) *m/f*
controlling [kən'trəʊlɪŋ] *sb* **1.** Controlling *n; adj* **2.** *have a ~ interest in sth* eine Mehrheitsbeteiligung an etw besitzen
control of advertising effectiveness [kən'trəʊl əv 'ædvətaɪzɪŋ ɪ'fektɪvnɪs] *sb* Werbeerfolgskontrolle *f*
control panel [kən'trəʊl pænl] *sb* Schalttafel *f*, Bedienungsfeld *n*
convene [kən'vi:n] *v (call together)* einberufen, versammeln
convenience foods [kən'vi:nɪəns 'fu:dz] *pl* Fertiggerichte *pl*, Schnellgerichte *pl*
convenience goods [kən'vi:nɪəns gʊdz] *pl* Verbrauchsgüter *pl*, Convenience Goods *pl*
convenience store [kən'vi:nɪəns 'stɔ:] *sb (US)* Nachbarschaftsladen *m*
convenient [kən'vi:nɪənt] *adj* **1.** günstig, passend, geeignet; **2.** *~ly located (shop)* verkehrsgünstig; **3.** *(functional)* brauchbar, praktisch, zweckmäßig
convention [kən'venʃən] *sb* **1.** *(conference)* Fachkongress *m*, Tagung *f;* **2.** *(agreement)* Abkommen *n;* **3.** *(social rule)* Konvention *f*
conversion [kən'vɜ:ʒən] *sb* Konvertierung *f*
conversion charge [kən'vɜ:ʒən tʃɑ:dʒ] *sb* Transaktionskosten *pl*
conversion table [kən'vɜ:ʃən teɪbl] *sb* Umrechnungstabelle *f*
convert [kən'vɜ:t] *v* **1.** umwandeln, verwandeln; **2.** *(measures)* umrechnen; **3.** *(of currency)* konvertieren, umwandeln
convertibility [kən'vɜ:tɪbɪlɪtɪ] *sb* Konvertibilität *f*, Konvertierbarkeit *f*
convertibility for residents [kənvɜ:tɪ'bɪlɪtɪ fɔ: 'rezɪdənts] *sb* Inländerkonvertibilität *f*
convertible [kən'vɜ:tɪbl] *adj* konvertibel, austauschbar
convertible bonds [kən'vɜ:tɪbl bɒndz] *pl* Wandelschuldverschreibung *f*
convey [kən'veɪ] *v (rights, title)* übertragen
conveyance [kən'veɪəns] *sb* Übertragung *f*
conveyance by agreement [kən'veɪəns baɪ ə'gri:mənt] *sb* Auflassung *f*
conveyor [kən'veɪə] *sb* Fördergerät *n*
conveyor belt [kən'veɪə belt] *sb* Fließband *n*, Förderband *n*
cooperate [kəʊ'ɒpəreɪt] *v* **1.** zusammenarbeiten; **2.** *(comply)* mitmachen
cooperation [kəʊɒpə'reɪʃən] *sb* Zusammenarbeit *f*, Kooperation *f*
cooperation loan [kəʊɒpə'reɪʃən ləʊn] *sb* Kooperationsdarlehen *n*
cooperative [kəʊ'ɒpərətɪv] *adj* **1.** *(prepared to comply)* kooperativ, kollegial; *sb* **2.** Genossenschaft *f*
cooperative apartment [kəʊ'ɒpərətɪv ə'pɑ:tmənt] *sb* Eigentumswohnung *f*
cooperative banking sector [kəʊ'ɒpərətɪv 'bæŋkɪŋ 'sektə] *sb* genossenschaftlicher Bankensektor *m*
cooperative central banks [kəʊ'ɒpərətɪv 'sentrəl bæŋks] *pl* genossenschaftliche Zentralbanken *f/pl*
coordination [kəʊɔ:dɪ'neɪʃən] *sb* Koordination *f*, Koordinierung *f*
co-owner [kəʊ'əʊnə] *sb* Mitinhaber(in) *m/f*, Mitbesitzer(in) *m/f*
co-ownership [kəʊ'əʊnəʃɪp] *sb* Miteigentum *n*
co-partner [kəʊ'pɑ:tnə] *sb* Partner(in) *m/f*, Teilhaber(in) *m/f*, Mitunternehmer *m*
copier ['kɒpɪə] *sb* Kopierer *m*, Kopierautomat *m*

co-plaintiff [kəʊˈpleɪntɪf] *sb* Nebenkläger *m*
co-product [kəʊˈprɒdʌkt] *sb* Nebenerzeugnis *n*
copy [ˈkɒpɪ] *v* **1.** *(reproduce)* kopieren, nachbilden; **2.** *(imitate)* nachmachen; *sb* Kopie *f*; **3.** *(written out separately)* Abschrift *f*; **4.** *(text of an advertisement or article)* Text *m*
copy machine [ˈkɒpɪ məˈʃiːn] *sb (fam)* Kopierer *m*
copyright [ˈkɒpɪraɪt] *sb* Copyright *n*, Urheberrecht *n*
copy test [ˈkɒpɪ test] *sb* Copy-Test *m*
copywriter [ˈkɒpɪraɪtə] *sb* Werbetexter(in) *m/f*
core time [kɔː taɪm] *sb* Kernarbeitszeit *f*
corner [ˈkɔːnə] *v* in die Ecke treiben; *~ the market* den Markt beherrschen
corporate [ˈkɔːpərɪt] *adj (of a corporation)* korporativ, Unternehmens...
corporate culture [ˈkɔːpərɪt ˈkʌltʃə] *sb* Unternehmenskultur *f*
corporate design [ˈkɔːpərɪt dɪˈsaɪn] *sb* Corporate Design *n*
corporate identity [ˈkɔːpərɪt aɪˈdentɪtɪ] *sb* Corporate Identity *f*
corporate management [ˈkɔːpərɪt ˈmænɪdʒmənt] *sb* Unternehmensleitung *f*
corporate profit [ˈkɔːpərɪt ˈprɒfɪt] *sb* Unternehmensgewinn *m*
corporate strategy [ˈkɔːpərɪt ˈstrætədʒɪ] *sb* Unternehmensstrategie *f*
corporate value [ˈkɔːpərɪt ˈvæljuː] *sb* Unternehmungswert *m*
corporation [kɔːpəˈreɪʃən] *sb* **1.** *(UK)* Handelsgesellschaft *f*; **2.** *(US)* Aktiengesellschaft *f*, Unternehmen *n*
corporation tax [kɔːpəˈreɪʃən tæks] *sb* Unternehmenssteuer *f*, Körperschaftssteuer *f*
corporative [ˈkɔːpərətɪv] *adj* Unternehmens..., Firmen...
correct [kəˈrekt] *v* korrigieren, berichtigen
correction [kəˈrektʃən] *sb* Berichtigung *f*, Korrektur *f*
correction of a balance sheet [kəˈrekʃən əv ə ˈbæləns ʃiːt] *sb* Bilanzberichtigung *f*
correlation [kɒrəˈleɪʃən] *sb* Korrelation *f*, Wechselbeziehung *f*
correspond [kɒrɪsˈpɒnd] *v (exchange letters)* korrespondieren, in Briefwechsel stehen
correspondence [kɒrɪsˈpɒndəns] *sb (letter writing)* Korrespondenz *f*, Briefwechsel *m*
correspondent bank [kɒrəsˈpɒndənt bæŋk] *sb* Korrespondenzbank *f*
cost [kɒst] *v irr* **1.** kosten; *sb* **2.** Kosten *pl*; *at no ~* kostenlos; **3.** *(fig)* Preis *m*; *at all ~s, at any ~* um jeden Preis
cost accounting centre [kɒst əˈkaʊntɪŋ ˈsentə] *sb* Kostenstelle *f*
cost advantage [kɒst ədˈvɑːntɪdʒ] *sb* Kostenvorteil *m*
cost allocation [kɒst æləˈkeɪʃən] *sb* Kostenverrechnung *f*
cost and freight (C&F) [kɒst ænd freɪt] *sb* Kosten und Fracht (C&F)
cost-benefit analysis [kɒstˈbenɪfɪt əˈnælɪsɪs] *sb* Kosten-Nutzen-Analyse *f*
cost centre [kɒst ˈsentə] *sb* Kostenstelle *f*
cost cutting [kɒst ˈkʌtɪŋ] *sb* Kosteneinsparungen *f/pl*
cost-effective [kɒstɪˈfektɪv] *adj* rentabel
cost escalation [kɒst eskəˈleɪʃən] *sb* Kostenexplosion *f*
cost estimate [kɒst ˈestɪmət] *sb* Kostenvoranschlag *m*
cost factor [kɒst ˈfæktə] *sb* Kostenfaktor *m*
costing expenditures [ˈkɒstɪŋ ɪksˈpendɪtʃəz] *pl* Anderskosten *pl*
costing rate [ˈkɒstɪŋ reɪt] *sb* Zuschlagssatz *m*
cost, insurance (C&I) [kɒst ɪnˈʃʊərəns] *sb* Kosten und Versicherung (C&I)
cost, insurance, freight (CIF) [kɒst ɪnˈʃʊərəns freɪt] *sb* Kosten, Versicherung, Fracht eingeschlossen (CIF)
cost, insurance, freight, commission (CIF&C) [kɒst ɪnˈʃʊərəns freɪt kəˈmɪʃən] *sb* Kosten, Versicherung, Fracht und Kommission eingeschlossen (CIF&C)
cost, insurance, freight, collection, interest (CIFC&I) [kɒst ɪnˈʃʊərəns freɪt kəˈmɪʃən ˈɪntrɪst] *sb* Kosten, Versicherung, Fracht, Abholung und Zinsen (CIFC&I)
costly [ˈkɒstlɪ] *adj* teuer, kostspielig

cost of acquisition ['kɒst əv ækwɪ'zɪʃən] *sb* Anschaffungskosten *pl*
cost of capital [kɒst əv 'kæpɪtəl] *sb* Kapitalkosten *pl*
cost of credit [kɒst əv 'kredɪt] *sb* Kreditkosten *pl*
cost of services [kɒst əv 'sɜːvɪsɪz] *sb* Dienstleistungskosten *pl*
cost of wages ['kɒst əv 'weɪdʒɪz] *sb* Lohnkosten *pl*
cost per unit [kɒst pə 'juːnɪt] *sb* Stückkosten *pl*
cost pressure [kɒst 'preʃʊə] *sb* Kostendruck *m*
cost price [kɒst praɪs] *sb* Selbstkostenpreis *m*, Einstandspreis *m*
cost recovery [kɒst rɪ'kʌvərɪ] *sb* Kostendeckung *f*
cost reduction [kɒst rɪ'dʌkʃən] *sb* Kostensenkung *f*
costs [kɒsts] *pl* Kosten *pl*
cost schedule [kɒst 'ʃedjuːl] *sb* Kostenplan *m*
cost types [kɒst taɪps] *pl* Kostenarten *f/pl*
cost unit [kɒst 'juːnɪt] *sb* Kostenträger *m*
cost variance analysis [kɒst 'veərɪəns ə'nælɪsɪs] *sb* Abweichungsanalyse *f*
Cotton Exchange ['kɒtən ɪks'tʃeɪndʒ] *sb* Baumwollbörse *f*
council tax ['kaʊnsl tæks] *sb* (UK) Gemeindesteuer *f*
counsel ['kaʊnsl] *sb* **1.** Rat *m*, Gremium *n*; **2.** (US) Anwalt/Anwältin *m/f*
counselling ['kaʊnsəlɪŋ] *sb* Beratung *f*
count [kaʊnt] *v* **1.** zählen; *sb* **2.** Zählung *f*
count in [kaʊnt ɪn] *v* mitzählen, mitrechnen
counter ['kaʊntə] *sb* **1.** *(shop)* Ladentisch *m*, Tresen *m*, Theke *f*; **2.** *(bank)* Schalter *m*
counterclaim ['kaʊntəkleɪm] *sb* Gegenanspruch *m*, Gegenforderung *f*
countercyclical development [kaʊntə'sɪklɪkəl də'veləpmənt] *sb* antizyklisches Verhalten *n*
countercyclical fiscal policy [kaʊntə'sɪklɪkəl 'fɪskəl 'pɒlɪsɪ] *sb* antizyklische Finanzpolitik *f*
counter entry ['kaʊntə 'entrɪ] *sb* Storno *n*, Gegenbuchung *f*
counterfeit ['kaʊntəfɪt] *sb* **1.** Fälschung *f*; *adj* **2.** gefälscht
counterfeit money ['kaʊntəfɪt 'mʌnɪ] *sb* Falschgeld *n*
counterfeiting ['kaʊntəfɪtɪŋ] **1.** Produktpiraterie *f*; **2.** Falschmünzerei *f*
countermand [kaʊntə'mɑːnd] *sb* Abbestellung *f*, Widerruf *m*, Storno *m/n*
counteroffer ['kaʊntərɒfə] *sb* Gegenangebot *n*, Gegengebot *n*
countersign ['kaʊntəsaɪn] *v* gegenzeichnen
counter stock ['kaʊntə stɒk] *sb* Schalterstücke *n/pl*
countertrade ['kaʊntətreɪd] *sb* Gegengeschäft *n*
countervailing duty [kaʊntə'veɪlɪŋ 'djuːtɪ] *sb* Ausgleichsabgabe *f*
counting ['kaʊntɪŋ] *sb* Auszählung *f*
countries outside the customs frontier ['kʌntriz aʊt'saɪd ðə 'kʌstəmz 'frʌntɪə] *pl* Zollausland *n*
country of origin ['kʌntrɪ əv 'ɒrɪdʒɪn] *sb* Herkunftsland *n*
country of purchase ['kʌntrɪ əv 'pɜːtʃɪs] *sb* Einkaufsland *n*
country risk ['kʌntrɪ rɪsk] *sb* Länderrisiko *n*
coupon ['kuːpɒn] *sb* *(voucher)* Gutschein *m*, Kupon *m*, Zinsschein *m*
coupon collection department ['kuːpɒn kə'lekʃən də'pɑːtmənt] *sb* Kuponkasse *f*
coupon market ['kuːpɒn 'mɑːkɪt] *sb* Kuponmarkt *m*
coupon price ['kuːpɒn praɪs] *sb* Kuponkurs *m*
coupon sheet ['kuːpɒn ʃiːt] *sb* Kuponbogen *m*
coupon tax ['kuːpɒn tæks] *sb* Kuponsteuer *f*
courier ['kʊrɪə] *sb* Eilbote *m*, Kurier *m*
course of business [kɔːs əv 'bɪznɪs] *sb* Geschäftsprozess *m*
court [kɔːt] *sb* **1.** *(~ of law)* Gericht *n*; **2.** *take* s.o. to ~ jdn verklagen
court collection proceedings [kɔːt kə'lekʃən prə'siːdɪŋz] *pl* gerichtliches Mahnverfahren *n*
court fees ['kɔːt fiːz] *pl* Gerichtskosten *pl*, Prozesskosten *pl*

court of arbitration [kɔːt əv ɑːbɪˈtreɪʃən] *sb* Schiedsgericht *n*
Court of Auditors [kɔːt əv ˈɔːdɪtəz] *sb* Rechnungshof *m*
Court of Justice of the European Community [kɔːt əv ˈdʒʌstɪs əv ðə jʊərəˈpɪən kəˈmjuːnɪtɪ] *sb* Europäischer Gerichtshof (EuGH) *m*
court order [kɔːt ˈɔːdə] *sb* Gerichtsbeschluss *m*
courtroom [ˈkɔːtruːm] *sb* Gerichtssaal *m*
cover [ˈkʌvə] *sb* **1.** Deckung; *under separate ~* mit getrennter Post; *v* **2.** *(a loan, a check)* decken; **3.** *(costs)* bestreiten; **4.** *(insure)* versichern; **5.** *(include)* einschließen, umfassen, enthalten
cover clause [ˈkʌvə klɔːz] *sb* Deckungsklausel *f*
cover note [ˈkʌvə nəʊt] *sb (UK)* Deckungszusage *f*
cover of note circulation [ˈkʌvə əv nəʊt sɜːkjʊˈleɪʃən] *sb* Notendeckung *f*
coverage [ˈkʌvrɪdʒ] *sb (insurance ~)* Versicherungsschutz *m*, Deckung *f*
coverage interest rate [ˈkʌvrɪdʒ ˈɪntrɪst reɪt] *sb* Deckungszinsen *m/pl*
coverage loan [ˈkʌvrɪdʒ ləʊn] *sb* Deckungsdarlehen *n*
covered cheque [ˈkʌvəd tʃek] *sb* gedeckter Scheck *m*
covered credit [ˈkʌvəd ˈkredɪt] *sb* gedeckter Kredit *m*
covering claim [ˈkʌvərɪŋ kleɪm] *sb* Deckungsforderung *f*
covering letter [ˈkʌvərɪŋ ˈletə] *sb* Begleitbrief *m*
covering operation [ˈkʌvərɪŋ ɒpəˈreɪʃən] *sb* Deckungsgeschäft *n*
covin [ˈkʌvɪn] *sb* Komplott *n*
coworker [kəʊˈwɜːkə] *sb* Mitarbeiter(in) *m/f*, Kollege/Kollegin *m/f*
craft [krɑːft] *sb (trade)* Handwerk *n*, Gewerbe *n*
craft trade [krɑːft treɪd] *sb* Handwerk *n*
craftsman [ˈkrɑːftsmən] *sb* Handwerker *m*
crank [kræŋk] *v ~ up the economy* die Wirtschaft ankurbeln
crash [kræʃ] *v* **1.** *(fam: computer)* abstürzen; *sb* **2.** *(stock market ~)* Börsenkrach *m*
crate [kreɪt] *sb* Kiste *f*, Kasten *m*
creation of credit [krɪˈeɪʃən əv ˈkredɪt] *sb* Kreditschöpfung *f*
creation of deposit money [krɪˈeɪʃən əv dɪˈpɒzɪt ˈmʌnɪ] *sb* Giralgeldschöpfung *f*
creation of money [krɪˈeɪʃən əv ˈmʌnɪ] *sb* Geldschöpfung *f*
credential [krɪˈdenʃəl] *sb* **1.** Beglaubigungsschreiben *n; pl* **2.** *~s (papers)* Ausweispapiere *pl*
credible promise [ˈkredɪbəl ˈprɒmɪs] *sb* glaubhafte Zusicherung *f*
credit [ˈkredɪt] *sb* **1.** Kredit *m;* **2.** *(balance)* Guthaben *n*, Haben *n; v* **3.** gutschreiben
credit account [ˈkredɪt əˈkaʊnt] *sb* Kreditkonto *n*
credit advice [ˈkredɪt ədˈvaɪs] *sb* Gutschriftsanzeige *f*
credit against securities [ˈkredɪt əˈgenst sɪˈkjʊrɪtiz] *sb* Lombardkredit *m*
credit agreement [ˈkredɪt əˈgriːmənt] *sb* Krediteröffnungsvertrag *m*, Kreditvertrag *m*
credit authorizing negotiation of bills [ˈkredɪt ˈɔːθəraɪzɪŋ nɪgəʊʃiˈeɪʃən əv bɪlz] *sb* Negoziationskredit *m*
credit balance [ˈkredɪt ˈbæləns] *sb* Guthaben *n*
credit bank [ˈkredɪt bæŋk] *sb* Kreditbank *f*
credit based on collateral security [ˈkredɪt beɪst ɒn kəˈlætərəl sɪˈkjʊərɪtɪ] *sb* Sachkredit *m*
credit business [ˈkredɪt ˈbɪznɪs] *sb* Kreditgeschäft *n*
credit by bank guarantee [ˈkredɪt baɪ bæŋk gærənˈtiː] *sb* Bürgschaftskredit *m*, Aval-Kredit *m*
credit by discount of bills [ˈkredɪt baɪ ˈdɪskaʊnt əv bɪlz] *sb* Wechseldiskontkredit *m*
credit by overdraft [ˈkredɪt baɪ ˈəʊvədrɑːft] *sb* Überziehungskredit *m*, Dispositionskredit *m*
credit card [ˈkredɪt kɑːd] *sb* Kreditkarte *f*
credit ceiling [ˈkredɪt ˈsiːlɪŋ] *sb* Kreditplafond *m*
credit check [ˈkredɪt tʃek] *sb* Bonitätsprüfung *f*

credit-checking sheets [kredɪtˈtʃekɪŋ ʃiːts] *pl* Kreditprüfungsblätter *n/pl*

credit commission [ˈkredɪt kəˈmɪʃən] *sb* Kreditprovision *f*

C

credit committee [ˈkredɪt kəˈmɪtɪ] *sb* Kreditausschuss *m*

credit control [ˈkredɪt kənˈtrəʊl] *sb* Kreditkontrolle *f*

credit cooperative [ˈkredɪt kəʊˈɒpərətɪv] *sb* Kreditgenossenschaft *f*

credit culture [ˈkredɪt ˈkʌltʃə] *sb* Kreditkultur *f*

credit demand [ˈkredɪt dəˈmɑːnd] *sb* Kreditbedarf *m*

credit department [ˈkredɪt dəˈpɑːtmənt] *sb* Kreditabteilung *f*

credit facility [ˈkredɪt fəˈsɪlɪtɪ] *sb* Kreditrahmen *m*, Kreditlinie *f*

credit financing register [ˈkredɪt faɪˈnænsɪŋ ˈredʒɪstə] *sb* Teilzahlungsbuch *n*

credit folder [ˈkredɪt fəʊldə] *sb* Kreditakte *f*

credit granted in kind [ˈkredɪt ˈgrɑːntɪd ɪn kaɪnd] *sb* Naturalkredit *m*

credit granted to a local authority [ˈkredɪt ˈgrɑːntɪd tu ə ˈləʊkəl əˈθɒrɪtɪ] *sb* Kommunalkredit *m*

credit granted to the issuer by the bank [ˈkredɪt ˈgrɑːntɪd tu ðə ˈɪʃuə baɪ ðə bæŋk] *sb* Emissionskredit *m*

credit guarantee [ˈkredɪt gærənˈtiː] *sb* Kreditgarantie *f*

credit inflation [ˈkredɪt ɪnˈfleɪʃən] *sb* Kreditinflation *f*

credit information [ˈkredɪt ɪnfəˈmeɪʃən] *sb* Kreditauskunft *f*

credit institution [ˈkredɪt ɪnstɪˈtjuːʃən] *sb* Kreditinstitut *n*

credit insurance [ˈkredɪt ɪnˈʃʊərəns] *sb* Kreditversicherung *f*

credit interest [ˈkredɪt ˈɪntrəst] *sb* Habenzinsen *pl*

credit item [ˈkredɪt ˈaɪtəm] *sb* Aktivposten *m*

credit limit [ˈkredɪt ˈlɪmɪt] *sb* Kreditlimit *n*

credit limitation [ˈkredɪt lɪmɪˈteɪʃən] *sb* Kreditplafondierung *f*

credit line [ˈkredɪt laɪn] *sb* Rahmenkredit *m*, Kreditlinie *f*

credit margin [ˈkredɪt ˈmɑːdʒɪn] *sb* Kreditrahmen *m*

credit money [ˈkredɪt ˈmʌnɪ] *sb* Kreditgeld *n*

credit on real estate [ˈkredɪt ɒn rɪəl ɪˈsteɪt] *sb* Realkredit *m*

creditor [ˈkredɪtə] *sb* Gläubiger(in) *m/f*, Kreditor(in) *m/f*

creditor paper [ˈkredɪtə ˈpeɪpə] *sb* Gläubigerpapier *n*

creditors' meeting [ˈkredɪtəz ˈmiːtɪŋ] *sb* Gläubigerversammlung *f*

credit period [ˈkredɪt ˈpɪərɪəd] *sb* Kreditfrist *f*

credit policy [ˈkredɪt ˈpɒlɪsɪ] *sb* Kreditpolitik *f*

credit purchase [ˈkredɪt ˈpɜːtʃəs] *sb* Kreditkauf *m*

credit rating [ˈkredɪt ˈreɪtɪŋ] *sb* Kreditwürdigkeit *f*

credit restriction [ˈkredɪt rɪˈstrɪkʃən] *sb* Kreditrestriktion *f*

credit risk [ˈkredɪt rɪsk] *sb* Kreditrisiko *n*

credit share [ˈkredɪt ʃeə] *sb* Kreditaktie *f*

credit side [ˈkredɪt saɪd] *sb* Habenseite *f*, Haben *n*

credit slip [ˈkredɪt slɪp] *sb* Einzahlungsbeleg *m*

credit solvency risk [ˈkredɪt ˈsɒlvənsɪ rɪsk] *sb* Bonitätsrisiko *n*

credit standing [ˈkredɪt ˈstændɪŋ] *sb* Kreditwürdigkeit *f*, Kreditstatus *m*

credit status investigation [ˈkredɪt ˈsteɪtəs ɪnvestɪˈgeɪʃən] *sb* Kreditprüfung *f*

credit system [ˈkredɪt ˈsɪstɪm] *sb* Kreditwesen *n*

credit transaction [ˈkredɪt trænˈzækʃən] *sb* Aktivgeschäft *n*

credit transfer [ˈkredɪt ˈtrænsfɜː] *sb* Kredittransfer *m*, Giro *n*

creditworthiness [ˈkredɪtwɜːðɪnəs] *sb* Kreditwürdigkeit *f*

creditworthy [ˈkredɪtwɜːðɪ] *adj* kreditwürdig

creeping inflation [ˈkriːpɪŋ ɪnˈfleɪʃən] *sb* schleichende Inflation *f*

crisis [ˈkraɪsɪs] *sb* Krise *f*

crisis feeling [ˈkraɪsɪs ˈfiːlɪŋ] *sb* Krisenstimmung *f*

crisis-proof [ˈkraɪsɪspruːf] *adj* krisenfest, krisensicher

criteria for success [kraɪˈtɪərɪə fə sʌkˈses] *sb* Erfolgskriterien *n/pl*
critical factors of performance [ˈkrɪtɪkəl ˈfæktəz əv pəˈfɔːməns] *pl* kritische Erfolgsfaktoren *m/pl*
cross [krɒs] *v (a cheque: UK)* zur Verrechnung ausstellen
cross rate [krɒs reɪt] *sb* Kreuzparität *f*
crossed cheque [krɒst tʃek] *sb* Verrechnungsscheck *m*, gekreuzter Scheck *m*
crowding-out competition [ˈkraʊdɪŋ-aʊt kɒmpəˈtɪʃən] *(finance)* Verdrängungswettbewerb *m*
crude oil [kruːd ɔɪl] *sb* Rohöl *n*
cubic measures [ˈkjuːbɪk ˈmæʒəz] *pl* Raummaße *n/pl*
culpa in contrahendo [ˈkʊlpə ɪn kɒntrəˈhendəʊ] *sb* Verschulden vor Vertragsabschluss (culpa in contrahendo) *n*
culpable [ˈkʌlpəbl] *adj* schuldig, schuldhaft
culprit [ˈkʌlprɪt] *sb* Täter(in) *m/f*, Schuldige(r) *f/m*
cum [kʌm] *prep* eingeschlossen, inklusive
cumulate [ˈkjuːmjʊleɪt] *v* akkumulieren, anhäufen
cumulative dividend [ˈkjuːmjʊlətɪv ˈdɪvɪdend] *sb* kumulative Dividende *f*
cure [kjʊə] *sb* Kur *f*
currency [ˈkʌrənsɪ] *sb* Währung *f*, Devisen *f/pl*
currency account [ˈkʌrənsɪ əˈkaʊnt] *sb* Währungskonto *n*
currency accounting [ˈkʌrənsɪ əˈkaʊntɪŋ] *sb* Devisenbuchhaltung *f*
currency agreement [ˈkʌrənsɪ əˈgriːmənt] *sb* Währungsabkommen *n*
currency area [ˈkʌrənsɪ ˈeərɪə] *sb* Währungsgebiet *n*
currency basket [ˈkʌrənsɪ ˈbɑːskɪt] *sb* Währungskorb *m*
currency clause [ˈkʌrənsɪ klɔːz] *sb* Währungsklausel *f*, Kursklausel *f*
currency conversion [ˈkʌrənsɪ kənˈvɜːʒən] *sb* Währungsumstellung *f*
currency conversion compensation [ˈkʌrənsɪ kənˈvɜːʒən kɒmpenˈseɪʃən] *sb* Währungsausgleich *m*
currency dumping [ˈkʌrənsɪ ˈdʌmpɪŋ] *sb* Währungsdumping *n*
currency erosion [ˈkʌrənsɪ ɪˈrəʊʒən] *sb* Geldwertschwund *m*
currency exchange business [ˈkʌrənsɪ ɪksˈtʃeɪndʒ ˈbɪznɪs] *sb* Geldwechselgeschäft *n*
currency future [ˈkʌrənsɪ ˈfjuːtʃə] *sb* Devisentermingeschäft *n*
currency in circulation [ˈkʌrənsɪ ɪn sɜːkjuːˈleɪʃən] *sb* Bargeldumlauf *m*
currency of investment [ˈkʌrənsɪ ɒv ɪnˈvestmənt] *sb* Anlagewährung *f*
currency policy [ˈkʌrənsɪ ˈpɒlɪsɪ] *sb* Valutapolitik *f*
currency pool [ˈkʌrənsɪ puːl] *sb* Währungspool *m*
currency risk [ˈkʌrənsɪ rɪsk] *sb* Währungsrisiko *n*
currency substitution [ˈkʌrənsɪ sʌbstɪˈtjuːʃən] *sb* Währungssubstitution *f*
currency swap [ˈkʌrənsɪ swɒp] *sb* Währungsswap *m*
currency transactions [ˈkʌrənsɪ trænˈzækʃənz] *pl* Valutageschäft *n*
currency union [ˈkʌrənsɪ ˈjuːnjən] *sb* Währungsunion *f*
currency zone [ˈkʌrənsɪ zəʊn] *sb* Währungszone *f*
current [ˈkʌrənt] *sb* **1.** *(of electricity)* Strom *m; adj* **2.** gegenwärtig
current account [ˈkʌrənt əˈkaʊnt] *sb* Girokonto *n*, Kontokorrent *n*, laufende Rechnung *f*
current account credit [ˈkʌrənt əˈkaʊnt ˈkredɪt] *sb* Kontokorrentkredit *m*
current account with a bank [ˈkʌrənt əˈkaʊnt wɪθ ə bæŋk] *sb* Bankkontokorrent *n*
current assets [ˈkʌrənt ˈæsets] *pl* Umlaufvermögen *n*
current market value [ˈkʌrənt ˈmɑːkɪt ˈvæljuː] *sb* Zeitwert *m*, gegenwärtiger Marktwert *m*
current quotation [ˈkʌrənt kwəʊˈteɪʃən] *sb* Tageskurs *m*
current value [ˈkʌrənt ˈvæljuː] *sb* Tageswert *m*
curriculum vitae [kəˈrɪkjʊləm ˈviːtaɪ] *sb (UK)* Lebenslauf *m*
cursor [ˈkɜːsə] *sb* Cursor *m*

C

custodian bank [kʌ'stəudıən bæŋk] *sb* Depotbank *f*
custodianship [kʌ'stəudıənʃıp] *sb* **1.** Vormundschaft *f;* **2.** Treuhänderschaft *f*
custody ['kʌstədı] *sb* Verwahrung *f,* Gewahrsam *m*
custody fee ['kʌstədı fi:] *sb* Verwahrungskosten *pl*
custody ledger ['kʌstədı 'ledʒə] *sb* Verwahrungsbuch *n*
custom of trade ['kʌstəm əv treıd] *sb* Handelsusancen *f/pl*
customary law ['kʌstəmeərı lɔ:] *sb* Stammrecht *n*
custom-built ['kʌstəmbılt] *adj* maßgefertigt, spezialgefertigt
customer ['kʌstəmə] *sb* Kunde/Kundin *m/f*
customer account ['kʌstəmə ə'kaʊnt] *sb* Debitorenkonto *n*
customer costing ['kʌstəmə 'kɒstıŋ] *sb* Kundenkalkulation *f*
customer service ['kʌstəmə 'sɜ:vıs] *sb* Kundenbetreuung *f,* Kundendienst *m*
customer survey ['kʌstəmə 'sɜ:veı] *sb* Kundenbefragung *f,* Kundenumfrage *f*
customers' credit ['kʌstəməz 'kredıt] *sb* Kundschaftskredit *m*
customer's liability on bills ['kʌstəməz laıə'bılıtı ɒn bılz] *sb* Wechselobligo *n*
customer's order ['kʌstəməz 'ɔ:də] *sb* Kundenauftrag *m*
customer's reference number ['kʌstəməz 'refərəns 'nʌmbə] *sb* Kundennummer *f*
customer's security deposit ['kʌstəməz sı'kjʊərıtı də'pɒzıt] *sb* Personendepot *n*
customize ['kʌstəmaız] *v* individuell herrichten, speziell anfertigen
customs ['kʌstəmz] *pl* Zoll *m*
customs application ['kʌstəmz æplı'keıʃən] *sb* Zollantrag *m*
customs convention ['kʌstəmz kən'venʃən] *sb* Zollabkommen *n*
customs declaration ['kʌstəmz deklə'reıʃən] *sb* Zollerklärung *f*
customs documents ['kʌstəmz 'dɒkjumənts] *pl* Zollpapiere *n/pl*
customs drawback ['kʌstəmz 'drɔ:bæk] *sb* Rückzoll *m*
customs duties ['kʌstəmz 'dju:tız] *pl* Zollgebühren *f/pl*
customs duty ['kʌstəmz 'dju:tı] *sb* Zoll *m*
customs frontier ['kʌstəmz 'frʌntıə] *sb* Zollgrenze *f*
customs inspection ['kʌstəmz ın'spekʃən] *sb* Zollkontrolle *f*
customs invoice ['kʌstəmz 'ınvɔıs] *sb* Zollfaktura *f*
customs official ['kʌstəmz ə'fıʃəl] *sb* Zollbeamter/Zollbeamtin *m/f*
customs procedure ['kʌstəmz prə'si:dʒə] *sb* Zollverkehr *m*
customs seal ['kʌstəmz si:l] *sb* Zollverschluss *m*
customs tariff ['kʌstəmz 'tærıf] *sb* Zolltarif *m*
customs territory ['kʌstəmz 'terıtərı] *sb* Zollgebiet *n*
customs union ['kʌstəmz 'ju:njən] *sb* Zollunion *f*
customs warehouse ['kʌstəmz 'weəhaʊs] *sb* Zolllager *n*
customs warehouse procedure ['kʌstəmz 'weəhaʊs prə'si:dʒə] *sb* Zolllagerung *f*
cut back [kʌt 'bæk] *v irr (reduce)* kürzen, verringern
cut down [kʌt 'daʊn] *v irr (reduce expenditures)* sich einschränken
cut in working hours [kʌt ın 'wɜ:kıŋ aʊəz] *sb* Arbeitszeitverkürzung *f*
cutback ['kʌtbæk] *sb* Verringerung *f,* Kürzung *f*
cybernetics [saıbə'netıks] *pl* Kybernetik *f*
cycle ['saıkl] *sb* Zyklus *m,* Kreislauf *m*
cycle operations ['saıkəl ɒpə'reıʃənz] *pl* Taktproduktion *f*
cyclical ['sıklıkəl] *adj* zyklisch, konjunkturell
cyclical unemployment ['sıklıkəl ʌnım'plɔımənt] *sb* konjunkturelle Arbeitslosigkeit *f*

D

daily statement ['deɪlɪ 'steɪtmənt] *sb* Tagesauszug *m*
daily trial balance sheet ['deɪlɪ 'traɪəl 'bæləns ʃi:t] *sb* Tagesbilanz *f*
damage ['dæmɪdʒ] *v* **1.** schaden, beschädigen, schädigen; *sb* **2.** Schaden *m*, Beschädigung *f*; *~s pl* **3.** *(compensation for ~s)* Schadenersatz *m*
damage at sea ['dæmɪdʒ æt si:] *sb* Havarie *f*
damage limitation ['dæmɪdʒ lɪmɪ'teɪʃən] *sb* Schadensbegrenzung *f*
damage report ['dæmɪdʒ rɪ'pɔ:t] *sb* Schadensbericht *m*, Havariezertifikat *n*
damaged share certificates ['dæmɪdʒd ʃeə sə'tɪfɪkɪts] *pl* beschädigte Aktie *f*
danger ['deɪndʒə] *sb* Gefahr *f*
danger money ['deɪndʒə 'mʌnɪ] *sb* Gefahrenzulage *f*
data ['deɪtə] *sb* Daten *pl*, Angaben *pl*
data access security ['deɪtə 'ækses sɪ'kju:rɪtɪ] *sb* Datensicherheit *f*
data acquisition ['deɪtə ækwɪ'zɪʃn] *sb* Datenerfassung *f*
data administration ['deɪtə ədmɪnɪ'streɪʃən] *sb* Datenverwaltung *f*
data analysis ['deɪtə ə'nælɪsɪs] *sb* Datenanalyse *f*
data bank ['deɪtə bæŋk] *sb* Datenbank *f*
database ['deɪtəbeɪs] *sb* Datenbank *f*
database access ['deɪtəbeɪs 'ækses] *sb* Datenbankabfrage *f*
data collection ['deɪtə kə'lekʃən] *sb* Datenerfassung *f*
data entry ['deɪtə 'entrɪ] *sb* Datenerfassung *f*
data integration ['deɪtə ɪntə'greɪʃən] *sb* Datenintegration *f*
data medium ['deɪtə 'mi:dɪəm] *sb* Datenträger *m*
data processing ['deɪtə 'prəʊsesɪŋ] *sb* Datenverarbeitung *f*
data protection ['deɪtə prə'tekʃən] *sb* Datenschutz *m*
Data Protection Act ['deɪtə prə'tekʃən ækt] *sb* Datenschutzgesetz *n*
data record ['deɪtə 'rekɔ:d] *sb* Datensatz *m*
data security ['deɪtə sɪ'kjʊərɪtɪ] *sb* Datensicherung *f*, Datensicherheit *f*
data transmission ['deɪtə trænz'mɪʃən] *sb* Datenfernübertragung *f*
date [deɪt] *v* datieren; *sb* Datum *n*, Termin *m*
date bill ['deit bɪl] *sb* Datowechsel *m*
date of application ['deɪt əv æplɪ'keɪʃən] *sb* Bewerbungsdatum *n*, Antragsdatum *n*
date of arrival ['deɪt əv ə'raɪvl] *sb* Ankunftsdatum *n*, Ankunftstermin *m*
date of balance sheet ['deɪt əv 'bæləns ʃi:t] *sb* Bilanzstichtag *m*
date of delivery ['deɪt əv dɪ'lɪvərɪ] *sb* Liefertermin *m*
date of departure ['deɪt əv dɪ'pɑ:tʒə] *sb* Abreisedatum *n*, Abreisetermin *m*
date of dispatch ['deɪt əv dɪ'spætʃ] *sb* Versanddatum *n*
date of entry ['deɪt əv 'entrɪ] *sb* Buchungsdatum *n*
date of payment ['deɪt əv 'peɪmənt] *sb* Zahlungstermin *m*
date of receipt ['deɪt əv rɪ'si:t] *sb* Empfangsdatum *n*
date of the balance ['deɪt əv ðə 'bæləns] *sb* Bilanzstichtag *m*
date stamp ['deɪt stæmp] *sb* Datumsstempel *m*
DAX-index [dæks 'ɪndeks] *sb* DAX-Index *m*
day bill ['deɪ bɪl] *sb* Tageswechsel *m*
day of account ['deɪ əv ə'kaʊnt] *sb* Abrechnungstag *m*
day of expiry [deɪ əv ɪks'paɪrɪ] *sb* Verfallstag *m*
day rate ['deɪ reɪt] *sb* Tageskurs *m*
day-to-day money [deɪ tu deɪ 'mʌnɪ] *sb* Tagesgeld *n*
de facto employer/employee relationship [dɪ 'fæktəʊ ɪm'plɔɪə/ɪm'plɔɪi: rɪ'leɪʃənʃɪp] *sb* faktisches Arbeitsverhältnis *n*

D

de facto group [dɪ ˈfæktəʊ gruːp] *sb* faktischer Konzern *m*
de facto standard [dɪ ˈfæktəʊ ˈstændəd] *sb* De-facto-Standard *m*
dead capital [ded ˈkæpɪtl] *sb* totes Kapital *n*, ungenutzte Mittel *n/pl*
dead freight (d.f.) [ded ˈfreɪt] *sb* Leerfracht (d.f.) *f*
deadline [ˈdedlaɪn] *sb* letzter Termin *m*, Frist *f*; *set a ~* eine Frist setzen; *meet the ~* die Frist einhalten
deadweight [dedˈweɪt] *sb* Leergewicht *n*, Eigengewicht *n*
deal [diːl] *v irr* **1.** *~ in sth* mit etw handeln; *sb* **2.** Geschäft *n*, Handel *m*, Abkommen *n*; *make a ~ with s.o.* mit jdm ein Geschäft machen
dealer [ˈdiːlə] *sb* **1.** Händler(in) *m/f*; **2.** *(wholesaler)* Großhändler(in) *m/f*; **3.** Eigenhändler *m*; **4.** Händlerfirma *f*
dealer commission [ˈdiːlə kəˈmɪʃən] *sb* Händlerprovision *f*
dealer in securities [ˈdiːlə ɪn sɪˈkjʊərɪtiz] *pl* Effektenhändler *m*
dealer transaction [ˈdiːlə trænˈzækʃən] *sb* Händlergeschäft *n*
dealer's brand [ˈdiːləz brænd] *sb* Handelsmarke *f*
dealership [ˈdiːləʃɪp] *sb* Händlerbetrieb *m*
dealing before official hours [ˈdiːlɪŋ bɪˈfɔː əˈfɪʃəl ˈaʊəz] *adv* Vorbörse *f*
dealing in foreign notes and coins [ˈdiːlɪŋ ɪn ˈfɒrən nəʊts ænd kɔɪnz] *sb* Sortenhandel *m*
dealing in large lots [ˈdiːlɪŋ ɪn lɑːdʒ lɒts] *sb* Pakethandel *m*
debenture [dɪˈbentʃə] *sb* Schuldschein *m*
debenture bond [dɪˈbentʃə bɒnd] *sb* Pfandbrief *m*, Obligation *f*, Schuldverschreibung *f*
debenture loan [dɪˈbentʃə ləʊn] *sb* Obligationsanleihe *f*
debenture stock [dɪˈbentʃə stɒk] *sb* Schuldverschreibung *f*
debit [ˈdebɪt] *v* **1.** debitieren, belasten; *sb* **2.** Soll *n*, Belastung *f*, Debet *n*
debit card [ˈdebɪt kɑːd] *sb* Kundenkreditkarte *f*, Lastschriftkarte *f*
debit entry [ˈdebɪt ˈentrɪ] *sb* Lastschrift *f*
debiting [ˈdebɪtɪŋ] *sb* Einziehung *f*, Belastung *f*
debit interest [ˈdebɪt ˈɪntrəst] *sb* Kreditzins *m*, Sollzins *m*
debit note [ˈdebɪt nəʊt] *sb* Lastschrift *f*, Debet Nota (D/N) *f*
debt [det] *sb* Schuld *f*; *to be in ~* verschuldet sein; *repay a ~* eine Schuld begleichen
debt agency [det ˈeɪdʒənsɪ] *sb* Inkassobüro *n*
debt capital [det ˈkæpɪtəl] *sb* Fremdkapital *n*, Leihkapital *n*
debt collectible by the debtor [det kəˈlektɪbl baɪ ðə ˈdetə] *sb* Holschuld *f*
debt deferral [det dɪˈfərəl] *sb (money)* Moratorium *n*
debt discount [det ˈdɪskaʊnt] *sb* Damnum *n*
debt facility [det fəˈsɪlətɪ] *sb* Dispositionskredit *m*, Kreditrahmen *m*
debt financing [det faɪˈnænsɪŋ] *sb* Fremdfinanzierung *f*
debtor [ˈdetə] *sb* Schuldner(in) *m/f*, Debitor(in) *m/f*
debtor interest rates [ˈdetə ˈɪntrəst reɪts] *pl* Sollzinsen *m/pl*
debtor warrant [ˈdetə ˈwɒrənt] *sb* Besserungsschein *m*
debt-register claim [detˈredʒɪstə kleɪm] *sb* Schuldbuchforderung *f*
debt rescheduling [det rɪˈʃedjuːlɪŋ] *sb* Umschuldung *f*
debt service [det ˈsɜːvɪs] *sb* Schuldendienst *m*
debt terms [ˈdet tɜːms] *pl* Kreditbedingungen *f/pl*
debts [dets] *sb* Schulden *pl*; *pay off ~* Schulden abbezahlen
debts profit levy [dets ˈprɒfɪt ˈlevɪ] *sb* Kreditgewinnabgabe *f*
debug [diːˈbʌg] *v* von Fehlern befreien
deceased [dɪˈsiːst] *adj* verstorben
deceit [dɪˈsiːt] *sb* Betrug *m*, Täuschung *f*
deceitful [dɪˈsiːtfʊl] *adj* betrügerisch, falsch, hinterlistig
deceive [dɪˈsiːv] *v* täuschen, betrügen
decentralization [diːsentrəlaɪˈzeɪʃn] *sb* Dezentralisierung *f*
decentralize [diːˈsentrəlaɪz] *v* dezentralisieren
decimetre [ˈdesɪmiːtə] *sb* Dezimeter *m*

decision [dɪ'sɪʒən] *sb* Entscheidung *f*, Entschluss *m*, Beschluss *m*; *make a ~* eine Entscheidung treffen
decision exercise [dɪ'sɪʒn 'eksəsaɪz] *sb* Unternehmensplanspiel *n*
decision-making [dɪ'sɪʒənmeɪkɪŋ] *sb* Entscheidungsfindung *f*
decision-making hierarchy [dɪ'sɪʒən meɪkɪŋ 'haɪərɑːkɪ] *sb* Entscheidungshierarchie *f*
decision of accession [dɪ'sɪʒən əv ək'seʃən] *sb* Beitrittsbeschluss *m*
decision rule [dɪ'sɪʒən ruːl] *sb* Entscheidungsregel *f*
decision to purchase [dɪ'sɪʒən tu 'pɜːtʃəs] *sb* Kaufentscheidung *f*
declarable [dɪ'kleərəbl] *adj* zu verzollen
declaration [deklə'reɪʃən] *sb* **1.** Erklärung *f*, Bekanntgabe *f*; **2.** *(customs)* Anmeldung *f*
declaration inwards [deklə'reɪʃən 'ɪnwədz] *pl* Zolleinfuhrdeklaration *f*
declaration of intent [deklə'reɪʃən əv ɪn'tent] *sb* Willenserklärung *f*, Absichtserklärung *f*
declaration to exercise the subscription right [deklə'reɪʃən tu 'eksəsaɪz ðə sʌb'skrɪpʃən raɪt] *sb* Bezugsrechterklärung *f*
declare [dɪ'kleə] *v* **1.** (sich) erlären, bekannt machen; **2.** *(to customs)* verzollen
decline [dɪ'klaɪn] *v* **1.** *(business, prices)* zurückgehen; **2.** *(not accept)* ablehnen
decline in gross profits [dɪ'klaɪn ɪn grəʊs 'prɒfɪts] *sb* Rohertragsminderung *f*
decline in prices [dɪ'klaɪn ɪn 'praɪsɪz] *sb* Preisverfall *m*, Preisrückgang *m*
declining balance depreciation [dɪ'klaɪnɪŋ 'bæləns dəprɪʃɪ'eɪʃən] *sb* Buchwertabschreibung *f*
decline in profits [dɪ'klaɪn ɪn 'prɒfɪts] *sb* Gewinnabschwächung *f*
decode [diː'kəʊd] *v* dekodieren, entschlüsseln, dechiffrieren
decommission [diːkə'mɪʃən] *v* außer Betrieb setzen, stilllegen
decoration [dekə'reɪʃən] *sb* Schmuck *m*, Dekoration *f*, Verzierung *f*
decrease [dɪ'kriːs] *v* **1.** abnehmen, sich vermindern, nachlassen; *(sth)* verringern, vermindern, reduzieren; *sb* **2.** Abnahme *f*, Verminderung *f*, Verringerung *f*, Rückgang *m*
decrease in demand ['diːkriːs ɪn 'dɪmɑːnd] *sb* Nachfragerückgang *m*, Verringerung der Nachfrage *f*
decrease in value ['diːkriːs ɪn 'væljuː] *sb* Wertminderung *f*
decree [dɪ'kriː] *sb* **1.** Verordnung *f*, Erlass *m/f*; *v* **2.** *~ sth* etw verfügen; *~ that ...* beschließen, dass ...
deduct [dɪ'dʌkt] *v* abziehen, abrechnen, absetzen
deductible [dɪ'dʌktɪbl] *adj* abzugsfähig; *(tax ~)* absetzbar
deduction [dɪ'dʌkʃən] *sb* **1.** *(from a price)* Nachlass *m*, Rabatt *m*; **2.** *(from one's wage)* Abzug *m*
deduction of input tax [dɪ'dʌkʃən əv 'ɪnput tæks] *sb* Vorsteuerabzug *m*
deduction of travelling expenses [dɪ'dʌkʃən əv 'trævəlɪŋ ɪk'spensɪz] *sb* Reisekostenabrechnung *f*, Reisekostenabzug *m*
deed [diːd] *sb (document)* Urkunde *f*, Dokument *n*
deed of partnership ['diːd əv 'pɑːtnəʃɪp] *sb* Gesellschaftsvertrag *m*
default [dɪ'fɔːlt] *sb* **1.** Versäumnis *n*, Nichterfüllung *f*; **2.** *(failure to pay)* Nichtzahlung *f*; *v ~ on a debt* seine Schuld nicht bezahlen
default action [dɪ'fɔːlt 'ækʃn] *sb* Mahnverfahren *n*
default interest [dɪ'fɔːlt 'ɪntrest] *sb* Verzugszinsen *pl*
default of acceptance [dɪ'fɔːlt əv ək'septəns] *sb* Annahmeverzug *m*
default of delivery [dɪ'fɔːlt əv dɪ'lɪvərɪ] *sb* Lieferverzug *m*
default risk [dɪ'fɔːlt rɪsk] *sb* Ausfallrisiko *n*
defaulter [dɪ'fɔːltə] *sb* säumiger Schuldner *m*
defect ['diːfekt] *sb* Fehler *m*, Defekt *m*, Mangel *m*
defective [dɪ'fektɪv] *adj* fehlerhaft, mangelhaft, schadhaft, defekt
defects rate [dɪ'fekts reɪt] *sb* Ausschussquote *f*

D

defence industry [dɪˈfens ɪndəstrɪ] *sb* Rüstungsindustrie *f*
deferment [dɪˈfɜːmənt] *sb* Verschiebung *f*, Verlegung *f*
deferrals [dɪˈfɜːrəlz] *sb* transitorische Posten *m/pl*
deferred payment [dɪˈfɜːd ˈpeɪmənt] *sb* Ratenzahlung *f*
deferred taxes [dɪˈfɜːd ˈtæksɪz] *pl* latente Steuern *f/pl*
deficiency [dɪˈfɪʃənsɪ] *sb* **1.** *(shortage)* Mangel *m*, Fehlen *n*; **2.** *(defect)* Mangelhaftigkeit *f*, Schwäche *f*
deficiency guarantee [dɪˈfɪʃənsɪ gærənˈtiː] *sb* Ausfallbürgschaft *f*
deficiency payment [dɪˈfɪʃənsɪ ˈpeɪmənt] *sb* Ausgleichszahlung *f*
deficient [dɪˈfɪʃənt] *adj* unzulänglich, mangelhaft
deficit [ˈdefɪsɪt] *sb* Defizit *n*, Fehlbetrag *m*
deficit balance [ˈdefɪsɪt ˈbæləns] *sb* Unterbilanz *f*
deficit financing [ˈdefɪsɪt faɪˈnænsɪŋ] *sb* Defizitfinanzierung *f*
deficit spending [ˈdefɪsɪt ˈspendɪŋ] *sb* Deficit Spending *n*, öffentliche Verschuldung durch Kreditaufnahme *f*
definite [ˈdefɪnət] *adj* **1.** endgültig, eindeutig; **2.** *(confirmation)* bindend, fest
definitive [dɪˈfɪnətɪv] *adj* maßgeblich
deflation [diːˈfleɪʃən] *sb* Deflation *f*
deflection [dɪˈflekʃən] *sb* Umlenkung *f*, Ablenkung *f*
defraud [dɪˈfrɔːd] *v* betrügen; *~ the revenue (UK)* Steuern hinterziehen
defrauder [dɪˈfrɔːdə] *sb* Steuerhinterzieher(in) *m/f*
defray [dɪˈfreɪ] *v (costs)* tragen, übernehmen
defrayal [dɪˈfreɪəl] *sb (of costs)* Übernahme *f*
degradable [dɪˈgreɪdəbl] *adj* abbaubar
degree [dɪˈgriː] *sb* **1.** (akademischer) Grad *m*; **2.** Grad *m*
degree of unionization [dɪˈgriː əv juːnjənaɪˈzeɪʃən] *(employees)* Organisationsgrad *m*
degree of utilisation [dɪˈgriː əv juːtɪlaɪˈzeɪʃən] *sb* Auslastungsgrad *m*
degression [dɪˈgreʃən] *sb* Degression *f*
degressive costs [dɪˈgresɪv kɒsts] *pl* degressive Kosten *pl*
degressive depreciation [dɪˈgresɪv dɪpriːʃɪˈeɪʃən] *sb* degressive Abschreibung *f*
delay [dɪˈleɪ] *v* **1.** *(sth, s.o.) (hold up)* aufhalten, hinhalten; **2.** *(postpone)* verschieben, aufschieben, hinausschieben; **3.** *to be ~ed* aufgehalten werden; *sb* **4.** Verspätung *f*, Verzögerung *f*, Aufschub *m*, Verzug *m*
delay in delivery [dɪˈleɪ ɪn dɪˈlɪvərɪ] *sb* Lieferverzug *m*, Lieferungsverzögerung *f*
delay penalty [dɪˈleɪ ˈpenəltɪ] *sb* Säumniszuschlag *m*
del credere [del krəˈdərə] *sb* Delkredere *n*, Bürgschaft *f*; *~ agent* Delkrederevertreter(in) *m/f*
delegate [ˈdelɪgeɪt] *v* **1.** *(a task)* delegieren, übertragen; **2.** *(a person)* abordnen, delegieren, bevollmächtigen; **3.** *sb* Delegierte(r) *f/m*, bevollmächtigter Vertreter *m*
delegated authority [ˈdelɪgeɪtɪd ɔːˈθɒrətɪ] *sb* Untervollmacht *f*
delegation [delɪˈgeɪʃən] *sb* Delegation *f*, Abordnung *f*
delete [dɪˈliːt] *v* streichen; *(data)* löschen; *~ as appropriate* Nichtzutreffendes streichen
deletion [dɪˈliːʃən] *sb* Streichung *f*
deliver [dɪˈlɪvə] *v* **1.** liefern, zustellen, überbringen; **2.** *(by car)* ausfahren; *(on foot)* austragen; **3.** *(a message)* überbringen; *(~ the post each day)* zustellen; *(~ up: hand over)* aushändigen, übergeben, überliefern; **4.** *(an ultimatum)* stellen
deliverable [dɪˈlɪvərəbl] *adj* lieferbar
deliverable security [dɪˈlɪvərəbl sɪˈkjʊərɪtɪ] *sb* lieferbares Wertpapier *n*
deliverer [dɪˈlɪvərə] *sb* Lieferant(in) *m/f*
delivery [dɪˈlɪvərɪ] *sb* Lieferung *f*, Auslieferung *f*; *(of the post)* Zustellung *f*, Erfüllungsgeschäft *n*
delivery capacity [dɪˈlɪvərɪ kəˈpæsɪtɪ] *sb* Lieferkapazität *f*
delivery clause [dɪˈlɪvərɪ klɔːz] *sb* Lieferklausel *f*
delivery costs [dɪˈlɪvərɪ kɒsts] *pl* Bezugskosten *pl*, Lieferkosten *pl*

delivery note [dɪˈlɪvərɪ nəʊt] *sb* Lieferschein *m*
delivery order [dɪˈlɪvərɪ ˈɔːdə] *sb* Auslieferungsschein (D.O.) *m*
delivery terms [dɪˈlɪvərɪ tɜːms] *pl* Lieferbedingungen *f/pl*
delivery van [dɪˈlɪvərɪ væn] *sb* Lieferwagen *m*
demand [dɪˈmɑːnd] *v* **1.** verlangen, fordern; **2.** *(task)* erfordern, verlangen; *sb* **3.** Verlangen *n*, Forderung *f*; **4.** *in ~* gefragt, begehrt; **5.** *(for goods)* Nachfrage *f*
demandable [dɪˈmɑːndəbl] *adj* einzufordernd
demand assessment [dɪˈmɑːnd əˈsesmənt] *sb* Bedarfsermittlung *f*
demand bill [dɪˈmɑːnd bɪl] *sb* Sichtwechsel *m*
demand for money [dɪˈmɑːnd fɔː ˈmʌnɪ] *sb* Geldnachfrage *f*
demand for payment [dɪˈmɑːnd fɔː ˈpeɪmənt] *sb* Mahnung *f*
demand instrument [dɪˈmɑːnd ˈɪnstrʊmənt] *sb* Sichtpapier *n*
demand price [dɪˈmɑːnd praɪs] *sb* Geldkurs *m*
demarcation [dɪmɑːˈkeɪʃən] *sb* Abgrenzung *f*, Begrenzung *f*
demote [dɪˈməʊt] *v* zurückstufen, degradieren
demurrage [dɪˈmʌrɪdʒ] *sb* Liegegeld *n*, Standgeld *n*, Lagergeld *n*
denationalization [diːnæʃnəlaɪˈzeɪʃən] *sb* Privatisierung *f*
denomination [dɪnɒmɪˈneɪʃən] *sb* *(of money)* Nennwert *m*
denote [dɪˈnəʊt] *v* kennzeichnen, bezeichnen
density of population [ˈdensɪtɪ əv pɒpjuːˈleɪʃən] *sb* Bevölkerungsdichte *f*
department [dɪˈpɑːtmənt] *sb* **1.** Abteilung *f*; **2.** Ministerium *n*, Ressort *n*
department manager [dɪˈpɑːtmənt ˈmænɪdʒə] *sb* Abteilungsleiter(in) *m/f*
department store [dɪˈpɑːtmənt stɔː] *sb* Kaufhaus *n*, Warenhaus *n*
departure [dɪˈpɑːtʃə] *sb* *(of a train, of a bus)* Abfahrt *f*; *(of a plane)* Abflug *m*
deposit [dɪˈpɒzɪt] *v* **1.** *(money)* deponieren, einzahlen; *sb* **2.** *(to a bank account)* Einzahlung, Depot *f*; **3.** *(returnable security)* Kaution, Aufbewahrung *f*; **4.** *(down payment)* Anzahlung *f*
depositary [dɪˈpɒzɪtərɪ] *sb* Treuhänder *m*
deposit account [dɪˈpɒzɪt əˈkaʊnt] *sb* Sparkonto *n*
deposit acknowledgement [dɪˈpɒzɪt ækˈnɒlɪdʒmənt] *sb* Depotanerkenntnis *f*
deposit at call [dɪˈpɒzɪt æt kɔːl] *sb* täglich fälliges Geld *n*
deposit at notice [dɪˈpɒzɪt æt ˈnəʊtɪs] *sb* Kündigungsgeld *n*
deposit balance [dɪˈpɒzɪt ˈbæləns] *sb* Guthabenkonto *n*
deposit bank [dɪˈpɒzɪt bæŋk] *sb* Depositenbank *f*
deposit banking [dɪˈpɒzɪt ˈbæŋkɪŋ] *sb* Depotgeschäft *n*, Depositengeschäft *n*
deposit bill [dɪˈpɒzɪt ˈbɪl] *sb* Depotsitenwechsel *m*, Einlagewechsel *m*
deposit book [dɪˈpɒzɪt bʊk] *sb* Depotbuch *n*
deposit business [dɪˈpɒzɪt ˈbɪznɪs] *sb* Einlagengeschäft *n*, Passivgeschäft *n*
deposit clause [dɪˈpɒzɪt klɔːz] *sb* Depositenklausel *f*
deposit clearing bank [dɪˈpɒzɪt ˈklɪərɪŋ bæŋk] *sb* Girobank *f*
deposit currency [dɪˈpɒzɪt ˈkʌrənsɪ] *sb* Buchgeld *n*
deposit funds [dɪˈpɒzɪt ˈfʌndz] *pl* (Spar-)Einlagen *f/pl*
deposit guarantee fund [dɪˈpɒzɪt gærənˈtiː fʌnd] *sb* Einlagensicherungsfonds *m*
deposited share [dɪˈpɒzɪtɪd ʃeə] *sb* Depotaktie *f*
deposit for insurance payments [dɪˈpɒzɪt fɔː ɪnˈʃʊərəns ˈpeɪmənts] *sb* Prämiendepot *n*
deposit of securities [dɪˈpɒzɪt əv sɪˈkjʊərɪtɪz] *sb* Effektendepot *n*
depositor [dɪˈpɒzɪtə] *sb* Einzahler(in) *m/f*, Deponent(in) *m/f*
depository [dɪˈpɒzɪtərɪ] *sb* Verwahrungsort *m*, Aufbewahrungsort *m*
deposit payment [dɪˈpɒzɪt ˈpeɪmənt] *sb* Anzahlung *f*
deposit policy [dɪˈpɒzɪt ˈpɒlɪsɪ] *sb* Einlagenpolitik *f*
deposit receipt [dɪˈpɒzɪt rɪˈsiːt] *sb* Depotschein *m*

D

deposits [dɪˈpɒzɪts] *sb* Depositen *f/pl*
deposits on a current account [dɪˈpɒzɪts ɒn ə ˈkʌrənt əˈkaʊnt] *sb* Giroeinlage *f*
depot [ˈdepəʊ] *sb* Depot *n*
depreciate [dɪˈpriːʃɪeɪt] *v* **1.** *(fall in value)* an Kaufkraft verlieren; **2.** *(sth)* mindern
depreciation [dɪpriːʃɪˈeɪʃən] *sb* **1.** Kaufkraftverlust *m*, **2.** Abschreibung; *f* **3.** Entwertung *f*
depreciation fund [dɪpriːʃɪˈeɪʃən fʌnd] *sb* Abschreibungsfonds *m*
depreciation per period [dɪpriːʃɪˈeɪʃən pɜː ˈpɪərɪəd] *sb* Zeitabschreibung *f*
depressed [dɪˈpresd] *adj (market)* schleppend
depression [dɪˈpreʃən] *sb* Wirtschaftskrise *f*, Depression *f*
depute [ˈdepjʊt] *v* deligieren
deputize [ˈdepjʊtaɪz] *v (for s.o.)* die Vertretung übernehmen
deputy [ˈdepjʊtɪ] *sb* Stellvertreter(in) *m/f*
deregulate [diːˈregjʊleɪt] *v* **1.** *(tariff)* freigeben; **2.** *(legal)* deregulieren, liberalisieren
deregulation [diːregjʊˈleɪʃən] *sb* Deregulierung *f*, Liberalisierung *f*
derelict [ˈderɪlɪkt] *adj* verlassen, brachliegend
dereliction [derɪˈlɪkʃən] *sb* Vernachlässigung *f*, Versäumen *n*
derivative financial instruments [dɪˈrɪvɪtɪv faɪˈnænʃəl ˈɪnstrəmənts] *pl* Derivate *n/pl*
design [dɪˈzaɪn] *v* **1.** entwerfen, zeichnen; **2.** *(machine, bridge)* konstruieren; *sb* **3.** *(planning)* Entwurf *m;* **4.** *(of a machine, of a bridge)* Konstruktion *f;* **5.** *(as a subject)* Design *n;* **6.** *(pattern)* Muster *n;* **7.** *(intention)* Absicht *f*
designation [dezɪgˈneɪʃən] *sb* Designation *f*
designer [dɪˈzaɪnə] *sb* Designer(in) *m/f*
design fault [dɪˈzaɪn fɔːlt] *sb* Konstruktionsfehler *m*
design patent [dɪˈzaɪn ˈpætɪnt] *sb* Geschmacksmuster *n*
desk [desk] *sb* **1.** Schreibtisch *m*, Pult *n;* **2.** *(in a store)* Kasse *f*
desktop [ˈdesktɒp] *sb* Arbeitsfläche *f*
desktop computer [ˈdesktɒp kəmˈpjuːtə] *sb* Tischcomputer *m*
desktop publishing [ˈdesktɒp ˈpʌblɪʃɪŋ] *sb* Desktop-Publishing (DTP) *n*
desk work [ˈdesk wɜːk] *sb* Schreibtischarbeit *f*
despatch [dɪˈspætʃ] *v* versenden, verschicken
destroyed securities [dɪsˈtrɔɪd sɪˈkjʊərɪtiz] *pl* vernichtete Wertpapiere *n/pl*
destructive price cutting [dɪsˈtrʌktɪv praɪs ˈkʌtɪŋ] *sb* Verdrängungswettbewerb *m*
details of order [ˈdiːteɪlz əv ˈɔːdə] *pl* Bestelldaten *pl*, Bestellangaben *pl*
determination [dɪtɜːmɪˈneɪʃən] *sb* **1.** *(specifying)* Bestimmung *f*, Festsetzung *f;* **2.** *(decision)* Entschluss *m*, Beschluss *m*
determination of profits [dɪtɜːmɪˈneɪʃən əv ˈprɒfɪts] *sb* Gewinnermittlung *f*
determination of the value [dɪtɜːmɪˈneɪʃən əv ðə ˈvæljuː] *sb* Wertermittlung *f*
determine [dɪˈtɜːmɪn] *v* **1.** *(resolve)* sich entschließen, beschließen; **2.** *(fix, set)* festsetzen, festlegen; **3.** *(be a decisive factor in)* bestimmen, determinieren; **4.** *(ascertain)* ermitteln
detriment [ˈdetrɪmənt] *sb* Nachteil *m*, Schaden *m; to the ~ of sth* zum Nachteil einer Sache, zum Schaden von etw
devaluation [diːvæljuːˈeɪʃən] *sb* Abwertung *f*
devaluation race [diːvæljuːˈeɪʃən reɪs] *sb* Abwertungswettlauf *m*
devalue [diːˈvæljuː] *v* abwerten, entwerten
develop [dɪˈveləp] *v* **1.** *(sth)* entwickeln; **2.** *(~ something already begun)* weiterentwickeln; **3.** *(a plot of land)* erschließen
developer [dɪˈveləpə] *sb (property ~)* Baulandentwickler *m*, Baufirma *f*
developing [dɪˈveləpɪŋ] *adj ~ country* Entwicklungsland *n*
development [dɪˈveləpmənt] *sb* **1.** Entwicklung *f*, Ausführung *f*, Entfaltung *f*, Erschließung *f;* **2.** *(economic)* Wachstum *n*, Aufbau *m*

development aid [dɪ'veləpmənt eɪd] *sb* Entwicklungshilfe *f*
development area [dɪ'veləpmənt 'eərɪə] *sb* Entwicklungsgebiet *n*
development bank [dɪ'veləpmənt bæŋk] *sb* Entwicklungsbank *f*
development costs [dɪ'veləpmənt kɒsts] *pl* Entwicklungskosten *pl*, Erschließungsbeiträge *m/pl*
development fund [dɪ'veləpmənt fʌnd] *sb* Entwicklungsfonds *m*
development phase [dɪ'veləpmənt feɪz] *sb* Aufbauphase *f*, Entwicklungsphase *f*
deviation [di:vɪ'eɪʃən] *sb* Abweichen *n*, Abweichung *f*
device [dɪ'vaɪs] *sb* **1.** Gerät *n*, Vorrichtung *f*, Apparat *m*; **2.** *(scheme)* List *f*; **3.** *leave s.o. to his own ~s* jdn sich selbst überlassen
dexterity [deks'terɪtɪ] *sb* Geschicklichkeit *f*, Gewandtheit *f*, Fingerfertigkeit *f*
dexterous ['dekstərəs] *adj* gewandt, geschickt, behände
diagram ['daɪəgræm] *sb* Diagramm *n*, Schaubild *n*, Schema *n*
dial [daɪəl] *v (telephone)* wählen
dialling code ['daɪəlɪŋ kəʊd] *sb (UK)* Vorwahl *f*
diameter [daɪ'æmɪtə] *sb* Durchmesser *m*, Diameter *m*
diary ['daɪərɪ] *sb (appointment book)* Terminkalender *m*
dictaphone ['dɪktəfəʊn] *sb* Diktaphon *n*, Diktiergerät *n*
dictate [dɪk'teɪt] *v* diktieren
dictionary ['dɪkʃənrɪ] *sb* Wörterbuch *n*, Lexikon *n*
differ ['dɪfə] *v* **1.** sich unterscheiden; **2.** *(hold a different opinion)* anderer Meinung sein
difference ['dɪfrəns] *sb* **1.** Unterschied *m*; **2.** Differenzbetrag *m*
difference between purchase and hedging price ['dɪfrəns bɪ'twi:n 'pɜ:tʃəs ænd 'hedʒɪŋ praɪs] *sb* Kursspanne *f*
differential piece-rate system [dɪfə'rentʃəl 'pi:sreɪt 'sɪstɪm] *sb* Differenziallohnsystem *n*
differentiated tariffs [dɪfə'rentʃieɪtɪd 'tærɪfs] *pl* gespaltener Tarif *m*
differentiation [dɪfərenʃɪ'eɪʃən] *sb* Unterscheidung *f*, Differenzierung *f*
diffusion barriers [dɪ'fju:ʒən 'bæriəz] *pl* Diffusionsbarrieren *f/pl*
diffusion process [dɪ'fju:ʒən 'prɒses] *sb* Diffusion *f*
diffusion strategy [dɪ'fju:ʒən 'strætɪdʒɪ] *sb* Diffusionsstrategie *f*
digit ['dɪdʒɪt] *sb* Ziffer *f*, Stelle *f*
digital ['dɪdgɪtəl] *adj* digital, Digital
digitization [dɪdʒɪtaɪ'seɪʃən] *sb* Digitalisierung *f*
diminish [dɪ'mɪnɪʃ] *v (to be ~ed)* sich vermindern, abnehmen; *(sth)* verringern, vermindern, verkleinern
diminished [dɪ'mɪnɪʃt] *adj* verringert, reduziert
dip into [dɪp 'ɪntu:] *v ~ funds* Reserven angreifen
diploma [dɪp'ləʊmə] *sb* Diplom *n*
dipstick ['dɪpstɪk] *sb* Messtab *m*
direct [daɪ'rekt] *v* **1.** *(aim, address)* richten; **2.** *~ s.o.'s attention to sth* jds Aufmerksamkeit auf etw lenken; **3.** *(order)* anweisen, befehlen; **4.** *(supervise)* leiten, lenken, führen
direct access [daɪ'rekt 'ækses] *sb* Direktzugriff *m*
direct advertising [daɪ'rekt 'ædvɜ:taɪzɪŋ] *sb* Direktwerbung *f*
direct and indirect material [daɪ'rekt ænd 'ɪndaɪrekt mə'tɪrɪəl] *(cost accounting)* Fertigungslos *n*
direct bank [daɪ'rekt bæŋk] *sb* Direktbank *f*
direct cost [daɪ'rekt kɒst] *sb* Einzelkosten *pl*
direct costing [daɪ'rekt kɒstɪŋ] *sb* Direct Costing *n*
direct current [daɪ'rekt 'kʌrənt] *sb* Gleichstrom *m*
direct debit [daɪ'rekt 'debɪt] *sb (UK)* Einzugsermächtigung *f*, Lastschrift *f*
direct debit authorization [daɪ'rekt 'debɪt ɔ:θəraɪ'zeɪʃən] *sb* Einziehungsermächtigung *f*
direct debit instruction [daɪ'rekt 'debɪt ɪn'strʌkʃən] *sb* Abbuchungsauftrag *m*, Einzugsermächtigung *f*
direct debit procedure [daɪ'rekt 'debɪt prə'si:dʒə] *sb* Abbuchungsverfahren *n*

D

direct debiting [daɪˈrekt ˈdebɪtɪŋ] *sb* Bankeinzugsverfahren *n*, Lastschriftverfahren *n*
direct debiting transactions [daɪˈrekt ˈdebɪtɪŋ trænˈzækʃənz] *pl* Lastschriftverkehr *m*
direct discount [daɪˈrekt ˈdɪskaunt] *sb* Direktdiskont *m*
direct exchange [daɪˈrekt ɪksˈtʃeɪndʒ] *sb* Mengenkurs *m*
direct export [daɪˈrekt ˈekspɔ:t] *sb* Direktausfuhr *f*
direct insurance [daɪˈrekt ɪnˈʃuərəns] *sb* Direktversicherung *f*
direct investments [daɪˈrekt ɪnˈvestmənts] *pl* Direktinvestitionen *pl*
direction [daɪˈrekʃən] *sb* **1.** *(management)* Leitung *f*, Führung *f*; **2.** *~s pl* Anweisungen *pl*; **3.** *(~s for use)* Gebrauchsanweisung *f*
directive [daɪˈrektɪv] *sb* Direktive *f*, Vorschrift *f*
direct marketing [daɪˈrekt ˈmɑ:kɪtɪŋ] *sb* Direct Marketing *n*
director [daɪˈrektə] *sb* Direktor(in) *m/f*, Leiter(in) *m/f*
direct ordering [daɪˈrekt ˈɔ:dərɪŋ] *sb* Direktbestellung *f*
director general [daɪˈrektə ˈdʒenərəl] *sb* Generaldirektor *m*
directorate [daɪˈrektərɪt] *sb* *(body of directors)* Direktorium *n*, Vorstand *m*
directors' fees tax [daɪˈrektəz fi:z tæks] *sb* Aufsichtsratsteuer *f*
directory [dɪˈrektərɪ] *v* **1.** Telefonbuch *n*; **2.** *(yellow pages)* Branchenverzeichnis *n*; **3.** *(table of contents)* Inhaltsverzeichnis *n*
directory enquiries [daɪˈrektərɪ ɪnˈkwaɪəriz] *pl (UK)* Telefonauskunft *f*
direct selling [daɪˈrekt ˈselɪŋ] *sb* Direktverkauf *m*, Direktvertrieb *m*, direkter Absatz *m*
direct taxes [daɪˈrekt ˈtæksɪz] *pl* direkte Steuern *pl*
direct telex transfer system [daɪˈrekt ˈteleks ˈtrænsfɜ: ˈsɪstɪm] *sb* Blitzgiro *n*
dirigisme [dɪrɪˈʒi:zm] *sb* Dirigismus *m*
disability [dɪsəˈbɪlɪtɪ] *sb* Behinderung *f*, Arbeitsunfähigkeit *f*
disabled [dɪsˈeɪbld] *adj* **1.** behindert, arbeitsunfähig, erwerbsunfähig; **2.** *(machine)* unbrauchbar
disadvantage [dɪsədˈvɑ:ntɪdʒ] *sb* Nachteil *m*, Schaden *m*
disaffirm [dɪsəˈfɜ:m] *v* widerrufen
disagio [dɪsˈeɪdʒəu] *sb* Disagio *n*
disapproval [dɪsəˈpru:vl] *sb* *(of sth)* Missbilligung *f*
disapprove [dɪsəˈpru:v] *v* dagegen sein; *~ of sth* etw missbilligen
disarmament [dɪsˈɑ:məmənt] *sb* Abrüstung *f*
disassemble [dɪsəˈsembl] *v* auseinander nehmen, zerlegen
disburse [dɪsˈbɜ:s] *v* auszahlen, ausbezahlen
disbursement [dɪsˈbɜ:smənt] *sb* Auszahlung *f*, Ausbezahlung *f*
discard [dɪsˈkɑ:d] *v* ablegen, aufgeben, ausrangieren
discharge [dɪsˈtʃɑ:dʒ] *v* **1.** *(electricity)* entladen; **2.** *(cargo)* löschen; **3.** *(a debt)* begleichen; *sb* [ˈdɪstʃɑ:dʒ] **4.** *(of electricity)* Entladung *f*; **5.** *(dismissal)* Entlassung *f*; **6.** *(~ papers)* Entlassungspapier *n*; **7.** Freispruch *m*
discharging expenses [dɪsˈtʃɑ:dʒɪŋ ɪksˈpensɪz] *pl* Entladungskosten *pl*, Löschgebühren *pl*
disciplinary [ˈdɪsəplɪnərɪ] *adj* Disziplinar..., disziplinarisch
discipline [ˈdɪsəplɪn] *v* disziplinieren; *sb* Disziplin *f*
disclaim [dɪsˈkleɪm] *v* ausschlagen, ablehnen
disclaimer [dɪsˈkleɪmə] *sb* **1.** Dementi *n*, Widerruf *m*; **2.** *(legal)* Ausschlussklausel *f*, Haftungsablehnungserklärung *f*
disclose [dɪsˈkləuz] *v* bekannt geben, bekannt machen
disconnection [dɪskəˈnekʃən] *sb* *(on the telephone)* Unterbrechung *f*
discontinue [dɪskənˈtɪnju:] *v* **1.** *(a line of products)* auslaufen lassen; **2.** *(a subscription)* abbestellen
discount [ˈdɪskaunt] *sb* Preisnachlass *m*, Rabatt *m*, Abschlag *m*, Skonto *n*, Diskont *m*
discountable [dɪsˈkauntəbl] *adj* abzugsfähig

discountable paper [dɪsˈkaʊntəbl ˈpeɪpə] *sb* Diskontpapier *n*
discount bank [ˈdɪskaʊnt bæŋk] *sb* Diskontbank *f*
discount broker [ˈdɪskaʊnt ˈbrəʊkə] *sb* Diskontmakler(in) *m/f*, Wechselmakler(in) *m/f*
discount business [ˈdɪskaʊnt ˈbɪznɪs] *sb* Diskontgeschäft *n*
discount calculation [ˈdɪskaʊnt kælkjuːˈleɪʃən] *sb* Diskontrechnung *f*
discount commission [ˈdɪskaʊnt kəˈmɪʃən] *sb* Diskontprovision *f*
discount credit [ˈdɪskaʊnt ˈkredɪt] *sb* Diskontkredit *m*
discount deduction [ˈdɪskaʊnt dɪˈdʌkʃən] *sb* Skontoabzug *m*
discount factor [ˈdɪskaʊnt ˈfæktə] *sb* Diskontierungsfaktor *m*
discount houses [ˈdɪskaʊnt ˈhaʊzɪz] *pl* Diskonthäuser *n/pl*
discounting [ˈdɪskaʊntɪŋ] *sb* Diskontierung *f*, Abzinsung *f*
discount market [ˈdɪskaʊnt ˈmɑːkɪt] *sb* Diskontmarkt *m*
discount of bills [ˈdɪskaʊnt əv bɪlz] *sb* Wechseldiskont *m*
discount on advance orders [ˈdɪskaʊnt ɒn əˈdvɑːns ɔːdəz] *sb* Vorbestellrabatt *m*
discount on repurchase [ˈdɪskaʊnt ɒn rɪˈpɜːtʃəs] *sb* Rückkaufdisagio *n*
discount rate [ˈdɪskaʊnt reɪt] *sb* Diskontsatz *m*
discount store [ˈdɪskaʊnt stɔː] *sb* Discountgeschäft *n*, Discountladen *m*
discredit [dɪsˈkredɪt] *v* in Misskredit bringen, in Verruf bringen; *sb* Misskredit *m*
discrepancy [dɪsˈkrepənsɪ] *sb* Diskrepanz *f*, Unstimmigkeit *f*
discretion [dɪsˈkreʃən] *sb* **1.** *(tact)* Diskretion *f*; **2.** *(prudence)* Besonnenheit *f*; **3.** *(freedom to decide)* Ermessen *n*; *use your own ~* handle nach eigenem Ermessen; *at one's ~* nach Belieben
discretionary [dɪˈskreʃənrɪ] *adj* Ermessens...
discriminate [dɪˈskrɪmɪneɪt] *v ~ against s.o.* jdn diskriminieren
discrimination [dɪskrɪmɪˈneɪʃən] *sb* *(differential treatment)* Diskriminierung *f*
discussion [dɪsˈkʌʃən] *sb* Diskussion *f*, Erörterung *f*; *(meeting)* Besprechung *f*
disencumberment [dɪsɪnˈkʌmbəmənt] *sb* Entschuldung *f*
disenfranchise [dɪsɪnˈfræntʃaɪz] *v* die Konzession entziehen
disinflation [dɪsɪnˈfleɪʃən] *sb* Deflation *f*
disinvestment [dɪsɪnˈvestmənt] *sb* Desinvestition *f*
disk [dɪsk] *sb* Platte *f*, Diskette *f*
disk crash [ˈdɪsk kræʃ] *sb* Diskcrash *m*, Störung eines Laufwerkes *f*
disk drive [ˈdɪsk draɪv] *sb* Laufwerk *n*
disloyalty [dɪsˈlɔɪjəltɪ] *sb* Untreue *f*
dismantlement [dɪsˈmæntlmənt] *sb* Abbruch *m*, Demontage *f*
dismiss [dɪsˈmɪs] *v* entlassen, gehen lassen
dismissal [dɪsˈmɪsəl] *sb* Entlassung *f*, Kündigung *f*
disparity [dɪsˈpærɪtɪ] *sb* Disparität *f*, Ungleichheit *f*
dispatch [dɪˈspætʃ] *v* **1.** senden, schicken, absenden; *sb* **2.** *(sending)* Versand *m*, Absendung *f*, Abfertigung *f*
dispatch agent [dɪˈspætʃ ˈeɪdʒənt] *sb* Abfertigungsspediteur *m*
dispatch case [dɪˈspætʃ keɪs] *sb* *(UK)* Aktenmappe *f*
dispatch department [dɪˈspætʃ dɪˈpɑːtmənt] *sb* Versandabteilung *f*
dispatch manager [dɪˈspætʃ ˈmænɪdʒə] *sb* Versandleiter(in) *m/f*
display [dɪsˈpleɪ] *v* **1.** *(show)* zeigen, beweisen; **2.** *(goods)* ausstellen, auslegen; *sb* **3.** Zeigen *n*, Zurschaustellung *f*, Vorführung *f*; *to be on ~* ausgestellt sein; **4.** *(of goods)* Ausstellung *f*, Auslage *f*; **5.** *(IT)* Display *n*, Bildschirm *m*
displayer [dɪsˈpleɪə] *sb* Aussteller *m*
disposable [dɪsˈpəʊzəbl] *adj* **1.** *(to be thrown away)* wegwerfbar; **2.** *(available)* verfügbar
disposable income [dɪsˈpəʊzəbl ˈɪnkʌm] *sb* verfügbares Einkommen *n*
disposable share [dɪsˈpəʊzəbl ʃeə] *sb* Vorratsaktie *f*
disposal [dɪsˈpəʊzəl] *sb* **1.** *(throwing away)* Wegwerfen *n*; **2.** *(waste ~ unit)* Müllschlucker *m*; **3.** *(removal)* Beseitigung *f*; **4.** *(control)* Verfügungsrecht *n*;

D

5. *place sth at s.o.'s ~* jdm etw zur Verfügung stellen; *have sth at one's ~* über etw verfügen; 6. *(positioning)* Aufstellung *f*
disposal business [dɪ'spəʊzl 'bɪznɪs] *sb* Entsorgungsunternehmen *n*
D
disposal costs [dɪ'spəʊzl kɒsts] *pl* Entsorgungskosten *pl*
dispose [dɪs'pəʊz] *v ~ of (have at one's disposal)* verfügen über
disposition [dɪspə'zɪʃən] *sb* Verfügung *f*
dispossess [dɪspə'zes] *v* enteignen
disproportionate [dɪsprə'pɔ:ʃənɪt] *adj* unverhältnismäßig
dispute [dɪs'pju:t] *v* 1. streiten; 2. *(a claim)* anfechten; *sb* 3. Streit *m*, Disput *m*; 4. *industrial ~* Tarifkonflikt *m*
dissaving [dɪs'seɪvɪŋ] *sb* Entsparen *n*
dissociate [dɪ'səʊʃɪeɪt] *v ~ o.s. from* sich distanzieren von
distribute [dɪ'strɪbju:t] *v* 1. *(goods)* vertreiben; 2. *(dividends)* ausschütten
distribution [dɪstrɪ'bju:ʃən] *sb* 1. *(of dividends)* Ausschüttung *f*; 2. *(of goods)* Vertrieb *m*, Verteilung *f*
distribution centre [dɪstrɪ'bju:ʃən 'sentə] *sb* Auslieferungslager *n*
distribution channel [dɪstrɪ'bju:ʃən 'tʃænl] *sb* Vertriebskanal *m*, Vertriebsweg *m*
distribution cost [dɪstrɪ'bju:ʃən kɒst] *sb* Distributionskosten *pl*
distribution of income [dɪstrɪ'bju:ʃən əv 'ɪnkʌm] *sb* Einkommensverteilung *f*
distribution of profit [dɪstrɪ'bju:ʃən əv 'prɒfɪt] *sb* Gewinnausschüttung *f*
distribution organs [dɪstrɪ'bju:ʃən 'ɔ:gənz] *pl* Distributionsorgane *n/pl*
distribution policy [dɪstrɪ'bju:ʃən 'pɒlɪsɪ] *sb* Distributionspolitik *f*
distribution store [dɪstrɪ'bju:ʃən stɔ:] *sb* Auslieferungslager *n*
distributor [dɪ'strɪbjʊtə] *sb (wholesaler)* Großhändler(in) *m/f*
disturbance [dɪs'tɜ:bəns] *sb* Störung *f*
dive [daɪv] *sb* Kurssturz *m*, Preissturz *m*
diversification [daɪvɜ:sɪfɪ'keɪʃən] *sb* Diversifizierung *f*, Streuung der Aktivitäten *f*
diversified holdings [daɪ'vɜ:sɪfaɪd 'həʊldɪŋz] *pl* Streubesitz *m*
diversify [daɪ'vɜ:sɪfaɪ] *v* diversifizieren, streuen
dividend ['dɪvɪdənd] *sb* Dividende *f*; *pay ~s (fig)* sich bezahlt machen
dividend coupon ['dɪvɪdend 'ku:pɒn] *sb* Gewinnanteilsschein *m*
dividend guarantee ['dɪvɪdend gærən'ti:] *sb* Dividendengarantie *f*
dividend in bankruptcy ['dɪvɪdend ɪn 'bæŋkrʌpsɪ] *sb* Konkursquote *f*
dividend on account ['dɪvɪdend ɒn ə'kaʊnt] *sb* Abschlagsdividende *f*
dividend tax ['dɪvɪdend tæks] *sb* Dividendenabgabe *f*
division [dɪ'vɪʒən] *sb* 1. Teilung *f*, Aufteilung *f*, Einteilung *f*; 2. *(of a firm)* Abteilung *f*; 3. Sparte *f*
divisional organization [dɪ'vɪʒənl ɔ:gənaɪ'zeɪʃən] *sb* Geschäftsbereichsorganisation *f*
division of labour [dɪ'vɪʒən əv 'leɪbə] *sb* Arbeitsteilung *f*
dock [dɒk] *sb* Dock *n*; *~s* Hafen *m*
dockage ['dɒkɪdʒ] *sb* Hafengebühren *pl*, Dockgebühren *pl*
dockyard ['dɒkjɑ:d] *sb* Werft *f*
doctoring a balance sheet ['dɒktərɪŋ ə 'bæləns ʃi:t] *sb* Bilanzverschleierung *f*
document ['dɒkjumənt] *v* beurkunden, dokumentieren; *sb* Dokument *n*, Urkunde *f*, Unterlage *f*
documentary [dɒkju'mentərɪ] *adj ~ evidence* Urkundenbeweis *m*
documentary acceptance credit [dɒkju'mentərɪ ək'septəns 'kredɪt] *sb* Rembourskredit *m*
documentary letter of credit [dɒkju'mentərɪ 'letər əv 'kredɪt] *sb* Dokumentakkreditiv *n*
document of title ['dɒkjumənt əv 'taɪtəl] *sb* Warenpapier *n*, Besitzurkunde *f*
documents against acceptance (D/A) ['dɒkjumənts ə'genst ək'septəns] *pl* Dokumente gegen Akzept (d/a)
documents against payment (D/P) ['dɒkjumənts ə'genst 'peɪmənt] *pl* Dokumente gegen Bezahlung (d/p) *pl*
dole [dəul] *sb (fam, UK)* Stempelgeld *n*; *to be on the ~* stempeln gehen
dollar area ['dɒlə 'ærɪə] *sb* Dollarblock *m*

dollar bond ['dɒlə bɒnd] *sb* Dollaranleihe *f*
dollar clause ['dɒlə klɔːz] *sb* Dollarklausel *f*
dollar quotation ['dɒlə kwəʊ'teɪʃn] *sb* Dollarnotierung *f*
dollar standard ['dɒlə 'stændəd] *sb* Dollar-Standard *m*
domain [də'meɪn] *sb* **1.** *(area)* Gebiet *n*, Fachgebiet *n*; *public ~* öffentliches Eigentum *n*; **2.** *(IT)* Domain *f*
domestic [də'mestɪk] *adj* Innen..., Inland..., Binnen...
domestic capital [də'mestɪk 'kæpɪtəl] *sb* Inlandsvermögen *n*
domestic customs territory [də'mestɪk 'kʌstəmz 'terɪtərɪ] *sb* Zollinland *n*
domestic market [də'mestɪk 'mɑːkɪt] *sb* Binnenmarkt *m*
domestic trade [də'mestɪk treɪd] *sb* Binnenhandel *m*
donation [dəʊ'neɪʃən] *sb* **1.** *(thing donated)* Spende *f*, Stiftung *f*, Gabe *f*, Schenkung *f*; **2.** *(the act of donating)* Spenden *n*, Stiften *n*
dormant deposit ['dɔːmənt dɪ'pɒzɪt] *sb* totes Depot *n*
dormant partnership ['dɔːmənt 'pɑːtnəʃɪp] *sb* stille Gesellschaft *f*
double currency ['dʌbl 'kʌrənsɪ] *sb* Doppelwährung *f*
double currency loan ['dʌbl 'kʌrənsɪ ləʊn] *sb* Doppelwährungsanleihe *f*
double entry bookkeeping ['dʌbl 'entrɪ 'bʊkkiːpɪŋ] *sb* doppelte Buchführung *f*
double housekeeping ['dʌbl 'haʊskiːpɪŋ] *sb* doppelte Haushaltsführung *f*
double option operation ['dʌbl 'ɒpʃən ɒpə'reɪʃən] *sb* Stellagegeschäft *n*
double taxation ['dʌbl tæk'seɪʃən] *sb* Doppelbesteuerung *f*
double time ['dʌbl taɪm] *sb* *(payment)* hundert Prozent Überstundenzuschlag *m*
doubtful ['daʊtfəl] *adj* zweifelhaft
doubtful debts ['daʊtfəl dets] *pl* dubiose Forderung *f*
down cycle ['daʊn saɪkl] *sb* rückläufiger Konjunkturzyklus *m*
downfall ['daʊnfɔːl] *sb* *(fig)* Niedergang *m*, Untergang *m*
download ['daʊnləʊd] *v* *(a computer)* laden
down payment [daʊn 'peɪmənt] *sb* Anzahlung *f*, Abschlagszahlung *f*
down-ship [daʊn'ʃɪp] *sb* Abschwung *m*
downsizing ['daʊnsaɪzɪŋ] *sb* Abbau *m*, Verkleinerung *f*
downswing ['daʊnswɪŋ] *sb* Abwärtstrend *m*
down time ['daʊn taɪm] *sb* Ausfalldauer *f*, Stillstandszeit *f*
downturn ['daʊntɜːn] *sb* Rückgang *m*, Abnahme *f*
downward trend ['daʊnwəd trend] *sb* Abwärtstrend *m*
draft [drɑːft] *v* **1.** *(draw)* entwerfen, skizzieren; **2.** *(write)* aufsetzen, abfassen; *sb* **3.** Entwurf *m*, Tratte *f*
draft book ['drɑːft bʊk] *sb* Wechselbuch *n*
draft collection ['drɑːft kə'lekʃən] *sb* Wechselinkasso *n*
drag [dræg] *sb* Belastung *f*
draw [drɔː] *v irr* **1.** *(money from a bank)* abheben; **2.** *(a salary)* beziehen
drawback ['drɔːbæk] *sb* **1.** Nachteil *m*; **2.** *(tax)* Steuerrückvergütung *f*
drawee [drɔː'iː] *sb* Bezogene(r) *f/m*, Trassat(in) *m/f*
drawer ['drɔːə] *sb* Wechselgeber(in) *m/f*, Aussteller(in) *m/f*
drawer of a bill ['drɔːə əv ə bɪl] *sb* Wechselaussteller(in) *m/f*
drawing ['drɔːɪŋ] *sb* Trassierung *f*, Ziehung *f*
drawing authorization ['drɔːɪŋ ɔːθəraɪ'zeɪʃən] *sb* Kontovollmacht *f*, Verfügungsermächtigung *f*
drawing credit ['drɔːɪŋ 'kredɪt] *sb* Wechselkredit *m*, Trassierungskredit *m*
drawing limit ['drɔːɪŋ 'lɪmɪt] *sb* Abhebungshöchstbetrag *m*
drawing rights ['drɔːɪŋ raɪts] *pl* Ziehungsrechte *pl*
drawing up of a budget ['drɔːɪŋ ʌp əv ə 'bʌdʒɪt] *sb* Budgetierung *f*
drawn bill [drɔːn 'bɪl] *sb* gezogener Wechsel *m*
drive [draɪv] *sb* **1.** *(of a computer)* Laufwerk *n*; **2.** *(energy)* Schwung *m*
drop [drɒp] *sb* **1.** *(fall)* Sturz *m*, Fall *m*; **2.** *(decrease)* Rückgang *m*, Abfall *m*

D

drop in demand [drɒp ɪn dɪˈmɑ:nd] *sb* Nachfragerückgang *m*
drop in expenditure [drɒp ɪn ɪkˈspendɪtʃə] *sb* Ausgabensenkung *f*
drop in investment [drɒp ɪn ɪnˈvestmənt] *sb* Investitionsrückgang *m*
duality [dju:ˈælɪtɪ] *sb* Dualität *f*
dud [dʌd] *sb (US)* ungedeckter Scheck *m*
due [dju:] *adj* **1.** *(owed)* fällig; *(expected)* fällig, erwartet; **2.** *in ~ time* zur rechten Zeit
due date [ˈdju: deɪt] *sb* Fälligkeitstag *m*, Fälligkeitstermin *m*
due payment reserved [dju: ˈpeɪmənt rɪˈzɜ:vd] *adv* Eingang vorbehalten
dues [dju:z] *pl* Gebühren *pl*
dummy [ˈdʌmi] *sb* **1.** Versuchsmuster *n*, Schaupackung *f*; *adj* **2.** *(fake)* vorgeschoben, Schein...; *~ company* Briefkastenfirma *f*
dumping [ˈdʌmpɪŋ] *sb* Dumping *n*
dun [dʌn] *v* (an)mahnen
duopoly [dju:ˈɒpəlɪ] *sb* Dyopol *n*
duplicate [ˈdju:plɪkət] *v* **1.** kopieren, vervielfältigen; *sb* **2.** Duplikat *n*, Kopie *f*, Doppel *n*; *in ~* in zweifacher Ausfertigung
durability [djʊərəˈbɪlɪtɪ] *sb (of goods)* Haltbarkeit *f*
durable [ˈdjʊərəbl] *adj (material, goods)* haltbar
durable consumer goods [ˈdjʊərəbl kənˈsju:mə gʊdz] *pl* Gebrauchsgüter *pl*
duration [djuˈreɪʃən] *sb* Länge *f*, Dauer *f*, Duration *f*
duration of capital tie-up [djuˈreɪʃən əv ˈkæpɪtəl ˈtaɪʌp] *sb* Kapitalbindungsdauer *f*
duration of credit [djuˈreɪʃən əv ˈkredɪt] *sb* Kreditlaufzeit *f*
dutiable [ˈdju:tɪəbl] *adj* zollpflichtig
duty [ˈdju:tɪ] *sb* **1.** *(task)* Aufgabe *f*, Pflicht *f*; **2.** *(working hours)* Dienst *m*; *on ~* im Dienst, Dienst habend; **3.** *to be off ~* dienstfrei haben; **4.** *(tax)* Zoll *m*
duty based on weight [ˈdju:tɪ beɪst ɒn weɪt] *sb* Gewichtszoll *m*
duty on exports [ˈdju:tɪ ɒn ˈekspɔ:ts] *sb* Ausfuhrzoll *m*
duty on imports [ˈdju:tɪ ɒn ˈɪmpɔ:ts] *sb* Einfuhrzoll *m*
duty roster [ˈdju:tɪ rɒstə] *sb* Dienstplan *m*
duty to deliver [ˈdju:tɪ tu dɪˈlɪvə] *sb* Lieferungspflicht *f*
duty unpaid [ˈdju:tɪ ʌnˈpeɪd] *adj* unverzollt
duty-free [dju:tɪˈfri:] *adj* zollfrei, unverzollt
duty-paid [dju:tɪˈpeɪd] *adj* verzollt
dynamics [daɪˈnæmɪks] *sb* **1.** Dynamik *f*; **2.** *(power)* Kräftespiel *n*

E

early retirement ['ɜ:lɪ rɪ'taɪəmənt] *sb* Vorruhestand *m*
earn [ɜ:n] *v* verdienen; *(interest)* bringen
earned income [ɜ:nd 'ɪnkʌm] *sb* Arbeitseinkommen *n*
earner ['ɜ:nə] *sb* Erwerbsfähige(r) *f/m*, Verdiener(in) *m/f*
earning power ['ɜ:nɪŋ 'pauə] *sb* Verdienstchancen *f/pl*
earnings ['ɜ:nɪŋz] *pl* **1.** Verdienst *m*, Bezüge *pl*; **2.** *of a business)* Einnahmen *f/pl*
earnings after tax ['ɜ:nɪŋz 'ɑftə tæks] *pl* Gewinn nach Steuern *m*
earnings analysis ['ɜ:nɪŋz ə'næləsɪs] *pl* Erfolgsanalyse *f*
earnings available for distribution ['ɜ:nɪŋz ə'veɪləbl fɔ: dɪstrɪ'bju:ʃən] *pl* ausschüttungsfähiger Gewinn *m*
earnings before tax ['ɜ:nɪŋz bɪ'fɔ: tæks] *pl* Bruttogewinn *m*, Vorsteuergewinn *m*
earnings per share ['ɜ:nɪŋz pɜ: ʃeə] *pl* Aktienrendite *f*
earnings retention ['ɜ:nɪŋz rɪ'tenʃən] *pl* Gewinnthesaurierung *f*
earnings statement ['ɜ:nɪŋz 'steɪtmənt] *pl* Erfolgsrechnung *f*
ecological [i:kə'lɒdʒɪkəl] *adj* ökologisch
ecological balance [i:kə'lɒdʒɪkəl 'bæləns] *sb* Öko-Bilanz *f*
ecological tax reform [i:kə'lɒdʒɪkəl tæks rɪ'fɔ:m] *sb* ökologische Steuerreform *f*
ecologist [ɪ'kɒlədʒɪst] *sb* Ökologe/Ökologin *m/f*, Umweltschützer(in) *m/f*
e-commerce [i:'kɒmɜ:s] *sb* elektronischer Handel *m*, E-commerce *m*
economic [i:kə'nɒmɪk] *adj* wirtschaftlich, ökonomisch, Wirtschafts...
economical [i:kə'nɒmɪkəl] *adj* wirtschaftlich, sparsam
economic circulation [i:kə'nɒmɪk sɜ:kju:'leɪʃən] *sb* Wirtschaftskreislauf *m*
economic cycle [i:kə'nɒmɪk 'saɪkl] *sb* Konjunktur *f*
economic miracle [i:kə'nɒmɪk 'mɪrəkəl] *sb* Wirtschaftswunder *n*
economic order [i:kə'nɒmɪk 'ɔ:də] *sb* Wirtschaftsordnung *f*
economic outlook [i:kə'nɒmɪk 'autlu:k] *sb* Konjunkturerwartungen *f/pl*
economic policy [i:kə'nɒmɪk 'pɒlɪsɪ] *sb* Wirtschaftspolitik *f*, Konjunkturpolitik *f*
economic process [i:kə'nɒmɪk 'prəuses] *sb* Wirtschaftskreislauf *m*
economic purchasing quantity [i:kə'nɒmɪk 'pɜ:tʃəsɪŋ 'kwɒntɪtɪ] *sb* optimale Bestellmenge *f*
economics [i:kə'nɒmɪks] *pl* *(subject)* Volkswirtschaft *f*, Wirtschaftswissenschaften *f/pl*
economic sector [i:kə'nɒmɪk sektə] *sb* Wirtschaftszweig *m*
economic union [i:kə'nɒmɪk 'ju:njən] *sb* Wirtschaftsunion *f*
economic upturn [i:kə'nɒmɪk 'ʌptɜ:n] *sb* Konjunkturbelebung *f*
economies of scale [ɪ'kɒnəmiz əv skeɪl] *pl* Größenvorteile *m/pl*
economist [ɪ'kɒnəmɪst] *sb* Volkswirtschaftler(in) *m/f*; Betriebswirt(in) *m/f*
economize [ɪ'kɒnəmaɪz] *v* sparen, haushalten
economy [ɪ'kɒnəmɪ] *sb* **1.** *(system)* Wirtschaft *f*, Ökonomie *f*; **2.** *(thrift)* Sparsamkeit *f*; **3.** *(measure to save money)* Einsparung *f*, Sparmaßnahme *f*
economy drive [ɪ'kɒnəmɪ draɪv] *sb* Sparprogramm *n*
education [edju'keɪʃən] *sb* Erziehung *f*, Ausbildung *f*, Bildung *f*
educational policy [edju'keɪʃənəl 'pɒlɪsɪ] *sb* Bildungspolitik *f*
effective [ɪ'fektɪv] *adj* **1.** *(getting results)* wirksam, erfolgreich, wirkungsvoll; **2.** *(in effect)* gültig, in Kraft, rechtskräftig; **3.** *(real)* effektiv, tatsächlich, wirklich
effective interest [ɪ'fektɪv 'ɪntrəst] *sb* Effektivzins *m*

E

effective interest yield [ɪˈfektɪv ˈɪntrəst jiːəld] *sb* Effektivverzinsung *f*
effectiveness [ɪˈfektɪvnɪs] *sb* Wirksamkeit *f*
effectivity [efekˈtɪvɪtɪ] *sb* Effektivität *f*, Wirksamkeit *f*
efficiency [ɪˈfɪʃənsɪ] *sb* **1.** *(of a person)* Tüchtigkeit *f*, Fähigkeit *f*; **2.** *(of a method)* Effizienz *f*; **3.** *(of a machine, of a firm)* Leistungsfähigkeit *f*
efficiency audit [ɪˈfɪʃənsɪ ˈɔːdɪt] *sb* Wirtschaftlichkeitsprüfung *f*
efficiency bonus [ɪˈfɪʃənsɪ ˈbəʊnəs] *sb* Leistungsprämie *f*, Leistungszulage *f*
efficiency drive [ɪˈfɪʃənsɪ draɪv] *sb* Rationalisierungsprogramm *n*
efficiency improvement [ɪˈfɪʃənsɪ ɪmˈpruːvmənt] *sb* Produktivitätssteigerung *f*
efficiency review [ɪˈfɪʃənsɪ rɪˈvjuː] *sb* Erfolgskontrolle *f*
efficient [ɪˈfɪʃənt] *adj (person)* tüchtig, fähig, effizient; *(method)* effizient; *(machine, firm)* leistungsfähig
EFTA [iːeftiːˈeɪ] *sb (European Free Trade Association)* Europäische Freihandelszone *f*
electrical engineering [ɪˈlektrɪkəl endʒɪˈnɪərɪŋ] *sb* Elektrotechnik *f*
electricity and fuels funds [ɪlekˈtrɪsɪtɪ ænd ˈfjuːəlz fʌndz] *pl* Energiefonds *m/pl*
electronic [ɪlekˈtrɒnɪk] *adj* elektronisch
electronic cash [ɪlekˈtrɒnɪk kæʃ] *sb (Internet)* Electronic Cash *n*, E-Cash *n*
electronic commerce [ɪlekˈtrɒnɪk ˈkɒməs] *sb* Electronic Commerce *m*, E-Commerce *m*
electronics [ɪlekˈtrɒnɪks] *pl* Elektronik *f*
element of costs [ˈelɪmənt əv kɒsts] *sb* Kostenbestandteil *m*
element in demand [ˈelɪmənt ɪn dɪˈmɑːnd] *sb* Nachfragekomponente *f*
eligibility [elɪdʒəˈbɪlɪtɪ] *v* **1.** *(entitlement)* Berechtigung *f*, Anspruch *m*; **2.** *(for a job)* Eignung *f*, Qualifikation *f*
eligible paper [ˈelɪdʒɪbəl ˈpeɪpə] *sb* discontfähiges Wechselmaterial *n*
e-mail [ˈiːmeɪl] *sb (electronic mail)* elektronische Post *f*, E-Mail *n*
embargo [ɪmˈbɑːgəʊ] *sb* Embargo *n*
embark [ɪmˈbɑːk] *v* einschiffen; *(goods)* verladen
embezzlement [ɪmˈbezlmənt] *sb* Veruntreuung *f*, Unterschlagung *f*
emblem [ˈembləm] *sb* Emblem *n*, Symbol *n*, Abzeichen *n*
emergency meeting [ɪˈmɜːdʒənsɪ ˈmiːtɪŋ] *sb* Krisensitzung *f*
emerging countries [ɪˈmɜːdʒɪŋ ˈkʌntrɪz] *pl* Schwellenländer *pl*
emerging markets [ɪˈmɜːdʒɪŋ ˈmɑːkɪts] *pl* aufstrebende Märkte *pl*
emission [ɪˈmɪʃən] *sb* **1.** *(bonds)* Ausgabe *f*, Emission *f*; **2.** *(environment)* Schadstoffausstoß *m*, Emission *f*
emit [ɪˈmɪt] *v* **1.** ausstoßen; **2.** *(bonds)* ausgeben, emittieren
empirical contents [ɪmˈpɪrɪkəl ˈkɒntents] *sb* empirischer Gehalt *m*
empirical economic research [ɪmˈpɪrɪkəl ɪkəˈnɒmɪk rɪˈsɜːtʃ] *sb* empirische Wirtschaftsforschung *f*
employ [ɪmˈplɔɪ] *v* **1.** beschäftigen; *(take on)* anstellen; **2.** *(use)* anwenden, einsetzen, verwenden
employed [ɪmˈplɔɪd] *adj* berufstätig, beschäftigt
employee [ɪmplɔɪˈiː] *sb* Arbeitnehmer(in) *m/f*, Angestellte(r) *f/m*
employee appraisal [ɪmplɔɪˈiː əˈpreɪzl] *sb* Mitarbeiterbeurteilung *f*
employee leasing [ɪmplɔɪˈiː ˈliːsɪŋ] *sb* Arbeitnehmerüberlassung *f*
employee meeting [ɪmplɔɪˈiː ˈmiːtɪŋ] *sb* Betriebsversammlung *f*
employee pension scheme [ɪmplɔɪˈiː ˈpenʃən skiːm] *sb* betriebliche Altersversorgung *f*
employee's contribution [ɪmplɔɪˈiːz kɒntrɪˈbjuːʃən] *sb* Arbeitnehmeranteil *m*
employee selection [ɪmplɔɪˈiː sɪˈlekʃən] *sb* Personalauswahl *f*
employee's allowable deduction [ɪmplɔɪˈiːz əˈlaʊəbəl dɪˈdʌkʃən] *sb* Arbeitnehmer-Freibetrag *m*
employee's savings premium [ɪmplɔɪˈiːz ˈseɪvɪŋz ˈpriːmɪəm] *sb* Arbeitnehmersparzulage *f*
employee's shares [ɪmplɔɪˈiːz ʃeəz] *sb* Arbeitnehmeraktie *f*

employee suggestion system [ɪmplɔɪˈiː sʌˈdʒestʃən ˈsɪstɪm] *sb* betriebliches Vorschlagswesen *n*
employee's zero bracket amount [ɪmplɔɪˈiːz ˈzɪərəʊ ˈbrækɪt əˈmaʊnt] *sb* Arbeitnehmer-Pauschbetrag *m*
employer [ɪmˈplɔɪə] *sb* Arbeitgeber(in) *m/f*
employer's association [ɪmˈplɔɪəz əsəʊsɪˈeɪʃən] *sb* Arbeitgeberverband *m*
employer's contribution [ɪmˈplɔɪəz kɒntrɪˈbjuːʃən] *sb* Arbeitgeberanteil *m*, Arbeitgeberzuschüsse *m/pl*
employer's duty of care [ɪmˈplɔɪəz ˈdjuːtɪ əv keə] *sb* Fürsorgepflicht des Arbeitgebers *f*
employer's pension commitment [ɪmˈplɔɪəz ˈpenʃən kəˈmɪtmənt] *sb* Pensionszusage *f*
employment [ɪmˈplɔɪmənt] *sb* **1.** Arbeit *f*, Stellung *f*, Beschäftigung *f*, Dienstverhältnis *n*; **2.** *(employing)* Beschäftigung *f*, **3.** *(taking on)* Anstellung *f*; **4.** *(use)* Anwendung *f*, Verwendung *f*, Einsatz *m*
employment agency [ɪmˈplɔɪmənt ˈeɪdʒənsɪ] *sb* Stellenvermittlung *f*
employment costs [ɪmˈplɔɪmənt kɒsts] *pl* Personalkosten *pl*
employment exchange [ɪmˈplɔɪmənt ɪksˈtʃeɪndʒ] *sb (UK)* Arbeitsamt *n*
employment policy [ɪmˈplɔɪmənt ˈpɒlɪsɪ] *sb* Beschäftigungspolitik *f*, Arbeitspolitik *f*
employment protection [ɪmˈplɔɪmənt prəˈtekʃən] *sb* Arbeitsplatzschutz *m*
employment rate [ɪmˈplɔɪmənt reɪt] *sb* Erwerbsquote *f*
employment relationship [ɪmˈplɔɪmənt rɪˈleɪʃənʃɪp] *sb* Arbeitsverhältnis *n*
employment structure [ɪmˈplɔɪmənt ˈstrʌkʃə] *sb* Beschäftigtenstruktur *f*
emporium [emˈpɔːrɪəm] *sb* Warenhaus *n*
empower [ɪmˈpaʊə] *v* ermächtigen, bevollmächtigen
enclose [ɪnˈkləʊz] *v (in a package)* beilegen, beifügen
enclosure [ɪnˈkləʊʒə] *sb (in a package)* Anlage *f*
encode [ɪnˈkəʊd] *v* verschlüsseln, chiffrieren, kodieren
end of the month [ˈend əv ðə mʌnθ] *sb* Ultimo *m*, Monatsende *n*
end of the quarter [ˈend əv ðə ˈkwɔːtə] *sb* Quartalsende *n*
end of the year [end əv ðə jɪə] *sb* Jahresultimo *m*
end of term [end əv tɜːm] *sb* Fristablauf *m*
end-of-period inventory [end əv ˈpɪərɪəd ˈɪnventərɪ] *sb* Stichtagsinventur *f*
endorsable [ɪnˈdɔːsəbl] *adj* indossabel, girierbar, indossierbar
endorsable securities [ɪnˈdɔːsəbl sɪˈkjʊərɪtɪz] *sb* indossable Wertpapiere *n/pl*
endorse [ɪnˈdɔːs] *v* **1.** *(approve of)* billigen, gutheißen; **2.** *(a cheque)* auf der Rückseite unterzeichnen, indossieren; **3.** *(approve)* billigen
endorsee [ɪndɔːˈsiː] *sb* Indossatar(in) *m/f*
endorsement [ɪnˈdɔːsmənt] *sb* **1.** *(approval)* Billigung *f*; **2.** *(on a cheque)* Indossament *n*, Giro *n*
endorsement for collection [ɪnˈdɔːsmənt fɔː kəˈlekʃən] *sb* Inkasso-Indossament *n*
endorsement liabilities [ɪnˈdɔːsmənt leɪəˈbɪlɪtɪz] *pl* Indossamentverbindlichkeiten *f/pl*
endorsement made out to bearer [ɪnˈdɔːsmənt meɪd aʊt tu ˈbeərə] *sb* Inhaberindossament *n*
endorsement of an overdue bill of ex-change [ɪnˈdɔːsmənt əv æn ˈəʊvədjuː bɪl əv ɪksˈtʃeɪndʒ] *sb* Nachindossament *n*
endorser [ɪnˈdɔːsə] *sb* Girant *m*, Indossant *m*
endow [ɪnˈdaʊ] *v* stiften; *~ s.o. with sth* jdm etw schenken
endowment [ɪnˈdaʊmənt] *sb* Dotierung *f*
endowment funds [ɪnˈdaʊmənt fʌndz] *pl* Dotationskapital *n*
energizer [ˈenədʒaɪzə] *sb* Energiequelle *f*
energy [ˈenədʒɪ] *sb* Energie *f*
energy balance statement [ˈenədʒɪ ˈbæləns ˈsteɪtmənt] *sb* Energiebilanz *f*
energy policy [ˈenədʒɪ ˈpɒlɪsɪ] *sb* Energiepolitik *f*
energy tax [ˈenədʒɪ tæks] *sb* Energiesteuer *f*

energy taxation ['enədʒɪ tæk'seɪʃən] *sb* Energiebesteuerung *f*
energy transformation ['enədʒɪ trænsfə'meɪʃn] *sb* Energiewende *f*
enforce [ɪn'fɔːs] *v* durchführen, Geltung verschaffen
enforcement [ɪn'fɔːsmənt] *sb* Durchführung *f; (judicial)* Vollstreckung *f*

E

enforcement fine [ɪn'fɔːsmənt faɪn] *sb* Zwangsgeld *n*
engage [ɪn'geɪdʒ] *v* **1.** *(employ)* anstellen, einstellen; **2.** *~ in sth* sich an etw beteiligen, sich mit etw beschäftigen
engagement [ɪn'geɪdʒmənt] *sb (job)* Anstellung *f*, Stellung *f; (appointment)* Verabredung *f*
engagement book [ɪn'geɪdʒmənt bʊk] *sb* Terminkalender *m*
engagement clause [ɪn'geɪdʒmənt klɔːz] *sb* Freizeichnungsklausel *f*
enrol [ɪn'rəʊl] *v* **1.** verzeichnen, registrieren; **2.** *(sign in)* einschreiben
entailment [ɪn'teɪlmənt] *sb* Fideikommiss *n*, unveräußerliches Erbe *n*
enterprise ['entəpraɪz] *sb* **1.** *(an undertaking, a firm)* Unternehmen *n*, **2.** *(in general)* Unternehmertum *n; free ~* freies Unternehmertum *n*
entitle [ɪn'taɪtl] *v ~ to (authorize)* berechtigen zu, ein Anrecht geben auf
entitlement [ɪn'taɪtlmənt] *sb* Berechtigung *f*, Anspruch *m*
entrant ['entrənt] *sb* Bewerber(in) *m/f*
entrepôt ['ɒntrəpəʊ] *sb (warehouse)* Lagerhalle *f; (port)* Umschlaghafen *m*
entrepreneur [ɒntrəprə'nɜː] *sb* Unternehmer(in) *m/f*
entrepreneurial [ɒntrəprə'nɜːrɪəl] *adj* unternehmerisch
entrepreneurship [ɒntrəprə'nɜːʃɪp] *sb* Unternehmertum *n*
entry ['entrɪ] *sb* **1.** *(notation)* Eintrag *m;* **2.** *(act of entering)* Eintragung *f*, (Ver-) Buchung *f*
entry certificate ['entrɪ sə'tɪfɪkət] *sb* Einfuhrbescheinigung *f*
entry form ['entrɪ fɔːm] *sb* Anmeldeformular *n*
entry formula ['entrɪ 'fɔːmjʊlə] *sb* Buchungssatz *m*
entry inwards ['entrɪ 'ɪnwədz] *sb* Einfuhrerklärung *f*, Einfuhrdeklaration *f*
entry outwards ['entrɪ 'aʊtwədz] *sb* Ausfuhrerklärung *f*, Ausfuhrdeklaration *f*
entry strategies ['entrɪ 'strætədʒiːz] *pl* Eintrittsstrategien *f/pl*
envelope ['envələʊp] *sb* Briefumschlag *m*, Kuvert *n*
environment [ɪn'vaɪrənmənt] *sb* Umwelt *f*
environmental [ɪnvaɪrən'mentəl] *adj* umweltbedingt
environmental awareness [ɪnvaɪrən'mentəl ə'weənɪs] *sb* Umweltbewusstsein *n*
environmental label [ɪnvaɪrən'mentəl 'leɪbəl] *sb* Umweltzeichen *n*
environmental levy [ɪnvaɪrən'mentəl 'levɪ] *sb* Umweltabgabe *f*
environmental policy [ɪnvaɪrən'mentəl 'pɒlɪsɪ] *sb* Umweltpolitik *f*
environmental pollution [ɪnvaɪrən'mentəl pɒ'luːʃən] *sb* Umweltverschmutzung *f*
environmentalist [ɪnvaɪrə'mentəlɪst] *sb* Umweltschützer(in) *m/f*
environmentally damaging activities [ɪnvaɪrən'mentəlɪ 'dæmɪdʒɪŋ æk'tɪvɪtɪz] *pl* Umweltbelastungen *f/pl*
equalization and covering claim [iːkwəlaɪ'zeɪʃən ænd 'kʌvərɪŋ kleɪm] *sb* Ausgleichs- und Deckungsforderung *f*
equalization claim [iːkwəlaɪ'zeɪʃən kleɪm] *sb* Ausgleichsforderung *f*
equalization of burdens [iːkwəlaɪ'zeɪʃən əv 'bɜːdənz] *sb* Lastenausgleich *m*
Equalization of Burdens Fund [iːkwəlaɪ'zeɪʃən əv 'bɜːdənz fʌnd] *sb* Lastenausgleichsfonds *m*
equal opportunity ['iːkwəl ɒpə'tjuːnɪtɪ] *sb* Chancengleichheit *f*
equalization right [iːkwəlaɪ'zeɪʃən raɪt] *sb* Ausgleichsrecht *n*
equilibrium interest rate [ɪkwɪ'lɪbrɪəm 'ɪntrɪst reɪt] *sb* Gleichgewichtszins *m*
equilibrium on current account [ɪkwɪ'lɪbrɪəm ɒn 'kʌrənt ə'kaʊnt] *sb* Leistungsbilanzausgleich *m*
equilibrium price [ɪkwɪ'lɪbrɪəm praɪs] *sb* Gleichgewichtspreis *n*
equip [ɪ'kwɪp] *v* ausrüsten, ausstatten, einrichten; *to be ~ped with* verfügen über, ausgestattet sein mit

equipment [ɪ'kwɪpmənt] *sb* Ausrüstung *f; (appliances)* Geräte *n/pl*, Anlagen *f/pl*, Apparatur *f*
equity ['ekwɪtɪ] *sb* **1.** Gerechtigkeit *f;* **2.** Eigenkapital *n*
equity account ['ekwɪtɪ ə'kaʊnt] *sb* Eigenkapitalkonto *n*
equity capital ['ekwɪtɪ 'kæpɪtl] *sb* Eigenkapital *n*
equity financing ['ekwɪtɪ faɪ'nænsɪŋ] *sb* Beteiligungsfinanzierung *f*
equity financing transactions ['ekwɪtɪ faɪ'nænsɪŋ træns'ækʃənz] *pl* Beteiligungshandel *m*
equity fund ['ekwɪtɪ fʌnd] *sb* Aktienfonds *m*, Beteiligungsfonds *m*
equity holder ['ekwɪtɪ 'həʊldə] *sb* Anteilseigner(in) *m/f*, Aktionär(in) *m/f*
equity investment ['ekwɪtɪ ɪn'vestmənt] *sb* Kapitalinvestition *f*, Kapitalbeteiligung *f*
equity participation ['ekwɪtɪ pɑːtɪsɪ'peɪʃən] *sb* Kapitalbeteiligung *f*
equity ratio ['ekwɪtɪ 'reɪʃɪəʊ] *sb* Eigenkapitalquote *f*
equity return ['ekwɪtɪ rɪ'tɜːn] *sb* Eigenkapitalrentabilität *f*
equity security ['ekwɪtɪ sɪ'kjʊərɪtɪ] *sb* Anteilspapiere *n/pl*
equity yield rate ['ekwɪtɪ jiːld reɪt] *sb* Eigenkapitalzinsen *m/pl*
equivalence coefficient costing [ɪ'kwɪvələns kəʊɪ'fɪʃənt 'kɒstɪŋ] *sb* Äquivalenzzifferkalkulation *f*
error ['erə] *sb* **1.** Irrtum *m*, Fehler *m*, Versehen *n;* **2.** *of omission* Unterlassungssünde *f*
errors and omissions excepted (E.&O.E.) ['erəz ænd ə'mɪʃənz ɪk'septɪd] Irrtümer und Auslassungen vorbehalten (E.&O.E.)
escalation clause [eskə'leɪʃən klɔːz] *sb* Gleitklausel *f*
escalation parity [eskə'leɪʃən 'pærɪtɪ] *sb* Gleitparität *f*
escape clause [ɪ'skeɪp klɔːz] *sb* Rücktrittsklausel *f*
establish [ɪ'stæblɪʃ] *v* **1.** *(found)* gründen; **2.** *(relations)* herstellen, aufnehmen; **3.** *(power, a reputation)* sich verschaffen
establishment [ɪ'stæblɪʃmənt] *sb (institution)* Institution *f*, Anstalt *f; (founding)* Gründung *f*
estate [ɪ'steɪt] *sb* **1.** *(possessions)* Besitz *m*, Eigentum *n;* **2.** *(land)* Gut *n;* **3.** *(dead person's)* Nachlass *m*, Erbmasse *f;* **4.** *(rank)* Stand *m;* **5.** *the fourth ~ (fam)* die Presse *f*
estate agent [ɪ'steɪt 'eɪdʒənt] *sb (UK)* Immobilienmakler(in) *m/f*
estate register [ɪ'steɪt 'redʒɪstə] *sb* Grundbuch *n*, Kataster *m/n*

E

estimate ['estɪmeɪt] *v* schätzen; *sb* Schätzung *f; rough ~* grober Überschlag *m; (of cost)* Kostenvoranschlag *m*
estimated ['estɪmeɪtɪd] *adj* geschätzt
estimated price ['estɪmeɪtɪd praɪs] *sb* Taxkurs *m*
estimated value ['estɪmeɪtɪd 'væljuː] *sb* Schätzwert *m*, Taxwert *m*
estimation [estɪ'meɪʃən] *sb* Einschätzung *f; in my ~* meiner Einschätzung nach
estimation of cost [estɪ'meɪʃən əv kɒst] *sb* Vorkalkulation *f*
ETF [iːtiː'ef] *sb (exchange-traded fund)* ETF *m*, börsennotierter Indexfonds *m*
ethical fund ['eθɪkl fʌnd] *sb* ethischer Fonds *m*
euro ['jʊərəʊ] *sb* Euro *m*
Eurobond ['jʊərəʊbɒnd] *sb* Euroanleihe *f*
Eurocapital market ['jʊərəʊkæpɪtəl 'mɒkɪt] *sb* Euro-Kapitalmarkt *m*
euro crisis ['jʊərəʊ kraɪsɪs] *sb* Eurokrise *f*
Eurocurrency ['jʊərəʊkʌrənsɪ] *sb* Euro-Währung *f*
Eurocurrency loan market ['jʊərəʊkʌrənsɪ ləʊn 'mɑːkɪt] *sb* Euro-Anleihenmarkt *m*
Eurocurrency loans ['jʊərəʊkʌrənsɪ ləʊnz] *pl* Euro-Anleihe *f*
Eurocurrency market ['jʊərəʊkʌrənsɪ 'mɑːkɪt] *sb* Euro-Geldmarkt *m*
Eurodollar ['jʊərəʊdɒlə] *sb* Euro-Dollar *m*
Eurodollar market ['jʊərəʊdɒlə 'mɑːkɪt] *sb* Euro-Dollarmarkt *m*
euromarket ['jʊərəʊmɑːkɪt] *sb* Euromarkt *m*
euronotes ['jʊərəʊnəʊts] *pl* Euronotes *pl*
Europe ['jʊərəp] *sb* Europa *n; central ~* Mitteleuropa; *pro~n* europafreundlich

E

European article number (EAN) [jʊərə'pi:ən 'ɑ:tɪkəl 'nʌmbə] *sb* Einheitliche Europäische Artikelnummer (EAN) *f*

European Central Bank (ECB) [jʊərə'pi:ən 'sentrəl bæŋk] *sb* Europäische Zentralbank (EZB) *f*

European Commission [jʊərə'pi:ən kə'mɪʃən] *sb* Europäische Kommission *f*

European Community [jʊərə'pi:ən kə'mju:nɪtɪ] *sb* Europäische Gemeinschaft *f*

European Council [jʊərə'pi:ən 'kaʊnsəl] *sb* Europäischer Rat *m*

European Court of Auditors [jʊərə'pi:ən kɔ:t əv 'ɔ:dɪtəz] *sb* Europäischer Rechnungshof (EuRH) *m*

European Development Fund (EDF) [jʊərə'pi:ən dɪ'veləpmənt fʌnd] *sb* Europäischer Entwicklungsfonds *m*

European Financial Supervisory Authority ['jʊərəpɪən faɪ'nænʃl sʊpə'vaɪzərɪ ɔ:'θɒrɪtɪ] *sb* Europäische Bankenaufsicht *f*

European Investment Bank [jʊərə'pi:ən ɪn'vestmənt bæŋk] *sb* Europäische Investitionsbank *f*

European Monetary Agreement [jʊərə'pi:ən 'mʌnɪtərɪ ə'gri:mənt] *sb* Europäisches Währungsabkommen *n*

European Monetary System [jʊərə'pɪən 'mʌnɪtərɪ 'sɪstəm] *sb* Europäisches Währungssystem *n*

European Monetary Union (EMU) [jʊərə'pi:ən 'mʌnɪtərɪ 'ju:njən] *sb* Europäische Währungsunion *f*

European Parliament [jʊərə'pi:ən 'pɑ:ləment] *sb* Europäisches Parlament *n*

European patent [jʊərə'pi:ən 'peɪtənt] *sb* Europapatent *n*

European Patent Office [jʊərə'pi:ən 'peɪtənt 'ɒfɪs] *sb* Europäisches Patentamt *n*

European Payments Union [jʊərə'pi:ən 'peɪmənts 'ju:njən] *sb* Europäische Zahlungsunion *f*

European Single Market [jʊərə'pi:ən 'sɪŋgl 'mɑ:kɪt] *sb* EG-Binnenmarkt *m*

European standard specification [jʊərə'pi:ən 'stændəd spesɪfɪ'keɪʃən] *sb* europäische Norm *f*

European stock exchange guidelines [jʊərə'pi:ən stɒk ɪks'tʃeɪndʒ 'gaɪdlaɪnz] *pl* europäische Börsenrichtlinien *f/pl*

European trading company [jʊərə'pi:ən 'treɪdɪŋ 'kʌmpənɪ] *sb* Europäische Handelsgesellschaft *f*

European Union [jʊərə'pi:ən 'ju:njən] *sb* Europäische Union *f*

euro security issue ['jʊərəʊ sɪ'kjʊərɪtɪ 'ɪsju:] *sb* Euro-Emission *f*

euro share market ['jʊərəʊ ʃeə 'mɑ:kɪt] *sb* Euro-Aktienmarkt *m*

euro shield ['jʊərəʊ ʃi:ld] *sb* Euro-Rettungsfond *m*

eurozone ['jʊərəʊzəʊn] *sb* Eurozone *f*, Euroländer *n/pl*

evade [ɪ'veɪd] *v* **1.** *(taxes)* hinterziehen; **2.** *(an obligation)* sich entziehen

evaluation [ɪvælju'eɪʃən] *sb* Bewertung *f*, Beurteilung *f*, Einschätzung *f*, Auswertung *f*

evasion of taxes [ɪ'veɪʃən əv 'tæksɪz] *sb* Steuerhinterziehung *f*

evening stock exchange ['i:vnɪŋ stɒk ɪks'tʃeɪndʒ] *sb* Abendbörse *f*

evidence ['evɪdəns] *sb* Beweis *m*

examination [ɪgzæmɪ'neɪʃən] *sb* Prüfung *f*

examining commission [ɪk'sæmɪnɪŋ kə'mɪʃən] *sb* Prüfungskommission *f*

exceed [ɪk'si:d] *v* überschreiten, übersteigen; *(expectations)* übertreffen

excess [ɪk'ses] *sb* Übermaß *n; (remainder)* Überschuss *m; in ~ of* mehr als

excess of authority [ɪk'ses əv ɔ:'θɒrətɪ] *sb* Kompetenzüberschreitung *f*, Währungsgarantie *f*

excess weight [ɪk'ses weɪt] *sb* Mehrgewicht *n*

excessive indebtedness [ɪk'sesɪv ɪn'detɪdnɪs] *sb* Überschuldung *f*

excessive supply of money [ɪk'sesɪv sə'plaɪ əv 'mʌnɪ] *sb* Geldüberhang *m*

exchange [ɪks'tʃeɪndʒ] *v* **1.** tauschen; **2.** *(letters, words)* wechseln; **3.** *(currency)* wechseln, umtauschen; **4.** *(ideas, stories)* austauschen; *sb* **5.** (Um-)Tausch *m;* **6.** *(act of exchanging)* Wechseln *n*, **7.** *bill of ~* Wechsel *m;* **8.** *(place)* Wechselstube *f;* **9.** *(Stock Exchange)* Börse

exchange arbitrage [ɪks'tʃeɪndʒ 'ɑ:bɪtrɑ:ʒ] *sb* Devisenarbitrage *f*

exchange broker [ɪks'tʃeɪndʒ 'brəʊkə] *sb* Devisenkursmakler(in) *m/f*

exchange clearing [ɪks'tʃeɪndʒ 'kliərɪŋ] *sb* Devisenclearing *n*
exchange cover [ɪks'tʃeɪndʒ 'kʌvə] *sb* Devisendeckung *f*
exchange department [ɪks'tʃeɪndʒ də'pɑːtmənt] *sb* Börsenabteilung *f*
exchange for forward delivery [ɪks'tʃeɪndʒ fɔː 'fɔːwəd də'lɪvərɪ] *sb* Termindevisen *f/pl*
exchange guarantee [ɪks'tʃeɪndʒ gærən'tiː] *sb* Devisenkurssicherung *f*
exchange listing [ɪks'tʃeɪndʒ 'lɪstɪŋ] *sb* Börsennotierung *f*
exchange market intervention [ɪks'tʃeɪndʒ 'mɑːkɪt ɪntə'venʃən] *sb* Devisenmarktinterventionen *f*
exchange of acceptances [ɪks'tʃeɪndʒ əv ɪk'septənsɪz] *sb* Akzeptaustausch *m*
exchange of shares [ɪks'tʃeɪndʒ əv ʃeəz] *sb* Aktienaustausch *m*
exchange option [ɪks'tʃeɪndʒ 'ɒpʃən] *sb* Devisenoption *f*
exchange price [ɪks'tʃeɪndʒ praɪs] *sb* Börsenpreis *m*
exchange rate [ɪks'tʃeɪndʒ reɪt] *sb* Umrechnungskurs *m*, (Wechsel-)Kurs *m*, Devisenkurs *m*
exchange rate formation [ɪks'tʃeɪndʒ reɪt fɔː'meɪʃən] *sb* Devisenkursbildung *f*
exchange rate mechanism [ɪks'tʃeɪndʒ reɪt 'mekənɪzəm] *sb* Wechselkursmechanismus *m*
exchange risk [ɪks'tʃeɪndʒ rɪsk] *sb* Valutarisiko *n*
exchequer [ɪks'tʃekə] *sb (UK)* Schatzamt *n*, Fiskus *m*, Staatskasse *f*
exchequer bond [ɪks'tʃekə bɒnd] *sb (UK)* Schatzanweisung *f*
excisable [ɪk'saɪzəbl] *adj* steuerpflichtig
excise tax ['eksaɪz tæks] *sb* Verbrauchssteuer *f*
exclusion principle [ɪks'kluːʒən 'prɪnsɪpl] *sb* Ausschlussprinzip *n*
exclusive service clause [ɪks'kluːsɪv 'sɜːvɪs klɔːz] *sb* Wettbewerbsklausel *f*
ex coupon [eks 'kuːpɒn] *adj* ohne Kupon
ex dividend [eks 'dɪvɪdənd] *adj* ohne Dividende
execute ['eksɪkjuːt] *v (a task)* durchführen, ausführen, erfüllen
execution [eksɪ'kjuːʃən] *sb (of a task)* Durchführung *f*, Ausführung *f*, Erfüllung *f*
executive [ɪg'zekjʊtɪv] *adj* **1.** exekutiv, geschäftsführend; *sb* **2.** Exekutive *f*, Verwaltung *f*; **3.** *(of a firm)* leitende(r) Angestellte(r) *f/m*, Führungskraft *f*
executive commitee [ɪg'zekjʊtɪv kə'mɪtɪ] *sb* Vorstand *f*
executive employee [ɪg'zekjʊtɪv ɪmplɔɪ'iː] *sb* leitende(r) Angestellte(r) *f/m*
executive level [ɪg'zekjʊtɪv 'levl] *sb* Führungsebene *f*
exemption [ɪg'zempʃən] *sb* **1.** Befreiung *f*, Freistellung *f*; **2.** *(tax)* Freibetrag *m*
exemption from liability [ɪg'zempʃən frɒm laɪə'bɪlətɪ] *sb* Haftungsausschluss *m*
exercise ['eksəsaɪz] *v* **1.** *(use)* ausüben, geltend machen, anwenden; *sb* **2.** *(use)* Ausübung *f*, Gebrauch *m*, Anwendung *f*
exhaust [ɪg'zɔːst] *sb* Abgase *n/pl*
exhibit [ek'zɪbɪt] *v* **1.** *(merchandise)* ausstellen, auslegen; **2.** *(manifest)* zeigen; *~ bravery* Mut beweisen
exhibition [eksɪ'bɪʃən] *sb* **1.** Ausstellung *f*, Schau *f*; **2.** *(act of showing)* Vorführung *f*
exhibitor [ek'zɪbɪtə] *sb* Aussteller *m*
exodus of capital ['eksədəs əv 'kæpɪtəl] *sb* Kapitalflucht *f*
expand [ɪk'spænd] *v* **1.** expandieren, sich ausweiten; **2.** *(production)* zunehmen
expansion [ɪks'pænʃən] *sb* Ausdehnung *f*, Expansion *f*, Ausweitung *f*
expansion investment [ɪk'spænʃən ɪn'vestmənt] *sb* Erweiterungsinvestition *f*
expansion of credit [ɪk'spænʃən əv 'kredɪt] *sb* Kreditausweitung *f*
expectancy cover procedure [ɪk'spektənsɪ 'kʌvə prəʊ'siːdʒə] *sb* Anwartsschaftsdeckungsverfahren *n*
expected inflation [ɪk'spektɪd ɪn'fleɪʃən] *sb* Inflationserwartung *f*
expend [ɪk'spend] *v* **1.** *(energy, time)* aufwenden; **2.** *(money)* ausgeben
expenditure [ɪks'pendɪtʃə] *sb* **1.** Ausgabe *f*; *(money spent)* Ausgaben *pl*; **2.** *(time, energy)* Aufwand *m*
expenditure of material [ɪks'pendɪtʃər əv mə'tɪrɪəl] *sb* Materialaufwand *m*

E

E

expenditure of time [ɪks'pendɪtʃər əv taɪm] *sb* Zeitaufwand *m*
expense [ɪk'spens] *sb* **1.** Kosten *pl; at great ~* mit großen Kosten; *pl* **2.** *~s (business ~, travel ~)* Spesen *pl*, Kosten *pl; incur ~* Unkosten haben
expense account [ɪk'spens ə'kaʊnt] *sb* Spesenkonto *n*, Aufwandskonto *n*
expenses [ɪk'spensɪz] *pl* Ausgaben *pl*, Spesen *pl*
expenses incurred [ɪk'spensɪz ɪn'kɜːd] *sb* Aufwandskosten *pl*
expensive [ɪk'spensɪv] *adj* teuer, kostspielig
experience curve [ɪk'spiːrɪəns kɜːv] *sb* Erfahrungskurve *f*
expert ['ekspɜːt] *sb* Sachverständige(r) *f/m*, Experte/Expertin *m/f*, Fachmann/Fachfrau *m/f*
expert interview ['ekspɜːt 'ɪntəvjuː] *sb* Expertenbefragung *f*
expert opinion ['ekspɜːt ə'pɪnjən] *sb* Gutachten *n*
expert witness ['ekspɜːt 'wɪtnɪs] *sb* Sachverständige(r) *f/m*
expiration [ekspɪ'reɪʃən] *sb* Ablauf *m*, Verfall *m*
expiration date [ekspɪ'reɪʃən deɪt] *sb* *(US)* Verfallsdatum *n*
expire [ɪk'spaɪə] *v* ablaufen, ungültig werden
expiry date [ɪks'paɪrɪ deɪt] *sb* *(UK)* Verfallsdatum *n*
explanation [eksplə'neɪʃən] *sb* Erklärung *f*
exploit [eks'plɔɪt] *v* ausbeuten, ausnutzen; *(commercially)* verwerten
exploitation [eksplɔɪ'teɪʃən] *sb* Ausbeutung *f*, Ausnutzung *f*; *(commercial)* Verwertung *f*
export ['ekspɔːt] *sb* **1.** Export *m*, Ausfuhr *f*; [ɪks'pɔːt] *v* **2.** exportieren, ausführen
export clearance ['ekspɔːt 'klɪərəns] *sb* Ausfuhrabfertigung *f*
export control ['ekspɔːt kɒn'trəʊl] *sb* Ausfuhrkontrolle *f*, Exportkontrolle *f*
export coverage ['ekspɔːt 'kʌvərɪdʒ] *sb* Ausfuhrdeckung *f*
Export Credit Company ['ekspɔːt 'kredɪt 'kʌmpənɪ] *sb* Ausfuhrkreditanstalt (AKA) *f*
export credit guarantee ['ekspɔːt 'kredɪt gærən'tiː] *sb* Ausfuhrbürgschaften *f/pl*, Ausfuhrgarantie *f*
export credits ['ekspɔːt 'kredɪts] *pl* AKA-Kredite *m/pl;* Exportkredit *m*
export declaration ['ekspɔːt deklə'reɪʃən] *sb* Ausfuhrerklärung *f*, Zollerklärung *f*
export department ['ekspɔːt də'pɑːtmənt] *sb* Außenhandelsabteilung *f*
export deficit ['ekspɔːt 'defɪsɪt] *sb* Außenhandelsdefizit *n*
export documents ['ekspɔːt 'dɒkjʊmənts] *pl* Ausfuhrpapiere *n/pl*, Exportpapiere *n/pl*
export duties ['ekspɔːt 'djuːtiːz] *pl* Ausfuhrabgaben *f/pl*
export duty ['ekspɔːt 'djuːtɪ] *sb* Exportzoll *m*, Ausfuhrzoll *m*
exporter [ɪks'pɔːtə] *sb* Exporteur(in) *m/f*
export exchange ['ekspɔːt ɪks'tʃeɪndʒ] *sb* Exportdevisen *f/pl*
export financing ['ekspɔːt faɪ'nænsɪŋ] *sb* Ausfuhrfinanzierung *f*
export licence ['ekspɔːt 'laɪsəns] *sb* Ausfuhrgenehmigung *f*
export of capital ['ekspɔːt əv 'kæpɪtəl] *sb* Kapitalausfuhr *f*
export premium ['ekspɔːt 'priːmɪəm] *sb* Exportprämie *f*
export promotion ['ekspɔːt prə'məʊʃən] *sb* Exportförderung *f*
export regulations ['ekspɔːt regjʊ'leɪʃənz] *pl* Exportbestimmungen *f/pl*, Ausfuhrbestimmungen *f/pl*
export restriction ['ekspɔːt rɪs'trɪkʃən] *sb* Exportbeschränkung *f*, Ausfuhrbeschränkung *f*
export subsidy ['ekspɔːt 'sʌbsɪdɪ] *sb* Exportsubvention *f*
export surplus ['ekspɔːt 'sɜːpləs] *sb* Exportüberschuss *m*, Ausfuhrüberschuss *m*
export trade ['ekspɔːt treɪd] *sb* Ausfuhrhandel *m*, Exporthandel *m*
express delivery [ɪk'spres dɪ'lɪvərɪ] *sb* Eilzustellung *f*
express goods [ɪk'spres gʊdz] *sb* Expressgut *n*
express letter [ɪk'spres 'letə] *sb* Eilbrief *m*

express messenger [ɪk'spres 'mesɪndʒə] *sb* Eilbote *m*
express parcel [ɪk'spres 'pɑ:sl] *sb* Eilpaket *n*
express tariff [ɪk'spres 'tærɪf] *sb* Eilguttarif *m*
express train [ɪks'pres treɪn] *sb* Schnellzug *m*
expropriate [ɪk'sprəʊprɪeɪt] *v* enteignen
expropriation [ɪksprəʊprɪ'eɪʃən] *sb* Enteignung *f*
ex rights [eks 'raɪts] *adv* ohne/ex Bezugsrechte
extension [ɪks'tenʃən] *sb* **1.** Verlängerung *f*, Prolongation *f*, **2.** Nebenanschluss *m*, Apparat *m*; **3.** *(individual number)* Durchwahl *f*
extension of contract [ɪks'tenʃən əv 'kɒntrækt] *sb* Vertragsverlängerung *f*
extension of credit [ɪks'tenʃən əv 'kredɪt] *sb* Zahlungsaufschub *m*
extension of liability [ɪks'tenʃən əv laɪə'bɪlətɪ] *sb* Haftungserweiterung *f*
extension of time for payment [ɪks'tenʃən əv taɪm fɔ: 'peɪmənt] *sb* Zahlungsaufschub *m*
extent [ɪks'tent] *sb* **1.** *(degree)* Grad *m*, Maß *n*; *to some ~* einigermaßen; *to a certain ~* in gewissem Maße; *to what ~* inwieweit; **2.** *(scope)* Umfang *m*, Ausmaß *n*; **3.** *(size)* Ausdehnung *f*
external accounting [ɪks'tɜ:nəl ə'kaʊntɪŋ] *sb* externes Rechnungswesen *n*
external analysis [ɪks'tɜ:nəl ə'nælɪsɪs] *sb* Betriebsvergleich *m*
external balance [ɪks'tɜ:nəl 'bæləns] *sb* außenwirtschaftliches Gleichgewicht *n*
external bonds validation [ɪks'tɜ:nəl bɒndz vælɪ'deɪʃən] *sb* Auslandsbondsbereinigung *f*
external effects [ɪks'tɜ:nəl ɪ'fekts] *pl* externe Effekte *m/pl*
external financing [ɪks'tɜ:nəl faɪ'nænsɪŋ] *sb* Außenfinanzierung *f*
external funds [ɪks'tɜ:nəl fʌndz] *pl* fremde Gelder *n/pl*
external income [ɪks'tɜ:nəl 'ɪnkʌm] *sb* externe Erträge *m/pl*
external indebtedness [ɪks'tɜ:nəl ɪn-'detɪdnəs] *sb* Auslandsverschuldung *f*
external investment [ɪks'tɜ:nəl ɪn-'vestmənt] *sb* Fremdinvestition *f*
external market [ɪks'tɜ:nəl 'mɑ:kɪt] *sb* Außenmarkt *m*
external procurement [ɪks'tɜ:nəl prə-'kjʊəmənt] *sb* Fremdbezug *m*
external value of currency [ɪks'tɜ:nəl 'vælju: əv 'kʌrənsɪ] *sb* Außenwert der Währung *m*
extort [ɪk'stɔ:t] *v* erpressen
extortion [ɪks'tɔ:ʃən] *sb* **1.** Erpressung *f*; **2.** *(price)* Wucher *m*
extra ['ekstrə] *adv (costing ~)* gesondert berechnet, extra berechnet; *sb* Zugabe *f*
extra charge ['ekstrə tʃɑ:dʒ] *sb* Zuschlag *m*
extra dividend ['ekstrə 'dɪvɪdend] *sb* Bonus *m*, Sonderausschüttung *f*
extra pay ['ekstrə peɪ] *sb* Zulage *f*
extract ['ekstrækt] *sb* **1.** Auszug *m*, Abriss *m*; *v* [ɪk'strækt] **2.** *(commodities)* fördern, gewinnen
extrajudicial [ekstrədʒu:'dɪʃəl] *adj* außergerichtlich
extraordinary budget [ɪk'strə:dənərɪ 'bʌdʒɪt] *sb* außerordentlicher Haushalt *m*
extraordinary depreciation [ɪk'strə:dənərɪ dɪpri:ʃi:'eɪʃən] *sb* außerordentliche Abschreibung *f*
extraordinary expenditures [ɪk'strə:dənərɪ ɪk'spendɪtʃəz] *pl* außerordentliche Aufwendungen *f/pl*, außerordentliche Ausgaben *f/pl*
extraordinary expenses [ɪk'strə:dənərɪ ɪk'spensɪz] *pl* außergewöhnliche Belastung *f*
extraordinary income [ɪk'strə:dənərɪ 'ɪnkʌm] *sb* außerordentliche Einkünfte *pl*, außerordentliche Einnahmen *f/pl*, außerordentliche Erträge *m/pl*
extraordinary trend [ɪk'strə:dənərɪ trend] *sb* Sonderbewegung *f*
extrapolation [ɪkstrəpə'leɪʃən] *sb* Extrapolation *f*
ex works [eks 'wɜ:ks] *adv (Incoterm)* ab Werk, EXW

F

face value [feɪs 'vælju:] *sb* Nennwert *m*, Nominalwert *m*
face-to-face communication ['feɪs tu feɪs kəmju:nɪ'keɪʃən] *sb* Face-to-Face-Kommunikation *f*, direkte Kommunikation *f*
facility [fə'sɪlɪtɪ] *sb (building)* Anlage *f*
facility location [fə'sɪlɪtɪ ləʊ'keɪʃən] *sb* Betriebsstandort *m*
facility management [fə'sɪlɪtɪ 'mænɪdʒmənt] *sb* Objektverwaltung *f*, Immobilienverwaltung *f*
facsimile [fæk'sɪməlɪ] *sb* **1.** Reproduktion *f*, Kopie *f*; **2.** *(fax)* Fax *n*
fact [fækt] *sb* Tatsache *f*
factorage ['fæktərɪdʒ] *sb* Kommissionsgebühr *f*, Provision *f*
factor costs ['fæktə kɒsts] *sb* Faktorkosten *pl*
factor income ['fæktə 'ɪnkʌm] *sb* Leistungseinkommen *n*, Faktoreinkommen *n*
factoring ['fæktərɪŋ] *sb* Finanzierung von Forderungen *f*, Factoring *n*
factory ['fæktərɪ] *sb* Fabrik *f*, Werk *n*, Betrieb *m*
factory costs ['fæktərɪ kɒsts] *pl* Herstellungskosten *pl*, Produktionskosten *pl*
factory outlet store ['fæktərɪ 'aʊtlət stɔ:] *sb* Fabrikverkauf *m*
factory supplies ['fæktərɪ sə'plaɪz] *pl (manufacturing)* Betriebsstoffe *m/pl*
facts [fækts] *pl* **1.** Daten *pl*, Sachverhalt *m*; **2.** *(~ of the case)* Tatbestand *m*
factsheet ['fæktʃi:t] *sb* Tatsachendokument *n*, Informationsblatt *n*
facultative money ['fækəlteɪtɪv 'mʌnɪ] *sb* fakultatives Geld *n*
failure ['feɪljə] *sb* **1.** *(unsuccessful thing)* Misserfolg *m*, Fehlschlag *m*, Scheitern *n*; Pleite *f*; **2.** *(breakdown)* Ausfall *m*, Versagen *n*, Störung *f*; **3.** *(to do sth)* Versäumnis *n*, Unterlassung *f*
failure cause ['feɪljə kɔ:z] *sb* Ausfallursache *f*
failure to complete ['feɪljə tu kəm'pli:t] *sb* Nichtfertigstellung *f*
failure to pay on due date ['feɪljə tu peɪ ɒn dju: deɪt] *sb* Zahlungsverzug *m*
failure to perform ['feɪljə tu pə'fɔ:m] *sb* mangelnde Vertragserfüllung *f*, Nichterfüllung *f*
fair [feə] *sb (trade show)* Messe *f*, Ausstellung *f*
fair market value [feə 'mɑ:kɪt 'vælju:] *sb* Marktwert *m*
fairness in trade ['feənɪs ɪn treɪd] *sb* Kulanz *f*
fake [feɪk] *v* **1.** vortäuschen, fingieren; **2.** *(forge)* fälschen; *sb* **3.** Fälschung *f*
fall [fɔ:l] *v irr* **1.** *(decrease)* fallen, sinken, abnehmen; *sb* **2.** *(decrease)* Fallen *n*, Sinken *n*, Abnahme *f*
fall-back ['fɔ:lbæk] *sb* Abschwächung *f*, Rückgang *m*
falling ['fɔ:lɪŋ] *adj* rückläufig, nachgebend
fall-off ['fɔ:lɒf] *sb* Rückgang *m*, Abnahme *f*
fallow ['fæləʊ] *sb* **1.** brachliegendes Land *n*; *adj* **2.** brachliegend
false factoring [fɒ:ls 'fæktərɪŋ] *sb* unechtes Factoring *n*
falsification [fɒ:lsɪfɪ'keɪʃən] *sb* Falsifikat *n*
falsification of the balance sheet [fɒ:lsɪfɪ'keɪʃən əv ðə 'bæləns ʃi:t] *sb* Bilanzfälschung *f*
family allowance ['fæmlɪ ə'laʊəns] *sb* Familienzulage *f*
family-owned companies ['fæmlɪ-əʊnd 'kʌmpənɪz] *pl* Familiengesellschaften *f/pl*
fare [feə] *sb* **1.** *(bus ~, train ~) (charge)* Fahrpreis *m*; **2.** *air ~* Flugpreis *m*; **3.** *(money)* Fahrgeld *n*
fare cut [feə kʌt] *sb* Tarifsenkung *f*
farm product [fɑ:m 'prɒdəkt] *sb* Agrarprodukt *n*, landwirtschaftliches Produkt *n*
farming ['fɑ:mɪŋ] *sb* Agrarwirtschaft *f*, Landwirtschaft *f*
fashion ['fæʃən] *sb* Mode *f*
fashion article ['fæʃən 'ɑ:tɪkl] *sb* Modeartikel *m*

fax [fæks] *sb* **1.** *(facsimile transmission)* Fax *n*, Telefax *n*; *v* **2.** faxen
fax machine ['fæks mə'ʃi:n] *sb* Telefaxgerät *n*, Faxgerät *n*
fax number ['fæks 'nʌmbə] *sb* Telefaxnummer *f*, Faxnummer *f*
feasibility study [fi:zə'bılıtı 'stʌdı] *sb* Durchführbarkeits-Studie *f*
Federal Administrative Court ['fedərəl əd'mınıstrətıv kɔ:t] *sb* Bundesverwaltungsgericht (BVerwG) *n*
Federal Audit Office ['fedərəl 'ɔ:dıt 'ɒfıs] *sb* Bundesrechnungshof *m*
Federal Bank assets ['fedərəl bæŋk 'æsets] *sb* Bundesbankguthaben *n*
Federal bonds ['fedərəl bɒndz] *sb* Bundesobligation *f*
federal budget ['fedərəl 'bʌdʒıt] *sb* Bundeshaushalt *m*
Federal Cartel Authority ['fedərəl kɑ:'tel ɔ:'θɒrıtı] *sb* Bundeskartellamt *n*
Federal Cartel Register ['fedərəl kɑ:'tel 'redʒıstə] *sb* Kartellregister *n*
Federal Collective Agreement for Public Employees ['fedərəl kə'lektıv ə'gri:mənt fɔ: 'pʌblık ımplɔı'i:z] *sb* Bundes-Angestellten-Tarifvertrag (BAT) *m*
Federal Constitutional Court ['fedərəl kɒnstı'tju:ʃənəl kɔ:t] *sb* Bundesverfassungsgericht (BverfG) *n*
Federal Court ['fedərəl kɔ:t] *sb* Bundesgericht *n*
Federal Fiscal Court ['fedərəl 'fıskəl kɔ:t] *sb* Bundesfinanzhof (BFH) *m*
Federal guarantee ['fedərəl gærən'ti:] *sb* Bundesbürgschaft *f*
Federal Labour Court ['fedərəl 'leıbə kɔ:t] *sb* Bundesarbeitsgericht *n*
Federal Labour Office ['fedərəl 'leıbə 'ɒfıs] *sb* Bundesagentur für Arbeit (BA) *f*
Federal loan ['fedərəl ləʊn] *sb* Bundesanleihe *f*
Federal Official Gazette ['fedərəl ə'fıʃəl gə'zet] *sb* Bundesanzeiger *m*
federal revenue authorities ['fedərəl 'revınju: ɔ:'θɒrıti:z] *sb* Bundesfinanzbehörden *f/pl*
Federal Statistical Office ['fedərəl stə'tıstıkəl 'ɒfıs] *sb* Statistisches Bundesamt *n*
Federal Supervisory Office ['fedərəl su:pə'vaızərı 'ɒfıs] *sb* Bundesaufsichtsamt *n*
Federal Supreme Court ['fedərəl su'pri:m kɔ:t] *sb* Bundesgerichtshof (BGH) *m*
federal tax ['fedərəl tæks] *sb* Bundessteuer *f*
federal treasury bill ['fedərəl 'treʒərı bıl] *sb* Bundesschatzbrief *m*
federation [fedə'reıʃən] *sb* Vereinigung *f*, Verband *m*
fee [fi:] *sb* Gebühr *f*, Honorar *n*; *for a ~* gegen Entgelt
feedback ['fi:dbæk] *sb* Rückkopplung *f*, Feedback *n*
fictitious bill [fık'tıʃəs bıl] *sb* Kellerwechsel *m*
fictitious formation [fık'tıʃəs fɔ:'meıʃən] *sb* Scheingründung *f*
fictitious independence [fık'tıʃəs ındə'pendəns] *sb* Scheinselbständigkeit *f*
fictitious invoice [fık'tıʃəs 'ınvɔıs] *sb* fingierte Rechnung *f*
fictitious order [fık'tıʃəs 'ɔ:də] *sb* fingierte Order *f*
fictitious overheads [fık'tıʃəs 'əʊvəhedz] *pl* unechte Gemeinkosten *pl*
fictitious profit [fık'tıʃəs 'prɒfıt] *sb* Scheingewinn *m*
fictitious quotation price [fık'tıʃəs kwəʊ'teıʃən praıs] *sb* Scheinkurs *m*
fictitious security price [fık'tıʃəs sı'kjʊərıtı praıs] *sb* Ausweichkurs *m*
fictitious transaction [fık'tıʃəs træn'zækʃən] *sb* Scheingeschäft *n*
fiduciary [fı'dju:ʃıərı] *sb* **1.** Treuhänder *m*; *adj* **2.** treuhänderisch
fiduciary account [fı'dju:ʃıərı ə'kaʊnt] *sb* Anderkonto *n*
fiduciary deposit [fı'dju:ʃıərı dı'pɒzıt] *sb* Anderdepot *n*, Fremddepot *n*
fiduciary funds [fı'dju:ʃıərı fʌndz] *sb* fiduziäres Geld *n*
field [fi:ld] *sb* **1.** *(profession, ~ of study)* Gebiet *n*, Fach *n*, Bereich *m*; **2.** *the ~ (for a salesman)* Außendienst *m*
field audit [fi:ld 'ɔ:dıt] *(accountancy)* Außenprüfung *f*
field of activity [fi:ld əv æk'tıvıtı] *sb* Tätigkeitsfeld *n*, Tätigkeitsbereich *m*

field of application [fi:ld əv æplɪ'keɪʃən] *sb* Einsatzgebiet *n*, Anwendungsgebiet *n*
field of reference [fi:ld əv 'refrəns] *sb* Sachgebiet *n*
field office [fi:ld 'ɒfɪs] *sb* Außenstelle *f*, Geschäftsstelle *f*
field research [fi:ld rɪ'sɜ:tʃ] *sb* Feldforschung *f*
field staff [fi:ld stɑ:f] *sb* Außendienstmitarbeiter *m*
field survey [fi:ld 'sɜ:veɪ] *sb* Marktforschung vor Ort *f*
field work ['fi:ld wɜ:k] *sb (for a salesman)* Außendienst *m*
figure ['fɪgə] *sb* **1.** *(number)* Zahl *f*; *(digit)* Ziffer *f*; **2.** *sum)* Summe *f*; **3.** *facts and ~s* klare Informationen *pl*, genaue Daten *pl*
figure out ['fɪgə aʊt] *v (calculate)* berechnen, ausrechnen
file [faɪl] *v* **1.** *(put in files)* ablegen, abheften, einordnen; **2.** *(a petition, a claim)* einreichen, erheben; *sb* **3.** Akte *f*; *on ~* bei den Akten; **4.** *(holder)* Aktenordner *m*, Aktenhefter *m*, Sammelmappe *f*; **5.** *(computer)* Datei *f*; *save/delete a ~* eine Datei speichern/löschen; **6.** *~s* Unterlagen *pl*
file access [faɪl 'ækses] *sb* Datenzugriff *m*
file card ['faɪlkɑ:d] *sb* Karteikarte *f*
filename ['faɪlneɪm] *sb* Dateiname *m*
filing ['faɪlɪŋ] *sb* Aktenablage *f*, Archivierung *f*
filing cabinet ['faɪlɪŋ 'kæbɪnət] *sb* Aktenschrank *m*
filing system ['faɪlɪŋ 'sɪstem] *sb* Archivierungssystem *n*
fill [fɪl] *v* **1.** *(a job opening)* besetzen; **2.** *(take a job opening)* einnehmen
fill in [fɪl 'ɪn] *v* **1.** *~ for s.o.* für jdn einspringen; **2.** *(a form)* ausfüllen; *(information)* eintragen
final control ['faɪnəl kən'trəʊl] *sb* Endkontrolle *f*, Schlusskontrolle *f*
final cost center ['faɪnəl kɒst 'sentə] *sb* Endkostenstelle *f*
final demand ['faɪnəl dɪ'mɑ:nd] *sb* Endnachfrage *f*
final dividend ['faɪnəl 'dɪvɪdend] *sb* Schlussdividende *f*
final order ['faɪnəl 'ɔ:də] *sb* Abschlussauftrag *m*
finance ['faɪnæns] *v* **1.** finanzieren; *sb* **2.** Finanz *f*, Finanzwesen *n*; **3.** *~s pl* Finanzen *pl*, Vermögenslage *f*, Finanzlage *f*
finance bill ['faɪnæns bɪl] *sb* Finanzwechsel *m*, Leerwechsel *m*
finance deficit ['faɪnæns 'defɪsɪt] *sb* Finanzierungsdefizit *n*
finance house ['faɪnæns haʊs] *sb* Finanzierungsgesellschaft *f*, Kreditinstitut *n*
financial [faɪ'nænʃəl] *adj* finanziell, pagatorisch, Finanz..., Wirtschafts...
financial acceptance [faɪ'nænʃəl ɪk'septəns] *sb* Kreditakzept *n*
financial account [faɪ'nænʃəl ə'kaʊnt] *sb* Finanzkonto *n*
financial accounting [faɪ'nænʃəl ə'kaʊntɪŋ] *sb* Finanzbuchhaltung *f*
financial advantage [faɪ'nænʃəl əd'vɑ:ntɪdʒ] *sb* geldwerter Vorteil *m*
financial aid [faɪ'nænʃəl eɪd] *sb* Beihilfe *f*
financial analysis [faɪ'nænʃəl ə'nælɪsɪs] *sb* Finanzanalyse *f*
financial arrangement [faɪ'nænʃəl ə'reɪndʒmənt] *sb* Finanzdisposition *f*
financial assets [faɪ'nænʃəl 'æsets] *sb* Geldvermögen *n*, Finanzanlagevermögen *n*, Finanzvermögen *n*
financial assistance [faɪ'nænʃəl ə'sɪstəns] *sb* finanzieller Beistand *m*
financial capital [faɪ'nænʃəl 'kæpɪtəl] *sb* Finanzkapital *n*
financial credit [faɪ'nænʃəl 'kredɪt] *sb* Finanzkredit *m*
financial crisis [faɪ'nænʃl 'kraɪsɪs] *sb* Finanzkrise *f*
financial difficulties [faɪ'nænʃəl 'dɪfɪkəltiz] *pl* Zahlungsschwierigkeit *f*
financial equalization [faɪ'nænʃəl i:kwəlaɪ'zeɪʃən] *sb* Finanzausgleich *m*
financial equilibrium [faɪ'nænʃəl ɪkwə'lɪbriəm] *sb* finanzielles Gleichgewicht *n*
financial facilities [faɪ'nænʃəl fə'sɪlɪtiz] *pl* Finanzierungsmöglichkeiten *f/pl*, Finanzierungsinstrumente *n/pl*
financial failure [faɪ'nænʃəl 'feɪljə] *sb* finanzieller Zusammenbruch *m*
financial futures contract [faɪ'nænʃəl 'fju:tʃəz 'kɒntrækt] *sb* Finanzterminkontrakt *n*

financial hedging [faɪ'nænʃəl 'hedʒɪŋ] *sb* Finanzhedging *n*
financial innovation [faɪ'nænʃəl ɪnəʊ'veɪʃən] *sb* Finanzinnovationen *f/pl*
financial institution [faɪ'nænʃəl ɪnstɪ'tju:ʃən] *sb* Geldinstitut *n*
financial investment [faɪ'nænʃəl ɪn'vestmənt] *sb* Finanzanlage *f*
financial market [faɪ'nænʃəl 'mɑ:kɪt] *sb* Finanzmarkt *m*
financial mathematics [faɪ'nænʃəl mæθə'mætɪks] *sb* Finanzmathematik *f*
financial obligation [faɪ'nænʃəl ɒblɪ'geɪʃən] *sb* Obligo *n*
financial plan [faɪ'nænʃəl plæn] *sb* Finanzplan *m*
financial policy [faɪ'nænʃəl 'pɒlɪsɪ] *sb* Geldpolitik *f*, Finanzpolitik *f*
financial press [faɪ'nænʃəl pres] *sb* Finanzpresse *f*
financial reform [faɪ'nænʃəl rɪ'fɔ:m] *sb* Finanzreform *f*
financial report [faɪ'nænʃəl rɪ'pɔ:t] *sb* Finanzbericht *m*
financial requirements [faɪ'nænʃəl rɪ'kwaɪəmənts] *pl* Finanzbedarf *m*
financial reserve [faɪ'nænʃəl rɪ'zɜ:v] *sb* Finanzierungsreserve *f*
financial sector [faɪ'nænʃəl 'sektə] *sb* Finanzsektor *m*
financial services [faɪ'nænʃəl 'sɜ:vɪsɪz] *pl* Finanzdienstleistungen *f/pl*
financial soundness [faɪ'nænʃəl 'saʊndnɪs] *sb* Bonität *f*
financial sovereignty [faɪ'nænʃəl 'sɒvrɪntɪ] *sb* Finanzhoheit *f*
financial standing [faɪ'nænʃəl 'stændɪŋ] *sb* Kreditfähigkeit *f*
financial statement [faɪ'nænʃəl 'steɪtmənt] *sb* Bilanz *f*
financial strength [faɪ'nænʃəl streŋθ] *sb* Finanzkraft *f*
financial system [faɪ'nænʃəl 'sɪstəm] *sb* Finanzverfassung *f*
financial transaction [faɪ'nænʃəl træn'zækʃən] *sb* Finanztransaktion *f*
financial transaction tax [faɪ'nænʃl træn'zækʃn tæks] *sb* (FTT) Finanztransaktionssteuer *f*
financial year [faɪ'nænʃəl jɪə] *sb* (UK) Geschäftsjahr *n*, Rechnungsjahr *n*
financier [faɪ'nænsɪə] *sb* Finanzier *m*
financing [faɪ'nænsɪŋ] *sb* Finanzierung *f*
financing mix [faɪ'nænsɪŋ mɪks] *sb* Kapitalstruktur *f*
financing of building projects [faɪ'nænsɪŋ əv 'bɪldɪŋ 'prɒdʒekts] *sb* Baufinanzierung *f*
financing of capital projects [faɪ'nænsɪŋ əv 'kæpɪtl 'prɒdʒekts] *sb* Investitionsfinanzierung *f*
financing of exports [faɪ'nænsɪŋ əv 'ekspɔ:ts] *sb* Exportfinanzierung *f*
financing of investment in fixed assets [faɪ'nænsɪŋ əv ɪn'vestmənt ɪn fɪkst 'æsets] *sb* Anlagenfinanzierung *f*
financing power [faɪ'nænsɪŋ 'paʊə] *sb* Finanzierungsvermögen *n*
financing principles [faɪ'nænsɪŋ 'prɪnsɪpəlz] *pl* Finanzierungsgrundsätze *m/pl*
financing ratio [faɪ'nænsɪŋ 'reɪʃɪəʊ] *sb* Finanzierungskennzahl *f*
financing rules [faɪ'nænsɪŋ ru:lz] *sb* Finanzierungsregeln *f/pl*
financing theory [faɪ'nænsɪŋ 'θɪərɪ] *sb* Finanzierungstheorie *f*
fine [faɪn] *v* **1.** mit einer Geldstrafe belegen; *sb* **2.** Geldstrafe *f*, Bußgeld *n*
fine print [faɪn 'prɪnt] *sb* the ~ das Kleingedruckte *n*
finished product ['fɪnɪʃt 'prɒdʌkt] *sb* Fertigprodukt *n*, Endprodukt *n*
finishing technique ['fɪnɪʃɪŋ tek'ni:k] *sb* Abschlusstechnik *f*
fire-fighting fund ['faɪəfaɪtɪŋ fʌnd] *sb* Feuerwehrfonds *m*
firm [fɜ:m] *sb* Firma *f*, Unternehmen *n*
firm deal [fɜ:m di:l] *sb* Festgeschäft *n*
firm's bank [fɜ:mz bæŋk] *sb* Hausbank *f*
first acquisition [fɜ:st ækwɪ'zɪʃən] *sb* Ersterwerb *m*
first class [fɜ:st klɑ:s] *adj* **1.** erstklassig; **2.** *(train ticket)* erster Klasse
first-class quality ['fɜ:stklɑ:s 'kwɒlɪtɪ] *sb* beste Qualität *f*
first issue [fɜ:st 'ɪʃu:] *sb* Erstemission *f*
first of exchange [fɜ:st əv ɪks'tʃeɪndʒ] *sb* Prima Warenwechsel *m*
first-quarter ['fɜ:stkwɔ:tə] *adj* im ersten Quartal
fiscal ['fɪskəl] *adj* fiskalisch, Finanz..., Steuer...

fiscal audit of operating results ['fɪskəl 'ɔ:dɪt əv 'ɒpəreɪtɪŋ rɪ'zʌlts] *sb* Betriebsprüfung *f*
fiscal code ['fɪskəl kəʊd] *sb* Abgabenordnung *f*
fiscal fraud ['fɪskəl frɔ:d] *sb* Steuerbetrug *m*
fiscal monopoly ['fɪskəl mə'nɒpəlɪ] *sb* Finanzmonopol *n*
fiscal policy ['fɪskəl 'pɒlɪsɪ] *sb* Steuerpolitik *f*, Finanzpolitik *f*, Fiskalpolitik *f*
fitter ['fɪtə] *sb* Monteur *m; (for machines)* Schlosser *m*
fixed annual salary [fɪkst 'ænjʊəl 'sælərɪ] *sb* Jahresfixum *n*
fixed assets [fɪkst 'æsets] *pl* feste Anlagen *pl*, Anlagevermögen *n*
fixed cost degression [fɪkst kɒst də'greʃən] *sb* Fixkostendegression *f*
fixed costs [fɪkst kɒsts] *pl* Festkosten *pl*, Fixkosten *pl*
fixed-date land charge ['fɪkstdeɪt lænd tʃɑ:dʒ] *sb* Fälligkeitsgrundschuld *f*
fixed-date land mortgage ['fɪkstdeɪt lænd 'mɔ:gɪdʒ] *sb* Fälligkeitshypothek *f*
fixed department costs [fɪkst də'pɑ:tmənt kɒsts] *pl* Bereichsfixekosten *pl*
fixed deposit [fɪkst dɪ'pɒsɪt] *sb* Festgeld *n*, befristete Einlagen *f/pl*
fixed exchange rate [fɪkst ɪks'tʃeɪndʒ reɪt] *sb* Mengennotierung *f*, starrer Wechselkurs *m*
fixed income [fɪkst 'ɪnkʌm] *sb* Festeinkommen *n*
fixed-interest bearing account [fɪkst 'ɪntrəst 'beərɪŋ ə'kaʊnt] *sb* Festzinskonto *n*
fixed interest (rate) [fɪkst 'ɪntrəst (reɪt)] *sb* fester Zins *m*, Festzins *m*
fixed-interest securities [fɪkst'ɪntrəst sɪ'kjʊərɪtiz] *pl* festverzinsliche Wertpapiere *n/pl*
fixed-interest securities fund [fɪkst 'ɪntrəst sɪ'kjʊərɪtiz fʌnd] *sb* Rentenfonds *m*
fixed issue of notes [fɪkst 'ɪʃu: əv nəʊts] *sb* Notenkontingent *n*
fixed price [fɪkst praɪs] *sb* Festpreis *m*
fixed property [fɪkst prɒpətɪ] *sb* Gebäude und Grundstücke *pl*
fixed-rate mortgage ['fɪkstreɪt 'mɔ:gɪdʒ] *sb* Festzinshypothek *f*
fixed sum [fɪkst sʌm] *sb* Fixum *n*
fixed value [fɪkst 'vælju:] *sb* Festwert *m*
fixing ['fɪksɪŋ] *sb (fig)* Festsetzen *n*, Fixing *n*
fixing of a quota ['fɪksɪŋ əv ə 'kwəʊtə] *sb* Kontingentierung *f*
fixing of exchange rate ['fɪksɪŋ əv ɪks'tʃeɪndʒ reɪt] *sb* Valutierung *f*
fixing of prices ['fɪksɪŋ əv 'praɪsɪz] *sb* Kursfestsetzung *f*
flat [flæt] *adj* **1.** *(market)* lau, lahm, lustlos; **2.** *(rate, fee)* Pauschal...
flat fee [flæt fi:] *sb* Pauschalgebühr *f*
flat rate [flæt reɪt] *sb* Pauschalbetrag *m*
flexibility [fleksɪ'bɪlɪtɪ] *sb* Flexibilität *f*
flexible ['fleksɪbəl] *adj* flexibel
flexible age limit ['fleksɪbəl eɪdʒ 'lɪmɪt] *sb* flexible Altersgrenze *f*
flexible budgeting ['fleksɪbəl 'bʌdʒɪtɪŋ] *sb* flexible Plankostenrechnung *f*
flexible currency rates ['fleksɪbəl 'kʌrənsɪ reɪts] *pl* flexible Wechselkurse *m/pl*
flexible discount rate ['fleksɪbəl 'dɪskaʊnt reɪt] *sb* flexibler Diskontsatz *m*
flexible exchange rate ['fleksɪbəl ɪks'tʃeɪndʒ reɪt] *sb* flexibler Wechselkurs *m*
flexible retirement ['fleksɪbəl rɪ'taɪəmənt] *sb* gleitender Ruhestand *m*
flexible working hours ['fleksɪbəl 'wɜ:kɪŋ aʊəz] *pl* gleitende Arbeitszeit *f*
flexitime ['fleksɪtaɪm] *sb* Gleitzeit *f*
float [fləʊt] *sb* Float *m*
floatation [fləʊ'teɪʃən] *sb* **1.** *(bond)* Ausgabe *f*, Emission *f*; **2.** *(company)* Börseneinführung *f*, Börsengang *m*, Gründung *f*
floater ['fləʊtə] *sb* Springer *m/f*
floating ['fləʊtɪŋ] *sb* Floating *n*
floating assets ['fləʊtɪŋ 'æsets] *pl* Umlaufvermögen *n*
floating debt ['fləʊtɪŋ det] *sb* schwebende Schuld *f*
floating policy ['fləʊtɪŋ 'pɒlɪsɪ] *sb* offene Police (O.P.) *f*
floating rate note ['fləʊtɪŋ reɪt nəʊt] *sb* Floating Rate Note *f*
floor [flɔ:] *sb (stock market)* Floor *m*, Parkett *n*
floor price [flɔ: praɪs] *sb* Niedrigstkurs *m*

floor trader [flɔː ˈtreɪdə] *sb* freier Makler *m*
flow chart [fləʊ tʃɑːt] *sb* Flussdiagramm *n*, Ablaufdiagramm *n*
flow of capital [fləʊ əv ˈkæpɪtl] *sb* Kapitalverkehr *m*, Kapitalwanderung *f*
flow shop production [fləʊ ʃɒp prəˈdʌkʃən] *sb* Reihenfertigung *f*
flow statement [fləʊ ˈsteɪtmənt] *sb* Bewegungsbilanz *f*
flow-of-funds analysis [fləʊ əv fʌndz əˈnælɪsɪs] *sb* Geldstromanalyse *f*
fluctuate [ˈflʌktjʊeɪt] *v* schwanken, fluktuieren
fluctuation [flʌktjʊˈeɪʃən] *sb* Schwankung *f*, Fluktuation *f*
fluctuation inventory [flʌktjʊˈeɪʃən ˈɪnvəntrɪ] *sb* Sicherheitsbestand *m*
folder [ˈfəʊldə] *sb* **1.** Aktendeckel *m*, Mappe *f*, Schnellhefter *m*; **2.** *(brochure)* Faltblatt *n*, Broschüre *f*
follow-up financing [ˈfɒləʊʌp faɪˈnænsɪŋ] *sb* Anschlussfinanzierung *f*
follow-up order [ˈfɒləʊʌp ˈɔːdə] *sb* Folgeauftrag *m*, Nachorder *f*
for account only [fɔː əˈkaʊnt ˈəʊnlɪ] *adv* nur zur Verrechnung
for safekeeping [fɔː seɪfˈkiːpɪŋ] *adv* zu treuen Händen
for the monthly settlement [fɔː ðə ˈmʌnθlɪ ˈsetəlmənt] *adv* per Ultimo
force [fɔːs] *v* **1.** *~ sth on s.o.* jdm etw aufdrängen; **2.** *(conditions)* jdm etw auferlegen
force down [fɔːs ˈdaʊn] *v (prices)* drücken
force majeure [fɔːs mæˈʒɜː] *sb* höhere Gewalt *f*
forced sale [fɔːst seɪl] *sb* Zwangsverkauf *m*
forecast [ˈfɔːkɑːst] *sb* Voraussage *f*, Vorhersage *f*, Prognose *f*
foreclosure [fɔːˈkləʊʒə] *sb* Zwangsvollstreckung *f*
foreign acceptance [ˈfɒrən əkˈseptəns] *sb* Auslandsakzept *n*
foreign account [ˈfɒrən əˈkaʊnt] *sb* Auslandskonto *n*
foreign assets [ˈfɒrən ˈæsets] *sb* Auslandsvermögen *n*
foreign bank [ˈfɒrən bæŋk] *sb* Auslandsbank *f*
foreign bill of exchange [ˈfɒrən bɪl əv ɪksˈtʃeɪndʒ] *sb* Auslandswechsel *m*
foreign bond [ˈfɒrən bɒnd] *sb* Auslandsanleihe *f*
foreign business [ˈfɒrən ˈbɪznɪs] *sb* Auslandsgeschäft *n*
foreign capital [ˈfɒrən ˈkæpɪtl] *sb* Auslandskapital *n*
foreign cheque [ˈfɒrən tʃek] *sb* Auslandsscheck *m*
foreign credit [ˈfɒrən ˈkredɪt] *sb* Auslandskredit *m*
foreign currencies eligible as cover [ˈfɒrən ˈkʌrənsiz ˈelɪdʒɪbəl æz ˈkʌvə] *pl* deckungsfähige Devisen *f/pl*
foreign currency [ˈfɒrən ˈkʌrənsɪ] *sb* Devisen *pl*
foreign currency accept [ˈfɒrən ˈkʌrənsɪ əkˈsept] *sb* Valuta-Akzept *n*
foreign currency account [ˈfɒrən ˈkʌrənsɪ əˈkaʊnt] *sb* Währungskonto *n*
foreign currency bill [ˈfɒrən ˈkʌrənsɪ bɪl] *sb* Fremdwährungswechsel *m*
foreign currency bonds [ˈfɒrən ˈkʌrənsɪ bɒndz] *pl* Auslandsbonds *m/pl*
foreign currency clause [ˈfɒrən ˈkʌrənsɪ klɔːz] *sb* Valutaklausel *f*
foreign currency coupon [ˈfɒrən ˈkʌrənsɪ ˈkuːpɒn] *sb* Valutakupon *m*
foreign currency debt [ˈfɒrən ˈkʌrənsɪ det] *sb* Währungsschuld *f*
foreign currency loan [ˈfɒrən ˈkʌrənsɪ ləʊn] *sb* Valutakredit *m*
foreign currency rate [ˈfɒrən ˈkʌrənsɪ reɪt] *sb* Sortenkurs *m*
foreign customer [ˈfɒrən ˈkʌstəmə] *sb* Auslandskunde *m*
foreign debts [ˈfɒrən dets] *pl* Auslandsschulden *pl*
foreign demand [ˈfɒrən dɪˈmɑːnd] *sb* Auslandsnachfrage *f*
foreigner [ˈfɒrənə] *sb* Ausländer(in) *m/f*
foreign exchange [ˈfɒrən ɪksˈtʃeɪndʒ] *sb* Devisen *pl*, Valuta *f*
foreign exchange account [ˈfɒrən ɪksˈtʃeɪndʒ əˈkaʊnt] *sb* Devisenkonto *n*
foreign exchange advisor [ˈfɒrən ɪksˈtʃeɪndʒ ədˈvaɪzə] *sb* Devisenberater *m*
foreign exchange balance [ˈfɒrən ɪksˈtʃeɪndʒ ˈbæləns] *sb* Devisenbilanz *f*
foreign exchange business [ˈfɒrən ɪksˈtʃeɪndʒ ˈbɪznɪs] *sb* Devisengeschäft *n*

F

foreign exchange control [ˈfɒrən ɪksˈtʃeɪndʒ kənˈtrəʊl] *sb* Devisenbewirtschaftung *f*, Devisenkontrolle *f*
foreign exchange dealer [ˈfɒrən ɪksˈtʃeɪndʒ ˈdiːlə] *sb* Devisenhändler *m*
foreign exchange dealings [ˈfɒrən ɪksˈtʃeɪndʒ ˈdiːlɪŋz] *pl* Devisenhandel *m*
foreign exchange market [ˈfɒrən ɪksˈtʃeɪndʒ ˈmɑːkɪt] *sb* Devisenmarkt *m*, Devisenbörse *f*
foreign exchange operations [ˈfɒrən ɪksˈtʃeɪndʒ ɒpəˈreɪʃənz] *sb* Devisenverkehr *m*
foreign exchange outflow [ˈfɒrən ɪksˈtʃeɪndʒ ˈautfləʊ] *sb* Devisenabschluss *m*
foreign exchange quotas [ˈfɒrən ɪksˈtʃeɪndʒ ˈkwəʊtəz] *sb* Devisenquoten *f/pl*
foreign exchange quotations [ˈfɒrən ɪksˈtʃeɪndʒ kwəʊˈteɪʃənz] *pl* Devisennotierung *f*
foreign exchange rate [ˈfɒrən ɪksˈtʃeɪndʒ reɪt] *sb* Devisenkurs *m*
foreign exchange risk [ˈfɒrən ɪksˈtʃeɪndʒ rɪsk] *sb* Wechselkursrisiko *n*
foreign exchange spot dealings [ˈfɒrən ɪksˈtʃeɪndʒ spɒt ˈdiːlɪŋz] *pl* Devisenkassageschäft *n*
foreign exchange spot operations [ˈfɒrən ɪksˈtʃeɪndʒ spɒt ɒpəˈreɪʃənz] *pl* Devisenkassakurs *m*
foreign exchange surplus [ˈfɒrən ɪksˈtʃeɪndʒ ˈsɜːpləs] *sb* Devisenüberschuss *m*
foreign exchange transactions for customers [ˈfɒrən ɪksˈtʃeɪndʒ trænˈzækʃənz fɔː ˈkʌstəməz] *pl* Devisenkommissionsgeschäft *n*
foreign investment [ˈfɒrən ɪnˈvestmənt] *sb* Auslandsinvestition *f*
foreign loan [ˈfɒrən ləʊn] *sb* Auslandsanleihe *f*
foreign markets [ˈfɒrən ˈmɑːkɪts] *pl* Auslandsmärkte *m/pl*
foreign patents [ˈfɒrən ˈpætənts] *pl* Auslandspatente *n/pl*
foreign security [ˈfɒrən sɪˈkjʊərɪtɪ] *sb* ausländisches Wertpapier *n*
foreign shareholder [ˈfɒrən ˈʃeəhəʊldə] *sb* ausländischer Anteilseigner *m*
foreign trade [ˈfɒrən treɪd] *sb* Außenhandel *m*, Außenwirtschaft *f*
foreign trade and payments transactions [ˈfɒrən treɪd ænd ˈpeɪmənts trænˈzækʃənz] *pl* Außenwirtschaftsverkehr *m*
foreign trade deficit [ˈfɒrən treɪd ˈdefɪsɪt] *sb* Außenhandelsdefizit *n*
foreign trade monopoly [ˈfɒrən treɪd məˈnɒpəlɪ] *sb* Außenhandelsmonopol *n*
foreign trade structure [ˈfɒrən treɪd ˈstrʌkʃə] *sb* Außenhandelsrahmen *m*
foreign workers [ˈfɒrən ˈwɜːkəz] *pl* ausländische Arbeitnehmer *pl*
forfaiting [ˈfɔːfeɪtɪŋ] *sb* Forfaitierung *f*
forfeit [ˈfɔːfɪt] *v* verwirken
forfeiture [ˈfɔːfɪtʃə] *sb* Verwirkung *f*, Verfall *m*
forfeiture of shares [ˈfɔːfɪtʃə əv ʃeəz] *sb* Kaduzierung *f*
forge [fɔːdʒ] *v* *(counterfeit)* fälschen
forged cheque [fɔːdʒd tʃek] *sb* gefälschter Scheck *m*
form [fɔːm] *sb* *(document)* Formular *n*, Vordruck *m*
form of address [ˈfɔːm əv əˈdres] *sb* Anrede *f*
form of application [fɔːm əv æplɪˈkeɪʃən] *sb* Anmeldeformular *n*, Antragsformular *n*
formal identity [ˈfɔːməl aɪˈdentɪtɪ] *sb* Bilanzkontinuität *f*
formal requirements [ˈfɔːməl rɪˈkwaɪəmənts] *pl* Formvorschriften *f/pl*
formality [fɔːˈmælɪtɪ] *sb* *(a ~)* Formalität *f*; *Let's dispense with the formalities.* Lassen wir die Formalitäten beiseite.
format [ˈfɔːmæt] *(a disk)* *v* formatieren; *sb* Format *n*
format of the balance sheet [ˈfɔːmæt əv ðə ˈbæləns ʃiːt] *sb* Bilanzgliederung *f*
formation [fɔːˈmeɪʃən] *sb* Gründung *f*
formation involving subscription in kind [fɔːˈmeɪʃən ɪnˈvɒlvɪŋ sʌbˈskrɪpʃən ɪn kaɪnd] *sb* qualifizierte Gründung *f*
formation of capital [fɔːˈmeɪʃən əv ˈkæpɪtəl] *sb* Kapitalbildung *f*
formation report [fɔːˈmeɪʃən rɪˈpɔːt] *sb* Gründungsbericht *m*
forward [ˈfɔːwəd] *v* **1.** *(send on)* nachsenden; **2.** *(dispatch)* befördern
forward contract [ˈfɔːwəd ˈkɒntrækt] *sb* Terminkontrakt *m*
forwarder [ˈfɔːwədə] *sb* Absender *m*; *(freight)* Spediteur *m*

forward exchange dealings [ˈfɔːwəd ɪksˈtʃeɪndʒ ˈdiːlɪŋz] *pl* Devisentermingeschäft *n*
forward exchange market [ˈfɔːwəd ɪksˈtʃeɪndʒ ˈmɑːkɪt] *sb* Devisenterminmarkt *m*
forward exchange rate [ˈfɔːwəd ɪksˈtʃeɪndʒ reɪt] *sb* Devisenterminkurs *m*
forward exchange trading [ˈfɔːwəd ɪksˈtʃeɪndʒ ˈtreɪdɪŋ] *sb* Devisenterminhandel *m*
forwarding [ˈfɔːwədɪŋ] *sb* Versand *m*
forwarding address [ˈfɔːwədɪŋ əˈdres] *sb* Nachsendeadresse *f*
forwarding agent [ˈfɔːwədɪŋ ˈeɪdʒənt] *sb* Spediteur *m*
forwarding conditions [ˈfɔːwədɪŋ kənˈdɪʃənz] *pl*. Beförderungsbedingungen *f/pl*
forwarding goods [ˈfɔːwədɪŋ gʊdz] *pl* Speditionsgut *n*
forwarding merchandise [ˈfɔːwədɪŋ ˈmɜːtʃəndaɪz] *sb* Speditionsgut *n*
forward merchandise dealings [ˈfɔːwəd ˈmɜːtʃəndaɪz ˈdiːlɪŋz] *pl* Warentermingeschäft *n*
forward price [ˈfɔːwəd praɪs] *sb* Terminkurs *m*
forward sale [ˈfɔːwəd seɪl] *sb* Terminverkauf *m*
forward securities [ˈfɔːwəd sɪˈkjʊərɪtiz] *pl* Terminpapiere *n/pl*
found [faʊnd] *v* gründen, errichten
foundation [faʊnˈdeɪʃən] *sb* **1.** *(founding)* Gründung *f*, Errichtung *f*; **2.** *(institution)* Stiftung *f*; **3.** *(fig: basis)* Grundlage *f*, Basis *f*
foundation in which founders take all shares [faʊnˈdeɪʃən ɪn wɪtʃ ˈfaʊndəz teɪk ɔːl ʃeəz] *sb* Übernahmegründung *f*
founder [ˈfaʊndə] *sb* Gründer(in) *m/f*
fraction [ˈfrækʃən] *sb* Bruchteil *m*
fractional amount [ˈfrækʃənəl əˈmaʊnt] *sb* Kleinstücke *n/pl*
fractional order [ˈfrækʃənəl ˈɔːdə] *sb* Fraktion *f*
fragile [ˈfrædʒaɪl] *adj* zerbrechlich; *"~, handle with care"* „Vorsicht, zerbrechlich"
fragmentation [frægmenˈteɪʃən] *sb* Stückelung *f*
framework [ˈfreɪmwɜːk] *sb* Gefüge *n*, Rahmen *m*
franchise [ˈfræntʃaɪz] *sb* Konzession *f*, Franchise *n*
franchisee [fræntʃaɪˈziː] *sb* Franchisenehmer *m*
franchising [ˈfræntʃaɪzɪŋ] *sb* Franchising *n*
frank [fræŋk] *v* frankieren, freimachen
fraud [frɔːd] *sb* Betrug *m*
fraud foundation [frɔːd faʊnˈdeɪʃən] *sb* Schwindelgründung *f*
fraudulent [ˈfrɔːdjʊlənt] *adj* betrügerisch
fraudulent bankruptcy [ˈfrɔːdjʊlənt ˈbæŋkrʌptsɪ] *sb* betrügerischer Bankrott *m*
free [friː] *adj (~ of charge)* kostenlos, frei, gratis; *get sth ~* etw umsonst bekommen
free access to the market [friː ˈækses tu ðə ˈmɑːkɪt] *sb* freier Marktzutritt *m*
free alongside ship (FAS) [friː əˈlɒŋsaɪd ʃɪp] frei Längsseite Schiff (FAS)
free carrier (FCA) [friː ˈkærɪə] frei Frachtführer (FCA)
free currency area [friː ˈkʌrənsɪ ˈeərɪə] *sb* freier Währungsraum *m*
free domicile [friː ˈdɒmɪsaɪl] frei Haus
freedom of contract [ˈfriːdəm əv ˈkɒntrækt] *sb* Vertragsfreiheit *f*
freedom of occupation [ˈfriːdəm əv ɒkjuːˈpeɪʃən] *sb* Berufsfreiheit *f*
freedom of trade [ˈfriːdəm əv treɪd] *sb* Gewerbefreiheit *f*
free enterprise [friː ˈentəpraɪz] *sb* freies Unternehmertum *n*
free ex station [ˈfriː eks ˈsteɪʃən] frei Station
free ex warehouse [ˈfriː eks ˈweəhaʊs] frei Lager
free export [friː ˈekspɔːt] frei Hafen
free frontier [friː ˈfrɒntiə] frei Grenze
free goods [friː gʊdz] *pl* freie Güter *n/pl*
free in and out (FIO) [friː ɪn ænd aʊt] freie Ein- und Ausladung (FIO)
freelance [ˈfriːlæns] *v* freiberuflich tätig sein; *adj* freiberuflich, freischaffend
freelancer [ˈfriːlænsə] *sb* **1.** Freiberufler(in) *m/f*; **2.** *(with a particular firm)* freie(r) Mitarbeiter(in) *m/f*

F

free liquid reserves [friː ˈlɪkwɪd rɪˈzɜːvz] *pl* freie Liquiditätsreserven *f/pl*
freely convertible [ˈfriːli kənˈvɜːtɪbəl] *adj* frei konvertierbar
freely convertible currency [ˈfriːli kənˈvɜːtɪbəl ˈkʌrənsɪ] *sb* freie Währung *f*
freely fluctuating exchange rate [ˈfriːli ˈflʌktʃueɪtɪŋ ɪksˈtʃeɪndʒ reɪt] *sb* freier Wechselkurs *m*
free market economy [friː ˈmɑːkɪt ɪˈkɒnəmɪ] *sb* freie Marktwirtschaft *f*
free movement of capital [friː ˈmuːvmənt əv ˈkæpɪtl] *sb* freier Kapitalverkehr *m*
free of all average (FAA) [friː əv ɔːl ˈævərɪdʒ] frei von jeder Beschädigung (FAA)
free of charge (FOC) [friː əv ˈtʃɑːdʒ] gratis, kostenfrei, kostenlos, unentgeltlich (FOC)
free of damage (FOD) [friː əv ˈdæmɪdʒ] keine Beschädigung (FOD)
free of defects [friː əv ˈdiːfekts] mangelfrei
free on board (FOB) [friː ɒn bɔːd] frei an Bord (FOB)
free on board harbour (FBH) [friː ɒn bɔːd ˈhɑːbə] frei an Bord im Hafen (FBH)
free on board railroad station (FOR) [friː ɒn bɔːd ˈreɪlrəud ˈsteɪʃən] frei Bahnhof (FOR)
free on rail [friː ɒn reɪl] ab Bahnhof
free on ship [friː ɒn ʃip] frei Schiff
free on truck (FOT) [friː ɒn trʌk] frei Waggon (FOT)
free port [friː pɔːt] *sb* Freihafen *m*
free rider principle [friː ˈraɪdə ˈprɪnsɪpəl] *sb* Trittbrettfahrer-Verhalten *n*
free station [friː ˈsteɪʃən] *sb* frei Station
free trade [friː treɪd] *sb* Freihandel *m*
free trade area [friː treɪd ˈeərɪə] *sb* Freihandelszone *f*
free trade zone [friː treɪd zəun] *sb* Freihandelszone *f*
free warehouse [friː ˈweəhaus] *sb* frei Lager
freeze [friːz] *v irr* **1.** *(wages)* stoppen, einfrieren; **2.** *(assets)* festlegen
freight [freɪt] *sb (goods transported)* Fracht *f*, Frachtgut *n*, Ladung *f*
freight and charges paid [freɪt ænd ˈtʃɑːdʒɪz peɪd] fracht- und spesenfrei
freight basis [freɪt ˈbeɪsɪs] *sb* Frachtbasis *f*
freight bill (w/b) [freɪt bɪl] *sb* Frachtbrief *m*, Frachtzettel (w/b) *m*
freight charges [freɪt ˈtʃɑːdʒɪz] *pl* Frachtkosten *pl*, Frachtgebühren *pl*
freighter [ˈfreɪtə] *sb* Frachter *m*, Frachtschiff *n*
freight exchange [freɪt ɪksˈtʃeɪndʒ] *sb* Frachtbörse *f*
freight forward (frt. fwd.) [freɪt ˈfɔːwəd] *sb* Frachtnachnahme (frt. fwd) *f*
freight goods [freɪt gʊdz] *pl* Frachtgut *n*
freight management [freɪt ˈmænɪdʒmənt] *sb* Transportdisposition *f*
freight operator [freɪt ˈɒpəreɪtə] *sb* Fuhrunternehmer *m*
freight paid [freɪt peɪd] Fracht bezahlt
freight per weight or measurement (w/m) [freɪt pə weɪt ɔː ˈmeʒəmənt] Fracht nach Gewicht oder Maß (w/m)
freight prepaid (frt. pp.) [freɪt priːˈpeɪd] Fracht vorausbezahlt (frt. pp.)
freight train [ˈfreɪt treɪn] *sb* Güterzug *m*
frequency of contact [ˈfriːkwɪnsɪ əv ˈkɒntækt] *sb* Kontakthäufigkeit *f*
fringe benefits [frɪndʒ ˈbenəfɪts] *pl* zusätzliche Leistungen *f/pl*, freiwillige Sozialleistungen des Arbeitgebers *f/pl*
front desk [frʌnt desk] *sb* Rezeption *f*, Empfang *m*
front money [frʌnt ˈmʌnɪ] *sb* Vorschuss *m*
frozen [ˈfrəuzn] *adj (wages)* eingefroren
frustrate [frʌˈstreɪt] *v (plans)* vereiteln, zunichte machen
frustration of contract [frʌˈstreɪʃən əv ˈkɒntrækt] *sb* Wegfall der Geschäftsgrundlage *m*
full cost [fʊl kɒst] *sb* Vollkosten *pl*
full employment [fʊl ɪmˈplɔɪmənt] *sb* Vollbeschäftigung *f*
full power [fʊl ˈpauə] *adj* Vollmacht *f*
full power of attorney [fʊl ˈpauə əv əˈtɜːnɪ] *sb* Prokura *f*
full-scale [ˈfʊlskeɪl] *adj* in vollem Umfang, umfassend

full-time [ˈfʊltaɪm] *adj* **1.** ganztägig, Ganztags...; *adv* **2.** ganztags

full-time job [ˈfʊltaɪm dʒɒb] *sb* Ganztagsstellung *f*, Full-time-Job *m*

function [ˈfʌŋkʃən] *v* **1.** funktionieren; *sb* **2.** Funktion *f*; **3.** *(duties)* Aufgaben *f/pl*, Pflichten *f/pl*; **4.** *official ceremony)* Feier *f*

function key [ˈfʌnkʃən kiː] *sb (of a computer)* Funktionstaste *f*

function of markets [ˈfʌŋkʃən əv ˈmɑːkɪts] *sb* Funktionsweise von Märkten *f*

functional [ˈfʌŋkʃənl] *adj (in working order)* funktionsfähig

functional analysis [ˈfʌŋkʃənəl əˈnælɪsɪs] *sb* Aufgabenanalyse *f*, Funktionsanalyse *f*

functional organization [ˈfʌŋkʃənəl ɔːgənaɪˈzeɪʃən] *sb* Funktionalorganisation *f*

functionary [ˈfʌŋkʃənərɪ] *sb* Funktionär *m*

functions of money [ˈfʌŋkʃənz əv ˈmʌnɪ] *pl* Geldfunktionen *f/pl*

fund [fʌnd] *v* **1.** *(put up money for)* das Kapital aufbringen für; *sb* **2.** Fonds *m*; *pl* **3.** ~s Mittel *n/pl*, Gelder *n/pl*

fund assets [fʌnd ˈæsets] *pl* Fondsvermögen *n*

funded debts [ˈfʌndɪd dets] *pl* fundierte Schulden *f/pl*

funding cutback [ˈfʌndɪŋ ˈkʌtbæk] *sb* Mittelkürzung *f*

funding loan [ˈfʌndɪŋ ləʊn] *sb* Fundierungsanleihe *f*

funding paper [ˈfʌndɪŋ ˈpeɪpə] *sb* Finanzierungspapier *n*

funding start-up of a business [ˈfʌndɪŋ ˈstɑːtʌp əv ə ˈbɪznɪs] *sb* Gründungsfinanzierung *f*

fund-linked life insurance [ˈfʌndlɪŋkt laɪf ɪnˈʃʊərəns] *sb* fondsgebundene Lebensversicherung *f*

fund management [fʌnd ˈmænɪdʒmənt] *sb* Fondsverwaltung *f*

fund of funds [fʌnd əv fʌndz] *sb* Dachfonds *m*

fund raiser [fʌnd ˈreɪzə] *sb* Kapitalnehmer(in) *m/f*, Geldbeschaffer(in) *m/f*

funds flow [fʌndz fləʊ] *sb* Kapitalströme *pl*, Kapitalfluss *m*

funds statement [fʌndz ˈsteɪtmənt] *sb* Kapitalflussrechnung *f*

funds transfer [fʌndz ˈtrænsfɜː] *sb* Mittelumschichtung *f*

fungibility [fʌndʒɪˈbɪlɪtɪ] *sb* Fungibilität *f*

fungible securities [ˈfʌndʒɪbəl sɪˈkjʊərɪtiz] *pl* vertretbare Wertpapiere *n/pl*

fungible security deposit [ˈfʌndʒɪbəl sɪˈkjʊərɪtɪ dɪˈpɒzɪt] *sb* Aberdepot *n*

further processing [ˈfɜːðə ˈprəʊsesɪŋ] *sb* Weiterverarbeitung *f*

fuse [fjuːz] *v* verschmelzen, vereinigen

fusion [ˈfjuːʒən] *sb* Fusion *f*, Verschmelzung *f*

futile [ˈfjuːtaɪl] *adj* nutzlos, vergeblich

future bonds [ˈfjuːtʃə bɒndz] *pl* Zukunftswert *m*

future deal [ˈfjuːtʃə diːl] *sb* Fixkauf *m*

futures exchange [ˈfjuːtʃəz ɪksˈtʃeɪndʒ] *sb* Terminbörse *f*

futures price [ˈfjuːtʃəz praɪs] *sb* Terminkurs *m*, Terminpreis *m*

future prospects [ˈfjuːtʃə ˈprɒspekts] *pl* Zukunftschancen *pl*, Zukunftsaussichten *pl*

futures [ˈfjuːtʃəz] *pl* Termingeschäfte *pl*, Futures *pl*

futures business [ˈfjuːtʃəz ˈbɪznɪs] *sb* Termingeschäft *n*

futures market [ˈfjuːtʃəz ˈmɑːkɪt] *sb* Terminbörse *f*, Terminkontraktmarkt *m*, Futures-Markt *m*

futures quotation [ˈfjuːtʃəz kwəʊˈteɪʃən] *sb* Terminnotierung *f*

futures trading in stocks and bonds [ˈfjuːtʃəz ˈtreɪdɪŋ ɪn stɒks ænd bɒndz] *sb* Effektenterminhandel *m*

fuzzy logic [ˈfʌzɪ ˈlɒdʒɪk] *sb* Fuzzy-Logik *f*

G

G

gain [geɪn] *v* **1.** gewinnen, erwerben, sich verschaffen; **2.** *(profit)* profitieren; *sb* **3.** *(increase)* Zunahme *f*, Zuwachs *m*, Gewinn *m*, Profit *m*

gainful ['geɪnfəl] *adj* Gewinn bringend, einträglich

gainfully-employed ['geɪnfəlɪ ɪm'plɔɪd] *adj* erwerbstätig

gainfully-employed person ['geɪnfəlɪ ɪm'plɔɪd 'pɜ:sən] *sb* Erwerbstätige(r) *f/m*

gain in efficiency [geɪn ɪn ɪ'fɪʃnsɪ] *sb* Produktivitätsgewinn *m*, Produktivitätszuwachs *m*

gainings ['geɪnɪŋz] *pl* Gewinn *m*, Verdienst *m*, Einkünfte *n/pl*

gain of redemption [geɪn əv rɪ'dempʃən] *sb* Tilgungsgewinn *m*

gain on disposal [geɪn ɒn dɪs'pəʊzəl] *sb* Veräußerungsgewinn *m*

gains from trade [geɪnz frɒm treɪd] *sb* Außenhandelsgewinn *m*

gains tax [geɪnz tæks] *sb* Gewinnabgabe *f*

galloping inflation ['gæləpɪŋ ɪn'fleɪʃən] *sb* galoppierende Inflation *f*

gambling in futures ['gæmblɪŋ ɪn 'fju:tʃəz] *sb* Terminspekulation *f*

gambling on the exchange ['gæmblɪŋ ɒn ðɪ ɪks'tʃeɪndʒ] *sb* Börsenspekulation *f*

gap analysis [gæp ə'nælɪsɪs] *sb* Gap-Analyse *f*, Lückenanalyse *f*

gap between interest rates [gæp bɪ'twi:n 'ɪntrəst reɪts] *sb* Zinsgefälle *n*

garnish ['gɑ:nɪʃ] *v (impound)* pfänden

garnishment ['gɑ:nɪʃmənt] *sb* Zahlungsverbot *n*

gather ['gæðə] *v* **1.** erfassen, (auf)sammeln; **2.** *(taxes)* einziehen

gear up [gɪə ʌp] *v (production)* hochfahren

general agent ['dʒenərəl 'eɪdʒənt] *sb* Generalvertreter *m*, Handelsbevollmächtigter *m*

General Arrangements to Borrow ['dʒenərəl ə'reɪndʒmənts tu 'bɒrəʊ] *sb* Allgemeine Kreditvereinbarung *f*

general assembly ['dʒenərəl ə'semblɪ] *sb* Generalversammlung *f*

general bad-debt provision ['dʒenərəl bæd det prə'vɪʒən] *sb* Pauschalwertberichtigung *f*

general charge ['dʒenərəl tʃɑ:dʒ] *sb* Arbeitnehmer-Pauschbetrag *m*

general contractor ['dʒenərəl kən'træktə] *sb* Generalunternehmer *m*

general credit agreements ['dʒenərəl 'kredɪt ə'gri:mənts] *sb* allgemeine Kreditvereinbarungen *pl*

General Insurance Conditions ['dʒenərəl ɪn'ʃʊərəns kən'dɪʃənz] *sb* Allgemeine Versicherungsbedingungen *f/pl*

general mortgage ['dʒenərəl 'mɔ:gɪdʒ] *sb* Gesamthypothek *f*

general partner ['dʒenərəl 'pɑ:tnə] *sb* Komplementär *m*

general partnership ['dʒenərəl 'pɑ:tnəʃɪp] *sb* offene Handelsgesellschaft *f*

general power of attorney ['dʒenərəl 'paʊər əv ə'tɜ:nɪ] *sb* Generalvollmacht *f*

general public ['dʒenərəl 'pʌblɪk] *sb* Öffentlichkeit *f*, Allgemeinheit *f*

general-purpose ['dʒenərəl 'pɜ:pəs] *adj* Mehrzweck..., Universal...

General Standard Terms and Conditions ['dʒenərəl 'stændəd tɜ:mz ænd kən'dɪʃənz] *sb* Allgemeine Geschäftsbedingungen (AGB) *f/pl*

general strike ['dʒenərəl straɪk] *sb* Generalstreik *m*

general tax on consumption ['dʒenərəl tæks ɒn kən'sʌmpʃən] *sb* Verbrauchsteuern *f/pl*

generic [dʒə'nerɪk] *adj* nicht geschützt

generic product [dʒə'nerɪk 'prɒdʌkt] *sb* No-Name-Produkt *n*

German bond market ['dʒɜ:mən bɒnd 'mɑ:kɪt] *sb* Markt für deutsche Staatsanleihen *m*

German commercial code ['dʒɜ:mən kə'mɜ:ʃəl kəʊd] *sb* Handelsgesetzbuch (HGB) *n*

German Council of Economic Experts ['dʒɜːmən 'kaunsəl əv ɪːkə'nɒmɪk 'ekspɜːts] *sb* Sachverständigenrat *m*
German Salaried Employee Union ['dʒɜːmən 'sælərid ɪmplɔɪ'iː 'juːnjən] *sb* Deutsche Angestellten-Gewerkschaft (DAG) *f*
German Trade Union Federation ['dʒɜːmən treɪd 'juːnjən fedə'reɪʃən] *sb* Deutscher Gewerkschaftsbund (DGB) *m*
gestation period [dʒe'steɪʃən 'pɪərɪəd] *sb* Entwicklungszeit *f*, Ausreifungszeit *f*
gift tax [gɪft tæks] *sb* Schenkungssteuer *f*
gilt-edged securities [gɪlt'edʒd sɪ'kjuərɪtiz] *pl* mündelsichere Wertpapiere *pl*
gilts [gɪlts] *sb* Staatsanleihen *f/pl*, Staatspapiere *f/pl*
giro ['dʒaɪrəu] *sb (UK)* Giro *n*
giro account ['dʒaɪrəu ə'kaunt] *sb (UK)* Girokonto *n*
giro inpayment form ['dʒaɪrəu 'ɪnpeɪmənt fɔːm] *sb* Zahlkarte *f*
giro slip ['dʒaɪrəu slɪp] *sb* Überweisungsformular *n*
giro transfer ['dʒaɪrəu 'trænsfɜː] *sb* Banküberweisung *f*, Postschecküberweisung *f*
giveaway ['gɪvəweɪ] *sb* **1.** *(gift)* Geschenk *n*; **2.** *(of prizes)* Preisraten *n*
giving for a call ['gɪvɪŋ fɔː ə kɔːl] *sb* Erwerb einer Kaufoption *m*
glamour stock ['glæmə stɒk] *sb* spekulativer Wachstumswert *m*
global ['gləubəl] *adj* global, Welt..., Global...
global control ['gləubəl kən'trəul] *sb* Globalsteuerung *f*
global delcredere ['gləubəl delkre'dɜːrɪ] *sb* Pauschaldelkredere *n*
globalization [gləubəlaɪ'zeɪʃən] *sb* Globalisierung *f*
global market share ['gləubəl 'mɑːkɪt ʃeə] *sb* Weltmarktanteil *m*
global value adjustment ['gləubəl 'væljuː ə'dʒʌstmənt] *sb* Sammelwertberichtigung *f*
glossary ['glɒsərɪ] *sb* Wörterverzeichnis *n*, Glossar *n*
glut [glʌt] *v* **1.** überschwemmen; *sb* **2.** Schwemme *f*, Überangebot *n*
go about [gəu ə'baut] *v irr (set to work at)* anpacken, in Angriff nehmen
go against [gəu ə'genst] *v* sich widersetzen
go-ahead ['gəuəhed] *sb* **1.** Zustimmung *f*, grünes Licht *n*; *adj* **2.** fortschrittlich, modern
goal [gəul] *sb (objective)* Ziel *n*
go-between ['gəubɪtwiːn] *sb* Vermittler *m*, Unterhändler *m*
go down [gəu 'daun] *v irr (decrease)* zurückgehen, sinken, fallen
going ['gəuɪŋ] *adj* in Betrieb
go into [gəu 'ɪntu] *v irr (a profession)* gehen in, einsteigen in
gold [gəuld] *sb* Gold *n*
gold and foreign exchange balance [gəuld ænd 'fɒrən ɪks'tʃeɪndʒ 'bæləns] *sb* Gold- und Devisenbilanz *f*
gold auction [gəuld 'ɔːkʃən] *sb* Goldauktion *f*
gold backing [gəuld 'bækɪŋ] *sb* Golddeckung *f*
gold bar [gəuld 'bɑː] *sb* Goldbarren *m*
gold bullion [gəuld 'bulɪən] *sb* Barrengold *n*, Goldbarren *m*
gold card ['gəuld kɑːd] *sb* goldene Kreditkarte *f*
gold certificate [gəuld sə'tɪfɪkɪt] *sb* Goldzertifikat *n*
gold characteristics [gəuld kærəktə'rɪstɪks] *pl* Goldeigenschaften *f/pl*
gold coin [gəuld kɔɪn] *sb* Goldmünze *f*
gold content [gəuld 'kɒntent] *sb* Goldgehalt *m*
gold convertibility [gəuld kən'vɜːtəbɪlɪtɪ] *sb* Goldkonvertibilität *f*
gold cover [gəuld 'kʌvə] *sb* Golddeckung *f*
gold currency [gəuld 'kʌrənsɪ] *sb* Goldwährung *f*
golden parachute ['gəuldn 'pærəʃuːt] *sb (fig)* reichliche Abfindung eines leitenden Angestellten *f*
gold quotation [gəuld kwəu'teɪʃn] *sb* Goldnotierung *f*
golden rule of financing ['gəuldən ruːl əv faɪ'nænsɪŋ] *sb* goldene Finanzierungsregel *f*
gold exchange standard [gəuld ɪks'tʃeɪndʒ 'stændəd] *sb* Gold-Devisen-Standard *m*

G

gold market [gəʊld ˈmɑːkɪt] *sb* Goldmarkt *m*
gold option [gəʊld ˈɒpʃən] *sb* Goldoption *f*
gold parity [gəʊld ˈpærɪtɪ] *sb* Goldparität *f*
gold point [gəʊld pɔɪnt] *sb* Goldpunkt *m*
gold pool [gəʊld puːl] *sb* Goldpool *m*
gold price [gəʊld praɪs] *sb* Goldpreis *m*
gold production [gəʊld prəˈdʌkʃən] *sb* Goldproduktion *f*
gold reserve [gəʊld rəˈzɜːv] *sb* Goldreserven *f/pl*
gold share [gəʊld ʃeə] *sb* Goldaktie *f*
gold standard [gəʊld ˈstændəd] *sb* Goldwährung *f*, Goldstandard *m*
gold swap [gəʊld swɒp] *sb* Goldswap *m*
gold trade [gəʊld treɪd] *sb* Goldhandel *m*
gold transactions [gəʊld trænˈzækʃənz] *pl* Goldgeschäft *n*
good faith [gʊd feɪθ] *sb* guter Glauben *m*, Treu und Glaube
goods [gʊdz] *pl* Güter *pl*, Waren *pl*
goods department [gʊdz dɪˈpɑːtmənt] *sb* Güterabfertigungsstelle *f*
goods on approval [gʊdz ɒn əˈpruːvəl] *sb* Ware zur Ansicht *f*
goods on hand [gʊdz ɒn hænd] *sb* Lagerbestand *m*, Warenbestand *m*
goods on sale or return [gʊdz ɒn seɪl ɔː rɪˈtɜːn] *sb* Kommissionsware *f*
goods receipt [gʊdz rɪˈsiːt] *sb* Warenempfangsschein *m*
goods returned [gʊdz rɪˈtɜːnd] *sb* Rückwaren *f/pl*, Retouren *f/pl*
goods tariff [gʊdz tærɪf] *sb* Gütertarif *m*
goods to declare [gʊdz tu dɪˈkleə] *sb* anmeldepflichtige Ware *f*
goodwill [gʊdˈwɪl] *sb* **1.** (immaterieller) Firmenwert *m*, Geschäftswert *m*; **2.** Kulanz *f*
goodwill advertising [gʊdˈwɪl ˈædvətaɪzɪŋ] *sb* Vertrauenswerbung *f*, Imagewerbung *f*
google [ˈguːgl] *v* googeln
go-slow [ˈgəʊsləʊ] *sb* (UK) Bummelstreik *m*
government [ˈgʌvənmənt] *sb* Regierung *f*
government assistance [ˈgʌvənmənt əˈsɪstəns] *sb* staatliche Unterstützung *f*, Subvention *f*
government audit [ˈgʌvənmənt ˈɔːdɪt] *(taxes)* Außenprüfung *f*
government bond [ˈgʌvənmənt bɒnd] *sb* Staatsanleihe *f*, Regierungsanleihe *f*
government expenditure rate [ˈgʌvənmənt ɪkˈspendɪtʃə reɪt] *sb* Staatsquote *f*
government grant [ˈgʌvənmənt grɑːnt] *sb* Staatszuschuss *m*, Regierungszuschuss *m*
government loan [ˈgʌvənmənt ləʊn] *sb* Staatsanleihen *pl*
government supervision of certain economic branches [ˈgʌvənmənt suːpəˈvɪʒən əv ˈsɜːtən iːkəˈnɒmɪk ˈbrɑːntʃɪz] *sb* Fachaufsicht *f*
government unit [ˈgʌvənmənt ˈjuːnɪt] *sb* Gebietskörperschaft *f*
government-inscribed debt [ˈgʌvənmənt ɪnˈskraɪbd det] *sb* Wertrechtanleihe *f*
governor [ˈgʌvənə] *sb* **1.** *(UK: of a bank or prison)* Direktor(in) *m/f*; **2.** POL Gouverneur(in) *m/f*
grace [greɪs] *sb (until payment is due)* Aufschub *m*, Zahlungsfrist *f*
gradation [grəˈdeɪʃən] *sb* Gradeinteilung *f*, Abstufung *f*
grade [greɪd] *sb* **1.** *(quality)* Qualität *f*, Handelsklasse *f*, Güteklasse *f*; *v* **2.** *(classify)* klassifizieren, sortieren
grade labeling [greɪd ˈleɪblɪŋ] *sb* Qualitätskennzeichnung *f*, Gütekennzeichnung *f*
graduated [ˈgrædjueɪtɪd] *adj* gestaffelt
graduated price [ˈgrædjueɪtɪd praɪs] *sb* Staffelpreis *m*
graduated tariff [ˈgrædjueɪtɪd ˈtærɪf] *sb* Staffeltarif *m*
graduated-interest loan [ˈgrædjueɪtɪd ˈɪntrɪst ləʊn] *sb* Staffelanleihe *f*
grain exchange [greɪn ɪksˈtʃeɪndʒ] *sb* Getreidebörse *f*
gram [græm] *sb (US) see "gramme"*
gramme [græm] *sb* Gramm *n*
grant [grɑːnt] *v* **1.** *(permission)* erteilen; **2.** *(a request)* stattgeben; **3.** *(land,*

pension) zusprechen, bewilligen; *~ a discount* Rabatt gewähren; *sb* **4.** Subvention *f;* **5.** *(for students, research)* Stipendium *n*
grant of delay [grɑ:nt əv dɪ'leɪ] *sb* Stundung *f*
gratis ['grætɪs] *adj* gratis, unentgeltlich, umsonst
gratuitous [grə'tju:ɪtəs] *adj* kostenlos, unentgeltlich, gratis
gratuity [grə'tju:ɪtɪ] *sb* Gratifikation *f*
greenback ['gri:nbæk] *sb* US-Dollarnote *f*
green card ['gri:n kɑ:d] *sb* **1.** *(US: for foreigners)* Arbeits- und Aufenthaltsgenehmigung *f;* **2.** *(for motorists)* grüne Versicherungskarte *f*
green goods ['gri:n gʊdz] *pl* ökologische Erzeugnisse *f*
grocery ['grəʊsərɪ] *sb* **1.** *(~ store)* Lebensmittelgeschäft *n; pl* **2.** *groceries* Lebensmittel *pl*
gross [grəʊs] *adj (total)* brutto, Brutto...
gross dividend [grəʊs 'dɪvɪdend] *sb* Brutto-Dividende *f*
gross domestic product (GDP) [grəʊs də'mestɪk 'prɒdʌkt] *sb* Bruttoinlandsprodukt *n*
gross earnings [grəʊs 'ɜ:nɪŋz] *sb* Bruttoverdienst *m*
gross income [grəʊs 'ɪnkʌm] *sb* Bruttoeinkommen *n*
grossing up ['grəʊsɪŋ ʌp] *sb* Bruttoberechnung *f*
gross monetary reserve [grəʊs 'mɒnətərɪ rɪ'zɜ:v] *sb* Bruttowährungsreserve *f*
gross national product (GNP) [grəʊs 'næʃənl 'prɒdʌkt] *sb* Bruttosozialprodukt *n*
gross pay [grəʊs peɪ] *sb* Bruttolohn *m*
gross price [grəʊs praɪs] *sb* Bruttopreis *m*
gross proceeds [grəʊs 'prəʊsi:dz] *sb* Rohertrag *m*
gross profit [grəʊs 'prɒfɪt] *sb* Rohgewinn *m*, Bruttogewinn *m*
gross register(ed) ton [grəʊs 'redʒɪstə(d) tʌn] *sb* Bruttoregistertonne *f*
gross return [grəʊs rɪ'tɜ:n] *sb* Bruttoertrag *m*
gross wage [grəʊs weɪdʒ] *sb* Bruttolohn *m*
gross weight [grəʊs weɪt] *sb* Bruttogewicht *n*
ground rent [graʊnd rent] *sb* Grundrente *f*
ground work [graʊnd wɜ:k] *sb* Vorarbeit *f*, Grundlagenarbeit *f*
group [gru:p] *sb* Konzern *m*
group account [gru:p ə'kaʊnt] *sb* Konzernkonto *n*
group accounting [gru:p ə'kaʊntɪŋ] *sb* Konzernbuchhaltung *f*
group assets [gru:p 'æsets] *sb* Konzernvermögen *n*
group balance sheet [gru:p 'bæləns ʃi:t] *sb* Konzernbilanz *f*
group collection security [gru:p kə'lekʃən sɪ'kjʊərɪtɪ] *sb* Sammelinkassoversicherung *f*
group depreciation [gru:p dəpri:ʃɪ'eɪʃən] *sb* Pauschalabschreibung *f*
group funds [gru:p fʌndz] *sb* Konzerneigenmittel *pl*
group holding [gru:p 'həʊldɪŋ] *sb* Konzernbeteiligung *f*
group interim benefits [gru:p 'ɪntərɪm 'benɪfɪts] *sb* Konzernzwischengewinn *m*
group of Seventy-Seven [gru:p əv 'sevɪntɪ 'sevən] *sb (at UN)* Gruppe der 77 *f* (loser Zusammenschluss von Staaten der Dritten Welt)
group orders [gru:p 'ɔ:dəz] *sb* Konzernaufträge *m/pl*
group piece rate [gru:p pi:s reɪt] *sb* Gruppenakkordlohn *m*
group piecework [gru:p 'pi:swɜ:k] *sb* Gruppenakkord *m*
group relationships [gru:p rɪ'leɪʃənʃɪps] *sb* Unternehmensvernetzung *f*
group valuation [gru:p vælju:'eɪʃən] *sb* Pauschalbewertung *f*
grow [grəʊ] *v irr* **1.** wachsen, größer werden; **2.** *(number)* zunehmen
growing ['grəʊɪŋ] *adj* **1.** wachsend; **2.** *(increasing)* zunehmend
growth [grəʊθ] *sb* Wachstum *n*
growth centre [grəʊθ 'sentə] *sb* Entwicklungsschwerpunkt *m*
growth fund [grəʊθ 'fʌnd] *sb* Wachstumsfonds *m*
growth impulse [grəʊθ 'ɪmpʌls] *sb* Wachstumsimpuls *m*

growth industry [grəʊθ 'ɪndəstrɪ] *sb* Wachstumsindustrie *f*
growth policy [grəʊθ 'pɒlɪsɪ] *sb* Wachstumspolitik *f*
growth rate ['grəʊθ reɪt] *sb* Wachstumsrate *f*
growth sector ['grəʊθ sektə] *sb* Wachstumsbranche *f*
guarantee [gærən'ti:] *v* **1.** garantieren, Gewähr leisten; **2.** *(a loan, a debt)* bürgen für; *sb* **3.** Garantie *f*; **4.** *(pledge of obligation)* Bürgschaft *f*; **5.** *(deposit, money as a ~)* Kaution *f*, Haftsumme *f*

G

guarantee authorization [gæren'ti: ɔ:θəraɪ'zeɪʃən] *sb* Garantiezusage *f*
guarantee business [gærən'ti: 'bɪznɪs] *sb* Garantiegeschäft *n*
guarantee commission [gæren'ti: kə'mɪʃən] *sb* Delkredereprovision *f*
guarantee for proper execution [gærən'ti: fɔ: 'prɒpə eksɪ'kju:ʃən] *sb* Gewährleistungsgarantie *f*
guarantee limit [gærən'ti: 'lɪmɪt] *sb* Bürgschaftsplafond *m*
guarantee obligation [gærən'ti: ɒblɪ'geɪʃən] *sb* Garantieverpflichtung *f*
guarantee of a bill [gærən'ti: əv ə bɪl] *sb* Aval *m*
guarantee of delivery [gærən'ti: əv də'lɪvərɪ] *sb* Liefergarantie *f*
guarantee of deposit [gærən'ti: əv dɪ'pɒzɪt] *sb* Einlagensicherung *f*
guarantee of foreign exchange transfer [gærən'ti: əv 'fɒrən ɪks'tʃeɪndʒ 'trænsfɜ:] *sb* Transfergarantie *f*
guarantee of tender [gæren'ti: əv 'tendə] *sb* Submissionsgarantie *f*
guarantee period [gæren'ti: 'piəriəd] *sb* Garantiezeit *f*, Gewährleistungsfrist *f*
guarantee securities [gærən'ti: sɪ'kjʊərɪtiz] *pl* Kautionseffekten *f/pl*
guaranteed interest [gærən'ti:d 'ɪntrɪst] *sb* Zinsgarantie *f*, garantierter Zins *m*
guarantor ['gærəntɔ:] *sb* Bürge *m*, Garant *m*, Garantiegeber *m*
guaranty ['gærəntɪ] *sb* **1.** Garantie *f*; **2.** *(pledge of obligation)* Bürgschaft *f*
guaranty fund ['gærəntɪ fʌnd] *sb* Garantiefonds *m/pl*
guide price [gaɪd praɪs] *sb* Orientierungspreis *m*
guideline ['gaɪdlaɪn] *sb* Richtlinie *f*, Richtwert *m*
guild [gɪld] *sb* Gilde *f*, Zunft *f*, Innung *f*
guildsman ['gɪldzmən] *sb* Mitglied einer Innung *n*

H

half-year ['ha:fjɪə] *adj* Halbjahres...
hall [hɔ:l] *sb (building)* Halle *f*
hallmark ['hɔ:lma:k] *sb* **1.** Gütesiegel *n*, Kennzeichen *n;* **2.** *(on precious metals)* Feingehaltsstempel *m*
halt [hɔ:lt] *v (come to a ~)* zum Stillstand kommen, anhalten, stehen bleiben
hand [hænd] *sb* **1.** *cash in ~* Kassenbestand *m;* **2.** *(worker)* Arbeitskraft *f*, Arbeiter *m*
hand assembly [hænd ə'semblɪ] *sb* manuelle Fertigung *f*
handfast ['hændfa:st] *sb* durch Handschlag besiegeltes Geschäft *n*
handicraft ['hændɪkra:ft] *sb* Kunsthandwerk *n*, Handwerk *n*
handle ['hændl] *v* **1.** *(work with, deal with)* sich befassen mit, handhaben; **2.** *~s (succeed in dealing with)* fertig werden mit, erledigen
handling ['hændlɪŋ] *sb* **1.** Behandlung *f*, Handhabung *f*, Handling *n;* **2.** Beförderung *f*
handling capacity ['hændlɪŋ kə'pæsətɪ] *sb* Umschlagskapazität *f*
handling fee ['hændlɪŋ fi:] *sb* Bearbeitungsgebühr *f*, Verwaltungsgebühr *f*
handling of business ['hændlɪŋ əv 'bɪznɪs] *sb* Geschäftsabwicklung *f*
handling of goods ['hændlɪŋ əv gʊdz] *sb* Güterumschlag *m*
handling of mail ['hændlɪŋ əv meɪl] *sb* Postbearbeitung *f*
hand-made ['hændmeɪd] *adj* handgearbeitet, von Hand gemacht
hand-over ['hændəʊvə] *sb* Übergabe *f*
handwork ['hændwɜ:k] *sb* Handarbeit *f*
handy ['hændɪ] *adj* **1.** *(useful)* praktisch; **2.** *come in ~* gelegen kommen; *(skilled)* geschickt, gewandt
hanging file ['hæŋɪŋ faɪl] *sb* Hängeordner *m*
hang up [hæŋ 'ʌp] *v irr (a telephone receiver)* auflegen, aufhängen
harbour ['ha:bə] *sb* Hafen *m*
harbour dues ['ha:bə dju:z] *sb* Hafengebühren *f/pl*
hard currency [ha:d 'kʌrənsɪ] *sb* harte Währung *f*
hard disk ['ha:d dɪsk] *sb* Festplatte *f*
hardening ['ha:dnɪŋ] *sb (stock-exchange)* Befestigung *f*, Anstieg *m*
hardware ['ha:dweə] *sb* Hardware *f*
hardware failure ['ha:dweə 'feɪljə] *sb* Maschinenstörung *f*
hard-wearing [ha:d'weərɪŋ] *adj* verschleißfest, strapazierfähig
harmonization [ha:mənaɪ'zeɪʃən] *sb* Harmonisierung *f*
haul [hɔ:l] *v (transport by lorry)* befördern, transportieren
haulage ['hɔ:lɪdʒ] *sb* Spedition *f*, Rollgeld *n*
haulage contractor ['hɔ:lɪdʒ kən'træktə] *sb* Transportunternehmer *m*
haulage fleet ['hɔ:lɪdʒ fli:t] *sb* Fahrzeugpark *m*
haulage trade ['hɔ:lɪdʒ treɪd] *sb* Speditionsgewerbe *n*, Straßengüterverkehr *m*
have in stock [hæv ɪn stɒk] *v irr* auf Lager haben, vorrätig haben
having legal capacity [hævɪŋ 'li:gl kə'pæsɪtɪ] *adj* rechtsfähig
head [hed] *v* **1.** *(lead)* anführen, führen, an der Spitze stehen von; *sb* **2.** *(leader, boss)* Chef(in) *m/f*, Leiter(in) *m/f*, Führer(in) *m/f*
head agency [hed 'eɪdʒənsɪ] *sb* Generalvertretung *f*
head branch [hed bra:ntʃ] *sb* Hauptfiliale *f*
head clerk [hed kla:k] *sb* Bürovorsteher(in) *m/f*
header information ['hedə ɪnfə'meɪʃən] *sb* Vorlaufinformation *f*
headhunter ['hedhʌntə] *sb* Headhunter *m*
heading ['hedɪŋ] *sb (on a letter)* Briefkopf *m*
head of administration [hed əv ədmɪnɪ'streɪʃən] *sb* Verwaltungsdirektor(in) *m/f*
head of department ['hed əv de'pa:tmənt] *sb* Abteilungsleiter(in) *m/f*

head of division [hed əv dɪ'vɪʒn] *sb* Abteilungsleiter(in) *m/f*
head office [hed 'ɒfɪs] *sb* Zentrale *f*, Hauptbüro *n*, Hauptgeschäftsstelle *f*
head organization [hed ɔ:gənaɪ'zeɪʃən] *sb* Dachverband *m*, Dachorganisation *f*
headquarters ['hedkwɔ:təz] *sb* Zentrale *f*, Hauptgeschäftsstelle *f*
head reduction [hed rɪ'dʌkʃən] *sb* *(US)* Personalabbau *m*
health and safety legislation [helθ ænd 'seɪftɪ ledʒɪs'leɪʃən] *sb* Arbeitsschutzgesetze *n/pl*
health care [helθ keə] *sb* Gesundheitsfürsorge *f*; *~ reform* Gesundheitsreform *f*
health certificate [helθ sə'tɪfɪkət] *sb* Gesundheitszeugnis *n*
health insurance [helθ ɪn'ʃʊərəns] *sb* Krankenversicherung *f*
health insurance contribution [helθ ɪn'ʃʊərəns kɒntrɪ'bju:ʃən] *sb* Krankenkassenbeitrag *m*
health insurance society [helθ ɪn'ʃʊərəns sə'saɪətɪ] *sb* Ersatzkasse *f*
health protection [helθ prə'tekʃən] *sb* Gesundheitsschutz *m*
hearing ['hɪərɪŋ] *sb* Verhandlung *f*, Vernehmung *f*, Hearing *n*
heartland ['hɑ:tlænd] *sb* Hauptabsatzgebiet *n*
heavy-duty [hevɪ'dju:tɪ] *adj* **1.** Hochleistungs...; **2.** strapazierfähig
heavyfreight [hevɪ'freɪt] *sb* Schwergut *n*
heavy-priced securities ['hevɪpraɪst sɪ'kjʊərɪtiz] *pl* schwere Papiere *n/pl*
hectogram ['hektəgræm] *sb* Hektogramm *n*
hectolitre ['hektəli:tə] *sb* Hektoliter *m*
hedge [hedʒ] *sb* Sicherungsgeschäft *n*, Deckungsgeschäft *n*
hedge fund [hedʒ fʌnd] *sb* spekulativer Fonds *m*, Hedge-Fonds *m*
hedge operation [hedʒ ɒpə'reɪʃən] *sb* Hedgegeschäft *n*
height [haɪt] *sb* **1.** Höhe *f*; **2.** *(of a person)* Größe *f*
heir [eə] *sb* Erbe *m*
heirdom ['eədəm] *sb* Erbe *n*
heiress ['eəres] *sb* Erbin *f*
heritage ['herɪtɪdʒ] *sb* Erbe *n*, Erbschaft *f*
heterogeneous goods [hetərəʊ'dʒi:nɪəs gʊdz] *pl* heterogene Güter *n/pl*
hidden inflation ['hɪdən ɪn'fleɪʃən] *sb* versteckte Inflation *f*
hidden reserves ['hɪdn rɪ'zɜ:vz] *pl* stille Reserve *f*
hidden unemployment ['hɪdən ʌnɪm'plɔɪmənt] *sb* versteckte Arbeitslosigkeit *f*
hierarchy ['haɪərɑ:kɪ] *sb* Hierarchie *f*, Rangordnung *f*
hierarchy of authority ['haɪərɑkɪ əv ɔ:'θɒrətɪ] *sb* Entscheidungshierarchie *f*
Hifo-procedure ['haɪfəʊ prə'si:dʒə] *sb* Hifo-Verfahren *n*
high [haɪ] *adj* **1.** hoch; *the ~ season* die Hochsaison *f*; *It's ~ time that...* Es wird höchste Zeit, dass ...; *adv* **2.** *aim ~ (fig)* sich hohe Ziele setzen
high-bay racking ['haɪbeɪ 'rækɪŋ] *sb* Hochregallager *n*
high-coupon [haɪ'ku:pɒn] *adj* hochverzinslich
high-end ['haɪend] *adj* hochwertig
Higher Administrative Court ['haɪə əd'mɪnɪstrətɪv kɔ:t] *sb* Oberverwaltungsgericht (OVG) *n*
higher bid ['haɪə bɪd] *sb* Übergebot *n*
highest-bidding ['haɪɪstbɪdɪŋ] *adj* meistbietend
highest rate ['haɪɪst reɪt] *sb* Höchstkurs *m*
high-freight ['haɪfreɪt] *adj* frachtintensiv
high-income [haɪ'ɪnkʌm] *adj* einkommensstark
high interest rate policy [haɪ 'ɪntrɪst reɪt 'pɒlɪsɪ] *sb* Hochzinspolitik *f*
highly speculative securities ['haɪlɪ 'spekjʊlətɪv sɪ'kjʊərɪtiz] *pl* Exoten *m/pl*
high-margin [haɪ'mɑ:dʒɪn] *adj* mit hoher Gewinnspanne, gewinnträchtig
high point [haɪ pɔɪnt] *sb* Höhepunkt *m*
high-return [haɪrɪ'tɜ:n] *adj* hochrentierlich
high voltage [haɪ 'vəʊltɪdʒ] *sb* Hochspannung *f*
high-wage [haɪ'weɪdʒ] *adj* lohnintensiv

high-yielding [ˈhaɪjiːldɪŋ] *adj* hochverzinslich, renditenstark

hike [haɪk] *sb* Steigerung *f*, (Preis-)Anstieg *m*

hire [haɪə] *v* **1.** *(give a job to)* anstellen, engagieren; **2.** mieten; *~ out* vermieten, verleihen; *sb* **3.** Mieten *n*; *for ~* zu mieten, zu vermieten

hired car [ˈhaɪəd kɑː] *sb* Leihwagen *m*, Mietwagen *m*

hire-purchase [ˈhaɪəpɜtʃɪs] *sb* *(UK)* Ratenkauf *m*, Teilzahlungskauf *m*

hiring [ˈhaɪərɪŋ] *sb* **1.** Anmietung *f*; **2.** *(of personnel)* Anwerbung *f*, Einstellung *f*

histogram [ˈhɪstəgræm] *sb* Stabdiagramm *n*, Säulengrafik *f*

historical costing [hɪˈstɒrɪkəl ˈkɒstɪŋ] *sb* Nachkalkulation *f*

historical securities [hɪsˈtɒrɪkəl sɪˈkjʊərɪtiz] *sb* historische Wertpapiere *n/pl*

hitch [hɪtʃ] *sb* Stockung *f*, Störung *f*

hive off [haɪv ɒf] *v* abstoßen, verkaufen, ausgliedern

hold [həʊld] *v irr* **1.** *(shares)* besitzen; **2.** *(contain)* fassen; **3.** *(truck, plane)* Platz haben für; **4.** *(a meeting)* abhalten; **5.** *(an office, a post)* innehaben, bekleiden; *sb* **6.** Laderaum *m*

holder [ˈhəʊldə] *sb* *(person)* Besitzer(in) *m/f*, Inhaber(in) *m/f*

holder in due course [ˈhəʊldər ɪn djuː kɔːs] *sb* rechtmäßige(r) Inhaber(in) *m/f*

holder of an interest [ˈhəʊldər əv ən ˈɪntrəst] *sb* Anteilsinhaber(in) *m/f*, Miteigentümer(in) *m/f*

holding company [ˈhəʊldɪŋ ˈkʌmpənɪ] *sb* Dachgesellschaft *f*, Holdinggesellschaft *f*

holding costs [ˈhəʊldɪŋ kɒsts] *pl* Lagerhaltungskosten *pl*

holding fund [ˈhəʊldɪŋ fʌnd] *sb* Dachfonds *m*

holding level [ˈhəʊldɪŋ levl] *sb* Bestandshöhe *f*, Lagerbestand *m*

holding period [ˈhəʊldɪŋ ˈpɪərɪəd] *sb* Sperrfrist *f*

holdings [ˈhəʊldɪŋz] *pl* Besitz *m*; *(financial)* Anteile *m/pl*

holdings of foreign exchange [ˈhəʊldɪŋz əv ˈfɒrən ɪksˈtʃeɪndʒ] *pl* Währungsreserven *f/pl*, Devisenbestände *m/pl*

holdings of securities [ˈhəʊldɪŋz əv sɪˈkjʊərɪtiz] *pl* Wertpapierbestand *m*

hold order [həʊld ˈɔːdə] *sb* Arbeitsunterbrechungsanweisung *f*

holdover [ˈhəʊldəʊvə] *sb* übertragene Konzession *f*

hold-up [ˈhəʊldʌp] *sb* *(delay)* Verzögerung *f*

holiday [ˈhɒlɪdeɪ] *sb* Feiertag *m*; *(day off)* freier Tag *m*

holiday allowance [ˈhɒlɪdeɪ əˈlaʊəns] *sb* Urlaubsgeld *n*

holiday closing [ˈhɒlɪdeɪ ˈkləʊzɪŋ] *sb* Feiertagsruhe *f*

holiday deputy [ˈhɒlɪdeɪ ˈdepjʊtɪ] *sb* Urlaubsvertretung *f*

home banking [həʊm ˈbæŋkɪŋ] *sb* Homebanking *n*

home consumption [həʊm kənˈsʌmʃən] *sb* Inlandsverbrauch *m*

home delivery [həʊm dɪˈlɪvərɪ] *sb* Hauszustellung *f*

home demand [həʊm dɪˈmɑːnd] *sb* Inlandsnachfrage *f*

home market [həʊm ˈmɑːkɪt] *sb* Binnenmarkt *m*

homepage [ˈhəʊmpeɪdʒ] *sb* Homepage *f*

home trade [həʊm treɪd] *sb* Binnenwirtschaft *f*, Binnenhandel *m*

homeworking [ˈhəʊmwɜːkɪŋ] *sb* Heimarbeit *f*

homogeneous products [həʊməʊˈdʒiːnɪəs ˈprɒdʌkts] *pl* homogene Güter *n/pl*

honorary degree [ˈɒnərərɪ dɪˈgriː] *sb* ehrenhalber verliehener akademischer Grad *m*

honour [ˈɒnə] *v* **1.** *(a cheque)* annehmen, einlösen; **2.** *(a credit card)* anerkennen; **3.** *(a debt)* begleichen; **4.** *(a commitment)* stehen zu; **5.** *(a contract)* erfüllen

horizontal corporate concentration [hɒrɪˈzɒntəl ˈkɔːpərɪt kɒnsenˈtreɪʃən] *sb* horizontale Unternehmenskonzentration *f*

horizontal diversification [hɒrɪˈzɒntəl daɪvɜːsɪfɪˈkeɪʃən] *sb* horizontale Diversifikation *f*

horizontal financing rules [hɒrɪˈzɒntəl faɪˈnænsɪŋ ruːlz] *pl* horizontale Finanzierungsregeln *f*

horizontal restraints of competition [hɒrɪ'zɒntəl rɪ'streɪnts əv kɒmpɪ'tɪʃən] *pl* horizontale Wettbewerbsbeschränkung *f*
hospitality [hɒspɪ'tælɪtɪ] *sb* Gastfreundschaft *f*, Bewirtung *f*
hotline ['hɒtlaɪn] *sb* Hotline *f*
hourly wage ['aʊəlɪ weɪdʒ] *sb* Stundenlohn *m*
hours of business ['aʊəz əv 'bɪznɪs] *sb* Öffnungszeiten *f/pl*, Geschäftszeiten *f/pl*
hours reduction ['aʊəz rɪ'dʌkʃən] *sb* Arbeitszeitverkürzung *f*
house bill [haʊs bɪl] *sb* Spediteur-Konnossement *n*
house brand [haʊs brænd] *sb* Eigenmarke *f*, Hausmarke *f*
house cheque [haʊs tʃek] *sb* Filialscheck *m*
housebreaking insurance ['haʊsbreɪkɪŋ ɪn'ʃʊərəns] *sb* Einbruchversicherung *f*
household ['haʊshəʊld] *sb* Haushalt *m*
housekeeping account ['haʊski:pɪŋ ə'kaʊnt] *sb* Wirtschaftsstatistik *f*
housing construction ['haʊzɪŋ kən'strʌkʃən] *sb* Wohnungsbau *m*
hub [hʌb] *sb* **1.** Verkehrsknotenpunkt *m*; **2.** *(centre)* Zentrum *n*
huckster ['hʌkstə] *sb* **1.** *(person preparing advertising)* Werbemensch *m*; **2.** *(peddler)* Straßenhändler *m*, Trödler *m*
human capital ['hju:mən 'kæpɪtəl] *sb* Humankapital *n*
human resources ['hju:mən rə'sɔ:sɪz] *pl* Humanvermögen *n*, Arbeitskraft *f*; *~ department* Personalabteilung *f*
hundredweight ['hʌndrɪdweɪt] *sb* *(UK: 50,8 kg) (US: 45,4 kg)* Zentner *m*
hybrid competitive strategies ['haɪbrɪd kɒm'petɪtɪv 'strætɪdʒi:z] *pl* hybride Wettbewerbsstrategien *f/pl*
hybrid financing instruments ['haɪbrɪd faɪ'nænsɪŋ 'ɪnstrumənts] *pl* hybride Finanzierungsinstrumente *n/pl*
hybrid forms of organization ['haɪbrɪd fɔ:mz əv ɔ:gənaɪ'zeɪʃən] *pl* hybride Organisationsformen *f/pl*
hype [haɪp] *v* **1.** *(promote, publicize)* aggressiv propagieren; *sb* **2.** *(publicity)* Publizität *f*, aggressive Propaganda *f*
hyperinflation [haɪpərɪn'fleɪʃən] *sb* Hyperinflation *f*
hypermarket ['haɪpəmɑ:kɪt] *sb* *(UK)* Großmarkt *m*, Verbrauchermarkt *m*

I

IBAN [ˈaɪbæn] *sb (International Bank Account Number)* IBAN *f*, Internationale Bankkontonummer *f*
ID card [aɪˈdiː kaːd] *sb* Dienstausweis *m*, Personalausweis *m*
idea [aɪˈdɪə] *sb* **1.** Idee *f*, Einfall *m*; **2.** *(concept)* Vorstellung *f*, Ansicht *f*; *give s.o. an ~ of ...* jdm eine ungefähre Vorstellung von ... geben
identification [aɪdentɪfɪˈkeɪʃən] *sb (proof of identity)* Ausweis *m*, Legitimation *f*
identification character [aɪdentɪfɪˈkeɪʃən ˈkærəktə] *sb* Kennung *f*
identification paper [aɪdentɪfɪˈkeɪʃən ˈpeɪpə] *sb* Ausweispapier *n*, Legitimationspapier *n*
idle [ˈaɪdl] *adj* **1.** *(not working)* müßig, untätig; **2.** *(machine)* stillstehend, außer Betrieb; **3.** *(threat, words)* leer
ill-effect [ɪlɪˈfekt] *sb* nachteilige Folge *f*
illegal [ɪˈliːgəl] *adj* illegal, ungesetzlich, gesetzwidrig
illegality [ɪlɪˈgælətɪ] *sb* Rechtswidrigkeit *f*
illegible [ɪˈledʒɪbl] *adj* unleserlich
illicit [ɪˈlɪsɪt] *adj* verboten, illegal
illicit trade [ɪˈlɪsɪt treɪd] *sb* Schwarzhandel *m*
illicit work [ɪˈlɪsɪt wɜːk] *sb* Schwarzarbeit *f*
illiquidity [ɪlɪˈkwɪdɪtɪ] *sb* Illiquidität *f*
image advertising [ˈɪmɪdʒ ˈædvətaɪzɪŋ] *sb* Prestigewerbung *f*
image building [ˈɪmɪdʒ ˈbɪldɪŋ] *sb* Imagepflege *f*
imaginary profit [ɪˈmædʒɪnərɪ ˈprɒfɪt] *sb* imaginärer Gewinn *m*
imitate [ˈɪmɪteɪt] *v* nachahmen, imitieren, nachmachen
imitation [ɪmɪˈteɪʃən] *sb* Imitation *f*, Nachahmung *f*
immaterial [ɪməˈtɪərɪəl] *adj* unwesentlich, unerheblich
immediate delivery [ɪˈmiːdɪət dɪˈlɪvərɪ] *sb* sofortige Lieferung *f*
immediately [ɪˈmiːdɪətlɪ] *adv* umgehend, sofort
immediate payment [ɪˈmiːdɪət ˈpeɪmənt] *sb* sofortige Zahlung *f*
immobilization [ɪməʊbɪlaɪˈzeɪʃən] *sb* **1.** Stilllegung *f*, Immobilisierung *f*; **2.** *(money)* Festlegung *f*, Bindung *f*
immovable property [ɪˈmuːvəbəl ˈprɒpətɪ] *sb* Liegenschaft *f*, unbewegliches Vermögen *n*
immovables [ɪˈmuːvəbəlz] *pl* Immobilien *f/pl*
immunity [ɪˈmjuːnɪtɪ] *sb* Immunität *f*; Straffreiheit *f*
impact analysis [ˈɪmpækt əˈnæləsɪs] *sb* Werbewirksamkeitsanalyse *f*
impact of tax [ˈɪmpækt əv tæks] *sb* Steuerbelastung *f*
impairment in value [ɪˈmpeəmənt ɪn ˈvæljuː] *sb* Wertminderung *f*
impediment [ɪmˈpedɪmənt] *sb* Hindernis *n*, Hemmnis *n*
imperfect market [ɪmˈpɜːfekt ˈmɑːkɪt] *sb* unvollkommener Markt *m*
impersonal security deposit [ɪmˈpɜːsənəl sɪˈkjʊərɪtɪ dəˈpɒzɪt] *sb* Sachdepot *n*
impersonal taxes [ɪmˈpɜːsənəl ˈtæksɪz] *pl* Realsteuern *f/pl*
implement [ˈɪmplɪment] *v* durchführen, ausführen
implementation [ɪmplɪmenˈteɪʃən] *sb* **1.** Ausführung *f*, Durchführung *f*, Handhabung *f*; **2.** *(EDV)* Implementierung *f*
implication [ɪmplɪˈkeɪʃən] *sb* Auswirkung *f*, Begleiterscheinung *f*
implicit basis of a contract [ɪmˈplɪsɪt ˈbeɪsɪs əv ə ˈkɒntrækt] *sb* Geschäftsgrundlage *f*
implicit costs [ɪmˈplɪsɪt kɒsts] *pl* kalkulatorische Kosten *pl*
import [ɪmˈpɔːt] *v* einführen, importieren; [ˈɪmpɔːt] *sb* Einfuhr *f*, Import *m*; *~s pl (goods)* Einfuhrartikel *m/pl*, Einfuhrwaren *f/pl*
import and export merchant [ˈɪmpɔːt ənd ˈekspɔːt ˈmɜːtʃənt] *sb* Außenhandelskaufmann/Außenhandelskauffrau *m/f*

import cartel ['ɪmpɔ:t kɑ:'tel] *sb* Importkartell *n*
import ceiling ['ɪmpɔ:t 'si:lɪŋ] *sb* Importquote *f*
import declaration ['ɪmpɔ:t deklə'reɪʃən] *sb* Einfuhrerklärung *f*, Importerklärung *f*
import deposit ['ɪmpɔ:t dɪ'pɒzɪt] *sb* Importdepot *n*
import documents ['ɪmpɔ:t 'dɒkjʊmənts] *pl* Einfuhrpapiere *n/pl*, Importdokumente *m/pl*
import duty ['ɪmpɔ:t 'dju:tɪ] *sb* Einfuhrzoll *m*, Einfuhrabgabe *f*
import financing ['ɪmpɔ:t faɪ'nænsɪŋ] *sb* Importfinanzierung *f*
import levy ['ɪmpɔ:t 'levɪ] *sb* Einfuhrabschöpfung *f*
import licence ['ɪmpɔ:t 'laɪsəns] *sb* Einfuhrgenehmigung *f*, Importlizenz *f*
import of capital ['ɪmpɔ:t əv 'kæpɪtəl] *sb* Kapitalimport *m*
import penetration ['ɪmpɔ:t penɪ'treɪʃən] *sb* Importanteil *m*
import permit ['ɪmpɔ:t 'pɜ:mɪt] *sb* Einfuhrgenehmigung *f*, Importerlaubnis *f*
import quota ['ɪmpɔ:t 'kwəʊtə] *sb* Importquote *f*, Importkontingent *n*
import restriction ['ɪmpɔ:t rɪ'strɪkʃən] *sb* Einfuhrbeschränkung *f*, Importbeschränkung *f*
import restrictions ['ɪmpɔ:t rɪ'strɪkʃənz] *pl* Importrestriktionen *f/pl*
import surcharge ['ɪmpɔ:t 'sɜ:tʃɑ:dʒ] *sb* Einfuhrsonderzoll *m*
import surplus ['ɪmpɔ:t 'sɜ:pləs] *sb* Importüberschuss *m*
import tariff ['ɪmpɔ:t 'tærɪf] *sb* Importzoll *m*
import trade ['ɪmpɔ:t treɪd] *sb* Importhandel *m*
import turnover tax [ɪm'pɔ:t 'tɜ:nəʊvə tæks] *sb* Einfuhrumsatzsteuer *f*
imported inflation [ɪm'pɔ:tɪd ɪn'fleɪʃən] *sb* importierte Inflation *f*
importer [ɪm'pɔ:tə] *sb* Importeur(in) *m/f*
impose [ɪm'pəʊz] *v* **1.** *(a fine)* verhängen; **2.** *(a tax)* erheben
imposition [ɪmpə'zɪʃən] *sb* Auferlegung *f*, Verhängung *f*, Erhebung *f*
impost ['ɪmpəʊst] *sb* **1.** *(tax, duty)* Ausgleichsabgabe *f*, Steuer; **2.** Einfuhrzoll *m*
impound [ɪm'paʊnd] *v* beschlagnahmen, sicherstellen
improper [ɪm'prɒpə] *adj* unsachgemäß, nicht sachgerecht
improve [ɪm'pru:v] *v* **1.** *(sth)* verbessern; **2.** *(refine)* verfeinern; **3.** *(sth's appearance)* verschönern
improvement [ɪm'pru:vmənt] *sb* Verbesserung *f*, Besserung *f*, Verschönerung *f*
improvement area [ɪm'pru:vmənt 'eərɪə] *sb* Erschließungsgebiet *n*
improvement grant [ɪm'pru:vmənt grɑ:nt] *sb* Modernisierungszuschuss *m*
improvement of efficiency [ɪm'pru:vmənt əv ɪ'fɪʃənsɪ] *sb* Rationalisierungserfolg *m*
improver [ɪm'pru:və] *sb* Praktikant(in) *m/f*, Volontär(in) *m/f*
impulse purchase ['ɪmpʌls 'pɜ:tʃɪs] *sb* Impulskauf *m*
imputation [ɪmpjʊ'teɪʃən] *sb* Anrechnung *f*, Zuschreibung *f*
impute [ɪm'pju:t] *v* zuschreiben, beimessen
in cash [ɪn 'kæʃ] in bar
in duplicate [ɪn 'dju:plɪkət] in zweifacher Ausfertigung
in lieu of payment [ɪn lju: əv 'peɪmənt] zahlungsstatt
in liquidation [ɪn lɪkwɪ'deɪʃən] in Liquidation
in prospect [ɪn 'prɒspekt] Exante
in rem [ɪn 'rem] dinglich
in retrospect [ɪn 'retrəspekt] Expost
in stock [ɪn 'stɒk] auf Lager, vorrätig
in total [ɪn 'təʊtəl] unter dem Strich
inability to work [ɪnə'bɪlɪtɪ tə wɜ:k] *sb* Erwerbsunfähigkeit *f*
inactive security [ɪn'æktɪv sɪ'kjʊərɪtɪ] *sb* totes Papier *n*
inaugurate [ɪ'nɔ:gjʊreɪt] *v* *(an official)* ins Amt einsetzen; *(a building)* einweihen
incapacitated [ɪnkə'pæsɪteɪtɪd] *adj* *(unable to work)* erwerbsunfähig
incapacity to contract [ɪnkə'pæsətɪ tu: kən'trækt] *sb* Geschäftsunfähigkeit *f*
incentive [ɪn'sentɪv] *sb* Ansporn *m*, Anreiz *m*

incentive bonus [ɪn'sentɪv 'bəʊnəs] *sb* Leistungsprämie *f*
incentive payment [ɪn'sentɪv 'peɪmənt] *sb* Erfolgsprämie *f*, Gratifikation *f*
incentive system [ɪn'sentɪv 'sɪstəm] *sb* Anreizsystem *n*
inch [ɪntʃ] *sb (measurement)* Zoll *m; ~ by ~* Zentimeter um Zentimeter
incidence of taxation ['ɪnsɪdəns əv tæk'seɪʃən] *sb* Steuerbelastung *f*
incidental [ɪnsɪ'dentl] *sb (~ expenses)* Nebenkosten *pl*
incidental labour costs [ɪnsɪ'dentl 'leɪbə kɒsts] *pl* Lohnnebenkosten *pl*
incidentals [ɪnsɪ'dentəlz] *pl* Nebenkosten *pl*
include [ɪn'klu:d] *v* einschließen, enthalten, umfassen; *tax ~d* einschließlich Steuer, inklusive Steuer
included [ɪn'klu:dɪd] *adj* eingeschlossen, inbegriffen
included in the price [ɪn'klu:dɪd ɪn ðə 'praɪs] *adv* im Preis inbegriffen, im Preis enthalten
including [ɪn'klu:dɪŋ] *adv* einschließlich, inklusive
inclusion on the liabilities side [ɪn'klu:ʒən ɒn ðə laɪə'bɪlɪtiz saɪd] *sb* Passivierung *f*
inclusive [ɪn'klu:sɪv] *adj ~ of* einschließlich, inklusive
income ['ɪnkʌm] *sb* Einkommen *n*, Einkünfte *pl*, Erfolgsrechnung *f*
income after tax ['ɪnkʌm 'ɑ:ftə tæks] *sb* Gewinn nach Abzug der Steuern *m*
income band ['ɪnkʌm bænd] *sb* Gehaltsstufe *f*, Gehaltsklasse *f*
income before tax ['ɪnkʌm bɪ'fɔ: tæks] *sb* Gewinn vor Abzug der Steuern *m*
income bond ['ɪnkʌm bɒnd] *sb* Gewinnobligation *f*
income bracket ['ɪnkʌm 'brækɪt] *sb* **1.** Einkommensgruppe *f*, Einkommenskategorie *f*; **2.** *(tax)* Einkommensteuerklasse *f*
income declaration ['ɪnkʌm deklə'reɪʃən] *sb* Einkommenserklärung *f*
income effect ['ɪnkʌm ɪ'fekt] *sb* Einkommenseffekt *m*
income from capital ['ɪnkʌm frɒm 'kæpɪtəl] *sb* Kapitalertrag *m*
income from gainful employment ['ɪnkʌm frɒm 'geɪnfəl ɪm'plɔɪmənt] *sb* Erwerbseinkommen *n*
income from interests ['ɪnkʌm frɒm 'ɪntrɪsts] *sb* Zinsertrag *m*
income from investments ['ɪnkʌm frɒm ɪn'vestmənts] *sb* Kapitalerträge *m/pl*
income fund ['ɪnkʌm fʌnd] *sb* Einkommensfond *m*
income generating effect ['ɪnkʌm 'dʒenəreɪtɪŋ ɪ'fekt] *sb* Einkommenseffekt *m*
income limit for the assessment of contributions ['ɪnkʌm 'lɪmɪt fɔ: ði: ə'sesmənt əv kɒntrɪ'bju:ʃənz] *sb* Beitragsbemessungsgrenze *f*
income statement ['ɪnkʌm 'steɪtmənt] *sb* Erfolgsbilanz *f*
income tax ['ɪnkʌm tæks] *sb* Einkommensteuer *f*; *~ return* Einkommensteuererklärung *f*
income tax allowance ['ɪnkʌm tæks ə'lauəns] *sb* Einkommensteuerfreibetrag *m*
income value ['ɪnkʌm 'vælju:] *sb* Ertragswert *m*
incoming ['ɪnkʌmɪŋ] *adj (post)* eingehend
incoming order ['ɪnkʌmɪŋ 'ɔ:də] *sb* Auftragseingang *m*
incompetence [ɪn'kɒmpɪtəns] *sb* Unfähigkeit *f*, Untauglichkeit *f*, Inkompetenz *f*, Unzuständigkeit *f*
incompetent [ɪn'kɒmpɪtənt] *adj* **1.** unfähig; **2.** *(for sth)* untauglich, inkompetent; **3.** *(legally)* nicht zuständig
incomplete [ɪnkəm'pli:t] *adj* unvollständig, unvollendet, unvollkommen
incorporate [ɪn'kɔ:pəreɪt] *v* **1.** gesellschaftlich organisieren; **2.** *(US)* als Aktiengesellschaft eintragen
incorporation [ɪnkɔ:pə'reɪʃən] *sb* Gründung *f*, Eintragung einer Gesellschaft *f*
Incoterms ['ɪŋkəʊtɜ:mz] *pl* Incoterms *pl*, Internationale Lieferbedingungen für den Außenhandel *pl*
increase [ɪn'kri:s] *v* **1.** zunehmen; **2.** *(amount, number)* anwachsen; **3.** *(sales, demand)* steigen; **4.** *(sth)* vergrößern; **5.** *(taxes, price, speed)* erhöhen; **6.** *(performance)* steigern; ['ɪŋkri:s] *sb* **7.** Zunahme *f*, Erhöhung *f*, Steigerung *f*

increase in efficiency [ˈɪŋkriːs ɪn ˈɪfɪʃənsɪ] *sb* Leistungssteigerung *f*
increase in own capital [ˈɪŋkriːs ɪn əʊn ˈkæpɪtəl] *sb* Eigenkapitalerhöhung *f*
increase in salary [ˈɪŋkriːs ɪn ˈsælərɪ] *sb* Gehaltserhöhung *f*
increase in taxes [ˈɪŋkriːs ɪn ˈtæksɪz] *sb* Steuererhöhung *f*
increase in total assets and liabilities [ˈɪŋkriːs ɪn ˈtəʊtəl ˈæsets ænd laɪəˈbɪlɪtiːz] *sb* Bilanzverlängerung *f*
increase in wages [ˈɪŋkriːs ɪn ˈweɪdʒɪz] *sb* Lohnerhöhung *f*
increase of capital [ˈɪŋkriːs əv ˈkæpɪtl] *sb* Kapitalerhöhung *f*
increase of the share capital [ˈɪŋkriːs əv ðə ʃeə ˈkæpɪtl] *sb* Kapitalerhöhung *f*
increased valuation on previous balancesheet figures [ɪnˈkriːst væljuˈeɪʃən ɒn ˈpriːvɪəs ˈbælənsʃiːt ˈfɪgəz] *(taxes)* Wertaufholung *f*
increment [ˈɪŋkrəmənt] *sb* Zuwachs *m*, (Wert-)Steigerung *f*
incriminate [ɪnˈkrɪmɪneɪt] *v* belasten
incrimination [ɪnkrɪmɪˈneɪʃən] *sb* Belastung *f*
indebtedness [ɪnˈdetɪdnɪs] *sb* Verschuldung *f*
indemnification [ɪndemnɪfɪˈkeɪʃən] *sb* **1.** Entschädigung *f*; **2.** *(insurance)* Versicherung *f*
indemnify [ɪnˈdemnɪfaɪ] *v* **1.** entschädigen; **2.** *(insurance)* versichern
indemnity [ɪnˈdemnɪtɪ] *sb* **1.** Entschädigung *f*; **2.** *(insurance)* Versicherung *f*
indemnity bond [ɪnˈdemnətɪ bɒnd] *sb* Garantieverpflichtung *f*, Ausfallbürgschaft *f*
indemnity claim [ɪnˈdemnətɪ kleɪm] *sb* Schadensersatzanspruch *m*
indemnity clause [ɪnˈdemnətɪ klɔːz] *sb* Haftungsfreistellungsklausel *f*
independence [ɪndɪˈpendəns] *sb* Unabhängigkeit *f*, Selbstständigkeit *f*
independent [ɪndɪˈpendənt] *adj* unabhängig, selbstständig
index [ˈɪndeks] *sb* **1.** *(number showing ratio)* Index *m*; **2.** *(card ~)* Kartei *f*
index card [ˈɪndeks kɑːd] *sb* Karteikarte *f*
index clause [ˈɪndeks klɔːz] *sb* Indexklausel *f*
index numbers [ˈɪndeks ˈnʌmbəz] *pl* Kennziffern *f/pl*
index tracker fund [ˈɪndeks ˈtrækə fʌnd] *sb* dynamischer Fonds *m*, Indexfonds *m*
indexation [ɪndekˈseɪʃən] *sb* Indexierung *f*
index-based [ˈɪndeksbeɪsd] *adj* indexgebunden, indexiert, Index…
index-linked [ˈɪndekslɪŋkd] *adj* sich nach der Inflationsrate richtend, Index…
index-linked currency [ˈɪndekslɪŋkt ˈkʌrənsɪ] *sb* Indexwährung *f*
index-linked loan [ˈɪndekslɪŋkt ləʊn] *sb* Indexanleihe *f*
index-linked wage [ˈɪndekslɪŋkt weɪdʒ] *sb* Indexlohn *m*
index-linking [ˈɪndekslɪŋkɪŋ] *sb* Indexbindung *f*
indicator [ˈɪndɪkeɪtə] *sb* Indikator *m*
indifferent goods [ɪnˈdɪfərənt gʊdz] *pl* indifferente Güter *n/pl*
indirect centre [ˈɪndaɪrekt ˈsentə] *sb* Nebenkostenstelle *f*
indirect method of depreciation [ˈɪndaɪrekt ˈmeθəd əv dɪpriːʃiˈeɪʃən] *sb* indirekte Abschreibung *f*
indirect selling [ˈɪndaɪrekt ˈselɪŋ] *sb* indirekter Absatz *m*
indirect taxes [ˈɪndaɪrekt ˈtæksɪz] *pl* indirekte Steuern *f/pl*
individual [ɪndɪˈvɪdjʊəl] *adj* einzeln, Einzel…
individual credit insurance [ɪndɪˈvɪdjʊəl ˈkredɪt ɪnˈʃʊərəns] *sb* Einzelkreditversicherung *f*
individual deposit of securities [ɪndɪˈvɪdjʊəl dəˈpɒzɪt əv sɪˈkjʊərɪtiːz] *sb* Streifbanddepot *n*
individual employment contract [ɪndɪˈvɪdjʊəl ɪmˈplɔɪmənt ˈkɒntrækt] *sb* Einzelarbeitsvertrag *m*
individual income [ɪndɪˈvɪdjʊəl ˈɪnkʌm] *sb* Individualeinkommen *n*
individual labor law [ɪndɪˈvɪdjʊəl ˈleɪbə lɔː] *sb* Individualarbeitsrecht *n*
individually [ɪndɪˈvɪdjʊəlɪ] *adv* *(separately)* einzeln
individual power of procuration [ɪndɪˈvɪdjʊəl ˈpaʊə əv prɒkjuːˈreɪʃən] *sb* Einzelprokura *f*

individual power of representation [ɪndɪ'vɪdjʊəl 'paʊə əv reprɪzən'teɪʃən] *sb* Einzelvollmacht *f*
individual production *sb* [ɪndɪ'vɪdjʊəl prə'dʌkʃən] *sb* Einzelfertigung *f*
indorsement [ɪn'dɔ:smənt] *sb* Indossament *n*
induce [ɪn'dju:s] *v* **1.** *(a reaction)* herbeiführen; **2.** *~ s.o. to do sth (persuade)* jdn veranlassen, etw zu tun/jdn dazu bewegen, etw zu tun/jdn dazu bringen, etw zu tun
inducement [ɪn'dju:smənt] *sb (incentive)* Anreiz *m*, Ansporn *m*
industrial [ɪn'dʌstriəl] *adj* industriell, Industrie..., Betriebs..., Arbeits...
industrial accident [ɪn'dʌstriəl 'æksɪdənt] *sb* Arbeitsunfall *m*
industrial area [ɪn'dʌstriəl 'eəriə] *sb* Industriegebiet *n*
industrial bank [ɪn'dʌstriəl bæŋk] *sb* Gewerbebank *f*
industrial bond [ɪn'dʌstriəl bɒnd] *sb* Industrieobligation *f*
Industrial Constitution Law [ɪn'dʌstriəl kɒnstɪ'tju:ʃən lɔ:] *sb* Betriebsverfassungsgesetz (BetrVerfG, BetrVG) *n*
industrial credit [ɪn'dʌstriəl 'kredɪt] *sb* Industriekredit *m*
industrial credit bank [ɪn'dʌstriəl 'kredɪt bæŋk] *sb* Industriekreditbank *f*
industrial design [ɪn'dʌstriəl dɪ'zaɪn] *sb* Industriedesign *n*
industrial enterprise [ɪn'dʌstriəl 'entəpraɪz] *sb* Industriebetrieb *m*
industrial espionage [ɪn'dʌstriəl 'espiənɑ:ʒ] *sb* Industriespionage *f*
industrial estate [ɪn'dʌstriəl ɪ'steɪt] *sb (UK)* Industriegebiet *n*
industrial injury [ɪn'dʌstriəl 'ɪndʒərɪ] *sb* Arbeitsunfall *m*, Betriebsunfall *m*
industrialism [ɪn'dʌstriəlɪzm] *sb* Industrialismus *m*
industrialist [ɪn'dʌstriəlɪst] *sb* Industrielle(r) *f/m*
industrialization [ɪndʌstriəlaɪ'zeɪʃən] *sb* Industrialisierung *f*
industrial loan [ɪn'dʌstriəl ləʊn] *sb* Industrieanleihe *f*, Industriekredit *m*
industrial plant [ɪn'dʌstriəl plɑ:nt] *sb* Industrieanlage *f*
industrial production [ɪn'dʌstriəl prə'dʌkʃn] *sb* Industrieproduktion *f*, industrielle Herstellung *f*
industrial robot [ɪn'dʌstriəl 'rəʊbɒt] *sb* Industrieroboter *m*
industrial shares [ɪn'dʌstriəl ʃeəz] *pl* Industrieaktie *f*
industrial stock exchange [ɪn'dʌstriəl stɒk ɪks'tʃeɪndʒ] *sb* Industriebörse *f*
industrial syndicate [ɪn'dʌstriəl 'sɪndɪkət] *sb* Industriekonsortium *n*
industrial undertaking [ɪn'dʌstriəl ʌndə'tækɪŋ] *sb* Industrieunternehmen *n*
industry ['ɪndəstrɪ] *sb* Industrie *f*, Branche *f*, Industriezweig *m*
industry ratio ['ɪndəstrɪ 'reɪʃɪəʊ] *sb* Branchenkennziffer *f*
industry standard ['ɪndəstrɪ 'stændəd] *sb* Industriestandard *m*
industry statistics ['ɪndəstrɪ stə'tɪstɪks] *sb* Branchenstatistik *f*
industry survey and appraisal ['ɪndəstrɪ 'sɜ:veɪ ænd ə'preɪzəl] *sb* Branchenbeobachtung *f*
industry-wide union ['ɪndəstrɪwaɪd 'ju:njən] *sb* Industriegewerkschaft (IG) *f*
inefficiency [ɪnɪ'fɪʃənsɪ] *sb* **1.** *(of a method)* Unproduktivität *f;* **2.** *(of a person)* Untüchtigkeit *f;* **3.** *(of a machine, of a company)* Leistungsunfähigkeit *f*
inefficient [ɪnɪ'fɪʃənt] *adj* **1.** *(method)* unproduktiv, ineffizient; *(person)* untüchtig; **2.** *(machine, company)* leistungsunfähig
inexpensive [ɪnɪk'spensɪv] *adj* nicht teuer, billig
inexperienced [ɪnɪks'pɪərɪənst] *adj* unerfahren
inexpert [ɪn'ekspɜ:t] *adj* unfachmännisch, laienhaft
inferior [ɪn'fɪərɪə] *adj* **1.** niedriger, geringer, geringwertiger; **2.** *to be ~ to s.o.* jdm unterlegen sein; *(low-quality)* minderwertig
inferior goods [ɪn'fɪərɪə gʊdz] *pl* geringwertige Güter *pl*
inflate [ɪn'fleɪt] *v (prices)* hochtreiben, in die Höhe treiben
inflation [ɪn'fleɪʃən] *sb* Inflation *f; rate of ~* Inflationsrate *f*
inflation import [ɪn'fleɪʃən 'ɪmpɔ:t] *sb* Inflationsimport *m*

inflationary [ɪn'fleɪʃənərɪ] *adj* inflationär
influence ['ɪnfluəns] *sb* Einfluss *m*
influence of demand ['ɪnflu:əns əv də'mɑ:nd] *sb* Bedarfsbeeinflussung *f*
influential [ɪnflu'enʃəl] *adj* einflussreich
influx ['ɪnflʌks] *sb* Zufuhr *f*, Zufluss *m*
infomercial [ɪnfəʊ'mɜ:ʃəl] *sb* Werbesendung *f*
informal [ɪn'fɔ:məl] *adj* zwanglos, ungezwungen, inoffiziell
informal groups [ɪn'fɔ:məl gru:ps] *pl* informelle Gruppen *f/pl*
informal organization [ɪn'fɔ:məl ɔ:gənaɪ'zeɪʃən] *sb* informelle Organisation *f*
information [ɪnfə'meɪʃən] *sb* **1.** Information *f*; **2.** *(provided)* Auskunft *f*, Informationen *f/pl*
information and communications system [ɪnfə'meɪʃən ænd kəmju:nɪ'keɪʃənz 'sɪstɪm] *sb* Informations- und Kommunikationssystem (IuK-System) *n*
information broker [ɪnfə'meɪʃən 'brəʊkə] *sb* Informationsbroker *m*
information bureau [ɪnfə'meɪʃən 'bjʊərəʊ] *sb* Auskunftei *f*, Informationsbüro *n*
information centre [ɪnfə'meɪʃən 'sentə] *sb* Evidenzzentrale *f*
information costs [ɪnfə'meɪʃən kɒsts] *pl* Informationskosten *pl*
information desk [ɪnfə'meɪʃən desk] *sb* Auskunft *f*, Information *f*, Informationsstand *m*
information file [ɪnfə'meɪʃən faɪl] *sb* Auskunftdatei *f*
information highway [ɪnfə'meɪʃən 'haɪweɪ] *sb* Datenautobahn *f*, Datenhighway *m*
information markets [ɪnfə'meɪʃən 'mɑ:kɪts] *pl* Informationsmärkte *m/pl*
information processing [ɪnfə'meɪʃən 'prəʊsesɪŋ] *sb* Datenverarbeitung *f*
information resource management [ɪnfə'meɪʃən rɪ'sɔ:s 'mænɪdʒmənt] *sb* Informationsmanagement *n*
information retrieval [ɪnfə'meɪʃən rɪ'tri:vl] *sb* Datenabruf *m*
information science [ɪnfə'meɪʃən 'saɪəns] *sb* Informatik *f*
information search [ɪnfə'meɪʃən sɜ:tʃ] *sb* Informationsbeschaffung *f*
information services [ɪnfə'meɪʃən 'sɜ:vɪsɪz] *pl* Informationsdienste *m/pl*
information technology [ɪnfə'meɪʃən tek'nɔlədʒɪ] *sb* Informationstechnologie *f*
information theory [ɪnfə'meɪʃən 'θɪərɪ] *sb* Informationstheorie *f*
information value [ɪnfə'meɪʃən 'vælju:] *sb* Informationswert *m*
infrastructural credit [ɪnfrə'strʌktʃərəl 'kredɪt] *sb* Infrastrukturkredit *m*
infrastructural measures ['ɪnfrə'strʌktʃərəl 'meʒəz] *pl* Infrastrukturmaßnahmen *f/pl*
infrastructure ['ɪnfrəstrʌktʃə] *sb* Infrastruktur *f*
infrastructure policy ['ɪnfrəstrʌktʃə 'pɒlɪsɪ] *sb* Infrastrukturpolitik *f*
infringe [ɪn'frɪndʒ] *v* **1.** *~ upon* verstoßen gegen; **2.** *(law, copyright)* verletzen; *~ upon s.o.'s rights* in jds Rechte eingreifen
infringement [ɪn'frɪndʒmənt] *sb* Verletzung *f*, Verstoß *m*
inherit [ɪn'herɪt] *v* erben
inheritable [ɪn'herɪtəbl] *adj* vererbbar, erblich
inheritance [ɪn'herɪtəns] *sb* Nachlass *m*, Erbschaft *f*
inheritance tax [ɪn'herɪtəns tæks] *sb* Erbschaftssteuer *f*
in-house training ['ɪnhaʊs 'treɪnɪŋ] *sb* betriebliche Ausbildung *f*
initial allowance set [ɪ'nɪʃəl ə'laʊəns set] *sb* Erstausstattung *f*
initial contribution [ɪ'nɪʃəl kɒntrɪ'bju:ʃən] *sb* Stammeinlage *f*
initial order [ɪ'nɪʃəl ɔ:də] *sb* Erstauftrag *m*
initial period [ɪ'nɪʃəl 'pɪərɪəd] *sb* Anlaufperiode *f*, Anlaufzeit *f*
initialize [ɪ'nɪʃəlaɪz] *v* *(a computer)* initialisieren
initiative right [ɪ'nɪʃətɪv raɪt] *sb* Initiativrecht *n*
injection of credit [ɪn'dʒekʃən əv 'kredɪt] *sb* Kreditspritze *f*
injunction [ɪn'dʒʌŋkʃən] *sb* gerichtliche Verfügung *f*
ink pad ['ɪŋkpæd] *sb* Stempelkissen *n*

inland [ˈɪnlænd] *adj* **1.** Inland...; *adv* **2.** landeinwärts
Inland Revenue [ˈɪnlænd ˈrevənju:] *sb* *(UK)* Finanzamt *n*
inland revenue office [ˈɪnlænd ˈrevənu: ˈɒfɪs] *sb* *(UK)* Finanzamt *n*
inner notice to terminate [ˈɪnə ˈnəʊtɪs tu ˈtɜ:mɪneɪt] *sb* innere Kündigung *f*
innovate [ˈɪnəveɪt] *v* Neuerungen vornehmen
innovation [ɪnəˈveɪʃən] *sb* Neuerung *f*, Innovation *f*
innovation management [ɪnəˈveɪʃən ˈmænɪdʒmənt] *sb* Innovationsmanagement *n*
innovative [ˈɪnəvətɪv] *adj* auf Neuerungen aus, innovatorisch, innovativ
innovator [ˈɪnəveɪtə] *sb* Neuerer *m*
inoperative [ɪnˈɒpərətɪv] *adj* *(not working)* außer Betrieb, nicht einsatzfähig
inoperative account [ɪnˈɒpərətɪv əˈkaʊnt] *sb* totes Konto *n*
input [ˈɪnpʊt] *v* **1.** eingeben; *sb* **2.** Input *m*
input factor [ˈɪnpʊt ˈfæktə] *sb* Einsatzfaktor *m*
input tax [ˈɪnpʊt tæks] *sb* Vorsteuer *f*
input-output analysis [ɪnpʊtˈaʊtpʊt əˈnælɪsɪs] *sb* Input-Output-Analyse *f*
inquest [ˈɪnkwest] *sb* gerichtliche Untersuchung *f*
inquiry [ɪnˈkwaɪrɪ] *sb* Anfrage *f*
insert [ɪnˈsɜ:t] *v* **1.** *(an advertisement)* setzen; [ˈɪnsɜ:t] *sb* **2.** *(in a magazine or newspaper)* Beilage *f*
inserted [ɪnˈsɜ:tɪd] *adj* beigefügt, beigelegt, hineingesteckt
insertion of an advertisement [ɪnˈsɜ:ʃən əv ən ədˈvɜ:tɪsmənt] *sb* Anzeigenschaltung *f*
in-service training [ˈɪnsɜ:vɪs ˈtreɪnɪŋ] *sb* innerbetriebliche Weiterbildung *f*
inside money [ˈɪnsaɪd ˈmʌnɪ] *sb* Innengeld *n*
insider information [ˈɪnsaɪdə ɪnfəˈmeɪʃən] *sb* Insiderinformation *f*
insider security [ˈɪnsaɪdə sɪˈkjʊərɪtɪ] *sb* Insiderpapier *n*
insider trading [ˈɪnsaɪdə ˈtreɪdɪŋ] *sb* Insiderhandel *m*
insolvency [ɪnˈsɒlvənsɪ] *sb* Zahlungsunfähigkeit *f*, Insolvenz *f*
insolvency administrator [ɪnˈsɒlvensɪ ədˈmɪnɪstreɪtə] *sb* Insolvenzverwalter(in) *m/f*
insolvency proceedings [ɪnˈsɒlvensɪ prəsi:dɪŋz] *pl* Insolvenzverfahren *f*
insolvent [ɪnˈsɒlvənt] *adj* zahlungsunfähig
insourcing [ˈɪnsɔ:sɪŋ] *sb* Insourcing *n*
inspect [ɪnˈspekt] *v* kontrollieren, prüfen
inspection [ɪnˈspekʃən] *sb* Kontrolle *f*, Prüfung *f*, Einsichtnahme *f*
inspection of records [ɪnˈspekʃən əv ˈrekɔ:ds] *sb* Akteneinsicht *f*
installation [ɪnstəˈleɪʃən] *sb* Installation *f*, Montage *f*, Aufbau *m*, Aufstellung *f*
installment *(US see "instalment")*
instalment [ɪnˈstɔ:lmənt] *sb* *(payment)* Rate *f*
instalment arrears [ɪnˈstɔ:lmənt əˈrɪəz] *sb* Ratenverzug *m*, Ratenrückstand *m*
instalment contract [ɪnˈstɔ:lmənt ˈkɒntrækt] *sb* Abzahlungskauf *m*
instalment credit [ɪnˈstɔ:lmənt ˈkredɪt] *sb* Teilzahlungskredit *m*
instalment loans [ɪnˈstɔ:lmənt ləʊnz] *pl* Ratenanleihen *f/pl*
instalment mortgage [ɪnˈstɔ:lmənt ˈmɔ:gɪdʒ] *sb* Abzahlungshypothek *f*, Amortisationshypothek *f*
instalment plan [ɪnˈstɔ:lmənt plæn] *sb* *(US)* Ratenzahlung *f*
instalment rate [ɪnˈstɔ:lmənt reɪt] *sb* Amortisationsquote *f*
instalment sale transaction [ɪnˈstɔ:lmənt seɪl trænˈzækʃən] *sb* Abzahlungsgeschäft *n*
instalment sales credit [ɪnˈstɔ:lmənt seɪlz ˈkredɪt] *sb* Ratenkredit *m*
instalment sales financing institution [ɪnˈstɔ:lmənt seɪlz faɪˈnænsɪŋ ɪnstɪˈtju:ʃən] *sb* Teilzahlungsbank *f*
instance [ˈɪnstəns] *(legal system)* Instanz *f*
institutional investor [ɪnstɪˈtju:ʃənəl ɪnˈvestə] *sb* institutioneller Anleger *m*
institutional investors [ɪnstɪˈtju:ʃənəl ɪnˈvestəz] *sb* Kapitalsammelstelle *f*
institutional trustee [ɪnstɪˈtju:ʃənəl trʌsˈti:] *sb* Treuhandanstalt *f*
in-store [ˈɪnstɔ:] *adj* ladeneigen

instruct [ɪn'strʌkt] *v* **1.** unterrichten; **2.** *(tell, direct)* anweisen; **3.** *(a jury)* instruieren

instruction [ɪn'strʌkʃən] *sb* **1.** *(order)* Anweisung *f,* Instruktion *f; ~s pl* **2.** *(for use)* Gebrauchsanweisung *f*

instrument made out to order ['ɪnstrumənt meɪd aʊt tu 'ɔ:də] *sb* Orderpapier *n*

instruments conferring title ['ɪnstruments kən'fɜ:rɪŋ 'taɪtəl] *pl* Forderungspapiere *n/pl*

instruments of balance sheet policy ['ɪnstrumənts əv 'bæləns ʃi:t 'pɒlɪsɪ] *pl* bilanzpolitische Instrumente *n/pl*

instruments to order by law ['ɪnstrumənts tu 'ɔ:də baɪ lɔ:] *pl* geborene Orderpapiere *n/pl*

instruments to order by option ['ɪnstrumənts tu 'ɔ:də baɪ 'ɒpʃən] *pl* gewillkürte Orderpapiere *n/pl*

insubordination [ɪnsʌbɔ:dɪ'neɪʃən] *sb* Ungehorsamkeit *f,* Insubordination *f*

insurance [ɪn'ʃʊərəns] *sb* Versicherung *f*

insurance agent [ɪn'ʃʊərəns 'eɪdʒənt] *sb* Versicherungsvertreter *m*

insurance benefit [ɪn'ʃʊərəns 'benɪfɪt] *sb* Versicherungsleistung *f*

insurance clause [ɪn'ʃʊərəns klɔ:z] *sb* Versicherungsklausel *f*

insurance company [ɪn'ʃʊərəns 'kʌmpənɪ] *sb* Versicherungsgesellschaft *f*

insurance company share [ɪn'ʃʊərəns 'kʌmpənɪ ʃeə] *sb* Versicherungsaktie *f*

insurance contract [ɪn'ʃʊərəns 'kæntrɒkt] *sb* Versicherungsvertrag *m*

insurance coverage [ɪn'ʃʊərəns 'kʌvərɪdʒ] *sb* Versicherungsschutz *m*

insurance fund [ɪn'ʃʊərəns fʌnd] *sb* Versicherungsfonds *m*

insurance industry principle [ɪn'ʃʊərəns 'ɪndəstrɪ 'prɪnsɪpəl] *sb* Assekuranzprinzip *n*

insurance of persons [ɪn'ʃʊərəns əv 'pɜ:sənz] *sb* Personenversicherung *f*

insurance policy [ɪn'ʃʊərəns 'pɒlɪsɪ] *sb* Versicherungspolice *f*

insurance premium [ɪn'ʃʊərəns 'pri:mɪəm] *sb* Versicherungsprämie *f*

insurance reserve [ɪn'ʃʊərəns rɪ'zɜ:v] *sb* Deckungsrücklage *f*

insurance system [ɪn'ʃʊərəns 'sɪstəm] *sb* Assekuranz *f*

insure [ɪn'ʃʊə] *v* versichern

insured [ɪn'ʃʊəd] *adj* versichert

insured letter [ɪn'ʃʊəd 'letə] *sb* Wertbrief *m*

insured person [ɪn'ʃʊəd 'pɜ:sən] *sb* Versicherungsnehmer(in) *m/f,* Versicherte(r) *f/m*

insured sum [ɪn'ʃʊəd sʌm] *sb* Versicherungssumme *f*

insurer [ɪn'ʃʊərə] *sb* Versicherer *m,* Versicherungsgesellschaft *f*

intake ['ɪnteɪk] *sb* **1.** Aufnahme *f,* Abnahme *f;* **2.** *(of orders)* Eingang *m*

intangible assets [ɪn'tændʒɪbəl 'æsets] *pl* immaterielle Werte *m/pl*

intangible stocks and bonds [ɪn'tændʒɪbəl stɒks ænd bɒndz] *pl* intangible Effekte *f/pl*

integral part ['ɪntɪgrəl pɑ:t] *sb* wesentlicher Bestandteil *m*

integration [ɪntɪ'greɪʃən] *sb* Integration *f,* Eingliederung *f*

interact [ɪntər'ækt] *v* aufeinander wirken, interagieren

interaction [ɪntər'ækʃən] *sb* Wechselwirkung *f,* Interaktion *f*

interactive [ɪntər'æktɪv] *adj* interaktiv

interbank rate ['ɪntəbæŋk reɪt] *sb* Interbankrate *f,* Interbankensatz *m*

intercom ['ɪntəkɒm] *sb* Gegensprechanlage *f; (in a building)* Lautsprecheranlage *f*

inter-company agreements [ɪntə'kʌmpənɪ ə'gri:mənts] *pl* Unternehmensverträge *m/pl*

intercontinental [ɪntəkɒntɪ'nentl] *adj* interkontinental

interdependence [ɪntədɪ'pendəns] *sb* Interdependenz *f*

interest ['ɪntrest] *sb* **1.** Zinsen *m/pl;* **2.** *(share, stake)* Anteil *m,* Beteiligung *f;* **3.** *taxation of ~* Zinsbesteuerung *f*

interest balance ['ɪntrest 'bæləns] *sb* Zinssaldo *m*

interest differential ['ɪntrest dɪfə'renʃəl] *sb* Zinsgefälle *n*

interested party ['ɪntrestɪd 'pɑ:tɪ] *sb* Interessent *m*

interest elasticity ['ɪntrest ɪlæs'tɪsɪtɪ] *sb* Zinselastizität *f*

interest-free [ɪntrest'fri:] *adj* zinslos
interest group ['ɪntrest gru:p] *sb* Interessenverband *m*
interest margin ['ɪntrest 'mɑ:dʒɪn] *sb* Zinsmarge *f*, Zinsspanne *f*
interest on borrowed capital ['ɪntrest ɒn 'bɒrəʊd 'kæpɪtəl] *sb* Fremdkapitalzins *m*
interest on capital ['ɪntrest ɒn 'kæpɪtl] *sb* Kapitalzins *m*
interest on debts ['ɪntrest ɒn dets] *sb* Schuldzins *m*
interest on long-term debts ['ɪntrest ɒn 'lɒŋtɜ:m dets] *sb* Dauerschuldzinsen *m/pl*
interest on money ['ɪntrest ɒn 'mʌnɪ] *sb* Geldzins *m*
interest parity ['ɪntrest 'pærɪtɪ] *sb* Zinsparität *f*
interest payable ['ɪntrest 'peɪjəbl] *sb* Passivzins *m*
interest payment date ['ɪntrest 'peɪmənt deɪt] *sb* Zinstermin *m*
interest rate ['ɪntrest reɪt] *sb* Zinssatz *m*
interest rate arbitrage ['ɪntrest reɪt 'ɑ:bɪtrɪdʒ] *sb* Zinsarbitrage *f*
interest rate control ['ɪntrest reɪt kən'trəʊl] *sb* Zinsbindung *f*
interest rate customary in the market ['ɪntrest reɪt 'kʌstəmərɪ ɪn ðə 'mɑ:ket] *sb* marktüblicher Zins *m/pl*
interest rate for accounting purposes ['ɪntrest reɪt fɔ:r ə'kaʊntɪŋ 'pɜ:pəsɪs] *sb* Rechnungszins *m*
interest rate future ['ɪntrest reɪt 'fju:tʃə] *sb* Interest Rate Future *n*
interest rate level ['ɪntrest reɪt 'levl] *sb* Zinsniveau *n*
interest rate on a loan ['ɪntrest reɪt ɒn ə ləʊn] *sb* Leihzins *m*
interest rate policy ['ɪntrest reɪt 'pɒlɪsɪ] *sb* Zinspolitik *f*
interest rate structure ['ɪntrest reɪt 'strʌktʃə] *sb* Zinsstruktur *f*
interest rate swap ['ɪntrest reɪt swɒp] *sb* Zinsswap *m*
interest rate table ['ɪntrest reɪt 'teɪbl] *sb* Zinsstaffel *f*
interest receivable ['ɪntrest rɪ'si:vəbl] *sb* Aktivzins *m*
interest service ['ɪntrest 'sɜ:vɪs] *sb* Zinsendienst *m*
interest surplus ['ɪntrest 'sɜ:plʌs] *sb* Zinsüberschuss *m*
interest tender ['ɪntrest 'tendə] *sb* Zinstender *m*
interface ['ɪntəfeɪs] *sb* Interface *n*, Schnittstelle *f*
inter-generation compact [ɪntədʒenə'reɪʃən 'kɒmpækt] *sb* Generationenvertrag *m*
intergroup agreement ['ɪntəgru:p əgri:mənt] *sb* Organschaftsvertrag *m*
interim ['ɪntərɪm] *adj* **1.** vorläufig, Übergangs..., Interims...; *sb* **2.** Zwischenzeit *f*
interim account ['ɪntərɪm ə'kaunt] *sb* Zwischenkonto *n*
interim balance sheet ['ɪntərɪm 'bæləns ʃi:t] *sb* Zwischenbilanz *f*
interim budget ['ɪntərɪm 'bʌdʒɪt] *sb* Nachtragshaushalt *m*
interim financing ['ɪntərɪm faɪ'nænsɪŋ] *sb* Zwischenfinanzierung, Überbrückungsfinanzierung *f*
interim interest ['ɪntərɪm 'ɪntrest] *sb* Zwischenzinsen *m/pl*
interim loan ['ɪntərɪm ləʊn] *sb* Zwischenkredit *m*
interim retirement pension ['ɪntərɪm rɪ'taɪəmənt 'penʃən] *sb* Überbrückungsrente *f*
interim shareholder ['ɪntərɪm 'ʃeəhəʊldə] *sb* Zwischenaktionär *m*
interim solution ['ɪntərɪm sə'lu:ʃən] *sb* Interimslösung *f*, Übergangslösung *f*
interior [ɪn'tɪərɪə] *adj (domestic)* Binnen..., Innen...
interlocking ['ɪntəlɒkɪŋ] *sb* Verschachtelung *f*
interlocking directorate ['ɪntəlɒkɪŋ daɪ'rektərɪt] *sb* Überkreuzverflechtung *f*
intermediary [ɪntə'mi:dɪərɪ] *sb* **1.** Vermittler *m*, Mittelsmann *m*; **2.** *act as ~* vermitteln
intermediate broker [ɪntə'mi:djət 'brəʊkə] *sb* Untermakler *m*
intermediate company [ɪntə'mi:djət 'kʌmpənɪ] *sb* Zwischengesellschaft *f*

I

Intermediate Court of Appeals [ɪntə'mi:djət kɔ:t əv ə'pi:lz] *sb* Oberlandesgericht (OLG) *n*
intermediate inventory [ɪntə'mi:djət 'ɪnventrɪ] *sb* Zwischenlager *n*
intermediate products [ɪntə'mi:djət 'prɒdʌkts] *pl* Vorprodukte *n/pl*
intermediate share certificate [ɪntə'mi:djət ʃeə sɜ:'tɪfɪkɪt] *sb* Anrechtscheine *m/pl*
intermediation [ɪntəmi:dɪ'eɪʃən] *sb* Mitwirkung *f*
internal [ɪn'tɜ:nl] *adj* **1.** *(within an organization)* intern; **2.** *(within a country)* Innen..., Binnen...
internal accounting [ɪn'tɜ:nl ə'kaʊntɪŋ] *sb* internes Rechnungswesen *n*
internal audit [ɪn'tɜ:nl 'ɔ:dɪt] *sb* interne Revision *f*
internal financing [ɪn'tɜ:nl faɪ'nænsɪŋ] *sb* Innenfinanzierung *f*
internal interest rate [ɪn'tɜ:nl 'ɪntrest reɪt] *sb* interner Zinsfuß *m*
internalization of external effects [ɪntɜ:nəlaɪ'zeɪʃən əv 'ekstɜ:nl ɪ'fekts] *sb* Internalisierung externer Effekte *f*
Internal Market of the European Community [ɪn'tɜ:nl 'mɑ:kɪt əv ðɪ 'jʊərəpɪən kə'mju:nɪtɪ] *sb* Europäischer Binnenmarkt *m*
internal partnership [ɪn'tɜ:nl 'pɑ:tnəʃɪp] *sb* Innengesellschaft *f*
internal services [ɪn'tɜ:nl 'sɜ:vɪsɪz] *pl* innerbetriebliche Leistungen *f/pl*
internal supervision system [ɪn'tɜ:nl su:pə'vɪʒən 'sɪstɪm] *sb* internes Überwachungssystem *n*
internal syndicate [ɪn'tɜ:nl 'sɪndɪkɪt] *sb* Innenkonsortium *n*
international [ɪntə'næʃnəl] *adj* international
International Bank Account Number (IBAN) [ɪntə'næʃnəl 'bæŋk əkaʊnt 'nʌmbə] *sb* internationale Kontonummer *f*, IBAN *f*
international capital transactions [ɪntə'næʃnəl 'kæpɪtəl træn'zækʃənz] *pl* internationaler Kapitalverkehr *m*
international cash position [ɪntə'næʃnəl kæʃ pə'zɪʃən] *sb* internationale Liquidität *f*
International Commodity Agreements [ɪntə'næʃnəl kə'mɒdɪtɪ ə'gri:mənts] *sb* Rohstoffabkommen *n*
international commodity exchange [ɪntə'næʃnəl kə'mɔdɪtɪ ɪks'tʃeɪndʒ] *sb* Internationale Warenbörsen *f/pl*
international consignment note [ɪntə'næʃnəl kən'saɪnmənt nəʊt] *sb* internationaler Frachtbrief *m*
international credit markets [ɪntə'næʃnəl 'kredɪt 'mɑ:kɪts] *pl* internationale Kreditmärkte *m/pl*
international economic order [ɪntə'næʃnəl ɪ:kə'nɒmɪk 'ɔ:də] *sb* Weltwirtschaftsordnung *f*
international economic policy [ɪntə'næʃnəl ɪ:kə'nɒmɪk 'pɒlɪsɪ] *sb* Außenwirtschaftspolitik *f*
international economic system [ɪntə'næʃnəl ɪ:kə'nɒmɪk 'sɪstɪm] *sb* Weltwirtschaftsordnung *f*
International Federation of Stock Exchanges [ɪntə'næʃnəl fedə'reɪʃən əv stɒk ɪks'tʃeɪndʒɪz] *sb* Internationale Vereinigung der Wertpapierbörsen *f*
international foreign exchange markets [ɪntə'næʃnəl 'fɒrən ɪks'tʃeɪndʒ 'mɑ:kɪts] *pl* Internationale Devisenbörsen *f/pl*
internationalization strategy [ɪntə'næʃənəlaɪ'zeɪʃən 'strætɪdʒɪ] *sb* Internationalisierungsstrategie *f*
international law ['ɪntənæʃnəl lɔ:] *sb* Völkerrecht *n*
international monetary system [ɪntə'næʃnəl 'mʌnɪtərɪ 'sɪstəm] *sb* Weltwährungssystem *n*, internationales Währungssystem *n*
international payments [ɪntə'næʃnəl 'peɪmənts] *sb* internationaler Zahlungsverkehr *m*
international price system [ɪntə'næʃnəl praɪs 'sɪstɪm] *sb* internationaler Preiszusammenhang *m*
international product liability [ɪntə'næʃnəl 'prɒdʌkt laɪə'bɪlɪtɪ] *sb* internationale Produkthaftung *f*
Internet ['ɪntənet] *sb* Internet *n*
Internet economy ['ɪntənet ɪ'kɒnəmɪ] *sb* Internet-Ökonomie *f*
internship ['ɪntɜ:nʃɪp] *sb* Praktikum *n*, Volontariat *n*

interpolation [ɪntəpəˈleɪʃən] *sb* Interpolation *f*
interpret [ɪnˈtɜːprɪt] *v* dolmetschen, übersetzen
interpreter [ɪnˈtɜːprɪtə] *sb* Dolmetscher(in) *m/f*, Übersetzer(in) *m/f*
interrelation [ɪntərɪˈleɪʃən] *sb* Verflechtung *f*, Wechselbeziehung *f*
intertemporal trade [ɪntəˈtempərəl treɪd] *sb* intertemporaler Handel *m*
intervene [ɪntəˈviːn] *v* intervenieren, eingreifen
intervention [ɪntəˈvenʃən] *sb* Intervention *f*, Eingreifen *n*
intervention buying [ɪntəˈvenʃən ˈbaɪɪŋ] *sb* Interventionskäufe *m/pl*
intervention point [ɪntəˈvenʃən pɔɪnt] *sb* Interventionspunkte *m/pl*
interview [ˈɪntəvjuː] *sb* **1.** *(formal talk)* Gespräch *n;* **2.** *(job ~)* Vorstellungsgespräch *n*
interviewer [ˈɪntəvjuːə] *sb (for a job)* Leiter eines Vorstellungsgesprächs *m*
intestate [ɪnˈtesteɪt] *adj* nicht testamentarisch geregelt
intra-Community deliveries [ɪntrəkəˈmjuːnətɪ dəˈlɪvəriːz] *pl* innergemeinschaftliche Lieferungen *f/pl*
intra-Community trade [ɪntrəkəˈmjuːnətɪ treɪd] *sb* innergemeinschaftlicher Verkehr *m*
Intranet [ˈɪntrənet] *sb* Intranet *n*
intra-trade statistics [ˈɪntrətreɪd stəˈtɪstɪks] *pl* Intrahandelsstatistik *f*
intrinsic motivation [ɪnˈtrɪnzɪk məʊtɪˈveɪʃən] *sb* intrinsische Motivation *f*
intrinsic value [ɪnˈtrɪnzɪk ˈvæljuː] *sb* innerer Wert *m*, Substanzwert *m*
introduce [ɪntrəˈdjuːs] *v (s.o.)* vorstellen; *(to a subject)* einführen; *~ o.s.* sich vorstellen; *(reforms, a method, a fashion)* einführen
introduction [ɪntrəˈdʌkʃən] *sb* **1.** *(to a person)* Vorstellung *f;* **2.** *letter of ~* Empfehlungsschreiben *n*, Empfehlungsbrief *m;* **3.** *(of a method)* Einführung *f*
introduction stage [ɪntrəˈdʌkʃən steɪdʒ] *sb* Einführungsphase *f*
introductory discount [ɪntrəˈdʌktərɪ ˈdɪskaʊnt] *sb* Einführungsrabatt *m*
introductory price [ɪntrəˈdʌktərɪ praɪs] *sb* Einführungskurs *m*
inure [ɪnˈjuːə] *v (legal)* in Kraft treten
invent [ɪnˈvent] *v* erfinden
invention [ɪnˈvenʃən] *sb* Erfindung *f*
inventor [ɪnˈventə] *sb* Erfinder(in) *m/f*
inventory [ˈɪnvəntərɪ] *sb* Inventar *n*, Bestandsaufnahme *f; take an ~ of sth* Inventar von etw aufnehmen
inventory accounting [ˈɪnvəntərɪ əˈkaʊntɪŋ] *sb* Lagerbuchführung *f*, Materialbuchhaltung *f*
inventory balance sheet [ˈɪnvəntərɪ ˈbæləns ʃiːt] *sb* Inventurbilanz *f*
inventory change [ˈɪnvəntərɪ tʃeɪndʒ] *sb* Bestandsveränderung *f*
inventory-sales ratio [ˈɪnvəntərɪ seɪlz ˈreɪʃɪəʊ] *sb* Umschlagshäufigkeit eines Lagers *f*
inventory valuation at average prices [ˈɪnvəntərɪ væljuːˈeɪʃən æt ˈævərɪdʒ ˈpraɪsɪz] *sb* Durchschnittsbewertung *f*
inventory value [ˈɪnvəntərɪ ˈvæljuː] *sb* Inventarwert *m*
inverse interest rate structure [ˈɪnvɜːs ˈɪntrɪst reɪt ˈstrʌktʃə] *sb* inverse Zinsstruktur *f*
inverse method of cost estimating [ˈɪnvɜːs ˈmeθəd əv kɒst ˈestɪmeɪtɪŋ] *sb* retrograde Kalkulation *f*
inverse method of determining income [ˈɪnvɜːs ˈmeθəd əv dəˈtɜːmɪnɪŋ ˈɪnkʌm] *sb* retrograde Erfolgsrechnung *f*
invested capital [ɪnˈvestɪd ˈkæpɪtəl] *sb* investiertes Kapital *n*
invested wages [ɪnˈvestɪd ˈweɪdʒɪz] *pl* Investivlohn *m*
investigation [ɪnvestɪˈgeɪʃən] *sb* Nachforschung *f*, Ermittlung *f*
investigation by the tax authorities [ɪnvestɪˈgeɪʃən baɪ ðə tæks ɔːˈθɒrɪtiːz] *sb* Betriebsprüfung *f*
investment [ɪnˈvestmənt] *sb* Anlage *f*, Geldanlage *f*, Investition *f*, Vermögensanlage *f*
investment accounts [ɪnˈvestmənt əˈkaʊnts] *pl* Anlagekonten *n/pl*
investment advisor [ɪnˈvestmənt ədˈvaɪzə] *sb* Vermögensberater(in) *m/f*, Anlageberater(in) *m/f*
investment aid [ɪnˈvestmənt æɪd] *sb* Investitionshilfe *f*

investment appraisal [ɪnˈvestmənt əˈpreɪzəl] *sb* Investitionsrechnung *f*
investment assistance [ɪnˈvestmənt əˈsɪstəns] *sb* Investitionshilfe *f*
investment bank [ɪnˈvestmənt bæŋk] *sb* Investmentbank *f*, Investitionsbank *f*
investment banking [ɪnˈvestmənt ˈbæŋkɪŋ] *sb* Effektenbankgeschäft *n*
investment bond [ɪnˈvestmənt bɒnd] *sb* festverzinsliches Anlagepapier *n*
investment boom [ɪnˈvestmənt buːm] *sb* Investmentboom *m*
investment bottleneck [ɪnvestmənt ˈbɒtlnek] *sb* Investitionsstau *m*
investment business [ɪnˈvestmənt ˈbɪznɪs] *sb* Emmissionsgeschäft *n*
investment capital [ɪnˈvestmənt ˈkæpɪtl] *sb* Kapitalanlage *f*, Anlagekapital *n*
investment certificate [ɪnˈvestmənt səˈtɪfɪkət] *sb* Investmentzertifikat *n*
investment committee [ɪnˈvestmənt kəˈmɪtɪ] *sb* Anlageausschuss *m*
investment company [ɪnˈvestmənt ˈkʌmpənɪ] *sb* Investmentgesellschaft *f*
investment counseling [ɪnˈvestmənt ˈkaʊnsəlɪŋ] *sb* Anlageberatung *f*, Vermögensberatung *f*, Wertpapierberatung *f*
investment credit [ɪnˈvestmənt ˈkredɪt] *sb* Investitionskredit *m*, Anlagekredit *m*
investment credit insurance [ɪnˈvestmənt ˈkredɪt ɪnˈʃʊərəns] *sb* Investitionskreditversicherung *f*
investment fund [ɪnˈvestmənt fʌnd] *sb* Investmentfonds *m*
investment fund certificates [ɪnˈvestmənt fʌnd səˈtɪfɪkɪts] *pl* Investmentzertifikate *n/pl*
investment grant [ɪnˈvestmənt grɑːnt] *sb* Investitionszulage *f*
investment in kind [ɪnˈvestmənt ɪn kaɪnd] *sb* Sacheinlage *f*
investment in securities [ɪnˈvestmənt ɪn sɪˈkjʊərɪtiz] *sb* Wertpapieranlage *f*
investment index [ɪnˈvestmənt ˈɪndeks] *sb* Investitionskennzahl *f*
investment mix [ɪnˈvestmənt mɪks] *sb* Anlagestruktur *f*
investment loan [ɪnˈvestmənt ləʊn] *sb* Investitionskredit *m*
investment program [ɪnˈvestmənt ˈprəʊgræm] *sb* Programmgesellschaft *f*
investment promotion [ɪnˈvestmənt prəˈməʊʃən] *sb* Investitionsförderung *f*
investment return [ɪnˈvestmənt rɪˈtɜːn] *sb* Anlageertrag *m*, Kapitalrendite *f*
investment risk [ɪnˈvestmənt rɪsk] *sb* Anlagewagnis *n*
investment scheme [ɪnˈvestmənt skiːm] *sb* Investitionsplan *m*
investment securities [ɪnˈvestmənt sɪˈkjʊərɪtiz] *pl* Anlagepapiere *n/pl*
investment share [ɪnˈvestmənt ʃeə] *sb* Investmentanteil *m*
investment subsidy [ɪnˈvestmənt ˈsʌbsədɪ] *sb* Investitionszuschuss *m*
investment tax [ɪnˈvestmənt tæks] *sb* Investitionssteuer *f*
investor [ɪnˈvestə] *sb* Kapitalanleger(in) *m/f*, Investor(in) *m/f*
investor-state dispute settlement (ISDS) [ɪnˈvestəˈsteɪt dɪspjuːt setlmənt] *sb* Schlichtung von Streitigkeiten zwischen Investoren und dem Staat *f*, ISDS *n*
invisible hand [ɪnˈvɪzɪbəl hænd] *sb* Ausgleichsfunktion des Preises *f*; unsichtbare Hand *f* (nach Adam Smith)
invitation to tender [ɪnvɪˈteɪʃən tu ˈtendə] *sb* Ausschreibung *f*, Submission *f*
invoice [ˈɪnvɔɪs] *sb* **1.** Rechnung *f*, Faktura *f*; *v* **2.** fakturieren, in Rechnung stellen
invoice amount [ˈɪnvɔɪs əˈmaʊnt] *sb* Rechnungssumme *f*
invoice number [ˈɪnvɔɪs ˈnʌmbə] *sb* Rechnungsnummer *f*
invoice total [ˈɪnvɔɪs ˈtəʊtl] *sb* Rechnungsbetrag *m*
invoicing [ˈɪnvɔɪsɪŋ] *sb* **1.** Fakturierung *f*, Rechnungsstellung *f*; **2.** Inrechnungstellung *f*, Berechnung *f*
iron and steel industry [ˈaɪən ænd stiːl ˈɪndəstrɪ] *sb* Eisen- und Stahlindustrie *f*
iron exchange [ˈaɪən ɪksˈtʃeɪndʒ] *sb* Eisenbörse *f*
irredeemable [ɪrɪˈdiːməbl] *adj* **1.** *(bonds)* unkündbar; **2.** *(currency)* nicht einlösbar; **3.** *(debt, pawned object)* nicht ablösbar

irregularity [ɪregjʊ'lærətɪ] *sb* Unregelmäßigkeit *f*
ISO standards [aɪ es əʊ 'stændədz] *pl* ISO-Normen *f/pl*
issue ['ɪʃu:] *v* **1.** *(a command)* ausgeben, erteilen; **2.** *(currency)* ausgeben, emittieren; **3.** *(documents)* ausstellen; **4.** *(stamps, a newspaper, a book)* herausgeben; *sb* **5.** *(magazine, currency, stamps)* Ausgabe *f;* **6.** *(of documents)* Ausstellung *f; date of ~* Ausstellungsdatum *n;* **7.** *(of stocks)* Emission *f*, Ausgabe *f;* **8.** *(goods)* Abgang *m*
issue at par ['ɪʃu: æt pɑ:] *sb* Pari-Emission *f*
issue below par ['ɪʃu: bə'ləʊ pɑ:] *sb* Unter-Pari-Emission *f*
issue broker ['ɪʃu: 'brəʊkə] *sb* Emissionsmakler(in) *m/f*
issue calendar ['ɪʃu: 'kælɪndə] *sb* Emissionskalender *m*
issue commission ['ɪʃu: kə'mɪʃən] *sb* Emissionsvergütung *f*
issue date ['ɪʃu: deɪt] *sb* Ausstellungstag *m*
issue department ['ɪʃu: də'pɑ:tmənt] *sb* Emissionsabteilung *f*
Issue Law ['ɪʃu: lɔ:] *sb* Emissionsgesetz *n*
issue market ['ɪʃu: mɑ:kət] *sb* Emissionsmarkt *m*, Primärmarkt *m*
issue of securities ['ɪʃu: əv sɪ'kjʊərɪtiz] *sb* Effektenemission *f*, Wertpapieremission *f*
issue of shares ['ɪʃu: əv ʃeəz] *sb* Aktienemission *f*, Aktienausgabe *f*
issue permit ['ɪʃu: 'pɜ:mɪt] *sb* Emissionsgenehmigung *f*
issue premium ['ɪʃu: 'pri:mɪəm] *sb* Emissionsagio *n*
issue price ['ɪʃu: praɪs] *sb* Emissionskurs *m*
issuer ['ɪʃu:ə] *sb* Emittent *m*, emittierendes Unternehmen *n*
issue yield ['ɪʃu: ji:ld] *sb* Emissionsrendite *f*
issuing ['ɪʃu:ɪŋ] *sb* Emission *f*, Ausgabe *f*, Erscheinen *n*
issuing bank ['ɪʃu:ɪŋ bæŋk] *sb* Effektenbank *f*, Emissionsbank *f*
issuing house ['ɪʃu:ɪŋ haʊs] *sb* Emissionshaus *n*
issuing of shares ['ɪʃu:ɪŋ əv ʃeəz] *sb* Aktienausgabe *f*
issuing price ['ɪʃu:ɪŋ praɪs] *sb* Ausgabepreis *m*, Begebungspreis *m*, Ausgabekurs *m*
issuing procedure ['ɪʃu:ɪŋ prəʊ'si:dʒə] *sb* Emissionsverfahren *n*
item ['aɪtəm] *sb* **1.** *(object, thing)* Stück *n*, Ding *n*, Gegenstand *m;* **2.** *(on an agenda)* Punkt *m;* **3.** *(in an account book)* Posten *m*
item charge ['aɪtəm tʃɑ:dʒ] *sb* Postengebühr *f*
item free of charge ['eɪtəm fri: əv tʃɑ:dʒ] *sb* Frankoposten *m*
itemization [aɪtəmaɪ'zeɪʃən] *sb* Aufgliederung *f*, Spezifizierung *f*
itemize ['aɪtəmaɪz] *v* einzeln aufführen, spezifizieren
item numbering system ['eɪtəm 'nʌmbərɪŋ 'sɪstɪm] *sb* Artikelnummernsystem *n*
item of real estate ['aɪtəm əv 'rɪəl ɪ'steɪt] *sb* Immobilie *f*
itinerant trade [aɪ'tɪnərənt treɪd] *sb* ambulantes Gewerbe *n*
itinerary [aɪ'tɪnərərɪ] *sb* **1.** Reiseroute *f*, Fahrstrecke *f;* **2.** *(outline)* Reiseplan *m*

J/K

jacket [ˈdʒækɪt] *sb* Schutzhülle *f*, Umschlag *m*
jam [dʒæm] *sb* **1.** *(blockage)* Stauung *f*; **2.** *traffic ~* (Verkehrs-)Stau *m*
janitor [ˈdʒænɪtə] *sb* *(US)* Hausmeister(in) *m/f*
jargon [ˈdʒɑːgən] *sb* Jargon *m*, Fachsprache *f*
jet [dʒet] *sb* *(~ plane)* Düsenflugzeug *n*, Jet *m*
jingle [ˈdʒɪŋgl] *sb* Werbemelodie *f*, Erkennungsmelodie *f*
job [dʒɒb] *sb* **1.** *(employment)* Stelle *f*, Job *m*, Stellung *f*; **2.** *(piece of work)* Arbeit *f*; **3.** *to be paid by the ~* pro Auftrag bezahlt werden; *pl* **4.** *odd ~s* Gelegenheitsarbeiten *pl*; **5.** *(responsibility, duty)* Aufgabe *f*; *That's not my ~.* Dafür bin ich nicht zuständig.
job account log [dʒɒb əˈkaʊnt lɒg] *sb* Auftragsabrechnungsbuch *n*
job account number [dʒɒb əˈkaʊnt ˈnʌmbə] *sb* Auftragsnummer *f*
job allocation [dʒɒb ælәˈkeɪʃən] *sb* Aufgabenverteilung *f*, Aufgabenzuweisung *f*
job application [dʒɒb æplɪˈkeɪʃən] *sb* Bewerbung *f*, Stellengesuch *n*
jobbing [ˈdʒɒbɪŋ] *sb* Jobben *n*
job card [dʒɒb ˈkɑːd] *sb* Arbeitszettel *m*
job centre [ˈdʒɒb sentə] *sb* *(UK)* Arbeitsamt *n*
job changeover [dʒɒb ˈtʃeɪndʒəʊvə] *sb* Auftragswechsel *m*
job controlling [dʒɒb kənˈtrəʊlɪŋ] *sb* Auftragssteuerung *f*
job counselor [dʒɒb ˈkaʊnsələ] *sb* Berufsberater(in) *m/f*
job demand [ˈdʒɒb dɪˈmɑːnd] *sb* Arbeitsnachfrage *f*
job description [ˈdʒɒb dɪskrɪpʃən] *sb* Tätigkeitsbeschreibung *f*
job engineering [ˈdʒɒb endʒɪnˈiːrɪŋ] *sb* Arbeitsplatzgestaltung *f*
job enlargement [dʒɒb ɪnˈlɑːdʒmənt] *sb* Erweiterung des Aufgabenbereichs *f*
job entrant [dʒɒb ˈentrənt] *sb* Berufsanfänger(in) *m/f*
job execution [dʒɒb eksɪˈkjuːʃən] *sb* Auftragsdurchführung *f*
job evaluation [ˈdʒɒb ɪvæljuˈeɪʃən] *sb* Arbeitsbewertung *f*
job freeze [ˈdʒɒb friːz] *sb* Einstellungsstopp *m*, Einstellungssperre *f*
job history [dʒɒb ˈhɪstrɪ] *sb* beruflicher Werdegang *m*
job interview [dʒɒb ˈɪntəvjuː] *sb* Vorstellungsgespräch *n*, Bewerbungsgespräch *n*
job layout [dʒɒb ˈleɪaʊt] *sb* Arbeitsplatzgestaltung *f*
jobless [ˈdʒɒbləs] *adj* arbeitslos
job lot [dʒɒb lɒt] *sb* *(of articles)* Posten *m*
job order [dʒɒb ˈɔːdə] *sb* Arbeitsauftrag *m*, (Lohn-)Fertigungsauftrag *m*
job order costing [dʒɒb ˈɔːdə ˈkɒstɪŋ] *sb* Zuschlagskalkulation *f*
job placement [dʒɒb ˈpleɪsmənt] *sb* Stellenvermittlung *f*
job preparation [dʒɒb prepəˈreɪʃən] *sb* Arbeitsvorbereitung *f*
job pricing [dʒɒb ˈpraɪsɪŋ] *sb* Lohnkostenkalkulation *f*
job production [dʒɒb prəˈdʌkʃən] *sb* Einzelfertigung *f*, Auftragsfertigung *f*
job rate [dʒɒb ˈreɪt] *sb* **1.** Tarifgrundlohn *m*; **2.** *(piece work)* Akkordlohnsatz *m*
job record [dʒɒb ˈrekɔːd] *sb* beruflicher Werdegang *m*
job rotation [dʒɒb rəʊˈteɪʃən] *sb* Jobrotation *f*, systematischer Arbeitsplatzwechsel *m*
job satisfaction [ˈdʒɒb sætɪsˈfækʃən] *sb* Arbeitszufriedenheit *f*
job search [ˈdʒɒb sɜːtʃ] *sb* Stellensuche *f*
job sequence [dʒɒb ˈsiːkwəns] *sb* Arbeitsfolge *f*, Arbeitsablauf *m*
job sharing [dʒɒb ˈʃeərɪŋ] *sb* Jobsharing *n*, Teilen einer Arbeitsstelle *n*
job shop operation [dʒɒb ʃɒp ɒpəˈreɪʃn] *sb* Werkstattfertigung *f*

job shop schedule [dʒɒb ʃɒp ˈʃedju:l] *sb* Maschinenbelegungsplan *m*

job time [ˈdʒɒb taɪm] *sb* Stückzeit *f*, Auftragszeit *f*

join [dʒɔɪn] *v* **1.** eintreten, beitreten; **2.** *(combine)* zusammenfügen, verbinden

joining [ˈdʒɔɪnɪŋ] *sb* Beitritt *m*

joint [dʒɔɪnt] *adj* gemeinsam, gemeinschaftlich, Gemeinschafts...; *~ and several* gesamtschuldnerisch

joint account [dʒɔɪnt əˈkaʊnt] *sb* Gemeinschaftskonto *n*, Oder-Konto *n*

joint and several debtor [dʒɔɪnt ænd ˈsevərəl ˈdetə] *sb sb* Gesamtschuldner *m*

joint and several guaranty [dʒɔɪnt ænd ˈsevərəl gærənˈti:] *sb* gesamtschuldnerische Bürgschaft *f*

joint and several liability [ˈdʒɔɪnt ænd ˈsevərəl laɪləˈbɪlɪtɪ] *sb* Solidarhaftung *f*

joint committee [dʒɔɪnt kəˈmɪtɪ] *sb* gemischter Ausschuss *m*

joint debt [dʒɔɪnt det] *sb* Gesamthandschuld *f*

joint debtor [dʒɔɪnt ˈdetə] *sb* Mitschuldner(in) *m/f*

joint deposit [dʒɔɪnt dɪˈpɒsɪt] *sb* Oderdepot *n*

joint funds [dʒɔɪnt fʌnds] *pl* Gemeinschaftsfonds *m*

joint issue [dʒɔɪnt ˈɪʃju:] *sb* Gemeinschaftsemission *f*

joint loan [dʒɔɪnt ləʊn] *sb* Gemeinschaftsanleihe *f*

joint loan issue [dʒɔɪnt ləʊn ˈɪʃu:] *sb* Sammelanleihe *f*

joint owner [dʒɔɪnt ˈəʊnə] *sb* Miteigentümer(in) *m/f*, Mitbesitzer(in) *m/f*

joint possession [dʒɔɪnt pəˈzeʃn] *sb* Mitbesitz *m*

joint power of attorney [dʒɔɪnt ˈpaʊə əv əˈtɜ:nɪ] *sb* Gesamtvollmacht *f*

joint proxy [dʒɔɪnt ˈprɒksɪ] *sb* Gesamtprokura *f*

joint property [dʒɔɪnt ˈprɒpertɪ] *sb* gemeinschaftliches Eigentum *n*

joint publicity [dʒɔɪnt pʌˈblɪsɪtɪ] *sb* Gemeinschaftswerbung *f*

joint saving [dʒɔɪnt ˈseɪvɪŋ] *sb* Gemeinschaftssparen *n*

joint security deposit [dʒɔɪnt sɪkˈjʊərɪtɪ dɪˈpɒsɪt] *sb* Gemeinschaftsdepot *n*

joint stock [dʒɔɪnt stɒk] *sb* Aktienkapital *m*

joint stock bank [dʒɔɪnt stɒk bæŋk] *sb* Aktienbank *f*

joint stock company [dʒɔɪnt stɒk ˈkʌmpənɪ] *sb* Aktiengesellschaft *f*

joint tenancy [dʒɔɪnt ˈtenənsɪ] *sb* Gesamthandeigentum *n*

jointly owned claim [ˈdʒɔɪntlɪ əʊnd kleɪm] *sb* Gesamthandforderung *f*

joint-stock company [ˈdʒɔɪntstɒk ˈkʌmpənɪ] *sb* Kapitalgesellschaft *f*, Aktiengesellschaft *f*

joint venture [dʒɔɪnt ˈventʃə] *sb* Gemeinschaftsunternehmen *n*, Joint Venture *n*

joint-venture company [dʒɔɪntˈventʃə ˈkʌmpənɪ] *sb* Projektgesellschaft *f*

jottings [ˈdʒɒtɪŋz] *pl* Notizen *f/pl*

journal [ˈdʒɜ:nəl] *sb* **1.** Journal *n*; **2.** *(Rechnungswesen)* Primanota *f*

journeyman [ˈdʒɜ:nɪmən] *sb* Geselle *m*

judge [dʒʌdʒ] *v* **1.** urteilen; **2.** *(sth)* beurteilen; **3.** *(consider, deem)* halten für, erachten für; **4.** *(estimate)* einschätzen; *sb* **5.** Richter(in) *m/f*

judge in bankruptcy [dʒʌdʒ ɪn ˈbæŋkrəpsɪ] *sb* Konkursrichter(in) *m/f*

judgement [ˈdʒʌdʒmənt] *sb* **2.** Urteil *n*, Beurteilung *f*; **2.** *(estimation)* Einschätzung *f*

judgement debt [ˈdʒʌdʒmənt det] *sb* Vollstreckungsschuld *f*

judgement note [ˈdʒʌdʒmənt nəʊt] *sb* Schuldanerkenntnisschein *m*

judgement on appeal [ˈdʒʌdʒmənt ɒn əˈpi:l] *sb* Berufungsurteil *n*

judicable [dʒu:ˈdɪkəbl] *adj* rechtsfähig

judicial [ˈdʒu:dɪʃəl] *adj* gerichtlich, Justiz...

judicial authority [dʒu:ˈdɪʃəl ɔ:ˈθɒrətɪ] *sb* Gerichtsbehörde *f*, gerichtliche Instanz *f*

jumbo bond issue [ˈdʒʌmbəʊ bɒnd ˈɪʃu:] *sb* Großemission *f*

jump [dʒʌmp] *v* **1.** sprunghaft ansteigen; *sb* **2.** sprunghafter Anstieg *m*

jump in prices [dʒʌmp ɪn ˈpraɪsɪz] *sb* Kurssprung *m*

J K

junior financing ['dʒu:njə faɪ'nænsɪŋ] *sb* nachrangige Finanzierung *f*
junior lawyer ['dʒu:nɪə 'lɔ:jə] *sb* Rechtsreferendar(in) *m/f*
junior market ['dʒu:nɪə 'mɑ:kɪt] *sb* nachrangiger Markt *m*
junior mortgage ['dʒu:nɪə 'mɔ:gɪdʒ] *sb* nachrangige Hypothek *f*
junior partner ['dʒu:nɪə 'pɑ:tnə] *sb* jüngere(r) Teilhaber(in) *m/f*, jüngere(r) Partner(in) *m/f*
junior stock ['dʒu:nɪə stɒk] *sb* junge Emission *f*
junk bond [dʒʌŋk bɒnd] *sb* niedrig eingestuftes Wertpapier *n*
junk mail ['dʒʌŋk meɪl] *sb* Postwurfsendungen *f/pl*, Reklame *f*
jurisdiction [dʒʊərɪs'dɪkʃən] *sb* Zuständigkeitsbereich *m*, Zuständigkeit *f*
jurisdiction at the place of performance [dʒʊərɪs'dɪkʃən ət ðə pleɪs əv pə'fɔ:məns] *sb* Gerichtsstand des Erfüllungsortes *m*
jurisdiction clause [dʒʊərɪs'dɪkʃən klɔ:z] *sb* Zuständigkeitsklausel *f*
jurisdiction to tax [dʒʊərɪs'dɪkʃen tu 'tæks] *sb* Steuerhoheit *f*
jurisprudence [dʒʊərɪs'pru:dəns] *sb* Rechtswissenschaft *f*
juror ['dʒʊərə] *sb* Geschworene(r) *f/m*, Schöffe/Schöffin *m/f*
jury ['dʒʊərɪ] *sb* Geschworene *pl*
justice ['dʒʌstɪs] *sb (system)* Gerichtsbarkeit *f*, Justiz *f*
justification [dʒʌstɪfɪ'keɪʃn] *sb* Rechtfertigung *f*; Begründung *f*
justify ['dʒʌstɪfaɪ] *v* rechtfertigen; *~ these measures* diese Maßnahmen rechtfertigen
just-in-time [dʒʌstɪn'taɪm] *adv* just-in-time, produziert zur sofortigen Auslieferung
juxtapose [dʒʌkstə'pəʊz] *v* nebeneinanderstellen, einander gegenüberstellen
juxtaposition [dʒʌkstəpə'zɪʃən] *sb* Nebeneinanderdarstellung *f*
keelage ['ki:lɪdʒ] *sb* Hafengebühr *f*
keen [ki:n] *adj* **1.** begeistert, leidenschaftlich; *be ~ to do sth* etw unbedingt tun wollen; **2.** scharf; *~ mind* scharfer Verstand
keep [ki:p] *v irr* **1.** *(accounts, a diary)* führen; **2.** *(an appointment)* einhalten; **3.** *(a promise)* halten, einhalten, einlösen; **4.** *(run a shop, a hotel)* führen
keeping of an account ['ki:pɪŋ əv ən ə'kaʊnt] *sb* Kontoführung *f*
keeper ['ki:pə] *sb* Verwahrer(in) *m/f*, Halter(in) *m/f*
keeping in stock ['ki:pɪŋ ɪn stɒk] *sb* Lagerhaltung *f*
keeping of the minutes ['ki:pɪŋ əv ðə 'mɪnɪts] *sb* Protokollführung *f*
keeping of the records ['ki:pɪŋ əv ðə 'rekɔ:dz] *sb* Registerführung *f*, Geschäftsbuchführung *f*
keeping period ['ki:pɪŋ 'pɪərɪəd] *sb* Aufbewahrungsfrist *f*
kerb market [kɜ:b 'mɑ:kɪt] *sb* Nachbörse *f*, Freiverkehr *m*
key [ki:] *sb* **1.** Schlüssel *m*; **2.** *(of a typewriter, of a keyboard)* Taste *f*
key account manager [ki: ə'kaʊnt 'mænɪdʒə] *sb* Key-account-Manager(in) *m/f*, Großkundenmanager(in) *m/f*
keyboard ['ki:bɔ:d] *sb* Tastatur *f*
key costs [ki: kɒsts] *pl* Hauptunkosten *pl*
key currency [ki: 'kʌrensɪ] *sb* Leitwährung *f*
key customer [ki: 'kʌstəmə] *sb* Hauptkunde/-kundin *m/f*, Großkunde/-kundin *m/f*
key data [ki: 'deɪtə] *sb* Eckdaten *pl*, Schlüsselwerte *m/pl*
key date [ki: deɪt] *sb* Stichtag *m*
key employee [ki: ɪmplɔɪ'i:] *sb* leitende(r) Angestellte(r) *f/m*
key in [ki: 'ɪn] *v* eingeben (per Tastatur), eintippen
key indicator [ki: 'ɪndɪkeɪtə] *sb* Primärindikator *m*
key industry [ki: 'ɪndəstrɪ] *sb* Schlüsselindustrie *f*
key interest rate [ki: 'ɪntrest reɪt] *sb* Leitzinssatz *m*
keylock ['ki:lɒk] *sb (IT)* Tastensperre *f*
key money [ki: 'mʌnɪ] *sb (UK)* Provision *f*
Keynes Theory [ki:ns 'θɪərɪ] *sb* Keynes'sche Theorie *f*
key number [ki: 'nʌmbə] *sb* Kontrollnummer *f*

key of payment [ki: əv 'peɪmənt] *sb* Kostenschlüssel *m*
key of ratings [ki: əv 'reɪtɪŋz] *sb* Bewertungsschlüssel *m*
key operating area [ki: 'ɒpəreɪtɪŋ 'eərɪə] *sb* Hauptgeschäftsbereich *m*
key qualification [ki: kwɒlɪfɪ'keɪʃn] *sb* Schlüsselqualifikation *f*
key rate [ki: reɪt] *sb* Leitzins *m*
key responsibility area [ki: rɪspɒnsə'bɪlətɪ 'eərɪə] *sb* Hauptverantwortungsbereich *m*
keystroke ['ki:strəʊk] *sb* Anschlag *m*
key word [ki: wɜ:d] *sb* Schlüsselwort *n*
key workers [ki: 'wɜ:kəs] *pl* Stammbelegschaft *f*
kickback ['kɪkbæk] *sb* **1.** *(fam)* Schmiergeld *n;* **2.** *(reaction) feel the ~ from* die Auswirkungen spüren von
kill [kɪl] *v* **1.** *(fam) (a proposal)* zu Fall bringen; **2.** *(an engine)* abschalten
kilobyte ['kɪləbaɪt] *sb* Kilobyte *n*
kilogramme ['kɪləgræm] *sb (UK)* Kilogramm *n*
kilohertz ['kɪləhɜ:ts] *sb* Kilohertz *n*
kilometre [kɪ'lɒmɪtə] *sb* Kilometer *m; ~s per hour* Stundenkilometer *m/pl*
kiloton ['kɪlətʌn] *sb* Kilotonne *f*
kilovolt ['kɪləvɒlt] *sb* Kilovolt *n*
kilowatt ['kɪləwɒt] *sb* Kilowatt *n*
kind [kaɪnd] *sb* **1.** Art *f*, Sorte *f*; **2.** *(similar) contribution in ~* Sacheinlage *f*
king-sized ['kɪŋsaɪzd] *adj* Riesen..., sehr groß
kite [kaɪt] *sb* **1.** Gefälligkeitswechsel; **2.** *(uncovered cheque)* ungedeckter Scheck *m*
kite flying [kaɪt 'flaɪɪŋ] *sb* Wechselreiterei *f*
knitwear industry ['nɪtweə 'ɪndəstrɪ] *sb* Strickwarenindustrie *f*
knock down [nɒk daʊn] *v (Auktion)* zuschlagen
knock-down price ['nɒkdaʊn praɪs] *sb* **1.** Schleuderpreis *m;* **2.** *(auction)* Mindestgebot *n*
knock-for-knock [nɒkfɔ:'nɒk] *sb (insurance)* gegenseitige Aufrechnung *f*
knockoff ['nɒkɒf] *sb (fam)* Imitation *f*
knock-on ['nɒkɒn] *adj ~ effect* Dominoeffekt *m*
know [nəʊ] *v irr* wissen, kennen
knowhow ['nəʊhaʊ] *sb* Sachkenntnis *f*, Know-how *n*
knowhow agreement ['nəʊhaʊ ə'gri:mənt] *sb* Lizenzvertrag *m*
knowledge ['nɒlɪdʒ] *sb* Wissen *n*, Kenntnisse *f/pl*
knowledge management ['nɒlɪdʒ 'mænɪdʒmənt] *sb* Wissensmanagement *n*

L

label [ˈleɪbl] *v* **1.** etikettieren; *sb* **2.** Etikett *n*, Schild *n*
labelling [ˈleɪbəlɪŋ] *sb* Etikettierung *f*, Kennzeichnung *f*
labelling provisions [ˈleɪbəlɪŋ prəˈvɪʃns] *pl* Kennzeichnungsverordnung *f*
laboratory [ləˈbɒrətrɪ] *sb* Laboratorium *n*, Labor *n*
labour [ˈleɪbə] *sb* **1.** Arbeit *f*, Anstrengung *f*, Mühe *f*; **2.** *(workers)* Arbeiter *pl*, Arbeitskräfte *pl*
labour and management [ˈleɪbə ænd ˈmænɪdʒmənt] *sb* Tarifpartner *m/pl*, Tarifparteien *f/pl*
labour agreement [ˈleɪbə əˈgriːmənt] *sb* Tarifvertrag *m*
labour cost level [ˈleɪbə kɒst ˈlevl] *sb* Lohnkostenniveau *n*
labour costs [ˈleɪbə kɒsts] *pl* Lohnkosten *pl*
labour cost subsidy [ˈleɪbə kɒst ˈsʌbsədɪ] *sb* Lohnkostenzuschuss *m*
labour court [ˈleɪbə kɔːt] *sb* Arbeitsgericht *n*
labour/employment costs [ˈleɪbə ɪmˈplɔɪmənt kɒsts] *sb (Personal)* Arbeitskosten *f*
labour exchange [ˈleɪbər ɪkˈstʃeɪndʒ] *sb (UK)* Arbeitsamt *n*
labour grading [ˈleɪbə ˈgreɪdɪŋ] *sb* Arbeitsbewertung *f*
labour law [ˈleɪbə lɔː] *sb* Arbeitsrecht *n*
labour leader [ˈleɪbə ˈliːdə] *sb* Gewerkschaftsführer *m*
labour market [ˈleɪbə ˈmɑːkɪt] *sb* Arbeitsmarkt *m*
labour market policy [ˈleɪbə ˈmɑːkɪt ˈpɒlɪsɪ] *sb* Arbeitsmarktpolitik *f*
labour permit [ˈleɪbə ˈpɜːmɪt] *sb* Arbeitserlaubnis *f*, Arbeitsgenehmigung *f*
Labour Promotion Law [ˈleɪbə prɒˈməʊʃn lɔː] *sb* Arbeitsförderungsgesetz (AFG) *n*
labour relations [ˈleɪbə rɪˈleɪʃənz] *pl* Arbeitsverhältnis, Arbeitsklima *n*
labour time standard [ˈleɪbə taɪm ˈstændəd] *sb* Arbeitszeitvorgabe *f*
labourer [ˈleɪbərə] *sb* Arbeiter *m*, Arbeitskraft *f*
labour-intensive [ˈleɪbərɪntensɪv] *adj* arbeitsintensiv
lack [læk] *v* **1.** Mangel haben an, nicht haben, nicht besitzen; *sb* **2.** Mangel *m*
lack of foreign exchange [læk əv ˈfɒrɪn ɪkˈstʃeɪndʒ] *sb* Devisenmangel *m*
lack of jurisdiction [læk əv dʒʊərɪsˈdɪkʃən] *sb* Unzuständigkeit *f*
lack of liquidity [læk əv lɪˈkwɪdɪtɪ] *sb* Unterliquidität *f*
lading [ˈleɪːdɪŋ] *sb* Ladung *f*
lag [læg] *sb* Verzögerung *f*, Rückstand *m*
lagged adjustment of variable costs [lægd əˈdʒʌstmənt əv ˈveəriəbl kɒsts] *sb* Kostenremanenz *f*
land bank [ˈlænd bæŋk] *sb* Bodenkreditanstalt *f*, Hypothekenbank *f*
land charge [ˈlænd tʃɑːdʒ] *sb* Grundschuld *f*
land charge certificate [lænd tʃɑːdʒ səˈtɪfɪkət] *sb* Grundschuldbrief *m*
land charge in favour of the owner [lænd tʃɑːdʒ ɪn ˈfeɪvə əv ðiː ˈəʊnə] *sb* Eigentümer-Grundschuld *f*
land charge not repayable until called [lænd tʃɑːdʒ nɒt riːˈpeɪəbl ʌnˈtɪl kɔːld] *sb* Kündigungsgrundschuld *f*
land credit [lænd ˈkredɪt] *sb* Immobiliarkredit *m*
land holder [lænd ˈhəʊldə] *sb* Grundbesitzer *m*
land investment [lænd ɪnˈvestmənt] *sb* Grundstücksanlage *f*
land price [ˈlænd praɪs] *sb* Bodenpreis *m*
land reform [lænd rɪˈfɔːm] *sb* Bodenreform *f*
land surveying [lænd səˈveɪɪŋ] *sb* Landvermessung *f*
land tenancy [lænd ˈtenənsɪ] *sb* Landpacht *f*, Grundstückspacht *f*
land transfer tax [lænd ˈtrænsfɜː tæks] *sb* Grunderwerbssteuer *f*
landlady [ˈlændleɪdɪ] *sb* Vermieterin *f*

landlord [ˈlændlɔːd] *sb* Vermieter *m*

lane [leɪn] *sb* **1.** *(shipping route)* Schifffahrtsweg *m;* **2.** *(of an aircraft)* Route *f*

lapse [læps] *sb* **1.** *(of time)* Zeitspanne *f,* Zeitraum *m;* **2.** *(expiration)* Ablauf *m;* **3.** *(of a claim)* Verfall *m;* **4.** *(mistake)* Fehler *m,* Versehen *n*

lapse profit [læps ˈprɒfɪt] *sb* Stornogewinn *m*

lapse provision [læps prəˈvɪʒən] *sb* Stornoklausel *f*

laptop [ˈlæptɒp] *sb* Laptop *m*

large container [lɑːdʒ kənˈteɪnə] *sb* Großcontainer *m*

large-scale [ˈlɑːdʒskeɪl] *adj* Groß..., groß, umfangreich

large-scale chain operation [ˈlɑːdʒskeɪl tʃeɪn ɒpəˈreɪʃn] *sb* Massenfilialbetrieb *m*

large-scale lending [ˈlɑːdʒskeɪl ˈlendɪŋ] *sb* Großkredit *m*

large-scale operation [ˈlɑːdʒskeɪl ɒpəˈreɪʃən] *sb* Großbetrieb *m,* Großunternehmen *n*

large-scale order [ˈlɑːdʒskeɪl ˈɔːdə] *sb* Großauftrag *m*

laser printer [ˈleɪzə ˈprɪntə] *sb* Laserdrucker *m*

last will and testament [ˈlɑːst wɪl ænd ˈtestəmənt] *sb* Testament *n*

last-day business [lɑːstˈdeɪ ˈbɪznɪs] *sb* Ultimogeschäft *n*

last-day money [lɑːstˈdeɪ ˈmʌnɪ] *sb* Ultimogeld *n*

latency time [ˈleɪtənsɪ taɪm] *sb* Zugriffszeit *f,* Wartezeit *f*

lateness [ˈleɪtnɪs] *sb* **1.** Zuspätkommen *n;* **2.** *(of payments, of a train)* Verspätung *f*

latent funds [ˈleɪtənt fʌndz] *pl* stille Rücklage *f*

launch [lɔːntʃ] *v* **1.** *(a product)* auf den Markt bringen; **2.** *(with publicity)* lancieren; **3.** *(a company)* gründen

launch customer [lɔːntʃ ˈkʌstəmə] *sb* Pilotkunde/Pilotkundin *m/f*

launch of a product [lɔːntʃ əv ə ˈprɒdʌkt] *sb* Produkteinführung *f*

launching costs [ˈlɔːntʃɪŋ kɒsts] *pl* Anlaufkosten *pl*

launching finance [ˈlɔːntʃɪŋ ˈfaɪnæns] *sb* Anschubfinanzierung *f*

law [lɔː] *sb* *(system)* Recht *n; under German ~* nach deutschem Recht

law of balancing organizational plans [lɔː əv ˈbælənsɪŋ ɔːgənaɪˈzeɪʃnl plænz] *sb* Ausgleichsgesetz der Planung *n*

law of non-proportional returns [lɔː əv nɒnprɒˈpɔːʃənl rɪˈtɜːns] *sb* Ertragsgesetz *n*

law of obligations [lɔː əv ɒblɪˈgeɪʃns] *sb* Schuldrecht *n*

law of real and personal property [lɔː əv ˈrɪəl ænd ˈpɜːsənl ˈprɒpətɪ] *sb* Sachenrecht *n*

law of succession [lɔː əv sʌkˈseʃn] *sb* Erbrecht *n*

law of taxation [lɔː əv tækˈseɪʃn] *sb* Steuerrecht *n*

law on competition [lɔː ɒn kɒmpəˈtɪʃən] *sb* Wettbewerbsrecht *n*

law on environmental issues [lɔː ɒn ɪnvaɪrənˈmentl ˈɪʃuːs] *sb* Umwelthaftungsgesetz (UmweltHG) *n*

law on food processing and distribution [lɔː ɒn fuːd ˈprəusesɪŋ ænd dɪstrɪˈbjuːʃn] *sb* Lebensmittelgesetz *n*

law on semi-retirement [lɔː ɒn ˈsemɪ rɪˈtaɪəmənt] *sb* Altersteilzeitgesetz *n*

lawful [ˈlɔːfəl] *adj* rechtmäßig

lawless [ˈlɔːləs] *adj* gesetzlos

lawsuit [ˈlɔːsuːt] *sb* Prozess *m,* Klage *f,* Gerichtsverfahren *n*

lawyer [ˈlɔːjə] *sb* Anwalt/Anwältin *m/f,* Rechtsanwalt/Rechtsanwältin *m/f*

lay off [leɪ ˈɒf] *v irr (worker)* entlassen

layoff [ˈleɪɒf] *sb* Massenentlassung *f*

lay out [leɪ aʊt] *v irr* **1.** *(money)* ausgeben; **2.** *(invest)* investieren; **3.** *(design)* anlegen, planen

layout [ˈleɪaʊt] *sb* **1.** Anordnung *f,* Anlage *f,* Planung *f;* **2.** *(of a publication)* Layout *n*

lead [liːd] *v irr* führen; *~ the way* vorangehen

lead contractor [liːd kənˈtræktə] *sb* Generalunternehmer(in) *m/f*

lead hand [ˈliːd hænd] *sb* Vorarbeiter(in) *m/f*

leader [ˈliːdə] *sb* **1.** *(of a project)* Leiter(in) *m/f;* **2.** *(product)* Spitzenreiter *m*

leadership [ˈli:dəʃɪp] *sb* **1.** Führung *f*, Leitung *f*; **2.** *(quality)* Führungsqualitäten *pl*
lead time [li:d taɪm] *sb* **1.** *(production)* Produktionszeit *f*; **2.** *(delivery)* Lieferzeit *f*
leaflet [ˈli:flɪt] *sb* Prospekt *m*, Flugblatt *n*
learning curve [ˈlɜ:nɪŋ kɜ:v] *sb* Lernkurve *f*
lease [li:s] *v* **1.** *(take)* pachten, in Pacht nehmen, mieten; **2.** *(give)* verpachten, in Pacht geben, vermieten; *sb* **3.** Pacht *f*, Miete *f*
leasehold [ˈli:shəuld] *sb* Pacht *f*
leasehold rent [ˈli:shəuld rent] *sb* Pachtzins *m*
leaseholder [ˈli:shəuldə] *sb* Pächter(in) *m/f*
lease renewal option [li:s rɪˈnju:əl ˈɒpʃn] *sb* Mietverlängerungsoption *f*
lease with option to purchase [li:s wɪθ ˈɒpʃn tu: ˈpɜ:tʃɪs] *sb* Mietkauf *m*
leasing [ˈli:sɪŋ] *sb* Leasing *n*
leasing company [ˈli:sɪŋ ˈkʌmpənɪ] *sb* Leasing-Gesellschaft *f*
leasing contract [ˈli:sɪŋ ˈkɒntrækt] *sb* Leasing-Vertrag *m*
leasing payment [ˈli:sɪŋ ˈpeɪmənt] *sb* Leasing-Rate *f*
leasing rate [ˈli:sɪŋ reɪt] *sb* Leasing-Rate *f*
leasing rental [ˈli:sɪŋ ˈrentl] *sb* Pachtertrag *m*
leave [li:v] *v irr* **1.** weggehen; **2.** *(car, bus, train)* abfahren; **3.** *(plane)* abfliegen; *~ for* fahren nach; **4.** *(a message) ~ behind* hinterlassen; **5.** *(entrust)* überlassen; *sb* **6.** *(time off)* Urlaub *m*
leave bonus [li:v ˈbəunəs] *sb* Urlaubsgeld *n*
ledger [ˈledʒə] *sb* Hauptbuch *n*
ledger account [ˈledʒə əˈkaunt] *sb* Sachkonto *n*
legacy [ˈlegəsɪ] *sb* Vermächtnis *n*
legal [ˈli:gl] *adj (lawful)* legal; *(tender, limit)* gesetzlich
legal action [ˈli:gl ˈækʃən] *sb* Klage *f*, Rechtsstreit *m*; *take ~ against s.o.* gegen jdn gerichtlich vorgehen
legal adviser [ˈli:gl ədˈvaɪzə] *sb* Rechtsbeistand *m*, Syndikus *m*
legal aid [ˈli:gəl eɪd] *sb* Rechtsbeistand *m*, Rechtshilfe *f*
legal capacity [ˈli:gəl kəˈpæsɪtɪ] *sb* Rechtsfähigkeit *f*
legal competence [ˈli:gl ˈkɒmpɪtəns] *sb* Geschäftsfähigkeit *f*
legal costs [ˈli:gəl kɒsts] *pl* Gerichtskosten *pl*
legal entity [ˈli:gəl ˈentɪtɪ] *sb* juristische Person *f*
legal fees [ˈli:gəl fi:z] *pl* Gerichtskosten *pl*
legal forms of commercial entities [ˈli:gəl fɔ:mz əv kəˈmɜ:ʃl ˈentɪtɪz] *pl* Gesellschaftsformen *f/pl*
legalize [ˈli:gəlaɪz] *v* legalisieren
legal obligation of disclosure [ˈli:gəl ɒblɪˈgeɪʃn əv dɪsˈkləuʒə] *sb* Anzeigepflicht *f*
legal obligation to capitalize [ˈli:gəl ɒblɪˈgeɪʃn tu: ˈkæpɪtəlaɪz] *sb* Aktivierungspflicht *f*
legal position [ˈli:gəl pəˈzɪʃən] *sb* Rechtslage *f*, rechtliche Lage *f*
legal prohibition to capitalize [ˈli:gəl preuhɪˈbɪʃn tu: ˈkæpɪtəlaɪz] *sb* Aktivierungsverbot *n*
legal recourse for non-payment of a bill [ˈli:gəl rɪˈkɔ:s fɔ: nɒnˈpeɪmənt əv a bɪl] *sb* Wechselregress *m*
legal relationship [ˈli:gəl rɪˈleɪʃənʃɪp] *sb* Rechtsverhältnis *n*
legal remedy [ˈli:gəl ˈremədɪ] *sb* Rechtsbehelf *m*
legal reserves [ˈli:gəl rɪˈzɜ:vz] *pl* gesetzliche Rücklage *f*
legal responsibility [ˈli:gəl rɪspɒnsəˈbɪlɪtɪ] *sb* Rechtshaftung *f*
legal settlement in bankruptcy [ˈli:gəl ˈsetlmənt ɪn ˈbæŋkrʌpsɪ] *sb* Zwangsvergleich *m*
legal situation [ˈli:gəl sɪtjuˈeɪʃən] *sb* Rechtslage *f*, rechtliche Lage *f*
legal structure [ˈli:gəl ˈstrʌkʃə] *sb* Rechtsform *f*
legal succession [ˈli:gəl sʌkˈseʃn] *sb* Rechtsnachfolge *f*
legal supervision [ˈli:gəl su:pəˈvɪʒn] *sb* Rechtsaufsicht *f*
legal system [ˈli:gəl ˈsɪstəm] *sb* Rechtsordnung *f*

legal tender ['li:gəl 'tendə] *sb* gesetzliches Zahlungsmittel *n*

legal transaction ['li:gəl træn'zækʃən] *sb* Rechtsgeschäft *n*

legal transaction in fulfillment of an obligation ['li:gəl træn'zækʃn ɪn fʊl'fɪlmənt əv ən ɒblɪ'geɪʃn] *sb* Erfüllungsgeschäft *n*

legislation [ledʒɪ'sleɪʃən] *sb* Gesetzgebung *f; (laws)* Gesetze *n/pl*

legislative sovereignty ['ledʒɪslətɪv 'sɒvərɪntɪ] *sb* Gesetzgebungshoheit *f*

lend [lend] *v irr* leihen, verleihen

lender ['lendə] *sb* Darlehensgeber *m*

lending limit ['lendɪŋ 'lɪmɪt] *sb* Beleihungssatz *m*

lending margin ['lendɪŋ 'mɑ:dʒɪn] *sb* Kreditrente *f*, Kreditzinsen *pl*

lending on bills ['lendɪŋ ɒn bɪlz] *sb* Wechsellombard *m*

lending on goods ['lendɪŋ ɒn gʊdz] *sb* Warenbeleihung *f*

lending on securities ['lendɪŋ ɒn sɪ'kjʊərɪtiz] *sb* Wertpapierleihe *f*, Lombardgeschäft *n*

lending rate ['lendɪŋ reɪt] *sb* Lombardzinsfuß *m*

lend-lease ['lend'li:s] *sb ~ agreement* Leih-Pacht-Abkommen *n*

less [les] *prep* abzüglich

lessee [le'si:] *sb* **1.** Pächter(in) *m/f*, **2.** Mieter(in) *m/f*, **3.** Leasing-Nehmer(in) *m/f*

lessor ['lesɔ:] *sb* Verpächter(in) *m/f*, Vermieter(in) *m/f*

let [let] *v irr* **1.** *(UK: hire out)* vermieten; *sb* **2.** Vermietung *f*, Verpachtung *f*

letdown ['letdaʊn] *sb* **1.** Enttäuschung *f;* **2.** Abnahme *f*, Rückgang *m*

letter ['letə] *sb (written message)* Brief *m*, Schreiben *n*

letter-box ['letəbɒks] *sb* Briefkasten *m*

letterhead ['letəhed] *sb* Briefkopf *m; (paper with ~)* Kopfbogen *m*

letter of acceptance ['letər əv ək'septəns] *sb* Akzept *n*

letter of allotment ['letər əv ə'lɒtmənt] *sb* Bezugsrechtsmitteilung *f*

letter of application ['letər əv æplɪ'keɪʃən] *sb* Bewerbungsschreiben *n*, Bewerbung *f*

letter of authority ['letər əv ɔ:'θɒrətɪ] *sb* Vollmachtserklärung *f*

letter of confirmation ['letər əv kɒnfə'meɪʃn] *sb* Bestätigungsschreiben *n*

letter of credit (L/C) ['letər əv 'kredɪt] *sb* Kreditbrief (L/C) *m*, Akkreditiv *n*

letter of deposit ['letər əv dɪ'pɒzɪt] *sb* Hinterlegungsurkunde *f*

letter of recommendation ['letər əv rekəmen'deɪʃən] *sb* Empfehlungsschreiben *n*, Referenz *f*

letter of reference ['letər əv 'refərəns] *sb* Zeugnis *n*

letter of renunciation ['letər əv rɪnʌnsɪ'eɪʃən] *sb* Verzichtserklärung *f*

letter of thanks ['letər əv θæŋks] *sb* Dankschreiben *n*

level ['levl] *sb (standard)* Niveau *n*, Ebene *f*

level of employment ['levl əv ɪm'plɔɪmənt] *sb* Beschäftigungsgrad *m*

level of internationalization ['levl əv ɪntənæʃənəlaɪ'zeɪʃn] *sb* Internationalisierungsgrad *m*

level of organization ['levl əv ɔ:gənaɪ'zeɪʃn] *sb (Betrieb)* Organisationsgrad *m*

level of taxation ['levl əv tæk'seɪʃən] *sb* Steuerlastquote *f*

levelling ['levəlɪŋ] *sb* Nivellierung *f*

leverage effect ['li:vərɪdʒ ɪ'fekt] *sb* Leverage-Effekt *m*

leveraged buyout ['li:vərɪdʒd 'baɪaʊt] *sb* Management-Buyout *n*

levy ['levɪ] *sb* **1.** *(tax)* Steuer *f*, Abgaben *pl;* **2.** *(act of ~ing)* Erhebung *f*, Umlage *f*

levy on mortgage profits ['levɪ ɒn 'mɔ:gɪdʒ 'prɒfɪts] *sb* Hypothekengewinnabgabe *f*

liabilities [laɪə'bɪlɪti:z] *pl* Passiva *pl*

liability [laɪə'bɪlɪtɪ] *sb* **1.** Obligo *n*, Verbindlichkeit *f;* **2.** *assets and liabilities* Aktiva und Passiva *pl;* **3.** *(responsibility)* Haftung *f*

liability account [laɪə'bɪlətɪ ə'kaʊnt] *sb* Passivkonto *n*

liability for breach of warranty [laɪə'bɪlɪtɪ fɔ: 'bri:tʃ əv 'wɒrəntɪ] *sb* Gewährleistungshaftung *f*, Garantiehaftung *f*

liability for damages [laɪə'bɪlɪtɪ fɔ: 'dæmɪdʒɪz] *sb* Schadensersatzpflicht *f*

L

liability of heirs [laɪə'bɪlɪtɪ əv eəz] *sb* Erbenhaftung *f*
liability to insure [laɪə'bɪlɪtɪ tu: ɪn'ʃʊə] *sb* Versicherungspflicht *f*
liable equity capital ['laɪəbl 'ekwɪtɪ 'kæpɪtl] *sb* Haftungskapital *f*
liable funds ['laɪəbl 'fʌnds] *pl* haftendes Eigenkapital *n*
liable to prosecution ['laɪəbl tu: prɒsɪ'kju:ʃən] *adj* straffällig
liable to tax ['laɪəbl tu: tæks] *adj* abgabenpflichtig, steuerpflichtig
liaison [li:'eɪzən] *sb* **1.** Verbindung *f*, Zusammenarbeit *f*; **2.** *(person)* Verbindungsmann *m*
liberal ['lɪbərəl] *adj (supply)* großzügig; *(politically)* liberal
liberal profession ['lɪbərəl prɒ'feʃn] *sb* freier Beruf *m*
liberalism ['lɪbərəlɪzm] *sb* Liberalismus *m*
liberalization of foreign trade [lɪbərəlaɪ'zeɪʃn əv 'fɒrɪn 'treɪd] *sb* Handelsliberalisierung *f*
liberation of capital [lɪbə'reɪʃn əv 'kæpɪtl] *sb* Kapitalfreisetzung *f*
Libor loan ['laɪbə ləʊn] *sb* Liboranleihe *f*
licence ['laɪsəns] *sb* Genehmigung *f*, Erlaubnis *f*, Lizenz *f*, Konzession *f*
licence agreement ['laɪsəns ə'gri:mənt] *sb* Lizenzvertrag *m*
licence fee ['laɪsəns fi:] *sb* Lizenzgebühr *f*
licence number ['laɪsəns 'nʌmbə] *sb* Kraftfahrzeugnummer *f*, Kraftfahrzeugkennzeichen *n*
license ['laɪsəns] *v* **1.** eine Lizenz vergeben an; **2.** *(a product)* lizensieren, konzessionieren; *sb* **3.** *(US: see "licence")*; **4.** *(US) ~plate* Nummernschild *n*
license to trade ['laɪsəns tu: treɪd] *sb* Gewerbeschein *n*
licensee [laɪsən'si:] *sb* Konzessionsinhaber *m*, Lizenzinhaber *m*
licenser ['laɪsənsə] *sb* Lizenzgeber *m*
licensing application ['laɪsənsɪŋ æplɪ'keɪʃən] *sb* Zulassungsantrag *m*
licensor ['laɪsənsə] *sb (US: siehe „licenser")*
lien ['li:n] *sb* Pfandrecht *n*
life annuity [laɪf ə'nju:ɪtɪ] *sb* Leibrente *f*
life assurance [laɪf ə'ʃʊərəns] *sb (UK)* Lebensversicherung *f*
life cycle of a product [laɪf 'saɪkl əv ə 'prɒdʌkt] *sb* Lebenszyklus eines Produkts *m*
life insurance ['laɪf ɪn'ʃʊərəns] *sb* Lebensversicherung *f*
limit ['lɪmɪt] *v* **1.** begrenzen, beschränken, einschränken; *sb* **2.** Grenze *f*, Beschränkung *f*, Begrenzung *f*; *"off ~s" pl* „Zutritt verboten"
limitation [lɪmɪ'teɪʃən] *sb* Beschränkung *f*, Einschränkung *f*; *(statutory period of ~)* Verjährung *f*, Verjährungsfrist *f*
limitation of actions [lɪmɪ'teɪʃən əv 'ækʃənz] *sb* Verjährung *f*
limited ['lɪmɪtɪd] *adj* begrenzt, beschränkt
limited capacity to enter into legal transactions ['lɪmɪtɪd kə'pæsɪtɪ tu: 'entə 'ɪntu: 'li:gəl træn'zækʃns] *sb* beschränkte Geschäftsfähigkeit *f*
limited commercial partnership ['lɪmɪtɪd kɒ'mɜ:ʃl 'pɑ:tnəʃɪp] *sb* Kommanditgesellschaft (KG) *f*
limited company ['lɪmɪtɪd 'kʌmpənɪ] *sb* Aktiengesellschaft *f*
limited dividend ['lɪmɪtɪd 'dɪvɪdend] *sb* limitierte Dividende *f*
limited employment contract ['lɪmɪtɪd ɪm'plɔɪmənt 'kɒntrækt] *sb* befristetes Arbeitsverhältnis *n*
limited liability ['lɪmɪtɪd laɪə'bɪlɪtɪ] *sb* beschränkte Haftung *f*
limited liability company ['lɪmɪtɪd laɪə'bɪlɪtɪ 'kʌmpənɪ] *sb* Gesellschaft mit beschränkter Haftung (GmbH) *f*
limited liability shareholder ['lɪmɪtɪd laɪə'bɪlɪtɪ 'ʃeəhəʊldə] *sb* Kommanditaktionär *m*
limited partner ['lɪmɪtɪd 'pɑ:tnə] *sb* Kommanditist *m*
limited partnership ['lɪmɪtɪd 'pɑ:tnəʃɪp] *sb* Kommanditgesellschaft *f*
limiting value ['lɪmɪtɪŋ 'vælju:] *sb* Grenzwert *m*
limit of liability ['lɪmɪt əv laɪə'bɪlətɪ] *sb* Haftungsgrenze *f*
line [laɪn] *sb* **1.** *(of products)* Produktlinie *f*; **2.** *(type of business)* Branche *f*, Fach *n*; *What's his ~?* Was macht er beruflich? **3.** *(telephone ~)* Leitung *f*, *Hold*

the ~! Bleiben Sie am Apparat! **4.** *(of products)* Posten *m*
linear depreciation ['lɪnɪə dɪpriːʃɪ'eɪʃən] *sb* lineare Abschreibung *f*
linear measures ['lɪnɪə 'meʒəs] *pl* Längenmaße *n/pl*
line management [laɪn 'mænɪdʒmənt] *sb* Fachgebietsleitung *f*
line of acceptance [laɪn əv ək'septæns] *sb* Akzeptlinie *f*
line of business ['laɪn əv 'bɪznɪs] *sb* Branche *f*, Zweig *m*, Sparte *f*
line of goods [laɪn əv 'gʊdz] *sb* Artikelserie *f*, Warensortiment *n*
line of resistance [laɪn əv rɪ'sɪstəns] *sb* Widerstandslinie *f*
line-staff organization structure ['laɪn-stɑːf ɔːrgənaɪ'zeɪʃn 'strʌkʃə] *sb* Stab-Linien-Organisation *f*
linked currency [lɪŋkd 'kʌrənsɪ] *sb* gebundene Währung *f*
liquid assets ['lɪkwɪd 'æsɪts] *pl* flüssige Mittel *n/pl*
liquid money market ['lɪkwɪd 'mʌnɪ 'mɑːkɪt] *sb* flüssiger Geldmarkt *m*
liquid reserves ['lɪkwɪd rɪ'zɜːvz] *pl* Liquiditätsreserve *f*
liquidate ['lɪkwɪdeɪt] *v (a company)* liquidieren, auflösen; *(a debt)* tilgen
liquidating dividend ['lɪkwɪdeɪtɪŋ 'dɪvɪdənd] *sb* Liquidationsrate *f*
liquidation [lɪkwɪ'deɪʃn] *sb* Liquidation *f*, Realisierung *f*, Tilgung *f*
liquidation account [lɪkwɪ'deɪʃn ə'kaʊnt] *sb* Abwicklungskonto *n*
liquidation bond [lɪkwɪ'deɪʃn bʌnd] *sb* Liquidationsschuldverschreibung *f*
liquidation certificate [lɪkwɪ'deɪʃn sɜː-'tɪfɪkɪt] *sb* Liquidationsanteilsschein *m*
liquidation fee [lɪkwɪ'deɪʃn fiː] *sb* Liquidationsgebühr *f*
liquidation gain [lɪkwɪ'deɪʃən geɪn] *sb* Verwertungsgewinn *m*
liquidation outpayment rate [lɪkwɪ-'deɪʃn aʊt'peɪmənt reɪt] *sb* Liquidationsauszahlungskurs *m*
liquidator ['lɪkwɪdeɪtə] *sb* Liquidator *m*
liquidity [lɪ'kwɪdɪtɪ] *sb (of assets)* Liquidität *f*
liquidity audit [lɪ'kwɪdɪtɪ 'ɔːdɪt] *sb* Liquiditätsprüfung *f*
liquidity crunch [lɪ'kwɪdɪtɪ krʌntʃ] *sb* Liquiditätskrise *f*
liquidity loan [lɪ'kwɪdɪtɪ ləʊn] *sb* Liquiditätsanleihe *f*
liquidity loss [lɪ'kwɪdɪtɪ lɒs] *sb* Liquiditätsentzug *m*
liquidity management [lɪ'kwɪdɪtɪ 'mænɪdʒmənt] *sb* Liquiditätsmanagement *n*, Liquiditätssteuerung *f*
liquidity of the banking system [lɪ'kwɪdɪtɪ əv ðə 'bænkɪŋ 'sɪstəm] *sb* Bankenliquidität *f*
liquidity papers [lɪ'kwɪdɪtɪ 'peɪpəs] *sb* Liquiditätspapier *n*
liquidity ratio [lɪ'kwɪdɪtɪ 'reɪʃɪəʊ] *sb* Deckungsgrad *m*, Liquiditätsgrad *m*, Liquiditätsquote *f*
liquidity reserves [lɪ'kwɪdɪtɪ rɪ'zɜːvz] *pl* Liquiditätsreserve *f*
liquidity risk [lɪ'kwɪdɪtɪ rɪsk] *sb* Liquiditätsrisiko *n*
liquidity squeeze [lі'kwɪdɪtɪ skwiːz] *sb* Liquiditätsengpass *m*
liquidity status [lɪ'kwɪdɪtɪ 'steɪtəs] *sb* Liquiditätsstatus *m*
liquidity syndicate bank [lɪ'kwɪdɪtɪ 'sɪndɪkət bæŋk] *sb* Liquiditätskonsortialbank *f*
liquidity theory [lɪ'kwɪdɪtɪ 'θɪərɪ] *sb* Liquiditätstheorie *f*
listing ['lɪstɪŋ] *sb* **1.** Auflistung *f*, Verzeichnis *n*; **2.** *(entry)* Eintrag *m*, Eintragung *f*; **3.** *(stock-index)* Börsenzulassung *f*, Börsennotierung *f*
list of balances [lɪst əv 'bælænsɪz] *sb* Saldenbilanz *f*
list of exchange [lɪst əv ɪk'stʃeɪndʒ] *sb* Devisenkurszettel *m*
list of insolvents [lɪst əv ɪn'sɒlvənts] *sb* Schuldnerverzeichnis *n*
list of securities deposited [lɪst əv sɪ-'kjʊərɪtiz dɪ'pɒzɪtɪd] *sb* Depotaufstellung *f*
list of securities eligible as collateral [lɪst əv sɪ'kjʊərɪtiz 'elɪdʒɪbl æz kɒ'lætərəl] *sb* Lombardverzeichnis *n*
list of serial numbers of securities purchases [lɪst əv 'siːrɪəl 'nʌmbəz əv sɪ'kjʊərɪtiz 'pɜːtʃɪsɪz] *sb* Nummernverzeichnis *n*
list price [lɪst praɪs] *sb* Listenpreis *m*
liter ['liːtə] *sb (US: siehe "litre")*

L

litigant [ˈlɪtɪgənt] *sb* Prozess führende Partei *f*
litre [ˈliːtə] *sb* Liter *m*
load [ləʊd] *v* **1.** laden, beladen; *~ up* aufladen; *sb* **2.** *(cargo)* Ladung *f*, Fracht *f*
loading [ˈləʊdɪŋ] *sb* Ladung *f*, Fracht *f*
loading charges [ˈləʊdɪŋ ˈtʃɑːdʒɪz] *sb* Verladekosten *pl*, Frachtkosten *pl*
loan [ləʊn] *v* **1.** leihen; *sb* **2.** Darlehen *n*, Anleihe *f*, Kredit *m*
loan at variable rates [ləʊn æt ˈværɪəbl reɪts] *sb* zinsvariable Anleihe *f*
loan business [ləʊn ˈbɪznɪs] *sb* Anleihegeschäft *n*
loan calculation [ləʊn kælkjʊˈleɪʃn] *sb* Anleiherechnung *f*
loan ceiling [ˈləʊn sɪːlɪŋ] *sb* Kreditobergrenze *f*, Kredithöchstgrenze *f*
loan custodianship [ləʊn kʌsˈtəʊdɪənʃɪp] *sb* Anleihetreuhänderschaft *f*
loan extension [ləʊn ɪkˈstenʃən] *sb* Kreditvergabe *f*, Kreditgewährung *f*
loan financing [ləʊn faɪˈnænsɪŋ] *sb* Darlehensfinanzierung *f*
loan for special purposes [ləʊn fɔː ˈspeʃl ˈpɜːpəsɪz] *sb* Objektkredit *m*
loan granted by way of bank guarantee [ləʊn ˈgrɑːntɪd baɪ ˈweɪ əv ˈbæŋk gærənˈtiː] *sb* Avalkredit *m*
loan granted for building purposes [ˈləʊn ˈgrɑːntɪd fɔː ˈbɪldɪŋ ˈpɜːpəsɪz] *sb* Bauspardarlehen *n*
loan granted to a local authority [ˈləʊn ˈgrɑːntɪd tuː ə ˈləʊkl ɔːˈθɒrɪtɪ] *sb* Kommunaldarlehen *n*
loan granted to managers [ləʊn ˈgrɑːntɪd tuː ˈmænɪdʒəz] *sb* Organkredit *m*
loan guarantee [ləʊn gærenˈtiː] *sb* Kreditbürgschaft *f*
loan in foreign currency [ˈləʊn ɪn ˈfɒrɪn ˈkʌrensɪ] *sb* Valuta-Anleihen *f/pl*
loan of credit [ˈləʊn əv ˈkredɪt] *sb* Kreditleihe *f*
loan on a gold basis [ˈləʊn ɒn ə gəʊld ˈbeɪsɪz] *sb* Goldanleihe *f*
loan on a trust basis [ˈləʊn ɒn ə trʌst ˈbeɪsɪz] *sb* Treuhandkredit *m*
loan on landed property [ˈləʊn ɒn ˈlændɪd ˈprɒpətɪ] *sb* Bodenkredit *m*
loan with profit participation [ləʊn wɪθ ˈprɒfɪt pɑːtɪsɪˈpeɪʃn] *sb* Beteiligungsdarlehen *n*
lobby [ˈlɒbɪ] *v* **1.** sich einsetzen, Einfluss nehmen; *~s.o.* jdn beeinflussen; *sb* **2.** Lobby *f*; **3.** Vorzimmer *n*
lobbyist [ˈlɒbiːɪst] *sb* Lobbyist(in) *m/f*
local [ˈləʊkəl] *adj* örtlich, Orts...
local authorities bank [ˈləʊkl ɔːˈθɒrɪtɪz bæŋk] *sb* Kommunalbank *f*
local authorities loan [ˈləʊkl ɔːˈθɒrɪtɪz ləʊn] *sb* Kommunalanleihe *f*
local authority [ˈləʊkəl ɔːˈθɒrɪtɪ] *sb* *(UK)* örtliche Behörde *f*
local authority loan [ˈləʊkəl ɔːˈθɒrɪtɪ ləʊn] *sb* Kommunalanleihen *f/pl*
local bank [ˈləʊkəl bæŋk] *sb* Lokalbank *f*
local bill [ləʊkəl ˈbɪl] *sb* Platzwechsel *m*
local bond [ləʊkəl ˈbɒnd] *sb* Kommunalobligation *f*
local call [ˈləʊkəl kɔːl] *sb* Ortsgespräch *n*
local expenses [ləʊkəl ɪksˈpensɪz] *sb* Platzspesen *pl*
local government [ləʊkəl ˈgʌvənment] *sb* Kommunalverwaltung *f*
localization [ləʊkəlaɪˈzeɪʃən] *sb* Lokalisierung *f*, Dezentralisierung *f*
local stock exchange [ˈləʊkəl stɒk ɪksˈtʃeɪndʒ] *sb* Lokalbörse *f*
local time [ˈləʊkəl taɪm] *sb* Ortszeit *f*
local transfer [ˈləʊkəl ˈtrænsfɜː] *sb* Platzübertragung *f*
location [ləʊˈkeɪʃən] *sb* Standort *m*, Lage *f*
locational [ləʊˈkeɪʃənəl] *adj* standortbedingt
location factor [ləʊˈkeɪʃən ˈfæktə] *sb* Standortfaktor *m*
lock out [lɒk ˈaʊt] *v* aussperren
lockage [ˈlɒkɪdʒ] *sb* *(fees)* Schleusengebühr *f*
locker [ˈlɒkə] *sb* Schließfach *n*
lockout [ˈlɒkaʊt] *sb* *(of workers)* Aussperrung *f*
log [lɒg] *v* *~ in* einloggen, *~ out* ausloggen
logistics [lɒˈdʒɪstɪks] *pl* Logistik *f*
logo [ˈləʊgəʊ] *sb* Logo *n*, Emblem *n*
long-distance call [lɒŋ ˈdɪstəns kɔːl] *sb* Ferngespräch *n*

long distance giro [lɒŋ 'dɪstæns 'dʒaɪrɒ] *sb* Ferngiro *n*
long distance traffic [lɒŋ 'dɪstəns 'træfɪk] *sb* Fernverkehr *m*
long run ['lɒŋ rʌn] *sb* lange Sicht *f*
long-term ['lɒŋtɜ:m] *adj* langfristig, Langzeit...
long-term credit ['lɒŋtɜ:m 'kredɪt] *sb* langfristiger Kredit *m*
long-term deposit ['lɒŋtɜ:m dɪ'pɒsɪt] *sb* langfristige Einlage *f*
loro account ['lɒrəʊ ə'kaʊnt] *sb* Lorokonto *n*
loro balance ['lɒrəʊ 'bæləns] *sb* Loroguthaben *n*
lorry ['lɒrɪ] *sb* (*UK*) Lastwagen *m*, Lastkraftwagen *m*
lorry-load ['lɒrɪləʊd] *sb* Wagenladung *f*, Lastwagenladung *f*
losing business ['lu:zɪŋ 'bɪznɪs] *sb* Verlustgeschäft *n*
loss [lɒs] *sb* Damnum *n*, Verlust *m*
loss adjuster [lɒs e'dʒʌstə] *sb* Schadenssachbearbeiter(in) *m/f*
loss advice [lɒs əd'vaɪs] *sb* Schadensanzeige *f*
loss allocation [lɒs ələ'keɪʃn] *sb* Verlustzuweisung *f*
loss assumption [lɒs ə'sʌmpʃən] *sb* Verlustübernahme *f*
loss compensation [lɒs kɒmpən'seɪʃn] *sb* Verlustausgleich *m*
loss in value [lɒs ɪn 'vælju:] *sb* Wertverfall *m*, Wertverlust *m*
lossmaker ['lɒsmeɪkə] *sb* (*UK*) Verlustgeschäft *n*
loss-making business ['lɒsmeɪkɪŋ 'bɪznɪs] *sb* Verlustgeschäft *n*
loss of goods in transit [lɒs əv gʊdz ɪn 'trænsɪt] *sb* Transportschaden *m*
loss of production ['lɒs əv prə'dʌkʃən] *sb* Produktionsausfall *m*
loss on exchange [lɒs ɒn ɪks'tʃeɪndʒ] *sb* (Wechsel-)Kursverlust *m*
loss on stock prices [lɒs ɒn 'stɒk 'praɪsɪz] *sb* Kursverlust *m*
loss on takeover [lɒs ɒn 'teɪkəʊvə] *sb* Übernahmeverlust *m*
lost shipment [lɒst 'ʃɪpmənt] *sb* verloren gegangene Sendung *f*
lot [lɒt] *sb* **1.** (*property, plot*) Parzelle *f*, Gelände *n*; **2.** (*quantity*) Posten *m*
lot size ['lɒt saɪz] *sb* (*Statistik*) Losgröße *f*
lottery bond ['lɒtərɪ bɒnd] *sb* Lotterieanleihe *f*, Auslosungsanleihe *f*
lottery loan ['lɒtərɪ ləʊn] *sb* Prämienanleihe *f*
lottery premium saving ['lɒtərɪ 'pri:mjəm 'seɪvɪŋ] *sb* Gewinnsparen *n*
lottery quotation ['lɒtərɪ kwəʊ'teɪʃn] *sb* Loskurs *m*
low-denomination share for small savers ['ləʊdɪnɒmɪ'neɪʃn ʃeə fɔ: smɔ:l 'seɪvəz] *sb* Volksaktie *f*
lowest value principle ['ləʊɪst 'vælju: 'prɪnsɪpl] *sb* Niederstwertprinzip *n*
low-grade ['ləʊgreɪd] *adj* minderwertig
low-loader ['ləʊləʊdə] *sb* Tieflader *m*
low-margin [ləʊ'mɑ:dʒɪn] *adj* mit niedriger Gewinnspanne, knapp kalkuliert
low-paid employment ['ləʊpeɪd ɪm'plɔɪmənt] *sb* geringfügige Beschäftigung *f*
low-price store ['ləʊpraɪs stɔ:] *sb* Discounter *m*
low-priced securities ['ləʊpraɪsd si'kjʊərɪti:z] *sb* leichte Papiere *n/pl*
low-value items [ləʊ'vælju: 'aɪtəmz] *pl* geringwertige Wirtschaftsgüter *n/pl*
lull [lʌl] *sb* Stagnation *f*, Flaute *f*
lump sum ['lʌmp sʌm] *sb* **1.** Pauschalsumme *f*, Pauschalbetrag *m*; **2.** Arbeitnehmer-Pauschbetrag *m*
lump-sum payment ['lʌmpsʌm 'peɪmənt] *sb* Kapitalabfindung *f*
lunch break ['lʌntʃ breɪk] *sb* Mittagspause *f*
lunch hour ['lʌntʃ aʊə] *sb* Mittagspause *f*
luxury ['lʌkʃərɪ] *sb* Luxus *m*
luxury goods ['lʌkʃərɪ gʊdz] *sb* Luxusgüter *pl*, Luxusartikel *pl*
luxury tax ['lʌkʃərɪ tæks] *sb* Luxussteuer *f*

M

machine [mə'ʃi:n] *sb* **1.** Maschine *f*, Apparat *m*; **2.** *(vending ~)* Automat *m*
machine accounting [mə'ʃi:n ə'kaʊntɪŋ] *sb* Maschinenbuchhaltung *f*
machine breakdown [mə'ʃi:n 'breɪkdaʊn] *sb* Anlagenausfall *m*, Maschinenstörung *f*
machine insurance [mə'ʃi:n ɪn'ʃʊərəns] *sb* Maschinenversicherung *f*
machine loading [mə'ʃi:n ləʊdɪŋ] *sb* Maschinenbelastung *f*
machine operator [mə'ʃi:n 'ɒpəreɪtə] *sb* Maschinist(in) *m/f*
machine overhead rate [mə'ʃi:n 'əʊvəhed reɪt] *sb* Maschinenkostensatz *m*
machine processing [mə'ʃi:n 'prəʊsesɪŋ] *sb* maschinelle Produktion *f*
machine-readable [mə'ʃi:nri:dəbl] *adj* maschinenlesbar, computerlesbar
machinery [mə'ʃi:nərɪ] *sb* Maschinen *f/pl*, Maschinenpark *m*
machine scheduling [mə'ʃi:n 'ʃedju:lɪŋ] *sb* Maschinenbelegung *f*
machine utilization [mə'ʃi:n ju:tɪlaɪ'zeɪʃən] *sb* Maschinenauslastung *f*
machining [mə'ʃi:nɪŋ] *sb* maschinelle Bearbeitung *f*
macroeconomics [mækrəʊi:kə'nɒmɪks] *sb* Makroökonomie *f*
made-to-order [meɪdtu'ɔ:də] *adj* auf Bestellung, kundenspezifisch
magazine ['mægəzi:n] *sb* Zeitschrift *f*, Magazin *n*
magnitude ['mægnɪtju:d] *sb* **1.** Größe *f*; **2.** *(importance)* Bedeutung *f*
maiden name ['meɪdn neɪm] *sb* Mädchenname *m*
mail [meɪl] *sb* **1.** Post *f*; **2.** *by ~* mit der Post; *v* **3.** *(US)* schicken, abschicken
mailbag ['meɪlbæg] *sb* Postsack *m*
mailbox ['meɪlbɒks] *sb* *(computer ~)* Mailbox *f*; *(US)* Briefkasten *m*
mail distribution [meɪl dɪstrɪ'bju:ʃən] *sb* Postvertrieb *m*
mailing department ['meɪlɪŋ dɪ'pɑ:tmənt] *sb* Postabteilung *f*
mailing list ['meɪlɪŋ lɪst] *sb* Adressenliste *f*, Versandliste *f*
mailing machine ['meɪlɪŋ mə'ʃi:n] *sb* Frankierautomat *m*
mailman ['meɪlmæn] *sb* *(US)* Briefträger *m*, Postbote *m*
mail-order ['meɪlɔ:də] *adj* Postversand...
mail-order business ['meɪlɔ:də 'bɪznɪs] *sb* Versandhandel *m*, Versandgeschäft *n*
mailshot ['meɪlʃɒt] *sb* Direktwerbung *f*
mail transfer [meɪl 'trænsfɜ:] *sb* postalische Überweisung *f*
main centres [meɪn 'sentəs] *sb* Hauptplätze *m/pl*
mainframe ['meɪnfreɪm] *sb* Großrechner *m*
main line [meɪn laɪn] *sb* Hauptstrecke *f*
maintain [meɪn'teɪn] *v* **1.** *(keep in good condition)* in Stand halten; **2.** *(a machine)* warten
maintainer [meɪn'teɪnə] *sb* Wärter(in) *m/f*, für die Wartung zuständige Person *f*
maintenance ['meɪntənəns] *sb* **1.** Aufrechterhaltung *f*, Beibehaltung *f*; **2.** *(keeping in good condition)* Instandhaltung *f*, Wartung *f*
maintenance bond ['meɪntənəns bɒnd] *sb* *(US)* Gewährleistungsgarantie *f*
maintenance costs ['meɪntənəns kɒsts] *sb* Instandhaltungskosten *pl*
maintenance engineer ['meɪntənəns endʒɪ'nɪə] *sb* Kundendiensttechniker *m*
maintenance expenditure ['meɪntənəns ɪks'pendɪtʃə] *sb* Erhaltungsaufwand *m*
maintenance guarantee ['meɪntənəns gærən'ti:] *sb* Gewährleistungsgarantie *f*
maintenance of capital ['meɪntənəns əv 'kæpɪtl] *sb* Kapitalerhaltung *f*
maintenance service ['meɪntənəns 'sɜ:vɪs] *sb* Wartungsdienst *m*
majority [mə'dʒɒrɪtɪ] *sb* Majorität *f*, Mehrheit *f*
majority holding [mə'dʒɒrɪtɪ 'həʊldɪŋ] *sb* Mehrheitsbeteiligung *f*
majority of stock [mə'dʒɒrɪtɪ əv stɒk] *sb* Aktienmehrheit *f*

majority of votes [mə'dʒɒrɪtɪ əv vəʊts] *sb* Stimmenmehrheit *f*
majority-owned [mə'dʒɒrɪtɪəʊnd] *adj* im Mehrheitsbesitz
majority-ownership [mədʒɒrɪtɪ'əʊnəʃɪp] *sb* Mehrheitsbesitz *m*
majority participation [mə'dʒɒrɪtɪ pɑːtɪsɪ'peɪʃn] *sb* Mehrheitsbeteiligung *f*
majority partner [mə'dʒɒrɪtɪ 'pɑːtnə] *sb* Mehrheitsgesellschafter *m*
make [meɪk] *v irr* **1.** *(manufacture)* herstellen; **2.** *(arrangements, a choice)* treffen; **3.** *(earn)* verdienen; **4.** *(a profit, a fortune)* machen; *sb* **5.** Marke *f*, Fabrikat *n*
make out [meɪk 'aʊt] *v irr* **1.** *(write out)* ausstellen; **2.** *(a bill)* zusammenstellen
make over [meɪk 'əʊvə] *v irr* übertragen, abtreten
maker ['meɪkə] *sb* Hersteller *m*, Produzent *m*
makeshift ['meɪkʃɪft] *sb* **1.** Notlösung *f*, Behelf *m; adj* **2.** provisorisch
make up [meɪk 'ʌp] *v irr* ausfertigen, bilden
making ['meɪkɪŋ] *sb* Herstellung *f*
making out an invoice ['meɪkɪŋ aʊt ən 'ɪnvɔɪs] *sb* Fakturierung *f*
making-up price [meɪkɪŋ'ʌp praɪs] *sb* Kompensationskurs *m*, Liquidationskurs *m*
maladjustment [mælə'dʒʌstmənt] *sb* Unausgeglichenheit *f*
maladminister [mæləd'mɪnɪstə] *v* schlecht verwalten, Misswirtschaft betreiben
malfunction [mæl'fʌŋkʃən] *v* **1.** versagen, schlecht funktionieren; *sb* **2.** Versagen *n*, schlechtes Funktionieren *n*
mall [mɔːl] *sb* **1.** Promenade *f;* **2.** *shopping ~* Einkaufszentrum *n*
manage ['mænɪdʒ] *v* **1.** *(supervise)* führen, verwalten, leiten; **2.** *(a team, a band)* managen
managed currency ['mænɪdʒd 'kʌrənsɪ] *sb* manipulierte Währung *f*
management ['mænɪdʒmənt] *sb* **1.** Management *n*, Führung *f*, Verwaltung *f*, Leitung *f;* **2.** *(people)* Geschäftsleitung *f*, Geschäftsführung *f*, Direktion *f*, Betriebsleitung *f*
management accounting ['mænɪdʒmənt ə'kaʊntɪŋ] *sb* internes Rechnungswesen *n*
management board ['mænɪdʒmənt bɔːd] *sb* Vorstand *m*
management bonus ['mænɪdʒmənt 'bəʊnəs] *sb* Tantieme *f*
management consultant ['mænɪdʒmənt kən'sʌltənt] *sb* Unternehmensberater(in) *m/f*
management games ['mænɪdʒmənt geɪmz] *sb* Planspiel *n*
management group ['mænɪdʒmənt gruːp] *sb* Konsortium *n*
management information system ['mænɪdʒmənt ɪnfə'meɪʃn 'sɪstəm] *sb* Führungsinformationssystem *n*, Managementinformationssystem *n*
management of demand ['mænɪdʒmənt əv dɪ'mɑːnd] *sb* Nachfragelenkung *f*, Globalsteuerung *f*
management of property ['mænɪdʒmənt əv 'prɒpətɪ] *sb* Vermögensverwaltung *f*
management techniques ['mænɪdʒmənt tek'niːks] *sb* Führungstechniken *f/pl*
management unit (in organizations) ['mænɪdʒmənt 'juːnɪt] *sb* Instanz (in der Organisation) *f*
manager ['mænɪdʒə] *sb* Geschäftsführer(in) *m/f*, Leiter(in) *m/f*, Direktor(in) *m/f*, Manager(in) *m/f*
manageress [mænɪdʒə'res] *sb* Managerin *f*
managerial [mænə'dʒɪərɪəl] *adj* Führungs..., leitend
managerial hierarchy [mænə'dʒɪərɪəl 'haɪərɑːkɪ] *sb* Führungshierarchie *f*
managerial principles [mænə'dʒɪərɪəl 'prɪnsɪpls] *sb* Führungsgrundsätze *m/pl*
managerial staff [mænə'dʒɪərɪəl stɑːf] *sb* Geschäftsleitung *f*
manager in bankruptcy ['mænɪdʒə ɪn 'bæŋkrʌpsɪ] *sb* Konkursverwalter *m*
manager's commission ['mænɪdʒəz kə'mɪʃn] *sb* Führungsprovision *f*
managing ['mænɪdʒɪŋ] *adj* geschäftsführend, leitend, Betriebs...
managing director ['mænɪdʒɪŋ daɪ'rektə] *sb* Generaldirektor(in) *m/f*, Hauptgeschäftsführer(in) *m/f*

mandate [ˈmændeɪt] *sb* **1.** Mandat *n;* **2.** *(authorization)* Vollmacht *f*
mandate to provide credit for a third party [ˈmændeɪt tu prəˈvaɪd ˈkredɪt fɔ: ə θɜ:d ˈpɑ:tɪ] *sb* Kreditauftrag *m*
mandatory [ˈmændətərɪ] *adj* **1.** obligatorisch; **2.** *to be* ~ Pflicht sein
man-hour [ˈmænaʊə] *sb* Arbeitsstunde *f*
manipulate [məˈnɪpjʊleɪt] *v* **1.** manipulieren; **2.** *(handle, operate)* handhaben; **3.** *(a machine)* bedienen
manipulation [mənɪpjʊˈleɪʃən] *sb* Manipulation *f*
manner of delivery [ˈmænər əv dɪˈlɪvərɪ] *sb* Versandform *f*
manpower [ˈmænpaʊə] *sb* Arbeitskräfte *f/pl*, Arbeitspotenzial *n*
manpower policy [ˈmænpaʊə ˈpɒlɪsɪ] *sb* Arbeitsmarktpolitik *f*
manual [ˈmænjʊəl] *adj* **1.** mit der Hand, Hand..., manuell; *sb* **2.** Handbuch *n*
manual labour [ˈmænjʊəl ˈleɪbə] *sb* Handarbeit *f*
manual work [ˈmænjʊəl wɜ:k] *sb* Handarbeit *f*
manufacture [mænjʊˈfæktʃə] *v* **1.** herstellen; *sb* **2.** Herstellung *f;* Manufaktur *f;* **3.** *(products)* Waren *f/pl*, Erzeugnisse *n/pl*
manufacture to customer's specifications [mænjʊˈfæktʃə tu ˈkʌstəməz spesɪfɪˈkeɪʃənz] *v* sonderanfertigen
manufactured quantity [mænjʊˈfæktʃəd ˈkwɒntɪtɪ] *sb* Fertigungsmenge *f*
manufactured to measure [mænjʊˈfæktʃəd tu ˈmeʒə] *adj* maßgefertigt
manufacturer [mænjʊˈfæktʃərə] *sb* Hersteller *m*, Erzeuger *m*
manufacture under licence [mænjʊˈfæktʃə ˈʌndə ˈlaɪsəns] *sb* Lizenzfertigung *f*
manufacturing [mænjʊˈfæktʃərɪŋ] *sb* Erzeugung *f*, Herstellung *f*
manufacturing abroad [mænjʊˈfæktʃərɪŋ əˈbrɔ:d] *sb* Auslandsfertigung *f*
manufacturing data sheet [mænjʊˈfæktʃərɪŋ ˈdeɪtə ʃi:t] *sb* Fertigungsablaufplan *m*
margin [ˈmɑ:dʒɪn] *sb* Marge *f*, Spanne *f*
margin account [ˈmɑ:dʒɪn əˈkaʊnt] *sb* Effektenkreditkonto *n*
marginal analysis [ˈmɑ:dʒɪnl əˈnælɪsɪs] *sb* Marginalanalyse *f*
marginal cost [ˈmɑ:dʒɪnl ˈkɒst] *sb* Grenzkosten *pl*
marginal cost accounting [ˈmɑ:dʒɪnl ˈkɒst əˈkaʊntɪŋ] *sb* Differenzkostenrechnung *f*
marginal costing [ˈmɑ:dʒɪnl ˈkɒstɪŋ] *sb* Grenzkostenrechnung *f*, Grenzkostenkalkulation *f*
marginal earnings [ˈmɑ:dʒɪnl ˈɜ:nɪŋz] *sb* Grenzerlös *m*
marginal productivity [ˈmɑ:dʒɪnl prɒdʌkˈtɪvɪtɪ] *sb* Grenzproduktivität *f*
marginal utility [ˈmɑ:dʒɪnl ju:ˈtɪlɪtɪ] *sb* Grenznutzen *m*
marginal value [ˈmɑ:dʒɪnl ˈvælju:] *sb* Marginalwert *m*
margin of profit [ˈmɑ:dʒɪn əv ˈprɒfɪt] *sb* Gewinnspanne *f*
margin over costs [ˈmɑ:dʒɪn ˈəʊvə kɒsts] *sb* Gewinnspanne *f*
margin requirement [ˈmɑ:dʒɪn rɪˈkwaɪəmənt] *sb* Einschuss *m*
margin trading [ˈmɑ:dʒɪn ˈtreɪdɪŋ] *sb* Effektendifferenzgeschäft *n*
mark [mɑ:k] *v* **2.** *(damage)* beschädigen; **2.** *(scratch)* zerkratzen; *sb* **3.** Marke *f;* **4.** Kennzeichnung *f; shipping ~s* Versandkennzeichnungen *f/pl*
mark down [mɑ:k ˈdaʊn] *v (prices)* herabsetzen, senken
markdown [ˈmɑ:kdaʊn] *sb (amount lowered)* Preissenkung *f*, Preisabschlag *m*
market [ˈmɑ:kɪt] *sb* **1.** *(demand)* Absatzmarkt *m*, Markt *m;* **2.** *to be in the ~ for* Bedarf haben an; **3.** *(stock ~)* Börse *f; v* **4.** vertreiben, vermarkten
marketable [ˈmɑ:kɪtəbl] *adj* marktfähig, absatzfähig
market acceptance [ˈmɑ:kɪt əkˈseptəns] *sb* Absatzfähigkeit *f*, Marktaufnahme *f*
market adjustment [ˈmɑ:kɪt əˈdʒʌstmənt] *sb* Marktanpassung *f*
market after official hours [ˈmɑ:kɪt ˈɑ:ftə əˈfɪʃəl ˈaʊəz] *sb* Nachbörse *f*
market analysis [ˈmɑ:kɪt əˈnæləsɪs] *sb* Marktanalyse *f*
market approach [ˈmɑ:kɪt əˈprəʊtʃ] *sb* Marktauftritt *m*
market average [ˈmɑ:kɪt ˈævərɪdʒ] *sb* Durchschnittskurs *m*

M

market barometer [ˈmɑ:kɪt bəˈrɒmɪtə] *sb* Börsenbarometer *n*
market before official hours [ˈmɑ:kɪt bɪˈfɔ: əˈfɪʃəl ˈaʊəz] *sb* Vorbörse *f*
market coverage [ˈmɑ:kɪt ˈkʌvərɪdʒ] *sb* Marktanteil *m*
market day [ˈmɑ:kɪt deɪ] *sb* Börsentag *m*
market dominance [ˈmɑ:kɪt ˈdɒmɪnæns] *sb* Marktbeherrschung *f*
market economy [ˈmɑ:kɪt ɪˈkɒnəmɪ] *sb* Marktwirtschaft *f*
market fluctuation [ˈmɑ:kɪt flʌktjʊˈeɪʃn] *sb* Marktschwankung *f*
market forecasting [ˈmɑ:kɪt ˈfɔ:kastɪŋ] *sb* Börsenprognose *f*
market forces [ˈmɑ:kɪt ˈfɔ:sɪz] *sb* Marktkräfte *f/pl*
market form [ˈmɑ:kɪt fɔ:m] *sb* Marktform *f*
market gap [ˈmɑ:kɪt gæp] *sb* Marktlücke *f*
marketing [ˈmɑ:kɪtɪŋ] *sb* Marketing *n*, Vermarktung *f*, Absatzwirtschaft *f*
marketing budget [ˈmɑ:kɪtɪŋ ˈbʌdʒɪt] *sb* Werbeetat *m*
marketing consultant [ˈmɑ:kɪtɪŋ kənˈsʌltənt] *sb* Marketingberater *m*
marketing department [ˈmɑ:kɪtɪŋ dɪˈpɑ:tmənt] *sb* Marketingabteilung *f*
marketing logistics [ˈmɑ:kɪtɪŋ ləˈdʒɪstɪks] *sb* Distributionslogistik *f*
marketing mix [ˈmɑ:kɪtɪŋ mɪks] *sb* Marketingmix *m*, Marketingstrategie *f*
marketing record [ˈmɑ:kɪtɪŋ ˈrekɔ:d] *sb* Absatzbilanz *f*
marketing subsidiary [ˈmɑ:kɪtɪŋ səbˈsɪdɪərɪ] *sb* Vertriebstochter *f*
marketing syndicates [ˈmɑ:kɪtɪŋ ˈsɪndɪkəts] *sb* Verwertungskonsortien *n/pl*
market inquiry [ˈmɑ:kɪt ɪnˈkwaɪərɪ] *sb* Marktanalyse *f*
market matrix [ˈmɑ:kɪt ˈmeɪtrɪks] *sb* Marktmatrix *f*
market operator [ˈmɑ:kɪt ˈɒpəreɪtə] *sb* Spekulant(in) *m/f*, Börsianer(in) *m/f*
market organization [ˈmɑ:kɪt ɔ:gənaɪˈzeɪʃn] *sb* Marktordnung *f*
market outlet [ˈmɑ:kɪt ˈaʊtlet] *sb* Absatzventil *n*
market penetration [ˈmɑ:kɪt peneˈtreɪʃn] *sb* Marktdurchdringung *f*
market performance [ˈmɑ:kɪt pəˈfɔ:məns] *sb* Marktergebnis *n*
market pointer [ˈmɑ:kɪt ˈpɔɪntə] *sb* Börsentipp *m*
market position [ˈmɑ:kɪt pəˈsɪʃən] *sb* Marktposition *f*
market potential [ˈmɑ:kɪt pəʊˈtenʃəl] *sb* Marktpotential *n*, Marktvolumen *n*
market power [ˈmɑ:kɪt ˈpaʊə] *sb* Marktmacht *f*
market price [ˈmɑ:kɪt praɪs] *sb* Kurs *m*, Marktpreis *m*
market quotation [ˈmɑ:kɪt kwəʊˈteɪʃən] *sb* Börsennotierung *f*
market rate of interest [ˈmɑ:kɪt reɪt əv ˈɪntrest] *sb* Marktzins *m*
market regulator [ˈmɑ:kɪt ˈregjʊleɪtə] *sb* Aufsichtsbehörde *f*
market research [ˈmɑ:kɪt rɪˈsɜ:tʃ] *sb* Marktforschung *f*
market research institute [ˈmɑ:kɪt rɪˈsɜ:tʃ ˈɪnstɪtju:t] *sb* Marktforschungsinstitut *n*
market saturation [ˈmɑ:kɪt sætʃəˈreɪʃn] *sb* Marktsättigung *f*
market segmentation [ˈmɑ:kɪt segmənˈteɪʃn] *sb* Marktsegmentierung *f*
market share [ˈmɑ:kɪt ʃeə] *sb* Marktanteil *m*
market-sharing cartel [ˈmɑ:kɪtʃeərɪŋ kɑ:ˈtel] *sb* Gebietskartell *n*
market structure [ˈmɑ:kɪt ˈstrʌktʃə] *sb* Marktstruktur *f*
market value [ˈmɑ:kɪt ˈvælju:] *sb* Marktwert *m*, gemeiner Wert *m*
market volume [ˈmɑ:kɪt ˈvɒlju:m] *sb* Marktvolumen *n*
mark of quality [mɑ:k əv ˈkwɒlɪtɪ] *sb* *(Patente)* Gütezeichen *n*
mark-up [ˈmɑ:kʌp] *sb* *(amount added)* Preiserhöhung *f*, Preisaufschlag *m*
mass communication [ˈmæs kəmju:nɪˈkeɪʃn] *sb* Massenkommunikation *f*
mass-market [ˈmæsmɑ:kɪt] *adj* Massenwaren...
mass media [mæs ˈmi:dɪə] *pl* Massenmedien *n/pl*
mass production [mæs prəˈdʌkʃən] *sb* Massenfertigung *f*, Massenproduktion *f*

master copy ['mɑːstə 'kɒpɪ] *sb* Original *n*
master craftsman ['mɑːstə 'krɑːftsmən] *sb* Handwerksmeister *m*
master data ['mɑːstə 'deɪtə] *sb* Stammdaten *pl*
master planning ['mɑːstə 'plænɪŋ] *sb* Gesamtplanung *f*
master sample ['mɑːstə sɑːmpl] *sb* Ausgangsstichprobe *f*
material [mə'tɪərɪəl] *sb* **1.** Material *n; pl* **2.** *~s (files, notes)* Unterlagen *pl; adj* **3.** wesentlich, erheblich
material asset investment fund [mə'tɪərɪəl 'æset ɪn'vestmənt fʌnd] *sb* Sachwert-Investmentfonds *m*
material assets [mə'tɪərɪəl 'æsets] *sb* Sachvermögen *n*
material costs [mə'tɪərɪəl kɒsts] *sb* Materialkosten *pl*
material damage [mə'tɪərɪəl 'dæmɪdʒ] *sb* Sachschaden *m*
materialistic [mətɪərɪə'lɪstɪk] *adj* materialistisch
material value loan [mə'tɪərɪəl 'vælju: ləʊn] *sb* Sachwertanleihe *f*

M

maternity allowance [mə'tɜːnɪtɪ ə'laʊəns] *sb* Mutterschaftsgeld *n*
matrix organization ['meɪtrɪks ɔːgənaɪ'zeɪʃn] *sb* Matrix-Organisation *f*
maturity [mə'tjʊərɪtɪ] *sb* **1.** Fälligkeit *f;* **2.** *date of ~* Fälligkeitsdatum *n*
maturity distribution [mə'tjʊərɪtɪ dɪstrɪbju:ʃən] *sb* Laufzeitenstruktur *f*
maturity value [mə'tjʊərɪtɪ 'vælju:] *sb* Fälligkeitswert *m*
maximisation of profits [mæksɪmaɪ'zeɪʃən əv 'prɒfɪts] *sb* Gewinnmaximierung *f*
maximize ['mæksɪmaɪz] *v* maximieren
maximum ['mæksɪməm] *sb* **1.** Maximum *n;* **2.** *adj* Höchst..., maximal
maximum price ['mæksɪməm praɪs] *sb* Höchstpreis *m*
maximum voting right ['mæksɪməm 'vəʊtɪŋ raɪt] *sb* Höchststimmrecht *n*
mean [mi:n] *adj* **1.** mittlere(r,s); *sb* **2.** Mittel *n,* Mittelwert *m; pl* **3.** *~s* Mittel *n/pl;* Gelder *n/pl*
mean due date [mi:n 'dju: deɪt] *sb* mittlere Verfallszeit *f*
means of advertising ['mi:nz əv 'ædvətaɪzɪŋ] *sb* Werbemittel *n*
means of borrowing ['mi:nz əv 'bɒrəʊɪŋ] *sb* Kreditinstrument *n*
means of payment ['mi:nz əv 'peɪmənt] *sb* Zahlungsmittel *n*
means of transport ['mi:nz əv 'trænspɔːt] *sb* Transportmittel *n,* Beförderungsmittel *n*
means test ['mi:nz test] *sb* Einkommensüberprüfung *f*
measurability [meʒərə'bɪlɪtɪ] *sb* Messbarkeit *f*
measurable ['meʒərəbl] *adj* messbar
measure ['meʒə] *v* **1.** messen; *sb* **2.** Maß *n*
measurements ['meʒəmənts] *sb* **1.** Messwerte *m/pl;* **2.** Messungen *f/pl*
measure of constraint ['meʒə əv kən'streɪnt] *sb* Zwangsmaßnahme *f*
measures of investment assistance ['meʒəs əv ɪn'vestmənt ə'sɪstəns] *sb* investitionsfördernde Maßnahmen *f/pl*
measures to encourage exports ['meʒəz tu ɪn'kʌrɪdʒ 'ekspɔːts] *pl* Ausfuhrförderung *f,* Exportförderung *f*
measures to spur the economy ['meʒəs tu spɜː ði: ɪ'kɒnəmɪ] *pl* Wirtschaftsförderung *f*
mechanic [mɪ'kænɪk] *sb* Mechaniker *m*
mechanical [mɪ'kænɪkəl] *adj* mechanisch
mechanical engineering [mɪ'kænɪkəl endʒɪ'nɪərɪŋ] *sb* Maschinenbau *m*
mechanics [mɪ'kænɪks] *sb* Mechanik *f*
mechanize ['mekənaɪz] *v* mechanisieren
media ['mi:dɪə] *pl* Medien *n/pl*
media analysis ['mi:dɪə ə'næləsɪs] *sb* Werbeträgeranalyse *f*
media event ['mi:dɪə ɪ'vent] *sb* Medienereignis *n*
mediate ['mi:dɪeɪt] *v* vermitteln
mediation [mi:dɪ'eɪʃən] *sb* Vermittlung *f*
mediator ['mi:dɪeɪtə] *sb* Vermittler *m,* Mittelsmann *m*
medium ['mi:dɪəm] *adj* **1.** mittlere(r,s); *sb* **2.** *(mass ~) (TV, radio, press)* Medium *n*
medium price ['mi:dɪəm praɪs] *sb* Mittelkurs *m*
medium-sized ['mi:dɪəmsaɪzd] *adj* mittelgroß, medium
medium-term ['mi:dɪəmtɜːm] *adj* mittelfristig

medium-term bonds ['mi:dɪəmtɜ:m bɒnds] *sb* Kassenobligationen *f/pl*
meeting ['mi:tɪŋ] *sb* **1.** Begegnung *f,* Zusammentreffen *n;* **2.** *(arranged ~)* Treffen *n;* **3.** *(business ~)* Besprechung *f;* **4.** *(of a committee)* Sitzung *f*
meeting date ['mi:tɪŋ deɪt] *sb* Besprechungstermin *m*
meeting of shareholders ['mi:tɪŋ əv 'ʃeəhəʊldəz] *sb* Gesellschafterversammlung *f*
megabyte ['megəbaɪt] *sb* Megabyte *n*
megahertz ['megəhɜ:ts] *sb* Megahertz *n*
member ['membə] *sb* Mitglied *n*
member of the board ['membər əv ðə bɔ:d] *sb* Vorstandsmitglied *n*
memo ['meməʊ] *sb* **1.** *(fam)* Mitteilung *f;* **2.** Notiz *f*
memorandum [memə'rændəm] *sb* **1.** Mitteilung *f;* **2.** Aktennotiz *f*
memorandum clause [memə'rændəm klɔ:z] *sb* Ausschlussklausel *f*
memorandum item [memə'rændəm 'aɪtəm] *sb* Merkposten *m*
memorandum of association [memə'rændəm əv əsəʊsɪ'eɪʃən] *sb* Gründungsurkunde *f,* Gesellschaftsvertrag *m*
memory ['memərɪ] *sb* **1.** Speicher *m;* **2.** *(capacity)* Speicherkapazität *f*
mend [mend] *v* **1.** *(sth)* reparieren; **2.** *(clothes)* ausbessern; *sb* **3.** *(in fabric)* ausgebesserte Stelle *f;* **4.** *(in metal)* Reparatur *f*
mensal ['mensl] *adj* monatlich, Monats...
menu ['menju:] *sb* *(of a computer)* Menü *n*
menu-driven ['menju:drɪvn] *adj* menügesteuert
mercantile ['mɜ:kəntaɪl] *adj* kaufmännisch, Handels...
mercantile system ['mɜ:kəntaɪl 'sɪstəm] *sb* Merkantilismus *m*
mercantilism ['mɜ:kəntɪlɪzm] *sb* Merkantilismus *m*
merchandise ['mɜ:tʃəndaɪz] *sb* Ware *f*
merchandise accounting ['mɜ:tʃəndaɪz ə'kaʊntɪŋ] *sb* Warenbuchhaltung *f*
merchandise broker ['mɜ:tʃəndaɪz 'brəʊkə] *sb* Produktenmakler(in) *m/f*
merchandise turnover ['mɜ:tʃəndaɪz 'tɜ:nəʊvə] *sb* Warenumsatz *m*
merchandising ['mɜ:tʃəndaɪzɪŋ] *sb* Merchandising *n,* Verkaufsförderung *f*
merchant ['mɜ:tʃənt] *sb* **1.** Kaufmann *m;* **2.** *(dealer)* Händler *m*
merchant bank ['mɜ:tʃənt bæŋk] *sb* Handelsbank *f*
merchant trade ['mɜ:tʃənt treɪd] *sb* Transithandel *m*
merge ['mɜ:dʒ] *v* **1.** zusammenkommen; **2.** *(companies)* fusionieren
merger ['mɜ:dʒə] *sb* Fusion *f,* Verschmelzung *f*
merger balance sheet ['mɜ:dʒə 'bæləns ʃi:t] *sb* Fusionsbilanz *f*
merger bid ['mɜ:dʒə bɪd] *sb* Fusionsangebot *f*
merger control ['mɜ:dʒə kən'trəʊl] *sb* Fusionskontrolle *f*
merit ['merɪt] *sb* **1.** Leistung *f,* Verdienst *n;* **2.** *(advantage, positive aspect)* Vorzug *m*
message ['mesɪdʒ] *sb* **1.** Mitteilung *f,* Nachricht *f,* Botschaft *f;* **2.** *May I take a ~?* Kann ich etwas ausrichten?
messenger ['mesɪndʒə] *sb* Bote *m*
metal cover ['metəl kʌvə] *sb* Metalldeckung *f*
metallic currency [me'tælɪk 'kʌrənsɪ] *sb* Hartgeld *n,* Metallwährung *f*
meter ['mi:tə] *sb* **1.** *(measuring device)* Zähler *m,* Messgerät *n;* **2.** *(unit of measurement) (UK: see "metre")*
method of cost allocation, ['meθəd əv 'kɒst ælə'keɪʃn] *sb* **1.** Kostenrechnung *f;* **2.** *(Sozialversicherung)* Umlageverfahren *n*
metre ['mi:tə] *sb* *(UK)* Meter *m/n*
metric ['metrɪk] *adj* metrisch
microbiology [maɪkrəʊbaɪ'ɒlədʒɪ] *sb* Mikrobiologie *f*
microchip ['maɪkrəʊtʃɪp] *sb* Mikrochip *m*
microcomputer [maɪkrəʊkəm'pjʊtə] *sb* Mikrocomputer *m*
microeconomics [maɪkrəʊi:kə'nɒmɪks] *pl* Mikroökonomie *f*
microelectronics [maɪkrəʊelek'trɒnɪks] *pl* Mikroelektronik *f*
microfiche ['maɪkrəʊfi:ʃ] *sb* Mikrofiche *m*
microfilm ['maɪkrəʊfɪlm] *sb* Mikrofilm *m*
microprocessor [maɪkrəʊ'prəʊsesə] *sb* Mikroprozessor *m*

M

middleman ['mɪdlmæn] *sb* Zwischenhändler *m*
migration of buyers [maɪ'greɪʃn əv 'baɪəz] *sb* Käuferwanderung *f*
mile [maɪl] *sb* Meile *f*
mileage ['maɪlɪdʒ] *sb* Meilenzahl *f*
mileage allowance ['maɪlɪdʒ ə'lauəns] *sb* Kilometergeld *n*
milestone report ['maɪlstəʊn rɪ'pɔ:t] *sb* Fortschrittsbericht *m*
milligramme ['mɪlɪgræm] *sb* (UK) Milligramm *n*
millilitre ['mɪlɪli:tə] *sb* Milliliter *m/n*
millimetre ['mɪlɪmi:tə] *sb* Millimeter *m*
million ['mɪljən] *sb* Million *f*
millionaire ['mɪljəneə] *sb* Millionär(in) *m/f*
mine [maɪn] *v* **1.** Bergbau betreiben; **2.** *(sth)* fördern, abbauen; *sb* **3.** Bergwerk *n*, Mine *f*, Grube *f*
miner ['maɪnə] *sb* Bergarbeiter *m*, Kumpel *m*
mineral ['mɪnərəl] *sb* Mineral *n*
mineral oil ['mɪnərəl ɔɪl] *sb* Mineralöl *n*
mineral oil tax ['mɪnərəl ɔɪl tæks] *sb* Mineralölsteuer *f*
minicomputer [mɪnɪkəm'pju:tə] *sb* Kleincomputer *m*
minimal damage ['mɪnɪməl 'dæmɪdʒ] *sb* Bagatellschaden *m*
minimisation of costs [mɪnɪmaɪ'zeɪʃən əv kɒsts] *sb* Kostenminimierung *f*
minimize ['mɪnɪmaɪz] *v* minimieren, auf ein Minimum reduzieren, möglichst gering halten
minimum ['mɪnɪməm] *sb* **1.** Minimum *n; adj* **2.** minimal, Mindest...
minimum amount ['mɪnɪməm ə'maʊnt] *sb* Mindesthöhe *f*
minimum capital ['mɪnɪməm 'kæpɪtl] *sb* Mindestkapital *n*
minimum cost ['mɪnɪməm 'kɒst] *sb* Minimalkosten *pl*
minimum import price ['mɪnɪməm 'ɪmpɔ:t praɪs] *sb* Mindesteinfuhrpreise *m/pl*
minimum interest rate ['mɪnɪməm 'ɪntrest reɪt] *sb* Mindestzins *m*
minimum inventory level ['mɪnɪməm ɪn'ventərɪ 'levəl] *sb* *(Betriebswirtschaft)* eiserner Bestand *m*
minimum investment ['mɪnɪməm ɪn'vestmənt] *sb* Mindesteinlage *f*, Mindestbeteiligung *f*
minimum lending rate ['mɪnɪməm 'lendɪŋ reɪt] *sb* (UK) Diskontsatz *m*
minimum nominal amount ['mɪnɪməm 'nɒmɪnəl ə'maʊnt] *sb* Mindestnennbetrag *m*
minimum price ['mɪnɪməm praɪs] *sb* Mindestpreis *m*
minimum purchase ['mɪnɪməm 'pɜ:tʃɪs] *sb* Mindestabnahme *f*
minimum quantity order ['mɪnɪməm 'kwɒntɪtɪ 'ɔ:də] *sb* Mindestbestellmenge *f*
minimum (legal) reserve ['mɪnɪməm (li:gəl) rɪ'sɜ:v] *sb* Mindestreserve *f*, Mindestreservesatz *m*, Pflichtreserve *f*
minimum turnover ['mɪnɪməm 'tɜ:nəʊvə] *sb* Mindestumsatz *m*
minimum wage ['mɪnɪməm 'weɪdʒ] *sb* Mindestlohn *m*
mining ['maɪnɪŋ] *sb* Bergbau *m*
mining company ['maɪnɪŋ 'kʌmpənɪ] *sb* Bergbauunternehmen *n*
mining industry ['maɪnɪŋ 'ɪndəstrɪ] *sb* Montanindustrie *f*
mining share ['maɪnɪŋ 'ʃeə] *sb* Kux *m*
minor ['maɪnə] *adj* **1.** klein, unbedeutend; **2.** *sb* Jugendliche(r) *f/m*
minting ['mɪntɪŋ] *sb* Prägung *f*
minute ['mɪnɪt] *sb* ~s *pl (of a meeting)* Protokoll *n*
misapplication of deposit [mɪsæplɪ'keɪʃn əv dɪ'pɒsɪt] *sb* Depotunterschlagung *f*
misappropriation [mɪsəprəʊprɪ'eɪʃən] *sb* **1.** Entwendung *f*; **2.** *(money)* Veruntreuung *f*
miscalculate [mɪs'kælkjʊleɪt] *v* **1.** sich verrechnen; **2.** *(sth)* falsch berechnen, falsch einschätzen
miscalculation [mɪskælkjʊ'leɪʃən] *sb* Rechenfehler *m*, Fehlkalkulation *f*
miscount [mɪs'kaʊnt] *v* **1.** sich verrechnen, sich verzählen; *sb* **2.** Rechenfehler *m*
misdirect [mɪsdɪ'rekt] *v (letter)* falsch adressieren
misfit analysis ['mɪsfɪt ə'nælɪsɪs] *sb* Misfit-Analyse *f*
misguided investment [mɪs'gaɪdɪd ɪn'vestmənt] *sb* Kapitalfehlleitung *f*

mishandle [mɪs'hændl] *v* falsch behandeln, schlecht handhaben
mishandling [mɪs'hændlɪŋ] *sb* schlechte Handhabung *f*, Verpatzen *n*
misinform [mɪsɪn'fɔ:m] *v* falsch informieren; *You were ~ed.* Man hat Sie falsch informiert.
misinterpretation [mɪsɪntз:prɪ'teɪʃən] *sb* Fehldeutung *f*, Fehlinterpretation *f*
mismanage [mɪs'mænɪdʒ] *v* **1.** schlecht verwalten; **2.** *(a deal)* unrichtig handhaben
mismanagement [mɪs'mænɪdʒmənt] *sb* schlechte Verwaltung *f*, Misswirtschaft *f*
mismatch ['mɪsmætʃ] *sb* Fehlanpassung *f*
mission statement ['mɪʃən 'steɪtmənt] *sb* Grundsatzerklärung *f*
mistake [mɪs'teɪk] *sb* Fehler *m*
mistake of law [mɪs'teɪk əv 'lɔ:] *sb* Rechtsirrtum *m*
misuse [mɪs'ju:s] *sb* Missbrauch *m*
mixed cargo [mɪkst 'kɑ:gəʊ] *sb* Stückgut *n*
mixed company [mɪkst 'kʌmpənɪ] *sb* gemischte Firma *f*
mixed economy [mɪkst ɪ'kɒnəmɪ] *sb* gemischte Wirtschaftsform *f*
mixed financing [mɪkst 'faɪnænsɪŋ] *sb* Mischfinanzierung *f*
mixed fund [mɪkst 'fʌnd] *sb* gemischter Fonds *m*
mixed manufacturing [mɪkst mænjʊ'fæktʊərɪŋ] *sb* Gruppenfertigung *f*
mixed tariff [mɪkst 'tærɪf] *sb* Mischzoll *m*
mixed top-down [mɪkst 'tɒpdaʊn] *sb* Gegenstromverfahren *n*
mixture of marketing strategies ['mɪkstʃə əv 'mɑ:kɪtɪŋ 'strætɪdʒiz] *sb* Marketingmix *m*
mobbing ['mɒbɪŋ] *sb* Mobbing *n*
mobile ['məʊbaɪl] *adj* **1.** beweglich; **2.** *(object)* fahrbar
mobile phone ['məʊbaɪl fəʊn] *sb* Handy *n*, Mobiltelefon *n*
mobility allowance [məʊ'bɪlətɪ ə'laʊəns] *sb* Fahrtkostenzuschuss *m*
mobilization draft [məʊbɪlaɪ'zeɪʃn drɑ:ft] *sb* Mobilisierungstratte *f*
mobilization mortgage bond [məʊbɪlaɪ'zeɪʃn 'mɔ:gɪdʒ bɒnd] *sb* Mobilisierungspfandbrief *m*
mobilization papers [məʊbɪlaɪ'zeɪʃn 'peɪpəs] *sb* Mobilisierungspapiere *n/pl*
modality [məʊ'dælɪtɪ] *sb* Modalität *f*
model ['mɒdl] *sb* **1.** Modell *n;* **2.** *(perfect example)* Muster *n;* **3.** *(role ~)* Vorbild *n; adj* **4.** vorbildlich, musterhaft, Muster...
model agreement [mɒdl ə'gri:mənt] *sb* Mustervertrag *m*
modem ['məʊdem] *sb* Modem *n*
modification [mɒdɪfɪ'keɪʃn] *sb* Formwechsel *m*
monetarism ['mʌnɪtərɪzm] *sb* Monetarismus *m*
monetary ['mʌnɪtərɪ] *adj* **1.** geldlich, Geld...; **2.** *(politically)* Währungs..., monetär
monetary agreement ['mʌnɪtərɪ ə'gri:mənt] *sb* Währungsabkommen *n*
monetary arrangement ['mʌnɪtərɪ ə'reɪndʒmənt] *sb* Gelddisposition *f*
monetary authority ['mʌnɪtərɪ ɔ:'θɒrɪtɪ] *sb* Währungsbehörde *f*
monetary base ['mʌnɪtərɪ 'beɪs] *sb* Geldbasis *f*, monetäre Basis *f*
monetary base principle ['mʌnɪtərɪ 'beɪs 'prɪnsɪpl] *sb* Geldbasiskonzept *n*
monetary block ['mʌnɪtərɪ 'blɒk] *sb* Währungsblock *m*
monetary capital ['mʌnɪtərɪ 'kæpɪtl] *sb* Geldkapital *n*
monetary crisis ['mʌnɪtərɪ 'kraɪsɪs] *sb* Währungskrise *f*
monetary devaluation ['mʌnɪtərɪ di:vælјʊ'eɪʃn] *sb* Geldentwertung *f*
monetary factor ['mʌnɪtərɪ 'fæktə] *sb* Geldfaktor *m*
monetary fund ['mʌnɪtərɪ fʌnd] *sb* Währungsfonds *m*
monetary parity ['mʌnɪtərɪ 'pærɪtɪ] *sb* Währungsparität *f*
monetary policy ['mʌnɪtərɪ 'pɒlɪsɪ] *sb* Geldpolitik *f*, Währungspolitik *f*
monetary reform ['mʌnɪtərɪ rɪ'fɔ:m] *sb* Währungsreform *f*
monetary reserves ['mʌnɪtərɪ rɪ'zз:vz] *sb* Währungsreserven *f/pl*
monetary restriction ['mʌnɪtərɪ rɪ'strɪkʃən] *sb* Geldverknappung *f*
monetary sovereignty ['mʌnɪtərɪ 'sɒvərɪntɪ] *sb* Münzhoheit *f*

monetary stability ['mʌnɪtərɪ stə'bɪlɪtɪ] *sb* Geldwertstabilität *f*
monetary structure ['mʌnɪtərɪ 'strʌkʃə] *sb* Geldverfassung *f*
monetary system ['mʌnɪtərɪ 'sɪstəm] **1.** Geldwesen *n;* **2.** Währungssystem *n,* Währungsordnung *f*
monetary union ['mʌnɪtərɪ 'ju:njən] *sb* Währungsunion *f*
monetary unit ['mʌnɪtərɪ 'ju:nɪt] *sb* Währungseinheit *f*
monetization [mʌnɪtaɪ'zeɪʃn] *sb* Monetisierung *f*
money ['mʌnɪ] *sb* Geld *n*
money and capital market ['mʌnɪ ænd 'kæpɪtl 'mɑ:kɪt] *sb* Kreditmarkt *m*
money broker ['mʌnɪ 'brəʊkə] *sb* Finanzmakler *m*, Kreditvermittler *m*
moneychanger ['mʌnɪtʃeɪndʒə] *sb* **1.** Geldwechsler *m;* **2.** *(machine)* Wechselautomat *m*
money claim ['mʌnɪ kleɪm] *sb* Barforderung *f*
money constraint ['mʌnɪ kən'streɪnt] *sb* Liquiditätsengpass *m*
money counting machine ['mʌnɪ 'kaʊntɪŋ mə'ʃi:n] *sb* Geldzählautomat *m*
money demand ['mʌnɪ dɪ'mɑ:nd] *sb* Geldnachfrage *f*
money deposited ['mʌnɪ dɪ'pɒzɪtɪd] *sb* Einlage *f*
money economy ['mʌnɪ ɪ'kɒnəmɪ] *sb* Geldwirtschaft *f*
money export ['mʌnɪ 'ekspɔ:t] *sb* Geldexport *m*
money factor ['mʌnɪ 'fæktə] *sb* Geldfaktor *m*, Nominalfaktor *m*
money flow ['mʌnɪ fləʊ] *sb* Kapitalfluktuation *f*
money guarantee clause ['mʌnɪ gærən'ti: klɔ:z] *sb* Geldwertsicherungsklausel *f*
money holdings ['mʌnɪ 'həʊldɪŋz] *sb* Geldbestände *m/pl*, Kassenhaltung *f*
money illusion ['mʌnɪ ɪ'lu:ʒn] *sb* Geldillusion *f*
money import ['mʌnɪ 'ɪmpɔ:t] *sb* Geldimport *m*
money in account ['mʌnɪ ɪn ə'kaʊnt] *sb* Buchgeld *n*, Giralgeld *n*
money in cash ['mʌnɪ ɪn kæʃ] *sb* Kassenbestand *m*, Bargeld *n*
money in trust ['mʌnɪ ɪn trʌst] *sb* Treuhandgelder *n/pl*
money laundering ['mʌnɪ 'lɔ:ndərɪŋ] *sb* Geldwäsche *f*
moneylender ['mʌnɪlendə] *sb* Geldverleiher *m*
money-maker ['mʌnɪmeɪkə] *sb (product)* Renner *m (fam)*, Verkaufserfolg *m*
money management ['mʌnɪ 'mænɪdʒmənt] *sb* Geldhaltung *f*
money market ['mʌnɪ 'mɑ:kɪt] *sb* Geldmarkt *m*, Geldbörse *f*
money market account ['mʌnɪ 'mɑ:kɪt ə'kaʊnt] *sb* Geldmarktkonto *n*
money market credit ['mʌnɪ 'mɑ:kɪt 'kredɪt] *sb* Geldmarktkredit *m*
money market funds ['mʌnɪ 'mɑ:kɪt 'fʌnds] *sb* Geldmarktfonds *m*
money market policy ['mʌnɪ 'mɑ:kɪt 'pɒlɪsɪ] *sb* Geldmarktpolitik *f*
money market rate ['mʌnɪ 'mɑ:kɪt 'reɪt] *sb* Geldmarktsatz *m*
money market securities ['mʌnɪ 'mɑ:kɪt sɪ'kjʊərɪtiz] *sb* Geldmarktpapier *n*
money market trading ['mʌnɪ 'mɑ:kɪt 'treɪdɪŋ] *sb* Geldmarktdispositionen *f/pl*
money on deposit ['mʌnɪ ɒn dɪ'pɒzɪt] *sb* Einlagen *f/pl*
money order ['mʌnɪ ɔ:də] *sb* Postanweisung *f*, Zahlungsanweisung *f*
money owed ['mʌnɪ əʊd] *sb* Guthaben *n*
money piece rate ['mʌnɪ pi:s reɪt] *sb* Geldakkord *m*
money rate ['mʌnɪ reɪt] *sb* Geldsatz *m*
money sorting machine ['mʌnɪ 'sɔ:tɪŋ mə'ʃi:n] *sb* Geldsortiermaschine *f*
money standard ['mʌnɪ 'stændəd] *sb* Währung *f*
money stock ['mʌnɪ stɒk] *sb* Geldmenge *f*
money substitute ['mʌnɪ 'sʌbstɪtju:t] *sb* Geldsubstitut *n*
money supply ['mʌnɪ sə'plaɪ] *sb* Geldvolumen *n*
money supply target ['mʌnɪ sə'plaɪ 'tɑ:gɪt] *sb* Geldmengenziel *n*
money transfer transactions ['mʌnɪ 'trænsfɜ: træn'zækʃənz] *sb* Überweisungsverkehr *m*
money wage ['mʌnɪ 'weɪdʒ] *sb* Geldlohn *m*

monitor ['mɒnɪtə] *v* **1.** überwachen; **2.** *(a phone conversation)* abhören; *sb* **3.** *(screen)* Monitor *m*
monitoring ['mɒnɪtərɪŋ] *sb* Monitoring *n*
monopolies commission [mə'nɒpəlɪz kə'mɪʃən] *sb* Monopolkommission *f*
monopolize [mə'nɒpəlaɪz] *v* monopolisieren
monopoly [mə'nɒpəlɪ] *sb* Monopol *n*
monopoly agreement [mə'nɒpəlɪ ə'gri:mənt] *sb* Kartellabsprache *f*
monopoly authority [mə'nɒpəlɪ ɔ:'θɒrətɪ] *sb* Kartellbehörde *f*
monopoly price [mə'nɒpəlɪ 'praɪs] *sb* Monopolpreis *m*
monthly ['mʌnθlɪ] *adj* monatlich, Monats...
monthly allowance ['mʌnθlɪ 'əlauəns] *sb* Monatsgeld *n*
monthly balance sheet ['mʌnθlɪ 'bælæns ʃi:t] *sb* Monatsbilanz *f*
monthly income statement ['mʌnθlɪ 'ɪnkʌm 'steɪtmənt] *sb* monatliche Erfolgsrechnung *f*, kurzfristige Erfolgsrechnung *f*
monthly instalment ['mʌnθlɪ ɪn'stɔ:lmənt] *sb* monatliche Teilzahlungsrate *f*, monatliche Rate *f*
monthly report ['mʌnθlɪ rɪ'pɔ:t] *sb* Monatsbericht *m*
monthly return ['mʌnθlɪ rɪ'tɜ:n] *sb* Monatsausweis *m*
moratorium [mɒrə'tɔ:rɪəm] *sb* Stundung *f*, Zahlungsaufschub *m*
mortgage ['mɔ:gɪdʒ] *sb* **1.** Hypothek *f*; *v* **2.** hypothekarisch belasten, eine Hypothek aufnehmen auf
mortgage as security for a loan ['mɔ:gɪdʒ æz ə sɪ'kjuərɪtɪ fɔ: ə 'ləun] *sb* Darlehenshypothek *f*
mortgage bank ['mɔ:gɪdʒ bæŋk] *sb* Hypothekenbank *f*, Grundkreditanstalt *f*, Bodenkreditinstitut *n*
mortgage bank law ['mɔ:gɪdʒ bæŋk lɔ:] *sb* Hypothekenbankgesetz *n*
mortgage bond ['mɔ:gɪdʒ bɒnd] *sb* (Hypotheken-)Pfandbrief *m*
mortgage broker ['mɔ:gɪdʒ 'brəukə] *sb* Hypothekenmakler(in) *m/f*
mortgage credit ['mɔ:gɪdʒ 'kredɪt] *sb* Hypothekenkredit *m*
mortgage creditor ['mɔ:gɪdʒ 'kredɪtə] *sb* Hypothekengläubiger(in) *m/f*
mortgage debenture ['mɔ:gɪdʒ dɪ'bentʃə] *sb* Hypothekenpfandbrief *m*
mortgage deed ['mɔ:gɪdʒ di:d] *sb* Hypothekenbrief *m*
mortgage for the benefit of the owner ['mɔ:gɪdʒ fɔ: ðə 'benəfɪt əv ði: 'əunə] *sb* Eigentümer-Hypothek *f*
mortgage insurance ['mɔ:gɪdʒ ɪn'ʃuərəns] *sb* Hypothekenversicherung *f*
mortgage interest ['mɔ:gɪdʒ 'ɪntrəst] *sb* Hypothekenzinsen *m/pl*, Darlehenszinsen *m/pl*
mortgage law ['mɔ:gɪdʒ lɔ:] *sb* Pfandbriefgesetz *n*
mortgage loan ['mɔ:gɪdʒ ləun] *sb* Hypothekarkredit *m*, Pfandbriefdarlehen *n*
mortgage rate ['mɔ:gɪdʒ reɪt] *sb* Hypothekenzins *m*
mortgage register ['mɔ:gɪdʒ 'redʒɪstə] *sb* Hypothekenregister *n*
mortgage repayment ['mɔ:gɪdʒ rɪ'peɪmənt] *sb* Hypothekentilgung *f*
most favourable offer [məust 'feɪvərəbl 'ɒfə] *sb* günstigstes Angebot *n*, bestes Angebot *n*
most-favoured nation clause [məust-'feɪvəd 'neɪʃən klɔ:z] *sb* Meistbegünstigungsklausel *f*
most-favoured nation treatment [məust-'feɪvəd 'neɪʃən 'tri:tmənt] *sb* Meistbegünstigung *f*
motherboard ['mʌðəbɔ:d] *sb* Hauptplatine *f*, Motherboard *n*
motion ['məuʃən] *sb* *(proposal)* Antrag *m*; *propose a ~* einen Antrag stellen
motivation [məutɪ'veɪʃən] *sb* Motivation *f*
motive ['məutɪv] *sb* Motiv *n*, Beweggrund *m*
motor insurance ['məutər ɪn'suərəns] *sb* Kraftfahrzeugversicherung *f*
motor vehicle ['məutə 'vi:ɪkl] *sb* Kraftfahrzeug *n*
motor vehicle tax ['məutə 'vi:ɪkl tæks] *sb* Kraftfahrzeugsteuer *f*
mouse [maus] *sb* *(computer)* Maus *f*
movable goods ['mu:vəbl 'guds] *pl* Mobilien *pl*

M

move [muːv] *v* **1.** *(change residences)* umziehen; **2.** *(transport)* befördern; *sb* **3.** *(to a different job)* Wechsel *m;* **4.** *(to a new residence)* Umzug *m*
movement certificate [ˈmuːvmənt səˈtɪfɪkət] *sb* Warenverkehrsbescheinigung *f*
mover [ˈmuːvə] *sb (person who moves furniture)* Umzugsspediteur *m,* Möbelpacker *m*
multi [ˈmʌltɪ] *adj* ~... viel..., mehr..., Multi...
multi-digit [mʌltɪˈdɪdʒɪt] *adj* mehrstellig
multilateral [mʌltɪˈlætərəl] *adj* multilateral
multilateral trade [mʌltɪˈlætərəl treɪd] *sb* multilateraler Handel *m*
multilingual [mʌltɪˈlɪŋgwəl] *adj* mehrsprachig
multimedia [mʌltɪˈmiːdɪə] *adj* multimedial, Multimedia...
multimillionaire [mʌltɪmɪlɪəˈneə] *sb* Multimillionär(in) *m/f*
multimillion credit [mʌltɪˈmɪlɪən ˈkredɪt] *sb* Millionenkredit *m*
multinational [mʌltɪˈnæʃənəl] *adj* multinational
multinational company [mʌltɪˈnæʃənəl ˈkʌmpənɪ] *sb* multinationales Unternehmen *n*
multinational group [mʌltɪˈnæʃənəl gruːp] *sb* multinationaler Konzern *m*
multipack [ˈmʌltɪpæk] *sb* Mehrstückpackung *f*
multi-part [mʌltɪˈpɑːt] *adj* mehrteilig
multiple exchange rates [ˈmʌltɪpl ɪkstʃeɪndʒ reɪts] *sb* gespaltener Wechselkurs *m*
multiple-line organization [ˈmʌltɪpllaɪn ɔːrgənaɪˈzeɪʃən] *sb* Mehrlinienorganisation *f*
multiple-process production [ˈmʌltɪplˈprəʊsəs prəˈdʌkʃən] *sb* Mehrfachfertigung *f*
multiple voting right [ˈmʌltɪpl ˈvəʊtɪŋ raɪt] *sb* Mehrstimmrecht *n*
multiple voting share [ˈmʌltɪpl ˈvəʊtɪŋ ʃeə] *sb* Mehrstimmrechtsaktie *f*
multiplication [mʌltɪplɪˈkeɪʃən] *sb* **1.** Multiplikation *f;* **2.** *(fig)* Vermehrung *f*
multiply [ˈmʌltɪplaɪ] *v* **1.** multiplizieren; **2.** *(sth)* vermehren, vervielfachen
multiprocessing [mʌltɪˈprəʊsesɪŋ] *sb* Rechnerverbundbetrieb *m*
multi-product company [mʌltɪˈprɒdʌkt ˈkʌmpənɪ] *sb* Mehrproduktunternehmen *n*
multipurpose [mʌltɪˈpɜːpəs] *adj* Mehrzweck...
multi-stage fixed-cost accounting [ˈmʌltɪsteɪdʒ fɪksdˈkɒst əˈkaʊntɪŋ] *sb* stufenweise Fixkostendeckungsrechnung *f*
multitasking [mʌltɪˈtɑːskɪŋ] *sb* Multitasking *n*
municipal [mjuːˈnɪsɪpl] *adj* städtisch, Stadt..., kommunal
municipal bonds [mjuːˈnɪsɪpl bɒndz] *pl* Kommunalobligationen *f/pl*
municipal economy [mjuːˈnɪsɪpl ɪˈkɒnəmɪ] *sb* Kommunalwirtschaft *f*
municipality [mjuːnɪsɪˈpælɪtɪ] *sb* Kommune *f,* Gemeinde *f*
municipal measures to spur the economy [mjuːˈnɪsɪpl ˈmeʒəs tu spɜː ðiː ɪˈkɒnəmɪ] *sb* kommunale Wirtschaftsförderung *f*
mutual [ˈmjuːtʃuəl] *adj* **1.** *(shared)* gemeinsam; **2.** *(bilateral)* beiderseitig
mutual fund [ˈmjuːtʃuəl fʌnd] *sb (US)* Investmentfonds *m*
mutual insurance [ˈmjuːtʃuəl ɪnˈʃuərəns] *sb* Versicherung auf Gegenseitigkeit *f*
mutual life insurance company [ˈmjuːtʃuəl laɪf ɪnˈʃuərəns ˈkʌmpənɪ] *sb* Versicherungsverein auf Gegenseitigkeit (VVaG) *m*

M

N

name [neɪm] *v* **1.** *(specify)* nennen; **2.** *(appoint)* ernennen; *sb* **3.** Name *m;* **4.** *(reputation)* Name *m*, Ruf *m;* **5.** *give s.o. a bad ~* jdn in Verruf bringen; **6.** *make a ~ for o.s. as* sich einen Namen machen als

name of account [neɪm əv ə'kaunt] *sb* Kontenbezeichnung *f*

name of the maker [neɪm əv ðə 'meɪkə] *sb* Name des Ausstellers *m*

name-plate ['neɪmpleɪt] *sb* **1.** Namensschild *n;* **2.** *(on a door)* Türschild *n*

name tag ['neɪm tæg] *sb* Namensschild *m*

name transaction [neɪm træn'zækʃən] *sb* Aufgabegeschäft *n*

national ['næʃənəl] *adj* national, öffentlich, Landes...

national accounting ['næʃənəl ə'kauntɪŋ] *sb* volkswirtschaftliche Gesamtrechnung *f*

National Audit Office ['næʃənəl 'ɔ:dɪt 'ɒfɪs] *sb (UK)* Rechnungshof *m*

national bankruptcy ['næʃənəl 'bæŋkrʌpsɪ] *sb* Staatsbankrott *m*

national bond ['næʃənəl bɒnd] *sb* steuerfreier Schuldschein *m*

national certificate ['næʃənəl sə'tɪfɪkət] *sb* Sparbrief *m*

national economy ['næʃənəl ɪ'kɒnəmɪ] *sb* Volkswirtschaft *f*

national income ['næʃənəl 'ɪnkʌm] *sb* Volkseinkommen *n*

national insurance ['næʃənəl ɪn'ʃuərəns] *sb (UK)* Sozialversicherung *f*

nationality [næʃə'nælɪtɪ] *sb* Staatsangehörigkeit *f*, Nationalität *f*

nationalization [næʃnəlaɪ'zeɪʃən] *sb* Verstaatlichung *f*

nationalize ['næʃnəlaɪz] *v (an industry)* verstaatlichen

national product ['næʃənəl 'prɒdʌkt] *sb* Sozialprodukt *n*

national sovereignty rights ['næʃənəl 'sɒvərɪntɪ raɪts] *pl* nationale Souveränitätsrechte *n/pl*

national wealth ['næʃənəl 'welθ] *sb* Volksvermögen *n*

nationwide [neɪʃən'waɪd] *adj* landesweit

native ['neɪtɪv] *adj* inländisch, Inlands…

natural person ['nætʃrəl 'pɜ:sən] *sb* natürliche Person *f*

naught [nɔ:t] *sb* Null *f*

navigability [nævɪgə'bɪlɪtɪ] *sb* Schiffbarkeit *f*

navigable ['nævɪgəbl] *adj* schiffbar

near bank ['nɪə bæŋk] *pl* Near Bank *f*, banknahes Institut *n*

near money [nɪə 'mʌnɪ] *sb* Geldsubstitut *n*

near-consumer [nɪəkən'sju:mə] *adj* verbrauchernah

near-monopoly [nɪəmə'nɒpəlɪ] *sb* Quasimonopol *n*

near-operating [nɪə'ɒpəreɪtɪŋ] *adj* betriebsnah

necessary business property ['nesɪsərɪ 'bɪznəs 'prɒpətɪ] *sb* notwendiges Betriebsvermögen *n*

necessary private property ['nesɪsərɪ 'praɪvət 'prɒpətɪ] *sb* notwendiges Privatvermögen *n*

necessity [nɪ'sesətɪ] *sb* **1.** Notwendigkeit *f;* **2.** *of ~* notwendigerweise

need [ni:d] *sb* **1.** *(necessity)* Notwendigkeit *f;* **2.** *(requirement)* Bedürfnis *n*, Bedarf *m;* **3.** *to be in ~ of sth* etw dringend brauchen

need for action [ni:d fɔ: 'ækʃən] *sb* Handlungsbedarf *m*

need-based ['ni:dbeɪsd] *adj* bedürfnisorientiert, bedarfsorientiert

negative advance interest ['negətɪv əd'vɑ:ns 'intrəst] *sb* Vorschusszinsen *m/pl*

negative clause ['negətɪv klɔ:z] *sb* Negativklausel *f*

negative declaration ['negətɪv deklə'reɪʃn] *sb* Negativerklärung *f*

negative interest ['negətɪv 'intrest] *sb* Negativzins *m*

N

negligence ['neglɪdʒəns] *sb* **1.** Nachlässigkeit *f*, Unachtsamkeit *f*; **2.** Fahrlässigkeit *f*
negligence claim ['neglɪdʒəns kleɪm] *sb* Schadensersatzforderung *f*
negligent ['neglɪdʒənt] *adj* fahrlässig, nachlässig, unachtsam
negligible ['neglɪdʒəbl] *adj* unerheblich, gering
negotiable [nɪ'gəʊʃɪəbl] *adj* **1.** verkäuflich; **2.** *It's ~.* Darüber kann verhandelt werden.
negotiable document of title [nɪ'gəʊʃɪəbl 'dɔkjəmənt əv 'taɪtl] *sb* Traditionspapier *n*
negotiate [nɪ'gəʊʃɪeɪt] *v* **1.** verhandeln; **2.** *(bring about)* aushandeln; **3.** *(sth)* handeln über
negotiating brief [nɪ'gəʊʃɪeɪtɪŋ bri:f] *sb* Verhandlungsmandat *n*
negotiating machinery [nɪ'gəʊʃɪeɪtɪŋ mə'ʃi:nərɪ] *sb* Verhandlungsprozedur *f*
negotiating package [nɪ'gəʊʃɪeɪtɪŋ 'pækɪdʒ] *sb* Verhandlungspaket *n*
negotiating team [nɪ'gəʊʃɪeɪtɪŋ ti:m] *sb* Verhandlungsdelegation *f*
negotiation [nɪgəʊʃɪ'eɪʃən] *sb* **1.** Verhandlung *f*; **2.** *enter into ~s* in Verhandlungen eintreten
negotiation price [nɪgəʊʃɪ'eɪʃən praɪs] *sb* Übernahmepreis *m*, Übernahmkurs *m*
negotiation skills [nɪgəʊʃɪ'eɪʃən skɪlz] *pl* Verhandlungsgeschick *n*
negotiator [nɪ'gəʊʃɪeɪtə] *sb* Unterhändler(in) *m/f*, Verhandelnde(r) *f/m*
neoliberalism [ni:əʊ'lɪbərəlɪzm] *sb* Neoliberalismus *m*
neomercantilism [ni:əʊ'mɜ:kəntaɪlɪzm] *sb* Neomerkantilismus *m*
nepotism ['nepətɪzm] *sb* Nepotismus *m*, Vetternwirtschaft *f*
net [net] *adj* **1.** netto, Netto..., Rein...; *v* **2.** netto einbringen; **3.** *(in wages)* netto verdienen
net assets [net 'æsets] *pl* Reinvermögen *n*, Nettovermögen *n*
net book value [net bʊk 'vælju:] *sb* Restwert *m*
net borrowing [net 'bɒrəʊɪŋ] *sb* Nettokreditaufnahme *f*
net dividend [net 'dɪvɪdənd] *sb* Netto-Dividende *f*
net earnings [net 'ɜ:nɪŋz] *pl* Nettoertrag *m*
net export [net 'ekspɔ:t] *sb* Außenbeitrag *m*
net financial investment [net faɪ'nænʃl ɪn'vestmənt] *sb* Finanzierungssaldo *n*
net foreign demand [net 'fɒrən dɪ'mɑ:nd] *sb* Außenbeitrag *m*
net income [net 'ɪnkʌm] *sb* Nettoeinkommen *n*
net income method ['net ɪnkʌm 'meθəd] *sb* Einnahme-/Überschussrechnung *f*
net income percentage of turnover [net 'ɪnkʌm pə'sentɪdʒ əv 'tɜ:nəʊvə] *sb* Umsatzrendite *f*
net indebtedness [net ɪn'detɪdnɪs] *sb* Nettoverschuldung *f*
net interest rate [net 'ɪntrəst reɪt] *sb* Nettozinssatz *m*
net investment [net ɪn'vestmənt] *sb* Nettoinvestition *f*
net loss [net lɒs] *sb* Bilanzverlust *m*
net loss for the year [net lɒs fɔ: ðə 'jiə] *sb* Jahresfehlbetrag *m*
net movement of foreign exchange [net 'mu:vmənt əv 'fɒrɪn ɪks'tʃeɪndʒ] *sb* Devisenbilanz *f*
net national product [net 'næʃənəl 'prɒdʌkt] *sb* Nettosozialprodukt *n*
net new indebtedness [net nju: ɪn'detɪdnɪs] *sb* Nettoneuverschuldung *f*
net present value [net 'præsənt 'vælju:] *sb* Kapitalwert *m*
net price [net praɪs] *sb* Nettopreis *m*
net proceeds [net 'prəʊsi:dz] *pl* Nettoertrag *m*
net product [net 'prɒdʌkt] *sb* Wertschöpfung *f*
net profit [net 'prɒfɪt] *sb* Reingewinn *m*, Nettogewinn *m*
net profit for the year [net 'prɒfɪt fɔ: θə jiə] *sb* Bilanzgewinn *m*
net profit ratio [net 'prɒfɪt reɪʃɪəʊ] *sb* Umsatzrentabilität *f*
netting out [netɪŋ 'aʊt] *sb* Saldierung *f*
net turnover [net 'tɜ:nəʊvə] *sb* Nettoumsatz *m*
net wages [net 'weɪdʒɪz] *pl* Nettolohn *m*
net weight [net weɪt] *sb* Nettogewicht *n*, Reingewicht *n*, Eigengewicht *n*

network ['netwɜːk] *sb* **1.** Netz *n*, Netzwerk *n*; *v* **2.** vernetzen, verbinden
networking ['netwɜːkɪŋ] *sb* **1.** Vernetzung *f*, Vernetzen *n*; **2.** Kontakte knüpfen *n*
network management system ['netwɜːk 'mænɪdʒmənt 'sɪstəm] *sb* Netzplantechnik *f*
network operator [netwɜːk 'ɒpəreɪtə] *sb* Netzbetreiber *m*
neutralization [njuːtrəlaɪ'zeɪʃən] *sb* **1.** Neutralisation *f*; **2.** *(of money)* Stilllegung *f*
neutral money ['njuːtrəl 'mʌnɪ] *sb* neutrales Geld *n*
new assessment [njuː ə'sesmənt] *sb* Neuveranlagung *f*
newcomer ['njuːkʌmə] *sb* *(beginner)* Neuling *m*
new endorsement [njuː ɪn'dɔːsmənt] *sb* Neugiro *n*
new foundation [njuː faʊn'deɪʃən] *sb* Neugründung *f*
new indebtedness [njuː ɪn'detɪdnɪs] *sb* Neuverschuldung *f*
new market [njuː 'mɑːkɪt] *sb* Neuer Markt *m*
news [njuːz] *pl* Nachricht *f*, Neuigkeiten *f/pl*
news bulletin [njuːz 'bʊlətɪn] *sb* Kurznachrichten *f/pl*
new shares [njuː 'ʃeəz] *pl* junge Aktien *f/pl*
newsletter ['njuːzletə] *sb* Rundschreiben *n*, Rundbrief *m*
newspaper ['njuːspeɪpə] *sb* Zeitung *f*
newsroom ['njuːzruːm] *sb* Nachrichtenredaktion *f*
news value ['njuːz 'væljuː] *sb* Neuigkeitswert *m*
niche [niːʃ] *sb* Nische *f*
night desk [naɪt desk] *sb* Nachtschalter *m*
night duty [naɪt 'djuːtɪ] *sb* Nachtdienst *m*
night safe ['naɪt seɪf] *sb* Nachtsafe *m*, Nachttresor *m*
night school ['naɪt skuːl] *sb* Abendschule *f*
night shift ['naɪt ʃɪft] *sb* Nachtschicht *f*
night watchman [naɪt 'wɒtʃmən] *sb* Nachtwächter *m*, Nachtportier *m*
nil tariff [nɪl 'tærɪf] *sb* Nulltarif *m*
no-fault ['nəʊfɔːlt] *adj* *(US)* Vollkasko...
nominal ['nɒmɪnəl] *adj* nominell, Nominal...
nominal amount ['nɒmɪnəl ə'maʊnt] *sb* Nominalbetrag *m*
nominal capital ['nɒmɪnəl 'kæpɪtl] *sb* Nominalkapital *n*
nominal capital borrowed ['nɒmɪnəl 'kæpɪtl 'bɒrəʊd] *sb* nominelles Eigenkapital *n*
nominal income ['nɒmɪnəl 'ɪnkʌm] *sb* Nominaleinkommen *n*
nominal rate of interest ['nɒmɪnəl reɪt əv 'ɪntrəst] *sb* Nominalzins *m*
nominal value ['nɒmɪnəl 'væljuː] *sb* Nennwert *m*, Nominalwert *m*, Ausgabewert *m*
nominee [nɒmɪ'niː] *sb* **1.** Kandidat(in) *m/f*; **2.** *(authorized person)* Bevollmächtigte(r) *f/m*
nominee company [nɒmɪ'niː 'kʌmpənɪ] *sb* Briefkastenfirma *f*
nominee holder [nɒmɪ'niː 'həʊldə] *sb* Fremdbesitzer(in) *m/f*
non-acceptance [nɒnək'septəns] *sb* Akzeptverweigerung *f*
non-admissible [nɒnəd'mɪsəbl] *adj* unzulässig
non-appealable [nɒnə'piːləbl] *adj* formal rechtskräftig
non-assignable [nɒnə'saɪnəbl] *adj* nicht übertragbar
non-banks ['nɒnbæŋks] *pl* Nicht-Banken *f/pl*
non-branded [nɒn'brændɪd] *adj* markenfrei
non-calling period ['nɒnkɔːlɪŋ 'pɪərɪəd] *sb* Kündigungssperrfrist *f*
non cash [nɒn kæʃ] *adj* **1.** unbar; **2.** zahlungsunwirksam
non-chargeable [nɒn'tʃɑːdʒəbl] *adj* steuerfrei
non-compliance [nɒnkəm'plaɪəns] *sb* *(with rules)* Nichterfüllung *f*, Nichteinhaltung *f*
non-conforming [nɒnkən'fɔːmɪŋ] *adj* nicht vertragsgemäß
non-cyclical [nɒn'saɪklɪkl] *adj* azyklisch
nonexistent [nɒnɪg'zɪstənt] *adj* nicht existierend, nicht vorhanden

non-forfeitability [nɒnfɔ:rfɪtə'bɪlɪtɪ] *sb* Unverfallbarkeit *f*
non-liability [nɒnlaɪə'bɪlətɪ] *sb* Haftungsausschluss *m*
non-liquidity [nɒnlɪ'kwɪdɪtɪ] *sb* Illiquidität *f*
non-negotiable [nɒnnɪ'gəʊʃɪəbl] *adj* *(ticket)* unübertragbar, nicht übertragbar
non-negotiable bill of exchange ['nɒnnɪ'gəʊʃɪəbl bɪl əv ɪks'tʃeɪndʒ] *sb* Rektawechsel *m*
nonoperating expense ['nɒnɒpəreɪtɪŋ ɪks'pens] *sb* betriebsfremder Aufwand *m*, neutraler Aufwand *m*
nonoperating income ['nɒnɒpəreɪtɪŋ 'ɪnkʌm] *sb* neutraler Ertrag *m*
nonoperating revenue ['nɒnɒpəreɪtɪŋ 'revənju:] *sb* betriebsfremder Ertrag *m*
non-profit-making [nɒn'prɒfɪtmeɪkɪŋ] *adj* *(UK)* gemeinnützig
nonprofit organization ['nɒnprɒfɪt ɔ:gənaɪ'zeɪʃn] *sb* Nonprofit-Organisation *f*
non-property presumption [nɒn'prɒpətɪ prɪ'zʌmpʃn] *sb* Fremdvermutung *f*
N
non-quotation [nɒnkwəʊ'teɪʃn] *sb* Kursstreichung *f*
non-real-estate fixed assets ['nɒnrɪəlɪsteɪt fɪkst 'æsəts] *pl* bewegliches Anlagevermögen *n*
non-recourse [nɒnrɪ'kɔ:s] *adj* regresslos
non-recourse financing [nɒnrɪ'kɔ:s 'faɪnænsɪŋ] *sb* Forfaitierung *f*
non-resident [nɒn'resɪdənt] *sb* Devisenausländer(in) *m/f*, Gebietsfremde(r) *f/m*
non-returnable [nɒnrɪ'tɜ:nəbl] *adj* Einweg...
nonstop [nɒn'stɒp] *adj* **1.** ohne Halt, pausenlos; **2.** *(train)* durchgehend
nonsuit ['nɒnsu:t] *sb* Klagezurückweisung *f*
non-voting share ['nɒnvəʊtɪŋ ʃeə] *sb* stimmrechtslose Vorzugsaktie *f*
norm [nɔ:m] *sb* Norm *f*
normal ['nɔ:ml] *adj* normal, üblich
normal cost ['nɔ:ml kɒst] *sb* Normalkosten *pl*
normal level of capacity utilization ['nɔ:ml 'levl əv kə'pæsɪtɪ jutɪlaɪ'zeɪʃn] *sb* Normalbeschäftigung *f*
normal transactions ['nɔ:ml træn'zækʃnz] *pl* Normalverkehr *m*
norm price [nɔ:m praɪs] *sb* Zielpreis (Zoll) *m*
nostro account ['nɒstrəʊ ə'kaʊnt] *sb* Nostrokonto *n*
North American Free Trade Agreement (NAFTA) ['nɔ:θ ə'merikən 'fri:treɪd ə'gri:ment] *sb* Nordamerikanische Freihandelszone (NAFTA) *f*
nostro balance ['nɒstrəʊ 'bæləns] *sb* Nostroguthaben *n*
nostro liability ['nɒstrəʊ laɪə'bɪlɪtɪ] *sb* Nostroverbindlichkeit *f*
notarize ['nəʊtəraɪz] *v* notariell beglaubigen
notary ['nəʊtərɪ] *sb* Notar(in) *m/f*
not binding [nɒt 'baɪndɪŋ] *adj* unverbindlich
note [nəʊt] *sb* Notiz *f*, Vermerk *m*, Schein *m*
noteholder ['nəʊthəʊldə] *sb* Schuldscheininhaber(in) *m/f*
note issue [nəʊt ɪʃu:] *sb* Notenausgabe *f*
note of acceptance [nəʊt əv ək'septəns] *sb* Annahmevermerk *m*
note of charges [nəʊt əv 'tʃɑ:dʒəz] *sb* Gebührenrechnung *f*
note of the minutes [nəʊt əv ðə 'mɪnɪts] *sb* Protokollnotiz *f*
notes and coins in circulation [nəʊts ænd 'kɔɪnz ɪn sɜ:kjʊ'leɪʃən] *pl* Zahlungsmittelumlauf *m*
notes appended to quotation [nəʊts ə'pændɪt tu kwəʊ'teɪʃn] *pl* Kurszusätze *m/pl*
notes in circulation [nəʊts ɪn sɜ:kjʊ'leɪʃən] *pl* Notenumlauf *m*
notes payable [nəʊts 'peɪəbl] *pl* Wechselverbindlichkeiten *f/pl*
notes receivable [nəʊt rɪ'si:vəbl] *pl* Wechselforderungen *f/pl*
notes to group financial statements [nəʊts tu 'gru:p faɪ'nænʃl 'steɪtmənts] *pl* Konzernanhang *m*
notice ['nəʊtɪs] *sb* **1.** *(notification)* Bescheid *m*, Benachrichtigung *f;* **2.** *(in writing)* Mitteilung *f;* **3.** *until further ~* bis auf weiteres; **4.** *at short ~* kurzfristig; **5.** *(of quitting a job, of moving out)* Kündigung *f; give s.o. ~ (to an employee,*

to a tenant) jdm kündigen; *(to an employer, to a landlord)* bei jdm kündigen; **6.** *(public announcement)* Bekanntmachung *f*

notice board [ˈnəʊtɪs bɔːd] *sb* Schwarzes Brett *n*, Pinnwand *f*

notice of action [ˈnəʊtɪs əv ˈækʃən] *sb* Klagemitteilung *f*

notice of arrival [ˈnəʊtɪs əv əˈraɪvl] *sb* Eingangsbestätigung *f*

notice of assessment [ˈnəʊtɪs əv əˈsesmənt] *sb* Steuerbescheid *m*

notice of defect [ˈnəʊtɪs əv ˈdiːfekt] *sb* Mängelanzeige *f*

notice of deposit [ˈnəʊtɪs əv dɪˈpɒzɪt] *sb* Hinterlegungsbescheid *m*

notice of dividend [ˈnəʊtɪs əv ˈdɪvɪdend] *sb* Dividendenbekanntmachung *f*

notice of termination [ˈnəʊtɪs əv tɜːmɪˈneɪʃən] *sb* Kündigung *f*

notice period [ˈnəʊtɪs pɪərɪəd] *sb* Kündigungsfrist *f*

notice to terminate for operational reasons [ˈnəʊtɪs tu ˈtɜːmɪneɪt fɔː ɒpəˈreɪʃənl ˈriːzns] *sb* betriebsbedingte Kündigung *f*

notifiable [ˈnəʊtɪfaɪəbl] *adj* meldepflichtig

notifiable cartel [ˈnəʊtɪfaɪəbl cɑːˈtel] *sb* anmeldepflichtige Kartelle *n*

notification [nəʊtɪfɪˈkeɪʃən] *sb* Benachrichtigung *f*, Mitteilung *f*, Meldung *f*

notification of approval [nəʊtɪfɪˈkeɪʃən əv əˈpruːvl] *sb* Bewilligungsbescheid *f*

notification of damage [nəʊtɪfɪˈkeɪʃən əv ˈdæmɪdʒ] *sb* Schadensmeldung *f*

notional [ˈnəʊʃənl] *adj* symbolisch, fiktiv

novelty [ˈnɒvəltɪ] *sb* *(newness)* Neuheit *f*

noxious [ˈnɒkʃəs] *adj* umweltbelastend, umweltschädlich

nuclear energy [ˈnjuːklɪər enədʒɪ] *sb* Atomenergie *f*, Kernenergie *f*

nuclear power [ˈnjuːklɪə ˈpaʊə] *sb* Atomkraft *f*

nuclear (power) phase-out [ˈnjuːklɪə (paʊə) ˈfeɪzaʊt] *sb* Atomausstieg *m*

nuclear power plant [ˈnjuːklɪə ˈpaʊə plɑːnt] *sb* Atomkraftwerk *n*, Kernkraftwerk *n*

nuisance tax [ˈnjuːsəns tæks] *sb* Bagatellsteuer *f*

null [nʌl] *adj* nichtig, ungültig

null and void [nʌl ænd vɔɪd] null und nichtig

nullify [ˈnʌlɪfaɪ] *v* annullieren, für null und nichtig erklären, ungültig machen

nullity [ˈnʌlətɪ] *sb* Ungültigkeit *f*

number [ˈnʌmbə] *sb* **1.** Zahl *f*; **1.** *(numeral)* Ziffer *f*; **3.** *(phone ~, house ~)* Nummer *f*; **4.** *(quantity)* Anzahl *f*; *on a ~ of occasions* des Öfteren

numbered account [ˈnʌmbəd əˈkaʊnt] *sb* Nummernkonto *n*

numbering [ˈnʌmbrɪŋ] *sb* Nummerierung *f*

nursing allowance [ˈnɜːsɪŋ əˈlaʊəns] *sb* Pflegegeld *n*

nursing insurance fund [ˈnɜːsɪŋ ɪnˈʃʊərəns fʌnd] *sb* Pflegekrankenversicherung *f*

nursing pension insurance fund [ˈnɜːsɪŋ ˈpenʃn ɪnˈʃʊərəns fʌnd] *sb* Pflegerentenversicherung *f*

N

O

oath of disclosure [əʊθ əv dɪs'kləʊʒə] *sb* Offenbarungseid *m*
oath of office [əʊθ əv 'ɒfɪs] *sb* Amtseid *m*, Diensteid *m*
obedience [ə'bi:dɪəns] *sb* Gehorsamkeit *f*
obey [ə'beɪ] *v* **1.** gehorchen, folgen; **2.** *(an order)* Folge leisten, befolgen
object clause ['ɒbdʒɪkt klɔ:z] *sb* Zweckbestimmungsklausel *f*
object insured ['ɒbdʒɪkt ɪn'ʃʊəd] *sb* Versicherungsgegenstand *m*
objection [əb'dʒekʃən] *sb* Beanstandung *f*, Einwand *m*
objective [əb'dʒektɪv] *sb* Ziel *n*
objective of the audit [əb'dʒektɪv əv ðə 'ɔ:dɪt] *sb* Prüfungsziel *n*
objectivity [ɒbdʒek'tɪvɪtɪ] *sb* Objektivität *f*
object of discernment ['ɒbdʒɪkt əv dɪ'sɜ:nmənt] *sb* Erkenntnisobjekt *n*
object of the contract ['ɒbdʒɪkt əv ðə 'kɒntrækt] *sb* Vertragsgegenstand *m*
object of the enterprise ['ɒbdʒɪkt əv ðə 'entəpraɪz] *sb* Unternehmensziel *n*
object of negotiations ['ɒbdʒɪkt əv nɪgəʊʃɪ'eɪʃənz] *sb* Verhandlungsgegenstand *m*
object principle ['ɒbdʒɪkt 'prɪnsɪpl] *sb* Objektprinzip *n*
obligation [ɒblɪ'geɪʃən] *sb* **1.** Verpflichtung *f*, Pflicht *f*, Schuldverhältnis *n*; **2.** *without ~* unverbindlich
obligation to accept [ɒblɪ'geɪʃən tu ək'sept] *sb* Annahmepflicht *f*
obligation to buy [ɔblɪ'geɪʃən tu baɪ] *sb* Bezugspflicht *f*
obligation to compensate [ɒblɪ'geɪʃən tu 'kɒmpənseɪt] *sb* Schadensersatzpflicht *f*
obligation to contract [ɒblɪ'geɪʃn tu kən'trækt] *sb* Kontrahierungszwang *m*
obligation to furnish information [ɒblɪ'geɪʃn tu 'fɜ:nɪʃ ɪnfə'meɪʃn] *sb* Mitteilungspflicht *f*
obligation to give information [ɒblɪ'geɪʃn tu gɪv ɪnfə'meɪʃn] *sb* Auskunftspflicht *f*
obligation to intervene [ɒblɪ'geɪʃn tu ɪntə'vi:n] *sb* Interventionspflicht *f*
obligation to lodge a complaint [ɒblɪ'geɪʃn tu 'lɒdʒ ə kəm'pleɪnt] *sb* Rügepflicht *f*
obligation to make an additional contribution [ɒblɪ'geɪʃn tu 'meɪk ən ə'dɪʃnl kɒntrɪ'bju:ʃn] *sb* Nachschusspflicht *f*
obligation to maintain secrecy [ɒblɪ'geɪʃn tu meɪn'teɪn 'si:krəsɪ] *sb* Schweigepflicht *f*, Geheimhaltungspflicht *f*
obligation to pay subscription [ɒblɪ'geɪʃn tu peɪ sʌb'skrɪpʃn] *sb* Einzahlungspflicht *f*
obligation to perform [ɒblɪ'geɪʃn tu pə'fɔ:m] *sb* Erfüllungspflicht *f*, Leistungspflicht *f*
obligation to preserve records [ɒblɪ'geɪʃn tu prɪ'zɜ:v 'rekɔ:dz] *sb* Aufbewahrungspflicht *f*
obligation to redeem [ɒblɪ'geɪʃn tu rɪ'di:m] *sb* Einlösungspflicht *f*
obligation to repay [ɒblɪ'geɪʃn tu rɪ'peɪ] *sb* Rückerstattungspflicht *f*
obligation to register [ɒblɪ'geɪʃn tu 'redʒɪstə] *sb* Meldepflicht *f*
obligation to take delivery [ɒblɪ'geɪʃn tu 'teɪk dɪ'lɪvərɪ] *sb* Abnahmepflicht *f*
obligation under a warranty [ɒblɪ'geɪʃn 'ʌndə ə 'wɒrəntɪ] *sb* Gewährleistungspflicht *f*
obligatory [ə'blɪgətrɪ] *adj* obligatorisch; *It is ~.* Es ist Pflicht.
obligor [ɒblɪ'gɔ:] *sb* Schuldner(in) *m/f*, Haftende(r) *f/m*
observance of the deadline [ɒb'zɜ:vəns əv ðə 'dedlaɪn] *sb* Fristwahrung *f*
observation [ɒbzə'veɪʃən] *sb* Beobachtung *f*
observation of markets [ɒbzə'veɪʃən əv 'mɑ:kɪts] *sb* Marktbeobachtung *f*
obsolescence [ɒbsə'lesns] *sb* Obsoleszenz *f*, Veralten *n*; *planned ~* geplanter Verschleiß *m*
obsolete ['ɒbsəli:t] *adj* veraltet, überholt

obstruct [əb'strʌkt] *v* hindern, blockieren

obtainable [əb'teɪnəbl] *adj* erhältlich

occupancy rate ['ɒkjʊpənsɪ reɪt] *sb* Belegungsrate *f*, Auslastungsquote *f*

occupation [ɒkjʊ'peɪʃən] *sb* **1.** *(employment)* Beruf *m*, Tätigkeit *f*; **2.** *(pastime)* Beschäftigung *f*, Betätigung *f*, Tätigkeit *f*

occupational [ɒkjʊ'peɪʃənəl] *adj* beruflich, Berufs..., Arbeits...

occupational disability [ɒkjʊ'peɪʃənəl dɪsə'bɪlɪtɪ] *sb* Berufsunfähigkeit *f*

occupational hazard [ɒkjʊ'peɪʃənəl 'hæzəd] *sb* Berufsrisiko *n*

ocean bill of lading ['əʊʃn bɪl əv 'leɪdɪŋ] *sb* Seefrachtbrief *m*, Seekonnossement *n*

odd jobs [ɒd 'dʒɒbz] *pl* Gelegenheitsarbeiten *f/pl*, Gelegenheitsjobs *m/pl*

odd lot [ɒd 'lɒt] *sb* **1.** krummer Auftrag *m*; **2.** Sondermenge *f*, Restposten *m*

oddment ['ɒdmənt] *sb* Restposten *m*

off-duty [ɒf'dju:tɪ] *adj* dienstfrei

offence [ə'fens] *sb* Straftat *f*, Delikt

offer ['ɒfə] *v* **1.** anbieten; **2.** *~ to do sth* anbieten, etw zu tun/sich bereit erklären, etw zu tun; **3.** *~ one's hand* jdm die Hand reichen; **4.** *(a price)* bieten; *sb* **5.** Angebot *n*

offer by competitive bidding ['ɒfə baɪ kəm'petɪtɪv 'bɪdɪŋ] *sb* Ausschreibung *f*

offer for subscription ['ɒfə fɔ: səb'skrɪpʃən] *sb* Zeichnungsangebot *n*

offering premium ['ɒfərɪŋ 'pri:mɪəm] *sb* Emissionsagio *n*, Ausgabezuschlag *m*

offer of employment ['ɒfər əv ɪm'plɔɪmənt] *sb* Stellenangebot *n*

offer of settlement ['ɒfə əv 'setlmənt] *sb* Vergleichsangebot *n*, Abfindungsangebot *n*

offer without engagement ['ɒfə wɪð'aʊt ɪn'geɪdʒmənt] *sb* unverbindliches Angebot *n*

offical stock exchange list [ə'fɪʃl stɒk ɪks'tʃeɪndʒ lɪst] *sb* offizielles Kursblatt *n*

office ['ɒfɪs] *sb* **1.** Büro *n*; **2.** *(lawyer's)* Kanzlei *f*; **3.** *(public position)* Amt *n*; **4.** *take ~* sein Amt antreten; **5.** *(department)* Abteilung *f*; **6.** *(department of the government)* Behörde *f*, Amt *n*; **7.** *(one location of a business)* Geschäftsstelle *f*

office automation ['ɒfɪs ɔ:tə'meɪʃn] *sb* Büroautomation *f*

office bearer ['ɒfɪs 'beərə] *sb* Amtsinhaber(in) *m/f*

office block ['ɒfɪs blɒk] *sb* Bürogebäude *n*

office clerk ['ɒfɪs klɑ:k] *sb* Sachbearbeiter(in) *m/f*, Kontorist(in) *m/f*

office communication ['ɒfɪs kəmju:nɪ'keɪʃn] *sb* Bürokommunikation *f*

office copy ['ɒfɪs 'kɒpɪ] *sb* Dienstexemplar *n*

officeholder ['ɒfɪshəʊldə] *sb* Amtsinhaber(in) *m/f*

office hours ['ɒfɪs aʊəz] *pl* **1.** Dienststunden *f/pl*, Geschäftszeit *f*; **2.** *(time available for consultation)* Sprechstunden *f/pl*

office junior ['ɒfɪs 'dʒu:njə] *sb* Bürogehilfe/Bürogehilfin *m/f*

office manager ['ɒfɪs 'mænɪdʒə] *sb* Bürovorsteher(in) *m/f*

office of destination ['ɒfɪs əv destɪ'neɪʃən] *sb* Bestimmungszollstelle *f*

officer ['ɒfɪsə] *sb (official)* Beamter/Beamtin *m/f*, Funktionär(in) *m/f*

officer in charge ['ɒfɪsə ɪn tʃɑ:dʒ] *sb* Sachbearbeiter(in) *m/f*

office supplies ['ɒfɪs sə'plaɪz] *pl* Bürobedarf *m*, Büromaterial *n*

official [ə'fɪʃəl] *adj* **1.** offiziell, amtlich; *sb* **2.** Beamter/Beamtin *m/f*, Funktionär(in) *m/f*

official business [ə'fɪʃəl 'bɪznɪs] *sb (on a letter)* Dienstsache *f*

officialdom [ə'fɪʃəldəm] *sb* Bürokratie *f*

official fees [ə'fɪʃl fi:z] *sb* Verwaltungsgebühr *f*

official market [ə'fɪʃl 'mɑ:kɪt] *sb* amtlicher Markt *m*

official receiver [ə'fɪʃəl rɪ'si:və] *sb* Konkursverwalter(in) *m/f*

official secret [ə'fɪʃəl 'si:krɪt] *sb* Dienstgeheimnis *n*, Amtsgeheimnis *n*

official trading [ə'fɪʃəl 'treɪdɪŋ] *sb* amtlicher Handel *m*

official trading hours [ə'fɪʃəl 'treɪdɪŋ 'aʊəz] *pl* Börsenzeit *f*

off-limits [ɒf'lɪmɪts] *adj* mit Zugangsbeschränkung
offlist ['ɒflɪst] *sb* Nachlass vom Listenpreis *m*
off-peak hours ['ɒfpi:k 'aʊəz] *pl* verkehrsschwache Stunden *pl*
offset ['ɒfset] *sb* Ausgleich *m*
offset account ['ɒfset ə'kaʊnt] *sb* Verrechnungskonto *n*
offset balance ['ɒfset 'bæləns] *sb* Verrechnungssaldo *m*
offset deal ['ɒfset di:l] *sb* Kompensationsgeschäft *n*
offset tax ['ɒfset 'tæks] *sb* Kompensationssteuer *f*
offsetting and reconciliation ['ɒfsetɪŋ ænd rekənsɪlɪ'eɪʃn] *sb* Überleitungsrechnung *f*
offsetting arbitrage ['ɒfsetɪŋ 'ɑ:rbɪtrɑ:ʒ] *sb* Ausgleichs-Arbitrage *f*
offsetting costs ['ɒfsetɪŋ kɒsts] *pl* kompensatorische Kosten *pl*
offset transaction ['ɒfset træn'zækʃn] *sb* Kompensationsgeschäft *n*
offshoot ['ɒfʃu:t] *sb* Tochtergesellschaft *f*, Konzerngesellschaft *f*
offshore centres ['ɒfʃɔ: 'sentəz] *pl* Offshore-Zentren *n/pl*
offshore dealings ['ɒfʃɔ: 'di:lɪŋz] *pl* Offshore-Geschäft *n*
offshore purchases ['ɒfʃɔ: 'pɜ:tʃəsɪz] *pl* Offshore-Käufe *m/pl*
off-the-board [ɒfðə'bɔ:d] *adj* außerbörslich
off-the-job [ɒfðə'dʒɒb] *adj* außerbetrieblich
off-the-record [ɒfðə'rekɔ:d] *adv* inoffiziell, im Vertrauen
oil [ɔɪl] *sb* Öl *n*
oil deposit [ɔɪl dɪ'pɒzɪt] *sb* Ölvorkommen *n*
oil futures dealings [ɔɪl 'fju:tʃəz 'di:lɪŋz] *pl* Ölterminhandel *m*
oil futures exchange [ɔɪl 'fju:tʃəz ɪks'tʃeɪndʒ] *sb* Ölterminbörse *f*
old-age pension ['əʊldeɪdʒ 'penʃn] *sb* Altersruhegeld *n*
old-age pensioner ['əʊldeɪdʒ 'penʃənə] *sb* Rentner(in) *m/f*
old-age social security system ['əʊldeɪdʒ səʊʃl sɪ'kjʊərɪtɪ sɪstəm] *sb* Altersvorsorge *f*
old-established [əʊldɪs'tæblɪʃd] *adj* alteingesessen, alt
old-fashioned [əʊld'fæʃənd] *adj* altmodisch
omnibus account ['ɒmnɪbəs ə'kaʊnt] *sb* Gemeinschaftskonto *n*, Sammelkonto *n*
omnibus clause ['ɒmnɪbəs klɔ:z] *sb* Generalklausel *f*
omnibus item ['ɒmnɪbəs 'aɪtəm] *sb* Sammelposten *m*
on a commission basis [ɒn ə kə'mɪʃən 'beɪsɪs] *adv* auf Provisionsbasis
on approval [ɒn ə'pru:vəl] *adv* zur Ansicht
on call [ɒn 'kɔ:l] *adv* auf Abruf
one-item clause ['wʌnaɪtəm klɔ:z] *sb* Einpunktklausel *f*
one-man corporation ['wʌnmæn kɔ:pə'reɪʃn] *sb* Einpersonengesellschaft *f*
one's own capital [wʌnz 'əʊn 'kæpɪtl] *sb* Eigenkapital *n*
one-stop ['wʌnstɒp] *adj* alles an einem Ort
one-to-one [wʌntu'wʌn] *adj* eins-zu-eins, sich genau entsprechend
one-way ['wʌnweɪ] *adj* **1.** *(traffic)* Einbahn...; *(ticket)* einfache Fahrkarte *f*; **2.** *(packaging, bottles)* Einweg...
one-year contract of employment ['wʌnjɪə 'kɒntrəkt əv ɪm'plɔɪmənt] *sb* Jahresarbeitsvertrag *m*
ongoing ['ɒngəʊɪŋ] *adj* **1.** laufend, im Gang befindlich; **2.** *(long-term)* andauernd
online [ɒn'laɪn] *adj* online, Online...
online banking [ɒnlaɪn 'bæŋkɪŋ] *sb* Onlinebanking *n*
online operation [ɒn'laɪn ɒpə'reɪʃn] *sb* Online-Betrieb *m*
on receipt of the invoice [ɒn rɪ'si:t əv ði: 'ɪnvɔɪs] *adv* nach Erhalt der Rechnung
on schedule [ɒn 'ʃedju:l] *adv* termingerecht
onshore business ['ɒnʃɔ: 'bɪznɪs] *sb* Onshore-Geschäft *n*
on time [ɒn taɪm] *adv* fristgerecht
on trial [ɒn traɪl] *adv* auf Probe
open ['əʊpən] *v* **1.** *(shop)* aufmachen, öffnen; **2.** *(trial, exhibition, new business)* eröffnen

open account ['əupən ə'kaunt] *sb* offenes Konto *n*
open cheque ['əupən tʃek] *sb* Barscheck *m*
open credit ['əupən 'kredɪt] *sb* Blanko-Kredit *m*
open day ['əupən deɪ] *sb* Tag der offenen Tür *m*
open-end fund ['əupən'end fʌnd] *sb* offener Fonds *m*
opening balance sheet ['əupənɪŋ 'bæləns ʃiːt] *sb* Eröffnungsbilanz *f*
opening capital ['əupənɪŋ 'kæpɪtl] *sb* Anfangskapital *n*, Startkapital *n*
opening date ['əupənɪŋ deɪt] *sb* Submissionstermin *m*
opening of a business ['əupənɪŋ əv ə 'bɪznɪs] *sb* Geschäftseröffnung *f*
opening of an account ['əupənɪŋ əv ən ə'kaunt] *sb* Kontoeröffnung *f*
opening of new markets ['əupənɪŋ əv njuː 'mɑːkɪts] *sb* Markterschließung *f*
opening price ['əupənɪŋ praɪs] *sb* Eröffnungskurs *m*
opening stock ['əupənɪŋ stɒk] *sb* Anfangsbestand *m*
opening time ['əupənɪŋ taɪm] *sb* *(UK)* Öffnungszeit *f*
open-item accounting [əupn'aɪtəm ə'kauntɪŋ] *sb* Offene-Posten-Buchhaltung *f*
open market ['əupn 'mɑːkɪt] *sb* offener Markt *m*
open position [əupn pə'sɪʃn] *sb* offene Position *f*
operate ['ɒpəreɪt] *v* **1.** *(machine)* funktionieren, in Betrieb sein; **2.** *(system, organization)* arbeiten; **3.** *(manage)* betreiben, führen; **4.** *(a machine)* bedienen; **5.** *(a brake, a lever)* betätigen
operating ['ɒpəreɪtɪŋ] *adj* Betriebs...
operating account ['ɒpəreɪtɪŋ ə'kaunt] *sb* Betriebsrechnung *f*
operating assets ['ɒpəreɪtɪŋ 'æsəts] *pl* Betriebsvermögen *n*
operating capital ['ɒpəreɪtɪŋ 'kæpɪtl] *sb* Betriebskapital *n*
operating costs ['ɒpəreɪtɪŋ kɒsts] *pl* Betriebskosten *pl*
operating expenses ['ɒpəreɪtɪŋ ɪk'spensɪz] *pl* Betriebskosten *pl*, Geschäftskosten *pl*
operating fund ['ɒpəreɪtɪŋ fʌnd] *sb* Betriebsfonds *m*
operating grant ['ɒpəreɪtɪŋ grɑːnt] *sb* Betriebsmittelzuschuss *m*
operating instructions ['ɒpəreɪtɪŋ ɪn'strʌkʃənz] *pl* Betriebsanleitung *f*, Bedienungsvorschrift *f*
operating level ['ɒpəreɪtɪŋ levl] *sb* Kapazitätsauslastung *f*
operating life ['ɒpəreɪtɪŋ laɪf] *sb* Nutzungsdauer *f*, Betriebsdauer *f*
operating margin ['ɒpəreɪtɪŋ 'mɑːdʒɪn] *sb* Handelsspanne *f*, Gewinnspanne *f*
operating performance ['ɒpəreɪtɪŋ pə'fɔːməns] *sb* Betriebsleistung *f*
operating permit ['ɒpəreɪtɪŋ 'pɜːmɪt] *sb* Betriebserlaubnis *f*
operating plan ['ɒpəreɪtɪŋ plæn] *sb* Geschäftsplan *m*
operating ratio ['ɒpəreɪtɪŋ 'reɪʃɪəu] *sb* Wirtschaftlichkeitskoeffizient *m*
operating system ['ɒpəreɪtɪŋ 'sɪstəm] *sb* Betriebssystem *n*
operation [ɒpə'reɪʃən] *sb* **1.** *(control)* Bedienung *f*, Betätigung *f*; **2.** *(running)* Betrieb *m*; *put out of ~* außer Betrieb setzen; **3.** *(enterprise)* Unternehmen *n*; **4.** Unternehmung *f*, Operation *f*
operational [ɒpə'reɪʃənəl] *adj* **1.** *(in use)* in Betrieb, im Gebrauch; **2.** *(ready for use)* betriebsbereit, einsatzfähig
operational accountancy [ɒpə'reɪʃənəl ə'kauntənsɪ] *sb* betriebliches Rechnungswesen *n*
operational analysis [ɒpə'reɪʃənəl ə'nælɪsɪs] *sb* Betriebsanalyse *f*
operational profitability [ɒpə'reɪʃənəl prɒfɪtə'bɪlɪtɪ] *sb* Betriebsrentabilität *f*
operation chart [ɒpə'reɪʃən tʃɑːt] *sb* Fertigungsablaufplan *m*
operation layout [ɒpə'reɪʃən 'leɪaut] *sb* Arbeitsplan *m*
operation manual [ɒpə'reɪʃən 'mænjuəl] *sb* Betriebsanleitung *f*
operations statistics [ɒpə'reɪʃnz stə'tɪstɪks] *sb* Betriebsstatistik *f*
operator ['ɒpəreɪtə] *sb* **1.** *(telephone)* Vermittlung *f*; **2.** *(company)* Unternehmer(in) *m/f*; **3.** *(of a machine)* Bedienungsperson *f*, Arbeiter(in) *m/f*; **4.** *(of a vehicle)* Führer(in) *m/f*

opinion [ə'pɪnjən] *sb* **1.** Meinung *f;* **2.** *(professional advice)* Gutachten *n*
opinion leader [ə'pɪnjən 'li:də] *sb* Meinungsführer(in) *m/f*
opinion poll [ə'pɪnjən pəʊl] *sb* Meinungsumfrage *f*
opinion research [ə'pɪnjən rɪ'sɜ:tʃ] *sb* Meinungsforschung *f,* Demoskopie *f*
opportunity costs [ɒpə'tju:nɪtɪ kɒsts] *pl* Opportunitätskosten *pl*
opportunity for advancement [ɒpə'tju:nɪtɪ fɔ:r əd'vɑ:nsmənt] *sb* Aufstiegsmöglichkeit *f*
opposition [ɒpə'zɪʃn] *sb* Opposition *f*
opposition patent [ɒpə'zɪʃn 'peɪtənt] *sb* Einspruchspatent *n*
opposition period [ɒpə'zɪʃn 'pɪərɪəd] *sb* Einspruchsfrist *f*
optimisation [ɒptɪmaɪ'zeɪʃən] *sb* Optimierung *f*
optimisation of operations [ɒptɪmaɪ'zeɪʃən əv ɒpə'reɪʃəns] *sb* Betriebsoptimierung *f*
optimism ['ɒptɪmɪzm] *sb* Optimismus *m*
optimistic [ɒptɪ'mɪstɪk] *adj* optimistisch
optimize ['ɒptɪmaɪz] *v* optimieren
optimum ['ɒptɪməm] *adj* optimal
option ['ɒpʃn] *sb* Option *f*
optional ['ɒpʃnəl] *adj* **1.** freiwillig; **2.** *(accessory)* auf Wunsch erhältlich
optional loan ['ɒpʃnəl ləʊn] *sb* Optionsdarlehen *n*
option bond ['ɒpʃn bɒnd] *sb* Optionsanleihe *f*
option buyer ['ɒpʃŋ 'baɪə] *sb* Prämienkäufer(in) *m/f*
option clause ['ɒpʃn klɔ:z] *sb* Fakultativklausel *f*
option contract ['ɒpʃn 'kɒntrækt] *sb* Prämienbrief *m*
option day ['ɒpʃŋ deɪ] *sb* Prämienerklärungstag *m*
option dealing ['ɒpʃn 'di:lɪŋ] *sb* Optionsgeschäft *n,* Prämiengeschäft *n*
option holder ['ɒpʃŋ 'həʊldə] *sb* Optionsberechtigte(r) *f/m*
option of repayment ['ɒpʃŋ əv rɪ'peɪmənt] *sb* Rückzahlungsoption *f*
option of withdrawal ['ɒpʃŋ əv wɪð'drɔ:əl] *sb* Rücktrittsvorbehalt *m*
option operator ['ɒpʃŋ 'ɒpəreɪtə] *sb* Prämienspekulant(in) *m/f*
option price ['ɒpʃn praɪs] *sb* Optionspreis *m*
option right ['ɒpʃn raɪt] *sb* Optionsrecht *n*
option seller ['ɒpʃn 'selə] *sb* Stillhalter(in) *m/f*
option to buy ['ɒpʃŋ tu baɪ] *sb* Kaufanwartschaft *f*
option to capitalize ['ɒpʃn tu 'kæpɪtəlaɪz] *sb* Aktivierungswahlrecht *n*
option to sell ['ɒpʃn tu sel] *sb* Verkaufsoption *f*
option warrant ['ɒpʃŋ 'wɒrənt] *sb* Bezugsrechtsschein *m,* Optionsschein *m*
opt out [ɒpt 'aʊt] *v* aussteigen
opt-out clause ['ɒptaʊt klɔ:z] *sb* Rücktrittsklausel *f*
oral ['ɔ:rəl] *adj (verbal)* mündlich
order ['ɔ:də] *v* **1.** bestellen; **2.** *(place an ~ for)* bestellen; **3.** *(~ to be manufactured)* in Auftrag geben; **4.** *(command)* befehlen, anordnen; **5.** *(arrange)* ordnen; *sb* **6.** *(sequence)* Reihenfolge *f,* Folge *f,* Ordnung *f; in ~ of priority* je nach Dringlichkeit; **7.** *(working condition)* Zustand *m; to be out of ~* außer Betrieb sein; **8.** *(command)* Befehl *m,* Anordnung *f; to be under ~s to do sth* Befehl haben, etw zu tun; *by ~ of* auf Befehl von, im Auftrag von; **9.** *(for goods, in a restaurant)* Bestellung *f;* **10.** *(to have sth made)* Auftrag *m; make to ~* auf Bestellung anfertigen
order accounting ['ɔ:dər ə'kaʊntɪŋ] *sb* Auftragsabrechnung *f*
order backlog ['ɔ:də 'bæklɒg] *sb* Auftragsbestand *m*
order bill of lading ['ɔ:də bɪl əv 'leɪdɪŋ] *sb* Orderkonnossement *n*
order book ['ɔ:də bʊk] *sb* Auftragsbuch *n,* Bestellbuch *n*
order booking ['ɔ:də bʊkɪŋ] *sb* Bestellwesen *n*
order book value ['ɔ:də bʊk 'vælju:] *sb* Auftragsbestandwert *m*
order cheque ['ɔ:də tʃek] *sb* Orderscheck *m*
order clause ['ɔ:də klɔ:z] *sb* Orderklausel *f*

order code [ˈɔːdə kəʊd] *sb* Bestellnummer *f*
order coupon [ˈɔːdə ˈkuːpɒn] *sb* Bestellabschnitt *m*
order date [ˈɔːdə deɪt] *sb* Auftragsdatum *n*, Bestelldatum *n*
order deadline [ˈɔːdə ˈdedlaɪn] *sb* Bestellfrist *f*
ordered quantity [ˈɔːdəd ˈkwɒntɪtɪ] *sb* Bestellmenge *f*
order filling [ˈɔːdə ˈfɪlɪŋ] *sb* Auftragserledigung *f*
order for payment [ˈɔːdə fɔː ˈpeɪmənt] *sb* Zahlungsauftrag *m*, Zahlungsbefehl *m*, Zahlungsanweisung *f*
order form [ˈɔːdə fɔːm] *sb* Bestellschein *m*
order handling [ˈɔːdə ˈhændlɪŋ] *sb* Auftragsabwicklung *f*
order inflow [ˈɔːdər ˈɪnfləʊ] *sb* Auftragseingang *m*
ordering costs [ˈɔːdərɪŋ kɒsts] *pl* Bestellkosten *pl*
order number [ˈɔːdə ˈnʌmbə] *sb* Auftragsnummer *f*
order picking [ˈɔːdə ˈpɪkɪŋ] *sb* Kommissionieren *n*, Auftragszusammenstellung *f*
order processing [ˈɔːdə ˈprəʊsesɪŋ] *sb* Auftragsbearbeitung *f*
order scheduling [ˈɔːdə ˈʃedjuːlɪŋ] *sb* Auftragsplanung *f*
order size [ˈɔːdə saɪz] *sb* Bestellmenge *f*, Auftragsgröße *f*
order slip [ˈɔːdə slɪp] *sb* Bestellzettel *m*
order status information [ˈɔːdə ˈsteɪtəs ɪnfəˈmeɪʃən] *sb* Auftragsbestandübersicht *f*
order to pay [ˈɔːdə tu peɪ] *sb* Zahlungsanweisung *f*
ordinary budget [ˈɔːdnərɪ ˈbʌdʒɪt] *sb* ordentlicher Haushalt *m*
ordinary expenditure [ˈɔːdnərɪ ɪksˈpændɪtʃə] *sb* ordentliche Ausgaben *f/pl*
ordinary increase in capital [ˈɔːdnərɪ ˈɪnkriːs ɪn ˈkæpɪtl] *sb* ordentliche Kapitalerhöhung *f*
ordinary revenue [ˈɔːdnərɪ ˈrevənjuː] *sb* ordentliche Einnahmen *f/pl*
ordinary share [ˈɔːdnərɪ ʃeə] *sb* Stammaktie *f*
organization [ɔːgənaɪˈzeɪʃən] *sb* Organisation *f*
organizational [ɔːgənaɪˈzeɪʃnl] *adj* organisatorisch
organizational chart [ɔːgənaɪˈzeɪʃnl tʃɑːt] *sb* Organisationsdiagramm *n*, Organigramm *n*
organizational information system [ɔːgənaɪˈzeɪʃnl ɪnfəˈmeɪʃn sɪstəm] *sb* betriebliches Informationssystem *n*
organizational standards [ɔːgənaɪˈzeɪʃnl ˈstændədz] *pl* Betriebsnormen *f/pl*
organizational structure [ɔːgənaɪˈzeɪʃnl ˈstrʌkʃə] *sb* Organisationsstruktur *f*
organization and methods department [ɔːgənaɪˈzeɪʃn ænd ˈmeθədz dɪˈpɑːtmənt] *sb* Organisationsabteilung *f*
organization expense [ɔːgənaɪˈzeɪʃn ɪksˈpens] *sb* Organisationskosten *pl*
organize [ˈɔːgənaɪz] *v* organisieren
organizer [ˈɔːgənaɪzə] *sb* **1.** Organisator(in) *m/f;* **2.** *(of an event)* Veranstalter(in) *m/f;* **3.** *(tool)* Terminplaner *m*
orientation period [ɔːrɪənˈteɪʃən ˈpɪərɪəd] *sb* Einarbeitungszeit *f*
origin [ˈɒrɪdʒɪn] *sb* Ursprung *m*, Herkunft *f*, Provenienz *f*
original [əˈrɪdʒɪnl] *adj (version)* original, Original...
original capital contribution [ərˈɪdʒɪnl ˈkæpɪtl kɒntrɪˈbjuːʃn] *sb* Stammeinlage *f*
original investment [ərˈɪdʒɪnl ɪnˈvestmənt] *sb* Stammeinlage *f*
ostensible company [ɒsˈtensɪbl ˈkʌmpənɪ] *sb* Scheingesellschaft *f*
ostensible merchant [ɒsˈtensɪbl mɜːtʃənt] *sb* Scheinkaufmann *m*
ouster [ˈaʊstə] *sb* Enteignung *f*
outage [ˈaʊtɪdʒ] *sb* Ausfall *m*
outbid [aʊtˈbɪd] *v irr* überbieten
outbound [ˈaʊtbaʊnd] *adj* ausgehend
outdated [aʊtˈdeɪtɪd] *adj* überholt, veraltet
outdoor advertising [ˈaʊtdɔːr ˈædvətaɪzɪŋ] *sb* Außenwerbung *f*
outfit [ˈaʊtfɪt] *v* **1.** ausrüsten, ausstatten; *sb* **2.** *(equipment)* Ausrüstung *f*, Ausstattung *f*
outfitter [ˈaʊtfɪtə] *sb (UK)* Ausrüster *m*, Ausstatter *m*

outgoing goods ['autgəuɪŋ gudz] *pl* Warenausgang *m*
outlaw ['autlɔ:] *v* für ungesetzlich erklären, verbieten
outlay ['autleɪ] *sb* Geldauslage *f*
outlay tax ['autleɪ tæks] *sb* Ausgabensteuer *f*
outlet ['autlet] *sb* **1.** *(electrical ~)* Steckdose *f*; **2.** *(shop)* Verkaufsstelle *f*; **3.** *(for goods)* Absatzmöglichkeit *f*
outline ['autlaɪn] *v* **1.** darlegen, erläutern; *sb* **2.** Übersicht *f*, Grundriss *m*, Abriss *m*
outline agreement ['autlaɪn ə'gri:mənt] *sb* Rahmenvereinbarung *f*
outlook ['autluk] *sb (prospects)* Aussichten *pl*
outmoded [aut'məudɪd] *adj* unzeitgemäß
out-of-court settlement [autəv'kɔ:t 'setlmənt] *sb* außergerichtlicher Vergleich *m*
out-of-date [autəv'deɪt] *adj* veraltet, altmodisch
output ['autput] *sb* Produktion *f*, Output *m*, Fördermenge *f*
output-capital ratio ['autputkæpɪtl 'reɪʃɪəu] *sb* Kapitalproduktivität *f*
output maximum ['autput 'mæksɪməm] *sb* Leistungsgrenze *f*
O
output tax ['autput tæks] *sb* Umsatzsteuer *f*, Produktionssteuer *f*
outright owner ['autraɪt 'əunə] *sb* Volleigentümer(in) *m/f*
outside financing ['autsaɪd faɪ'nænsɪŋ] *sb* Fremdfinanzierung *f*
outsider [aut'saɪdə] *sb* Branchenfremder *m*, Betriebsfremder *m*, Außenseiter *m*
outside services ['autsaɪd 'sɜ:vɪsɪz] *pl* Fremdleistung *f*
outsource ['autsɔ:s] *v* an Fremdfirmen vergeben, outsourcen
outsourcing ['autsɔ:sɪŋ] *sb* Fremdvergabe *f*, Auslagerung *f*, Outsourcing *n*
outstanding [aut'stændɪŋ] *adj (not yet paid)* ausstehend
outstanding account [aut'stændɪŋ ə'kaunt] *sb* offene Rechnung *f*
outstanding accounts [aut'stændɪŋ ə'kauntz] *pl* Außenstände *m/pl*
outstanding contributions [aut'stændɪŋ kɒntrɪ'bjuʃnz] *pl* ausstehende Einlagen *f/pl*
outstanding debts [aut'stændɪŋ dets] *pl* Außenstände *pl*
overachieve [əuvərə'tʃi:v] *v* besser abschneiden als erwartet
overall adjustment [əuvər'ɔ:l ə'dʒʌstmənt] *sb* Globalwertberichtigung *f*
overall assignment [əuvər'ɔ:l ə'saɪnmənt] *sb* Globalzession *f*
overall costs [əuvər'ɔ:l 'kɒsts] *pl* Gesamtkosten *pl*
overbid ['əuvəbɪd] *sb* Mehrgebot *n*
overcapitalization [əuvəkæpɪtəlaɪ'zeɪʃn] *sb* Überkapitalisierung *f*
overcharge [əuvə'tʃɑ:dʒ] *v* zu viel berechnen
overdraft ['əuvədrɑ:ft] *sb* Kontoüberziehung *f*
overdraft commission ['əuvədrɑ:ft kə'mɪʃn] *sb* Überziehungsprovision *f*
overdraft credit ['əuvədrɑ:ft 'kredɪt] *sb* Überziehungskredit *m*
overdraft interest ['əuverdrɑ:ft 'ɪntrəst] *sb* Überziehungszinsen *m/pl*
overdraft of an account ['əuvədrɑ:ft əv ən ə'kaunt] *sb* Kontoüberziehung *f*
overdraw [əuvə'drɔ:] *v irr* überziehen
overdue [əuvə'dju:] *adj* überfällig
overestimate [əuvər'estɪmeɪt] *v* überschätzen, überbewerten
overfinancing [əuvəfaɪ'nænsɪŋ] *sb* Überfinanzierung *f*
overflow ['əuvəfləu] *sb* Überschuss *m*
overhaul [əuvə'hɔ:l] *v* **1.** *(a machine)* überholen; **2.** *(plans)* gründlich überprüfen; *sb* **3.** Überholung *f*, gründliche Überprüfung *f*
overhead allocation sheet ['əuvəhæd ælə'keɪʃn ʃi:t] *sb* Betriebsabrechnungsbogen (BAB) *m*
overhead centre ['əuvəhed 'sentə] *sb* Gemeinkostenstelle *f*
overhead charge ['əuvəhed tʃɑ:dʒ] *sb* Gemeinkostenzuschlag *m*
overhead cost allocation ['əuvəhed kɒst ælə'keɪʃən] *sb* Gemeinkostenumlage *f*
overhead costs ['əuvəhed kɒsts] *pl* Gemeinkosten *pl*, allgemeine Unkosten *pl*
overhead value analysis ['əuvəhæd 'vælju ə'nælɪsɪs] *sb* Gemeinkostenwertanalyse (GWA) *f*

overinflation [əʊvəɪn'fleɪʃən] *sb* Überteuerung *f*
overinvestment [əʊvəɪn'vestmənt] *sb* Investitionsüberhang *f*
overland [əʊvə'lænd] *adv* auf dem Landweg, über Land
overleaf [əʊvə'li:f] *adv* umseitig
overload [əʊvə'ləʊd] *v* **1.** überladen; **2.** *(with electricity)* überlasten; ['əʊvələʊd] *sb* **3.** Überbelastung *f;* **4.** *(electricity)* Überlastung *f*
overperform [əʊvəpə'fɔ:m] *v* mehr als gefordert leisten
overqualified [əʊvə'kwɒlɪfaɪd] *adj* überqualifiziert
overrate [əʊvə'reɪt] *v* überschätzen, überbewerten
override [əʊvə'raɪd] *v irr* **1.** *(cancel out)* umstoßen, aufheben; **2.** *(an objection)* ablehnen
overrule [əʊvə'ru:l] *v* aufheben, verwerfen
overseas [əʊvə'si:z] *adv* nach Übersee, in Übersee
oversell [əʊvə'sel] *v irr* überbuchen
oversubscribe [əʊvəsəb'skraɪb] *v* überzeichnen
over-subscription [əʊvəsʌb'skrɪpʃn] *sb* Überzeichnung *f*
oversupply [əʊvəsə'plaɪ] *sb* Angebotsüberhang *m,* Überangebot *n*
overtaxation [əʊvətæk'seɪʃən] *sb* Überbesteuerung *f*
over-the-counter business [əʊvəðə-'kaʊntə 'bɪznɪs] *sb* Tafelgeschäft *n*
over-the-counter trade [əʊvəðə-'kaʊntə 'treɪd] *sb* Freihandel *m*
over-the-counter trading [əʊvəðə-'kaʊntə 'treɪdɪŋ] *sb* Effektenverkauf *m*
overtime ['əʊvətaɪm] *sb* Überstunden *pl*
overtime hours ['əʊvətaɪm 'aʊəz] *pl* Überstundenzeit *f*
overtime pay ['əʊvətaɪm peɪ] *sb* Überstundenzulage *f,* Überstundenzuschlag *m*
overturn [əʊvə'tɜ:n] *v* außer Kraft setzen, revidieren, aufheben
owe [əʊ] *v* **1.** schulden, schuldig sein; **2.** *(have s.o. to thank for sth)* jdm etw verdanken; **3.** *(owing to)* wegen, infolge, dank
own [əʊn] *v* **1.** besitzen, haben; *sb* **2.** *come into one's ~* sein rechtmäßiges Eigentum erlangen
own capital withdrawal [əʊn 'kæpɪtl wɪθ'drɔ:əl] *sb* Eigenkapitalentzug *m*
own contributions ['əʊn kɒntrɪ'bju:ʃnz] *pl* Eigenleistungen *f/pl*
owner ['əʊnə] *sb* **1.** Besitzer(in) *m/f;* **2.** *(of a house, of a firm)* Eigentümer(in) *m/f*
owner-manager [əʊnə'mænɪdʒə] *sb* Einzelkaufmann *m,* Einzelkauffrau *f*
owner-occupied flat [əʊnə'ɒkjʊpaɪd 'flæt] *sb* Eigentumswohnung *f*
owner-operated municipal enterprise [əʊnə'ɒpəreɪtəd mju:'nɪsɪpəl 'entəpraɪz] *sb* Eigenbetrieb *m*
owner's risk ['əʊnəs rɪsk] *sb* Eigners Gefahr *f,* Unternehmerrisiko *n*
owner's salary ['əʊnəs 'sælərɪ] *sb* Unternehmerlohn *m*
ownership ['əʊnəʃɪp] *sb* **1.** Besitz *m;* **2.** *under new ~* unter neuer Leitung
ownership account ['əʊnəʃɪp ə'kaʊnt] *sb* Kapitalkonto *f*
ownership claim ['əʊnəʃɪp kleɪm] *sb* Eigentumsanspruch *m*
ownership in fractional shares ['əʊnəʃɪp ɪn 'frækʃənl 'ʃeəs] *sb* Bruchteilseigentum *n*
ownership transfer ['əʊnəʃɪp 'trænsfɜ:] *sb* Eigentumsübertragung *f*
ozone-friendly [əʊzəʊn'frendlɪ] *adj* umweltfreundlich
own security deposit [əʊn sɪ'kjʊərɪtɪ dɪ'pɒsɪt] *sb* Eigendepot *n*
own security holdings [əʊn sɪ'kjʊərɪtɪ 'həʊldɪŋ] *sb* eigene Effekten *pl*

P

pack [pæk] *v* **1.** *(a container)* voll packen; **2.** *(a case)* packen; **3.** *(things into a case)* einpacken; *sb* **4.** *(packet)* Paket *n*
package ['pækɪdʒ] *sb* **1.** Paket *n*, Packung *f*; **2.** ~s Frachtstücke *pl*
packaging ['pækɪdʒɪŋ] *sb* Verpackung *f*
packet ['pækɪt] *sb* Paket *n*, Päckchen *n*, Schachtel *f*
packing ['pækɪŋ] *sb* *(material)* Verpackungsmaterial *n*, Verpackung *f*
packing costs ['pækɪŋ kɒsts] *pl* Verpackungskosten *pl*
packing instructions ['pækɪŋ ɪn'strʌkʃənz] *pl* Verpackungsvorschriften *f/pl*
packing unit ['pækɪŋ 'ju:nɪt] *sb* Verpackungseinheit *f*
packing waste ['pækɪŋ weɪst] *sb* Verpackungsmüll *m*, Verpackungsabfall *m*
pad [pæd] *sb* Schreibblock *m*
padded ['pædɪd] *adj* gepolstert
padding [pædɪŋ] *sb* Füllmaterial *n*
paid [peɪd] *adj* bezahlt
paid-up capital ['peɪdʌp 'kæpɪtl] *sb* eingezahltes Kapital *n*
paid vacation [peɪd veɪ'keɪʃn] *sb* bezahlter Urlaub *m*
pair [peə] *sb* **1.** Paar *n*; *v* **2.** paarweise anordnen
pallet ['pælɪt] *sb* Palette *f*
pane [peɪn] *sb* **1.** Glasscheibe *f*; **2.** *window* ~ Fensterscheibe *f*
panel ['pænl] *sb* **1.** *(of switches)* Schalttafel *f*, Kontrolltafel *f*; **2.** *(of a car)* Armaturenbrett *n*; **3.** *(of experts, of interviewers)* Gremium *n*
panel control ['pænl kən'trəʊl] *sb* Schalttafelsteuerung *f*
panel envelope ['pænl 'envələʊp] *sb* Fensterbriefumschlag *m*
panel discussion ['pænl dɪs'kʌʃən] *sb* Podiumsdiskussion *f*
panellist ['pænəlɪst] *sb* Diskussionsteilnehmer(in) *m/f*
panel of experts ['pænl əv 'ekspɜ:ts] *sb* Sachverständigenrat *m*
panel report ['pænl rɪ'pɔ:t] *sb* Ausschussbericht *m*
panic buying ['pænɪk 'bajɪŋ] *sb* Panikkauf *m*
panic selling ['pænɪk 'selɪŋ] *sb* Panikverkäufe *m/pl*
paper ['peɪpə] *sb* **1.** Papier *n*; **2.** ~s *pl* *(writings, documents)* Papiere *n/pl*
paper company ['peɪpə 'kʌmpənɪ] *sb* Scheinfirma *f*
paper for collection ['peɪpə fɔ: kə'lekʃən] *sb* Inkassopapier *n*
paper gain ['peɪpə geɪn] *sb* Buchgewinn *m*
paper money ['peɪpə 'mʌnɪ] *sb* Papiergeld *n*
paperwork ['peɪpəwɜ:k] *sb* **1.** Schreibarbeit *f*; **2.** *(in a negative sense)* Papierkram *m*
paper securities ['peɪpə sɪ'kjʊərɪtiz] *pl* Effekten *pl*
par [pɑ:] *adj* pari
parallel currency ['pærələl 'kʌrənsɪ] *sb* Parallelwährung *f*
parallel loan ['pærələl 'ləʊn] *sb* Parallelanleihe *f*
parallel market ['pærələl 'mɑ:kɪt] *sb* Parallelmarkt *m*
parcel ['pɑ:sl] *sb* **1.** Paket *n*; **2.** *(land)* Parzelle *f*
parcel carrier ['pɑ:sl 'kærɪə] *sb* Paketdienst *m*
parcel receipt ['pɑ:sl rɪ'si:t] *sb* Paketempfangsschein *m*
par price ['pɑ: praɪs] *sb* Parikurs *m*
par value share [pɑ: 'væljʊ ʃeə] *sb* Nennwertaktie *f*
pardon ['pɑ:dn] *v* **1.** begnadigen; verzeihen; ~ *me!* Entschuldigung! *sb* **2.** Begnadigung *f*
parent company ['peərənt 'kʌmpənɪ] *sb* Muttergesellschaft *f*, Stammhaus *n*
parent plant ['peərənt plɑ:nt] *sb* Stammwerk *n*, Stammbetrieb *m*
paring down ['peərɪŋ daʊn] *sb* Gesundschrumpfung *f*
parity codetermination ['pærɪtɪ kəʊdɪtɜ:mɪ'neɪʃn] *sb* paritätische Mitbestimmung *f*

parity grid ['pærɪtɪ grɪd] *sb* Paritätengitter *n*
parity of rates ['pærɪtɪ əv 'reɪts] *sb* Kursparität *f*
parity payment ['pærɪtɪ 'peɪmənt] *sb* Ausgleichszahlung *f*
part delivery [pɑːt dɪ'lɪvərɪ] *sb* Teillieferung *f*
part exchange [pɑːt ɪks'tʃeɪndʒ] *sb* **1.** *offer sth in ~* etw in Zahlung geben; **2.** *take sth in ~* etw in Zahlung nehmen
partial ['pɑːʃl] *adj* Teil..., teilweise, partiell
partial acceptance ['pɑːʃl ək'sæptəns] *sb* Teilakzept *n*
partial balance sheet ['pɑːʃl 'bæləns ʃiːt] *sb* Teilbilanz *f*
partial bill of lading ['pɑːʃl bɪl əv 'leɪdɪŋ] *sb* Teilkonnossement *n*
partial claim ['pɑːʃl 'kleɪm] *sb* Teilforderung *f*
partial damage ['pɑːʃl 'dæmɪdʒ] *sb* Teilbeschädigung (P.A.) *f*
partial delivery ['pɑːʃl dɪ'lɪvərɪ] *sb* Teillieferung *f*
partial edition ['pɑːʃl ɪd'ɪʃən] *sb* Teilauflage *f*
partial endorsement ['pɑːʃl ɪn'dɔːsmənt] *sb* Teilindossament *n*
partial loss (p. l.) ['pɑːʃl 'lɒs] *sb* Teilverlust (P.L.) *m*
partial payment ['pɑːʃl 'peɪmənt] *sb* Teilzahlung *f*
partial privatisation ['pɑːʃl praɪvətaɪ'zeɪʃən] *sb* Teilprivatisierung *f*
partial rights ['pɑːʃl 'raɪts] *pl* Teilrechte *n/pl*
partial value ['pɑːʃl 'væljuː] *sb* Teilwert *m*
participant [pɑː'tɪsɪpənt] *sb* Teilnehmer(in) *m/f*
participate [pɑː'tɪsɪpeɪt] *v* sich beteiligen, teilnehmen
participating bond [pɑː'tɪsɪpeɪtɪŋ bɒnd] *sb* Gewinnschuldverschreibung *f*
participating certificate [pɑː'tɪsɪpeɪtɪŋ sə'tɪfɪkət] *sb* Anteilschein *m*, Genussschein *m*
participating debenture [pɑː'tɪsɪpeɪtɪŋ dɪ'bentʃʊə] *sb* Gewinnobligation *f*
participating in yield [pɑː'tɪsɪpeɪtɪŋ ɪn 'jiːld] *sb* Ergebnisbeteiligung *f*
participating receipt [pɑː'tɪsɪpeɪtɪŋ rɪ'siːt] *sb* Partizipationsschein *m*
participation [pɑːtɪsɪ'peɪʃən] *sb* Beteiligung *f*, Teilnahme *f*
participation in profits [pɑːtɪsɪ'peɪʃən ɪn 'prɒfɪts] *sb* Gewinnbeteiligung *f*
participation loan [pɑːtɪsɪ'peɪʃən ləʊn] *sb* Konsortialkredit *m*
participation rights [pɑːtɪsɪ'peɪʃən raɪts] *pl* Genussrecht *n*
participation wage [pɑːtɪsɪ'peɪʃən weɪdʒ] *sb* Investivlohn *m*
particularity [pətɪkjʊ'lærɪtɪ] *sb* Besonderheit *f*, besonderer Umstand *m*, Einzelheit *f*
particularize [pə'tɪkjʊləraɪz] *v* einzeln angeben, detailliert aufführen
particulars [pə'tɪkjʊləz] *pl* Einzelheiten *f/pl*
parties to a collective wage agreement ['pɑːtɪz tu ə kə'lektɪv 'weɪdʒ ə'griːmənt] *pl* Tarifpartner *m/pl*
part interest [pɑːt 'ɪntrest] *sb* Teilanspruch *m*
part-load traffic ['pɑːtləʊd 'træfɪk] *sb* Stückgutverkehr *m*
partly finished product ['pɑːtlɪ 'fɪnɪʃd 'prɒdʌkt] *sb* *(Produktion)* unfertiges Erzeugnis *n*
partner ['pɑːtnə] *sb* **1.** Partner(in) *m/f*; **2.** *(in a limited company)* Gesellschafter(in) *m/f*, Teilhaber(in) *m/f*, Sozius *m*
partnership ['pɑːtnəʃɪp] *sb* Partnerschaft *f*, Personengesellschaft *f*, Sozietät *f*
partnership account ['pɑːtnəʃɪp ə'kaunt] *sb* Teilhaberkonto *n*
partnership assets ['pɑːtnəʃɪp 'æsɪts] *pl* Gesellschaftsvermögen *n*
partnership insurance ['pɑːtnəʃɪp ɪn'ʃʊərəns] *sb* Teilhaberversicherung *f*
partnership limited by shares ['pɑːtnəʃɪp 'lɪmɪtɪd baɪ 'ʃeəz] *sb* Kommanditgesellschaft auf Aktien *f*
partnership property ['pɑːtnəʃɪp 'prɒpətɪ] *sb* Gesellschaftsvermögen *n*
part payment [pɑːt 'peɪmənt] *sb* Abschlagszahlung *f*, Teilzahlung *f*
part performance [pɑːt pə'fɔːməns] *sb* Teilleistung *f*
part-time ['pɑːttaɪm] *adj* **1.** Teilzeit...; **2.** *adv* auf Teilzeit, stundenweise

part-time employment [ˈpɑːttaɪm ɪmˈplɔɪmənt] *sb* geringfügige Beschäftigung *f*
part-time job [ˈpɑːttaɪm dʒɒb] *sb* Teilzeitstelle *f*
part-time work [ˈpɑːttaɪm wɜːk] *sb* Teilzeitarbeit *f*
party [ˈpɑːtɪ] *sb* Partei *f*
party line [ˈpɑːtɪ laɪn] *sb* **1.** *(of a telephone line)* Gemeinschaftsanschluss *m;* **2.** *(of a political party)* Parteilinie *f*
passage [ˈpæsɪdʒ] *sb* **1.** *(voyage)* Überfahrt *f,* Reise *f;* **2.** *(fare)* Überfahrt *f*
passage of risk [ˈpæsɪdʒ əv ˈrɪsk] *sb* Gefahrübergang *m*
passbook [ˈpɑːsbʊk] *sb* Sparbuch *n*
passing of a resolution [ˈpɑːsɪŋ əv ə resəˈluːʃn] *sb* Beschlussfassung *f*
passive deposit transactions [ˈpæsɪv dɪˈpɒsɪt trænˈzækʃnz] *pl* Passivgeschäft *n*
passive reserves [ˈpæsɪv rɪˈsɜːvz] *pl* passive Rückstellungen *f/pl*
passkey [ˈpɑːskiː] *sb* Hauptschlüssel *m*
passport [ˈpɑːspɔːt] *sb* Pass *m,* Reisepass *m*
password [ˈpɑːswɛːd] *sb* Kennwort *n,* Passwort *n*
pasteboard [ˈpeɪstbɔːd] *sb* Karton *m,* Pappe *f*

P

patent [ˈpeɪtənt] *v* **1.** patentieren lassen; *sb* **2.** Patent *n*
patent attorney [ˈpeɪtənt əˈtɜːnɪ] *sb* Patentanwalt/Patentanwältin *m/f*
patentee [peɪtənˈtiː] *sb* Patentinhaber *m*
patent licence [ˈpeɪtənt ˈlaɪsəns] *sb* Patentlizenz *f*
patented [ˈpeɪtəntɪd] *adj* patentrechtlich geschützt
Patent Office [ˈpeɪtənt ˈɒfɪs] *sb* Patentamt *n*
patentor [ˈpeɪtəntə] *sb* Patentgeber *m*
patent protection [ˈpeɪtənt prəˈtekʃən] *sb* Urheberschutz *m,* Patentschutz *m*
patron [ˈpeɪtrən] *sb* **1.** *(customer)* Kunde/Kundin *m/f,* Gast *m;* **2.** *(benefactor)* Mäzen *m*
patronage refund [ˈpætrənɪdʒ ˈriːfʌnd] *sb* Kundenrabatt *m*
patronize [ˈpætrənaɪz] *v (a business)* besuchen (als Stammkunde)
pattern book [ˈpætən bʊk] *sb* Musterbuch *n*
pattern of organization [ˈpætən əv ɔːgənaɪˈzeɪʃən] *sb* Organisationsform *f*
pause [pɔːz] *sb* **1.** Pause *f;* **2.** *give s.o. ~* jdm zu Denken geben
pawn [pɔːn] *v* **1.** verpfänden, versetzen; *sb* **2.** *(object pawned)* Pfand *n*
pawnbroker [ˈpɔːnbrəʊkə] *sb* Pfandleiher *m*
pawnbroking [ˈpɔːnbrəʊkɪŋ] *sb* Pfandleihe *f*
pawnshop [ˈpɔːnʃɒp] *sb* Pfandhaus *n*
pay [peɪ] *v irr* **1.** bezahlen, **2.** *(a bill, interest)* zahlen; *~ for* bezahlen für; **3.** *(to be profitable)* sich lohnen, sich auszahlen; *sb* **4.** Lohn *m;* **5.** *(salary)* Gehalt *n*
payable [ˈpeɪəbl] *adj* **1.** zahlbar; **2.** *(due)* fällig; **3.** *make a cheque ~ to s.o.* einen Scheck auf jdn ausstellen
payable on delivery (POD) [ˈpeɪəbl ɒn dɪˈlɪvəriː] *adj* zahlbar bei Ablieferung (POD)
pay advance [peɪ ədˈvɑːns] *sb* Gehaltsvorschuss *m*
pay back [ˈpeɪ bæk] *v irr* zurückzahlen
pay bracket [peɪ ˈbrækɪt] *sb* Lohngruppe *f,* Gehaltsklasse *f*
paycheck [ˈpeɪtʃek] *sb (US)* Lohnscheck *m,* Gehaltsscheck *m*
pay clerk [peɪ klɑːk] *sb* Lohnbuchhalter(in) *m/f*
pay day [ˈpeɪ deɪ] *sb account day* Zahltag *m,* Abrechnungstag *m*
payee [peɪˈiː] *sb* Zahlungsempfänger(in) *m/f,* Remittent *m*
payee of a bill of exchange [peɪˈiː əv ə bɪl əv ɪksˈtʃeɪndʒ] *sb* Wechselnehmer(in) *m/f*
payer [ˈpeɪə] *sb* Zahler(in) *m/f*
pay freeze [peɪ friːz] *sb* Lohnstopp *m*
pay in [peɪ ˈɪn] *v irr* einzahlen
pay increase [peɪ ˈɪnkriːs] *sb* Lohnerhöhung *f,* Gehaltserhöhung *f*
paying authority [ˈpeɪɪŋ ɔːˈθɒrətɪ] *sb* Kostenträger *m*
paying off [ˈpeɪɪŋ ˈɔf] *sb* Entlohnung *f*
paying out [ˈpeɪɪŋ aʊt] *sb* Auszahlung *f*
paying slip [ˈpeɪɪŋ slɪp] *sb* Einzahlungsschein *m*
paying office [ˈpeɪɪŋ ɒfɪs] *sb* Zahlstelle *f*

pay interest on [peɪ 'ɪntrəst ɒn] *v* verzinsen
payload ['peɪləud] *sb* Nutzlast *f*
payment ['peɪmənt] *sb* **1.** Zahlung *f*, Einzahlung *f*; Bezahlung *f*; **2.** Besoldung *f*, Auszahlung *f*
payment against delivery ['peɪmənt ə'genst dɪ'lɪvərɪ] *sb* Lieferung per Nachnahme *f*
payment authorization ['peɪmənt ɔ:θəraɪ'zeɪʃən] *sb* Zahlungsermächtigung *f*
payment by instal(l)ments ['peɪmənt baɪ ɪn'stɔ:lmənts] *sb* Ratenzahlung *f*
payment by results ['peɪmənt baɪ rɪ'zʌlts] *sb* Leistungslohn *m*
payment guarantee ['peɪmənt gærən'ti:] *sb* Anzahlungsbürgschaft *f*
payment habit ['peɪmənt 'hæbɪt] *sb* Zahlungssitte *f*
payment in advance ['peɪmənt ɪn əd'vɑ:ns] *sb* Vorauszahlung *f*
payment in arrears ['peɪmənt ɪn ə'rɪəs] *sb* Zahlungsrückstand *m*
payment in full ['peɪmənt ɪn 'fʊl] *sb* vollständige Bezahlung *f*
payment in kind ['peɪmənt ɪn 'kaɪnd] Zahlung in Sachwerten *f*
payment medium ['peɪmənt 'mi:dɪəm] *sb* Zahlungsmittel *n*
payment of a bill of exchange ['peɪmənt əv ə bɪl əv ɪk'stʃeɪndʒ] *sb* Wechseleinlösung *f*
payment of interest ['peɪmənt əv 'ɪntrəst] *sb* Verzinsung *f*
payment of redundancy benefit(s) ['peɪmənt əv ri:'dʌndənsɪ 'benɪfɪt(s)] *sb* Konkursausfallgeld *n*
payment of taxes ['peɪmənt əv 'tæksɪz] *sb* Steuerzahlung *f*
payment on account ['peɪmənt ɒn ə'kaunt] *sb* Akontozahlung *f*
payment order ['peɪmənt 'ɔ:də] *sb* Anweisung *f*
payment risk ['peɪmənt 'rɪsk] *sb* Zahlungsrisiko *n*
payment slip ['peɪmənt 'slɪp] *sb* Zahlschein *m*
payment supra protest ['peɪmənt 'su:prə 'prəutest] *sb* Zahlung unter Protest *f*
payment transaction ['peɪmənt træn'zækʃən] *sb* Zahlungsverkehr *m*
payment with order ['peɪmənt wɪθ 'ɔ:də] *sb* Zahlung bei Auftragserteilung *f*
payments office ['peɪmənts 'ɒfɪs] *sb* Zahlstelle *f*
payoff ['peɪɒf] *sb (bribe)* Bestechungsgeld *n*
pay off [peɪ 'ɒf] *v irr* **1.** *(to be profitable) (fam)* sich lohnen; **2.** *(a debt)* abbezahlen; **3.** *(a mortgage)* ablösen; **4.** *(creditors)* befriedigen; **5.** *(workmen)* auszahlen
payout ['peɪaut] *sb* **1.** Auszahlung *f*; **2.** *(dividend)* Ausschüttung *f*
pay over duty [peɪ 'əuvə 'dju:tɪ] *sb* Abführungspflicht *f*
pay packet [peɪ 'pækɪt] *sb* Lohntüte *f*
pay raise [peɪ reɪz] *sb (US)* Lohnerhöhung *f*, Gehaltserhöhung *f*
pay rate [peɪ reɪt] *sb* Rückzahlungsrate *f*, Tilgungsrate *f*
pay rise [peɪ raɪz] *sb (UK)* Lohnerhöhung *f*, Gehaltserhöhung *f*
payroll [peɪrəul] *sb* **1.** Lohnliste *f*; **2.** *have s.o. on one's ~* jdn beschäftigen
pay round [peɪ raund] *sb* Lohnrunde *f*
pay the postage ['peɪ ðə 'pɒstɪdʒ] *v* frankieren
peacekeeping duty ['pi:ski:pɪŋ 'djutɪ] *sb* Friedenspflicht *f*
peak [pi:k] *adj* Höchst..., Spitzen...
peak hours [pi:k 'auəz] *pl* Hauptverkehrszeit *f*, Stoßzeit *f*
peak quotation [pi:k kwəu'teɪʃn] *sb* Extremkurs *m*
pecuniary [pɪ'kju:nɪərɪ] *adj* Geld..., finanziell, pekuniär
pedlar ['pedlə] *sb* Hausierer *m*
penalize ['pi:nəlaɪz] *v* bestrafen
penalty ['pænltɪ] *sb* **1.** Strafe; **2.** *(punishment)* Bußgeld *n*
penalty cost ['pænltɪ kɒst] *sb* Fehlmengenkosten *pl*
penalty interest ['pænltɪ 'ɪntrəst] *sb* Strafzins *m*
pending ['pendɪŋ] *adj* anhängig, schwebend
pending transactions ['pendɪŋ træn'zækʃns] *pl* schwebende Geschäfte *n/pl*
pension ['penʃən] *sb* **1.** Rente *f*; **2.** *(from an employer)* Pension *f*
pensioner ['penʃənə] *sb* Rentner(in) *m/f*

pension expectancy [ˈpenʃən ɪksˈpektənsɪ] *sb* Pensionsanwartschaft *f*
pension for general disability [ˈpenʃən fɔː ˈdʒenrəl dɪsəˈbɪlɪtɪ] *sb* Erwerbsunfähigkeitsrente *f*
pension fund [ˈpenʃən fʌnd] *sb* Rentenfonds *m*, Pensionsfonds *m*
pension reserve [ˈpenʃən rɪˈsɜːv] *sb* Pensionsrückstellung *f*
pent-up inflation [ˈpentʌp ɪnˈfleɪʃn] *sb* zurückgestaute Inflation *f*
per annum [pɜː ˈænəm] *adv* pro Jahr
per capita [pɜː ˈkæpɪtə] *adv* pro Kopf
per capita income [ˈpɜː ˈkæpɪtə ˈɪnkʌm] *sb* Pro-Kopf-Einkommen *n*
per capita tax [ˈpɜː ˈkæpɪtə ˈtæks] *sb* Kopfsteuer *f*
per cent [pɜː ˈsent] *sb* Prozent *n*
percentage [pəˈsentɪdʒ] *sb* **1.** Prozentsatz *m*; **2.** *(proportion)* Teil *m*; **3.** *on a ~ basis* prozentual, auf Prozentbasis
percentage excess [pəˈsentɪdʒ ɪkˈses] *sb* Selbstbeteiligung *f*
percentage of profits [pəˈsentɪdʒ əv ˈprɒfɪts] *sb* Tantieme *f*
percentage premium [pəˈsentɪdʒ ˈpriːmiəm] *sb* Anteilsprämie *f*
percentage quotation [pəˈsentɪdʒ kwəʊˈteɪʃən] *sb* Prozentkurs *m*
per diem [pɜː ˈdaɪem] *sb* *(money)* Tagegeld *n*
perforated [ˈpɜːfəreɪtɪd] *adj* perforiert, gelocht
perform [pəˈfɔːm] *v* **1.** leisten; *~ well* eine gute Leistung bringen; **2.** *(a task, a duty)* erfüllen
performance [pəˈfɔːməns] *sb* **1.** *(carrying out)* Erfüllung *f*, Durchführung *f*; **2.** *(effectiveness)* Leistung *f*
performance appraisal [pəˈfɔːməns əˈpreɪzl] *sb* Mitarbeiterbeurteilung *f*
performance bond [pəˈfɔːməns bɒnd] *sb* Leistungsgarantie *f*, Liefergarantie *f*
performance date [pəˈfɔːməns deɪt] *sb* Erfüllungstag *m*
performance depth [pəˈfɔːməns ˈdepθ] *sb* Leistungstiefe *f*
performance guarantee [pəˈfɔːməns gərənˈtiː] *sb* Leistungsgarantie *f*
performance-linked [pəˈfɔːmənslɪŋkd] *adj* leistungsbezogen
performance-oriented [pəˈfɔːmənsɔːriəntɪd] *adj* leistungsorientiert
performance principle [pəˈfɔːməns ˈprɪnsɪpl] *sb* Erfüllungsprinzip *n*
performance regulations [pəˈfɔːməns regjʊˈleɪʃnz] *pl* Effizienzregeln *f/pl*
period [ˈpɪərɪəd] *sb* Frist *f*, Zeitraum *m*
period for application [ˈpɪərɪəd fɔː æplɪˈkeɪʃən] *sb* Anmeldefrist *f*
period for payment [ˈpɪərɪəd fɔː ˈpeɪmənt] *sb* Zahlungsziel *n*
period of grace [ˈpɪərɪəd əv greɪs] *sb* Nachfrist *f*
period of notice [ˈpɪərɪəd əv ˈnəʊtɪs] *sb* Kündigungsfrist *f*
period of protest [ˈpɪərɪəd əv ˈprəʊtest] *sb* Protestzeit *f*
period of respite [ˈpɪərɪəd əv ˈrespaɪt] *sb* Zahlungsaufschub *m*
period under review [ˈpɪərɪəd ˈʌndə ˈrɪvjuː] *sb* Berichtsperiode *f*
peripheral [pəˈrɪfərəl] *sb* Peripheriegerät *n*
peripheral units [pəˈrɪfərəl ˈjuːnɪts] *pl* Pripheriegeräte *n/pl*
perish [ˈperɪʃ] *v* *(goods)* verderben, schlecht werden
perishable [ˈperɪʃəbl] *adj* *(goods)* verderblich
perjure [ˈpɜːdʒə] *v* *~ oneself* einen Meineid leisten
perjury [ˈpɜːdʒərɪ] *sb* Meineid *m*
permanent debts [ˈpɜːmənent ˈdets] *pl* Dauerschuld *f*
permanent establishment abroad [ˈpɜːmənent ɪsˈtæblɪʃmənt əˈbrɔːd] *sb* ausländische Betriebsstätte *f*
permanent evaluation [ˈpɜːmənent ɪvæljuˈeɪʃn] *sb* Festbewertung *f*
permanent holding [ˈpɜːmənent ˈhəʊldɪŋ] *sb* Dauerbesitz *m*
permanent shareholder [ˈpɜːmənent ˈʃeəhəʊldə] *sb* Daueraktionär(in) *m/f*
permission [pɜːˈmɪʃən] *sb* Genehmigung *f*, Erlaubnis *f*
permit [pəˈmɪt] *v* **1.** erlauben, gestatten; [ˈpɜːmɪt] *sb* **2.** Genehmigung *f*, Erlaubnis *f*
perpetrator [ˈpɜːpɪtreɪtə] *sb* Täter(in) *m/f*
perpetual annuity [pəˈpetjʊəl ənˈjuːɪtɪ] *sb* ewige Rente *f*

perpetual bonds [pə'petjuəl bɒndz] *pl* Rentenanleihe *f*
perpetual debt [pə'petjuəl det] *sb* ewige Schuld *f*
perpetual loan [pə'petjuəl 'ləʊn] *sb* ewige Anleihe *f*
per procuration endorsement [pɜː prɒkjʊ'reɪʃn ɪn'dɔːsmənt] *sb* Prokuraindossament *f*
perquisite ['pɜːkwɪzɪt] *sb* Vergünstigung *f*
person in charge ['pɜːsən ɪn tʃɑːdʒ] *sb* Verantwortliche(r) *f/m*
personal account ['pɜːsənl ə'kaʊnt] *sb* Privatkonto *n*
personal computer ['pɜːsənl kəm'pjuːtə] *sb* Personalcomputer *m*, PC *m*
personal consumption ['pɜːsənl kən'sʌmpʃən] *sb* Eigenverbrauch *m*
personal consumption expenditure ['pɜːsənl kən'sʌmpʃn ɪks'pendɪtʃə] *sb* privater Verbrauch *m*
personal conversation ['pɜːsənl kɒnvə'seɪʃən] *sb* persönliches Gespräch *n*
personal identification number ['pɜːsnəl ɑɪdentɪfɪ'keɪʃn 'nʌmbə] *sb* persönliche Identifikationsnummer (PIN) *f*
personal loan ['pɜːsənl ləʊn] *sb* Personalkredit *m*
personal organizer ['pɜːsənl 'ɔːgənaɪzə] *sb* Terminplaner *m*, Zeitplaner *m*
personnel [pɜːsə'nel] *sb* Personal *n*, Belegschaft *f*
personnel department [pɜːsə'nel dɪ'pɑːtmənt] *sb* Personalabteilung *f*
personnel development [pɜːsə'nel dɪ'veləpmənt] *sb* Personalentwicklung *f*
personnel director [pɜːsə'nel dɑɪ'rektə] *sb* Personalleiter(in) *m/f*, Personalchef(in) *m/f*
personnel layoff [pɜːsə'nel 'leɪɒf] *sb* Personalfreisetzung *f*
personnel leasing [pɜːsə'nel 'liːsɪŋ] *sb* Personal-Leasing *n*
personnel management [pɜːsə'nel 'mænædʒmənt] *sb* Personalführung *f*, Personalmanagement *n*
personnel office [pɜːsə'nel 'ɒfɪs] *sb* Personalbüro *n*
personnel strategy [pɜːsə'nel 'strætədʒɪ] *sb* Personalstrategie *f*
pessimism ['pesɪmɪzm] *sb* Pessimismus *m*
pessimistic [pesɪ'mɪstɪk] *adj* pessimistisch
petition [pə'tɪʃən] *sb* Gesuch *n*, Petition *f*
petition in bankruptcy [pə'tɪʃən ɪn 'bæŋkrəpsɪ] *sb* Konkursantrag *f*
petitioner [pe'tɪʃənə] *sb* Antragsteller(in) *m/f*
petrodollar ['petrəʊdɒlə] *sb* Petrodollar *m*
petrol ['petrəl] *sb (UK)* Benzin *n*
petroleum revenue tax [pɪ'trəʊliəm 'revənjuː tæks] *sb* Mineralölsteuer *f*
petrol station ['petrəl steɪʃən] *sb (UK)* Tankstelle *f*
petty cash ['peti 'kæʃ] *sb* Portokasse *f*
phases of business cycles ['feɪzɪs əv 'bɪsnɪs 'saɪkls] *pl* Konjunkturphasen *f/pl*
phone [fəʊn] *sb (see "telephone")*
phonecard ['fəʊnkɑːd] *sb* Telefonkarte *f*
photo CD ['fəʊtəʊ siː'diː] *sb* Foto-CD *f*
photocopier ['fəʊtəʊkɒpɪə] *sb* Fotokopiergerät *n*, Kopierer *m*
photocopy ['fəʊtəʊkɒpɪ] *v* **1.** fotokopieren, kopieren; *sb* **2.** Fotokopie *f*, Kopie *f*
photograph ['fəʊtəgrɑːf] *v* **1.** fotografieren, aufnehmen; *sb* **2.** Fotografie *f*, Aufnahme *f*, Lichtbild *n*
physical examination ['fɪzɪkəl ɪgzæmɪ'neɪʃən] *sb* ärztliche Untersuchung *f*
physical handicap ['fɪzɪkəl 'hændɪkæp] *sb* körperliche Behinderung *f*
picket ['pɪkɪt] *sb* Streikposten *m*
piece [piːs] *sb* **1.** Stück *n;* **2.** *(article)* Artikel *m;* **3.** *(coin)* Münze *f*
piece rate [piːs reɪt] *sb* Leistungslohn *m*, Stücklohn *m*
piece time [piːs taɪm] *sb* Stückzeit *f*
piecework ['piːswɜːk] *sb* Akkordarbeit *f*
piecework pay ['piːswɜːk peɪ] *sb* Stücklohn *m*
piecework wage ['piːswɜːk weɪdʒ] *sb* Akkordlohn *m*
piggy bank ['pɪgɪ bæŋk] *sb* Sparbüchse *f*
piggyback advertisement ['pɪgɪbæk əd'vɜːtɪsmənt] *sb* Huckepack-Werbung *f*

pile [paɪl] *v* **1.** stapeln; *sb* **2.** Stapel *m*, Stoß *m*
pilot scheme ['paɪlət ski:m] *sb* Versuchsprojekt *n*, Pilotprogramm *n*
pilot study ['paɪlət stʌdɪ] *sb* Pilot-Studie *f*
piracy ['paɪrəsɪ] *sb (plagiarism)* Plagiat *n*, Produktpiraterie *f*
pirate copy ['paɪrɪt 'kɒpɪ] *sb* Raubkopie *f*
pitchman ['pɪtʃmən] *sb* **1.** *(vendor)* Straßenverkäufer *m;* **2.** *(advertising ~)* Werbeträger *m*
place [pleɪs] *v* **1.** *~ an order* bestellen, einen Auftrag erteilen; **2.** *(an advertisement)* platzieren
place of birth [pleɪs əv 'bɜ:θ] *sb* Geburtsort *m*
place of business ['pleɪs əv 'bɪznɪs] *sb* Arbeitsstelle *f*, Arbeitsplatz *m*
place of destination ['pleɪs əv destɪ'neɪʃən] *sb* Bestimmungsort *m*
place of employment ['pleɪs əv ɪm'plɔɪmənt] *sb* Arbeitsplatz *m*, Arbeitsstelle *f*
place of jurisdiction ['pleɪs əv dʒʊərɪs'dɪkʃən] *sb* Gerichtsstand *m*
place of payment [pleɪz əv 'peɪmənt] *sb* Zahlungsort *m*, Domizilstelle *f*
place of performance [pleɪz əv pə'fɔ:mənz] *sb* Erfüllungsort *m*
place of residence [pleɪz əv 'rezɪdəns] *sb* Wohnort *m*
placement of an advertisement ['pleɪsmənt əv ən əd'vɜ:tɪsmənt] *ab* Anzeigenschaltung *f*
placing ['pleɪsɪŋ] *sb* Platzierung *f*
placing commission ['pleɪsɪŋ kə'mɪʃn] *sb* Bankierbonifikation *f*
placing of an order ['pleɪsɪŋ əv ən 'ɔ:də] *sb* Auftragserteilung *f*
plagiarism ['pleɪdʒərɪzm] *sb* **1.** Plagiat *f;* **2.** Plagiieren *n*
plagiarize ['pleɪdʒəraɪz] *v* plagiieren
plaintiff ['pleɪntɪf] *sb* Kläger(in) *m/f*
plan analysis [plæn ə'næləsɪs] *sb* Plananalyse *f*
plan engineer [plæn endʒɪ'nɪə] *sb* Verfahrenstechniker(in) *m/f*
planned economy [plænd ɪ'kɒnəmɪ] *sb* Planwirtschaft *f*
planning ['plænɪŋ] *sb* Planung *f*
planning control ['plænɪŋ kən'trəʊl] *sb* Planungskontrolle *f*
planning figures ['plænɪŋ 'fɪgəz] *pl* Planwerte *m/pl*
planning game ['plænɪŋ geɪm] *sb* Planspiel *n*
planning permission ['plænɪŋ pə'mɪʃən] *sb* Baugenehmigung *f*
plan of expenditure [plæn əv ɪks'pendɪdʒʊə] *sb* Ausgabenplan *m*
plant [plɑ:nt] *sb* **1.** *(factory)* Werk *n;* **2.** *(equipment)* Anlagen *f/pl*
plant agreement [plɑ:nt ə'gri:mənt] *sb* Betriebsvereinbarung *f*
plant closing [plɑ:nt 'kləʊzɪŋ] *sb* Betriebsstilllegung *f*
plant engineering and construction [plɑ:nt endʒə'nɪərɪŋ ænd kɒnstrʌkʃən] *sb* Anlagenbau *m*
plant inspection [plɑ:nt ɪn'spekʃən] *sb* Betriebsaufsicht *f*
plastic ['plæstɪk] *sb* **1.** Kunststoff *m*, Plastik *n; adj* **2.** *(made of plastic)* Plastik...
pledge [pledʒ] *v* **1.** *(pawn, give as collateral)* verpfänden; **2.** *(promise)* versprechen; *sb* **3.** *(in a pawnshop)* Pfand *n*, Verpfändung *f;* **4.** Versprechen *n*
pledged securities deposit [pledʒd sɪk'jʊərɪtiz dɪ'pɒsɪt] *sb* Pfanddepot *n*
pledgee [pledʒ'i:] *sb* Pfandgläubiger *m*
pledge endorsement [pledʒ ɪn'dɔ:smənt] *sb* Pfandindossament *n*
pledging ['pledʒɪŋ] *sb* Verpfändung *f*, Pfandbestellung *f*
pledgor ['pled'ʒə] *sb* Pfandschuldner *m*, Verpfänder *m*
plenipotentiary [plenɪpə'tenʃərɪ] *sb* Generalbevollmächtigte(r) *f/m*
plough back [plaʊ 'bæk] *v* reinvestieren, wieder anlegen
plug [plʌg] *sb* **1.** *(electric)* Stecker *m;* **2.** *(bit of publicity)* Schleichwerbung *f*
plus ['plʌs] *sb* Plus *n*
P.O. box [pi:'əʊ bɒks] Postfach *n*
point of sale system (POS) [pɔɪnt əv seɪl 'sɪstəm] *sb* bargeldloses Kassensystem *n*
point sampling [pɔɪnt 'sɑ:mplɪŋ] *sb* Stichprobenverfahren *n*
policy ['pɒlɪsɪ] *sb* **1.** *(principles of conduct)* Verfahrensweise *f*, Politik *f*, Taktik *f;* **2.** *(insurance ~)* Police *f*

P

policy holder ['pɒlɪsɪ 'həʊldə] *sb* Versicherungsnehmer *m*
policy limit ['pɒlɪsɪ 'lɪmɪt] *sb* Haftungshöchstbetrag *m*
policy of sterilization funds ['pɒlɪsɪ əv sterɪlaɪ'zeɪʃn fʌndz] *sb* Sterilisierungspolitik *f*
policy relating to capital formation ['pɒlɪsɪ rɪ'leɪtɪŋ tu 'kæpɪtl fɔ:'meɪʃn] *sb* Vermögenspolitik *f*
policy value ['pɒlɪsɪ 'vælju:] *sb* Versicherungswert *m*, Deckungssumme *f*
poll [pəʊl] *sb (opinion ~)* Umfrage *f*
pollster ['pəʊlstə] *sb (US)* Meinungsforscher(in) *m/f*
pollutant [pə'lu:tənt] *sb* Schadstoff *m*
pollute [pə'lu:t] *v* verschmutzen, verunreinigen
polluter pays principle [pə'lu:tə peɪz 'prɪnsɪpl] *sb* Verursacherprinzip *n*
pollution [pə'lu:ʃən] *sb* **1.** Verschmutzung *f*; **2.** *(of the environment)* Umweltverschmutzung *f*
polytechnic [pɒlɪ'teknɪk] *sb (UK)* Polytechnikum *n*, Fachhochschule *f*
pooling of accounts ['pu:lɪŋ əv ə'kaʊnts] *sb* Kontenzusammenlegung *f*
pooling of interests ['pu:lɪŋ əv 'ɪntrəsts] *sb* Interessengemeinschaft *f*
poor quality [pʊə 'kwɒlɪtɪ] *sb* schlechte Qualität *f*
popular ['pɒpjʊlə] *adj* **1.** *(with the public)* populär, beliebt; **2.** *(prevalent)* weit verbreitet
popular share ['pɒpjʊlə ʃeə] *sb* Publikumsaktie *f*
popularity [pɒpjʊ'lærɪtɪ] *sb* Beliebtheit *f*, Popularität *f*
population [pɒpjʊ'leɪʃən] *sb* Bevölkerung *f*, Einwohnerschaft *f*
port [pɔ:t] *sb* Hafen *m*
portable ['pɔ:təbl] *adj* tragbar
portage ['pɔ:tɪdʒ] *sb* Transportkosten *pl*, Beförderungskosten *pl*
portfolio [pɔ:t'fəʊljəʊ] *sb* **1.** Portfolio *n*; **2.** *(folder)* Mappe *f*
portfolio analysis [pɔ:t'fəʊljəʊ ə'nælɪsɪs] *sb* Portfolio-Analyse *f*, Fundamentalanalyse *f*
portfolio controlling [pɔ:t'fəʊljəʊ kən'trəʊlɪŋ] *sb* Portfeuillesteuerung *f*
portfolio holdings [pɔ:t'fəʊljəʊ 'həʊldɪŋz] *pl* Depotbestand *m*
portfolio investments [pɔ:t'fəʊljəʊ ɪn'vestmənts] *pl* indirekte Investition *f*
portfolio manager [pɔ:t'fəʊljəʊ 'mænɪdʒə] *sb* Effektenverwalter(in) *m/f*, Depotverwalter(in) *m/f*
portfolio selection [pɔ:t'fəʊljəʊ sɪ'lækʃn] *sb* Portfolio Selection *f*
portion of overall costs ['pɔ:ʃn əv 'əʊvərɔ:l kɒsts] *sb* Teilkosten *pl*
position [pə'zɪʃən] *v* **1.** aufstellen, platzieren; *sb* **2.** Position *f*, Stellung *f*; **3.** *(job)* Stelle *f*; **4.** *(point of view)* Standpunkt *m*, Haltung *f*, Einstellung *f*
positioning [pə'zɪʃənɪŋ] *sb* Platzierung *f*
position offered [pə'zɪʃən 'ɒfəd] *sb* Stellenanzeige *f*
possess [pə'zes] *v* besitzen, haben
possession [pə'zeʃən] *sb* Besitz *m*
possessor [pə'zesə] *sb* Besitzer(in) *m/f*
post [pəʊst] *sb* **1.** *(mail)* Post *f*; *by return of ~* postwendend; **2.** *(job)* Stelle *f*, Posten *m*; *v* **3.** *put in the ~ (UK)* aufgeben, mit der Post schicken
postage ['pəʊstɪdʒ] *sb* Porto *n*, Gebühr *f*
postage deduction ['pəʊstɪdʒ dɪ'dʌkʃən] *sb* Portoabzug *m*
postage due ['pəʊstɪdʒ dju:] *sb* Strafporto *n*, Nachporto *n*
postage-free ['pəʊstɪdʒfri:] *adj* portofrei, gebührenfrei
postage stamp ['pəʊstɪdʒ stæmp] *sb* Briefmarke *f*
postal ['pəʊstl] *adj* Post...
postal cheque ['pəʊstl tʃek] *sb* Postscheck *m*
postal code ['pəʊstl kəʊd] *sb (UK)* Postleitzahl *f*
postal giro ['pəʊstl 'dʒaɪrəʊ] *sb* **1.** Postgiro *n*; **2.** *(cheque)* Postscheck *m*
postal giro account ['pəʊstl 'dʒaɪrəʊ ə'kaʊnt] *sb* Postscheckkonto *n*
postal money order ['pəʊstl 'mʌnɪ 'ɔ:də] *sb* Postanweisung *f*
postal order ['pəʊstl 'ɔ:də] *sb (UK)* Postanweisung *f*
Postal Savings Bank ['pəʊstl 'seɪvɪŋz bæŋk] *sb* Postbank *f*
postal service ['pəʊstl 'sɜ:vɪs] *sb* Postdienst *m*, Post *f*

postal transfer ['pəʊstl 'trænsfɜ:] *sb* Postüberweisung *f*
postal wrapper ['pəʊstl 'ræpə] *sb* Streifband *n*
postbox ['pəʊstbɒks] *sb (UK)* Briefkasten *m*
postcard ['pəʊstkɑ:d] *sb* Postkarte *f*
postcode ['pəʊstkəʊd] *sb (UK)* Postleitzahl *f*
postdate [pəʊst'deɪt] *v (a document)* nachdatieren
post-dated [pəʊst'deɪtɪd] *adj* nachdatiert
poste restante [pəʊst res'tɑ̃t] *adv* postlagernd
post-formation acquisition [pəʊstfɔ:'meɪʃn əkwɪ'sɪʃn] *sb* Nachgründung *f*
posting reference ['pəʊstɪŋ 'refrəns] *sb* Buchungsvermerk *m*
postman ['pəʊstmən] *sb* Briefträger *m*, Postbote *m*
postmark ['pəʊstmɑ:k] *sb* Poststempel *m*
post office [pəʊst 'ɒfɪs] *sb* Post *f*, Postamt *n*
post office box [pəʊst 'ɒfɪs bɒks] *sb (P. O. box)* Postfach *n*
post-paid [pəʊst'peɪd] *adj* freigemacht, frankiert
postpone [pəst'pəʊn] *v* **1.** aufschieben; **2.** *(for a specified period)* verschieben
postponement [pəst'pəʊnmənt] *sb (act of postponing)* Verschiebung *f*, Vertagung *f*, Aufschub *m*
postseason [pəʊst'si:zn] *sb* Nachsaison *f*
potential [pə'tenʃl] *sb* Potenzial *n*
potential cash [pə'tenʃl kæʃ] *sb* potentielles Bargeld *n*
pound [paʊnd] *sb (unit of weight, money)* Pfund *n*
poundage ['paʊndɪdʒ] *sb* **1.** *(weight)* Gewicht in Pfund *n;* **2.** *(fee)* auf Gewichtsbasis errechnete Gebühr *f*
power ['paʊə] *sb* **1.** Macht *f; I will do everything in my ~.* Ich werde tun, was in meiner Macht steht. **2.** *(of an engine, of loudspeakers)* Leistung *f*
power failure ['paʊə feɪljə] *sb* Stromausfall *m*, Netzausfall *m*
power lunch ['paʊə lʌntʃ] *sb (fam)* Geschäftsessen *n*
power of agency ['paʊə əv 'eɪdʒənsɪ] *sb* Handlungsvollmacht *f*, Vertretungsbefugnis *f*
power of attorney ['paʊə əv ə'tɜ:nɪ] *sb* Vollmacht *f*, Prokura *f*
power of revocation ['paʊə əv revə'keɪʃən] *sb* Widerrufsrecht *n*
power of signature ['paʊə əv 'sɪgnətʃə] *sb* Zeichnungsvollmacht *f*, Unterschriftsbefugnis *f*
power to contract ['paʊə tu kən'trækt] *sb* Vertragsvollmacht *f*
power pack ['paʊə pæk] *sb* Netzteil *n*
power plant ['paʊə plɑ:nt] *sb* Kraftwerk *n*
power to draw on an account ['paʊə tu drɔ: ɒn ən ə'kaʊnt] *sb* Kontovollmacht *f*
PR *(see "public relations")*
practicable ['præktɪkəbl] *adj* durchführbar, machbar
practice ['præktɪs] *sb (business ~)* Verfahrensweise *f*
practice of payment ['præktɪs əv 'peɪmənt] *sb* Zahlungsgewohnheit *f*
practise ['præktɪs] *v (a profession, a religion)* ausüben, praktizieren
prearrange [pri:ə'reɪndʒ] *v* vorher abmachen, vorher bestimmen
precaution [prɪ'kɔ:ʃən] *sb* **1.** Vorsichtsmaßnahme *f;* **2.** *take ~s* Vorsichtsmaßnahmen treffen; **3.** *as a ~* vorsichtshalber
precautionary holding [prɪ'kɔ:ʃənərɪ 'həʊldɪŋ] *sb* Vorsichtskasse *f*
precendence ['presɪdəns] *sb* Vorrang *m*, Vorrecht *n*
precedent ['presɪdənt] *sb* Präzedenzfall *m*
precision [prɪ'sɪʒən] *sb* Genauigkeit *f*, Präzision *f*
precondition [pri:kən'dɪʃən] *sb* Voraussetzung *f*, Bedingung *f*
predate [pri:'deɪt] *v* **1.** *(come before)* vorausgehen; **2.** *(a document)* zurückdatieren
predecessor ['pri:dɪsesə] *sb* Vorgänger(in) *m/f*
preemption right [pri:'empʃn raɪt] *sb* Vorkaufsrecht *n*
preemptive shares [pri:'emtɪv ʃeəz] *pl* Bezugsaktien *f/pl*

pre-export financing [priːˈekspɔːt faɪˈnænsɪŋ] *sb* Präexport-Finanzierung *f*

preference [ˈprefərəns] *sb* **1.** Präferenz *f;* **2.** Vorkaufsrecht *n*

preference bond [ˈprefərens bɒnd] *sb* Vorzugsobligation *f*

preference share [ˈprefərens ʃeə] *sb* Vorzugsaktie *f*, Prioritätsaktie *f*

preferential creditor [prefəˈrenʃl ˈkredɪtə] *sb* bevorrechtigter Gläubiger *m*

preferential discount [prefəˈrenʃl ˈdɪskaunt] *sb* Vorzugsrabatt *m*

preferential dividend [prefəˈrenʃl ˈdɪvɪdənd] *sb* Vorzugsdividende *f*

preferential price [prefəˈrenʃl ˈpraɪs] *sb* Vorzugskurs *m*

preferential rate [prefəˈrenʃl ˈreɪt] *sb* Ausnahmetarif *m*

preferment [prɪˈfɜːmənt] *sb (promotion)* Beförderung *f*

prefinancing [priːfaɪˈnænsɪŋ] *sb* Vorfinanzierung *f*

prejudice [ˈpredʒʊdɪs] *sb* **1.** Vorurteil *n;* **2.** *(detriment)* Schaden *m*

prejudicial [predʒʊˈdɪʃəl] *adj* schädlich

preliminaries [prɪˈlɪmɪnəriz] *pl* vorbereitende Maßnahmen *f/pl*, Vorarbeit *f*

preliminary [prɪˈlɪmɪnərɪ] *adj* vorläufig

preliminary conditions [priːˈlɪmɪnərɪ kɒnˈdɪʃnz] *pl* Vorschaltkonditionen *f/pl*

preliminary injunction [priːˈlɪmɪnərɪ ɪnˈdʒʌnkʃn] *sb* Vorausklage *f*

premises [ˈpremɪsɪz] *pl* **1.** Grundstück *n;* **2.** *(of a factory)* Gelände *n;* **3.** *(of a shop)* Räumlichkeiten *pl*

premium [ˈpriːmjʊm] *sb* **1.** *(bonus)* Bonus *m*, Prämie *f;* **2.** *(insurance ~)* Prämie *f;* **3.** *(surcharge)* Zuschlag *m*

premium bond [ˈpriːmjʊm bɒnd] *sb* Prämienanleihe *f*

premium for double option [ˈpriːmjʊm fɔː ˈdʌbl ˈɒpʃn] *sb* Stellgeld *n*

premium payable on redemption [ˈpriːmjʊm ˈpeɪəbl ɒn rɪˈdempʃn] *sb* Rückzahlungsagio *m*

premium-aided saving [ˈpriːmjʊmeɪdɪd ˈseɪvɪŋ] *sb* prämienbegünstigtes Sparen *n*

premium on bonds [ˈpriːmjʊm ɒn bɒndz] *sb* Anleiheagio *n*

premium offer [ˈpriːmjʊm ˈɒfə] *sb* Zugabeangebot *n*

prepaid [priːˈpeɪd] *adj* vorausbezahlt, im Voraus bezahlt

preparation [prepəˈreɪʃən] *sb* Vorbereitung *f*

prepay [priːˈpeɪ] *v irr* vorausbezahlen, im Voraus bezahlen

prepay the postage [priːˈpeɪ ðə ˈpəʊstɪdʒ] *v irr* frankieren

prepayable [priːˈpeɪəbl] *adj* im Voraus zu bezahlen

prepayment [priːˈpeɪmənt] *sb* Vorauszahlung *f*

preproduction cost [priːprɒˈdʌkʃn kɒst] *sb* Rüstkosten *pl*

prerequisite [priːˈrekwɪzɪt] *sb* Voraussetzung *f*, Vorbedingung *f*

prerogative [prɪˈrɒgətɪv] *sb* Vorrecht *n*

presale [ˈpriːseɪl] *sb* Vorverkauf *m*

presentation [preznˈteɪʃən] *sb* **1.** *(act of presenting)* Vorlage *f*, Präsentation *f;* **2.** *(handing over)* Überreichung *f*, **3.** *(of an award)* Verleihung *f*

presentation clause [preznˈteɪʃn klɔːz] *sb* Präsentationsklausel *f*

presentation for acceptment [preznˈteɪʃən fɔː əkˈseptmənt] *sb* Vorlage zum Akzept *f*

presentation period [preznˈteɪʃn ˈpɪərɪəd] *sb* Präsentationsfrist *f*

present value [ˈpreznt ˈvæljʊ] *sb* Gegenwartswert *m*

preservation [prezəˈveɪʃən] *sb* **1.** Erhaltung *f;* **2.** *(keeping)* Aufbewahrung *f*

preservation of real-asset values [prezəˈveɪʃn əv rɪəlˈæsɪt ˈvæljʊz] *sb* Substanzerhaltung *f*

preservative [prɪˈzɜːvətɪv] *sb* Konservierungsmittel *n*

preserve [prɪˈzɜːv] *v* **1.** *(maintain)* erhalten; **2.** *(keep from harm)* bewahren

preside [prɪˈzaɪd] *v ~ over* den Vorsitz haben über

presidency [ˈprezɪdənsɪ] *sb (of a company)* Vorsitz *m*

president [ˈprezɪdənt] *sb (of a company)* Vorsitzende(r) *f/m*, Präsident(in) *m/f*

press [pres] *sb* Presse *f*

press conference [pres ˈkɒnfərəns] *sb* Pressekonferenz *f*

press release [pres rɪˈliːs] *sb* Presseverlautbarung *f*, Pressemitteilung *f*

press report [pres rɪ'pɔ:t] *sb* Pressenotiz *f*
pressure group ['preʃə gru:p] *sb* Interessengemeinschaft *f*
prestige [pres'ti:ʒ] *sb* Prestige *n*
pre-tax [pri:'tæks] *adj* Brutto..., vor Abzug der Steuern
preventive [prɪ'ventɪv] *sb ~ measure* Präventivmaßnahme *f*, Vorsichtsmaßnahme *f*
preview ['pri:vju:] *sb* Vorschau *f*
price [praɪs] *sb* **1.** Preis *m; v* **2.** *(fix the ~ of sth)* den Preis von etw festsetzen
price advance [praɪs əd'vɑ:ns] *sb* Kurssteigerung *f*
price ceiling [praɪs 'si:lɪŋ] *sb* Preisobergrenze *f*
price control [praɪs kɒn'trəʊl] *sb* Preiskontrolle *f*
price deduction [praɪs dɪ'dʌkʃən] *sb* Preisabzug *m*
price-demand function [praɪsdɪ'mɑ:nd 'fʌŋkʃn] *sb* Preisabsatzfunktion *f*
price differentiation [praɪs dɪfərenʃɪ'eɪʃn] *sb* Preisdifferenzierung *f*
price-earnings ratio [praɪs'ɜ:nɪŋz 'reɪʃəʊ] *sb* Kurs-Gewinn-Verhältnis *n*, Price-Earning Ratio *n*
price elasticity [praɪs eləs'tɪsɪtɪ] *sb* Preiselastizität *f*
price-fixing ['praɪsfɪksɪŋ] *sb* Preisfestlegung *f*
price fixing cartel [praɪs 'fɪksɪŋ kɑ:'tel] *sb* Preiskartell *n*
price floor ['praɪs flɔ:] *sb* Preisuntergrenze *f*
price formation [praɪs fɔ:'meɪʃn] *sb* Preisbildung *f*
price gain [praɪs 'geɪn] *sb* Kursgewinn *m*
price increase [praɪs 'ɪnkri:s] *sb* Preissteigerung *f*, Preiserhöhung *f*
price index [praɪs 'ɪndeks] *sb* **1.** Preisindex *m;* **2.** Kursindex *m*
price inflation [praɪs ɪn'fleɪʃən] *sb* Preissteigerung *f*
price intervention [praɪs ɪntə'venʃn] *sb* Kursintervention *f*
price level [praɪs 'levl] *sb* Preisniveau *n*
price limit [praɪs 'lɪmɪt] *sb* Kurslimit *n*
price list [praɪs lɪst] *sb* Preisliste *f*
price maintenance [praɪs 'meɪntənəns] *sb* Preisbindung *f*
price margin [praɪs 'mɑ:dʒɪn] *sb* Preisspanne *f*
price-marking ['praɪsmɑ:kɪŋ] *sb* Preisauszeichnung *f*
price marking ordinance [praɪs 'mɑ:kɪŋ 'ɔ:dɪnens] *sb* Preisangabeverordnung *f*
price nursing [praɪs 'nɜ:sɪŋ] *sb* Kurspflege *f*
price of gold [praɪs əv 'gəʊld] *sb* Goldpreis *m*
price pegging [praɪs 'pegɪŋ] *sb* Kursstützung *f*
price per share [praɪs pɜ: 'ʃeə] *sb* Stückkurs *m*
price policy [praɪs 'pɒlɪsɪ] *sb* Preispolitik *f*
price quotation [praɪs kwəʊ'teɪʃən] *sb* Preisnotierung *f*
price recommendation [praɪs rekəmen'deɪʃən] *sb* Preisempfehlung *f*
price reduction [praɪs rɪ'dʌkʃən] *sb* Preissenkung *f*, Preisreduzierung *f*
price regulation [praɪs regjʊ'leɪʃn] *sb* Kursregulierung *f*
price risk ['praɪs rɪsk] *sb* Kursrisiko *n*
prices of farm products ['praɪsɪz əv 'fɑ:m 'prɒdʌkts] *pl* Agrarpreise *m/pl*
prices quoted [praɪsɪz 'kwəʊtɪd] *pl* Preisnotierung *f*
price-sensitive ['praɪssensɪtɪv] *adj* preissensibel
price stop ['praɪs stɒp] *sb* Preisstopp *m*
price strategy [praɪs 'strætədʒɪ] *sb* Preispolitik *f*
price support [praɪs sə'pɔ:t] *sb* Kursstützung *f*
price tag ['praɪs tæg] *sb* Preisschild *n*
price war ['praɪs wɔ:] *sb* Preiskrieg *m*
price watering [praɪs 'wɔ:tərɪŋ] *sb* Kursverwässerung *f*
primary demand ['praɪmərɪ dɪ'mɑ:nd] *sb* Primärbedarf *m*
primary energy ['praɪmərɪ 'enədʒɪ] *sb* Primärenergie *f*
primary expenses ['praɪmərɪ ɪk'spensɪz] *sb* Primäraufwand *m*
primary market ['praɪmərɪ 'mɑ:kɪt] *sb* Emissionsmarkt *m*, Primärmarkt *m*
primary power ['praɪmərɪ 'paʊə] *sb* Hauptvollmacht *f*

primary sector of the economy ['praɪmərɪ 'sektə əv ði: ɪ'kɒnemɪ] *sb* primärer Sektor *m*
prime [praɪm] *adj* **1.** Haupt...; **2.** *(excellent)* erstklassig
prime acceptance ['praɪm ə'ksep-tæns] *sb* Privatdiskont *m*
prime cost [praɪm 'kɒst] *sb* Selbstkosten *pl*, Entstehungskosten *pl*
prime name ['praɪm 'neɪm] *sb* beste Adresse *f*
prime rate [praɪm 'reɪt] *sb* Prime Rate *f*, Kreditzinssatz der Geschäftsbanken in den USA für Großkunden *m*
principle of common burden ['prɪnsɪpl əv 'kɒmən 'bɜ:dn] *sb* Gemeinlastprinzip *n*
principle of equivalence ['prɪnsɪpl əv ɪ'kwɪvəlens] *sb* Äquivalenzprinzip *n*
principle of highest value ['prɪnsɪpl əv 'haɪəst 'vælju] *sb* Höchstwertprinzip *n*
principle of satisfaction of needs ['prɪnsɪpl əv sætɪs'fækʃn əv 'ni:dz] *sb* Bedarfsdeckungsprinzip *n*
principle of seniority ['prɪnsɪpl əv si:nɪ'ɒrɪtɪ] *sb* Senioritätsprinzip *n*
principle of subsidiarity ['prɪnsɪpl əv səbsɪdɪ'ærətɪ] *sb* Subsidiaritätsprinzip *n*
principles of capital resources and the banks' liquid assets ['prɪnsɪplz əv 'kæpɪtl rɪ'sɔ:ses ænd ðə 'bæŋks lɪkwɪd 'æsɪts] *pl* Grundsätze über das Eigenkapital und die Liquidität der Kreditinstitute *m/pl*
principles of orderly bookkeeping and balancesheet makeup ['prɪnsɪplz əv 'ɔ:dəlɪ 'bʊkki:pɪŋ ænd 'bælænsʃi:t 'meɪkʌp] *pl* Grundsätze ordnungsgemäßer Buchführung und Bilanzierung (GoB) *m/pl*
principles on own capital ['prɪnsɪplz ɒn əʊn 'kæpɪtl] *pl* Eigenkapitalgrundsätze *m/pl*
print [prɪnt] *v* **1.** drucken; **2.** *(not write in cursive)* in Druckschrift schreiben
print advertising ['prɪnt 'ædvətaɪzɪŋ] *sb* Printwerbung *f*
printed matter ['prɪntɪd 'mætə] *sb* Drucksache *f*
printer ['prɪntə] *sb* Drucker *m*
printer's error ['prɪntəz 'erə] *sb* Druckfehler *m*
print-out ['prɪntaʊt] *sb* Ausdruck *m*
priority bonds ['praɪ'ɒrɪtɪ bɒndz] *pl* Prioritätsobligationen *f/pl*
private ['praɪvɪt] *adj* **1.** privat, Privat...; **2.** *(confidential)* vertraulich
private automatic branch exchanges ['praɪvət ɔ:tə'mætɪk 'brɑ:nʃ ɪks-'tʃeɪndʒəs] *pl* Nebenstellenanlagen *f/pl*
private bank ['praɪvət bæŋk] *sb* Privatbank *f*
private consumption ['praɪvət kɒn-'sʌmpʃn] *sb* privater Verbrauch *m*, Privatkonsum *m*
private contribution ['praɪvət kɒntrɪ-'bju:ʃən] *sb* Privateinlagen *f/pl*
private goods ['praɪvət 'gʊdz] *pl* private Güter *n/pl*
private health and accident insurance ['praɪvət 'helθ ænd 'æksɪdənt ɪn'ʃʊərəns] *sb* private Kranken- und Unfallversicherung *f*
private household ['praɪvət 'haʊs-həʊld] *sb* privater Haushalt *m*
private insurance ['praɪvət ɪn'ʃʊə-rəns] *sb* Privatversicherung *f*
private law ['praɪvət lɔ:] *sb* Privatrecht *n*
private property ['praɪvət 'prɒpətɪ] *sb* Privateigentum *n*, Privatbesitz *m*
private purchase ['praɪvət 'pɜ:tʃəs] *sb* bürgerlicher Kauf *m*
private sector ['praɪvət 'sektə] *sb* privater Sektor *m*
private transaction ['praɪvət træn'z-ækʃn] *sb* Privatgeschäft *n*
private transportation ['praɪvət trænspə'teɪʃn] *sb* Individualverkehr *m*
privatization [praɪvətaɪ'zeɪʃən] *sb* Privatisierung *f*
privatize ['praɪvətaɪz] *v* privatisieren
privilege ['prɪvɪlɪdʒ] *sb* Vorrecht *n*, Privileg *n*
prize-winning ['praɪzwɪnɪŋ] *adj* preisgekrönt
pro [prəʊ] *sb* **1.** *(fam: professional)* Profi *m*; **2.** *the ~s and cons pl* das Für und Wider, das Pro und Kontra
probation [prə'beɪʃən] *sb* *(~ period)* Probezeit *f*
probationary employment [prə'beɪ-ʃənərɪ ɪm'plɔɪmənt] *sb* Probearbeitsverhältnis *n*, Probezeit *f*

problem analysis [ˈprɒbləm əˈnælɪsɪs] *sb* Problemanalyse *f*
procedural [prəˈsiːdʒərəl] *adj* verfahrensmäßig, verfahrenstechnisch
procedure [prəˈsiːdʒə] *sb* Verfahren *n*, Prozedur *f*
procedure of drawing up a balance sheet [prəˈsiːdʒə ɒv ˈdrɔːɪŋ ʌp ə ˈbælæns ʃiːt] *sb* Bilanzierung *f*
proceeding [prəˈsiːdɪŋ] *sb* **1.** Vorgehen *n*, Verfahren *n;* **2.** *(legal)* ~s *pl* (gerichtliches) Verfahren *n*
proceedings in bankruptcy [prəˈsiːdɪŋz ɪn ˈbæŋkrʌptsɪ] *pl* Konkursverfahren *n*
proceeds [ˈprəʊsiːdz] *pl* Erlös *m*, Ertrag *m*
proceeds from disposal [ˈprəʊsiːdz frɒm dɪˈspəʊzl] *pl* Veräußerungserlös *m*
process [ˈprəʊses] *v* **1.** bearbeiten, verarbeiten; *sb* **2.** Verfahren *n*, Prozess *m;* **3.** *due ~ of law* rechtliches Gehör *n*
process chart [ˈprəʊses tʃɑːt] *sb* Ablaufdiagramm *n*
process of production [ˈprəʊses əv prəˈdʌkʃən] *sb* Produktionsprozess *m*, Herstellungsprozess *m*
processing [ˈprəʊsesɪŋ] *sb* **1.** Verarbeitung *f*, Bearbeitung *f;* **2.** *(industrial)* Veredelung *f*
processing of an order [prəʊsesɪŋ əv ən ˈɔːdə] *sb* Auftragsabwicklung *f*, Auftragsbearbeitung *f*
processing time [ˈprəʊsesɪŋ taɪm] *sb* Durchlaufzeit *f*
process organization [ˈprəʊses ɔːgənaɪˈzeɪʃn] *sb* Prozessorganisation *f*
process system of accounting [ˈprəʊses ˈsɪstəm əv əˈkaʊntɪŋ] *sb* Divisionskalkulation *f*
processor [ˈprəʊsesə] *sb* Prozessor *m*
procuration [prɒkjʊəˈreɪʃn] *sb* **1.** *(procurement)* Beschaffung *f;* **2.** *(power)* Vollmacht *f*, Prokura *f*
procurement [prɒˈkjʊəmənt] *sb* Beschaffung *f*
procurement market [prɒˈkjʊəmənt ˈmɑːkɪt] *sb* Beschaffungsmarkt *m*
procurement of capital [prɒˈkjʊəmənt əv ˈkæpɪtl] *sb* Kapitalbeschaffung *f*
procurement planning [prɒˈkjʊəmənt ˈplænɪŋ] *sb* Beschaffungsplanung *f*
procurement policy [prɒˈkjʊəmənt ˈpɒləsɪ] *sb* Einkaufspolitik *f*
produce [ˈprɒdjuːs] *sb* **1.** *(agriculture)* Produkte *n/pl*, Erzeugnis *n;* *v* [prəˈdjuːs] **2.** produzieren, herstellen; **3.** *(energy)* erzeugen
producer [prəˈdjuːsə] *sb* Hersteller(in) *m/f*, Erzeuger(in) *m/f*
producer advertising [prəˈdjuːsə ˈædvətaɪzɪŋ] *sb* Herstellerwerbung *f*
producer price [prəˈdjuːsə praɪs] *sb* Erzeugerpreis *m*, Herstellerpreis *m*
producer's surplus [prəˈdjuːsəz ˈsɜːpləs] *sb* Produzentenrente *f*
producers' co-operative [prəˈdjuːsəz kəʊˈɒpərɪtɪv] *sb* Produktionsgenossenschaft *f*, Produktionsgemeinschaft *f*
produce exchange [ˈprɒdjuːs ɪksˈtʃeɪndʒ] *sb* Produktenbörse *f*
produce trade [ˈprɒdjuːs ˈtreɪd] *sb* Produktenhandel *m*
product [ˈprɒdʌkt] *sb* Produkt *n*
product business [ˈprɒdʌkt ˈbɪznɪs] *sb* Produktgeschäft *n*
product costing [ˈprɒdʌkt ˈkɒstɪŋ] *sb* Stückkostenrechnung *f*
product design [ˈprɒdʌkt dɪˈzaɪn] *sb* Produktgestaltung *f*
product development [ˈprɒdʌkt dɪˈveləpmənt] *sb* Produktentwicklung *f*
product differentiation [ˈprɒdʌkt dɪfərentsɪˈeɪʃn] *sb* Produktdifferenzierung *f*
product diversification [ˈprɒdʌkt daɪvɜːsɪfɪˈkeɪʃn] *sb* Produktdiversifikation *f*
product elimination [ˈprɒdʌkt ɪlɪmɪˈneɪʃn] *sb* Produktelimination *f*
product family [ˈprɒdʌkt ˈfæmɪlɪ] *sb* Produktfamilie *f*
production [prəˈdʌkʃn] *sb* Herstellung *f*, Produktion *f*
production capacity [prəˈdʌkʃn kəˈpæsɪtɪ] *sb* Produktionskapazität *f*
production control [prəˈdʌkʃn kənˈtrɔːl] *sb* Fertigungssteuerung *f*
production cost centres [prəˈdʌkʃn kɒst ˈsentəs] *pl* Hauptkostenstellen *f/pl*
production costs [prəˈdʌkʃn kɒsts] *pl* Herstellungskosten *pl*, Produktionskosten *pl*

P

production department [ˈprədʌkʃn dɪˈpa:tmənt] *sb* Fertigungsabteilung *f*
production facilities [prəˈdʌkʃn fəˈsɪlɪtiz] *pl* Produktionsanlagen *f/pl*
production factors [prəˈdʌkʃn ˈfæktəz] *pl* Produktionsfaktoren *m/pl*
production limit [prəˈdʌkʃn ˈlɪmɪt] *sb* Förderlimit *n*
production line [prəˈdʌkʃn laɪn] *sb* Fließband *n*, Produktionslinie *f*
production mix [ˈprədʌkʃn mɪks] *sb* Fertigungssortiment *n*
production planning [prəˈdʌkʃn ˈplænɪŋ] *sb* Produktionsplanung *f*, Fertigungsvorbereitung *f*
production plant [prəˈdʌkʃn pla:nt] *sb* Produktionsanlage *f*
production potential [prəˈdʌkʃn pɒˈtenʃl] *sb* Produktionspotenzial *n*
production procedure [prəˈdʌkʃn prəˈsi:dʒə] *sb* Fertigungsprozess *m*
production process [prəˈdʌkʃn ˈprəʊses] *sb* Fertigungsverfahren *n*
production program(me) [prəˈdʌkʃn ˈprəʊgræm] *sb* Produktionsprgramm *n*
production risk [prəˈdʌkʃn rɪsk] *sb* Fabrikationsrisiko *n*, Fertigungswagnis *n*
production run [ˈprɒdʌkʃn rʌn] *sb* Fertigungsserie *f*, Stückzahl *f*
production scheduling [prəˈdʌkʃn ˈʃedju:lɪŋ] *sb* Produktionsplanung *f*
production shop [ˈprɒdʌkʃn ʃɒp] *sb* Montagehalle *f*
production theory [prəˈdʌkʃn ˈθɪərɪ] *sb* Produktionstheorie *f*
production value [prəˈdʌkʃn ˈvælju:] *sb* Produktionswert *m*
productive [prəˈdʌktɪv] *adj* **1.** produktiv; **2.** *(mine, well)* ergiebig
productive property [prəˈdʌktɪv ˈprɒpətɪ] *sb* Produktivvermögen *n*
productive wealth [prəˈdʌktɪv ˈwelθ] *sb* Produktivvermögen *n*
productivity [prɒdʌkˈtɪvətɪ] *sb* Produktivität *f*
productivity of labour [prɒdʌkˈtɪvətɪ əv ˈleɪbə] *sb* Arbeitsproduktivität *f*
product launch [ˈprɒdʌkt lɔ:ntʃ] *sb* Produkteinführung *f*
product liability [ˈprɒdʌkt laɪəˈbɪlətɪ] *sb* Produkthaftung *f*
product life cycle [ˈprɒdʌkt laɪf ˈsaɪkl] *sb* Lebenszyklus eines Produktes *m*
product line [ˈprɒdʌkt laɪn] *sb* Produktpalette *f*
product matrix [ˈprɒdʌkt ˈmeɪtrɪks] *sb* Produktmatrix *f*
product number [ˈprɒdʌkt ˈnʌmbə] *sb* Artikelnummer *f*
product placement [ˈprɒdʌkt ˈpleɪsmənt] *sb* Produktplatzierung *f*, Productplacement *n*
product planning [ˈprɒdʌkt ˈplænɪŋ] *sb* Produktplanung *f*
product promotion [ˈprɒdʌkt prəˈməʊʃən] *sb* Absatzförderung *f*
product standardization [ˈprɒdʌkt stændədaɪˈzeɪʃn] *sb* Produktstandardisierung *f*
product update [ˈprɒdʌkt ˈʌpdeɪt] *sb* Produkterneuerung *f*
profession [prəˈfeʃən] *sb (occupation)* Beruf *m*
professional [prəˈfeʃənl] *adj* **1.** beruflich, Berufs...; **2.** *(competent, expert)* fachmännisch; **3.** *(using good business practices)* professionell; *sb* **4.** Profi *m*
professional activity description [prəˈfeʃənl ækˈtɪvɪtɪ dɪsˈkrɪpʃn] *sb* Berufsbild *n*
professional discretion [prəˈfeʃənl dɪsˈkreʃən] *sb* Schweigepflicht *f*
professional knowledge [prəˈfeʃənl ˈnɒlɪdʒ] *sb* Fachwissen *n*
professional promotion [prəˈfeʃənl prəˈməʊʃn] *sb* Berufsförderung *f*
professional secret [prəˈfeʃənl ˈsi:krɪt] *sb* Berufsgeheimnis *n*
professional trader [prəˈfeʃənl ˈtreɪdə] *sb* Berufshändler *m*
professional training [prəˈfeʃənl ˈtreɪnɪŋ] *sb* Berufsausbildung *f*
profit [ˈprɒfɪt] *sb* **1.** Gewinn *m*, *make a ~ on sth* mit etw einen Gewinn machen; **2.** *(fig)* Nutzen *m*, Vorteil *m*; *v* **3.** profitieren
profitability [prɒfɪtəˈbɪlɪtɪ] *sb* Rentabilität *f*
profitability rate [prɒfɪtəˈbɪlɪtɪ reɪt] *sb* Ertragsrate *f*
profitable [ˈprɒfɪtəbl] *adj* **1.** rentabel; **2.** *(advantageous)* vorteilhaft

P

profit and loss ['prɒfɪt ænd lɒs] *sb* Gewinn und Verlust *m*
profit and loss account ['prɒfɪt ænd 'lɒs ə'kaʊnt] *sb* Aufwands- und Ertragsrechnung *f,* Gewinn- und Verlustrechnung *f*
profit and loss transfer agreement ['prɒfɪt ænd 'lɒs 'trænsfɜː ə'griːmənt] *sb* Ergebnisabführungsvertrag *m*
profit breakdown ['prɒfɪt 'breɪkdaʊn] *sb* Gewinnaufschlüsselung *f*
profit carried forward ['prɒfɪt 'kæriːd 'fɔːwəd] *sb* Gewinnvortrag *m*
profit centre ['prɒfɪt sentə] *sb* Profitcenter *n*
profit commission ['prɒfɪt kə'mɪʃən] *sb* Gewinnbeteiligung *f*
profit distribution ['prɒfɪt dɪstrɪ'bjuːʃən] *sb* Gewinnausschüttung *f*
profiteer [prɒfɪ'tɪə] *v* wuchern, Wucher treiben
profiteering [prɒfɪ'tɪərɪŋ] *sb* Wucher *m,* Wucherei *f*
profit margin ['prɒfɪt 'mɑːdʒɪn] *sb* Gewinnspanne *f*
profit mark-up ['prɒfɪt 'mɑːkʌp] *sb* Gewinnaufschlag *m*
profit of the enterprise ['prɒfɪt əv ðiː 'entəpraɪz] *sb* Unternehmensgewinn *m*
profit pool ['prɒfɪt puːl] *sb* Gewinngemeinschaft *f*
profit rate ['prɒfɪt reɪt] *sb* Profitrate *f*
profit retention ['prɒfɪt rɪ'tənʃən] *sb* Gewinnthesaurierung *f*
profits ['prɒfɪts] *pl* Ertrag *m*
profit-sharing ['prɒfɪtʃeərɪŋ] *sb* Gewinnbeteiligung *f,* Erfolgsbeteiligung *f*
profit squeeze ['prɒfɪt 'skwiːz] *sb* Gewinndruck *m*
profit-taking ['prɒfɪtteɪkɪŋ] *sb* Gewinnmitnahme *f*
profit tax ['prɒfɪt tæks] *sb* Erwerbsteuer *f*
profit-pooling ['prɒfɪt'puːlɪŋ] *sb* Gewinnpoolung *f*
pro forma invoice [prəʊ 'fɔːmə 'ɪnvɔɪs] *sb* Proformarechnung *f*
prognosis [prəg'nəʊsɪs] *sb* Prognose *f*
prognosticate [prəg'nɒstɪkeɪt] *v (sth)* prognostizieren
programmable ['prəʊgrəməbl] *adj* programmierbar
programme ['prəʊgræm] *v* **1.** programmieren; *sb* **2.** Programm *n*
programmer ['prəʊgræmə] *sb* Programmierer(in) *m/f*
programming language ['prəʊgræmɪŋ 'læŋgwɪdʒ] *sb* Programmiersprache *f*
progress ['prəʊgres] *sb* **1.** Fortschritt *m; in ~* im Gange; *make ~* Fortschritte machen; **2.** *(movement forwards)* Fortschreiten *n,* Vorwärtskommen *n*
progress control ['prəʊgres kən'trəʊl] *sb* Terminkontrolle *f*
progression [prə'greʃən] *sb (taxation)* Progression *f,* Staffelung *f*
progressive depreciation [prə'gresɪv dɪpriːʃɪ'eɪʃən] *sb* progressive Abschreibung *f*
progress report ['prəʊgres rɪ'pɔːt] *sb* Zwischenbericht *m*
prohibited [prə'hɪbɪtəd] *adj* verboten
prohibited share issue [prə'hɪbɪtəd 'ʃeə 'ɪʃuː] *sb* verbotene Aktienausgabe *f*
prohibition [prəʊhɪ'bɪʃn] *sb* Verbot *n*
prohibition of assignment [prəʊhɪ'bɪʃn əv ə'saɪnmənt] *sb* Abtretungsverbot *n*
prohibition of investment [prəʊhɪ'bɪʃn əv ɪn'vestmənt] *sb* Investitionsverbot *n*
prohibition of raising of credits [prəʊhɪ'bɪʃn əv 'reɪzɪŋ əv 'kredɪts] *sb* Kreditaufnahmeverbot *n*
prohibition order [prəʊhɪ'bɪʃn 'ɔːdə] *sb* Untersagungsverfügung *f*
prohibition to advertise [prəʊhɪ'bɪʃn tu 'ædvətaɪz] *sb* Werbeverbot *n*
prohibition to compete [prəʊhɪ'bɪʃn tu kɒm'piːt] *sb* Wettbewerbsverbot *n*
prohibitive duty [prə'hɪbɪtɪv 'djuːtɪ] *sb* Prohibitivzoll *m*
prohibitive price [prə'hɪbɪtɪv 'praɪs] *sb* Prohibitivpreis *m*
project ['prɒdʒekt] *sb* **1.** Projekt *n;* [prə'dʒekt] *v* **2.** vorausplanen, voraussagen
project financing ['prɒdʒekt 'faɪnænsɪŋ] *sb* Projektfinanzierung *f*
projection [prə'dʒekʃən] *sb* **1.** Projektion *f;* **2.** Prognose *f*
project life ['prɒdʒekt laɪf] *sb* Projektdauer *f*

project management [ˈprɒdʒekt ˈmænɪdʒmənt] *sb* Projektmanagement *n*
project-type organization [ˈprɒdʒekt taɪp ɔːgənaɪˈzeɪʃn] *sb* Projektorganisation *f*
prolongation [prɒlɒŋˈgeɪʃn] *sb* Prolongation *f*
prolongation business [prɒlɒŋˈgeɪʃn ˈbɪznɪs] *sb* Prolongationsgeschäft *n*
prolongation charge [prɒlɒŋˈgeɪʃn ˈdʒɑːdʒ] *sb* Belassungsgebühr *f*
prolongation of payment [prɒlɒŋˈgeɪʃən əv ˈpeɪmənt] *sb* Zahlungsaufschub *m*
promise [ˈprɒmɪs] *sb* Zusage *f*
promise of credit [ˈprɒmɪs əv ˈkredɪt] *sb* Kreditzusage *f*
promise of reward [ˈprɒmɪs əv rɪˈwɔːd] *sb* Auslobung *f*
promise to fulfil an obligation [ˈprɒmɪs tu fulˈfɪl ən ɒblɪˈgeɪʃn] *sb* Schuldversprechen *n*
promise to perform [ˈprɒmɪs tu pəˈfɔːm] *sb* Leistungszusage *f*
promissory note (p.n.) [prɒˈmɪsərɪ nəʊt] *sb* Schuldschein *m*, Eigenwechsel (p.n.) *m*, eigener Wechsel *m*, Promesse *f*, persönliches Schuldanerkenntnis *n*, vertragliches Schuldversprechen *n*, Solawechsel *m*
promissory note bond [prɒˈmɪsərɪ ˈnəʊt bɒnd] *sb* Schuldscheindarlehen *f*
promote [prəˈməʊt] *v* **1.** *(in rank)* befördern; **2.** *(advertise)* werben für
promoter [prəˈməʊtə] *sb* **1.** Förderer(in) *m/f;* **2.** *(of an event)* Veranstalter(in) *m/f*, Promoter(in) *m/f*
promotion [prəˈməʊʃən] *sb* **1.** *(to a better job)* Beförderung *f;* **2.** *(advertising, marketing)* Werbung *f*, Promotion *f;* **3.** *(of an event)* Veranstaltung *f*
promotional gift [prəˈməʊʃənl gɪft] *sb* Werbegeschenk *n*
promotion of housing construction [prəˈməʊʃn əv ˈhaʊzɪŋ kɒnˈstrʌkʃn] *sb* Wohnungsbauförderung *f*
promotion of original innovation [prəməʊʃn əv ɒˈrɪdʒɪnəl ɪnɒˈveɪʃn] *sb* Innovationsförderung *f*
promotion of residential property [prəˈməʊʃn əv ˈrezɪdenʃl ˈprɒpətɪ] *sb* Wohneigentumsförderung *f*
promotion of saving through building societies [prəˈməʊʃn əv ˈseɪvɪŋ θruː ˈbɪldɪŋg sɒˈsaɪətiːz] *sb* Bausparförderung *f*
prompt (ppt.) [ˈprɒmt] *adj* sofort
prompt shipment [ˈprɒmt ˈʃɪpmənt] *sb* sofortiger Versand *m*
proof [pruːf] *sb* Beweis *m*, Nachweis *m*
proof of identity [ˈpruːf əv aɪˈdentɪtɪ] *sb* Identitätsnachweis *m*, Legitimation *f*
propaganda [prɒpəˈgændə] *sb* Propaganda *n*
propensity to consume [prɒˈpensɪtɪ tu kɒnˈsjuːm] *sb* Konsumquote *f*
propensity to invest [prɒˈpensɪtɪ tu ɪnˈvest] *sb* Investitionsquote *f*
property [ˈprɒpətɪ] *sb* **1.** Eigentum *n;* Gut *n*, Vermögen *n;* **2.** *(house, estate)* Besitz *m;* **3.** *(characteristic)* Eigenschaft *f*
property acquisition tax [ˈprɒpətɪ əkwɪˈsɪʃn tæks] *sb* Grunderwerbssteuer *f*
property deed [ˈprɒpətɪ diːd] *sb* Eigentumsurkunde *f*
property fund [ˈprɒpətɪ fʌnd] *sb* Immobilienfonds *m*
property income [ˈprɒpətɪ ˈɪnkʌm] *sb* Besitzeinkommen *n*
property insurance [ˈprɒpətɪ ɪnˈʃʊərəns] *sb* Sachversicherung *f*
property law securities [ˈprɒpətɪ lɔː sɪˈkjʊərɪtiːz] *pl* sachenrechtliche Wertpapiere *n/pl*
property of the bankrupt [ˈprɒpətɪ əv ðə ˈbæŋkrʌpt] *sb* Konkursmasse *f*
property rights [ˈprɒpətɪ raɪts] *pl* Eigentumsrechte *n/pl*
property tax [ˈprɒpətɪ tæks] *sb* Grundsteuer *f*
property yield [ˈprɒpətɪ jiːld] *sb* Immobilienrendite *f*, Objektrendite *f*
proportion [prəˈpɒːʃən] *sb* Verhältnis *n*, Proportion *f*
proportional cost [prəˈpɔːʃənl ˈkɒst] *sb* proportionale Kosten *pl*
proposal [prəˈpəusl] *sb* Vorschlag *m*
proprietary [prəˈpraɪətərɪ] *adj* besitzend, Besitz...
proprietor [prəˈpraɪətə] *sb* **1.** Besitzer(in) *m/f*, **2.** Eigentümer(in) *m/f*
proprietor's capital holding [prəˈpraɪətəz ˈkæpɪtl ˈhəʊldɪŋ] *sb* Geschäftsguthaben *n*

proprietor's loan [prəˈpraɪətəz ˈləʊn] *sb* Gesellschafter-Darlehen *n*
pro rata [prəʊ ˈrɑːtə] *adj* anteilmäßig
prosecute [ˈprɒsɪkjuːt] *v (s.o.)* strafrechtlich verfolgen, strafrechtlich belangen
prospect [ˈprɒspekt] *sb* Aussicht *f*
prospectus [prəˈspektəs] *sb* Prospekt *m*
prosperity [prɒˈsperɪtɪ] *sb* Prosperität *f*, Wohlstand *m*
prosperous [ˈprɒspərəs] *adj* florierend, gut gehend, blühend
protection [prəˈtekʃn] *sb* Schutz *m*, Protektion *f*
protection against dismissal [prəˈtekʃn əˈgenst dɪsˈmɪsəl] *sb* Kündigungsschutz *m*
protection for the investor [prəˈtekʃn fɔː ðiː ɪnˈvestə] *sb* Anlegerschutz *m*
protection of a bill [prəˈtekʃn əv ə bɪl] *sb* Wechseleinlösung *f*
protection of credit [prəˈtekʃn əv ˈkredɪt] *sb* Kreditschutz *m*
protection of creditors [prəˈtekʃn əv ˈkredɪtəz] *sb* Gläubigerschutz *m*
protection of investment [prəˈtekʃn əv ɪnˈvestmənt] *sb* Investitionsschutz *m*
protection of jobs [prəˈtekʃn əv ˈdʒɒbz] *sb* Arbeitsplatzschutz *m*
P
protection of mothers [prəˈtekʃn əv ˈmʌðəz] *sb* Mutterschutz *m*
protection of tenants [prəˈtekʃn əv ˈtenənts] *sb* Mieterschutz *m*
protectionism [prəˈtekʃənɪzm] *sb* Protektionismus *m*
protective clothing [prəˈtektɪv ˈkləʊθɪŋ] *sb* Schutzkleidung *f*
protective duty [prəˈtektɪv ˈdjuːtɪ] *sb* Schutzzoll *m*
protest [ˈprəʊtest] *sb* Protest *m*
protested bill [ˈprəʊtestɪd ˈbɪl] *sb* Protestwechsel *m*
protest for non-delivery [ˈprəʊtest fɔː ˈnɒndɪˈlɪvərɪ] *sb* Ausfolgungsprotest *m*
protocol [ˈprəʊtəkɒl] *sb* Protokoll *n*
provenance [ˈprɒvənəns] *sb* Provenienz *f*, Herkunft *f*
provide [prəˈvaɪd] *v* **1.** besorgen, beschaffen, liefern; **2.** *(an opportunity)* bieten; **3.** *(make available)* zur Verfügung stellen
providing of guarantee [prəˈvaɪdɪŋ əv gærənˈtiː] *sb* Garantieleistung *f*
provision [prəˈvɪʒən] *sb* **1.** *(supplying)* Bereitstellung *f*; **2.** *(for oneself)* Beschaffung *f*; **3.** *(supplies)* Vorräte *m/pl*; **4.** *(of a contract)* Bestimmung *f*; **5.** *(allowance)* Berücksichtigung *f*
provisional [prəˈvɪʒənl] *adj* provisorisch; *(measures, legislation)* vorläufig
provisional account [prəˈvɪʒənl əˈkaunt] *sb* vorläufiger Abschluss *m*
provisional filing of an objection [prəˈvɪʒənl ˈfaɪlɪŋ əv ən ɒbˈdʒekʃn] *sb* Widerspruchsvormerkung *f*
provisional inefficacy [prəˈvɪʒənl ɪnˈefɪkəsɪ] *sb* schwebende Unwirksamkeit *f*
provisional receipt [prəˈvɪʒənl rɪˈsiːt] *sb* Zwischenschein *m*
proviso [prəˈvaɪzəʊ] *sb* **1.** Vorbehalt *m*; **2.** *(clause)* Vorbehaltsklausel *f*
provisory [prəˈvaɪzərɪ] *adj* **1.** *(provisional)* provisorisch, vorläufig; **2.** *(conditional)* vorbehaltlich
proxy [ˈprɒksɪ] *sb* **1.** *(power)* Vollmacht *f*; **2.** *by ~* in Vertretung; **3.** *(person)* Vertreter *m*
proxy for disposal [ˈprɒksɪ fɔː dɪsˈpəʊsəl] *sb* Ermächtigung zur Verfügung *f*
public [ˈpʌblɪk] *adj* **1.** öffentlich; *in the ~ eye* im Lichte der Öffentlichkeit; *make ~* bekannt machen; *sb* **2.** Öffentlichkeit *f*
public assistance [ˈpʌblɪk əˈsɪstəns] *sb* Spezialhilfe *f*
publication [pʌblɪˈkeɪʃən] *sb* **1.** Veröffentlichung *f*; **2.** *(thing published)* Publikation *f*
public authentication [ˈpʌblɪk ɔːθentɪˈkeɪʃn] *sb* öffentliche Beurkundung *f*
public authorities [ˈpʌblɪk ɔːˈθɒrɪtiːz] *pl* öffentliche Hand *f*
public bank [ˈpʌblɪk ˈbæŋk] *sb* öffentliche Bank *f*
public body [ˈpʌblɪk ˈbɒdɪ] *sb* öffentlich-rechtliche Körperschaft *f*
public bonds [ˈpʌblɪk ˈbɒndz] *sb* Staatsanleihen *f/pl*
public budget [ˈpʌblɪk ˈbʌdʒɪt] *sb* öffentlicher Haushalt *m*
public certification [ˈpʌblɪk sɜːtɪfɪˈkeɪʃn] *sb* öffentliche Beglaubigung *f*

public company [ˈpʌblɪk ˈkʌmpənɪ] *sb* Aktiengesellschaft *f*
public debt [ˈpʌblɪk ˈdet] *sb* öffentliche Schuld *f*
public enterprise [ˈpʌblɪk ˈentəpraɪz] *sb* öffentliches Unternehmen *n*
public finance [ˈpʌblɪk ˈfaɪnæns] *sb* Finanzwissenschaft *f*
public fund [ˈpʌblɪk ˈfʌnd] *sb* Publikumsfonds *m*
public goods [ˈpʌblɪk gʊdz] *pl* öffentliche Güter *n/pl*
public health [ˈpʌblɪk helθ] *sb* Gesundheitswesen *n*
public holiday [ˈpʌblɪk ˈhɒlɪdeɪ] *sb* gesetzlicher Feiertag *m*
public institution [ˈpʌblɪk ɪnstɪˈtjuːʃən] *sb* gemeinnütziges Unternehmen *n*, öffentliches Unternehmen *n*
publicity [pʌbˈlɪsɪtɪ] *sb* **1.** Publizität *f*; **2.** Werbung *f*, Reklame *f*
publicity department [pʌbˈlɪsɪtɪ dɪˈpɑːtmənt] *sb* Werbeabteilung *f*
publicity effect [pʌbˈlɪsɪtɪ ɪˈfekt] *sb* Werbewirkung *f*
publicity expenses [pʌbˈlɪsɪtɪ ɪksˈpensɪz] *pl* Werbungskosten *pl*
publicity leaflet [pʌbˈlɪsɪtɪ ˈliːflɪt] *sb* Werbeprospekt *m*
publicize [ˈpʌblɪsaɪz] *v* *(promote)* Reklame machen für
public law [ˈpʌblɪk lɔː] *sb* öffentliches Recht *n*
public limited company (PLC) [ˈpʌblɪk ˈlɪmɪtɪd ˈkʌmpənɪ] *sb* *(UK)* Aktiengesellschaft *f*
public loan [ˈpʌblɪk ˈləʊn] *sb* öffentlicher Kredit *m*
publicly owned enterprise [ˈpʌblɪklɪ ˈəʊnd ˈentəpraɪz] *sb* Regiebetrieb *m*
public mortgage bank [ˈpʌblɪk ˈmɔːgɪdʒ ˈbæŋk] *sb* Grundkreditanstalt *f*
public opinion research [ˈpʌblɪk əˈpɪnjən rɪˈsɜːtʃ] *sb* Meinungsforschung *f*
public ownership [ˈpʌblɪk ˈəʊnəʃɪp] *sb* Staatseigentum *n*
public property [ˈpʌblɪk ˈprɒpətɪ] *sb* Staatseigentum *n*
public relations (PR) [ˈpʌblɪk rɪˈleɪʃənz] *pl* Öffentlichkeitsarbeit *f*, Public Relations (PR) *pl*
public relations of the company [ˈpʌblɪk rɪˈleɪʃənz əv ðə ˈkɒmpənɪ] *pl* Firmenöffentlichkeit *f*
public revenue [ˈpʌblɪk ˈrevənjuː] *sb* Staatseinnahmen *f/pl*
public sector [ˈpʌblɪk ˈsektə] *sb* öffentlicher Sektor *m*
public securities [ˈpʌblɪk sɪˈkjʊərɪtiːz] *pl* Staatspapiere *n/pl*
public servant [ˈpʌblɪk ˈsɜːvənt] *sb* Angestellte(r) im öffentlichen Dienst *f/m*
public spending [ˈpʌblɪk ˈspendɪŋ] *sb* Staatsausgaben *f/pl*, öffentliche Ausgaben *f/pl*
public supervision of banking [ˈpʌblɪk suːpəˈvɪʒn əv ˈbæŋkɪŋ] *sb* Bankenaufsicht *f*
public tender [ˈpʌblɪk ˈtendə] *sb* offene Ausschreibung *f*
public transportation [ˈpʌblɪk trænspɔːˈteɪʃn] *sb* öffentliche Verkehrsmittel *n/pl*
publisher [ˈpʌblɪʃə] *sb* Verleger(in) *m/f*
publisher's mark [ˈpʌblɪʃəs ˈmɑːk] *sb* Signet *n*
publishing house [ˈpʌblɪʃɪŋ haʊs] *sb* Verlag *m*
pull-down menu [ˈpʊldaʊn ˈmenjuː] *sb* Pull-down-Menü *n*
pulling strategy [ˈpʊlɪŋ strˈætədʒiː] *sb* Pull-Strategie *f*
punctual [ˈpʌŋktjʊəl] *adj* pünktlich
punctuality [pʌŋktjʊˈælɪtɪ] *sb* Pünktlichkeit *f*
punishable [ˈpʌnɪʃəbl] *adj* strafbar
punishment [ˈpʌnɪʃmənt] *sb* **1.** *(penalty)* Strafe *f*; **2.** *(punishing)* Bestrafung *f*
punter [ˈpʌntə] *sb* *(UK: average person)* Otto Normalverbraucher *m*
purchase [ˈpɜːtʃəs] *v* **1.** kaufen, erwerben; *sb* **2.** Kauf *m*, Anschaffung *f*, Ankauf *m*
purchase account [ˈpɜːtʃəs əˈkaʊnt] *sb* Wareneingangskonto *n*, Einkaufskonto *n*
purchase against cash in advance [ˈpɜːtʃəs əˈgenst ˈkæʃ ɪn ədˈvɑːns] *sb* Kauf gegen Vorauszahlung *m*
purchase agreement [ˈpɜːtʃəs əˈgriːmənt] *sb* Kaufvertrag *m*

purchase costs ['pɜ:tʃəs kɒsts] *pl* Anschaffungskosten *pl*
purchase-money loan ['pɜ:tʃəs'mʌnɪ ləʊn] *sb* Restdarlehen *n*
purchase of accounts receivable ['pɜ:tʃəs əv ə'kaʊnts rɪ'si:vəbl] *sb* Forderungskauf *m*
purchase of foreign exchange for later sale ['pɜ:tʃəs əv 'fɔrɪn ɪk'tʃeɪndʒ fɔ: 'leɪtə 'seɪl] *sb* Devisenpensionsgeschäft *n*
purchase of securities ['pɜ:tʃəs əv sɪ'kjʊərɪti:z] *sb* Effektenkauf *m*
purchase on credit ['pɜ:tʃəs ɒn 'kredɪt] *sb* Zielkauf *m*
purchase on the spot ['pɜ:tʃəs ɒn ðə 'spɒt] *sb* Platzkauf *m*
purchase pattern ['pɜ:tʃəs 'pætən] *sb* Kaufverhalten *n*
purchase price ['pɜ:tʃəs praɪs] *sb* Kaufpreis *m*
purchase quantity ['pɜ:tʃəs 'kwɒntɪtɪ] *sb* Abnahmemenge *f*
purchaser ['pɜ:tʃəsə] *sb* Käufer(in) *m/f*
purchase right ['pɜ:tʃəs raɪt] *sb* Ankaufsrecht *n*
purchase with delivery by instal(l)ments ['pɜ:tʃəs wɪθ dɪ'lɪvərɪ baɪ ɪn'stɔ:lmənts] *sb* Teillieferungskauf *m*
purchasing association ['pɜ:tʃəsɪŋ əsəʊsɪ'eɪʃn] *sb* Einkaufsgemeinschaft *f*
purchasing cheque ['pɜ:tʃəsɪŋ 'tʃek] *sb* Kaufscheck *m*
purchasing cooperative ['pɜ:tʃəsɪŋ kəʊ'ɒprətɪv] *sb* Einkaufsgenossenschaft *f*
purchasing costs ['pɜ:tʃəsɪŋ kɒsts] *pl* Bezugskosten *pl*
purchasing credit ['pɜ:tʃəsɪŋ 'kredɪt] *sb* Kaufkredit *m*
purchasing management ['pɜ:tʃəsɪŋ 'mænɪdʒmənt] *sb* Beschaffungswesen *n*
purchasing pattern ['pɜ:tʃəsɪŋ 'pætən] *sb* Kaufverhalten *n*
purchasing power ['pɜ:tʃəsɪŋ 'paʊə] *sb* Kaufkraft *f*
purchasing power parity ['pɜ:tʃəsɪŋ paʊə 'pærɪtɪ] *sb* Kaufkraftparität *f*
purchasing terms ['pɜ:tʃəsɪŋ tɜ:mz] *pl* Einkaufsbedingungen *f/pl*
pure endowment insurance ['pjʊər ɪn'daʊmənt ɪn'sʊəræns] *sb* Erlebensfallversicherung *f*
purpose ['pɜ:pəs] *adj* on ~ absichtlich, mit Absicht
purpose-built [pɜ:pəs'bɪlt] *adj* spezialgefertigt, Spezial...
pursuant [pə'sju:ənt] *adj* ~ to gemäß, laut
purveyor [pə'veɪə] *sb* Lieferant(in) *m/f*
push [pʊʃ] *v* **1.** *(s.o.) (put pressure on)* drängen, antreiben; **2.** *(promote)* propagieren
pushing strategy ['pʊʃɪŋ 'strætɪdʒi:] *sb* Push-Strategie *f*
put and call [pʊt ænd 'kɔ:l] *sb* Stellgeschäft *n*
put and call price [pʊt ænd 'kɔ:l praɪs] *sb* Stellkurs *m*
put down [pʊt 'daʊn] *v irr* **1.** *(a deposit)* eine Anzahlung leisten; **2.** *(write down)* aufschreiben, notieren; **3.** *(on a form)* angeben
put in [pʊt 'ɪn] *v irr* **1.** *~ for sth* sich um etw bewerben; **2.** *(a claim, an application)* einreichen; **3.** *(time)* zubringen; **4.** *~ an hour's work* eine Stunde arbeiten
put off [pʊt 'ɒf] *v irr* **1.** *(postpone)* verschieben; **2.** *(a decision)* aufschieben; **3.** *put s.o. off (by making excuses)* jdn hinhalten
put through [pʊt 'θru:] *v irr (connect)* durchstellen
put together [pʊt tə'gethə] *v irr* **1.** *(assemble)* zusammensetzen, zusammenbauen; **2.** *(a brochure)* zusammenstellen
put up [pʊt 'ʌp] *v irr put sth up for sale* etw zum Verkauf anbieten
pyramid selling ['pɪrəmɪd 'selɪŋ] *sb* Schneeballsystem *n*, Lawinensystem *n*

Q/R

qualification [kwɒlɪfɪˈkeɪʃən] *sb* **1.** *(suitable skill, suitable quality)* Qualifikation *f*, Voraussetzung *f*; **2.** *(UK: document)* Zeugnis *n*
qualified [ˈkwɒlɪfaɪd] *adj* **1.** *(person)* qualifiziert, geeignet; **2.** *(entitled)* berechtigt
qualifying period [ˈkwɒlɪfaɪɪŋ ˈpɪərɪəd] *sb* Karenzzeit *f*
qualitative [ˈkwɒlɪtətɪv] *adj* qualitativ
qualitative growth [ˈkwɒlɪtətɪv ˈgrəʊθ] *sb* qualitatives Wachstum *n*
quality [ˈkwɒlɪtɪ] *sb* Qualität *f*
quality assurance [ˈkwɒlɪtɪ əˈsʊərəns] *sb* Qualitätssicherung *f*
quality circle [ˈkwɒlɪtɪ ˈsɜːkl] *sb* Qualitätszirkel *m*
quality control [ˈkwɒlɪtɪ kənˈtrəʊl] *sb* Qualitätskontrolle *f*
quality engineer [ˈkwɒlɪtɪ endʒɪˈnɪə] *sb* Güteprüfer(in) *m/f*
quality label [ˈkwɒlɪtɪ ˈleɪbl] *sb* Gütezeichen (Marketing) *n*
quality management [ˈkwɒlɪtɪ ˈmænɪdʒmənt] *sb* Qualitätsüberwachung *f*, Qualitätssicherung *f*
quality of service [ˈkwɒlɪtɪ əv ˈsɜːvɪs] *sb* Leistungsstandard *m*
quantify [ˈkwɒntɪfaɪ] *v* in Zahlen ausdrücken, quantifizieren
quantitative [ˈkwɒntɪtətɪv] *adj* quantitativ
quantitative tariff [ˈkwɒntɪtətɪv ˈtærɪf] *sb* Mengenzoll *m*
quantity [ˈkwɒntɪtɪ] *sb* **1.** Quantität *f*; **2.** *(amount)* Menge *f*
quantity buyer [ˈkwɒntɪtɪ ˈbaɪə] *sb* Großabnehmer(in) *m/f*
quantity discount [ˈkwɒntɪtɪ ˈdɪskaʊnt] *sb* Mengenrabatt *m*
quantity equation [ˈkwɒntɪtɪ ɪˈkweɪʒn] *sb* Quantitätsgleichung *f*
quantity production [ˈkwɒntɪtɪ prəˈdʌkʃn] *sb* Massenproduktion *f*, Massenerzeugnis *n*
quantity surveyor [ˈkwɒntɪtɪ səˈveɪə] *sb* Aufmaßtechniker(in) *m/f*
quantity theory [ˈkwɒntɪtɪ ˈθɪərɪ] *sb* Quantitätstheorie *f*
quantity unit [ˈkwɒntɪtɪ ˈjuːnɪt] *sb* Mengeneinheit *f*
quantity variance [ˈkwɒntɪtɪ ˈveərɪəns] *sb* Mengenabweichung *f*
quart [kwɔːt] *sb* *(UK: 1.14 litres; US: 0.95 litres)* Quart *n*
quarter [ˈkwɔːtə] *sb* **1.** *(of a year)* Quartal *n*, Vierteljahr *n*; **2.** *(US: 25 cents)* 25-Centstück *n*
quarter day [ˈkwɔːtə deɪ] *sb* vierteljährlicher Zahltag *m*
quarter days [ˈkwɔːtə ˈdeɪz] *pl* Zinstage *m/pl*
quarterly [ˈkwɔːtəlɪ] *adj* Quartals...
quarterly invoice [ˈkwɔːtəlɪ ˈɪnvɔɪs] *sb* Quartalsrechnung *f*
quarterly report [ˈkwɔːtəlɪ rɪˈpɔːt] *sb* Quartalsbericht *m*
quarter under review [ˈkwɔːtə ˈʌndə rɪˈvjuː] *sb* Berichtsquartal *n*
quarter wage [ˈkwɔːtə weɪdʒ] *sb* Quartalsgehalt *n*, Vierteljahreszahlung *f*
quasi-equity capital [kweɪzaɪˈekwɪtɪ ˈkæpɪtl] *sb* verdecktes Stammkapital *n*
quasi money [ˈkweɪzaɪ ˈmʌnɪ] *sb* Quasigeld *n*, Beinahegeld *n*
quasi monopoly [ˈkweɪzaɪ məˈnɒpəlɪ] *sb* Quasimonopol *n*
quasi rent [ˈkweɪzaɪ ˈrent] *sb* Quasirente *f*
quay [kiː] *sb* Kai *m*
quayage [ˈkiːɪdʒ] *sb* Kaigebühren *f/pl*
questionnaire [kwestʃəˈneə] *sb* Fragebogen *m*
queue [kjuː] *sb* (Warte-)Schlange *f*
queue up [kjuː ˈʌp] *v* anstehen, Schlange stehen
quid [kwɪd] *sb* *(fam) (UK)* Pfund *n*
quit [kwɪt] *v irr (leave one's job)* kündigen
quittance [ˈkwɪtəns] *sb* Schuldenerlass *m*
quorum [ˈkwɔːrəm] *sb* Quorum *n*
quota [ˈkwəʊtə] *sb* **1.** Quote *f*; **2.** *(of goods)* Kontingent *n*

quota allocation ['kwəʊtə ælə'keɪʃən] *sb* Kontingentzuweisung *f*
quota ceiling ['kwəʊtə 'si:lɪŋ] *sb* Höchstkontingent *n*
quota system ['kwəʊtə 'sɪstəm] *sb* Quotensystem *n*
quotation [kwəʊ'teɪʃən] *sb* **1.** *(price ~)* Kostenvoranschlag *m*, Preisangabe *f*; **2.** *(stock ~)* Börsennotierung *f*, Kursanzeige *f*, Quotation *f*
quotation ex dividend [kwəʊ'teɪʃən eks 'dɪvɪdənd] *sb* Dividendenabschlag *m*
quotation of prices [kwəʊ'teɪʃən əv 'praɪsɪz] *sb* Kursnotierung *f*
quotation on the stock exchange [kwəʊ'teɪʃən ɒn ðə 'stɒk ɪks'tʃeɪndʒ] *sb* Börsenkurs *m*
quotation on the unofficial market [kwəʊ'teɪʃən ɒn ði: 'ʌnəfɪʃl 'mɑ:kɪt] *sb* Kulissenwert *m*
quota transactions ['kwəʊtə træn-'zækʃnz] *pl* Quotenhandel *m*
quota wage ['kwəʊtə 'weɪdʒ] *sb* Pensumlohn *m*
quote [kwəʊt] *v* **1.** *(a price)* nennen; **2.** *(at the stock exchange)* notieren
quote at par [kwəʊt ət 'pɑ:] *v* zum Nennwert notieren
quote clean [kwəʊt 'kli:n] *v* ex Dividende notieren
quoted securities ['kwəʊtɪd sɪ'kjʊərɪtiz] *pl* börsengängige Wertpapiere *n/pl*
quotient ['kwəʊʃənt] *sb* Quotient *m*
rack jobbing ['ræk dʒɒbɪŋ] *sb* **1.** Streckengeschäft *n*; **2.** Regalbestückung *f*
radio advertising ['reɪdiəʊ 'ædvətaɪzɪŋ] *sb* Rundfunkwerbung *f*
rail freight ['reɪl freɪt] *sb* Bahnfracht *f*
railroad ['reɪlrəʊd] *sb (US)* Eisenbahn *f*, Bahn *f*
railway ['reɪlweɪ] *sb* Eisenbahn *f*, Bahn *f*
railway tariff ['reɪlweɪ 'tærɪf] *sb* Eisenbahntarif *m*
raise [reɪz] *v* **1.** *(salary, price)* erhöhen, anheben; **2.** *(gather money)* aufbringen, auftreiben; **3.** *(an objection)* erheben; *~ one's voice against sth* seine Stimme gegen etw erheben; *sb* **4.** *(in salary)* Gehaltserhöhung *f*; *(in wages)* Lohnerhöhung *f*
raising of credits ['reɪzɪŋ əv 'kredɪts] *sb* Kreditaufnahme *f*
raising of the bank rate ['reɪzɪŋ əv ðə bæŋk reɪt] *sb* Leitzinserhöhung *f*
rally ['rælɪ] *sb* Markterholung *f*, Kurserholung *f*
RAM [ræm] *sb (random access memory)* RAM *n*
ramp [ræmp] *sb* **1.** Rampe *f*; **2.** *(for loading)* Laderampe *f*
random test ['rændəm test] *sb* Stichprobe *f*
range [reɪndʒ] *sb* **1.** *(distance)* Entfernung *f*; *at close ~* auf kurze Entfernung; **2.** *(selection)* Reihe *f*, Auswahl *f*, Sortiment *n*
range of products ['reɪndʒ əv 'prɒdʌkts] *sb* Produktpalette *f*
rank [ræŋk] *sb (status)* Stand *m*, Rang *m*
ranking ['ræŋkɪŋ] *sb* Rangfolge *f*, Rangeinteilung *f*
rapid money transfer ['ræpɪd 'mʌnɪ 'trænsfɜ:] *sb* Eilüberweisung *f*
rate [reɪt] *v* **1.** *(estimate the worth of)* schätzen, einschätzen; *sb* **2.** Rate *f*, Ziffer *f*; **3.** *at the ~ of* im Verhältnis von; **4.** *at any ~* jedenfalls; **5.** *(speed)* Tempo *n*; **6.** *(UK: local tax)* Gemeindesteuer *f*; **7.** *(stock exchange)* Satz *m*; **8.** *(fixed charge)* Tarif *m*
rateable ['reɪtəbl] *adj* steuerpflichtig, zu versteuern
rate for foreign notes and coins ['reɪt fɔ: 'fɒrɪn 'nəʊts ænd 'kɔɪnz] *sb* Sortenkurs *m*
rate of activity [reɪt əv æk'tɪvətɪ] *sb* Beschäftigungsgrad *m*
rate of contribution [reɪt əv kɒntrɪ'bju:ʃən] *sb* Beitragssatz *m*
rate of conversion ['reɪt əv kən'vɜ:ʃən] *sb* Umrechnungskurs *m*
rate of discount [reɪt əv 'dɪskaunt] *sb* Diskontsatz *m*
rate of exchange ['reɪt əv ɪks'tʃeɪndʒ] *sb* Umrechnungskurs *m*
rate of flow ['reɪt əv 'fləʊ] *sb* Stromgröße *f*
rate of growth ['reɪt əv grəʊθ] *sb* Wachstumsrate *f*
rate of inflation ['reɪt əv ɪn'fleɪʃən] *sb* Inflationsrate *f*
rate of interest [reɪt əv 'ɪntrest] *sb* Zinssatz *m*, Zins *m*

rate of inventory turnover ['reɪt əv ɪn'ventərɪ 'tɜːnəʊvə] *sb* Umschlagshäufigkeit eines Lagers *f*
rate of issue ['reɪt əv 'ɪʃuː] *sb* Emissionskurs *m*
rate of return [reɪt əv rɪ'tɜːn] *sb* Verzinsung *f*, Rendite *f*
rate of taxation [reɪt əv tæk'seɪʃən] *sb* Steuersatz *m*
ratification [rætɪfɪ'keɪʃən] *sb* Ratifikation *f*
rating ['reɪtɪŋ] *sb* **1.** *(assessment)* Schätzung *f*; **2.** *(category)* Klasse *f*
ratio ['reɪʃɪəʊ] *sb* Verhältnis *n*
rational buying ['ræʃənəl 'baɪɪŋ] *sb* Rationalkauf *m*
rationalisation [ræʃnəlaɪ'zeɪʃən] *sb* Rationalisierung *f*
rationalization investment [ræʃnəlaɪ'zeɪʃən ɪn'vestmənt] *sb* Rationalisierungsinvestition *f*
rationalization profit [ræʃnəlaɪ'zeɪʃən 'prɒfɪt] *sb* Rationalisierungsgewinn *m*
rationing ['ræʃənɪŋ] *sb* Rationierung *f*
raw material [rɔː mə'tɪərɪəl] *sb* Rohstoff *m*
raw material funds ['rɔː mə'tɪərɪəl fʌnds] *pl* Rohstoff-Fonds *m*
raw material shortage [rɔː mə'tɪərɪəl 'ʃɔːtɪdʒ] *sb* Rohstoffknappheit *f*
re [riː] *(on a letter)* betrifft
reach [riːtʃ] *v (a conclusion, an agreement)* kommen zu, gelangen zu, erreichen
readily ['redɪlɪ] *adv* **1.** bereitwillig; **2.** *(easily)* leicht
readiness to operate ['redɪnəs tu 'ɒpəreɪt] *sb (Produktion)* Leistungsbereitschaft *f*
readjust [riːə'dʒʌst] *v (~ sth)* anpassen, angleichen
readjustment [riːə'dʒʌstmənt] *sb* Anpassung *f*, Angleichung *f*
ready ['redɪ] *adj* **1.** bereit, fertig; **2.** *(finished)* fertig
ready for collection ['redɪ fɔː kə'lekʃən] *adv* abholbereit
ready for dispatch ['redɪ fɔː dɪ'spætʃ] *adv* versandbereit
ready-made [redɪ'meɪd] *adj* gebrauchsfertig, fertig
ready money ['redɪ 'mʌnɪ] *sb* Bargeld *n*, jederzeit verfügbares Geld *n*
ready-to-wear [redɪtu'weə] *adj* Konfektions...
real account [rɪəl ə'kaunt] *sb* Bestandskonto *n*
real balance effect [rɪəl 'bælæns ɪ'fekt] *sb* Vermögenseffekten *pl*, Vermögenseinkommen *n*
real capital [rɪəl 'kæpɪtl] *sb (Volkswirtschaft)* Realkapital *n*, Sachkapital *n*
real estate ['rɪəl ɪ'steɪt] *sb* Immobilien *f/pl*, Grundstück *n*
real estate agent ['rɪəl ɪ'steɪt 'eɪdʒənt] *sb* Immobilienmakler(in) *m/f*
real estate credit ['rɪəl ɪ'steɪt 'kredɪt] *sb* Grundkredit *m*, Immobiliarkredit *m*
real estate credit institution ['rɪəl ɪ'steɪt 'kredɪt ɪnstɪ'tjuːʃn] *sb* Realkreditinstitut *n*
real estate fund ['rɪəl ɪ'steɪt fʌnd] *sb* Immobilienfonds *m*
real estate leasing ['rɪəl ɪ'steɪt liːsɪŋ] *sb* Immobilien-Leasing *n*
real estate property ['rɪəl ɪ'steɪt 'prɒpətɪ] *sb* Immobilienbesitz *m*, Betongold *n (fam)*
realign [riːə'laɪn] *v* neu festsetzen
realignment of parities [riːə'leɪnmənt əv 'pærɪtiz] *sb* Realignment *n*
real income [rɪəl 'ɪnkʌm] *sb* Realeinkommen *n*
real indebtedness [rɪəl ɪn'detɪdnɪs] *sb* effektive Verschuldung *f*
real interest [rɪəl 'ɪntrəst] *sb* Realzins *m*
real investment [rɪəl ɪn'vestmənt] *sb* Realinvestition *f*
realization [rɪəlaɪ'zeɪʃən] *sb (of assets)* Realisation *f*, Flüssigmachen *n*
realization loss [rɪəlaɪ'zeɪʃən lɒs] *sb* Veräußerungsverlust *m*
realization of assets [rɪəlaɪ'zeɪʃən əv 'æsets] *sb* Veräußerung von Anlagewerten *f*
realization of pledge [rɪəlaɪ'zeɪʃən əv 'pledʒ] *sb* Pfandverwertung *f*
realization profit [rɪəlaɪ'zeɪʃən 'prɒfɪt] *sb* Liquidationsüberschuss *m*
realize ['rɪəlaɪz] *v* **1.** *(achieve)* verwirklichen; **2.** *(assets)* realisieren, verflüssigen
real property [rɪəl 'prɒpətɪ] *sb* Grundvermögen *n*

real rate of interest [rɪəl 'reɪt əv 'ɪntrest] *sb* Realzins *m*
real right [rɪəl raɪt] *sb* dingliches Recht *n*
real security [rɪəl sɪ'kjʊərɪtɪ] *sb* dingliche Sicherung *f*
realtor ['rɪəltə] *sb* Immobilienmakler *m*
realty ['rɪəltɪ] *sb* Immobilien *f/pl*
real value [rɪəl 'vælju:] *sb* Substanzwert *m*, Sachwert *m*
real wages [rɪəl 'weɪdʒɪz] *pl* Reallohn *m*
real wealth [rɪəl welθ] *sb* Realvermögen *n*
re-apply [ri:ə'plaɪ] *v* neu beantragen
reappraisal [ri:ə'preɪzl] *sb* Neubewertung *f*, Neuschätzung *f*
rearrange [ri:ə'reɪndʒ] *v* neu anordnen
rearrangement of holdings [ri:ə'reɪndʒmənt əv 'həʊldɪŋz] *sb* Beteiligungsumschichtung *f*
reasonable ['ri:znəbəl] *adj* **1.** *(sensible)* vernünftig; **2.** *(price)* angemessen; **3.** *(in price)* preiswert
reasoning ['ri:znɪŋ] *sb* Argumentation *f*
reassemble [rɪə'sembl] *v (put back together)* wieder zusammenbauen
reassign [rɪə'saɪn] *v (s.o.)* versetzen
rebate ['ri:beɪt] *sb* **1.** *(money back)* Rückvergütung *f*, Rückzahlung *f*; **2.** *(discount)* Rabatt *m*
rebuke [rɪ'bju:k] *v* **1.** rügen; *sb* **2.** Rüge *f*
recall [rɪ'kɔ:l] *sb* **1.** Rückruf *m*; **2.** *(withdrawal)* Zurücknahme *f*; **3.** *(of capital)* Aufkündigung *f*
receipt [rɪ'si:t] *sb* **1.** Eingang *m*, Erhalt *m*, Quittung *f*, Beleg *m*; **2.** *~s pl* Einnahmen *f/pl*
receipt of money [rɪ'si:t əv 'mʌnɪ] *sb* Geldeingang *m*
receive [rɪ'si:v] *v* **1.** bekommen, erhalten; **2.** *(take delivery of)* empfangen; **3.** *(welcome)* empfangen
receiver [rɪ'si:və] *sb* **1.** Empfänger(in) *m/f*; **2.** *(of the phone)* Hörer *m*; **3.** *(UK: in bankruptcy)* Konkursverwalter(in) *m/f*
receivership [rɪ'si:vəʃɪp] *sb* Konkursverwaltung *f*; *go into ~* in Konkurs gehen
reception [rɪ'sepʃən] *sb* Empfang *m*
receptionist [rɪ'sepʃənɪst] *sb* Empfangssekretär(in) *m/f*
reception room [rɪ'sepʃən ru:m] *sb* Empfangsraum *m*
recession [rɪ'seʃən] *sb* Rezession *f*, Konjunkturrückgang *m*
recessionary [rɪ'seʃənərɪ] *adj* Rezessions...
recessive [rɪ'sesɪv] *adj* rezessiv
recipient [rɪ'sɪpɪənt] *sb* Empfänger(in) *m/f*
reciprocal [rɪ'sɪprəkəl] *adj* gegenseitig, wechselseitig, reziprok
reciprocal contract [rɪ'sɪprəkəl 'kɒntrækt] *sb* gegenseitiger Vertrag *m*
reciprocity [resɪ'prɒsɪtɪ] *sb* Gegenseitigkeit *f*, Wechselseitigkeit *f*, Reziprozität *f*
recision [rɪ'sɪʒən] *sb* Stornierung *f*, Streichung *f*, Entwertung *f*
reckon ['rekən] *v* **1.** *(calculate)* rechnen; **2.** *(calculate sth)* berechnen, errechnen; **3.** *(estimate)* schätzen
reclaim [rɪ'kleɪm] *v* zurückfordern
reclamation [reklə'meɪʃən] *sb (demanding back)* Zurückforderung *f*, Rückforderung *f*
recognizance [rɪ'kɒgnɪzəns] *sb* schriftliche Verpflichtung *f*
recommend [rekə'mend] *v* **1.** empfehlen; **2.** *She has much to ~ her.* Es spricht sehr viel für sie.
recommendable [rekə'mendəbl] *adj* empfehlenswert
recommendation [rekəmen'deɪʃən] *sb* **1.** Empfehlung *f*; **2.** *(letter of ~)* Empfehlungsschreiben *n*
recommended retail price [rekə'mended ri:teɪl praɪs] *sb* unverbindliche Preisempfehlung *f*
recompense ['rekəmpens] *sb* **1.** *(repayment)* Entschädigung *f*; **2.** *(reward)* Belohnung *f*
reconciliation of accounts [rekənsɪlɪ'eɪʃən əv ə'kaʊnts] *sb* Kontenabstimmung *f*
recondition [ri:kən'dɪʃən] *v* generalüberholen
reconsider [ri:kən'sɪdə] *v* nochmals überlegen; *He has ~ed his decision.* Er hat es sich anders überlegt.
reconsideration [ri:kənsɪdə'reɪʃən] *sb* erneute Betrachtung *f*, Überdenken *n*, Revision *f*

reconstruction [riːkənˈstrʌkʃn] *sb* Sanierung *f*
record [rɪˈkɔːd] *v* **1.** *(write down)* aufzeichnen; *(register)* eintragen; **2.** *by ~ed delivery (UK)* per Einschreiben; **3.** *(keep minutes of)* protokollieren; [ˈrekɔːd] *sb* **4.** *(account)* Aufzeichnung *f;* **5.** *(of a meeting)* Protokoll *n; on the ~* offiziell; *off the ~* nicht für die Öffentlichkeit bestimmt; **6.** *(official document)* Unterlage *f,* Akte *f*
record of success [ˈrekɔːd əv səkˈses] *sb* Erfolgsbilanz *f*
recourse [rɪˈkɔːs] *sb* Regress *m,* Rückgriff *m*
recoverable [rɪˈkʌvərəbl] *adj* **1.** *(damages)* ersetzbar; **2.** *(deposit)* rückzahlbar
recovery [rɪˈkʌvərɪ] *sb* **1.** Aufschwung *m,* Erholung *f;* **2.** *economic ~* Konjunkturaufschwung *m*
recovery of damages [rɪˈkʌvərɪ əv ˈdæmɪdʒɪz] *sb* Schadensersatz *m*
recruit [rɪˈkruːt] *v* *(members)* werben, anwerben, gewinnen
recruitment [rɪˈkruːtmənt] *sb* Anwerbung *f,* Werbung *f*
rectification of defects [rektɪfɪˈkeɪʃn əv ˈdiːfekts] *pl* Nachbesserung *f*
rectify [ˈrektɪfaɪ] *v* berichtigen, korrigieren
recyclable [riːˈsaɪkləbl] *adj* wieder verwertbar, recycelbar
recycle [riːˈsaɪkl] *v* wieder verwerten, recyceln
recycling [riːˈsaɪklɪŋ] *sb* Recycling *n,* Wiederverwertung *f*
recycling exchange [riːˈsaɪklɪŋ ɪksˈtʃeɪndʒ] *sb* Abfallbörse *f*
red tape [red teɪp] *sb* **1.** *(fig)* Amtsschimmel *m;* **2.** *(paperwork)* Papierkrieg *m*
redeem [rɪˈdiːm] *v* **1.** *(a coupon)* einlösen; **2.** *(a mortgage)* abzahlen; **3.** *(a pawned object)* auslösen
redeemable [rɪˈdiːməbl] *adj* kündbar
redemption [rɪˈdempʃn] *sb* Tilgung *f,* Abzahlung *f*
redemption account [rɪˈdempʃn əˈkaʊnt] *sb* Amortisierungskonto *n,* Tilgungskonto *n*
redemption guarantee [rɪˈdempʃn gærənˈtiː] *sb* Rücknahmegarantie *f*
redemption fund [rɪˈdempʃn ˈfʌnd] *sb* Tilgungsfonds *m*
redemption in arrears [rɪˈdempʃn ɪn əˈrɪəs] *sb* Tilgungsrückstände *m/pl*
redemption loan [rɪˈdempʃn ˈləʊn] *sb* Ablösungsanleihe *f,* Tilgungsanleihe *f*
redemption premium [rɪˈdempʃn ˈpriːmɪəm] *sb* Tilgungsprämie *f*
redemption sum [rɪˈdempʃn sʌm] *sb* Ablösesumme *f*
redemption value [rɪˈdempʃn ˈvæljuː] *sb* Rückkaufswert *m*
redemption yield [rɪˈdempʃn jiːld] *sb* Effektivverzinsung *f*
redirect [riːdaɪˈrekt] *v* *(forward)* nachsenden, nachschicken
rediscount [ˈriːdɪskaʊnt] *sb* **1.** Rediskont *m,* Rediskontierung *f;* **2.** *v* rediskontieren
reduce [rɪˈdjuːs] *v* **1.** *(a price, standards)* herabsetzen; **2.** *(expenses)* kürzen
reduced tariffs [rɪˈdjuːst ˈtærɪfs] *pl* ermäßigte Tarife *m/pl*
reduction [rɪˈdʌkʃən] *sb* **1.** Verminderung *f,* Reduzierung *f;* **2.** *(of prices)* Herabsetzung *f*
reduction for cash [rɪˈdʌkʃən fɔː kæʃ] *sb* Barzahlungsrabatt *m*
reduction of interest [rɪˈdʌkʃən əv ˈɪntrest] *sb* Zinssenkung *f*
reduction of liquidity [rɪˈdʌkʃən əv lɪˈkwɪdətɪ] *sb* Liquiditätsabschöpfung *f*
reduction of staff [rɪˈdʌkʃən əv stɑːf] *sb* Personalabbau *m*
reduction of the bank rate [rɪˈdʌkʃən əv ðə bæŋk reɪt] *sb* Diskontsenkung *f*
reduction of the interest rate [rɪˈdʌkʃən əv ðiː ˈɪntrest reɪt] *sb* Zinssenkung *f*
reduction of the share capital [rɪˈdʌkʃən əv ðə ʃeə ˈkæpɪtl] *sb* Herabsetzung des Grundkapitals *f*
reduction of the workforce [rɪˈdʌkʃən əv ðe ˈwɜːkfɔːs] *sb* Personalabbau *m*
reduction of working hours [rɪˈdʌkʃən əv ˈwɜːkɪŋ ˈaʊəz] *sb* Arbeitszeitverkürzung *f*
redundancy [rɪˈdʌndənsɪ] *sb* Redundanz *f*
redundant [rɪˈdʌndənt] *adj* **1.** überflüssig; **2.** *(UK: worker)* arbeitslos

re-export [riːekˈspɔːt] *v* reexportieren, wieder ausführen
reexportation [riːekspɔːˈteɪʃən] *sb* Wiederausfuhr *f*
refer [rɪˈfɜː] *v* **1.** ~ *s.o. to s.o.* jdn an jdn verweisen; **2.** *(regard)* sich beziehen auf; **3.** *(rule)* gelten für; **4.** *(consult a book)* nachschauen in
referee [refəˈriː] *sb (UK: person giving a reference)* Referenzgeber *m*
reference [ˈrefrəns] *sb* **1.** *(testimonial)* Referenz *f*, Zeugnis *n;* **2.** *(US: person giving a ~)* Referenz *f;* **3.** *with ~ to ...* was ... betrifft; **4.** *(in a business letter)* bezüglich
reference base [ˈrefrəns beɪs] *sb* Bezugsbasis *f*
reference book [ˈrefrəns bʊk] *sb* Nachschlagewerk *n*
reference rate [ˈrefrəns reɪt] *sb* Richtkurs *m*
reference year [ˈrefrəns jɪə] *sb* Vergleichsjahr *n*
referring to [rɪˈfɜːrɪŋ tuː] *adv* Bezug nehmend, mit Bezug auf
refinancing [rɪfaɪˈnænsɪŋ] *sb* Refinanzierung *f*, Umfinanzierung *f*
refinancing policy [rɪfaɪˈnænsɪŋ ˈpɒlɪsɪ] *sb* Refinanzierungspolitik *f*
refinery [rɪˈfaɪnərɪ] *sb* Raffinerie *f*
reflate [riːˈfleɪt] *v* ankurbeln
reflation [riːˈfleɪʃən] *sb* Reflation *f*, Ankurbelung der Konjunktur *f*
reflux [ˈriːflʌks] *sb* Rückfluss *m*
reform [rɪˈfɔːm] *v* **1.** *(sth)* reformieren; *sb* **2.** Reform *f*
refrain [rɪˈfreɪn] *v* ~ *from* Abstand nehmen von, absehen von, sich enthalten
refund [rɪˈfʌnd] *v* **1.** zurückzahlen, zurückerstatten; **2.** *(expenses)* erstatten; [ˈriːfʌnd] *sb* **3.** Rückzahlung *f*, Rückerstattung *f*
refunding [riːˈfʌndɪŋ] *sb* **1.** Umschuldung *f*, Refundierung *f;* **2.** Rückerstattung *f*
refund of tax [ˈriːfʌnd əv tæks] *sb* Steuerrückerstattung *f*
refurbish [riːˈfɜːbɪʃ] *v* renovieren
refusal [rɪˈfjuːzəl] *sb* Ablehnung *f; have first ~ of sth* etw als Erster angeboten bekommen
refusal of delivery [rɪˈfjuːzəl əv dɪˈlɪvərɪ] *sb* Annahmeverweigerung *f*
refusal of pay [rɪˈfjuːzəl əv peɪ] *sb* Zahlungsverweigerung *f*
regional authority [ˈriːdʒənl ɔːˈθɒrɪtɪ] *sb* Gebietskörperschaft *f*, Regionalverband *m*
regional bank [ˈriːdʒənl ˈbæŋk] *sb* Landesbank *f*, Regionalbank *f*
regional planning [ˈriːdʒənl ˈplænɪŋ] *sb* Raumplanung *f*
regional policy [ˈriːdʒənl ˈpɒlɪsɪ] *sb* Regionalpolitik *f;* Raumordnung *f*
regional promotion [ˈriːdʒənl prəˈməʊʃn] *sb* Regionalförderung *f*
regional stock exchange [ˈriːdʒənl ˈstɒk ɪksˈtʃeɪndʒ] *sb* Provinzbörse *f*
register [ˈredʒɪstə] *v* **1.** sich anmelden; **2.** *(for classes)* sich einschreiben; **3.** *(sth)* registrieren; **4.** *(a trademark)* anmelden, eintragen lassen; **5.** *(a letter)* als Einschreiben aufgeben; **6.** *(in files)* eintragen; **7.** *(a statistic)* erfassen, *sb* **8.** Register *n*
registered [ˈredʒɪstəd] *adj* eingetragen
egistered association [ˈredʒɪstəd əsəʊsɪˈeɪʃn] *sb* eingetragener Verein (e.V.) *m*
registered letter [ˈredʒɪstəd ˈletə] *sb* Einschreibebrief *m*
registered post [ˈredʒɪstəd pəʊst] *sb* **1.** eingeschriebene Sendung *f;* **2.** *by ~* per Einschreiben
registered securities [ˈredʒɪstəd sɪˈkjʊərɪtiz] *pl* Namenspapier *n*
registered share [ˈredʒɪstəd ʃeə] *sb* Namensaktie *f*
registered trader [ˈredʒɪstəd ˈtreɪdə] *sb* Vollkaufmann *m*
register office [ˈredʒɪstər ˈɒfɪs] *sb* Handelsregisteramt *n*
register of land titles [ˈredʒɪstər əv ˈlænd taɪtlz] *sb* Grundbuch *n*
register of ships [ˈredʒɪstər əv ʃɪps] *sb* Schiffsregister *n*
registration [redʒɪˈstreɪʃən] *sb* **1.** Anmeldung *f;* **2.** *(by authorities)* Registrierung *f;* **3.** *(of a trademark)* Einschreibung *f;* **4.** *vehicle ~* Kraftfahrzeugbrief *m*
registration document [redʒɪˈstreɪʃən ˈdɒkjʊmənt] *sb* Kraftfahrzeugbrief *m*
registration form [redʒɪˈstreɪʃən fɔːm] *sb* Anmeldeformular *n*

Q R

registration in the Commercial Register [redʒɪ'streɪʃən ɪn ðə kɒ'mɜ:ʃl 'redgɪstə] *sb* Eintragung im Handelsregister *f*
registration number [redʒɪ'streɪʃən 'nʌmbə] *sb (of a car)* Kennzeichen *n*
registration of a title [redʒɪ'streɪʃən əv ə 'taɪtl] *sb* Grundbucheintragung *f*
registration statement [redʒɪ'streɪʃən 'steɪtmənt] *sb* Gründungsbilanz *f*
regress [rɪ'gres] *v* sich rückläufig entwickeln
regression [rɪ'greʃn] *sb* Regression *f*
regressive [rɪ'gresɪv] *adj* regressiv, rückläufig
regular ['regjʊlə] *adj* ordnungsgemäß
regular customer ['regjʊlə 'kʌstəmə] *sb* Stammkunde/-kundin *m/f*
regularity [regjʊ'lærɪtɪ] *sb* Regelmäßigkeit *f*
regular meeting ['regjʊlə 'mi:tɪŋ] *sb* ordentliche Versammlung *f*
regulate ['regjʊleɪt] *v* regulieren, regeln
regulation [regjʊ'leɪʃən] *sb* **1.** Regulierung *f;* **2.** *(rule)* Vorschrift *f; adj* **3.** vorschriftsmäßig, vorgeschrieben
rehabilitation [ri:əbɪlɪ'teɪʃn] *sb* Rehabilitation *f*
reimburse [ri:ɪm'bɜ:s] *v* **1.** *(s.o.)* entschädigen; **2.** *(costs)* zurückerstatten, ersetzen
reimbursement [ri:ɪm'bɜ:smənt] *sb* Entschädigung *f,* Erstattung *f,* Rückerstattung *f,* Ersatz *m*
reimport [ri:ɪm'pɔ:t] *v* reimportieren, wieder einführen
reimportation [ri:ɪmpɔ:'teɪʃən] *sb* Reimport *m*
reinforce [ri:ɪn'fɔ:s] *v* **1.** verstärken; **2.** *(a statement, an opinion)* bestätigen
reinstatement of original values [ri:ɪn'steɪtmənt əv ə'rɪdʒɪnəl 'væljʊz] *sb* Wertaufholung *f*
reinsurance [ri:ɪn'ʃʊərəns] *sb* Rückversicherung *f*
reinsure [ri:ɪn'ʃʊə] *v* rückversichern
reinvestment [ri:ɪn'vestmənt] *sb* Reinvestition *f,* Wiederanlage *f*
reinvestment of discount [ri:ɪn'vestmənt əv 'dɪskaʊnt] *sb* Wiederanlagerabatt *m*
reject [rɪ'dʒekt] *v* **1.** ablehnen; **2.** *(a possibility, a judgment)* verwerfen; **3.** *(by a machine)* zurückweisen, nicht annehmen
reject rate ['ri:dʒekt reɪt] *sb* Ausschussquote *f*
rejection [rɪ'dʒekʃən] *sb* Ablehnung *f,* Verwerfung *f,* Zurückweisung *f*
relationship management [rɪ'leɪʃənʃɪp 'mænɪdʒmənt] *sb* Kundenbetreuung *f*
relaunch ['ri:lɔ:ntʃ] *sb* Wiedereinführung *f*
release [rɪ'li:s] *v* **1.** *(a new product)* herausbringen; **2.** *(news, a statement)* veröffentlichen; *sb* **3.** *(of a new product)* Neuerscheinung *f;* **4.** *(press ~)* Verlautbarung *f*
release from liability [rɪ'li:s frɒm laɪə'bɪlətɪ] *sb* Haftungsfreistellung *f*
release of funds [rɪ'li:s əv fʌndz] *sb* Mittelfreigabe *f*
reliability [rɪlaɪə'bɪlɪtɪ] *sb (of a company)* Vertrauenswürdigkeit *f*
reliable [rɪ'laɪəbl] *adj* **1.** zuverlässig; **2.** *(company)* vertrauenswürdig
relocate [ri:ləʊ'keɪt] *v* **1.** umziehen; **2.** *(sth)* verlegen
relocation [ri:ləʊ'keɪʃən] *sb* Umzug *m*
relocation costs [ri:ləʊ'keɪʃən kɒsts] *pl* Umzugskosten *pl*
remainder [rɪ'meɪndə] *sb* **1.** Rest *m;* **2.** *~s pl* Restbestände *m/pl*
remaining life expectancy [rɪ'meɪnɪŋ laɪf ɪks'pektənsɪ] *sb* Restnutzungsdauer *f*
remaining stock [rɪ'meɪnɪŋ stɒk] *sb* Restposten *m*
reminder [rɪ'maɪndə] *sb (letter of ~)* Mahnung *f,* Mahnbrief *m*
remission [rɪ'mɪʃən] *sb* (of a sentence) Straferlass *m*
remit [rɪ'mɪt] *v* **1.** überweisen, anweisen; **2.** *(debts)* erlassen
remittal [rɪ'mɪtl] *sb (money)* Überweisung *f*
remittance [rɪ'mɪtəns] *sb* Rimesse *f,* Überweisung *f*
remittance slip [rɪ'mɪtəns slɪp] *sb* Überweisungsträger *m*
remittent [rɪ'mɪtnt] *adj* remittierend
remote control [rɪ'məʊt kən'trəʊl] *sb* Fernsteuerung *f*

removal [rɪ'mu:vəl] *sb (UK: move from a house)* Umzug *m*
remunerable [rɪ'mju:nərəbl] *adj* zu bezahlen, zu vergüten
remunerate [rɪ'mju:nəreɪt] *v* **1.** *(pay)* bezahlen; **2.** *(reward)* belohnen
remuneration [rɪmju:nə'reɪʃn] *sb* **1.** Arbeitsentgelt *n*, Entgeld *n*, Vergütung *f*, Bezahlung *f*; **2.** *(reward)* Belohnung *f*
remuneration in kind [rɪmju:nə'reɪʃn ɪn kaɪnd] *sb* Sachbezüge *pl*
remuneration package [rɪmju:nə'reɪʃn 'pækɪdʒ] *sb* Gesamtbezüge *pl*
remunerative [rɪ'mju:nərətɪv] *adj* einträglich, lukrativ
render ['rendə] *v* leisten, erbringen
rendering of account ['rendərɪŋ əv ə'kaʊnt] *sb* Rechenschaft *f*, Rechenschaftslegung *f*
renew [rɪ'nju:] *v* erneuern
renewal charge [rɪ'nju:əl tʃɑ:dʒ] *sb* Prolongationsgebühr *f*
renewal coupon [rɪ'nju:əl 'ku:pɒn] *sb* Stichkupon *m*, Erneuerungschein *m*
renewal funds [rɪ'nju:əl 'fʌndz] *pl* Erneuerungsrücklagen *f/pl*
renewal order [rɪ'nju:əl 'ɔ:də] *sb* Anschlussauftrag *m*
renewal rate [rɪ'nju:əl 'reɪt] *sb* Prolongationssatz *m*
renewal reserve [rɪ'nju:əl rɪ'zɜ:v] *sb* Erneuerungsfonds *m*
renovate ['renəveɪt] *v* renovieren
renovation [renə'veɪʃən] *sb* Renovierung *f*
rent [rent] *v* **1.** mieten, *(a building)* pachten, *(a machine)* leihen; **2.** *(~ out)* vermieten, *(a building)* verpachten, *(a machine)* verleihen; *sb* **3.** Miete *f*, Pacht *f*; **4.** *for ~ (US)* zu vermieten
rentability [rentə'bɪlɪtɪ] *sb* Rentabilität *f*
rentable ['rentəbl] *adj* zu vermieten
rental ['rentəl] *sb* **1.** Miete *f*; **2.** *(for a machine, for a car)* Leihgebühr *f*; **3.** *(for land)* Pacht *f*; **4.** *(rented item)* Leihgerät *n*
rental car [rentəl 'kɑ:] *sb* Mietwagen *m*
rental tariff ['rentəl 'tærɪf] *sb* Mietzins *m*
rent control [rent kən'trəʊl] *sb* Mietpreisbindung *f*
renter ['rentə] *sb* Mieter(in) *m/f*, Pächter(in) *m/f*
rent-free [rent'fri:] *adj* mietfrei
renunciation [rɪnʌnsɪ'eɪʃən] *sb* Verzichtserklärung *f*, Verzicht *m*
reopen [ri:'əʊpən] *v* **1.** *(sth)* wieder eröffnen; **2.** *(negotiations, a case)* wieder aufnehmen
reorder [ri:'ɔ:də] *v* **1.** nachbestellen, neu bestellen; *sb* **2.** Nachbestellung *f*
reorder system [ri:'ɔ:də 'sɪstəm] *sb* Bestellsystem *n*
reorganization [rɪɔ:gənaɪ'zeɪʃn] *sb* Reorganisation *f*, Umgründung *f*
reorganize [ri:'ɔ:gənaɪz] *v* neu organisieren, umorganisieren
re-pack [ri:'pæk] *v* umpacken
repair [rɪ'peə] *v* **1.** reparieren; *sb* **2.** Reparatur *f*, Ausbesserung *f*; **3.** *damaged beyond ~* nicht mehr zu reparieren; **4.** *to be in good ~* in gutem Zustand sein
repairable [rɪ'peərəbl] *adj* zu reparieren, reparabel
repairman [rɪ'peəmæn] *sb* Handwerker *m*
reparable ['repərəbl] *adj* reparabel, wieder gutzumachen
reparation [repə'reɪʃn] *sb* **1.** Reparation *f*, Wiedergutmachung *f*; **2.** *(for damage)* Entschädigung *f*
repartition [ri:pɑ:'tɪʃən] *sb* (Gewinn-)Verteilung *f*
repay [ri:'peɪ] *v irr* **1.** *(a debt)* abzahlen; **2.** *(expenses)* erstatten; **3.** *(fig: a visit)* erwidern
repayable [ri:'peɪəbl] *adj* rückzahlbar
repayment [ri:'peɪmənt] *sb* Rückzahlung *f*, Abzahlung *f*, Rückerstattung *f*
repayment account [ri:'peɪmənt ə'kaʊnt] *sb* Tilgungskonto *n*
repayment by instalments [ri:'peɪmənt baɪ ɪn'stɔ:lmənts] *sb* Rückzahlung in Raten *f*
repayment extension [ri:'peɪmənt ɪks'tenʃn] *sb* Tilgungsstreckung *f*
repayment in cash [ri:'peɪmənt ɪn kæʃ] *sb* Barablösung *f*
repeat order [rɪ'pi:t 'ɔ:də] *sb* Nachbestellung *f*
replace [rɪ'pleɪs] *v* **1.** *(substitute for)* ersetzen; **2.** *(put back)* zurücksetzen, zurückstellen; **3.** *~ the receiver* den

Hörer auflegen; 4. *(parts)* austauschen, ersetzen

replaceable [rɪ'pleɪsəbl] *adj* 1. ersetzbar; 2. *(part)* auswechselbar

replacement [rɪ'pleɪsmənt] *sb* 1. Ersatz *m*, Wiederbeschaffung *f;* 2. *~ part* Ersatzteil *n;* 3. *(person: temporary)* Stellvertreter *m*

replacement delivery [rɪ'pleɪsmənt dɪ'lɪvərɪ] *sb* Ersatzlieferung *f*

replacement funds [rɪ'pleɪsmənt fʌndz] *pl* Erneuerungsrücklagen *f/pl*

replacement investment [rɪ'pleɪsmənt ɪn'vestmənt] *sb* Erhaltungsinvestition *f*

replacement of capital assets [rɪ'pleɪsmənt əv 'kæpɪtl 'æsɪts] *sb* Ersatzinvestition *f*

replacement share certificate [rɪ'pleɪsmənt 'ʃeə sə'tɪfɪkət] *sb* Ersatzaktie *f*

replacement value [rɪ'pleɪsmənt 'vælju:] *sb* Erneuerungswert *m*, Wiederbeschaffungswert *m*

replica ['replɪkə] *sb* Kopie *f*

replicate ['replɪkeɪt] *v* *(reproduce)* nachahmen, nachbilden

replication [replɪ'keɪʃən] *sb* *(duplicate)* Kopie *f*, Nachbildung *f*

reply [rɪ'plaɪ] *sb* Antwort *f*

reply-paid (RP) [rɪplaɪ'peɪd] *adj* Rückantwort bezahlt

report [rɪ'pɔ:t] *v* 1. *(announce o.s.)* sich melden; 2. *~ for duty* sich zum Dienst melden; 3. *(sth)* berichten über; 4. *(inform authorities about)* melden; *sb* 5. Bericht *m;* 6. *(give a ~)* berichten

reporting [rɪ'pɔ:tɪŋ] *sb* Berichterstattung *f*

reporting date [rɪ'pɔ:tɪŋ deɪt] *sb* Stichtag *m*

reposit [rɪ'pɒzɪt] *v* *(deposit)* hinterlegen

repository [rɪ'pɒzɪtərɪ] *sb* *(store)* Laden *m*, Magazin *n*

represent [reprɪ'zent] *v* *(act for, speak for)* vertreten

representation [reprɪzen'teɪʃən] *sb* *(representatives)* Vertretung *f*

representative [reprɪ'zentətɪv] *adj* 1. *(acting for)* vertretend; 2. *(typical)* repräsentativ; 3. *(symbolic)* symbolisch; *sb* 4. Repräsentant(in) *m/f*, Vertreter(in) *m/f;* 5. *(deputy)* Stellvertreter(in) *m/f;* 6. *(legal)* Bevollmächtigte(r) *f/m*

reprieve [rɪ'pri:v] *sb* *(temporary)* Aufschub *m*

reprise [rɪ'pri:z] *sb* Reprise *f*

re-privatisation [ri:praɪvɪtaɪ'zeɪʃən] *sb* Reprivatisierung *f*

reproduction [ri:prə'dʌkʃən] *sb* 1. *(copy)* Reproduktion *f;* 2. *(photo)* Kopie *f*

reproduction cost [ri:prə'dʌkʃən kɒst] *sb* Reproduktionskosten *pl*

reproduction value [ri:prə'dʌkʃən 'vælju:] *sb* Reproduktionswert *m*

repurchase [rɪ'pɜ:tʃəs] *sb* Rückkauf *m*

repurchase clause [rɪ'pɜ:tʃəs klɔ:z] *sb* Rücknahmeklausel *f*

repurchase guarantee [rɪ'pɜ:tʃəs gærən'ti:] *sb* Rücknahmegarantie *f*

reputation [repjʊ'teɪʃən] *sb* Ruf *m*

request [rɪ'kwest] *v* 1. bitten um, ersuchen um; 2. *~ s.o. to do sth* jdn bitten, etwas zu tun; *sb* 3. Bitte *f*, Wunsch *m;* 4. *(official ~)* Ersuchen *n*

require [rɪ'kwaɪə] *v* 1. *(need)* brauchen, benötigen; 2. *I'll do whatever is ~d.* Ich werde alles Nötige tun. 3. *(order)* verlangen, fordern

required [rɪ'kwaɪəd] *adj* erforderlich, notwendig

requirement [rɪ'kwaɪəmənt] *sb* 1. *(condition)* Erfordernis *n*, Anforderung *f*, Voraussetzung *f;* 2. *(need)* Bedürfnis *n*, Bedarf *m*

requisite ['rekwɪzɪt] *adj* erforderlich, notwendig

rerate [ri:'reɪt] *v* neu bewerten

resale ['ri:seɪl] *sb* Wiederverkauf *m*

resale ban ['ri:seɪl 'bæn] *sb* Veräußerungsverbot *n*

resale price ['ri:seɪl praɪs] *sb* Wiederverkaufspreis *m*

reschedule [ri:'ʃedju:l] *v* 1. verlegen; 2. *(to an earlier time)* vorverlegen

rescind [rɪ'sɪnd] *v* annullieren, aufheben

rescission [rɪ'sɪʃən] *sb* Rücktritt *m*

rescue company ['reskju: 'kʌmpənɪ] *sb* Auffanggesellschaft *f*

rescue deal ['reskju: di:l] *sb* Sanierungsplan *m*

rescue package ['reskju: 'pækɪdʒ] *sb* Sanierungsprogramm *n*

research [rɪ'sɜ:tʃ] *sb* Forschung *f*
research and development (R&D) ['rɪsɜ:tʃ ænd dɪ'veləpmənt] *sb* Forschung & Entwicklung (F&E) *f*
research and development risk ['rɪsɜ:tʃ ænd dɪ'veləpmənt 'rɪsk] *sb* Entwicklungswagnis *n*
reservation [rezə'veɪʃən] *sb* **1.** *(qualification of opinion)* Vorbehalt *m;* **2.** *without ~* ohne Vorbehalt; **3.** *(booking)* Reservierung *f,* Vorbestellung *f*
reservation of price [rezə'veɪʃən əv praɪs] *sb* Preisvorbehalt *m*
reservation of title [resə'veɪʃn əv taɪtl] *sb* Eigentumsvorbehalt *m*
reserve [rɪ'zɜ:v] *v* **1.** *(book)* reservieren lassen; **2.** *(keep)* aufsparen, aufheben; **3.** *~ the right to do sth* sich das Recht vorbehalten, etw zu tun; *all rights ~d* alle Rechte vorbehalten; *sb* **4.** *(store)* Reserve *f,* Vorrat *m; in ~* in Reserve
reserve account [rɪ'zɜ:v ə'kaʊnt] *sb* Rücklagenkonto *n*
reserve assets [rɪ'zɜ:v 'æsets] *pl* Währungsguthaben *n*
reserve bank [rɪ'sɜ:v bæŋk] *sb* Reservebank *f*
reserve currency [rɪ'zɜ:v 'kʌrənsɪ] *sb* Reservewährung *f*
reserve for bad debts [rɪ'sɜ:v fɔ: bæd 'dets] *sb* Delkredere *n*
reserve fund [rɪ'zɜ:v fʌnd] *sb* Reservefonds *m*
reserve item [rɪ'zɜ:v 'aɪtəm] *sb* Rückstellungsposten *m*
reserve price [rɪ'zɜ:v praɪs] *sb* Mindestgebot *n*
reserve ratio [rɪ'zɜ:v 'reɪʃɪəʊ] *sb* Liquiditätssatz *m,* Deckungsrate *f*
reserves [rɪ'zɜ:vz] *pl* Reserven *f/pl,* Rücklagen *f/pl,* Rückstellung *f*
reserve stock [rɪ'zɜ:v stɒk] *sb* Reserve *f*
reset [ri:'set] *v* rücksetzen, zurücksetzen
residence permit ['rezɪdəns 'pɜ:mɪt] *sb* Aufenthaltsgenehmigung *f,* Aufenthaltserlaubnis *f*
resident ['rezɪdent] *sb* **1.** Deviseninländer(in) *m/f,* Gebietsansässige(r) *f/m;* **2.** Bewohner(in) *m/f*
residual debt insurance [rɪ'zɪdjʊəl det ɪn'ʃʊərəns] *sb* Restschuldversicherung *f*
residual quota [rɪ'zɪdjʊəl 'kwəʊtə] *sb* Restquote *f*
residual securities of an issue [rɪ'zɪdjʊəl sɪ'kjʊərɪtiz əv ən 'ɪʃu:] *pl* Emissionsreste *f/pl*
residual value [rɪ'zɪdjʊəl 'vælju:] *sb* Restwert *m*
residues ['rezɪdju:z] *pl* Rückstände *m/pl*
resign [rɪ'zaɪn] *v* **1.** kündigen; **2.** *(from public office, from a committee)* zurücktreten
resignation [rezɪg'neɪʃən] *sb* Rücktritt *m,* Kündigung *f*
resistant [rɪ'zɪstənt] *adj* **1.** *(material)* widerstandsfähig, beständig; *fire-~* feuerfest; *water-~* Wasser abweisend; **2.** *(immune)* resistent
resources [rɪ'sɔ:sɪz] *pl* **1.** Ressourcen *f/pl;* **2.** Geldmittel *pl*
respite ['respaɪt] *sb* Stundung *f*
responsibility [rɪspɒnsə'bɪlɪtɪ] *sb* **1.** Verantwortung *f;* **2.** *take ~ for* die Verantwortung übernehmen für; **3.** *(sense of ~)* Verantwortungsgefühl *n*
responsible [rɪ'spɒnsɪbl] *adj* **1.** verantwortlich; **2.** *hold s.o. ~ for sth* jdn für etw verantwortlich machen; **3.** *(job)* verantwortungsvoll
responsible to a limited extent [rɪs'pɒnsɪbl tu ə 'lɪmɪtɪd ɪk'stent] *adj* beschränkt geschäftsfähig
restitution [restɪ'tju:ʃən] *sb* **1.** Rückerstattung *f,* Rückgabe *f;* **2.** *(compensation payment)* Schadenersatz *m,* Entschädigung *f*
restore [rɪ'stɔ:] *v* **1.** wiederherstellen; **2.** *(pay back)* rückerstatten; **3.** *(renew)* in Stand setzen
restraint of competition [rɪ'streɪnt əv kɒmpə'tɪʃən] *sb* Wettbewerbsbeschränkung *f*
restraint of competition clause [rɪ'streɪnt əv kɒmpɪ'tɪʃn klɔ:z] *sb* Wettbewerbs-Klausel *f*
restricted market [rɪ'strɪktɪd 'mɑ:kɪt] *sb* enger Markt *m*
restriction [res'trɪkʃən] *sb* Restriktion *f,* Beschränkung *f*
restrictive endorsement [rɪ'strɪktɪv ɪn'dɔ:smənt] *sb* Rektaindossament *n*
restructuring [ri:'strʌktʃərɪŋ] *sb* Umstrukturierung *f*

restructuring of assets [riːˈstrʌktʃərɪŋ əv ˈæsets] *sb* Vermögensumschichtung *f*
restructuring of debts [riːˈstrʌktʃərɪŋ əv dets] *sb* Umschuldung *f*
result [rɪˈzʌlt] *v* **1.** sich ergeben, resultieren; ~ *from* sich ergeben aus; ~ *in* führen zu; *sb* **2.** *(consequence)* Folge *f*; *as a ~* folglich; **3.** *(outcome)* Ergebnis *n*, Resultat *n*
results accounting [rɪˈsʌlts əˈkaʊntɪŋ] *sb* Erfolgsbilanz *f*
results from operations [rɪˈsʌlts frɒm ɒpəˈreɪʃnz] *pl* Betriebsergebnis *n*
résumé [ˈrezuːmeɪ] *sb* **1.** *(US: curriculum vitae)* Lebenslauf *m*; **2.** *(summary)* Zusammenfassung *f*
resumption [rɪˈzʌmpʃən] *sb* Wiederaufnahme *f*
retail [ˈriːteɪl] *v* **1.** im Einzelhandel verkaufen; *It ~s at $3.99.* Es wird im Einzelhandel für $3.99 verkauft. *sb* **2.** *(~ trade)* Einzelhandel *m*
retail chain [ˈriːteɪl tʃeɪn] *sb* Einzelhandelskette *f*
retail consumer [ˈriːteɪl kənˈsjuːmə] *sb* Endverbraucher(in) *m/f*
retailer [ˈriːteɪlə] *sb* Einzelhändler(in) *m/f*
retail price [ˈriːteɪl praɪs] *sb* Einzelhandelspreis *m*, Ladenpreis *m*
retail price margin [ˈriːteɪl praɪs ˈmɑːdʒɪn] *sb* Einzelhandelsspanne *f*
retail trade [ˈriːteɪl treɪd] *sb* Einzelhandel *m*
retainer [rɪˈteɪnə] *sb (fee)* Honorar *n*
retaliatory duty [rɪˈtælɪətrɪ ˈdjuːtɪ] *sb* Kampfzoll *m*
retention [rɪˈtenʃn] *sb* Selbstbeteiligung *f*
retention of payment [rɪˈtenʃn əv ˈpeɪmənt] *sb* Zahlungsverweigerungsrecht *n*
retention of title [rɪˈtenʃn əv ˈtaɪtl] *sb* Eigentumsvorbehalt *m*
retention period [rɪˈtenʃn pɪərɪəd] *sb* Aufbewahrungsfrist *f*
retire [rɪˈtaɪə] *v* **1.** sich zurückziehen, in Pension gehen; **2.** *(s.o.)* pensionieren
retired [rɪˈtaɪəd] *adj* pensioniert
retirement [rɪˈtaɪəmənt] *sb* **1.** *(state)* Ruhestand *m*; **2.** *(act of retiring)* Zurückziehen *n*, Ausscheiden *n*, Pensionierung *f*
retirement fund [rɪˈtaɪəmənt fʌnd] *sb* Pensionsfonds *m*
retirement offer [rɪˈtaɪəmənt ˈɒfə] *sb* Abfindungsangebot *n*
retirement pension [rɪˈtaɪəmənt ˈpenʃən] *sb* Altersruhegeld *n*, Rente *f*
retool [riːˈtuːl] *v (a machine)* umrüsten
retrain [riːˈtreɪn] *v* umschulen
retraining [riːˈtreɪnɪŋ] *sb* Umschulung *f*
retrospective [retrəˈspektɪv] *adj* rückblickend, retrospektiv
return [rɪˈtɜːn] *v* **1.** *(a letter)* zurücksenden, zurückschicken; **2.** *(profit, interest)* abwerfen; *sb* **3.** *(giving back)* Rückgabe *f*; **4.** *(profit)* Ertrag *m*
returnable [rɪˈtɜːnəbl] *adj* **1.** *(purchased item)* umtauschbar; **2.** *(deposit)* rückzahlbar
return account [rɪˈtɜːn əˈkaʊnt] *sb* Retourenkonto *n*
return after tax [rɪˈtɜːn ˈɑːftə tæks] *sb* Rendite nach Steuern *f*
returned cheque [rɪˈtɜːnd tʃek] *sb* Rückscheck *m*
returner [rɪˈtɜːnə] *sb (to the work force)* Wiedereinsteiger(in) (ins Berufsleben) *m/f*
return of premium [rɪˈtɜːn əv ˈpriːmɪəm] *sb* Beitragsrückvergütung *f*, Beitragsrückerstattung *f*
return on assets [rɪˈtɜːn ɒn ˈæsets] *sb* Betriebsrendite *f*
return on capital [rɪˈtɜːn ɒn ˈkæpɪtl] *sb* Kapitalertrag *m*
return on investment [rɪˈtɜːn ɒn ɪnˈvestmənt] *sb* Kapitalrendite *f*, Kapitalrentabilität *f*, Return on Investment (ROI) *m*
return on net worth [rɪˈtɜːn ɒn net wɜːθ] *sb* Eigenkapitalrendite *f*
returns [rɪˈtɜːnz] *pl* Returen *f/pl*
re-use [riːˈjuːz] *v* wieder verwenden, wieder benutzen
revaluation [riːvæljuˈeɪʃən] *sb* Aufwertung *f*
revalue [riːˈvæljuː] *v* neu bewerten
revenue accounting [ˈrevenjuː əˈkaʊntɪŋ] *sb* Erlösrechnung *f*
revenue accounts [ˈrevenjuː əˈkaʊnts] *pl* Erlöskonten *m/pl*
revenue correction [ˈrevenjuː kəˈrekʃn] *sb* Erlösberichtigung *f*

revenue planning ['revenju: 'plænɪŋ] *sb* Erlösplanung *f*
revenue reduction ['revenju: rɪ'dʌkʃn] *sb* Erlösminderung *f*
revenue reserves ['revenju: rɪ'zɜ:vz] *pl* Gewinnrücklagen *f/pl*
reversal [rɪ'vɜ:səl] *sb* Storno *n*
reversing entry [rɪ'vɜ:sɪŋ 'entrɪ] *sb* Stornobuchung *f*
reversion to private ownership [rɪ'vɜ:ʒn tu 'praɪvət 'əʊnəʃɪp] *sb* Reprivatisierung *f*
review [rɪ'vju:] *v* **1.** *(a situation)* überprüfen; *(re-examine)* erneut prüfen, nochmals prüfen; *sb* **2.** *(re-examination)* Prüfung *f*, Nachprüfung *f*; **3.** *(summary)* Überblick *m*
revival [rɪ'vaɪvəl] *sb* *(coming back)* Wiederaufleben *n*, Wiederaufblühen *n*
revival of demand [rɪ'vaɪvəl əv dɪ'mɑ:nd] *sb* Nachfragebelebung *f*
revive [rɪ'vaɪv] *v* **1.** *(a business)* wieder aufleben; **2.** *(a product)* wieder einführen
revocation [revə'keɪʃən] *sb* Aufhebung *f*, Widerruf *m*
revocation clause [revə'keɪʃən klɔ:z] *sb* Widerrufsklausel *f*
revoke [rɪ'vəʊk] *v* **1.** *(licence)* entziehen; **2.** *(a decision)* widerrufen; **3.** *(a law)* aufheben
revolving letter of credit [rɪ'vɒlvɪŋ 'letər əv 'kredɪt] *sb* revolvierendes Akkreditiv *n*
reward [rɪ'wɔ:d] *v* **1.** belohnen; *sb* **2.** Belohnung *f*
rewarding [rɪ'wɔ:dɪŋ] *adj* **1.** *(financially)* lohnend; **2.** *(task)* dankbar
rework [ri:'wɜ:k] *v* **1.** überarbeiten, neu fassen; *sb* **2.** Nachbesserung *f*
rhetoric ['retərɪk] *sb* Rhetorik *f*
rich [rɪtʃ] *adj* reich
rider ['raɪdə] *sb* Zusatzklausel *f*
right [raɪt] *sb* **1.** *(to sth)* Anrecht *n*, Anspruch *m*, Recht *n*; *have a ~ to sth* einen Anspruch auf etw haben; **2.** *equal ~s pl* Gleichberechtigung *f*
right issue ['raɪt 'ɪʃu:] *sb* Bezugsangebot *n*
right of disposal ['raɪt əv dɪs'pəʊzl] *sb* Verfügungsrecht *n*
right of pre-emption ['raɪt əv pri:'empʃən] *sb* Vorkaufsrecht *n*
right of redemption ['raɪt əv rɪ'dempʃən] *sb* Rückgaberecht *n*
right of revocation ['raɪt əv rəvə'keɪʃən] *sb* Widerrufswert *n*
rights equivalent to real property ['raɪts ɪ'kwɪvələnt tu 'rɪəl 'prɒpətɪ] *pl* grundstücksgleiche Rechte *n/pl*
right to a cumulative dividend ['raɪt tu ə 'kju:mjʊlətɪv 'dɪvɪdənd] *sb* Nachbezugsrecht *n*
right to be given information ['raɪt tu bi 'gɪvən ɪnfə'meɪʃn] *sb* Informationsrecht *n*
right to benefits [raɪt tu 'benɪfɪts] *sb* Leistungsanspruch *m*
right to cancel credit entry ['raɪt tu 'kænsl 'kredɪt 'entrɪ] *sb* Stornorecht *n*
right to claim ['raɪt tu 'kleɪm] *sb* Forderungsrecht *n*
right to refund [raɪt tu 'ri:fʌnd] *sb* Rückerstattungsanspruch *m*
right to rescind a contract ['raɪt tu rɪ'sɪnd ə 'kɒntrækt] *sb* Rücktrittsrecht *n*
right to use ['raɪt tu ju:z] *sb* Benutzungsrecht *n*
right to vote [raɪt tu vəʊt] *sb* Stimmrecht *n*
rise [raɪz] *sb* *(in prices, in pay)* Erhöhung *f*, Anstieg *m*
rise in price [raɪz ɪn praɪs] *sb* Preisanstieg *m*, Preiserhöhung *f*
risk [rɪsk] *v irr* **1.** riskieren; *sb* **2.** Risiko *n*; *calculated ~* kalkuliertes Risiko; *put at ~* gefährden; *run a ~* ein Risiko eingehen
risk assessment [rɪsk ə'sesmənt] *sb* Risikobewertung *f*
risk coverage [rɪsk 'kʌvərɪdʒ] *sb* Risikoabsicherung *f*
risk-induced costs ['rɪskɪndju:st 'kɒsts] *pl* Risikokosten *pl*
risk of payment ['rɪsk əv 'paɪmənt] *sb* Zahlungsrisiko *n*
risk of transfer ['rɪsk əv 'trænsfɜ:] *sb* Transferrisiko *n*
risk premium [rɪsk 'pri:mɪəm] *sb* Risikoprämie *f*
risky ['rɪskɪ] *adj* **1.** riskant; **2.** *(dangerous)* gefährlich
rival ['raɪvəl] *sb* Konkurrent(in) *m/f*

rock-bottom ['rɒkbɒtəm] *sb* **1.** Tiefststand *m*, absoluter Tiefpunkt *m; adj* **2.** *~ prices pl* Tiefpreise *pl*
roll [rəʊl] *sb (list)* Liste *f*, Register *n*
roll-over credit ['rəʊləʊvə 'kredɪt] *sb* Roll-over-Kredit *m*
roster ['rɒstə] *sb* Dienstplan *m*
rotation [rəʊ'teɪʃən] *sb (taking turns)* turnusmäßiger Wechsel *m*
rough balance [rʌf 'bæləns] *sb* Rohbilanz *f*
round table [raʊnd 'teɪbl] *sb* runder Tisch *m*
route [ru:t] *sb* Route *f*, Strecke *f*
route sheet [ru:t ʃi:t] *sb* Arbeitsablaufkarte *f*
routine [ru:'ti:n] *adj* **1.** *(everyday)* alltäglich, immer gleich bleibend, üblich; **2.** *(happening on a regular basis)* laufend, regelmäßig, routinemäßig; *sb* **3.** Routine *f*
royalty ['rɔɪəltɪ] *sb* Lizenzgebühr *f*
ruinous ['ru:ɪnəs] *adj (financially)* ruinös
ruinous exploitation ['ru:ɪnəs eksplɔɪ'teɪʃən] *sb* Raubbau *m*
rule [ru:l] *v (give a decision)* entscheiden
rule-bound policy ['ru:lbaʊnd 'pɒlɪsɪ] *sb* Regelbindung *f*
rules for investment of resources ['ru:lz fɔ: ɪn'vestmənt əv rɪ'sɔ:sɪs] *pl* Anlagevorschriften *f/pl*
rules of procedure ['ru:lz əv prə'si:dʒə] *pl* Geschäftsordnung *f*, Verfahrensordnung *f*
rummage sale ['rʌmɪdʒ seɪl] *sb (clearance sale)* Ramschverkauf *m*, Ausverkauf *m*
run [rʌn] *v irr* **1.** *(machine)* laufen; **2.** *~ low, ~ short* knapp werden; **3.** *~ a risk* ein Risiko eingehen; **4.** *(US: for office)* kandidieren; **5.** *~ against s.o.* jds Gegenkandidat(in) sein; **6.** *(manage)* führen, leiten; **7.** *(operate a machine)* betreiben; **8.** *(with a person as operator)* bedienen; *sb* **9.** Lauf *m*, Run *m*
run back [rʌn 'bæk] *v (production)* zurückfahren
run out [rʌn 'aʊt] *v irr* **1.** *(period of time)* ablaufen; *We're running out of time.* Wir haben nicht mehr viel Zeit. **2.** *(supplies, money)* ausgehen; *He ran out of money.* Ihm ging das Geld aus.
rural economy ['rʊərəl ɪ'kɒnəmɪ] *sb* Agrarwirtschaft *f*
rush hour ['rʌʃ aʊə] *sb* Hauptverkehrszeit *f*, Stoßzeit *f*

S

sabbatical [sə'bætɪkəl] *sb* Bildungsurlaub *m*, Forschungsurlaub *m*
sabotage ['sæbətɑːʒ] *v* 1. sabotieren; *sb* 2. Sabotage *f*
sack [sæk] *sb get the ~* gefeuert werden
safe [seɪf] *v* 1. sichern; *sb* 2. Safe *m*, Tresor *m*
safe custody account [seɪf 'kʌstədɪ ə'kaʊnt] *sb* offenes Depot *n*
safe custody charges [seɪf 'kʌstədɪ 'tʃɑːdʒəs] *pl* Depotgebühren *f/pl*
safe custody department [seɪf 'kʌstədɪ dɪ'pɑːtmənt] *sb* Depotabteilung *f*
safe deposit [seɪf dɪ'pɒzɪt] *sb* verschlossenes Depot *n*
safe deposit box [seɪf dɪ'pɒzɪt bɒks] *sb* Bankschließfach *n*
safeguard ['seɪfgɑːd] *sb* 1. Vorsichtsmaßnahme *f*, Vorkehrung *f*; 2. *(guarantee)* Garantie *f*; *v* 3. gewährleisten, garantieren
safeguarding of credit ['seɪfgɑːdɪŋ əv 'kredɪt] *sb* Kreditsicherung *f*
safeguarding of the currency ['seɪfgɑːdɪŋ əv ðə 'kʌrənsɪ] *sb* Währungsabsicherung *f*
safekeeping [seɪf'kiːpɪŋ] *sb* sichere Verwahrung *f*, Gewahrsam *m*; *for ~* zur sicheren Aufbewahrung
safekeeping period [seɪf'kiːpɪŋ pɪəriəd] *sb* Aufbewahrungsfrist *f*
safety ['seɪftɪ] *sb* Sicherheit *f*
safety bond ['seɪftɪ bɒnd] *sb* Sicherheitsleistung *f*, Kaution *f*
safety catch ['seɪftɪ kætʃ] *sb* Sicherung *f*
salaried ['sælərid] *adj* angestellt
salary ['sælərɪ] *sb* Gehalt *n*
salary account ['sælərɪ ə'kaʊnt] *sb* Gehaltskonto *n*
salary advance ['sælərɪ əd'vɑːns] *sb* Gehaltsvorschuss *m*
salary bracket ['sælərɪ 'brækɪt] *sb* Gehaltsgruppe *f*
salary continuation ['sælərɪ kəntɪnjʊ'eɪʃən] *sb* Gehaltsfortzahlung *f*
salary increase ['sælərɪ 'ɪnkriːs] *sb* Gehaltserhöhung *f*
salary statement ['sælərɪ 'steɪtmənt] *sb* Gehaltsabrechnung *f*
sale [seɪl] *sb* 1. Verkauf *m*; *for ~* zu verkaufen; *not for ~* unverkäuflich; 2. *(at reduced prices)* Ausverkauf *m*; *on ~* reduziert; 3. *(a transaction)* Geschäft *n*, Abschluss *m*; *~s pl* 4. *(department)* Verkaufsabteilung *f*; *~s pl* 5. *(turnover)* Absatz *m*; Verkauf *m*, Veräußerung *f*; 6. *I'm in ~s. (fam)* Ich bin im Verkauf.
saleable ['seɪləbl] *adj* absatzfähig; *in ~ condition* verkäuflich
sale by tender [seɪl baɪ 'tendə] *sb* Submissionsverkauf *m*
sale for quick delivery ['seɪl fɔː kwɪk dɪ'lɪvərɪ] *sb* Promptgeschäft *n*
sale of goods [seɪl əv 'gʊdz] *sb* Warenausgang *m*
sale on approval [seɪl ɒn ə'pruːvəl] *sb* Kauf auf Probe *m*, zur Ansicht *f*
sale on commission [seɪl ɒn kə'mɪʃən] *sb* Provisionsverkauf *m*
sale proceeds [seɪl 'prəʊsiːdz] *pl* Verkaufserlös *m*
sales analysis [seɪlz ə'nælɪsɪs] *sb* Absatzanalyse *f*
sales campaign [seɪlz kæm'peɪn] *sb* Verkaufskampagne *f*
sales chain ['seɪlz tʃeɪn] *sb* Handelskette *f*
sales clerk ['seɪlz klɑːk] *sb (US)* Verkäufer(in) *m/f*
sales commission [seɪlz kə'mɪʃən] *sb* Verkäuferprovision *f*, Umsatzprovision *f*
sales contract [seɪlz 'kɒntrækt] *sb* Verkaufsabschluss *m*
sales cost accounting [seɪlz kɒst ə'kaʊntɪŋ] *sb* Vertriebskostenrechnung *f*
sales crisis [seɪlz 'kraɪsɪs] *sb* Absatzkrise *f*
sales discount [seɪlz 'dɪskaʊnt] *sb* Skonto *m/n*
sales financing [seɪlz 'faɪnænsɪŋ] *sb* Absatzfinanzierung *f*
sales force [seɪlz 'fɔːs] *sb* Vertriebspersonal *n*, Außendienst *m*

sales ledger [seɪlz ˈledʒə] *sb* Debitorenbuch *n*
salesman [ˈseɪlzmən] *sb* Verkäufer *m*
salesmanship [ˈseɪlzmənʃɪp] *sb* Verkaufskunst *f*
sales manager [seɪlz ˈmænɪdʒə] *sb* Verkaufsleiter(in) *m/f*
sales note [seɪlz nəʊt] *sb* Schlussbrief *m*
sales pitch [seɪlz pɪtʃ] *sb* Verkaufsgespräch *n*, Verkaufstaktik *f*
sales planning [seɪlz ˈplænɪŋ] *sb* Absatzplanung *f*
sales possibilities [seɪlz pɒsɪˈbɪlɪtiz] *pl* Verkaufschance *f*
sales promotion [seɪlz prəˈməʊʃən] *sb* Absatzförderung *f*, Verkaufsförderung *f*
sales prospects [seɪlz ˈprɒspekts] *pl* Absatzchance *f*
sales publicity [seɪlz pʌbˈlɪsətɪ] *sb* Absatzwerbung *f*
sales report [seɪlz rɪˈpɔːt] *sb* Verkaufsbericht *m*
salesroom [ˈseɪlzruːm] *sb* Auktionsraum *m*
sales segment [seɪlz ˈsegmənt] *sb* Absatzsegment *n*
sales slip [seɪlz slɪp] *sb* Kassenbon *m*
sales staff [seɪlz stɑːf] *pl* Verkaufsstab *m*
sales statistics [seɪlz stəˈtɪstɪks] *pl* Absatzstatistik *f*
sales strategy [seɪlz ˈstrætɪdʒɪ] *sb* Verkaufsmethoden *pl*
sales target [seɪlz ˈtɑːgɪt] *sb* Absatzziel *n*
sales tax [ˈseɪlz tæks] *sb* *(US)* Verkaufssteuer *f*
sales technique [seɪlz tekˈniːk] *sb* Verkaufstechnik *f*
sales training [seɪlz ˈtreɪnɪŋ] *sb* Verkäuferschulung *f*
saleswoman [ˈseɪlzwʊmən] *sb* Verkäuferin *f*
sample [ˈsɑːmpl] *v* **1.** probieren; *(food, drink)* kosten; *sb* **2.** *(of blood, of a mineral)* Probe *f*, Muster *n*, Warenprobe *f*; **3.** *(for tasting)* Kostprobe *f*; **4.** *(statistical)* Sample *n*, Stichprobe *f*
sample bag [ˈsɑːmpl bæg] *sb* Mustermappe *f*
sample book [ˈsɑːmpl bʊk] *sb* Musterbuch *n*
sample consignment [ˈsɑːmpl kənˈsaɪnmənt] *sb* Mustersendung *f*
samples fair [ˈsɑːmplz feə] *sb* Mustermesse *f*
sample with no commercial value [ˈsɑːmpl wɪð ˈnəʊ kəˈmɜːʃəl ˈvæljuː] *sb* Muster ohne Wert *n*
sampling inspection [ˈsɑːmplɪŋ ɪnˈspekʃən] *sb* Stichprobenprüfung *f*
sampling procedure [ˈsɑːmplɪŋ prəˈsiːdʒə] *sb* Stichprobenverfahren *n*
sanction [ˈsæŋkʃən] *v* **1.** sanktionieren; *sb* **2.** *(punishment)* Sanktion *f*; **3.** *(permission)* Zustimmung *f*
satellite office [ˈsætəlaɪt ˈɒfɪs] *sb* Zweigstelle *f*, Außenstelle *f*
satisfaction [sætɪsˈfækʃən] *sb* **1.** *(of conditions)* Erfüllung *f*; **2.** *(state)* Zufriedenheit *f*
satisfactory [sætɪsˈfæktərɪ] *adj* ausreichend, akzeptabel, zufrieden stellend
satisfy [ˈsætɪsfaɪ] *v* **1.** befriedigen; **2.** *(customers)* zufrieden stellen; **3.** *(conditions, a contract)* erfüllen
save [seɪv] *v* **1.** *(avoid using up)* sparen; **2.** *(keep)* aufheben, aufbewahren; **3.** *(money)* sparen; **4.** *(computer)* speichern
saver [ˈseɪvə] *sb* Sparer(in) *m/f*
savers' tax-free amount [ˈseɪvəs ˈtæksfriː əˈmaʊnt] *sb* Sparerfreibetrag *m*
saving [ˈseɪvɪŋ] *sb* **1.** Sparen *n*; *adj* **2.** *(economical)* sparend, einsparend
savings [ˈseɪvɪŋz] *pl* Ersparnisse *pl*
savings account [ˈseɪvɪŋz əˈkaʊnt] *sb* Sparguthaben *n*, Sparkonto *n*
savings agreement with the building society [ˈseɪvɪŋz əˈgriːmənt wɪθ ðə ˈbɪldɪŋ səˈsaɪətɪ] *sb* Bausparvertrag *m*
savings bank [ˈseɪvɪŋz bæŋk] *sb* Sparkasse *f*
savings bond [ˈseɪvɪŋz bɒnd] *sb* Sparobligation *f*
savings bonus [ˈseɪvɪŋz ˈbəʊnəs] *sb* Sparzulage *f*
savings book [ˈseɪvɪŋz bʊk] *sb* Sparbuch *n*
savings certificate [ˈseɪvɪŋz səˈtɪfɪkət] *sb* Sparbrief *m*

savings club ['seɪvɪŋz klʌb] *sb* Sparverein *m*
savings department ['seɪvɪŋz dɪ'pɑːtmənt] *sb* Sparabteilung *f*
savings deposit ['seɪvɪŋz dɪ'pɒsɪt] *sb* Spareinlage *f*
savings gift credit voucher ['seɪvɪŋz 'gɪft 'kredɪt 'vaʊtʃə] *sb* Spargeschenkgutschein *m*
savings plans ['seɪvɪŋz plænz] *pl* Sparpläne *m/pl*
savings premium ['seɪvɪŋz 'priːmɪəm] *sb* Sparprämie *f*
savings promotion ['seɪvɪŋz prɒ'məʊʃn] *sb* Sparförderung *f*
savings ratio ['seɪvɪŋz 'reɪʃɪəʊ] *sb* Sparquote *f*
savings scheme ['seɪvɪŋz skiːm] *sb* Sparplan *m*
savings stamp ['seɪvɪŋz 'stæmp] *sb* Sparmarke *f*
saving through building societies ['seɪvɪŋ θruː 'bɪldɪŋ sə'saɪətiːz] *sb* Bausparen *n*
scalage ['skeɪlɪdʒ] *sb* Schwundgeld *n*
scale [skeɪl] *sb* **1.** *(indicating a reading)* Skala *f;* **2.** *(measuring instrument)* Messgerät *n;* **3.** *(table, list)* Tabelle *f;* **4.** *(of a map)* Maßstab *m;* **5.** *(fig)* Umfang *m*, Ausmaß *n*
scale rate ['skeɪl reɪt] *sb* Tarifpreis *m*
scan [skæn] *v (an image)* scannen
scanner ['skænə] *sb* Scanner *m*
scant [skænt] *adj (supply)* spärlich
scarce [skeəs] *adj* **1.** *(not plentiful)* knapp; **2.** *(rare)* selten
scarcity ['skeəsətɪ] *sb* Mangel *m*, Knappheit *f*
schedule ['ʃedjuːl] *v* **1.** planen; *(add to a timetable)* ansetzen; *sb* **2.** *(list)* Verzeichnis *n;* **3.** *(timetable)* Plan *m; ahead of ~* vor dem planmäßigen Zeitpunkt; *to be behind ~* Verspätung haben; *on ~* planmäßig, pünktlich
scheduled ['ʃedjuːld] *adj* **1.** *(planned)* vorgesehen, geplant; **2.** *(time)* planmäßig
schedule of accounts ['ʃedjuːl əv ə'kaʊnts] *sb* Kontenrahmen *m*
schedule of charges ['ʃedjuːl əv 'tʃɑːdʒəz] *sb* Gebührentabelle *f*, Gebührenordnung *f*
scheduler ['ʃedjuːlə] *sb* Disponent(in) *m/f*
scheduling ['ʃedjuːlɪŋ] *sb* Terminplanung *f*
scheme [skiːm] *sb* **1.** *(plan)* Plan *m*, Programm *n;* **2.** *(dishonest plan)* Intrige *f;* **3.** *(system)* System *n*
science ['saɪəns] *sb* Wissenschaft *f*
science park ['saɪəns pɑːk] *sb* Forschungspark *m*
scientific [saɪən'tɪfɪk] *adj* wissenschaftlich
scientist ['saɪəntɪst] *sb* Wissenschaftler(in) *m/f*
scramble ['skræmbl] *sb* starke Nachfrage *f*
scrap [skræp] *v* **1.** *(a vehicle, a machine)* verschrotten; **2.** *(plans)* fallen lassen
screen [skriːn] *v* **1.** *(applicants)* überprüfen; *sb* **2.** Bildschirm *m*
screen job ['skriːn dʒɒb] *sb* Bildschirmarbeitsplatz *m*
screen work ['skriːn wɜːk] *sb* Bildschirmarbeit *f*
sea bill of lading ['siː bɪl əv 'leɪdɪŋ] *sb* Seekonnossement *n*
seal [siːl] *sb* Siegel *n*
seaproof packing ['siːpruːf 'pækɪŋ] *sb* seemäßige Verpackung *f*
sea route ['siː ruːt] *sb* Seeweg *m*
season ['siːzn] *sb (of the year)* Jahreszeit *f*
seasonal ['siːzənəl] *adj* Saison...
seasonal adjustment ['siːzənəl ə'dʒʌstmənt] *sb* Saisonbereinigung *f*
seasonal fluctuations ['siːzənəl flʌktju'eɪʃənz] *pl* Saisonschwankungen *f/pl*
seasonal loan ['siːzənəl ləʊn] *sb* Saisonkredit *m*
seasonally adjusted ['siːzənəlɪ ə'dʒʌstɪd] *adj* saisonbedingt, saisonbereinigt
seasonal reserves ['siːzənəl rɪ'zɜːvz] *pl* Saison-Reserven *f/pl*
seasonal sale ['siːzənəl seɪl] *sb* Schlussverkauf *m*, Saisonausverkauf *m*
seasoned securities ['siːznd sɪ'kjʊərɪtiːz] *pl* Favoriten *m/pl*
seat of business [siːt əv 'bɪznɪs] *sb* Niederlassung *f*, Firmensitz *m*
sea-worthy packing ['siːwɜːðɪ 'pækɪŋ] *sb* seemäßige Verpackung *f*
secondary benefit ['sekəndərɪ 'benəfɪt] *sb* Zweitnutzen *m*

secondary energy ['sekəndərɪ 'enədʒɪ] *sb* Sekundärenergie *f*
secondary liquidity ['sekəndərɪ lɪ'kwɪdɪtɪ] *sb* Sekundär-Liquidität *f*
secondary market ['sekəndərɪ 'mɑ:kɪt] *sb* Umlaufmarkt *m*, Sekundär-Markt *m*
secondary occupation ['sekəndərɪ ɒkjʊ'peɪʃn] *sb* Nebentätigkeit *f*
secondary sector ['sekəndərɪ 'sektə] *sb* sekundärer Sektor *m*
second-class [sekənd'klɑ:s] *adj* **1.** zweitklassig, zweitrangig; **2.** zweiter Klasse
second-hand [sekənd'hænd] *adj* **1.** gebraucht; **2.** *(fig: information)* aus zweiter Hand
second of exchange ['sekənd əv ɪks'tʃeɪndʒ] *sb* Sekunda-Wechsel *m*
second-rate ['sekənd'reɪt] *adj* zweitklassig, zweitrangig
secretarial [sekrə'teərɪəl] *adj* Sekretariats...
secretariat [sekrə'teərɪət] *sb* *(UK)* Sekretariat *n*
secretary ['sekrətrɪ] *sb* **1.** Sekretär(in) *m/f*; **2.** *(US: minister)* Minister(in) *m/f*
section ['sekʃən] *sb* **1.** Abschnitt *m*; **2.** Bereich *m*; **3.** *(of a law)* Paragraf *m*
section head ['sekʃən hed] *sb* Referent(in) *m/f*, Bereichsleiter(in) *m/f*
sector ['sektə] *sb* Gebiet *n*, Sektor *m*, Branche *f*
secular inflation ['sekjʊlə ɪn'fleɪʃn] *sb* säkulare Inflation *f*
securities [sɪ'kjʊərɪtiz] *pl* Effekten *pl*, Valoren *f/pl*, Stücke *n/pl*
securities account [sɪ'kjʊərɪtiz ə'kaʊnt] *sb* Effektenkonto *n*
securities business [sɪ'kjʊərɪtiz 'bɪznɪs] *sb* Effektengeschäft *n*; Wertpapiergeschäft *n*
securities capitalism [sɪ'kjʊərɪtiz 'kæpɪtəlɪzm] *sb* Effektenkapitalismus *m*
securities commission agent [sɪ'kjʊərɪtiz kɒ'mɪʃn 'eɪdʒənt] *sb* Effektenkommissionär *m*
securities dealer [sɪ'kjʊərɪtiz 'di:lə] *sb* Börsenhändler(in) *m/f*, Effektenhändler(in) *m/f*
securities department [sɪ'kjʊərɪtiz dɪ'pɑ:tmənt] *sb* Wertpapierabteilung *f*, Effektenabteilung *f*
Securities Deposit Act [sɪ'kjʊərɪtiz dɪ'pɒsɪt 'ækt] *sb* Depotgesetz *n*
securities deposit audit [sɪ'kjʊərɪtiz dɪ'pɒsɪt 'ɔ:dɪt] *sb* Depotprüfung *f*
securities deposit contract [sɪ'kjʊərɪtiz dɪ'pɒsɪt 'kɒntrækt] *sb* Depotvertrag *m*
securities deposit reconciliation [sɪ'kjʊərɪtiz dɪ'pɒsɪt rɪkɒnsɪlɪ'eɪʃn] *sb* Depotabstimmung *f*
securities discount [sɪ'kjʊərɪtiz 'dɪskaʊnt] *sb* Effektendiskont *m*
securities eligible as cover [sɪ'kjʊərɪtiz 'elɪdʒɪbl æz 'kʌvə] *pl* deckungsfähige Wertpapiere *n/pl*
securities fund [sɪ'kjʊərɪtiz fʌnd] *sb* Wertpapierfonds *m*
securities issue [sɪ'kjʊərɪtiz 'ɪʃu:] *sb* Wertpapieremission *f*
securities-linked savings scheme [sɪ'kjʊərɪtizlɪŋkt 'seɪvɪŋz 'ski:m] *sb* Wertpapiersparvertrag *m*
securities market [sɪ'kjʊərɪtiz 'mɑ:kɪt] *sb* Wertpapierbörse *f*, Wertpapiermarkt *m*
securities owned by a bank [sɪ'kjʊərɪtiz 'əʊnd baɪ ə bæŋk] *pl* Nostroeffekten *pl*
securities placing [sɪ'kjʊərɪtiz 'pleɪsɪŋ] *sb* Effektenplatzierung *f*
securities portfolio [sɪ'kjʊərɪtiz pɔ:t'fəʊliəʊ] *sb* Wertpapierdepot *n*
securities price [sɪ'kjʊərɪtiz praɪs] *sb* Effektenkurs *m*
securities publicly notified as lost [sɪ'kjʊərɪtiz 'pʌblɪklɪ 'nəʊtɪfɒɪd æs 'lɒst] *sb* aufgerufene Wertpapiere *n/pl*
securities redeemable [sɪ'kjʊərɪtiz rɪ'di:məbl] *sb* Agiopapiere *n/pl*
securities research [sɪ'kjʊərɪtiz ri:'sɜ:tʃ] *sb* Wertpapieranalyse *f*
securities serving as collateral [sɪ'kjʊərɪtiz 'sɜ:vɪŋ æz kɒ'lætərəl] *sb* Lombardeffekten *pl*
securities statistics [sɪ'kjʊərɪtiz stə'tɪstɪks] *pl* Effektenstatistik *f*
securities substitution [sɪ'kjʊərɪtiz sʌbstɪ'tju:ʃn] *sb* Effektensubstitution *f*
securities transactions on commission [sɪ'kjʊərɪtiz træn'zækʃnz ɒn kə'mɪʃn] *pl* Effektenkommissionsgeschäft *n*

security [sɪ'kjʊərɪtɪ] *sb* **1.** Wertpapier *n*, Papier *n*; **2.** *(guarantee)* Bürgschaft *f*; **3.** *(deposit)* Kaution *f*
security dealing [sɪ'kjʊərɪtɪ 'diːlɪŋ] *sb* Effektenhandel *m*, Wertpapierhandel *m*
security department counter [sɪ'kjʊərɪtɪ dɪ'pɑːtmənt 'kaʊntə] *sb* Effektenkasse *f*
security deposit [sɪ'kjʊərɪtɪ dɪ'pɒsɪt] *sb* Tauschdepot *n*
security deposit account [sɪ'kjʊərɪtɪ dɪpɒsɪt ə'kaʊnt] *sb* Depotbuchhaltung *f*, Depotkonto *n*
security discount [sɪ'kjʊərɪtɪ 'dɪskaʊnt] *sb* Effektendiskont *m*
security financing [sɪ'kjʊərɪtɪ 'faɪnænsɪŋ] *sb* Effektenfinanzierung *f*
security held on giro-transferable deposit [sɪ'kjʊərɪtɪ held ɒn 'dʒaɪrɒtræns'fɜːrəbl dɪ'pɒsɪt] *sb* Girosammelstück *n*, Girosammeldepotstück *n*
security house [sɪ'kjʊərɪtɪ haʊs] *sb* Effektenbank *f*
security issue for third account [sɪ'kjʊərɪtɪ 'ɪʃuː fɔː 'θɜːd ə'kaʊnt] *sb* Fremdemission *f*
security note [sɪ'kjʊərɪtɪ 'nəʊt] *sb* Sicherungsschein *m*
security of credit [sɪ'kjʊərɪtɪ əv 'kredɪt] *sb* Kreditsicherheit *f*
security-taking syndicate [sɪ'kjʊərɪtɪ 'teɪkɪŋ 'sɪndɪkət] *sb* Übernahmekonsortium *n*
security trading for own account [sɪ'kjʊərɪtɪ 'treɪdɪŋ fɔː 'əʊn ə'kaʊnt] *sb* Effekteneigengeschäft *n*
S
security transaction [sɪ'kjʊərɪtɪ træn'zækʃn] *sb* Sicherungsgeschäft *n*
security transactions under repurchase [sɪ'kjʊərɪtɪ træn'zækʃnz ʌndə riː'pɜːtʃəs] *pl* Pensionsgeschäft *n*
segment ['segmənt] *sb* **1.** Geschäftsbereich *m*; **2.** Marktsegment *n*, Sparte *f*
seize [siːz] *v* **1.** *(an opportunity)* ergreifen; **2.** *(power)* an sich reißen; **3.** *(confiscate)* beschlagnahmen
seizure ['siːʒə] *sb* *(confiscation)* Beschlagnahme *f*, Pfändung *f*
select [sɪ'lekt] *v* **1.** auswählen; *adj* **2.** auserwählt, auserlesen; **3.** *(exclusive)* exklusiv
selection [sɪ'lekʃən] *sb* **1.** Auswahl *f*, Auslese *f*; **2.** Wahl *f*
selection interview [sɪ'lekʃən 'ɪntəvjuː] *sb* Vorstellungsgespräch *n*
selection procedure [sɪ'lekʃən prɒ'siːdʒʊə] *sb* Auswahlverfahren *n*
self-addressed [selfə'dresd] *adj (envelope)* an die eigene Anschrift adressiert
self-balancing item [self'bælænsɪŋ 'aɪtəm] *sb* durchlaufende Posten *m*
self-contained market [selfkən'teɪnd 'mɑːkɪt] *sb* geschlossener Markt *m*
self-defence [selfdɪ'fens] *sb* Notwehr *f*
self-employed [selfɪm'plɔɪd] *adj* **1.** selbstständig erwerbstätig, freiberuflich; *sb* **2.** *(person)* Selbstständige(r) *f/m*
self-financing [self'faɪnænsɪŋ] *sb* Eigenfinanzierung, Selbstfinanzierung *f*
self-service [self'sɜːvɪs] *sb* Selbstbedienung *f*
self-starter [self'stɑːtə] *sb* *(person)* Mensch mit Eigeninitiative *m*
sell [sel] *v irr* **1.** *(have sales appeal)* sich verkaufen lassen; **2.** *(sth)* verkaufen
sell-by date ['selbaɪ deɪt] *sb* Haltbarkeitsdatum *n*; *pass one's ~ (fig)* seine besten Tage hinter sich haben
seller ['selə] *sb* Verkäufer(in) *m/f*
seller's commission ['seləz kə'mɪʃən] *sb* Umsatzbeteiligung *f*
sellers competition ['seləz kɒmpə'tɪʃən] *sb* Verkäuferwettbewerb *m*
seller's market ['seləz 'mɑːkɪt] *sb* Verkäufermarkt *m*
selling commission ['selɪŋ kə'mɪʃn] *sb* Schalterprovision *f*
selling costs ['selɪŋ kɒsts] *pl* Vertriebskosten *pl*, Absatzkosten *pl*
selling price ['selɪŋ praɪs] *sb* Briefkurs *m*
selling value ['selɪŋ 'væljuː] *sb* Verkaufswert *m*
sell off [sel ɒf] *v irr* **1.** verkaufen; **2.** *(quickly, cheaply)* abstoßen
sell out [sel aʊt] *v irr* **1.** alles verkaufen; *(sth)* ausverkaufen; **2.** *(one's share)* verkaufen; **3.** *sold out* ausverkauft
sell up [sel ʌp] *v irr* zu Geld machen, ausverkaufen
semi-annual [semɪ'ænjʊəl] *adj (US)* halbjährlich
semi-annual balance sheet [semɪ'ænjʊəl 'bælæns ʃiːt] *sb* Halbjahresbilanz *f*

semi-finished goods [semɪˈfɪnɪʃt gʊdz] *pl* Halberzeugnis *n*
semi-fixed [semɪˈfɪksd] *adj* teilvariabel
semi-monthly [semɪˈmʌnθlɪ] *adj (US)* zweimal monatlich
semiskilled [semɪˈskɪld] *adj* angelernt
send [send] *v irr* schicken
send away [send əˈweɪ] *v irr ~ for sth* etw kommen lassen, etw anfordern
send back [send ˈbæk] *v irr* zurückschicken; *(food in a restaurant)* zurückgehen lassen
send down [send ˈdaʊn] *v (prices)* drücken, fallen lassen
sender [ˈsendə] *sb* Absender(in) *m/f; return to ~* zurück an Absender
send for [send fɔː] *v irr* kommen lassen, sich bestellen
send in [send ˈɪn] *v irr* einschicken
send off [send ˈɒf] *v irr (a letter)* abschicken
send up [send ˈʌp] *v (prices)* hochtreiben
senior [ˈsiːnɪə] *adj* älter, ältere(r); *(in time of service)* dienstälter; *(in rank)* vorgesetzt
senior citizen [ˈsiːnɪə ˈsɪtɪzən] *sb* **1.** Senior(in) *m/f;* **2.** *(pensioner)* Rentner(in) *m/f*
senior position [ˈsiːnɪə pɒˈsɪʃn] *sb* leitende Position *f*
sentiment [ˈsentɪmənt] *sb* Stimmungslage *f*, Tendenz *f*
separate account [ˈsepərɪt əˈkaʊnt] *sb* Sonderkonto *n*
separate deposit [ˈsepərɪt dɪˈpɒsɪt] *sb* Sonderdepot *n*
separate item [ˈsepərɪt ˈaɪtəm] *sb* Sonderposten *m*
sequence [ˈsiːkwəns] *sb* Folge *f; (order)* Reihenfolge *f*
sequestration [siːkweˈstreɪʃən] *sb* Beschlagnahme *f*, Zwangsvollstreckung *f*
sequestrator [siːkweˈstreɪtə] *sb* Gerichtsvollzieher(in) *m/f*, Zwangsvollstrecker(in) *m/f*
serial [ˈsɪərɪəl] *adj* Serien...
serial number [ˈsɪərɪəl ˈnʌmbə] *sb* **1.** laufende Nummer *f;* **2.** *(on goods)* Fabrikationsnummer *f*, Seriennummer *f*
serial port [ˈsɪərɪəl pɔːt] *sb* serieller Anschluss *m*
series [ˈsɪəriːz] *sb* Serie *f*, Reihe *f*
series production [ˈsɪəriːz prəˈdʌkʃən] *sb* Serienfertigung *f*
seriousness [ˈsɪərɪəsnɪs] *sb* Seriosität *f*
serve [sɜːv] *v* **1.** *(sth, s.o.)* dienen; **2.** *(a summons)* zustellen; **3.** *~ notice on s.o.* jmd. kündigen; **4.** *It ~s no purpose.* Es hat keinen Zweck. **5.** *(in a restaurant, in a shop)* bedienen; *(food, drinks)* servieren
server [ˈsɜːvə] *sb* Server *m*
service [ˈsɜːvɪs] *sb* **1.** Dienst *m*, Dienstleistung *f; I'm at your ~.* Ich stehe Ihnen zur Verfügung. **2.** *to be of ~* nützlich sein; *Can I be of ~?* Kann ich Ihnen behilflich sein? **3.** *(to customers)* Service *m; (in a restaurant, in a shop)* Bedienung *f;* **4.** *(regular transport, air ~)* Verkehr *m;* **5.** *(operation)* Betrieb *m;* **6.** *(upkeep of machines)* Wartung *f*
service business [ˈsɜːvɪs ˈbɪznɪs] *sb* Dienstleistungsunternehmen *n*
service center [ˈsɜːvɪs ˈsentə] *(US) sb* Kundendienststelle *f*
service charge [ˈsɜːvɪs tʃɑːdʒ] *sb* Bearbeitungsgebühr *f*
service company [ˈsɜːvɪs ˈkʌmpənɪ] *sb* Dienstleistungsgesellschaft *f*
service contract [ˈsɜːvɪs ˈkɒntrækt] *sb* Wartungsvertrag *m*, Servicevertrag *m*
service contractor [ˈsɜːvɪs kənˈtræktə] *sb* Wartungsunternehmen *n*
service control [ˈsɜːvɪs kənˈtrəʊl] *sb* Dienstaufsicht *f*
service economy [ˈsɜːvɪs ɪˈkɒnəmɪ] *sb* Dienstleistungsgesellschaft *f*
service engineer [ˈsɜːvɪs endʒɪˈnɪə] *sb* Kundendiensttechniker(in) *m/f*
service income [ˈsɜːvɪs ˈɪnkʌm] *sb* Arbeitseinkommen *n*
service industry [ˈsɜːvɪs ˈɪndəstrɪ] *sb* Dienstleistungsgewerbe *n*
service life [ˈsɜːvɪs laɪf] *sb* Nutzungsdauer *f*
service marketing [ˈsɜːvɪs ˈmɑːkɪtɪŋ] *sb* Dienstleistungsmarketing *n*
service obligation [ˈsɜːvɪs ɒblɪˈgeɪʃn] *sb* Dienstverpflichtung *f*
service of capital [ˈsɜːvɪs əv ˈkæpɪtl] *sb* Kapitaldienst *m*
service organisation [ˈsɜːvɪs ɔːgənaɪˈzeɪʃən] *sb* Kundendienstorganisation *f*
service sector [ˈsɜːvɪs ˈsektə] *sb* Dienstleistungssektor *m*

setback ['setbæk] *sb* Rückschlag *m*
set of bills of exchange [set əv bɪls əv ɪk'stʃeɪndʒ] *sb* Wechselserie *f*
set-off ['setɒf] *sb* Aufrechnung *f*
set of figures [set əv 'fɪgəz] *sb* Statistik *f*
setting day ['setɪŋ deɪ] *sb* Abrechnungstag *m*
setting procedure ['setɪŋ prə'siːdʒə] *sb* Abrechnungsverfahren *n*
settle ['setl] *v (a bill)* begleichen, bezahlen
settlement ['setlmənt] *sb* **1.** *(sorting out)* Erledigung *f*, Regelung *f*; Abwicklung *f*; **2.** *(of a debt)* Begleichung *f*; **3.** *(agreement)* Übereinkommen *n*, Abmachung *f*; **4.** *an out-of court ~* ein außergerichtlicher Vergleich *m*
settlement account ['setlmənt ə'kaʊnt] *sb* Abwicklungskonto *n*
settlement clause ['setlmənt klɔːz] *sb* Zahlungsklausel *f*
settlement date ['setlmənt deɪt] *sb* Erfüllungstermin *m*, Fälligkeit *f*
settlement day ['setlmənt deɪ] *sb* Abrechnungstag *m*
settlement discount ['setlmənt 'dɪskaʊnt] *sb* Skonto *m/n*
settlement in cash ['setlmənt ɪn 'kæʃ] *sb* Barabfindung *f*
settlement of accounts ['setlmənt əv ə'kaʊnts] *sb* Abrechnung *f*
settlement offer ['setlmənt 'ɒfə] *sb* Vergleichsangebot *n*, Abfindungsangebot *n*
settlement of time bargains ['setlmənt əv 'taɪm 'bɑːgɪnz] *sb* Skontration *f*
settle on [setl 'ɒn] *v (agree on)* sich einigen auf
settle up [setl 'ʌp] *v* bezahlen
settling days ['setlɪŋ deɪz] *pl* Bankstichtage *f/pl*
set up [set 'ʌp] *v irr* **1.** *(arrange)* arrangieren, vereinbaren; **2.** *(establish)* gründen; **3.** *(fit out)* einrichten
severance claim ['sevərəns kleɪm] *sb* Abfindungsanspruch *m*
shape [ʃeɪp] *sb* **1.** *(figure)* Gestalt *f*; **2.** *(state)* Zustand *m*; **3.** *(physical condition)* Kondition *f*, Zustand *m*
share [ʃeə] *v* **1.** teilen; **2.** *~ in sth* an etw teilnehmen; *sb* **3.** (Geschäfts-)Anteil *m*; **4.** *(in a public limited company)* Aktie *f*
share account [ʃeər ə'kaʊnt] *sb* Aktienkonto *n*
share at a fixed amount [ʃeər æt ə 'fɪkst ə'maʊnt] *sb* Summenaktie *f*
share block ['ʃeə blɒk] *sb* Aktienpaket *n*
share capital [ʃeə 'kæpɪtl] *sb* Aktienkapital *n*, Stammkapital *n*
share certificate [ʃeə sə'tɪfɪkət] *sb* Aktienzertifikat *n*, Anteilscheine *m/pl*
share denomination [ʃeə dɪnɒmɪ'neɪʃən] *sb* Aktienstückelung *f*
share deposit [ʃeə dɪ'pɒzɪt] *sb* Aktiendepot *n*
share discount [ʃeə 'dɪskaʊnt] *sb* Aktienagio *n*, Emissionsagio *n*
share fund [ʃeə fʌnd] *sb* Aktienfonds *m*
shareholder ['ʃeəhəʊldə] *sb* Aktionär(in) *m/f*, Anteilseigner(in) *m/f*
shareholder value ['ʃeəhəʊldə 'væljuː] *sb* Shareholder Value *m*
shareholding ['ʃeəhəʊldɪŋ] *sb* Aktienbestand *m*
share in capital [ʃeər ɪn 'kæpɪtl] *sb* Kapitalanteil *m*
share index [ʃeər 'ɪndeks] *sb* Aktienindex *m*
share in the loss [ʃeər ɪn ðə 'lɒs] *sb* Verlustanteil *m*
share in the market [ʃeər ɪn ðə 'mɑːkɪt] *sb* Marktposition *f*, Marktanteil *m*
share in the profits [ʃeər ɪn ðə 'prɒfɪts] *sb* Gewinnanteil *m*
share issue [ʃeər 'ɪʃuː] *sb* Aktienausgabe *f*
share market [ʃeə 'mɑːkɪt] *sb* Aktienmarkt *m*
share of no par value [ʃeər əv nəʊ pɑː 'væljuː] *sb* Quotenaktie *f*
share price [ʃeə praɪs] *sb* Aktienkurs *m*
share purchase warrant [ʃeə 'pɜːtʃəs 'wɒrənt] *sb* Optionsschein *m*
share quorum [ʃeə 'kwɔːrəm] *sb* Aktienquorum *n*
share quotation [ʃeə kwəʊ'teɪʃən] *sb* Aktiennotierung *f*
share register [ʃeə 'redʒɪstə] *sb* Aktienbuch *n*, Aktienregister *n*
shares account [ʃeəz ə'kaʊnt] *sb* Stückekonto *n*
share stock option [ʃeə stɒk 'ɒpʃn] *sb* Aktienoption *f*

S

shareware ['ʃeəweə] *sb* Shareware *f*
share with low par value [ʃeə wɪθ ləʊ pɑ: 'vælju:] *sb* Kleinaktie *f*
shelf [ʃelf] *sb* **1.** Brett *n*, Bord *n*; **2.** *(in a cupboard)* Fach *n*, *put sth on the ~ (fig)* etw an den Nagel hängen; *off the ~* von der Stange
shelf life ['ʃelf laɪf] *sb* Lagerfähigkeit *f*, Haltbarkeit *f*
shell company [ʃel 'kʌmpənɪ] *sb* Briefkastenfirma *f*
shelve [ʃelv] *v* **1.** *(put on a shelf)* in ein Regal stellen; **2.** *(fig: a plan)* beiseite legen, zu den Akten legen
shelving ['ʃelvɪŋ] *sb* Regale *pl*
shift [ʃɪft] *sb (work period)* Schicht *f*
shift work ['ʃɪft wɜ:k] *sb* Schichtarbeit *f*
ship [ʃɪp] *v* **1.** *(send)* versenden, befördern; **2.** *(grain, coal)* verfrachten
ship broker [ʃɪp 'brəʊkə] *sb* Schiffsmakler(in) *m/f*
shipbuilding ['ʃɪpbɪldɪŋ] *sb* Schiffbau *m*
shipment ['ʃɪpmənt] *sb* **1.** Sendung *f*; *(by sea)* Verschiffung *f*; **2.** *(batch of goods)* Lieferung *f*
ship mortgage [ʃɪp 'mɔ:gɪdʒ] *sb* Schiffshypothek *f*
shipowner ['ʃɪpəʊnə] *sb* Schiffseigner(in) *m/f*, Reeder(in) *m/f*
shipper ['ʃɪpə] *sb* Spediteur *m*
shipping ['ʃɪpɪŋ] *sb* **1.** Schifffahrt *f*; **2.** *(transportation)* Versand *m*; Warenausgang *m*; **3.** *(by sea)* Verschiffung *f*
shipping company ['ʃɪpɪŋ 'kʌmpənɪ] *sb* Reederei *f*
shipping document ['ʃɪpɪŋ 'dɒkjʊmənt] *sb* Versanddokument *n*
shipping exchange ['ʃɪpɪŋ ɪks'tʃeɪndʒ] *sb* Frachtbörse *f*, Schifffahrtsbörse *f*
shipping line ['ʃɪpɪŋ laɪn] *sb* Reederei *f*
shipyard ['ʃɪpjɑ:d] *sb* Werft *f*, Schiffswerft *f*
shockproof ['ʃɒkpru:f] *adj* stoßfest
shop [ʃɒp] *sb* **1.** Laden *m*, Geschäft *n*; *set up ~* einen Laden eröffnen, ein Geschäft eröffnen; **2.** *talk ~* fachsimpeln; **3.** *closed ~* Unternehmen mit Gewerkschaftszwang *n*; *v* **4.** einkaufen; *go ~ping* einkaufen gehen
shop assistant [ʃɒp ə'sɪstənt] *sb* Verkäufer(in) *m/f*
shop-closing law [ʃɒp'kləʊzɪŋ lɔ:] *sb* Ladenschlussgesetz *n*
shop hours [ʃɒp aʊəz] *pl* Ladenöffnungszeiten *f/pl*
shopkeeper ['ʃɒpki:pə] *sb* Ladenbesitzer(in) *m/f*
shopping mall ['ʃɒpɪŋ mɔ:l] *sb* Einkaufsgalerie *f*
short [ʃɔ:t] *adj* **1.** *to be ~ (not have enough)* zu wenig haben; *~ of cash* knapp bei Kasse; **2.** *(expectations) fall ~ of* nicht erreichen; nicht entsprechen
shortage ['ʃɔ:tɪdʒ] *sb* **1.** Knappheit *f*; **2.** *(of people, of money)* Mangel *m*
shortage of goods ['ʃɔ:tɪdʒ əv 'gʊdz] *sb* Warenknappheit *f*
shortage of staff ['ʃɔ:tɪdʒ əv 'stɑ:f] *sb* Personalmangel *m*
shortcoming ['ʃɔ:tkʌmɪŋ] *sb* Unzulänglichkeit *f*, Mangel *m*
short covering [ʃɔ:t 'kʌvərɪŋ] *sb* Deckungskäufe *m/pl*
short delivery [ʃɔ:t dɪ'lɪvərɪ] *sb* Minderlieferung *f*
shortfall ['ʃɔ:tfɔ:l] *sb* Fehlbetrag *m*
shorthand ['ʃɔ:thænd] *sb* Kurzschrift *f*
short sale [ʃɔ:t seɪl] *sb* Blankoverkauf *m*
short-term ['ʃɔ:ttɜ:m] *adj* kurzfristig
short-term credit ['ʃɔ:ttɜ:m 'kredɪt] *sb* kurzfristiger Kredit *m*
short-time work ['ʃɔ:ttaɪm wɜ:k] *sb* Kurzarbeit *f*
shredder ['ʃredə] *sb* **1.** Zerkleinerungsmaschine *f*; **2.** *(paper-~)* Reißwolf *m*
shutdown ['ʃʌtdaʊn] *sb* Stilllegung *f*
sick-leave ['sɪkli:v] *sb to be on ~* krankgeschrieben sein
sick note ['sɪk nəʊt] *sb* Krankmeldung *f*
sick pay ['sɪk peɪ] *sb* Krankengeld *n*
side agreement [saɪd ə'gri:mənt] *sb* Sonderabkommen *n*
sight balance [saɪt 'bæləns] *sb* Sichtguthaben *n*
sight credit [saɪt 'kredɪt] *sb* Kontokorrentkredit *m*
sight deposits ['saɪt dɪ'pɒzɪts] *pl* Sichteinlagen *f/pl*
sight draft ['saɪt drɑ:ft] *sb* Sichtwechsel *m*
sight letter of credit [saɪt 'letə əv 'kredɪt] *sb* Sichtakkreditiv *n*

sight rate ['saɪt reɪt] *sb* Sichtkurs *m*
sign [saɪn] *v* unterschreiben
signalling effect of price ['sɪgnəlɪŋ ɪ'fekt əv praɪs] *sb* Signalfunktion des Preises *f*
signatory ['sɪgnətrɪ] *sb* Unterzeichner(in) *m/f*, Vertragspartner(in) *m/f*
signature ['sɪgnətʃə] *sb* Unterschrift *f*
signature authorization ['sɪgnətʃə ɔ:θəraɪ'zeɪʃən] *sb* Zeichnungsberechtigung *f*
sign for ['saɪn fɔ:] *v* den Empfang bestätigen
sign in [saɪn 'ɪn] *v* sich eintragen
sign off [saɪn 'ɒf] *v (letter)* Schluss machen
sign on [saɪn 'ɒn] *v (for unemployment benefits)* sich arbeitslos melden
sign up [saɪn 'ʌp] *v* **1.** *(by signing a contract)* sich verpflichten; **2.** *(s.o.)* verpflichten, anstellen
silent partner ['saɪlənt 'pɑ:tnə] *sb* stille(r) Teilhaber(in) *m/f*
SIM card ['sɪm kɑ:d] *sb* SIM-Karte *f*
simulate ['sɪmjʊleɪt] *v* simulieren
simulation [sɪmjʊ'leɪʃən] *sb* **1.** Simulation *f;* **2.** *(feigning)* Vortäuschung *f*
simulator ['sɪmjʊleɪtə] *sb* Simulator *m*
single [sɪŋgl] *adj* **1.** *(only one)* einzige(r,s); *not a ~ one* kein Einziger/keine Einzige/kein Einziges; **2.** *(not double or triple)* einzeln
single-asset depreciation [sɪŋgl'æsɪt dɪprɪʃɪ'eɪʃn] *sb* Einzelabschreibung *f*
single-item manufacturing ['sɪŋgl-aɪtəm mænjʊ'fæktʃʊrɪŋ] *sb* Einzelfertigung *f*
single operation [sɪŋgl ɒpə'reɪʃn] *sb* Sologeschäft *n*
single-price market ['sɪŋglpraɪs 'mɑ:kɪt] *sb* Einheitsmarkt *m*
single-product firm [sɪŋgl'prɒdʌkt fɜ:m] *sb* Einproduktbetrieb *m*
situation [sɪtjʊ'eɪʃən] *sb (job)* Stelle *f*
situations wanted [sɪtjʊ'eɪʃənz 'wɒntɪd] *pl* Stellengesuche *n/pl*
size [saɪz] *sb* **1.** Größe *f; v* **2.** *~ up* abschätzen
sizeable ['saɪzəbl] *adj (sum, difference)* beträchtlich
size of an order ['saɪz əv ən 'ɔ:də] *sb* Auftragsgröße *f*
skeleton agreement ['skelɪtn ə'gri:mənt] *sb* Rahmenabkommen *n*
skill [skɪl] *sb (acquired technique)* Fertigkeit *f*
skilled [skɪld] *adj* **1.** geschickt; **2.** *(trained)* ausgebildet
skim [skɪm] *v (fig: profits)* abschöpfen
slack [slæk] *adj* geschäftslos, lustlos
slash [slæʃ] *v (fig: reduce)* stark herabsetzen
slip [slɪp] *sb* Zettel *m*, Abschnitt *m*, Beleg *m*
slow down [sləʊ daʊn] *v* **1.** *(in an activity)* etw langsamer machen; **2.** *(sth)* verlangsamen
slump [slʌmp] *sb* Krise *f*, Rezession *f*
slump-proof ['slʌmppru:f] *adj* krisenfest
small and medium-sized enterprises (SMEs) ['smɔ:l ənd 'mi:dɪəmsaɪzd 'entəpraɪzɪz] *pl* Mittelstand *m*, Kleine und mittelständische Unternehmen (KMU) *n/pl*
small business [smɔ:l 'bɪznɪs] *sb* Kleinbetrieb *m*
small change [smɔ:l 'tʃeɪndʒ] *sb* Kleingeld *n*
small package [smɔ:l 'pækɪdʒ] *sb* Päckchen *n*
small personal loan [smɔ:l 'pɜ:sənl 'ləʊn] *sb* Kleinkredit *m*
small saver [smɔ:l 'seɪvə] *sb* Kleinsparer(in) *m/f*
small shareholder [smɔ:l 'ʃeəhəʊldə] *sb* Kleinaktionär(in) *m/f*
small trader [smɔ:l 'treɪdə] *sb* Minderkaufmann *m*
snowball system ['snəʊbɔ:l 'sɪstəm] *sb* Schneeballsystem *n*
soar [sɔ:] *v (prices)* in die Höhe schnellen
sociable ['səʊʃəbl] *adj* gesellig, umgänglich
social ['səʊʃəl] *adj* gesellschaftlich, Gesellschafts..., sozial
social compensation plan [səʊʃəl kɒmpən'seɪʃn plæn] *sb* Sozialplan *m*
social fund [səʊʃəl fʌnd] *sb* Sozialfonds *m*
social insurance ['səʊʃəl ɪn'ʃʊərəns] *sb* Sozialversicherung *f*

S

Social Insurance Office ['səʊʃəl ɪn'ʃʊərəns 'ɒfɪs] *sb* Versicherungsanstalt *f*
socialism ['səʊʃəlɪzm] *sb* Sozialismus *m*
social market economy ['səʊʃəl 'mɑːkɪt ɪ'kɒnəmɪ] *sb* soziale Marktwirtschaft *f*
social network [səʊʃəl 'netwɜːk] *sb* Soziales Netzwerk *n*
social policy ['səʊʃəl 'pɒlɪsɪ] *sb* Sozialpolitik *f*
social security ['səʊʃəl sɪ'kjʊərɪtɪ] *pl* Sozialversicherung *f*, Sozialhilfe *f*
social services ['səʊʃəl 'sɜːvɪsɪz] *pl* Sozialleistungen *f/pl*, Sozialwesen *n*
societal [sə'saɪətl] *adj* gesellschaftlich
society [sə'saɪətɪ] *sb* Gesellschaft *f*
socio-economic [səʊʃiəʊiːkə'nɒmɪk] *adj* sozioökonomisch
soft currency [sɒft 'kʌrənsɪ] *sb* weiche Währung *f*
soften ['sɒfn] *v* nachgeben, sich abschwächen
solar energy ['səʊlər 'enədʒɪ] *sb* Sonnenenergie *f*
solar power ['səʊlər 'paʊə] *sb* Solarenergie *f*, Sonnenenergie *f*
sole [səʊl] *adj* **1.** einzig; **2.** *(exclusive)* alleinig
sole agency [səʊl 'eɪdʒənsɪ] *sb* Alleinvertretung *f*
sole heir [səʊl 'eə] *sb* Alleinerbe *m*
sole owner [səʊl 'əʊnə] *sb* Alleininhaber(in) *m/f*
solicit [sə'lɪsɪt] *v* umwerben, erbitten
solicitation [səlɪsɪ'teɪʃən] *sb* (Kunden-)Werbung *f*
solicitor [sə'lɪsɪtə] *sb (UK)* Rechtsanwalt/Rechtsanwältin *m/f*
solve [sɒlv] *v (a problem)* lösen
solvency ['sɒlvənsɪ] *sb* Zahlungsfähigkeit *f*, Solvenz *f*
solvent ['sɒlvənt] *adj* zahlungsfähig
sort [sɔːt] *v* **1.** sortieren; *sb* **2.** Art *f*, Sorte *f*; *all ~s of things* alles Mögliche; *that sort of thing* diese Sachen; *nothing of the ~* nichts dergleichen
sort out [sɔːt aʊt] *v (straighten out)* in Ordnung bringen, klären
sound [saʊnd] *adj (company, investment)* solide
source [sɔːs] *sb* **1.** *(of information)* Quelle *f*; **2.** *(origin)* Ursprung *m*
source of revenue [sɔːs əv 'revənjuː] *sb* Einnahmequelle *f*, Steuerquelle *f*
source of supply [sɔːs əv sə'plaɪ] *sb* Bezugsquelle *f*
source principle [sɔːs 'prɪnsɪpl] *sb* Quellenprinzip *n*
span of control [spæn əv kɒn'trəʊl] *sb* Kontrollspanne *f*
spare [speə] *v* **1.** *(do without)* entbehren, verzichten auf; **2.** *(use sparingly)* sparen mit; *adj* **3.** übrig, überschüssig
spare part [speə pɑːt] *sb* Ersatzteil *n*
spare time [speə 'taɪm] *sb* Freizeit *f*
sparingly ['speərɪŋlɪ] *adv use sth ~* mit etw sparsam umgehen
special ['speʃəl] *adj* **1.** besondere(r,s), Sonder...; *nothing ~* nichts Besonderes; **2.** *(specific)* bestimmt; *Were you looking for anything ~?* Suchten Sie etwas Bestimmtes? *sb* **3.** *(reduced price)* Sonderangebot *n*
special agreements ['speʃəl ə'griːmənts] *pl* Sondervereinbarung *f*
special allowance ['speʃəl ə'laʊəns] *sb* Sondervergütung *f*
special business property ['speʃəl 'bɪznɪs 'prɒpətɪ] *sb* Sonderbetriebsvermögen *n*
special delivery ['speʃəl dɪ'lɪvərɪ] *sb (US)* Eilzustellung *f*
special depreciation ['speʃəl dɪprɪʃɪ'eɪʃn] *sb* Sonderabschreibung *f*
special direct cost ['speʃəl 'daɪrekt kɒst] *sb* Sondereinzelkosten *pl*
special discount ['speʃəl 'dɪskaʊnt] *sb* Sonderrabatt *m*
special expenses ['speʃəl ɪk'spensɪz] *pl* Sonderausgaben *pl*
special fund ['speʃəl fʌnd] *sb* Sondervermögen *n*
special interests ['speʃəl 'ɪntrests] *pl* Sonderzinsen *m/pl*
special lombard facility ['speʃəl 'lɒmbəd fə'sɪlɪtɪ] *sb* Sonderlombard *m*
special meeting ['speʃəl 'miːtɪŋ] *sb* Sondersitzung *f*
special offer ['speʃəl 'ɒfə] *sb* Sonderangebot *n*
special power ['speʃəl 'paʊə] *sb* Spezialvollmacht *f*
special remuneration ['speʃəl rɪmjuːnə'reɪʃən] *sb* Sondervergütung *f*

specialist ['speʃəlɪst] *sb* Fachmann/Fachfrau *m/f*, Spezialist(in) *m/f*
specialization [speʃəlaɪ'zeɪʃən] *sb* Spezialisierung *f*
specialize ['speʃəlaɪz] *v ~ in sth* sich auf etw spezialisieren
specialized fund ['speʃəlaɪzd 'fʌnd] *sb* Spezialfonds *m*
specialized lawyer ['speʃəlaɪzd 'lɔːɪə] *sb* Fachanwalt/-anwältin *m/f*
special-purpose association [speʃəl-'pɜːpəs əsəʊʃɪ'eɪʃn] *sb* Zweckgemeinschaft *f*
specialty debt ['speʃəltɪ 'det] *sb* verbriefte Schuld *f*
specialty store ['speʃəltɪ stɔː] *sb* Fachgeschäft *n*
specie ['spiːʃiː] *sb* Hartgeld *n*, Münzgeld *n*
specific duty [spe'sɪfɪk 'djuːtɪ] *sb* Mengenzoll *m*
specification [spesɪfɪ'keɪʃən] *sb* Spezifikation; *(stipulation)* Bedingung *f*
specifications [spesɪfɪ'keɪʃənz] *pl* *(design)* technische Daten *pl*
specify ['spesɪfaɪ] *v* genau angeben
specimen ['spesɪmɪn] *sb* *(sample)* Muster *n*
speculate ['spekjuleɪt] *v* spekulieren
speculation [spekju'leɪʃən] *sb* Spekulation *f*
speculation in foreign currency [spekju'leɪʃən ɪn 'fɒrɪn 'kʌrənsɪ] *sb* Devisenspekulation *f*
speculation in futures [spekjʊ'leɪʃən ɪn 'fjuːtʃəz] *sb* Terminspekulation *f*
speculative ['spekjʊlətɪv] *adj* Spekulations...
speculative operations ['spekjʊlətɪv ɒpə'reɪʃənz] *pl* Spekulationsgeschäft *n*
speculative profit ['spekjʊlətɪv 'prɒfɪt] *sb* Spekulationsgewinn *m*
speculative security ['spekjʊlətɪv sɪ'kjʊərɪtɪ] *sb* Hoffnungswert *m*, Spekulationspapier *n*
speculative transaction ['spekjʊlətɪv træn'zækʃən] *sb* Spekulationsgeschäft *n*
speculator ['spekjʊleɪtə] *sb* Spekulant(in) *m/f*
speculator for a fall ['spekjʊleɪtə fɔː ə 'fɔːl] *sb* Baissespekulant(in) *m/f*, Baissier *m*
speculator for a rise ['spekjʊleɪtə fɔː ə 'raɪz] *sb* Haussespekulant(in) *m/f*, Haussier *m*
spell out [spel 'aʊt] *v irr* buchstabieren
spend [spend] *v irr* **1.** *(money)* ausgeben; **2.** *(energy, resources)* verbrauchen; **3.** *(time: pass)* verbringen, **4.** *(time: use)* brauchen
spending ['spendɪŋ] *sb* Ausgaben *pl*
spending costs ['spendɪŋ kɒsts] *pl* ausgabenwirksame Kosten *pl*
sphere of responsibility [sfiə əv rɪspɑnsə'bɪlətɪ] *sb* Zuständigkeitsbereich *m*
spiel [ʃpiːl] *sb* *(salesman's)* Verkaufsmasche *f*
spokesperson ['spəʊkspɜːsn] *sb* Sprecher(in) *m/f*
sponsor ['spɒnsə] *v* **1.** fördern; *sb* **2.** Förderer/Förderin *m/f*
sponsored ['spɒnsəd] *adj* gesponsert, gefördert, unterstützt
sponsorship ['spɒnsəʃɪp] *sb* Sponsern *n*, Unterstützung *f*, Förderung *f*
spot exchange [spɒt ɪks'tʃeɪndʒ] *sb* Kassadevisen *pl*
spot market [spɒt 'mɑːkɪt] *sb* Kassamarkt *m*, Spotmarkt *m*
spot price ['spɒt praɪs] *sb* Kassakurs *m*
spot transaction [spɒt træn'zækʃn] *sb* Lokogeschäft *n*, Spotgeschäft *n*
spreadsheet ['spredʃiːt] *sb* Tabellenkalkulation *f*
squander ['skwɔːndə] *v* **1.** *(money)* vergeuden; **2.** *(opportunities)* vertun
square [skweə] *adj* **1.** *to be ~ (debts)* in Ordnung sein; **2.** *to be all ~ (not to owe)* quitt sein; *v* **3.** *(debts)* begleichen
square measurement [skweə 'meʒəmənt] *sb* Flächenmaße *n/pl*
stability [stə'bɪlɪtɪ] *sb* Stabilität *f*
stability of prices [stə'bɪlɪtɪ əv 'praɪsɪz] *sb* Preisstabilität *f*
stability pact [stə'bɪlɪtɪ 'pækt] *sb* Stabilitätspakt *m*
stability policy [stə'bɪlɪtɪ 'pɒlɪsɪ] *sb* Stabilitätspolitik *f*
stabilization [steɪbɪlaɪ'zeɪʃən] *sb* Stabilisierung *f*
stabilize ['steɪbɪlaɪz] *v* sich stabilisieren; *(sth)* stabilisieren
stable [steɪbl] *adj* stabil, dauerhaft

S

stable exchange rates [steɪbl iks'tʃeɪndʒ reɪts] *pl* stabile Wechselkurse *m/pl*
staff [stɑ:f] *sb (personnel)* Personal *n*, Belegschaft *f; to be on the ~ of* Mitarbeiter sein bei
staff administration [stɑ:f ədmɪnɪ'streɪʃən] *sb* Personalverwaltung *f*
staff changes [stɑ:f 'tʃeɪndʒɪz] *pl* Personalwechsel *m*
staffer ['stɑ:fə] *sb* feste(r) Mitarbeiter(in) *m/f*
staff manager [stɑ:f 'mænɪdʒə] *sb* Personalleiter(in) *m/*
staff pension fund [stɑ:f 'penʃn fʌnd] *sb* Pensionskasse *f*
staff shares ['stɑ:f ʃeəz] *sb* Belegschaftsaktie *f*
stagnate [stæg'neɪt] *v* stagnieren
stagnation [stæg'neɪʃən] *sb* **1.** Stagnieren *n;* **2.** *(of a market)* Stagnation *f*
stake [steɪk] *v* **1.** *~ a claim to sth* sich ein Anrecht auf etw sichern; *sb* **2.** *(financial interest)* Anteil *m*
stamp [stæmp] *v* **1.** *(sth)* stempeln; **2.** *(with a machine)* prägen; **3.** *(put postage on)* frankieren; *sb* **4.** *(postage ~)* Briefmarke *f;* **5.** *(mark, instrument)* Stempel *m*
stamp duty ['stæmp 'dju:tɪ] *sb* Transfersteuer *f*, Stempelsteuer *f*
stamping ['stæmpɪŋ] *sb* Abstempelung *f*
stamping of bank notes ['stæmpɪŋ əv 'bæŋk nəʊts] *sb* Notenabstempelung *f*
standard ['stændəd] *adj* **1.** handelsüblich, Standard..., Norm...; *sb* **2.** *(monetary)* Standard *m*, Norm *f;* **3.** Feingehalt *m*, Feingewicht *n*
standard bill ['stændəd bɪl] *sb* Einheitswechsel *m*
standard inventory ['stændəd ɪn'ventərɪ] *sb* Durchschnittsbestand *m*
standardization [stændədaɪ'zeɪʃn] *sb* Standardisierung *f*
standardize ['stændədaɪz] *v* vereinheitlichen, normen, normieren
standard price ['stændəd praɪs] *sb* fester Verrechnungspreis *m*
standard value ['stændəd 'vælju:] *sb* Einheitswert *m*
standard wages ['stændəd 'weɪdʒɪz] *pl* Tariflohn *m*
stand-by ['stændbaɪ] *sb on ~* in Bereitschaft *f*
stand-by costs ['stændbaɪ kɒsts] *pl* Bereitschaftskosten *pl*
stand-by man ['stændbaɪ mæn] *sb* Springer *m*
stand in [stænd 'ɪn] *v irr ~ for s.o.* jdn vertreten
stand-in ['stændɪn] *sb* Ersatz *m*
standing ['stændɪŋ] *sb* **1.** *(position)* Rang *m; of long ~* langjährig, alt; *sb* **2.** *(repute)* Ruf *m*
standing costs ['stændɪŋ kɒsts] *pl* fixe Kosten *pl*
standing order ['stændɪŋ 'ɔ:də] *sb* Dauerauftrag *m*
standstill agreement ['stændstɪl ə'gri:mənt] *sb* (Recht) Moratorium *n*
standstill credit ['stændstɪl 'kredɪt] *sb* Stillhalte-Kredit *m*
staple goods [steɪpl gʊdz] *pl* Stapelware *f*
stapler ['steɪplə] *sb* Heftmaschine *f*
start [stɑ:t] *v* **1.** *(engine)* anspringen; **2.** *(found)* gründen; **3.** *(career, argument)* anfangen, beginnen
starting date ['stɑ:tɪŋ deɪt] *sb* Einstellungstermin *m*
starting salary ['stɑ:tɪŋ 'sælərɪ] *sb* Anfangsgehalt *n*
start up [stɑ:t ʌp] *sb* Start-Up *m*
startup costs ['stɑ:tʌp 'kɒsts] *pl* Ingangsetzungskosten *pl*
start-up grant ['stɑ:tʌp grɑ:nt] *sb* Unternehmensgründungsbeihilfe *f*
startup money ['stɑ:tʌp 'mʌnɪ] *sb* Startkapital *n*
state [steɪt] *sb* **1.** Staat *m;* **2.** *~ of affairs* Stand *m*, Lage *f;* **3.** *(condition)* Zustand *m; adj* **4.** staatlich
state bank ['steɪt bæŋk] *sb* Staatsbank *f*
state bound by the rule of law ['steɪt baʊnd baɪ ðə ru:l əv 'lɔ:] *sb* Rechtsstaat *m*
state indebtedness [steɪt ɪn'detɪdnəs] *sb* Staatsverschuldung *f*
stated ['steɪtɪd] *adj* angegeben, genannt, aufgeführt, aufgelistet
statement ['steɪtmənt] *sb* Ausweisung *f*, Kontoauszug *m*

statement analysis [ˈsteɪtmənt əˈnæləsɪs] *sb* Bilanzanalyse *f*
statement of account [ˈsteɪtmənt əv əˈkaʊnt] *sb* Kontoauszug *m*
statement of commission [ˈsteɪtmənt əv kəˈmɪʃən] *sb* Provisionsabrechnung *f*
statement of costs [ˈsteɪtmənt əv ˈkɒsts] *sb* Kostenrechnung *f*, Erfolgskonto *n*
statement of damages [ˈsteɪtmənt əv ˈdæmɪdʒɪz] *sb* Schadensrechnung *f*
statement of earnings [ˈsteɪtmənt əv ˈɜːnɪŋz] *sb* Ertragsbilanz *f*
statement of expenses [ˈsteɪtmənt əv ɪksˈpensɪz] *sb* Spesenrechnung *f*
statement of intent [ˈsteɪtmənt əv ɪnˈtent] *sb* Absichtserklärung *f*
statement of net assets [ˈsteɪtmənt əv net ˈæsets] *sb* Vermögensaufstellung *f*
statement of operating results [ˈsteɪtmənt əv ˈɒpəreɪtɪŋ rɪˈzʌlts] *sb* Ergebnisrechnung *f*
statement of overindebtedness [ˈsteɪtmənt əv əʊvəɪnˈdetɪdnəs] *sb* Überschuldungsbilanz *f*
statement of quantity [ˈsteɪtmənt əv ˈkwɒntətɪ] *sb* Mengenangabe *f*
statement of securities [ˈsteɪtmənt əv sɪˈkjʊərɪtiz] *sb* Depotauszug *m*
state of the market [ˈsteɪt əv ðə ˈmɑːkɪt] *sb* Marktlage *f*
state supervision of credit institutions [ˈsteɪt suːpəˈvɪʒn əv ˈkredɪt ɪnstɪˈtjuːʃnz] *sb* Kreditaufsicht *f*
station of destination [ˈsteɪʃən əv destɪˈneɪʃən] *sb* Bestimmungsbahnhof *m*
statistical cost accounting [stəˈtɪstɪkl ˈkɒst əˈkaʊntɪŋ] *sb* Nachkalkulation *f*
statistics [stəˈtɪstɪks] *pl* Statistik *f*
status [ˈsteɪtəs] *sb* **1.** Status *m;* **2.** *marital ~* Familienstand *m*
status in law [ˈsteɪtəs ɪn ˈlɔː] *sb* Rechtscharakter *m*
status inquiry [ˈsteɪtəs ɪnˈkwaɪərɪ] *sb* Vermögensauskunft *f*, Kreditauskunft *f*
status report [ˈsteɪtəs rɪˈpɔːt] *sb* Lagebericht *m*
statute [ˈstætʃuːt] *sb (of an organization)* Statut *n*
statutes [ˈstætʃuːts] *pl* Satzung *f*
statutory accident insurance [ˈstætʃʊtərɪ ˈæksɪdənt ɪnˈʃʊərəns] *sb* gesetzliche Unfallversicherung *f*
statutory audit [ˈstætʃʊtərɪ ˈɔːdɪt] *sb* Prüfungspflicht *f*
statutory damage [ˈstætʃʊtərɪ ˈdæmɪdʒ] *sb* Konventionalstrafe *f*
statutory health insurance fund [ˈstætʃʊtərɪ ˈhelθ ɪnˈʃʊərəns fʌnd] *sb* gesetzliche Krankenversicherung *f*
statutory pension insurance fund [ˈstætʃʊtərɪ ˈpenʃn ɪnˈʃʊərəns fʌnd] *sb* gesetzliche Rentenversicherung *f*
statutory period of notice [ˈstætʃʊtərɪ piːrɪəd əv ˈnəʊtɪs] *sb* gesetzliche Kündigungsfrist *f*
stenography [stəˈnɒgrəfɪ] *sb* Kurzschrift *f*, Stenografie *f*
stimulant [ˈstɪmjʊlənt] *sb* Konjunkturspritze *f*, Auftriebsimpuls *m*
stimulus [ˈstɪmjʊləs] *sb* Stimulus *m; (incentive)* Anreiz *m*
stint [stɪnt] *sb* Schicht *f*
stipend [ˈstaɪpənd] *sb* Lohn *m*
stipulate [ˈstɪpjʊleɪt] *v (specify)* festsetzen; *(make a condition)* voraussetzen
stipulation [stɪpjʊˈleɪʃən] *sb* Bedingung *f*
stock [stɒk] *v* **1.** *(a product)* führen; *sb* **2.** *(supply)* Vorrat *m*, (Waren-) Bestand *m;* **3.** *(financial)* Aktien *pl; in ~* vorrätig; *take ~ of the situation* die Lage abschätzen
stock committee [stɒk kɒˈmɪtiː] *sb* Börsenausschuss *m*
stock corporation [stɒk kɔːpəˈreɪʃn] *sb* Aktiengesellschaft (AG) *f*
stock dividend [stɒk ˈdɪvɪdənd] *sb* Stockdividende *f*
stock exchange [ˈstɒk ɪksˈtʃeɪndʒ] *sb* Börse *f*, Börsenumsätze *m/pl*, Effektenbörse *f*, Stock Exchange *f*
Stock Exchange Act [ˈstɒk ɪksˈtʃeɪndʒ ækt] *sb* Börsengesetz *n*
stock exchange average [stɒk ɪksˈtʃeɪndʒ ˈævərɪdʒ] *sb* Börsenindex *m*
stock exchange centre [ˈstɒk ɪksˈtʃeɪndʒ ˈsentə] *sb* Börsenplatz *m*
stock exchange customs [ˈstɒk ɪksˈtʃeɪndʒ ˈkʌstəms] *pl* Börsenusancen *f/pl*
stock exchange dealings [ˈstɒk ɪksˈtʃeɪndʒ ˈdiːlɪŋz] *pl* Börsenhandel *m*

stock exchange index ['stɒk ɪks'tʃeɪndʒ ɪndeks] *sb* Börsenindex *m*, Kursindex *m*
stock exchange list ['stɒk ɪks'tʃeɪndʒ lɪst] *sb* Kursblatt *n*, Kurszettel *m*
stock exchange operations ['stɒk ɪks'tʃeɪndʒ ɒpə'reɪʃnz] *pl* Börsengeschäfte *n/pl*
stock exchange order ['stɒk ɪks'tʃeɪndʒ 'ɔ:də] *sb* Börsenauftrag *m*
stock exchange price ['stɒk ɪks'tʃeɪndʒ praɪs] *sb* Börsenkurs *m*
stock exchange quotation ['stɒk ɪks'tʃeɪndʒ kwəʊ'teɪʃən] *sb* Börsennotierung *f*
stock exchange regulations ['stɒk ɪks'tʃeɪndʒ regjʊ'leɪʃnz] *pl* Börsenordnung *f*
stock exchange report ['stɒk ɪks'tʃeɪndʒ rɪ'pɔ:t] *sb* Börsenbericht *m*
stock exchange rules ['stɒk ɪks'tʃeɪndʒ ru:lz] *pl* Börsenrecht *n*
stock exchange supervision ['stɒk ɪks'tʃeɪndʒ su:pə'vɪʒn] *sb* Börsenaufsicht *f*
stock market ['stɒk 'mɑ:kɪt] *sb* Börse *f*
stock market crash ['stɒk 'mɑ:kɪt kræʃ] *sb* Börsenkrach *m*
stock market information ['stɒk 'mɑ:kɪt ɪnfə'meɪʃn] *sb* Börsenauskunft *f*
stock market transactions ['stɒk 'mɑ:kɪt træn'zækʃənz] *pl* Börsengeschäfte *n/pl*
stockbook ['stɒkbʊk] *sb* Effektenbuch *n*
stockbroker ['stɒkbrəʊkə] *sb* Börsenmakler(in) *m/f*, Effektenmakler(in) *m/f*, Kursmakler(in) *m/f*
stockholder ['stɒkhəʊldə] *sb* *(US)* Aktionär *m*
stockkeeping ['stɒkki:pɪŋ] *sb* Lagerhaltung *f*
stockpile ['stɒkpaɪl] *sb* **1.** Vorrat *m*, Stapelbestand *m*; *v* **2.** aufstapeln
stockpiling ['stɒkpaɪlɪŋ] *sb* Vorratshaltung *f*
stock profits [stɒk 'prɒfɪts] *pl* Neubewertungsgewinn *m*
stockroom ['stɒkrʊm] *sb* Lager *n*
stocks [stɒks] *sb* Bestand *m*
stock-taking ['stɒkteɪkɪŋ] *sb* Bestandsaufnahme *f*
stock warrant [stɒk 'wɒrənt] *sb* Aktienbezugsrechtsschein *m*
stone [stəʊn] *sb* *(UK: unit of weight)* 6,35 kg
stop [stɒp] *v* **1.** *(come to a halt)* anhalten; **2.** Stop! Halt! **3.** *(cease)* aufhören; ~ *at nothing* vor nichts zurückschrecken; *(an action)* aufhören mit; **4.** *(interrupt temporarily)* unterbrechen; **5.** *(a machine)* abstellen; **6.** *(payments, production)* einstellen; **7.** *(a cheque)* sperren; *sb* **8.** Stillstand *m; come to a ~* zum Stillstand kommen
stoppage ['stɒpɪdʒ] *sb* **1.** *(interruption)* Unterbrechung *f*; **2.** *(strike)* Streik *m*
stopping payment ['stɒpɪŋ 'peɪmənt] *sb* Schecksperre *f*
storage ['stɔ:rɪdʒ] *sb* (Ein-)Lagerung *f*; *put into ~* lagern
storage capacity ['stɔ:rɪdʒ kə'pæsɪtɪ] *sb* Lagerkapazität *f*
store [stɔ:] *v* **1.** lagern; *(documents)* aufbewahren; *sb* **2.** *(large shop)* Geschäft *n; (US: shop)* Laden *m;* **3.** *(storage place)* Lager *n; (supply)* Vorrat *m;* **4.** *(UK: computer)* Speicher *m*
storehouse ['stɔ:haʊs] *sb* Lagerhaus *n*
storekeeper ['stɔ:ki:pə] *sb* Ladenbesitzer(in) *m/f*
storeroom ['stɔ:rʊm] *sb* Lagerraum *m*
stores [stɔ:z] *pl* Vorräte *pl*, Bestände *pl*
stowage ['stəʊɪdʒ] *sb* **1.** *(stowing)* Beladen *n*, Verstauen *n;* **2.** *(charge)* Staugebühr *f*
stow away [stəʊ ə'weɪ] *v (sth)* verstauen
strategic [strə'ti:dʒɪk] *adj* strategisch
strategic business area [strə'ti:dʒɪk 'bɪznɪs eərɪə] *sb* strategisches Geschäftsfeld *n*
strategic management [strə'ti:dʒɪk mænɪdʒmənt] *sb* strategische Führung *f*
strategic planning [strə'ti:dʒɪk 'plænɪŋ] *sb* strategische Planung *f*
strategy ['strætɪdʒɪ] *sb* Strategie *f*
streamline ['stri:mlaɪn] *v* rationalisieren, bereinigen
stress test ['stres test] *sb* Stresstest *m*
strictly confidential ['strɪktlɪ kɒnfɪ'denʃəl] *adj* streng vertraulich
strike [straɪk] *v irr* **1.** *(employees)* streiken; *sb* **2.** *(by workers)* Streik *m*, Ausstand *m*

strikebound [ˈstraɪkbaʊnd] *adj* bestreikt, von Streik betroffen
strike-breaker [ˈstraɪkbreɪkə] *sb* Streikbrecher(in) *m/f*
strike pay [ˈstraɪk peɪ] *sb* Streikgelder *n/pl*
striker [ˈstraɪkə] *sb* Streikende(r) *f/m*, Ausständige(r) *f/m*
structural [ˈstrʌktʃərəl] *adj* strukturell, Struktur...
structural change [ˈstrʌktʃərəl ˈtʃeɪndʒ] *sb* Strukturwandel *m*
structural loan [ˈstrʌktʃərəl ˈləʊn] *sb* Strukturkredit *m*
structural policy [ˈstrʌktʃərəl ˈpɒlɪsɪ] *sb* Strukturpolitik *f*
structural reform [ˈstrʌktʃərəl rɪˈfɔːm] *sb* Strukturreform *f*
structure [ˈstrʌktʃə] *v* **1.** strukturieren; **2.** *(an argument)* aufbauen, gliedern; *sb* **3.** Struktur *f*
structure of distribution [ˈstrʌktʃə əv dɪstrɪˈbjuːʃən] *sb* Vertriebsstruktur *f*
structure of the balance sheet [ˈstrʌktʃə əv ðə ˈbæləns ʃiːt] *sb* Bilanzstruktur *f*
structuring of operations [ˈstrʌktʃərɪŋ əv ɒpəˈreɪʃns] *sb* Ablauforganisation *f*
suable [ˈsjuːəbl] *adj* einklagbar
subaccount [sʌbəˈkaʊnt] *sb* Unterkonto *n*
subagent [ˈsʌbeɪdʒənt] *sb* Untervertreter *m*
subbranch [ˈsʌbbrɑːntʃ] *sb* Zweigstelle *f*
subcontractor [ˈsʌbkəntræktə] *sb* Subunternehmer *m*, Zulieferer *m*
subdivision [ˈsʌbdɪvɪʒn] *sb* Aufgliederung *f*, Untergliederung *f*
subject to confirmation [ˈsʌbtʃekt tu kɒnfɜːˈmeɪʃn] *adj* freibleibend
sublease [ˈsʌbliːs] *sb* Untervermietung *f*, Unterverpachtung *f*
submission [səbˈmɪʃən] *sb* Vorlage *f*, Einreichung *f*
subordinate [səˈbɔːdɪneɪt] *sb* Untergebene(r) *f/m*, Mitarbeiter(in) *m/f*
subscribe [səbˈskraɪb] *v ~ to (a publication)* abonnieren
subscribed capital [səbˈskraɪbd ˈkæpɪtl] *sb* gezeichnetes Kapital *n*
subscriber [səbˈskraɪbə] *sb* Abonnent *m*
subscription agency [səbˈskrɪpʃn ˈeɪdʒənsɪ] *sb* Bezugsstelle *f*
subscription blank [səbˈskrɪpʃn blæŋk] *sb* Zeichnungsschein *m*
subscription conditions [səbˈskrɪpʃn kənˈdɪʃnz] *pl* Bezugsbedingungen *f/pl*
subscription day [səbˈskrɪpʃn deɪ] *sb* Bezugstag *m*
subscription for shares [səbˈskrɪpʃn fɔː ʃeəz] *sb* Aktienzeichnung *f*
subscription form [səbˈskrɪpʃn fɔːm] *sb* Zeichnungsschein *m*
subscription period [səbˈskrɪpʃn pɪərɪəd] *sb* Bezugsfrist *f*, Zeichnungsfrist *f*
subscription premium [səbˈskrɪpʃn ˈpriːmiəm] *sb* Zeichnungsagio *n*
subscription price [səbˈskrɪpʃn praɪs] *sb* Bezugskurs *m*, Bezugsrechtnotierung *f*, Bezugsrechtskurs *m*
subscription right [səbˈskrɪpʃn raɪt] *sb* Bezugsrecht *n*
subscription rights parity [səbˈskrɪpʃn raɪts ˈpærɪtɪ] *sb* Bezugsrechtsparität *f*
subscription warrant [səbˈskrɪpʃn wɒrənt] *sb* Bezugsschein *m*
subsequent [ˈsʌbsɪkwənt] *adj* nachfolgend, nachträglich
subsequent payment [ˈsʌbsɪkwent ˈpeɪmənt] *sb* Nachschuss *m*
subsidiary [səbˈsɪdɪərɪ] *adj* **1.** Tochter..., Neben...; *sb* **2.** Tochtergesellschaft *f*
subsidiary agreement [səbsɪdɪərɪ əˈgriːmənt] *sb* Nebenabreden *f/pl*
subsidize [ˈsʌbsɪdaɪz] *v* subventionieren
subsidy [ˈsʌbsədɪ] *sb* Subvention *f*, Zuschuss *m*
subsistence [səbˈsɪstəns] *sb (means of ~)* Lebensunterhalt *m*
subsistence minimum [səbˈsɪstəns ˈmɪnɪməm] *sb* Existenzminimum *n*
substance [ˈsʌbstəns] *sb* Substanz *f*
substitute [ˈsʌbstɪtjuːt] *v* **1.** *~ for s.o.* jdn vertreten, als Ersatz für jdn dienen; *sb* Ersatz *m;* **2.** *(person)* Vertretung *f; adj* Ersatz...
substitute delivery [ˈsʌbstɪtjuːt dɪˈlɪvərɪ] *sb* Ersatzlieferung *f*
substitute goods [ˈsʌbstɪtjuːt ˈgʊdz] *sb* Substitutionsgüter *n/pl*
substitute purchase [ˈsʌbstɪtjuːt ˈpɜːtʃɪs] *sb* Ersatzkauf *m*

substitute transfer ['sʌbstɪtju:t 'trænsfə] *sb* Ersatzüberweisung *f*
substitution [sʌbstɪ'tju:ʃən] *sb* Substitution *f*, Ersetzen *n*, Einsetzen *n*
substitution of debt [sʌbstɪ'tju:ʃən əv det] *sb* Schuldenauswechslung *f*
subtract [seb'trækt] *v* abziehen, subtrahieren
succession [sək'seʃən] *sb (to a post)* Nachfolge *f*
successor [sək'sesə] *sb* Nachfolger(in) *m/f*
successor company [sək'sesə 'kʌmpənɪ] *sb* Betriebsnachfolge *f*
success-oriented [sək'ses'ɔ:rɪəntɪd] *adj* erfolgsorientiert
success rate [sək'ses reɪt] *sb* Erfolgsquote *f*
sue [su:] *v* klagen, Klage erheben; ~ *s.o.* gegen jdn gerichtlich vorgehen, jdn belangen; ~ *s.o. for damages* jdn auf Schadenersatz verklagen
sufficient [sə'fɪʃənt] *adj* genügend, genug, ausreichend
suit [su:t] *sb* Prozess *m*, Verfahren *n*
suitability [su:tə'bɪlɪtɪ] *sb (of an applicant)* Eignung *f*
suitable ['su:təbl] *adj* geeignet, passend
sum [sʌm] *sb* **1.** Summe *f*; **2.** *(of money)* Betrag *m*, Summe *f*, Geldsumme *f*; *v* **3.** summieren, zusammenzählen
sum due [sʌm 'dju:] *sb* ausstehender Betrag *m*, fälliger Betrag *m*
sum total [sʌm 'təʊtəl] *sb* Gesamtbetrag *m*
summons ['sʌmənz] *sb* gerichtliches Mahnverfahren *n*
Sunday work ['sʌndeɪ wɜ:k] *sb* Sonntagsarbeit *f*
super-dividend ['su:pədɪvɪdənd] *sb* Überdividende *f*
superficial [su:pə'fɪʃəl] *adj* oberflächlich
superfluous [sʊ'pɜ:flʊəs] *adj* überflüssig
superior [sʊ'pɪərɪə] *adj* **1.** *(better)* besser; *(abilities)* überlegen; *(in rank)* höher; *sb* **2.** *(in rank)* Vorgesetzte(r) *f/m*
superstore ['su:pəstɔ:] *sb* Verbrauchermarkt *m*
supervise ['su:pəvaɪz] *v* beaufsichtigen, überwachen
supervision [su:pə'vɪʒn] *sb* Dienstaufsicht *f*, Aufsicht *f*, Beaufsichtigung *f*
supervisor ['su:pəvaɪzə] *sb* Aufseher(in) *m/f*
supervisory board [su:pə'vaɪzərɪ bɔ:d] *sb* Aufsichtsrat *m*
supplement ['sʌplɪmənt] *v* **1.** ergänzen; *sb* **2.** Ergänzung *f*; **3.** *(in a newspaper)* Beilage *f*
supplementary [sʌplɪ'mentərɪ] *adj* zusätzlich, Zusatz...
supplementary payment [sʌplɪ'mentərɪ 'peɪment] *sb* Nachzahlung *f*
supplementary staff costs [sʌplɪ'mentərɪ 'stɑ:f kɒsts] *pl* Personalnebenkosten *pl*
supplier [sə'plaɪə] *sb* Lieferant *m*
supplier's credit [sə'plaɪəz 'kredɪt] *sb* Lieferantenkredit *m*
supplies [sə'plaɪz] *pl* **1.** Betriebsstoffe *m/pl*, Hilfsstoffe *m/pl*; **2.** Vorräte *m/pl*
supply [sə'plaɪ] *v* **1.** sorgen für; **2.** *(goods, public utilities)* liefern; *sb* **3.** *(act of supplying)* Versorgung *f*; **4.** ~ *and demand* Angebot und Nachfrage; **5.** *(thing supplied)* Lieferung *f*; *(delivery)* Lieferung *f*; **6.** *(stock)* Vorrat *m*
supply bond [sə'plaɪ bɒnd] *sb* Leistungsgarantie *f*, Erfüllungsgarantie *f*
supply contract [sə'plaɪ 'kɒntrækt] *sb* Liefervertrag *m*
supply of capital [sə'plaɪ əv 'kæpɪtl] *sb* Kapitalangebot *n*
supply of money [sə'plaɪ əv 'mʌnɪ] *sb* Geldangebot *n*
supply-oriented economic policy [sə'plaɪ'ɔ:rɪentɪd i:kə'nɒmɪk 'pɒlɪsɪ] *sb* angebotsorientierte Wirtschaftspolitik *f*
supply structure [sə'plaɪ 'strʌkʃə] *sb* Angebotsstruktur *f*
support [sə'pɔ:t] *sb* **1.** Unterstützung *f*; **2.** Kursunterstützung *f*, Kurspflege *f*
support buying [sə'pɔ:t 'baɪɪŋ] *sb* Stützungskauf *m*
support fee [sə'pɔ:t fi:] *sb* Avalprovision *f*
support level [sə'pɔ:t 'levəl] *sb* Unterstützungslinie *f*
supreme [sʊ'pri:m] *adj the Supreme Court* das oberste Gericht *n*
surcharge ['sɜ:tʃɑ:dʒ] *sb* Zuschlag *m*

surety [ˈʃʊərətɪ] *sb* Sicherheit *f*, Kaution *f*, Delkredere *n*
surety bond [ˈʃʊərətɪ bɒnd] *sb* Kautionsurkunde *f*, Bürgschaftserklärung *f*
surpass [səˈpɑːs] *v* übersteigen, übertreffen
surplus [ˈsɜːplʌs] *sb* **1.** Überschuss *m*; *adj* **2.** überschüssig
surplus on current account [ˈsɜːplʌs ɒn ˈkʌrənt əˈkaʊnt] *sb* Leistungsbilanzüberschuss *m*
surplus reserve [ˈsɜːplʌs rɪˈzɜːv] *sb* Überschussreserve *f*
surplus saving [ˈsɜːplʌs ˈseɪvɪŋ] *sb* Plus-Sparen *n*, Überschuss-Sparen *n*
surtax [ˈsɜːtæks] *sb* Steuerzuschlag *m*
survey [sɜːˈveɪ] *v* **1.** *(fam: poll)* befragen; [ˈsɜːveɪ] *sb* **2.** *(poll)* Umfrage *f*
survey report [ˈsɜːveɪ rɪˈpɔːt] *sb* Haveriezertifikat *n*
suspension of payments [sʌsˈpenʃən əv ˈpeɪmənts] *sb* Zahlungseinstellung *f*
swap [swɒp] *v* **1.** tauschen; *~ sth for sth* etw gegen etw austauschen; *sb* **2.** Tausch *m*
swap agreement [swɒp əˈgriːmənt] *sb* Swapabkommen *n*
swap credit [swɒp ˈkredɪt] *sb* Swapkredit *m*
swap market [swɒp ˈmɑːkɪt] *sb* Swapmarkt *m*
swap policy [swɒp ˈpɒlɪsɪ] *sb* Swappolitik *f*
swap rate [ˈswɒp reɪt] *sb* Swapsatz *m*
swap transaction [swɒp trænˈzækʃn] *sb* Swapgeschäft *n*
swing [swɪŋ] *sb* Swing *m*, Kreditmarge *f*
swing shift [ˈswɪŋ ʃɪft] *sb (US)* Spätschicht *f*
switchboard [ˈswɪtʃbɔːd] *sb* **1.** Telefonvermittlung *f*; *(in an office)* Telefonzentrale *f*; **2.** *(panel)* Schalttafel *f*
switch off [swɪtʃ ˈɒf] *v* ausschalten, abschalten
switch on [swɪtʃ ˈɒn] *v* einschalten, anschalten
switch premium [swɪtʃ ˈpriːmiəm] *sb* Switchprämie *f*
switch-type financing [ˈswɪtʃtaɪp ˈfaɪnænsɪŋ] *sb* Umfinanzierung *f*
sworn statement [swɔːn ˈsteɪtmənt] *sb* beeidigte Erklärung *f*
synchronization [sɪŋkrənaɪˈzeɪʃən] *sb* Abstimmung *f*
synchronize [ˈsɪŋkrənaɪz] *v* **1.** abstimmen; *(two or more things)* aufeinander abstimmen; **2.** *(clocks)* gleichstellen; *~ your watches* stimmen Sie Ihre Uhren aufeinander ab
synchronous production [ˈsɪŋkrənəs prɒˈdʌkʃn] *sb* Synchronfertigung *f*
syndic [ˈsɪndɪk] *sb* Syndikus *m*
syndicate [ˈsɪndɪkət] *sb* Konsortium *n*
syndicated credit [ˈsɪndɪkeɪtɪd ˈkredɪt] *sb* Konsortialkredit *m*
syndicate department [ˈsɪndɪkət dɪˈpɑːtmənt] *sb* Konsortialabteilung *f*
syndicate holdings [ˈsɪndɪkət ˈhəʊldɪŋz] *pl* Konsortialbeteiligungen *f/pl*
syndicate transaction [ˈsɪndɪkət trænˈzækʃn] *sb* Konsortialgeschäft *n*
syndication [sɪndɪˈkeɪʃən] *sb* Syndizierung *f*
synergy [ˈsɪnədʒiː] *sb* Synergieeffekte *m/pl*
system [ˈsɪstəm] *sb* System *n*
systematic [sɪstəˈmætɪk] *adj* systematisch
system control [ˈsɪstəm kɒnˈtrəʊl] *sb* Systemsteuerung *f*
system of exchange rates [ˈsɪstəm əv ɪksˈtʃeɪndʒ reɪts] *sb* Wechselkurssystem *n*
system of internal audits [ˈsɪstəm əv ɪnˈtɜːnəl ˈɔːdɪts] *sb* internes Kontrollsystem (IKS) *n*
system of specialized banking [ˈsɪstəm əv ˈspeʃəlaɪzd ˈbæŋkɪŋ] *sb* Trennbanksystem *n*
system of taxation [ˈsɪstəm əv tækˈseɪʃən] *sb* Steuersystem *n*
systems analyst [sɪstəmz ˈænəlɪst] *sb* Systemanalytiker(in) *m/f*
systems engineering [sɪstəmz endʒɪˈnɪərɪŋ] *sb* Anlagenbau *m*

T

tab [tæb] *sb (on a file card)* Reiter *m*
table [teɪbl] *sb* Tabelle *f*
table of costs [teɪbl əv 'kɒsts] *sb* Gebührenverzeichnis *n*
tablet ['tæblɪt] *sb* **1.** *(US: note pad)* Notizblock *m;* **2.** *~ computer* Tablet *n*
table work [teɪbl wɜ:k] *sb* Tabellensatz *m*
tabular ['tæbjʊlə] *adj* tabellarisch
tabulate ['tæbjʊleɪt] *v* tabellarisch darstellen, tabellarisieren
tactics ['tæktɪks] *pl* Taktik *f*
tag [tæg] *sb (label)* Schild *n; (name ~)* Namensschild *n; (with manufacturer's name)* Etikett *n*
tailboard ['teɪlbɔ:d] *sb* Ladeklappe *f*
tailor-made ['teɪləmeɪd] *adj (fig)* genau zugeschnitten
take [teɪk] *v irr* **1.** *(~ over)* übernehmen; **2.** *(measurement)* messen; **3.** *(transport)* bringen; **4.** *(dictation)* aufnehmen
take in [teɪk 'ɪn] *v irr (money)* einnehmen
take off [teɪk 'ɒf] *v irr* **1.** *(start to have success)* ankommen; **2.** *(a day from work)* frei nehmen
take on [teɪk 'ɒn] *v irr* **1.** *(undertake)* übernehmen; **1.** *(an opponent)* antreten gegen; **3.** *(give a job to)* einstellen, anstellen
take out [teɪk 'aʊt] *v irr (money from a bank)* abheben; *~ an insurance policy* eine Versicherung abschließen
take over [teɪk 'əʊvə] *v irr* die Leitung übernehmen
takeover ['teɪkəʊvə] *sb* Übernahme *f,* Machtergreifung *f; hostile ~* feindliche Übernahme *f*
takeover of a business ['teɪkəʊvə əv ə 'bɪznɪs] *sb* Geschäftsübernahme *f*
takeover offer ['teɪkəʊvə 'ɒfə] *sb* Übernahmeangebot *n*
take-over profit [teɪk'əʊvə 'prɒfɪt] *sb* Übernahmegewinn *m*
take-over speculation [teɪk'əʊvə spekjʊ'leɪʃn] *sb* Aufkaufspekulation *f*
takeover target ['teɪkəʊvə 'tɑ:gɪt] *sb* Übernahmekandidat *m*
taker ['teɪkə] *sb* Käufer *m*
taking of the inventory ['teɪkɪŋ əv ði: ɪn'ventərɪ] *sb* Inventur *f*
talk [tɔ:k] *sb* Gespräch *n; have a ~ with s.o.* mit jdm reden
talk over [tɔ:k 'əʊvə] *v* besprechen
tally sheet ['tælɪ ʃi:t] *sb* Kontrollliste *f*
talon ['tælən] *sb* Erneuerungsschein *m*
tangible asset ['tændʒɪbl 'æset] *sb* Sachwert *m*
tangible fixed assets ['tændʒɪbl fɪkst 'æsets] *pl* Sachanlagevermögen *n*
tap issue [tæp 'ɪʃu:] *sb* Daueremission *f*
tardy ['tɑ:dɪ] *adj* spät; *(person)* säumig
tare [teə] *sb* Tara *f,* Leergewicht *n*
target band ['tɑ:gɪt bænd] *sb* Zielkorridor *m*
target calculation ['tɑ:gɪt kælkjʊ'leɪʃən] *sb* Plankalkulation *f*
target cost accounting ['tɑ:gɪt kɒst ə'kaʊntɪŋ] *sb* Zielkostenrechnung *f*
target date ['tɑ:gɪt deɪt] *sb* Stichtag *m,* Termin *m*
target figures ['tɑ:gɪt 'fɪgəz] *pl* Sollzahlen *f/pl*
target group ['tɑ:gɪt gru:p] *sb* Zielgruppe *f*
target price ['tɑ:gɪt praɪs] *sb* Zielpreis *m*
target saving ['tɑ:gɪt 'seɪvɪŋ] *sb* Zwecksparen *n*
target-performance comparison [tɑ:gɪtpə'fɔ:məns kɒm'pærɪsn] *sb* Soll-Ist-Vergleich (Betriebswirtschaft) *m*
target value ['tɑ:gɪt 'vælju:] *sb* Richtwert *m,* Zielwert *m*
target yield ['tɑ:gɪt ji:ld] *sb* Sollaufkommen *n*
tariff ['tærɪf] *sb* **1.** (Zoll-)Tarif *m,* Zollgebühr *f;* **2.** *(price list)* Preisverzeichnis *n*
tariff barriers ['tærɪf 'bærɪəz] *pl* tarifäre Handelshemmnisse *n/pl*
tariff quota ['tærɪf 'kwəʊtə] *sb* Zollkontingent *n*
tariff value ['tærɪf 'vælju:] *sb* Tarifwert *m*

task-oriented synthesis [ˈtɑːskɔːrɪent-ɪd ˈsɪnθɪsɪs] *sb* Aufgabensynthese *f*
task wage [ˈtɑːsk weɪdʒ] *sb* Akkordlohn *m*
taskwork [ˈtɑːskwɜːk] *sb* Akkordarbeit *f*
tax [tæks] *sb* Steuer *f*; *v (s.o., sth)* besteuern
taxable [ˈtæksəbl] *adj* steuerpflichtig
tax abatement [tæks əˈbeɪtmənt] *sb* Steuernachlass *m*
tax accounting [tæks əˈkaʊntɪŋ] *sb* Steuerbuchhaltung *f*
tax adviser [tæks ədˈvaɪzə] *sb* Steuerberater(in) *m/f*
tax assessment [tæks əˈsesmənt] *sb* Steuerveranlagung *f*, Veranlagung *f*
taxation [tækˈseɪʃn] *sb* **1.** Besteuerung *f*; **2.** Steuereinnahmen *f/pl*, Steuern *f/pl*; *direct/indirect ~* direkte/indirekte Steuern *f/pl*
taxation of specific property [tækˈseɪʃn əv spəˈsɪfɪk ˈprɒpətɪ] *sb* Objektbesteuerung *f*
taxation privilege [tækˈseɪʃən ˈprɪvəlɪdʒ] *sb* Steuervergünstigung *f*
taxation procedure [tækˈseɪʃn prəˈsiːdʒə] *sb* Besteuerungsverfahren *n*
tax at source [tæks æt ˈsɔːs] *sb* Quellensteuer *f*
tax audit [tæks ˈɔːdɪt] *sb* Betriebsprüfung *f*
tax auditor [tæks ˈɔːdɪtə] *sb* Steuerprüfer(in) *m/f*
tax balance sheet [tæks ˈbæləns ʃiːt] *sb* Steuerbilanz *f*
tax basis [tæks ˈbeɪsɪs] *sb* Besteuerungsgrundlage *f*
tax bracket [tæks ˈbrækɪt] *sb* Steuerklasse *f*
tax deduction [tæks dɪˈdʌkʃn] *sb* Steuerabzug *m*
tax deferral [tæks dɪˈfɜːrəl] *sb* Steuerstundung *f*
taxes from income and property [ˈtæksɪz frɒm ˈɪnkʌm ænd ˈprɒpətɪ] *pl* Besitzsteuern *f/pl*
taxes on transactions [ˈtæksɪz ɒn trænˈzækʃns] *pl* Verkehrsteuern *f/pl*
tax evasion [tæks ɪˈveɪʒən] *sb* Steuerhinterziehung *f*
tax exemption [tæks əksˈempʃn] *sb* Steuerbefreiung *f*
tax form [tæks fɔːm] *sb* Steuerformular *n*
tax-free [ˈtæksfriː] *adj* steuerfrei
tax-free amount [ˈtæksfriː əˈmaʊnt] *sb* Freibetrag *m*
tax haven [tæks ˈheɪvn] *sb* Steueroase *f*
tax increase [tæks ˈɪŋkriːs] *sb* Steuererhöhung *f*
tax inspection [tæks ɪnˈspekʃən] *sb* Steuerprüfung *f*
tax item [tæks ˈaɪtəm] *sb* Steuerposten *m*
taxless [ˈtæksləs] *adj* unbesteuert
tax loss carryback [tæks lɒs ˈkerɪbæk] *sb* Verlustrücktrag *m*
tax on earnings [tæks ɒn ˈɜːnɪŋz] *sb* Ertragsteuer *f*
tax on income [tæks ɒn ˈɪnkʌm] *sb* Ertragssteuer *f*
tax on investment income [tæks ɒn ɪnˈvestmənt ˈɪnkʌm] *sb* Kapitalertragsteuer *f*
tax on real estate [tæks ɒn rɪəl ɪsˈteɪt] *sb* Realsteuern *f/pl*
tax on speculative gains [tæks ɒn ˈspekjʊlətɪv ˈgeɪnz] *sb* Spekulationssteuer *f*
taxpayer [ˈtækspeɪə] *sb* Steuerzahler(in) *m/f*
tax-privileged saving [ˈtæksprɪvɪlɪdʒd ˈseɪvɪŋ] *sb* steuerbegünstigtes Sparen *n*
tax-privileged securities [ˈtæksprɪvɪlɪdʒd sɪˈkjʊərɪtiz] *pl* steuerbegünstigte Wertpapiere *n/pl*
tax reform [ˈtæks rɪˈfɔːm] *sb* Steuerreform *f*
tax return [ˈtæks rɪˈtɜːn] *sb* Steuererklärung *f*, Deklaration *f*
tax shelter company [tæks ʃeltə ˈkʌmpənɪ] *sb* Abschreibungsgesellschaft *f*
tax sheltered [tæks ˈʃeltəd] *adj* steuerbegünstigt
tax treatment of yield [tæks ˈtriːtmənt əv ˈjiːld] *sb* Ertragsbesteuerung *f*
tax write-off [tæks ˈraɪtɒf] *sb* Steuerabschreibung *f*
tax yield [tæks jiːld] *sb* Steueraufkommen *n*
team [tiːm] *sb* Mannschaft *f*, Team *n*
team work [ˈtiːm wɜːk] *sb* Teamarbeit *f*, Gruppenarbeit *f*

tech issue [tek ˈɪʃuː] *sb* Technologiewert *m*, Technologieaktie *f*
technical [ˈteknɪkl] *adj* technisch, Fach...
technical analysis [ˈteknɪkl əˈnælɪsɪs] *sb* technische Analyse *f*
technical book [ˈteknɪkl bʊk] *sb* Fachbuch *n*
Technical Control Board [ˈteknɪkl kənˈtrəʊl bɔːd] *sb* Technischer Überwachungsverein (TÜV) *m*
technical journal [ˈteknɪkl ˈdʒɜːnəl] *sb* Fachzeitschrift *f*
technical term [ˈteknɪkl tɜːm] *sb* Fachausdruck *m*, Fachterminus *m*
technicality [teknɪˈkælɪtɪ] *sb (petty detail)* Formsache *f*
technician [tekˈnɪʃən] *sb* Techniker *m*
technique [tekˈniːk] *sb* (Arbeits-)Technik *f*
technological [teknəˈlɒdʒɪkəl] *adj* technologisch
technology centre [tekˈnɒlədgɪ sentə] *sb* Technologiezentrum *n*
technology push [tekˈnɒlədʒɪ pʊʃ] *sb* Innovationsschub *m*
technology stock market [tekˈnɒlədʒɪ stɒk ˈmɑːkɪt] *sb* Technologiebörse *f*
telebanking [ˈtelɪbæŋkɪŋ] *sb* Tele-Banking *n*
telecommunications [telɪkəmjʊnɪˈkeɪʃnz] *pl* Telekommunikation *f*
telecommunications market [telɪkəmjʊnɪˈkeɪʃnz mɑːkɪt] *sb* Telekommunikationsmarkt *f*
telecommuter [ˈtelɪkəmjuːtə] *sb* Telearbeiter(in) *m/f*
telecoms provider [ˈtelɪkɒmz prəˈvaɪdə] *sb* Telekommunikationsanbieter *m*
teleconference [telɪˈkɒnfərens] *sb* Telekonferenz *f*
telegram [ˈtelɪgræm] *sb* Telegramm *n; send a ~* telegrafieren
telemarketing [ˈtelɪmɑːkətɪŋ] *sb* Telefonmarketing *n*, Telemarketing *n*
teleorder [ˈtelɪɔːdə] *v* elektronisch bestellen
telephone [ˈtelɪfəʊn] *sb* **1.** Telefon *n; to be on the ~* am Telefon sein; *v* **2.** *(s.o.)* anrufen; telefonieren
telephone call [ˈtelɪfəʊn kɔːl] *sb* Telefonanruf *m*
telephone carrier [ˈtelɪfəʊn ˈkærɪə] *sb* Telefonnetzbetreiber *m*
telephone conversation [ˈtelɪfəʊn kɒnvəˈseɪʃən] *sb* Telefongespräch *n*
telephone dealings [ˈtelɪfəʊn ˈdiːlɪŋs] *pl* Telefonverkehr *m*
telephone directory [ˈtelɪfəʊn daɪˈrektərɪ] *sb* Telefonbuch *n*, Telefonverzeichnis *n*
telephone marketing [ˈtelɪfəʊn ˈmɑːkɪtɪŋ] *sb* Telefonmarketing *n*
teleselling [ˈtelɪselɪŋ] *sb (UK)* Telefonverkauf *m*
teleservice [ˈtelɪsɜːvɪs] *sb* Teleservice *m*, Fernwartung *f*
teleshopping [ˈtelɪʃɒpɪŋ] *sb* Teleshopping *n*
telework [ˈtelɪwɜːk] *sb* Telearbeit *f*
teller [ˈtelə] *sb (in a bank)* Kassierer(in) *m/f*
temp [temp] *sb (fam)* Aushilfe *f*, Aushilfskraft *f*
temporality [tempəˈrælɪtɪ] *sb* zeitliche Befristung *f*
temporary [ˈtemprərɪ] *adj* **1.** *(provisional)* vorläufig, provisorisch; *sb* **2.** *(~ employee)* Aushilfe *f*, Aushilfskraft *f*
temporary assistance [ˈtemprərɪ əˈsɪstəns] *sb* Überbrückungsgeld *n*
temporary help [ˈtemprərɪ help] *sb* Aushilfe *f*, Aushilfskraft *f*
temporary injunction [ˈtemprərɪ ɪnˈdʒʌŋkʃən] *sb* einstweilige Verfügung *f*
temporary joint venture [ˈtemprərɪ dʒɔɪnt ˈventʃə] *sb* Gelegenheitsgesellschaft *f*
temporary restraining order [ˈtemprərɪ rɪˈstreɪnɪŋ ˈɔːdə] *sb* einstweilige Verfügung *f*
tenancy [ˈtenənsɪ] *sb* Mietverhältnis *n*, Pachtverhältnis *n*
tenant [ˈtenənt] *sb* Mieter(in) *m/f*
tenant's contribution to the construction costs [ˈtenənts kɒntrɪˈbjuːʃn tu ðə kənˈstrʌkʃn kɒsts] *sb* Baukostenzuschuss *m*
tenant's credit [ˈtenənts ˈkredɪt] *sb* Pächterkredit *m*
tend [tend] *v* **1.** *(a machine)* bedienen; **2.** tendieren, neigen
tendency [ˈtendənsɪ] *sb* Richtung *f*, Tendenz *f*

tender [ˈtendə] *sb* **1.** Angebot *n*, Offerte *f;* Tender *m;* **2.** *legal* ~ gesetzliches Zahlungsmittel *n*
tender agreement [ˈtendə əˈgri:mənt] *sb* Submissionsvertrag *m*
tender date [ˈtendə deɪt] *sb* Ausschreibungstermin *m*
tender guarantee [ˈtendə gærənˈti:] *sb* Bietungsgarantie *f*
tender procedure [ˈtendə prəˈsi:dʒə] *sb* Tenderverfahren *n*
term [tɜ:m] *sb (period)* Zeit *f*, Dauer *f*, Laufzeit *f; (limit)* Frist *f*
term account [tɜ:m əˈkaʊnt] *sb* Festgeldkonto *n*
term for acceptance [tɜ:m fɔ: əkˈseptəns] *sb* Annahmefrist *f*, Akzeptfrist *f*
term for filing [tɜ:m fɔ: ˈfaɪlɪŋ] *sb* Einreichungsfrist *f*
term fund [tɜ:m fʌnd] *sb* Laufzeitfonds *m*
terminable [ˈtɜ:mɪnəbl] *adj* befristet, begrenzt
terminate [ˈtɜ:mɪneɪt] *v* **1.** *(contract)* ablaufen; **2.** *(sth)* beenden, beschließen; **3.** *(a contract)* kündigen
termination [tɜ:mɪˈneɪʃn] *sb* Kündigung *f*
termination agreement [tɜ:mɪˈneɪʃən əˈgri:mənt] *sb* Abfindungsvertrag *m*
termination of business [tɜ:mɪˈneɪʃn əv ˈbɪznɪs] *sb* Betriebsaufgabe *f*
termination without notice [tɜ:mɪˈneɪʃən wɪðˈaʊt ˈnəʊtɪs] *sb* fristlose Kündigung *f*
term of a contract [tɜ:m əv ə ˈkɒntrækt] *sb* Vertragsdauer *f*
term of delivery [tɜ:m əv dɪˈlɪvərɪ] *sb* Lieferfrist *f*
term of maturity [tɜ:m əv məˈtjʊərətɪ] *sb* Laufzeit *f*
term of protection [tɜ:m əv prəˈtekʃən] *sb* Schutzfrist *f*
terms and conditions of business [tɜ:mz ænd kənˈdɪʃnz əv ˈbɪznɪs] *pl* Geschäftsbedingungen *f/pl*
terms and conditions of employment [tɜ:mz ænd kənˈdɪʃnz əv ɪmˈplɔɪmənt] *pl* Arbeitsbedingungen *f/pl*
terms and conditions of issue [tɜ:mz ænd kənˈdɪʃnz əv ˈɪʃu:] *pl* Emissionsbedingungen *f/pl*
terms of delivery [ˈtɜ:mz əv dɪˈlɪvərɪ] *pl* Lieferbedingung *f*
terms of payment [ˈtɜ:mz əv ˈpeɪmənt] *pl* Zahlungsbedingung *f*, Zahlungsfrist *f*
territory [ˈterɪtərɪ] *sb (sales ~)* Bezirk *m*, Bereich *m*
tertiary demand [ˈtɜ:ʃərɪ dɪˈmɑ:nd] *sb* Tertiärbedarf *m*
tertiary sector [ˈtɜ:ʃərɪ ˈsektə] *sb* tertiärer Sektor *m*
test [test] *v* **1.** testen, prüfen; *sb* **2.** Test *m*, Prüfung *f*, Probe *f; put sth to the ~* etw auf die Probe stellen; *stand the ~ of time* die Zeit überdauern; **3.** *(check)* Kontrolle *f*
test case [test keɪs] *sb* Musterfall *m*
test market [test ˈmɑ:kɪt] *sb* Testmarkt *m*
testate [ˈtesteɪt] *adj* ein Testament hinterlassend
testify [ˈtestɪfaɪ] *v (in a courtroom, at the police)* aussagen
testimonial [testɪˈməʊnjəl] *sb* **1.** Zeugnis *n;* **2.** *(character recommendation)* Empfehlungsschreiben *n*
testimony [ˈtestɪmənɪ] *sb* Aussage *f*
text [tekst] *sb* **1.** Text *m*, Inhalt *m;* **2.** *(~ message)* SMS *f; v* **3.** *~ s.o.* jmd simsen
text configuration [tekst kɒnfɪgjəˈreɪʃən] *sb* Textgestaltung *f*
theory [ˈθɪərɪ] *sb* Theorie *f*
theory of income determination [ˈθɪərɪ əv ˈɪnkʌm dɪtɜ:mɪˈneɪʃn] *sb* Einkommenstheorie *f*
theory of interaction [ˈθɪərɪ əv ɪntəˈækʃn] *sb* Interaktionstheorie *f*
theory of interest [ˈθɪərɪ əv ˈɪntrəst] *sb* Zinstheorie *f*
think tank [ˈθɪŋk tæŋk] *sb* Denkfabrik *f*
third countries [θɜ:d ˈkʌntri:z] *pl* Drittländer *f/pl*
third-party debtor [θɜ:dˈpɑ:tɪ ˈdetə] *sb* Drittschuldner *m*
third-party information [θɜ:dˈpɑ:tɪ ɪnfəˈmeɪʃn] *sb* Drittauskunft *f*
third-party liability insurance [θɜ:dˈpɑ:tɪ laɪəˈbɪlɪtɪ ɪnˈʃʊərəns] *sb* Haftpflichtversicherung *f*
third-party mortgage [θɜ:dˈpɑ:tɪ ˈmɔ:gɪdʒ] *sb* Fremdhypothek *f*
third-rate [ˈθɜ:dreɪt] *adj* drittklassig, drittrangig

T

three months' money ['θri: mʌnθs 'mʌnɪ] *sb* Dreimonatsgeld *n*
three months' papers ['θri: mʌnθs 'peɪpəz] *pl* Dreimonatspapier *n*
three-mile zone [θri:'maɪl zəʊn] *sb* *(nautical)* Dreimeilenzone *f*
thriftiness ['θrɪftɪnɪs] *sb* Sparsamkeit *f*, Wirtschaftlichkeit *f*
thrifty ['θrɪftɪ] *adj* sparsam
thrive [θraɪv] *v irr (fig: do well)* blühen, Erfolg haben
throw away [θrəʊ ə'weɪ] *v irr* wegwerfen; *(fam: money)* verschwenden
throw in [θrəʊ 'ɪn] *v irr (with a purchase)* mit in den Kauf geben, dazugeben, dreingeben
throw-in ['θrəʊɪn] *sb* Zugabe *f*
ticker ['tɪkə] *sb* Ticker *m*
ticket day ['tɪkɪt deɪ] *sb* Tag vor dem Abrechnungstag *m*
tide-over credit ['taɪdəʊvə 'kredɪt] *sb* Überbrückungskredit *m*
tied production [taɪd prə'dʌkʃən] *sb* Koppelproduktion *f*
tight [taɪt] *adj* **1.** *(fig: money)* knapp; *(schedule)* knapp bemessen; **2.** *(control)* streng
till [tɪl] *sb* Ladenkasse *f*
time ['taɪm] *sb* Zeit *f*; *~ and a half* fünfzig Prozent Zuschlag
time bargain [taɪm 'bɑ:gən] *sb* Termingeschäft *n*
time card ['taɪm kɑ:d] *sb (US)* Stempelkarte *f*
time clock [taɪm klɒk] *sb* Stechuhr *f*
time deposit [taɪm dɪ'pɒsɪt] *sb* Termineinlagen *f/pl*, Termingeld *n*, Festgeld *n*
time draft [taɪm drɑ:ft] *sb* Zeitwechsel *m*, Zeittratte *f*
time for delivery [taɪm fɔ: dɪ'lɪvərɪ] *sb* Lieferfrist *f*
time-lag ['taɪmlæg] *sb* Zeitverschiebung *f*
time limit ['taɪm 'lɪmɪt] *sb* Befristung *f*, Ablauffrist *f*
time loan ['taɪm ləʊn] *sb* Ratenkredit *m*
timely ['taɪmlɪ] *adj* fristgerecht
time of expiration [taɪm əv ekspɪ'reɪʃn] *sb* Verfallzeit *f*
time of validity [taɪm əv və'lɪdətɪ] *sb* Geltungsdauer *f*
time off [taɪm 'ɒf] *sb* Fehlzeiten *f/pl*
timescale ['taɪmskeɪl] *sb* zeitlicher Rahmen *m*
time-share ['taɪmʃeə] *adj* Timesharing...
time study [taɪm 'stʌdɪ] *sb* Zeitstudie *f*
timetable ['taɪmteɪbl] *sb* Zeittabelle *f*, Fahrplan *m (fam)*
time wages [taɪm 'weɪdʒɪz] *pl* Zeitlohn *m*
time wasted [taɪm 'weɪstɪd] *sb* Leerlauf *m*
time work [taɪm wɜ:k] *sb* nach Zeit bezahlte Arbeit *f*, Zeitarbeit *f*
time work rate [taɪm wɜ:k reɪt] *sb* Stundenlohnsatz *m*
time zone ['taɪm zəʊn] *sb* Zeitzone *f*
tip [tɪp] *sb (for rubbish)* Abladeplatz *m; (for coal)* Halde *f*
tipper ['tɪpə] *sb (lorry)* Kipplaster *m*
title [taɪtl] *sb* **1.** Rechtsanspruch *m;* **2.** *(to property)* Eigentumsrecht *n;* **3.** *(document)* Eigentumsurkunde *f*
title deed [taɪtl di:d] *sb* Eigentumsurkunde *f*, Besitzurkunde *f*
title-evidencing instrument [taɪtl-'evɪdensɪŋ 'ɪnstrəmənt] *sb* Legitimationspapiere *n/pl*
title of account [taɪtl əv ə'kaʊnt] *sb* Kontenbezeichnung *f*
titre [ti:trə] *sb* Feingehalt *m*
tobacco exchange [tə'bækəʊ ɪks-'tʃeɪndʒ] *sb* Tabakbörse *f*
token ['təʊkən] *sb* **1.** *(voucher)* Gutschein *m;* **2.** *(sign)* Zeichen *n*
token payment ['təʊkən 'peɪmənt] *sb* symbolische Bezahlung *f*
toll [təʊl] *sb* **1.** Zoll *m*, Gebühr *f;* **2.** *(for a road)* Straßengebühr *f*, Maut *f*
toll road ['təʊl rəʊd] *sb* gebührenpflichtige Straße *f*, Mautstraße *f*
tonnage ['tʌnɪdʒ] *sb* Tonnage *f*
tonne [tʌn] *sb* Tonne *f*
tool [tu:l] *sb* Werkzeug *n*, Gerät *n*, Instrument *n*
tool wear [tu:l weə] *sb* Maschinenverschleiß *m*
top [tɒp] *adj* **1.** oberste(r,s), höchste(r,s); **2.** *(first-rate)* erstklassig, Top... *(fam)*, Spitzen...
top-down principle [tɒp'daʊn 'prɪnsɪpl] *sb* Top-Down-Prinzip *n*
topical ['tɒpɪkəl] *adj* aktuell
top-level [tɒp'levl] *adj* Spitzen...

top management [tɒp 'mænɪdʒmənt] *sb* Top-Management *n*
top price [tɒp praɪs] *sb* Höchstpreis *m*
top wage [tɒp weɪdʒ] *sb* Spitzenlohn *m*
total [təʊtl] *v* **1.** *(add)* zusammenzählen, zusammenrechnen; **2.** *(amount to)* sich belaufen auf; *sb* **3.** Gesamtsumme *f*, Gesamtbetrag *m*
total amount [təʊtl ə'maʊnt] *sb* Gesamtsumme *f*, Gesamtbetrag *m*
total capital profitability [təʊtl 'kæpɪtl prɒfɪtə'bɪlɪtɪ] *sb* Gesamtkapitalrentabilität *f*
total claim [təʊtl kleɪm] *sb* Gesamtforderung *f*
total costs [təʊtl kɒsts] *pl* Gesamtkosten *pl*
total credit outstanding [təʊtl 'kredɪt aʊt'stændɪŋ] *sb* Kreditvolumen *n*
total debt [təʊtl det] *sb* Gesamtschuld *f*
total delivery [təʊtl dɪ'lɪvərɪ] *sb* Gesamtlieferung *f*
total loss [təʊtl lɒs] *sb* Totalschaden *m*
total loss only (t. l. o.) [təʊtl lɒs 'əʊnlɪ] *adv* nur gegen Totalverlust versichert (t.l.o.)
total market value [təʊtl 'mɑ:kɪt 'vælju:] *sb* Gesamtkurs *m*
total proceeds [təʊtl 'prəʊsi:dz] *pl* Gesamtertrag *m*
total result [təʊtl rɪ'zʌlt] *sb* Totalerfolg *m*
touch screen [tʌtʃ skri:n] *sb* Sensorbildschirm *m*
tour schedule ['tʊə 'ʃedju:l] *sb* Tourenplan *m*
toxic ['tɒksɪk] *adj* giftig
toxic waste ['tɒksɪk 'weɪst] *sb* Giftmüll *m*
T
toxin ['tɒksɪn] *sb* Giftstoff *m*
tracer note ['treɪsə nəʊt] *sb* Kontrollmitteilung *f*
trade [treɪd] *v* **1.** handeln, Handel treiben; *~ in sth* mit etw handeln; *~ sth for sth* etw gegen etw tauschen; *~ in one's car* sein Auto in Zahlung geben; *sb* **2.** *(commerce)* Handel *m*, Gewerbe *n*; **3.** *(exchange)* Tausch *m*; **4.** *(line of work)* Branche *f*; *know all the tricks of the ~* alle Kniffe kennen; *by ~* von Beruf
trade and commerce [treɪd ænd 'kɒmɜ:s] *sb* Handelsverkehr *m*
trade analysis [treɪd ə'nælɪsɪs] *sb* Branchenanalyse *f*
trade association [treɪd əsəʊsɪ'eɪʃən] *sb* Wirtschaftsverband *m*
trade balance [treɪd 'bæləns] *sb* Handelsbilanz *f*
trade barrier [treɪd 'bærɪə] *sb* Handelsschranke *f*
trade brand [treɪd brænd] *sb* Handelsmarke *f*
trade certificate [treɪd sə'tɪfɪkət] *sb* Gewerbeschein *m*
trade centre [treɪd 'sentə] *sb* Handelsplatz *m*, Handelszentrum *n*
trade clause [treɪd klɔ:z] *sb* Handelsklausel *f*
trade comparison [treɪd kəm'pærɪsən] *sb* Branchenvergleich *m*
trade credit [treɪd 'kredɪt] *sb* Warenkredit *m*
trade cycle [treɪd saɪkl] *sb* Konjunkturzyklus *m*, Wirtschaftskreislauf *m*
trade debtor [treɪd 'detə] *sb* Kontokorrentschuldner(in) *m/f*
trade discount [treɪd 'dɪskaʊnt] *sb* Händlerrabatt *m*
trade-earnings tax [treɪd'ɜ:nɪŋs tæks] *sb* Gewerbeertragssteuer *f*
trade embargo [treɪd ɪm'bɑ:gəʊ] *sb* Handelsembargo *n*
trade expert [treɪd 'ekspɜ:t] *sb* Branchenkenner *m*
trade fair [treɪd fɛə] *sb* Handelsmesse *f*
trade-in ['treɪdɪn] *sb* In-Zahlung-Gegebenes *n*
trademark ['treɪdmɑ:k] *v* **1.** gesetzlich schützen lassen; *sb* **2.** Markenzeichen *n*, Warenzeichen *n*
trademark protection ['treɪdmɑ:k prə'tekʃən] *sb* Markenschutz *m*
trade mission [treɪd 'mɪʃən] *sb* Handelsmission *f*
trade name [treɪd neɪm] *sb* Handelsname *m*
trade practice [treɪd 'præktɪs] *sb* Handelsbrauch *m*, Handelsusancen *f/pl*
trader ['treɪdə] *sb* **1.** *(person)* Händler *m*; *(ship)* **2.** Handelsschiff *n*
trade-registered article [treɪd'redʒɪstəd 'ɑ:tɪkəl] *sb* Markenartikel *m*
Trade Regulation Act [treɪd regjʊ'leɪʃn ækt] *sb* Gewerbeordnung (GewO) *f*

trade relations [treɪd rɪˈleɪʃənz] *pl* Handelsbeziehungen *f/pl*
trade restrictions [treɪd rɪˈstrɪkʃənz] *pl* Handelsbeschränkungen *f/pl*
trade school [treɪd sku:l] *sb* Berufsschule *f*
trade secret [treɪd ˈsi:krɪt] *sb* Betriebsgeheimnis *n*
tradesman [ˈtreɪdzmən] *sb* **1.** Händler *m;* **2.** *(craftsman)* Handwerker *m*
trade structure [treɪd ˈstrʌktʃə] *sb* Branchenstruktur *f*
trade supervisory authority [treɪd su:pəˈvaɪzərɪ ɔ:ˈθɒrɪtɪ] *sb* Gewerbeaufsichtsamt *n*
trade surplus [treɪd ˈsɜ:pləs] *sb* Handelsüberschuss *m*
trade tariff [treɪd ˈtærɪf] *sb* Gütertarif *m*
trade tax [treɪd tæks] *sb* Gewerbesteuer *f*
trade tax on capital [treɪd tæks ɒn ˈkæpɪtl] *sb* Gewerbekapitalsteuer *f*
trade union [treɪd ˈju:nɪən] *sb* Gewerkschaft *f*
trade union bank [treɪd ˈju:njən bæŋk] *sb* Gewerkschaftsbank *f*
trade war [treɪd wɔ:] *sb* Handelskrieg *m*
trading [ˈtreɪdɪŋ] *sb* Handel *m,* Handeln *n*
trading account [ˈtreɪdɪŋ əˈkaʊnt] *sb* Verkaufskonto *n*
trading area [ˈtreɪdɪŋ ˈeərɪə] *sb* Absatzgebiet *n,* Handelszone *f*
trading chain [ˈtreɪdɪŋ tʃeɪn] *sb* Handelskette *f*
trading estate [ˈtreɪdɪŋ ɪˈsteɪt] *sb* Gewerbegebiet *n*
trading in calls [ˈtreɪdɪŋ ɪn kɔ:ls] *sb* Vorprämiengeschäft *n*
trading in foreign exchange [ˈtreɪdɪŋ ɪn ˈfɒrən ɪksˈtʃeɪndʒ] *sb* Usancenhandel *m*
trading in futures on a stock exchange [ˈtreɪdɪŋ ɪn ˈfju:tʃəs ɒn ə stɒk ɪksˈtʃeɪndʒ] *sb* Börsentermingeschäfte *n/pl*
trading in options [ˈtreɪdɪŋ ɪn ˈɒpʃəns] *sb* Optionshandel *m*
trading in security futures [ˈtreɪdɪŋ ɪn sɪˈkjʊərɪtɪ ˈfju:tʃəs] *sb* Wertpapier-Terminhandel *m*
trading limit [ˈtreɪdɪŋ ˈlɪmɪt] *sb* Kurslimit *n*
trading margin [ˈtreɪdɪŋ ˈmɑ:dʒɪn] *sb* Handelsspanne *f*
trading on own account [ˈtreɪdɪŋ ɒn əʊn əˈkaʊnt] *sb* Eigenhandel *m*
trading partner [ˈtreɪdɪŋ ˈpɑ:tnə] *sb* Handelspartner *m*
trading-up [ˈtreɪdɪŋʌp] *sb* Sortimentsanhebung *f*
traffic [ˈtræfɪk] *sb* **1.** Verkehr *m;* **2.** *(trade)* Handel *m*
train [treɪn] *v (s.o.)* ausbilden
trainee [treɪˈni:] *sb* Auszubildende(r) *f/m,* Lehrling *m,* Praktikant(in) *m/f*
trainer [ˈtreɪnə] *sb (instructor)* Ausbilder *m*
training [ˈtreɪnɪŋ] *sb* Ausbildung *f,* Schulung *f*
training relationship [ˈtreɪnɪŋ rɪˈleɪʃnʃɪp] *sb* Ausbildungsverhältnis *n*
training staff [ˈtreɪnɪŋ stɑ:f] *sb* Schulungspersonal *n*
tranche [ˈtrænʃ] *sb* Tranche *f*
transact [trænˈzækt] *v* durchführen, abschließen
transaction [trænˈzækʃən] *sb* Geschäft *n,* Transaktion *f*
transaction balance [trænˈzækʃn ˈbæləns] *sb* Transaktionskasse *f*
transaction number [trænˈzækʃn ˈnʌmbə] *sb* Transaktionsnummer (TAN) *f*
transactions for third account [trænˈzækʃnz fɔ: θɜ:d əˈkaʊnt] *sb* Kundengeschäft *n*
transactions on own account [trænˈzækʃnz ɒn əʊn əˈkaʊnt] *sb* Eigengeschäft *n*
transcript [ˈtrænskrɪpt] *sb* Kopie *f; (of a tape)* Niederschrift *f*
transcription error [trænˈskrɪpʃən ˈerə] *sb* Übertragungsfehler *m*
transfer [trænsˈfɜ:] *v* **1.** *(money between accounts)* überweisen; **2.** *(an employee)* versetzen; [ˈtrænsfɜ:] *sb* **3.** *(handing over)* Transfer *m,* Übertragung *f; (of funds)* Überweisung *f;* **4.** *(of an employee)* Versetzung *f*
transferable [trænsˈfɜ:rəbl] *adj* übertragbar
transfer account [ˈtrænsfɜ: əˈkaʊnt] *sb* Kontokorrentkonto *n,* Girokonto *n*

T

transfer agreement [ˈtrænsfɜː əˈgriːmənt] *sb* Transferabkommen *n*
transfer bank [ˈtrænsfɜː bæŋk] *sb* Girobank *f*
transfer cheque [ˈtrænsfɜː tʃek] *sb* Überweisungsscheck *m*
transfer expenditure [ˈtrænsfɜː ɪksˈpendɪdʒʊə] *sb* Transferausgaben *f/pl*
transfer in blank [ˈtrænsfɜː ɪn blæŋk] *sb* Blankozession *f*
transfer of an entry [ˈtrænsfɜː əv ən ˈentrɪ] *sb* Umbuchung *f*
transfer of money by means of a clearing [ˈtrænsfɜː əv ˈmʌnɪ baɪ miːns əv ə ˈkliːrɪŋ] *sb* Giroverkehr *m*
transfer of ownership [ˈtrænsfɜː əv ˈəʊnəʃɪp] *sb* Eigentumsübertragung *f*
transfer of profit [ˈtrænsfɜː əv ˈprɒfɪt] *sb* Gewinnabführung *f*
transfer of resources [ˈtrænsfɜː əv rɪˈsɔːsɪz] *sb* Ressourcentransfer *m*
transfer of technology [ˈtrænsfɜː əv tekˈnɒlədʒɪ] *sb* Technologietransfer *m*
transfer payments [ˈtrænsfɜː ˈpeɪmənts] *pl* Transferleistungen *f/pl*
transfer prices [ˈtrænsfɜː ˈpraɪsɪz] *pl* Verrechnungspreise *m/pl*
transfer voucher [ˈtrænsfɜː ˈvaʊtʃə] *sb* Überweisungsbeleg *m*, Überweisungsformular *n*
transit [ˈtrænzɪt] *sb* Durchreise *f*, Transit *m*
transit certificate [ˈtrænzɪt səˈtɪfɪkət] *sb* Durchgangsschein *m*
transit duty [ˈtrænzɪt ˈdjuːtɪ] *sb* Transitzoll *m*
transition [trænˈzɪʃən] *sb* Übergang *m*
transitional arrangement [trænˈzɪʃənəl əˈreɪndʒmənt] *sb* Übergangsregelung *f*
transitional pay [trænˈzɪʃənəl peɪ] *sb* Übergangsgeld *n*
transit item [ˈtrænzɪt ˈaɪtəm] *sb* durchlaufender Posten *m*
transit trade [ˈtrænzɪt treɪd] *sb* Transithandel *m*
transmission [trænzˈmɪʃən] *sb* Übertragung *f*; *(of news)* Übermittlung *f*
transmitted accounts [trænzˈmɪtɪd əˈkaʊnts] *pl* durchlaufende Gelder *n/pl*
transmitted loans [træns'mɪtɪd ˈləʊns] *pl* durchlaufende Kredite *m/pl*
transnational corporations [trænsˈnæʃənl kɒrpɒˈreɪʃnz] *pl* transnationale Unternehmung *f*
transparency [trænˈspærənsɪ] *sb* Transparenz *f*
transparency of the market [trænsˈpærənsɪ əv ðə ˈmɑːkɪt] *sb* Markttransparenz *f*
transport [trænsˈpɔːt] *v* **1.** transportieren, befördern; [ˈtrænspɔːt] *sb* **2.** Transport *m*, Beförderung *f*
transportation [trænspɔːˈteɪʃən] *sb* **1.** Transport *m*, Beförderung *f*; **2.** *(means of ~)* Beförderungsmittel *n*
transportation insurance against all risks (a.a.r.) [trænspɔːˈteɪʃn ɪnˈʃʊəræns əˈgænst ɔːl rɪsks] *sb* Transportversicherung gegen alle Risiken (a.a.r.) *f*
transport chain [ˈtrænspɔːt tʃeɪn] *sb* Transportkette *f*
transport documents [ˈtrænspɔːt ˈdɒkjʊmənts] *sb* Transportpapiere *n/pl*
transport insurance [ˈtrænspɔːt ɪnˈʃʊərəns] *sb* Transportversicherung *f*
transship [trænsˈʃɪp] *v* umladen, umschlagen
transshipment [trænsˈʃɪpmənt] *sb* Umschlag *m*
transshipment point [trænsˈʃɪpmənt ˈpɔɪnt] *sb* Umschlagplatz *m*
travel [ˈtrævəl] *sb* **1.** Verkehr *m*, Tourismus *m*; *v* **2.** reisen; *~ on business* geschäftlich reisen
traveling salesman [ˈtrævəlɪŋ ˈseɪlzmən] *sb* Handlungsreisender *m*
traveller's letter of credit [ˈtrævələz ˈletə əv ˈkredɪt] *sb* Reisekreditbrief *m*
travelling expenses [ˈtrævəlɪŋ ɪkˈspensɪz] *pl* Reisespesen *pl*
tray [treɪ] *sb (for papers)* Ablagekorb *m*
treasury [ˈtreʒərɪ] *sb the Treasury (UK)* Finanzministerium *n*; Fiskus *m*
treasury bill [ˈtreʒərɪ bɪl] *sb* Schatzwechsel *m*, Treasury Bill *m*
treasury bond [ˈtreʒərɪ bɒnd] *sb* Schatzanweisung *f*, Treasury Bond *m*
treasury note [ˈtreʒərɪ nəʊt] *sb* Treasury Note *f*
treasury stock [ˈtreʒərɪ stɒk] *sb* Verwaltungsaktien *f/pl*
trend analysis [trend əˈnælɪsɪs] *sb* Trendanalyse *f*

trend in prices [trend ɪn 'praɪsez] *sb* Preisentwicklung *f*
trend of demand [trend əv dɪ'mɑːnd] *sb* Nachfrageentwicklung *f*
trend of the market [trend əv ðə 'mɑːkɪt] *sb* Börsenentwicklung *f*
trespass ['trespəs] *v* unbefugt betreten; *"no ~ing"* „Betreten verboten"
trespasser ['trespəsə] *sb* Unbefugte(r) *f/m*
triable ['traɪəbl] *adj* verhandelbar, verhandlungsfähig, belangbar
triad ['traɪəd] *sb* Triade *f*
trial ['traɪəl] *sb* **1.** Prozess *m*, Verfahren *n*; **2.** *(test)* Probe *f*; *on a ~ basis* probeweise
trial package ['traɪəl 'pækɪdʒ] *sb* Probepackung *f*
trial period ['traɪəl 'piːrɪəd] *sb* Probezeit *f*
trial run ['traɪəl rʌn] *sb* Versuchslauf *m*
trial shipment ['traɪəl 'ʃɪpmənt] *sb* Probelieferung *f*
triangular arbitrage [traɪ'æŋgjʊlə 'ɑːbɪtrɪdʒ] *sb* Dreiecksarbitrage *f*
triangular transaction [traɪ'æŋgjʊlə træn'zækʃən] *sb* Dreiecksgeschäft *n*
trillion ['trɪljən] *sb (UK)* Trillion *f*; *(US)* Billion *f*
trim [trɪm] *v (fig: a budget)* kürzen
trivial damage ['trɪvɪəl 'dæmɪdʒ] *sb* Bagatellschaden *m*
troy ounce ['trɔɪ aʊns] *sb* Feinunze *f*
truck [trʌk] *sb (US)* Lastwagen *m*, Laster *m*
truckage ['trʌkɪdʒ] *sb* **1.** *(transport)* Transport *m*; **2.** *(charge)* Transportkosten *pl*, Rollgeld *n*
trucking ['trʌkɪŋ] *sb* **1.** Transport *m*; **2.** *(bartering)* Tauschgeschäfte *n/pl*
truckload ['trʌkləʊd] *sb* Lkw-Ladung *f*
trunk call [trʌŋk kɔːl] *sb (UK)* Ferngespräch *n*
trust [trʌst] *sb* **1.** Treuhand *f*; **2.** Stiftung *f*; **3.** Investmentfonds *m*
trust account [trʌst ə'kaʊnt] *sb* Treuhandkonto *n*, Anderkonto *n*
trust assets [trʌst 'æsəts] *pl* Treuhandvermögen *n*
trust banks ['trʌst bæŋks] *pl* Treuhandbanken *f/pl*
trust business [trʌst 'bɪznɪs] *sb* Treuhandwesen *n*
trust company [trʌst 'kʌmpənɪ] *sb* Treuhandgesellschaft *f*, Verwaltungsgesellschaft *f*
trust deposits [trʌst dɪ'pɒzɪts] *pl* Treuhanddepots *n/pl*
trust funds [trʌst fʌndz] *pl* Treuhandfonds *m*
trust investment [trʌst ɪn'vestmənt] *sb* Fondsanlagen *f/pl*
trust manager [trʌst 'mænɪdʒə] *sb* Fondsverwalter(in) *m/f*
trustee [trʌs'tiː] *sb* Treuhänder *m*; *(of an institution)* Verwalter *m*
trustee securities [trʌs'tiː sɪ'kjʊərɪtiːz] *pl* mündelsichere Papiere *n/pl*
trusteeship [trʌs'tiːʃɪp] *sb* Treuhandschaft *f*, Mandat *n*
try [traɪ] *v (a case)* verhandeln
turn down [tɜːn daʊn] *v* ablehnen, absagen
turn out [tɜːn aʊt] *v (produce)* hervorbringen
turnabout ['tɜːnəbaʊt] *sb* Wende *f*, Wendung *f*
turnaround ['tɜːnəraʊnd] *sb* Turnaround *n*
turnkey project ['tɜːnkiː 'prɒdʒekt] *pl* Turnkey-Projekt *n*, schlüsselfertiges Projekt *n*
turnout ['tɜːnaʊt] *sb* Beteiligung *f*, Teilnahme *f*
turnover ['tɜːnəʊvə] *sb* Umsatz *m*
turnover allowance ['tɜːnəʊvə ə'laʊəns] *sb* Umsatzbonifikation *f*
turnover balance ['tɜːnəʊvə 'bæləns] *sb* Summenbilanz *f*
turnover forecast ['tɜːnəʊvə 'fɔːkɑːst] *sb* Umsatzprognose *f*
turnover increase ['tɜːnəʊvə 'ɪnkriːs] *sb* Umsatzanstieg *m*
turnover of money ['tɜːnəʊvə əv 'mʌnɪ] *sb* Geldumsatz *m*
turnover plan ['tɜːnəʊvə plæn] *sb* Umsatzplan *m*
turnover tax ['tɜːnəʊvə tæks] *sb* Umsatzsteuer *f*
turnover trend ['tɜːnəʊvə trend] *sb* Umsatzentwicklung *f*
tutorial [tjuː'tɔːrɪəl] *sb* Benutzerhandbuch *n*

twitter [ˈtwɪtə] *v (social networking)* twittern; *twitter* ~ Twitternutzer(in) *m/f*
two-tier exchange rate [tuːˈtɪər ɪksˈtʃeɪndʒ reɪt] *sb* gespaltene Wechselkurse *m/pl*
two-tier foreign exchange market [ˈtuːtɪər ˈfɒrən ɪksˈtʃeɪndʒ ˈmɑːkɪt] *sb* gespaltener Devisenmarkt *m*
two-way package [ˈtuːweɪ ˈpækɪdʒ] *sb* Mehrwegverpackung *f*
type [taɪp] *v* **1.** *(use a keyboard)* eingeben, tippen; *sb* **2.** Gattung *f*, Typ *m*, Sorte *f*
type purchase [taɪp ˈpɜːtʃəs] *sb* Typenkauf *m*
types of deposit [taɪps əv dɪˈpɒzɪt] *pl* Depotarten *f/pl*
types of issuing [taɪps əv ˈɪʃuːɪŋ] *pl* Emissionsarten *f/pl*
types of property [taɪps əv ˈprɒpətɪ] *pl* Vermögensarten *f/pl*
typification [taɪpɪfɪˈkeɪʃn] *sb* Typisierung *f*
typographical error [taɪpəˈgræfɪkəl ˈerə] *sb* Tippfehler *m; (printing error)* Druckfehler *m*

T

U

ultimate ['ʌltɪmət] *adj* **1.** *(last)* letzte(r,s), endgültig; **2.** *(greatest possible)* äußerste(r,s)

ultimate buyer ['ʌltɪmət 'baɪə] *sb* Endabnehmer(in) *m/f*

ultimate consumer ['ʌltɪmət kən'sju:mə] *sb* Endverbraucher(in) *m/f*, Endkonsument(in) *m/f*

ultimatum [ʌltɪ'meɪtəm] *sb* Ultimatum *n*

ultimo ['ʌltɪməʊ] *adv* am letzten des Monats

umbrella agreement [ʌm'brelə ə'gri:mənt] *sb* Rahmenabkommen *n*

umbrella brand [ʌm'brelə brænd] *sb* Dachmarke *f*

umbrella company [ʌm'brelə 'kʌmpənɪ] *sb* Dachgesellschaft *f*

umbrella effect [ʌm'brelə ɪ'fekt] *sb* Umbrella-Effekt *m*

umbrella logo [ʌm'brelə 'ləugəʊ] *sb* Konzernlogo *n*, Dachmarkenlogo *n*

umbrella marketing [ʌm'brelə 'mɑ:kɪtɪŋ] *sb* Gemeinschaftswerbung *f*

unable to contract [ʌn'eɪbl tu kən'trækt] *adj* geschäftsunfähig

unacceptability of continued employment [ʌnəkseptə'bɪlɪtɪ əv kən'tɪnju:d ɪm'plɔɪmənt] *sb* Unzumutbarkeit der Weiterbeschäftigung *f*

unacceptable [ʌnək'septəbl] *adj* nicht akzeptabel, unannehmbar

unanimity [ju:nə'nɪmətɪ] *sb* Einstimmigkeit *f*

unanimous [ju:'nænɪməs] *adj* einstimmig

unannounced [ʌnə'naʊnst] *adj* unangemeldet

unauthorized [ʌn'ɔ:θəraɪzd] *adj* unbefugt

unavailable [ʌnə'veɪləbl] *adj* nicht erhältlich, nicht verfügbar

uncertified [ʌn'sɜ:tɪfaɪd] *adj* unbeglaubigt

unconditional [ʌnkən'dɪʃənl] *adj* bedingungslos; *(offer, agreement)* vorbehaltlos

unconvertible [ʌnkən'vɜ:təbl] *adj* nicht konvertierbar

uncovered cheque [ʌn'kʌvəd 'tʃek] *sb* ungedeckter Scheck *m*

uncovered credit [ʌn'kʌvəd 'kredɪt] *sb* ungedeckter Kredit *m*

uncredited [ʌn'kredɪtɪd] *adj* nicht gutgeschrieben

undeclared [ʌndɪ'kleəd] *adj* unverzollt

under separate cover ['ʌndə 'sepərɪt 'kʌvə] *sb* mit getrennter Post

underbidder [ʌnde'bɪdə] *sb* Unterbieter(in) *m/f*

undercapitalization [ʌndekæpɪtəlaɪ'zeɪʃən] *sb* Unterkapitalisierung *f*

undercharge [ʌndə'tʃɑ:dʒ] *v* zu wenig berechnen

undercut [ʌndə'kʌt] *v irr (prices)* unterbieten

underemployment [ʌndəɪm'plɔɪmənt] *sb* Unterbeschäftigung *f*

underestimate [ʌndər'estɪmeɪt] *v* unterschätzen

underground economy ['ʌndegraʊnd ɪ'kɒnəmɪ] *sb* Schattenwirtschaft *f*

underinsured [ʌndə'ɪnʃʊəd] *adj* unterversichert

underpaid [ʌndə'peɪd] *adj* unterbezahlt

underprice [ʌndə'praɪs] *v* unter Preis anbieten

underquote [ʌndə'kwəʊt] *v* unterbieten

undersell [ʌnde'sel] *v* unterbieten

understaffed [ʌndə'stɑ:ft] *adj* unterbesetzt

understanding [ʌndə'stændɪŋ] *sb* *(agreement)* Vereinbarung *f*, Abmachung *f*; *come to an ~ with s.o.* zu einer Einigung mit jdm kommen; *on the ~ that ...* unter der Voraussetzung, dass ...

understood [ʌndə'stʊd] *adj* *(agreed)* vereinbart, festgesetzt

undertake [ʌndə'teɪk] *v irr* unternehmen; *(a task)* übernehmen; *(a risk)* eingehen

undertaking [ʌndə'teɪkɪŋ] *sb* **1.** Unternehmen *n;* **2.** *(task)* Aufgabe *f;* **3.** *(risky ~, bold ~)* Unterfangen *n*
undertaking of guarantee [ʌndə'teɪkɪŋ əv gærən'tiː] *sb* Garantieleistung *f*
undervaluation [ʌndəvæljuː'eɪʃən] *sb* Unterbewertung *f*
undervalue [ʌndə'væljuː] *v* unterschätzen, unterbewerten
underwriter ['ʌndəraɪtə] *sb* Versicherer *m*
underwriting agent [ʌndə'raɪtɪŋ 'eɪdʒənt] *sb* Versicherungsvertreter(in) *m/f*, Versicherungsgent(in) *m/f*
underwriting bank [ʌndə'raɪtɪŋ bæŋk] *sb* Syndikatsbank *f*
underwriting business [ʌndə'raɪtɪŋ 'bɪznɪs] *sb* Versicherungsgeschäft *n*
underwriting commission [ʌndə'raɪtɪŋ kə'mɪʃən] *sb* Konsortialprovision *f*, Bonifikation *f*
underwriting commitment [ʌndə'raɪtɪŋ kə'mɪtmənt] *sb* Konsortialverpflichtung *f*
underwriting costs [ʌndə'raɪtɪŋ kɒsts] *sb* Kapitalkosten *pl*, Emissionskosten *pl*
underwriting limit [ʌndə'raɪtɪŋ 'lɪmɪt] *sb (insurance)* Zeichnungsgrenze *f*
underwriting premium [ʌndə'raɪtɪŋ 'priːmɪəm] *sb* Emissionsagio *n*
unearned income [ʌn'ɜːnd 'ɪnkʌm] *sb* Kapitaleinkommen *n*, Besitzeinkommen *n*
uneconomical [ʌnekə'nɒmɪkl] *adj* unwirtschaftlich, unökonomisch
unemployed [ʌnɪm'plɔɪd] *adj* arbeitslos
unemployed person [ʌnɪm'plɔɪd 'pɜːsn] *sb* Erwerbslose(r) *f/m*
unemployment [ʌnɪm'plɔɪmənt] *sb* Arbeitslosigkeit *f*
unemployment benefit [ʌnɪm'plɔɪmənt 'benɪfɪt] *sb* Arbeitslosengeld *n*
unemployment insurance [ʌnɪm'plɔɪmənt ɪn'ʃʊərəns] *sb* Arbeitslosenversicherung *f*
unemployment rate [ʌnɪm'plɔɪmənt reɪt] *sb* Arbeitslosenrate *f*
unencumbered [ʌnɪn'kʌmbəd] *adj* schuldenfrei, hypothekenfrei
unethical [ʌn'eθɪkl] *adj* sittenwidrig
unfair advertising ['ʌnfeə 'ædvətaɪzɪŋ] *sb* unlautere Werbung *f*
unfair competition ['ʌnfeə kɒmpə'tɪʃn] *sb* unlauterer Wettbewerb *m*
unfilled [ʌn'fɪld] *adj* **1.** unerledigt; **2.** *(vacant)* offen, frei, vakant
unified balance sheet ['juːnɪfaɪd 'bæləns ʃiːt] *sb* Einheitsbilanz *f*
unified company ['juːnɪfaɪd 'kʌmpənɪ] *sb* Einheitsgesellschaft *f*
unified currency ['juːnɪfaɪd 'kʌrənsɪ] *sb* Einheitswährung *f*
uniform ['juːnɪfɔːm] *adj* einheitlich, gleich
uniform classification of accounts for industrial enterprises ['juːnɪfɔːm klæsɪfɪ'keɪʃn əv ə'kaʊnts fɔː ɪn'dʌstrɪəl 'entəpraɪzɪz] *sb* Industriekontenrahmen (IKR) *m*
uniform duty ['juːnɪfɔːm 'djuːtɪ] *sb* Einheitszoll *m*
uniformity [juːnɪ'fɔːmɪtɪ] *sb* Einförmigkeit *f*, Gleichförmigkeit *f*, Eintönigkeit *f*
uniform price ['juːnɪfɔːm praɪs] *sb* Einheitskurs *m*
uniform system of accounts for the whole-sale trade ['juːnɪfɔːm 'sɪstəm əv ə'kaʊnts fɔː ðə 'həʊlseɪl treɪd] *sb* Großhandelskontenrahmen *m*
unilateral [juːnɪ'lætərəl] *adj* einseitig
unilateral transfer [juːnɪ'lætərəl 'trænsfɜː] *sb* einseitige Übertragung *f*
union ['juːnjən] *sb* **1.** *(group)* Vereinigung *f*, Verband *m*, Verein *m;* **2.** *(labor ~, trade ~)* Gewerkschaft *f*
union affiliation ['juːnjən əfɪlɪ'eɪʃən] *sb* Gewerkschaftszugehörigkeit *f*
union contract ['juːnjən 'kɒntrækt] *sb* Tarifvertrag *m*, Tarifabschluss *m*
union funds ['juːnjən fʌndz] *sb* Gewerkschaftskasse *f*
union leader ['juːnjən 'liːdə] *sb* Gewerkschaftsführer(in) *m/f*
union official ['juːnjən ə'fɪʃl] *sb* Gewerkschaftsfunktionär(in) *m/f*
unionism ['juːnjənɪzm] *sb* Gewerkschaftswesen *n*
unionist ['juːnjənɪst] *sb* Gewerkschaftler(in) *m/f*
unique selling proposition (USP) [juˈniːk 'selɪŋ prɒpəsɪʃn] *sb* Alleinstellungsmerkmal *n*, einmaliges Verkaufsargument *n*, USP *m*
unit ['juːnɪt] *sb* Einheit *f*

unit billing [ˈjuːnɪt ˈbɪlɪŋ] *sb* Sammelabrechnung *f*
unit certificate [ˈjuːnɪt səˈtɪfɪkət] *sb* Anteilscheine *m/pl*
unit cost accounting [ˈjuːnɪt kɒst əˈkaʊntɪŋ] *sb* Stückkostenkalkulation *f*
unit depreciation [ˈjuːnɪt dɪpriːʃɪˈeɪʃən] *sb* Einzelabschreibung *f*
unit holder [ˈjuːnɪt ˈhəʊldə] *sb* Anteilsscheinbesitzer(in) *m/f*
unit-linked [ˈjuːnɪtlɪŋkt] *adj* fondsgebunden
unit of account [ˈjuːnɪt əv əˈkaunt] *sb* Rechnungseinheit *f*
unit of manufacture [ˈjuːnɪt əv mænjʊˈfæktʃə] *sb* Fertigungseinheit *f*
unit of organization [ˈjuːnɪt əv ɔːgənaɪˈzeɪʃn] *sb* Unternehmenseinheit *f*
unit of reference [ˈjuːnɪt əv ˈrefrəns] *sb* Bezugsgröße *f*
unit of value [ˈjuːnɪt əv ˈvæljuː] *sb* Währungseinheit *f*, Werteinheit *f*
unit of work [ˈjuːnɪt əv ˈwɜːk] *sb* Arbeitseinheit *f*
unit production [ˈjuːnɪt prəˈdʌkʃn] *sb* Stückproduktion *f*, Einzelfertigung *f*
unit trust fund [ˈjuːnɪt trʌst fʌnd] *sb* Investmentfonds *m*
United Nations Conference on Trade and Development (UNCTAD) [juˈnaɪtɪd ˈneɪʃnz ˈkɒnfərens ɒn ˈtreɪd ænd dɪˈveləpmənt] *sb* Welthandelskonferenz *f*, UNCTAD *f*
United Nations Industrial Development Organization (UNIDO) [juˈnaɪtɪd ˈneɪʃnz ɪnˈdʌstrɪəl dɪˈveləpmənt ɔːgənaɪˈzeɪʃən] *sb* Organisation der Vereinten Nationen für industrielle Entwicklung *f*, UNIDO *f*
universal [juːnɪˈvɜːsəl] *adj* **1.** universal, Universal..., Welt...; **2.** *(general)* allgemein
universal bank [juːnɪˈvɜːsəl bæŋk] *sb* Universalbank *f*
universal banking [juːnɪˈvɜːsəl bæŋkɪŋ] *sb* Universalbankgeschäft *n*
unlawful [ʌnˈlɔːfʊl] *adj* rechtswidrig, gesetzwidrig, ungesetzlich
unlimited power [ˈʌnlɪmɪtɪd ˈpaʊə] *sb* Generalvollmacht *f*
unlimited tax liability [ˈʌnlɪmɪtɪd tæks laɪəˈbɪlɪtɪ] *sb* unbeschränkte Steuerpflicht *f*
unlisted [ʌnˈlɪstɪd] *adj* **1.** nicht verzeichnet; **2.** *(stock-exchange)* unnotiert
unlisted securities [ʌnˈlɪstɪd sɪˈkjʊərɪtiz] *pl* unnotierte Werte *m/pl*
unload [ʌnˈləʊd] *v (freight)* ausladen
unmortgaged [ʌnˈmɔːgɪdʒd] *adj* hypothekenfrei, unbelastet
unofficial [ʌnəˈfɪʃəl] *adj* inoffiziell
unofficial dealings [ʌnəˈfɪʃl ˈdiːlɪŋz] *pl* Freiverkehr *m*
unofficial dealings committee [ʌnəˈfɪʃl ˈdiːlɪŋz kɒˈmɪtiː] *sb* Freiverkehrsausschuss *m*
unofficial market [ʌnəˈfɪʃl ˈmɑːkɪt] *sb* geregelter Freiverkehr *m*
unofficial stock market [ʌnəˈfɪʃl ˈstɒk ˈmɑːkɪt] *sb* Kulisse *f*
unpacked [ʌnˈpækt] *adj* unverpackt
unpaid [ʌnˈpeɪd] *adj* unbezahlt
unpaid bill of exchange [ʌnˈpeɪd bɪl əv ɪksˈtʃeɪndʒ] *sb* Rückwechsel *m*
unpaid vacation [ʌnˈpeɪd veɪˈkeɪʃən] *sb* unbezahlter Urlaub *m*
unproductive [ʌnprəˈdʌktɪv] *adj* unproduktiv, unergiebig
unprofitable [ʌnˈprɒfɪtəbl] *adj* wenig einträglich, unrentabel
unqualified [ʌnˈkwɒlɪfaɪd] *adj (applicant)* unqualifiziert, nicht qualifiziert
unquoted securities [ˈʌnkwəʊtɪd sɪˈkjʊrɪtiz] *pl* amtlich nicht notierte Werte *m/pl*
unquoted share [ˈʌnkwəʊtɪd ʃeə] *sb* nichtnotierte Aktie *f*
unredeemable bond [ʌnrɪˈdiːməbl bɒnd] *sb* Dauerschuldverschreibung *f*
unreserved [ʌnrɪˈzɜːvd] *adj* uneingeschränkt
unrestricted retained earnings [ʌnrɪˈstrɪktɪd rɪˈteɪnd ˈɜːnɪŋz] *pl* freie Rücklage *f*
unsalable [ʌnˈseɪləbl] *adj* unverkäuflich
unsecured credit [ʌnsɪˈkjʊəd ˈkredɪt] *sb* Blankokredit *m*
unseizable [ʌnˈsiːzeɪbl] *adj* unpfändbar
unsettled account [ʌnˈsetld əˈkaʊnt] *sb* offene Rechnung *f*

U

untaxed [ʌn'tækst] *adj* steuerfrei, unbesteuert
unused [ʌn'ju:zd] *adj* ungenutzt
unwarranted [ʌn'wɒrəntɪd] *adj* ohne Garantie
upbeat ['ʌpbi:t] *adj* optimistisch
update [ʌp'deɪt] *v* auf den neuesten Stand bringen
upkeep ['ʌpki:p] *sb* **1.** Instandhaltung *f;* **2.** *(costs)* Instandhaltungskosten *pl*
uptake ['ʌpteɪk] *sb* Akzeptanz *f,* Annahme *f*
upturn ['ʌptɜ:n] *sb* **1.** Aufwärtstrend *m,* Aufschwung *m;* **2.** *(stock-exchange)* Kurssteigerung *f*
upvaluation ['ʌpvæljʊeɪʃən] *sb* Aufwertung *f*
upvalue [ʌp'vælju:] *v* höher bewerten, aufwerten
upward trend ['ʌpwəd trend] *sb* Aufwärtstrend *m*
usage ['ju:sɪdʒ] *sb* Usancen *f/pl*
usance ['ju:səns] *sb* Uso *m,* Usance *f,* Handelsbrauch *m*
USB [ju:es'bi:] *sb (universal serial bus)* USB *m*
USB drive [ju:es'bi: draɪv] *sb* USB-Stick *m,* Speicherstick *m*
USB port [ju:es'bi: pɔ:t] *sb* USB-Port *m,* USB-Anschluss *m*
use [ju:s] *sb* Nutzung *f*
user cost ['ju:zə kɒst] *sb* kalkulatorische Abschreibung *f*
user friendliness ['ju:zə 'frendlɪnes] *sb* Benutzerfreundlichkeit *f*
user-friendly ['ju:zəfrendlɪ] *adj* benutzerfreundlich, anwenderfreundlich
user interface ['juzər 'ɪntəfeɪs] *sb* Benutzeroberfläche *f*
usual conditions (u.c.) ['ju:ʒuəl kən'dɪʃnz] *pl* übliche Bedingungen (u.c., u.t.) *f/pl*
usual terms (u.t.) ['ju:ʒuəl 'tɜ:mz] *pl* übliche Bedingungen (u.c., u.t.) *f/pl*
usufruct ['ju:sjufrʌkt] *sb* Nießbrauch *m,* Ususfruktus *m*
usufructuary right [ju:sju'frʌktʃʊərɪ raɪt] *sb* Nutzungsrecht *n*
usury ['ju:ʒərɪ] *sb* Wucher *m,* Zinswucher *m*
utility [ju:'tɪlɪtɪ] **1.** Nutzen; *m* **2.** *public utilities pl (services)* Leistungen der öffentlichen Versorgungsbetriebe *f/pl*
utility analysis [ju:'tɪlɪtɪ ə'næləsɪs] *sb* Nutzwertanalyse *f*
utility costs [ju:'tɪlɪtɪ kɒsts] *pl* Nutzkosten *pl*
utility-model patent [ju:'tɪlɪtɪmɒdəl 'peɪtənt] *sb* Gebrauchsmuster *n*
utilization of capacity [ju:tɪlaɪ'zeɪʃən əv kə'pæsɪtɪ] *sb* Kapazitätsauslastung *f*
utilization rights [ju:tɪlaɪ'zeɪʃən raɪts] *pl* Verwertungsrechte *n/pl*
utilize ['ju:tɪlaɪz] *sb* verwerten, verwenden, benutzen

U

V

vacancy [ˈveɪkənsɪ] *sb* *(job)* freie Stelle *f*
vacant [ˈveɪkənt] *adj* **1.** frei, leer, unbesetzt, vakant; **2.** *(building)* unbewohnt, unvermietet
vacate [veɪˈkeɪt] *v* *(a job)* aufgeben
vacation [veɪˈkeɪʃən] *sb* *(US)* Ferien *pl*, Urlaub *m*
valid [ˈvælɪd] *adj* gültig; *(argument)* stichhaltig
valid contract [ˈvælɪd ˈkɒntrækt] *sb* rechtsgültiger Vertrag *m*
valid today [ˈvælɪd tuˈdeɪ] heute gültig
validate [ˈvælɪdeɪt] *v* gültig machen; *(claim)* bestätigen
validity [vəˈlɪdɪtɪ] *sb* **1.** Gültigkeit *f*; **2.** *(of an argument)* Stichhaltigkeit *f*
validity in law [vəˈlɪdɪtɪ ɪn lɔː] *sb* Rechtsgültigkeit *f*
validity of a claim [vəˈlɪdɪtɪ əv ə kleɪm] *sb* Anspruchsberechtigung *f*
valorization [vælərаɪˈzeɪʃn] *sb* Valorisation *f*
valorize [ˈvælərаɪz] *v* valorisieren, aufwerten
valuable [ˈvæljuəbl] *adj* **1.** wertvoll; *sb* **2.** Wertgegenstand *m*
valuation [væljuˈeɪʃən] *sb* **1.** *(process)* Schätzung *f*, Bewertung *f*, Wertansatz *m*; **2.** *(estimated value)* Schätzwert *m*
valuation account [væljuˈeɪʃən əˈkaunt] *sb* Wertberichtigungskonto *n*
valuation of enterprises [væljuˈeɪʃən əv ˈentəpraɪzɪz] *sb* Bewertung von Unternehmen *f*
valuation standards [væljuˈeɪʃən ˈstændədz] *pl* Bewertungsmaßstäbe *m/pl*
valuator [ˈvæljueɪtə] *sb* Schätzer(in) *m/f*
value [ˈvæljuː] *v* **1.** *(estimate the ~ of)* schätzen, abschätzen; *sb* **2.** Wert *m*, Preis *m*
value added [ˈvæljuː ˈædɪd] *sb* Mehrwert *m*
value-added tax [væljuːˈædɪd tæks] *sb* *(VAT)* Mehrwertsteuer *f*
value compensated [ˈvæljuː ˈkɒmpənseɪtɪd] *sb* kompensierte Valuta *f*, Valuta kompensiert *f*
value date [ˈvæljuː deɪt] *sb* Wertstellung *f*
value guarantee [ˈvæljuː gærənˈtiː] *sb* Wertsicherung *f*
value in cash [ˈvæljuː ɪn kæʃ] *sb* Barwert *m*
value in use [ˈvæljuː ɪn juːs] *sb* Gebrauchswert *m*
value of collateral [ˈvæljuː əv kəˈlætərəl] *sb* Beleihungswert *m*
value of custody [ˈvæljuː əv ˈkʌstədɪ] *sb* Verwahrungsbetrag *m*
value of money [ˈvæljuː əv ˈmʌnɪ] *sb* Geldwert *m*
value of the subject matter at issue [ˈvæljuː əv ðə ˈsʌbtʃekt ˈmætə æt ˈɪʃuː] *sb* *(legal)* Geschäftswert *m*
value to be attached [ˈvæljuː tu biː əˈtætʃt] *sb* beizulegender Wert *m*
valuer [ˈvæljuə] *sb* Schätzer(in) *m/f*
van [væn] *sb* Lieferwagen *m*, Transporter *m*
variable [ˈveərɪəbl] *adj* **1.** veränderlich, wechselnd; **2.** *(adjustable)* regelbar, verstellbar; *sb* **3.** Variable *f*, veränderliche Größe *f*
variable cost [ˈveərɪəbl ˈkɒst] *sb* *(Kostenrechnung)* Arbeitskosten *pl*
variable costing [ˈveərɪəbl ˈkɒstɪŋ] *sb* Teilkostenrechnung *f*
variable costs [ˈveərɪəbl kɒsts] *pl* variable Kosten *pl*
variable market [ˈveərɪəbl ˈmɑːkɪt] *sb* variabler Markt *m*
variable price [ˈveərɪəbl praɪs] *sb* variabler Kurs *m*
variable price quoting [ˈveərɪəbl praɪs ˈkwəutɪŋ] *sb* fortlaufende Notierung *f*
variable rate of interest [ˈveərɪəbl reɪt əv ˈɪntrest] *sb* variabler Zins *m*
variable value [ˈveərɪəbl ˈvæljuː] *sb* variabler Wert *m*
variance [ˈveərɪəns] *sb* Varianz *f*
variant [ˈveərɪənt] *sb* Variante *f*
variety [vəˈraɪətɪ] *sb* **1.** *(assortment)* Vielfalt *f*; **2.** *(selection)* Auswahl *f*

vary [ˈveəri] *v* **1.** *(to be different)* unterschiedlich sein; *(fluctuate)* schwanken; **2.** *(give variety to)* variieren
vault [vɔ:lt] *sb* *(of a bank)* Tresorraum *m*
velocity of circulation of money [veˈlɒsɪtɪ əv sɜ:kjʊˈleɪʃn əv ˈmʌnɪ] *sb* Geldumlaufsgeschwindigkeit *f*
venal [ˈvi:nl] *adj* käuflich, korrupt
vendible [ˈvendɪbl] *adj* verkäuflich, gängig
vending machine [ˈvendɪŋ məˈʃi:n] *sb* Verkaufsautomat *m*
vendition [venˈdɪʃən] *sb* Verkauf *m*
vendor [ˈvendə] *sb* **1.** Verkäufer(in) *m/f;* **2.** *(machine)* Automat *m*
venture [ˈventʃə] *sb* Wagnis *n*
venture capital [ˈventʃə ˈkæpɪtl] *sb* Venture-Kapital *n*, Risikokapital *n*
verbal [ˈvɜ:bəl] *adj* *(oral)* mündlich
verbatim [vɜ:ˈbeɪtɪm] *adv* wortwörtlich
verdict [ˈvɜ:dɪkt] *sb* Urteil *n*
verification [verɪfɪˈkeɪʃən] *sb* **1.** *(check)* Überprüfung *f*, Kontrolle *f;* **2.** *(confirmation)* Bestätigung *f*, Nachweis *m*
verification of documents [verɪfɪˈkaɪʃən əv ˈdɒkjʊmənts] *sb* Belegprüfung *f*
verify [ˈverɪfaɪ] *v* **1.** *(check)* prüfen, nachprüfen; **2.** *(confirm)* bestätigen
versatile [ˈvɜ:sətaɪl] *adj* vielseitig
versatility [vɜ:səˈtɪlɪtɪ] *sb* Vielseitigkeit *f*
version [ˈvɜ:ʒən] *sb* Modell *n*
versus [ˈvɜ:səs] *prep* kontra
vertical integration [ˈvɜ:tɪkl ɪntɪˈgreɪʃn] *sb* vertikale Integration *f*, vertikale Konzentration *f*
vested interest stock [ˈvestɪd ˈɪntrest stɒk] *sb* Interessenwert *m*
veto [ˈvi:təʊ] *sb* **1.** Veto *n; v* **2.** *~ sth* ein Veto gegen etw einlegen
via [ˈvaɪə] *prep* per, über
viability study [vaɪəˈbɪlɪtɪ ˈstʌdɪ] *sb* Wirtschaftlichkeitsstudie *f*
viable [ˈvaɪəbl] *adj* *(fig)* durchführbar
video [ˈvɪdɪəʊ] *sb* **1.** Video *n*, Videoclip *m; v* **2.** *~ sth* etw auf Video aufnehmen
video conference [ˈvɪdɪəʊ ˈkɒnfərəns] *sb* Videokonferenz *f*
videodisc [ˈvɪdɪəʊdɪsk] *sb* Video-Disc *f*
videophone [ˈvɪdɪəʊfəʊn] *sb* Bildschirmtelefon *n*
videotape [ˈvɪdɪəʊteɪp] *sb* Videoband *n*
videotext [ˈvɪdɪəʊtekst] *sb* Videotext *m*
violate [ˈvaɪəleɪt] *v* **1.** *(a contract, a treaty, an oath)* verletzen; **2.** *(a law)* übertreten
violation [vaɪəˈleɪʃən] *sb* **1.** *(of a contract)* Verletzung *f;* **2.** *(of a law)* Gesetzübertretung *f*
violation of competition rule [vaɪəˈleɪʃən əv kɒmpəˈtɪʃən ru:l] *sb* Wettbewerbsverstoß *m*
virtual companies [ˈvɜ:tjʊəl ˈkʌmpəniz] *pl* virtuelle Unternehmen *n/pl*
virtual reality [ˈvɜ:tʃʊəl rɪˈælɪtɪ] *sb* virtuelle Realität *f*
virtualization [vɜ:tjʊəlaɪˈzeɪʃn] *sb* Virtualisierung *f*
virus [ˈvaɪrəs] *sb* *(computer)* Virus *n*
visa [ˈvi:zə] *sb* Visum *n*
visiting card [ˈvɪzɪtɪŋ kɑ:d] *sb* *(UK)* Visitenkarte *f*
visiting hours [ˈvɪzɪtɪŋ ˈaʊəz] *pl* Besuchszeiten *f/pl*
visitor [ˈvɪzɪtə] *sb* Besucher(in) *m/f*, Gast *m*
vocation [vəʊˈkeɪʃən] *sb* *(profession)* Beruf *m*
vocational [vəʊˈkeɪʃənl] *adj* Berufs..., beruflich
vocational college [vəʊˈkeɪʃənl ˈkɒlɪdʒ] *sb* Berufsfachschule *f*
vocational counselling [vəʊˈkeɪʃənl ˈkaʊnsəlɪŋ] *sb* Berufsberatung *f*
vocational retraining [vəʊˈkeɪʃənl ri:ˈtreɪnɪŋ] *sb* berufliche Umschulung *f*
vocational school [vəʊˈkeɪʃənl ˈsku:l] *sb* Berufsschule *f*
vocational training [vəʊˈkeɪʃənl ˈtreɪnɪŋ] *sb* Berufsausbildung *f*
voice mail [vɔɪs meɪl] *sb* Voice-Mail *f*
void [vɔɪd] *adj* ungültig, nichtig; *become ~* verfallen; *declare ~* für ungültig erklären; *stand~* ungültig sein
void bill [vɔɪd bɪl] *sb* präjudizierter Wechsel *m*
voidable [ˈvɔɪdəbl] *adj* aufhebbar, anfechtbar
volatility [vɒləˈtɪlɪtɪ] *sb* Volatilität *n*
volatility analysis [vɒlətɪlɪtɪ əˈnæləsɪs] *sb* Volatilitätsanalyse *f*

volt [vɒlt] *sb* Volt *n*

voltage [ˈvɒltɪdʒ] *sb* Spannung *f*

volume [ˈvɒlju:m] *sb* **1.** *(measure)* Volumen *n;* **2.** *(fig: of business, of traffic)* Umfang *m*

volume of business [ˈvɒlju:m əv ˈbɪznɪs] *sb* Geschäftsvolumen *n*

volume of foreign trade [ˈvɒlju:m əv ˈfɒrɪn treɪd] *sb* Außenhandelsvolumen *n*

volume of money [ˈvɒlju:m əv ˈmʌnɪ] *sb* Geldvolumen *n*

volume order [ˈvɒlju:m ˈɔ:də] *sb* Großauftrag *m*, Mengenauftrag *m*

volume variance [ˈvɒlju:m ˈveərɪəns] *sb* Beschäftigungsabweichungen *f/pl*

voluntary [ˈvɒləntərɪ] *adj* freiwillig, ehrenamtlich

voluntary contributions [ˈvɒləntərɪ kɒntrɪˈbju:ʃnz] *pl* Spenden *f/pl*

voluntary disclosure [ˈvɒləntərɪ dɪsˈkləʊʒə] *sb* Selbstauskunft *f*

voluntary retirement [ˈvɒləntərɪ rɪˈtaɪəmənt] *sb* Austritt *m*

vostro account [ˈvɒstrəʊ əˈkaʊnt] *sb* Vostrokonto *n*

voting rights of nominee shareholders [ˈvəʊtɪŋ raɪts əv nɒmɪˈni: ˈʃeəhəʊldəz] *pl* Depotstimmrecht *n*

voting share [ˈvəʊtɪŋ ʃeə] *sb* Stimmrechtsaktie *f*

voucher [ˈvaʊtʃə] *sb* **1.** *(coupon)* Gutschein *m*, Bon *m;* **2.** *(receipt)* Beleg *m*, Quittung *f*

vouchsafe [vaʊtʃˈseɪf] *v* gewähren

W

wage [weɪdʒ] *sb (~s)* Lohn *m*
wage agreement ['weɪdʒ ə'gri:mənt] *sb* Lohnvereinbarung *f*
wage arrears [weɪdʒ ə'rɪez] *pl* Lohnrückstände *m/pl*
wage bargaining [weɪdʒ 'bɑ:gɪnɪŋ] *sb* Lohnverhandlungen *f/pl*
wage bracket [weɪdʒ 'brækɪt] *sb* Lohngruppe *f*, Lohnklasse *f*
wage claim ['weɪdʒ kleɪm] *sb* Lohnforderung *f*
wage continuation [weɪdʒ kəntɪnjʊ'eɪʃən] *sb* Lohnfortzahlung *f*
wage costs ['weɪdʒ kɒsts] *pl* Lohnkosten *pl*
wage cut ['weɪdʒ kʌt] *sb* Lohnkürzung *f*, Lohnsenkung *f*
wage-earner ['weɪdʒɜ:nə] *sb* Lohnempfänger(in) *m/f*
wage freeze ['weɪdʒfri:z] *sb* Lohnstopp *m*
wage in cash ['weɪdʒ ɪn 'kæʃ] *sb* Barlohn *m*
wage-induced [weɪdʒɪn'dju:st] *adj* lohnkostenbedingt
wage-intensive [weɪdʒɪn'tensɪv] *sb* lohnintensiv
wage per hour [weɪdʒ pɜ: 'aʊə] *sb* Stundenlohn *m*
wage-price spiral ['weɪdʒ'praɪs 'spaɪrəl] *sb* Lohn-Preis-Spirale *f*
wage scale ['weɪdʒ skeɪl] *sb* Lohntarif *m*
wages paid in kind ['weɪdʒɪz peɪd ɪn 'kaɪnd] *pl* Naturallohn *m*
wages policy ['weɪdʒɪz 'pɒlɪsɪ] *sb* Lohnpolitik *f*
wage rate ['weɪdʒ reɪt] *sb* Lohntarif *m*
wage tax ['weɪdʒ tæks] *sb* Lohnsteuer *f*
wage tax class ['weɪdʒ tæks klɑ:s] *sb* Lohnsteuerklasse *f*
wait-and-see attitude [weɪtænd'si: 'ætɪtju:d] *sb* abwartende Haltung *f*, Attentismus *m*
waiting allowance ['weɪtɪŋ ə'laʊəns] *sb* Karenzentschädigung *f*
waive [weɪv] *v* verzichten
waiver ['weɪvə] *sb* **1.** Verzicht *m*; **2.** *(form, written ~)* Verzichterklärung *f*
waiver of a claim ['weɪvər əv ə 'kleɪm] *sb* Anspruchsverzicht *m*
wallet ['wɒlɪt] *sb* Brieftasche *f*
Wall Street ['wɔ:l stri:t] *sb* New Yorker Börse *f*, Wall Street *f*
want [wɒnt] *sb* **1.** *(need)* Bedürfnis *n*; **2.** *(lack)* Mangel *m*; *for ~ of* mangels; **3.** *(poverty)* Not *f*
wantage ['wɑ:ntɪdʒ] *sb* Fehlbetrag *m*
wanting ['wɒntɪŋ] *adj* fehlend, mangelnd; *to be found ~* sich als mangelhaft erweisen
war loan ['wɔ: ləʊn] *sb* Kriegsanleihe *f*
ware [weə] *sb* Ware *f*, Erzeugnis *n*
warehouse ['weəhaʊs] *sb* Lagerhaus *n*, (Waren-)Lager *n*
warehouse costs ['weəhaʊs kɒsts] *pl* Lagerhaltungskosten *pl*
warehouse loan ['weəhaʊs ləʊn] *sb* Einlagerungskredit *f*
warehouse receipt ['weəhaʊs rɪ'si:t] *sb* Lagerempfangsschein (D/W) *m*
warehouse rent ['weəhaʊs rent] *sb* Lagermiete *f*
warehouse warrant ['weəhaʊs 'wɒrənt] *sb* Lagerschein *m*
warehousing ['weəhaʊzɪŋ] *sb* Lagerung *f*
warning ['wɔ:nɪŋ] *sb (notice)* Ankündigung *f*, Benachrichtigung *f*
warrant ['wɒrənt] *sb* Befehl *m*; *(search ~)* Durchsuchungsbefehl *m*; *(for arrest)* Haftbefehl *m*
warrant for goods ['wɒrənt fɔ: gʊdz] *sb* Lagerpfandschein *m*
warrant issue ['wɒrənt 'ɪʃu:] *sb* Optionsanleihe *f*
warrant of attachment ['wɒrənt əv ə'tætʃmənt] *sb* Beschlagnahmeverfügung *f*
warrantor ['wɒrəntɔ:] *sb* Garantiegeber *m*
warrants ['wɒrənts] *sb* Warrants *pl*
warranty ['wɒrəntɪ] *sb* Garantie *f*, Gewährleistung *f*

warranty clause ['wɒrəntɪ klɔːz] *sb* Gewährleistungsklausel *f*
warranty deed ['wɒrəntɪ diːd] *sb* Bürgschaftsurkunde *f*
warranty of authority ['wɒrəntɪ əv ɔː'θɒrətɪ] *sb* Ermächtigung *f*
waste [weɪst] *v* **1.** *(sth)* verschwenden, vergeuden; *(a chance)* vertun; *sb* **2.** Verschwendung *f; (rubbish)* Abfall *m; (~ material)* Abfallstoffe *pl*
waste disposal ['weɪst dɪs'pəʊzəl] *sb* Abfallbeseitigung *f*
waste management ['weɪst 'mænɪdʒmənt] *sb* Abfallwirtschaft *f*
waterage ['wɔːtərɪdʒ] *sb* Transport auf dem Wasserweg *m*
watering of capital stock [wɔːtərɪŋ əv 'kæpɪtl stɒk] *sb* Kapitalverwässerung *f*
waterproof ['wɔːtəpruːf] *adj* wasserundurchlässig, wasserdicht
watt [wɒt] *sb* Watt *n*
wattage ['wɒtɪdʒ] *sb* Wattleistung *f*
waybill ['weɪbɪl] *sb* Frachtbrief *m*
wealth tax ['welθ tæks] *sb* Vermögenssteuer *f*
wear and tear ['weər ənd 'teə] *sb* Abnutzung und Verschleiß
wearproof ['weəpruːf] *adj* strapazierfähig
web [web] *sb the Web* das World Wide Web *n*, das Netz *n*
web browser ['web 'braʊzə] *sb* Webbrowser *m*
web page ['web peɪdʒ] *sb* Web-Seite *f*, Webpage *f*
web server ['web 'sɜːvə] *sb* Webserver *m*, Internetrechner *m*
web site ['websaɪt] *sb* Website *f*
weekday ['wiːkdeɪ] *sb* Wochentag *m*
weekend [wiːk'end] *sb* Wochenende *n*
weigh [weɪ] *v* **1.** wiegen; *(sth)* wiegen; **2.** *(fig: pros and cons)* abwägen; *~ one's words* seine Worte abwägen
weight [weɪt] *sb* Gewicht *n; lose ~/gain ~ (person)* abnehmen/zunehmen
weight guaranteed (w.g.) [weɪt gærən'tiːd] garantiertes Gewicht (w.g.) *n*
weighting ['weɪtɪŋ] *sb (UK: ~ allowance)* Zulage *f*
weight loaded [weɪt 'ləʊdɪd] *sb* Abladegewicht *n*
weight of taxation [weɪt əv tæk'seɪʃən] *sb* Steuerlast *f*
welfare ['welfeə] *sb* Wohlfahrt *f*, Sozialhilfe *f*
welfare state ['welfeə steɪt] *sb* Wohlfahrtsstaat *m*
well-connected [wel kə'nektɪd] *adj be ~* gute Beziehungen haben
well-deserved [weldɪ'zɜːvd] *adj* wohlverdient
well-equipped [welɪ'kwɪpt] *adj* gut ausgerüstet
well-informed [welɪn'fɔːmd] *adj (person)* gut informiert
well-intentioned [welɪn'tenʃənd] *adj* wohl gemeint; *(person)* wohlmeinend
well-known ['welnəʊn] *adj* bekannt
wharf [wɔːf] *sb* Kai *m*
wharfage ['wɔːfɪdʒ] *sb* Kaigebühren *pl*
whispering campaign ['wɪspərɪŋ kæm'peɪn] *sb* Verleumdungskampagne *f*
white collar worker [waɪt 'kɒlə 'wɜːkə] *sb* Angestellte(r) *f/m*, Büroangestellte(r) *f/m*
white goods ['waɪt gʊdz] *sb* weiße Ware *f*
white knight [waɪt 'naɪt] *sb* Investor, der eine Firma vor einer Übernahme rettet *m*, Retter in der Not *m*
white-collar crime ['waɪtkɒlə kraɪm] *sb* White-Collar-Kriminalität *f*, Wirtschaftskriminalität *f*
white-collar union ['waɪtkɒlə 'juːnjən] *sb* Angestelltengewerkschaft *f*
whiteout ['waɪtaʊt] *sb (fam)* Tipp-Ex *n*
whole-bank interest margin calculation ['həʊlbæŋk 'ɪntrest mɑːdʒɪn kælkjʊ'leɪʃn] *sb* Gesamtzinsspannenrechnung *f*
wholesale ['həʊlseɪl] *sb* Großhandel *m; adv* im Großhandel
wholesale banking ['həʊlseɪl bæŋkɪŋ] *sb* Firmenkundengeschäft *n*
wholesale insurance ['həʊlseɪl ɪn'ʃʊərəns] *sb* Gruppenversicherung *f*
wholesale market ['həʊlseɪl 'mɑːkɪt] *sb* Großmarkt *m*
wholesale merchant ['həʊlseɪl 'mɜːtʃənt] *sb* Großhandelskaufmann/Großhandelskauffrau *m/f*
wholesale price ['həʊlseɪl praɪs] *sb* Großhandelspreis *m*

wholesale trade ['həʊlseɪl treɪd] *sb* Großhandel *m*
wholesaler ['həʊlseɪlə] *sb* Großhändler(in) *m/f*, Grossist(in) *m/f*
wholly-owned [həʊlɪ'əʊnd] *adj a ~ subsidiary* eine hundertprozentige Tochtergesellschaft *f*
width [wɪdθ] *sb* Breite *f*
wield [wi:ld] *v (power)* ausüben
Wi-Fi ['waɪfaɪ] *sb* WLAN *n*
wildcat ['waɪldkæt] *adj* spekulativ, riskant; *~ security* unsicheres Wertpapier
wilful ['wɪlfʊl] *adj (deliberate)* vorsätzlich, mutwillig
willingness ['wɪlɪŋnɪs] *sb* Bereitwilligkeit *f*, Bereitschaft *f*
willingness to achieve ['wɪlɪŋnɪs tu: ə'tʃi:v] *sb* Leistungsbereitschaft *f*
windbill ['wɪndbɪl] *sb* Reitwechsel *m*
winding-up [waɪndɪŋ'ʌp] *sb* Geschäftsauflösung *f*, Liquidation *f*
winding-up accounts [waɪndɪŋ'ʌp ə'kaʊnts] *pl* Abwicklungsbilanz *f*
winding-up period [waɪndɪŋ'ʌp 'pɪərɪəd] *sb* Abwicklungszeitraum *m*
winding-up petition [waɪndɪŋ'ʌp pɪ'tɪʃən] *sb* Antrag auf Liquidation *m*
window dressing ['wɪndəʊ dresɪŋ] *sb* **1.** Schaufensterdekoration *f;* **2.** Bilanzschönung *f*
window envelope ['wɪndəʊ 'envələʊp] *sb* Fensterbriefumschlag *m*
winter bonus ['wɪntə 'bəʊnəs] *sb* Winterausfallgeld *n*
wire [waɪə] *v (send a telegram to)* telegrafieren
withdrawal [wɪθ'drɔ:əl] *sb* Entnahme *f*, Abhebung *f*
withdrawal of an order [wɪθ'drɔ:əl əv ən 'ɔ:də] *sb* Auftragsstornierung *f*
withdrawal of shares [wɪθ'drɔ:əl əv 'ʃeəs] *sb* Aktieneinziehung *f*
withdrawal period [wɪθ'drɔ:əl 'pɪəriəd] *sb* Kündigungsfrist *f*
withhold [wɪð'həʊld] *v* einbehalten, zurückhalten
withholding of income tax [wɪð'həʊldɪŋ əv 'ɪŋkʌm tæks] *sb* Lohnsteuerabzug *m*
withholding of payment [wɪð'həʊldɪŋ əv 'peɪmənt] *sb* Zahlungsverweigerung *f*
withholding rate [wɪð'həʊldɪŋ reɪt] *sb* Kapitalertragssteuersatz *m*, Lohnsteuersatz *m*
without competition [wɪθ'aʊt kɒmpə'tɪʃən] *adv* konkurrenzlos
without guarantee [wɪθ'aʊt gærən'ti:] *adv* ohne Gewähr
without obligation [wɪθ'aʊt ɒblɪ'geɪʃən] *adv* ohne Obligo, *offer ~* freibleibend
without prior notice [wɪθ'aʊt 'praɪə 'nəʊtɪs] *adv* fristlos
witness ['wɪtnɪs] *v* **1.** bezeugen, Zeuge sein; *sb* **2.** Zeuge/Zeugin *m/f*
word processing [wɜ:d 'prəʊsesɪŋ] *sb* Textverarbeitung *f*
work [wɜ:k] *v* **1.** arbeiten; *~ on* arbeiten an; **2.** *(a machine)* bedienen; **3.** *(to be successful)* klappen; **4.** *(function)* funktionieren; *sb* **5.** Arbeit *f; to be at ~ on sth* an etw arbeiten; *out of ~* arbeitslos; *make short ~ of sth (fam)* mit etw kurzen Prozess machen; *He's at ~.* Er ist in der Arbeit. *~s pl* **6.** *(factory)* Betrieb *m*, Fabrik *f*
workable ['wɜ:kəbl] *adj* **1.** brauchbar, durchführbar; **2.** *(mining)* abbaufähig
workaholic [wɜ:kə'hɒlɪk] *sb* Arbeitssüchtige(r) *f/m*, Workaholic *m*
workbench ['wɜ:kbentʃ] *sb* Werkbank *f*
worker ['wɜ:kə] *sb* Arbeiter(in) *m/f*
worker participation ['wɜ:kə pɑ:tɪsɪ'peɪʃən] *sb* Arbeitnehmerbeteiligung *f*
work ethic [wɜ:k 'eθɪk] *sb* Arbeitsmoral *f*
work experience [wɜ:k ɪk'spɪəriəns] *sb* Berufserfahrung *f*, Berufspraxis *f*
workforce ['wɜ:kfɔ:s] *sb* Belegschaft *f*, Arbeiterschaft *f*
working assets ['wɜ:kɪŋ 'æsets] *sb* Betriebskapital *n*, Umlaufvermögen *n*
working atmospere ['wɜ:kɪŋ 'ætməsfɪə] *sb* Betriebsklima *n*
working capital ['wɜ:kɪŋ 'kæpɪtl] *sb* Betriebskapital *n*
working credit ['wɜ:kɪŋ 'kredɪt] *sb* Betriebskredit *m*
working day ['wɜ:kɪŋ deɪ] *sb* Arbeitstag *m*
working expenses ['wɜ:kɪŋ ɪks'pensɪz] *pl* Betriebskosten *pl*

working funds [ˈwɜːkɪŋ fʌndz] *pl* Betriebsmittel *n/pl*
working hours [ˈwɜːkɪŋ ˈaʊəz] *pl* Arbeitszeit *f*
working knowledge [ˈwɜːkɪŋ ˈnɒlɪdʒ] *sb (in languages)* Grundkenntnisse *f/pl*
working lunch [ˈwɜːkɪŋ lʌntʃ] *sb* Arbeitsessen *n*
working party [ˈwɜːkɪŋ ˈpɑːtɪ] *sb* Arbeitsgruppe *f*, Arbeitsgemeinschaft *f*
working time standard [ˈwɜːkɪŋ taɪm ˈstændəd] *sb* Regelarbeitszeit *f*
working week [ˈwɜːkɪŋ wiːk] *sb* Arbeitswoche *f*
work injury [wɜːk ˈɪndʒərɪ] *sb* Betriebsunfall *m*, Arbeitsunfall *m*
work in process [wɜːk ɪn ˈprəʊses] *sb* unfertige Erzeugnisse *n/pl*
work in the field [wɜːk ɪn ðə ˈfiːld] *sb* Außendienst *m*
work layout [wɜːk ˈleɪaʊt] *sb* Arbeitsdisposition *f*
workload [ˈwɜːkləʊd] *sb* Arbeitslast *f*
workmanship [ˈwɜːkmənʃɪp] *sb* Arbeitsqualität *f*
workmate [ˈwɜːkmeɪt] *sb* Arbeitskollege *m*
work out [wɜːk ˈaʊt] *v (figures)* ausrechnen
work output [wɜːk ˈaʊtpʊt] *sb* Arbeitsleistung *f*
work performed [wɜːk pəˈfɔːmd] *sb* Arbeitsertrag *m*
work permit [ˈwɜːk ˈpɜːmɪt] *sb* Arbeitserlaubnis *f*
workplace [ˈwɜːkpleɪs] *sb* Arbeitsplatz *m*
work procurement [wɜːk prəˈkjʊəmənt] *sb* Arbeitsbeschaffung *f*
workshop [ˈwɜːkʃɒp] *sb* Werkstatt *f*; *(fig: seminar)* Seminar *n*
works pension [wɜːks ˈpenʃn] *sb* Betriebsrente *f*, Firmenrente *f*
works protection force [wɜːks prəˈtekʃən fɔːs] *sb* Werkschutz *m*
workstandard [wɜːkˈstændəd] *sb* Werknorm *f*
workstation [ˈwɜːksteɪʃn] *sb* Arbeitsplatzrechner *m*
work together [wɜːk təˈgeθə] *v* zusammenarbeiten
work to rule [wɜːk tə ˈruːl] *sb* Dienst nach Vorschrift *m*
World Bank [ˈwɜːld bæŋk] *sb* Weltbank *f*
world economic summit [wɜːld iːkəˈnɒmɪk ˈsʌmɪt] *sb* Weltwirtschaftsgipfel *m*
world economy [wɜːld ɪkˈɒnəmɪ] *sb* Weltwirtschaft *f*
world fair [wɜːld feə] *sb* Weltausstellung *f*
world market [wɜːld ˈmɑːkɪt] *sb* Weltmarkt *m*
world market price [wɜːld ˈmɑːkɪt praɪs] *sb* Weltmarktpreis *m*
world trade [wɜːld ˈtreɪd] *sb* Welthandel *m*
World Trade Organization (WTO) [wɜːld treɪd ɔːgənaɪˈzeɪʃən] *sb* Welthandelsorganisation *f*, WTO *f*
world-wide [wɜːldˈwaɪd] *adj* weltweit
worldwide economic crisis [ˈwɜːldwaɪd iːkəˈnɒmɪk ˈkraɪsɪs] *sb* Weltwirtschaftskrise *f*
worldwide financial statements [ˈwɜːldwaɪd faɪˈnænʃl ˈsteɪtmənts] *sb* Weltbilanz *f*
worst-case [ˈwɜːstkeɪs] *adj ~ scenario* Annahme des ungünstigsten Falles *f*
worth [wɜːθ] *sb* Wert *m*
wrapper [ˈræpə] *sb* Schutzumschlag *m*, Schutzhülle *f*
wrapping [ˈræpɪŋ] *sb* Verpackung *f*
wrapping paper [ˈræpɪŋ ˈpeɪpə] *sb* Packpapier *n*
writ [rɪt] *sb* Verfügung *f*, Anordnung *f*
writ of summons [rɪt əv ˈsʌmənz] *sb* Vorladung *f*
write-down value [ˈraɪtdaʊn ˈvæljuː] *sb* Buchwert *m*
writing down allowance [ˈraɪtɪŋ daʊn əˈlaʊəns] *sb* Abschreibungsfreibetrag *m*
write off [raɪt ˈɒf] *v irr* abschreiben
write-off [ˈraɪtɒf] *sb (tax ~)* Abschreibung *f*
write out [raɪt ˈaʊt] *v irr (cheque)* ausstellen
written [ˈrɪtn] *adj* schriftlich
wrongful [ˈrɒŋfʊl] *adj* unrechtmäßig, widerrechtlich

X/Y/Z

XYZ analysis ['ekswaɪzed ə'nælɪsɪs] *sb* XYZ-Analyse *f*
yard [jɑ:d] *sb (UK: 0.914 metres)* Yard *n*
year ['jɪə] *sb* Jahr *n*, ... *a ~* ... pro Jahr
year-ago ['jɪərəgəʊ] *adj* Vorjahres...
yearly ['jɪəlɪ] *adj* jährlich, Jahres...
year-on-year [jɪərɒn'jɪə] *adj* im Jahresvergleich, gegenüber dem Vorjahr
year's high [jɪəz 'haɪ] *sb* Jahreshöchststand *m*
Yellow Pages ['jeləʊ 'peɪdʒɪz] *pl the ~* die Gelben Seiten *pl*
yen [jen] *sb* Yen *m*
yield [ji:ld] *v* **1.** *(a crop, a result)* hervorbringen, ergeben; *(interest)* abwerfen; *sb* **2.** Ertrag *m*, Rendite *f*
yield after tax [ji:ld ɑ:ftə 'tæks] *sb* Nachsteuerrendite *f*
yield before tax [ji:ld bɪfɔ: 'tæks] *sb* Gewinn vor Steuern *m*
yield capacity [ji:ld kə'pæsətɪ] *sb* Ertragspotenzial *n*
yield level ['ji:ld levl] *sb* Renditenniveau *n*
yield on bonds outstanding [ji:ld ɒn 'bɒnds aʊt'stændɪŋ] *sb* Umlaufrendite *f*
yield on price [ji:ld ɒn 'praɪs] *sb* Kursrendite *f*
yield on shares ['ji:ld ɒn 'ʃeəs] *sb* Aktienrendite *f*
yield rate ['ji:ld reɪt] *sb* effektiver Zins *m*, Effektivverzinsung *f*
yield to maturity [ji:ld tu mə'tjʊərətɪ] *sb* Ablaufrendite *f*
young businessman [jʌŋ 'bɪznɪsmən] *sb* Jungunternehmer *m*
youth employment protection ['ju:θ ɪm'plɔɪmənt prə'tekʃn] *sb* Jugendarbeitsschutz *m*
youth representatives [ju:θ reprɪ'zentətɪvz] *sb* Jugendvertretung *f*
youth unemployment ['ju:θ 'ʌnɪmplɔɪmənt] *sb* Jugendarbeitslosigkeit *f*
zealous ['zeləs] *adj* eifrig
zero ['zɪərəʊ] *sb* **1.** Null *f*; **2.** *(on a scale)* Nullpunkt *m*
zero balance ['zɪərəʊ 'bæləns] *sb* ausgeglichene Bilanz *f*, Nullsaldo *m*
zero bonds ['zɪərəʊ bɒndz] *pl* Zerobonds *pl*
zero growth ['zɪərəʊ grəʊθ] *sb* Nullwachstum *n*
zero item ['zɪərəʊ 'aɪtəm] *sb* Nullposten *m*
zero rate ['zɪərəʊ reɪt] *sb* Nullsatz *m*
zero-rated ['zɪərəʊreɪtɪd] *adj* mehrwertsteuerfrei
ZIP code ['zɪp kəʊd] *sb (US)* Postleitzahl *f*
zone [zəʊn] *sb* **1.** Zone *f*, Gebiet *n*; Bereich *m*; *v* **2.** in Zonen einteilen
zonetime ['zəʊntaɪm] *sb* Zeitzonensystem *n*
zoning ['zəʊnɪŋ] *sb* Gebietsaufteilung *f*, Flächenaufteilung *f*

Deutsch – Englisch

A

A

ab Bahnhof [ap 'ba:nho:f] free on rail
ab Kai [ap 'kaɪ] ex quay
ab Werk [ap 'vɛrk] ex works
abändern ['apɛndɐn] *v* alter, change, modify
Abänderung ['apɛndəruŋ] *f* alteration, change, modification
Abänderungsantrag ['apɛndəruŋsantra:k] *m* (motion for) amendment
Abänderungsvorschlag ['apɛndəruŋsfo:ɐʃla:k] *m* proposal for alteration, proposed alteration
Abandon [abɑ̃'dɔ̃:] *m* abandonment
abarbeiten ['aparbaɪtən] *v* work off
Abbau ['apbau] *m* **1.** reduction, **2.** *(im Bergbau)* mining, exploitation, exhaustion
abbaubar ['apbauba:ɐ] *adj* degradable, decomposable
abbauen ['apbauən] *v* **1.** *(verringern)* reduce; **2.** *(zerlegen)* dismantle, pull down, take to pieces; **3.** *(im Bergbau)* mine, work
abbestellen ['apbəʃtɛlən] *v* cancel
Abbestellung ['apbəʃtɛluŋ] *f* cancellation
abbezahlen ['apbətsa:lən] *v* pay off, repay
abbrechen ['apbrɛçən] *v irr* break off, abort, sever
abbröckeln ['apbrœkəln] *v (Börsenkurs)* ease off, drop off
abbuchen ['apbu:xən] *v* **1.** deduct, debit; **2.** *(abschreiben)* write off
Abbuchung ['apbu:xuŋ] *f* debiting
Abbuchungsauftrag ['apbu:xuŋsauftra:k] *m* direct debit instruction
Abbuchungsverfahren ['apbu:xuŋsfɛɐfa:rən] *n* direct debit (procedure)
ABC-Analyse [abe'tse:analy:zə] *f* ABC evaluation analysis
Abendbörse ['a:bəntbœrzə] *f* evening stock exchange
aberkennen ['apɛɐkɛnən] *v irr* deprive, disallow, dispossess
Aberkennung ['apɛɐkɛnuŋ] *f* deprivation, abjudication, disallowance
Abfahrtszeit ['apfa:ɐtstsaɪt] *f* time of departure
Abfall ['apfal] *m* waste
Abfallbeseitigung ['apfalbəsaɪtiguŋ] *f* waste disposal
Abfallbörse ['apfalbœrsə] *f* recycling exchange
Abfallprodukt ['apfalprodukt] *n* waste product
Abfallverwertung ['apfalfɛɐve:rtuŋ] *f* recycling, waste utilization
Abfallwirtschaft ['apfalvɪrtʃaft] *f* utilization of waste products, waste management
abfeiern ['apfaɪɐn] *v Überstunden ~* take time off to make up for overtime
abfertigen ['apfɛrtɪgən] *v* **1.** *(Zoll)* clear; **2.** *(Kunde)* attend to, serve
Abfertigung ['apfɛrtɪguŋ] *f* dispatch, **1.** *(Zoll)* clearance; **2.** *(Kunde)* service
abfinden ['apfɪndən] *v irr* settle with, indemnify, pay off; *(jdn ~)* pay off, *(Teilhaber ~)* buy out
Abfindung ['apfɪnduŋ] *f* settlement, indemnification; compensation
Abfindungsangebot ['apfɪnduŋsangəbo:t] *n* compensation offer
Abfindungssumme ['apfɪnduŋszumə] *f* compensation, severance pay
abflauen ['apflauən] *v* flag, slacken, slow down
Abfrage ['apfra:gə] *f* inquiry
abführen ['apfy:rən] *v (Gelder)* pay
Abführungspflicht ['apfy:ruŋspflɪçt] *f* pay over duty
Abfülldatum ['apfylda:tum] *n* filling date, bottling date
Abgabe ['apga:bə] *f (Steuer)* duty, levy, tax
Abgabemenge ['apga:bəmɛŋə] *f* quantity sold
abgabenfrei ['apga:bənfraɪ] *adj* duty-free, tax-free, tax-exempt
Abgabenordnung ['apga:bənɔrdnuŋ] *f* fiscal code
abgabenpflichtig ['apga:bənpflɪçtɪç] *adj* taxable, liable to tax

A

Abgabensystem ['apga:bənzʏste:m] *n* taxation system
Abgabetermin ['apga:bətɛrmi:n] *m* submission date, hand-in deadline
Abgang ['apgaŋ] *m (Waren)* outlet, sale, market
abgelten ['apgɛltən] *v irr* pay off, compensate
Abgeltungssteuer ['apgɛltuŋsʃtɔyɐ] *f* settlement tax
Abgleich ['apglaɪç] *m* alignment, balance
Abgrenzung ['apgrɛntsuŋ] *f* demarcation
Abgrenzungspolitik ['apgrɛntsuŋspoliti:k] *f* policy of separation, policy of polarization
Abgrenzungsposten ['apgrɛntsuŋspɔstən] *m/pl* deferred and accrued items *pl*
abheben ['aphe:bən] *v irr (Geld)* withdraw, take out, draw
Abhebung ['aphe:buŋ] *f (von Geld)* withdrawal
abholbereit ['apho:lbəraɪt] *adj* ready for collection
abholen ['apho:lən] *v* collect, come for, fetch, pick up
abkaufen ['apkaufən] *v* buy, purchase
Abkommen ['apkɔmən] *n* deal, agreement
Abladegewicht ['apla:dəgəvɪçt] *n* weight loaded
Ablage ['apla:gə] *f* file, filing
Ablagekorb ['apla:gəkɔrp] *m* filing tray
Ablauf ['aplauf] *m* **1.** *(Frist)* expiry, expiration *(US)*; **2.** procedure, process
ablaufen ['aplaufən] *v irr (Frist)* run out
Ablauffrist ['aplauffrɪst] *f* time limit
ablegen ['aple:gən] *v* **1.** *(Akten)* file; **2.** *(ein Geständnis)* confess
Ablehnung ['aple:nuŋ] *f* refusal
abliefern ['apli:fɐn] *v* deliver
Ablieferung ['apli:fəruŋ] *f* delivery, submission
Ablöse ['aplø:zə] *f* redemption
ablösen ['aplø:zən] *v (tilgen)* redeem, pay off
Ablösesumme ['aplø:zezumə] *f* redemption price, redemption sum
Ablösung ['aplø:zuŋ] *f (Tilgung)* redemption, repayment
Ablösungsanleihe ['aplø:zuŋsanlaɪə] *f* redemption loan
Abmachung ['apmaxuŋ] *f* agreement, settlement
abmahnen ['apma:nən] *v* caution
Abmahnung ['apma:nuŋ] *f* warning, reminder
ABM [a:be:'ɛm] *f* job creation scheme
Abnahme ['apna:mə] *f* **1.** *(Verminderung)* decrease, decline, diminution; **2.** *(amtliche ~)* official acceptance, inspection
Abnahmemenge ['apna:məmɛŋə] *f* purchased quantity
Abnahmepflicht ['apna:məpflɪçt] *f* obligation to take delivery
abnehmen ['apne:mən] *v irr* **1.** *(entgegennehmen)* take; **2.** *(abkaufen)* buy; *jdm etw ~* relieve s.o. of sth; **3.** inspect
Abnehmer ['apne:mɐ] *m* buyer, purchaser
Abnehmerkreis ['apne:mərkraɪs] *m* consumers *pl*, consumer group, market
Abnehmerland ['apne:mərlant] *n* buyer country
Abnutzung ['apnutsuŋ] *f* wear, wear and tear
Abonnement [abɔnə'mɑ̃:] *n* subscription
abonnieren [abɔ'ni:rən] *v* subscribe
abordnen ['apɔrdnən] *v* delegate, deputize *(US)*
Abordnung ['apɔrdnuŋ] *f* delegation
abrechnen ['aprɛçnən] *v* **1.** settle; **2.** *(etw abziehen)* deduct
Abrechnung ['aprɛçnuŋ] *f* **1.** *(Abzug)* deduction; **2.** *(Aufstellung)* statement; **3.** *(Schlussrechnung)* settlement (of accounts), bill
Abrechnungsstelle ['aprɛçnuŋsʃtelə] *f* clearing house
Abrechnungstag ['aprɛçnuŋsta:k] *m* settling day
Abrechnungstermin ['aprɛçnuŋstermi:n] *m* accounting date
Abrechnungsverfahren ['aprɛçnuŋsfɛrfa:rən] *n* settling procedure
Abrechnungsverkehr ['aprɛçnuŋsferke:ɐ] *m* clearing system

Abrechnungszeitraum [ˈapreçnuŋstsaɪtraum] *m* accounting period
Abruf [ˈapru:f] *m* retrieval
Abrufauftrag [ˈapru:fauftra:k] *m* call order
abrufbereit [ˈapru:fbəraɪt] *adj* ready on call; retrievable
abrufen [ˈapru:fən] *v irr* request delivery of; retrieve
Absage [ˈapza:gə] *f* refusal
absagen [ˈapza:gən] *v* **1.** *(streichen)* cancel; **2.** *(Angebot)* turn down; **3.** *(verzichten)* renounce
Absatz [ˈapzats] *m* sales *pl*
Absatzanalyse [ˈapzatsanaly:zə] *f* sales analysis
Absatzbeschränkung [ˈapzatsbəʃrɛŋkuŋ] *f* restriction on the sale of sth
Absatzchance [ˈapzatsʃɑ̃:sə] *f* sales prospects
absatzfähig [ˈapzatsfɛ:ıç] *adj* marketable, saleable
Absatzfinanzierung [ˈapzatsfınantsi:ruŋ] *f* sales financing
Absatzflaute [ˈapzatsflautə] *f* slump in sales
Absatzförderung [ˈapzatsfœrdəruŋ] *f* sales promotion
Absatzgebiet [ˈapzatsgəbi:t] *n* marketing area
Absatzkanal [ˈapzatskana:l] *m* channel of distribution
Absatzkontrolle [ˈapzatskɔntrɔlə] *f* sales control
Absatzkrise [ˈapzatskri:zə] *f* sales crisis
Absatzmarkt [ˈapzatsmarkt] *m* market
Absatzmöglichkeit [ˈapzatsmø:klıçkaıt] *f* sales potential, sales prospect
Absatzorganisation [ˈapzatsɔrganizatsjo:n] *f* sales organization
Absatzplanung [ˈapzatspla:nuŋ] *f* sales planning
Absatzpolitik [ˈapzatspoliti:k] *f* sales policy, marketing policy
Absatzstatistik [ˈapzatsʃtatıstık] *f* sales statistics
Absatzsteigerung [ˈapzatsʃtaıgəruŋ] *f* increase in sales, increase in trade
Absatzvolumen [ˈapzatsvolu:mən] *n* sales volume
Absatzweg [ˈapzatsve:k] *m* channel of distribution
Absatzwirtschaft [ˈapzatsvırtʃaft] *f* marketing
Absatzziel [ˈapzatstsi:l] *n* sales target
Abschlag [ˈapʃla:k] *m* **1.** *(Rate)* part payment; **2.** *(Preissenkung)* markdown; discount; **3.** *(Kursabschlag)* marking down
Abschlagsdividende [ˈapʃla:ksdividɛndə] *f* dividend on account
Abschlagssumme [ˈapʃla:kszumə] *f* lump sum
Abschlagszahlung [ˈapʃla:kstsa:luŋ] *f* down payment, part payment, instalment rate
abschließen [ˈapʃli:sən] *v irr* **1.** *(beenden: Sitzung)* conclude, bring to a close, end; **2.** *(Geschäft)* transact, conclude; **3.** *(Konten, Rechnungen)* settle; **4.** *(Rechnungsbücher)* balance, close
Abschluss [ˈapʃlus] *m* **1.** *(Beendigung)* end; *zum ~ bringen* bring to a conclusion; *zum ~ kommen* come to an end; **2.** *(Vertragsschluss)* signing of an agreement, conclusion of a contract; **2.** *(Geschäftsabschluss)* (business) transaction, (business) deal; *zum ~ kommen* finalize; **4.** *(Bilanz)* financial statement, annual accounts
Abschlussauftrag [ˈapʃlusauftra:k] *m* final order
Abschlussbilanz [ˈapʃlusbılants] *m* final annual balance sheet
Abschlusskurs [ˈapʃluskurs] *m* closing rate
Abschlussprovision [ˈapʃlusprovizjo:n] *f* sales commission, acquisition commission
Abschlussprüfer(in) [ˈapʃluspry:fɐ(rın)] *m/f* auditor
Abschlussprüfung [ˈapʃluspry:fuŋ] *f* audit
Abschlussstichtag [ˈapʃlusʃtıçta:k] *m* closing date of accounts
Abschlusstechnik [ˈapʃlusteçnık] *f* finishing technique
abschöpfen [ˈapʃœpfən] *v* skim off
Abschöpfung [ˈapʃœpfuŋ] *f* skimming off (of profits), siphoning off
Abschöpfungs-Preispolitik [ˈapʃœpfuŋs-praıspoliti:k] *f* skimming-the-market pricing policy

A

Abschöpfungssystem ['apʃœpfuŋs-zyste:m] *n* absorption system
abschreiben ['apʃraɪbən] *v irr* write off
Abschreibung ['apʃraɪbuŋ] *f (Wertverminderung)* depreciation, writing off
Abschreibungsbetrag ['apʃraɪbuŋs-bətra:k] *m* depreciation allowance, depreciation amount
Abschreibungsfonds ['apʃraɪbuŋsfɔ̃:] *m* depreciation fund
Abschreibungsgesellschaft ['apʃraɪbuŋsgəzɛlʃaft] *f* write-off company, tax shelter company
Abschreibungsmethode ['apʃraɪbuŋs-meto:də] *f* method of depreciation
Abschreibungsobjekt ['apʃraɪbuŋs-ɔpjɛkt] *n* object of depreciation
Abschreibungssatz ['apʃraɪbuŋszats] *m* rate of depreciation
Abschreibungsvergünstigung ['ap-ʃraɪbuŋsfɛrgʏnstɪguŋ] *f* tax privilege (in respect of depreciation)
Abschrift ['apʃrɪft] *f* copy
Abschwung ['apʃvuŋ] *m* recession
absenden ['apzɛndən] *v* (send) forward, dispatch
Absendung ['apzɛnduŋ] *f* **1.** *(Verschickung)* dispatch, sending, sending off; **2.** *(Abordnung)* delegation
Absendungsvermerk ['apzɛnduŋs-fɛrmɛrk] *m* note confirming dispatch
Absentismus [apzɛn'tɪsmus] *m* absenteeism
absetzbar ['apzɛtsba:ɐ] *adj* **1.** *(verkäuflich)* marketable, saleable; **2.** *(steuerlich ~)* deductible
absetzen ['apzɛtsən] *v* **1.** *(verkaufen)* sell; **2.** *(abschreiben)* deduct
Absetzung ['apzɛtsuŋ] *f (Abschreibung)* deduction, depreciation, allowance
absorbieren [apzɔr'bi:rən] *v* absorb
Absorption [apzɔrp'tsjo:n] *f* absorption
abspalten ['apʃpaltən] *v* split (off)
abspeichern ['apʃpaɪçɛn] *v* save, store
Abspeicherung ['apʃpaɪçəruŋ] *f* saving, storing
Absprache ['apʃpra:xə] *f* agreement, arrangement
absprachegemäß ['apʃpra:xəgəmɛ:s] *adj* as agreed, as per arrangement
absprechen ['apʃprɛçən] *v irr* **1.** *(vereinbaren)* agree, arrange, settle; **2.** *(aberkennen)* disallow, deny
Abstand ['apʃtant] *m* **1.** distance; **2.** *(Zahlung)* indemnity payment
Abstandssumme ['apʃtantszumə] *f* compensation, indemnification
Abstandszahlung ['apʃtantstsa:luŋ] *f* indemnity
Abstempelung ['apʃtɛmpəluŋ] *f* stamping
Abstimmung ['apʃtɪmuŋ] *f* voting, vote
Abstimmungsergebnis ['apʃtɪmuŋs-ɛrge:pnɪs] *n* voting result
abstoßen ['apʃto:sən] *v irr (verkaufen)* get rid of, sell off, dispose of
Abstrich ['apʃtrɪç] *m (Abzug)* cut, curtailment
Absturz ['apʃturts] *m* crash, fall
abstürzen ['apʃtʏrtsən] *v* crash, fall
abtasten ['aptastən] *v* read, scan
Abteilung [ap'taɪluŋ] *f* department, section
Abteilungsleiter(in) [ap'taɪluŋslaɪtɐ(rɪn)] *m/f* head of department, department manager
abtragen ['aptra:gən] *v irr (Schulden)* pay off
Abtragung ['aptra:guŋ] *f (von Schulden)* paying off, payment
Abtransport ['aptranspɔrt] *m* conveyance, transport
abtransportieren ['aptranspɔrti:rən] *v* transport away, carry off
abtreten ['aptre:tən] *v irr (überlassen)* relinquish, transfer, cede
Abtretung ['aptre:tuŋ] *f* assignment, cession, transfer
Abtretungsurkunde ['aptre:tuŋsu:r-kundə] *f* **1.** *(bei Übertragung)* transfer deed, deed of transfer; **2.** *(bei Konkurs)* assignment
Abtretungsverbot ['aptre:tuŋsfɛrbo:t] *n* prohibition of assignment
Abtretungsvertrag ['aptre:tuŋsfɛr-tra:k] *m* contract of assignment
Abwärtsentwicklung ['apvɛrtsɛntvɪk-luŋ] *f* downward trend, downward tendency, downward movement
Abwärtstrend ['apvɛrtstrɛnt] *m* downward trend
Abweichung ['apwaɪçuŋ] *f* deviation

Abweichungsanalyse ['apwaıçuŋs-analy:zə] *f* cost variance analysis
Abweisung ['apvaızuŋ] *f* dismissal
abwerben ['apvɛrbən] *v irr* entice away, contract away, hire away, bid away
Abwerbung ['apvɛrbuŋ] *f* enticement, wooing
abwerfen ['apvɛrfən] *v irr (einbringen)* yield, return
abwerten ['apve:rtən] *v* devaluate, depreciate, devalue
Abwertung ['apve:rtuŋ] *f* devaluation
Abwertungswettlauf ['apve:rtuŋsvɛt-lauf] *m* devaluation race
Abwesenheitsquote ['apve:zənhaits-kvo:tə] *f* absenteeism rate, absentee figures *pl*
abwickeln ['apvıkəln] *v* **1.** *(Vorgang)* transact; **2.** *(abschließen)* settle, conclude; **3.** *(liquidieren)* wind up
Abwickler ['apvıklɐ] *m* liquidator
Abwicklung ['apvıkluŋ] *f* completion, settlement, handling, liquidation
Abwicklungskonto ['apvıkluŋskɔnto] *n* settlement account
abwirtschaften ['apvırtʃaftən] *v* mismanage, ruin by mismanagement
Abwurf ['apvurf] *m* yield, profit, return
abzahlen ['aptsa:lən] *v (Raten)* pay off, repay, pay by instalments
Abzahlung ['aptsa:luŋ] *f (Raten)* payment by instalments, repayment
Abzahlungsgeschäft ['aptsa:luŋsgə-ʃɛft] *n* instalment sale transaction
Abzahlungshypothek ['aptsa:luŋs-hypote:k] *f* instalment mortgage
Abzahlungskauf ['aptsa:luŋskauf] *m* instalment contract
Abzahlungskonto ['aptsa:luŋskɔnto] *n* charge account, credit account
Abzahlungsplan ['aptsa:luŋspla:n] *m* instalment plan
Abzahlungsrate ['aptsa:luŋsra:te] *f* part payment, instalment
Abzahlungsvertrag ['aptsa:luŋs-fɛrtra:k] *m* instalment agreement
abzeichnen ['aptsaıçnən] *v (unterschreiben)* initial, sign, tick off
abziehen ['aptsi:ən] *v irr* subtract; take off; *(Rabatt)* deduct; *etwas vom Preis ~* take sth off the price
Abzinsung ['aptsınzuŋ] *f* discounting
Abzug ['aptsu:k] *m* **1.** *(Kopie)* copy, duplicate, print; **2.** *(Rabatt)* discount, deduction, rebate
abzüglich ['aptsy:klıç] *prep* less, minus, deducting
abzugsfähig ['aptsu:ksfɛ:ıç] *adj* deductible, allowable
Achtstundentag [axt'ʃtundənta:k] *m* eight-hour day
Achtung ['axtuŋ] *f (Recht)* observance (of laws)
Ackerbau ['akərbau] *m* agriculture
Addition [adı'tsjo:n] *f* addition
Ad-hoc-Kooperation [at'hɔkkoɔpəra-'tsjo:n] *f* ad hoc cooperation
Ad-hoc-Publizität [at'hɔkpublitsi'tɛ:t] *f* ad hoc disclosure
Adjustable Peg [ə'dʒʌstəbl peg] *m* adjustable peg
Administration [atmınıstra'tsjo:n] *f* administration
administrativ [atministra'ti:f] *adj* administrative
Adoption [adɔp'tsjo:n] *f* adoption
Adressant [adrɛ'sant] *m* sender, consignor
Adressat [adrɛ'sa:t] *m* addressee, consignee
Adresse [a'drɛsə] *f* address
adressieren [adrɛ'si:rən] *v* address
Adverse Selection ['ædvɜ:s sı'lekʃən] *f* adverse selection
Advokat [atvo'ka:t] *m* lawyer
Affidavit [afi'da:vıt] *n* affidavit
Affiliation [afilja'tsjo:n] *f* affiliation
After-Sales-Services ['ɑftəseılz'sɜ:vısız] *f/pl* after-sales services *pl*
Agenda [a'gɛnda] *f* agenda
Agent [a'gɛnt] *m* agent, representative
Agentur [agɛn'tu:ɐ] *f* agency, representation
Agglomeration [aglomera'tsjo:n] *f* agglomeration
Agio ['adʃo] *n* agio, premium
Agiopapiere ['a:dʒopapi:rə] *n/pl* securities redeemable *pl*
Agiotage [a:dʒo'ta:ʒə] *f* agiotage
Agrarbetrieb [a'gra:rbətri:p] *m* agricultural enterprise

A

Agrarerzeugnis [a'gra:rɛrtsɔyknɪs] *n* agricultural product, produce
Agrargüter [a'gra:rgy:tɐ] *n/pl* agricultural goods *pl*
Agrarimporte [a'gra:rɪmpɔrtə] *m/pl* agricultural imports *pl*
Agrarindustrie [a'gra:rɪndustri:] *f* agricultural industry
Agrarkrise [a'gra:rkri:zə] *f* agricultural crisis
Agrarland [a'gra:rlant] *n* agrarian country, agrarian nation
Agrarmarkt [a'gra:rmarkt] *m* agricultural market
Agrarpolitik [a'gra:rpoliti:k] *f* agricultural policy
Agrarpreis [a'gra:rpraɪs] *m* prices of farm products *pl*
Agrarreform [a'gra:rəfɔ:rm] *f* agricultural reform
Agrarprotektionismus [a'gra:rprotektsjonɪsmus] *m* agricultural protectionism
Agrarstaat [a'gra:rʃta:t] *m* agricultural state
Agrarsubventionen [a'gra:rzubvɛntsjo:nən] *f/pl* agricultural subsidies *pl*
Agrarüberschüsse [a'gra:ry:bərʃysə] *m/pl* agricultural surpluses *pl*
Agrarwirtschaft [a'gra:rvɪrtʃaft] *f* rural economy
Agrarwissenschaften [a'gra:rvɪsənʃaftən] *f/pl* agricultural economics
Akademiker(in) [aka'de:mɪkɐ(rɪn)] *m/f* university graduate
AKA-Kredite [aka'a'kredi:tə] *m/pl* export credits *pl*
Akkord [a'kɔrt] *m (Stücklohn)* piece-work wage
Akkordarbeit [a'kɔrtarbaɪt] *f* piece-work
Akkordarbeiter(in) [a'kɔrtarbaɪtɐ(rɪn)] *m/f* pieceworker
Akkordlohn [a'kɔrtlo:n] *m* piece-rate, payment by the job, piece wages *pl*
Akkordsatz [a'kɔrtzats] *m* piece rate
Akkordsystem [a'kɔrtzʏste:m] *n* piece-work system
Akkordzulage [a'kɔrttsu:la:gə] *f* piece-rate bonus
akkreditieren [akredi'ti:rən] *v* to open a credit, *jdn für etw ~* credit sth to s.o.'s account
Akkreditierung [akredi'ti:ruŋ] *f* opening a credit
Akkreditiv [akredɪ'ti:f] *n* (commercial) letter of credit
Akkreditivauftrag [akredi'ti:fauftra:k] *m* order to open a credit
Akkreditiveröffnung [akredɪ'ti:fɛrœfnuŋ] *f* opening of a letter of credit
Akkreditivstellung [akredɪ'ti:fʃtɛluŋ] *f* opening a letter of credit
Akkreditivzwang [akredi'ti:ftsvaŋ] *m* obligation to open a (letter of) credit
Akkumulation [akumula'tsjo:n] *f* accumulation
akkumulieren [akumu'li:rən] *v* accumulate
Akontozahlung [a'kɔnto'tsa:lunŋ] *f* payment on account
Akquisition [akvizi'tsjo:n] *f* acquisition
Akt [akt] *m* act, deed
Akte ['aktə] *f* file
Aktenauszug ['aktənaustsu:k] *m* excerpt from the records
Aktendeckel ['aktəndɛkl] *m* folder
Akteneinsicht ['aktənaɪnzɪçt] *f* inspection of records
Aktenhülle ['aktənhʏlə] *f* file cover
Aktenkoffer ['aktənkɔfɐ] *m* attaché case
aktenkundig ['aktənkundɪç] *adj (Fähigkeit)* on file, on record
Aktenmappe ['aktənmapə] *f* portfolio, briefcase, folder
Aktennotiz ['aktənnoti:ts] *f* memorandum
Aktenordner ['aktənɔrdnɐ] *m* file
Aktenschrank ['aktənʃraŋk] *m* filing cabinet
Aktentasche ['aktəntaʃə] *f* briefcase, portfolio
Aktenzeichen ['aktəntsaɪçən] *n* reference number, file number, case number
Aktie ['aktsjə] *f* share, stock *(US)*
Aktienanalyse ['aktsjənanaly:zə] *f* analysis of shares
Aktienausgabe ['aktsjənausga:bə] *f* issuing of shares
Aktienaustausch ['aktsjənaustauʃ] *m* exchange of shares
Aktienbank ['aktsjənbaŋk] *f* joint-stock bank

A

Aktienbestand [ˈaktsjənbəʃtant] *m* share-holding
Aktienbezugsrecht [aktsjənbəˈtsu:ksrɛçt] *n* subscription right
Aktienbörse [ˈaktsjənbœrzə] *f* stock exchange
Aktienbuch [ˈaktsjənbu:x] *n* share register, stock register
Aktiendepot [ˈaktsjəndepo:] *n* share deposit
Aktieneinziehung [ˈaktsjənaɪntsi:uŋ] *f* withdrawal of shares
Aktienemission [ˈaktsjənemɪsjo:n] *f* issue of shares
Aktienfonds [ˈaktsjənfõ:] *m* share fund
Aktiengesellschaft (AG) [ˈaktsjəngəzɛlʃaft] *f* joint stock company *(UK)*, stock corporation *(US)*, public limited company (PLC) *(UK)*
Aktiengesetz [ˈaktsjəngəzɛts] *n* companies act, company law
Aktienindex [ˈaktsjənɪndɛks] *m* share index, stock market index
Aktienkapital [ˈaktsjənkapɪta:l] *n* share capital, capital stock
Aktienkurs [ˈaktsjənkurs] *m* share price
Aktienmarkt [ˈaktsjənmarkt] *m* stock market, share market
Aktienmehrheit [ˈaktsjənme:rhaɪt] *f* majority of stock
Aktiennotierung [ˈaktsjənnoti:ruŋ] *f* share quotation, stock quotation
Aktienoption [ˈaktsjənɔptsjo:n] *f* share option, stock option *(US)*
Aktienpaket [ˈaktsjənpake:t] *n* block of shares
Aktienquorum [ˈaktsjənkvo:rum] *n* share quorum
Aktienrecht [ˈaktsjənrɛçt] *n* company law
Aktienregister [ˈaktsjənregɪstɐ] *n* share register
Aktienrendite [ˈaktsjənrendi:tə] *f* earning per share, yield on stocks, yield on shares
Aktienspekulation [ˈaktsjenʃpɛkulatsjo:n] *f* stock speculation, stock jobbing
Aktienumtausch [ˈaktsjənumtauʃ] *m* exchange of share certificates for new
Aktienzeichnung [ˈaktsjəntsaɪçnuŋ] *f* subscription for shares
Aktienzertifikat [ˈaktsjəntsɛrtifika:t] *n* share certificate, stock certificate
Aktienzusammenlegung [ˈaktsjəntsuzamənle:guŋ] *f* consolidation of shares
Aktion [akˈtsjo:n] *f* campaign
Aktionär [aktsjoˈnɛ:ɐ] *m* shareholder, stockholder *(US)*
Aktionärsbrief [aktsjoˈnɛ:rsbri:f] *m* circular letter from board to shareholders
Aktionärsvereinigungen [aktsjoˈnɛ:rsfɛraɪnɪguŋən] *f/pl* associations of shareholders *pl*
Aktionärsversammlung [aktsjoˈnɛ:rsfɛrzamluŋ] *f* shareholders' meeting, stockholders' meeting
Aktionsparameter [akˈtsjo:nspara:metɐ] *m* action parameters *pl*
Aktionsplakat [akˈtsjo:nsplaka:t] *n* advertising bill
Aktionspreis [akˈtsjo:nspraɪs] *m* special offer price
aktiv [akˈti:f] *adj (Bilanz)* favourable
Aktiva [akˈti:va] *pl* assets *pl*
Aktivbestand [akˈti:fbəʃtant] *m* assets
aktiver Teilhaber [akˈti:fɐ ˈtaɪlha:bɐ] *m* active partner
Aktivgeschäft [akˈti:fgəʃɛft] *n* credit transaction
aktivieren [aktiˈvi:rən] *f* enter on the assets side
Aktivierung [aktiˈvi:ruŋ] *f* entering on the assets side
Aktivierungspflicht [aktiˈvi:ruŋspflɪçt] *f* legal obligation to capitalize
Aktivierungsverbot [aktiˈvi:ruŋsfɛrbo:t] *n* legal prohibition to capitalize
Aktivierungswahlrecht [aktiˈvi:ruŋsva:lrɛçt] *n* option to capitalize
Aktivposten [akˈti:fpɔstən] *m* assets *pl*, credit item
Aktivsaldo [akˈti:fzaldo] *n* credit balance, active balance
Aktivtausch [akˈti:ftauʃ] *m* accounting exchange on the asset side
Aktivzins [akˈti:ftsɪns] *m* interest receivable
aktualisieren [aktualiˈzi:rən] *v* reload
Aktualisierung [aktualiˈzi:ruŋ] *f* update
Akzelerationsprinzip [aktseleraˈtsjo:nsprɪntsi:p] *n* acceleration principle

A

Akzelerator [aktsele'ra:to:ɐ] *m* accelerator
Akzept [ak'tsɛpt] *n* acceptance
akzeptabel [aktsɛp'ta:bəl] *adj* acceptable
Akzeptant [aktsɛp'tant] *m* acceptor
Akzeptanz [aktsɛp'tants] *f* (market) acceptance
Akzeptaustausch [ak'tsɛptaustauʃ] *m* exchange of acceptances
Akzeptbank [ak'tsɛptbaŋk] *f* accepting house, acceptance house
akzeptfähig [ak'tsɛptfɛ:ıç] *adj* negotiable, bankable
Akzeptgeschäft [ak'tsɛptgəʃɛft] *n* acceptance business
akzeptieren [aktsɛp'ti:rən] *v* *(Rechnung)* honour
Akzeptkredit [ak'tsɛptkredi:t] *m* acceptance credit
Akzeptlinie [ak'tsɛptli:njə] *f* line of acceptance
Akzeptprovision [ak'tsɛptprovizjo:n] *f* commission for acceptance
Akzeptverbindlichkeit [ak'tsɛptfɛrbıntlıçkaıt] *f* acceptance liability
Akzisen [ak'tsi:zən] *f/pl* excise taxes *pl*
A-Länder ['a: lændɐ] *n/pl* A countries *pl*
Alimente [ali'mɛntə] *pl* maintenance, support
Aliud ['a:liut] *n* delivery of goods other than those ordered
Alleinberechtigung [a'laınbərɛçtıguŋ] *f* exclusive right
Alleinbesitz [a'laınbəzıts] *m* sole ownership, exclusive possession
Alleinerbe [a'laınɛrbə] *m* sole heir
Alleininhaber [a'laınınha:bɐ] *m* sole owner, sole holder
Alleinverkaufsrecht [a'laınfɛrkaufsrɛçt] *n* exclusive right to sell (sth)
Alleinvertreter [a'laınfɛrtre:tɐ] *m* sole representative, sole agent
Alleinvertretung [a'laınfɛrtre:tuŋ] *f* sole agency
Alleinvertretungsrecht [a'laınfɛrtre:tuŋsrɛçt] *n* monopoly
Alleinvertrieb [a'laınfɛrtri:p] *m* sole distribution rights *pl*, exclusive distribution rights *pl*
allgemeine Geschäftsbedingungen (AGB) [algə'maınə gə'ʃɛftsbədıŋuŋən] *f/pl* general terms of contract *pl*, general terms and conditions *pl*
allgemeine Kreditvereinbarungen [algə'maınə kre'di:tfɛraınba:ruŋən] *f/pl* general credit agreements *pl*
allgemeine Versicherungsbedingungen [algə'maınə fɛr'zıçəruŋsbədıŋuŋən] *f/pl* general insurance conditions *pl*
Allianz [al'jants] *f* alliance
Allokation [aloka'tsjo:n] *f* allocation
Allokationspolitik [aloka'tsjo:nspoliti:k] *f* allocation policy
Allonge [a'lɔ̃:ʒə] *f* allonge
Altersgrenze ['altərsgrɛntsə] *f* age limit
Altersprofil ['altərsprofi:l] *n* age profile
Altersrente ['altərsrɛntə] *f* old-age pension
Altersruhegeld ['altərsru:əgɛlt] *n* pension
Altersteilzeit ['altərstaıltsaıt] *n* semi-retirement
Altersversorgung ['altərsfɛrzɔrguŋ] *f* old-age pension
Altersvorsorge ['altərsfo:rzɔrgə] *f* old-age social security system
Altlast ['altlast] *f* old hazardous waste
Altwährung ['altvɛ:ruŋ] *f* legacy currency
ambulantes Gewerbe [ambu'lantəs ge'vɛrbə] *n* itinerant trade
American National Standards Institute (ANSI) [ə'merıkən 'næʃənl 'stændədz 'ınstıtju:t] *n* American National Standards Institute
Amerikanische Bankiersvereinigung (ABA) [ameri'ka:nıʃə baŋ'kie:zfɛɐaınıguŋ] *f* American Bankers' Association
amerikanisches Rechnungswesen [ameri'ka:nıʃəs 'rɛçnuŋsve:zən] *n* American accounting system
Amortisation [amɔrtiza'tsjo:n] *f* amortisation, amortization *(US)*
Amortisationshypothek [amɔrtiza'tsjo:nshypote:k] *f* instalment mortgage
amortisieren [amɔrti'zi:rən] *v* write off, amortise

Amt [amt] *n* office, agency
amtlich nicht notierte Werte ['amtlıç nıçt no'ti:rtə 've:rtə] *m/pl* unquoted securities *pl*
amtlicher Handel ['amtlıçər 'handəl] *m* official trading
amtlicher Markt ['amtlıçər markt] *m* official market
Amtsanmaßung ['amtsanma:suŋ] *f* usurpation of authority, assumption of authority
Amtsgericht ['amtsgərıçt] *n* local court, County Court *(UK)*, Municipal Court *(US)*
Amtsinhaber(in) ['amtsınha:bɐ(rın)] *m/f* officeholder
Amtsmiene ['amtsmi:nə] *f* bureaucrat's impassive look, official air
Amtsrichter(in) ['amtsrıçtɐ(rın)] *m/f* judge of the local court
Amtsschimmel ['amtsʃıməl] *m (fam)* red tape, bureaucracy
an Zahlungs statt [an 'tsa:luŋs ʃtat] in lieu of payment
analog [ana'lo:k] *adj* analog
Analogrechner [ana'lo:krɛçnɐ] *m* analog computer
Analogtechnik [ana'lo:kteçnık] *f* analog technology
Analyse [ana'ly:zə] *f* analysis
Analyst [ana'lyst] *m* analyst
anbei [an'baı] *adv (bei Bewerbungsunterlagen)* enclosed, herewith
anbieten ['anbi:tən] *v* offer
Anbieter ['anbi:tɐ] *m* **1.** *(einer Dienstleistung)* service provider; **2.** *(einer Ware)* supplier
Anderdepot ['andɐdepo:] *n* fiduciary deposit, third-party securities deposit
Anderkonto ['andɐkɔnto] *n* fiduciary account
Anderskosten ['andɐskɔstən] *pl* costing expenditures
Änderungskündigung ['ɛndəruŋskyndıguŋ] *f* notice of dismissal with offer for reemployment at less favorable terms
Andrang ['andraŋ] *m (Ansturm)* run
Anfangsbestand ['anfaŋsbəʃtant] *m* opening stock
Anfangsgehalt ['anfaŋsgəhalt] *n* starting salary
Anfangskapital ['anfaŋskapita:l] *n* opening capital
anfechtbar ['anfɛçtba:ɐ] *adj* contestable
anfechten ['anfɛçtən] *v irr* challenge, appeal
Anfechtung ['anfɛçtuŋ] *f* appeal, contestation, challenge
anfertigen ['anfɛrtıgən] *v* manufacture, produce
Anfertigung ['anfɛrtıguŋ] *f* manufacture, production
anfordern ['anfɔrdɐn] *v* **1.** request, demand; **2.** *(Material)* indent (for)
Anforderung ['anfɔrdəruŋ] *f* **1.** demand; **2.** *(Bestellung)* request
Anforderungsprofil ['anfɔrdəruŋsprofi:l] *n* job profile
Anfrage ['anfra:gə] *f* inquiry
anfragen ['anfra:gən] *v* inquire, enquire, ask
Angaben ['anga:bən] *f/pl* details; statement
Angebot ['angəbo:t] *n* offer; quotation
Angebot und Nachfrage ['angəbo:t unt 'na:xfra:gə] supply and demand
Angebotslage ['angəbo:tsla:gə] *f* supply situation
Angebotsmenge ['angəbo:tsmɛŋə] *f* supply volume
angebotsorientierte Wirtschaftspolitik ['angəbo:tsɔrjɛnti:rtə 'vırtʃaftspoliti:k] *f* supply-oriented economic policy
Angebotspreis ['angəbo:tspraıs] *m* asking price, price quoted in an offer
Angebotssteuerung ['angəbo:tsʃtɔyəruŋ] *f* supply control
Angebotsstruktur ['angəbo:tsʃtruktu:ɐ] *f* supply structure
angeschmutzt ['angəʃmutst] *adj* shopsoiled
angestellt ['angəʃtɛlt] *adj* employed
Angestellte(r) ['angəʃtɛltə(-ɐ)] *f/m* employee
Angestelltengewerkschaft ['angəʃtɛltəngəvɛrkʃaft] *f* employees' union
Angestelltenrentenversicherung ['angəʃtɛltənrɛntənfɛrzıçəruŋ] *f* salary earners' pension insurance
Angestelltenverhältnis ['angəʃtɛltənfɛrhɛltnis] *n* non-tenured employment

A

angliedern ['angli:dɐn] *v (Betrieb)* affiliate
Angliederung ['angli:dəruŋ] *f* affiliation, incorporation
Anhang (einer Bilanz) ['anhaŋ] *m* notes (to the financial statement)
anhängig ['anhɛŋıç] *adj* pending
Anhörung ['anhø:ruŋ] *f* hearing
Ankauf ['ankauf] *m* purchase
ankaufen ['ankaufən] *v* purchase, acquire
Ankäufer(in) ['ankɔyfɐ(rın)] *m/f* buyer, purchaser
Ankaufskurs ['ankaufskurs] *m* buying price, buying rate
Ankaufspreis ['ankaufspraıs] *m* purchase price, buying-in price
Ankaufsrecht ['ankaufsrɛçt] *n* purchase right, right to acquire
Anklage ['ankla:gə] *f* charge, accusation, indictment
anklicken ['anklıkən] *v etw ~* click on sth
Ankunftsdatum ['ankunftsda:tum] *n* date of arrival
Ankunftsort ['ankunftsɔrt] *m* place of arrival, destination
Ankunftszeit ['ankunftstsaıt] *f* time of arrival, arrival time
Anlage ['anla:gə] *f* **1.** *(Fabrik)* plant, works, factory; **2.** *(Geldanlage)* investment; **3.** *(Briefanlage)* enclosure
Anlageausschuss ['anla:gəausʃus] *m* investment committee
Anlageberater ['anla:gəbəra:tɐ] *m* investment consultant
Anlageberatung ['anla:gəbəra:tuŋ] *f* investment counselling
Anlagegüter ['anla:gəgy:tɐ] *n/pl* capital goods *pl*, capital assets *pl*
Anlagekapital ['anla:gəkapita:l] *n* investment capital
Anlagekonten ['anla:gəkɔntən] *n/pl* investment accounts *pl*
Anlagenbau ['anla:gənbau] *m* plant engineering and construction, systems engineering
Anlagendeckung ['anla:gəndɛkuŋ] *f* ratio of equity capital to fixed assets
Anlagenfinanzierung ['anla:gənfınantsi:ruŋ] *f* financing of investment in fixed assets
Anlagenintensität ['anla:gənıntɛnzitɛ:t] *f* investment volume, volume of investment
Anlagenstreuung ['anla:gənʃtrɔyuŋ] *f* capital diversification, diversification of capital
Anlagepapiere ['anla:gəpapi:rə] *n/pl* investment securities *pl*
Anlagevermögen ['anla:gəfɛrmø:gən] *n* fixed assets *pl*
Anlagevorschriften ['anla:gəfo:rʃrıftən] *f/pl* rules for investment of resources *pl*
Anlagewagnis ['anla:gəva:knıs] *n* investment risk
Anlagewährung ['anla:gəvɛ:ruŋ] *f* currency of investment
Anlagewert ['anla:gəve:rt] *m* value of fixed assets, investment securities *pl*
Anlagezinsen ['anla:gətsınzən] *m/pl* capital investment interest
Anlaufkosten ['anlaufkɔstən] *pl* launching costs *pl*
Anlaufperiode ['anlaufperjo:də] *f* initial period
anlegen ['anle:gən] *v* **1.** *(Geld)* invest; **2.** *eine Akte ~* start a file
Anleger ['anle:gɐ] *m* investor
Anlegerschutz ['anle:gərʃuts] *m* protection for the investor
Anleihe ['anlaıə] *f* loan, loan stock, debenture
Anleiheablösung ['anlaıəaplø:zuŋ] *f* loan redemption
Anleihegeschäft ['anlaıəgəʃɛft] *n* loan business
Anleihekapital ['anlaıəkapita:l] *n* bonded debt
Anleihepapiere ['anlaıəpapi:rə] *n/pl* bonds *pl*
Anleiherechnung ['anlaıərɛçnuŋ] *f* loan calculation
Anleiheschuld ['anlaıəʃuld] *f* bonded debt, loan debt
Anleihetreuhänderschaft ['anlaıətrɔyhɛndərʃaft] *f* loan custodianship
Anleihezins ['anlaıətsıns] *m* loan interest (rate)
Anlernberuf ['anlɛrnbəru:f] *m* semiskilled occupation
anlernen ['anlɛrnən] *v* train
Anlernzeit ['anlɛrntsaıt] *f* training period

anliefern ['anli:fɐn] *v* supply, deliver
Anlieferung ['anli:fəruŋ] *f* supply, delivery
Anmeldefrist ['anmɛldəfrɪst] *f* period for application
anmeldepflichtige Kartelle ['anmɛldəpflɪçtɪçə kar'tɛlə] *n/pl* notifiable cartels *pl*
Anmeldung ['anmɛlduŋ] *f* registration
Annahme ['anna:mə] *f* **1.** *(Lieferung)* receipt, acceptance; **2.** *(Zustimmung)* acceptance, approval
Annahmeverweigerung ['anna:məfɛrvaɪgəruŋ] *f* refusal of delivery
Annonce [a'nɔ̃:sə] *f* advertisement
Annuität [anui'tɛ:t] *f* annuity
Annuitätenanleihe [anui'tɛ:tənanlaɪə] *f* annuity bond, perpetual bond
Annuitätendarlehen [anui'tɛ:tənda:rle:ən] *n* annuity loan
annullieren [anu'li:rən] *v* cancel, annul
anonym [ano'ny:m] anonymous
Anordnung ['anɔrdnuŋ] *f* order
Anpassungsinflation ['anpasuŋsɪnflatsjo:n] *f* adaptive inflation
Anpassungsinvestition ['anpasuŋsɪnvɛstitsjo:n] *f* adjustment project
Anpassungskosten ['anpasuŋskɔstən] *pl* adjustment costs *pl*
anrechnen ['anrɛçnən] *v* **1.** *(berechnen)* charge for; **2.** *(gutschreiben)* take into account
Anrechtscheine ['anrɛçtʃaɪnə] *m/pl* intermediate share certificate
Anrede ['anre:də] *f* form of address, salutation
Anreiz ['anraɪts] *m* incentives *pl*, inducement, spur
Anreizsystem ['anraɪtszyste:m] *n* incentive system
Anruf ['anru:f] *m* call
Anrufbeantworter ['anru:fbəantvɔrtɐ] *m* answering machine, automatic answering set
anrufen ['anru:fən] *v irr (telefonieren)* telephone, call *(US)*, ring up, to give a ring *(fam)*
Anrufer(in) ['anru:fɐ(rɪn)] *m/f* caller
anschaffen ['anʃafən] *v* buy, acquire, purchase
Anschaffung ['anʃafuŋ] *f* acquisition
Anschaffungskosten ['anʃafuŋskostən] *pl* acquisition cost
Anschaffungspreis ['anʃafuŋspraɪs] *m* purchase price, initial cost
Anschaffungswert ['anʃafuŋsve:rt] *f* acquisition value
Anschlussfinanzierung ['anʃlusfɪnantsi:ruŋ] *f* follow-up financing
Anschrift ['anʃrɪft] *f* address
Ansprechpartner(in) ['anʃprɛçpartnɐ(rɪn)] *m/f* contact person
Anspruch ['anʃprux] *m* claim
anstellen ['anʃtɛlən] *v* employ
Anstellung ['anʃtɛluŋ] *f* **1.** *(Einstellung)* employment, engagement, hiring; **2.** *(Stellung)* job, position, post
Anstellungsvertrag ['anʃtɛluŋsfɛrtra:k] *m* employment contract
Anteil ['antaɪl] *m* interest, share *(US)*, unit *(UK)*
Anteilschein ['antaɪlʃaɪn] *m* share certificate, participating certificate
Anteilseigner(in) ['antaɪlsaɪgnɐ(rɪn)] *m/f* shareholder, equity holder
Anteilspapiere ['antaɪlspapi:rə] *n/pl* equity security
Antidumpingzoll [anti'dʌmpɪŋtsɔl] *m* anti-dumping duty
Anti-Trust... [anti'trʌst] *adj* antitrust
antizipative Posten [antitsipa'ti:fə 'pɔstən] *m/pl* accruals *pl*
antizyklische Finanzpolitik [anti'tsy:klɪʃə fɪ'nantspoliti:k] *f* countercyclical fiscal policy
antizyklisches Verhalten [anti'tsy:klɪʃəs fɛr'haltən] *n* countercyclical development
Antrag ['antra:k] *m* application; *~ stellen* make an application; *~ ablehnen* reject a request
Antragsformular ['antra:ksfɔrmula:ɐ] *n* application form
Antragsteller(in) ['antra:kʃtɛlɐ(rɪn)] *m/f* applicant, proposer, claimant
Antwort ['antvɔrt] *f* reply
Antwortschreiben ['antvɔrtʃraɪbən] *n* reply, answer
Anwalt ['anvalt] *m* lawyer, solicitor *(UK)*, attorney *(US)*
Anwältin ['anvɛltɪn] *f* female lawyer
Anwärter(in) ['anvɛrtɐ(rɪn)] *m/f (Amtsanwärter)* candidate

A

Anwartschaft [ˈanvartʃaft] *f* beneficial estate, right in course of acquisition
anwartschaftlich [ˈanvartʃaftlɪç] *adj* reversionary
Anwartsschaftsdeckungsverfahren [ˈanvartʃaftsdɛkuŋsfɛrfa:rən] *n* expectancy cover procedure
anweisen [ˈanvaɪzən] *v irr* remit, assign, transfer
Anweisung [ˈanvaɪzuŋ] *f* transfer, remittance, payment order
Anweisungsbetrag [ˈanvaɪzuŋsbətra:k] *m* amount to be remitted
Anweisungsempfänger(in) [ˈanvaɪzuŋsɛmpfɛŋɐ(rɪn)] *m/f* payee
Anwender(in) [ˈanvɛndɐ(rɪn)] *m/f* user
anwenderfreundlich [ˈanvɛndərfrɔyntlɪç] *adj* user-friendly
Anwenderprogramm [ˈanvɛndərprɔgram] *n* user programme
anwerben [ˈanvɛrbən] *v irr* recruit
Anwerbung [ˈanvɛrbuŋ] *f* recruitment
Anzahlung [ˈantsa:luŋ] *f* down payment *(US)*, deposit *(UK)*
Anzahlungsbürgschaft [ˈantsa:luŋsbyrkʃaft] *f* payment guarantee
Anzahlungssumme [ˈantsa:luŋszumə] *f* amount paid as a part payment
Anzeige [ˈantsaɪgə] *f* **1.** *(Werbung)* advertisement; **2.** *(Recht)* report
Anzeigenformat [ˈantsaɪgənfɔrma:t] *n* size of an advertisement
Anzeigenschaltung [ˈantsaɪgənʃaltuŋ] *f* placement of an advertisement
Anzeigenschluss [ˈantsaɪgənʃlus] *m* deadline for advertisements
Anzeigenteil [ˈantsaɪgəntaɪl] *m* advertising section
Anzeigenvermittlung [ˈantsaɪgənfɛrmɪtluŋ] *f* advertising agency
Anzeigepflicht [ˈantsaɪgəpflɪçt] *f* duty to notify
anzeigepflichtig [ˈantsaɪgəpflɪçtɪç] *adj* notifiable
App [ɛp] *f* *(IT)* app
Application Service Provider (ASP) [æplɪˈkeɪʃən ˈsɜ:vɪs prəˈvaɪdə] *m* application service provider
Äquivalenzprinzip [ɛkvivaˈlɛntsprɪntsi:p] *n* cost-of-service principle, principle of equivalence
Äquivalenzzifferkalkulation [ɛkvivaˈlɛntstsɪfərkalkulatsjo:n] *f* equivalence coefficient costing
Arbeit [ˈarbaɪt] *f* **1.** labour, work; **2.** *(Berufstätigkeit)* employment
arbeiten [ˈarbaɪtən] *v* work, labour
Arbeiter(in) [ˈarbaɪtɐ(rɪn)] *m/f* worker, employee, labourer
Arbeiterbewegung [ˈarbaɪtərbəve:guŋ] *f* labour movement
arbeiterfeindlich [ˈarbaɪtərfaɪntlɪç] *adj* antilabour
arbeiterfreundlich [ˈarbaɪtərfrɔyntlɪç] *adj* prolabour
Arbeitergewerkschaft [ˈarbaɪtərgəvɛrkʃaft] *f* trade union, labor union *(US)*
Arbeitermangel [ˈarbaɪtərmaŋəl] *m* manpower shortage
Arbeiterschaft [ˈarbaɪtərʃaft] *f* labour force
Arbeiterschutz [ˈarbaɪtərʃuts] *m* protection of workers, protection of labourers
Arbeiterunfallgesetz [ˈarbaɪtərunfalgəzɛts] *n* workmen's compensation act
Arbeiterversicherung [ˈarbaɪtərfɛrzɪçəruŋ] *f* industrial insurance
Arbeiterwohlfahrt [ˈarbaɪtərvo:lfa:rt] *f* industrial welfare organization
Arbeitgeber(in) [ˈarbaɪtge:bɐ(rɪn)] *m/f* employer
Arbeitgeberanteil [ˈarbaɪtge:bərantaɪl] *m* employer's contribution
Arbeitgeberverband [ˈarbaɪtge:bərfɛrbant] *m* employers' association
Arbeitgeberzuschüsse [ˈarbaɪtge:bərtsu:ʃysə] *m/pl* employer's contributions *pl*
Arbeitnehmer(in) [ˈarbaɪtne:mɐ(rɪn)] *m/f* employee
Arbeitnehmeraktie [ˈarbaɪtne:məraktsjə] *f* employees' shares *pl*
Arbeitnehmeranteil [ˈarbaɪtne:mərˈantaɪl] *m* employee's contribution
Arbeitnehmerbeteiligung [ˈarbaɪtne:mərbətaɪlɪguŋ] *f* worker participation
Arbeitnehmererfindung [ˈarbaɪtne:mərɛrfɪnduŋ] *f* employee invention
Arbeitnehmerfreibetrag [ˈarbaɪtne:mərfraɪbətra:k] *m* employee's allowable deduction

Arbeitnehmerpauschbetrag ['arbaɪtne:mərpauʃbətra:k] *m* employee's zero bracket amount; general charge; lump sum

Arbeitnehmer-Sparzulage ['arbaɪtne:mərpa:rtsu:la:gə] *f* employees' savings premium

Arbeitnehmerüberlassung ['arbaɪtne:məry:bərlasuŋ] *f* employee leasing

Arbeitnehmervertretung ['arbaɪtne:mərfɛrtre:tuŋ] *f* employee representatives *pl*

Arbeitsablauf ['arbaɪtsaplauf] *m* workflow, working process, sequence of operations

Arbeitsamt ['arbaɪtsamt] *n* employment office, labour exchange, employment exchange, local labour office

Arbeitsanfall ['arbaɪtsanfal] *m* volume of work

Arbeitsauffassung ['arbaɪtsauffasuŋ] *f* attitude to work

Arbeitsauftrag ['arbaɪtsauftra:k] *m* job order

Arbeitsaufwand ['arbaɪtsaufvant] *m* amount of work involved, expenditure of work

Arbeitsausfall ['arbaɪtsausfal] *m* loss of working hours

Arbeitsbedingungen ['arbaɪtsbədɪŋuŋən] *f/pl* terms and conditions of employment *pl*

Arbeitsbelastung ['arbaɪtsbəlastuŋ] *f* work load

Arbeitsbeschaffung ['arbaɪtsbəʃafuŋ] *f* job creation

Arbeitsbeschaffungsmaßnahme (ABM) ['arbaɪtsbəʃafuŋsma:sna:mə] *f* job creation scheme

Arbeitsbeschaffungsprogramm ['arbaɪtsbəʃafuŋsprogram] *n* employment scheme

Arbeitsbesprechung ['arbaɪtsbəʃprɛçuŋ] *f* work conference

Arbeitsbewertung ['arbaɪtsbəvɛrtuŋ] *f* job evaluation

Arbeitseinkommen ['arbaɪtsaɪnkɔmən] *n* earned income

Arbeitsentgelt ['arbaɪtsɛntgɛlt] *n* remuneration

Arbeitserlaubnis ['arbaɪtsɛrlaupnɪs] *f* work permit

Arbeitsertrag ['arbaɪtsɛrtra:k] *m* work performed

Arbeitsessen ['arbaɪtsesən] *n* working lunch

Arbeitsfeld ['arbaɪtsfɛlt] *n* sphere of work, work sphere

Arbeitsförderungsgesetz (AFG) ['arbaɪtsfœrdəruŋsgəzɛts] *n* Labour Promotion Law

Arbeitsgang ['arbaɪtsgaŋ] *m* operation, routine

Arbeitsgemeinschaft ['arbaɪtsgəmaɪnʃaft] *f* working group, team

Arbeitsgenehmigung ['arbaɪtsgəne:mɪguŋ] *f* work(ing) permit

Arbeitsgericht ['arbaɪtsgərɪçt] *n* industrial tribunal

Arbeitsgesetzgebung ['arbaɪtsgəzɛtsge:buŋ] *f* labour legislation

Arbeitskosten ['arbaɪtskɔstən] *pl* **1.** *(Personal)* labor cost, employment cost; **2.** *(Kostenrechnung)* variable cost

Arbeitskraft ['arbaɪtskraft] *f* **1.** *(Person)* worker; **2.** *(Fähigkeit)* working capacity

Arbeitsleistung ['arbaɪtslaɪstuŋ] *f* productivity

arbeitslos ['arbaɪtslo:s] *adj* unemployed, jobless, out of work

Arbeitslose(r) ['arbaɪtslo:zə(-ɐ)] *f/m* unemployed person

Arbeitslosengeld ['arbaɪtslo:zəngɛlt] *n* unemployment benefit

Arbeitslosenhilfe ['arbaɪtslo:zənhɪlfə] *f* unemployment benefit

Arbeitslosenrate ['arbaɪtslo:zənra:tə] *f* unemployment rate

Arbeitslosenversicherung ['arbaɪtslo:zənfɛrzɪçəruŋ] *f* unemployment insurance

Arbeitslosigkeit ['arbaɪtslo:ziçkaɪt] *f* unemployment

Arbeitsmarkt ['arbaɪtsmarkt] *m* labour market

Arbeitsmarktpolitik ['arbaɪtsmarktpoliti:k] *f* labour market policy, manpower policy

Arbeitsnachfrage ['arbaɪtsna:xfra:gə] *f* job demand

Arbeitsplatz ['arbaɪtsplats] *m* place of employment

Arbeitsplatzgestaltung ['arbaɪtsplatsgəʃtaltuŋ] *f* job engineering

A

Arbeitsplatzrechner [ˈarbaɪtsplatsrɛçnɐ] *m* workstation
Arbeitsplatzschutz [ˈarbaɪtsplatsʃuts] *m* protection of jobs, employment protection
Arbeitsproduktivität [ˈarbaɪtsproduktivitɛ:t] *f* productivity of labour
Arbeitspsychologie [ˈarbaɪtspsyçologi:] *f* industrial psychology
Arbeitsrecht [ˈarbaɪtsrɛçt] *n* labour law
Arbeitsschutz [ˈarbaɪtsʃuts] *m* industrial safety
Arbeitssicherheit [ˈarbaɪtszɪçərhaɪt] *f* safety at work
Arbeitsspeicher [ˈarbaɪtsʃpaɪçɐ] *m* main memory
Arbeitsstelle [ˈarbaɪtsʃtɛlə] *f* **1.** place of work; **2.** *(Stellung)* job
Arbeitssuche [ˈarbaɪtszu:xə] *f* looking for work, job search
Arbeitstag [ˈarbaɪtsta:k] *m* workday, working day
Arbeitsteilung [ˈarbaɪtstaɪluŋ] *f* division of labour
arbeitsunfähig [ˈarbaɪtsunfɛ:ɪç] *adj* unable to work, disabled, unfit for work
Arbeitsunfähigkeit [ˈarbaɪtsunfɛ:ɪçkaɪt] *f* unability to work, disability
Arbeitsunfall [ˈarbaɪtsunfal] *m* industrial accident
Arbeitsverfahren [ˈarbaɪtsfɛrfa:rən] *n* (working) method, technique
Arbeitsverhältnis [ˈarbaɪtsfɛrhɛltnɪs] *n* employment relationship
Arbeitsvermittlung [ˈarbaɪtsfɛrmɪtluŋ] *f* employment agency
Arbeitsvertrag [ˈarbaɪtsfɛrtra:k] *m* contract of employment
Arbeitsvorbereitung [ˈarbaɪtsfo:rbəraɪtuŋ] *f* job preparation
Arbeitswelt [ˈarbaɪtsvɛlt] *f* world of work
Arbeitszeit [ˈarbaɪtstsaɪt] *f* working hours *pl*
Arbeitszeitverkürzung [ˈarbaɪtstsaɪtfɛrkyrtsuŋ] *f* cut in working hours, reduction of working hours
Arbeitszufriedenheit [ˈarbaɪtstsufri:dənhaɪt] *f* job satisfaction
Arbitrage [arbiˈtra:ʒ(ə)] *f* arbitrage
Arbitragegeschäft [arbiˈtra:ʒəgəʃɛft] *n* arbitrage dealings *pl*
Arbitrageklausel [arbiˈtra:ʒəklausəl] *f* arbitrage clause
Arbitragerechnung [arbiˈtra:ʒərɛçnuŋ] *f* arbitrage voucher
Arbitrageur [arbitra:ˈʒø:ɐ] *m* arbitrager
Arbitragewert [arbiˈtra:ʒəve:rt] *m* arbitrage value, arbitrage stocks *pl*
Archiv [arˈçi:f] *n* archives *pl*
archivieren [arçiˈvi:rən] *v* file, archive
Archivierung [arçiˈvi:rəuŋ] *f* filing, archiving
Argumentation [argumɛntaˈtsjo:n] *f* argumentation
arithmetisches Mittel [arɪtˈme:tɪʃəs ˈmɪtəl] *n* arithmetical average
Arrangement [arɑ̃ʒəˈmɑ̃:] *n* deal, package, arrangement
arrangieren [araˈʒi:rən] *v* arrange, come to an arrangement
arrondieren [arɔnˈdi:rən] *v* to round off
Artikel [arˈtɪkəl] *m* product, commodity, goods
Artikelnummernsystem [arˈtɪkəlnumərnzyste:m] *n* article coding system, item numbering system
Artvollmacht [ˈa:rtfɔlmaxt] *f* specialized power of attorney
Asiendollarmarkt [ˈazjəndɔlarmarkt] *m* Asian Dollar market
Assekuranz [asekuˈrants] *f* assurance
Assekuranzprinzip [asekuˈrantsprɪntsi:p] *n* insurance industry principle
Assessment-Center [əˈsesməntˈsentə] *n* assessment centre
Asset-Management [ˈæsətˈmɛnədʒmənt] *n* asset management
Asset-Markt [ˈæsetˈma:kt] *m* asset market
Asset-Swap [ˈæsetswɔp] *n* asset swap
Assistent(in) [asɪsˈtɛnt(ɪn)] *m/f* assistant
Assoziation [asotsjaˈtsjo:n] *f* association
asynchrone Datenübertragung [ˈazynkro:nə ˈda:təny:bərtra:guŋ] *f* asynchronous data transfer/transmission
Atomausstieg [aˈto:mausʃti:k] *m* nuclear (power) phase-out
Atomwirtschaft [aˈto:mvɪrtʃaft] *f* nuclear economy
Attentismus [atɛnˈtɪsmus] *m* wait-and-see attitude

Audiokonferenz [ˈaudjokɔnferɛnts] *f* audioconference
Auditing [ˈɔːdɪtɪŋ] *n* auditing
auf Abruf [auf ˈapruːf] on call
Aufbaukonto [ˈaufbaukɔnto] *n* build-up account
Aufbauorganisation [ˈaufbauɔrganizatsjoːn] *f* company organization structure
Aufbauphase [ˈaufbaufaːzə] *f* development phase
aufbereiten [ˈaufbəraɪtən] *v* process, prepare, treat; *wieder* ~ reprocess
Aufbereitung [ˈaufbəraɪtuŋ] *f (Vorbereitung)* processing
Aufbereitungsanlage [ˈaufbəraɪtuŋsanlaːgə] *f* processing plant
aufbessern [ˈaufbɛsɐn] *v (Kurse)* improve
Aufbewahrung [ˈaufbəvaːruŋ] *f* depo sit
Aufbewahrungsfrist [ˈaufbəvaːruŋsfrɪst] *f* retention period
Aufbewahrungsgebühr [ˈaufbəvaːruŋsgəbyːɐ] *f* **1.** *(Waren)* storage fee; **2.** *(Bank)* safe deposit charge
Aufbewahrungspflicht [ˈaufbəvaːruŋspflɪçt] *f* obligation to preserve records
Aufenthaltserlaubnis [ˈaufɛnthaltsɛrlaupnɪs] *f* residence permit
Auffanggesellschaft [ˈauffaŋgəzɛlʃaft] *f* recipient company
Aufgabe [ˈaufgaːbə] *f (Arbeit)* task, assignment, responsibility; *mit einer ~ betraut sein* to be charged with a task
Aufgabegeschäft [ˈaufgaːbəgəʃɛft] *n* name-to-follow transaction, open transaction
Aufgabenanalyse [ˈaufgaːbənanalyːzə] *f* functional analysis
Aufgabengebiet [ˈaufgaːbəngəbiːt] *n* area of responsibility
Aufgabensynthese [ˈaufgaːbənzynteːzə] *f* task-oriented synthesis
Aufgeld [ˈaufgɛlt] *n* premium, extra charge, agio
aufgenommene Gelder [ˈaufgənɔmənə ˈgɛldɐ] *n/pl* borrowed funds *pl*, creditors' account
aufgerufene Wertpapiere [ˈaufgərufənə ˈveːrtpapiːrə] *n/pl* securities publicly notified as lost *pl*
Aufhebung [ˈaufheːbuŋ] *f* cancellation, elimination
Aufhebungsvertrag [ˈaufheːbuŋsfɛrtraːk] *m* agreement to cancel an obligatory relation
aufholen [ˈaufhoːlən] *v* **1.** *(Preise)* pick up; **2.** *(Börsenkurse)* rally
Aufholung [ˈaufhoːluŋ] *f* catching up, gaining ground
aufkaufen [ˈaufkaufən] *v* buy up, take over, acquire
Aufkäufer(in) [ˈaufkɔyfɐ(rɪn)] *m/f* buyer, purchaser
Aufkaufspekulation [ˈaufkaufʃpekulatsjoːn] *f* take-over speculation
Aufkleber [ˈaufkleːbɐ] *m* sticker
Aufkommen [ˈaufkɔmən] *n* yield, revenue
auf Kommissionsbasis [auf kɔmɪˈsjoːnsbaːzɪs] on a commission basis
auf Lager [auf ˈlaːgɐ] in stock
Auflassung [ˈauflasuŋ] *f* conveyance by agreement
auflösen [ˈaufløːzən] *v* **1.** *(Geschäft)* liquidate, dissolve; **2.** *(Vertrag)* cancel
Auflösung [ˈaufløːzuŋ] *f (Geschäft)* dissolution, liquidation
Aufnahmefähigkeit (des Marktes) [ˈaufnaːməfɛːɪçkaɪt (dɛs ˈmarktəs)] *f* absorptive capacity (of the market)
Aufpreis [ˈaufpraɪs] *m* additional charge
auf Probe [auf ˈproːbə] on trial
auf Provisionsbasis [auf proviˈzjoːnsbaːzɪs] on a commission basis
Aufrechnung [ˈaufrɛçnuŋ] *f* set-off
aufrufen [ˈaufruːfən] *v irr* call up, retrieve
Aufschiebung [ˈaufʃiːbuŋ] *f* deferment, delay, postponement
Aufschlag [ˈaufʃlaːk] *m (Preisaufschlag)* surcharge, extra charge
Aufschwung [ˈaufʃvuŋ] *m* recovery, boom, upswing
auf Sicht [auf ˈzɪçt] at sight, on demand
Aufsicht [ˈaufzɪçt] *f* supervision
Aufsichtsamt [ˈaufzɪçtsamt] *n* control board
Aufsichtsbehörde [ˈaufzɪçtsbəhœrdə] *f* supervisory authority
Aufsichtspflicht [ˈaufzɪçtspflɪçt] *f* duty of supervision

A

Aufsichtsrat [ˈaufzɪçtsraːt] *m* supervisory board
Aufsichtsratsvorsitzende(r) [ˈaufzɪçtsraːtsfoːrzɪtsəndə(-ɐ)] *f/m* chairwoman/ chairman of the supervisory board
Aufstiegsmöglichkeit[ˈaufʃtiːksmøːklɪçkaɪt] *f* opportunity for advancement
Auftrag [ˈauftraːk] *m (Aufgabe)* assignment, instruction, job, contract, orders *pl*
Auftraggeber(in) [ˈauftraːkgeːbɐ(rɪn)] *m/f* client, customer
Auftragnehmer(in) [ˈauftraːkneːmər(ɪn)] *m/f* contractor, company accepting an order
Auftragsabwicklung [ˈauftraːksapvɪkluŋ] *f* processing of an order
Auftragsbearbeitung [ˈauftraːksbərbaɪtuŋ] *f* order processing
Auftragsbestätigung [ˈauftraːksbəʃtɛtɪguŋ] *f* confirmation of an order
Auftragseingang [ˈauftraːksaɪngaŋ] *m* incoming order
Auftragserteilung [ˈauftraːksɛrtaɪluŋ] *f* placing of an order
auftragsgemäß [ˈauftraːksgəmɛːs] *adj* as ordered, as per order
Auftragsgröße [ˈauftraːksgrøːsə] *f* lot size
Auftragslage [ˈauftraːkslaːgə] *f* order situation
Auftragsnummer [ˈauftraːksnumɐ] *f* order number, trade number
Auftragsplanung [ˈauftraːksplaːnuŋ] *f* order scheduling
Auftragsrückgang [ˈauftraːksrʏkgaŋ] *m* drop in orders
Aufwand [ˈaufvant] *m* **1.** *(Einsatz)* effort; **2.** *(Kosten)* expense(s), cost, expenditure
Aufwands- und Ertragsrechnung [ˈaufvants unt ɛrˈtraːksrɛçnuŋ] *f* profit and loss account
Aufwandsausgleichkonto [ˈaufvantsausglaɪçkɔnto] *n* account for reimbursements of expenses
Aufwandsentschädigung [ˈaufvantsentʃɛːdɪguŋ] *f* expense allowance
Aufwandsfaktor [ˈaufvantsfaktɔr] *m* expenditure factor
Aufwandskonto [ˈaufvantskɔnto] *n* expense account
Aufwandskosten [ˈaufvantskɔstən] *pl* expenses incurred *pl*
Aufwärtskompatibilität [ˈaufvɛrtskɔmpatibiliteːt] *f* upward compatibility
Aufwärtstrend [ˈaufvɛrtstrɛnt] *m* upward trend, upside trend
Aufwendungen [ˈaufvɛnduŋən] *f/pl (Kosten)* expenses *pl*, charges *pl*
aufwerten [ˈaufvɛrtən] *v* upvalue, appreciate
Aufwertung [ˈaufveːrtuŋ] *f (Währung)* upvaluation, appreciation
Aufzinsung [ˈauftsɪnzuŋ] *f* accumulation addition of accrued interest
Auktion [aukˈtsjoːn] *f* auction
Auktionator [auktsjoˈnaːtɔr] *m* auctioneer
ausarbeiten [ˈausarbaɪtən] *v* work out, develop
Ausbilder(in) [ˈausbɪldɐ(rɪn)] *m/f* trainer, instructor
Ausbildung [ˈausbɪlduŋ] *f* apprenticeship, schooling, education
Ausbildungsbeihilfe [ˈausbɪlduŋsbaɪhɪlfə] *f* grant, tuition aid *(US)*
Ausbildungsverhältnis [ˈausbɪlduŋsfɛrhɛltnɪs] *n* trainee position
Ausbrechen des Kurses [ˈausbrɛçən dɛs ˈkurzəs] *n* erratic price movements *pl*
Ausbringung [ˈausbrɪŋuŋ] *f* output, outturn
Ausfall [ˈausfal] *m* **1.** financial loss; **2.** break-down
Ausfallbürgschaft [ˈausfalbyrkʃaft] *f* deficiency guarantee
ausfallen [ˈausfalən] *v irr (Maschine)* fail, break down
Ausfallforderung [ˈausfalfɔrdəruŋ] *f* bad debt loss
Ausfallrisiko [ˈausfalriːziko] *f* default risk
Ausfallzeit [ˈausfaltzaɪt] *f* downtime, outage time
ausfließen [ˈausfliːsən] *v* flow out
Ausfolgungsprotest [ˈausfɔlguŋsprotɛst] *m* protest for non-delivery
Ausfuhr [ˈausfuːɐ] *f* export, exportation
Ausfuhrabfertigung [ˈausfuːɐapfɛrtiguŋ] *f* customs clearance of exports
Ausfuhrabgaben [ˈausfuːɐapgaːbən] *f/pl* export duties *pl*
Ausfuhrbescheinigung [ˈausfuːɐbəʃaɪnɪguŋ] *f* export certificate

Ausfuhrbeschränkung [ˈausfuːɐbəʃrɛŋkuŋ] *f* export restriction
Ausfuhrbestimmungen [ˈausfuːɐbəʃtɪmuŋən] *f/pl* export regulations *pl*
Ausfuhrbürgschaften [ˈausfuːɐbyrkʃaftən] *f/pl* export credit guarantee
Ausfuhrdeckung [ˈausfuːɐdɛkuŋ] *f* export coverage
ausführen [ˈausfyːrən] *v* export
Ausfuhrfinanzierung [ˈausfuːɐfɪnantsiːruŋ] *f* export financing
Ausfuhrförderung [ˈausfuːɐfœrdəruŋ] *f* measures to encourage exports *pl*
Ausfuhrgarantie [ˈausfuːɐgarantiː] *f* export credit guarantee
Ausfuhrgenehmigung [ˈausfuːɐgəneːmɪguŋ] *f* export permit, export licence
Ausfuhrhandel [ˈausfuːɐhandəl] *m* export trade
Ausfuhrkontrolle [ˈausfuːɐkɔntrɔlə] *f* export control
Ausfuhrkreditanstalt (AKA) [ˈausfuːɐkrediːtanʃtalt] *f* Export Credit Company
Ausfuhrpapiere [ˈausfuːɐpapiːrə] *n/pl* export documents *pl*
Ausfuhrüberschuss [ˈausfuːɐyːbəʃus] *m* export surplus
Ausfuhrverbot [ˈausfuːɐfɛɐboːt] *n* export ban, export prohibition
Ausfuhrzoll [ˈausfuːrtsɔl] *m* export duty
Ausgaben [ˈausgaːbən] *f/pl* expenses *pl*
Ausgabenkontrolle [ˈausgaːbənkɔntrɔlə] *f* expenditure control
Ausgabenplan [ˈausgaːbənplaːn] *m* plan of expenditure
Ausgabensteuer [ˈausgaːbənʃtɔyɐ] *f* outlay tax
ausgabenwirksame Kosten [ˈausgaːbənvɪrkzaːmə ˈkɔstən] *pl* spending costs *pl*
Ausgabepreis [ˈausgaːbəpraɪs] *m* issuing price
Ausgabewert [ˈausgaːbəveːɐt] *m* nominal value
ausgeben [ˈausgeːbən] *v irr (Geld)* spend; *(Aktien)* issue
ausgleichen [ˈausglaɪçən] *v irr* equalize, compensate, settle
Ausgleichs- und Deckungsforderung [ˈausglaɪçs unt ˈdɛkuŋsfɔrdəruŋ] *f* equalization and covering claim
Ausgleichsabgabe [ˈausglaɪçsapgaːbə] *f* countervailing duty
Ausgleichsarbitrage [ˈausglaɪçsarbitraːʒə] *f* offsetting arbitrage
Ausgleichsfonds [ˈausglaɪçsfɔ̃ː] *m* compensation fund
Ausgleichsforderung [ˈausglaɪçsfɔrdəruŋ] *f* equalization claim
Ausgleichsfunktion des Preises [ˈausglaɪçsfuŋktsjoːn dɛs ˈpraɪzəs] *f* invisible hand
Ausgleichsposten [ˈausglaɪçspɔstən] *m* balancing item, adjustment item, compensating item
Ausgleichsrecht [ˈausglaɪçsrɛçt] *n* equalization right
Ausgleichsverfahren [ˈausglaɪçsfɛrfaːrən] *n* composition proceedings *pl*
Ausgleichszahlung [ˈausglaɪçstsaːluŋ] *f* deficiency payment, compensation payment
aushandeln [ˈaushandəln] *v* negotiate
Aushängeschild [ˈaushɛŋəʃɪlt] *n (Reklame)* advertisement
Aushilfe [ˈaushɪlfə] *f* temporary help
Aushilfsarbeit [ˈaushɪlfsarbaɪt] *f* temporary work
Aushilfskraft [ˈaushɪlfskraft] *f* temporary worker, casual worker
Auskunft [ˈauskunft] *f* **1.** information; **2.** *(in einem Büro)* information desk; **3.** *(am Telefon)* directory enquiries *(UK)*, directory assistance *(US)*
Auskunftdatei [ˈauskunftdataɪ] *f* information file
Auskunftei [auskunfˈtaɪ] *f* credit bureau, credit (reporting) agency *(UK)*
Auskunftspflicht [ˈauskunftspflɪçt] *f* obligation to give information
Auslage [ˈauslaːgə] *f (Geld)* expenditure, disbursement, outlay
auslagern [ˈauslaːgɐn] *v* outsource
Ausländer(in) [ˈauslɛndɐ(rɪn)] *m/f* foreigner, non-resident
ausländische Arbeitnehmer [ˈauslɛndɪʃə ˈarbaɪtneːmɐ] *m/pl* foreign workers *pl*
ausländische Betriebsstätte [ˈauslɛndɪʃə ˈbətriːpsʃtɛtə] *f* permanent establishment abroad
ausländischer Anteilseigner [ˈauslɛndɪʃər ˈantaɪlsaɪgnɐ] *m* foreign shareholder

A

A

ausländisches Wertpapier [ˈauslɛndɪʃəs ˈveːrtpapiːɐ] *n* foreign security
Auslandsakzept [ˈauslantsaktsɛpt] *n* foreign acceptance
Auslandsanleihe [ˈauslantsanlaɪə] *f* foreign loan, foreign bond, external loan
Auslandsbank [ˈauslantsbaŋk] *f* foreign bank
Auslandsbonds [ˈauslantsbɔnds] *m/pl* foreign currency bonds *pl*
Auslandsbondsbereinigung [ˈauslantsbɔndsbəraɪnigʊŋ] *f* external bonds validation
Auslandsgeschäft [ˈauslantsgəʃɛft] *n* business in foreign countries, foreign business
Auslandsinvestitionen [ˈauslantsɪnvestitsjoːnən] *f/pl* capital invested abroad, foreign investments *pl*
Auslandskapital [ˈauslantskapitaːl] *n* foreign capital
Auslandskonto [ˈauslantskɔnto] *n* foreign account, rest-of-the-world account
Auslandskredit [ˈauslantskrediːt] *m* foreign credit, foreign lending
Auslandskunde [ˈauslantskundə] *m* foreign customer
Auslandsmärkte [ˈauslantsmɛrktə] *m/pl* foreign markets *pl*
Auslandsnachfrage [ˈauslantsnaːxfraːgə] *f* foreign demand
Auslandsniederlassung [ˈauslantsniːdərlasʊŋ] *f* branch abroad
Auslandspatente [ˈauslantspatɛntə] *n/pl* foreign patents *pl*
Auslandsscheck [ˈauslantsʃɛk] *m* foreign cheque
Auslandsschulden [ˈauslantsʃuldən] *f/pl* foreign debts *pl*
Auslandsstatus [ˈauslantsʃtaːtus] *m* foreign assets and liabilities *pl*
Auslandsvermögen [ˈauslantsfɛrmøːgən] *f* foreign assets
Auslandsverschuldung [ˈauslantsfɛrʃuldʊŋ] *f* foreign debt
Auslandsvertretung [ˈauslantsfɛrtreːtʊŋ] *f* agency abroad
Auslandswechsel [ˈauslantsvɛksəl] *m* foreign bill of exchange
auslasten [ˈauslastən] *v* **1.** utilize fully, make full use of; **2.** *(Maschine)* use to capacity
Auslastung [ˈauslastʊŋ] *f* utilization to capacity
Auslastungsgrad [ˈauslastʊŋsgraːt] *m* degree of utilization
ausliefern [ˈausliːfərn] *v* deliver, hand over
Auslieferung [ˈausliːfərʊŋ] *f* delivery, handing over
Auslieferungslager [ˈausliːfərʊŋslaːgɐ] *n* distribution store
Auslobung [ˈausloːbʊŋ] *f* offer of reward
Auslosungsanleihe [ˈausloːzʊŋsanlaɪə] *f* lottery bond
ausmachender Betrag [ˈausmaxəndər bəˈtraːk] *m* actual amount
Ausnahmeregelung [ˈausnaːməreːgəlʊŋ] *f* special provision
Ausnahmetarif [ˈausnaːmətariːf] *m* preferential rate
Ausnutzungsgrad [ˈausnutsʊŋsgraːt] *m* utilization rate
Ausprägung [ˈauspreːgʊŋ] *f* coinage, minting; attribute
ausrechnen [ˈausreçnən] *v* calculate, compute
Ausrüster [ˈausrystɐ] *m* fitter
Aussage [ˈauszaːgə] *f* testimony, statement, evidence
aussagen [ˈauszaːgən] *v* testify
ausschließlich Berechtigungsaktie (exBA) [ˈausʃliːsliç bəˈrɛɪçtigʊŋsaktsjə] ex capitalization issue
ausschließlich Bezugsrecht (exBR) [ˈausʃliːslɪç bəˈtsuːksrɛçt] ex cap(italization)
ausschließlich Dividende (exD) [ˈausʃliːslɪç dɪvɪˈdɛndə] ex d(ividend), coupon detached; dividend off
Ausschließlichkeitserklärung [ˈausʃlɪːslɪçkaɪtsɛrklɛːrʊŋ] *f* exclusivity statement
Ausschlussprinzip [ˈausʃlusprɪntsiːp] *n* exclusion principle
ausschreiben [ˈausʃraɪbən] *v irr* *(Scheck)* issue, write out, make out
Ausschreibung [ˈausʃraɪbʊŋ] *f* call for tenders, invitation to tender
Ausschussquote [ˈausʃuskvoːtə] *f* defects rate
ausschütten [ˈausʃytən] *v* *(Dividenden)* distribute, pay

Ausschüttung [ˈausʃytuŋ] *f* distribution, payout
Außenbeitrag [ˈausənbaɪtra:k] *m* net export, net foreign demand
Außendienst [ˈausəndi:nst] *m* field work
Außendienstmitarbeiter [ˈausəndi:nstmɪtarbaɪtɐ] *m/pl* field staff
Außenfinanzierung [ˈausənfɪnantsi:ruŋ] *f* external financing
Außenhandel [ˈausənhandəl] *m* foreign trade, external trade
Außenhandelsabteilung [ˈausənhandəlsaptaɪluŋ] *f* export department
Außenhandelsbilanz [ˈausənhandəlsbɪlants] *f* balance of trade
Außenhandelsdefizit [ˈausənhandəlsde:fɪtsɪt] *n* foreign trade deficit
Außenhandelsfinanzierung [ˈausənhandəlsfɪnantsi:ruŋ] *f* foreign trade financing
Außenhandelsfreiheit [ˈausənhandəlsfraɪhaɪt] *f* free trade
Außenhandelsgewinn [ˈausənhandəlsgəvɪn] *m* gains from foreign trade *pl*
Außenhandelskammer [ˈausənhandəlskamɐ] *f* chamber of commerce
Außenhandelsmonopol [ˈausənhandəlsmonopo:l] *n* foreign trade monopoly
Außenhandelsmultiplikator [ˈausənhandəlsmultiplika:to:ɐ] *m* foreign trade multiplier
Außenhandelsquote [ˈausənhandəlskvo:tə] *f* ratio of total trade turnover to national income
Außenhandelsrahmen [ˈausənhandəlsra:mən] *m* foreign trade structure
Außenhandelsstatistik [ˈausənhandəlsʃtatɪstɪk] *f* foreign trade statistics
Außenhandelsvolumen [ˈausənhandəlsvolu:mən] *n* volume of foreign trade
Außenmarkt [ˈausənmarkt] *m* external market
Außenprüfung [ˈausənpry:fuŋ] *f* **1.** *(Rechnungswesen)* field audit; **2.** *(Steuern)* government audit
Außenstände [ˈausənʃtendə] *pl* outstanding accounts *pl*, accounts receivable *pl*
Außenwerbung [ˈausənvɛrbuŋ] *f* outdoor advertising
Außenwert der Währung [ˈausənve:rt de:r ˈvɛ:ruŋ] *m* external value of the currency
Außenwirtschaft [ˈausənvɪrtʃaft] *f* external economic relations, foreign trade
außenwirtschaftliches Gleichgewicht [ˈausənvɪrtʃaftlɪçəs ˈglaɪçgəvɪçt] *n* external balance
Außenwirtschaftsgesetz [ˈausənvɪrtʃaftsgəzɛts] *n* Act on Foreign Trade and Payments, Foreign Trade Law
Außenwirtschaftspolitik [ˈausənvɪrtʃaftspoliti:k] *f* international economic policy
Außenwirtschaftsverkehr [ˈausənvɪrtʃaftsfɛrke:ɐ] *m* foreign trade and payments transactions *pl*
außergerichtlich [ˈausərgərɪçtlɪç] *adj* extrajudicial, out-of-court
außergerichtlicher Vergleich [ˈausərgərɪçtlɪçər fɛrˈglaɪç] *m* out-of-court settlement
außergewöhnliche Belastungen [ˈausərgəvø:nlɪçə bəˈlastuŋən] *f/pl* extraordinary expenses *pl*, extraordinary financial burden
außerordentliche Abschreibung [ˈausərɔrdəntlɪçə ˈapʃraɪbuŋ] *f* extraordinary depreciation
außerordentliche Aufwendungen [ˈausərɔrdəntlɪçə ˈaufvɛnduŋən] *f/pl* extraordinary expenditures *pl*, non recurrent expenditures *pl*
außerordentliche Ausgaben [ˈausərɔrdəntlɪçə ˈausga:bən] *f/pl* extraordinary expenditures *pl*
außerordentliche Einkünfte [ˈausərɔrdəntlɪçə ˈaɪnkynftə] *pl* extraordinary income
außerordentliche Einnahmen [ˈausərɔrdəntlɪçə ˈaɪnna:mən] *f/pl* extraordinaryincome
außerordentliche Erträge [ˈausərɔrdəntlɪçə ɛrˈtrɛ:gə] *m/pl* extraordinary income
außerordentliche Hauptversammlung [ˈausərɔrdəntlɪçə ˈhauptfɛrzamluŋ] *f* special meeting of stockholders
außerordentliche Kündigung [ˈausərɔrdəntlɪçə ˈkyndɪguŋ] *f* notice to quit for cause
außerordentlicher Haushalt [ˈausərɔrdəntlɪçər ˈhaushalt] *m* extraordinary budget
Aussetzung [ˈauszɛtsuŋ] *f* suspension

A

Aussonderung ['auszɔndərʊŋ] *f* separation, separating
aussortieren ['auszɔrti:rən] *v* **1.** sort out, separate out; **2.** grade
aussperren ['ausʃpɛrən] *v (Streik)* lock out
Aussperrung ['ausʃpɛrʊŋ] *f* lock-out
Ausstand ['ausʃtant] *m (Streik)* strike; *in den ~ treten* come out on strike, take industrial action
Ausstattung ['ausʃatʊŋ] *f* **1.** *(Kapital)* endowment; *finanzielle ~* funding; **2.** *(Anleihe)* terms; **3.** *(Verpackung)* get-up; *serienmäßige ~* standard fitting
ausstehende Einlagen ['ausʃte:əndə 'aɪnla:gen] *f/pl* outstanding contributions *pl*
Ausstelldatum ['ausʃtɛlda:tʊm] *n* date of issue
ausstellen ['ausʃtɛlən] *v (Waren)* display, lay out, exhibit; *(Rechnung, Scheck)* make out (to); *(Quittung, Rezept)* write out
Aussteller ['ausʃtɛlɐ] *m* exhibitor
Ausstellung ['ausʃtɛlʊŋ] *f* exhibition
Ausstellungsfläche ['ausʃtɛlʊŋsflɛçə] *f* exhibition space
Austritt ['austrɪt] *m* voluntary retirement (of a partner)
Ausverkauf ['ausfɛrkauf] *m* clearance sale
Ausverkaufspreise ['ausfɛrkaufspraɪzə] *m/pl* sale prices *pl*, clearance prices *pl*
ausverkauft ['ausfɛrkauft] *adj* sold out
Auswahlverfahren ['ausva:lfɛrfa:rən] *n* selection procedure
Ausweichkurs ['ausvaɪçkurs] *m* fictitious security price
Ausweis der Kapitalherabsetzung ['ausvaɪs de:r kapi'ta:lhɛrapzɛtsuŋ] *m* return of capital reduction
Ausweisung ['ausvaɪzung] *f* state-ment
Auswertung ['ausve:rtuŋ] *f* evaluation
auszahlen ['austsa:lən] *v* pay; *sich ~* pay off, to be worthwhile
Auszahlung ['austsa:luŋ] *f* payment
Auszählung ['austsɛ:luŋ] *f* counting
auszeichnen ['austsaɪçnən] *v (Waren)* mark
Auszubildende(r) ['austsubɪldəndə(-ɐ)] *f/m* trainee, apprentice
Auszug ['austsu:k] *m (Kontoauszug)* statement (of account)
Auszug aus dem Grundbuch ['austsu:k aus dem grʊntbux] *m* abstract of title
autark [au'tark] *adj* self-supporting
Autarkie [autar'ki:] *f* autarky, autarchy, self-sufficiency
Autokorrelation [autokɔrela'tsjo:n] *f* auto-correlation
Automatic Transfer Service (ATS) [ɔ:tə'mætɪk træns'fɜ: 'sɜ:vɪs] *m* Automatic Transfer Service
Automation [automa'tsjo:n] *f* automation
Automatisationsgrad [automatiza'tsjo:nsgra:t] *m* automation degree
automatische Kursanzeige [auto'ma:tɪʃə 'kursantsaɪgə] *f* automatic quotation
Automatisierung [automati'zi:ruŋ] *f* automation
Automatismus [automa'tɪsmus] *m* automatism
Automobilindustrie [automo'bi:lɪndustri:] *f* automobile industry
autonome Arbeitsgruppen [auto'no:mə 'arbaɪtsgrupən] *f/pl* autonomous teams *pl*
autonome Größen [auto'no:mə 'grø:sən] *f/pl* autonomous variables *pl*
Autonomie [autono'mi:] *f* autonomy
autorisiertes Kapital [autori'zi:rtəs kapi'ta:l] *n* authorized capital
autoritär [autori'tɛ:ɐ] *adj* authoritarian
autoritärer Führungsstil [autori'tɛ:rər 'fy:ruŋsʃti:l] *m* authoritative style of leadership
Aval [a'val] *m* guarantee of a bill
Avalkredit [a'valkredi:t] *m* collateral guarantee
Avalprovision [a'valprovizjo:n] *f* commission on bank guarantee
Averaging ['ævərɪdʒɪŋ] *n* averaging
Avis [a'vi:] *m/n* advice
avisieren [avi'zi:rən] *v* advise, notify; *Wechsel ~* advise a draft
Azubi [a'tsu:bi] *m/f (Auszubildende(r))* trainee, apprentice

B

Baby-Bonds ['be:bibɔnds] *pl* baby bonds *pl*
Backwardation ['bækwədeɪʃən] *f* backwardation
Bagatellbetrag [baga'tɛlbətra:k] *m* trifle, trifling amount, petty amount
Bagatelldelikt [baga'tɛldelɪkt] *n* petty offence, minor offence
Bagatellsache [baga'tɛlzaxə] *f* petty case
Bagatellschaden [baga'tɛlʃa:dən] *m* petty damage, trivial damage, minimal damage
Bagatellverfahren [baga'tɛlferfa:rən] *n* summary proceeding
Bahn [ba:n] *f (Eisenbahn)* railway, railroad *(US)*
bahnbrechend ['ba:nbrɛçənt] *adj (fam)* pioneering, trailblazing
Bahnbrecher(in) ['ba:nbrɛçɐ(rɪn)] *m/f* pioneer, trailblazer
Bahnfracht ['bɑ:nfraxt] *f* rail freight
Bahntransport ['ba:ntranspɔrt] *m* railway transportation
Baisse ['bɛ:sə] *f* bear market, slump
Baisseklausel ['bɛ:sklausəl] *f* bear clause
Baisser ['bɛ:se] *f* bear
Balkencode ['balkənkəud] *m* bar code
Balkendiagramm ['balkəndiagram] *n* bar chart; bar graph
Balkenwaage ['balkənva:gə] *f* balance, beam and scales
Ballen ['balən] *m* bale
Ballungsgebiet ['baluŋsgəbi:t] *n* agglomeration area, area of industrial concentration
Ballungszentrum ['baluŋstsentrum] *n* **1.** *(Bevölkerung)* centre of population; **2.** *(Industrie)* centre of industry
Band [bant] *n* **1.** *(EDV)* tape; **2.** *(Fließband)* assembly line
Bandbreite ['bantbraɪtə] *f* margin
Bandenwerbung ['bandənverbuŋ] *f* side-line advertising
Bandwagon-Effekt ['bantwagɔ̃efekt] *m* bandwagon effect
Bank [baŋk] *f* bank
Bank für Internationalen Zahlungsausgleich (BIZ) ['baŋk fy:r 'intərnatsjona:len 'tsa:luŋsausglaɪç] *f* Bank for International Settlements (BIS)
Bankakademie ['baŋkakademi:] *f* banking academy
Bankakkreditiv ['baŋkakrediti:f] *n* bank letter of credit
Bankaktie ['baŋkaktsjə] *f* bank shares
Bankakzept ['baŋkaktsɛpt] *n* bank acceptance
Bankangestellte(r) ['baŋkangəʃtɛltə(-ɐ)] *f/m* bank employee, bank clerk
Bankanleihen ['baŋkanlaɪhən] *f/pl* bank bonds *pl*
Bankanweisung ['baŋkanvaɪzuŋ] *f* bank transfer, bank money order
Bankauftrag ['baŋkauftra:k] *m* bank order, instruction to a bank
Bankauskunft ['baŋkauskunft] *f* banker's reference
Bankausweis ['baŋkauswaɪs] *m* bank authorization
Bankauszug ['baŋkaustsu:k] *m* bank statement
Bankautomat ['baŋkautoma:t] *m* automatic cash dispenser
Bankautomation ['baŋkautoma'tsjo:n] *f* bank automation
Bankaval ['baŋkava:l] *n* bank guarantee
Bankavis ['baŋkavi:(s)] *m/n* bank notification (of a letter of credit)
Bankbetriebslehre ['baŋkbətri:psle:rə] *f* banking management
Bankbeziehungen ['baŋkbətsi:uŋən] *f/pl* bank relations *pl*
Bankbilanz ['baŋkbilants] *f* bank balance sheet
Bankbuchhaltung ['baŋkbuxhaltuŋ] *f* bank's accounting department; bank accounting system
Bankdarlehen ['baŋkda:rle:ən] *n* bank loan, bank credit
Bankdeckung ['baŋkdəkuŋ] *f* banking cover

B

Bankdepositen ['baŋkdəpɔsitən] *pl* bank deposits *pl*
Bankdepotgesetz ['baŋkdepo:gezɛts] *n* Bank Custody Act
Bankdirektor(in) ['baŋkdirɛktɔr(ɪn)] *m/f* bank manager, bank director
Bankdiskont ['baŋkdɪskɔnt] *m* bank discount
Bankdiskontsatz ['baŋkdɪskɔntzats] *m* discount rate
Bankeinlage ['baŋkaɪnla:gə] *f* bank deposit
Bankeinzugsverfahren ['baŋkaɪntsuksfərfa:rən] *n* direct debiting
Bankenaufsicht ['baŋkənaufsiçt] *f* supervision of banking
Bankenerlass ['baŋkənɛrlas] *m* banking decree
Bankengesetzgebung ['baŋkəngezɛtsgebuŋ] *f* banking legislation
Bankenkonsortium ['baŋkənkɔnzɔrtsjum] *n* banking syndicate
Bankenkonzentration ['baŋkənkɔntsəntra'tsjon] *f* concentration of banks
Bankenkrise ['baŋkənkri:zə] *f* banking crisis
Bankennummerierung ['baŋkənnumәri:ruŋ] *f* bank branch numbering
Bankenquete ['baŋkɑ̃kɛt] *f* banking inquiry
Bankenstatistik ['baŋkənʃtatɪstɪk] *f* banking statistics
Bankenstimmrecht ['baŋkənʃtɪmrɛxt] *n* banks' voting rights
Bankensystem ['baŋkənsyste:m] *n* banking system
Bankenverband ['baŋkənferband] *m* banking association
Bankfach ['baŋkfax] *n* **1.** *(Gewerbe)* banking business, banking line; **2.** *(Safe)* safe box
bankfähig ['baŋkfɛ:ɪç] *adj* bankable, negotiable
Bankfähigkeit ['baŋkfɛ:ɪçkaɪt] *f* bankability, negotiability
Bankfeiertage ['baŋkfaɪərta:gə] *m/pl* bank holidays *pl*
Bankfiliale ['baŋkfɪlja:lə] *f* branch bank
Bankgarantie ['baŋkgaranti:] *f* bank guarantee
Bankgeheimnis ['baŋkgəhaɪmnɪs] *n* confidentiality in banking, banking secrecy
Bankgeschäft ['baŋkgəʃɛft] *n* banking; banking transactions
Bankgewerbe ['baŋkgəwɛrbə] *n* banking business
bankgirierter Warenwechsel ['baŋkʒɪri:rtər wa:rənwɛksəl] *m* bank endorsed bill
Bankguthaben ['baŋkgu:tha:bən] *n* bank credit balance
Bankhaus ['baŋkhaus] *n* bank, banking house
Bankier [baŋk'je:] *m* banker
Bankierbonifikation [baŋk'je:bonifikatsjon] *f* placing commission
Bankkalkulation ['baŋkkalkulatsjon] *f* bank's cost and revenue accounting
Bankkapital ['baŋkkapita:l] *n* bank stock
Bankkauffrau ['baŋkkaufrau] *f* trained bank clerk, trained bank employee
Bankkaufmann ['baŋkkaufman] *m* trained bank clerk, trained bank employee
Bankkonditionen ['baŋkkɔnditsjonən] *f/pl* bank conditions *pl*
Bankkonto ['baŋkkɔnto] *n* bank account
Bankkontokorrent ['baŋkkɔntokɔrɛnt] *n* current account with a bank
Bankkontrolle ['baŋkkɔntrolə] *f* bank supervision
Bankkonzern ['baŋkkɔntsɛrn] *m* bank(ing) group
Bankkredit ['baŋkkrɛdi:t] *m* bank credit
Bankkreise ['baŋkkraizə] *pl* banking circles *pl*
Bankkunde ['baŋkkundə] *m* bank client, bank customer
Bankleitzahl ['baŋklaɪttsa:l] *f* bank code number, sort code *(UK)*, bank identification number *(US)*
Bankliquidität ['baŋklikviditɛ:t] *f* bank liquidity
banknahes Institut ['baŋkna:əs ɪnstɪ'tu:t] *n* near bank
Banknote ['baŋkno:tə] *f* banknote, bill *(US)*
Bankobligation ['baŋkɔbli:gatsjon] *f* bank bond

Bankorganisation ['baŋkorganisatsjon] *f* bank's organization system
Bankplatz ['baŋkplats] *m* banking centre
Bankprovision ['baŋkprovizjon] *f* banker's commission
Bankprüfung ['baŋkpry:fuŋ] *f* audit of the bank balance sheet
Bankpublizität ['baŋkpublitsite:t] *f* banks' duty to publish
Bankrate ['baŋkra:tə] *f* bank discount, (official) discount rate
Bankregel ['baŋkre:gəl] *f* bank rule
Bankregulierung ['baŋkreguli:ruŋ] *f* bank regulations *pl*
Bankreserven ['baŋkrezɛrvən] *f/pl* bank reserves *pl*, bank savings *pl*
Bankrevision ['baŋkrevizjon] *f* bank audit
bankrott [baŋ'krɔt] *adj* bankrupt
Bankrott [baŋ'krɔt] *m* bankruptcy, insolvency
Bankrotterklärung [baŋ'krɔtɛrklɛ:ruŋ] *f* declaration of bankruptcy
Bankrotteur [baŋkrɔ'tø:ɐ] *m* **1.** (*Person*) bankrupt (person); **2.** (*Firma*) bankrupt firm
Banksafe ['baŋkseɪf] *m* bank safe
Banksaldo ['baŋkzaldo] *n* bank balance
Bankscheck ['baŋkʃɛk] *m* cheque, banker's draft
Bankschließfach ['baŋkʃli:sfax] *n* safe-deposit box, safety-deposit box
Bankschulden ['baŋkʃuldən] *pl* bank debts *pl*
Bankschuldverschreibung ['baŋkʃuldfɛrʃraɪbuŋ] *f* bank bond
Bankspesen ['baŋkʃpe:zən] *pl* bank charges *pl*
Bankstatistik ['baŋkʃtatistik] *f* banking statistics
Bankstatus ['baŋkʃta:tus] *m* bank status
Bankstellennetz ['baŋkʃtɛlənnɛts] *n* bank office network
Bankstichtage ['baŋkʃtiçta:gə] *m/pl* settling days *pl*
Banküberweisung ['baŋky:bərvaɪzuŋ] *f* bank transfer
Bankumsätze ['baŋkumzɛtsə] *m/pl* bank turnover
Bankverbindung ['baŋkfɛrbɪnduŋ] *f* **1.** banking details *pl;* **2.** (*Konto*) bank account
Bankwesen ['baŋkve:zən] *n* banking
Bankwirtschaft ['baŋkvɪrtʃaft] *f* banking industry
bankwirtschaftlich ['baŋkvɪrtʃaftlɪç] *adj* relating to banking operations
Bankzinsen ['baŋktsinzən] *m/pl* banking interest
bar [ba:ɐ] *adj* cash; ~ *bezahlen* pay cash, pay in cash
Barabfindung ['ba:ɐapfɪnduŋ] *f* settlement in cash
Barakkreditiv ['ba:ɐakrediti:f] *n* clean credit
Barcode ['ba:ɐkəud] *m* bar code
Bardeckung ['ba:ɐdɛkuŋ] *f* cash cover
Bardepot ['ba:ɐdepo:] *n* cash deposit
Bardividende ['ba:ɐdividɛndə] *f* cash dividend
Bareinlage ['ba:ɐaɪnlagə] *f* cash deposit
Bareinschuss ['ba:ɐaɪnʃus] *m* (cash) margin
Barerlös ['ba:ɐɛrlø:s] *m* net proceeds *pl*, cash proceeds *pl*, takings *pl*
Barfinanzierung ['ba:ɐfinantsi:ruŋ] *f* direct financing
Bargaining ['ba:gɪnɪŋ] *n* bargaining
Bargeld ['ba:ɐgɛlt] *n* cash, ready money
Bargeldbestand ['ba:ɐgɛltbəʃtant] *m* cash in hand
Bargeldkasse ['ba:ɐgɛltkasə] *f* petty cash
bargeldlos ['ba:ɐgɛltlo:s] *adj* non-cash, cashless
bargeldlose Kassensysteme ['ba:ɐgɛltlo:sə 'kasənzystemə] *n/pl* cashless checkout systems *pl*
bargeldloser Zahlungsverkehr ['ba:ɐgɛltlo:sər 'tsa:luŋsfɛrkɛr] *m* cashless payments *pl;* bank giro credit system
Bargeldumlauf ['ba:ɐgɛltumlauf] *m* currency in circulation
Bargeldumstellung ['ba:ɐgɛltumʃtɛluŋ] *f* conversion of notes and coins
Bargeldverkehr ['ba:ɐgɛltfɛrke:ɐ] *m* cash transactions *pl*
Bargeschäft ['ba:ɐgəʃɛft] *n* cash transactions *pl*
Bargründung ['ba:ɐgrynduŋ] *f* formation of stock corporation by cash subscriptions
Barkauf ['ba:ɐkauf] *m* cash purchase
Barkredit ['ba:ɐkredi:t] *m* cash credit
Barlohn ['ba:ɐlo:n] *m* wage in cash

B

Barrel ['bærəl] *n* barrel
Barren ['barən] *m* (gold)bar, bullion
Barrengold ['barəngɔlt] *n* gold bullion
Barrensilber ['barənsılbɐ] *n* silver bullion
Barschaft ['ba:ɐʃaft] *f* cash stock, ready money
Barscheck ['ba:ɐʃɛk] *m* cash cheque, open cheque, uncrossed cheque
Bartergeschäft ['bartərgəʃɛft] *n* barter, barter trade
Barüberweisung ['ba:ry:bərvaizuŋ] *f* cash transfer
Barvergütung ['ba:ɐfɛrgy:tuŋ] *f* cash compensation, cash imbursement
Barverkauf ['ba:ɐferkauf] *m* cash sale
Barvermögen ['ba:ɐfɛrmø:gən] *n* cash assets *pl*, liquid assets *pl*
Barwert ['ba:ɐwert] value in cash
Barzahlung ['ba:ɐtsa:luŋ] *f* cash payment, payment in cash
Barzahlungsgeschäft ['ba:ɐtsa:luŋsgəʃɛft] *n* cash transaction, cash business
Barzahlungsrabatt ['ba:ɐtsa:luŋsrabat] *m* cash discount
Basis ['ba:zıs] *f* basis, base
Basiseinkommen ['ba:zısainkɔmən] *n* basic income
Basisjahr ['ba:zısja:ɐ] *n* base year
Basislohn ['ba:zıslo:n] *m* basic wage
Basispreis ['ba:zıspraız] *m* basic price
Basistrend ['ba:zıstrent] *m* basic trend
Batterie [batə'ri:] *f* battery
Bau ['bau] *m* construction
Bauabschnitt ['bauapʃnıt] *m* **1.** *(Gebiet)* building section; **2.** *(Stand der Bauarbeiten)* stage of construction
Bauantrag ['bauan'tra:k] *m* application for building license
Bauarbeiter ['bauarbaıtɐ] *m* construction worker
Bauboom ['baubu:m] *m* building boom
Baudarlehen ['baudarle:n] building loan
Bauelement ['bauelemɛnt] *n* component part, module
Baufinanzierung ['baufinantsi:ruŋ] *f* financing of building projects
Baufirma ['baufırma] *f* construction firm
Baugenehmigung ['baugəne:mıguŋ] *f* building permission, planning permission, building permit
Baugewerbe ['baugəvɛrbə] *n* construction industry, building trade
Bauindustrie ['bauındustri:] *f* construction industry
Baukastensystem ['baukastənsyste:m] *n* building block concept
Baukosten ['baukɔstən] *pl* building costs *pl*, construction costs *pl*
Baukostenzuschuss ['baukɔstəntsu:ʃuz] tenant's contribution to the construction costs
Baukredit ['baukrɛdıt] *m* building loan
Bauland ['baulant] *n* building site
Baumarkt ['baumarkt] *m* *(Grundbesitz)* property market
Baunorm ['baunɔrm] *f* building standard
Bauplan ['baupla:n] *m* architect's plan
Bauspardarlehen ['bauspardaːrle:n] loan granted for building purposes
bausparen ['bauspa:rən] *v* saving through building societies
Bausparfinanzierung ['bausparfinantsı:ruŋ] *f* building society funding
Bausparförderung ['bausparførderuŋ] *f* promotion of saving through building societies
Bausparkasse ['bauʃparkasə] *f* home savings bank, building society *(UK)*
Bausparvertrag ['bauʃpa:rfɛrtra:k] *m* building loan agreement, savings agreement with the building society
Baustelle ['bauʃtɛlə] *f* construction site, building site
Bauträger ['bautrɛ:gɐ] *m* property developer
Bauwirtschaft ['bauwırtʃaft] *f* building and contracting industry
Bauzinsen ['bautsınzən] *m/pl* fixed-interest coupons
Beamte(r) [bə'amtə(-ɐ)] *m* civil servant, public servant, official
beanstanden [bə'anʃtandən] *v* object, complain, challenge
Beanstandung [bə'anʃtanduŋ] *f* objection
beantragen [bə'antra:gən] *v* apply for; *(vorschlagen)* propose
bearbeiten [bə'arbaıtən] *v* **1.** *(erledigen)* deal with, handle, manage; **2.** work, process
Bearbeitung [bə'arbaıtuŋ] *f* treatment, processing; *in ~* in preparation

Bearbeitungsgebühr [bə'arbaɪtuŋsgəby:ɐ] *f* handling fee, service charge, processing fee
beaufsichtigen [bə'aufzɪçtɪgən] *v* supervise, control, oversee
beauftragen [bə'auftra:gən] *v* charge, commission, instruct
Beauftragte(r) [bə'auftra:ktə(-ɐ)] *f/m* representative
Beauftragung [bə'auftra:guŋ] *f* instruction, direction
bebauen [bə'bauən] *v* *(Grundstück)* build on
Bebauungsplan [bə'bauuŋsplan] *m* development plan, building scheme
Bedarf [bə'darf] *m* demand, need, requirements *pl*
Bedarfsanalyse [bə'darfsanaly:zə] *f* analysis of requirements
Bedarfsartikel [bə'darfsartɪkəl] *pl* necessities *pl*
Bedarfsbeeinflussung ['bedarfsbeaɪnflusuŋ] *f* influence of demand
Bedarfsdeckungsprinzip ['bedarfsdɛkuŋsprinzi:p] *n* principle of satisfaction of needs
Bedarfsermittlung ['bedarfsɛrmitluŋ] *f* demand assessment
bedarfsformende Faktoren [bedarfsformɛndə fak'to:rən] *m/pl* demand-forming factors *pl*
Bedarfsschwankung [be'darfsʃvaŋkuŋ] *f* fluctuations in requirements *pl*
bedenken [bə'dɛŋkən] *v irr (erwägen)* consider, take into consideration, think over
Bedenkzeit [bə'dɛŋktsaɪt] *f* time to think about sth, time to think sth over
bedienen [bə'di:nən] *v* **1.** *(Kunde)* attend; **2.** *(Gerät)* operate
Bedienung [bə'di:nuŋ] *f (Gerät)* operation, control
Bedienungsanleitung [bə'di:nuŋsanlaɪtuŋ] *f* operating instructions *pl*, working instructions *pl*
Bedienungsfehler [bə'di:nuŋsfe:lɐ] *m* operating error
Bedienungsgeld [bə'di:nuŋsgɛlt] *n* service charge
bedingt [bə'dɪŋt] *adj* **1.** conditional; *~ durch* contingent on; **2.** *(beschränkt)* limited; *nur ~ richtig* partially right
bedingte Kapitalerhöhung [bə'diŋtə kapi'ta:lɛrhø:uŋ] *f* conditional capital increase
Bedingung [bə'dɪŋuŋ] *f* condition, provision, term; *unter der ~, dass ...* on condition that ...
Bedürfnis [bə'dyrfnɪs] *n* need
Bedürfnisbefriedigung [bə'dyrfnɪsbəfri:dɪguŋ] *f* satisfaction of needs
Bedürfnishierarchie [bə'dyrfnɪshɪrarxi:] *f* hierarchy of needs
beeidigte Erklärung [bəaɪdɪgtə ɛr'klæruŋ] *f* sworn statement
Befähigung [bə'fɛ:ɪguŋ] *f* **1.** capacity, competence, aptitude; **2.** *(Voraussetzung)* qualifications *pl*
befolgen [bə'fɔlgən] *v* **1.** *(Vorschriften)* observe; **2.** *(Befehl)* obey
Beförderer [bə'fœrdərɐ] *m* carrier
befördern [bə'fœrdɐn] *v* **1.** *(transportieren)* transport, convey, carry; **2.** *(dienstlich aufrücken lassen)* promote, advance
Beförderung [bə'fœrdəruŋ] *f* **1.** *(Waren)* transport, conveying, shipping; **2.** *(eines Angestellten, eines Offiziers)* promotion, advancement
Beförderungsbedingungen [bə'fœrdəruŋsbədɪŋuŋən] *f/pl* terms of transport *pl*, forwarding conditions *pl*
Beförderungsgebühr [bə'fœrdəruŋsgəby:ɐ] *f* **1.** *(Portokosten)* postage charges *pl;* **2.** *(Transportkosten)* transport charges *pl*
Beförderungsmittel [bə'fœrdəruŋsmɪtəl] *n* means of transport *pl*
Befragung [bə'fra:guŋ] *f* personal interview, consultation, poll
befreien [bə'fraɪən] *v* acquit, discharge, *(von Steuern)* exempt
Befreiung [bə'fraɪuŋ] *f* exemption
befristen [bə'frɪstən] *v* limit
befristet [bə'frɪstət] *adj* limited
befristete Einlagen [bə'frɪstətə 'aɪnla:gən] *f/pl* fixed deposits *pl*
befristetes Arbeitsverhältnis [bə'frɪstətəs 'arbaɪtsfɛrhæltnɪs] *n* limited employment contract
Befristung [be'frɪstuŋ] *f* time limit, setting a deadline
Befugnis [bə'fu:knɪs] *f* jurisdiction, authority, authorization

befugt [bə'fu:kt] *adj* authorized, entitled, competent
B
befürworten [bə'fy:rvɔrtən] *v* advocate, recommend, support
Befürworter(in) [bə'fy:rvɔrtɐ(rɪn)] *m/f* supporter, advocate
Begebung [bə'gebuŋ] *f* issue
beglaubigen [bə'glaubɪgən] *v* attest, certify, authenticate
Beglaubigung [bə'glaubɪguŋ] *f* authentication, certification, attestation
begleichen [bə'glaɪçən] *v irr* pay, settle
Begleichung [bə'glaɪçuŋ] *f (von Schulden)* payment, settlement
Begleitpapiere [be'glaɪtpapi:rə] *n/pl* accompanying documents *pl*
Begleitschreiben [bə'glaɪtʃraɪbən] *n* accompanying letter
begründen [bə'gryndən] *v* establish, found, set up
Begründer(in) [bə'gryndɐ(rɪn)] *m/f* founder
Begrüßung [bə'gry:suŋ] *f* salutation
begünstigen [bə'gynstɪgən] *v* favour, help
Begünstigte(r) [bə'gynstɪgtə(-ɐ)] *f/m* beneficiary
begutachten [bə'gu:taxtən] *v* examine, give a professional opinion on
Behälterverkehr [bə'hɛltərferke:ɐ] *m* container transport
Beherrschungsvertrag [bə'hɛrʃuŋsfɛrtra:k] *m* control agreement
behilflich [bə'hɪlflɪç] *adj jdm ~ sein* to be of assistance, to be helpful, to be of service; *Kann ich Ihnen ~ sein?* May I help you?
Behinderte(r) [bə'hɪndərtə(-ɐ)] *f/m* handicapped person, disabled person
Behörde [bə'hø:rdə] *f* public authority, administrative agency
behördlich [bə'hø:rtlɪç] *adj* official
Beihilfe ['baɪhɪlfə] *f* financial aid
Beilage ['baɪla:gə] *f* supplement
beilegen ['baɪle:gən] *v* **1.** *(hinzufügen)* insert, enclose; **2.** *(Streit)* settle
Beirat ['baɪrat] *m* advisory council; advisory board
Beistandskredit ['baɪʃtantskredi:t] standby credit
Beistandspakt ['baɪʃtantspakt] *m* mutual assistance treaty
beisteuern ['baɪʃtɔyɐn] *v* contribute, pitch in *(fam)*
Beiträge ['baɪtrɛgə] *m/pl* contributions *pl*
Beitragsbemessungsgrenze ['baɪtra:ksbəmɛsuŋsgrɛntsə] *f* income threshold analysis of requirements
Beitragserhöhung ['baɪtra:ksɛrhø:uŋ] *f* increased contributions *pl*
Beitragserstattung ['baɪtra:ksɛrʃtatuŋ] *f* contribution refund
beitragspflichtig ['baɪtra:kspflɪçtɪç] *adj* liable to contribution
Beitragssatz ['baɪtra:kszats] *m* rate of contribution
Beitragszahlung ['baɪtra:kstsa:luŋ] *f* contribution payment
Beitritt ['baɪtrit] *m* joining
Beitrittsbeschluss ['baɪtritsbəʃlus] *m* decision of accession
Beitrittsgesuch ['baɪtrɪtsgəzu:x] *n* admission application
Beitrittskriterien ['baɪtrɪtskrite:riən] *n/pl* criteria for accession *pl*
Beitrittsverhandlungen ['baɪtrɪtsferhantluŋən] *f/pl* membership negotiations *pl*
Beitrittsvoraussetzungen ['baɪtrɪtsforauszetsuŋən] *f/pl* conditions for participation *pl*
beizulegender Wert ['baɪtsulɛgəndər 'vert] *m* value to be attached
Bekanntmachung [bə'kantmaxuŋ] *f* notification
Beklagte(r) [bə'kla:ktə(-ɐ)] *f/m* defendant
Bekleidungsindustrie [bə'klaɪduŋsɪndustri:] *f* clothing industry
beladen [bə'la:dən] *v irr* load
belangen [bə'laŋən] *v* prosecute, take legal action
Belassungsgebühr [bə'lasuŋsgeby:ɐ] *f* prolongation charge
belasten [bə'lastən] *v* **1.** *(laden)* load; **2.** *(beanspruchen)* burden, strain; **3.** *(Haus)* mortgage, encumber; **4.** *(Konto)* debit, charge to; **5.** *(beschuldigen)* charge, incriminate
Belastung [bə'lastuŋ] *f* **1.** *(Hypothek)* mortgage; **2.** *(Steuer)* burden; **3.** *(Konto)* debit; **4.** *(Beschuldigung)* incrimination, charge

Belastungsprobe [bəˈlastuŋspro:bə] *f* loading test, test
belaufen [bəˈlaufən] *v irr sich ~ auf* amount to, come to, add up to; *sich auf hundert Dollar ~* amount to one hundred dollars
Beleg [bəˈle:k] *m* **1.** *(Beweis)* proof, evidence; **2.** document, slip, record, receipt, voucher
belegen [bəˈle:gən] *v* account for; *(beweisen)* prove, substantiate, furnish proof of
belegloser Datenträgeraustausch (DTA) [beˈle:klo:sər ˈda:təntrægəraustauʃ] *m* paperless exchange of data media
belegloser Scheckeinzug [beˈle:klo:sər ˈʃɛkaɪntsuk] *m* check truncation procedure
Belegschaft [bəˈle:kʃaft] *f* staff
Belegschaftsaktie [bəˈle:kʃaftsaktsjə] *f* staff shares *pl*
beleihen [bəˈlaɪhən] *v* to lend money on sth
Beleihungssatz [bəˈlaɪhuŋssats] *m* lending limit
Beleihungswert [bəˈlaɪuŋsvɛrt] *m* value of collateral
bemessen [bəˈmɛsən] *v irr* proportion, allocate; *(einteilen)* calculate
Bemessungsgrundlage [bəˈmesuŋsgrundla:gə] *f* assessment basis
Bemessungszeitraum [bəˈmɛsuŋstsaɪtraum] *m* income year
benachrichtigen [bəˈna:xrɪctɪgən] *v* inform, advise
Benachrichtigung [bəˈna:xrɪçtɪguŋ] *f* notification, notice
Benachrichtigungspflicht [bəˈnaxrɪçtɪguŋspflɪçt] *f* duty of notification
Benchmarking [ˈbentʃma:kiŋ] *n* benchmarking
benutzen [bəˈnutsən] *v* use, make use of
Benutzer(in) [bəˈnutsɐ(rɪn)] *m/f* user
benutzerfreundlich [bəˈnutsərfrɔyntlɪç] *adj* user-friendly
Benutzerfreundlichkeit [bəˈnutsərfrɔyntliçkaɪt] *f* user friendliness
Benutzungsgebühr [bəˈnutsuŋsgəby:ɐ] *f* user fee
Benutzungsrecht [bəˈnutsuŋsrɛçt] *n* right to use
Benzin [bɛnˈtsi:n] *n* petrol, gasoline *(US)*
Benzingutschein [bɛnˈtsi:ngutʃaɪn] *m* petrol voucher
Benzinpreis [bɛnˈtsi:npraɪs] *m* petrol price, gasoline price *(US)*
Benzinverbrauch [bɛnˈtsi:nfɛrbraux] *m* petrol consumption, gasoline consumption *(US)*
Berater(in) [bəˈra:tɐ(rɪn)] *m/f* adviser, consultant, counsellor
Beraterfirma [bəˈra:tərfɪrma] *f* consulting firm
Beraterfunktion [bəˈra:tərfunktsjo:n] *f* advisory function
beratschlagen [bəˈra:tʃla:gən] *v irr* confer
Beratung [bəˈra:tuŋ] *f* consultation, advice, counselling
Beratungsgespräch [bəˈra:tuŋsgəʃprɛ:ç] *n* consultation
berechenbar [bəˈrɛçənba:ɐ] *adj (abschätzbar)* calculable, computable
berechnen [bəˈrɛçnən] *v* calculate, work out, compute; *jdm etw ~* charge s.o. for sth
Berechnung [bəˈrɛçnuŋ] *f* calculation, computation; *meiner ~ nach* according to my calculations
berechtigen [bəˈrɛçtɪgən] *v* entitle to, give a right to, authorize
berechtigt [bəˈrɛçtɪçt] *adj (befugt)* authorized, entitled; *~ zu* entitled to
Berechtigte(r) [bəˈrɛçtɪçtə(-ɐ)] *f/m* party entitled
Berechtigung [bəˈrɛçtɪguŋ] *f (Befugnis)* authorization, entitlement
Bereich [bəˈraɪç] *m (Fachbereich)* field, sphere, area
bereichsfixe Kosten [bəˈraɪçsfiksə ˈkɔstən] *pl* fixed department costs *pl*
bereinigter Gewinn [bəˈraɪnɪgtər ˈgɛvɪn] *m* actual profit
bereithalten [bəˈraɪthaltən] *v irr* have ready
Bereitschaftskosten [bəˈraɪtʃaftskɔstən] *pl* standby costs *pl*
bereitstellen [bəˈraɪtʃtɛlən] *v* make available, provide
Bereitstellungskosten [bəˈraɪtʃtɛluŋskɔstən] *pl* commitment fee
Bereitstellungsplanung [bəˈraɪtʃtɛluŋspla:nuŋ] *f* procurement budgeting
Bergarbeiter [ˈbɛrkarbaɪtɐ] *m* miner

B

Bergbau ['bɛrkbau] *m* mining
Bergbaugesellschaft ['bɛrkbaugəzɛlʃaft] *f* mining company
Bergwerk ['bɛrkvɛrk] *n* mine
Bericht [bə'rɪçt] *m* report, account, statement
Berichterstattung [bə'rɪçtɛrʃtatuŋ] *f* reporting
berichtigen [bə'rɪçtɪgən] *v* correct, rectify, set right
Berichtigung [bə'rɪçtɪguŋ] *f* correction
Berichtigungsaktie [bə'rɪçtɪguŋsaktsjə] *f* bonus share
Berichtsperiode [bə'rɪçtsperɪodə] *f* period under review
Berichtspflicht [bə'rɪçtspflɪçt] *f* obligation to report
BERI-Index ['berɪ ɪndeks] *m* business environment risk index
berücksichtigen [bə'rykzɪçtɪgən] *v* consider, bear in mind, take into account
Berücksichtigung [bə'rykzɪçtɪguŋ] *f* consideration
Beruf [bə'ru:f] *m* profession
beruflich [bə'ru:flɪç] *adj* professional, occupational
berufliche Fortbildung [bə'ru:flɪçə 'fortbɪlduŋ] *f* advanced vocational training
berufliche Umschulung [bə'ru:flɪçə 'umʃu:luŋ] *f* vocational retraining
berufliche Weiterbildung [bə'ru:flɪçə 'vaɪtərbɪlduŋ] *f* advanced vocational training
Berufsanfänger(in) [bə'ru:fsanfɛŋɐ(rɪn)] *m/f* young professional
Berufsausbildung [bə'ru:fsausbɪlduŋ] *f* vocational training, professional training, job training
berufsbedingt [bə'ru:fsbədɪŋt] *adj* professional, occupational, due to one's occupation
berufsbegleitend [bə'ru:fsbəglaɪtənt] *adj* in addition to one's job
Berufsbild [bə'ru:fsbɪld] *n* professional activity description
Berufserfahrung [bə'ru:fsɛrfa:ruŋ] *f* professional experience
Berufsförderung [bə'ru:fsfø:rdəruŋ] *f* professional promotion
Berufsfreiheit [bə'ru:fsfraɪhaɪt] *f* freedom of occupation
Berufsgeheimnis [bə'ru:fsgəhaɪmnɪs] *n* professional secret
Berufsgenossenschaften [bə'ru:fsgənɔsənʃaftən] *f/pl* **1.** social insurance against occupational accidents; **2.** professional association
Berufshandel [bə'ru:fshandəl] *m* professional trading, professional dealing
Berufskleidung [bə'ru:fsklaɪduŋ] *f* working clothes *pl*, workwear
Berufskrankheit [bə'ru:fskraŋkhaɪt] *f* occupational disease
Berufsleben [bə'ru:fsle:bən] *n* professional life, working life
Berufsrisiko [bə'ru:fsrɪ:zɪko] *n* occupational hazard
Berufsschule [bə'ru:fsʃu:lə] *f* vocational school
berufstätig [bə'ru:fstɛ:tɪç] *adj* working, (gainfully) employed
Berufstätigkeit [bə'ru:fstɛ:tɪçkaɪt] *f* employment, work, occupation, professional activity
Berufsunfähigkeit [bə'ru:fsunfɛ:ɪçkaɪt] *f* occupational disability
Berufsunfall [bə'ru:fsunfal] *m* occupational accident
Berufsverbot [bə'ru:fsfɛrbo:t] *n jdm ~ erteilen* ban s.o. from a profession
Berufsverkehr [bə'ru:fsfɛrke:ɐ] *m* rush-hour traffic, commuter traffic
Berufswechsel [bə'ru:fsvɛksəl] *m* career change
Berufung [bə'ru:fuŋ] *f (Ernennung)* nomination, appointment
Berufungsinstanz [bə'ru:fuŋsɪnstants] *f* higher court, court of appeal
Berufungsverfahren [bə'ru:fuŋsfɛrfa:rən] *n* appellate procedure
beschädigen [bə'ʃɛ:dɪgən] *v* damage, harm, injure
beschädigte Aktie [bə'ʃɛ:dɪgtə 'aktsjə] *f* damaged share certificates *pl*
Beschädigung [bə'ʃɛ:dɪguŋ] *f* damage, harm
beschaffen [bə'ʃafən] *v* procure, obtain, get
Beschaffung [bə'ʃafuŋ] *f* procurement
Beschaffungsmarkt [bə'ʃafuŋsmarkt] *m* procurement market

Beschaffungsplanung [bəˈʃafuŋs-planuŋ] *f* procurement planning
beschäftigen [bəˈʃɛftɪgən] *v* **1.** *(jdn ~)* occupy, engage, employ; **2.** *sich mit etw ~* concern o.s. with sth, occupy o.s. with sth, engage in sth; *damit beschäftigt sein, etw zu tun* to be busy doing sth
Beschäftigtenstruktur [bəˈʃɛftɪgtən-ʃtruktu:ɐ] *f* employment structure
Beschäftigung [bəˈʃɛftɪguŋ] *f* employment
Beschäftigungsabbau [bəˈʃɛftɪguŋs-apbau] *m* reduction in employment
Beschäftigungsabweichungen [bə-ˈʃɛftɪguŋsapvaɪçuŋən] *f/pl* volume variance
Beschäftigungsgrad [bəˈʃɛftɪguŋs-grat] *m* level of employment
Beschäftigungspolitik [bəˈʃɛftɪguŋs-politi:k] *f* employment policy
Bescheid [bəˈʃaɪt] *m* reply, notification
Bescheinigung [bəˈʃaɪnɪguŋ] *f* **1.** *(Dokument)* certificate; **2.** *(das Bescheinigen)* certification
Beschlagnahme [bəˈʃla:kna:mə] *f* confiscation
beschlagnahmen [bəˈʃla:kna:mən] *v* confiscate, seize
beschließen [bəˈʃli:sən] *v irr* **1.** *(entscheiden)* decide, resolve; **2.** *(beenden)* terminate, end, conclude
Beschluss [bəˈʃlus] *m* decision
beschlussfähig [bəˈʃlusfɛ:ɪç] *adj ~ sein* to be a quorum, have a quorum
Beschlussfassung [bəˈʃlusfasuŋ] *f* passing of a resolution
beschränkte Geschäftsfähigkeit [bə-ˈʃrɛŋktə gəˈʃɛftsfɛɪgkaɪt] *f* limited capacity to enter into legal transactions
Beschuldigung [bəˈʃuldɪguŋ] *f* accusation, charge
Beschwerde [bəˈʃve:rdə] *f* appeal, complaint
beschweren [bəˈʃve:rən] *v sich ~* complain; *sich ~ über* complain about
besetzt [bəˈzɛtst] *adj* engaged, busy *(US)*
Besicherungswert [bəˈsɪçəruŋsvɛrt] *m* collateral value
Besitz [bəˈzɪts] *m* possession, *(Immobilien)* property, estate
Besitzanspruch [bəˈzɪtsanʃprux] *m* possessory claim
Besitzeinkommen [bəˈzɪtsaɪnkɔmən] *n* property income
besitzen [bəˈzɪtsən] *v irr* possess, own, hold
Besitzer(in) [bəˈzɪtsɐ(rɪn)] *m/f* owner
Besitznachweis [bəˈzɪtsna:xvaɪs] *m* proof of ownership
Besitzsteuern [bəˈzɪtsʃtɔyɛrn] *f/pl* taxes from income and property *pl*
Besitzwechsel [bəˈzɪtsvɛksəl] *m* bills receivable
Besoldung [bəˈzolduŋ] *f* salary, pay
besprechen [bəˈʃprɛçən] *v irr* discuss, talk over
Besprechung [bəˈʃprɛçuŋ] *f* discussion
Besprechungsraum [bəˈʃprɛçuŋsraum] *m* conference room, meeting room
Besprechungstermin [bəˈʃprɛçuŋstɛr-mɪn] *m* conference date, meeting date
Besserungsschein [ˈbɛsəruŋsʃaɪn] *m* debtor warrant, income adjustment bond
Besserverdienende(r) [ˈbɛsərfɛrdi:-nəndə(-ɐ)] *f/m* person in a higher income bracket
Bestand [bəˈʃtant] *m* **1.** *(Kassenbestand)* cash assets *pl;* **2.** *(Vorrat)* stock, stores *pl*, supply
Bestandsaufnahme [bəˈʃtantsauf-na:mə] *f* inventory, stock-taking
Bestandsgröße [bəˈʃtantsgrø:sə] *f* stock variable
Bestandskonto [bəˈʃtantskɔnto] *n* real account
Bestandsveränderung [bəˈʃtantsfɛr-ɛnderuŋ] *f* inventory change
Bestätigung [bəˈʃtɛ:tɪguŋ] *f* confirmation
Bestätigungsschreiben [bəˈʃtɛ:tɪguŋs-ʃraɪbən] *n* letter of confirmation
bestechen [bəˈʃtɛçən] *v irr* bribe, corrupt
bestechlich [bəˈʃtɛçlɪç] *adj* bribable, corruptible
Bestechlichkeit [bəˈʃtɛçlɪçkaɪt] *f* corruptibility
Bestechung [bəˈʃtɛçuŋ] *f* bribery, corruption
Bestechungsgeld [bəˈʃtɛçuŋsgelt] *n* bribe
Bestelldaten [bəˈʃtɛlda:tən] *pl* details of order *pl*

B

Bestelleingang [bəˈʃtɛlaɪngaŋ] *m* incoming orders *pl*, new orders *pl*, intake of new orders
bestellen [bəˈʃtɛlən] *v (in Auftrag geben)* order, place an order, commission
Besteller(in) [bəˈʃtɛlɐ(rɪn)] *m/f* customer
Bestellformular [bəˈʃtɛlfɔrmula:ɐ] *n* order form
Bestellkosten [bəˈʃtɛlkɔstən] *pl* ordering costs *pl*
Bestellliste [bəˈʃtɛllɪstə] *f* list of orders
Bestellmenge [bəˈʃtɛlmɛŋə] *f* ordered quantity
Bestellnummer [bəˈʃtɛlnumɐ] *f* order number
Bestellschein [bəˈʃtɛlʃaɪn] *m* order form
Bestellung [bəˈʃtɛluŋ] *f* **1.** *(Waren)* order; **2.** *(auf einen Posten, für eine Aufgabe)* appointment (for specific tasks or posts)
bestens [ˈbɛstəns] *adv* at best
besteuern [bəˈʃtɔyɐn] *v* tax, impose a tax
Besteuerung [bəˈʃtɔyəruŋ] *f* taxation
Besteuerungsgrundlage [bəˈʃtɔyəruŋsgrundla:gə] *f* tax basis
Besteuerungsverfahren [bəˈʃtɔyəruŋsfɛrfa:rən] *n* taxation procedure
bestimmen [bəˈʃtɪmən] *v* **1.** *(festlegen)* determine, decide; **2.** *(zuweisen)* appoint, assign, appropriate
Bestimmtheitsmaß [bəˈʃtɪmthaɪtsma:s] *n* determination coefficient
Bestimmung [bəˈʃtɪmuŋ] *f* **1.** *(Vorschrift)* provision, decree, regulations *pl*; **2.** *(Zweck)* purpose
Bestimmungsbahnhof [bəˈʃtɪmuŋsba:nho:f] *m* station of destination
Bestimmungskauf [bəˈʃtɪmuŋskauf] *m* sale subject to buyer's specifications
Bestimmungsort [bəˈʃtɪmuŋsɔrt] *m* (place of) destination
Bestleistung [ˈbɛstlaɪstuŋ] *f* record
bestrafen [bəˈʃtra:fən] *v* punish, penalize
Bestrafung [bəˈʃtra:fuŋ] *f* punishment, penalty
bestreiken [bəˈʃtraɪkən] *v* strike against
Bestseller [ˈbɛstsɛlɐ] *m* bestseller
Besuch [bəˈzu:x] *m* visit
besuchen [bəˈzu:xən] *v (besichtigen)* visit
Besuchserlaubnis [bəˈzu:xsɛrlaupnɪs] *f* visitor's pass
Betafaktor [ˈbetafaktɔ:ɐ] *m* beta factor
Betätigung [bəˈtɛ:tɪguŋ] *f* **1.** operation; **2.** *(Tätigkeit)* activity
Betätigungsfeld [bəˈtɛ:tɪguŋsfɛlt] *n* range of activities, field of activity
beteiligen [bəˈtaɪlɪgən] *v sich ~* participate, take part, join; *jdn an etw ~* give a person a share, make a person a partner, let s.o. take part
Beteiligte(r) [bəˈtaɪlɪçtə(-ɐ)] *f/m* participant
Beteiligung [bəˈtaɪlɪguŋ] *f* participation
Beteiligungsdarlehen [bəˈtaɪlɪguŋsdarle:ən] *n* loan with profit participation
Beteiligungsfinanzierung [bəˈtaɪlɪguŋsfinantsi:ruŋ] *f* equity financing
Beteiligungshandel [bəˈtaɪlɪguŋshandəl] *m* equity financing transactions *pl*
Beteiligungskonzern [bəˈtaɪlɪguŋskɔntsɛrn] *m* controlled corporate group
Beteiligungsvermittlung [bəˈtaɪlɪguŋsfɛrmɪtluŋ] *f* agency of equity financing transactions
Betongold [bəˈtɔŋgɔlt] *n* real estate property
Betrag [bəˈtrak] *m* amount
betragen [bəˈtra:gən] *v irr (sich belaufen auf)* amount to, add up to, come to
Betreff [bəˈtrɛf] *m* subject, subject matter; *in ~ einer Sache* with regard to sth
betreffen [bəˈtrɛfən] *v irr (angehen)* affect, concern, regard
betreffend [bəˈtrɛfənt] *prep* regarding, concerning
betreffs [bəˈtrɛfs] *prep* regarding
betreiben [bəˈtraɪbən] *v irr* **1.** *(leiten)* operate, manage, run; **2.** *(ausüben)* do, pursue
Betreiber(in) [bəˈtraɪbɐ(rɪn)] *m/f* operator
betreuen [bəˈtrɔyən] *v* **1.** *(Sachgebiet)* be in charge of; **2.** *(Kunden)* serve
Betreuung [bəˈtrɔyuŋ] *f (der Kunden)* service
Betrieb [bəˈtri:p] *m* **1.** *(Firma)* business, enterprise, firm, undertaking; **2.** *(Werk)* factory, works *pl*, plant, operation;

3. *etw in ~ nehmen* start using sth, put sth into operation; *außer ~* out of order

betrieblich [bə'tri:plɪç] *adj* operational, operating, internal

betriebliche Altersversorgung [bə'tri:plɪçə 'altərsfɛrzɔrguŋ] *f* employee pension scheme

betriebliche Ausbildung [bə'tri:plɪçə 'ausbɪlduŋ] *f* inhouse training

betriebliches Informationssystem [bə'tri:plɪçəs ɪnfɔrma'tsjonzsyste:m] *n* organizational information system

betriebliches Rechnungswesen [bə'tri:plɪçəs 'rɛçnuŋsve:zən] *n* operational accountancy

betriebliches Vorschlagswesen [bə'tri:plɪçəs 'fo:rʃla:ksve:zən] *n* employee suggestion system; company suggestion system

Betriebsabrechnungsbogen (BAB) [bə'tri:psaprɛçnuŋsbogən] *m* overhead allocation sheet

Betriebsanalyse [bə'tri:psanaly:zə] *f* operational analysis

Betriebsänderung [bə'tri:psɛnderuŋ] *f* change in plant operation

Betriebsangehörige(r) [bə'tri:psangəhø:rɪgə(-ɐ)] *f/m* employee

Betriebsanleitung [bə'tri:psanlaɪtuŋ] *f* operating instructions *pl*

Betriebsarzt [bə'tri:psartst] *m* company doctor

Betriebsaufgabe [bə'tri:psaufga:bə] *f* termination of business

Betriebsausflug [bə'tri:psausflu:k] *m* company outing

Betriebsausgaben [bə'tri:psausga:bən] *f/pl* operating expenses *pl*

betriebsbedingte Kündigung [bə'tri:psbədɪŋtə 'kyndɪguŋ] *f* notice to terminate for operational reasons

betriebsbereit [bə'tri:psbəraɪt] *adj* operational, ready for use, operative

betriebsblind [bə'tri:psblɪnt] *adj* blind to organizational deficiencies, blunted by habit

Betriebsdauer [bə'tri:psdauɐ] *f* operating period, service life

Betriebsergebnis [bə'tri:psɛrge:pnɪs] *n* results from operations *pl*

Betriebserlaubnis [bə'tri:psɛrlaubnɪs] *f* operating license

Betriebseröffnung [bə'tri:psɛrœfnuŋ] *f* opening of a business

Betriebsferien [bə'tri:psfɛ:rjən] *f* annual holiday, plant holidays *pl*

Betriebsfest [bə'tri:psfɛst] *n* staff party

Betriebsfonds [bə'tri:psfɔ̃] *m* operating fund

betriebsfremder Aufwand [bə'tri:psfrɛmdər 'aufvant] *m* non-operating expense

betriebsfremder Ertrag [bə'tri:psfrɛmdər ɛr'trak] *m* non-operating revenue

Betriebsführung [bə'tri:psfy:ruŋ] *f* plant management

Betriebsgeheimnis [bə'tri:psgəhaɪmnɪs] *n* trade secret, industrial secret

Betriebsgröße [bə'tri:psgrø:sə] *f* size of the company

betriebsintern [bə'tri:psɪntɛrn] *adj* internal; *adv* within the company

Betriebskapital [bə'tri:pskapita:l] *n* working capital

Betriebsklima [bə'tri:pskli:ma] *n* working atmosphere

Betriebskosten [bə'tri:pskɔstən] *pl* operating costs *pl*, working expenses *pl*

Betriebsmittel [bə'tri:psmɪtəl] *n/pl* working funds *pl*

Betriebsnachfolge [bə'tri:psna:xfɔlgə] *f* successor company, successor

Betriebsnormen [bə'tri:psnɔrmən] *f/pl* organizational standards *pl*

betriebsnotwendiges Kapital [bə'tri:psnotvɛndɪgəs kapɪ'ta:l] *n* necessary operating capital

betriebsnotwendiges Vermögen [bə'tri:psnotvɛndɪgəs 'fɛrmø:gən] *n* necessary business assets *pl*

Betriebsprüfer [bə'tri:pspry:fɐ] *m* auditor

Betriebsprüfung [bə'tri:pspry:fuŋ] *f* fiscal audit of operating results, investigation by the tax authorities

Betriebsrat [bə'tri:psra:t] *m* works council

Betriebsrentabilität [bə'tri:psrɛntabɪlɪtɛ:t] *f* operational profitability

Betriebsrente [bə'tri:psrɛntə] *f* company pension

Betriebsspaltung [bə'tri:psʃpaltuŋ] *f* split of a unitary enterprise

B

Betriebsstatistik [bə'tri:psʃtatɪstik] *f* operations statistics
Betriebsstilllegung [bə'tri:psʃtɪlle:-guŋ] *f* plant closure
Betriebsstoffe [bə'tri:psʃtɔfə] *m/pl* **1.** *(Rechnungswesen)* supplies *pl*; **2.** *(Fertigung)* factory supplies *pl*
Betriebssystem [bə'tri:pszyste:m] *n* **1.** *(EDV)* operating system; **2.** production system
Betriebsunfall [bə'tri:psunfal] *m* industrial accident, accident at work
Betriebsunterbrechungsversicherung [bə'tri:psuntərbreçuŋsfɛrsɪçəruŋ] *f* business interruption insurance
Betriebsvereinbarung [bə'tri:psfɛr-aɪnba:ruŋ] *f* plant agreement
Betriebsverfassungsgesetz (BetrVerfG, BetrVG) [bə'tri:psfɛrfasuŋsgəzɛts] *n* Industrial Constitution Law
Betriebsvergleich [bə'tri:psfɛrglaɪç] *m* external analysis
Betriebsvermögen [bə'tri:psfɛrmø:-gən] *n* operating assets *pl*
Betriebsversammlung [bə'tri:psfɛr-samluŋ] *f* employee meeting
Betriebswirt(in) [bə'tri:psvɪrt(ɪn)] *m/f* business economist, management expert
Betriebswirtschaft [bə'tri:psvɪrtʃaft] *f* business economics
Betriebswirtschaftslehre (BWL) [bə-'tri:psvɪrtʃaftsle:rə] *f* business management, business administration
Betrug [bə'tru:k] *m* fraud
betrügerischer Bankrott [bə'try:gərɪʃər baŋ'krɔt] *m* fraudulent bankruptcy
beurkunden [bə'u:rkundən] *v (bezeugen)* prove (by documentary evidence); record (in an official document), document
Beurkundung [bə'u:rkunduŋ] *f (Bezeugung)* documentary evidence; recording, certification, documentation
beurlauben [bə'u:rlaubən] *v* **1.** grant leave, give leave; **2.** *(suspendieren)* suspend
Beurlaubung [bə'u:rlaubuŋ] *f* granting of leave
Beurteilung [bə'urtaɪluŋ] *f* assessment, judgement, judgment *(US)*, opinion
Bevölkerung [bə'fœlkəruŋ] *f* population
Bevölkerungsdichte [bə'fœlkəruŋs-dɪçtə] *f* density of population
Bevölkerungsschicht [bə'fœlkəruŋs-ʃɪçt] *f* demographic stratum
bevollmächtigen [bə'fɔlmɛçtɪgən] *v* authorize, empower, give power of attorney
Bevollmächtigte(r) [bə'fɔlmɛçtɪçtə(-ɐ)] *f/m* authorized person, person holding power of attorney, proxy (for votes), representative
Bevollmächtigung [bə'fɔlmɛçtɪguŋ] *f* power of attorney, authorization
bevorrechtigte Gläubiger [bə'fo:rrɛç-tɪçtə 'glɔybɪgɐ] *m/pl* preferential creditors *pl*
bewegliche Güter [bə've:glɪçə 'gy:tɐ] *n/pl* movable goods *pl*
bewegliches Anlagevermögen [bə-'ve:glɪçəs 'anla:gəfɛrmø:gən] *n* non-real-estate fixed assets *pl*
Bewegungsbilanz [bə've:guŋsbɪlants] *f* flow statement
Bewegungsdaten [bə've:guŋsda:tən] *pl* transaction data *pl*
Beweis [bə'vaɪs] *m* proof
Beweismittel [bə'vaɪsmɪtəl] *n* evidence
bewerben [bə'vɛrbən] *v irr sich ~ um* apply for
Bewerber(in) [bə'vɛrbɐ(rɪn)] *m/f* applicant
Bewerbung [bə'vɛrbuŋ] *f* application
Bewerbungsschreiben [bə'vɛrbuŋs-ʃraɪbən] *n* letter of application
Bewerbungsunterlagen [bə'vɛrbuŋs-untərla:gən] *f/pl* application documents *pl*
Bewertung [bə'vɛrtuŋ] *f* **1.** evaluation, assessment; **2.** *(Feststellung des Werts)* valuation, appraisal
Bewertung von Unternehmen und Kapitalkosten [bə'vɛrtuŋ fɔn untər-'ne:mən unt kapɪ'ta:lkɔstən] *f* valuation of enterprises
bewilligen [bə'vɪlɪgən] *v* permit, grant, agree to
Bewilligung [bə'vɪlɪguŋ] *f* allowance, granting, permission, grant
Bewirtung [bə'vɪrtuŋ] *f* hospitality
Bewirtungskostenbeleg [bə'vɪrtuŋs-kɔstənbəle:k] *m* hospitality expenses form

bezahlen [bə'tsa:lən] *v* pay, pay for
bezahlt [bə'tsa:lt] *adj* paid; *gut* ~ well-paid; *schlecht* ~ low-paid
bezahlt Brief (bB) [bə'tsa:lt bri:f] more sellers than buyers, sellers ahead
bezahlt Geld (bG) [bə'tsa:lt gɛlt] more buyers than sellers, buyers ahead
bezahlter Urlaub [bə'tsa:ltər 'urlaup] *m* paid holidays, paid vacation *(US)*
Bezahlung [bə'tsa:luŋ] *f* **1.** payment; **2.** *(Lohn)* pay
bezeugen [bə'tsɔygən] *v* testify to, bear witness to
beziehen [bə'tsi:ən] *v irr (Gehalt)* receive, draw
Bezieher [bə'tsi:ɐ] *m* subscriber, buyer
Bezogener [bə'tso:gənɐ] *m* drawee
Bezug [bə'tsu:k] *m* reference
Bezüge [bə'tsy:gə] *pl* earnings
Bezug nehmend [bə'tsu:k ne:ment] referring to
Bezugsaktien [bə'tsu:ksaktsjən] *f/pl* preemptive shares *pl*
Bezugsangebot [bə'tsu:ksangəbo:t] *n* right issue
Bezugsbedingungen [bə'tsu:ksbədɪŋuŋən] *f/pl* subscription conditions *pl*
Bezugsfrist [bə'tsu:ksfrɪst] *f* subscription period
Bezugskosten [bə'tsu:kskɔstən] *pl* delivery costs *pl*, purchasing costs *pl*
Bezugskurs [bə'tsu:kskurs] *m* subscription price
Bezugsquelle [bə'tsu:kskvɛlə] *f* source of supply
Bezugsrecht [bə'tsu:ksrɛçt] *n* subscription right, stock option, preemptive right
Bezugsrechtabschlag [bə'tsu:ksrɛçtapʃla:k] *m* ex-rights markdown
Bezugsrechterklärung [bə'tsu:ksrɛçtɛrklɛ:ruŋ] *f* declaration to exercise the subscription right
Bezugsrechthandel [bə'tsu:ksrɛçthandəl] *m* trading in suscription rights
Bezugsrechtnotierung [bə'tsu:ksrɛçtnoti:ruŋ] *f* subscription price
Bezugsrechtsbewertung [bə'tsu:ksrɛçtsbəvɛrtuŋ] *f* subscription rights evaluation
Bezugsrechtsdisposition [bə'tsu:ksrɛçtsdɪspɔsɪtsjo:n] *f* subscription rights disposition
Bezugsrechtskurs [bə'tsu:krɛçtskurs] *m* subscription price
Bezugsrechtsparität [bə'tsu:ksrɛçtspari:tɛ:t] *f* subscription rights parity
Bezugsschein [bə'tsu:ksʃaɪn] *m* purchasing permit, subscription warrant
Bezugstag [bə'tsu:ksta:k] *m* subscription day
bezuschussen [bə'tsu:ʃusən] *v* subsidize
Bezuschussung [bə'tsu:ʃusuŋ] *f* subsidy
BIC [bik] *m* BIC, bank indentifier code
Bietungsgarantie ['bi:tuŋsgaranti:] tender guarantee
Bilanz [bi'lants] *f* balance-sheet, financial statement, balance
Bilanzanalyse [bi'lantsanaly:zə] *f* balance analysis
Bilanzänderung [bi'lantsɛndəruŋ] *f* alteration of a balance sheet
Bilanzberichtigung [bi'lantsbərɪçtɪguŋ] *f* correction of a balance sheet
Bilanzbewertung [bi'lantsbəvɛrtuŋ] *f* balance sheet valuation
Bilanzfälschung [bi'lantsfɛlʃuŋ] *f* falsification of the balance sheet
Bilanzgewinn [bi'lantsgəvɪn] *m* net profit for the year
Bilanzgleichung [bi'lantsglaɪçuŋ] *f* balance sheet equation
Bilanzgliederung [bi'lantsgli:dəruŋ] *f* format of the balance sheet
Bilanzidentität [bi'lantsi:dɛntɪtɛ:t] *f* balance sheet continuity
bilanzieren [bilan'tsi:rən] *v* balance (accounts)
Bilanzierung [bi'lantsi:ruŋ] *f* procedure to draw up a balance sheet
Bilanzierungsgrundsätze [bilan'tsi:ruŋsgrundsɛtsə] *m/pl* accounting principles *pl*
Bilanzierungsvorschriften [bilan'tsi:ruŋsfɔrʃrɪftən] *f/pl* accounting regulations *pl*
Bilanzklarheit [bi'lantsklarhaɪt] *f* balance transparency, accounting transparency
Bilanzkontinuität [bi'lantskɔntinuitɛ:t] *f* balance sheet continuity
Bilanzkonto [bi'lantskɔnto] *n* balance sheet account
Bilanzkritik [bi'lantskrɪti:k] *f* balance sheet analysis

Bilanzkurs [biˈlantskurs] *m* book value, balance sheet rate
Bilanzpolitik [biˈlantspolitiːk] *f* accounting policy
bilanzpolitische Instrumente [biˈlantspɔlɪtɪʃə ɪnstruˈmɛntə] *n/pl* instruments of balance sheet policy *pl*
Bilanzpositionen [biˈlantspɔsɪtsjoːnən] *f/pl* balance-sheet items *pl*
Bilanzprüfung [biˈlantspryːfuŋ] *f* balance sheet audit
Bilanzrichtliniengesetz [biˈlantsrɪçtlɪːnjəngəsɛts] *n* accounting and reporting law
Bilanzstatistik [biˈlantsʃtatɪstɪk] *f* balance sheet statistics
Bilanzstichtag [biˈlantsʃtɪçtaːk] *m* date of the balance
Bilanzstruktur [biˈlantsʃtruktuːɐ] *f* structure of the balance sheet
Bilanzsumme [biˈlantssumə] *f* balance sheet total
Bilanzverlängerung [biˈlantsfɛrlɛŋəruŋ] *f* increase in total assets and liabilities
Bilanzverlust [biˈlantsferlust] *m* net loss
Bilanzverschleierung [biˈlantsfɛrʃlaɪəruŋ] *f* doctoring a balance sheet
Bilanzwert [biˈlantsvɛrt] *m* balance sheet value
bilateral [ˈbilatəraːl] *adj* bilateral
Bildschirm [ˈbɪltʃɪrm] *m* screen
Bildschirmarbeit [ˈbɪltʃɪrmarbaɪt] *f* work at a computer terminal
Bildschirmarbeitsplatz [ˈbɪltʃɪrmarbaɪtsplats] *m* job working at a computer, screen job
Bildschirmtext [ˈbɪltʃɪrmtɛkst] *m* viewdata
Bildtelefon [ˈbɪlttelefoːn] *n* videophone, picturephone
Bildungspolitik [ˈbɪlduŋspolitiːk] *f* educational policy
Bildungsurlaub [ˈbɪlduŋsuːrlaup] *m* sabbatical, paid educational leave
billig [ˈbɪlɪç] *adj (preiswert)* cheap, inexpensive
Billigflagge [ˈbɪlɪçflagə] *f* flag of convenience
billigst [bɪlɪçst] *adv* at best price, at lowest price
Billigware [ˈbɪlɪçvaːrə] *f* marked-down product
binär [biˈnɛːɐ] *adj* binary
Binärzahl [biˈnɛːrtsaːl] *f* binary number
Binnenhandel [ˈbɪnənhandəl] *m* domestic trade, inland trade
Binnenmarkt [ˈbɪnənmarkt] *m* common market, domestic market, home market
Binnenwirtschaft [ˈbɪnənvɪrtʃaft] *f* domestic trade and payments
Binnenzoll [ˈbɪnəntsɔl] *m* internal customs duty, internal tariff
Biogas [ˈbiogas] *n* biogas
Bit [bɪt] *n* bit
B-Länder [ˈbeː lændɐ] *n/pl* B countries *pl*
Black-Box-Methode [ˈblækboksmeːtoːdə] *f* black box method
Black List [blæk ˈlɪst] *f* black list
Blankett [ˈblaŋkɛt] *n* blank form
blanko [ˈblaŋko] *adj* blank
Blanko-Akzept [ˈblaŋkoaktsept] *n* acceptance in blank
Blankoformular [ˈblaŋkofɔrmulaːɐ] *n* blank form
Blanko-Indossament [ˈblaŋkoɪndɔsamɛnt] *n* blank indorsement
Blankokredit [ˈblaŋkokrediːt] *m* unsecured credit, open credit
Blankoregister [ˈblaŋkoregɪstɐ] *n* blank index, plain index
Blankoscheck [ˈblaŋkoʃɛk] *m* blank cheque, blank check *(US)*
Blanko-Unterschrift [ˈblaŋkountərʃrɪft] *f* blank signature
Blankoverkauf [ˈblaŋkoferkauf] *m* short sale
Blankovollmacht [ˈblaŋkofɔlmaxt] *f* carte blanche, full power (of attorney)
Blankowechsel [ˈblaŋkoveksəl] *m* blank bill
Blankozession [ˈblaŋkotsesjoːn] *f* transfer in blank
Blitzgiro [ˈblitsʒiːroː] *n* direct telex transfer system
Blockdiagramm [ˈblokdɪagram] *n* bar chart
Blockfloating [ˈblokfləutɪŋ] *n* block floating
Blockverkauf [ˈblokfɛrkauf] *m* block sale
Blue Chips [ˈbluːtʃɪps] *pl* blue chips *pl*

Bodenkredit [ˈboːdənkrediːt] *m* loan on landed property
Bodenkreditinstitut [ˈboːdənkrediːt-ɪnstɪtuːt] *n* mortgage bank
Bodenpreis [ˈboːdənpraɪs] *m* land price
Bodenreform [ˈboːdənrəfɔrm] *f* land reform
Bodensatz [ˈboːdənsats] *m* deposit base, undeclared securities *pl*
Bon [bɔŋ] *m* cash register slip, voucher
Bond [bɔnt] *m* bond
Bond-Option [ˈbɔntɔptsjoːn] *f* bond option
Bonifikation [boniːfikaˈtsjoːn] *f* bonus
Bonität [boːniˈtɛːt] *f* solvency, credit standing, creditworthiness, financial standing
Bonitätsprüfung [boːniˈtɛːtspryːfuŋ] *f* credit check
Bonitätsrisiko [boːniˈtɛːtsriːsiːko] *n* credit solvency risk
Bonus [ˈboːnus] *m* bonus, extra dividend
Boom [buːm] *m* boom
Börse [ˈbœrzə] *f* stock exchange, market
Börsenabteilung [ˈbœrzənaptaɪluŋ] *f* exchange department
Börsenaufsicht [ˈbœrzənaufsɪçt] *f* stock exchange supervision
Börsenauftrag [ˈbœrzənauftrak] *m* stock exchange order
Börsenauskunft [ˈbœrzənauskunft] *f* stock market information
Börsenausschuss [ˈbœrzənausʃus] *m* stock committee
Börsenbehörde [ˈbœrzənbəhœːrdə] *f* stock exchange authority
Börsenbericht [ˈbœrzənbərɪçt] *m* stock exchange news, stock exchange report
börsengängige Wertpapiere [ˈbœrzən-gɛŋɪgə ˈvɛrtpapiːrə] *n/pl* quoted securities *pl*
Börsengeschäfte [ˈbœrzəngəʃɛftə] *n/pl* stock market transactions *pl*, stock exchange operations *pl*
Börsengesetz [ˈbœrzəngəzets] *n* stock exchange act, German stock exchange law
Börsenhandel [ˈbœrzənhandəl] *m* stock market trading, stock market transactions *pl*, stock market dealing
Börsenindex [ˈbœrzənɪndɛks] *m* stock exchange index
Börsenkrach [ˈbœrzənkrax] *m* stock market crash
Börsenkurs [ˈbœrzənkurs] *m* market price, market rate, stock exchange price, quotation on the stock exchange
Börsenkurszusätze [ˈbœrzənkurstsuː-sɛtsə] *m/pl* stock exchange price additions *pl*
Börsenmakler [ˈbœrzənmaːklɐ] *m* stockbroker, exchange broker
börsennotierter Indexfonds [ˈbœrzən-notiːrtɐ ˈɪndeksfõː] *m* exchange-traded fund, ETF
Börsennotierung [ˈbœrzənnotiːruŋ] *f* market exchange quotation
Börsenordnung [ˈbœrzənɔrdnuŋ] *f* stock exchange regulations *pl*
Börsenorganisation [ˈbœrzənɔrganɪ-satsjoːn] *f* stock exchange organization
Börsenpapier [ˈbœrzənpapiːɐ] *n* listed security, stocks and shares *pl*
Börsenplatz [ˈbœrzənplats] *m* stock exchange centre
Börsenpreis [ˈbœrzənpraɪs] *m* exchange price
Börsenrecht [ˈbœrzənrɛçt] *n* stock exchange rules *pl*
Börsenreform [ˈbœrzənrəfɔrm] *f* reorganization of the stock exchange
Börsenschluss [ˈbœrzənʃlus] *m* closing of the exchange
Börsensegmente [ˈbœrzənsɛgmɛntə] *n/pl* sectors of the stock exchange *pl*
Börsenspekulant [ˈbœrzənʃpekulant] *m* speculator on the stock market
Börsentage [ˈbœrzəntaːgə] *m/f* market days *pl*, trading days *pl*
Börsentendenz [ˈbœrzəntɛndɛnts] *f* stock market trend
Börsentermingeschäfte [ˈbœrzəntɛr-miːngəʃɛftə] *n/pl* trading in futures on a stock exchange, futures dealings *pl*
Börsenumsätze [ˈbœrzənumsɛtsə] *m/pl* stock exchange turnover
Börsenumsatzsteuer [ˈbœrzənumsats-ʃtɔyɐ] *f* stock exchange turnover tax
Börsenusancen [ˈbœrzənusuɑ̃zən] *f/pl* stock exchange customs *pl*
Börsenzeit [ˈbœrzəntsaɪt] *f* official trading hours

B

Börsenzulassung ['bœrzəntsu:lasuŋ] *f* admission to the stock exchange
Bottom-Up-Prinzip ['bɔtəmʌpprɪnt-si:p] *n* bottom-up principle
Boykott [bɔy'kɔt] *n* boycott
boykottieren [bɔykɔ'ti:rən] *v* boycott
Brainstorming ['bre:nsto:mɪŋ] *n* brainstorming
Branche ['brɑ̃ʃə] *f* branch, line of business, business, industry, industrial segment
Branchenanalyse ['brɑ̃ʃənanaly:zə] *f* trade analysis
Branchenbeobachtung ['brɑ̃ʃənbəo:-baxtuŋ] *f* industry survey and appraisal
Branchenerfahrung ['brɑ̃ʃənerfa:ruŋ] *f* experience in the field
Branchenkenntnis ['brɑ̃ʃənkɛntnɪs] *f* knowledge of the field
Branchenkennziffer ['brɑ̃ʃənkɛn-tsɪfɐ] *f* industry ratio
Branchensoftware ['brɑ̃ʃənsɔftvɛ:ɐ] *f* industry software
Branchenstatistik ['brɑ̃ʃənʃtatɪstɪk] *f* industry statistics
Branchenstruktur ['brɑʃənʃtruktu:ɐ] *f* trade structure
Branchenvergleich ['brɑ̃ʃənferglaɪç] *m* trade comparison
Branchenverzeichnis ['brɑ̃ʃənfert-saɪçnɪs] *n* classified directory, yellow pages *pl*
Brand-Image ['brɛndimɛdʃ] *n* brand image
Brandmarketing ['brɛndmarkətiŋ] *n* brand marketing
Brandversicherung ['brantfɛrsɪçəruŋ] *f* fire insurance
Brauchwasser ['brauxvasɐ] *n* water for industrial use, non-potable water
Brauindustrie ['brauindustri:] *f* brewing industry
braune Ware ['braunə va:rə] *f* brown goods *pl*, home entertainment equipment
Break-Even-Analyse [breɪk'i:vən analy:zə] *f* break-even analysis
Break-Even-Point [breɪk'i:vən pɔɪnt] *m* break-even point
Brief ['bri:f] *m* letter
Brief verlost (BV) ['bri:f fɛrlo:zt] *adj* ask drawn by lot
Briefbogen ['bri:fbo:gən] *m* sheet of stationery
Briefgrundschuld ['bri:fgrundʃult] *f* certificated land charge
Briefhypothek ['bri:fhypote:k] *f* certificated mortgage
Briefing ['bri:fɪŋ] *n* briefing
Briefkasten ['bri:fkastən] *m* letter-box
Briefkastenfirma ['bri:fkastənfɪrma] *f* dummy corporation, bogus company
Briefkopf ['bri:fkɔpf] *m* letterhead
Briefkurs ['bri:fkurs] *m* selling price
Briefmarke ['bri:fmarkə] *f* stamp
Briefqualität ['bri:fkvalitɛ:t] *f* letter-quality print
Briefträger ['bri:ftrɛ:gɐ] *m* postman
Briefumschlag ['bri:fumʃla:k] *m* envelope
Briefwechsel ['bri:fvɛksəl] *m* correspondence, exchange of letters
Bringschuld ['brɪŋʃult] *f* debt to be discharged at creditor's domicile
Broker ['bro:kɐ] *m* broker
Broschüre [bro'ʃyrə] *f* brochure
Broterwerb ['bro:tɛrvɛrp] *m* (earning one's) living, (earning one's) livelihood
brotlos ['bro:tlo:s] *adj (fig: nicht einträglich)* unprofitable
Bruch [brux] *m* **1.** *(Vertragsbruch)* breach of contract, **2.** *(Mathematik)* fraction
Bruchschaden ['bruxʃa:dən] *m* breakage
Bruchteil ['bruxtaɪl] *m* fraction
Bruchteilseigentum ['bruxtaɪlsaɪgən-tu:m] *n* ownership in fractional shares
Bruchteilseigentümer ['bruxtaɪlsaɪgə nty:mɐ] *m* co-owner
brutto ['bruto] *adj* gross
Bruttodividende ['brutodividɛndə] *f* gross dividend
Brutto-Einkommen ['brutoaɪnkɔmən] *n* gross income
Brutto-Einnahme ['brutoaɪnna:mə] *f* gross earnings *pl*
Brutto-Ertrag ['brutoɛrtra:k] *m* gross proceeds *pl*, gross return
Bruttogewicht ['brutogəvɪçt] *n* gross weight
Bruttogewinn ['brutogəvɪn] *m* gross profit, gross profits *pl*
Bruttoinlandsprodukt [bruto'ɪnlants-produkt] *n* gross domestic product

Bruttolohn [ˈbrutolo:n] *m* gross salary, gross pay, gross wage
Bruttopreis [ˈbrutopraɪs] *m* gross price
Bruttoregistertonne [ˈbrutoregistər-tonə] *f* gross register(ed) ton
Bruttosozialprodukt [brutozoˈtsja:l-produkt] *n* gross national product
Bruttoverdienst [ˈbrutoferdi:nst] *m* gross earnings *pl*
Bruttowährungsreserve [ˈbrutovɛ-ruŋsrəsɛrvə] *f* gross monetary reserve
Buchbestände [ˈbu:xbəʃtɛndə] *m/pl* book value
Bücher [ˈby:çɐ] *n/pl (in der Buchhaltung)* books and records (in accounts departments) *pl*
Buchforderung [ˈbu:xfɔrdəruŋ] *f* account receivable
Buch führen [ˈbu:x fy:rən] *v* keep accounts
Buchführung [ˈbu:xfy:ruŋ] *f* book-keeping, accounting
Buchführungspflicht [ˈbu:xfy:ruŋs-pflɪçt] *f* duty to keep books of account
Buchführungsrichtlinien [ˈbu:xfy:-ruŋsrɪçtli:niən] *f/pl* accounting rules *pl*
Buchgeld [ˈbu:xgɛlt] *n* deposit money, money in account
Buchgeldschöpfung [ˈbu:xgɛltʃœp-fuŋ] *f* deposit money creation
Buchgewinn [ˈbu:xgəvɪn] *m* book profit
Buchgrundschuld [ˈbu:xgruntʃult] *f* uncertificated land charge
Buchhalter(in) [ˈbu:xhaltɐ(rɪn)] *m/f* book-keeper
Buchhaltung [ˈbu:xhaltuŋ] *f* accounting
Buchhypothek [ˈbu:xhy:pote:k] *f* uncertificated mortgage
Buchkredit [ˈbu:xkredi:t] *m* book credit
Buchprüfung [ˈbu:xpry:fuŋ] *f* audit, auditing
Buchschuld [ˈbu:xʃult] *f* book debt
Buchung [ˈbu:xuŋ] *f* entry
Buchungsbeleg [ˈbu:xuŋsbəle:k] *m* accounting voucher
Buchungsfehler [ˈbu:xuŋsfe:lɐ] *m* book-keeping error
Buchungssatz [ˈbu:xuŋszats] *m* entry formula
Buchwert [ˈbu:xvɛrt] *m* book value, accounting value
Buchwertabschreibung [ˈbu:xvɛrtap-ʃraɪbuŋ] *f* declining balance depreciation
Budget [byˈdʒe:] *n* budget
Budgetausgleich [byˈdʒe:ausglaɪç] *m* balancing of the budget
Budgetierung [byˈdʒe:ti:ruŋ] *f* budgeting, drawing up of a budget
Budgetkontrolle [byˈdʒe:kɔntrɔlə] *f* budget control
Bullion [ˈbʊljən] *m* bullion
Bullionbroker [ˈbʊljənbrəʊkə] *m* bullion broker
Bundesagentur für Arbeit (BA) [ˈbun-dəsagentu:ɐ fy:r ˈarbaɪt] *f* Federal Employment Agency, Federal Labor Office *(US)*
Bundes-Angestellten-Tarifvertrag (BAT) [bundəsˈangəʃtɛltəntari:ffɛr-tra:k] *m* Federal Collective Agreement for Public Employees
Bundesanleihe [ˈbundəsanlaɪhə] *f* federal loan
Bundesanleihekonsortium [ˈbundəs-anlaɪhəkɔnsɔrtsɪjum] *n* federal loan syndicate
Bundesanleihen [ˈbundəsanlaɪhən] *f/pl* federal loan
Bundesanzeiger [ˈbundəsantsaɪgɐ] *m* Federal Official Gazette
Bundesarbeitsgericht [bundəsˈarbaɪts-gərɪçt] *n* Federal Labour Court
Bundesaufsichtsamt [bundəsˈaufsɪçts-amt] *n* Federal Supervisory Office
Bundesbank [ˈbundəsbaŋk] *f* Bundesbank, German Federal Bank
bundesbankfähige Wertpapiere [ˈbun-dəsbaŋkfɛ:ɪgə ˈvɛrtpapi:rə] *n/pl* bills rediscountable at the Federal Bank *pl*
Bundesbankgewinn [ˈbundəsbaŋkgə-vɪn] *m* Bundesbank profit
Bundesbankguthaben [ˈbundəsbaŋk-gu:thabən] *n* Federal Bank assets *pl*
Bundesbürgschaft [ˈbundəsbyrgʃaft] *f* Federal guarantee
Bundesfinanzbehörden [bundəsfi-ˈnantsbəhœ:rdən] *f/pl* federal revenue authorities *pl*
Bundesfinanzhof (BFH) [bundəs-fiˈnantsho:f] *m* Federal Fiscal Court
Bundesgericht [ˈbundəsgərɪçt] *n* Federal Court

B

Bundesgerichtshof (BGH) [bundəsgə'rɪçtsho:f] *m* Federal Supreme Court
Bundesgesetzblatt (BGBl) [bundəsgə'zɛtsblat] *n* Official Federal Gazette
Bundeshaushalt ['bundəshaushalt] *m* federal budget
Bundeskartellamt [bundəskar'tɛlamt] *n* Federal Cartel Authority
Bundesobligation ['bundəsopligatsjo:n] *f* Federal bonds *pl*
Bundesrechnungshof [bundəs'rɛçnuŋsho:f] *m* Federal Audit Office
Bundesschatzbrief [bundəs'ʃatsbri:f] *m* federal treasury bill
Bundesschuldbuch [bundəs'ʃultbux] *n* Federal Debt Register
Bundessozialgericht [bundəsso'tsja:lgərɪçt] *n* Federal Court for Social Security and Related Matters
Bundessteuer ['bundəsʃtɔyɐ] *f* federal tax
Bundesverfassungsgericht (BVerfG) [bundəsfɛr'fasuŋsgərɪçt] *n* Federal Constitutional Court
Bundesverwaltungsgericht (BVerwG) [bundəsfɛr'valtuŋsgərɪçt] *n* Federal Administrative Court
Bürge ['by:rgə] *m* guarantor
bürgen ['byrgən] *v* guarantee, vouch for; *jdm für etw ~* to be answerable to s.o. for sth
bürgerlicher Kauf ['byrgərlɪçər kauf] *m* private purchase
Bürgschaft ['by:rgʃaft] *f* guarantee
Bürgschaftskredit ['by:rgʃaftskredi:t] *m* credit by bank guarantee
Bürgschaftsplafond ['by:rgʃaftsplafɔ̃] *f* guarantee limit
Burn-out-Syndrom [bœrn'autsyndro:m] *n* burnout, burnout syndrome
Büro [by'ro:] *n* office
Büroangestellte(r) [by'ro:angəʃtɛltə(-ɐ)] *f/m* office clerk, white collar worker *(US)*, office employee
Büroarbeit [by'ro:arbaɪt] *f* office work, clerical work
Büroautomation [by'ro:automatsjo:n] *f* office automation
Bürobedarf [by'ro:bədarf] *m* office supplies *pl*
Büroflächen [by'ro:flæçən] *f/pl* office spaces *pl*, office premises *pl*
Bürohaus [by'ro:haus] *n* office building
Bürokauffrau [by'ro:kauffrau] *f* office administrator
Bürokaufmann [by'ro:kaufman] *m* office administrator
Bürokommunikation [by'ro:kɔmunikatsjo:n] *f* office communication
Bürokrat [byro'kra:t] *m* bureaucrat
Bürokratie [byrokra'ti:] *f* bureaucracy
bürokratisch [byro'kra:tɪʃ] *adj* bureaucratic
Bürokratisierung [byrokrati'zi:ruŋ] *f* bureaucratization
Büromaschine [by'ro:maʃi:nə] *f* office appliance, office machine
Büromaterial [by'ro:materja:l] *n* office supplies *pl*
Büromöbel [by'ro:mø:bəl] *pl* office furniture
Büroraum [by'ro:raum] *m* office
Büroschluss [by'ro:ʃlus] *m* closing time
Bürozeit [by'ro:tsaɪt] *f* office hours
Bußgeld ['bu:sgɛlt] *n* penalty
Bußgeldbescheid ['bu:sgɛltbəʃaɪt] *m* notification of a fine
Business-to-Business (B2B) ['biznis tu: 'biznis] *(Geschäftsvorgänge zwischen Unternehmen)* business-to-business, B2B
Business-to-Customer (B2C) ['biznis tu: 'kʌstəmɐ] *(Geschäftsvorgänge zwischen Unternehmen und Endkunden)* business-to-customer, B2C
Busunternehmen ['busuntərne:mən] *n* bus company
Buying-Center ['baiiŋsentə] *n* buying center
Byte [baɪt] *n* byte

C

CAD [si:eɪˈdi:] *n* computer aided design
Call [kɔ:l] *m* call, option to buy
Call-by-Call [ˈko:l-baɪ-ˈko:l] *n* internet by call
Callcenter [ˈkɔ:lsentə] *n* call centre
Call-Geld [ˈkɔ:lgɛlt] *n* call money
Call-Geschäft [ˈkɔ:lgəʃɛft] *n* call transaction
Camcorder [ˈkɛmkɔ:də] *m* camcorder
Cap [kæp] *n* cap
Capital flow [ˈkæpɪtəl fləʊ] *m* capital flow
Capped Warrants [ˈkæpt ˈwɔrəntz] *pl* capped warrants *pl*
Cash & Carry (c & c) [ˈkæʃændkerɪ] cash and carry (c & c)
Cash Flow [ˈkæʃfləʊ] *m* cash flow
Cash-and-carry-Klausel [ˈkæʃændkerɪklausəl] *f* cash-and-carry clause
Cash on delivery (COD) [kæʃ ɔn dəˈlɪvəri:] cash on delivery (COD)
CD [tse:ˈde:] *f* Compact Disc, CD
CD-ROM [tse:de:ˈrɔm] *f* CD-ROM
Chance [ˈʃãsə] *f* chance, opportunity
Chancengleichheit [ˈʃãsənglaɪçhaɪt] *f* equal opportunity
chancenlos [ˈʃãsənlo:s] *adj (Vorhaben, Plan)* bound to fail
Change-Agent [ˈtʃaɪŋʃaɪdʒənt] *m* change agent
Charge [ˈʃa:rʒə] *f* batch
Chargenproduktion [ˈʃa:rʒənproduktsjo:n] *f* batch production
Chartanalyse [ˈtʃa:rtanaly:zə] *f* chart analysis
Charter [ˈtʃa:rtɐ] *m* charter
Charterflug [ˈtʃartərflu:k] *m* charter flight
Charterflugzeug [ˈtʃartərflu:ktsɔyk] *n* charter plane, chartered aircraft
Chartergeschäft [ˈtʃartərgəʃɛft] *n* **1.** *(Gewerbe)* charter trade; **2.** *(Geschäftsabschluss)* charter transaction
Chartergesellschaft [ˈtʃartərgəzɛlʃaft] *f* charter carrier, charter airline
Chartermaschine [ˈtʃartərmaʃi:nə] *f* chartered aircraft
chartern [ˈtʃartɐn] *v* charter
Chat [tʃɛt] *m* chat
chatten [ˈtʃɛtən] *v* chat
Chauffeur [ʃɔˈfø:ɐ] *m* chauffeur, driver
checken [ˈtʃɛkən] *v* test, check
Checkliste [ˈtʃɛklɪstə] *f* checklist
Chef(in) [ˈʃɛf(ɪn)] *m/f* head, boss *(fam)*
Chefetage [ˈʃɛfeta:ʒə] *f* executive floor
Chefingenieur(in) [ˈʃɛfɪnʒɛnjø:r(ɪn)] *m/f* chief engineer
Chefredakteur(in) [ˈʃɛfredaktø:r(ɪn)] *m/f* editor-in-chief
Chefsekretärin [ˈʃɛfzekretɛ:rɪn] *f* executive secretary
Chefunterhändler(in) [ˈʃɛfuntərhɛntlɐ(rɪn)] *m/f* chief negotiator
Chefzimmer [ˈʃɛftsɪmɐ] *n* executive's office
Chemiearbeiter(in) [çeˈmi:arbaɪtɐ(rɪn)] *m/f* worker in the chemical industry
Chemiefaser [çeˈmi:fa:zɐ] *f* chemical fibre, man-made fibre
Chemieindustrie [çeˈmi:industri:] *f* chemical industry
Chemieunternehmen [çeˈmi:untərne:mən] *n* chemicals company
Chemikalie [çemɪˈka:ljə] *f* chemical
Chemiker(in) [ˈçe:mɪkɐ(rɪn)] *m/f* chemist
Chiffre [ˈʃɪfrə] *f* cipher
chiffrieren [ʃɪˈfri:rən] *v* encode, encipher
Chip [tʃɪp] *m* chip
Chipkarte [ˈtʃɪpkartə] *f* chip card
Clearing [ˈklɪrɪŋ] *n* clearing
Clearinghouse [ˈklɪrɪŋhaʊs] *n (Computer)* clearing house
Clearingverkehr [ˈklɪrɪŋfɛɐke:ɐ] *m* clearing
Cliquenwirtschaft [ˈklɪkənvɪrtʃaft] *f* cliquism
Closed-Shop-Prinzip [ˈkləʊzdʃɔpprɪntsi:p] *n* closed shop principle
Cloud [klaud] *f (IT: Datenwolke)* cloud
cloud-basiert [ˈklaudbazi:ɐt] *adj (IT)* cloud-based

Cluster ['klastɐ] *m* cluster
Code [ko:d] *m* code
Codeschlüssel ['kəudʃlʏsəl] *m* (de)cipher key
C
codieren ['kodi:rən] *v* code
Commercial Paper [kɔ'mərʃəl peɪpə] *n* commercial paper
Commodites [kɔ'mɔdɪti:z] *pl* commodities *pl*
Commodity futures [kɔ'mɔdɪtɪ 'fju:tʃəz] *pl* commodity futures *pl*
Computer [kɔm'pju:tɐ] *m* computer
Computer Aided Design (CAD) [kɔm'pju:tər 'eɪdəd di'zaɪn] *n* computer-aided design (CAD)
Computer Aided Engineering (CAE) [kɔm'pju:tər 'eɪdəd enʒi'ni:rɪŋ] *n* computer aided engineering (CAE)
Computer Aided Manufacturing (CAM) [kɔm'pju:tər 'eɪdəd menju'fɛktʃəriŋ] *n* computer aided manufacturing (CAM)
Computer Aided Quality Assurance (CAQ) [kɔm'pju:tər 'eɪdəd 'kwɔlɪti ə'ʃurənts] *f* computer aided quality assurance (CAQ)
Computer Aided Selling (CAS) [kɔm'pju:tər 'eɪdəd 'sɛliŋ] *n* computer aided selling (CAS)
Computer Assisted Instruction (CAI) [kɔm'pju:tər ɛ'sɪstəd in'straktʃən] *f* computer assisted instruction (CAI)
Computer Integrated Manufacturing (CIM) [kɔm'pju:tər 'ɪntəgreitəd menju'fɛktʃərɪŋ] *n* computer integrated manufacturing (CIM)
Computeranimation [kom'pju:tərani-matsjo:n] *f* computer animation
Computerarbeitsplatz [kom'pju:tərarbaɪtsplats] *m* (computer) workplace, work station
Computereinsatz [kɔm'pju:təraɪnzats] *m* use of computers
Computeretiketten [kom'pju:təretikɛtən] *f/pl* computer labels *pl*
Computerfachmann [kom'pju:tərfaxman] *m* computer expert
Computerfirma [kom'pju:tərfirma] *f* computer company
computergerecht [kom'pju:tərgərɛçt] *adj* compatible for computer, computer-compatible
computergesteuert [kom'pju:tərgəʃtɔyərt] *adj* computer-controlled
computergestützt [kom'pju:tərgəʃtytst] *adj* computer-aided
computergestütztes Informationssystem (CIS) [kɔm'pju:tərgəʃtytstəs ɪnfɔrma'tsjo:nszyste:m] *n* computer-aided information system (CIS)
computergestütztes Lernen [kom'pju:tərgəʃtʏtstəs lɛrnən] computer based training (CBT)
Computergrafik [kom'pju:tərgra:fɪk] *f* computer graphics *pl*
Computerindustrie [kom'pju:tərɪndustri:] *f* computer industry
computerisieren [kompju:təri'zi:rən] *v* computerize
Computerisierung [kom'pju:tərɪzi:ruŋ] *f* computerization
Computerkriminalität [kɔm'pju:tərkrɪmɪna:lɪte:t] *f* computer crime, cyber crime
computerlesbar [kom'pju:tərle:zba:ɐ] *adj* machine-readable, readable by computer
Computermöbel [kom'pju:tərmø:bəl] *pl* computer furniture
Computernetzwerk [kɔm'pju:tərnɛtsvɛ:rk] *n* computer network
Computerprogramm [kɔm'pju:tərprɔgram] *n* computer programme
Computersimulation [kɔm'pju:tərzimula'tsjo:n] *f* computer simulation
computerunterstützt [kom'pju:tərʊntərʃtʏtst] *adj* computer-aided, computer-controlled
Computervirus [kom'pju:tərvi:rus] *n* computer virus
Conférence [kõfe'rɑ̃:s] *f* presentation
Conference-Call ['kɔnfərənsko:l] *m* conference call
Container [kɔn'teɪnɐ] *m* container
Containerbahnhof [kɔn'teɪnərba:nho:f] *m* container depot
Containerfracht [kɔn'teɪnərfraxt] *f* containerized fright
Containerhafen [kɔn'teɪnərha:fən] *m* container terminal
Containersendung [kɔn'teɪnərzɛnduŋ] *f* container shipment
Controlling ['kɔntrəuliŋ] *n* controlling (*US*), controllership

Convenience Food [kən'vi:nıəns fu:d] *n* convenience foods
Convenience Goods [kən'vi:nıəns gu:dz] *pl* convenience goods *pl*
Cookie ['kuki:] *m* cookie
Copyright ['kɔpıraıt] *n* copyright
Copy-Test ['kɔpıtest] *m* copy test
Corporate Design ['kɔ:pərıt dı'zaın] *n* corporate design
Corporate Identity (CI) ['kɔ:pərıt aı'dentiti:] *f* corporate identity (CI)
Corporate Social Responsibility (CSR) ['kɔ:pərıt səuʃəl rispɒnsə'bılıtı] *f* corporate social responsibility (CSR)
Cost Center [kɔst 'sentə] *n* cost center
Cote [kəʊt] *f* share list
Counterparts ['kauntərparts] *m/pl* counterpart funds *pl*
Coupon [ku'pɔ̃n] *m* coupon
Couponsteuer [ku'pɔ̃nstɔyə] *f* coupon tax
Courtage [kur'ta:ʒə] *f* brokerage
Courtagepflicht [kur'ta:ʒəpflıçt] *f* brokerage obligation
Courtagerechnung [kur'ta:ʒərɛçnuŋ] *f* brokerage statement, brokerage account
Cracker ['krɛkɐ] *m* cracker, hacker
Crashkurs ['krɛʃkurs] *m* crash course
Crawling peg ['krɔ:lıŋ pɛg] *n* crawling peg
Currency future ['kʌrənsı fju:tʃə] *f* currency future
Cursor ['kø:rsɐ] *m* cursor
Cutter ['katɐ] *m* **1.** *(Messer)* box cutter; **2.** *(Film)* editor
Cyberspace ['saıbəspeıs] *m* cyberspace

D

Dachfonds ['daxfɔ̃] *m* pyramiding fund, holding fund
Dachgesellschaft ['daxgəzɛlʃaft] *f* holding company, parent company
Dachorganisation ['daxɔrganizatsjo:n] *f* roof organization
Dachverband ['daxfɛrbant] *m* umbrella organization
Damnum ['damnum] *n* loss, loan discount
Dankschreiben ['daŋkʃraɪbən] *n* letter of thanks
Darbietung ['da:rbi:tuŋ] *f* presentation
Darlehen ['da:rle:ən] *n* loan
Darlehensbank ['da:rle:ənsbaŋk] *f* loan bank
Darlehensbedingungen ['da:rle:ənsbədɪŋuŋən] *f/pl* terms of the loan *pl*
Darlehensfinanzierung ['da:rle:ənsfinantsi:ruŋ] *f* loan financing
Darlehensgeber(in) ['da:rle:ənsge:bɐ(rɪn)] *m/f* lender
Darlehenshypothek ['da:rle:ənshy:po:te:k] *f* mortgage as security for a loan
Darlehensnehmer(in) ['da:rle:ənsne:mɐ(rɪn)] *m/f* borrower
Darlehensschuld ['da:rle:ənsʃult] *f* loan debt
Darlehenszinsen ['da:rle:ənstsɪnzən] *m/pl* interest on loans
Datei [da'taɪ] *f* file
Dateienpflege [da'taɪənpfle:gə] *f* maintenance of a database
Dateimanager [da'taɪmɛnɪdʒr] *m* *(Computer)* file manager
Dateiverwaltung ['da:taɪfɛrvaltuŋ] *f* file management
Dateiverzeichnis ['da:taɪfɛrtsaɪçnɪs] *n* (file) directory
Daten ['da:tən] *pl* data *pl*, facts and figures *pl*
Datenanalyse ['da:tənanaly:zə] *f* data analysis
Datenaufbereitung ['da:tənaufbəraɪtuŋ] *f* data preparation
Datenautobahn ['da:tənautoba:n] *f* information highway
Datenbank ['da:tənbaŋk] *f* data bank
Datenbankabfrage ['da:tənbaŋkapfra:gə] *f* database enquiry
Datenbanksystem ['da:tənbaŋkzystem] *n* database system
Datenbestand ['da:tənbəʃtant] *m* database
Datenerfassung ['da:tənɛrfasuŋ] *f* data collection, data acquisition, data logging
Datenerhebung ['da:tənɛrhe:buŋ] *f* data collection
Datenintegration ['da:tənɪntegra:tsjo:n] *f* data integration
Datenmissbrauch ['da:tənmɪsbraux] *m* data abuse
Datennetz ['da:tənnɛts] *n* data network
Datenpflege ['da:tənpfle:gə] *f* data management
Datenschutz ['da:tənʃuts] *m* data protection
Datenschutzbeauftragte(r) ['da:tənʃutsbəauftra:ktə(-ɐ)] *f/m* data protection registrar, data protection commissioner *(US)*
Datenschutzgesetz ['da:tənʃutsgəsɛts] *n* Data Protection Act
Datensicherheit ['da:tənzɪçərhaɪt] *f* data security, data access security
Datensicherung ['da:tənzɪçəruŋ] *f* data security
Datenspeicher ['da:tənʃpaiçɐ] *m* data storage, data register
Datensteuerung ['da:tənʃtɔyəruŋ] *f* computer control
Datentausch ['da:təntauʃ] *m* data interchange
Datenträger ['da:təntrɛ:gɐ] *m* data medium, data carrier
Datenübertragung ['da:təny:bərtra:guŋ] *f* data transmission
Datenverarbeitung ['da:tənfɛrarbaɪtuŋ] *f* data processing
Datenverwaltung ['da:tənfɛɐvaltuŋ] *f* data management
Datenzentrale ['da:təntsɛntra:lə] *f* data centre
datieren [da'ti:rən] *v* date

Datierung [da'ti:ruŋ] *f* dating
Datowechsel ['da:to:vɛçsəl] *m* afterdate bill
Datum ['da:tum] *n* date
Datumsgrenze ['da:tumsgrɛntsə] *f* international date line
Datumsstempel ['da:tumsʃtɛmpəl] *m* date stamp, dater
Dauer ['dauər] *f* duration
Daueraktionär ['dauəraktsjo:nɛ:ɐ] *m* permanent shareholder
dauerarbeitslos ['dauərarbaɪtslo:s] *adj* long-term unemployed
Dauerarbeitslose(r) ['dauərarbaɪtslo:zə(-ɐ)] *f/m* chronically unemployed person
Dauerarbeitslosigkeit ['dauərarbaɪtslo:zɪçkaɪt] *f* chronic unemployment
Dauerauftrag ['dauərauftrak] *m* standing order, banker's order
Dauerbeschäftigung ['dauərbəʃɛftɪguŋ] *f* constant employment
Dauerbesitz ['dauərbəsɪts] *m* permanent holding
Dauerremittent ['dauərrəmɪtənt] *m* constant issuer
Dauerschulden ['dauərʃuldən] *f/pl* permanent debts *pl*
Dauerschuldverschreibung ['dauərʃultfɛrʃraɪbuŋ] *f* unredeemable bond
Dauerschuldzinsen ['dauərʃulttsɪnsən] *m/pl* interest on long-term debts *pl*
DAX-Index ['daksɪndeks] *m* DAX-index
dazurechnen [da'tsu:rɛçnən] *v* add in; *(fig)* factor in
dazuverdienen [da'tsu:fɛrdi:nən] *v* earn additionally, earn on the side
Debatte [de'batə] *f* debate
debattieren [deba'ti:rən] *v* debate
Debet ['de:bɛt] *n* debit
Debet nota (D/N) ['de:bɛt nota] *f* debit note
Debetposten ['de:bɛtpɔstən] *m* debit entry
Debetsaldo ['de:bɛtzaldo] *n* balance due, debit balance
Debetseite ['de:bɛtzaɪtə] *f* *(Konto)* debit side
debitieren [de:bi'ti:rən] *v* debit, charge
Debitor ['de:bito:ɐ] *m* debtor
Debitoren ['de:bito:rən] *m/pl* **1.** *(Schuldner)* debtors *pl;* **2.** *(Bilanz)* accounts receivable *pl*
Debitorenbuchhaltung ['de:bito:rənbu:xhaltuŋ] *f* accounts receivable department, accounts receivable accounting
Debitorenkonto ['de:bito:rənkɔnto] *n* customer account
Debitorenziehung ['de:bito:rəntsi:uŋ] *f* bills drawn on debtors *pl*
Debüt [de'by:] *n* debut
dechiffrieren [deʃɪ'fri:rən] *v* decode, decipher
Deckadresse ['dɛkadrɛsə] *f* address of convenience, cover address
Deckblatt ['dɛkblat] *n* cover
decken ['dɛkən] *v* **1.** *(Bedarf)* meet, cover; **2.** *(Scheck)* cover
Deckung ['dɛkuŋ] *f* cover, coverage
Deckungsbeitrag ['dɛkuŋsbaɪtrak] *m* contribution margin
Deckungsbeitragsrechnung ['dɛkuŋsbaɪtraksrɛçnuŋ] *f* confirmation of cover
Deckungsbescheid ['dɛkuŋsbəʃaɪt] *m* cover note
Deckungsbetrag ['dɛkuŋsbətra:k] *m* amount covered, insured sum
Deckungsdarlehen ['dɛkuŋsda:rle:ən] *n* coverage loan
deckungsfähig ['dɛkuŋsfɛ:ɪç] *adj* eligible as cover
deckungsfähige Devisen ['dɛkuŋsfɛ:igə 'devi:sən] *f/pl* foreign currencies eligible as cover *pl*
deckungsfähige Wertpapiere ['dɛkuŋsfɛ:igə 'vɛrtpapi:rə] *n/pl* securities eligible as cover *pl*
Deckungsforderung ['dɛkuŋsfɔrdəruŋ] *f* covering claim
Deckungsgeschäft ['dɛkuŋsgəʃɛft] *n* covering operation
deckungsgleich ['dɛkuŋsglaɪç] *adj* identical
Deckungsgrad ['dɛkuŋsgra:t] *m* liquidity ratio, cover ratio
Deckungsgrenze ['dɛkuŋsgrɛntsə] *f* cover limit
Deckungskapital ['dɛkuŋskapɪta:l] *n* capital sum required as cover
Deckungsklausel ['dɛkuŋsklausəl] *f* cover clause
Deckungsloch ['dɛkuŋslox] *n* budget hole, hole in the budget

D

Deckungsmittel ['dɛkuŋsmɪtəl] *n/pl* cover(ing) funds *pl*
Deckungszinsen ['dɛkuŋstsɪnzən] *m/pl* coverage interest rate
Deckungszusage ['dɛkuŋstsu:sa:gə] *f* confirmation of cover
De-facto-Standard ['de:faktoʃtandart] *m* de facto standard
defekt [de'fɛkt] *adj* defective, faulty
Defekt [de'fɛkt] *m* defect, fault
Defensive [defɛn'zivə] *f* defensive
Deficit Spending ['defɪsɪt spɛndɪŋ] *n* deficit spending
Defizit ['de:fɪtsɪt] *n* deficit
defizitär [de:fitsi'tɛ:ɐ] *adj* in the deficit
Defizitfinanzierung ['de:fitsɪtfinant-si:ruŋ] *f* deficit financing
Defizitquote ['de:fitsɪtkvo:tə] *f* deficit ratio
Defizitwirtschaft ['de:fitsɪtvɪrtʃaft] *f* deficit budgeting
Deflation [defla'tsjo:n] *f* deflation
Degenerationsphase ['degənərats-jo:nsfa:zə] *f* degeneration phase
Degression ['degrɛsjo:n] *f* degression
degressive Abschreibung [degrɛ'si:və 'apʃraɪbuŋ] *f* degressive depreciation
degressive Kosten [degrɛ'si:və 'kɔs-tən] *pl* degressive costs *pl*
Deklaration ['deklaratsjo:n] *f* customs declaration *(Zoll)*; tax return *(Steuer)*
deklarieren [dekla'ri:rən] *v* declare
Dekret [de'kre:t] *n* decree
Delegation [delega'tsjo:n] *f* delegation
Delegationsleiter(in) [delega'tsjo:ns-laɪtɐ(rɪn)] *m/f* head of the delegation
delegieren [dele'gi:rən] *v* delegate
Delikt [de'lɪkt] *n* offence, crime, civil wrong
Delkredere [del'kredərə] *n* del credere, reserve for bad debts
Dementi [de'mɛnti] *n* official denial
dementieren [demɛn'ti:rən] *v* deny officially
Demografie [demɔgrafi:] *f* demography
Demonetisierung [demonetisi:ruŋ] *f* demonetization
Demonstration [demɔnstra'tsjo:n] *f* demonstration
demonstrieren [demɔn'stri:rən] *v* *(darlegen)* demonstrate, illustrate, show
Demontage [demɔn'ta:ʒə] *f* disassembly, dismantling
demontieren [demɔn'ti:rən] *v* dismantle, disassemble
Demoskopie [demɔsko'pi:] *f* public opinion research
demoskopisch [demɔs'ko:pɪʃ] *adj* opinion poll …
Denkanstoß ['dɛŋkanʃto:s] *m* food for thought
Denkart ['dɛŋka:rt] *f* mentality, way of thinking
Denkschrift ['dɛŋkʃrɪft] *f* memorandum, written statement
Deponent [depo'nɔnt] *m* depositor
Deponie [depo'ni:] *f* dump, disposal site
deponieren [de'po:ni:rən] *v* deposit
Deport [de'pɔrt] *m* discount
Depositen [depo:'zi:tən] *pl* deposits *pl*
Depositenbank [de'po:zi:tənbaŋk] *f* bank of deposit
Depositengelder [de'po:zi:təngɛldɐ] *n/pl* deposits *pl*
Depositengeschäft [de'po:zi:təngə-ʃɛft] *n* deposit banking
Depositenklausel [de'po:zi:tənklau-səl] *f* deposit clause
Depositenversicherung [de'po:zi:tən-fɛrzɪçəruŋ] *f* bank deposit insurance
Depot [de'po:] *n* **1.** deposit; **2.** storehouse, warehouse, call station
Depotabstimmung [de'po:apʃtɪmuŋ] *f* securities deposit reconciliation
Depotabteilung [de'po:aptaɪluŋ] *f* safe custody department
Depotaktie [de'po:aktsjə] *f* deposited share
Depotanerkenntnis [de'po:anɛrkɛnt-nɪs] *f* deposit acknowledgement
Depotarten [de'po:artən] *f/pl* types of deposit *pl*
Depotaufstellung [de'po:aufʃtɛluŋ] *f* list of securities deposited
Depotauszug [de'po:austsu:k] *m* statement of securities
Depotbank [de'po:baŋk] *f* custodian bank
Depotbuch [de'po:bu:x] *n* deposit book, deposit ledger
Depotbuchhaltung [de'po:bu:xhal-tuŋ] *f* security deposit account

Depotgebühren [de'po:gəby:rən] *f/pl* safe custody charges *pl*
Depotgeschäft [de'po:gəʃɛft] *n* deposit banking
Depotgesetz [de'po:gəzɛts] *n* Securities Deposit Act
Depotkonto [de'po:kɔnto] *n* security deposit account
Depotprüfung [de'po:pry:fuŋ] *f* securities deposit audit
Depotschein [de'po:ʃaɪn] *m* deposit receipt
Depotstimmrecht [de'po:ʃtɪmrɛçt] *n* voting rights of nominee shareholders *pl*
Depotunterschlagung [de'po:untərʃlaguŋ] *f* misapplication of deposit
Depotvertrag [de'po:fɛrtrak] *m* securities deposit contract
Depotverwaltung [de'po:fɛrvaltuŋ] *f* portfolio management
Depotwechsel [de'po:vɛçsəl] *m* bill on deposit
Depotzwang [de'po:tsvaŋ] *m* compulsory safe custody
Depression [deprɛ'sjo:n] *f* depression
Deputat ['depu:ta:t] *n* payment in kind
Deregulierung [de:'reguli:ruŋ] *f* deregulation
Derivate [de:'rɪva:tə] *n/pl* derivative financial instruments
Deroute [de:'ru:t] *f* collapse
Design [di'zaɪn] *n* design
Designation [de'zɪgnatsjo:n] *f* designation
Designer(in) [dɪ'zaɪnɐ(rɪn)] *m/f* designer
Desinformation [dɛsɪnfɔrma'tsjo:n] *f* misinformation, disinformation
Desinteresse ['dɛsɪntərɛsə] *n* disinterest, indifference
desinteressiert ['dɛsɪntərɛsi:rt] *adj* disinterested, indifferent
Desinvestition ['dezɪnvɛstɪtsjo:n] *f* disinvestment
desolat [deso'la:t] *adj* desolate
detailgetreu [de:'taɪgətrɔy] *adj* accurate
Deutsche Angestellten-Gewerkschaft (DAG) [dɔytʃə 'angəʃtɛltəngəvɛrkʃaft] *f* German Salaried Employee Union
Deutsche Bundesbank [dɔytʃə 'bundəsbaŋk] *f* German Central Bank, Bundesbank
Deutscher Gewerkschaftsbund (DGB) [dɔytʃər 'gəvɛrkʃaftsbund] *m* German Trade Union Federation
Deutscher Industrie- und Handelstag (DIHT) [dɔytʃər 'ɪndustri: unt 'handelsta:k] *m* Association of German Chambers of Industry and Commerce
Devinkulierung [de:'vɪŋkuli:ruŋ] *f* unrestricted transferability
Devisen [de'vi:zən] *pl* foreign currency, foreign exchange
Devisenabfluss [de'vi:zənapflus] *m* foreign exchange outflow
Devisenabkommen [de'vi:zənapkɔmən] *n* foreign exchange agreement
Devisenabteilung [de'vi:zənaptaɪluŋ] *f* foreign exchange department
Devisenankauf [de'vi:zənankauf] *m* purchase of foreign currencies
Devisenarbitrage [de'vi:zənarbɪtra:ʒə] *f* exchange arbitrage, arbitration in foreign exchange
Devisenausgleichsabkommen [de'vi:zənausglaɪçsapkɔmən] *n* foreign exchange offset agreement
Devisenausländer [de'vi:zənauslɛndɐ] *m* non-resident
Devisenberater(in) [de'vi:zənbəra:tɐ(rɪn)] *m/f* foreign exchange advisor
Devisenbeschränkung [de'vi:zənbəʃrɛŋkuŋ] *f* exchange restrictions *pl*
Devisenbestimmung [de'vi:zənbəʃtɪmuŋ] *f* currency regulation
Devisenbewirtschaftung [de'vi:zənbəvɪrtʃaftuŋ] *f* foreign exchange control
Devisenbilanz [de'vi:zənbilants] *f* foreign exchange balance, foreign exchange account
Devisenbörse [de'vi:zənbø:rzə] *f* foreign exchange market, currency market
Devisenbringer [de'vi:zənbrɪŋɐ] *m* foreign-exchange earner
Devisenbuchhaltung [de'vi:zənbu:xhaltuŋ] *f* currency accounting
Devisengeschäft [de'vi:zəngəʃɛft] *n* foreign exchange business, foreign exchange transactions *pl*, foreign exchange trading
Devisenhandel [de'vi:zənhandəl] *m* currency trading, foreign exchange dealings *pl*

D

D

Devisenhändler [de'vi:zənhɛndlɐ] *m* foreign exchange dealer
Deviseninländer [de'vi:zənɪnlɛndɐ] *m* resident
Devisenkassageschäft [de'vi:zənkasagəʃɛft] *n* foreign exchange spot dealings *pl*
Devisenkassakurs [de'vi:zənkasakurs] *m* foreign exchange spot rate
Devisenkassamarkt [de'vi:zənkasamarkt] *m* foreign exchange spot market
Devisenkommissionsgeschäft [de'vi:zənkɔmɪsjo:nsgəʃɛft] *n* foreign exchange transactions for customers *pl*
Devisenkonto [de'vi:zənkɔnto] *n* foreign exchange account
Devisenkontrolle [de'vi:zənkɔntrɔlə] *f* foreign exchange control
Devisenkredit [de'vi:zənkrɛ'dɪt] *m* foreign exchange loan
Devisenkurs [de'vi:zənkurs] *m* foreign exchange rate
Devisenkursbildung [de'vi:zənkursbɪlduŋ] *f* exchange rate formation
Devisenkursmakler [de'vi:zənkursma:klɐ] *m* exchange broker, currency broker
Devisenmarkt [de'vi:zənmarkt] *m* foreign exchange market
Devisenmarktinterventionen [de'vi:zənmarktɪntərvɛntsjo:nən] *f/pl* exchange market intervention
Devisennotierung [de'vi:zənno:ti:ruŋ] *f* foreign exchange quotations *pl*
Devisenoption [de'vi:zənɔptsjo:n] *f* exchange option
Devisenpensionsgeschäft [de'vi:zənpɛnzjo:nsgəʃɛft] *n* purchase of foreign exchange for later sale
Devisenportefeuille [de'vi:zənpɔrtfœɪ] *n* foreign exchange holdings *pl*
Devisenposition [de'vi:zənpozɪtsjo:n] *f* foreign exchange position
Devisenquoten [de'vi:zənkvo:tən] *f/pl* foreign exchange quotas *pl*
Devisenrechnung [de'vi:zənrɛçnuŋ] *f* foreign exchange calculation
Devisenreserve [de'vi:zənrezervə] *f* foreign exchange reserves *pl*
Devisenspekulation [de'vi:zənʃpeku:latsjo:n] *f* speculation in foreign currency
Devisensperre [de'vi:zənʃpɛrə] *f* exchange embargo
Devisentermingeschäft [de'vi:zəntɛrmi:ngəʃɛft] *n* forward exchange dealings *pl*
Devisenterminhandel [de'vi:zəntɛrmi:nhandəl] *m* forward exchange trading
Devisenterminkurs [de'vi:zəntɛrmi:nkurs] *m* forward exchange rate
Devisenterminmarkt [de'vi:zəntɛrmi:nmarkt] *m* forward exchange market
Devisenüberschuss [de'vi:zəny:bərʃus] *m* foreign exchange surplus
Devisenverkehr [de'vi:zənfɛrke:ɐ] *m* currency transactions *pl*, foreign exchange operations *pl*
Devisenwechsel [de'vi:zənvɛksəl] *m* bill in foreign currency
Devisenwert [de'vi:zenve:rt] *m* foreign exchange asset
dezentralisieren [detsɛntralɪ'zi:rən] *v* decentralize
Dezentralisierung [detsɛntralɪ'zi:ruŋ] *f* decentralisation
Dia ['di:a] *n* slide
Diagramm [dia'gram] *n* diagram
Dialog [dia'lo:k] *m* dialogue
Dialogbereitschaft [dia'lo:kbəraɪtʃaft] *f* readiness to talk
dialogfähig [dia'lo:kfɛ:ɪç] *adj* capable of two-way communication
Diebstahlversicherung ['di:pʃta:lfɛrzɪçəruŋ] *f* theft insurance
Dienstanweisung ['di:nstanvaɪzuŋ] *f* instructions *pl*
Dienstaufsicht ['di:nstaufsɪçt] *f* service control, supervision
dienstfrei ['di:nstfraɪ] *adj* ~*er Tag* day off; ~ *sein* to be off duty
Dienstgang ['di:nstgaŋ] *m* (business) errand
Dienstgeheimnis ['di:nstgəhaɪmnɪs] *n* official secret
Dienstgespräch ['di:nstgəʃprɛ:ç] *n* business call
Dienstleister ['di:nstlaɪstɐ] *m* (service) provider
Dienstleistung ['di:nstlaɪstuŋ] *f* service, business service
Dienstleistungsbilanz ['di:nstlaɪstuŋsbilants] *f* balance of service transactions

Dienstleistungsgesellschaft [ˈdiːnstlaɪstuŋsgəsɛlʃaft] *f* **1.** *(Volkswirtschaft)* service economy; **2.** *(Recht)* non-trading partnership; **3.** *(Betriebswirtschaft)* service company
Dienstleistungskosten [ˈdiːnstlaɪstuŋskɔstən] *pl* cost of services
Dienstleistungsmarketing [ˈdiːnstlaɪstuŋsmaːrkətɪŋ] *n* service marketing
Dienstleistungssektor [ˈdiːnstlaɪstuŋszɛktor] *m* service sector
Dienstleistungsunternehmen [ˈdiːnstlaɪstuŋsuntərneːmən] *n* service business
Dienstleistungswirtschaft [ˈdiːnstlaɪstuŋsvɪrtʃaft] *f* services *pl*
dienstlich [ˈdiːnstlɪç] *adj* official; *adv* officially, on official business, on business
Dienstpflicht [ˈdiːnstpflɪçt] *f* duty
Dienstreise [ˈdiːnstraɪzə] *f* business trip, business travel
Dienstsache [ˈdiːnstzaxə] *f* official matter
Dienstschluss [ˈdiːnstʃlus] *m* closing time
Dienststelle [ˈdiːnstʃtɛlə] *f* office, department, agency
dienstunfähig [ˈdiːnstunfɛːɪç] *adj* not fit for service, unfit for service
Dienstunfähigkeit [ˈdiːnstunfɛːɪçkaɪt] *f* incapacity to work
Dienstvereinbarung [ˈdiːnstfɛraɪnbaːruŋ] *f* **1.** *(Recht)* contract of service; **2.** *(Personal)* contract of employment
Dienstverhältnis [ˈdiːnstfɛrhɛltnɪs] *n* employment
Dienstvermerk [ˈdiːnstfɛrmɛrk] *m* official entry
Dienstverpflichtung [ˈdiːnstfɛrpflɪçtuŋ] *f* service obligation
Dienstvertrag [ˈdiːnstfɛrtraːk] *m* **1.** *(Recht)* contract of service; **2.** *(Personal)* contract of employment
Dienstvorschrift [ˈdiːnstfoːrʃrɪft] *f* (service) regulation
Dienstwagen [ˈdiːnstvaːgən] *m* company car
Dienstweg [ˈdiːnstveːk] *m* official channels *pl*, authorized channels *pl*
Dienstwohnung [ˈdiːnstvoːnuŋ] *f* official residence
Differenz [dɪfəˈrɛnts] *f* **1.** difference; **2.** *(Streit)* dispute, difference of opinion
Differenzbetrag [ˈdɪfərɛntsbətraːk] *m* difference sum
Differenzgeschäft [ˈdɪfərɛntsgəʃɛft] *n* margin business
Differenziallohnsystem [ˈdɪfərɛntsjaːlloːnzysteːm] *n* differential piece-rate system
Differenzkostenrechnung [ˈdɪfərɛntskɔstənrɛçnuŋ] *f* marginal cost accounting
Diffusion [ˈdifusjoːn] *f* diffusion process
Diffusionsbarrieren [ˈdifusjoːnsbarɪjeːrən] *f/pl* diffusion barriers *pl*
Diffusionsphasen [ˈdifusjoːnsfaːsən] *f/pl* diffusion phases *pl*
Diffusionsstrategie [ˈdifusjoːnsʃtrategiː] *f* diffusion strategy
digital [dɪgɪˈtaːl] *adj* digital
digitale Bildverarbeitung [dɪgɪˈtaːle bɪltfɛɐaːbaɪtuŋ] *f* digital imaging
digitalisieren [digitaliˈziːrən] *v* digitalize, digitize
Digitalisierung [digitaliˈsiːruŋ] *f* digitalization, digitization
Diktatzeichen [dɪkˈtattsaɪçən] *n* reference
diktieren [dɪkˈtiːrən] *v* dictate
Diktiergerät [dɪkˈtiːrgərɛt] *n* dictaphone
dinglich [ˈdɪŋlɪç] *adj* in rem
dingliche Sicherung [dɪŋlɪçə ˈzɪçəruŋ] *f* real security
dingliches Recht [dɪŋlɪçəs ˈrɛçt] *n* real right
Diplomarbeit [diˈploːmarbaɪt] *f* dissertation, thesis
Diplomingenieur(in) [diˈploːmɪnʒenjøːr(ɪn)] *m/f* academically trained engineer
Diplomkauffrau [diˈploːmkauffrau] *f* Bachelor of Commerce
Diplomkaufmann [diˈploːmkaufman] *m* Bachelor of Commerce
Diplomökonom(in) [diˈploːmøkonom(ɪn)] *m/f* master in business economics
Diplomphysiker(in) [diˈploːmfyːzɪkɐ(rɪn)] *m/f* Bachelor of Science (in Physics)
Diplomvolkswirt(in) [diˈploːmfolkswɪrt(ɪn)] *m/f* master's degree in economics

D

D

Direct Costing ['daırɛkt çɔstıŋ] *n* direct costing
Direct Marketing ['daırɛkt 'ma:rkətıŋ] *n* direct marketing
Direktausfuhr [di'rɛktausfu:ɐ] *f* direct export
Direktbank [di'rɛktbaŋk] *f* direct bank
Direktbestellung [di'rɛktbəʃtɛluŋ] *f* direct ordering
Direktdiskont [di'rɛktdıskɔnt] *m* direct discount
direkter Absatz [di'rɛktər 'apsats] *m* direct selling
direkter Vertrieb [di'rɛktər fer'trı:p] *m* direct selling
direkte Steuer [di'rɛktə 'ʃtɔyɐ] *f* direct taxes *pl*
Direktinvestitionen [di'rɛktınvɛstitsjo:nən] *f/pl* direct investments *pl*
Direktion [dirɛk'tsjo:n] *f* board of directors
Direktive [dirɛk'ti:və] *f* directive, general instruction
Direktor(in) [di'rɛktɔr/dirɛk'tɔ:rın] *m/f* director
Direktorium [dirɛk'to:rjum] *n* directorate, board of directors
Direktübertragung [di'rɛktybərtra:guŋ] *f* live transmission
Direktverkauf [di'rɛktfɛrkauf] *m* direct selling
Direktversicherung [di'rɛktfɛrzıçəruŋ] *f* direct insurance
Direktvertrieb [di'rɛktfɛrtri:p] *m* direct selling
Direktwerbung [di'rɛktvɛrbuŋ] *f* direct advertising
Dirigismus [diri'gısmus] *m* controlled economy
Disagio [diz'za:dʒo] *n* disagio
Discount [dıs'kaunt] *m* discount
Discounter ['dıskauntɐ] *m* discounter
Diskont [dıs'kɔnt] *m* discount
Diskontbank [dıs'kɔntbaŋk] *f* discount bank
Diskonten [dıs'kɔntən] *m/pl* bills discounted *pl*
Diskonterhöhung [dıs'kɔntɛrhø:uŋ] *f* rise of the discount rate
diskontfähig [dıs'kɔntfɛ:ıç] *adj* eligible, eligible for (re)discount
Diskontgeschäft [dıs'kɔntgəʃɛft] *n* discount business
Diskonthäuser [dıs'kɔnthɔysɐ] *n/pl* discount houses *pl*
diskontieren [dıskɔn'ti:rən] *v* discount
Diskontierung [dıs'kɔnti:ruŋ] *f* discounting
Diskontierungsfaktor [dıs'kɔnti:ruŋsfaktɔr] *m* discount factor
Diskontkredit [dıs'kɔntkre'di:t] *m* discount credit
Diskontmakler(in) [dıs'kɔntma:klər (ın)] *m/f* discount broker, bill broker
Diskontmarkt [dıs'kɔntmarkt] *m* discount market
Diskontpapier [dıs'kɔntpapi:ɐ] *n* discountable paper
Diskontpolitik [dıs'kɔntpoli'tık] *f* bank rate policy, discount policy
Diskontprovision [dıs'kɔntprovızjo:n] *f* discount commission
Diskontrechnung [dıs'kɔntrɛçnuŋ] *f* discount calculation
Diskontsatz [dıs'kɔntzats] *m* discount rate
Diskontsenkung [dıs'kɔntsɛnkuŋ] *f* lowering of the discount rate
Diskretion [dıskre'tsjo:n] *f* discretion; *(vertrauliche Behandlung)* confidentiality
diskriminieren [dıskrımı'ni:rən] *v* discriminate, *jdn ~* discriminate against s.o.
Diskussion [dıskus'jo:n] *f* discussion, debate, argument
Diskussionsleiter(in) [dıskus'jo:nslaıtɐ(rın)] *m/f* moderator
Diskussionsrunde [dıskus'jo:nsrundə] *f* round of discussions
Diskussionsteilnehmer(in) [dıskus'jo:nstaılne:mɐ(rın)] *m/f* participant in a discussion
Diskussionsthema [dıskus'jo:nste:ma:] *n* topic of discussion
diskutieren [dısku'ti:rən] *v* discuss, debate
Disparität [dısparite:t] *f* disparity
Display ['dısple:] *n* display
Disponent(in) [dıspo'nɛnt(ın)] *m/f* managing clerk, fund manager
disponieren [dıspɔ'ni:rən] *v* make arrangements for; *über etw ~* have sth at one's disposal

Disposition [dɪspɔzɪˈtsjoːn] *f* **1.** *(Vorbereitung)* preparations, arrangements; **2.** *(Verfügung) jdm zur ~ stehen* to be at s.o.'s disposal; *jdn zur ~ stellen* send s.o. into temporary retirement; **3.** *(Gliederung)* layout, plan
dispositionsfähig [dɪspɔzɪˈtsjoːnsfɛːɪç] *adj* qualified to contract
Dispositionsfonds [dɪspɔzɪˈtsjoːnsfɔ̃] *m* reserve funds *pl*
Dispositionskredit [dɪspɔzɪˈtsjoːnskrediːt] *m* drawing credit, overdraft facility
Dispositionsschein [dɪspɔzɪˈtsjoːnsʃaɪn] *m* banker's note
Disput [dɪsˈpuːt] *m* dispute
distanzieren [dɪstanˈtsiːrən] *v sich ~* distance o.s.
distinguiert [dɪstɪŋˈgiːrt] *adj* distinguished
Distribution [ˈdɪstrɪbutsjoːn] *f* distribution
Distributionskosten [ˈdɪstrɪbutsjoːnskɔstən] *pl* distribution cost
Distributionslogistik [ˈdɪstrɪbutsjoːnsloˈgistɪk] *f* marketing logistics
Distributionsorgane [ˈdɪstrɪbutsjoːnsorˈgaːnə] *n/pl* distribution organs *pl*
Distributionspolitik [ˈdɪstrɪbutsjoːnsˈpɔlitɪk] *f* distribution policy
Disziplin [dɪstsiˈpliːn] *f* discipline
disziplinarisch [dɪstsipliˈnaːrɪʃ] *adj* disciplinary
Disziplinarverfahren [dɪstsiˈplinaːrfɛrfaːrən] *n* disciplinary action
disziplinieren [dɪstsipliˈniːrən] *v* discipline
diszipliniert [dɪstsipliˈniːrt] *adj* disciplined
divergieren [divɛrˈgiːrən] *v* diverge
Diversifikation [divɛrzifikaˈtsjoːn] *f* diversification
diversifizieren [diːvɛrzifiˈtsiːrən] *v* diversify
Dividende [diviˈdɛndə] *f* dividend
Dividendenabgabe [diviˈdɛndənˈapgaːbə] *m* dividend tax
Dividendenabschlag [diviˈdɛndənˈapʃlaːg] *m* quotation ex dividend
Dividendenausschüttung [diviˈdɛndənausʃyːtuŋ] *f* dividend distribution, dividend payout
dividendenberechtigt [diviˈdɛndənbərɛçtɪçt] *adj* entitled to dividend
Dividendengarantie [diviˈdɛndəngaranˈtiː] *f* dividend guarantee
Dividendenrücklage [diviˈdɛndənrykla:gə] *f* dividend reserve fund
dividieren [diviˈdiːrən] *v* divide
Divisionskalkulation [diviˈzjoːnskalkulaˈtsjoːn] *f* process system of accounting
D-Mark [ˈdeːmark] *f (ehemalige deutsche Währung)* German mark
Dock [dɔk] *n* dock
Doktorarbeit [ˈdɔktɔrarbaɪt] *f* doctoral thesis
Dokument [dokuˈmɛnt] *n* document
Dokumentation [dokumɛntaˈtsjoːn] *f* documentary report
Dokumente gegen Akzept (d/a) [dokuˈmɛnte gegən akˈtsɛpt] *n/pl* documents against acceptance (D/A) *pl*
Dokumente gegen Bezahlung (d/p) [dokuˈmɛnte gegən bəˈtsaːluŋ] *n/pl* documents against payment (D/P) *pl*
Dokumentenakkreditiv [dokuˈmɛntenˈakreditiːf] *f* documentary credit, letter of credit
Dokumententratte [dokuˈmɛntenˈtratə] *f* acceptance bill
dokumentieren [dokumɛnˈtiːrən] *v* document; *(fig)* demonstrate, reveal, show
Dollar [ˈdɔlar] *m* dollar
Dollaranleihe [ˈdɔlarˈanlaɪə] *f* dollar bond
Dollarblock [ˈdɔlarblɔk] *m* dollar area
Dollarklausel [ˈdɔlarˈklauzəl] *f* dollar clause
Dollarkurs [ˈdɔlarkurs] *m* dollar rate
Dollarstandard [ˈdɔlarʃtandart] *m* dollar standard
Dollarzeichen [ˈdɔlartsaɪçən] *n* dollar sign
dolmetschen [ˈdɔlmɛtʃən] *v* interpret
Dolmetscher(in) [ˈdɔlmɛtʃɐ(rɪn)] *m/f* interpreter
Dolmetscherbüro [ˈdɔlmɛtʃərbyroː] *n* translation bureau, interpreter agency
Domain [doˈmeɪn] *f EDV* domain
Dominanz [domɪˈnants] *f* dominance
Doppelbesteuerung [ˈdɔpəlbəʃtoɪɛruŋ] *f* double taxation of corporate profits

doppelte Buchführung ['dɔpəltə bu:xfy:ruŋ] *f* double entry bookkeeping
doppelte Haushaltsführung [dɔpɛltə 'haushaltsfy:ruŋ] *f* double housekeeping
D
doppelte Währungsbuchhaltung ['dɔpəltə 'vɛ:ruŋsbu:xhaltuŋ] *f* dual currency accounting, dual currency bookkeeping
Doppelverdiener ['dɔpəlferdi:nɐ] *m* double wage-earner
Doppelwährung ['dɔpəlvɛ:ruŋ] *f* double currency
Doppelwährungsanleihe ['dɔpəlvɛ:ruŋsanlaɪ:ə] *f* double currency loan
Doppelwährungsphase ['dɔpəlvɛ:ruŋsfa:zə] *f* dual currency phase
Doppelzentner ['dɔpəltsɛntnɐ] *m* one hundred kilogrammes *pl*, quintal
Dotation ['dɔta:tsjo:n] *f* endowment
Dotationskapital ['dɔtatsjo:nskapita:l] *n* endowment funds *pl*
dotieren [dɔ'ti:rən] *v* endow, fund
Dotierung [dɔ'ti:ruŋ] *f* **1.** donation, grant, endowment; **2.** *(von Posten)* remuneration
Dow-Jones-Index ['dəudʒəunzɪndɛks] *m* Dow Jones Index
Dozent(in) [do'tsent(ɪn)] *m/f* lecturer, assistant professor *(US)*
dozieren [do'tsi:rən] *v (fig: belehrend vorbringen)* hold forth; give lectures
drahtlos ['dra:tlo:s] *adj* wireless
Drahtseilakt ['dra:tzaɪlakt] *m (fig)* tightrope act
drängen ['drɛŋən] *v (fig)* urge; press, push, force
drastisch ['drastɪʃ] *adj* drastic
Draufgabe ['draufga:bə] *f* bargain money, earnest money
Drehachse ['dre:aksə] *f* rotary axis, pivot
Drehstrom ['dre:ʃtro:m] *m* three-phase current
Dreiecksarbitrage ['draɪɛksarbɪtra:ʒə] *f* triangular arbitrage, three-point arbitrage
Dreiecksgeschäft ['draɪɛksgəʃɛft] *n* triangular transaction
Dreimonatsgeld ['draɪmonatsgɛlt] *n* three months' money
Dreimonatspapier ['draɪmonatspa-pi:ɐ] *n* three months' papers
Dreiviertelmehrheit [draɪ'fɪrtəlme:rhaɪt] *f* three-fourths majority
dringend ['drɪŋənt] *adj* urgent, pressing, imperative; *(Gründe)* compelling
Dringlichkeit ['drɪŋlɪçkaɪt] *f* urgency
Drittauskunft ['drɪtauskunft] *f* third-party information
Drittel ['drɪtəl] *n* third
Drittschuldner ['drɪtʃuldnɐ] *m* third-party debtor
drohen ['dro:ən] *v* threaten
Drohung ['dro:uŋ] *f* threat
Drosselung ['drɔsəluŋ] *f (fig: Abschwächung)* curbing, restraint
Druck [druk] *m* pressure; *(Belastung)* burden, load; *unter ~ stehen* to be under pressure; *jdn unter ~ setzen* put pressure on s.o.
Druckbuchstabe ['drukbuxʃta:bə] *m* block letter
drucken ['drukən] *v* print
drücken ['drykən] *v (Preise)* force down
Drucker ['drukɐ] *m (Gerät)* printer
Druckfehler ['drukfe:lɐ] *m* misprint
Druckmittel ['drukmɪtəl] *n* means of exercising pressure, lever
druckreif ['drukraɪf] *adj* ready for printing
Drucksache ['drukzaxə] *f* printed matter
Druckschrift ['drukʃrɪft] *f* block letters
Dualismus [dua'lɪsmus] *m* dualism
Dualität [dua'lɪtɛt] *f* duality
dubiose Forderung ['dubio:zə 'fɔrdəruŋ] *f* doubtful debts *pl*
dulden ['duldən] *v* **1.** *(hinnehmen)* tolerate, put up with, permit; **2.** *(ertragen)* bear, endure
Dumping ['dʌmpɪŋ] *n* dumping
Dunkelziffer ['duŋkəltsɪfɐ] *f* estimated number of unreported cases
Duplikat [dupli'ka:t] *n* duplicate
Duration ['du:ratsjo:n] *f* duration
durcharbeiten ['durçarbaɪtən] *v* **1.** work without stopping; **2.** *etw ~* work through sth
durchblicken ['durçblɪkən] *v etw ~ lassen* hint at sth

Durchbruch ['durçbrux] *m (fig)* breakthrough
Durchfuhr ['durçfu:ɐ] *f* transit
Durchführbarkeits-Studie ['durçfy:rbarkaɪtsʃtu:djə] *f* feasibility study
durchführen ['durçfy:rən] *v (ausführen)* carry out, implement, execute
Durchführung ['durçfy:ruŋ] *f* carrying out, execution, implementation
Durchgangsschein ['durçgaŋsʃaɪn] *m* transit certificate
durchgreifen ['durçgraɪfən] *v irr (fig)* take drastic measures
durchkreuzen [durç'krɔytsən] *v (fig: Pläne)* frustrate
durchlaufende Gelder ['durçlaufəndə 'gɛldɐ] *n/pl* transmitted accounts *pl*
durchlaufende Kredite ['durçlaufəndə 'kredi:tə] *m/pl* transmitted loans *pl*
durchlaufende Posten ['durçlaufəndə 'pɔstən] *m/pl* self-balancing items *pl*
Durchlaufzeit ['durçlauftsaɪt] *f* processing time, throughput time
Durchsage ['durçza:gə] *f* announcement
Durchschlag ['durçʃla:k] *m* (carbon) copy
Durchschlagpapier ['durçʃla:kpapi:ɐ] *n* carbon paper
Durchschnitt ['durçʃnɪt] *m* average
durchschnittlich ['durçʃnɪtlɪç] *adj* average, ordinary; *adv* on average
Durchschnittsbestand ['durçʃnɪtsbəʃtant] *m* standard inventory
Durchschnittsbewertung ['durçʃnɪtsbəvɛrtuŋ] *f* inventory valuation at average prices
Durchschnittsbürger ['durçʃnɪtsbyrgɐ] *m* average citizen, man in the street
Durchschnittseinkommen ['durçʃnɪtsaɪnkɔmən] *n* average income
Durchschnittserlöse ['durçʃnɪtsɛrlø:zə] *m/pl* 1. *(Volkswirtschaft)* average product, 2. *(Geld)* average yield
Durchschnittsertrag ['durçʃnɪtsɛrtra:k] *m* average yield
Durchschnittskosten ['durçʃnɪtskɔstən] *pl* average costs *pl*
Durchschnittsleistung ['durçʃnɪtslaɪstuŋ] *f* average output
Durchschnittspreis ['durçʃnɪtspraɪs] *m* average price
Durchschnittssatz ['durçʃnɪtssats] *m* average rate
Durchschnittsvaluta ['durçʃnɪtsvalu:ta] *n* average value date
Durchschnittsverdiener(in) ['durçʃnɪtsfɛrdi:nɐ(rɪn)] *m/f* average wage earner, average salary earner
Durchschnittswert ['durçʃnɪtsve:rt] *m* average value, mean value
Durchschrift ['durçʃrɪft] *f* carbon copy
durchsetzen ['durçzɛtsən] *v* 1. *sich ~* prevail, assert o.s.; 2. *sich ~ (Erzeugnis)* prove its worth
Durchsetzungsvermögen ['durçzɛtsuŋsfɛrmø:gən] *n* ability to get things done, drive
Durchsicht ['durçzɪçt] *f* looking through, examination, inspection
durchstellen ['durçʃtɛlən] *v (fig: telefonisch)* put through
durchstreichen ['durçʃtraɪçən] *v irr* cross out, delete
Durchsuchung ['durçzu:xuŋ] *f* search
Durchsuchungsbefehl [durç'zu:xuŋsbəfe:l] *m* search warrant
Durchwahl ['durçva:l] *f* extension
Dutzend ['dutsənt] *n* dozen
dutzendweise ['dutsəntvaɪzə] *adv* by the dozen, in dozens
DVD-ROM [de:fau'de: 'rɔm] *f* DVD-ROM
Dynamik [dy'na:mɪk] *f* dynamics
dynamisch [dy'na:mɪʃ] *adj* dynamic
Dynamisierung [dy'na:mɪzi:ruŋ] *f* dynamization
Dyopol [dyo'po:l] *n* duopoly

D

E

Ebenmaß [ˈe:bənma:s] *n* symmetry, balanced proportions *pl*, evenness
echt [ɛçt] *adj* real, genuine, authentic
echtes Factoring [ɛçtəs ˈfæktərɪŋ] *n* clean factoring, old-line factoring
Echtheit [ˈɛçthaɪt] *f* genuineness, authenticity
Echtheitszertifikat [ˈɛçthaɪtstsɛrtifika:t] *n* proof of authenticity, authenticity certificate
Echtzeit [ˈɛçttsaɪt] *f* real-time
Echtzeitverarbeitung [ˈɛçttsaɪtfɛrarbaɪtuŋ] *f* real-time processing
Eckdaten [ˈɛkda:tən] *pl* basic data, key data
Ecklohn [ˈɛklo:n] *m* benchmark rate
Eckzins [ˈɛktsɪns] *m* basic rate of interest
ECOFIN-Rat [ˈe:co:finˈra:t] *m* ECOFIN council
Edelfaser [ˈe:dəlfa:sɐ] *f* high-grade fibre
Edelmetall [ˈe:dəlmetal] *n* precious metal
Edelmetallgeschäft [ˈe:dəlmetalgəʃɛft] *n* precious metals business, bullion trade
Edelstahl [ˈe:dəlʃta:l] *m* high-grade steel
EDV [e:de:ˈfau] *f (elektronische Datenverarbeitung)* electronic data processing; ~... computer ...
EDV-Anlage [e:de:ˈfauanla:gə] *f* computer equipment, electronic data processing equipment
Effekt [eˈfɛkt] *m* effect
Effekten [eˈfɛktən] *f/pl* securities *pl*, stocks and shares *pl*
Effektenabteilung [eˈfɛktənaptaɪluŋ] *f* securities department, investment department
Effektenbank [eˈfɛktənbaŋk] *f* issuing bank, investment bank
Effektenbörse [eˈfɛktənbœrzə] *f* stock exchange, stock market
Effektenbuch [eˈfɛktənbu:x] *n* stockbook
Effektendepot [eˈfɛktənde:po:] *n* deposit of securities
Effektendiskont [eˈfɛktəndɪskɔnt] *m* securities discount
Effekteneigengeschäft [eˈfɛktənaɪgəngəʃɛft] *n* security trading for own account
Effektenemission [eˈfɛktənemɪsjo:n] *f* issue of securities
Effektenfinanzierung [eˈfɛktənfɪnantsi:ruŋ] *f* security financing
Effektengeschäft [eˈfɛktəngəʃɛft] *n* securities business
Effektenhandel [eˈfɛktənhandəl] *m* stockbroking, securities trading
Effektenhändler [eˈfɛktənhɛndlɐ] *m* dealer in securities, securities trader, stock dealer
Effektenindex [eˈfɛktənɪndɛks] *m* share index, stock index *(US)*
Effektenkapitalismus [eˈfɛktənkapɪtalɪsmus] *m* securities capitalism
Effektenkasse [eˈfɛktənkasə] *f* security department counter
Effektenkauf [eˈfɛktənkauf] *m* purchase of securities
Effektenkommissionär [eˈfɛktənkɔmɪsjo:nɛr] *m* securities commission agent
Effektenkommissionsgeschäft [eˈfɛktənkɔmɪsjo:nsgəʃɛft] *n* securities transactions on commission
Effektenkonto [eˈfɛktənkɔnto] *n* securities account, stock account
Effektenkurs [eˈfɛktənkurs] *m* stock exchange quotation, securities price
Effektenlombard [eˈfɛktənlɔmba:rd] *m* advances against securities
Effektenmakler [eˈfɛktənma:klɐ] *m* stock broker
Effektenmarkt [eˈfɛktənmarkt] *m* stock market
Effektennotierung [eˈfɛktənnoti:ruŋ] *f* stock quotation, quotation of shares
Effektenpensionsgeschäft [eˈfɛktənpɛnsjo:nsgəʃɛft] *n* security transactions under repurchase agreement *pl*
Effektenplatzierung [eˈfɛktənplatsi:ruŋ] *f* securities placing
Effektenrechnung [eˈfɛktənrɛçnuŋ] *f* calculation of effective interest rate

Effektenstatistik [eˈfɛktənʃtatɪstɪk] *f* securities statistics
Effektensubstitution [eˈfɛktənsupstitutsjo:n] *f* securities substitution
Effektenterminhandel [eˈfɛktəntɛrmi:nhandəl] *m* futures trading in stocks and bonds
Effektenverkauf [eˈfɛktənfɛrkauf] *m* sale of securities, over-the-counter trading
Effektenverwaltung [eˈfɛktənfɛrvaltuŋ] *f* portfolio management, *(Bank)* security deposit department
effektiv [efɛkˈti:f] *adj* effective
Effektivbestand [efɛkˈti:fbəʃtant] *m* actual stock
Effektivgeschäft [efɛkˈti:fgəʃɛft] *n* actual transaction
Effektivität [efɛktiviˈtɛ:t] *f* effectivity
Effektivklausel [efɛkˈti:fklausəl] *f* effective clause
Effektivleistung [efɛkˈti:flaɪstuŋ] *f* effective output
Effektivlohn [efɛkˈti:flo:n] *m* actual wage
Effektivvermerk [efɛkˈti:ffɛrmɛrk] *m* actual currency clause
Effektivverzinsung [efɛkˈti:ffɛrtsɪnzuŋ] *f* effective interest yield, true yield
Effektivzins [efɛkˈti:ftsɪns] *m* effective interest
effizient [ɛfiˈtsjɛnt] *adj* efficient
Effizienz [ɛfiˈtsjɛnts] *f* efficiency
Effizienzregeln [ɛfiˈtsjɛntsre:gəln] *f/pl* performance regulations *pl*
EFTA (Europäische Freihandelszone) [ˈɛfta] *f* European Free Trade Association (EFTA)
EG (Europäische Gemeinschaft) [e:ˈge:] *f* European Community (EC)
EG-Binnenmarkt [e:ge:ˈbɪnənmarkt] *m* European single market
ehemalig [ˈe:əma:lɪç] *adj* former, ex-...
ehrenamtlich [ˈe:rənamtlɪç] *adj* unpaid, honorary; *adv* without payment, in an honorary capacity
Ehrenerklärung [ˈe:rənɛrklɛ:ruŋ] *f* public apology
Ehrengast [ˈe:rəngast] *m* guest of honour
Ehrenkodex [ˈe:rənko:dɛks] *m* code of honour
Ehrenmitglied [ˈe:rənmɪtgli:t] *n* honorary member
Ehrgeiz [ˈe:rgaɪts] *m* ambition
ehrgeizig [ˈe:rgaɪtsɪç] *adj* ambitious
Ehrung [ˈe:ruŋ] *f* honour, tribute, homage
eichen [ˈaɪçən] *v* calibrate, gauge
Eichung [ˈaɪçuŋ] *f* adjusting, calibration
eidesstattlich [ˈaɪdəsʃtatlɪç] *adj* in lieu of an oath
eidesstattliche Erklärung [ˈaɪdəsʃtatlɪçə ɛrˈklɛ:ruŋ] *f* declaration in lieu of an oath
eifrig [ˈaɪfrɪç] *adj* eager, zealous, avid; *adv* eagerly, zealously, avidly
Eigenbeteiligung [ˈaɪgənbətaɪlɪguŋ] *f* self-participation
Eigenbetrieb [ˈaɪgənbətri:p] *m* owner-operated (municipal) enterprise
Eigenbewirtschaftung [ˈaɪgənbevɪrtʃaftuŋ] *f* self management
Eigendepot [ˈaɪgənde:po:] *n* own security deposit
eigene Aktien [ˈaɪgənə ˈaktsjən] *f/pl* company-owned shares *pl*
eigene Effekten [ˈaɪgənə eˈfɛktən] *pl* own security holdings *pl*
eigener Wechsel [ˈaɪgənər ˈvɛksəl] *m* promissory note
Eigenfinanzierung [ˈaɪgənfinantsi:ruŋ] *f* self-financing, financing from own resources, equity financing
Eigengeschäft [ˈaɪgəngəʃɛft] *n* transactions on own account
Eigengewicht [ˈaɪgəngəvɪçt] *n* net weight
Eigenhandel [ˈaɪgənhandəl] *m* trading on own account
eigenhändig [ˈaɪgənhɛndɪç] *adj* with one's own hands, *(Brief)* "hand to addressee only"
Eigenhändler(in) [ˈaɪgənhɛndlɐ(rɪn)] *m/f* businessman/businesswoman trading on own account
Eigenheimzulage [ˈaɪgənhaɪmtsu:la:gə] *f* owner-occupied home premium
Eigeninitiative [ˈaɪgəninitsjati:və] *f* own initiative
Eigeninvestition [ˈaɪgənɪnvɛstitsjo:n] *f* self-financed investment
Eigenkapital [ˈaɪgənkapita:l] *n* equity capital, one's own capital

E

Eigenkapitalentzug ['aɪgənkapita:lεntsu:k] *m* own capital withdrawal
Eigenkapitalerhöhung ['aɪgənkapita:lεrhø:uŋ] *f* increase in own capital
Eigenkapitalgrundsätze ['aɪgənkapita:lgruntsεtsə] *m/pl* principles on own capital *pl*
Eigenkapitalkonto ['aɪgənkapita:lkɔnto] *n* equity account
Eigenkapitalquote ['aɪgənkapita:lkvo:tə] *f* equity ratio
Eigenkapitalrentabilität ['aɪgənkapita:lrεntabilitε:t] *f* equity return, income-to-equity ratio
Eigenkapitalzinsen ['aɪgənkapita:ltsɪnzən] *m/pl* equity yield rate
Eigenleistungen ['aɪgənlaɪstuŋən] *f/pl* own contributions *pl*, own funding
eigenmächtig ['aɪgənmεçtɪç] *adj* arbitrary, high-handed, done on one's own authority
Eigenmächtigkeit ['aɪgənmεçtɪçkaɪt] *f* arbitrary action
Eigenmarke ['aɪgənmarkə] *f* private brand, own brand
Eigenmittel ['aɪgənmɪtəl] *n/pl* own resources *pl*, own reserves *pl*
Eigennutzung ['aɪgənnutsuŋ] *f* internal use, own use
eigenständig ['aɪgənʃtεndɪç] *adj* independent
Eigenständigkeit ['aɪgənʃtεndɪçkaɪt] *f* independence
Eigentum ['aɪgəntu:m] *n* property
Eigentümer(in) ['aɪgənty:mɐ(rɪn)] *m/f* owner, proprietor
Eigentümergrundschuld ['aɪgənty:mərgruntʃult] *f* land charge in favour of the owner
Eigentümerhypothek ['aɪgənty:mərhy:pote:k] *f* mortgage for the benefit of the owner, owner's mortgage
Eigentümerversammlung ['aɪgənty:mərfεrsamluŋ] *f* general meeting of condo owners
Eigentumsanspruch ['aɪgəntu:msanʃprux] *m* claim of ownership
Eigentumsaufgabe ['aɪgəntu:msaufga:bə] *f* relinquishing of ownership
Eigentumsbildung ['aɪgentu:msbɪlduŋ] *f* creation of private property
Eigentumserwerb ['aɪgəntu:msεrvεrp] *m* acquisition of property, property acquisition
Eigentumsnachweis ['aɪgəntu:msna:xvaɪs] *m* proof of ownership, evidence of ownership
Eigentumsrechte ['aɪgəntu:msrεçtə] *n/pl* property rights *pl*
Eigentumsübertragung ['aɪgəntu:msy:bərtra:guŋ] *f* transfer of ownership, transfer of property
Eigentumsvorbehalt ['aɪgəntu:msfo:rbəhalt] *m* reservation of title
Eigentumswohnung ['aɪgənstu:msvo:nuŋ] *f* owner occupied apartment, condominium *(US)*
eigenverantwortlich ['aɪgənferantvɔrtlɪç] *adj* responsible
Eigenverantwortlichkeit ['aɪgənferantvɔrtlɪçkaɪt] *f* responsibility
Eigenverantwortung ['aɪgənferantvɔrtuŋ] *f* responsibility
Eigenverbrauch ['aɪgənfεrbraux] *m* personal consumption
Eigenvermögen ['aɪgənfεrmø:gən] *n* own capital
Eigenwechsel ['aɪgənvεksəl] *m* promissory note
eigenwillig ['aɪgənvɪlɪç] *adj* with a mind of one's own, highly individual
Eigner(in) ['aɪgnɐ(rɪn)] *m/f* *(Eigentümer)* owner, proprietor
Eigners Gefahr (o.r.) ['aɪgnərs gə'fa:ɐ] *f* owner's risk
Eignung ['aɪgnuŋ] *f* suitability; *(Befähigung)* aptitude
Eignungstest ['aɪgnuŋstest] *m* **1.** *(Personal)* aptitude test **2.** *(Betriebswirtschaft)* acceptance test
Eilauftrag ['aɪlauftra:k] *m* rush order
Eilbote ['aɪlbo:tə] *m* express messenger, courier
Eilbrief ['aɪlbri:f] *m* express letter
Eilfracht ['aɪlfraxt] *f* express goods *pl*, fast freight *(US)*
Eilgut ['aɪlgu:t] *n* goods sent by express *pl*
eilig ['aɪlɪç] *adj* hurried, rushed, hasty; *es ~ haben* to be in a hurry
Eilpaket ['aɪlpake:t] *n* express parcel
Eilschrift ['aɪlʃrɪft] *f* high-speed shorthand, abbreviated shorthand

Eilüberweisung [ˈaɪly:bərvaɪsuŋ] *f* rapid money transfer
Eilzug [ˈaɪltsu:k] *m* express train
Eilzustellung [ˈaɪltsu:ʃtɛluŋ] *f* express delivery
einarbeiten [ˈaɪnarbaɪtən] *v* train s.o. for a job, familiarize s.o. with a job
Einarbeitung [ˈaɪnarbaɪtuŋ] *f* getting used to one's work, training, vocational adjustment
Einarbeitungszeit [ˈaɪnarbaɪtuŋstsaɪt] *f* training period, settling-in period
einbehalten [ˈaɪnbəhaltən] *v irr* keep back, retain
einberechnen [ˈaɪnbərɛçnən] *v etw mit ~* factor sth in
einberufen [ˈaɪnbəru:fən] *v irr (Versammlung)* convene, call, summon
Einberufung [ˈaɪnbəru:fuŋ] *f (einer Versammlung)* convening, calling, convocation
einbinden [ˈaɪnbɪndən] *v irr (fig)* include, integrate, involve
Einblick [ˈaɪnblɪk] *m* insight
einbringen [ˈaɪnbrɪŋən] *v* earn, yield, bring in; *(Verlust)* make up for
Einbruch [ˈaɪnbrux] *m* **1.** *(Preise)* slump, fall in prices; **2.** *(Raub)* burglary
Einbruchversicherung [ˈaɪnbruxfɛrzɪçəruŋ] *f* burglary insurance
Einbuße [ˈaɪnbu:sə] *f* loss, damage
einbüßen [ˈaɪnby:sən] *v* **1.** *(Geld)* lose; **2.** *(Recht)* forfeit
eindecken [ˈaɪndɛkən] *v sich mit etw ~* stock up on sth, lay in a supply of sth; *jdn mit etw ~* provide s.o. with sth
eindeutig [ˈaɪndɔytɪç] *adj* clear, unmistakable; *adv* clearly, unmistakably
eineinhalb [aɪnaɪnˈhalp] *num* one and a half
Einflussgrößenrechnung [ˈaɪnflusgrø:sənrɛçnuŋ] *f* factor impacting calculation
einfordern [ˈaɪnfɔrdɐn] *v* call in, claim
Einfuhr [ˈaɪnfu:ɐ] *f* import(ation)
Einfuhrartikel [ˈaɪnfu:rartɪkəl] *m/pl* foreign imports *pl*, imported articles *pl*
Einfuhrbeschränkung [ˈaɪnfu:rbəʃrɛŋkuŋ] *f* import restriction
Einfuhrbewilligung [ˈaɪnfu:rbəvɪlɪguŋ] *f* import permit, import licence
einführen [ˈaɪnfy:rən] *v* **1.** *(etw Neues)* introduce; **2.** *(importieren)* import
Einfuhrerklärung [ˈaɪnfu:rɛrklɛ:ruŋ] *f* import declaration
Einfuhrerleichterung [ˈaɪnfu:rɛrlaɪçtəruŋ] *f* import facilities *pl*
Einfuhrgenehmigung [ˈaɪnfu:rgəne:mɪguŋ] *f* import permit, import licence
Einfuhrhandel [ˈaɪnfu:rhandəl] *f* import trade
Einfuhrhändler(in) [ˈaɪnfu:rhɛndlɐ(rɪn)] *m/f* importer
Einfuhrkontingentierung [ˈaɪnfu:rkɔntɪŋgɛnti:ruŋ] *f* quota allocation for imported goods
Einfuhrlenkung [ˈaɪnfu:rlɛŋkuŋ] *f* import control
Einfuhrlizenz [ˈaɪnfu:rlitsɛnts] *f* import licence
Einfuhrpapiere [ˈaɪnfu:rpapi:rə] *n/pl* import documents *pl*
Einfuhrstopp [ˈaɪnfu:rʃtɔp] *m* import embargo, import ban
Einführung [ˈaɪnfy:ruŋ] *f (von etw Neuem)* introduction, launch
Einführungsangebot [ˈaɪnfy:ruŋsangəbo:t] *n* initial offer, introductory offer
Einführungsanzeige [ˈaɪnfy:ruŋsantsaɪgə] *f* launch
Einführungskurs [ˈaɪnfy:ruŋskurs] *m (Aktien)* issue price
Einführungsphase [ˈaɪnfy:ruŋsfa:zə] *f* introduction stage
Einführungspreis [ˈaɪnfy:ruŋspraɪs] *m* introductory offer, initial price
Einführungsrabatt [ˈaɪnfy:ruŋsrabat] *m* introductory discount
Einführungstest [ˈaɪnfy:ruŋstɛst] *m* introductory test
Einfuhrverbot [ˈaɪnfu:rfɛrbo:t] *n* import prohibition, ban on imports
Einfuhrzoll [ˈaɪnfu:rtsɔl] *m* import duty, import levy
Eingabe [ˈaɪnga:bə] *f* **1.** *(Daten)* input, entry; **2.** *(Antrag)* petition, application, request
Eingang [ˈaɪngaŋ] *m* **1.** *(Wareneingang)* arrival receipt of goods; **2.** *(Geldeingang)* receipt
Eingang vorbehalten [ˈaɪngaŋ ˈfo:rbəhaltən] due payment reserved

Eingangsbestätigung ['aɪngaŋsbəʃtɛ:tɪguŋ] *f* confirmation of receipt
Eingangsstempel ['aɪngaŋsʃtɛmpəl] *m* receipt stamp
Eingangsvermerk ['aɪngaŋsfɛrmɛrk] *m* notice of receipt, receipt notice
eingeben ['aɪnge:bən] *v irr* **1.** *(Daten)* input, enter, feed; **2.** *(einreichen)* submit, hand in

E

eingehen ['aɪnge:ən] *v irr* **1.** *(auf einen Vorschlag)* agree to, consent to; **2.** *(Verpflichtung)* enter into, embark on
eingeschlossen ['aɪngəʃlɔsən] *adj* included, cum
eingespielt ['aɪngəʃpi:lt] *adj* used to working together
Eingeständnis ['aɪngəʃtɛntnɪs] *n* admission, confession
eingestehen ['aɪngəʃte:ən] *v irr* admit, confess, avow
eingetragen ['aɪngətra:gən] *adj* registered, entered; *nicht ~* unregistered
eingetragener Verein (e.V.) ['aɪngətra:genər fɛr'aɪn] *m* registered association
eingezahltes Kapital ['aɪngətsa:ltəs kapi'ta:l] *n* paid-up capital
eingreifen ['aɪngraɪfən] *v irr (einschreiten)* intervene, step in
Eingriff ['aɪngrɪf] *m (Einschreiten)* intervention, interference
Einhalt ['aɪnhalt] *m* check; *~ gebieten* stop, put a stop to, halt
einhalten ['aɪnhaltən] *v* **1.** *(befolgen)* observe, stick to, adhere to; **2.** *(Versprechen)* keep; **3.** *(beibehalten)* follow, keep to
Einhaltung ['aɪnhaltuŋ] *f* **1.** *(Befolgung)* observance of, compliance to; **2.** *(Beibehaltung)* holding to, adherence to
einheften ['aɪnhɛftən] *v (Akten)* file
Einheit ['aɪnhaɪt] *f* unity; *(eine ~)* unit
Einheitliche Europäische Artikelnummer (EAN) ['aɪnhaɪtlɪçə ɔyro'pe:ɪʃə ar'tɪkəlnumɐ] *f* European article number *(EAN)*
Einheitsbilanz ['aɪnhaɪtsbilants] *f* unified balance sheet
Einheitsgesellschaft ['aɪnhaɪtsgəzɛlʃaft] *f* unified company
Einheitskurs ['aɪnhaɪtskurs] *m* uniform price, spot price
Einheitsmarkt ['aɪnhaɪtsmarkt] *m* single-price market
Einheitspreis ['aɪnhaɪtspraɪs] *m* standard price, uniform price
Einheitssatz ['aɪnhaɪtszats] *m* standard rate
Einheitsscheck ['aɪnhaɪtsʃɛk] *m* standard cheque
Einheitssteuer ['aɪnhaɪtsʃtɔyɐ] *f* uniform tax
Einheitstarif ['aɪnhaɪtstari:f] *m* uniform rate, uniform tariff
Einheitsvordruck ['aɪnhaɪtsfo:rdruk] *m* standard form
Einheitswährung ['aɪnhaɪtsvɛ:ruŋ] *f* unified currency
Einheitswechsel ['aɪnhaɪtsvɛksəl] *m* standard bill
Einheitswert ['aɪnhaɪts've:rt] *m* standard value, rateable value
Einheitszoll ['aɪnhaɪtstsɔl] *m* uniform duty
einhellig ['aɪnhɛlɪç] *adj* unanimous
einig ['aɪnɪç] *adj* **1.** *sich über etw ~ werden* come to an agreement on sth; *wir sind uns ~, dass ...* we agree that ..., we are in agreement that ...; **2.** *(geeint)* united
einigen ['aɪnɪgən] *v* **1.** *sich ~* come to an agreement, agree, come to terms; **2.** *sich ~ über* agree on
Einigkeit ['aɪnɪçkaɪt] *f* unity, harmony, unanimity
Einigung ['aɪnɪguŋ] *f* agreement, understanding, settlement
Einigungsstelle ['aɪnɪguŋsʃtɛlə] *f* conciliation board
Einigungsversuch ['aɪnɪguŋsfɛrzu:x] *m* attempt at reconciliation
Einigungsvorschlag ['aɪnɪguŋsfo:rʃla:k] *m* conciliatory proposal
einkalkulieren ['aɪnkalkuli:rən] *v* take into account
Einkauf ['aɪnkauf] *m* purchasing, purchase
einkaufen ['aɪnkaufən] *v* buy, purchase, shop (for)
Einkäufer(in) ['aɪnkɔyfɐ(rɪn)] *m/f* buyer
Einkaufsabteilung ['aɪnkaufsaptaɪluŋ] *f* purchasing department
Einkaufsagent ['aɪnkaufsagɛnt] *m* purchasing agent

Einkaufsbedingungen ['aɪnkaufsbədɪŋuŋən] *f/pl* purchasing terms *pl*
Einkaufsgemeinschaft ['aɪnkaufsgəmaɪnʃaft] *f* purchasing association
Einkaufsgenossenschaft ['aɪnkaufsgənɔsənʃaft] *f* purchasing cooperative
Einkaufsland ['aɪnkaufslant] *n* country of purchase
Einkaufspassage ['aɪnkaufspasa:ʒə] shopping mall *(US)*, shopping arcade
Einkaufspolitik ['aɪnkaufspɔliti:k] *f* procurement policy
Einkaufspreis ['aɪnkaufspraɪs] *m* wholesale price, cost price, purchase price
Einkaufszentrum ['aɪnkaufstsɛntrum] *n* shopping centre, shopping mall *(US)*
einklagen ['aɪnkla:gən] *v* sue for
Einkommen ['aɪnkɔmən] *n* income, earnings; revenue; *festes* ~ fixed income; regular income; *verfügbares* ~ disposable income; *Jahres~* annual income, annual earnings
Einkommenseffekt ['aɪnkɔmənsefɛkt] *m* income effect; income generating effect
Einkommenserklärung ['aɪnkɔmənsɛrklɛ:ruŋ] *f* income declaration
Einkommensfonds ['aɪnkɔmənsfɔ̃] *m* income fund
einkommensschwach ['aɪnkɔmənsʃvax] *adj* of low wage
einkommensstark ['aɪnkɔmensʃtark] *adj* high-income
Einkommenssteuer ['aɪnkɔmənsʃtɔyɐ] *f* income tax
Einkommenssteuerbescheid ['aɪnkɔmənsʃtɔyərbəʃaɪt] *m* income tax assessment
Einkommenssteuererklärung ['aɪnkɔmənsʃtɔyərɛrklɛ:ruŋ] *f* income tax return, declaration of income tax
einkommenssteuerpflichtig ['aɪnkɔmənsʃtɔyərpflɪçtɪç] *adj* liable to income tax
Einkommensstufe ['aɪnkɔmensʃtu:fə] *f* income bracket
Einkommenstheorie ['aɪnkɔmənste:ori:] *f* theory of income determination
Einkommensumverteilung ['aɪnkɔmənsumfɛrtaɪluŋ] *f* redistribution of income
Einkommensverteilung ['aɪnkɔmənsfɛrtaɪluŋ] *f* distribution of income
Einkünfte ['aɪnkynftə] *pl* income, earnings *pl*, *(des Staates)* revenue
Einladung ['aɪnla:duŋ] *f* invitation
Einlage ['aɪnla:gə] *f* stake, investment, money deposited
Einlagekapital ['aɪnla:gəkapita:l] *n* invested capital, investment, inital share
Einlagekonto ['aɪnla:gəkɔnto] *n* **1.** *(Bank)* deposit account; **2.** *(Unternehmen)* investment account
Einlagen ['aɪnla:gən] *f/pl* deposit
Einlagengeschäft ['aɪnla:gəngəʃɛft] *n* deposit business
Einlagenpolitik ['aɪnla:gənpoliti:k] *f* deposit policy
Einlagensicherung ['aɪnla:gənzɪçəruŋ] *f* guarantee of deposit
Einlagensicherungsfonds ['aɪnla:gənzɪçəruŋsfɔ̃] *m* deposit guarantee fund
Einlagenzertifikat ['aɪnla:gəntsɛrtifika:t] *n* certificate of deposit
einlagern ['aɪnla:gɐn] *v* store
Einlagerung ['aɪnla:gəruŋ] *f* storage
einlegen ['aɪnle:gən] *v* **1.** put in; **2.** *Protest* ~ lodge a protest; **3.** *(Geld)* deposit
einlesen ['aɪnle:zən] *v irr* read, read in
Einlinienorganisation ['aɪnlinjənɔrganizatsjo:n] *f* straight-line organization
einloggen ['aɪnlɔgən] *v sich* ~ log in, log on
einlösen ['aɪnlø:zən] *v (Scheck)* cash
Einlösung ['aɪnlø:zuŋ] *f* payment, encashment
Einlösungspflicht ['aɪnlø:zuŋspflɪçt] *f* obligation to redeem
Einnahmen ['aɪnna:mən] *f/pl* receipts *pl*
Einnahmen-Ausgaben-Rechnung ['aɪnna:mən'ausga:bənrɛçnuŋ] *f* bill of receipts and expenditures
Einnahmeposten ['aɪnna:məpɔstən] *m* item of income, income item
Einnahmequelle ['aɪnna:məkvɛlə] *f* **1.** *(privat)* source of income; **2.** *(Staat)* source of revenue
einnehmen ['aɪnne:mən] *v irr (verdienen)* earn
Einnehmer(in) ['aɪnne:mɐ(rɪn)] *m/f* collector

E

E

Einpersonengesellschaft ['aɪnpɛrso:-nəngəzɛlʃaft] *f* one-man corporation
einplanen ['aɪnpla:nən] *v* include in the plan, plan on
Einproduktbetrieb ['aɪnprɔduktbətri:p] *m* single-product firm
Einpunktklausel ['aɪnpunktklauzəl] *f* one-item clause
Einrede ['aɪnredə] *f* defence, plea
Einsatz ['aɪnzats] *m* **1.** *(Kapitaleinsatz)* investment; **2.** *(Anwendung)* employment, use, application; **3.** *(Hingabe)* effort, commitment, dedication
einsatzbereit ['aɪnzatsbəraɪt] *adj* ready for use
Einsatzfaktor ['aɪnzatsfaktɔr] *m* input factor
einschränken ['aɪnʃrɛŋkən] *v* restrict, limit
Einschränkungsklausel ['aɪnʃrɛŋkuŋs-klauzəl] *f* restrictive clause
Einschränkungsmaßnahmen ['aɪn-ʃrɛŋkuŋsma:sna:mən] *f/pl* restrictive measures *pl*, austerity measures *pl*
Einschreibebrief ['aɪnʃraɪbəbri:f] *m* registered letter
Einschreiben ['aɪnʃraɪbən] *n per ~* by registered post, by registered mail *(US)*
Einschreibung ['aɪnʃraɪbuŋ] *f* registration
Einschuss ['aɪnʃus] *m* margin requirement
Einschussquittung ['aɪnʃuskvɪtuŋ] *f* contribution receipt
einseitige Übertragung ['aɪnzaɪtɪgə y:bər'tra:guŋ] *f* unilateral transfer
einsenden ['aɪnzɛndən] *v irr* send in
Einsender ['aɪnzɛndɐ] *m* sender
Einsendung ['aɪnzɛnduŋ] *f* letter, contribution
Einsichtnahme ['aɪnzɪçtna:mə] *f* inspection
einsortieren ['aɪnzɔrti:rən] *v* sort in
einsparen ['aɪnʃpa:rən] *v* economize, save money
Einsparung ['aɪnʃpa:ruŋ] *f* saving, economization
Einsparungsmaßnahmen ['aɪnʃpa:-ruŋsma:sna:mən] *f/pl* economy measures *pl*
Einspruch ['aɪnʃprux] *m* objection, protest
Einspruch erheben ['aɪnʃprux ɛr'he:-bən] *v* raise an objection, disagree
Einspruchsfrist ['aɪnʃpruxsfrɪst] *f* period for objection
Einspruchsrecht ['aɪnʃpruxsrɛçt] *n* right to appeal
einstampfen ['aɪnʃtampfən] *v* pulp, crush
Einstandspreis ['aɪnʃtantspraɪs] *m* cost price
einstellen ['aɪnʃtɛlən] *v* **1.** *(Arbeitskräfte)* employ, engage; **2.** *(beenden)* stop, cease, leave off; **3.** *(regulieren)* adjust, regulate
Einstellung ['aɪnʃtɛluŋ] *f* **1.** *(Arbeitskräfte)* employment; **2.** *(Beendigung)* cessation, suspension; **3.** *(Regulierung)* setting, adjustment
Einstellungsbedingung ['aɪnʃtɛluŋs-bədɪŋuŋ] *f* employment condition
Einstellungsgespräch ['aɪnʃtɛluŋsgə ʃprɛ:ç] *n* job interview
Einstellungsgesuch ['aɪnʃtɛluŋsgəzu:x] *n* application (for a job), job application
Einstellungsstopp ['aɪnʃtɛluŋsʃtɔp] *m* freeze on further recruitment, job freeze
Einstimmigkeitsregel ['aɪnʃtɪmiçkaɪts-regəl] *f* unanimity rule
einstufen ['aɪnʃtu:fən] *v* grade, classify, rate
Einstufung ['aɪnʃtu:fuŋ] *f* classification
einstweilig ['aɪnstvaɪlɪç] *adj* in the interim, temporary, *~e Verfügung* temporary injunction, temporary restraining order
Eintragung ['aɪntra:guŋ] *f* registration, entering; *amtliche ~* incorporation
Eintragung im Handelsregister ['aɪn-tra:guŋ ɪm 'handəlsrəgɪstɐ] *f* registration in the Commercial Register
Eintrittsbedingung ['aintrɪtsbədɪŋuŋ] *f* conditions for participation *pl*
Eintrittsstrategien ['aɪntrɪtsʃtrate-gi:ən] *f/pl* entry strategies *pl*
Einvernehmen ['aɪnfɛrne:mən] *n* agreement, understanding
einvernehmlich ['aɪnfɛrne:mlɪç] *adj* in mutual agreement
einverstanden ['aɪnfɛrʃtandən] *v mit etw ~ sein* agree with sth, consent to sth, be agreeable to sth; *Einverstanden!* Agreed!

Einverständnis [ˈaɪnfɛrʃtɛntnɪs] *n* agreement, consent, approval
Einverständniserklärung [ˈaɪnfɛrʃtɛntnɪsɛrklɛːruŋ] *f* declaration of consent
Einwand [ˈaɪnvant] *m* objection
einwandfrei [ˈaɪnvantfraɪ] *adj* faultless, impeccable, irreproachable
einwechseln [ˈaɪnvɛksəln] *v* **1.** *(Devisen)* exchange, change; **2.** *(Scheck)* cash
Einwechslung [ˈaɪnvɛksluŋ] *f* **1.** *(Devisen)* exchanging, changing; **2.** *(Scheck)* cashing
Einwegflasche [ˈaɪnveːkflaʃə] *f* non-returnable bottle
Einwegverpackung [ˈaɪnveːkfɛrpakuŋ] *f* non-returnable packaging
einweihen [ˈaɪnvaɪən] *v* inaugurate
Einweihung [ˈaɪnvaɪuŋ] *f* inauguration, ceremonial opening
einweisen [ˈaɪnvaɪzən] *v irr (anleiten)* introduce, instruct
Einweisung [ˈaɪnvaɪzuŋ] *f* induction; *(Instruktionen)* instructions *pl*
einwilligen [ˈaɪnvɪlɪgən] *v* agree, consent, approve
Einwilligung [ˈaɪnvɪlɪguŋ] *v* approval, consent, agreement
einzahlen [ˈaɪntsaːlən] *v* pay in, deposit
Einzahler(in) [ˈaɪntsaːlɐ(rɪn)] *m/f* depositer, payer
Einzahlung [ˈaɪntsaːluŋ] *f* payment, deposit
Einzahlungsbeleg [ˈaɪntsaːluŋsbəleːk] *m* paying-in slip, deposit slip
Einzahlungspflicht [ˈaɪntsaːluŋspflɪçt] *f* obligation to pay subscription
Einzelabschreibung [ˈaɪntsəlapʃraɪbuŋ] *f* single-asset depreciation
Einzelarbeitsvertrag [ˈaɪntsəlarbaɪtsfɛrtraːk] *m* individual employment contract
Einzelbetrag [ˈaɪntsəlbətraːk] *m* single amount
Einzelbetrieb [ˈaɪntsəlbətriːp] *m* individual enterprise, sole trader
Einzelfall [ˈaɪntsəlfal] *m* individual case, particular case
Einzelfertigung [ˈaɪntsəlfɛrtiguŋ] *f* individual production; single-item manufacturing
Einzelhandel [ˈaɪntsəlhandəl] *m* retail trade
Einzelhandelsgeschäft [ˈaɪntsəlhandəlsgəʃɛft] *n* retail store
Einzelhandelspreis [ˈaɪntsəlhandəlspraɪs] *m* retail price
Einzelhandelsspanne [ˈaɪntsəlhandəlsʃpanə] *f* retail price margin
Einzelhändler [ˈaɪntsəlhɛndlɐ] *m* retailer
Einzelkaufmann [ˈaɪntsəlkaufman] *m* sole trader
Einzelkosten [ˈaɪntsəlkɔstən] *pl* direct cost
Einzelkredit [ˈaɪntsəlkrediːt] *m* personal loan
Einzelkreditversicherung [ˈaɪntsəlkrediːtfɛrzɪçəruŋ] *f* individual credit insurance
Einzellohn [ˈaɪntsəlloːn] *m* individual salary, individual wage
einzeln [ˈaɪntsəln] *adj* individual, single, particular; *im Einzelnen* in detail; *adv* individually, separately, one by one
Einzelposten [ˈaɪntsəlpɔstən] *m* single item, unique item
Einzelprokura [ˈaɪntsəlprɔkuːra] *n* individual power of procuration
Einzelstück [ˈaɪntsəlʃtyk] *n* unique piece
Einzelverkauf [ˈaɪntselfɛrkauf] *m* retail sale
Einzelverkaufspreis [ˈaɪntsəlfɛrkaufspraɪs] *m* retail price, selling price
Einzelverpackung [ˈaɪntsəlfɛrpakuŋ] *f* unit packing
Einzelvollmacht [ˈaɪntsəlfɔlmaxt] *f* individual power of representation
Einzelwerbung [ˈaɪntsəlvɛrbuŋ] *f* direct advertising
einziehen [ˈaɪntsiːən] *v* **1.** *(beschlagnahmen)* confiscate, impound, withdraw; **2.** *Auskünfte über etw ~* gather information about sth; **3.** *(kassieren)* collect, call in; **4.** *(aus dem Verkehr ziehen)* call in
Einziehungsauftrag [ˈaɪntsiːuŋsauftraːk] *m* direct debit order, collection order, direct debit instruction
Einziehungsermächtigung [ˈaɪntsiːuŋsɛrmɛçtɪguŋ] *f* direct debit authorization
Einziehungsgeschäft [ˈaɪntsiːuŋsgəʃɛft] *n* collection business

Einziehungsvollmacht [ˈaɪntsiːuŋsfɔlmaxt] *f* right to collect
Einzug [ˈaɪntsuːk] *m* **1.** *(Beschlagnahme)* confiscation, seizure, impounding; **2.** *(von Geld, Steuern)* collection, cashing
Einzugsermächtigung [ˈaɪntsuːksermɛçtɪguŋ] *f* direct debit instruction
Einzugsermächtigungsverfahren [ˈaɪntsuːksermɛçtɪguŋsferfaːrən] *n* collection procedure
Einzugsgebiet [ˈaɪntsuːksgəbiːt] *n* area of supply, catchment area, trading area
Einzugsquittung [ˈaɪntsuːkskvɪtuŋ] *f* collection receipt
Einzugsspesen [ˈaɪntsuːksʃpeːzən] *pl* collecting charges *pl*, collecting expenses *pl*
Einzugsverfahren [ˈaɪntsuːksferfaːrən] *n* collection procedure
Eisenbahn [ˈaɪzənbaːn] *f* railway
Eisenbahnnetz [ˈaɪzənbaːnnɛts] *n* railway network
Eisenbahntarif [ˈaɪzənbaːntariːf] *m* railway tariff
Eisenbahnwagen [ˈaɪzənbaːnvaːgən] *m* railway carriage, railroad car *(US)*
Eisenbörse [ˈaɪzənbøːrzə] *f* iron exchange
Eisenindustrie [ˈaɪzənɪndustriː] *f* iron industry
Eisen- und Stahlindustrie [ˈaɪzən unt ˈʃtaːlɪndusˈtriː] *f* iron and steel industry
Eisen verarbeitend [ˈaɪzən ferarbaɪtənt] *adj* iron-processing
eiserner Bestand [ˈaɪzərnər bəˈʃtant] *m (Betriebswirtschaft)* minimum inventory level, *(Geld)* reserve fund
Electronic Banking [ɪlekˈtrɔnɪk ˈbæŋkɪŋ] *n* electronic banking, e-banking
Electronic Business [ɪlekˈtrɔnɪk ˈbɪznɪs] *n* electronic business, e-business
Electronic Cash [ɪlekˈtrɔnɪk kæʃ] *n* electronic cash
Electronic Commerce [ɪlekˈtrɔnɪk ˈkɔmɜs] *m* electronic commerce, e-commerce
Elefantenhochzeit [eleˈfantənhoxtsaɪt] *f (fig)* jumbo merger, giant merger, megadollar merger *(US)*
Elektrik [eˈlɛktrɪk] *f* **1.** electrical equipment; **2.** *(Elektrotechnik)* electrical engineering
Elektriker(in) [eˈlɛktrɪkɐ(rɪn)] *m/f* electrician
elektrisch [eˈlɛktrɪʃ] *adj* electric, electrical
Elektrizität [elɛktritsiˈtɛːt] *f* electricity, electric current
Elektrizitätswerk [elɛktritsiˈtɛːtsvɛrk] *n* power station, generating plant
Elektroindustrie [eˈlɛktroɪndustrɪː] *f* electrical engineering industry
Elektronik [elɛkˈtroːnɪk] *f* electronics
elektronisch [elɛkˈtroːnɪʃ] *adj* electronic
Elektrotechnik [eˈlɛktrotɛçnɪk] *f* electrical engineering
Elektrotechniker(in) [eˈlɛktrotɛçnɪkɐ(rɪn)] *m/f* electrical engineer
E-Mail [ˈiːmeɪl] *n* e-mail
Embargo [ɛmˈbargo] *n* embargo, *ein ~ aufheben* to lift an embargo
Emission [emɪsˈjoːn] *f* issue, issuing
Emissionsabteilung [emɪsˈjoːnsaptaɪluŋ] *f* issue department
Emissionsagio [emɪsˈjoːnsaːdʒo] *n* issue premium
Emissionsarten [emɪsˈjoːnsartən] *f/pl* types of issuing *pl*
Emissionsbank [emɪsˈjoːnsbaŋk] *f* issuing bank, issuing house
Emissionsbedingungen [emɪsˈjoːnsbədiŋuŋən] *f/pl* terms and conditions of issue *pl*
emissionsfähig [emɪsˈjoːnsfɛːɪç] *adj* issuable
Emissionsgenehmigung [emɪsˈjoːnsgəneːmiguŋ] *f* issue permit
Emissionsgeschäft [emɪsˈjoːnsgəʃɛft] *n* investment business, underwriting business
Emissionsgesetz [emɪsˈjoːnsgəzɛts] *n* issue law
Emissionshaus [emɪsˈjoːnshaus] *n* issuing house
Emissionskalender [emɪsˈjoːnskalɛndɐ] *m* issue calendar
Emissionskonsortium [emɪsˈjoːnskɔnsɔrtsjum] *n* underwriting syndicate
Emissionskontrolle [emɪsˈjoːnskɔntrɔlə] *f* security issue control
Emissionskosten [emɪsˈjoːnskɔstən] *pl* underwriting costs *pl*
Emissionskredit [emɪsˈjoːnskrediːt] *m* credit granted to the issuer by the bank

Emissionskurs [emɪsˈjo:nskurs] *m* rate of issue, issue price
Emissionsmarkt [emɪsˈjo:nsmarkt] *m* primary market
Emissionsrendite [emɪsˈjo:nsrɛndi:tə] *f* issue yield
Emissionsreste [emɪsˈjo:nsrɛstə] *m/pl* residual securities of an issue *pl*
Emissionssperre [emɪsˈjo:nsʃpɛrə] *f* ban on new issues
Emissionsstatistik [emɪsˈjo:nsʃtatɪstɪk] *f* new issue statistics
Emissionssyndikat [emɪsˈjo:nszyndika:t] *n* underwriting syndicate
Emissionsverfahren [emɪsˈjo:nsfɛrfa:rən] *n* issuing procedure
Emissionsvergütung [emɪsˈjo:nsfɛrgy:tuŋ] *f* issue commission
Emissionswährung [emɪsˈjo:nsvɛ:ruŋ] *f* issue currency, currency of issue
emittieren [emɪˈti:rən] *v* issue
Empfang [ɛmˈpfaŋ] *m* **1.** *(Erhalt)* receipt; **2.** *(Begrüßung)* reception, welcome; **3.** *(Veranstaltung)* reception; **4.** *(Rezeption)* reception area; **5.** *(TV)* reception
empfangen [ɛmˈpfaŋən] *v irr* **1.** receive; **2.** *(begrüßen)* welcome, greet, meet
Empfänger [ɛmˈpfɛŋɐ] *m* **1.** recipient, **2.** *(Gerät)* receiver
empfangsberechtigt [ɛmˈpfaŋsbərɛçtɪçt] *adj* authorized to receive
Empfangsbescheinigung (rect.) [ɛmˈpfaŋsbəʃaɪniguŋ] *f* receipt, acknowledgement of receipt
Empfangsbestätigung [ɛmˈpfaŋsbəʃtɛ:tɪguŋ] *f* receipt, acknowledgement of receipt
Empfangschef(in) [ɛmˈpfaŋsʃɛf(ɪn)] *m/f* reception clerk
Empfangsdame [ɛmˈpfaŋsda:mə] *f* receptionist
Empfangshalle [ɛmˈpfaŋshalə] *f* foyer
Empfangszimmer [ɛmˈpfaŋstsɪmɐ] *n* reception room
empfehlen [ɛmˈpfe:lən] *v irr* recommend; *es empfiehlt sich, etw zu tun* it is a good idea to do sth
empfehlenswert [ɛmˈpfe:lənsve:rt] *adj* to be recommended, *(ratsam)* advisable
Empfehlung [ɛmˈpfe:luŋ] *f* recommendation
Empfehlungsschreiben [ɛmˈpfe:luŋsʃraɪbən] *n* letter of recommendation, reference *(UK)*, letter of introduction
empirisch [ɛmˈpi:rɪʃ] *adj* empirical
empirische Marktforschung [ɛmˈpi:rɪʃə ˈmarktfɔrʃuŋ] *f* empirical market research
empirische Wirtschaftsforschung [ɛmˈpi:rɪʃə ˈvɪrtʃaftsfɔrʃuŋ] *f* empirical economic research
empirischer Gehalt [ɛmˈpi:rɪʃər gəˈhalt] *m* empirical contents *pl*
Endabnehmer [ˈɛntapne:mɐ] *m* ultimate buyer
Endabrechnung [ˈɛntaprɛçnuŋ] *f* final account
Endabstimmung [ˈɛntapstɪmuŋ] *f* final vote
Endbetrag [ˈɛntbətra:k] *m* final amount
Endergebnis [ˈɛntɛrge:pnɪs] *n* final result
Endkontrolle [ˈɛntkɔntrɔlə] *f* final control
Endkostenstelle [ˈɛntkɔstənʃtɛlə] *f* final cost center
endlagern [ˈɛntla:gɐn] *v* permanently dump, permanently dispose of
Endlagerung [ˈɛntla:gəruŋ] *f* permanent storage (of radioactive waste)
Endnachfrage [ˈɛntna:xfra:gə] *f* final demand
endogene Variable [ˈɛndoge:nə variˈa:blə] *f* endogenous variable
Endpreis [ˈɛntpraɪs] *m* final price
Endprodukt [ˈɛntprɔdukt] *n* finished product, final product
Endverbraucher [ˈɛntfɛrbrauxɐ] *m* (ultimate) consumer, end user
Endwert [ˈɛntve:rt] *m* final value
Energie [enɛrˈgi:] *f* energy
energiearm [enɛrˈgi:arm] *adj* low-energy
Energiebedarf [enɛrˈgi:bədarf] *m* energy requirements *pl*
Energiebesteuerung [enɛrˈgi:bəʃtɔyəruŋ] *f* energy taxation
energiebewusst [enɛrˈgi:bəvust] *adj* energy-conscious
Energiebilanz [enɛrˈgi:bilants] *f* energy balance statement

E

Energieersparnis [enɛr'gi:ɛrʃpa:rnɪs] *f* energy savings *pl*
Energiefonds [enɛr'gi:fõ] *m* electricity and fuels funds *pl*
Energiekrise [enɛr'gi:kri:zə] *f* energy crisis
Energiepolitik [enɛr'gi:politi:k] *f* energy policy
Energiequelle [enɛr'gi:kvɛlə] *f* energy source
Energiesteuer [enɛr'gi:ʃtɔyʀ] *f* energy tax
Energieverbrauch [enɛr'gi:fɛrbraux] *m* energy consumption
Energieversorgung [enɛr'gi:fɛrzɔrguŋ] *f* energy supply
Energiewende [enʀ'gi:vɛndə] *f* energy transformation
Energiewirtschaft [enɛr'gi:vɪrtʃaft] *f* power-producing industry
Engagement [ãngaʒə'mã] *n* **1.** *(Einsatz)* commitment, involvement; **2.** *(Anstellung)* engagement
enger Markt ['ɛŋər 'markt] *m* restricted market
Engineering [endʒɪ'niərɪŋ] *n* engineering
Engpass ['ɛŋpas] *m* bottleneck, shortage
Engpassfaktor ['ɛŋpasfakto:ʀ] *m* bottleneck factor
Engpassplanung ['ɛŋpaspla:nuŋ] *f* overall planning with special attention to bottleneck areas
en gros [ã: 'gro:] *adj* in bulk
Entdeckung [ɛnt'dɛkuŋ] *f* discovery, detection, finding
enteignen [ɛnt'aɪgnən] *v* expropriate
Enteignung [ɛnt'aɪgnuŋ] *f* expropriation, dispossession
Entgelt [ɛnt'gɛlt] *n* compensation, payment, remuneration
Entgeltfortzahlung [ɛnt'gɛltfɔrttsa:luŋ] *f* continued pay
entheben [ɛnt'he:bən] *v irr* **1.** *(der Verantwortung)* dispense, exempt, release; **2.** *(eines Amtes)* remove, dismiss
entladen [ɛnt'la:dən] *v irr (abladen)* unload
Entladung [ɛnt'la:duŋ] *f* **1.** *(im Transportwesen)* unloading; **2.** *(elektrisch)* discharge
Entladungskosten [ɛnt'la:duŋskɔstən] *pl* discharging expenses *pl*
entlassen [ɛnt'lasən] *v irr* discharge; *(Arbeitskraft)* dismiss, fire *(fam)*, sack *(fam)*
Entlassung [ɛnt'lasuŋ] *f (einer Arbeitskraft)* dismissal
Entlassungsgesuch [ɛnt'lasuŋsgəzu:x] *n* petition for release
Entlassungspapiere [ɛnt'lasuŋspapi:rə] *pl* marching orders *pl*, walking papers *(US) pl*
entlasten [ɛnt'lastən] *v* **1.** settle; **2.** *(board)* discharge
entlastend [ɛnt'lastənt] *adj* exonerating
Entlastung [ɛnt'lastuŋ] *f* relief; *Wir schicken Ihnen Ihre Unterlagen zu unserer ~ zurück.* We are returning your documents to you for your files.
Entlastungsmaterial [ɛnt'lastuŋsmaterja:l] *n* exonerating evidence
Entlastungszeuge [ɛnt'lastuŋstsɔygə] *m* witness for the defence
entlohnen [ɛnt'lo:nən] *v* pay off, remunerate
Entlohnung [ɛnt'lo:nuŋ] *f* remuneration, paying, paying off
entmündigen [ɛnt'myndɪgən] *v* declare incapable of managing his/her own affairs
Entmündigung [ɛnt'myndɪguŋ] *f* legal incapacitation
Entnahme [ɛnt'na:mə] *f* withdrawal
entnehmen [ɛnt'ne:mən] *v irr (Geld)* draw (out), withdraw
entrichten [ɛnt'rɪçtən] *v* pay
Entrichtung [ɛnt'rɪçtuŋ] *f* payment
entschädigen [ɛnt'ʃɛ:dɪgən] *v* compensate, repay, reimburse
Entschädigung [ɛnt'ʃɛ:dɪguŋ] *f* compensation, indemnification, reimbursement
Entschädigungsanspruch [ɛnt'ʃɛ:dɪguŋsanʃprux] *m* claim to compensation
Entschädigungssumme [ɛnt'ʃɛ:dɪguŋszumə] *f* amount of compensation
entscheiden [ɛnt'ʃaɪdən] *v irr* decide, determine, settle; *sich gegen etw ~* decide against sth
Entscheidung [ɛnt'ʃaɪduŋ] *f* decision; *eine ~ treffen* make a decision
Entscheidungsbefugnis [ɛnt'ʃaɪduŋsbəfu:knɪs] *f* competence, jurisdiction

Entscheidungsfindung [ɛntˈʃaɪduŋsfɪnduŋ] *f* decision-making
Entscheidungsgrund [ɛntˈʃaɪduŋsgrunt] *m* decisive factor
Entscheidungshierarchie [ɛntˈʃaɪduŋshierarçi:] *f* decision-making hierarchy
Entscheidungskompetenz [ɛntˈʃaɪduŋskɔmpetɛnts] *f* competence to decide
Entscheidungskriterien [ɛntˈʃaɪduŋskri:tɛrijən] *pl* decisive criteria *pl*
Entscheidungsregel [ɛntˈʃaɪduŋsregəl] *f* decision rule
entschieden [ɛntˈʃi:dən] *adj* decided, definite, settled; *adv* decidedly, definitely, positively
Entschiedenheit [ɛntˈʃi:dənhaɪt] *f* determination, resoluteness, decisiveness
entschlackte Produktion [ɛntˈʃlaktə produkˈtsjo:n] *f* lean production
entschließen [ɛntˈʃli:sən] *v irr sich ~* decide, make up one's mind, determine
entschlossen [ɛntˈʃlɔsən] *adj* determined, resolved, resolute; *adv* with determination, resolutely
Entschlossenheit [ɛntˈʃlɔsənhaɪt] *f* determination
Entschluss [ɛntˈʃlus] *m* resolution, decision
entschuldigen [ɛntˈʃuldɪgən] *v sich ~* apologize; *sich ~ (sich abmelden)* excuse o.s., ask to be excused
Entschuldigung [ɛntˈʃuldɪguŋ] *f (Abbitte)* apology; *~!* Excuse me! Sorry! *(Ausrede)* excuse
Entschuldigungsgrund [ɛntˈʃuldɪguŋsgrunt] *m* excuse
Entschuldung [ɛntˈʃulduŋ] *f* disencumberment
entsenden [ɛntˈzɛndən] *v irr* dispatch, send out
entsorgen [ɛntˈzɔrgən] *v Abfall ~* dispose of waste
Entsorgung [ɛntˈzɔrguŋ] *f* waste management
Entsorgungswirtschaft [ɛntˈzɔrguŋsvɪrtʃaft] *f* waste industry
entspannen [ɛntˈʃpanən] *v (wirtschaftliche Beziehungen)* ease, lose tension
Entspannung [ɛntˈʃpanuŋ] *f (von wirtschaftlichen Beziehungen)* easing (of tension)
Entspannungsgespräche [ɛntˈʃpanuŋsgəʃprɛ:çə] *n/pl* conciliatory talks *pl*
Entspannungspolitik [ɛntˈʃpanuŋspoliti:k] *f* policy of détente
Entsparen [ɛntˈʃpa:rən] *n* dissaving
entwerten [ɛntˈvɛrtən] *v (Geld)* devalue; *(fig)* devalue, depreciate
Entwertung [ɛntˈvɛrtuŋ] *f* depreciation, devaluation, demonetization
entwickeln [ɛntˈvɪkəln] *v* develop, evolve
Entwicklung [ɛntˈvɪkluŋ] *f* development
Entwicklungsbank [ɛntˈvɪkluŋsbaŋk] *f* development bank
entwicklungsfähig [ɛntˈvɪkluŋsfɛ:ɪç] *adj Es ist ~.* It has potential.
Entwicklungsfähigkeit [ɛntˈvɪkluŋsfɛ:ɪçkaɪt] *f* capacity for development, potential to develop
Entwicklungsfonds [ɛntˈvɪkluŋsfɔ̃] *m* development fund
Entwicklungshelfer(in) [ɛntˈvɪkluŋshɛlfɐ(rɪn)] *m/f* development aid volunteer
Entwicklungshilfe [ɛntˈvɪkluŋshɪlfə] *f* development aid, aid to developing countries
Entwicklungskosten [ɛntˈvɪkluŋskɔstən] *pl* development costs *pl*
Entwicklungsland [ɛntˈvɪkluŋslant] *n* developing country
Entwicklungsplan [ɛntˈvɪkluŋspla:n] *m* development program
Entwicklungsstufe [ɛntˈvɪkluŋsʃtu:fə] *f* developmental stage
Entwicklungswagnis [ɛntˈvɪkluŋsva:knɪs] *n* research and development risk
Entwurf [ɛntˈvurf] *m* design, plan, draft, rough copy, outline
Equity-Methode [ˈɛkvɪti:meto:də] *f* equity accounting
Erachten [ɛɐˈaxtən] *n meines ~s* in my opinion
Erbbaurecht [ˈɛrpbaurɛçt] *n* hereditary building right
Erben [ˈɛrbən] *m/pl* heirs *pl*
Erbenfähigkeit [ˈɛrbənfɛ:ɪçkaɪt] *f* ability to inherit; heritability
Erbengemeinschaft [ˈɛrbəngəmaɪnʃaft] *f* community of heirs

Erbenhaftung ['ɛrbənhaftuŋ] *f* liability of heirs
Erbrecht ['ɛrprɛçt] *n* law of succession
Erbschaft ['ɛrpʃaft] *f* inheritance
Erbschaftssteuer ['ɛrpʃaftsʃtɔyɐ] *f* inheritance tax
Erbschein ['ɛrpʃaɪn] *m* certificate of inheritance

E

Erdgas ['e:rtga:s] *n* natural gas
Erdöl ['e:rtø:l] *n* crude oil, petroleum; *~ exportierend* oil exporting
Erdölförderung ['e:rtø:lfœrdəruŋ] *f* oil production
Erdöl importierende Länder ['e:rtø:l ɪmpɔr'ti:rəndə 'lɛndɐ] oil-importing countries
Erdölproduktion ['e:rtø:lproduktsjo:n] *f* oil production
Erdölvorkommen ['e:rtø:lfo:rkɔmən] *f* oil field, source of oil
Erdung ['e:rduŋ] *f* earthing
Erdwärme ['e:rtvɛrmə] *f* the Earth's natural heat
erfahren [ɛɐr'fa:rən] *adj* experienced, skilled, expert
Erfahrung [ɛɐ'fa:ruŋ] *f* experience; *in ~ bringen* find out
Erfahrungsaustausch [ɛɐ'fa:ruŋsaustauʃ] *m* exchange of experiences, exchange of information
erfahrungsgemäß [ɛɐ'fa:ruŋsgəmɛ:s] *adv* according to experience
Erfahrungskurve [ɛɐ'fa:ruŋskurfə] *f* experience curve
erfinden [ɛɐ'fɪndən] *v irr* invent, devise
Erfinder(in) [ɛɐ'fɪndɐ(rɪn)] *m/f* inventor
erfinderisch [ɛɐ'fɪndərɪʃ] *adj* inventive, imaginative
Erfolg [ɛɐ'fɔlk] *m* success; *~ haben* succeed, *~ versprechend* promising
erfolglos [ɛɐ'fɔlklo:s] *adj* unsuccessful, fruitless
Erfolglosigkeit [ɛɐ'fɔlklo:zɪçkaɪt] *f* ineffectiveness, lack of success
erfolgreich [ɛɐ'fɔlkraɪç] *adj* successful
Erfolgsaussicht [ɛɐ'fɔlksauszɪçt] *f* chances of success *pl*
Erfolgsbeteiligung [ɛɐ'fɔlksbətaɪlɪguŋ] *f* profit-sharing
Erfolgsbilanz [ɛɐ'fɔlksbilants] *f* results accounting; income statement
Erfolgskonto [ɛɐ'fɔlkskɔnto] *n* statement of costs
Erfolgskontrolle [ɛɐ'fɔlkskɔntrɔlə] *f* efficiency review
Erfolgskurve [ɛɐ'fɔlkskurvə] *f* success cycle
erfolgsorientiert [ɛɐ'fɔlksori:jɛnti:rt] *adj* success-oriented
Erfolgsrechnung [ɛɐ'fɔlksrɛçnuŋ] *f* income; earnings statement
Erfolg versprechend [ɛɐ'fɔlk fɛr-'ʃprɛçənt] *adj* promising
erforderlich [ɛɐ'fɔrdərlɪç] *adj* necessary, required
Erfordernis [ɛɐ'fɔrdərnɪs] *n* requirement, necessity
erforschen [ɛɐ'fɔrʃən] *v* **1.** explore; **2.** *(prüfen)* examine, investigate
erfreulich [ɛɐ'frɔylɪç] *adj* pleasant, welcome
erfreulicherweise [ɛɐ'frɔylɪçər'vaɪzə] *adj* fortunately, happily
erfüllbar [ɛɐ'fylba:ɐ] *adj* satisfiable
erfüllen [ɛɐ'fylən] *v* **1.** *(Pflicht)* fulfil, carry out; **2.** *(Wunsch)* fulfil
Erfüllung [ɛɐ'fyluŋ] *f* execution, compliance, performance
Erfüllungsgeschäft [ɛɐ'fyluŋsgəʃɛft] *n* delivery; legal transaction in fulfillment of an obligation
Erfüllungsort [ɛɐ'fyluŋsɔrt] *m* **1.** *(bei einem Scheck)* place of payment; **2.** *(bei einem Vertrag)* place where a contract is to be fulfilled, place of performance
Erfüllungsprinzip [ɛɐ'fyluŋsprɪntsi:p] *n* performance principle
Erfüllungstag [ɛɐ'fyluŋsta:k] *m* duedate
Ergänzung [ɛɐ'gɛntsuŋ] *f* supplementing; *(Vervollständigung)* completion
Ergänzungsabgabe [ɛɐ'gɛntsuŋsapga:bə] *f* supplementary levy
Ergänzungshaushalt [ɛɐ'gɛntsuŋshaushalt] *m* supplementary budget
Ergebnis [ɛɐ'ge:pnɪs] *n* **1.** result, outcome; **2.** *(Folgen)* consequences *pl*; **3.** *(Wirkung)* effect; **4.** *(einer Untersuchung)* findings *pl*
Ergebnisabführungsvertrag [ɛɐ'ge:pnɪsapfy:ruŋsfertra:k] *m* profit and loss transfer agreement
Ergebnisbeteiligung [ɛɐ'ge:pnɪsbətaɪlɪguŋ] *f* participating in yield

ergebnislos [ɛɐ'ge:pnɪslo:s] *adj* fruitless, ineffective, without success
Ergebnisrechnung [ɛɐ'ge:pnɪsrɛçnuŋ] *f* statement of operating results
ergiebig [ɛɐ'gi:bɪç] *adj* productive, lucrative, rich
Ergiebigkeit [ɛɐ'gi:bɪçkaɪt] *f* productiveness
Ergonomie [ɛɐgono'mi:] *f* ergonomics
ergreifen [ɛɐ'graɪfən] *v irr Maßnahmen ~* take measures
erhältlich [ɛɐ'hɛltlɪç] *adj* obtainable
Erhaltungsaufwand [ɛɐ'haltuŋsaufvant] *m* maintenance expenditure
Erhaltungsinvestition [ɛɐ'haltuŋsɪnvɛstitsjo:n] *f* replacement investment
erheben [ɛɐ'he:bən] *v irr* **1.** *(Steuern)* levy, impose; **2.** *(Klage)* file (a complaint), bring an action against
Erhebung [ɛɐ'he:buŋ] *f* **1.** *(Steuer)* imposition, levy; investigation, inquiry, **2.** *(Statistik)* survey, census
Erhebungszeitraum [ɛɐ'he:buŋstsaɪtraum] *m* period under survey
erhöhen [ɛɐ'hø:ən] *v* increase, raise, elevate
Erhöhung [ɛɐ'hø:uŋ] *f* increase, raising, heightening
Erholung [ɛɐ'ho:luŋ] *f* recuperation, recreation, relaxation, recovery
Erholungsurlaub [ɛɐ'ho:luŋsurlaup] *m* holiday, vacation *(US); (aus gesundheitlichen Gründen)* convalescent leave
erkennen [ɛɐ'kɛnən] *v* recognize
erkenntlich [ɛɐ'kɛntlɪç] *adj* grateful, thankful
Erkenntnisobjekt [ɛɐ'kɛntnɪsɔpjɛkt] *n* object of discernment
Erklärung [ɛɐ'klɛ:ruŋ] *f (Erläuterung)* explanation
erkundigen [ɛɐ'kundɪgən] *v sich ~* inquire, enquire
Erlass [ɛɐ'las] *m* decree
erlassen [ɛɐ'lasən] *v irr* **1.** *(Strafe)* remit; **2.** *(Gebühren)* waive; **3.** *(Verpflichtung)* exempt, release
Erlaubnis [ɛɐ'laupnɪs] *f* permission; *(Schriftstück)* permit
erläutern [ɛɐ'lɔytɐn] *v* explain, clarify
Erläuterung [ɛɐ'lɔytəruŋ] *f* explanation, clarification
Erlebensfallversicherung [ɛɐ'le:bənsfalfɛrzɪçəruŋ] *f* pure endowment insurance
Erlebnis-Marketing [ɛɐ'le:pnismarkətɪŋ] *n* adventure marketing
erledigen [ɛɐ'le:dɪgən] *v* handle, deal with, take care of; finish
erledigt [ɛɐ'le:dɪçt] *adj* **1.** *(abgeschlossen)* completed; **2.** *(ruiniert)* finished, through with
Erledigung [ɛɐ'le:dɪguŋ] *f* handling, dealing with, carrying out
Erlös [ɛɐ'lø:s] *m* proceeds *pl*, revenue, profit
Erlösberichtigung [ɛɐ'lø:sbərɪçtiguŋ] *f* revenue correction
Erlöskonten [ɛɐ'lø:skɔntən] *n/pl* revenue accounts *pl*
Erlösminderung [ɛɐ'lø:smɪndəruŋ] *f* revenue reduction
Erlösplanung [ɛɐ'lø:spla:nuŋ] *f* revenue planning
Erlösrechnung [ɛɐ'lø:srɛçnuŋ] *f* revenue accounting
ermächtigen [ɛɐ'mɛçtɪgən] *v* authorize, empower
Ermächtigung [ɛɐ'mɛçtɪguŋ] *f* **1.** authorization, power; **2.** *(Urkunde)* warrant, licence
Ermächtigung zur Verfügung [ɛɐ'mɛçtɪguŋ tsu:r fɛr'fy:guŋ] *f* proxy for disposal
Ermächtigungsdepot [ɛɐ'mɛçtɪguŋsde:po:] *n* authorized deposit
Ermahnung [ɛɐ'ma:nuŋ] *f* admonition
ermäßigte Tarife [ɛɐ'mɛ:sɪçtə ta'ri:fə] *m/pl* reduced tariffs *pl*
Ermäßigung [ɛɐ'mɛ:sɪguŋ] *f* reduction, discount
Ermattung [ɛɐ'matuŋ] *f* exhaustion
Ermessen [ɛɐ'mɛsən] *n (Einschätzung)* estimation; *nach menschlichem ~* as far as it is possible to tell; *(Gutdünken)* discretion
ermitteln [ɛɐ'mɪtəln] *v* investigate, inquire into
Ermittlungsverfahren [ɛɐ'mɪtluŋsfɛrfa:rən] *n* preliminary investigation
Ermüdung [ɛɐ'my:duŋ] *f (Material)* fatigue
ernennen [ɛɐ'nɛnən] *v irr* nominate, appoint, designate

Ernennung [ɛɐˈnɛnuŋ] *f* nomination, appointment, designation
Ernennungsurkunde [ɛɐˈnɛnuŋsuːrkundə] *f* letter of appointment, deed of appointment
Erneuerungsfonds [ɛɐˈnɔyəruŋsfɔ̃] *m* renewal reserve
Erneuerungsrücklagen [ɛɐˈnɔyəruŋsryklaːgən] *f/pl* renewal funds *pl;* replacement funds *pl*
Erneuerungsschein [ɛɐˈnɔyəruŋsʃaɪn] *m* talon
Erneuerungswert [ɛɐˈnɔyəruŋsvert] *m* replacement value
Erniedrigung [ɛɐˈniːdrɪguŋ] *f (Verminderung)* reduction
ernst [ɛrnst] *adj* **1.** serious; *~ gemeint* serious, genuine; *~ zu nehmend* serious, to be taken seriously; **2.** *(streng)* severe; **3.** *(bedenklich)* grave; *adv* seriously
ernst zu nehmend [ˈɛrnst tsu neːmənt] *adj* serious, to be taken seriously
Ernte [ˈɛrntə] *f* **1.** *(Tätigkeit)* harvest; **2.** *(Ertrag)* crop
Ernteausfälle [ˈɛrntəausfɛlə] *m/pl* crop failures *pl*
eröffnen [ɛɐˈœfnən] *v* open; set up
Eröffnung [ɛɐˈœfnuŋ] *f* **1.** opening; **2.** *(Einweihung)* inauguration; **3.** *(Mitteilung)* revelation, notification, disclosure
Eröffnungsbilanz [ɛɐˈœfnuŋsbilants] *f* opening balance sheet
Eröffnungskurs [ɛɐˈœfnuŋskurs] *m* opening price
Eröffnungsrede [ɛɐˈœfnuŋsreːdə] *f* opening address
erörtern [ɛɐˈœrtɐn] *v* discuss, argue, debate
Erörterung [ɛɐˈœrtəruŋ] *f* discussion, debate
erpressen [ɛɐˈprɛsən] *v jdn ~* blackmail s.o.
Erpressung [ɛɐˈprɛsuŋ] *f* blackmail
erproben [ɛɐˈproːbən] *v* test, put to the test
erprobt [ɛɐˈproːpt] *adj* tested, reliable
Erprobung [ɛɐˈproːbuŋ] *f* test, testing
errechnen [ɛɐˈrɛçnən] *v* calculate, work out, compute
erreichbar [ɛɐˈraɪçbaːɐ] *adj* **1.** achievable, reachable, attainable, within reach; **2.** *(verfügbar)* available
Erreichbarkeit [ɛɐˈraɪçbaːrkaɪt] *f* **1.** attainability; **2.** *(Verfügbarkeit)* availability
erreichen [ɛɐˈraɪçən] *v* reach; *(fig)* reach, attain, achieve; *(fig: erlangen)* obtain
errichten [ɛɐˈrɪçtən] *v* **1.** build, construct, erect; **2.** *(gründen)* open, set up, establish
errichtende Umwandlung [ɛɐˈrɪçtɛndə ˈumvandluŋ] *f* setting up conversion
Errichtung [ɛɐˈrɪçtuŋ] *f* **1.** construction, erection, building; **2.** *(Gründung)* establishment, foundation
Ersatz [ɛɐˈzats] *m* **1.** *(Vergütung)* compensation; **2.** *(Austauschstoff)* substitute, ersatz; **3.** *(Ersetzendes)* replacement, alternative; **4.** *(Entschädigung)* indemnification
Ersatzaktie [ɛɐˈzatsaktsjə] *f* replacement share certificate
Ersatzanspruch [ɛɐˈzatsanʃprux] *m* claim for damages
Ersatzbeschaffung [ɛɐˈzatsbəʃafuŋ] *f* replacement
Ersatzdeckung [ɛɐˈzatsdɛkuŋ] *f* substitute cover
Ersatzinvestition [ɛɐˈzatsɪnvɛstitsjoːn] *f* replacement of capital assets
Ersatzkasse [ɛɐˈzatskasə] *f* (private) health insurance society
Ersatzkauf [ɛɐˈzatskauf] *m* substitute purchase
Ersatzlieferung [ɛɐˈzatsliːfəruŋ] *f* replacement delivery, substitute delivery
Ersatzscheck [ɛɐˈzatsʃɛk] *m* substitute cheque
Ersatzteil [ɛɐˈzatstaɪl] *n* spare part, replacement part
Ersatzüberweisung [ɛɐˈzatsyːbərvaɪsuŋ] *f* substitute transfer
Erscheinen [ɛɐˈʃaɪnən] *n (einer Aktie)* issuing
erschließbar [ɛɐˈʃliːsbaːɐ] *adj (Rohstoffe)* exploitable
erschließen [ɛɐˈʃliːsən] *v irr* **1.** *(Märkte)* open up; **2.** *(Baugelände)* develop
Erschließung [ɛɐˈʃliːsuŋ] *f* **1.** *(Märkte)* opening up; **2.** *(eines Baugeländes)* development
Erschließungsbeiträge [ɛɐˈʃliːsuŋsbaɪtrɛːgə] *m/pl* development costs *pl*

erschöpfen [ɛɐ'ʃœpfən] *v* exhaust; *sich in etw ~* to be limited to sth
erschöpft [ɛɐ'ʃœpft] *adj* exhausted
erschweren [ɛɐ'ʃve:rən] *v* make difficult, complicate; *(hemmen)* hinder
Erschwernis [ɛɐ'ʃve:rnɪs] *f* difficulty, additional burden
Erschwerniszulage [ɛɐ'ʃve:rnɪstsu:la:gə] *f* allowance for aggravating circumstances
erschwinglich [ɛɐ'ʃvɪŋlɪç] *adj* attainable, affordable, within one's means
ersetzbar [ɛɐ'zɛtsba:ɐ] *adj* replaceable
Ersetzbarkeit [ɛɐ'zɛtsba:rkaɪt] *f* replaceability
ersetzen [ɛɐ'zɛtsən] *v* **1.** *(austauschen)* replace; **2.** *(entschädigen)* compensate for; **3.** *(Unkosten)* reimburse for
ersichtlich [ɛɐ'zɪçtlɪç] *adj* obvious, clear, evident
Ersparnis [ɛɐ'ʃpa:rnɪs] *f* savings *pl*
erstatten [ɛɐ'ʃtatən] *v* **1.** *(Kosten)* reimburse; **2.** *Anzeige ~* file charges; **3.** *Bericht ~* report
Erstattung [ɛɐ'ʃtatuŋ] *f (Kosten)* repayment, refund, reimbursement
Erstauftrag ['e:rstauftra:k] *m* initial order
Erstausgabe ['e:rstausga:bə] *f* first edition
Erstausstattung ['e:rstausʃtatuŋ] *f* initial allowance set
ersteigern [ɛɐ'ʃtaɪgɐn] *v* buy at an auction
erstellen [ɛɐ'ʃtɛlən] *v (Rechnung, Übersicht)* draw up
Erstemission ['e:rstemɪsjo:n] *f* first issue
Ersterwerb ['e:rstɛrvɛrp] *m* first acquisition
erstklassig ['e:rstklasɪç] *adj* first-class, first-rate, prime
erstrebenswert [ɛɐ'ʃtre:bənsvert] *adj* desirable
Erstzulassung ['e:rsttsu:lasuŋ] *f* initial registration
Ersuchen [ɛɐ'zu:xən] *n* request, petition
ersuchen [ɛɐ'zu:xən] *v* request
Ertrag [ɛɐ'tra:k] *m* return, profit, income, proceeds *pl*, revenue
Ertragfähigkeit [ɛɐ'tra:kfɛ:ɪçkaɪt] *f* productivity, earning capacity
ertragreich [ɛɐ'tra:kraɪç] *adj* productive, profitable, lucrative
ertragsabhängig [ɛɐ'tra:ksaphɛŋɪç] *adj* depending on profits
Ertragsbesteuerung [ɛɐ'tra:ksbəʃtɔyəruŋ] *f* tax treatment of yield
Ertragsbeteiligung [ɛɐ'tra:ksbətaɪliguŋ] *f* profit sharing
Ertragsbilanz [ɛɐ'tra:ksbilants] *f* statement of earnings
Ertragseinbruch [ɛɐ'tra:ksaɪnbrux] *m* profit shrinkage
Ertragsgesetz [ɛɐ'tra:ksgəzɛts] *n* law of non-proportional returns
Ertragslage [ɛɐ'tra:ksla:gə] *f* profit situation, profitability
Ertragsrate [ɛɐ'tra:ksra:tə] *f* profitability rate
Ertragsrechnung [ɛɐ'tra:ksrɛçnuŋ] *f* profit and loss account
Ertragsteuer [ɛɐ'tra:kʃtɔyɐ] *f* tax on earnings
Ertragswert [ɛɐ'tra:ksvɛrt] *m* capitalized value
erwägen [ɛɐ'vɛ:gən] *v irr* consider, think about, ponder
Erwägung [ɛɐ'vɛ:guŋ] *f* consideration; *in ~ ziehen* take into consideration
erwarten [ɛɐ'vartən] *v* expect, anticipate
Erwartung [ɛɐ'vartuŋ] *f* expectation, anticipation
Erwartungswert [ɛɐ'vartuŋsvɛrt] *m* anticipation term
Erweiterung [ɛɐ'vaɪtəruŋ] *f* extension, expansion, distension
erweiterungsfähig [ɛɐ'vaɪtəruŋsfɛ:ɪç] *adj* expandable
Erweiterungsinvestition [ɛɐ'vaɪtəruŋsɪnvestitsjo:n] *f* expansion investment
Erwerb [ɛɐ'vɛrp] *m (Kauf)* purchase, acquisition
erwerben [ɛɐ'vɛrbən] *v irr* **1.** acquire, obtain; **2.** *(durch Arbeit)* earn; **3.** *(kaufen)* purchase, buy
Erwerbermodell [ɛɐ'vɛrbərmodɛl] *n* acquirer model
Erwerbsbetrieb [ɛɐ'vɛrpsbətri:p] *m* business enterprise
Erwerbseinkommen [ɛɐ'vɛrpsaɪnkɔmən] *n* earned income
Erwerbseinkünfte [ɛɐ'vɛrpsaɪnkynftə] *pl* business income

erwerbsfähig [ɛɐ'vɛrpsfɛːɪç] *adj* able to work, capable of gainful employment, capable of earning a living
Erwerbsfähigkeit [ɛɐ'vɛrpsfɛːɪçkaɪt] *f* earning capacity
erwerbslos [ɛɐ'vɛrpsloːs] *adj* unemployed
Erwerbslose(r) [ɛɐ'vɛrpsloːsə(-ɐ)] *f/m* unemployed person
Erwerbsperson [ɛɐ'vɛrpspersoːn] *f* gainfully employed person
Erwerbsquote [ɛɐ'vɛrpskvoːtə] *f* activity rate
Erwerbssteuer [ɛɐ'vɛrpsʃtɔyɐ] *f* profit tax
erwerbstätig [ɛɐ'vɛrpstɛːtɪç] *adj* gainfully employed
Erwerbstätige(r) [ɛɐ'vɛrpstɛːtɪgə(-ɐ)] *f/m* gainfully employed person
erwerbsunfähig [ɛɐ'vɛrpsunfɛːɪç] *adj* incapable of gainful employment, incapacitated, disabled
Erwerbsunfähigkeit [ɛɐ'vɛrpsunfɛːɪçkaɪt] *f* disability, inability to work, disability to earn a living
Erwerbsunfähigkeitsrente [ɛɐ'vɛrpsunfɛːɪçkaɪtsrɛntə] *f* pension for general disability
erwerbswirtschaftliches Prinzip [ɛɐ'vɛrpsvɪrtʃaftlɪçəs prɪn'tsiːp] *n* commercial principle
erwirtschaften [ɛɐ'vɪrtʃaftən] *v* make a profit, earn
Erwirtschaftung [ɛɐ'vɪrtʃaftuŋ] *f* profit making, earning
erzeugen [ɛɐ'tsɔygən] *v* **1.** *(herstellen)* produce, manufacture, make; **2.** *(hervorrufen)* evoke, bring about, give rise to
Erzeuger [ɛɐ'tsɔygɐ] *m* manufacturer
Erzeugerland [ɛɐ'tsɔygərlant] *n* country of origin
Erzeugerpreis [ɛɐ'tsɔygərpraɪs] *m* producer price
Erzeugnis [ɛɐ'tsɔyknɪs] *n* product
Erziehungsgeld [ɛɐ'tsiːuŋsgɛlt] *n* child raising allowance
Erziehungsurlaub [ɛɐ'tsiːuŋsuːrlaup] *m (der Mutter)* maternity leave; *(des Vaters)* paternity leave
Erziehungszeiten [ɛɐ'tsiːuŋstsaɪtən] *f/pl* child-rearing periods *pl*
erzielen [ɛɐ'tsiːlən] *v* achieve, realize, reach
eskomptieren [ɛskɔmp'tiːrən] *v* discount
etablieren [eta'bliːrən] *v* **1.** *sich ~* establish o.s., settle down; **2.** *(geschäftlich)* set up
Etage [e'taːʒə] *f* floor, storey
Etat [e'taː] *m* budget
Etatkürzung [e'taːkyrtsuŋ] *f* budget cut
etatmäßig [e'taːmɛːsɪç] *adj* budgeted
ETF [eːteː'ef] *m* ETF, exchange-traded fund
Ethik ['eːtɪk] *f* ethics, morality
ethischer Fonds [etɪʃɐ 'fõː] *m* ethical fund
Etikett [eti'kɛt] *n* label, tag
etikettieren [etikɛ'tiːrən] *v* label, tag
Etikettierung [etikɛ'tiːruŋ] *f* labelling
etwas bezahlt Brief (ebB) [ɛtvas bə'tsaːlt 'briːf] only some of the limited sell orders were executed
etwas bezahlt Geld (ebG) [ɛtvas bə'tsaːlt 'gɛlt] only a portion of the buy orders limited to the fixed price were executed
EU-Kommission [eːuːkɔmɪ'sjoːn] *f* Commission of the European Union
EU-Mitgliedsstaat [eːuː'mɪtgliːtsʃtaːt] *m* EU member state
Euro ['ɔyro] *m* euro
Euro-Aktienmarkt ['ɔyroaktsjənmarkt] *m* Euro share market
Euro-Anleihe ['ɔyroanlaɪːə] *f* Eurocurrency loans *pl*
Euro-Anleihenmarkt ['ɔyroanlaɪːənmarkt] *m* Eurocurrency loan market
Euro-Bank ['ɔyrobaŋk] *f* Eurobank
Euro-Banknote ['ɔyrobaŋknoːtə] *f* euro banknote
Euro-Bond ['ɔyrobɔnd] *m* Eurobond
Euro-Bondmarkt ['ɔyrobɔndmarkt] *m* Eurobond market
Euro-Devisen ['ɔyrodəvɪːzən] *pl* Euro currencies *pl*
Euro-Dollar ['ɔyrodɔlar] *m* Eurodollar
Euro-Dollarmarkt ['ɔyro'dɔlarmarkt] *m* Eurodollar market
Euro-Emission ['ɔyroemɪsjoːn] *f* Euro security issue

Eurogeld ['ɔyrogɛlt] *n* Eurocurrency
Euro-Geldmarkt ['ɔyrogɛltmarkt] *m* Eurocurrency market
Euro-Kapitalmarkt ['ɔyrokapita:lmarkt] *m* Eurocapital market
Eurokrise ['ɔyrokri:sə] *m* euro crisis
Euro-Markenzeichen ['ɔyromarkəntsaɪçən] *n* Eurobrand
Euromarkt ['ɔyromarkt] *m* Euromarket
Euronorm ['ɔyronɔrm] *f* Eurostandard
Europäische Bankenaufsicht [ɔyro'pɛ:ɪʃə 'baŋkənaufzɪçt] *f* European Financial Supervisory Authority
europäische Börsenrichtlinien [ɔyro'pɛ:ɪʃə 'børzənrɪçtlinjən] *f/pl* European stock exchange guide-lines *pl*
Europäische Gemeinschaft [ɔyro'pɛ:ɪʃə gə'maɪnʃaft] *f* European Community
Europäische Handelsgesellschaft [ɔyro'pɛ:ɪʃə 'handəlsgəzɛlʃaft] *f* European trading company
Europäische Investitionsbank [ɔyro'pɛ:ɪʃə ɪnvɛsti'tsjo:nsbaŋk] *f* European Investment Bank
Europäische Kommission [ɔyro'pɛ:ɪʃə kɔmɪ'sjo:n] *f* European Commission
europäische Norm [ɔyro'pɛ:ɪʃə nɔrm] *f* European standard specification
Europäische Union [ɔyro'pɛ:ɪʃə un'jo:n] *f* European Union (EU)
Europäische Währungseinheit (ECU) [ɔyro'pɛ:ɪʃə 'vɛ:ruŋsaɪnhaɪt] *f* European Currency Unit (ECU)
Europäische Währungsunion [ɔyro'pɛ:ɪʃə 'vɛ:ruŋsunjo:n] *f* European monetary union (EMU)
Europäische Wirtschafts- und Währungsunion [ɔyro'pɛ:ɪʃə vɪrtʃafts-unt 'vɛ:ruŋsunjo:n] *f* European Economic and Monetary Union
Europäische Zahlungsunion [ɔyro'pɛ:ɪʃə 'tsa:luŋsunjo:n] *f* European Payments Union
Europäische Zentralbank (EZB) [ɔyro'pɛ:ɪʃə tsen'tra:lbaŋk] *f* European Central Bank
Europäischer Binnenmarkt [ɔyro'pɛ:ɪʃər 'bɪnənmarkt] *m* Internal Market of the European Community
Europäischer Börsenverband [ɔyro'pɛ:ɪʃər 'bœrzənfɛrbant] *m* Federation of European Stock exchanges
Europäischer Entwicklungsfonds [ɔyro'pɛ:ɪʃər ɛnt'vɪkluŋsfɔ̃] *m* European Development Fund (EDF)
Europäischer Fonds für regionale Entwicklung (EFRE) [ɔyro'pɛ:ɪʃər fɔ̃ fy:r regjo'na:lə ɛnt'vɪkluŋ] *m* European Regional Development Fund (ERDF)
Europäischer Gerichtshof (EuGH) [ɔyro'pɛ:ɪʃər gə'rɪçtsho:f] *m* Court of Justice of the European Communities
Europäischer Rat [ɔyro'pɛ:ɪʃər ra:t] *m* European Council
Europäischer Rechnungshof (EuRH) [ɔyro'pɛ:ɪʃər 'rɛçnuŋsho:f] *m* European Court of Auditors
Europäischer Stabilitätsmechanismus (ESM) [ɔyro'pɛ:ɪʃɐ stabɪlɪtɛ:tsmeçanɪsmus] *m* European Stability Mechanism (ESM)
Europäisches Parlament [ɔyro'pɛ:ɪʃəs pa:rla'mɛnt] *n* European Parliament
Europäisches Patentamt [ɔyro'pɛ:ɪʃəs pa'tɛntamt] *n* European Patent Office
Europäisches System der Zentralbanken (ESZB) [ɔyro'pɛ:ɪʃəs zʏs'te:m de:r tsen'tra:lbaŋkən] *n* European System of Central Banks (ESCB)
Europäisches Währungsabkommen [ɔyro'pɛ:ɪʃəs 'vɛ:ruŋsapkɔmən] *n* European Monetary Agreement
Europäisches Währungssystem (EWS) [ɔyro'pɛ:ɪʃəs 'vɛ:ruŋszyste:m] *n* European Monetary System (EMS)
Europapatent [ɔy'ro:papatɛnt] *n* European patent
Europarat [ɔy'ro:para:t] *m* European Council
Euro-Rettungsfond [ɔyro'rɛtʊŋsfõ:] *m* euro shield
Euro-Währungsgebiet ['ɔyrovɛ:ruŋsgəbi:t] *n* European currency area
Eurozone ['ɔyrotso:nə] *f* eurozone
Eventualhaushalt [evɛntu'a:lhaushalt] *m* contingency budget
Eventualität [evɛntuali'tɛ:t] *f* eventuality
Eventualverbindlichkeit [evɛntu'a:lfɛrbɪndlɪçkaɪt] *f* contingent liability
Evidenzzentrale [evi'dɛntstsentra:lə] *f* information centre
ewige Anleihe ['e:vɪgə 'anlaɪ:ə] *f* perpetual loan

E

ewige Rente ['e:vɪgə 'rɛntə] *f* perpetual annuity
ewige Schuld ['e:vɪgə 'ʃult] *f* perpetual debt
Examen [ɛ'ksa:mən] *n* examination
ex ante [ɛks 'antə] *adj* in prospect
Existenzaufbaudarlehen [ɛksɪs'tɛntsaufbaudarle:ən] *n* business set-up loan
Existenzgründung [ɛksɪs'tɛntsgryndʊŋ] *f* company start-up
Existenzminimum [ɛksɪs'tɛntsmɪnɪmum] *n* subsistence minimum
exklusiv [ɛksklu'zi:f] *adj* exclusive; select; *adv* exclusively
Exklusivrechte [ɛksklu'zi:frɛçtə] *n/pl* exclusive rights *pl*
Exklusivvertrag [ɛksklu'zi:ffɛrtra:k] *m* exclusive distribution contract, exclusive licensing agreement
exogene Variable [eksogenə vari'a:blə] *f* exogenous variable
exogenes Geld [eksogenəs 'gɛlt] *n* exogenous money base
Exoten [e'kso:tən] *m/pl* highly speculative securities *pl*
Exotenfonds [e'kso:tənfɔ̃] *m* securities offered by issuers from exotic countries
expandieren [ɛkspan'di:rən] *v* expand
Expansion [ɛkspans'jo:n] *f* expansion
expansiv [ɛkspan'zi:f] *adj* expansive
Experiment [ɛksperɪ'mɛnt] *n* experiment
experimentell [ɛksperimɛn'tɛl] *adj* experimental
experimentieren [ɛkspɛrɪmɛn'ti:rən] *v* experiment; *mit etw* ~ experiment with sth; *an etw* ~ experiment on sth
Experte [ɛks'pɛrtə] *m* expert
Expertenbefragung [ɛks'pɛrtənbəfra:gʊŋ] *f* expert interview
Expertensystem [ɛks'pɛrtənzyste:m] *n* expert system
Expertise [ɛksper'ti:zə] *f* expert assessment, survey
Exponat [ɛkspo'na:t] *n* exhibit
Export [ɛks'pɔrt] *m* export, exportation
Exportartikel [ɛks'pɔrtartɪkəl] *m* export article
Exportauftrag [ɛks'pɔrtauftra:k] *m* export order
Exportbeschränkung [ɛks'pɔrtbəʃrɛŋkʊŋ] *f* export restriction
Exportdevisen [ɛks'pɔrtdəvi:sən] *pl* export exchange
Exporteur [ɛkspɔr'tø:ɐ] *m* exporter
Export-Factoring [ɛks'pɔrtfæktɔrɪŋ] *f* export factoring
Exportfinanzierung [ɛks'pɔrtfɪnantsi:rʊŋ] *f* financing of exports
Exportförderung [ɛks'pɔrtfø:rdərʊŋ] *f* export promotion
Exportgeschäft [ɛks'pɔrtgəʃɛft] *n* export business
Exporthandel [ɛks'pɔrthandəl] *m* export trade
Exporthilfe [ɛks'pɔrthɪlfə] *f* export subsidy
exportieren [ɛkspɔr'ti:rən] *v* export
Exportkontrolle [ɛks'pɔrtkɔntrɔlə] *f* export control
Exportkredit [ɛks'pɔrtkredi:t] *m* export credits *pl*
Exportprämie [ɛks'pɔrtprɛ:mjə] *f* export premium
Exportquote [ɛks'pɔrtkvo:tə] *f* export quota
Exportsubvention [ɛks'pɔrtsubvɛntsjo:n] *f* export subsidy
Exportüberschuss [ɛks'pɔrty:bərʃus] *m* export surplus
Exportware [ɛks'portwa:rə] *f* exported articles *pl*
Exportwirtschaft [ɛks'pɔrtvɪrtʃaft] *f* export trade, export-oriented economy
Expressgut [ɛks'prɛsgu:t] *n* express goods *pl*
extern [ɛks'tɛrn] *adj* external
externe Effekten [eks'tɛrnə e'fɛktən] *m/pl* external effects
externe Erträge [eks'tɛrnə ɛr'trɛ:gə] *m/pl* external income
externes Rechnungswesen [eks'tɛrnəs 'rɛçnʊŋsve:zən] *n* external accounting
Extrapolation [ɛkstrapola'tsjo:n] *f* extrapolation
Extremkurs [ɛks'tre:mkurs] *m* peak quotation

F

Fabrik [fa'bri:k] *f* factory, works *pl*, plant
Fabrikant [fabri'kant] *m* factory owner, manufacturer
Fabrikarbeit [fab'ri:karbaɪt] *f* **1.** factory work; **2.** *(Erzeugnis)* factory-made goods *pl*
Fabrikarbeiter(in) [fa'bri:karbaɪtɐ(rɪn)] *m/f* factory worker
Fabrikat [fabri'ka:t] *n* manufactured article, product, make
Fabrikation [fabrika'tsjo:n] *f* manufacture
Fabrikationsfehler [fabrika'tsjo:nsfe:lɐ] *m* manufacturing defect
Fabrikationskapazität [fabrika'tsjo:nskapatsitɛ:t] *f* manufacturing capacity
Fabrikationskosten [fabrika'tsjo:nskɔstən] *pl* manufacturing costs *pl*
Fabrikationsrisiko [fabrika'tsjo:nsri:ziko:] *n* production risk
Fabrikationszweig [fabrika'tsjo:nstsvaɪk] *m* line of production, production line
Fabrikgelände [fa'bri:kgəlɛndə] *n* factory site, factory premises, plant premises
Fabrikhalle [fa'bri:khalə] *f* factory building
fabrikmäßig [fa'bri:kmɛ:sɪç] *adj* industrial
fabrikneu [fa'bri:knɔy] *adj* brand new, sparkling new
Fabriknummer [fa'bri:knumɐ] *f* serial number
Fabrikpreis [fa'bri:kpraɪs] *m* factory price, manufacturer's price
Fabrikverkauf [fabri:kfɛr'kauf] *m* factory outlet store
Fabrikware [fa'bri:kva:rə] *f* factory product
Fach [fax] *n (Spezialgebiet)* subject, special area
Fachakademie ['faxakade'mi:] *f* specialist college
Fachanwalt ['faxanwalt] *m* specialized lawyer
Fachanwältin ['faxanwɛltɪn] *f* (female) specialized lawyer
Facharbeiter(in) ['faxarbaɪtɐ(rɪn)] *m/f* skilled worker, craftsman
Fachaufsicht ['faxaufziçt] *f* government supervision of certain economic branches
Fachausbildung ['faxausbɪlduŋ] *f* professional education, specialized training, technical training
Fachausschuss ['faxausʃus] *m* committee of experts, blue ribbon committee *(US)*
Fachausstellung ['faxausʃtɛluŋ] *f* trade fair
Fachbereich ['faxbəraɪç] *m* special field, speciality
fachbezogen ['faxbətso:gən] *adj* specialised, technical
Fachbuch ['faxbu:x] *n* technical book
Fachgebiet ['faxgəbi:t] *n* special field; *jds ~ sein* to be one's area of expertise
fachgemäß ['faxgəmɛ:s] *adj* skilled, professional, specialized
Fachgeschäft ['faxgəʃɛft] *n* specialty store
Fachgruppe ['faxgrupə] *f* trade group
Fachhandel ['faxhandəl] *m* speciality shops *pl*, specialized trade
Fachhochschule (FH) ['faxho:xʃu:lə] *f* technical college
Fachkenntnis ['faxkɛntnɪs] *f* specialized knowledge
Fachkompetenz ['faxkɔmpetɛnts] *f* expertise
Fachkreis ['faxkraɪs] *m (branchenbezogen)* experts in trade *pl*
Fachlehrgang ['faxle:rgaŋ] *m* technical course, technical training
Fachliteratur ['faxlitəratu:ɐ] *f* specialized literature, technical literature
Fachmann ['faxman] *m* expert, specialist
fachmännisch ['faxmɛnɪʃ] *adj* expert
Fachmesse ['faxmɛsə] *f* trade fair
Fachoberschule ['faxo:bərʃu:lə] *f* specialized upper high school

F

F

Fachsprache [ˈfaxʃpraːxə] *f* technical language, technical terminology
Fachwirt(in) [ˈfaxvɪrt(ɪn)] *m/f* business administrator, (operational) specialist
Fachwörterbuch [ˈfaxvœrtərbuːx] *n* technical term dictionary, specialist dictionary
Fachzeitschrift [ˈfaxtsaɪtʃrɪft] *f* professional journal, technical journal
Factoring [ˈfɛktərɪŋ] *n* factoring
Fahrgelderstattung [ˈfaːrgəlterʃtatuŋ] *f* reimbursement of travel expenses
Fahrkarte [ˈfaːrkartə] *f* ticket; *einfache ~* one-way-ticket
Fahrkosten [ˈfaːrkɔstən] *pl* travelling expenses *pl*
fahrlässig [ˈfaːrlɛsɪç] *adj* negligent
Fahrlässigkeit [ˈfaːrlɛsɪçkaɪt] *f* negligence, carelessness, recklessness
Fahrplan [ˈfaːrplaːn] *m* schedule, timetable
fahrplanmäßig [ˈfaːrplaːnmeːsɪç] *adj* scheduled; *adv* on schedule, on time
Fahrstuhl [ˈfaːrʃtuːl] *m* lift, elevator *(US)*
Fahrt [faːrt] *f* drive, ride
Fahrtenbuch [ˈfaːrtənbuːx] *n (Auto)* log book
Fahrtenschreiber [ˈfaːrtənʃraɪbɐ] *m* recording speedometer, tachograph
Fahrverbot [ˈfaːrfɛrboːt] *n (Durchfahrverbot)* no thoroughfare, no entry
Fahrzeug [ˈfaːrtsɔyk] *n* vehicle
Fahrzeugbau [ˈfaːrtsɔykbau] *m* vehicle construction, vehicle production
Fahrzeugbrief [ˈfaːrtsɔykbriːf] *m* vehicle registration (document)
Fahrzeughalter(in) [ˈfaːrtsɔykhaltɐ(rɪn)] *m/f* vehicle owner
Fahrzeugschein [ˈfaːrtsɔykʃaɪn] *m* motor vehicle certificate
faktischer Konzern [ˈfaktɪʃər konˈtsɛrn] *m* de facto group
faktisches Arbeitsverhältnis [ˈfaktɪʃəs ˈarbaɪtsfərhɛltnis] *n* de facto employer/employee relationship
Faktor [ˈfaktoːɐ] *m* factor
Faktur [fakˈtuːɐ] *f* invoice
fakturieren [faktuˈriːrən] *v* invoice
Fall [fal] *m* case, matter
fällen [ˈfɛlən] *v (eine Entscheidung ~)* take a decision, make a decision
fallieren [faˈliːrən] *v* go bankrupt, become insolvent
fällig [ˈfɛlɪç] *adj* due, matured, payable; *~ werden* become due
Fälligkeit [ˈfɛlɪçkaɪt] *f* maturity
Fälligkeitsdatum [ˈfɛlɪçkaɪtsdaːtum] *n* due date, maturity date
fälschen [ˈfɛlʃən] *v* falsify, fake, forge
Falschbuchung [ˈfalʃbuːxuŋ] *f* false entry, fraudulent entry
Falschgeld [ˈfalʃgɛlt] *n* counterfeit money
Falschmeldung [ˈfalʃmelduŋ] *f* false report
Fälschung [ˈfɛlʃuŋ] *f* fake, falsification, forgery
fälschungssicher [ˈfɛlʃuŋszɪçɐ] *adj* forge-proof
Faltblatt [ˈfaltblat] *n* leaflet
Faltschachtel [ˈfaltʃaxtəl] *f* folding carton
Falz [falts] *m* fold
falzen [ˈfaltsən] *v* fold
Familienbetrieb [faˈmiːljənbətriːp] *m* family-run company
Familiengesellschaft [faˈmiːljəngəzelʃaft] *f* family-owned company
Familienname [faˈmiːljənnaːmə] *m* surname, last name *(US)*
Familienpackung [faˈmiːljənpakuŋ] *f* family-size package
Familienstand [faˈmiːljənʃtant] *m* marital status
Familienzulage [faˈmiːljəntsuːlaːgə] *f* family allowance
Farbabstufung [ˈfarpapʃtuːfuŋ] *f* colour gradation, colour graduation, shade
Farbband [ˈfarpbant] *n* ink ribbon
farbecht [ˈfarpɛçt] *adj* colourfast
Farbfoto [ˈfarpfoːtoː] *n* colour photo
farbig [ˈfarbɪç] *adj* coloured
Farbkopierer [ˈfarpkopiːrɐ] *m* colour copier
Farbkorrektur [ˈfarpkɔrɛktur] *f* adjustment in colour
Farbstoff [ˈfarpʃtɔf] *m* colouring, pigment, dye
Fass [fas] *n* barrel, cask, *(kleines)* keg
Fax [faks] *n* fax, facsimile transmission
Faxanschluss [ˈfaksanʃlus] *m* fax line
faxen [ˈfaksən] *v* fax
Faxgerät [ˈfaksgərɛːt] *n* fax machine

Faxnummer [ˈfaksnumɐ] *f* fax number
Faxpapier [ˈfakspapi:ɐ] *n* fax paper
Fazilität [fatsɪlitɛ:t] *f* credit facility, facility
Fazit [ˈfa:tsɪt] *n* net result; *das ~ aus etw ziehen* sum sth up
federführend [ˈfe:dərfy:rənt] *adj* leading, handling a contract
Federung [ˈfe:dərʊŋ] *f* springs *pl*, springiness, elasticity
Fehlbetrag [ˈfe:lbətra:k] *m* deficit, shortfall, shortage
Fehlentscheidung [ˈfe:lɛntʃaɪdʊŋ] *f* wrong decision
Fehler [ˈfe:lɐ] *m* **1.** mistake, error; **2.** *(Defekt)* defect, fault, imperfection
fehlerhaft [ˈfe:lərhaft] *adj* faulty, defective, unsound
fehlerlos [ˈfe:lərlo:s] *adj* faultless, flawless
Fehlerquelle [ˈfe:lerkvɛlə] *f* source of error
Fehlerquote [ˈfe:lərkvo:tə] *f* error rate
Fehlfunktion [ˈfe:lfʊŋktsjo:n] *f* disfunction, malfunction
Fehlinvestition [ˈfe:lɪnvɛstɪtsjo:n] *f* unprofitable investment
Fehlkalkulation [ˈfe:lkalkulatsjo:n] *f* miscalculation
Fehlkonstruktion [ˈfe:lkɔnstruktsjo:n] *f* misconstruction
Fehlschlag [ˈfe:lʃla:k] *m* *(fig: Misserfolg)* failure
fehlschlagen [ˈfe:lʃla:gən] *v irr (fig)* fail, go wrong
Fehlspekulation [ˈfe:lʃpekulatsjo:n] *f* **1.** *(in der Branche)* wrong speculation; **2.** *(gescheiterter Plan)* wrong assumption
Fehlverhalten [ˈfe:lfɛrhaltən] *n* inappropriate behaviour, lapse
Fehlzeiten [ˈfe:ltsaɪtən] *f/pl* time off; absence
Fehlzeitenquote [ˈfe:ltsaɪtənkvo:tə] *f* absence rate
Feierabend [ˈfaɪəra:bənt] *m* finishing time, quitting time; *~ machen* finish work, stop working
Feierschicht [ˈfaɪərʃɪçt] *f* idle shift
Feiertag [ˈfaɪərta:k] *m* holiday
Feiertagsarbeit [ˈfaɪərta:ksarbaɪt] *f* Sunday and holiday working
feilschen [ˈfaɪlʃən] *v* bargain, haggle, dicker *(US)*
Feinmechanik [ˈfaɪnmeça:nɪk] *f* high-precision engineering
Feldforschung [ˈfeltfɔrʃʊŋ] *f* field research
Fensterbriefumschlag [ˈfɛnstərbri:fumʃla:k] *m* window envelope
Ferien [ˈfe:rjən] *pl* holidays *pl*, vacation *(US)*
Ferienjob [ˈfe:rjəndʒɔp] *m* holiday job, vacation job *(US)*
Fernbedienung [ˈfɛrnbədi:nʊŋ] *f* remote control
Fernfahrer(in) [ˈfɛrnfa:rɐ(rɪn)] *m/f* long-distance lorry driver, long-haul truck driver
ferngelenkt [ˈfɛrngəlɛnkt] *adj* remote controlled
Ferngespräch [ˈfɛrngəʃprɛ:ç] *n* long-distance call, trunk call
ferngesteuert [ˈfɛrngəʃtɔyɐt] *adj* remote-controlled
Fernkurs [ˈfɛrnkurs] *m* correspondence course
Fernlehrinstitut [ˈfɛrnle:rinstitu:t] *n* correspondence school
Fernmeldetechnik [ˈfɛrnmɛldəteçnɪk] *f* telecommunications engineering
Fernsehen [ˈfɛrnze:ən] *n* television
Fernsteuerung [ˈfɛrnʃtɔyərʊŋ] *f* remote control
Ferntransport [ˈfɛrntranspɔrt] *m* long distance transport
Fernuniversität [ˈfɛrnuniverzitɛ:t] *f* distance learning institute
Fernverkehr [ˈfɛrnfɛrke:ɐ] *m* long distance traffic
Fernwärme [ˈfɛrnvɛrmə] *f* district heating
Fernwartung [ˈfɛɐnva:ɐtʊŋ] *f* remote maintenance, teleservice
fertigen [ˈfɛrtɪgən] *v* produce, manufacture
Fertigerzeugnis [ˈfɛrtɪçertsɔyknɪs] *n* finished product
Fertigprodukt [ˈfɛrtɪçprodukt] *n* finished product
Fertigung [ˈfɛrtɪgʊŋ] *f* manufacture, production, manufacturing
Fertigungsbereich [ˈfɛrtɪgʊŋsbəraɪç] *m (Branche)* manufacturing sector

F

Fertigungsbetrieb ['fɛrtɪguŋsbətri:p] *m* production plant
Fertigungskosten ['fɛrtɪguŋskɔstən] *pl* production costs *pl*
Fertigungslos ['fɛrtɪguŋslo:s] *n* **1.** *(Kostenrechnung)* direct and indirect material; **2.** *(Fertigung)* charge material
Fertigungssteuerung ['fɛrtɪguŋsʃtɔyəruŋ] *f* production control
Fertigungsvorbereitung ['fɛrtɪguŋsfo:rbəraɪtuŋ] *f* production planning
Fertigungswagnis ['fɛrtɪguŋswa:gnis] *n* production risk
fertig verpackt ['fɛrtɪç fɛr'pakt] *adj* already packed, prepacked
Fertigware ['fɛrtɪçwa:rə] *f* finished product
Festakt ['fɛstakt] *m* ceremony
fest angelegt [fɛst 'angəle:kt] *adj* tied-up
Festangestellte(r) ['fɛstangəʃtɛltə(-ɐ)] *f/m* permanent employee
Festauftrag ['fɛstauftra:k] *m* firm order
Festbetrag ['fɛstbətra:k] *m* fixed amount
Festbewertung ['fɛstbəve:rtuŋ] *f* permanent evaluation
Festgeld ['fɛstgɛlt] *n (Rücklagen)* fixed deposit
festhalten ['fɛsthaltən] *v irr* detain
Festigkeit ['fɛstɪçkaɪt] *f* **1.** *(von Preisen, Währung)* stability, steadiness; **2.** *(Standhaftigkeit)* firmness
Festkosten ['fɛstkɔstən] *pl* fixed costs *pl*
Festkurs ['fɛstkurs] *m (Börse)* fixed quotation
festlegen ['fɛstle:gən] *v* **1.** set, fix, specify; **2.** *(verpflichten)* commit; *sich ~* commit o.s.
festliegen ['fɛstli:gən] *v irr (Gelder)* to be frozen, to be locked up
Festlohn ['fɛstlo:n] *m* fixed salary, fixed wage
Festplatte ['fɛstplatə] *f (EDV)* hard disk
Festplattenlaufwerk ['fɛstplatənlaufvɛrk] *n (EDV)* hard disk drive
Festpreis ['fɛstpraɪs] *m* fixed price
festsetzen ['fɛstzɛtsən] *v* lay down, fix, determine
Festsetzung ['fɛstzɛtsuŋ] *f* setting, determination
feststehen ['fɛstʃte:ən] *v (Termin)* to be set
festverzinslich ['fɛstfɛrtsɪnslɪç] *adj* fixed-interest bearing
festverzinsliche Wertpapiere ['fɛstfɛrtsɪnslɪçə 'wertpapi:rə] *n/pl* fixed-interest securities *pl*
feuerbeständig ['fɔyərbəʃtɛndɪç] *adj* fire-resistant, fireproof
feuergefährlich ['fɔyərgəfɛ:rlɪç] *adj* flammable, combustible, inflammable
Feuermelder ['fɔyərmɛldɐ] *m* fire alarm
Feuerwehrfonds ['fɔyərwe:rfɔ̃] *m* fire-fighting fund
Fiasko ['fjasko] *n* fiasco
Filialbetrieb [fil'ja:lbətri:p] *m* branch operation; chain store
Filiale [fil'ja:lə] *f* branch, branch office
Filialgeschäft [fil'ja:lgəʃɛft] *n* branch store
Filialleiter(in) [fil'ja:llaɪtɐ(rɪn)] *m/f* branch manager
Filter ['fɪltɐ] *m/n* filter
Filzstift ['fɪltsʃtɪft] *m* felt-tip pen
Finanzamt [fɪ'nantsamt] *n* inland revenue, tax office
Finanzanlage [fɪ'nantsanla:gə] *f* financial investment
Finanzausgleich [fɪ'nantsausglaɪç] *m* tax revenue sharing
Finanzbeamter [fɪ'nantsbəamtɐ] *m* revenue official
Finanzbeamtin [fɪ'nantsbəamtɪn] *f* (female) revenue official
Finanzbuchhaltung [fɪ'nantsbu:xhaltuŋ] *f* financial accounting
Finanzdienstleistungen [fɪ'nantsdi:nstlaɪstuŋən] *f/pl* financial services *pl*
Finanzen [fɪ'nantsən] *pl* finances *pl*
Finanzexperte [fɪ'nantsɛkspɛrtə] *m* financial expert
Finanzgeschäft [fɪ'nantsgəʃɛft] *n* financing
Finanzgruppe [fɪ'nantsgrupə] *f* group of financiers
Finanzhoheit [fɪ'nantsho:haɪt] *f* financial autonomy
finanziell [fɪnan'tsjɛl] *adj* financial
finanzielle Mittel [fɪnan'tsjɛlə 'mɪtəl] *pl* financial resources *pl*, funds *pl*

finanzielles Gleichgewicht [fınan'ts-jɛləs 'glaıçgəwıçt] *n* financial equilibrium
Finanzier [fınan'tsje:] *m* financier
finanzieren [fınan'tsi:rən] *v* finance
Finanzierungsart [fınan'tsi:ruŋsart] *f* financing type, type of financing
Finanzierungsgesellschaft [fınan'tsi:-ruŋsgəzɛlʃaft] *f* finance company
Finanzierungshilfe [fınan'tsı:ruŋs-hılfə] *f* financing aid
Finanzierungskosten [fınan'tsi:ruŋs-kɔstən] *pl* financing costs *pl*
Finanzimperium [fı'nantsımpe:rium] *n* financial empire
finanzkräftig [fı'nantskrɛftıç] *adj* financially strong, financially sound
Finanzkrise [fı'nantskri:zə] *f* financial crisis
Finanzlage [fı'nantsla:gə] *f* financial state, financial situation
Finanzloch [fı'nantslɔx] *n* fiscal gap
Finanzmanagement [fı'nantsmɛnıtʃ-mənt] *n* financial management
Finanzmärkte [fı'nantsmɛrktə] *m/pl* financial markets *pl*
Finanzminister(in) [fı'nantsminis-tɐ(rın)] *m/f* Finance Minister, Chancellor of the Exchequer *(UK)*, Secretary of the Treasury *(US)*
Finanzplan [fı'nantspla:n] *m* financing scheme, budget scheme
Finanzplatz [fı'nantsplats] *m* financial centre
Finanzpolitik [fı'nantspoliti:k] *f* financial policy, fiscal policy
finanzpolitisch [fı'nantspoli:tıʃ] *adj* of fiscal policy
Finanzschulden [fı'nantsʃuldən] *f/pl* corporate borrowings *pl*
finanzschwach [fı'nantsʃvax] *adj* financially weak
Finanzspritze [fı'nantsʃprıtsə] *f (fam)* cash injection
Finanztransaktionssteuer [fı'nants-transaktsjo:nsʃtoyɐ] *f* financial transaction tax (FTT)
Finanzverwaltung [fı'nantsfɛrvaltuŋ] *f* finance administration
Finanzwesen [fı'nantsve:zən] *n* finance
Finanzzoll [fı'nantstsɔl] *m* revenue tariff
Firma ['fırma] *f* firm, company; *die ~ Coors* the Coors company
Firmenbeständigkeit ['fırmənbəʃtɛn-diçkaıt] *f* company stability
Firmenchef(in) ['fırmənʃɛf(ın)] *m/f* head of the firm, head of the company
Firmeninhaber(in) ['fırmənınha:bɐ(rın)] *m/f* owner of the firm, owner of the company
Firmenkundengeschäft ['fırmənkun-dəngəʃɛft] *n* wholesale banking
Firmenname ['fırmənna:mə] *m* firm name, company name
Firmenöffentlichkeit ['fırmənœfənt-liçkaıt] *f* public relations of the company
Firmenregister ['fırmənregıstɐ] *n* register of companies
Firmenschild ['fırmənʃılt] *n* company name-plate
Firmenstempel ['fırmənʃtɛmpəl] *m* company stamp
Firmenwagen ['fırmənva:gən] *m* company car
Firmenwahrheit ['fırmənva:rhaıt] *f* company truth
Firmenwert ['fırmənve:rt] *m* goodwill
Fischerei [fıʃə'raı] *f* fishing
fiskalisch [fıs'ka:lıʃ] *adj* fiscal
Fiskus ['fıskus] *m* treasury, fiscal authorities *pl*, Exchequer *(UK)*
Fixer(in) ['fıksɐ(rın)] *m/f* bear seller
Fixkosten ['fıkskɔstən] *pl* fixed costs *pl*
Fixkostendeckungsrechnung ['fıks-kɔstəndɛkuŋsrɛçnuŋ] *f* analysis of fixed-cost allocation
Fixkostendegression ['fıkskɔstən-degrɛsjo:n] *f* fixed cost degression
Fixpreis ['fıkspraıs] *m* fixed price
Flächenmaße ['flɛçənma:sə] *n/pl* square measurement
Flaute ['flautə] *f* slump, recession, slackness
Fleiß [flaıs] *m* diligence, industry, assiduousness
fleißig ['flaısıç] *adj* diligent, hard-working, industrious
flexibel [flɛk'si:bəl] *adj* flexible
Flexibilität [flɛksibılı'tɛ:t] *f* flexibility, versatility
flexible Altersgrenze [flɛk'si:blə 'al-tərsgrɛntsə] *f* flexible age limit

flexible Plankostenrechnung [flɛk'si:blə 'pla:nkɔstənrɛçnuŋ] *f* flexible budgeting
flexible Wechselkurse [flɛk'si:blə 'vɛkzəlkursə] *m/pl* flexible currency rates *pl*
Fließband ['fli:sbant] *n* conveyor belt; *(als Einrichtung)* assembly line
Fließbandarbeiter(in) ['fli:sbantarbaɪtɐ(rɪn)] *m/f* assembly line worker
Fließfertigung ['fli:sfɛrtiguŋ] *f* continuous flow production
Floor [flo:ɐ] *m* floor
Flugblatt ['flu:kblat] *n* leaflet, handbill
Flugdauer ['flu:kdauɐ] *f* duration of the flight, flight duration
Fluggesellschaft ['flu:kgəzɛlʃaft] *f* airline
Flughafen ['flu:kha:fən] *m* airport
Fluglinie ['flu:kli:njə] *f* **1.** *(Strecke)* air route; **2.** *(Fluggesellschaft)* airline
Flugplan ['flu:kpla:n] *m* flight schedule, timetable
Flugverkehr ['flu:kvɛrke:ɐ] *m* air traffic
Flugzeug ['flu:ktsɔyk] *n* airplane, plane, aircraft
Flugzeugbau ['flu:ktsɔykbau] *m* aircraft construction
Fluktuation [fluktua'tsjo:n] *f* fluctuation
fluktuieren [fluktu'i:rən] *v* fluctuate
Flussbild ['flusbɪlt] *n* flow chart
Folgekosten ['fɔlgəkɔstən] *pl* consequential costs *pl*
Folie ['fo:ljə] *f* foil
folienverpackt ['fo:ljənfɛrpakt] *adj* in foil packaging
Fonds [fɔ̃] *m* fund
forcieren [fɔr'si:rən] *v* force
Förderanlage ['fœrdəranla:gə] *f* transporting plant, transporting equipment, transporter
Förderband ['fœrdərbant] *n* conveyor belt
Fördermenge ['fœrdərmɛngə] *f* output, transporting capacity, conveying capacity, hauling capacity
Forderung ['fɔrdəruŋ] *f* *(Geldforderung)* claim, debt
Form [fɔrm] *f* **1.** form, shape; *zu großer ~ auflaufen* to be in great shape; **2.** *(Gussform)* mould, casting mould, mold *(US)*
Formalität [fɔrmali'tɛ:t] *f* formality
Format [fɔr'ma:t] *n* *(Maß)* format, shape, size
formatieren [fɔrma'ti:rən] *v* format
Formatierung [fɔrma'ti:ruŋ] *f* formatting
formbeständig ['fɔrmbəʃtɛndɪç] *adj* shape-retaining
Formblatt ['fɔrmblat] *n* form
Formel ['fɔrməl] *f* formula
Formfehler ['fɔrmfe:lɐ] *m* irregularity
Formkaufmann ['fɔrmkaufman] *m* merchant by legal form
formlos ['fɔrmlo:s] *adj (fig)* informal, unconventional, unceremonious; *adv (fig)* informally
Formsache ['fɔrmzaxə] *f* mere formality
Formular [fɔrmu'la:ɐ] *n* form
Formvorschriften ['fɔrmfo:rʃrɪftən] *f/pl* formal requirements *pl*
Formwechsel ['fɔrmvɛksəl] *m* modification
forschen ['fɔrʃən] *v (wissenschaftlich)* research
Forscher ['fɔrʃɐ] *m (wissenschaftlicher ~)* researcher, research scientist
Forschung ['fɔrʃuŋ] *f* research, study, investigation
Forschung & Entwicklung (F&E) ['fɔrʃuŋ unt ɛnt'vɪkluŋ] *f* research and development (R & D)
Forschungsauftrag ['fɔrʃuŋsauftra:k] *m* research assignment
Forschungsinstitut ['fɔrʃuŋsɪnstitu:t] *n* research institute
Forschungslabor ['fɔrʃuŋslabo:ɐ] *n* research laboratory
Forschungszentrum ['fɔrʃuŋstsɛntrum] *n* research centre
Fortbildung ['fɔrtbɪlduŋ] *f* further education, advanced training
Fortschritt ['fɔrtʃrɪt] *m* progress, advancement
fortschrittlich ['fɔrtʃrɪtlɪç] *adj* progressive
Foto ['fo:to] *n* photograph, picture, photo; *~Handy* (mobile) camera phone
Foto-CD ['fo:totse:de:] *f* photo CD
Fotografie [fo:togra'fi:] *f* photography
fotografieren [fo:togra'fi:rən] *v* photograph
Fotokopie [fo:toko'pi:] *f* photocopy

fotokopieren [fo:toko'pi:rən] *v* photocopy, make a photocopy

Fotokopierer [fo:toko'pi:rɐ] *m* copier, photocopier

Fracht [fraxt] *f* **1.** *(Preis)* freight; **2.** *(Ware)* cargo, freight

Fracht nach Gewicht oder Maß (w/m) ['fraxt na:ç gə'vɪçt o:dər 'ma:s] freight per weight or measurement (w/m)

Fracht vorausbezahlt (frt. pp.) ['fraxt fo'rausbətsa:lt] freight prepaid (frt. pp.)

Frachtbasis ['fraxtba:zis] *m* freight basis

Frachtbrief ['fraxtbri:f] *m* consignment note, bill of lading

Frachtbuchung ['fraxtbu:xuŋ] *f* freight booking

Frachter ['fraxtɐ] *m* cargo ship, freighter

frachtfrei ['fraxtfraɪ] *adj* freight paid, carriage paid

Frachtführer ['fraxtfy:rɐ] *m* carrier, freight forwarder

Frachtgut ['fraxtgu:t] *n* freight, freight goods *pl*

Frachtkosten ['fraxtkɔstən] *pl* freightage, freight charges *pl*, carrying charges *pl*

Frachtnachnahme (frt. fwd.) ['fraxtna:xna:mə] *f* freight forward (frt. fwd.)

Frachtraum ['fraxtraum] *m* cargo compartment

Frachtschiff ['fraxtʃɪf] *n* freighter

Frachtzettel (w/b) ['fraxttsɛtəl] *m* freight bill (w/b), waybill

Fragebogen ['fra:gəbo:gən] *m* questionnaire

frei [fraɪ] *adj (kostenlos)* free, complimentary, gratis, free of charge

frei an Bord (FOB) ['fraɪ an 'bɔrt] *adj* free on board (FOB)

frei Schiff (FOS) ['fraɪ 'ʃɪf] *adj* free on steamer (FOS)

frei von jeder Beschädigung (FAA) ['fraɪ fɔn 'je:dər bə'ʃɛ:dɪguŋ] *adj* free of all average (FAA)

frei von Teilbeschädigung (FPA) ['fraɪ fɔn 'taɪlbəʃɛ:diguŋ] *adj* free of particular average (FPA)

freiberuflich ['fraɪbəru:flɪç] *adj* self-employed, freelance; *adv* freelance

Freibetrag ['fraɪbətra:k] *m* tax allowance, tax-exempt amount

freibleibend ['fraɪblaɪbənt] *adj* subject to confirmation, not binding, subject to change without notice

freie Ein- und Ausladung (FIO) ['fraɪə 'aɪn unt 'auzla:duŋ] *f* free in and out (FIO)

freie Güter ['fraɪə gy:tɐ] *n/pl* free goods

freie Marktwirtschaft ['fraɪə 'marktvɪrtʃaft] *f* free market economy

freie(r) Mitarbeiter(in) ['fraɪə(-ɐ) 'mɪtarbaɪtɐ(rɪn)] *m/f* freelance

freier Beruf ['fraɪər bə'ru:f] *m* liberal profession

Freihandel ['fraɪhandəl] *m* free trade, over-the-counter trade

Freihandelszone ['fraɪhandəlstso:nə] *f* free trade zone

freihändig ['fraɪhɛndɪç] *adv (Verkauf)* directly, in the open market, over the counter *(US)*

freimachen ['fraɪmaxən] *v (frankieren)* stamp

Freizeit ['fraɪtsaɪt] *f* free time, spare time, leisure time

Freizone ['fraɪtso:nə] *f* free zone

Fremdfinanzierung ['frɛmtfɪnantsi:ruŋ] *f* outside financing, debt financing

Fremdkapital ['frɛmtkapita:l] *n* borrowed capital, debt capital

Fremdleistung ['frɛmtlaɪstuŋ] *f* outside services *pl*

Fremdsprache ['frɛmtʃpra:xə] *f* foreign language

fremdsprachig ['frɛmtʃpra:xɪç] *adj* in a foreign language, foreign-language

Fremdverschulden ['frɛmtfɛrʃuldən] *n* third-party fault

Fremdwährung ['frɛmtvɛ:ruŋ] *f* foreign currency

Fremdwährungswechsel ['frɛmtvɛ:ruŋsvɛksəl] *m* foreign currency bill

Friedenspflicht ['fri:dənspflɪçt] *f* peacekeeping duty

Frist [frɪst] *f* period, *(äußerste ~)* deadline, time span, time limit

Frühinvalide ['fry:ɪnvali:də] *m* person disabled before retirement age

Frührentner(in) ['fry:rɛntnɐ(rɪn)] *m/f* person taking early retirement

Frühschicht [ˈfry:ʃɪçt] *f* early shift
führen [ˈfy:rən] *v* **1.** lead, direct, guide; **2.** *(leiten)* manage, lead, run; **3.** *(Ware)* carry; *Verhandlungen ~* negotiate; *eine Liste ~* keep a list
Fuhrpark [ˈfu:rpark] *m* fleet
Führung [ˈfy:ruŋ] *f* **1.** *(Leitung)* control, management, leadership; **2.** *(Benehmen)* behaviour, conduct
Führungshierarchie [ˈfy:ruŋshierarçi:] *f* managerial hierarchy
Führungsinformationssystem [ˈfy:ruŋsɪnfɔrmatsjo:nszyste:m] *n* management information system
Führungskraft [ˈfy:ruŋskraft] *f* manager, executive
Führungsposition [ˈfy:ruŋspositsjo:n] *f* management position
Führungsstil [ˈfy:ruŋsʃti:l] *m* management style, leadership style
Führungstechniken [ˈfy:ruŋstɛçnikən] *f/pl* management techniques *pl*
Führungswechsel [ˈfy:ruŋsvɛksəl] *m* change in leadership
Führungszeugnis [ˈfy:ruŋstsɔyknɪs] *n* certificate of conduct
Fuhrunternehmen [ˈfu:runtərne:mən] *n* haulage company, trucking company *(US)*
Fuhrunternehmer [ˈfu:runtərne:mɐ] *m* haulage contractor, carrier
Füllmaterial [ˈfylmaterja:l] *n* filler
fungieren [fuŋˈgi:rən] *v ~ als* function as, act as
Funkanlage [ˈfuŋkanla:gə] *f* radio equipment, radio set
Funkstörung [ˈfuŋkʃtø:ruŋ] *f* radio interference
Funktion [fuŋkˈtsjo:n] *f* function; *beratende ~* advisory function
funktional [fuŋktsjoˈna:l] *adj* functional
Funktionalorganisation [fuŋktjoˈna:lɔrganisatsjo:n] *f* functional organization
Funktionär [fuŋktsjoˈnɛ:ɐ] *m* functionary
funktionell [fuŋktsjoˈnɛl] *adj* functional
funktionieren [fuŋktjoˈni:rən] *v* function, work, operate; *Dieses Gerät funktioniert nicht.* This device doesn't work.
funktionstüchtig [fuŋkˈtsjo:nstyçtɪç] *adj* efficient, functional
Funktionsmanager [fuŋkˈtsjo:nsmænædʒɐ] *m* functional manager
für Konto (a/c) [fy:r ˈkɔnto:] *f* account current (a/c)
Fürsorgepflicht des Arbeitgebers [ˈfy:rzɔrgəpfliçt dɛs ˈarbaɪtge:bərs] *f* employer's duty of care
Fürsprache [ˈfy:rʃpra:xə] *f ~ für jdn einlegen* put in a good word for s.o.
Fürsprecher [ˈfy:rʃprɛçɐ] *m* advocate, interceder, intercessor
Fusion [fuˈzjo:n] *f* merger
fusionieren [fuzjoˈni:rən] *v* merge, consolidate
Fusionsbilanz [fuzˈjo:nsbilants] *f* merger balance sheet
Fusionsvertrag [fuˈzjo:nsfɛrtra:k] *m* merger agreement
Futures [ˈfju:tʃərs] *pl* futures *pl*

G

Gage ['ga:ʒə] *f* fee, salary
galoppierend [galo'pi:rənt] *adj (Preise, Kurse)* galloping, runaway
galoppierende Inflation [galo'pi:rendə infla'tsjo:n] *f* galloping inflation
gängig ['gɛŋɪç] *adj (gut verkaufbar)* marketable
Gängigkeit ['gɛŋɪçkaɪt] *f* marketability
ganzjährig ['gantsjɛ:rɪç] *adj* all year (round), twelvemonth
ganztägig ['gantstɛ:gɪç] *adj* all day
Ganztagsbeschäftigung ['gantsta:ksbəʃɛftɪguŋ] *f* full time job
Gap-Analyse ['gæpanaly:zə] *f* gap analysis
Garant [ga'rant] *m (Bürge)* guarantor
Garantie [ga:ran'ti:] *f* **1.** guaranty, guarantee; **2.** warranty
Garantieanspruch [ga:ran'ti:anʃprux] *m* warranty claim, claim under warranty
Garantiebedingung [ga:ran'ti:bədɪŋuŋ] *f* term of a guarantee
Garantiefonds [ga:ran'ti:fɔ̃] *m* guaranty fund
Garantiegeschäft [ga:ran'ti:gəʃɛft] *n* guaranty business
Garantiehaftung [ga:ran'ti:haftuŋ] *f* liability for breach of warranty
Garantiekapital [ga:ran'ti:kapita:l] *n* capital serving as a guarantee
Garantiekarte [ga:ran'ti:kartə] *f* certificate of warranty
Garantiekonsortium [ga:ran'ti:kɔnzɔrtsium] *n* underwriting syndicate
Garantieleistung [ga:ran'ti:laɪstuŋ] *f* providing of guarantee
Garantiertes Gewicht (w.g.) [ga:ran'ti:rtəs gə'vixt] *n* weight guaranteed (w.g.)
Garantiestempel [ga:ran'ti:ʃtɛmpəl] *m* warranty stamp
Garantieverpflichtung [ga:ran'ti:fɛrpfliçtuŋ] *f* guarantee obligation
Garantiewechsel [ga:ran'ti:vɛksəl] *m* security bill
Garantiezeit [ga:ran'ti:tsaɪt] *f* guarantee, warranty
GATT [gat] *(Allgemeines Zoll- und Handelsabkommen)* General Agreement on Tariffs and Trade (GATT)
Gattungskauf ['gatuŋskauf] *m* sale by description
Gattungsschuld ['gatuŋsʃult] *f* obligation to supply certain articles
Gattungsvollmacht ['gatuŋsfɔlmaxt] *f* generic power
Gebietsansässiger [gə'bi:tsa:nzɛsigɐ] *m* resident
Gebietsfremder [gə'bi:tsfrɛmdɐ] *m* non-resident
Gebietskartell [gə'bi:tskartɛl] *n* market sharing cartel
Gebietskörperschaft [gə'bi:tskørpərʃaft] *f* regional authority
Gebietsleiter(in) [gə'bi:tslaɪtɐ(rɪn)] *m/f* regional manager
Gebietsvertreter [gə'bi:tsfɛrtre:tɐ] *m* area representative
gebietsweise [gə'bi:tsvaɪzə] *adj* regionally, locally
Gebilde [gə'bɪldə] *n* entity
geborene Orderpapiere [gə'bo:rənə 'ɔrdərpa:pi:rə] *n/pl* original order papers *pl*; instruments to order by law *pl*
Gebot [gə'bo:t] *n (Vorschrift)* rule
Gebrauchsanweisung [gə'brauxsanvaɪzuŋ] *f* instructions *pl*, instructions for use *pl*
Gebrauchsartikel [gə'brauxsartɪkəl] *m/pl* utility articles *pl*, durable consumer goods *pl*
gebrauchsfertig [gə'brauxsfɛrtɪç] *adj* ready for use
Gebrauchsgüter [gə'brauxsgy:tɐ] *n/pl* durable consumer goods *pl*
Gebrauchsmuster [gə'brauxsmustɐ] *n* utility-model patent
Gebrauchsschutz [gə'brauxsʃuts] *m* protection of patents
Gebrauchswert [gə'brauxsvɛrt] *m* value in use
Gebrauchtwagen [gə'brauxtva:gən] *m* used car

Gebrauchtwaren [gəˈbrauxtvaːrən] *f/pl* second-hand articles *pl*
gebrochene Preise [gəˈbrɔxənə ˈpraɪzə] *m/pl* odd prices *pl*
gebrochener Schluss [gəˈbrɔxənər ʃlus] *m* odd lot
Gebrüder [gəˈbryːdɐ] *pl* Brothers *pl*
Gebühr [gəˈbyːɐ] *f* fee
Gebührenerhöhung [gəˈbyːrənɛrhøːuŋ] *f* increase in fees
Gebührenerlass [gəˈbyːrənɛrlas] *m* remission of fees
gebührenfrei [gəˈbyːrənfraɪ] *adj* free of charge
gebührenpflichtig [gəˈbyːrənpflɪçtɪç] *adj* liable to charge
Gebührensatz [gəˈbyːrənzats] *m* rate
gebundene Währung [gəˈbundənə ˈvɛːruŋ] *f* linked currency
Geburtsdatum [gəˈburtsdaːtum] *n* date of birth
Geburtsort [gəˈburtsɔrt] *m* place of birth
Geburtstag [gəˈburtstaːg] *m* birthday
gedeckt [gəˈdɛkt] *adj (Scheck)* covered
gedeckter Kredit [gəˈdɛktər krəˈdiːt] *m* covered credit
gedeckter Scheck [gəˈdɛktər ʃɛk] *m* covered cheque
gedeihen [gəˈdaɪən] *v irr (Umsätze)* prosper, flourish
gediehen [gəˈdiːən] *adj* good-quality, solid(-quality)
gedrückt [gəˈdrʏkt] *adj (Kurse)* depressed
geeignet [gəˈaɪgnət] *adj* suitable, proper
Gefahr [gəˈfaːɐ] *f* risk, peril, danger
Gefahrenbereich [gəˈfaːrənbəraɪç] *m* danger area, danger zone
Gefahrenherd [gəˈfaːrənhɛrt] *m* source of trouble, hot spot
Gefahrenmoment [gəˈfaːrənmoːmɛnt] *n* hazard, risk
Gefahrenzulage [gəˈfaːrəntsuːlaːgə] *f* danger money
Gefahrgüter [gəˈfaːrgyːtɐ] *n/pl* hazardous materials *pl*
Gefahrgütertransport [gəˈfaːrgyːtərtranspɔrt] *m* transport of hazardous materials
gefährlich [gəˈfɛːrlɪç] *adj* hazardous
Gefahrübergang [gəˈfaːryːbərgaŋ] *m* passage of risk
gefahrvoll [gəˈfaːrfɔl] *adj* dangerous, risky
Gefälligkeitsakzept [gəˈfɛliçkaɪtsaktsɛpt] *n* accommodation acceptance
Gefälligkeitsgiro [gəˈfɛliçkaɪtsʃiːro] *n* accommodation endorsement
Gefälligkeitsvertrag [gəˈfɛlɪçkaɪtsfɛrtraːk] *m* accomodation contract, accomodation agreement
gefälscht [gəˈfɛlʃt] *adj* counterfeit, forged, fake
gefälschter Scheck [gəˈfɛlʃtər ʃɛk] *m* forged cheque
gefragt [gəˈfraːkt] *adj (Ware)* (much) in demand, sought after
gegen Akkreditiv [ˈgeːgən akredɪˈtiːf] against letter of credit
gegen Barzahlung [ˈgeːgən ˈbaːrtsaːluŋ] against cash
gegen Bezahlung [ˈgeːgən bəˈtsaːluŋ] for (ready) money
gegen Nachnahme [ˈgeːgən ˈnaːxnaːmə] cash on delivery
Gegenakkreditiv [ˈgeːgənakredɪtiːf] *n* back-to-back letter of credit
Gegenangebot [ˈgeːgenangəboːt] *n* counter offer
Gegenauslese [ˈgeːgenausleːzə] *f* adverse selection
Gegenbuchung [ˈgeːgənbuːxuŋ] *f* counter entry
Gegenentwurf [ˈgeːgənɛntvurf] *m* counter project, alternative (project)
Gegenforderung [ˈgeːgənfɔrdəruŋ] *f* counterclaim
Gegengeschäft [ˈgeːgəngəʃɛft] *n* countertrade, counterdeal, back-to-back transaction
Gegenleistung [ˈgeːgenlaɪstuŋ] *f* **1.** return; **2.** *(wirtschaftlich)* valuable consideration
Gegenmaßnahmen [ˈgeːgənmaːsnaːmən] *f/pl* countermeasures *pl*
Gegenposten [ˈgeːgənpɔstən] *m* contra entry
Gegenquittung [ˈgeːgənkvɪtuŋ] *f* counterreceipt
Gegenrechnung [ˈgeːgənrɛçnuŋ] *f* contra account, check account, counterclaim

Gegensaldo ['ge:gənzaldo] *m* counterbalance
gegenseitiger Vertrag ['ge:gənsaıtıgər fɛr'tra:k] *m* reciprocal contract
Gegenseitigkeitsabkommen ['ge:gənzaıtıçkaıtsapkɔmən] *n* reciprocal (trade) agreement
Gegenseitigkeitsklausel ['ge:gənzaıtıçkaıtsklauzəl] *f* reciprocity clause
Gegenstromverfahren ['ge:gənʃtro:mfɛrfa:rən] *n* mixed top-down/bottom-up planning system
Gegenwartswert ['ge:gənvartsvɛrt] *m* present value
Gehalt [gə'halt] *n* salary
Gehaltsabrechnung [gə'haltsaprɛçnuŋ] *f* salary statement
Gehaltsabzug [gə'haltsaptsu:k] *m* deduction from salary
Gehaltserhöhung [gə'haltsɛrhø:uŋ] *f* rise in salary *(UK)*, salary raise, pay raise *(US)*
Gehaltsforderung [gə'haltsfɔrdəruŋ] *f* salary claim
Gehaltskonto [gə'haltskɔnto:] *n* salary account
Geheimkonferenz [gə'haımkɔnferɛnts] *f* secret conference
Geheimkonto [gə'haımkɔnto] *n* secret account
Geheimvertrag [gə'haımfɛrtra:k] *m* secret treaty
gekreuzter Scheck [gə'krɔytstər ʃɛk] *m* crossed cheque
Geld [gɛlt] *n* money
Geldabfindung ['gɛltapfınduŋ] *f* compensation, monetary compensation
Geldakkord ['gɛltakɔrt] *m* money piece rate
Geldangebot ['gɛltangəbo:t] *n* supply of money
Geldanlage ['gɛltanla:gə] *f* investment
Geldanleihe ['gɛltanlaıə] *f* loan
Geldautomat ['gɛltautoma:t] *m* ATM, automated teller machine
Geldbasis ['gɛltba:zıs] *f* monetary base
Geldbasiskonzept ['gɛltba:zıskɔntsɛpt] *n* monetary base principle
Geldbetrag ['gɛltbətra:k] *m* amount of money
Geldbörse ['gɛltbœrzə] *f* money market
Gelddeckung ['gɛltdɛkuŋ] *f* sum total of liquid funds
Gelddisposition ['gɛltdıspɔzıtsjo:n] *f* money operations; cash management
Geldeingang ['gɛltaıngaŋ] *m* receipt of money
Geldeinlage ['gɛltaınla:gə] *f* investments *pl*, invested capital
Geldexport ['gɛltɛkspɔrt] *m* money export
Geldfaktor ['gɛltfakto:ɐ] *m* monetary factor
Geldforderung ['gɛltfɔrdəruŋ] *f* outstanding debt, moneyclaim
Geldfrage ['gɛltfra:gə] *f* financial matter
Geldfunktionen ['gɛltfunktsjo:nən] *f/pl* functions of money *pl*
Geldgeber(in) ['gɛltge:bɐ(rın)] *m/f* sponsor
Geldgeschäft ['gɛltgəʃɛft] *n* **1.** *(Vorgang)* money transaction, financial transaction; **2.** *(Branche)* financial business, banking business
Geldhaltung ['gɛlthaltuŋ] *f* money management
Geldherrschaft ['gɛlthɛrʃaft] *f* plutocracy
Geldimport ['gɛltımpɔrt] *m* money import
Geldkapital ['gɛltkapita:l] *n* monetary capital
Geldkreislauf ['gɛltkraıslauf] *m* money circulation, money circuit
Geldkrise ['gɛltkri:zə] *f* monetary crisis
Geldkurs ['gɛltkurs] *m* buying rate, bid price, demand price, money rate
Geldleistung ['gɛltlaıstuŋ] *f* payment
Geldlohn ['gɛltlo:n] *m* money wage
Geldmacherei ['gɛltmaxəraı] *f* money-making
Geldmacht ['gɛltmaxt] *f* financial power
Geldmarkt ['gɛltmarkt] *m* money market
Geldmarktfonds ['gɛltmarktfõ:] *m* money market funds *pl*
Geldmarktkonto ['gɛltmarktkɔnto] *n* money market account
Geldmarktkredit ['gɛltmarktkredi:t] *m* money market credit

Geldmarktpapier ['gɛltmarktpapiːɐ] *n* money market securities *pl*
Geldmarktpolitik ['gɛltmarktpolitiːk] *f* money market policy
Geldmarktsatz ['gɛltmarktzats] *m* money market rate
Geldmenge ['gɛltmɛŋə] *f* money supply, monetary supply
Geldmengenziel ['gɛltmɛŋəntsiːl] *n* money supply target
Geldnachfrage ['gɛltnaːxfraːgə] *f* demand for money
G
Geldnutzen ['gɛltnutsən] *m* utility of funds
Geldpolitik ['gɛltpolitiːk] *f* monetary policy
Geldrechnung ['gɛltrɛçnuŋ] *f* cash basis of accounting
Geldsatz ['gɛltzats] *m* money rate
Geldschleier ['gɛltʃlaɪɐ] *m* *(falscher Fokus)* veil of money
Geldschöpfung ['gɛltʃœpfuŋ] *f* creation of money
Geldschöpfungsmultiplikator ['gɛltʃœpfuŋsmultiplikaːtor] *m* money creation ratio
Geldsortiermaschine ['gɛltsɔrtiːrmaʃiːnə] *f* money sorting machine
Geldstrafe ['gɛltʃtraːfə] *f* fine
Geldstromanalyse ['gɛltʃtroːmanalyːzə] *f* flow-of-funds analysis
Geldsubstitut ['gɛltzubstituːt] *n* money substitute
Geldsurrogate ['gɛltzurogaːtə] *n/pl* substitute money
Geldüberhang ['gɛltyːbərhaŋ] *m* excessive supply of money
Geldüberweisung ['gɛltyːbərvaɪzuŋ] *f* money transfer, transfer of money
Geldumlauf ['gɛltumlauf] *m* money circulation, money circuit
Geldumlaufsgeschwindigkeit ['gɛltumlaufsgəʃvɪndɪçkaɪt] *f* velocity of circulation of money
Geldumsatz ['gɛltumzats] *m* turnover of money
Geldumstellung ['gɛltumʃtɛluŋ] *f* currency conversion, money conversion
Geldverdiener(in) ['gɛltfɛrdiːnɐ(rɪn)] *m/f* moneymaker
Geldverfassung ['gɛltfɛrfasuŋ] *f* monetary structure
Geldverknappung ['gɛltfɛrknapuŋ] *f* monetary restriction, contraction of money supply
Geldverlust ['gɛltfɛrlust] *m* financial loss, pecuniary loss
Geldvermögen ['gɛltfɛrmøːgən] *n* financial assets *pl*
Geldvermögenswert ['gɛltfɛrmøːgənsveːrt] *m* financial asset
Geldvernichtung ['gɛltfɛrnɪçtuŋ] *f* reduction of the volume of money
Geldverschwendung ['gɛltfɛrʃvɛnduŋ] *f* waste of money
Geldvolumen ['gɛltvoluːmən] *n* volume of money
Geldwachstum ['gɛltvakstuːm] *n* money growth
Geldwäsche ['gɛltvɛʃə] *f* money laundering
Geldwechselgeschäft ['gɛltvɛksəlgəʃɛft] *n* currency exchange business
Geldwert ['gɛltveːrt] *m* value of money
geldwerter Vorteil ['gɛltveːrtər 'foːrtaɪl] *m* financial advantage
Geldwertbestimmungen ['gɛltveːrtbəʃtɪmuŋən] *f/pl* valuation
Geldwertschwund ['gɛltveːrtʃvunt] *m* currency erosion
Geldwertsicherungsklausel ['gɛltveːrtzɪçəruŋsklauzəl] *f* money guarantee clause
Geldwertstabilität ['gɛltveːrtʃtabilitɛːt] *f* monetary stability
Geldwesen ['gɛltveːzən] *n* monetary system
Geldwirtschaft ['gɛltvɪrtʃaft] *f* money economy
geldwirtschaftlich ['gɛltvɪrtʃaftlɪç] *adj* monetary, financial
Geldzählautomat ['gɛlttsɛːlautomaːt] *m* money counting machine
Geldzahlung ['gɛlttsaːluŋ] *f* payment
Geldzins ['gɛlttsɪns] *m* interest on money
Geldzirkulation ['gɛlttsɪrkulatsjoːn] *f* money circulation, money circuit
Gelegenheitsgesellschaft [gə'leːgənhaɪtsgəzɛlʃaft] *f* temporary joint venture
Geltung ['gɛltuŋ] *f* *(Gültigkeit)* validity
Geltungsdauer ['gɛltuŋsdauɐ] *f* **1.** validity; **2.** *(Vertrag)* term; **3.** *(Patent)* life
Gemeinde [gə'maɪndə] *f* community

Gemeineigentum [gəˈmaɪnaɪgəntuːm] *n* public property
gemeiner Wert [gəˈmaɪnər veːrt] *m* market value
Gemeinkostenwertanalyse (GWA) [gəmaɪnkɔstənveːrtanalyːzə] *f* overhead value analysis
Gemeinlastprinzip [gəˈmaɪnlastprɪntsiːp] *n* principle of common burden
gemeinnütziges Unternehmen [gəˈmaɪnnytsɪgəs untərˈneːmən] *n* public institution
gemeinsamer Markt [gəˈmaɪnsaːmər markt] *m* common market
Gemeinschaftsanleihe [gəˈmaɪnʃaftsanlaɪə] *f* joint loan, community loan
Gemeinschaftsdepot [gəˈmaɪnʃaftsdepoː] *n* joint security deposit
Gemeinschaftseigentum [gəˈmaɪnʃaftsaɪgəntuːm] *n* collective property
Gemeinschaftsemission [gəˈmaɪnʃaftsemisjoːn] *f* joint issue
Gemeinschaftsfinanzierung [gəˈmaɪnʃaftsfɪnantsiːruŋ] *f* group financing
Gemeinschaftsfonds [gəˈmaɪnʃaftsfõː] *m* joint funds *pl*
Gemeinschaftskonto [gəˈmaɪnʃaftskɔntoː] *n* joint account
Gemeinschaftsschuldner [gəˈmaɪnʃaftsʃuldnɐ] *m* common debtor
Gemeinschaftssparen [gəˈmaɪnʃaftsʃpaːrən] *n* joint saving
Gemeinschaftswerbung [gəˈmaɪnʃaftsverbuŋ] *f* joint publicity
Gemeinschuldner [gəˈmaɪnʃuldnɐ] *m* adjudicated bankrupt
Gemeinsteuer [gəˈmaɪnʃtɔyɐ] *f* local tax
Gemeinwirtschaft [gəˈmaɪnvɪrtʃaft] *f* social economy
gemeinwirtschaftlich [gəˈmaɪnvɪrtʃaftlɪç] *adj* non-profit, public
gemischte Firma [gəˈmɪʃtə ˈfɪrma] *f* mixed company
gemischter Fonds [gəˈmɪʃtər fõː] *m* mixed fund
genannt [gəˈnant] *adj* indicated
genehmigen [gəˈneːmɪgən] *v* **1.** *(Vorschlag)* accept; **2.** *(offizieller Antrag)* approve, grant; **3.** *(Vertrag)* ratify
genehmigte Bilanz [gəˈneːmɪgtə biːˈlants] *f* authorized balance sheet
genehmigtes Kapital [gəˈneːmɪgtəs kapiˈtaːl] *n* authorized capital
Genehmigungsbescheid [gəˈneːmɪguŋsbəʃaɪt] *m* notice of approval
Genehmigungspflicht [gəˈneːmɪguŋspflɪçt] *f* duty to obtain a permit
genehmigungspflichtig [gəˈneːmɪguŋspflɪçtɪç] *adj* requiring approval
genehmigungspflichtige Kartelle [gəˈneːmɪguŋspflɪçtɪgə karˈtɛlə] *n/pl* cartel to be registered
Generalausnahmeklausel [genəˈraːlausnaːməklauzəl] *f* general exception clause
Generalbevollmächtigte(r) [genəˈraːlbəfɔlmɛçtɪçtə(-ɐ)] *f/m* universal agent
Generaldirektor(in) [genəˈraːldirɛktoːr(ɪn)] *m/f* director general, CEO *(US)*
Generalpolice [genəˈraːlpoliːsə] *f* floating policy
Generalstreik [genəˈraːlʃtraɪk] *m* general strike
Generalunternehmer [genəˈraːlunterneːmɐ] *m* general contractor
Generalvertreter [genəˈraːlfertreːtɐ] *m* general agent
Generationenvertrag [genəraˈtsjoːnənfɛrtraːk] *m* intergeneration compact
genormt [gəˈnɔrmt] *adj* standardized
Genossenschaft [gəˈnɔsənʃaft] *f* cooperative society
genossenschaftliche Zentralbanken [gəˈnɔsənʃaftlɪçə tsənˈtraːlbankən] *f/pl* cooperative central banks *pl*
genossenschaftlicher Bankensektor [gəˈnɔsənʃaftliçər ˈbankənsɛktoːɐ] *m* cooperative banking sector
Genussrecht [gəˈnusrɛçt] *n* participation rights *pl*
Genussrechtskapital [gəˈnusrɛçtskapitaːl] *n* participating rights capital
Genussschein [gəˈnusʃaɪn] *m* participating certificate
gerechtfertigt [gəˈrɛçtfɛrtɪçt] *adj* justified
geregelter Freiverkehr [gəˈreːgeltər ˈfraɪferkeːɐ] *adj* unofficial market
gerichtliches Mahnverfahren [gəˈrɪçtlɪçəs ˈmaːnfɛrfaːrən] *n* court collection proceedings *pl*
Gerichtsstand [gəˈrɪçtsʃtant] *m* place of jurisdiction

Gerichtsvollzieher(in) [gəˈrɪçtsfɔltsiːɐ(rɪn)] *m/f* bailiff *(UK)*, U.S. Marshal *(US)*
geringfügige Beschäftigung [gəˈrɪŋfyːgɪgə bəˈʃɛftɪguŋ] *f* low-paid employment, part-time employment
geringwertige Wirtschaftsgüter [gəˈrɪŋveːrtɪgə ˈvɪrtʃaftsgyːtɐ] *n/pl* depreciable movable fixed assets of low value *pl*
Gesamtabsatz [gəˈzamtapzats] *m* overall sales *pl*
Gesamtausgaben [gəˈzamtausgaːbən] *f/pl* overall expenditure, total expenditure
Gesamtbetriebsrat [gəˈzamtbətriːpsraːt] *m* central works council
Gesamtertrag [gəˈzamtɛrtraːk] *m* total proceeds
Gesamtforderung [gəˈzamtfɔrdəruŋ] *f* total claim
Gesamthandeigentum [gəˈzamthandaɪgəntuːm] *n* joint tenancy
Gesamthandforderung [gəˈzamthandfɔrdəruŋ] *f* jointly owned claim
Gesamthandschuld [gəˈzamthandʃuld] *f* joint debt
Gesamthypothek [gəˈzamthypoteːk] *f* general mortgage
Gesamtkapitalrentabilität [gəˈzamtkapitaːlrɛntabilitɛːt] *f* total capital profitability
Gesamtkosten [gəˈzamtkɔstən] *pl* total costs *pl*, overall costs *pl*
Gesamtkurs [gəˈzamtkurs] *m* total market value
Gesamtlieferung [gəˈzamtliːfəruŋ] *f* total delivery
Gesamtplanung [gəˈzamtplaːnuŋ] *f* master planning, general planning
Gesamtprokura [gəˈzamtprokuːraː] *f* joint proxy
Gesamtschuld [gəˈzamtʃuld] *f* total debt
Gesamtschuldner [gəˈzamtʃuldnɐ] *m* joint and several debtor
gesamtschuldnerische Bürgschaft [gəˈzamtʃuldnərɪʃə ˈbyrgʃaft] *f* joint and several guaranty
Gesamtsumme [gəˈzamtzumə] *f* total amount, grand total
Gesamtvermögen [gəˈzamtfɛrmøːgən] *n* aggregate property; total assets *pl*
Gesamtvollmacht [gəˈzamtfɔlmaçt] *f* joint power of attorney
Gesamtzinsspannenrechnung [gəˈzamttsɪnzʃpanənrɛçnuŋ] *f* whole-bank interest margin calculation
Geschäftsbank [gəˈʃɛftsbank] *f* commercial bank
Geschäftsbedingungen [gəˈʃɛftsbədɪŋuŋən] *f/pl* terms and conditions of business *pl*
Geschäftsbereichsorganisation [gəˈʃɛftsbəraɪçsɔrganizatsjoːn] *f* divisional organization
Geschäftsbesorgung [gəˈʃɛftsbəzɔrguŋ] *f* business errand
Geschäftsbesorgungsvertrag [gəˈʃɛftsbəzɔrguŋsfɛrtraːk] *m* agency agreement
Geschäftsbeziehung [gəˈʃɛftsbətsiːuŋ] *f* business connections *pl*
Geschäftsbücher [gəˈʃɛftsbyːçɐ] *n/pl* account books and balance-sheets *pl*
Geschäftsfreund [gəˈʃɛftsfrɔynt] *m* business friend
Geschäftsführer(in) [gəˈʃɛftsfyːrɐ(rɪn)] *m/f* manager, chief executive
Geschäftsgeheimnis [gəˈʃɛftsgəhaɪmnɪs] *n* business secret
Geschäftsgrundlage [gəˈʃɛftsgrundlaːgə] *f* implicit basis of a contract
Geschäftsguthaben [gəˈʃɛftsguːthaːbən] *n* proprietor's capital holding
Geschäftsjahr [gəˈʃɛftsjaːɐ] *n* financial year
Geschäftsjubiläum [gəˈʃɛftsjuːbilɛːum] *n* anniversary
Geschäftspapier [gəˈʃɛftspapiːɐ] *n* commercial papers
Geschäftspapiere [gəˈʃɛftspapiːrə] *n/pl* business papers *pl*
Geschäftsprozess [gəˈʃɛftsprotsəs] *m* course of business
geschäftsschädigend [gəˈʃɛftsʃɛːdɪgənt] *adj* damaging to business, damaging to interests
Geschäftsschädigung [gəˈʃɛftsʃɛːdɪguŋ] *f* malpractice, trade libel
Geschäftssinn [gəˈʃɛftszɪn] *m* a sense for business, business sense
Geschäftsspartenkalkulation [gəˈʃɛftsspartənkalkulatsjoːn] *n* business category costing

Geschäftsträger(in) [gəˈʃɛftstrɛ:gɐ(rɪn)] *m/f* representative
geschäftstüchtig [gəˈʃɛftstʏçtɪç] *adj* capable in business
Geschäftsübergabe [gəˈʃɛftsy:bərga:bə] *f* handing over of business
Geschäftsübernahme [gəˈʃɛftsy:bərna:mə] *f* takeover of a business
Geschäftsvolumen [gəˈʃɛftsvolu:mən] *n* volume of business
Geschäftswert [gəˈʃɛftsve:rt] *m* value of the subject matter at issue
Geschäftszeit [gəˈʃɛftstsaɪt] *f* business hours *pl*, opening hours *pl*
Geschenksparbuch [gəˈʃɛŋkʃpa:rbu:x] *n* gift savings book
geschlossener Immobilienfonds [gəˈʃlɔsənər ɪmoˈbi:ljənfõ:] *m* closed-end real estate fund
geschlossener Markt [gəˈʃlɔsənər markt] *m* self-contained market
Geschmacksmuster [gəˈʃmaksmustɐ] *n* design patent
Gesellschaft bürgerlichen Rechts (GbR) [gəˈzɛlʃaft ˈbyrgərlɪçən ˈrɛçts] *f* civil-law association
Gesellschaft mit beschränkter Haftung (GmbH) [gəˈzɛlʃaft mɪt bəˈʃrɛŋktər ˈhaftuŋ] *f* limited liability company
Gesellschafterdarlehen [gəˈzɛlʃaftərda:rle:hən] *n* proprietor's loan
Gesellschafterversammlung [gəˈzɛlʃaftərfɛrsamluŋ] *f* meeting of shareholders
Gesellschaftsformen [gəˈzɛlʃaftsfɔrmən] *f/pl* legal forms of commercial entities *pl*
Gesellschaftsschulden [gəˈzɛlʃaftsʃuldən] *f/pl* company's debts *pl*
Gesellschaftssteuer [gəˈzɛlʃaftsʃtɔyɐ] *f* company tax
Gesellschaftsvermögen [gəˈzɛlʃaftsfɛrmø:gən] *n* company assets *pl*, partnership assets *pl*
Gesetz [gəˈzɛts] *n* law, act
Gesetzesänderung [gəˈzɛtsəsɛndəruŋ] *f* amendment of a law
Gesetzgebungshoheit [gəˈzɛtsge:buŋsho:haɪt] *f* legislative sovereignty
gesetzliche Krankenversicherung [gəˈzɛtslɪçə ˈkraŋkənfɛrzɪçəruŋ] *f* statutory health insurance fund
gesetzliche Kündigungsfrist [gəˈzɛtslɪçə ˈkyndɪguŋsfrɪst] *f* statutory period of notice
gesetzliche Rentenversicherung [gəˈzɛtslɪçə ˈrɛntənfɛrzɪçəruŋ] *f* statutory pension insurance fund
gesetzliche Rücklage [gəˈzɛtslɪçə ˈrykla:gə] *f* legal reserves *pl*
gesetzliche Unfallversicherung [gəˈzɛtslɪçə ˈunfalfɛrzɪçəruŋ] *f* statutory accident insurance
gesetzliches Zahlungsmittel [gəˈzɛtslɪçes ˈtsa:luŋsmɪtəl] *n* legal tender
gesetzlich geschützt [gəˈzɛtslɪç gəˈʃytst] *adj* patented; proprietary
gespaltene Wechselkurse [gəˈʃpaltənə ˈvɛksəlkurzə] *m/pl* two-tier exchange rate
gespaltener Devisenmarkt [gəˈʃpaltənər dəˈvi:zənmarkt] *m* two-tier foreign exchange market
gespaltener Tarif [gəˈʃpaltənər taˈri:f] *m* differentiated tariffs *pl*
gespaltener Wechselkurs [gəˈʃpaltənər ˈvɛksəlkurs] *m* multiple exchange rates *pl*
gesperrtes Depot [gəˈʃpɛrtəs dəˈpo:] *n* blocked deposit
gesperrtes Konto [gəˈʃpɛrtəs ˈkɔnto] *n* blocked account
Gesprächstermin [gəˈʃprɛ:çstɛrmi:n] *m* appointment for a meeting
gestaffelt [gəˈʃtafəlt] *adj* graduated
gestrichen Geld (-G) [gəˈʃtrɪçən gɛlt] *n* quotation cancelled-money
gestrichen Taxe (-T) [gəˈʃtrɪçən ˈtaksə] *f* quotation cancelled-government-fixed price
Gesundheitsschutz [gəˈzunthaɪtsʃuts] *m* health protection
Gesundheitswesen [gəˈzunthaɪtsve:zən] *n* public health
Gesundheitszeugnis [gəˈzunthaɪtstsɔyknɪs] *n* health certificate
Gesundschrumpfung [gəˈzuntʃrumpfuŋ] *f* paring down
Getränkesteuer [gəˈtrɛŋkəʃtɔyer] *f* beverage tax
Getreidebörse [gəˈtraɪdəbœrzə] *f* grain exchange
Gewährleistung [gəˈvɛ:rlaɪstuŋ] *f* warranty, guarantee

Gewährleistungsgarantie [gəˈvɛːrlaɪstuŋsgarantiː] *f* guarantee of proper execution
Gewährleistungsvermögen [gəˈvɛːrlaɪstuŋsfɛrmøːgən] *n* capability to warrant
Gewerbeaufsichtsamt [gəˈvɛrbəaufzɪçtsamt] *n* trade supervisory authority, the factory inspectorate
Gewerbebank [gəˈvɛrbəbaŋk] *f* industrial bank
Gewerbeertragssteuer [gəˈvɛrbəɛrtraksʃtɔyɐ] *f* trade earnings tax
Gewerbefreiheit [gəˈvɛrbəfraɪhaɪt] *f* freedom of trade
Gewerbekapitalsteuer [gəˈvɛrbəkapitaːlʃtɔyɐ] *f* trade tax on capital
Gewerbeordnung (GewO) [gəˈvɛrbəɔrdnuŋ] *f* Trade Regulation Act
gewerblicher Betrieb [gəˈvɛrbliçər bəˈtriːp] *m* industrial undertaking
Gewerkschaft [gəˈvɛrkʃaft] *f* trade union, labor union *(US)*
Gewerkschaftsbank [gəˈvɛrkʃaftsbaŋk] *f* trade union bank
Gewichtszoll [gəˈvɪçtstsɔl] *m* duty based on weight
gewillkürte Orderpapiere [gəˈvɪlkyːrtə ˈɔrdərpapiːrə] *n/pl* instruments to order by option *pl*
Gewinn [gəˈvɪn] *m* profit, gain; return
Gewinn- und Verlustrechnung [geˈvɪn- und fɛrlustrɛçnuŋ] *f* profit and loss account
Gewinnabführung [gəˈvɪnapfyːruŋ] *f* transfer of profit
Gewinnanteil [gəˈvɪnantaɪl] *m* share in the profits
Gewinnanteilsschein [gəˈvɪnantaɪlsʃaɪn] *m* dividend coupon; profit sharing certificate
Gewinnaufschlag [gəˈvɪnaufʃlaːk] *m* profit mark-up
Gewinndruck [gəˈvɪndruk] *m* profit squeeze
Gewinnermittlung [gəˈvɪnɛrmɪtluŋ] *f* determination of profits
Gewinngemeinschaft [gəˈvɪngəmaɪnʃaft] *f* profit pool
Gewinnmarge [gəˈvɪnmarʒə] *f* profit margin
Gewinnmaximierung [gəˈvɪnmaksimiːruŋ] *f* maximisation of profits
Gewinnobligation [gəˈvɪnɔbligatsjoːn] *f* participating debenture, income bond
Gewinnpoolung [gəˈvɪnpuːluŋ] *f* profit-pooling
Gewinnrücklagen [gəˈvɪnryklaːgən] *f/pl* revenue reserves *pl*
Gewinnschuldverschreibung [gəˈvɪnʃultfərʃraɪbuŋ] *f* participating bond
Gewinnschwelle [gəˈvɪnʃvɛlə] *f* break-even point
Gewinnschwellenanalyse [gəˈvɪnʃvɛlənanalyːzə] *f* breakeven analysis
Gewinnsparen [gəˈvɪnʃpaːrən] *n* lottery premium saving
Gewinnthesaurierung [gəˈvɪnteːzauriːruŋ] *f* earnings retention
Gewinnvortrag [gəˈvɪnfoːrtraːk] *f* profit carried forward
gezeichnetes Kapital [gəˈtsaɪçnətəs kapiˈtaːl] *n* subscribed capital
gezogener Wechsel [gəˈtsoːgənər ˈvɛksəl] *m* drawn bill
Giralgeld [ʒiˈraːlgɛlt] *n* book money, money in account
Giralgeldschöpfung [ʒiˈraːlgɛltʃøpfuŋ] *f* creation of deposit money
Girant [ʒiˈrant] *m* endorser
Giroabteilung [ˈʒiːroaptaɪluŋ] *f* clearing department, giro department
Girobank [ˈʒiːrobaŋk] *f* deposit clearing bank
Giro-Einlage [ˈʒiːroaɪnlaːgə] *f* deposit on a current account
Girogeschäft [ˈʒiːrogəʃɛft] *n* bank's transaction dealing with cashless payment
Girosammeldepot [ˈʒiːrozaməldepoː] *n* omnibus deposit, safe custody account
Girosammelverkehr [ˈʒiːrozaməlfɛrkeːɐ] *m* collective securities deposit operations *pl*
Giroverkehr [ˈʒiːrofɛrkeːɐ] *m* giro transaction, transfer of money by means of a clearing
glaubhafte Zusicherung [ˈglauphaftə ˈtsuːzɪçəruŋ] *f* credible promise
Gläubigerausschuss [ˈglɔybɪgərausʃus] *m* committee of inspection
Gläubigerpapier [ˈglɔybɪgərpapiːɐ] *n* creditor paper

Gläubigerschutz [ˈglɔybɪgərʃuts] *m* protection of creditors
Gläubigerversammlung [ˈglɔybɪgərfɛrzamluŋ] *f* creditors' meeting
Gleichgewicht [ˈglaɪçgəvɪçt] *n* balance, equilibration; *wirtschaftliches ~* economic equilibrium
Gleichgewichtspreis [ˈglaɪçgəvɪçtspraɪs] *m* equilibrium price
gleitende Arbeitszeit [ˈglaɪtəndə ˈarbaɪtstsaɪt] *f* flexible working hours *pl*, flexitime
gleitende Paritätsanpassung [ˈglaɪtəndə pariˈtɛːtsanpasuŋ] *f* crawling exchange rate adjustment
gleitender Ruhestand [ˈglaɪtəndər ˈruːəʃtant] *m* flexible retirement
Gleitklausel [ˈglaɪtklauzəl] *f* escalator clause
Gleitparität [ˈglaɪtpaːritɛːt] *f* escalator parity, crawling peg
Globalanleihe [gloˈbaːlanlaɪhə] *f* all-share certificate, blanket loan
Globalsteuerung [gloˈbaːlʃtɔyəruŋ] *f* global control
Globalwertberichtigung [gloˈbaːlveːrtbərɪçtiguŋ] *f* overall adjustment
Globalzession [gloˈbaːltsesjoːn] *f* overall assignment
GmbH & Co. KG [ˈgeːəmbeːhaː unt ˈkoː kaːgeː] *f* limited commercial partnership with a limited liability company as general partner and members of the GmbH or others as limited partners
Gold [gɔlt] *n* gold
Gold- und Devisenbilanz [gɔlt unt deˈviːzənbilants] *f* gold and foreign exchange balance
Goldaktie [ˈgɔltaktsjə] *f* gold share
Goldanleihe [ˈgɔltanlaɪhə] *f* loan on a gold basis
Goldarbitrage [ˈgɔltarbitraːʒə] *f* arbitrage in bullion
Goldauktion [ˈgɔltauktsjoːn] *f* gold auction
Goldbarren [ˈgɔltbarən] *m* gold bar
Golddeckung [ˈgɔltdɛkuŋ] *f* gold cover
Gold-Devisen-Standard [gɔltdeˈviːzenˈʃtandart] *m* gold exchange standard
goldene Finanzierungsregel [ˈgɔldənə fɪnanˈtsiːruŋsreːgəl] *f* golden rule of financing
Goldfeingehalt [gɔltˈfaɪngəhalt] *m* fine gold content
Goldgehalt [ˈgɔltgəhalt] *m* gold content
Goldgeschäft [ˈgɔltgəʃɛft] *n* gold transactions *pl*
Goldgewichte [ˈgɔltgəviçtə] *n/pl* troy weights *pl*
Goldhandel [ˈgɔlthandəl] *m* gold trade
Goldkonvertibilität [ˈgɔltkɔnvɛrtibilitɛːt] *f* gold convertibility
Goldmarkt [ˈgɔltmarkt] *m* gold market
Goldmünze [ˈgɔltmyntsə] *f* gold coin
Goldoption [ˈgɔltɔptsjoːn] *f* gold option
Goldparität [ˈgɔltparitɛːt] *f* gold parity
Goldpreis [ˈgɔltpraɪs] *m* gold price, price of gold
Goldpreisbildung [ˈgɔltpraɪsbɪlduŋ] *f* gold pricing
Goldproduktion [ˈgɔltprɔduktsjoːn] *f* gold production
Goldpunkt [ˈgɔltpuŋkt] *m* gold point
Goldreserve [ˈgɔltrəzɛrvə] *f* gold reserves *pl*
Goldstandard [ˈgɔltʃtandart] *m* gold standard
Goldswap [ˈgɔltsvɔp] *m* gold swap
Goldzertifikat [ˈgɔlttsɛrtɪfikaːt] *n* gold certificate
googeln [ˈguːgəln] *v* google
Gratisaktie [ˈgraːtɪsaktsiːə] *f* bonus share
Grenzerlös [ˈgrɛntsɛrløːz] *m* marginal earnings *pl*, marginal revenue
Grenzkosten [ˈgrɛntskɔstən] *pl* marginal cost
Grenzkostenkalkulation [ˈgrɛntskɔstənkalkulatsjoːn] *f* marginal costing
Grenzkostenrechnung [ˈgrɛntskɔstənrɛçnuŋ] *f* marginal costing
Grenzleistungsfähigkeit des Kapitals [ˈgrɛntslaɪstuŋsfɛːɪçkaɪt dɛs kapɪˈtaːls] *f* marginal efficiency of capital
Grenznutzen [ˈgrɛntsnutsən] *m* marginal utility
Grenzproduktivität [ˈgrɛntsproduktivitɛːt] *f* marginal productivity
Grenzwert [ˈgrɛntsveːrt] *m* limiting value
Großabnehmer [ˈgroːsapneːmɐ] *m* bulk buyer

Großcontainer [ˈgro:skɔnteɪnɐ] *m* large container
Größenvorteile [ˈgrø:sənfortaɪlə] *m/pl* economies of scale *pl*
Großhandel [ˈgro:shandəl] *m* wholesale
Großhandelskontenrahmen [ˈgro:shandəlskɔntənra:mən] *m* uniform system of accounts for the wholesale trade
Großhandelspreis [ˈgro:shandəlspraɪs] *m* wholesale price, trade price
Grossist [ˈgrosɪst] *m* wholesaler
Großkredit [ˈgro:skredi:t] *m* large-scale lending
Großmarkt [ˈgro:smarkt] *m* wholesale market
Grundbuch [ˈgruntbu:x] *n* register of land titles
Grunderwerbssteuer [ˈgruntɛrwɛrpsʃtɔyɐ] *f* property acquisition tax
Grundgehalt [ˈgruntgəhalt] *n* basic salary
Grundkapital [ˈgruntkapita:l] *n* capital stock
Grundkenntnisse [ˈgruntkɛntnɪsə] *f/pl* basic knowledge
Grundkosten [ˈgruntkɔstən] *pl* organization costs *pl*
Grundkredit [ˈgruntkredi:t] *m* real estate credit
Grundkreditanstalt [ˈgruntkredi:tanʃtalt] *f* mortgage bank
Grundpfandbrief [ˈgruntpfantbri:f] *m* mortgage bond
Grundrente [ˈgruntrɛntə] *f* ground rent
Grundsätze ordnungsgemäßer Buchführung und Bilanzierung (GoB) [ˈgruntzɛtsə ˈɔrdnuŋsgəmɛ:sər ˈbuxfy:ruŋ unt bilanˈtsi:ruŋ] *m/pl* principles of orderly bookkeeping and balance-sheet makeup *pl*
Grundschuld [ˈgruntʃult] *f* mortgage, land charge
Grundschuldbrief [ˈgruntʃultbri:f] *m* mortgage certificate, land charge certificate
grundstücksgleiche Rechte [ˈgruntʃtyksglaɪçə ˈrɛçtə] *n/pl* rights equivalent to real property *pl*
Gründungsbericht [ˈgrynduŋsbərɪçt] *m* formation report
Gründungsbilanz [ˈgrynduŋsbilants] *f* commencement balance sheet
Gründungsfinanzierung [ˈgrynduŋsfɪnantsi:ruŋ] *f* start-up funding, establishment funding
Grundvermögen [ˈgruntfɛrmø:gən] *n* real property
Gruppenakkord [ˈgrupənakɔrt] *m* group piecework
Gruppenarbeit [ˈgrupənarbaɪt] *f* team work
Gruppenfertigung [ˈgrupənfertɪguŋ] *f* mixed manufacturing
günstigstes Angebot [ˈgynstigstəs ˈangəbo:t] *n* most favourable offer
Güteklasse [ˈgy:təklasə] *f* grade, class
Güter [ˈgy:tɐ] *n/pl* goods *pl*
guter Glaube [ˈgu:tər ˈglaubə] *m* good faith
Güterbeförderung [ˈgy:tərbəfœrdəruŋ] *f* carriage of goods
Gütergruppe [ˈgy:tərgrupə] *f* category of goods
Gütermarkt [ˈgy:tərmarkt] *m* commodity market
Gütertarif [ˈgy:tərtari:f] *m* goods tariff
Gütertrennung [ˈgy:tərtrɛnuŋ] *f* separation of property, separate estate
Güterzustellung [ˈgy:tərtsu:ʃtɛluŋ] *f* delivery of goods
Gütezeichen [ˈgy:tətsaɪçən] *n* *(Marketing)* quality label, *(Patente)* mark of quality
Guthabensaldo [gu:tha:bnˈzaldo] *n* credit balance
Gutschein [ˈgu:tʃaɪn] *m* coupon, voucher
gutschreiben [ˈgu:tʃraibn] *v* credit
Gutschrift [ˈgu:tʃrift] *f* credit entry
Gutschriftsanzeige [ˈgu:tʃriftsantsaɪgə] *f* credit advice

H

Habe [ˈha:bə] *f* possessions *pl*, property; *bewegliche ~* moveables *pl; unbewegliche ~* real estate
Haben [ˈha:bən] *n* credit side, credit item
Habenbestand [ˈha:bənbəʃtant] *m* assets *pl*
Habensaldo [ˈha:bənzaldo] *m* credit balance
Habenseite [ˈha:bənzaɪtə] *f* credit side
Habenzinsen [ˈha:bəntsɪnzən] *m/pl* credit interest
Hafen [ha:fən] *m* port
Hafenanlagen [ˈha:fənanla:gən] *f/pl* docks *pl*
Hafengebühren [ˈha:fəngəby:rən] *f/pl* harbour dues *pl*
haftbar [ˈhaftba:ɐ] *adj* liable
Haftbarkeit [ˈhaftba:rkaɪt] *f* liability
haften [ˈhaftən] *v (einstehen)* be liable
haftendes Eigenkapital [ˈhaftəndəs eɪgənkapita:l] *n* liable funds *pl*
Haftpflicht [ˈhaftpflɪçt] *f* liability
Haftpflichtversicherung [ˈhaftpflɪçtfɛrzɪçəruŋ] *f* liability insurance, third party insurance
Haftsumme [ˈhaftsumə] *f* guarantee
Haftungsausschlussklausel [ˈhaftuŋsausʃlusklausəl] *f* disclaimer
Haftungsbeschränkungen [ˈhaftuŋsbəʃrɛnkuŋən] *f/pl* restrictions of liability *pl*, limitations of liability *pl*
Haftungskapital [ˈhaftuŋskapita:l] *n* liable equity capital
Halberzeugnis [ˈhalpɛrtsɔyknɪs] *n* semi-finished goods *pl*
Halbfabrikat [ˈhalpfabrika:t] *n* semi-finished article
halbfertig [ˈhalpfɛrtɪç] *adj (Erzeugnis)* semi-finished
Halbjahresbericht [ˈhalpja:rəsbərɪçt] *m* bi-annual report, half-yearly report
Halbjahresbilanz [ˈhalpja:rəsbilants] *f* bi-annual balance sheet
halbjährlich [ˈhalpjɛ:rlɪç] *adj* half-yearly, bi-annual
halbmonatlich [ˈhalpmo:natlɪç] *adj* half-monthly, bi-monthly
Halbtagsarbeit [ˈhalpta:ksarbaɪt] *f* part-time job
Halbtagsbeschäftigte(r) [ˈhalpta:ksbəʃɛftɪgtə(-ɐ)] *f/m* part-time employee
Handel [ˈhandəl] *m* trade, commerce, business; *~ treibend* trading, dealing, selling
handelbar [ˈhandəlba:ɐ] *adj* **1.** *(verkäuflich)* saleable, marketable; **2.** *(verhandelbar)* negotiable
handeln [ˈhandəln] *v* **1.** *(aktiv werden)* act, take action; **2.** *(Waren)* deal, trade, sale; **3.** *(feilschen)* bargain
Handelsabkommen [ˈhandəlsapkɔmən] *n* trade agreement
Handelsagentur [ˈhandəlsagɛntu:ɐ] *f* merchandise agency
Handelsartikel [ˈhandəlsartɪkəl] *m/pl* commercial goods *pl*, commodities *pl*, articles *pl*
Handelsbank [ˈhandəlsbaŋk] *f* merchant bank
Handelsbarriere [ˈhandəlsbarje:rə] *f* trade barrier
Handelsbedingungen [ˈhandəlsbədɪŋuŋən] *f/pl* terms of trade *pl*, trade terms *pl*
Handelsbericht [ˈhandəlsbərɪçt] *m* market report
Handelsbeschränkungen [ˈhandəlsbəʃrɛ:ŋkuŋən] *f /pl* trade restrictions *pl*
Handelsbesprechung [ˈhandəlsbəʃpreçuŋ] *f* commercial talks *pl*, trade talks *pl*
Handelsbetrieb [ˈhandəlsbətri:p] *m* business, trade business
Handelsbevollmächtigte(r) [ˈhandəlsbəfɔlmɛ:çtiçtə(-ɐ)] *f/m* general agent
Handelsbezeichnung [ˈhandəlsbətsaɪçnuŋ] *f* trade name, trademark, brand
Handelsbeziehungen [ˈhandəlsbətsi:uŋən] *f/pl* trade relations *pl*
Handelsbilanz [ˈhandəlsbilants] *f* trade balance
Handelsblatt [ˈhandəlsblat] *n* trade journal

Handelsbrauch [ˈhandəlsbraux] *m* trade practice, commercial usage
Handelsbrief [ˈhandəlsbriːf] *m* business letter, commercial letter
Handelsbuch [ˈhandəlsbuːx] *n* commercial book of account
Handelsdefizit [ˈhandəlsdeːfɪtsɪt] *n* trade deficit
Handelseinheit [ˈhandəlsaɪnhaɪt] *f* *(Börse)* trade unit, unit of trade
handelseinig [ˈhandəlsaɪnɪç] *adj ~ werden* come to terms, agree (upon)
Handelsembargo [ˈhandəlsɛmbargoː] *n* trade embargo
Handelserlaubnis [ˈhandəlsɛrlaupnɪs] *f* trading licence, trading permit
handelsfähig [ˈhandəlsfɛːɪç] *adj (Aktien)* negotiable
Handelsfaktura [ˈhandəlsfaktuːra] *f* commercial invoice
Handelsfreiheit [ˈhandəlsfraɪhaɪt] *f* freedom of trade, liberty of trade
handelsgängig [ˈhandəlsgɛŋɪç] *adj* commercial, marketable, saleable
Handelsgeist [ˈhandəlsgaɪst] *m* commercial spirit
Handelsgeschäfte [ˈhandəlsgəʃɛftə] *n/pl* commercial transactions *pl*
Handelsgesellschaft [ˈhandəlsgəzɛlʃaft] *f* trading enterprise, (trading) cooperative
Handelsgesetz [ˈhandəlsgəzɛts] *n* commercial law
Handelsgesetzbuch [ˈhandəlsgəsɛtsbuːx] *n* Commercial Code
Handelsgewerbe [ˈhandəlsgəwɛrbə] *n* commercial enterprise
Handelsgewinne [ˈhandəlsgəvɪnə] *m/pl* trading profits *pl*
Handelsindex [ˈhandəlsɪndɛks] *m* business index
Handelskammer [ˈhandəlskamɐ] *f* Chamber of Commerce
Handelskapital [ˈhandəlskapitaːl] *n* trading stock
Handelskette [ˈhandəlskɛtə] *f* sales chain
Handelsklasse [ˈhandəlsklasə] *f* grade
Handelsklausel [ˈhandəlsklausəl] *f* trade clause
Handelskreditbrief [ˈhandəlskreditbriːf] *m* commercial letter of credit
Handelskredite [ˈhandəlskreditə] *m/pl* commercial credits *pl*
Handelskrieg [ˈhandəlskriːk] *m* trading warfare
Handelskrise [ˈhandəlskriːzə] *f* commercial crisis
Handelsmakler [ˈhandəlsmaːklɐ] *m* commercial broker
Handelsmarke [ˈhandəlsmarkə] *f* dealer's brand
Handelsmesse [ˈhandəlsmɛsə] *f* trade fair
Handelsmission [ˈhandəlsmɪsjoːn] *f* trade mission
Handelsmonopol [ˈhandəlsmonopoːl] *n* trade monopoly
Handelsniederlassung [ˈhandəlsniːdərlasuŋ] *f* business establishment
Handelspapiere [ˈhandəlspapiːrə] *n/pl* commercial papers *pl*
Handelspartner [ˈhandəlspaːrtnɐ] *m* trading partner
Handelspolitik [ˈhandəlspolitiːk] *f* trade policy
handelspolitisch [ˈhandəlspoliːtɪʃ] *adj* commercial
Handelsqualität [ˈhandəlskvalitɛːt] *f* trading quality
Handelsrecht [ˈhandəlsrɛçt] *n* commercial law
handelsrechtlich [ˈhandəlsrɛçtlɪç] *adj* under commercial law
Handelsregister [ˈhandəlsregɪstɐ] *n* commercial register
Handelsschranke [ˈhandəlsʃrankə] *f* trade barrier
Handelsschule [ˈhandəlsʃuːlə] *f* business school
Handelssitz [ˈhandəlszɪts] *m* registered seat
Handelsspanne [ˈhandəlsʃpanə] *f* (profit) margin
Handelsstadt [ˈhandəlsʃtat] *f* commercial town, commercial centre
Handelsstraße [ˈhandəlsʃtraːsə] *f* trade route, commercial route
Handelsstreitigkeiten [ˈhandəlsʃtraɪtɪçkaɪtən] *f/pl* trade disputes *pl*
Handelsüberschüsse [ˈhandəlsyːbərʃʏsə] *m/pl* trading surplus
handelsüblich [ˈhandəlsyːplɪç] *adj* commercial; *~e Bezeichnung* trade name, (trade) brand

Handelsusancen [ˈhandəlsyzɑ̃ːsən] *f/pl* trade practice, custom of trade
Handelsverbot [ˈhandəlsfɛrboːt] *n* prohibition, embargo
Handelsverkehr [ˈhandəlsfɛrkeːɐ] *m* trading, commerce
Handelsvertreter(in) [ˈhandəlsfɛrtreː-tɐ(rɪn)] *m/f* commercial representative, salesman, saleswoman
Handelsvertretung [ˈhandəlsfɛrtreː-tuŋ] *f* commercial agency
Handelswechsel [ˈhandəlsvɛksəl] *m* trade bill
Handelswert [ˈhandəlsveːrt] *m* trade value, commercial value
Handelszentrum [ˈhandəlstsɛntrum] *n* trading centre
Handelszweig [ˈhandəlstsvaɪk] *m* line of business, business sector
handgearbeitet [ˈhantgəarbaɪtət] *adj* handmade
Handgeld [ˈhantgɛlt] *n* earnest money
handhaben [ˈhanthaːbən] *v (anwenden)* handle, deal with, take care of
Handhabung [ˈhanthaːbuŋ] *f* handling, dealing
Handikap [ˈhɛndikɛp] *n (geschäftlicher Nachteil)* drawback
Handlanger [ˈhantlaŋɐ] *m* helper, handy man *(US)*
Händler(in) [ˈhɛndlɐ(rɪn)] *m/f* trader, merchant
Händlergeschäft [ˈhɛndlərgəʃɛft] *n* dealer transaction
Händlerorganisation [ˈhɛndlərɔrga-nizatsjoːn] *f* dealers' organization
Händlerpreis [ˈhɛndlərpraɪs] *m* trade price, retail price
Händlerrabatt [ˈhɛndlərrabat] *m* discount (price)
Handlungsagent(in) [ˈhandluŋsagɛnt(ɪn)] *m/f* mercantile agent
Handlungsbevollmächtigte(r) [ˈhand-luŋsbəfɔlmɛçtɪçtə(-ɐ)] *f/m* (authorized) agent
Handlungsgehilfe [ˈhandluŋsgəhɪlfə] *m* commercial employee, commercial clerk
Handlungsgehilfin [ˈhandluŋsgəhɪlfɪn] *f* (female) commercial employe, commercial clerk
Handlungsreisende(r) [ˈhandluŋs-raɪzəndə(-ɐ)] *f/m* travelling salesman, travelling saleswoman
Handlungsspielraum [ˈhandluŋsʃpiːl-raum] *m* scope (of action), room for manoeuvre
Handlungsvollmacht [ˈhandluŋsfɔl-maxt] *f* commercial power of attorney
Harmonisierung [harmonɪˈziːruŋ] *f* harmonization
harte Währung [ˈhartə ˈvɛːruŋ] *f* hard currency
Härtefall [ˈhɛrtəfal] *m* hardship case, case of hardship
Härtefonds [ˈhɛrtəfõː] *m* hardship fund
Härteklausel [ˈhɛrtəklausəl] *f* hardship clause
Hartgeld [ˈhartgɛlt] *n* metallic currency
Hauptabnehmer(in) [ˈhauptapneː-mɐ(rɪn)] *m/f* biggest buyer, biggest purchaser
Hauptaktionär(in) [ˈhauptaktsjoː-nɛːr(ɪn)] *m/f* principal shareholder
Hauptanteil [ˈhauptantaɪl] *m* lion's share, principal share
Hauptartikel [ˈhauptartɪkəl] *m* **1.** *(erhältliche Ware)* main article; **2.** *(Herstellung)* major product
Hauptbank [ˈhauptbaŋk] *f* head bank, parent bank
Hauptbeschäftigung [ˈhauptbəʃɛftɪ-guŋ] *f* main job
Hauptbilanz [ˈhauptbilants] *f* general balance (sheet)
Hauptbuchhaltung [ˈhauptbuːxhal-tuŋ] *f* chief accountancy
Hauptfiliale [ˈhauptfiljaːlə] *f* main branch
Hauptgeschäft [ˈhauptgəʃɛft] *n* head office
Hauptgewinn [ˈhauptgəvɪn] *m (finanzieller Ertrag)* main profit
Hauptgläubiger(in) [ˈhauptglɔybɪ-gɐ(rɪn)] *m/f* main creditor, principal creditor
Hauptkostenstellen [ˈhauptkɔstənʃtɛl-ən] *f/pl* production cost centres *pl*
Hauptplatz [ˈhauptplats] *m* main centre
Hauptschuld [ˈhauptʃult] *f* main debt, principal debt

Hauptschuldner(in) [ˈhauptʃuldnər(ɪn)] *m/f* main debtor, principal debtor
Hauptsitz [ˈhauptzɪts] *m* head office, main office
Hauptversammlung [ˈhauptfɛrzamluŋ] *f* general meeting, general assembly
Hauptvollmacht [ˈhauptfɔlmaxt] *f* primary power
Hausbank [ˈhausbaŋk] *f* company's bank, firm's bank
Haushaltsdefizit [ˈhaushaltsde:fitsɪt] *n* budgetary deficit
Haushaltsgesetz [ˈhaushaltsgəsɛts] *n* budget law
Haushaltsjahr [ˈhaushaltsja:ɐ] *n* fiscal year, financial year
Haushaltskredit [ˈhaushaltskredi:t] *m* budget credit
Haushaltsloch [ˈhaushaltslɔx] *n* budget deficit, whole in the budget
Haushaltsplan [ˈhaushaltspla:n] *m* budget; in *den ~ aufnehmen* include in the budget
Haushaltsüberschuss [ˈhaushaltsy:bərʃus] *f* budget surplus
Haushaltsvorlage [ˈhaushaltsfo:rla:gə] *f* proposed budget, estimated budget
Haussier [(h)oˈsje:] *m* bull
Havarie [havaˈri:] *f* damage at sea
Havariezertifikat [havaˈri:tsɛrtifika:t] *n* damage report
Headhunter [ˈhɛdˈhantɐ] *m* head hunter
Hedgefonds [ˈhɛdʒfɔ̃] *n* hedge fund
Hedgegeschäft [ˈhɛdʒgəʃɛft] *n* hedge operation
Hedging [ˈhɛdʒɪŋ] *n* hedging
heißes Geld [ˈhaɪses ˈgɛlt] *n* hot money
Herabsetzung des Grundkapitals [hɛˈrapsɛtsuŋ dɛs ˈgruntkapita:ls] *f* reduction of the share capital
Herausgabeanspruch [hɛˈrausga:bəanʃprux] *m* claim for return
Herbstmesse [ˈhɛrpstmɛsə] *f* autumn fair
Herkunftsland [ˈhe:rkunftsland] *n* country of origin
herstellen [ˈherstɛlən] *v* manufacture, produce, fabricate
Hersteller(in) [ˈherstɛlɐ(rɪn)] *m/f* manufacturer
Herstellkosten [ˈherstɛlkɔstən] *pl* product cost, cost of production
heterogene Güter [ˈheteroge:nə ˈgy:tɐ] *n/pl* heterogeneous goods *pl*
Hifo (highest in – first out) [ˈhi:fo] *adj* highest in – first out (hifo)
Hifo-Verfahren [ˈhi:fofɛrˈfa:rən] *n* Hifo-procedure
Hilfskostenstelle [ˈhɪlfskɔstənʃtɛlə] *f* service cost centres *pl*
Hilfsstoffe [ˈhɪlfsʃtɔfə] *m/pl* supplies *pl*
Hinterlegung [ˈhɪntərle:guŋ] *f* deposit
Hinterziehung [ˈhɪntərtsi:uŋ] *f* evasion of taxes
historische Wertpapiere [hɪsto:rɪʃə ˈve:rtpapi:rə] *n/pl* historical securities *pl*
Hochkonjunktur [ho:xˈkɔnjʊnktuɐ] *f* booming economy; *~ haben* boom; *finanzielle ~* financial boom; *wirtschaftliche ~* economic boom; *Inflation bei ~* boomflation
Hochregallager [ˈho:xrega:lla:gɐ] *n* high-bay storage
Höchstkurs [ˈhø:çstkurs] *m* highest rate
Höchstpreis [ˈhø:çstpraɪs] *m* top price, maximum price
Höchststimmrecht [ˈhø:çstʃtɪmrɛçt] *n* maximum voting right
Höchstwertprinzip [ˈhø:çstwe:rtprɪntsi:p] *n* principle of highest value
Hochzinspolitik [ˈho:xtsɪnspoliti:k] *f* high interest rate policy
Hoffnungswert [ˈhɔfnuŋswe:rt] *m* speculative security
Höherversicherung [ˈhø:ərfɛrsɪxəruŋ] *f* upgraded insurance
Holdinggesellschaft [ˈho:ldɪŋgəsɛlʃaft] *f* holding company
Holschuld [ˈho:lʃult] *f* collectible by the debtor/creditor
Homebanking [ˈho:mbɛŋkɪŋ] *n* home banking
homogene Güter [ho:moˈge:nə ˈgy:tɐ] *n/pl* homogeneous products *pl*
Honorar [ˈhonora:ɐ] *n* fee
horizontale Diversifikation [horitsɔnˈta:lə ˈdivɛrzifikatsjo:n] *f* horizontal diversification
horizontale Finanzierungsregeln [horitsɔnˈta:lə finatsi:ruŋsre:gəln] *f/pl* horizontal financing rules *pl*

horizontale Unternehmenskonzentration [horitsɔn'ta:lə untər'ne:məns-kɔntsɛntratsjo:n] *f* horizontal corporate concentration

horizontale Wettbewerbsbeschränkung [horitsɔn'ta:lə 'vɛtbəwərpsbə-ʃrɛŋkuŋ] *f* horizontal restraints of competition *pl*

Humankapital [hu:'ma:nkapɪta:l] *n* human resources *pl*, human capital

Human Relations ['ju:mɛn ri:'le:ʃəns] *f/pl* human relations *pl*

Human Resources ['ju:mɛn ri:'zɔrsəs] *f/pl* human resources *pl*

Hybridantrieb [hy'bri:dantri:p] *m* hybrid drive

hybride Finanzierungsinstrumente [hy'bri:də finan'tsi:ruŋsɪnstrumɛntə] *n/pl* hybrid financing instruments *pl*

hybride Organisationsformen [hy-'bri:də ɔrganizatsjo:nsfɔrmən] *f/pl* hybrid forms of organization *pl*

hybride Wettbewerbsstrategien [hy-'bri:də 'vɛtbəwɛrbsʃtrategi:ən] *f/pl* hybrid competitive strategies *pl*

Hyperinflation ['hy:pərɪnflatsjo:n] *f* hyperinflation

Hypothek [hypo'te:k] *f* mortgage (loan); *eine ~ aufnehmen* take out a mortgage

Hypothekarkredit [hypote:'ka:rkre:-dit] *m* mortgage loan

Hypothekenbank [hypo'te:kənbaŋk] *f* mortgage bank

Hypothekenbankgesetz [hypo'te:kən-baŋkgəsets] *n* mortgage bank law

Hypothekenbrief [hypo'te:kənbri:f] *m* mortgage deed

Hypothekengewinnabgabe [hypo'te:-kəngəvɪnapga:bə] *f* levy on mortgage profits

Hypothekenpfandbrief [hypo'te:kən-pfandbri:f] *m* mortgage debenture

Hypothekenregister [hypo'te:kən-re:gɪstɐ] *n* mortgage register

Hypothekenversicherung [hypo'te:-kənfɛrzɪçəruŋ] *f* mortgage insurance

Hypothese [hypo'te:zə] *f* hypothesis

hypothetisch [hypo'te:tiʃ] *adj* hypothetical

H

I

IBAN ['iːbaːn] *f* international bank account number, IBAN
Icon ['aɪkɔn] *n* *(EDV)* icon
Identifikationsnummer (PIN, PIN-Code) [idɛntifikats'joːnsnumɐ] *f* personal identity number
identifizierbar [idɛntifi'tsiːrbaːɐ] *adj* identifiable
Identität [idɛnti'tɛːt] *f* identity
Identitätsnachweis [idɛnti'tɛːtsnaxvaɪz] *m* proof of identity
Illiquidität [ɪlikvidi'tɛːt] *f* non-liquidity, illiquidity
im Auftrag [ɪm 'auftraːk] by order
im Aufwind [ɪm 'aufvɪnt] on the way up
im Ausland [ɪm 'auslant] abroad
im Markt sein [ɪm 'markt saɪn] *v* to be in the market
im Preis inbegriffen [ɪm praɪz 'ɪnbəgrɪfən] *adj* included in the price
Image ['ɪmɪtʃ] *n* image
Imagepflege ['ɪmɪtʃpfleːgə] *f* image cultivation, building of (an) image
imaginärer Gewinn ['ɪmaːginɛːrər gə'vin] *m* imaginary profit
Imitation [imita'tsjoːn] *f* **1.** *(Fälschung)* fake; **2.** *(Imitation)* copy
immaterielle Werte ['ɪmaterjɛlə 'veːrtə] *m/pl* intangible assets *pl*
immaterielles Vermögen ['ɪmaterjɛləs fɛr'møːgən] *n* intangible assets *pl*
Immobiliarkredit [ɪmobil'jaːrkrediːt] *m* real estate credit
Immobilie [ɪmo'biːljə] *f* item of real estate
Immobilien [ɪmo'biːljən] *f/pl* immovables *pl*
Immobilienfonds [ɪmo'biːljənfɔ̃] *m* real estate fund
Immobilienleasing [ɪmo'biːljənliːsɪŋ] *n* real estate leasing
Immobilienmakler(in) [ɪmo'bɪːljənmaːklɐ(rɪn)] *m/f* (real) estate agent
Immobilienmarkt [ɪmo'biːljənmarkt] *m* property market
Immunität [ɪmuːni'tɛːt] *f* immunity
Implementierung [ɪmpləmən'tiːruŋ] *f* implementation
Importartikel [ɪm'pɔrtartɪkəl] *m* imported goods *pl*
Importbeschränkungen [ɪm'pɔrtbəʃrɛŋkuŋən] *f/pl* import restrictions *pl*
Import [ɪm'pɔrt] *m* import
Importdepot [ɪm'pɔrtdeːpoː] *n* import deposit
Importfinanzierung [ɪm'pɔrtfinantsiːruŋ] *f* import financing
Importhandel [ɪm'pɔrthandəl] *m* import trade
importierte Inflation [ɪmpɔr'tiːrtə ɪnfla'tsjoːn] *f* imported inflation
Importkartell [ɪm'pɔrtkartɛl] *n* import cartel
Importkontingent [ɪm'pɔrtkɔntiŋgɛnt] *n* import quota
Importquote [ɪm'pɔrtkvoːtə] *f* import quota, propensity of import
Importrestriktionen [ɪm'pɔrtreːstrɪktsjoːnən] *f/pl* import restrictions *pl*
Importrückgang [ɪm'pɔrtrʏkgaŋ] *m* decline in import
Importstopp [ɪm'pɔrtʃtɔp] *m* ban on imports
Importzoll [ɪm'pɔrttsɔl] *m* import duty
Impulskauf [ɪm'pulzkauf] *m* impulse purchase
in bar [ɪn 'baːɐ] in cash
in Kraft [ɪn 'kraft] effective, in force
in Liquidation [ɪn lɪkvɪdat'sjoːn] in liquidation
in zweifacher Ausfertigung [ɪn 'tsvaɪfaxər 'auzfɛrtiguŋ] in duplicate
Inanspruchnahme von Kredit [ɪn'anʃpruxnaːmə fɔn kre'diːt] *f* availment of credit
Incentives [ɪn'zɛntɪfs] *f/pl* incentives *pl*
Incoterms (International Commercial Terms) ['iŋkotœrms (ɪntər'nɛʃɔnəl kɔ'mərʃəl 'tœrms)] *m/pl* Incoterms *pl*
Index ['ɪndɛks] *m* index
Indexanleihe ['ɪndɛksanlaɪjə] *f* index-linked loan
Indexbindung ['ɪndɛksbɪnduŋ] *f* index-linking

Indexierung [ɪndɛksˈiːruŋ] *f* indexation
Indexklausel [ˈɪndɛksklauzəl] *f* index clause
Indexlohn [ˈɪndɛksloːn] *m* index-linked wage
Indexwährung [ˈɪndɛksvɛːruŋ] *f* index-linked currency
indifferentes Geschäft [ˈɪndɪfərɛntəs ˈgeʃɛft] *n* neutral banking transactions
Indikator [ɪndiˈkaːtor] *m* indicator
indirekte Abschreibung [ˈɪndirɛktə ˈapʃraibuŋ] *f* indirect method of depreciation
indirekte Investition [ˈɪndirɛktə ɪnvɛstiˈtsjoːn] *f* portfolio investments *pl*
indirekte Steuern [ˈɪndirɛktə ˈʃtɔyɐn] *f/pl* indirect taxes *pl*
indirekter Absatz [ˈɪndirɛktər ˈapzats] *m* indirect selling
Individualarbeitsrecht [ɪndividuˈaːlarbaɪtsrɛçt] *n* individual labor law
Individualbedürfnis [ɪndividuˈaːlbədyrfnɪs] *n* individual need
Individualeinkommen [ɪndividuˈaːlaɪnkɔmən] *n* individual income
Individualverkehr [ɪndividuˈaːlfɛrkeːɐ] *m* private transportation
individuelles Sparen [ɪndividuˈɛləs ˈʃpaːrən] *n* saving by private households
indossable Wertpapiere [ɪndɔˈsaːblə ˈveːrtpapiːrə] *n/pl* endorsable securities *pl*
Indossament [ɪndɔsaˈmɛnt] *n* endorsement
Indossamentverbindlichkeiten [ɪndɔsaˈmɛntfərbɪndlɪçkaɪtən] *f/pl* endorsement liabilities *pl*
Indossant [ɪndɔˈsant] *m* endorser
Indossatar [ɪndɔsaˈtaːɐ] *m* endorsee
Industrial Design [ɪnˈdastriəl diˈzaɪn] *n* industrial design
Industrieabfall [ɪndusˈtriːapfal] *m* industrial waste
Industrieaktie [ɪndusˈtriːaktsjə] *f* industrial shares *pl*
Industrieanleihe [ɪndusˈtriːanlaɪjə] *f* industrial loan, corporate loan
Industrieberater(in) [ɪndusˈtriːbəraːtɐ(rɪn)] *m/f* industrial consultant
Industriebetrieb [ɪndusˈtriːbətriːp] *m* industrial enterprise
Industriebörse [ɪndusˈtriːbœrzə] *f* industrial stock exchange
Industrieerzeugnisse [ɪndusˈtriːɛrtsɔyknɪsə] *n/pl* industrial products *pl*
Industriegebiet [ɪndusˈtriːgəbiːt] *n* industrial area, industrial region
Industriegesellschaft [ɪndusˈtriːgəzɛlʃaft] *f* industrial society, industrial association
Industriegewerkschaft (IG) [ɪndusˈtriːgevərkʃaft] *f* industry-wide union
Industriekonsortium [ɪndusˈtriːkɔnzɔrtsjum] *n* industrial syndicate
Industriekontenrahmen (IKR) [ɪndusˈtriːkɔntənraːmən] *m* uniform classification of accounts for industrial enterprises
Industriekonzern [ɪndusˈtriːkɔntsɛrn] *m* industrial enterprise
Industriekredit [ɪndusˈtriːkrediːt] *m* industrial loan
Industriekreditbank [ɪndusˈtriːkrediːtbaŋk] *f* industrial credit bank
Industrienorm [ɪndusˈtriːnɔrm] *f* industrial standard
Industrieobligation [ɪndusˈtriːɔpligatsjoːn] *f* industrial bond
Industriepotenzial [ɪndusˈtriːpotɛntsjaːl] *n* industrial capacity
Industrieroboter [ɪndusˈtriːroːbɔtɐ] *m* industrial robot
Industriespionage [ɪndusˈtriːʃpionaːʒə] *f* industrial espionage
Industriestandard [ɪndusˈtriːʃtandart] *m* industry standard
Industrie- und Handelskammer (IHK) [ɪndusˈtriː unt ˈhandəlskamɐ] *f* Chamber of Industry and Commerce
Industriewirtschaft [ɪndusˈtriːvɪrtʃaft] *f* industry
inferiore Güter [ɪnfərˈjoːrə ˈgyːtɐ] *n/pl* inferior goods *pl*
Inflation [ɪnflatsˈjoːn] *f* inflation
inflationär [ɪnflatsjoˈnɛːɐ] *adj* inflationary
Inflationsausgleich [ɪnflatsˈjoːnsausglaɪç] *m* inflationary adjustment, adjustment in inflation
Inflationsbekämpfung [ɪnflatsˈjoːnsbəkɛmpfuŋ] *f* struggle against inflation
Inflationsbeschleunigung [ɪnflatsˈjoːnsbəʃlɔyniguŋ] *f* acceleration of inflation

I

Inflationserscheinungen [ɪnflatsˈjo:nsɛrʃaɪnuŋən] *f/pl* inflationary symptoms *pl*
Inflationserwartung [ɪnflatsˈjo:nsɛrvartuŋ] *f* expected inflation
inflationshemmend [ɪnflatsˈjo:nshɛmənt] *adj* anti-inflationary, against inflation
Inflationsimport [ɪnflatsˈjo:nsɪmpɔrt] *m* inflation import
Inflationsrate [ɪnflatsˈjo:nsra:tə] *f* rate of inflation
Inflationsrückgang [ɪnflatsˈjo:nsrʏkgaŋ] *m* drop in inflation
Inflationszeit [ɪnflatsˈjo:nstsait] *f* inflationary period
Informatik [ɪnfɔrˈma:tɪk] *f* data processing
Informatiker(in) [ɪnfɔrˈma:tikɐ(rɪn)] *m/f* computer scientist
Information [ɪnfɔrmaˈtsjo:n] *f* information
Informationsaustausch [ɪnfɔrmaˈtsjo:nsaustauʃ] *m* information exchange, exchange of information
Informationsbedarf [ɪnfɔrmaˈtsjo:nsbədarf] *m* information demand
Informationsbeschaffung [ɪnfɔrmaˈtsjo:nsbəʃafuŋ] *f* information search
Informationsbroker(in) [ɪnfɔrmaˈtsjo:nsbro:kɐ(rɪn)] *m/f* information broker
Informationsdienste [ɪnfɔrmaˈtsjo:nsdi:nstə] *m/pl* information services *pl*
Informationsinhalt [ɪnfɔrmaˈtsjo:nsɪnhalt] *m* information content
Informationsmanagement [ɪnfɔrmaˈtsjo:nsmɛnɛtʃmɛnt] *n* information resource management
Informationsmärkte [ɪnfɔrmaˈtsjo:nsmɛrktə] *m/pl* information markets *pl*
Informationsrecht [ɪnfɔrmaˈtsjo:nsrɛçt] *n* right to information
Informationssystem [ɪnfɔrmaˈtsjo:nszyste:m] *n* information system
Informationstechnologie [ɪnfɔrmaˈtsjo:nstɛçnologi:] *f* information technology
Informationstheorie [ɪnfɔrmaˈtsjo:nste:ori:] *f* information theory
Informations- und Kommunikationssystem (IuK-System) [ɪnfɔrmaˈtsjo:ns- unt ˈkɔmunikatsjo:nszyste:m] *n* information and communications system
Informationsweg [ɪnfɔrmaˈtsjo:nsve:k] *m* information channel
Informationswert [ɪnfɔrmaˈtsjo:nsve:rt] *m* information value
informelle Gruppen [ˈɪnfɔrmɛlə ˈgrupən] *f/pl* informal groups *pl*
informelle Organisation [ˈɪnfɔrmɛlə ɔrgani:zaˈtsjo:n] *f* informal organization
Infrastruktur [ˈɪnfraʃtruktu:ɐ] *f* infrastructure
Infrastrukturkredit [ˈɪnfraʃtruktu:rkredi:t] *m* infrastructural credit
Infrastrukturmaßnahmen [ˈɪnfraʃtruktu:rmazna:mən] *f/pl* infrastructural measures *pl*
Infrastrukturpolitik [ˈɪnfraʃtruktu:rpoliti:k] *f* infrastructure policy
Ingangsetzung [ɪnˈgaŋsɛtsuŋ] *f* start-up; *~en f/pl* startings
Ingangsetzungskosten [ɪnˈgaŋsɛtsuŋskɔstən] *pl* startup costs *pl*
Inhaber(in) [ˈɪnha:bɐ(rɪn)] *m/f* proprietor, occupant, holder
Inhaberaktie [ˈɪnha:bəraktsje:] *f* bearer share
Inhabergrundschuld [ˈɪnha:bərgruntʃʌlt] *f* bearer land charge
Inhaberhypothek [ˈɪnha:bərhypote:k] *f* bearer-type mortgage
Inhaberindossament [ˈɪnha:bərɪndɔsament] *n* endorsement made out to bearer
Inhaberklausel [ˈɪnha:bərklauzəl] *f* bearer clause
Inhaberpapier [ˈɪnha:bərpapi:ɐ] *n* bearer instrument, bearer securities *pl*
Inhaberscheck [ˈɪnha:bərʃɛk] *m* bearer cheque
Inhaberschuldverschreibung [ˈɪnha:bərʃʌltfɛrʃraɪbuŋ] *f* bearer bond
Inhaberzertifikat [ˈɪnha:bərtsertifika:t] *n* bearer certificate, certificate of bearer
Inhaltsnormen [ˈɪnhaltsnɔrmən] *f/pl* content norms *pl*
Inhouse-Banking [ˈɪnhauzbɛŋkɪŋ] *n* inhouse banking
Initiativrecht [ɪnitsjaˈti:fsrɛçt] *n* initiative right
Initiator(in) [iniˈtsja:to:r/initsjaˈto:rɪn] *m/f* initiator
Inkasso [ɪnˈkaso] *n* **1.** collection, collection procedure; **2.** cash against documents
Inkassoabteilung [ɪnˈkasoaptaɪluŋ] *f* collection department

Inkassoakzept [ɪn'kasoaktsɛpt] *n* acceptance for collection
inkassoberechtigt [ɪn'kasobərɛçtiçt] *adj* authorised to undertake collection
Inkassogebühr [ɪn'kasogəby:ɐ] *f* collection fee
Inkassogeschäft [ɪn'kasogəʃɛft] *n* collection business
Inkasso-Indossament [ɪn'kasoɪndɔsamɛnt] *n* endorsement for collection
Inkassoprovision [ɪn'kasoprovizjo:n] *f* collection commission
Inkassovollmacht [ɪn'kasofɔlmaxt] *f* right to collect
Inkassowechsel [ɪn'kasovɛksəl] *m* bill for collection, collection draft
Inklusivpreise [ɪnklu'zi:fpraizə] *m/pl* inclusive prices *pl*, all-in-all prices *pl*
inkulant ['ɪnkulant] *adv* unaccommodating, petty
Inländer ['ɪnlɛndɐ] *m* national resident
Inländerkonvertibilität ['ɪnlɛndərkɔnvɛrtibilitɛ:t] *f* convertibility for residents
inländisch ['ɪnlɛndɪʃ] *adj* home, domestic
Inlandsabsatz ['ɪnlantsapzats] *m* domestic sales *pl*
Inlandshandel ['ɪnlantshandəl] *m* domestic trade
Inlandsmarkt ['ɪnlantsmarkt] *m* domestic market
Inlandsnachfrage ['ɪnlantsna:xfra:gə] *f* home demand
Inlandstarif ['ɪnlantstari:f] *m* domestic rate
Inlandsvermögen ['ɪnlantsfərmø:gən] *n* domestic capital
Innenfinanzierung ['ɪnənfinantsi:ruŋ] *f* internal financing
Innenfinanzierungskennzahl ['ɪnənfinantsi:ruŋskɛntsa:l] *f* self-generated financing ratio
Innengeld ['ɪnəngɛlt] *n* inside money
Innengesellschaft ['ɪnəngəsɛlʃaft] *f* internal partnership
Innenkonsortium ['ɪnənkɔnzɔrtsjum] *n* internal syndicate
innerbetrieblich ['ɪnərbətri:pliç] *adj* internal
innerbetriebliche Leistungen ['ɪnərbətri:pliçə 'laɪstuŋən] *f/pl* internal services *pl*
innerbetriebliche Weiterbildung ['ɪnərbətri:pliçə 'vaɪtərbɪlduŋ] *f* in-service training
innere Kündigung ['ɪnərə 'kyndiguŋ] *f* inner notice to terminate
innerer Wert ['ɪnərər ve:rt] *m* intrinsic value
innergemeinschaftliche Lieferungen ['ɪnərgəmaɪnʃaftlɪçə 'li:fəruŋən] *f/pl* intra-community deliveries *pl*
innergemeinschaftlicher Verkehr ['ɪnərgəmaɪnʃaftlɪçər fər'ke:ɐ] *m* intra-community trade
Innovation [ɪnova'tsjo:n] *f* innovation
Innovationsförderung [ɪnova'tsjo:nsfœrdəruŋ] *f* promotion of original innovation
innovationsfreudig [ɪnova'tsjo:nsfrɔydɪç] *adj* innovative
Innovationsmanagement [ɪnova'tsjo:nsmɛnɛtʃmɛnt] *n* innovation management
Innovationspotenzial [ɪnova'tsjo:nspotɛntsja:l] *n* innovative capabilities *pl*, innovative potential
Innovationsschub [ɪnova'tsjo:nsʃup] *m* technology push
Innung ['ɪnuŋ] *f* trade guild
Innungsverband ['ɪnuŋsfɛrbant] *m* society of trade guilds
Input ['ɪnput] *m* input
Input-Output-Analyse ['ɪnput'autputana'ly:zə] *f* input-output analysis
Insichgeschäft ['ɪnsɪçgəʃɛft] *n* self-dealing, self contracting
Insiderhandel ['ɪnzaɪdərhandəl] *m* insider trading
Insiderinformation ['ɪnzaɪdərɪnfɔrmatsjo:n] *f* insider information
Insiderpapier ['ɪnzaɪdərpapi:ɐ] *n* insider security
insolvent [ɪnzɔl'vɛnt] *adj* insolvent
Insolvenz [ɪnzɔl'vɛnts] *f* insolvency, inability to pay
Insolvenzverfahren [inzɔl'vɛntsfɛɐfa:rən] *n* insolvency proceedings *pl*
Insolvenzverwalter [inzɔl'vɛntsfɛɐvaltə] *m* insolvency administrator
Instanz [ɪn'stants] *f* **1.** *(Rechtswesen)* instance; **2.** *(Organisation)* management unit, authority

institutionelle Anleger [ˈɪnstitutsjonɛlə ˈanle:gɐ] *m/pl* institutional investors *pl*
intangible Effekte [ɪntaŋˈgi:blə eˈfɛktə] *m/pl* intangible stocks and bonds *pl*
Interaktionstheorie [ɪntərakˈtsjo:nste:ori:] *f* theory of interaction
Interbankensätze [ˈɪntərbaŋkənsɛtsə] *m/pl* interbank rates *pl*
Interbankrate [ˈɪntərbaŋkra:tə] *f* interbank rate
Interdependenz [ɪntərde:pɛnˈdɛnts] *f* interdependence
Interesse [ɪntəˈrɛsə] *n* interest
Interessenausgleich [ɪntəˈrɛsənausglaɪç] *m* accommodation of conflicting interests
Interessengemeinschaft [ɪntəˈrɛsəngəmaɪnʃaft] *f* pooling of interests, community of interests
Interessent [ɪntərɛˈsɛnt] *m* interested party
Interessentenkreis [ɪntərɛˈsɛntənkrais] *m* prospective purchasers *pl*
Interessenverband [ɪntəˈrɛsənfɛrbant] *m* interest group, pressure group
Interessenvertretung [ɪntəˈrɛsənfɛrtre:tuŋ] *f* lobby
Interessenwert [ɪntəˈrɛsənve:rt] *m* vested interest stock
Interimsabkommen [ˈɪnterɪmsapkɔmən] *n* temporary agreement, temporary solution
Interimslösung [ˈɪntərɪmslø:zuŋ] *f* interim solution
Internalisierung externer Effekte [ɪntɛrnaliˈzi:ruŋ ɛksˈtɛrnər eˈfɛktə] *f* internalization of external effects
international [ˈɪntɛrnatsjona:l] *adj* international
International Commercial Terms (Incoterms) [ɪntərˈnɛʃənəl kɔˈmœrʃəl tœrms (ˈɪnkɔtœrms)] *pl* International Commercial Terms (Incoterms)
Internationale Devisenbörsen [ˈɪntɛrnatsjona:lə dəˈvi:zənbœrzən] *f/pl* international foreign exchange markets *pl*
Internationale Entwicklungsorganisation [ˈɪntɛrnatsjona:lə ɛntˈvikluŋsɔrgani:zatsjo:n] *f* International Development Association (IDA)
Internationale Finanzierungsgesellschaft [ˈɪntɛrnatsjona:lə finanˈtsi:ruŋsgəsɛlʃaft] *f* International Finance Corporation (IFC)
internationale Kreditmärkte [ˈɪntɛrnatsjona:lə kreˈdi:tmɛrktə] *m/pl* international credit markets *pl*
internationale Liquidität [ˈɪntɛrnatsjona:lə likvidiˈtɛ:t] *f* international cash position
internationale Produkthaftung [ˈɪntɛrnatsjona:lə proˈdukthaftuŋ] *f* international product liability
Internationale Vereinigung der Wertpapierbörsen [ˈɪntɛrnatsjona:lə fərˈaɪniguŋ de:r ˈve:rtpapi:rbœrzən] *f* International Federation of Stock Exchanges
internationale Verschuldung [ˈɪntɛrnatsjona:lə fərˈʃulduŋ] *f* international indebtedness
internationale Warenbörsen [ˈɪntɛrnatsjona:lə ˈva:rənbœrzən] *f/pl* international commodity exchange
internationaler Frachtbrief [ˈɪntɛrnatsjona:lər ˈfraxtbri:f] *m* international consignment note
internationaler Kapitalverkehr [ˈɪntɛrnatsjona:lər kapiˈta:lfərke:ɐ] *m* international capital transactions *pl*, international capital movements *pl*
internationaler Preiszusammenhang [ˈɪntɛrnatsjona:lər ˈpraɪztsuzamənhaŋ] *m* international price system
Internationaler Währungsfonds (IWF) [ˈɪntɛrnatsjona:lər ˈve:ruŋsfõ:] *m* International Monetary Funds (IMF)
internationaler Zahlungsverkehr [ˈɪntɛrnatsjona:lər ˈtsa:luŋsfərke:ɐ] *m* international payments *pl*
internationales Finanzsystem [ˈɪntɛrnatsjona:ləs fɪˈnantszʏste:m] *n* international financial system
internationales Währungssystem [ˈɪntɛrnatsjona:ləs ˈvɛ:ruŋszyste:m] *n* international monetary system
Internationalisierungsgrad [ˈɪntɛrnatsjonalizi:ruŋsgra:t] *m* level of internationalization
Internationalisierungsstrategie [ˈɪntɛrnatsjonalizi:ruŋsʃtrategi:] *f* internationalization strategy
interne Revision [ɪnˈtɛrnə re:viˈzjo:n] *f* internal audit

interner Zinsfuß [ɪn'tɛrnər 'tsɪnsfu:z] *m* internal interest rate
internes Kontrollsystem (IKS) [ɪn'tɛrnəs kɔn'trɔlzyste:m] *n* system of internal audits
internes Rechnungswesen [ɪn'tɛrnəs 'rɛçnuŋsve:zən] *n* internal accounting
internes Überwachungssystem [ɪn'tɛrnəs ybər'vaxuŋszyste:m] *n* internal supervision system
Internet-Ökonomie ['ɪntərnɛtœkonomi:] *f* Internet economy
Interpolation [ɪntərpola'tsjo:n] *f* interpolation
intertemporaler Handel [intərtɛmpo'ra:lər 'handəl] *m* intertemporal trade
intervenieren [ɪntərven'i:rən] *v* interfere
Intervention [ɪntərvɛn'tsjo:n] *f* intervention
Interventionskäufe [ɪntərvɛn'tsjo:nskɔyfə] *m/pl* intervention buying
Interventionspflicht [ɪntərvɛn'tsjo:nspflɪçt] *f* obligation to intervene
Intrahandelsstatistik ['ɪntrahandəlsʃtatɪstɪk] *f* intra-trade statistics
Intranet ['ɪntranɛt] *n* intranet
intrinsische Motivation [ɪn'trɪnzɪʃə motiva'tsjo:n] *f* intrinsic motivation
Inventar [ɪnvɛn'ta:ɐ] *n* inventory
Inventarwert [ɪnvɛn'ta:rve:rt] *m* inventory value
Inventur [ɪnvɛn'tu:ɐ] *f* stocktaking, inventory
Inventurbilanz [ɪnvɛn'tu:rbi:lants] *f* inventory balance sheet
Inventurbuch [ɪnvɛn'tu:rbu:x] *n* inventory book
inverse Zinsstruktur [ɪn'vɛrzə 'tsɪnsʃtruktu:ɐ] *f* inverse interest rate structure
investiertes Kapital [ɪnvɛs'ti:rtəs kapi'ta:l] *n* invested capital
Investition [ɪnvɛsti'tsjo:n] *f* investment
Investitionsabgaben [ɪnvɛsti'tsjo:nsapga:bən] *f/pl* investment taxes *pl*
Investitionsbank [ɪnvɛsti'tsjo:nsbaŋk] *f* investment bank
investitionsfördernde Maßnahmen [ɪnvɛsti'tsjo:nsfœrdərndə 'ma:sna:mən] *f/pl* measures of investment assistance *pl*
Investitionsförderung [ɪnvɛsti'tsjo:nsfœrdəruŋ] *f* investment promotion
Investitionsgüter [ɪnvɛsti'tsjo:nsgy:tɐ] *n/pl* capital goods *pl*
Investitionskennzahl [ɪnvɛsti'tsjo:nskɛntsa:l] *f* investment index
Investitionskraft [ɪnvɛsti'tsjo:nskraft] *f* investment potential, investment capacity
Investitionskredit [ɪnvɛsti'tsjo:nskredi:t] *m* investment loan
Investitionsobjekt [ɪnvɛsti'tsjo:nsɔpjɛkt] *n* object of capital expenditure
Investitionsplan [ɪnvɛsti'tsjo:nspla:n] *m* investment scheme
Investitionsquote [ɪnvɛsti'tsjo:nskvotə] *f* investment ratio
Investitionsrechnung [ɪnvɛsti'tsjo:nsrɛçnuŋ] *f* investment appraisal
Investitionsrisiko [ɪnvɛsti'tsjo:nsrisiko] *n* business risk
Investitionsschutz [ɪnvɛsti'tsjo:nsʃʊts] *m* protection of investment
Investitionsstau [ɪnvɛsti'tsjo:nsʃtau] *m* investment bottleneck, slowdown in investment
Investitionssteuer [ɪnvɛsti'tsjo:nsʃtɔyɐ] *f* investment tax
Investitionsverbot [ɪnvɛsti'tsjo:nsfərbo:t] *n* prohibition of investment
Investitionszulage [ɪnvɛsti'tsjo:nstsu:la:gə] *f* investment grant
Investmentanteil [ɪn'vɛstmɛntantaɪl] *m* investment share
Investmentbank [ɪn'vɛstmɛntbaŋk] *f* investment bank
Investmentgesellschaft [ɪn'vɛstmɛntgəzɛlʃaft] *f* investment company
Investmentzertifikat [ɪn'vɛstmɛnttsɛrtifika:t] *n* investment certificate
Irrtum vorbehalten ['ɪrtu:m fo:rbəhaltən] errors excepted
Irrtümer und Auslassungen vorbehalten (E. & O.E.) ['ɪrty:mər unt 'auslasuŋən 'fo:rbəhaltən] errors and omissions excepted (E. & O.E.)
ISO-Normen ['i:zonɔrmən] *f/pl* ISO standards *pl*
Istanalyse ['ɪstanaly:zə] *f* analysis of actual performance
Istkosten ['ɪstkɔstən] *pl* actual costs *pl*
Istkostenrechnung ['ɪstkɔstənrɛçnuŋ] *f* actual cost system
Istzahlen ['ɪsttsa:lən] *f/pl* actual figures *pl*, actuals *pl*

I

J/K

Jahresabschluss ['ja:rəsapʃlʊs] *m* annual accounts *pl*, year-end results *pl*
Jahresabschlussprüfung ['ja:rəsapʃlʊspry:fuŋ] *f* annual audit
Jahresarbeitsvertrag ['ja:rəsarbaɪtsfɛrtra:k] *m* one-year contract of employment
Jahresbedarf ['ja:rəsbədarf] *m* annual demand, annual requirement
Jahresbilanz ['ja:rəsbilants] *f* annual balance sheet
Jahreseinkommen ['ja:rəsaɪnkɔmən] *n* annual income
Jahresfehlbetrag [ja:rəs'fe:lbətra:k] *m* net loss for the year
Jahresfixum ['ja:rəsfɪksʊm] *n* fixed annual salary
Jahresgewinn ['ja:rəsgəvɪn] *m* annual profits *pl*
Jahresgutachten ['ja:rəsgu:taxtən] *n* annual report
Jahreshauptversammlung [ja:rəs'hauptfɛrzamluŋ] *f* annual general meeting (AGM)
Jahresplaner ['ja:rəspla:nɐ] *m* year planner
Jahresüberschuss ['ja:rəsy:bərʃʊs] *m* annual surplus
Jahreswirtschaftsbericht [ja:rəs'vɪrtʃaftsbərɪçt] *m* Annual Economic Report
jährlich ['jɛ:rlɪç] *adj* annual
Job Enlargement ['tʃɔp ɪn'lartʃmɛnt] *n* job enlargement
Job Enrichment ['tʃɔp ɪn'rɪtʃmɛnt] *n* job enrichment
Job Evaluation ['tʃɔp 'ivɛljueɪʃən] *f* job evaluation
Jobkiller ['tʃɔp'kɪlɐ] *m* job killer
Job Rotation ['tʃɔp rota'tsjo:n/ro'teɪʃən] *f* job rotation
Jobsharing ['tʃɔp'ʃɛ:riŋ] *n* job sharing
Jobber ['tʃɔbɐ] *m* jobber
Joint Venture ['tʃɔynt 'vɛntʃɐ] *n* joint venture
Journal [ʒur'na:l] *n* journal
Jubiläumsverkauf [ju:bi'lɛ:umsfɛrkauf] *m* anniversary sales *pl*
Jugendarbeitsschutz [jugənd'arbaɪtsʃʊts] *m* youth employment protection
Jugendvertretung ['ju:gəndfɛrtre:tuŋ] *f* youth representatives *pl*
junge Aktien [juŋə 'aktsi:ən] *f/pl* new shares *pl*
Jungscheinverkehr ['juŋʃaɪnfɛrke:ɐ] *m* new issue giro transfer system
juristische Person [ju'rɪstɪʃə pɛr'zo:n] *f* legal person, legal entity
just in time (JIT) [tʃast ɪn taɪm] *adj* just in time (JIT)
Kabel ['ka:bəl] *n* cable
Kabotage [kabɔ'ta:ʒ(ə)] *f* cabotage
kaduzieren [kadu'tsi:rən] *v* cancel
Kaduzierung [kadu'tsi:ruŋ] *f* forfeiture of shares, exclusion of defaulting shareholders
Kahlpfändung ['ka:lpfɛnduŋ] *f* seizure of all the debtor's goods
Kaizen [kaɪ'tsɛn] *n* kaizen
Kalenderjahr [ka'lɛndərja:ɐ] *n* calendar year
Kalkül [kal'ky:l] *n* calculation, consideration
Kalkulation [kalkula'tsjo:n] *f* calculation, estimation
Kalkulationsfehler [kalkula'tsjo:nsfe:lɐ] *m* miscalculation, misestimation
Kalkulationszinssatz [kalkula'tsjo:nstsɪnszats] *m* calculation interest rate
Kalkulator(in) [kalku'la:to:r/kalkula'to:rɪn] *m/f* cost accountant, cost clerk
kalkulatorische Kosten [kalkula'to:rɪʃə 'kɔstən] *pl* implicit costs *pl*
kalkulierbar [kalku'li:rba:ɐ] *adj* calculable
Kammer ['kamɐ] *f* **1.** *(Handels~)* chamber; **2.** *(Gericht)* court division
Kämmerei [kɛmə'raɪ] financing department
Kämmerer [kɛmə'rɐ] *m* treasurer
Kampfpreis ['kampfpraɪs] *m* cut rate price
Kanban-System [kan'ba:nzyste:m] *n* canban system

Kannkaufmann ['kankaufman] *m* optionally registrable trader
Kapazitäten [kapatsi'tɛ:tən] *f/pl* capacities *pl*
Kapazitätsabbau [kapatsi'tɛ:tsapbau] *m* capacity cutback, cutback in capacity
Kapital [kapi'ta:l] *n* capital, funds *pl*
Kapitalabdeckung [kapi'ta:lapdɛkuŋ] *f* capital cover, coverage of capital
Kapitalabfindung [kapi'ta:lapfɪnduŋ] *f* lump sum settlement
Kapitalabfluss [kapi'ta:lapflus] *m* capital outflows *pl*
Kapitalakkumulation [kapi'ta:lakumulatsjo:n] *f* accumulation of capital
Kapitalallokation [kapi'ta:llokatsjo:n] *f* allocation of capital
Kapitalanalyse [kapi'ta:lanalyzə] *f* capital analysis
Kapitalangebot [kapi'ta:langəbo:t] *n* supply of capital
Kapitalanlagegesellschaft [kapi'ta:lanle:gəgəzɛlʃaft] *f* capital investment company
Kapitalanlagegesetz [kapi'ta:lanla:gəgəzɛts] *n* capital investment law
Kapitalanlagen [kapi'ta:lanla:gən] *f/pl* investments *pl*, capital investments *pl*
Kapitalanlegearten [kapi'ta:lanle:gəartən] *f/pl* types of capital investment
Kapitalanleger(in) [kapi'ta:lanle:gɐ(rɪn)] *m/f* investor
Kapitalanteil [kapi'ta:lantaɪl] *m* capital share
Kapitalaufstockung [kapi'ta:laufstokuŋ] *f* increase in capital
Kapitalausfuhr [kapi'ta:lausfu:ɐ] *f* export of capital
Kapitalausstattung [kapi'ta:lausʃtatuŋ] *f* capital resources *pl*
Kapitalbasis [kapi'ta:lba:zis] *f* capital base
Kapitalbedarf [kapi'ta:lbədarf] *m* capital requirements *pl*, funding needs *pl*
Kapitalbedarfsrechnung [kapi'ta:lbedarfsrɛçnuŋ] *f* capital requirement calculation
Kapitalbeschaffung [kapi'ta:lbəʃafuŋ] *f* procurement of capital
Kapitalbesitz [kapi'ta:lbəzits] *m* capital holdings *pl*
Kapitalbestand [kapi'ta:lbəʃtant] *m* total capital stock
Kapitalbeteiligung [kapi'ta:lbətaɪliguŋ] *f* equity participation
Kapitalbewegungen [kapi'ta:lbəve:guŋən] *f/pl* capital movements *pl*
Kapitalbewilligung [kapi'ta:bəvɪliguŋ] *f* appropriation of funds, appropriation of capital
Kapitalbilanz [kapi'ta:lbi:lants] *f* balance of capital transactions
Kapitalbildung [kapi'ta:lbɪlduŋ] *f* formation of capital
Kapitalbindung [kapi'ta:lbɪnduŋ] *f* capital tie-up
Kapitalbindungsdauer [kapi'ta:lbɪnduŋsdauɐ] *f* duration of capital tie-up
Kapitaldienst [kapi'ta:ldi:nst] *m* service of capital, debt service
Kapitaleinkommen [kapi'ta:laɪnkɔmən] *n* unearned income
Kapitaleinlagen [kapi'ta:lainla:gen] *f/pl* capital contributions *pl*
Kapitalerhaltung [kapi'ta:lɛrhaltuŋ] *f* maintenance of capital
Kapitalerhöhung [kapi'ta:lɛrhø:uŋ] *f* increase of capital
Kapitalertrag [kapi'ta:lɛrtra:k] *m* return on capital, capital yield
Kapitalexport [kapi'ta:lɛkspɔrt] *m* capital export, export of capital
Kapitalfehlleitung [kapi'ta:lfe:llaɪtuŋ] *f* misguided investment
Kapitalflucht [kapi'ta:lfluxt] *f* flight of capital
Kapitalfluss [kapi'ta:lflus] *m* capital flow, flow of funds
Kapitalflussrechnung [kapi'ta:lflusrɛçnuŋ] *f* funds statement
Kapitalfonds [kapi'ta:lfɔ̃] *m* capital fund
Kapitalförderung [kapi'ta:lfœrdəruŋ] *m* capital support
Kapitalfreisetzung [kapi'ta:lfraɪzɛtsuŋ] *f* liberation of capital
Kapitalgeber(in) [kapi'ta:lge:ber(ɪn)] *m/f* sponsor, donator
Kapitalgesellschaft [kapi'ta:lgəzɛlʃaft] *f* corporation
Kapitalgewinn [kapi'ta:lgəvɪn] *m* capi-tal gains *pl*, capital profits *pl*
Kapitalgüter [kapi'ta:lgy:tɐ] *n/pl* capital goods *pl*, capital products *pl*

J K

Kapitalherabsetzung [kapiˈtaːlhərapzɛtsuŋ] *f* capital reduction
Kapitalhilfe [kapiˈtaːlhɪlfə] *f* capital aid
Kapitalimport [kapiˈtaːlɪmpɔrt] *m* capital import
kapitalintensiv [kapiˈtaːlɪntɛnziːf] *adj* capital-intensive
kapitalisieren [kapitaːliˈziːrən] *v* capitalize
Kapitalisierung [kapitaːliˈziːruŋ] *f* capitalization
Kapitalisierungsanleihe [kapitaːliˈziːruŋsanlaɪə] *f* funding loan
Kapitalknappheit [kapiˈtaːlknaphaɪt] *f* shortage of capital, capital shortage
Kapitalkonto [kapiˈtaːlkɔnto] *n* capital account
Kapitalkonzentration [kapiˈtaːlkɔntsəntratsjoːn] *f* concentration of capital
Kapitalkosten [kapiˈtaːlkɔstən] *pl* cost of capital, cost of borrowed funds
Kapitalkraft [kapiˈtaːlkraft] *f* financial strength
kapitalkräftig [kapiˈtaːlkrɛftɪç] *adj* financially powerful
Kapitalmangel [kapiˈtaːlmaŋəl] *m* lack of capital, scarcity of capital
Kapitalmarkt [kapiˈtaːlmarkt] *m* capital market
Kapitalmarkteffizienz [kapiˈtaːlmarktɛfitsjɛnts] *f* capital market efficiency
Kapitalmarktfinanzierung [kapiˈtaːlmarktfinantsiːruŋ] *n* capital market financing
Kapitalmarktforschung [kapiˈtaːlmarktfɔrʃuŋ] *f* capital market research
Kapitalmarktkommission [kapiˈtaːlmarktkɔmisjoːn] *f* capital market committee
Kapitalmarktzins [kapiˈtaːlmarkttsins] *m* capital market interest rate
Kapitalmehrheit [kapiˈtaːlmeːrhaɪt] *f* capital majority
Kapitalproduktivität [kapiˈtaːlproduktiviteːt] *f* productivity of capital
Kapitalrendite [kapiˈtaːlrɛndiːtə] *f* return on investment
Kapitalrentabilität [kapiˈtaːlrɛntabiliteːt] *f* return on investment, return on capital employed, earning power of capital employed
Kapitalrücklage [kapiˈtaːlryklaːgə] *f* capital reserves *pl*
Kapitalsammelstelle [kapiˈtaːlzaməlʃtɛlə] *f* institutional investors *pl*
Kapitalsammlungsverträge [kapiˈtaːlzamluŋsfɛrtrɛːgə] *m/pl* contracts on capital collecting *pl*
Kapitalschutz [kapiˈtaːlʃuts] *m* capital protection
Kapitalschutzvertrag [kapiˈtaːlʃutsfɛrtraːk] *m* capital protection agreement
Kapitalspritze [kapiˈtaːlʃprɪtsə] *f (fam)* cash injection
Kapitalübertragung [kapiˈtaːlyːbərtraːguŋ] *f* transfer of capital, capital transfer
Kapitalumschlag [kapiˈtaːlumʃlaːk] *m* capital turnover
Kapitalverkehr [kapiˈtaːlfɛrkeːɐ] *m* turnover of capital, capital transaction
Kapitalverkehrssteuer [kapiˈtaːlfɛrkeːrsʃtɔyɐ] *f* capital transaction tax
Kapitalvermögen [kapiˈtaːlfɛrmøːgən] *n* capital assets *pl*
Kapitalverwässerung [kapiˈtaːlfɛrwɛsəruŋ] *f* watering of capital stock
Kapitalwert [kapiˈtaːlveːrt] *m* capital value, net present value
Kapitalzins [kapiˈtaːltsɪns] *m* interest on capital
Kapitalzufluss [kapiˈtaːltsuːflus] *m* capital influx
Kapitalzuwachs [kapiˈtaːltsuːvaks] *m* capital gain, increase in capital
Karenzentschädigung [kaˈrɛntsɛntʃɛːdiguŋ] *f* compensation paid for the period of prohibition of competition
Karenzzeit [kaˈrɛntstsaɪt] *f* cooling period, qualifying period
Kartell [karˈtɛl] *n* cartel
Kartellabsprache [karˈtɛlapʃpraːxə] *f* cartel agreement, monopoly agreement
Kartellbildung [karˈtɛlbɪlduŋ] *f* cartel formation, formation of a cartel
Kartellgesetz [karˈtɛlgəzɛts] *n* cartel act, cartel law
Kartellpolitik [karˈtɛlpolitiːk] *f* antitrust policy
Kartellregister [karˈtɛlregɪstɐ] *n* Federal Cartel Register
Kartellvorschrift [karˈtelfoːrʃrɪft] *f* cartel regulation

Kaskadensteuer [kas'ka:dənʃtɔyɐ] *f* cascade tax
Kassadevisen ['kasadevi:zən] *f/pl* spot exchange
Kassageschäft ['kasagəʃɛft] *n* cash transactions *pl*, cash bargain
Kassakurs ['kasakurs] *m* spot price
Kassamarkt ['kasamarkt] *m* spot market
Kassazahlungen ['kasatsa:luŋən] *f/pl* cash payments *pl*, payments in cash *pl*
Kassenabrechnung ['kasənapreçnuŋ] *f* accounts *pl*
Kassenanweisung ['kasənanvaɪzuŋ] *f* payment order
Kassenbericht ['kasənbərɪçt] *m* financial report
Kassenbilanz ['kasənbilants] *f* cash balance
Kassenbuch ['kasənbu:x] *n* cash book
Kassenhaltung ['kasənhaltuŋ] *f* cash accountancy
Kassenkredite ['kasənkredi:tə] *m/pl* cash credit, cash advance
Kassenkurs ['kasənkurs] *m* spot price
Kassenobligationen ['kasənobliga-tsjo:nən] *f/pl* medium-term bonds *pl*
Kassenprüfer(in) ['kasənpry:fɐ(rɪn)] *m/f* auditor
Kassenprüfung ['kasənpry:fuŋ] *f* audit
Kassensturz ['kasənʃturts] *m* cashing-up
Kassenverstärkungskredit [kasənfɛr-'ʃtɛrkuŋskredi:t] *m* cash lending
Kassenwart(in) ['kasənvart(ɪn)] *m/f* treasurer
Kassenzettel ['kasəntsɛtəl] *m* receipt
Katalogkauf [kata'lo:gkauf] *m* catalogue based purchase
Katalogpreis [kata'lo:kpraɪs] *m* list price, catalogue price
Kataster [ka'tastɐ] *m/n* cadastre, land register
Katasteramt [ka'tastəramt] *n* land registry (office)
Kauf [kauf] *m* buy, purchase
Kauf auf Probe [kauf auf 'pro:bə] *m* sale on approval
Kauf gegen Vorauszahlung [kauf 'ge:gən fo'raustsa:luŋ] *m* purchase against cash in advance
Kaufentscheidung ['kaufɛntʃaɪduŋ] *f* decision to purchase
Käufer(in) ['kɔyfɐ(rɪn)] *m/f* buyer, purchaser
Käufergruppe ['kɔyfərgrupə] *f* **1.** group of buyers; **2.** *(Kunden)* group of customers
Käufermarkt [kɔyfərmarkt] *m* buyer's market, loose market
Käuferprovision ['kɔyfərprovizjo:n] *f* buyer's commission
Käuferwanderung ['kɔyfərvandəruŋ] *f* migration of buyers
Kaufgelegenheit ['kaufgəle:gənhaɪt] *f* opportunity to purchase
Kaufkraft ['kaufkraft] *f* purchasing power
Kaufkraftanalyse ['kaufkraftanaly:zə] *f* analysis of purchasing power
Kaufkraftelastizität ['kaufkraftelas-titsitɛ:t] *f* elasticity of purchasing power
kaufkräftig ['kaufkrɛftɪç] *adj* well-funded
Kaufkraftparität ['kaufkraftpa:ritɛ:t] *f* purchasing power parity
Kaufkraftschwund ['kaufkraftʃvunt] *m* decrease in purchasing power
Kaufkredit ['kaufkredi:t] *m* purchasing credit, loan to finance purchases
Kauflust ['kauflust] *f* inclination to buy, urge to spend
kaufmännische Orderpapiere ['kauf-mɛniʃə 'ɔrdərpapi:rə] *n/pl* commercial instruments to order *pl*
kaufmännische Vorsicht ['kaufmɛniʃə 'fo:rziçt] *f* commercial caution
kaufmännische(r) Angestellte(r) ['kaufmɛniʃə(-ɐ) 'angəʃtɛltə(-ɐ)] *m/f* clerk
Kaufoption ['kaufɔptsjo:n] *f* call option
Kaufpreis ['kaufpraɪs] *m* purchase price
Kaufvertrag ['kauffɛrtra:k] *m* sales contract, purchase contract
Kaufverhalten ['kauffɛrhaltən] *n* purchasing behaviour
Kaufwert ['kaufve:rt] *m* market value, purchase value
Kaution [kau'tsjo:n] *f* security
Kautionseffekten [kau'tsjo:nsefɛktən] *f/pl* guarantee securities *pl*

keine Beschädigung (FOD) [ˈkaɪnə bəˈʃɛːdiguŋ] *adj* free of damage (FOD)
Kellerwechsel [ˈkɛlərvɛksəl] *m* fictitious bill, windmill
Kennwort [ˈkɛnvɔrt] *n* code word
Kennzahl [ˈkɛntsaːl] *f* code number
Kennzeichnungsverordnung [ˈkɛntsaɪçnuŋsfɛrɔrdnuŋ] *f* labelling regulations *pl*
Kernarbeitszeit [ˈkɛrnarbaɪtstsaɪt] *f* core time
Kette [ˈkɛtə] *f (Warenhäuser)* chain
Kettengeschäft [ˈkɛtəngəʃɛft] *n* chain store
Key-Account-Manager [ˈkiːəkaunt-ˈmenɛtʃɐ] *m* key account manager
Kiste [ˈkɪstə] *f* crate
Kladde [ˈkladə] *f* memo book
Klage [ˈklaːgə] *f (Recht)* action, lawsuit, process in law
Klageschrift [ˈklaːgəʃrɪft] *f* statement of claim
Klageweg [ˈklaːgeveːk] *m* legal proceedings *pl*
Klasse [ˈklasə] *f (Güteklasse)* quality
Klassifikation [klasifikaˈtsjoːn] *f* classification
klassifizieren [klasifiˈtsiːrən] *v* classify
Klausel [ˈklauzəl] *f* clause
Kleinaktie [ˈklaɪnaktsjə] *f* share with low par value
Kleinaktionär [ˈklaɪnaktsjonɛːɐ] *m* small shareholder
Kleinbetrieb [ˈklaɪnbətriːp] *m* small business
Kleincontainer [ˈklaɪnkɔnteːnɐ] *m* small container
Kleinerzeuger [ˈklaɪnɛrtsɔygɐ] *m* small-scale manufacturer
Kleinhandel [ˈklaɪnhandəl] *m* retail trade, retail business
Kleinhändler(in) [ˈklaɪnhɛndlɐ(rɪn)] *m/f* retailer
Kleinkredit [ˈklaɪnkrediːt] *m* small personal loan, loan for personal use
Kleinsparer [ˈklaɪnʃpaːrɐ] *m* small saver
Kleinstücke [ˈklaɪnʃtyke] *n/pl* fractional amount
Klient(in) [kliˈɛnt(ɪn)] *m/f* client
Klientel [kliɛnˈteːl] *f* clientele
Knappheit [ˈknaphaɪt] *f (Waren, Gelder)* shortage
Knappschaftsversicherung [ˈknapʃaftsfɛrziçəruŋ] *f* miners' social insurance system
Knebelungsvertrag [ˈkneːbəluŋsfɛrtraːk] *m* adhesion contract
Know-how [noːˈhau] *n* know-how
Kohäsionsfonds [kohɛˈzjoːnsfõ] *m* Cohesion Fund
Kolchose [kɔlˈçoːzə] *f* kolchose, collective farm
Kollaps [ˈkɔlaps] *m* breakdown, collapse
Kollektion [kɔlɛkˈtsjon] *f* collection
Kollektivarbeitsrecht [kɔlɛkˈtiːfaːrbaɪtsrɛçt] *n* collective labour law
Kollektivgüter [kɔlɛkˈtiːfgyːtɐ] *n/pl* collective goods *pl*
Kollektivsparen [kɔlɛkˈtiːfʃpaːrən] *n* collective saving
Kollektivwirtschaft [kɔlɛkˈtiːfvɪrtʃaft] *f* collective economy
Komitee [komiˈteː] *n* committee, body
Kommanditaktionär [kɔmanˈditaktsjoːnɛːɐ] *m* limited liability shareholder
Kommanditgesellschaft (KG) [kɔmanˈditgəzɛlʃaft] *f* limited commercial partnership
Kommanditgesellschaft auf Aktien (KgaA) [kɔmanˈditgəzɛlʃaft auf ˈaktsjən] *f* partnership limited by shares
Kommanditist [kɔmandiˈtɪst] *m* limited partner
Kommerz [kɔˈmɛrts] *m* commerce
kommerziell [kɔmɛrˈtsjɛl] *adj* commercial
Kommission [kɔmɪsˈjoːn] *f* commission
Kommissionär [kɔmɪsjoˈnɛːɐ] *m* commission agent
Kommissionsgeschäft [kɔmɪsˈjoːnsgəʃɛft] *n* commission business
Kommissionshandel [kɔmɪsˈjoːnshandəl] *m* commission trade
Kommissionslager [kɔmɪsˈjoːnslaːgɐ] *n* consignment stock
Kommissionstratte [kɔmɪsˈjoːnstratə] *f* bill of exchange drawn for third-party account
Kommissionswaren [kɔmɪsˈjoːnsvaːrən] *f/pl* consigned goods *pl*
Kommittenten [kɔmiˈtɛntən] *m/pl* consigners *pl*

Kommunalabgabe [kɔmuˈna:lapga:bə] *f* local rate, local tax (*US*)
Kommunalanleihen [kɔmuˈna:lanlaɪən] *f/pl* local authority loan
Kommunalbank [kɔmuˈna:lbaŋk] *f* local authorities bank
Kommunaldarlehen [kɔmuˈna:ldarle:ən] *n* loan granted to a local authority
kommunale Wirtschaftsförderung [ˈkɔmuna:le ˈvɪrtʃaftsfœrdəruŋ] *f* municipal measures to spur the economy *pl*
Kommunalkredit [kɔmuˈna:lkredi:t] *m* credit granted to a local authority
Kommunalobligation [kɔmuˈna:lɔbligatsjo:n] *f* local bond
Kommunalpolitik [kɔmuˈna:lpoliti:k] *f* local politics *pl*
Kommunalwirtschaft [kɔmuˈna:lvɪrtʃaft] *f* municipal economy
Kommunikationsfluss [kɔmunikaˈtsjo:nsflus] *m* communication flow, intercommunication
Kommunikationsmittel [kɔmunɪkaˈtsjo:nsmɪtəl] *n* means of communication *pl*
Kommunikationspolitik [kɔmunɪkaˈtsjo:nspoliti:k] *f* communications policy
Kompensation [kɔmpɛnzaˈtsjo:n] *f* compensation
Kompensationsgeschäft [kɔmpənzaˈtsjo:nsgəʃɛft] *n* barter transaction, offset transaction
Kompensationskurs [kɔmpənzaˈtsjo:nskurs] *m* making-up price
Kompensationssteuer [kɔmpənzaˈtsjo:nsʃtɔyɐ] *f* offset tax
kompensatorische Kosten [kɔmpənzaˈto:rɪʃə ˈkɔstən] *pl* offsetting costs *pl*
kompensierte Valuta [kɔmpənˈzi:rtə vaˈlu:ta] *f* value compensated
Komplementär [kɔmpləmɛnˈtɛ:ɐ] *m* general partner
komplementäre Güter [kɔmpləmɛnˈtɛ:rə ˈgy:tɐ] *n/pl* complementary goods *pl*, joint goods *pl*
Konditionenkartell [kɔndiˈtsjo:nənkartɛl] *n* condition cartel
Konferenz [kɔnfəˈrɛnts] *f* conference
Konferenzschaltung [kɔnfeˈrɛntsʃaltuŋ] *f* conference circuit
Konglomerat [kɔngloˈmera:t] *n* conglomerate group
Konjunktur [kɔnjuŋkˈtu:ɐ] *f* economic cycle, business cycle
Konjunkturanalyse [kɔnjuŋkˈtu:ranaly:zə] *f* economic analysis
Konjunkturausgleichsrücklage [kɔnjuŋkˈtu:rausglaɪçsrykla:gə] *f* anticyclical reserve
Konjunkturbarometer [kɔnjuŋkˈtu:rbarome:tɐ] *n* business barometer
Konjunkturbelebung [kɔnjuŋkˈtu:rbəle:buŋ] *f* economic upturn
konjunkturelle Arbeitslosigkeit [kɔnjuŋktuˈrɛlə ˈarbaɪtslo:ziçkaɪt] *f* cyclical unemployment
Konjunkturentwicklung [kɔnjuŋkˈtu:rɛntvɪkluŋ] *f* economic trend
Konjunkturerwartungen [kɔnjuŋkˈtu:rɐervartuŋən] *f/pl* economic outlook, market prospects *pl*
Konjunkturflaute [kɔnjunkˈtu:rflautə] *f* economic slowdown, economic halt
Konjunkturphasen [kɔnjuŋkˈtu:rfa:zən] *f/pl* phases of business cycles *pl*
Konjunkturpolitik [kɔnjuŋkˈtu:rpoliti:k] *f* economic policy
Konjunkturschwankung [kɔnjunkˈtu:rʃvankuŋ] *f* business fluctuation
Konjunkturspritze [kɔnjunkˈtu:rʃprɪtsə] *f* (*fam*) fiscal shot
Konjunkturwende [kɔnjunkˈtu:rvɛndə] *f* economic turnabout
Konjunkturzyklus [kɔnjuŋkˈtu:rtsy:klus] *m* business cycle
Konkurilanz [kɔnkuriˈlants] *f* statement of bankrupt's assets and liabilities
Konkurrenz [kɔnkuˈrɛnts] *f* competition
Konkurrenzanalyse [kɔnkuˈrɛntsanaly:zə] *f* analysis of competitors
Konkurrenzfirma [kɔnkuˈrɛntsfɪrma] *f* competing firm
Konkurrenzunternehmen [kɔnkuˈrɛntsuntərne:mən] *n* competitor
Konkurs [kɔnˈkurs] *m* bankruptcy
Konkursantrag [kɔnˈkursantra:k] *m* bankruptcy petition
Konkursausfallgeld [kɔnˈkursausfalgɛlt] *n* payment of net earnings for three months prior to start of bankruptcy proceedings
Konkursdelikt [kɔnˈkursdelɪkt] *n* bankruptcy offence

Konkurserklärung [kɔnˈkursɛrklɛːruŋ] *f* declaration of bankruptcy, notice of bankruptcy
Konkursgericht [kɔnˈkursgərɪçt] *n* bankruptcy court
Konkursgläubiger [kɔnˈkursglɔybɪgɐ] *m* bankrupt's creditor
Konkursmasse [kɔnˈkursmasə] *f* bankrupt's assets *pl*
Konkursordnung [kɔnˈkursɔrdnuŋ] *f* Bankruptcy Act
Konkursquote [kɔnˈkurskvoːtə] *f* dividend in bankruptcy
Konkursverwalter(in) [kɔnˈkursfɛrvaltɐ(rɪn)] *m/f* receiver, liquidator
Konnossement (B/L) [kɔnɔsəˈmɛnt] *n* bill of lading (B/L)
Konsignatar [kɔnzɪgnaˈtaːɐ] *m* consignee
Konsignationslager [kɔnzɪgnaˈtsjoːnslaːgɐ] *n* consignment stock
konsolidierte Bilanz [kɔnzoliˈdiːrtə biˈlants] *f* consolidated balance sheet
Konsortialabteilung [kɔnzɔrˈtsjaːlaptaɪluŋ] *f* syndicate department
Konsortialgeschäft [kɔnzɔrˈtsjaːlgəʃɛft] *n* syndicate transaction
Konsortialkredit [kɔnzɔrˈtsjaːlkrediːt] *m* syndicated credit
Konsulatsfaktura [kɔnzuˈlaːtsfaktuːra] *f* consular invoice
Konsumausgabe [kɔnˈzuːmausgaːbə] *f* consumer spending
Konsumentenkredit [kɔnzuˈmɛntənkrediːt] *m* consumer credit
Konsumerismus [kɔnzuməˈrismus] *m* consumerism
Konsumforschung [kɔnˈzuːmfɔrʃuŋ] *f* consumer research, market research
Konsumgenossenschaft [kɔnˈzuːmgənɔsənʃaft] *f* consumer cooperative
Konsumklima [kɔnˈzuːmkliːma] *n* purchaser demand, buyer demand
Konsumkredit [kɔnˈzuːmkrediːt] *m* consumer credit
Konsumquote [kɔnˈzuːmkvoːtə] *f* consumption rate
Konsumverhalten [kɔnˈzuːmfɛrhaltən] *n* consumer behaviour, consumer habits *pl*
Kontakthäufigkeit [kɔnˈtakthɔyfiçkaɪt] *f* frequency of contact
Kontenkalkulation [ˈkɔntənkalkulatsjoːn] *f* account costing
Kontennummerierung [ˈkɔntənuməriːruŋ] *f* account numbering
Kontenplan [ˈkɔntənplaːn] *m* chart of accounts
Kontenrahmen [ˈkɔntənraːmən] *m* standard form of accounts
Kontingent [kɔntɪŋˈgɛnt] *n* quota
Kontingentierung [kɔntɪŋgɛnˈtiːruŋ] *f* fixing of a quota
Konto [ˈkɔnto] *n* account
Kontoauszug [ˈkɔntoaustsuːk] *m* statement of account
Kontoeröffnung [ˈkɔntoɛrœfnuŋ] *f* opening of an account
Kontoführung [ˈkɔntofyːruŋ] *f* keeping of an account
Kontogebühren [ˈkɔntogəbyːrən] *f/pl* bank charges *pl*
Kontokorrent [kɔntokɔˈrɛnt] *n* current account
Kontokorrentkonto [kɔntokɔˈrɛntkɔnto] *n* current account, open account
Kontokorrentkredit [kɔntokɔˈrɛntkrediːt] *m* current account credit
Kontonummer [ˈkɔntonumɐ] *f* account number
Kontoüberziehung [ˈkɔntoyːbərtsiːuŋ] *f* overdraft of an account
Kontovollmacht [ˈkɔntofɔlmaxt] *f* power to draw on an account
Kontrahierung [kɔntraˈhiːruŋ] *f* contraction
Kontrahierungszwang [kɔntraˈhiːruŋstsvaŋ] *m* obligation to contract
Kontraktgüter [kɔnˈtraktgyːtɐ] *n/pl* contract goods *pl*
Kontrollmitteilung [kɔnˈtrɔlmɪtaɪluŋ] *f* tracer note
Kontrollspanne [kɔnˈtrɔlʃpanə] *f* span of control
Konvergenz [kɔnvɛrˈgɛnts] *f* convergence
Konvergenzkriterien [kɔnvɛrˈgɛntskriːteːrjən] *n/pl* convergence criteria *pl*
Konvergenzphase [kɔnvɛrˈgɛntsfaːzə] *f* convergence phase
Konvergenzpolitik [kɔnvɛrˈgɛntspolitiːk] *f* convergence policy
Konvergenzprogramm [kɔnvɛrˈgɛntsprogram] *n* convergence programme

Konversionskurs [kɔnvɛr'zjo:nskurs] *m* conversion rate
Konvertibilität [kɔnvɛrtibili'tɛ:t] *f* convertibility
Konvertierung [kɔnvɛr'ti:ruŋ] *f* conversion
Konzentration [kɔntsəntra'tsjo:n] *f* concentration
Konzernabschluss [kɔn'tsɛrnapʃlus] *m* consolidated financial statement
Konzernanhang [kɔn'tsɛrnanhaŋ] *m* notes to group financial statements *pl*
Konzernaufträge [kɔn'tsɛrnauftrɛ:gə] *m/pl* group orders *pl*
Konzernbilanz [kɔn'tsɛrnbilants] *f* group balance sheet
konzernintern [kɔn'tsɛrnintɛrn] *adj* intercompany, intragroup
Konzernzwischengewinn [kɔntsɛrn-'tsvɪʃəngəvɪn] *m* group interim benefits *pl*
konzertierte Aktion [kɔntsɛr'ti:rtə ak'tsjo:n] *f* concerted action
Konzertzeichnung [kɔn'tsɛrttsaɪçnuŋ] *f* stagging
Kooperationsdarlehen [koɔpəra'ts-jo:nsda:rle:ən] *n* cooperation loan
Kopfsteuer ['kɔpfʃtɔyɐ] *f* per capita tax
Koppelproduktion ['kɔpəlprodukts-jo:n] *f* combined production
Korbwährung ['kɔrpvɛ:ruŋ] *f* basket currency
Körperschaftssteuer ['kœrpərʃafts-ʃtɔyɐ] *f* corporation tax
Korrelation [korəla'tsjo:n] *f* correlation
Korrespondenzbank [korəspɔn'dɛnts-baŋk] *f* correspondent bank
korrigieren [kɔri'gi:rən] *v* correct, rectify, remedy
Kosten und Fracht (C&F) ['kɔstən unt 'fraxt] cost and freight (C&F)
Kosten und Versicherung (C&I) ['kɔstən unt fər'ziçəruŋ] cost and insurance (C&I)
Kosten, Versicherung, Fracht eingeschlossen (CIF) ['kɔstən fɛr'zɪçəruŋ fraxt 'aɪngəʃlɔsən] cost, insurance, freight (CIF)
Kosten, Versicherung, Fracht und Kommission eingeschlossen (CIF&C) ['kɔstən fɛr'zɪçəruŋ fraxt unt kɔmɪ-'sjo:n 'aɪngəʃlɔsən] cost, insurance, freight, commission (CIF & C)
Kosten, Versicherung, Fracht, Abholung und Zinsen (CIFC & I) ['kɔstən fɛr'zɪçəruŋ fraxt 'apho:luŋ unt 'tsɪnzən] cost, insurance, freight, collection, interest (CIFC & I)
Kostenart ['kɔstəna:rt] *f* cost type
Kostendämpfung ['kɔstəndɛmpfuŋ] *f* combating rising costs *pl*
Kostendeckung ['kɔstəndɛkuŋ] *f* cost recovery
Kostendruck ['kɔstəndruk] *m* cost pressure
Kostenexplosion ['kɔstənɛksplozjo:n] *f* cost escalation
Kostenfaktor ['kɔstənfakto:ɐ] *m* cost factor
kostenfrei (FOC) ['kɔstənfraɪ] *adj* free of charge (FOC)
Kostenminimierung ['kɔstənmɪni-mi:ruŋ] *f* minimisation of costs
Kosten-Nutzen-Analyse ['kɔstən'nut-sənanaly:zə] *f* cost-benefit analysis
Kostenplan ['kɔstənpla:n] *m* cost schedule
Kostenrechnung [kɔstənrɛçnuŋ] *f* statement of costs
Kostenremanenz ['kɔstənrəmanɛnts] *f* lagged adjustment of variable costs
Kostensenkung ['kɔstənzɛŋkuŋ] *f* cost reduction
Kostenstelle ['kɔstənʃtɛlə] *f* cost (accounting) centre
Kostenträger ['kɔstəntrɛ:gɐ] *m* paying authority, cost unit
Kostenverrechnung ['kɔstənfɛrrɛç-nuŋ] *f* cost allocation
Kotierung [ko'ti:ruŋ] *f* admission of shares to official quotation
Kraftfahrzeug ['kraftfa:rtsɔyk] *n* motor vehicle
Kreditabteilung [kre'di:taptaɪluŋ] *f* credit department
Kreditaktie [kre'di:taktsjə] *f* credit share
Kreditakzept [kre'di:taktsɛpt] *n* financial acceptance
Kreditaufnahmeverbot [kre'di:tauf-na:məfɛrbo:t] *n* prohibition of raising of credits

Kreditaufsicht [kreˈdiːtaufzɪçt] *f* state supervision of credit institutions
Kreditauftrag [kreˈdiːtauftraːk] *m* credit-extending instruction
Kreditauskunft [kreˈdiːtauskunft] *f* credit information, banker's reference (UK)
Kreditausschuss [kreˈdiːtausʃus] *m* credit committee
Kreditausweitung [kreˈdiːtausvaɪtuŋ] *f* expansion of credit
Kreditbedarf [kreˈdiːtbədarf] *m* credit demand
Kreditbrief (L/C) [kreˈdiːtbriːf] *m* letter of credit (L/C)
Krediteröffnungsvertrag [kreˈdiːtɛrœfnuŋsfɛrtraːk] *m* credit agreement
Kreditfähigkeit [kreˈdiːtfɛːiçkaɪt] *f* financial standing
Kreditfinanzierung [kreˈdiːtfinantsiːruŋ] *f* financing by credit
Kreditfrist [kreˈdiːtfrɪst] *f* credit period
Kreditgarantie [kreˈdiːtgaːrantiː] *f* credit guarantee
Kreditgefährdung [kreˈdiːtgəfɛːrduŋ] *f* endangering the credit of a person or a firm
Kreditgeld [kreˈdiːtgɛlt] *n* credit money
Kreditgenossenschaft [kreˈdiːtgənɔsənʃaft] *f* credit cooperative
Kreditgeschäft [kreˈdiːtgəʃɛft] *n* credit business
Kreditgewinnabgabe [kreˈdiːtgəvɪnapgaːbə] *f* debts profit levy
Kreditinflation [kreˈdiːtɪnflatsjoːn] *f* credit inflation
Kreditkarte [kreˈdiːtkartə] *f* credit card
Kreditkauf [kreˈdiːtkauf] *m* credit purchase
Kreditkontrolle [kreˈdiːtkɔntrɔlə] *f* credit control
Kreditkosten [kreˈdiːtkɔstən] *pl* cost of credit
Kreditkultur [kreˈdiːtkultuːɐ] *f* credit culture
Kreditlaufzeit [kreˈdiːtlauftsaɪt] *f* duration of credit
Kreditleihe [kreˈdiːtlaɪə] *f* loan of credit
Kreditlimit [kreˈdiːtlɪmɪt] *n* borrowing limit, credit limit
Kreditlinie [kreˈdiːtliːnjə] *f* credit line
Kreditmarkt [kreˈdiːtmarkt] *m* money and capital market
Kreditnehmer(in) [kreˈdiːtneːmɐ(rɪn)] *m/f* borrower
Kreditoren [krediˈtoːrən] *m/pl* creditors *pl*
Kreditorenbuchhaltung [krediˈtoːrənbuːxhaltuŋ] *f* accounts payable department
Kreditplafond [kreˈdiːtplafɔ̃] *m* credit ceiling
Kreditplafondierung [kreˈdiːtplafɔ̃diːruŋ] *f* credit limitation
Kreditpolitik [kreˈdiːtpolitiːk] *f* credit policy
Kreditprovision [kreˈdiːtprovizjoːn] *f* credit commission
Kreditprüfung [kreˈdiːtpryːfuŋ] *f* credit status investigation
Kreditprüfungsblätter [kreˈdiːtpryːfuŋsblɛtɐ] *n/pl* credit checking sheets *pl*
Kreditrahmen [kreˈdiːtraːmən] *m* credit margin, credit facilities *pl*
Kreditrestriktion [kreˈdiːtrɛstrɪktsjoːn] *f* credit restriction
Kreditrisiko [kreˈdiːtriziko:] *n* credit risk
Kreditschöpfung [kreˈdiːtʃœpfuŋ] *f* creation of credit
Kreditschutz [kreˈdiːtʃuts] *m* protection of credit
Kreditsicherheit [kreˈdiːtzɪçərhaɪt] *f* security of credit
Kreditsicherung [kreˈdiːtzɪçəruŋ] *f* safeguarding of credit
Kreditspritze [kreˈdiːtʃprɪtsə] *f (fam)* injection of credit
Kreditstatus [kreˈdiːtʃtaːtus] *m* credit standing
Kredittranche [kreˈdiːttrɑ̃ʃ(ə)] *f* credit tranche, credit facilities *pl*
Kreditvermittler [kreˈdiːtfɛrmɪtlɐ] *m* money broker
Kreditvermittlung [kreˈdiːtfɛrmɪtluŋ] *f* arranging for a credit
Kreditversicherung [kreˈdiːtfɛrzɪçəruŋ] *f* credit insurance
Kreditvertrag [kreˈdiːtfɛrtraːk] *m* credit agreement
Kreditvolumen [kreˈdiːtvoːluːmən] *n* total credit outstanding

Kreditwesen [kre'di:tve:zən] *n* credit system

Kreditwesengesetz [kre'di:tve:zəngəzɛts] *n* banking law

Kreditwürdigkeit [kre'di:tvyrdiçkaɪt] *f* creditworthiness

Kreditzinsen [kre'di:ttsɪnsən] *m/pl* interest on borrowings, loan interest

Kreditzusage [kre'di:ttsuza:gə] *f* promise of credit

Kreuzparität ['krɔytsparitɛ:t] *f* cross rate

Kriegsanleihe ['kri:ksanlaɪhə] *f* war loan

krisenfest ['kri:zənfɛst] *adj* crisis-proof

Krisenstaat ['kri:zənʃta:t] *m* crisis state, fragile state

Krisenstab ['kri:zənʃta:p] *m* crisis committee, action committee

Krisensitzung ['kri:zənsɪtsuŋ] *f* crisis meeting

Krisenstimmung ['kri:zənʃtɪmuŋ] *f* mode of crisis, crisis feeling

kritische Erfolgsfaktoren ['kritɪʃə ɛr'fɔlksfakto:rən] *m/pl* critical factors of performance *pl*

krummer Auftrag ['krumər 'auftra:k] *m* uneven order

Kulisse [ku'lɪsə] *f* unofficial stock market

Kulissenwert [ku'lɪsənve:rt] *m* quotation on the unofficial market

kumulative Dividende ['kumulativə divi'dɛndə] *f* cumulative dividend

Kumulierungsverbot [kumu'li:ruŋsfərbo:t] *n* rule against accumulation

kündbar ['kyntba:ɐ] *adj* redeemable

Kundenauftrag ['kundənauftra:k] *m* customer's order

Kundenberatung ['kundənbɛra:tuŋ] *f* consumer advice

Kundengeschäft ['kundəngəʃɛft] *n* transactions for third account *pl*

Kundenkalkulation ['kundənkalkulatsjo:n] *f* customer costing

Kundennummer ['kundənumɐ] *f* customer's reference number, customer number

kundenorientiert ['kundənorjɛnti:rt] *adj* customer-oriented

Kundenorientierung ['kundənorjɛnti:ruŋ] *f* customer orientation

Kundenpflege ['kundənpfle:gə] *f* customer care, customer relationship management (CRM)

Kundenpotenzial ['kundənpotɛntsja:l] *n* prospective customer, customer potencial

Kundenprofil ['kundənprofi:l] *n* customer profile

Kundenrabatt ['kundənrabat] *m* sales discount

Kundenreklamation ['kundənreklamatsjo:n] *f* customer complaint

Kundenschutz ['kundənʃuts] *m* customer protection

Kundenstamm ['kundənʃtam] *m* regular customers *pl*

Kundenstock ['kundənʃtɔk] *m* regular clientele

Kündigungsfrist ['kyndɪgungsfrɪst] *f* period of notice, cancellation period

Kündigungsgeld ['kyndɪguŋsgɛlt] *n* deposit at notice

Kündigungsgrundschuld ['kyndɪguŋsgruntʃult] *f* land charge not repayable until called

Kündigungssperrfrist ['kyndɪguŋsʃpɛrfrɪst] *f* non-calling period

Kundschaft ['kuntʃaft] *f* clientele

Kundschaftskredit ['kuntʃaftskredi:t] *m* customers' credit

Kupon [ku'pɔ̃] *m* coupon, warrant

Kuponbogen [ku'pɔ̃bo:gən] *m* coupon sheet

Kuponkasse [ku'pɔ̃kasə] *f* coupon collection department

Kuponkurs [ku'pɔ̃kurs] *m* coupon price

Kuponmarkt [ku'pɔ̃markt] *m* coupon market

Kuponsteuer [ku'pɔ̃ʃtɔyɐ] *f* coupon tax

Kuppelprodukte ['kupəlproduktə] *n/pl* complementary products *pl*

Kur [ku:ɐ] *f* cure

Kurantmünze [ku'rantmyntsə] *f* specie

Kuratorium [kura'to:rjum] *n* board of trustees

Kursanzeige ['kursantsaɪgə] *f* quotation

Kursblatt ['kursblat] *n* quotations list

Kursfestsetzung ['kursfɛstzɛtsuŋ] *f* fixing of prices

Kursgewinn ['kursgəvɪn] *m* stock price gain, exchange profit, market profit

Kurs-Gewinn-Verhältnis [kursgəˈvɪnfɛrhɛltnɪs] *n* price-earnings ratio
Kursindex [ˈkursɪndɛks] *m* stock exchange index
Kursindexniveau [ˈkursɪndɛksnivo:] *n* price level
Kursintervention [ˈkursɪntərvɛntsjo:n] *f* price intervention
Kurslimit [ˈkurslɪmɪt] *n* price limit
Kursmakler [ˈkursma:klɐ] *m* stock broker
Kursnotierung [ˈkursnoti:ruŋ] *f* quotation of prices
Kursparität [ˈkursparite:t] *f* parity of rates
Kurspflege [ˈkurspfle:gə] *f* price management
Kursregulierung [ˈkursreguli:ruŋ] *f* price regulation
Kursrisiko [ˈkursri:ziko] *n* **1.** price risk; **2.** *(currency)* foreign-exchange risk
Kursspanne [ˈkursʃpanə] *f* difference between purchase and hedging price
Kurssprung [ˈkursʃpruŋ] *m* jump in prices
Kurssteigerung [ˈkursʃtaɪgəruŋ] *f* price advance
Kursstreichung [ˈkursʃtraɪçuŋ] *f* non-quotation
Kursstützung [ˈkursʃtytsuŋ] *f* price pegging
Kursvergleich [ˈkursfɛrglaɪç] *m* comparison of prices
Kursverlauf [ˈkursfɛrlauf] *m* price development, price performance
Kursverlust [ˈkursfɛrlust] *m* loss on stock prices
Kursverwässerung [ˈkursfɛrvɛsəruŋ] *f* price watering
Kurszettel [ˈkurstsɛtəl] *m* stock exchange list
Kurszusammenbruch [ˈkurstsuzamənbrux] *m* collapse of prices
Kurszusätze [ˈkurstsu:zɛtsə] *m/pl* notes appended to quotation *pl*
Kurtage [kurˈta:ʒ(ə)] *f* courtage
Kurve [ˈkurvə] *f* curve, graph
kurzfristige Erfolgsrechnung [ˈkurtsfrɪstɪgə ɛrˈfɔlksrɛçnuŋ] *f* monthly income statement
kurzfristiger Kredit [ˈkurtsfrɪstɪgər kreˈdi:t] *m* short-term credit
Kurzindossament [ˈkurtsɪndɔsamɛnt] *n* short-form endorsement
Kurzmitteilung [ˈkurtsmɪttaɪluŋ] *f* memo, memo letter
Küstengewässer [ˈkʏstəngəvɛsɐ] *n/pl* coastal waters *pl*
Kuvert [kuˈvɛrt] *n* envelope
Kux [kuks] *m* mining share
Kybernetik [kybɐˈne:tɪk] *f* cybernetics
kybernetisch [kybɐˈne:tɪʃ] *f* cybernetic

J K

L

Labor [la'bo:ɐ] *n* laboratory
Lack [lak] *m* varnish, lacquer
Ladebühne ['la:dəby:nə] *f* loading platform, elevating platform
Ladefläche ['la:dəflɛçə] *f* loading surface
Ladegebühren ['la:dəgəby:rən] *f/pl* loading charges *pl*
Ladegerät ['la:dəgərɛ:t] *n* battery charger
laden ['la:dən] *v irr* **1.** *(LKW, Schiff)* load; **2.** *(Batterie)* charge; **3.** *(vor Gericht)* summon, cite
Laden ['la:dən] *m* shop
Ladenhüter ['la:dənhy:tɐ] *m/pl* slow seller, slow-moving goods *pl*
Ladenöffnungszeiten ['la:dənœfnuŋstsaɪtən] *f/pl* shop hours *pl*
Ladenpreis ['la:dənpraɪs] *m* retail price
Ladenschluss ['la:dənʃlus] *m* closing time
Ladenschlussgesetz ['la:dənʃlusgəzɛts] *n* shop closing hours law
Ladeplatz ['la:dəplats] *m* loading area
Laderampe ['la:dərampə] *f* loading ramp
Laderaum ['la:dəraum] *m* loading space
Ladeschein ['la:dəʃaɪn] *m* bill of lading
lädiert [lɛ'di:rt] *adj (beschädigt)* damaged, battered
Ladung ['la:duŋ] *f* **1.** load, cargo, freight; **2.** *(elektrische ~)* charge, amount of electricity; **3.** *(am Gericht)* summons *pl*
Lagebericht ['la:gəbərɪçt] *m* status report; annual report
Lager ['la:gɐ] *n (Warenlager)* store, stock, inventory, warehouse; *auf ~ haben* have in store
Lagerbestand ['la:gərbəʃtant] *m* stock, goods in stock *pl*, stock on hand
Lagerbestandsaufnahme ['la:gərbəʃtantsaufna:mə] *f* inventory, stocktaking
Lagerbuchführung ['la:gərbu:xfy:ruŋ] *f* inventory accounting
Lagerempfangsschein (D/W) [la:gərɛm'pfaŋsʃaɪn] *m* warehouse receipt
lagerfähig ['la:gərfɛ:ɪç] *adj* storable
Lagergebühr ['la:gərgeby:ɐ] *f* storage, storage charge
Lagerhalle ['la:gərhalə] *f* warehouse
Lagerhaltung ['la:gərhaltuŋ] *f* stockkeeping, warehousing
Lagerhaus ['la:gərhaus] *n* warehouse
Lagerist [la:gə'rɪst] *m* stockkeeper, stockroom clerk, storekeeper
Lagerkosten ['la:gərkɔstən] *pl* storage cost
Lagerkapazität ['la:gərkapatsitɛ:t] *f* storage capacity
Lagerliste ['la:gərlɪstə] *f* stock list, inventory list
Lagermenge ['la:gərmɛŋə] *f* stock quantity, quantity in store
Lagermiete ['la:gərmi:tə] *f* warehouse rent
lagern ['la:gɐn] *v* store, stock, put in storage
Lagerplatz ['la:gərplats] *m* depot
Lagerraum ['la:gərraum] *m* storage space
Lagerschein ['la:gərʃaɪn] *m* warehouse warrant
Lagerung ['la:gəruŋ] *f* storage, storing, warehousing
Lagerverwaltung ['la:gərfɛrvaltuŋ] *f* warehouse management
lancieren [lã'si:rən] *v* launch (a product)
Länderrisiko ['lɛndərri:ziko] *n* country risk
Landesbank ['landəsbaŋk] *f* regional bank
Landeserzeugnisse ['landəsɛrtsɔyknɪsə] *n/pl* domestic products *pl*
Landesgrenze ['landəsgrɛntsə] *f* national border, frontier
landesüblich ['landəsy:plɪç] *adj* common in the country, normal for the country
Landeswährung ['landəsvɛ:ruŋ] *f* national currency

Landeszentralbank (LZB) [landəstsɛnˈtraːlbaŋk] *f* regional central bank
Landweg [ˈlantveːk] *m auf dem ~* overland
Landwirtschaft [ˈlantvɪrtʃaft] *f* agriculture, farming
landwirtschaftlich [ˈlantvɪrtʃaftlɪç] *adj* agricultural, farming
Landwirtschaftskredit [ˈlantvɪrtʃaftskrediːt] *m* agricultural loan
lange Sicht [ˈlaŋə ˈzɪçt] *f* long run
Längenmaße [ˈlɛŋənmaːsə] *n/pl* linear measures *pl*
langfristig [ˈlaŋfrɪstɪç] *adj* long-term
langfristige Anleihen [ˈlaŋfrɪstɪgə ˈanlaɪən] *f/pl* long-term bonds *pl*
langfristige Einlagen [ˈlaŋfrɪstɪgə ˈaɪnlaːgən] *f/pl* long-term deposits *pl*
langfristiger Kredit [ˈlaŋfrɪstɪgər kreˈdiːt] *m* long-term credit
langlebig [ˈlaŋleːbɪç] *adj* durable
Langlebigkeit [ˈlaŋleːbɪçkaɪt] *f* durability
Langzeitarbeitslose(r) [ˈlaŋtsaɪtarbaɪtsloːzə(-ɐ)] *f/m* long-term unemployed person
Langzeitarbeitslosigkeit [ˈlaŋtsaɪtarbaɪtsloːzɪçkaɪt] *f* long-term unemployment
Laptop [ˈlæptɔp] *m* laptop
Lärmbekämpfung [ˈlɛrmbəkɛmpfuŋ] *f* noise control, sound-level control
Lärmbelästigung [ˈlɛrmbəlɛstɪguŋ] *f* noise pollution
Lärmpegel [ˈlɛrmpeːgəl] *m* noise level
Lärmschutz [ˈlɛrmʃuts] *m* noise protection
Laserdrucker [ˈleɪzərdrukɐ] *m* laser printer
Lasertechnik [ˈleɪzərtɛçnɪk] *f* laser technology
Lasten [ˈlastən] *f/pl (finanzielle Belastungen)* expense, costs *pl*
Lastenaufzug [ˈlastənauftsuːk] *m* goods lift, freight elevator *(US)*
Lastenausgleich [ˈlastənausglaɪç] *m* burden sharing
Lastenausgleichsbank [lastənˈausglaɪçsbaŋk] *f* equalization of burdens bank
Lastenausgleichsfonds [lastənˈausglaɪçsfɔ̃ː] *m* equalization of burdens fund
Lastenverteilung [ˈlastənfɛrtaɪluŋ] *f* burden-sharing
Lastkraftwagen [ˈlastkraftvaːgən] *m (LKW)* lorry *(UK)*, truck *(US)*
Lastschrift [ˈlastʃrɪft] *f* debit entry
Lastschrifteinzugsverfahren [lastʃrɪftˈaɪntsuːksfɛrfaːrən] *n* direct debiting
Lastschriftkarte [ˈlastʃrɪftkartə] *f* debit card
Lastschriftverkehr [ˈlastʃrɪftfɛrkeːɐ] *m* direct debiting transactions *pl*
Lastwagen [ˈlastvaːgən] *m* lorry *(UK)*, truck *(US)*
Lastzug [ˈlasttsuːk] *m* pulley
latente Steuern [laˈtɛntə ˈʃtɔyɐn] *f/pl* deferred taxes *pl*
Laufbahn [ˈlaufbaːn] *f (fig)* career
laufende Rechnung [ˈlaufəndə ˈrɛçnuŋ] *f* current account
Laufkundschaft [ˈlaufkuntʃaft] *f* walk-in business
Laufwerk [ˈlaufvɛrk] *n* drive
Laufzeit [ˈlauftsaɪt] *f* term, duration, life
Laufzeitfonds [ˈlauftsaitfɔ̃ːs] *m/pl* term funds *pl*
Laufzettel [ˈlauftsɛtəl] *m* batch card, controll card
Lean Management [ˈliːn ˈmænɪdʒmənt] *n* lean management
Lean Production [liːn prəˈdʌkʃən] *f* lean production
leasen [ˈliːzən] *v* lease
Leasing [ˈliːzɪŋ] *n* leasing
Leasing-Geber [liːzɪŋˈgeːbɐ] *m* lessor
Leasing-Nehmer [liːzɪŋˈneːmɐ] *m* lessee
Leasing-Rate [ˈliːzɪŋraːtə] *f* leasing payment
Leasing-Vertrag [ˈliːzɪŋfertraːk] *m* leasing contract
Lebensbedingungen [ˈleːbənsbədɪŋuŋən] *f/pl* living conditions *pl*, standard of living
Lebensbedürfnisse [ˈleːbənsbədʏrfnɪsə] *n/pl* (bare) necessities of life *pl*
Lebensdauer [leːbənsdauɐ] *f* life
Lebenshaltung [ˈleːbənshaltuŋ] *f* standard of living

Lebenshaltungskosten [ˈleːbənshaltuŋskɔstən] *pl* cost of living

Lebenslauf [ˈleːbənslauf] *m* curriculum vitae, resumé *(US)*

Lebensmittel [ˈleːbənsmɪtəl] *n (als Kaufware)* groceries *pl*

Lebensmittelgesetz [ˈleːbənsmɪtəlgəzɛts] *n* law on food processing and distribution

Lebensqualität [ˈleːbənskvaliˈtɛːt] *f* quality of life

Lebensstandard [ˈleːbənsʃtandart] *m* standard of living

Lebensunterhalt [ˈleːbənsuntərhalt] *m* livelihood

Lebensverhältnisse [ˈleːbənsfɛrhɛltnɪsə] *pl* living conditions *pl*

Lebensversicherung [ˈleːbənsfɛrzɪçəruŋ] *f* life assurance

Lebenszyklus eines Produkts [ˈleːbənstsyːklus ˈainəs proˈdukts] *m* life cycle of a product

Leeraktie [ˈleːraktsjə] *f* corporate share not fully paid up

Leerfracht (d.f.) [ˈleːrfraxt] *f* dead freight (d.f.)

Leergewicht [ˈleːrgəvɪçt] *n* unloaded weight, tare weight

Leergut [ˈleːrguːt] *n* empties *pl*

Leerlauf [ˈleːrlauf] *m (Motor, Maschine)* neutral, idle running

Leerpackung [ˈleːrpakuŋ] *f* empty package

Leerposition [ˈleːrpozitsjoːn] *f* bear selling position

Leerstelle [ˈleːrʃtɛlə] *f* space

Leerverkauf [ˈleːrfɛrkauf] *m* forward sale, bear selling

Leerwechsel [ˈleːrvɛksəl] *m* finance bill

legal [leˈgaːl] *adj* legal, legitimate

Legat [leˈgaːt] *n (Vermächtnis)* legacy

Legitimation [legitimaˈtsjoːn] *f* proof of identity

Legitimationspapiere [legitimaˈtsjoːnspapiːrə] *n/pl* title-evidencing instrument

Lehre [ˈleːrə] *f (Ausbildung)* apprenticeship

Lehrgang [ˈleːrgaŋ] *m* course, class, training course

Lehrling [ˈleːrlɪŋ] *m* apprentice

Lehrstelle [ˈleːrʃtɛlə] *f* apprenticeship, traineeship

leichte Papiere [ˈlaɪçtə paˈpiːrə] *n/pl* low-priced securities *pl*

Leichtlohngruppen [ˈlaɪçtloːngrupən] *f/pl* bottom wage groups *pl*

Leihanstalt [ˈlaɪanʃtalt] *f* pawnshop

Leiharbeit [ˈlaɪarbaɪt] *f* casual labour

Leiharbeiter(in) [ˈlaɪarbaɪtɐ(rɪn)] *m/f* subcontracted employee

Leiharbeitsverhältnis [ˈlaɪarbaɪtsfɛrhɛltnɪs] *n* secondment

Leihkapital [ˈlaɪkapitaːl] *n* debt capital

Leihwagen [ˈlaɪvaːgən] *m* hired car

Leihzins [ˈlaɪtsɪns] *m* interest rate on a loan

Leistung [ˈlaɪstuŋ] *f* **1.** performance, achievement; **2.** *(technisch)* power, capacity, output

Leistungsabfall [ˈlaɪstuŋsapfal] *m* drop in performance, decrease in performance

Leistungsbereitschaft [ˈlaɪstuŋsbəraitʃaft] *f* **1.** *(Produktion)* readiness to operate **2.** *(Personal)* willingness to achieve

Leistungsbilanz [ˈlaɪstuŋsbilants] *f* balance of goods and services

leistungsfähig [ˈlaɪstuŋsfɛːɪç] *adj* efficient, capable, productive

Leistungsfähigkeit [ˈlaɪstuŋsfɛːiçkaɪt] *f* efficiency

Leistungsgarantie [ˈlaɪstuŋsgarantiː] *f* performance guarantee

Leistungslohn [ˈlaɪstuŋsloːn] *m* piece rate

leistungsorientiert [ˈlaɪstuŋsorjɛntiːrt] *adj* performance-oriented

Leistungsorientierung [ˈlaɪstuŋsorjɛntiːruŋ] *f* performance-orientation

Leistungspflicht [ˈlaɪstuŋspflɪçt] *f* liability

leistungssteigernd [ˈlaɪstuŋsʃtaɪgərnt] *adj* performance-increasing

Leistungssteigerung [ˈlaɪstuŋsʃtaigəruŋ] *f* increase in efficiency

Leistungstiefe [ˈlaɪstuŋstiːfə] *f* performance depth

leiten [ˈlaɪtən] *v* **1.** *(führen)* lead; **2.** *(lenken)* guide, direct, conduct; **3.** *(technisch)* conduct, transmit

leitend [ˈlaɪtənt] *adj* managing; *~e Angestellte* executive

leitende(r) Angestellte(r) [ˈlaɪtəndə(-ɐ) ˈangəʃtɛltə(-ɐ)] *f/m* executive employee, executive
Leiter [ˈlaɪtɐ] *m (technisch)* conductor
Leiter(in) [ˈlaɪtɐ(rɪn)] *m/f (Vorgesetzte(r))* head, director, manager
Leitkurs [ˈlaɪtkurs] *m* central rate
Leitung [ˈlaɪtuŋ] *f* **1.** *(Geschäftsleitung)* management; **2.** *(Rohrleitung)* pipeline; **3.** *(Kabel)* wire, line
Leitwährung [ˈlaɪtvɛːruŋ] *f* key currency
Leitzins [ˈlaɪttsɪns] *m* base rate, key rate
Lernkurve [ˈlɛrnkurvə] *f* learning curve
Letter of intent [ˈletə əv ɪnˈtent] *m* letter of intent
Leumund [ˈlɔymunt] *m* reputation
Leumundszeugnis [ˈlɔymuntstsɔyknɪs] *n* certificate of good character, character reference
Leveraged Buyout (LBO) [ˈliːvərɪdʒt ˈbaɪaʊt] *m* leveraged buyout
Leverage-Effekt [ˈliːvərɪdʒɛˈfɛkt] *m* leverage effect
liberalisieren [liberaːliˈziːrən] *v* liberalize foreign trade, decontrol
Liberalisierung [liberaliˈziːruŋ] *f* liberalization of foreign trade
Libor-Anleihen [ˈliːborˈanlaɪən] *f/pl* Libor loans *pl*
Lieferant [lɪfəˈrant] *m* supplier
Lieferantenkredit [lɪfəˈrantənkrediːt] *m* supplier's credit
lieferbar [ˈliːfərbaːɐ] *adj* available
lieferbares Wertpapier [ˈliːfərbaːrəs ˈveːrtpapiːɐ] *n* deliverable security
Lieferbarkeit [ˈliːfərbaːɐkaɪt] *f* availability, deliverability
Lieferbedingung [ˈliːfərbədɪŋuŋ] *f* terms of delivery *pl*; terms and conditions of sale *pl*
Lieferengpass [ˈliːfərɛŋpas] *m* supply shortage
Lieferfirma [ˈliːfərfɪrma] *f* supplier
Lieferfrist [ˈliːfərfrɪst] *f* time for delivery, deadline for delivery
Liefergarantie [ˈliːfərgarantiː] *f* guarantee of delivery
Lieferklausel [ˈliːfərklauzəl] *f* delivery clause, commercial term
Lieferkonto [ˈliːfərkɔnto] *n* accounts payable *pl*
Lieferkosten [ˈliːfərkɔstən] *pl* charges for delivery *pl*, delivery charges *pl*
Liefermenge [ˈliːfərmɛŋə] *f* ordered quantity
liefern [ˈliːfɐn] *v* supply, deliver, provide
Lieferschein [ˈliːfərʃaɪn] *m* delivery note
Liefertermin [ˈliːfərtɛrmiːn] *m* date of delivery
Lieferung [ˈliːfəruŋ] *f* delivery, supply
Lieferung gegen Nachnahme [ˈliːfəruŋ ˈgeːgən ˈnaːxnaːmə] *f* cash on delivery
Lieferungsverzögerung [ˈliːfəruŋsfɛrtsøːgəruŋ] *f* delay in delivery
Liefervertrag [ˈliːfərfɛrtraːk] *m* supply contract
Lieferverzug [ˈliːfərfɛrtsuːk] *m* default of delivery
Lieferwagen [ˈliːfərvaːgən] *m* van
Lieferzeit [ˈliːfərtsaɪt] *f* **1.** *(Zeitraum)* delivery period; **2.** *(Termin)* delivery deadline
Liegenschaften [ˈliːgənʃaftən] *f/pl* real estate, property
Lifo (last in – first out) [ˈliːfoː] last in – first out (lifo)
Limit [ˈlɪmɪt] *n (Beschränkung)* limit, ceiling
limitieren [limiˈtiːrən] *v (beschränken)* put a limit on
limitierte Dividende [limiˈtiːrtə diviˈdɛndə] *f* limited dividend
lineare Abschreibung [lineˈɑːrə ˈapʃraɪbuŋ] *f* linear depreciation
lineares Wachstum [lineˈɑːrəs ˈvakstuːm] *n* linear growth
Linienflug [ˈliːnjənfluːk] *m* scheduled flight
Linienverkehr [ˈliːnjənfɛrkeːɐ] *m* scheduled service, regular traffic
Liquidation [likvidaˈtsjoːn] *f* liquidation, winding-up *(UK)*
Liquidationsauszahlungskurs [likvidaˈtsjoːnsaustsaːluŋskurs] *m* liquidation outpayment rate
Liquidationsbilanz [likvidaˈtsjoːnsbilanz] *f* liquidation balance sheet, winding-up balance sheet *(UK)*
Liquidationserlös [likvidaˈtsjoːnsɛrløːs] *m* remaining assets after liquidation *pl*

Liquidationsgebühr [likvida'tsjo:nsgəby:ɐ] *f* liquidation fee
Liquidationskurs [likvida'tsjo:nskurs] *m* making-up price
Liquidationsrate [likvida'tsjo:nsra:tə] *f* liquidating dividend
Liquidationstermin [likvida'tsjo:nstɛrmɪ:n] *m* pay day
Liquidationsüberschuss [likvida'tsjo:nsy:bərʃus] *m* realization profit
Liquidator [likvi'da:to:ɐ] *m* liquidator
liquide [li'kvi:də] *adj* liquid, solvent, flush with cash
liquidieren [lɪkvɪ'di:rən] *v* liquidate, wind up *(UK)*
Liquidität [likvidi'tɛ:t] *f* **1.** *(Zahlungsfähigkeit)* liquidity, solvency; **1.** *(Zahlungsmittel)* liquid assets *pl*
Liquiditätsanleihe [likvidi'tɛ:tsanlaɪə] *f* liquidity loan
Liquiditätsengpass [likvidi'tɛ:tsɛŋpas] *m* liquidity squeeze
Liquiditätsgrad [likvidi'tɛ:tsgra:t] *m* liquidity ratio
Liquiditätskonsortialbank [likvidi'tɛ:tskonzortsja:lbaŋk] *f* liquidity syndicate bank
Liquiditätspapier [likvidi'tɛ:tspapi:ɐ] *n* liquidity papers *pl*
Liquiditätsquote [likvidi'tɛ:tskvo:tə] *f* liquidity ratio
Liquiditätsreserve [likvidi'tɛ:tsrezɛrvə] *f* liquidity reserves *pl*
Liquiditätsrisiko [likvidi'tɛ:tsri:ziko] *n* liquidity risk
Liquiditätsschwemme [likvidi'tɛ:tsʃvɛmə] *f* excess liquidity, liquidity glut
Liquiditätsstatus [likvidi'tɛ:tsʃta:tus] *m* liquidity status
Liquiditätstheorie [likvidi'tɛ:tsteori:] *f* liquidity theory
Listenpreis ['lɪstənpraɪs] *m* list price
Liter ['li:tɐ] *m* litre, liter *(US)*
Lizenz [li'tsɛnts] *f* licence, license *(US)*
Lizenzgeber [li'tsɛntsge:bɐ] *m* licencer
Lizenzgebühr [li'tsɛntsgəby:ɐ] *f* royalty, licence fee
Lizenznehmer [li'tsɛntsne:mɐ] *m* licencee
Lizenzvertrag [li'tsɛntsfertra:k] *m* licence agreement
Lobby ['lɔbi] *f* lobby, pressure group
Lockangebot ['lɔkangəbo:t] *n* loss leader
Lockartikel ['lɔkartɪkəl] *m* loss leader
Logistik [lo'gɪstɪk] *f* logistics
logistisch [lo'gɪstɪʃ] *adj* logistic, logistical
Logo ['lo:go] *n* logo, logograph
Lohn [lo:n] *m* *(Bezahlung)* wage(s), pay, earnings *pl*
Lohnabkommen ['lo:napkɔmən] *n* wage agreement, salary agreement
Lohnabrechnung ['lo:naprɛçnuŋ] *f* wage slip
Lohnanstieg ['lo:nanʃti:k] *m* rise in wages, salary raise
Lohnausgleich ['lo:nausglaɪç] *m* levelling of wages, cost of living adjustment, wage adjustment
Lohnbuchhaltung ['lo:nbu:xhaltuŋ] *f* *(Lohnbuchführung)* payroll accounting; *(Betriebsabteilung)* payroll department
Lohndifferenz ['lo:ndɪfərɛnts] *f* wages gap, salary gap
Lohnempfänger ['lo:nɛmpfɛŋɐ] *m* wage earner
Lohnerhöhung ['lo:nɛrhø:uŋ] *f* pay increase, wage increase, pay raise *(US)*
Lohnforderung ['lo:nfɔrdəruŋ] *f* wage claim, pay claim
Lohnfortzahlung ['lo:nfɔrttsa:luŋ] *f* *(im Krankheitsfall)* sick pay, continuing payment of wages
lohnintensiv ['lo:nɪntɛnzi:f] *adj* wage-intensive, man power intensive
Lohnkosten ['lo:nkɔstən] *pl* labour costs *pl*, payload, costs incurred in wages *pl*
Lohnkürzung ['lo:nkyrtsuŋ] *f* pay cut
Lohnnebenkosten [lo:n'ne:bənkɔstən] *pl* incidental labour costs *pl*, nonwage labour costs *pl*
Lohnniveau ['lo:nnivo:] *n* average wage, going rate of pay
Lohnpolitik ['lo:npoliti:k] *f* wages policy
Lohn-Preis-Spirale [lo:n'praɪsʃpira:lə] *f* wage-price spiral
Lohnrunde ['lo:nrundə] *f* pay round
Lohnsteuer ['lo:nʃtɔyɐ] *f* wage tax, withholding tax
Lohnsteuerkarte ['lo:nʃtɔyərkartə] *f* tax card

Lohnsteuerklasse [ˈloːnʃtɔyərklasə] *f* wage tax class
Lohnstopp [ˈloːnʃtɔp] *m* wage freeze
Lohnstreifen [ˈloːnʃtraɪfən] *m* payroll
Lohnvereinbarung [ˈloːnfɛraɪnbaːruŋ] *f* wage agreement
Lokalbörse [loˈkaːlbœrzə] *f* local stock exchange
Lokalmarkt [loˈkaːlmarkt] *m* *(Börse)* local stocks *pl*
Lokaltermin [loˈkaːltɛrmiːn] *m* hearing at the locus in quo, on-the-spot investigation
Lokogeschäft [ˈloːkogəʃɛft] *n* spot transaction
Lombard [ˈlɔmbart] *m/n* collateral holdings *pl*
Lombarddepot [ˈlɔmbartdepoː] *n* collateral deposit
Lombardeffekten [ˈlɔmbartɛfɛktən] *pl* securities serving as collateral *pl*
Lombardfähigkeit [ˈlɔmbartfɛːɪçkaɪt] *f* acceptability as collateral
Lombardgeschäft [ˈlɔmbartgəʃɛft] *n* collateral loan business
Lombardkredit [ˈlɔmbartkrediːt] *m* advance against securities, collateral credit
Lombardsatz [ˈlɔmbartzats] *m* lombard rate, bank rate of loans on securities
Lombardverzeichnis [ˈlɔmbartfɛrtsaɪçnɪs] *n* list of securities eligible as collateral
Lombardzinsfuß [ˈlɔmbarttsɪnsfuːs] *m* lending rate
Loroguthaben [ˈloːroguːthaːbən] *n* loro balance
Lorokonto [ˈloːrokɔnto] *n* loro account
löschen [ˈlœʃən] *v* **1.** *(Fracht)* unload; **2.** *(Daten)* delete, erase
Löschgebühren [ˈlœʃgəbyːrən] *f/pl* discharging expenses *pl*
Löschtaste [ˈlœʃtastə] *f* delete key
Löschung [ˈlœʃuŋ] *f* **1.** cancellation, deletion; **2.** *(Ausladen)* unloading
Loseblattausgabe [loːzəˈblatausgaːbə] *f* loose-leaf edition
Losgröße [ˈloːsgrøːsə] *f* *(Statistik)* lot size, *(Produktion)* batch size
Loskurs [ˈloːskurs] *m* lottery quotation
Losnummer [ˈloːsnumɐ] *f* *(Produktion)* lot number
Lotterieanleihen [lɔtəˈriːanlaɪən] *f/pl* lottery bonds *pl*
loyal [loˈjaːl] *adj* loyal, staunch
Loyalität [lojaːlɪˈtɛːt] *f* loyalty
Lückenanalyse [ˈlykənanalyːzə] *f* gap analysis
Luftfracht [ˈluftfraxt] *f* air freight
Luftfrachtbrief [ˈluftfraxtbriːf] *m* airwaybill
Luftpolsterversandtasche [ˈluftpɔlstərfɛrzanttaʃə] *f* air-padded envelope
Luftpost [ˈluftpɔst] *f* air mail
Luftpostbriefumschlag [ˈluftpɔstbriːfumʃlaːk] *m* airmail envelope
Luftverschmutzung [ˈluftfɛrʃmutsuŋ] *f* air pollution
lukrativ [lukraˈtiːf] *adj* lucrative, profitable
Luxusgüter [ˈluksusgyːtɐ] *n/pl* luxury goods *pl*, luxuries *pl*
Luxussteuer [ˈluksusʃtɔyɐ] *f* luxury tax

M

Maastrichter Vertrag ['ma:strıçtər 'fɛrtra:k] *m* Maastricht Treaty
Machart ['maxa:rt] *f* style, design
machbar ['maxba:ɐ] *adj* feasible
Machbarkeit ['maxba:rkaıt] *f* feasibility
Macher(in) ['maxɐ(rın)] *m/f* man of action, woman of action, doer, mover
Magazin [maga'tsi:n] *n (Lager)* warehouse, storehouse, stacker
magazinieren [magatsi'ni:rən] *v* store
magisches Viereck ['ma:gıʃəs 'fi:rɛk] *n* uneasy quadrangle
Mahnbescheid ['ma:nbəʃaıt] *m* court notice to pay a debt
Mahnbrief ['ma:nbri:f] *m* reminder
mahnen ['ma:nən] *v* **1.** *(warnen)* admonish, warn; **2.** *(auffordern)* urge
Mahnformular ['ma:nfɔrmula:ɐ] *n* reminder form
Mahngebühr ['ma:ngəby:ɐ] *f* dunning charge, reminder fee
Mahnschreiben ['ma:nʃraıbən] *n* reminder, letter demanding payment
Mahnung ['ma:nuŋ] *f* demand for payment, reminder
Mahnverfahren ['ma:nfɛrfa:rən] *n* summary proceedings *pl*
Mailbox ['meılboks] *f* mailbox
Mailingliste ['meılıŋlıstə] *f* mailing list
majorisieren [majori'si:rən] *v* outvote
Majorisierung [majori'zi:ruŋ] *f* holding of the majority
Majorität [majori'tɛ:t] *f* majority ownership, majority
Majoritätsbeschluss [majori'tɛ:tsbəʃlus] *m* majority vote
Majoritätsprinzip [majori'tɛ:tsprıntsi:p] *n* majority rule principle
Makel ['ma:kəl] *m (Erzeugnisse)* flaw, imperfection, defect
makellos ['ma:kəllo:s] *adj (Erzeugnisse)* flawless, perfect
Makler(in) ['ma:klɐ(rın)] *m/f* broker
Maklerbank ['ma:klərbaŋk] *f* brokerage bank
Maklerbuch ['ma:klərbu:x] *n* broker's journal
Maklerfirma ['ma:klərfırma] *f* firm of brokers
Maklergebühr ['ma:klərgəby:ɐ] *f* broker's commission
Maklergeschäft ['ma:klərgəʃɛft] *n* broker's business, broker's line
Maklerordnung ['ma:klərɔrdnuŋ] *f* brokers' code of conduct
Makroökonomie ['makroøkonomi:] *f* macroeconomics
Makulatur [makula'tu:ɐ] *f* waste paper, waste
Management ['mænıdʒmənt] *n* management
Managementberatung ['mænıdʒməntbəra:tuŋ] *f* management consulting
Managementinformationssystem ['mænıdʒməntınfɔrma'tsjo:nszyste:m] *n* management information system
Manager(in) [mænıdʒɐ(rın)] *m/f* manager
Managerkrankheit ['mænıdʒərkraŋkhaıt] *f* executive stress, executivitis *(fam)*
Mandant [man'dant] *m* client
Mandat [man'da:t] *n* authorization, brief, retainer
Mandatsträger(in) [man'da:tstrɛ:gɐ(rın)] *m/f* representative
Mangel ['maŋəl] *m* **1.** *(Fehlen)* lack, deficiency, want; **2.** *(Fehler)* defect, shortcoming, fault
Mängelanzeige ['mɛŋlantsaıgə] *f* notice of defect
Mangelberufe ['maŋəlbəru:fə] *m/pl* understaffed professions *pl*
Mängelbeseitigung ['mɛŋəlbəzaıtıguŋ] *f* correction of defects, correction of faults
mangelfrei ['maŋlfraı] *adj* free of defects
mangelhaft ['maŋəlhaft] *adj* **1.** *(unvollständig)* lacking, deficient, imperfect; **2.** *(fehlerhaft)* defective, faulty

Mängelliste [ˈmɛŋəllɪstə] *f* complaint list, complaint sheet
Mängelrüge [ˈmɛŋgəlry:gə] *f* complaint letter, notification of a defective product
Mangelware [ˈmaŋəlva:rə] *f* product in short supply
Manipulierbarkeit [manipuˈli:rba:rkaɪt] *f* manipulability
manipulieren [manipuˈli:rən] *v* manipulate
manipulierte Währung [manipuˈli:rtə ˈvɛ:ruŋ] *f* managed currency
Manipulierung [manipuˈli:ruŋ] *f* manipulation
Manko [ˈmaŋko] *n (Fehlbetrag)* deficit
Mantel [ˈmantl] *m (zu einer Aktie)* share certificate
Manteltarif [ˈmantəltari:f] *m* industry-wide collective agreement
Manteltarifvertrag [mantltaˈri:ffɛrtra:k] *m* basic collective agreement
manuell [manuˈɛ:l] *adj* manual; *adv* manually
M
Manufaktur [manufakˈtu:ɐ] *f* manufacture
Marge [ˈmarʒə] *f* margin
marginal [margiˈna:l] *adj* marginal
Marginalwert [margiˈna:lve:rt] *m* marginal value
Marke [ˈmarkə] *f* brand, mark, trademark
Markenartikel [ˈmarkənartɪkəl] *m* name brand, trade-registered article
Markenartikler [ˈmarkənartɪklɐ] *m* producer of brand-name products
Markenbewusstsein [ˈmarkənbəvustzaɪn] *n* brand awareness
Markenfamilie [ˈmarkənfami:ljə] *f* brand family
Markenname [ˈmarkənna:mə] *m* brand name, proprietary label
Markenschutz [ˈmarkənʃuts] *m* trademark protection, protection of proprietary rights
Markentreue [ˈmarkəntrɔyə] *f* brand name loyalty, brand loyalty
Markenwechsel [ˈmarkənvɛksəl] *m* brand switching
Markenzeichen [ˈmarkəntsaɪçən] *n* trademark, brand figure
Marketing [ˈmarkətɪŋ] *n* marketing
Marketingabteilung [ˈmarkətɪŋaptaɪluŋ] *f* marketing department
Marketingberater(in) [ˈmarkətɪŋbəra:tɐ(rɪn)] *m/f* marketing consultant
Marketingdirektor(in) [ˈmarkətiŋdirɛkto:r(ɪn)] *m/f* marketing manager, marketing director
Marketingkonzept [ˈmarkətɪŋkəntsɛpt] *n* marketing concept
Marketing-Mix [ˈmarkətɪŋmiks] *m* mixture of marketing strategies
Markt [ˈmarkt] *m* market, marketplace
Marktanalyse [ˈmarktanaly:zə] *f* market analysis
Marktanpassung [ˈmarktanpasuŋ] *f* market adjustment
Marktanteil [ˈmarktantaɪl] *m* share of the market, market share
marktbeherrschend [ˈmarktbəhɛrʃənt] *adj* dominant
Marktbeherrschung [ˈmarktbəhɛrʃuŋ] *f* market dominance
Marktbeobachtung [marktbəˈo:baxtuŋ] *f* observation of markets
Marktbericht [ˈmarktbərɪçt] *m* market report
Marktchancen [ˈmarktʃansən] *f/pl* market prospects *pl*, sales opportunities *pl*
Marktdurchdringung [marktdurçˈdrɪŋuŋ] *f* market penetration
Markteintrittsbarrieren [ˈmarktaɪntritsbarje:rən] *f/pl* barriers to entry *pl*
Marktentwicklung [ˈmarktɛntvɪkluŋ] *f* market trend
Marktergebnis [ˈmarktɛrge:pnɪs] *n* market performance
Markterschließung [ˈmarktɛrʃli:suŋ] *f* opening of new markets
marktfähig [ˈmarktfɛ:iç] *adj* marketable
Marktform [ˈmarktfɔrm] *f* market form
Marktforscher(in) [ˈmarktfɔrʃɐ(rɪn)] *m/f* market researcher, market analyst
Marktforschung [ˈmarktfɔrʃuŋ] *f* market research
Marktforschungsinstitut [ˈmarktfɔrʃuŋsinstitu:t] *n* market research institute
Marktführer [ˈmarktfy:rɐ] *m* market leader

marktgängig [ˈmarktgɛŋɪç] *adj* marketable, saleable
marktgerecht [ˈmarktgərɛçt] *adj* in accordance with market requirements, according to market requirements
Marktlage [ˈmarktla:gə] *f* state of the market, market situation
Marktlücke [ˈmarktlykə] *f* market niche, market gap
Marktmacht [ˈmarktmaxt] *f* market power
Marktordnung [ˈmarktɔrdnuŋ] *f* market organization
Marktposition [ˈmarktpozitsjo:n] *f* market position
Marktpotenzial [ˈmarktpotɛntsja:l] *n* market potential
Marktpreis [ˈmarktpraɪs] *m* market price
marktreif [ˈmarktraɪf] *adj* ready for the market, fully developed, market ripe
Marktsättigung [ˈmarktzɛtɪguŋ] *f* market saturation
Marktschwankung [ˈmarktʃvaŋkuŋ] *f* market fluctuation
Marktsegmentierung [ˈmarktzɛgmɛnti:ruŋ] *f* market segmentation
Marktstruktur [ˈmarktʃtruktu:ɐ] *f* market structure
Marktstudie [ˈmarktʃtu:diə] *f* market analysis, market research
Marktübersättigung [ˈmarkty:bərzɛtɪguŋ] *f* market saturation
Markttest [ˈmarkttɛst] *m* acceptance test
Markttransparenz [ˈmarkttransparɛnts] *f* transparency of the market
marktüblicher Zins [ˈmarkty:pliçər ˈtsɪns] *m* interest rate customary in the market
Marktuntersuchung [ˈmarktuntərzu:xuŋ] *f* market survey
Marktvolumen [ˈmarktvolu:mən] *n* market volume
Marktwert [ˈmarktve:rt] *m* fair market value, commercial value
Marktwirtschaft [ˈmarktvɪrtʃaft] *f* free market economy, free enterprise economy
marktwirtschaftlich [ˈmarktvɪrtʃaftlɪç] *adj* free-enterprise, free-economy
Marktzins [ˈmarkttsɪns] *m* market rate of interest
Maschine [maˈʃi:nə] *f* machine
maschinell [maʃiˈnɛl] *adj* mechanical; *adv* mechanically
Maschinenanlagen [maˈʃi:nənanla:gən] *f/pl* plants *pl*
Maschinenbau [maˈʃi:nənbau] *m* mechanical engineering
Maschinenbauer(in) [maˈʃi:nənbauɐ(rɪn)] *m/f* mechanical engineer
maschinenlesbar [maˈʃi:nənle:sba:ɐ] *adj* machine-readable
Maschinenschaden [maˈʃi:nənʃa:dən] *m* engine trouble, engine failure
Maschinenschlosser(in) [maˈʃi:nənʃlɔsɐ(rɪn)] *m/f* mechanic, fitter
Maschinenversicherung [maˈʃi:nənfɛrzɪçəruŋ] *f* machine insurance
Maschinenzeitalter [maˈʃi:nəntsaɪtaltɐ] *n* machine age
Maschinist(in) [maʃiˈnɪst(ɪn)] *m/f* machine operator
Maß [ma:s] *n* measure
Maßarbeit [ˈma:sarbaɪt] *f* work made to measure
Mass-Customization [ˈmæskastəmaɪˈzeɪʃən] *f* mass customization
Massegläubiger [ˈmasəglɔybigɐ] *m* preferential creditor
Maßeinheit [ˈma:saɪnhaɪt] *f* unit of measurement
Massenabsatz [ˈmasənapzats] *m* bulk selling, bulk vending
Massenarbeitslosigkeit [ˈmasənarbaɪtslo:zɪçkaɪt] *f* mass unemployment
Massenartikel [ˈmasənartɪkəl] *m* high-volume product, mass-produced article
Massenbedarf [ˈmasənbədarf] *m* mass demand, mass requirement
Massenentlassung [ˈmasənɛntlasuŋ] *f* mass dismissal, layoff
Massenfabrikation [ˈmasənfabrikatsjo:n] *f* mass production
Massenfertigung [ˈmasnfɛrtɪguŋ] *f* mass production
Massenfilialbetrieb [masnˈfilja:lbətri:p] *m* large-scale chain operation
Massengüter [ˈmasngy:tɐ] *n/pl* bulk goods *pl*, commodities *pl*
Massenkommunikation [ˈmasnkɔmunikatsjo:n] *f* mass communication

Massenproduktion [ˈmasənproduktsjo:n] *f* mass production
maßgebliche Beteiligung [ˈma:sge:plıçə bəˈtaılıguŋ] *f* controlling interest
maßgefertigt [ˈma:sgəfɛrtıct] *adj* custom-made
Maßstab [ˈma:sʃta:p] *m* **1.** criterion; **2.** yardstick
Master of Business Administration (MBA) [ˈma:stər ɔv ˈbıznəs ədmınəˈstreıʃən] *m* Master of Business Administration (MBA)
Material [mateˈrja:l] *n* material
Materialanforderung [mateˈrja:lanfɔrdəruŋ] *f* material request
Materialaufwand [mateˈrja:laufvant] *m* expenditure for material
Materialbuchhaltung [mateˈrja:lbu:xhaltuŋ] *f* inventory accounting
Materialfehler [mateˈrja:lfe:lɐ] *m* defect in the material
Materialknappheit [materˈja:lknaphaıt] *f* shortage of material, material shortage
Materialkosten [mateˈrja:lkɔstən] *pl* material costs *pl*
Materialprüfung [materˈja:lpry:fuŋ] *f* material test
Materialschaden [materˈja:lʃa:dən] *m* material defect, defective material
Materialwert [materˈja:lve:rt] *m* material value
Matrix [ˈma:trıks] *f* matrix
Matrix-Organisation [ˈma:trıksɔrganizatsjo:n] *f* matrix organization
Maus [ˈmaus] *f* (*EDV*) mouse
Mautgebühr [ˈmautgəby:ɐ] *f* toll
Maximalbetrag [maksiˈma:lbətra:k] *m* maximum amount
Maximalgewicht [maksiˈma:lgəvıçt] *n* maximum weight
Maximierung [ˈmaksimı:ruŋ] *f* maximization
Maximum [ˈmaksimum] *n* maximum
Mechaniker(in) [meˈça:nıkɐ(rın)] *m/f* mechanic
mechanisch [meˈça:nıʃ] *adj* mechanical
mechanisieren [meçaniˈzi:rən] *v* mechanize
Mechanisierung [meçaniˈzi:ruŋ] *f* mechanization
Mediaplanung [ˈme:djapla:nuŋ] *f* media planning
Megabyte [ˈmegabaıt] *n* megabyte
Megatonne [ˈmegatɔnə] *f* megaton
Mehrarbeit [ˈme:rarbaıt] *f* additional work, overtime
Mehraufwand [ˈme:raufvant] *m* additional expenditure, additional expenses *pl*
Mehrausgaben [ˈme:rausga:bən] *f/pl* extra costs *pl*, additional costs *pl*
Mehrbedarf [ˈme:rbədarf] *m* increased demand
Mehrbeteiligung [ˈme:rbətaılıguŋ] *f* majority holding
Mehreinnahme [ˈme:raınna:mə] *f* additional receipt, additional income
Mehrfachfertigung [ˈme:rfaxfɛrtıguŋ] *f* multiple-process production
Mehrheitsbeschluss [ˈme:rhaıtsbəʃlus] *m* majority decision
Mehrheitsbeteiligung [ˈme:rhaıtsbətaılıguŋ] *f* majority interest
Mehrkosten [ˈme:rkɔstən] *pl* additional costs *pl*
Mehrlieferung [ˈme:rli:fəruŋ] *f* additional delivery
Mehrlinienorganisation [ˈme:rli:njənɔrganisatjo:n] *f* multiple-line organization
Mehrproduktunternehmen [ˈme:rproduktuntərne:mən] *n* multi-product company
mehrstellig [ˈme:rʃtɛlıç] *adj* (*Zahlen*) multidigit
Mehrstimmrecht [ˈme:rʃtımrɛxt] *n* multiple voting right
Mehrstimmrechtsaktie [ˈme:rʃtımrɛxtsaktsjə] *f* multiple voting share
Mehrwegverpackung [ˈme:rve:kfɛrpakuŋ] *f* two-way package
Mehrwert [ˈme:rve:rt] *m* value added
Mehrwertsteuer [ˈme:rvɛrtʃtɔyɐ] *f* value-added tax
Meineid [ˈmaınaıt] *m* perjury
Meinung [ˈmaınuŋ] *f* opinion
Meinungsforschung [ˈmaınuŋsfɔrʃuŋ] *f* public opinion research
Meinungsführer(in) [ˈmaınuŋsfy:rɐ(rın)] *m/f* opinion leader
Meinungskäufe [ˈmaınuŋskɔyfə] *m/pl* speculative buying

M

Meinungsumfrage [ˈmaɪnuŋsumfraːgə] *f* opinion poll
Meistbegünstigung [ˈmaɪstbəgynstɪguŋ] *f* most-favoured nation treatment
Meistbegünstigungsklausel [ˈmaɪstbəgynstɪguŋsklauzl] *f* most-favoured nation clause
meistbietend [ˈmaɪstbiːtənt] *adj* highest-bidding
Meistbietende(r) [ˈmaɪstbiːtəndə(-ɐ)] *f/m* highest bidder
Meister(in) [ˈmaɪstɐ(rɪn)] *m/f (Handwerker)* master craftsman/craftswoman, foreman/forewoman
Meisterbetrieb [ˈmaɪstərbətriːp] *m* master craftsman's business
Meisterbrief [ˈmaɪstərbriːf] *m* master craftsman's diploma
Meisterprüfung [ˈmaɪstərpryːfuŋ] *f* master craftsman qualifying examination
Meldebehörde [ˈmɛldəbəhœrdə] *f* registration office
Meldebestand [ˈmɛldəbəʃtant] *m* reordering quantity, reorder point
Meldefrist [ˈmɛldəfrɪst] *f* registration deadline
melden [ˈmɛldən] *v* **1.** *(mitteilen)* report; **2.** *(ankündigen)* announce; **3.** *(anmelden)* register; **4.** *(am Telefon) sich ~* answer
Meldepflicht [ˈmɛldəpflɪçt] *f* obligation to register, compulsory registration, duty to report
meldepflichtig [ˈmɛldəpflɪçtɪç] *adj* required to register
Menge [ˈmɛŋə] *f (bestimmte Anzahl)* amount, quantity
Mengenabschreibung [ˈmɛŋənapʃraɪbuŋ] *f* production-method of depreciation
Mengenangabe [ˈmɛŋənangaːbə] *f* statement of quantity
Mengenkontingent [ˈmɛŋənkɔntɪngent] *n* quantity quota
Mengenkurs [ˈmɛŋənkurs] *m* direct exchange
Mengennotierung [ˈmɛŋənnotiːruŋ] *f* indirect quotation, indirect method of quoting foreign exchange
Mengenrabatt [ˈmɛŋənrabat] *m* quantity discount, bulk discount, volume discount
Mengenzoll [ˈmɛŋəntsɔl] *m* quantitative tariff
Menschenführung [ˈmɛnʃənfyːruŋ] *f* leadership, management
Mergers & Acquisitions (M&A) [ˈmɛːdʒərs ən ækvɪˈzɪʃəns] *pl* mergers & acquisitions
Merkantilismus [mɛrkantiˈlɪsmus] *m* mercantile system
Merkposten [ˈmɛrkpɔstn] *m* memorandum item
messbar [ˈmɛsbaːɐ] *adj* measurable
Messdaten [ˈmɛsdaːtən] *pl* measurements *pl*
Messe [ˈmɛsə] *f (Ausstellung)* fair, trade show
Messebesucher(in) [ˈmɛsəbəzuːxər(ɪn)] *m/f* visitor to the fair, visitor to the trade show
Messegelände [ˈmɛsəgəlɛndə] *n* exhibition grounds *pl*
Messeneuheit [ˈmɛsənɔyhaɪt] *f* newcomer
Messestand [ˈmɛsəʃtant] *m* booth at a trade show
Messtechnik [ˈmɛstɛçnɪk] *f* measuring technology
Messung [ˈmɛsuŋ] *f* measuring
Messwert [ˈmɛsveːrt] *m* measured value, reading
Metallarbeiter(in) [meˈtalarbaɪtɐ(rɪn)] *m/f* metalworker
Metallbörse [meˈtalbœrzə] *f* metal exchange
Metalldeckung [meˈtaldekuŋ] *f* metal cover
Metallgeld [meˈtalgɛlt] *n* metallic money
Metallindustrie [meˈtalɪndustriː] *f* metalworking industry
Metallwährung [meˈtalvɛːruŋ] *f* metallic currency
Meter [ˈmeːtɐ] *m* metre *(UK)*, meter *(US)*
Miete [ˈmiːtə] *f* rent, lease, tenancy
mieten [ˈmiːtən] *v* rent, hire
Mieter(in) [ˈmiːtɐ(rɪn)] *m/f* tenant
Mietkauf [ˈmiːtkauf] *m* lease with option to purchase
Mietpreis [ˈmiːtpraɪs] *m* rent
Mietpreisbindung [ˈmiːtpreɪsbɪnduŋ] *f* rent control

Mietspiegel [ˈmiːtʃpiːgəl] *m* representative list of rents
Mietverlängerungsoption [ˈmiːtfɛrlɛŋəruŋsɔptsjoːn] *f* lease renewal option
Mietvertrag [ˈmiːtfɛrtraːk] *m* tenancy agreement, lease
Mietwagen [ˈmiːtvaːgən] *m* hire car, rented car
Mietwucher [ˈmiːtvuːxɐ] *m* exorbitant rent
Mietzins [ˈmiːttsɪns] *m* rent
Mikrochip [ˈmiːkrotʃɪp] *m* microchip
Mikrocomputer [ˈmikrokɔmpjuːtɐ] *m* microcomputer
Mikroelektronik [miːkroelɛkˈtroːnɪk] *f* microelectronics
Mikrofiche [ˈmiːkrofɪʃ] *m/n* microfiche
Mikrofilm [ˈmiːkrofɪlm] *m* microfilm
Mikrofinanzierung [ˈmiːkrofɪnantsiːruŋ] *f* microfinance
Mikroökonomie [ˈmikroøkonomiː] *f* microeconomics
Mikroprozessor [miːkroproˈtsɛsɔr] *m* microprocessor

M

Milliarde [milˈjardə] *f* billion
Milligramm [ˈmɪligram] *n* milligramme, milligram *(US)*
Milliliter [ˈmɪliliːtɐ] *m* millilitre, milliliter *(US)*
Millimeter [miliˈmeːtɐ] *m* millimetre, millimeter *(US)*
Million [milˈjoːn] *f* million
Mindererttrag [ˈmɪndərɛrtraːk] *m* reduced profit
Minderkaufmann [ˈmɪndərkaufman] *m* small trader
Minderlieferung [ˈmɪndərliːfəruŋ] *f* short delivery, short shipment
mindern [ˈmɪndɐn] *v (verringern)* diminish, lessen, reduce
Minderung [ˈmɪndəruŋ] *f* reduction
minderwertig [ˈmɪndərveːrtɪç] *adj* inferior, substandard
Minderwertigkeit [ˈmɪndərveːrtɪçkaɪt] *f (Waren)* inferior quality
Mindestabnahme [ˈmɪndəstapnaːmə] *f* minimum purchase quantity
Mindestbestellmenge [ˈmɪndəstbəʃtɛlmɛŋə] *f* minimum quantity order
Mindestbetrag [ˈmɪndəstbətraːk] *m* minimum amount
Mindesteinfuhrpreise [ˈmɪndəstaɪnfuːrpraɪzə] *m/pl* minimum import price
Mindesteinlage [ˈmɪndəstaɪnlaːgə] *f* minimum investment
Mindestfracht [ˈmɪndəstfraːxt] *f* minimum freight rate
Mindestgehalt [ˈmɪndəstgəhalt] *n* minimum wage
Mindestgebot [ˈmɪndəstgəboːt] *n* minimum bid
Mindesthöhe [ˈmɪndəsthøːə] *f* minimum amount
Mindestkapital [ˈmɪndəstkapitaːl] *n* minimum capital
Mindestlohn [ˈmɪndəstloːn] *m* minimum wage
Mindestpreis [ˈmɪndəstpraɪs] *m* minimum price
Mindestreserve [ˈmɪndəstrezɛrvə] *m* minimum (legal) reserves *pl*
Mindestreservesystem [ˈmɪndəstrezɛrvəzysteːm] *n* minimum reserve system
Mindestzins [ˈmɪndəsttsɪns] minimum interest rate
Mineralöl [mineˈraːløːl] *n* mineral oil
Mineralölkonzern [mineˈraːløːlkɔntsɛrn] *m* oil company
Mineralölsteuer [mineˈraːløːlʃtɔyɐ] *f* mineral oil tax
Minimalkosten [miniˈmalkɔstən] *pl* minimum cost
Minimum [ˈmɪnimum] *n* minimum
Minus [ˈmiːnus] *n* deficit
Mischfinanzierung [ˈmɪʃfinantsiːruŋ] *f* mixed financing
Mischkalkulation [ˈmɪʃkalkulatsjoːn] *f* compensatory pricing
Mischzoll [ˈmɪʃtsɔl] *m* mixed tariff
Misfit-Analyse [ˈmɪsfɪtanaˈlyːzə] *f* misfit analysis
Missbrauch [ˈmɪsbraux] *m* improper use
missbrauchen [mɪsˈbrauxən] *v* abuse; *(falsch gebrauchen)* misuse
Misswirtschaft [ˈmɪsvɪrtʃaft] *f* mismanagement
mit getrennter Post [mɪt gəˈtrɛntər ˈpɔst] under separate cover
Mitarbeit [ˈmɪtarbaɪt] *f* collaboration

Mitarbeiter(in) [ˈmɪtarbaɪtɐ(rɪn)] *m/f* **1.** coworker; **2.** *(Angestellte(r))* employee; **3.** *(an Projekt)* collaborator; **4.** *freie(r)* ~ freelancer
Mitarbeiterbeurteilung [ˈmɪtarbaɪtərbəurtaɪluŋ] *f* performance appraisal
Mitarbeitergespräch [ˈmɪtarbaɪtərgəʃprɛːç] *n* employee interview
Mitbegründer(in) [ˈmɪtbəgryndɐ(rɪn)] *m/f* cofounder
mitbestimmen [ˈmɪtbəʃtɪmən] *v* share in a decision
Mitbestimmung [ˈmɪtbəʃtɪmuŋ] *f* co-determination, workers' participation
Mitbewerber(in) [ˈmɪtbəvɛrbɐ(rɪn)] *m/f* other applicant, competitor
Miteigentum [ˈmɪtaɪgəntum] *n* co-ownership
Mitglied [ˈmɪtgliːt] *n* member
Mitgliedschaft [ˈmɪtgliːtʃaft] *f* membership
Mitinhaber(in) [ˈmɪtinhaːbɐ(rɪn)] *m/f* co-owner
Mitläufereffekt [ˈmɪtlɔyfərɛfɛkt] *m* bandwagon effect
Mitteilungspflicht [ˈmɪtaɪluŋspflɪçt] *f* obligation to furnish information
Mittel [ˈmɪtəl] *pl (Geld)* means *pl*, funds *pl*, money
mittelfristig [ˈmɪtəlfrɪstɪç] *adj* medium-term, medium-range
Mittelkurs [ˈmɪtəlkurs] *m* medium price
Mittelstand [ˈmɪtəlʃtant] *m* medium-sized companies
mittelständisch [ˈmɪtəlʃtɛndɪʃ] *adj* medium-sized
Mittelwert [ˈmɪtlveːrt] *m* average value
mittlere Verfallszeit [ˈmɪtlərə fɛrˈfalstsaɪt] *f* mean due date
Mitunternehmer(in) [ˈmɪtuntərneːmɐ(rɪn)] *m/f* co-partner, co-entrepreneur
Mitwirkung [ˈmɪtvɪrkuŋ] *f* intermediation
Mobbing [ˈmobɪŋ] *n* mobbing, bullying, harassment at work
mobil [moˈbiːl] *adj* movable
Mobilfunk [moˈbiːlfuŋk] *m* mobile communications
Mobilien [moˈbiːljən] *pl* movable goods *pl*
Mobilisierungspapiere [mobiliˈziːruŋspapiːrə] *n/pl* mobilization papers *pl*
Mobilisierungspfandbriefe [mobiliˈziːruŋspfantbriːfə] *m/pl* mobilization mortgage bond
Mobilisierungstratte [mobiliˈziːruŋstratə] *f* mobilization draft
Mobilität [mobiliˈtɛːt] *f* mobility
Mobiltelefon [moˈbiːltelefoːn] *n* mobile phone, cell(ular) phone *(US)*
Mode [ˈmoːdə] *f* fashion
Modeartikel [ˈmoːdəartɪkəl] *m* fashionable article
Modell [moˈdɛl] *n* model
Modellreihe [moˈdɛlˈraɪə] *f* model range
Modellversuch [moˈdɛlfɛrzuːx] *m* test
Modem [ˈmoːdəm] *m/n* modem
modern[1] [moˈdɛrn] *adj* **1.** modern; **2.** *(modisch)* fashionable
modern[2] [moːdɐn] *v (faulen)* moulder
modifizieren [modifiˈtsiːrən] *v* modify
monatlich [ˈmoːnatlɪç] *adj* monthly
monatliche Erfolgsrechnung [ˈmoːnatlɪçə ɛrˈfɔlgsrɛçnuŋ] *f* monthly income statement
Monatsbericht [ˈmoːnatsbərɪçtə] *m* monthly report
Monatsbilanz [ˈmoːnatsbilants] *f* monthly balance sheet
Monatsgeld [ˈmoːnatsgɛlt] *n* monthly allowance
Mondpreis [ˈmoːntpraɪs] *m* unreal (high or low) price
monetär [monetɛːɐ] *adj* monetary
Monetary Fund (IMF) [ˈmʌnɪtri ˈfant] *m* Monetary Fund
Monetisierung [ˈmonetiˈziːruŋ] *f* monetization
Monitor [ˈmoːnɪtoːɐ] *m* monitor
Monitoring [ˈmonɪtoriŋ] *n* monitoring
Monokultur [ˈmoːnokultuːɐ] *f* monoculture
Monopol [monoˈpoːl] *n* monopoly
Monopolkommission [monoˈpoːlkɔmɪsjoːn] *f* monopolies commission
Monopolpreis [monoˈpoːlpraɪs] *m* monopoly price
Montage [mɔnˈtaːʒə] *f (Einrichten)* installation
Montagehalle [mɔnˈtaːʒəhalə] *f* assembly shop, assembly building

M

Montanindustrie [mɔn'taːnɪndustriː] *f* coal and steel industry
Monteur(in) [mɔn'tøːr(ɪn)] *m/f* fitter, assembler
montieren [mɔn'tiːrən] *v* mount, fit; *(zusammenbauen)* assemble
Moratorium [mora'toːrjum] *n* **1.** *(Recht)* standstill agreement; **2.** *(Geld)* debt deferral
Motor ['moːtɔr] *m* engine, motor
Müll [myl] *m* waste, rubbish, refuse
Mülldeponie ['myldeponiː] *f* rubbish dump, waste disposal site
Müllverbrennung ['mylfɛrbrɛnuŋ] *f* refuse incineration
Müllvermeidung ['mylfermaɪduŋ] *f* avoidance of excess rubbish
multifunktional [multifuŋktsjo'naːl] *adj* multifunctional
multilateral [multilate'raːl] *adj* multilateral
multilateraler Handel ['multilateraːlər 'handəl] *m* multilateral trade
Multimedia [multi'meːdja] *n* multimedia
multimedial [multi'meːdjal] *adj* multimedia
multinationales Unternehmen ['multinatsjonaːləs untər'neːmən] *n* multinational company
Multiplikation [multiplika'tsjoːn] *f* multiplication
multiplizieren [multipli'tsiːrən] *v* multiply
Multitasking ['multitaːskɪŋ] *n* *(Computer)* multitasking
Mündelgeld ['myndəlgɛlt] *n* money held in trust for a ward
mündelsichere Papiere ['myndəlzɪçəre pa'piːrə] *n/pl* trustee securities *pl*
Mündigkeit ['myndɪçkaɪt] *f* majority
mündlich ['myndlɪç] *adj* **1.** oral, verbal; *adv* **2.** orally, verbally
Münze ['myntsə] *f* coin
Münzgeld ['myntsgɛlt] *n* species *pl*
Münzgewinn ['myntsgəvɪn] *m* seignorage
Münzhandel ['myntshandəl] *m* dealings in gold and silver coins *pl*
Münzhoheit ['myntshohaɪt] *f* monetary sovereignty
Münzregal ['myntsregaːl] *n* exclusive right of coinage
Musskaufmann ['muskaufman] *m* mandatory merchant
Muster ['mustɐ] *n* **1.** *(Vorlage)* pattern; **2.** *(Probe)* sample, specimen; **3.** *(Design)* pattern, design
Musterbrief ['mustərbriːf] *m* specimen letter
Musterkoffer ['mustərkɔfɐ] *m* samples case
Mustermappe ['mustərmapə] *f* sample bag
Mustermesse ['mustərmɛsə] *f* samples fair
Muster ohne Wert ['mustər 'oːnə 'veːrt] *n* sample with no commercial value
Mustersendung ['mustərzɛnduŋ] *f* sample consignment
Muttergesellschaft ['mutərgəzɛlʃaft] *f* parent company
Mutterschaftsgeld ['mutərʃaftsgɛlt] *n* maternity allowance
Mutterschaftsurlaub ['mutərʃaftsurlaup] *m* maternity leave
Mutterschutz ['mutərʃuts] *m* protective legislation for working mothers
Muttersprache ['mutərʃpraːxə] *f* native language, mother tongue

N

nachahmen [ˈnaːxaːmən] *v* **1.** *(imitieren)* imitate, copy; **2.** *(fälschen)* fake, forge

Nachahmung [ˈnaːxaːmuŋ] *f* **1.** *(Imitation)* imitation, copy; **2.** *(Fälschung)* fake, forgery

Nachbarrecht [ˈnaxbaːrrɛçt] *n* adjacent right

Nachbau [ˈnaxbau] *m* copy, reproduction, imitation

nachbehandeln [ˈnaːxbəhandəln] *v* give sth a follow-up treatment

Nachbehandlung [ˈnaːxbəhandluŋ] *f* follow-up treatment

nachberechnen [ˈnaːxbərɛçnən] *v* make a supplementary charge

Nachbereitung [ˈnaːxbəraɪtuŋ] *f* after treatment

nachbessern [ˈnaːxbɛsɐn] *v* touch up, apply finishing touches to

Nachbesserung [ˈnaːxbɛsəruŋ] *f* rectification of defects, rework

nachbestellen [ˈnaːxbəʃtɛlən] *v* re-order, repeat an order, place a repeat order

Nachbestellung [ˈnaːxbəʃtɛluŋ] *f* repeat order, reorder, additional order

nachbezahlen [ˈnaːxbətsaːlən] *v* pay afterwards, pay later

Nachbezahlung [ˈnaːxbətsaːluŋ] *f* **1.** *(zu einem späteren Zeitpunkt)* supplementary payment; **2.** *(zusätzliche Zahlung)* additional payment

Nachbezugsrecht [ˈnaːxbətsuːksrɛçt] *n* right to a cumulative dividend

Nachbörse [ˈnaːxbœrzə] *f* after-hours dealing

Nachbürgschaft [ˈnaːxbyrkʃaft] *f* collateral guarantee

nachdatiert [ˈnaːxdatiːrt] *adj* post-dated

Nachdividende [ˈnaːxdividɛndə] *f* dividend payable for previous years

nach Erhalt der Rechnung [naːx ɛrˈhalt deːr ˈrɛçnuŋ] on receipt of the invoice

Nachfasswerbung [ˈnaːxfasvɛrbuŋ] *f* follow-up publicity

Nachfolge [ˈnaːxfɔlgə] *f* succession

Nachfolgekonferenz [ˈnaːxfɔlgəkɔnfɛrɛnts] *f* follow-up conference

Nachfolger(in) [ˈnaːxfɔlgɐ(rɪn)] *m/f* successor

nachfordern [ˈnaːxfɔrdɐn] *v* request in addition

Nachforderung [ˈnaːxfɔrdəruŋ] *f* additional demand, additional requirement

Nachfrage [ˈnaːxfraːgə] *f (Bedarf)* demand

Nachfragerückgang [ˈnaːxfraːgərykgaŋ] *m* decrease in demand

Nachfrageschub [ˈnaːxfraːgəʃuːp] *m* surge in demand

Nachfrist [ˈnaːxfrɪst] *f* period of grace, extension of time

Nachgebühr [ˈnaːxgəbyːɐ] *f* surcharge, additional postage

Nachgründung [ˈnaːxgrynduŋ] *f* post-formation acquisition

nachhelfen [ˈnaːxhɛlfən] *v irr (einer Sache)* help sth along, push sth further

Nachholbedarf [ˈnaːxhoːlbədarf] *m (auf den Markt bezogen)* demand, additional demand

Nachindossament [ˈnaːxɪndɔsamɛnt] *n* endorsement of an overdue bill of exchange

Nachkalkulation [ˈnaːxkalkulatsjoːn] *f* statistical cost accounting, actual costing

nachkontrollieren [ˈnaːxkɔntrɔliːrən] *v* check again, doublecheck

Nachlass [ˈnaːxlas] *m* inheritance

Nachlassgericht [ˈnaːxlasgərɪçt] *n* probate court

Nachlässigkeit [ˈnaːxlɛsɪçkaɪt] *f* negligence, carelessness

Nachlasssteuer [ˈnaːxlasʃtɔyɐ] *f* estate tax

Nachlassverwalter(in) [ˈnaːxlasfɛrvaltɐ(rɪn)] *m/f* executor (of the estate)

nachliefern [ˈnaːxliːfɐn] *v* furnish an additional supply, deliver subsequently

Nachlieferung [ˈnaːxliːfəruŋ] *f* additional supply, subsequent delivery

Nachnahme ['na:xna:mə] *f* cash on delivery, collect on delivery *(US)*
Nachnahmegebühr ['na:xna:məgəby:ɐ] *f* cash on delivery charges (COD charges)
Nachnahmesendung ['na:xna:məzɛnduŋ] *f* COD delivery, consignment
Nachname ['na:xna:mə] *m* last name, surname, family name
Nachorder ['na:xɔrdɐ] *f* follow-up order
Nachporto ['na:xpɔrto] *n* postage due
nachprüfen ['na:xpry:fən] *v* check, make sure, verify
Nachprüfung ['na:xpryfuŋ] *f* re-examination
nachrangige Finanzierung ['na:xraŋɪgə finan'tsi:ruŋ] *f* junior financing
nachrechnen ['na:xrɛçnən] *v* recalculate, check a calculation, examine
Nachricht ['na:xrɪçt] *f* news
Nachrichtentechnik ['na:xrɪçtəntɛçnɪk] *f* telecommunications
nachrüsten ['na:xrystən] *v (Gerät)* upgrade, modernize, refit
Nachrüstung ['na:xrʏstuŋ] *f (Gerät)* upgrade, modernization
Nachsaison ['na:xzɛzɔŋ] *f* postseason
Nachschub ['na:xʃu:p] *m (Waren)* additional supply
Nachschuss ['na:xʃus] *m (an der Börse)* margin
Nachschusspflicht ['na:xʃuspflɪçt] *f* obligation to make an additional contribution
Nachschusszahlung ['na:xʃustsa:luŋ] *f* additional payment
Nachsendeanschrift ['na:xzɛndəanʃrɪft] *f* forwarding address
Nachsendeauftrag ['na:xzɛndəauftra:k] *m* application to have mail forwarded
nachsenden ['na:xzɛndən] *v irr* forward, redirect
Nachsichtwechsel ['na:xzɪçtvɛksəl] *m* after-sight bill
Nachtarbeit ['naxtarbaɪt] *f* night work
Nachtdienst ['naxtdi:nst] *m* night duty, night service
Nachteil ['na:xtaɪl] *m* disadvantage, draw-back
nachteilig ['na:xtaɪlɪç] *adj* disadvantageous, detrimental, harmful
Nachtragshaushalt ['na:xtra:kshaushalt] *m* interim budget, supplementary budget
Nachtschicht ['naxtʃɪçt] *f* night shift
Nachttarif ['naxttari:f] *m* off-peak rate, night rate
Nachttresor ['naxttrezo:ɐ] *m* night safe
Nachweis ['na:xvaɪs] *m (Echtheitszertifikat)* certificate, proof
nachzahlen ['na:xtsa:lən] *v* pay afterwards, make a back payment
Nachzahlung ['na:xtsa:luŋ] *f* supplementary payment
Nachzugsaktie ['na:xtsu:ksaktsjə] *f* deferred stock
Nadeldrucker ['na:dəldrukɐ] *m* matrix printer, wire printer
nagelneu ['na:gəlnɔy] *adj* brand new
Näherungswert ['nɛ:əruŋsve:rt] *m* approximate value
Nährwert ['nɛ:rve:rt] *m (Nutzen)* practical value
Nahverkehr ['na:fɛrke:ɐ] *m* local traffic
Nahverkehrszug ['na:fɛrke:rstsu:k] *m* commuter train
Nahziel ['na:tsi:l] *n* short-term target
Namensaktie ['na:mənsaktsjə] *f* registered share
Namensetikett ['na:mənsetikɛt] *n* name badge
Namenspapier ['na:mənspapi:ɐ] *n* registered security
Namensschild ['na:mənsʃɪlt] *n* nameplate
nasse Stücke ['nasə 'ʃtykə] *n/pl* unissued mortgage bonds still in trustee's hands *pl*
national [natsjo'na:l] *adj* national
nationale Souveränitätsrechte [natsjo'na:lə zuvərɛni'tɛ:tsrɛçtə] *n/pl* national sovereignty rights *pl*
Nationalfeiertag [natsjo'na:lfaɪərta:k] *m* national holiday
Nationalökonomie [natsjo'na:løkonomi:] *f* economics
Naturalabgabe [natu'ra:lapga:bə] *f* payment in kind
Naturalbezüge [natu'ra:lbətsy:gə] *pl* payment in kind, remuneration in kind
Naturalgeld [natu'ra:lgɛlt] *n* payment in kind

Naturalkredit [natu'ra:lkredi:t] *m* credit granted in kind
Naturallohn [natu'ra:llo:n] *m* wages paid in kind *pl*
Naturaltilgung [natu'ra:ltɪlguŋ] *f* redemption in kind
Naturalwirtschaft [natu'ra:lvɪrtʃaft] *f* barter economy
natürliche Person [na'ty:rlɪçə 'pɛrzo:n] *f* natural person
Naturwissenschaft [na'tu:rvɪsənʃaft] *f* natural science
Nearbanken ['ni:rbaŋkən] *f/pl* near banks *pl*
Nebenabreden ['ne:bənapre:dən] *f/pl* subsidiary agreement
Nebenanschluss ['ne:bənanʃlus] *m* extension
Nebenausgabe ['ne:bənausga:bə] *f* incidental expense
Nebenberuf ['ne:bənbəru:f] *m* secondary occupation, second job, sideline
nebenberuflich ['ne:bənbəru:flɪç] *adj* part-time
Nebenbeschäftigung ['ne:bənbəʃɛftɪguŋ] *f* second occupation, spare time work, additional occupation
Nebeneinkünfte ['ne:bənaɪnkynftə] *pl* additional income, side income
Nebenerwerb ['ne:bənɛrvɛrp] *m* extra income, sideline, job on the side
Nebengebühr ['ne:bəngəby:ɐ] *f* extra charge, extra fee
Nebenklage ['ne:bənkla:gə] *f* civil action incidental to criminal proceedings
Nebenkläger ['ne:bənklɛ:gɐ] *m* co-plaintiff
Nebenkosten ['ne:bənkɔstən] *pl* incidental expenses *pl*, additional expenses *pl*, ancillary costs *pl*
Nebenkostenstelle ['ne:bənkɔstənʃtɛlə] *f* indirect centre
Nebenprodukt ['ne:bənprodukt] *n* by-product
Nebenrechte ['ne:bənrɛçtə] *n/pl* subsidiary rights *pl*
Nebenstellenanlagen ['ne:bənʃtɛlənanla:gən] *f/pl* private automatic branch exchanges *pl*
Nebentätigkeit ['ne:bəntɛ:tɪçkaɪt] *f* secondary occupation
Nebenverdienst ['ne:bənfɛrdi:nst] *m* extra income, additional earnings *pl*
Nebenzweck ['ne:bəntsvɛk] *m* secondary aim
Negativbilanz ['negati:fbilants] *f* debit balance
Negativerklärung ['negati:fɛrklɛ:ruŋ] *f* negative declaration
Negativimage ['ne:gati:fɪmɪdʒ] *n* negative image
Negativklausel ['negati:fklauzl] *f* negative clause
Negativwerbung ['negati:fvɛrbuŋ] *f* negative advertising
Negativzins ['negati:ftsɪns] *m* negative interest
negieren [ne'gi:rən] *v* *(verneinen)* negate
Negierung [ne'gi:ruŋ] *f* *(Verneinung)* negation, denial
Negotiation [negotsja'tsjo:n] *f* negotiation
Negotiationskredit [negotsja'tsjo:nskredi:t] *m* credit authorizing negotiation of bills
Neigung ['naɪguŋ] *f* *(wirtschaftlich)* trend, tendency
Nennbetrag ['nɛnbətra:k] *m* nominal amount
Nennwert ['nɛnve:rt] *m* nominal value, face-value
Nennwertaktie ['nɛnve:rtaktsjə] *f* par value share
nennwertlose Aktie ['nɛnve:rtlo:zə 'aktsjə] *f* no par value share
netto ['nɛto] *adv* net
Nettoanlagevermögen ['nɛtoanla:gəfɛrmø:gən] *n* net fixed assets *pl*
Nettodividende ['nɛtodividɛndə] *f* net dividend
Netto-Einkommen ['nɛtoaɪnkɔmən] *n* net income
Nettoertrag ['nɛtoɛrtra:k] *m* net earnings *pl*, net proceeds *pl*, net return, net yield
Nettogehalt ['nɛtogəhalt] *n* net salary
Nettogeschäft ['nɛtogəʃɛft] *n* net-price transaction
Nettogewicht ['nɛtogəvɪçt] *n* net weight
Nettogewinn ['nɛtogəvɪn] *m* net profit, net earnings *pl*

Nettoinvestition [ˈnɛtoɪnvɛstitsjo:n] *f* net investment
Nettokreditaufnahme [ˈnɛtokredi:taufna:me] *f* net (government) borrowing, net credit intake
Nettokurs [ˈnɛtokurs] *m* net price
Nettolohn [ˈnɛtolo:n] *m* net wages *pl*
Nettoneuverschuldung [nɛtoˈnɔyfɛrʃulduŋ] *f* net new indebtedness
Nettopreis [ˈnɛtopraɪs] *m* net price
Nettosozialprodukt [nɛtosoˈtsja:lprodukt] *n* net national product
Nettoumsatz [ˈnɛtoumzats] *m* net turnover
Nettoverdienst [ˈnɛtoferdi:nst] *m* net earnings *pl*
Nettovermögen [ˈnɛtofermø:gən] *n* net assets *pl*
Nettoverschuldung [ˈnɛtofɛrʃulduŋ] *f* net indebtedness
Nettozinssatz [ˈnɛtotsɪnszats] *m* net interest rate
Netzanschluss [ˈnɛtsanʃlus] *m* *(Stromnetz)* mains connection, power supply line
Netzgerät [ˈnɛtsgərɛ:t] *n* power pack
Netzplan [ˈnɛtspla:n] *m* network planning
Netzplantechnik (NPT) [ˈnɛtspla:ntɛçnɪk] *f* network planning technique
Netzstecker [ˈnɛtsʃtɛkɐ] *m* *(Stromanschluss)* plug
Netzwerk [ˈnɛtsvɛrk] *n* network
Netzzugang [ˈnɛtstsu:gaŋ] *m* net access, Internet access
Neuanschaffung [ˈnɔyanʃafuŋ] *f* new acquisition
neuartig [ˈnɔya:rtɪç] *adj* novel, original
Neuartigkeit [ˈnɔyartɪçkaɪt] *f* novelty, originality
Neuauflage [ˈnɔyaufla:gə] *f* *(von Erzeugnissen)* new edition
Neubauhypothek [ˈnɔybauhypote:k] *f* mortgage loan to finance building of new dwelling-house
Neuentwicklung [ˈnɔyɛntvɪkluŋ] *f* innovation, recent development, new development
Neuer Markt [ˈnɔyər ˈmarkt] *m* new market
Neueröffnung [ˈnɔyerœfnuŋ] *f* opening; *(Wiedereröffnung)* reopening
Neuerung [ˈnɔyəruŋ] *f* **1.** *(neues Produkt)* innovation; **2.** *(Änderung)* change
Neuerwerb [ˈnɔyɛrvɛrp] *m* new acquistion
Neugestaltung [ˈnɔygəʃtaltuŋ] *f* rearrangement, redesign
Neugiro [ˈnɔyʒi:ro] *n* new endorsement
Neugründung [ˈnɔygrynduŋ] *f* new foundation
Neuheit [ˈnɔyhaɪt] *f* novelty
Neupreis [ˈnɔypraɪs] *m* new price
Neuregelung [ˈnɔyre:gəluŋ] *f* new regulation
neutraler Aufwand [nɔyˈtra:lər ˈaufvant] *m* nonoperating expense
neutraler Ertrag [nɔyˈtra:lər ɛrˈtra:k] *m* nonoperating income
neutrales Geld [nɔyˈtra:ləs gɛlt] *n* neutral money
Neutralität [nɔytraliˈtɛ:t] *f* neutrality
Neuveranlagung [ˈnɔyfɛranla:guŋ] *f* new assessment
Neuverschuldung [ˈnɔyfɛrʃulduŋ] *f* incurring new debt
Neuwert [ˈnɔyve:rt] *m* value when new; *(eines versicherten Gegenstandes)* replacement value
Neuwertversicherung [ˈnɔyve:rtfɛrzɪçəruŋ] *f* new for old insurance
Newsletter [ˈnju:slɛtər] *m* *(abonnierbarer E-Mail-Service)* newsletter
nicht testamentarisch geregelt [nɪçt tɛstamenˈta:rɪʃ gəˈre:gəlt] *adj* intestate
nicht übertragbar [nɪçt y:bərˈtra:kba:ɐ] *adj* non-negotiable
nichtamtlich [ˈnɪçtamtlɪç] *adj* non-official
Nicht-Bank [ˈnɪçtbaŋk] *f* non-bank
Nichtberufstätige(r) [ˈnɪçtbəru:fstɛ:tigə(-ɐ)] *f/m* non-employed person, person without employment
Nichteinhaltung [ˈnɪçtaɪnhaltuŋ] *f* non-compliance
nichtig [ˈnɪçtɪç] *adj* void
Nichtmitglied [ˈnɪçtmɪtgli:t] *n* non-member
nichtnotierte Aktie [ˈnɪçtnoti:rtə ˈaktsjə] *f* unquoted share
nichttarifäre Handelshemmnisse [nɪçttariˈfɛ:rə ˈhandəlshɛmnɪsə] *n/pl* non-tariff trade barriers *pl*

Niederlassung [ˈniːdərlasʊŋ] *f* site, location, place of business, branch office

Niederlegung [ˈniːdərleːgʊŋ] *f* *(der Arbeit)* stoppage

Niederstwertprinzip [ˈniːdərstveːrtprɪntsiːp] *n* lowest value principle

Niedrigstkurs [ˈniːdrɪçstkurs] *m* floor price

Nießbrauch [ˈniːsbraux] *m* usufruct, life-long right of use

Nießbraucher [ˈniːsbrauxɐ] *m* usuardfructuary

Nischenstrategie [ˈniːʃənʃtrategiː] *f* concentration strategy

Niveau [niˈvoː] *n* level; *~ haben (fig)* to be of a high standard

Niveau-Unterschied [niˈvoːuntərʃiːt] *m* difference in standard

Nominalbetrag [nomiˈnaːlbətraːk] *m* nominal amount

Nominaleinkommen [nomiˈnaːlaɪnkɔmən] *n* nominal income

Nominalkapital [nomiˈnaːlkapitaːl] *n* nominal capital

Nominallohn [nomiˈnaːlloːn] *m* nominal wage

Nominalverzinsung [nomiˈnaːlfɛrtsɪnzuŋ] *f* nominal interest rate

Nominalwert [nomiˈnaːlveːrt] *m* face value

Nominalzins [nomiˈnaːltsɪns] *m* nominal rate of interest

nominelles Eigenkapital [nomiˈnɛləs ˈaɪgənkapitaːl] *n* nominal capital borrowed

No-Name-Produkt [noʊneɪmproˈdukt] *n* generic product

Nonprofit-Organisation [nɔnprofɪtɔrganizaˈtsjoːn] *f* nonprofit organization

Nordamerikanische Freihandelszone (NAFTA) [ˈnortamerɪkaːnɪʃə fraɪˈhandəlstsoːnə (ˈnafta)] *f* North American Free Trade Area (NAFTA)

Norm [nɔrm] *f* norm, standard; *(Regel)* rule

normal [nɔrˈmaːl] *adj* normal, regular, standard

Normalbeschäftigung [ˈnɔrmaːlbəʃɛftɪguŋ] *f* normal level of capacity utilization, standard capacity

Normalgewinn [nɔrˈmaːlgəvɪn] *m* normal profit

Normalkosten [nɔrˈmaːlkɔstən] *pl* normal cost

Normalverbraucher(in) [nɔrˈmaːlfɛrbrauxɐ(rɪn)] *m/f* average consumer; *Otto ~* Joe Bloggs, Mr Average, John Smith, Joe Sixpack

Normalverkehr [nɔrˈmaːlfɛrkeːɐ] *m* normal transactions *pl*

Normung [ˈnɔrmuŋ] *f* standardization

Nostroeffekten [ˈnɔstroɛfɛktən] *pl* securities owned by a bank

Nostroguthaben [ˈnɔstroguːthaːbən] *n* nostro balance

Nostrokonto [ˈnɔstrokɔnto] *n* nostro account

Nostronotadresse [nɔstroˈnoːtadrɛsə] *f* nostro address in case of need

Nostroverbindlichkeit [ˈnɔstrofɛrbɪntlɪçkaɪt] *f* nostro liability

Notanzeige [ˈnoːtantsaɪgə] *f* notice of dishonour

Notar(in) [noˈtaːr(ɪn)] *m/f* notary

notariell [notarˈjɛl] *adj* notarial; *adv ~ beglaubigt* notarized

Note [ˈnoːtə] *f* *(Banknote)* banknote, bill *(US)*

Notebook [ˈnəutbuk] *n* notebook

Notenabstempelung [ˈnoːtənapʃtɛmpəluŋ] *f* stamping of bank notes

Notenausgabe [ˈnoːtənausgaːbə] *f* note issue

Notenbank [ˈnoːtənbaŋk] *f* central bank

Notendeckung [ˈnoːtəndɛkuŋ] *f* cover of note circulation

Noteneinlösungspflicht [ˈnoːtənaɪnløːzuŋspflɪçt] *f* obligation to redeem notes

Notenkontingent [ˈnoːtənkɔntɪŋgɛnt] *n* fixed issue of notes

Notenumlauf [ˈnoːtənumlauf] *m* notes in circulation *pl*

Notfall [ˈnoːtfal] *m* emergency

Notgeld [ˈnoːtgɛlt] *n* emergency money

notieren [noˈtiːrən] *v* quote, list

Notierung [noˈtiːruŋ] *f* quotation

Notifikation [notifikaˈtsjoːn] *f* notification

Notiz [noˈtiːts] *f* note

Notizblock [noˈtiːtsblɔk] *m* note pad

Notizbuch [noˈtiːtsbuːx] *n* notebook

Notizzettel [noˈtiːtstsɛtəl] *m* note slip

notleidende Forderung ['no:tlaɪdəndə 'fɔrdəruŋ] *f* claim in default

notleidender Kredit ['no:tlaɪdəndɐ kredi:t] *m* bad loan, non-performing loan

notleidende Wirtschaft ['no:tlaɪdəndə 'vi:ɐtʃaft] *f* ailing economy

notwendiges Betriebsvermögen ['no:tvendɪgəs bə'tri:psfɛrmø:gn] *n* necessary business property

notwendiges Privatvermögen ['no:tvendɪgəs priva:tfɛrmø:gn] *n* necessary private property

Nullrunde ['nulrundə] *f* wage freeze, pay freeze

Nulltarif ['nultari:f] *m* free of charge, for free

Nullwachstum ['nulvakstu:m] *n* zero growth

Nummerierung [numə'ri:ruŋ] *f* numbering

Nummernkonto ['numərnkɔnto] *n* number account, numbered account

Nummernverzeichnis ['numərnfertsaɪçnɪs] *n* list of serial numbers of securities purchased

nur gegen Totalverlust versichert (TLO) [nu:r 'ge:gən to'ta:lfɛrlust fɛr'zɪçɐt] total loss only (TLO)

nur zur Verrechnung [nu:ɐ tsu:ɐ fɛɐɐçnuŋ] for account only

Nutzbarmachung ['nutsba:rmaxuŋ] *f* exploitation

Nutzeffekt ['nutsɛfɛkt] *m* efficiency, practical use

Nutzen ['nutsən] *m* **1.** use; *von ~ sein* to be of use; **2.** *(Vorteil)* advantage, benefit

Nutzfahrzeug ['nutsfa:rtsɔyk] *n (Lastkraftwagen)* lorry *(UK)*, truck *(US)*

Nutzkosten ['nutskɔstən] *pl* utility costs *pl*

nutzlos ['nutslo:s] *adj* useless, futile, pointless

Nutznießer(in) ['nutsni:sɐ(rɪn)] *m/f* beneficiary

Nutzung ['nutsuŋ] *f* use

Nutzungsdauer ['nutsuŋsdauɐ] *f* service life, operating life, working life

Nutzungsrecht ['nutsuŋsrɛçt] *n* usufructury right, right of use

Nutzwertanalyse ['nutsve:rtanaly:zə] *f* benefit analysis

N

O

oben genannt [ˈoːbən gəˈnant] *adj* above, mentioned above, as said before

Obergesellschaft [oːbərˈgəselʃaft] *f* common parent company, umbrella company

Obergrenze [ˈoːbərgrɛntsə] *f* upper limit

Oberlandesgericht (OLG) [oːbərˈlandəsgərɪçt] *n* Intermediate Court of Appeals

Oberverwaltungsgericht (OVG) [oːbərfɛrˈvaltuŋsgərɪçt] *n* Higher Administrative Court

Objekt [ɔpˈjɛkt] *n (Eigentum)* property

Objektbesteuerung [ɔpˈjɛktbəʃtɔyəruŋ] *f* taxation of specific property

Objektkredit [ɔpˈjɛktkrediːt] *m* loan for special purposes

Objektprinzip [ɔpˈjɛktprɪntsiːp] *n* object principle

Obligation [ɔbligaˈtsjoːn] *f* bond, debenture, debenture bond

Obligationär(in) [obligatsjoˈnɛːr(ɪn)] *m/f* bondholder, debenture holder

Obligationsanleihe [obligaˈtsjoːnsanlaɪə] *f* debenture loan

Obligationsausgabe [obligaˈtsjoːnsausgaːbə] *f* bond issue

obligatorisch [ɔbligaˈtoːrɪʃ] *adj* obligatory, compulsory, mandatory

Obligo [ˈɔbligo] *n* financial obligation, liability

Obligobuch [ˈɔbligobux] *n* bills discounted ledger

Obsoleszenz [ɔpzolɛsˈtsɛnts] *f* obsolescence

Oderdepot [ˈoːdərdepoː] *n* joint deposit

Oderkonten [ˈoːdərkɔntən] *n/pl* joint account

offen [ˈɔfən] *adj* **1.** *(geöffnet)* open; ~ *bleiben* stay open; ~ *halten (geöffnet lassen)* leave open; **2.** *(fig: nicht besetzt)* vacant; **3.** *(Rechnung)* outstanding

Offenbarungseid [ɔfənˈbaːruŋsaɪt] *m* oath of disclosure, oath of manifestation

offene Ausschreibung [ˈɔfənə ˈausʃraɪbuŋ] *f* public tender

Offene Handelsgesellschaft (OHG) [ˈɔfənə ˈhandəlsgəzɛlʃaft] *f* general partnership

Offene Police (O. P.) [ˈɔfənə poˈliːsə] *f* floating policy

offene Position [ˈɔfənə poziˈtsjoːn] *f* open position

Offene-Posten-Buchhaltung [ˈɔfənəˈpɔstənbuxhaltuŋ] *f* open-item accounting

offene Rechnung [ˈɔfənə ˈrɛçnuŋ] *f* out-standing account, unsettled account

offener Fonds [ˈɔfənər ˈfɔ̃ː] *m* open-end fund

offener Immobilienfonds [ˈɔfənər ɪmoˈbiːljənfɔ̃ː] *m* open-end real estate fund

offenes Depot [ˈɔfənəs deˈpoː] *n* safe custody account

offenes Konto [ˈɔfənəs ˈkɔnto] *n* open account

Offenlegung [ˈɔfənleːguŋ] *f* disclosure

Offenlegungspflicht [ˈɔfənleːguŋspflɪçt] *f* duty to disclose one's financial situation

Offenmarktpolitik [ˈɔfənmarktpolitiːk] *f* open market policy

öffentlich [ˈœfəntlɪç] *adj* public; *adv* publicly

öffentliche Anleihe [ˈœfəntlɪçə ˈanlaɪə] *f* government security

öffentliche Ausgaben [ˈœfəntlɪçə ˈausgaːbən] *f/pl* public spending

öffentliche Bank [ˈœfəntlɪçə baŋk] *f* public bank

öffentliche Beglaubigung [ˈœfəntlɪçə bəˈglaubɪguŋ] *f* public certification

öffentliche Beurkundung [ˈœfəntlɪçə bəˈuːrkunduŋ] *f* public authentication

öffentliche Güter [ˈœfəntlɪçə ˈgyːtɐ] *n/pl* public goods *pl*

öffentliche Kredite [ˈœfəntlɪçə kreˈdiːtə] *m/pl* credits extended to public authorities *pl*

öffentliche Schuld [ˈœfəntlɪçə ʃult] *f* public debt

öffentliche Verkehrsmittel [ˈœfəntlɪçə fɛrˈkeːrsmɪtəl] *n/pl* public transport(ation)
öffentlicher Haushalt [ˈœfəntlɪçər ˈhaushalt] *m* public budget
öffentlicher Schuldenstand [ˈœfəntlɪçər ʃuldənʃtant] *m* government debt
Öffentliches Recht [ˈœfəntlɪçəs rɛçt] *n* public law
Öffentlichkeit [ˈœfəntlɪçkaɪt] *f* public
Öffentlichkeitsarbeit [ˈœfəntlɪçkaɪtsarbaɪt] *f* public relations work, PR, PR activities *pl*
öffentlich-rechtliche Körperschaft [ˈœfəntlɪçreçtlɪçə ˈkœrpərʃaft] *f* public body
offerieren [ɔfəˈriːrən] *v* offer
Offerte [ɔˈfɛrtə] *f* offer
offiziell [ɔfiˈtsjɛl] *adj* official; *adv* officially
offizielles Kursblatt [ɔfiˈtsjɛləs ˈkursblat] *n* offical stock exchange list
Öffnungszeiten [ˈœfnuŋstsaɪtən] *f/pl* opening hours *pl*, hours of business *pl*
Offshore-Auftrag [ˈɔfʃoːrauftraːk] *m* off-shore purchase order
Offshore-Steuergesetz [ˈɔfʃoːrˈʃtɔyərgəsets] *n* offshore tax agreement
Offshore-Zentrum [ˈɔfʃoːrˈtsɛntrum] *n* offshore centre
ohne Dividende [ˈoːnə dɪvɪˈdɛndə] ex dividend
ohne Gewähr [ˈoːnə geˈvɛːɐ] without guarantee
ohne Kupon [ˈoːnə kuˈpõː] ex coupon
ohne Obligo [ˈoːnə ˈɔbligo] without obligation
Ökobilanz [ˈøkobilants] *f* ecological balance
Ökologie [økoloˈgiː] *f* ecology
ökologisch [økoˈloːgɪʃ] *adj* ecological
ökologische Steuerreform [økoˈloːgɪʃə ˈʃtɔyərefɔrm] *f* ecological tax reform
Ökonom(in) [økoˈnoːm(ɪn)] *m/f* economist
Ökonomie [øːkonoˈmiː] *f* economy
ökonomieverträglich [økonomiˈfɛrtrɛːklɪç] *adj* economically sustainable
ökonomisch [øːkoˈnoːmɪʃ] *adj* economic
ökonomischer Unterschied [økoˈnoːmɪʃər ˈuntərʃiːt] *m* economic divergence
Ökosteuer [ˈøkoʃtɔyɐ] *f* ecological tax, ecotax
Ökosystem [ˈøːkozysteːm] *n* ecological system
Ölembargo [ˈøːlɛmbargo] *n* oil embargo
Ölförderland [ˈøːlfœrdərlant] *n* oil-producing country, oil-producing nation
Ölförderung [ˈøːlfœrdəruŋ] *f* oil extraction, oil production
Oligopol [oligoˈpoːl] *n* oligopoly
Ölindustrie [ˈøːlɪndustriː] *f* oil industry
Ölkrise [ˈøːlkriːzə] *f* oil crisis
Ölpreis [ˈøːlpraɪs] *m* price of oil
Ölraffinerie [ˈøːlrafinəriː] *f* oil refinery
Ölterminbörse [ˈøːltɛrmiːnbœrzə] *f* oil futures exchange
Ölterminhandel [ˈøːltɛrmiːnhandl] *m* oil futures dealings *pl*
Ombudsfrau [ˈɔmbutsfrau] *f* ombudswoman, spokeswoman
Ombudsmann [ˈɔmbutsman] *m* ombudsman, representative, spokesman
One-Stop-Banking [wanstɔpˈbæŋkɪŋ] *n* one-stop banking
One-Stop-Shopping [wanstɔpˈʃɔpɪŋ] *n* one-stop shopping
online [ˈɔnlaɪn] *adj* online
Onlinebanking [ˈɔnlaɪnbæŋkɪŋ] *n* online banking
Onlinebetrieb [ˈɔnlaɪnbətriːp] *m* online operation
Onlinedienst [ˈɔnlaɪndiːnst] *m* online service
Onlinezahlungssystem [ˈɔnlaɪntsaːluŋszysteːm] *n* online payment system
Onshore-Geschäft [ˈɔnʃoːrgəˈʃɛft] *n* onshore business
OPEC (Organisation Erdöl exportierender Länder) [opec (organizaˈtsjoːn ˈerdøːl ɛkspɔrˈtiːrəndər ˈlɛndə)] *f* OPEC (Organization of Petroleum Exporting Countries)
Operations Research (OR) [ɔpəˈreɪʃəns rɪːˈsɛːtʃ] *n* operations research
operative Planung [opəraˈtiːvə ˈplaːnuŋ] *f* operational planning
Operator [ɔpəˈraːtɔr] *m* operator, computer operator
Opportunitätskosten [ɔpɔrˈtunitɛːtskɔstən] *pl* opportunity costs *pl*
Opposition [ɔposiˈtsjoːn] *f* opposition

oppositionell [ɔpositsjoː'nel] *adj* oppositional
Oppositionsführer(in) [ɔposi'tsjoːnsfyːrɐ(rɪn)] *m/f* leader of the opposition
optimal [ɔpti'maːl] *adj* ideal, optimal; *adv* to an optimum, optimally
optimale Bestellmenge [ɔpti'maːlə bə'ʃtɛlmɛŋə] *f* economic purchasing quantity
Optimalleistung [ɔpti'maːllaɪstuŋ] *f* optimum capacity
optimieren [ɔpti'miːrən] *v* optimize, optimalize
Optimierung [ɔpti'miːruŋ] *f* optimization
optimistisch [ɔpti'mɪstɪʃ] *adj* optimistic; *adv* optimistically
optimistische Börse [ɔpti'mɪstɪʃə 'bœrzə] *f* bullish market
Optimum ['ɔptimum] *n* optimum
Option [ɔp'tsjoːn] *f* option, choice
Optionsanleihe [ɔp'tsjoːnsanlaɪə] *f* option bond
Optionsdarlehen [ɔp'tsjoːnsdaːrleːən] *n* optional loan
Optionsgeschäft [ɔp'tsjoːnsgəʃɛft] *n* options tradings *pl*, options dealings *pl*, option bargain
Optionspreis [ɔp'tsjoːnspraɪs] *m* option price
Optionsrecht [ɔp'tsjoːnsrɛçt] *n* option right
Optionsschein [ɔp'tsjoːnsʃaɪn] *m* share purchase warrant
ordentliche Ausgaben ['ɔrdəntlɪçə 'ausgaːbən] *f/pl* ordinary expenditure
ordentliche Einnahmen ['ɔrdəntlɪçə 'aɪnnaːmən] *f/pl* ordinary revenue
ordentliche Kapitalerhöhung ['ɔrdəntlɪçə kapi'taːlɛrhøːuŋ] *f* ordinary increase in capital
ordentlicher Haushalt ['ɔrdəntlɪçər 'haushalt] *m* ordinary budget
Order ['ɔrdɐ] *f* order
Orderklausel ['ɔrdərklauzl] *f* order clause
Orderkonnossement ['ɔrdərkɔnɔsəmɛnt] *n* order bill of lading
ordern ['ɔrdɐn] *v* order
Orderpapier ['ɔrdərpapiːɐ] *n* order paper, order instrument
Orderscheck ['ɔrdərʃɛk] *m* order cheque
Ordner ['ɔrdnɐ] *m (Hefter)* folder, standing file
Ordnerrückenschild ['ɔrdnərrykənʃɪlt] *n* file support label
Ordnungsamt ['ɔrdnuŋsamt] *n* town clerk's office
ordnungsgemäß ['ɔrdnuŋsgəmɛːs] *adj* correct, proper; *adv* correctly, according to the regulations, properly
Ordnungsmappe ['ɔrdnuŋsmapə] *f* file folder
ordnungsmäßige Bilanzierung ['ɔrdnuŋsmɛːsɪgə bilan'tsiːruŋ] *f* adequate and orderly preparation of a balance sheet
Ordnungsstrafe ['ɔrdnuŋsʃtraːfə] *f* administrative fine, disciplinary penalty
ordnungswidrig ['ɔrdnuŋsviːdrɪç] *adj* irregular, illegal; *adv* contrary to regulations, illegally
Organgesellschaft [ɔr'gaːngəzɛlʃaft] *f* controlled company
Organhaftung [ɔr'gaːnhaftuŋ] *f* liability of a legal person for its executive organs
Organigramm [ɔrgaːnɪ'gram] *n* organizational chart
Organisation [ɔrganiza'tsjoːn] *f* organization
Organisation für wirtschaftliche Zusammenarbeit und Entwicklung (OECD) [ɔrganiza'tsjoːn fyːr 'vɪrtʃaftlɪçə tsu'zamənarbaɪt unt ɛnt'vɪkluŋ] *f* Organization for Economic Cooperation and Development (OECD)
Organisationsabteilung [ɔrganiza'tsjoːnsaptaɪluŋ] *f* organization and methods department
Organisationsdiagramm [ɔrganiza'tjoːnsdiagram] *n* organizational chart
Organisationsgrad [ɔrganiza'tsjoːnsgraːt] *m* **1.** *(Betrieb)* level of organization; **2.** *(Personal)* degree of unionization
Organisationskosten [ɔrganiza'tsjoːnskɔstən] *pl* organization expense
Organisationsplanung [ɔrganiza'tsjoːnsplaːnuŋ] *f* organizational planning
Organisationsstruktur [ɔrganiza'tsjoːnsʃtruktuːɐ] *f* organizational structure

organisatorisch [ɔrganiza'to:rɪʃ] *adj* organizational
organisieren [ɔrgani'zi:rən] *v* organize
Organkredit [ɔrga:nkre'di:t] *m* loans granted to members of a managing board
Organschaftsvertrag [ɔr'ga:nʃaftsfɛr-tra:k] *m* intergroup agreement
Orientierungspreis [orjɛn'ti:ruŋsprais] *m* guide price
Original [origi'na:l] *n (Dokument, Brief etc.)* original
örtlich ['ørtlɪç] *adj* local; *adv* locally
ortsansässig ['ɔrtsanzɛsɪç] *adj* resident, local
Ortsgespräch ['ɔrtsgəʃprɛ:ç] *n* local call
Ortsnetz ['ɔrtsnɛts] *n* local telephone exchange network
Ortsverkehr ['ɔrtsfɛrke:ɐ] *m* local calls *pl*
Ortszeit ['ɔrtstsaɪt] *f* local time
Österreichische Nationalbank (ÖNB) ['ø:stəraɪçɪʃə natsjo'na:lbaŋk] *f* National Bank of Austria
Otto Normalverbraucher ['ɔto nɔr-'ma:lfɛrbrauxɐ] *m* John Smith, Joe Six-pack, Mr Average *(fam)*
Outplacement ['aʊtpleɪsmənt] *n* out-placement
Output ['aʊtpʊt] *m* output
Output-Analyse ['aʊtpʊtanaly:zə] *f* output analysis
Outright-Termingeschäft ['aʊtraɪtter-mi:ngəʃɛft] *n* outright futures transactions *pl*
outsourcen ['aʊtsɔ:sən] *v* outsource
Outsourcing ['aʊtsɔ:sɪŋ] *n* outsourcing
Overheadprojektor ['o:vərhɛdprojɛk-tɔr] *m* overhead projector
Over-the-counter-Markt [əʊvərðə-'kaʊntərmarkt] *m* over-the-counter market

P

Paar [paːɐ] *n* pair
paarweise [ˈpaːrvaɪzə] *adv* in pairs, two by two
Pacht [paxt] *f* **1.** *(Überlassung)* lease; **2.** *(Entgelt)* rent
Pachtdauer [ˈpaxtdauɐ] *f* duration of a lease
pachten [ˈpaxtən] *v* lease, take on lease, rent
Pächterkredit [ˈpɛçtərkrediːt] *m* tenant's credit
Pachtverlängerung [ˈpaxtfɛrlɛŋəruŋ] *f* extension of a lease
Pachtvertrag [ˈpaxtfɛrtraːk] *m* lease, lease agreement, concession
Pachtzins [ˈpaxttsɪns] *m* rent
Päckchen [ˈpɛkçən] *n* small package, small parcel
Packpapier [ˈpakpapiːɐ] *n* wrapping paper, packing paper
Packung [ˈpakuŋ] *f* packet, pack
pagatorisch [pagaˈtoːrɪʃ] *adj* cash-based, financial
Paket [paˈkeːt] *n* package, packet, parcel
Pakethandel [paˈkeːthandl] *m* dealing in large lots
Paketzustellung [paˈkeːttsuːʃtɛluŋ] *f* parcel delivery
Palette [paˈlɛtə] *f* **1.** *(Auswahl)* selection, choice, range; **2.** *(Transporteinheit)* pallet
Panel [ˈpɛnl] *n* panel
Papier [paˈpiːɐ] *n* **1.** *(Wertpapier)* security, share; **2.** *(Dokument)* document, paper
Papiergeld [paˈpiːrgɛlt] *n* paper money
Papierindustrie [paˈpiːrɪndustriː] *f* paper industry
Pappe [ˈpapə] *f* cardboard
Paragraph [paraˈgraːf] *m* **1.** paragraph; **2.** *JUR* section, article
Parallelanleihe [paraˈleːlanlaɪə] *f* parallel loan
Parallelmarkt [paraˈleːlmarkt] *m* parallel market
Parallelumlauf [paraˈleːlumlauf] *m* parallel circulation
Parallelwährung [paraˈleːlvɛːruŋ] *f* parallel currency
pari [ˈpaːri] *adj* par
Pariemission [ˈpaːriemisjoːn] *f* issue at par
Parikurs [ˈpaːrikurs] *m* par price
Parität [pariˈtɛːt] *f* parity, equality
Paritätengitter [pariˈtɛːtəngɪtɐ] *n* parity grid
paritätisch [pariˈtɛːtɪʃ] *adj* on an equal footing, in equal numbers
paritätische Mitbestimmung [pariˈtɛːtiʃə ˈmɪtbəʃtɪmuŋ] *f* parity codetermination
Parkett [parˈkɛt] *n (Börse)* floor
parteiisch [parˈtaɪɪʃ] *adj* prejudiced, biased
Partie [parˈtiː] *f (größere Menge einer Ware, Posten)* batch
Partizipationsschein [partitsipaˈtsjoːnsʃaɪn] *m* participating receipt
Partner(in) [ˈpartnɐ(rɪn)] *m/f* **1.** *(Geschäftspartner)* business partner, associate; **2.** *(Vertragspartner)* party (to a contract)
Partnerschaft [ˈpartnərʃaft] *f* partnership
Parzelle [parˈtsɛlə] *f* plot, parcel (of land)
Passierschein [paˈsiːrʃaɪn] *m* pass, permit
passiv [ˈpasiːf] *adj* passive; *adv* passively
Passiva [paˈsiːva] *pl* liabilities *pl*
passive Rechnungsabgrenzung [ˈpasiːvə ˈrɛçnuŋsapgrɛntsuŋ] *f* accrued expense
passive Rückstellungen [ˈpasiːvə ˈrykʃtɛluŋən] *f/pl* passive reserves *pl*
passiver Partner [ˈpasiːvər ˈpartnɐ] *m* sleeping partner
Passivgeschäft [ˈpasiːfgəʃɛft] *n* passive deposit transactions *pl*
Passivhandel [ˈpasɪːfhandəl] *m* passive trade
Passivierung [pasiˈviːruŋ] *f* inclusion on the liabilities side

P

Passivierungspflicht [pasi'vi:ruŋs-pflɪçt] *f* requirement to accrue in full
Passivkredit ['pasi:fkredi:t] *m* passive borrowing
Passivposten ['pasi:fpɔstən] *m* debit item
Passivtausch ['pasi:ftauʃ] *m* accounting exchange on the liabilities side
Passivzins ['pasi:ftsɪns] *m* interest payable
Passkontrolle ['paskɔntrɔlə] *f* passport control, examination of passports
Passus ['pasus] *m* passage
Patent [pa'tɛnt] *n* patent
Patentamt [pa'tɛntamt] *n* Patent Office
Patentanwalt [pa'tɛntanvalt] *m* patent attorney
Patenterteilung [pa'tɛntertaɪluŋ] *f* issue of a patent
patentfähig [pa'tɛntfɛ:ɪç] *adj* patentable
patentieren [paten'ti:rən] *v* patent
Patentinhaber(in) [pa'tɛntɪnha:bɐ(rɪn)] *m/f* patentee
Patentlizenz [pa'tɛntlitsɛnts] *f* patent licence
Patentrecht [pa'tɛntrɛçt] *n* patent law
Patentregister [pa'tɛntregɪstɐ] *n* patent rolls *pl*
Patentschutz [pa'tɛntʃuts] *m* patent protection
Patentverschluss [pa'tɛntfɛrʃlus] *m* *(bei Chemikalien, Medikamenten etc.)* childproof cap
pauschal [pau'ʃa:l] *adj* lump-sum, overall; *adv* on a flat-rate basis
Pauschalabschreibung [pau'ʃa:lapʃraɪbuŋ] *f* group depreciation
Pauschalbetrag [pau'ʃa:lbətra:k] *m* flat rate
Pauschalbewertung [pau'ʃa:lbəve:rtuŋ] *f* group valuation
Pauschaldeckung [pau'ʃaldɛkuŋ] *f* blanket coverage
Pauschaldelkredere [pau'ʃa:ldɛlkre:dərə] *n* global delcredere
Pauschale [pau'ʃa:lə] *f* lump sum payment, flat charge
Pauschalgebühr [pau'ʃa:lgəby:ɐ] *f* flat fee, flat charge
Pauschalpreis [pau'ʃa:lpraɪs] *m* flat rate, lump-sum price
Pauschalsumme [pau'ʃa:lzumə] *f* lump sum
Pauschaltarif [pau'ʃa:ltari:f] *m* flat rate
Pauschalwert [pau'ʃa:lve:rt] *m* overall value
Pauschalwertberichtigung [pau'ʃa:lve:rtbərɪçtɪguŋ] *f* general bad-debt provision
Pause ['pauzə] *f* break, interval, interruption
pausieren [pau'zi:rən] *v* pause, take a break
pekuniär [pɛku'njɛ:ɐ] *adj* pecuniary
Pendelverkehr ['pɛndəlfɛrke:ɐ] *m* commuter traffic, shuttle service (flights)
Pendler(in) ['pɛndlɐ(rɪn)] *m/f* commuter
Pendlerzug ['pɛndlərtsu:k] *m* commuter train
Pension [pẽn'zjo:n] *f* (Ruhestand) retirement; (Rente) retirement pension
pensionieren [pẽnzjo'ni:rən] *v* pension off, retire; *sich ~ lassen* retire
Pensionsalter [pẽn'zjo:nsaltɐ] *n* retirement age
Pensionsanspruch [pẽn'zjo:nsanʃprux] *m* pension claim
Pensionsanwartschaft [pẽn'zjo:nsanvartʃaft] *f* pension expectancy
Pensionsfonds [pẽn'zjo:nsfɔ̃:] *m* *(Finanzwesen)* retirement fund, *(Personal)* pension fund
Pensionsgeschäft [pẽn'zjo:nsgəʃɛft] *m* security transactions under repurchase *pl*
Pensionskasse [pẽn'zjo:nskasə] *f* staff pension fund
Pensionsrückstellungen [pẽn'zjo:nsrykʃtɛluŋən] *f/pl* pension reserve
Pensionszusage [pẽn'zjo:nstsu:sa:gə] *f* employer's pension commitment
Pensum ['pɛnzum] *n* workload
Pensumlohn ['pɛnzumlo:n] *m* quota wage
per aval [pɛr a'val] *adv* as guarantor of payment
per Einschreiben [pɛr 'aɪnʃraɪbn] *adv* by registered post
per Express [pɛr ɛks'pres] by express
per Lastkraftwagen [pɛr 'lastkraftwa:gən] by lorry

P

per procura [pɛr proˈku:ra] *adv* by procuration
per Ultimo [pɛr ˈultimo] *adv* for the monthly settlement
perfekt [pɛrˈfɛkt] *adj* perfect; *adv* perfectly
Perfektion [pɛrfɛkˈtsjo:n] *f* perfection
Peripheriegeräte [pɛrifeˈri:gərɛtə] *n/pl* peripheral units *pl*
permanent [pɛrmaˈnɛnt] *adj* permanent; *adv* permanently
Personal [pɛrzoˈna:l] *n* staff, personnel, employees *pl*
Personal Computer (PC) [ˈpɜ:sənəl kɔmˈpju:tɐ] *m* personal computer
Personalabbau [pɛrzoˈna:lapbau] *m* reduction of staff, reduction of personnel
Personalabteilung [pɛrzoˈna:laptaɪluŋ] *f* personnel department
Personalakte [pɛrzoˈna:laktə] *f* personnel file, personnel dossier
Personalaufwand [pɛrzoˈna:laufvant] *m* personnel costs *pl*, employment costs *pl*
Personalauswahl [pɛrzoˈna:lausva:l] *f* employee selection
Personalbedarf [pɛrzoˈna:lbədarf] *m* requirement of manpower
Personalbüro [pɛrzoˈna:lbyro:] *n* personnel office
Personalchef(in) [pɛrzoˈna:lʃɛf(ɪn)] *m/f* personnel manager
Personalentwicklung [pɛrzoˈna:lɛntvɪkluŋ] *f* personnel development
Personalfreisetzung [pɛrzoˈna:lfraɪzɛtsuŋ] *f* personnel layoff
Personalführung [pɛrzoˈna:lfy:ruŋ] *f* personnel management
Personalkosten [pɛrzoˈna:lkɔstən] *pl* employment costs *pl*
Personalkredit [pɛrzoˈna:lkredi:t] *m* personal loan
Personalleasing [ˈpɛ:sənəlˈli:zɪŋ] *n* personnel leasing
Personalleiter(in) [pɛrzoˈna:llaɪtɐ(rɪn)] *m/f* staff manager
Personalmanagement [pɛ:rzoˈna:lmænɪdʒmənt] *n* personnel management
Personalmangel [pɛrzoˈna:lmaŋl] *m* short-age of staff
Personalnebenkosten [pɛrzoˈna:lne:bənkɔstən] *pl* supplementary staff costs *pl*
Personalplanung [pɛrzoˈna:lpla:nuŋ] *f* personnel planning, manpower planning, human resources planning, forecasting of labour requirements
Personalrat [pɛrzoˈna:lra:t] *m* personnel committee
Personalstand [pɛrzoˈna:lʃtant] *m* staff number
Personalstrategie [pɛrzoˈna:lʃtrategi:] *f* personnel strategy
Personalwechsel [pɛrzoˈna:lvɛksl] *m* staff changes *pl*
Personalwesen [pɛrzoˈna:lve:zən] *n* personnel management
Personendepot [pɛrˈzonəndepo:] *n* customer's security deposit
Personengesellschaft [pɛrˈzo:nəngəzɛlʃaft] *f* partnership
Personenkonten [pɛrˈzonənkɔntən] *n/pl* personal accounts *pl*
Personenkraftwagen [pɛrˈzo:nənkraftva:gən] *m* motor car, automobile
Personensteuern [pɛrˈzonənʃtɔyɐn] *f/pl* taxes deemed to be imposed on a person
persönlich [pɛrˈzø:nlɪç] *adj* personal, private; *adv* personally
persönliche Identifikations-Nummer (PIN) [pɛrˈzø:nlɪçə idɛntifikaˈtsjo:nsnumɐ] *f* personal identification number (PIN)
pessimistisch [pɛsiˈmɪstɪʃ] *adj* pessimistic
Petrochemie [pɛtroçɛˈmi:] *f* petrochemistry
Petrodollar [ˈpetrodɔlar] *m* petrodollar
Pfand [pfant] *n* pledge
Pfandbrief [ˈpfantbri:f] *m* mortgage bond, mortgage debenture
Pfandbriefanstalt [ˈpfantbri:fanʃtalt] *f* mortgage bank
Pfandbriefdarlehen [ˈpfantbri:fda:rle:n] *n* mortgage loan
Pfandbriefgesetz [ˈpfantbri:fgəzɛts] *n* mortgage law
Pfanddepot [ˈpfantdepo:] *n* pledged securities deposit
pfänden [ˈpfɛndən] *v* impound, seize
Pfandgeld [ˈpfantgɛlt] *n* deposits *pl*
Pfandindossament [ˈpfantɪndɔsamɛnt] *n* pledge endorsement
Pfandleihe [ˈpfantlaɪə] *f* pawnbroking

Pfandrecht [ˈpfantrɛçt] *n* pledge, lien
Pfandschein [ˈpfantʃaɪn] *m* certificate of pledge
Pfändung [ˈpfɛnduŋ] *f* attachment of property, levy of attachment, seizure
Pfandvertrag [ˈpfantfɛrtra:k] *m* contract of pledge
Pfandverwertung [ˈpfantfɛrve:rtuŋ] *f* realization of pledge
Pflegegeld [ˈpfle:gəgɛlt] *n* nursing allowance
Pflegekasse [ˈpfle:gəkasə] *f* nursing insurance scheme
Pflegekrankenversicherung [ˈpfle:gəkraŋkənferzɪçəruŋ] *f* nursing insurance fund
Pflegerentenversicherung [ˈpfle:gərentənferzɪçəruŋ] *f* nursing pension insurance fund
Pflegeversicherung [ˈpfle:gəferzɪçəruŋ] *f* long-term-care insurance
Pflicht [pflɪçt] *f* duty, obligation
pflichtbewusst [ˈpflɪçtbəvust] *adj* responsible, conscious of one's duties, dutiful; *adv* responsibly, dutifully, conscientiously
Pflichtbewusstsein [ˈpflɪçtbəvustzaɪn] *n* sense of duty
Pflichteinlage [ˈpflɪçtaɪnla:gə] *f* compulsory contribution
Pflichtkrankenkasse [ˈpflɪçtkraŋkənkasə] *f* compulsory health insurance funds *pl*
Pflichtreserve [ˈpflɪçtrezɛrvə] *f* minimum reserve
Pflichtteil [ˈpflɪçttaɪl] *m* compulsory portion, obligatory share
pflichtvergessen [ˈpflɪçtfɛrgɛsən] *adj* irresponsible, derelict in one's duty
Pflichtversicherung [ˈpflɪçtfɛrzɪçəruŋ] *f* compulsory insurance
Pfund [pfunt] *n* **1.** *(Maßeinheit)* pound; **2.** *(Währungseinheit)* pound sterling
Pharmaindustrie [ˈfarmaɪndustri:] *f* pharmaceutical industry
pharmazeutisch [farmaˈtsɔytɪʃ] *adj* pharmaceutical
Pilotstudie [piˈlo:tʃtu:djə] *f* pilot study
plädieren [plɛˈdi:rən] *v* plead
Plädoyer [plɛdoˈje:] *n* address to the jury, closing argument, summation *(US)*
Plafond [plaˈfɔ̃:] *m* ceiling
Plagiat [plagˈja:t] *n* plagiarism
Plakat [plaˈka:t] *n* placard, poster
Plakatwand [plaˈka:tvant] *f* billboard
Plakatwerbung [plaˈka:tvɛrbuŋ] *f* poster advertising, outdoor advertising
Planbeschäftigung [ˈpla:nbəʃɛftɪguŋ] *f* activity base
Planbilanz [ˈpla:nbilants] *f* budgeted balance sheet
Planer [ˈpla:nɐ] *m* planner
Plankalkulation [ˈpla:nkalkulatsjo:n] *f* target calculation
Plankostenrechnung [ˈpla:nkɔstənrɛçnuŋ] *f* calculation of the budget costs
Planrevision [ˈpla:nrevizjo:n] *f* budget adjustment
Planspiel [ˈpla:nʃpi:l] *n* planning exercise, scenario
Planung [ˈpla:nuŋ] *f* planning, layout, policy-making
Planungsabteilung [ˈpla:nuŋsaptaɪluŋ] *f* planning department
Planungsausschuss [ˈpla:nuŋsausʃus] *m* planning committee
Planungsbüro [ˈpla:nuŋsbyro:] *n* planning office
Planungskontrolle [ˈpla:nuŋskɔntrɔlə] *f* planning control
Planungsstadium [ˈpla:nuŋsʃta:djum] *n* planning stage
Planwerte [ˈpla:nve:rtə] *m/pl* planning figures *pl*
Planwirtschaft [ˈpla:nvɪrtʃaft] *f* planned economy
Planziel [ˈpla:ntsɪ:l] *n* planned target, operational target
Plastik [ˈplastɪk] *n* *(Kunststoff)* plastics
Platine [plaˈti:nə] *f* board
Platzanweisung [ˈplatsanvaɪzuŋ] *f* cheques and orders payable at a certain place
Platzbedarf [ˈplatsbədarf] *m* space requirements *pl*
platzieren [plaˈtsi:rən] *v* place, locate, position
Platzierung [plaˈtsi:ruŋ] *f* placing
Platzkauf [ˈplatskauf] *m* purchase on the spot
Platzspesen [ˈplatsʃpe:zən] *pl* local expenses *pl*

P

Platzübertragung ['platsybərtra:guŋ] *f* local transfer
Platzwechsel ['platsvɛksəl] *m* local bill
pleite ['plaɪtə] *adj* broke, bankrupt; *~ sein* not have a bean; *~ gehen* go bust, go broke
Pleite ['plaɪtə] *f* bankruptcy; *~ machen* go bankrupt
Pleitier [plaɪ'tje:] *m (fam)* bankrupt
Plotter ['plɔtɐ] *m (EDV)* plotter
Plus [plus] *n (Überschuss)* surplus; *(fig)* advantage, asset, plus *(fam)*
Point of Information (POI) [pɔɪnt ɔv ɪnfɔ'meɪʃən] *m (Ort der Information)* point of information
Point of Sale (POS) [pɔɪnt ɔv 'seɪl] *m (Ort des Verkaufs)* point of sale
Point of Sale Banking [pɔɪnt ɔv 'seɪl 'bæŋkɪŋ] *n* point of sale banking
Police [po'li:s(ə)] *f* policy
Polier [po'li:ɐ] *m* site foreman
Politik [poli'ti:k] *f* politics; policy
Polypol [poly'po:l] *n* polypoly
populär [popu'lɛ:ɐ] *adj* popular
Popularität [populari'tɛ:t] *f* popularity
POP-Werbung ['popvɛrbuŋ] *f* point of purchase promotion
Portfeuillesteuerung [pɔrt'fø:jʃtɔyəruŋ] *f* portfolio controlling
Portfolio [pɔrt'fo:ljo] *n* portfolio
Portfolio Selection [pɔrt'fo:ljo səlekʃən] *f* portfolio selection
Portfolio-Analyse [pɔrt'fo:ljoanaly:zə] *f* portfolio analysis
Portfolio-Management [pɔrt'fo:ljomænɪdʒmənt] *n* portfolio management
Porto ['pɔrto] *n* postage
Portoabzug ['pɔrtoaptsu:k] *m* postage deduction
portofrei ['pɔrtofraɪ] *adj/adv* postpaid, prepaid, postage-free
portopflichtig ['pɔrtopflɪçtɪç] *adj* subject to postage
Post [pɔst] *f* post, mail; *(~amt)* post office; *(~dienst)* postal service
postalisch [pɔs'ta:lɪʃ] *adj* postal; *auf ~em Weg* by mail
Postamt ['pɔstamt] *n* post office
Postanweisung ['pɔstanvaɪzuŋ] *f* postal order, money order
Postbank ['pɔstbaŋk] *f* post office bank
Posten ['pɔstən] *m* **1.** *(Anstellung)* position, post, job; **2.** *(Warenmenge)* quantity, lot; **3.** *(Einzelziffer)* item, entry
Postfach ['pɔstfax] *n* post office box, P.O. box
Postformular ['pɔstfɔrmula:ɐ] *n* postal form
Postgiro ['pɔstʒi:ro] *n* postal giro
Postkarte ['pɔstkartə] *f* postcard
postlagernd ['pɔstlagərnt] *adj* poste restante, left till called for
Postleitzahl ['pɔstlaɪttsa:l] *f* postal code, postcode, ZIP code *(US)*
Postscheck ['pɔstʃɛk] *m* girocheque *(UK)*, postal cheque
Postscheckkonto ['pɔstʃɛkkɔnto] *n* postal giro account
Postsparbuch ['pɔstʃpa:rbux] *n* post office savings book
Poststempel ['pɔstʃtɛmpəl] *m* postmark
Postüberweisung ['pɔstybərvaɪzuŋ] *f* postal transfer
postwendend ['pɔstvɛndənt] *adv* by return of post, by return mail *(US)*
Postwurfsendung ['pɔstvurfzɛnduŋ] *f* direct mail advertising, unaddressed mailing, bulk mail
Potenzial [potɛn'tsja:l] *n* potential
potenzielles Bargeld [potɛn'tsjɛləs 'ba:rgɛlt] *n* potential cash
PR-Abteilung [pe:'ɛraptaɪluŋ] *f* PR department
Prädikat [prɛdi'ka:t] *n (Bewertung)* rating, grade, mark
Präexport-Finanzierung ['prɛ:ɛkspɔrtfinantsi:ruŋ] *f* pre-export financing
Präferenz [prɛfə'rɛnts] *f* preference
Prägung ['prɛ:guŋ] *f* minting
präjudizierter Wechsel ['prɛ:juditsi:rtər 'vɛksl] *m* void bill
Praktikant(in) [praktɪ'kant(ɪn)] *m/f* trainee, intern
Praktiker(in) ['praktɪkɐ(rɪn)] *m/f* practicioner
Praktikum ['praktɪkum] *n* practical course, internship
praktisch ['praktɪʃ] *adj* **1.** practical, useful; *adv* **2.** practically, to all practical purposes *(UK)*, for all practical purposes *(US)*
Prämie ['prɛ:mjə] *f* premium, bonus

Prämienanleihe ['prɛ:mjənanlaɪə] *f* lottery loan
prämienbegünstigtes Sparen ['prɛ:mjənbəgynstɪgtəs 'ʃpa:rən] *n* premium-aided saving
Prämienbrief ['prɛ:mjənbri:f] *m* option contract
Prämiendepot ['prɛ:mjəndepo:] *n* deposit for insurance payments
Prämiengeschäft ['prɛ:mjəngəʃɛft] *n* option dealing
Prämienlohn ['prɛ:mjənlo:n] *m* time rate plus premium wage
Prämiensparen ['prɛ:mjənʃpa:rən] *n* bonus-aided saving
Prämiensparvertrag ['prɛ:mjənʃpa:rfɛrtra:k] *m* bonus savings contract
Prämisse [prɛ'mɪsə] *f* premise
Präsentation [prɛzənta'tsjo:n] *f* presentation
Präsentationsfrist [prɛzɛnta'tsjo:nsfrɪst] *f* presentation period
Präsentationsklausel [prɛzɛnta'tsjo:nsklauzəl] *f* presentation clause
Präsentationsmappe [prɛzɛnta'tsjo:nsmapə] *f* presentation folder
präsentieren [prɛzən'ti:rən] *v* present
Präsenzbörse [prɛ'zɛntsbœrzə] *f* attendance stock exchange
Präsident(in) [prɛzi'dɛnt(ɪn)] *m/f* president
präsidieren [prɛzi'di:rən] *v* preside; *etw ~* preside over sth
Präsidium [prɛ'zi:djum] *n* *(Vorsitz)* presidency, chairmanship
Präzisionsarbeit [prɛtsi'zjo:nsarbaɪt] *f* precision work
Preis [praɪs] *m* price
Preis frei bleibend [praɪs 'fraɪ blaɪbənt] open price, price subject to change
Preisabsatzfunktion [praɪsap'zatsfunktsjo:n] *f* price-demand function
Preisabsprache ['praɪsapʃpra:xə] *f* price fixing, price rigging, price cartel
Preisabweichung ['praɪsapvaɪçuŋ] *f* price variance
Preisabzug ['praɪsaptsu:k] *m* price deduction
Preisangabeverordnung ['praɪsanga:bəfɛrɔrdnuŋ] *f* price marking regulations *pl*
Preisanstieg ['praɪsanʃti:k] *m* price increase, rise in prices
Preisausschreiben ['praɪsausʃraɪbən] *n* competition
Preisauszeichnung ['praɪsaustsaɪçnuŋ] *f* price-marking
Preisbildung ['praɪsbɪlduŋ] *f* price formation
Preisbindung ['praɪsbɪnduŋ] *f* price fixing
Preisdifferenzierung ['praɪsdɪfərɛntsi:ruŋ] *f* price differentiation
Preiselastizität ['praɪselastitsitɛ:t] *f* price elasticity
Preisempfehlung ['praɪsɛmpfe:luŋ] *f* price recommendation; *unverbindliche ~* suggested retail price
Preisentwicklung ['praɪsɛntvɪkluŋ] *f* price trend
Preiserhöhung ['praɪsɛrhø:uŋ] *f* price increase
preisgebunden ['praɪsgəbundən] *adj* price-controlled
Preisgefälle ['praɪsgəfɛlə] *n* price differential
preisgünstig ['praɪsgynstɪç] *adj* reasonably priced, worth the money, favourably priced
Preisindex ['praɪsɪndɛks] *m* price index
Preiskartell ['praɪskartɛl] *n* price fixing cartel
Preiskontrolle ['praɪskɔntrɔlə] *f* price control
Preislage ['praɪsla:gə] *f* price, price range
Preisliste ['praɪslɪstə] *f* price list, list of prices
Preis-Lohn-Spirale [praɪslo:nʃpi'ra:lə] *f* wage-price spiral
Preisnachlass ['praɪsna:xlas] *m* price reduction
Preisniveau ['praɪsnivo:] *n* price level
Preisnotierung ['praɪsnoti:ruŋ] *f* price quotation
Preisobergrenze [praɪs'o:bərgrɛntsə] *f* price ceiling
Preispolitik ['praɪspoliti:k] *f* price policy
Preisrückgang ['praɪsrykgaŋ] *m* drop in prices, fall in prices, price recession

Preisschere [ˈpraɪsʃeːrə] *f* price gap
Preisschild [ˈpraɪsʃɪlt] *n* price tag, price label
Preisschwankung [ˈpraɪsʃvaŋkuŋ] *f* price fluctuation
Preissenkung [ˈpraɪszɛnkuŋ] *f* price reduction
Preisstabilität [ˈpraɪsʃtabiliteːt] *f* stability of prices
Preissteigerung [ˈpraɪsʃtaɪgəruŋ] *f* price increase
Preisstopp [ˈpraɪsʃtɔp] *m* price stop
Preisuntergrenze [praɪsˈuntərgrɛntsə] *f* price floor
Preisverfall [ˈpraɪsfɛrfal] *m* decline in prices, collapse of prices, large-scale slide of prices, crumbling of prices
preiswert [ˈpraɪsveːrt] *adj* reasonably priced, worth the money
Premium [ˈpreːmjum] *n* premium
Pre-Sales-Services [ˈpriːˈseɪlszøːvɪsəs] *f/pl* pre-sales services *pl*
Presse [ˈprɛsə] *f* press
Presseaktion [ˈprɛsəaktsjoːn] *f* press campaign
Presseerklärung [ˈprɛsəɛrklɛːruŋ] *f* **1.** *(mündlich)* statement to the press; **2.** *(schriftlich)* press release
Pressekonferenz [ˈprɛsəkɔnfərɛnts] *f* press conference
Pressemitteilung [ˈprɛsəmɪtailuŋ] *f* press release
Pressesprecher(in) [ˈprɛsəʃprɛçɐ(rɪn)] *m/f* spokesman, spokeswoman
Pressezentrum [ˈprɛsətsɛntrum] *n* press office, press centre
Prestige [prɛsˈtiːʒ] *n* prestige
Prestigeverlust [prɛsˈtiːʒfɛrlust] *m* loss of prestige
Pretest [ˈpriːtɛst] *m* pretest
Price Earnings Ratio [praɪz ɜːnɪŋs reɪʃɔ] *f (Kurs-Gewinn-Verhältnis)* price earnings ratio
Primanota [primaˈnoːta] *f* daybook
Primapapiere [ˈprimapapiːrə] *n/pl* prime papers *pl*
Primawechsel [ˈpriːmavɛksəl] *m* first of exchange
Primäraufwand [priˈmɛːraufvant] *m* primary expenses *pl*
Primärbedarf [priˈmɛːrbədarf] *m* primary demand
Primärenergie [priˈmɛːrenɛrgiː] *f* primary energy
primärer Sektor [priˈmɛːrər ˈzɛktor] *m* primary sector of the economy
Primärmarkt [priˈmɛːrmarkt] *m* primary market
Prime Rate [ˈpraɪm ˈreɪt] *f* prime rate
Printmedien [ˈprɪntmeːdjən] *pl* print media *pl*
Printwerbung [ˈprɪntvɛrbuŋ] *f* print advertising
Prioritätsaktien [prioriˈtɛːtsaktsjən] *f/pl* preference shares *pl*
Prioritätsobligationen [prioriˈtɛːtsobligatsjoːnən] *f/pl* priority bonds *pl*
privat [priˈvaːt] *adj* private; *adv* privately; *~ versichert* privately insured
Privatadresse [priˈvaːtadrɛsə] *f* home address, private address
Privatbank [priˈvaːtbaŋk] *f* private bank
Privatdiskont [priˈvaːtdɪskɔnt] *m* prime acceptance
Private Banking [ˈpraɪvət ˈbæŋkɪŋ] *n* private banking
private Güter [priˈvaːtə ˈgyːtɐ] *n/pl* private goods *pl*
private Kranken- und Unfallversicherung [priˈvaːtə ˈkraŋkən unt ˈunfalfɛrzɪçəruŋ] *f* private medical/health and accident insurance
Privateigentum [priˈvaːtaɪgəntum] *n* private property
Privateinlagen [priˈvaːtaɪnlaːgən] *f/pl* private contribution
Privatentnahme [priˈvaːtɛntnaːmə] *f* personal withdrawals *pl*
privater Verbrauch [priˈvaːtər fɛrˈbraux] *m* private consumption, personal consumption, expenditure
Privatgeschäft [priˈvaːtgəʃɛft] *n* private transaction
Privathaushalt [priˈvaːthaushalt] *m* private household
Privatinitiative [priˈvaːtɪnɪtsjatiːvə] *f* private initiative, private enterprise
privatisieren [privatiˈziːrən] *v* privatize, transfer to private ownership, denationalize *(UK)*
Privatisierung [privatiˈziːruŋ] *f* privatization
Privatkonto [priˈvaːtkɔnto] *n* private account, personal account

P

Privatmittel [pri'va:tmɪtəl] *n/pl* private means *pl*
Privatrecht [pri'va:trɛçt] *n* private law
Privatversicherung [pri'va:tfɛrzɪçəruŋ] *f* private insurance
Privatwirtschaft [pri'va:tvɪrtʃaft] *f* private industry, private enterprise *(US)*
privatwirtschaftlich [pri'va:tvɪrtʃaftlɪç] *adj* private-enterprise
pro Kopf [pro: kɔpf] per capita
Probe ['pro:bə] *f* **1.** *(Versuch)* experiment, test, trial; **2.** *(Muster)* sample, specimen, pattern
Probearbeitsverhältnis ['pro:bəarbaɪtsfɛrhɛltnɪs] *n* probationary employment
Probeauftrag ['pro:bəauftra:k] *m* trial order
Probeexemplar ['pro:bəɛksəmpla:ɐ] *n* sample copy
Probefahrt ['pro:bəfa:rt] *f* trial run
Probelieferung ['pro:bəli:fəruŋ] *f* trial shipment
Probepackung ['pro:bəpakuŋ] *f* trial package
probeweise ['pro:bəvaɪzə] *adv* on a trial basis, as a test
Probezeit ['pro:bətsaɪt] *f* probationary period, trial period
Problemanalyse [pro'ble:manaly:zə] *f* problem analysis
Product-Management ['prɔdakt 'mænɪdʒmənt] *n* product management
Product-Placement ['prɔdakt 'pleɪsmənt] *n* product placement
Produkt [pro'dukt] *n* product
Produkt/Markt-Matrix [pro'dukt-'markt'ma:trɪks] *f* product/market matrix
Produktdifferenzierung [pro'duktdɪfərɛntsi:ruŋ] *f* product differentiation
Produktdiversifikation [pro'duktdiverzifikatsjo:n] *f* product diversification
Produkteinführung [pro'duktaɪnfy:ruŋ] *f* launch of a product, product launch
Produktelimination [pro'duktelimi-natsjo:n] *f* product elimination
Produktenbörse [pro'duktənbœrzə] *f* merchantile exchange, produce exchange
Produktenhandel [pro'duktənhandl] *m* trade in agricultural produce
Produktfamilie [pro'duktfami:ljə] *f* product family
Produktgeschäft [pro'duktgəʃɛft] *n* product business
Produktgestaltung [pro'duktgəʃtaltuŋ] *f* product design
Produkthaftung [pro'dukthaftuŋ] *f* product liability
Produktion [produk'tsjo:n] *f* production, output
Produktionsanlagen [produk'tsjo:nsanla:gən] *f/pl* production plant
Produktionsausfall [produk'tsjo:nsausfal] *m* loss of production
Produktionsfaktoren [produk'tsjo:nsfakto:rən] *m/pl* production factors *pl*
Produktionsgenossenschaft [produk'tsjo:nsgənɔsənʃaft] *f* producers' co-operative
Produktionsgüter [produk'tsjo:nsgy:tɐ] *n/pl* producer goods *pl*, producers' capital goods *pl*
Produktionskapazität [produk'tsjo:nskapatsitɛ:t] *f* production capacity
Produktionskosten [produk'tsjo:nskɔstən] *pl* production costs *pl*
Produktionsplanung [produk'tsjo:nspla:nuŋ] *f* production planning
Produktionspotenzial [produk'tsjo:nspotɛntsja:l] *n* production potential
Produktionsprogramm [produk'tsjo:nsprogram] *n* production programme
Produktionsschwankung [produk'tsjo:nsʃvaŋkuŋ] *f* fluctuations in production *pl*
Produktionstheorie [produk'tsjo:nsteori:] *f* production theory
Produktionswert [produk'tsjo:nsve:rt] *m* production value
produktiv [produk'ti:f] *adj* productive; *adv* productively
Produktivität [produktivi'tɛ:t] *f* productivity, productiveness, productive efficiency
Produktivvermögen [produk'ti:ffɛrmø:gən] *n* productive wealth
Produktlinie [pro'duktli:njə] *f* production line
Produktpalette [pro'duktpalɛtə] *f* range of products
Produktpiraterie [pro'duktpiratəri:] *f* counterfeiting, piracy

Produktplanung [pro'duktpla:nuŋ] *f* product planning
Produktplatzierung [pro'duktplatsi:ruŋ] *f* product placement
Produktstandardisierung [pro'duktʃtandardizi:ruŋ] *f* product standardization
Produzent(in) [produ'tsɛnt(ɪn)] *m/f* *(Hersteller)* producer
Produzentenhaftung [produ'tsɛntənhaftuŋ] *f* product liability
Produzentenrente [produ'tsɛntənrɛntə] *f* producer's surplus
produzieren [produ'tsi:rən] *v* produce, manufacture
professionell [profɛsjo'nɛ:l] *adj* professional; *adv* professionally
profilieren [profi'li:rən] *v sich* ~ distinguish o.s.
Profit [pro'fi:t] *m* profit
profitabel [profi'ta:bəl] *adj* profitable, lucrative
Profit-Center [pro'fi:tsɛntɐ] *n* profit centre
profitieren [profi'ti:rən] *v* profit, benefit, take advantage of
Profitrate [pro'fi:tra:tə] *f* profit rate
Profitstreben [pro'fi:tʃtre:bən] *n* profit-seeking
Proformarechnung [pro'fɔrmarɛçnuŋ] *f* pro forma invoice
Prognose [prog'no:zə] *f* prognosis, prediction, forecast
Programm [pro'gram] *n* programme, program *(US)*
Programmfehler [pro'gramfe:lɐ] *m* bug
Programmgesellschaft [pro'gramgəzɛlʃaft] *f* investment program(me)
programmgesteuert [pro'gramgəʃtɔyɐt] *adj* programme-controlled
programmieren [progra'mi:rən] *v* programme, program *(US)*
Programmierer(in) [progra'mi:rɐ(rɪn)] *m/f* programmer
Programmiersprache [progra'mi:rʃpra:xə] *f* programming language
Programmierung [progra'mi:ruŋ] *f* programming
Programmzertifikat [pro'gramtsɛrtifika:t] *n* programme certificate
Progression [progrɛ'sjo:n] *f* progression
progressiv [progrɛ'si:f] *adj* progressive
progressive Abschreibung [progrɛ'si:və 'apʃraɪbuŋ] *f* progressive depreciation
Prohibitivpreis [prohibi'ti:fpraɪs] *m* prohibitive price
Prohibitivzoll [prohibi'ti:ftsɔl] *m* prohibitive duty
Projekt [pro'jɛkt] *n* project, plan, scheme
Projektfinanzierung [pro'jɛktfinantsi:ruŋ] *f* project financing
Projektgesellschaft [pro'jɛktgəzɛlʃaft] *f* joint-venture company
Projektleiter(in) [pro'jɛktlaɪtɐ(rɪn)] *m/f* project manager
Projektmanagement [pro'jɛktmænɪdʒmənt] *n* project management
Projektor [pro'jɛkto:ɐ] *m* projector
Projektorganisation [pro'jɛktɔrganizatsjo:n] *f* projecttype organization
Pro-Kopf-Einkommen [pro:'kopfaɪnkɔmən] *n* per capita income
Prokura [pro'ku:ra] *f* full power of attorney
Prokuraindossament [pro'ku:raɪndɔsamɛnt] *n* per procuration endorsement
Prokurist(in) [proku'rɪst(ɪn)] *m/f* holder of special statutory, company secretary, authorised representative
Prolongation [prolɔŋga'tsjo:n] *f* extension, prolongation
Prolongationsgeschäft [prolɔŋga'tsjo:nsgəʃɛft] *n* prolongation business
Prolongationssatz [prolɔŋga'tsjo:nssats] *m* renewal rate
Promesse [pro'mɛsə] *f* promissory note
Promotion [promo'tsjo:n] *f* *(Verkaufsförderung)* (sales) promotion
Promptgeschäft ['prɔmptgəʃɛft] *n* sale for quick delivery
Promptklausel ['prɔmptklauzəl] *f* prompt clause
Propaganda [propa'ganda] *f* propaganda
proportionale Kosten [propɔrtsjo'na:lə 'kɔstən] *pl* proportional cost
Prospekt [pro'spɛkt] *m* prospectus, brochure, catalogue, catalog *(US)*
Prospekt bei Emissionen [pro'spɛkt baɪ emɪ'sjo:nən] *m* underwriting prospectus

Prospektprüfung [pro'spɛktpry:fuŋ] *f* audit of prospectus
Prosperität [prosperi'tɛ:t] *f* prosperity
Protektion [protɛk'tsjo:n] *f (Begünstigung)* patronage, protection
Protektionismus [protɛktsjo:'nɪsmus] *m* protectionism
Protest [pro'tɛst] *m* protest
Protestverzicht [pro'tɛstfɛrtsɪçt] *m* waiver of protest
Protestwechsel [pro'tɛstvɛksəl] *m* protested bill
Protokoll [proto'kɔl] *n* record, minutes *pl*
Protokollführer(in) [proto'kɔlfy:-rɐ(rɪn)] *m/f* clerk of the court, secretary
protokollieren [protokɔ'li:rən] *v* **1.** record, keep a record of; **2.** *(bei einer Sitzung)* take the minutes
Prototyp [proto'ty:p] *m* prototype
Provenienz [prove'njɛnts] *f* provenance, origin
Provinzbank [pro'vɪntsbaŋk] *f* country bank
Provinzbörse [pro'vɪntsbœrzə] *f* regional stock exchange
Provision [provi'zjo:n] *f* commission
Provisionsabrechnung [provi'zjo:ns-aprɛçnuŋ] *f* statement of commission
Provisionsbasis [provi'zjo:nsba:zɪs] *f auf ~* on commission
provisionsfrei [provi'zjo:nsfraɪ] *adj* free of commission
provisionsfreies Konto [provi'zjo:ns-fraɪəs 'kɔnto] *n* commission-free account
Provisionsgarantie [provi'zjo:nsga-ranti:] *f* commission guarantee
provisionspflichtiges Konto [provi-'zjo:nspflɪçtɪgəs 'kɔnto] *n* commission-bearing account
Provisionszahlung [provi'zjo:nstsa:-luŋ] *f* commission payment
Prozent [pro'tsɛnt] *n* per cent, percent *(US)*, percentage
Prozentkurs [pro'tsɛntkurs] *m* percentage quotation
Prozentrechnung [pro'tsɛntrɛçnuŋ] *f* percentage arithmetic
Prozentsatz [pro'tsɛntzats] *m* percentage
Prozess [pro'tsɛs] *m* **1.** *(Entwicklung)* action, proceedings; **2.** *(Strafverfahren)* trial, lawsuit
Prozessakte [pro'tsɛsaktə] *f* case file, court record
Prozessbevollmächtigte(r) [pro'tsɛs-bəfɔlmɛçtɪçtə(-ɐ)] *f/m* counsel, representing lawyer, attorney *(US)*
Prozessgegner(in) [pro'tsɛsge:gnɐ(rɪn)] *m/f* opposing party
prozessieren [protsɛ'si:rən] *v* go to court, carry on a lawsuit, litigate
Prozesskosten [pro'tsɛskɔstən] *pl* legal costs *pl*, costs of the proceedings *pl*, costs of litigation *pl*
Prozessor [pro'tsɛsor] *m (EDV)* processor
Prozessorganisation [pro'tsɛsɔrgani-zatsjo:n] *f* process organization
Prüfer(in) ['pry:fɐ(rɪn)] *m/f* inspector; *(Rechnungsprüfer)* auditor
Prüfung ['pry:fuŋ] *f* inspection, examination
Prüfungsbericht ['pry:fuŋsbərɪçt] *m* audit report
Prüfungskommission ['pry:fuŋskɔmɪs-jo:n] *f* examining commission
Prüfungspflicht ['pry:fuŋspflɪçt] *f* statutory audit
Prüfungsverband ['pry:fuŋsfɛrbant] *m* auditing association
Prüfungsvermerk ['pry:fuŋsfɛrmɛrk] *m* certificate of audit
Public Management ['pablɪk 'mæn-ɪdʒmənt] *n* public management
Public Relations (PR) ['pablɪk rɪ'leɪ-ʃənz] *pl* public relations (PR)
Publikationspflicht [publika'tsjo:ns-pflɪçt] *f* compulsory disclosure
Publikumsaktie ['pu:blikumsaktsjə] *f* popular share
Publikumsfonds ['pu:blikumsfɔ̃:] *m* public fund
Publizität [publitsi'tɛ:t] *f* publicity
Pull-Strategie ['pulʃtrategi:] *f* pulling strategy
pünktlich ['pyŋktlɪç] *adv* punctually, on time
Pünktlichkeit ['pyŋktlɪçkaɪt] *f* punctuality
Push-Strategie ['puʃʃtrategi:] *f* pushing strategy

Q/R

Quadratkilometer [kva'dra:tki:lome:tɐ] *m* square kilometre
Quadratmeter [kva'dra:tme:tɐ] *m* square metre
Quadratmeterpreis [kva'dra:tme:tərpraɪs] *m* price per square metre
Quadratzentimeter [kva'dra:ttsɛntime:tɐ] *m* square centimetre
Qualifikation [kvalifika'tsjo:n] *f* qualification, capacity, ability
qualifiziert [kvalifi'tsi:rt] *adj* qualified
qualifizierte Gründung [kvalifi'tsi:rtə 'gryndʊŋ] *f* formation involving subscription in kind
qualifizierte Legitimationspapiere [kvalifi'tsi:rtə legitima'tsjo:nspapi:rə] *n/pl* eligible title-evidencing instrument
qualifizierte Mehrheit [kvalifi'tsi:rtə 'me:rhaɪt] *f* qualified majority
qualifizierte Minderheit [kvalifi'tsi:rtə 'mɪndərhaɪt] *f* qualified minority
Qualität [kvali'tɛ:t] *f* quality; *erstklassige ~* high quality, top quality
qualitativ [kvalita'ti:f] *adj* qualitative
qualitatives Wachstum [kvalita'ti:vəs 'vakstum] *n* qualitative growth
Qualitätsabweichung [kvali'tɛ:tsapvaɪçuŋ] *f* deviation from quality
Qualitätsarbeit [kvali'tɛ:tsarbaɪt] *f* quality work
Qualitätsbezeichnung [kvali'tɛ:tsbətsaɪçnuŋ] *f* designation of quality, grade
Qualitätserzeugnis [kvali'tɛ:tsɛrtsɔyknɪs] *n* quality product, quality article
Qualitätskontrolle [kvali'tɛ:tskɔntrɔlə] *f* quality control
Qualitätsmanagement [kvali'tɛ:tsmɛnɛdʒmənt] *n* quality management
Qualitätsmerkmal [kvali'tɛ:tsmɛrkma:l] *n* mark of quality, quality characteristic
Qualitätsminderung [kvali'tɛ:tsmɪndəruŋ] *f* reduction in quality
Qualitätssicherung [kvali'tɛ:tszɪçəruŋ] *f* quality assurance
Qualitätssteigerung [kvali'tɛ:tsʃtaɪgəruŋ] *f* improvement in quality
Qualitätsunterschied [kvali'tɛ:tsuntərʃi:t] *m* quality difference, difference in quality
Qualitätszirkel [kvali'tɛ:tstsɪrkl] *m* quality circle
Quantität [kvanti'tɛ:t] *f* quantity, amount
quantitativ [kvantita'ti:f] *adj* quantitative
Quantitätsgleichung [kvanti'tɛ:tsglaɪçuŋ] *f* quantity equation
Quantitätsnotierung [kvanti'tɛ:tsnoti:ruŋ] *f* fixed exchange
Quantitätstheorie [kvanti'tɛ:tsteori:] *f* quantity theory
Quantum ['kvantum] *n* quantum, quantity, ration
Quartal [kvar'ta:l] *n* quarter
Quartalsbericht [kvar'ta:lsbərɪçt] *m* quarterly report
Quartalsende [kvar'ta:lsɛndə] *n* end of the quarter
Quartalsrechnung [kvarta:lsrɛçnuŋ] *f* quarterly invoice
quartalsweise [kvar'ta:lsvaɪzə] *adj* quarterly; *adv* quarterly
Quasigeld ['kva:zigɛlt] *n* quasi money
Quasimonopol ['kva:zimonopo:l] *n* quasi monopoly
Quasirente ['kva:zirɛntə] *f* quasi rent
Quasipapiere ['kva:zipapɪ:rə] *n/pl* quasi-paper
Quellenabzugsverfahren ['kvɛlənaptsu:ksfɛrfa:rən] *n* pay as you earn (PAYE)
Quellenprinzip ['kvɛlənprɪntsi:p] *n* source principle
Quellensteuer ['kvɛlənʃtɔyɐ] *f* tax collected at the source, withholding tax
Quick Ratio ['kvɪk 'reɪʃiəʊ] *f (Liquidität ersten Grades)* quick ratio
quitt [kvɪt] *adj* quits *(UK)*, square, even
quittieren [kvɪ'ti:rən] *v (bestätigen)* receipt, give a receipt, acknowledge receipt

Quittung [ˈkvɪtuŋ] *f* receipt, voucher
Quittungsblock [ˈkvɪtuŋsblɔk] *m* receipt pad
Quittungseinzugsverfahren [ˈkvɪtuŋsˈaɪntsu:ksfɛrfa:rən] *n* receipt collection procedure
Quorum [ˈkvo:rum] *n* quorum
Quotation [kvotaˈtsjo:n] *f* quotation
Quote [ˈkvo:tə] *f* quota; *(Verhältnisziffer)* rate; *(Anteil)* proportional share
Quotenaktie [ˈkvo:tənaktsjə] *f* share of no par value
Quotenhandel [ˈkvo:tənhandl] *m* quota transactions *pl*
Quotenkartell [ˈkvo:tənkartɛl] *n* commodity restriction scheme
Quotensystem [ˈkvo:tənzyste:m] *n* quota system
quotieren [kvoˈti:rən] *v (Börse)* quote
Quotierung [kvoˈti:ruŋ] *f (Börse)* quotation
Rabatt [raˈbat] *m* discount, rebate, allowance
Rabattvereinbarung [raˈbatferaɪnba:ruŋ] *f* rebate agreement
Rack Jobbing [ˈræk ˈdʒɔbɪŋ] *n* rack jobbing
Rahmenabkommen [ˈra:mənapkɔmən] *n* outline agreement, skeleton agreement
Rahmenbedingungen [ˈra:mənbədɪŋuŋən] *f/pl* general conditions *pl*
Rahmenkredit [ˈra:mənkredi:t] *m* credit line, loan facility
Rahmentarif [ˈra:məntari:f] *m* collective agreement
Rahmenvereinbarung [ˈra:mənfɛraɪnba:ruŋ] *f* blanket agreement
Rahmenvertrag [ˈra:mənfɛrtra:k] *m* basic agreement, skeleton agreement, framework contract
Ramschkauf [ˈramʃkauf] *m* rummage sale, jumble sale
Randerscheinung [ˈrantɛrʃaɪnuŋ] *f* secondary phenomenon
Random-Walk-Theorie [rændəmˈwɔ:k teori:] *f* random-walk theory
Randproblem [ˈrantproble:m] *n* marginal problem, side issue
Rang [raŋ] *m* **1.** rank; **2.** *(Qualität)* quality, grade, rate
Rangfolge [ˈraŋfɔlgə] *f* order of rank
Rangierbahnhof [raŋˈʒi:rba:nho:f] *m* shunting yard *(UK)*, switchyard *(US)*
rangieren [raŋˈʒi:rən] *v* **1.** *(Eisenbahn)* shunt, switch *(US)*; **2.** *(Rang einnehmen)* rank; *an erster Stelle ~* rank first, to be in first place
Rangstufe [ˈraŋʃtu:fə] *f* **1.** *(Abfolge)* rank; **2.** *(Wichtigkeit)* priority
Ranking [ˈræŋkɪŋ] *n* ranking
rapide [raˈpi:də] *adj* rapid
rapider Anstieg [raˈpi:dər ˈanʃti:k] *m (Preise, Nachfrage)* rapid rise
Rat [ra:t] *m (Empfehlung)* advice
Rat für gegenseitige Wirtschaftshilfe (RGW) [ra:t fy:r ˈge:gənzaɪtɪgə ˈvɪrtʃaftshɪlfə] *m* Council for Mutual Economic Aid (COMECON)
Rate [ˈra:tə] *f* instalment *(UK)*; installment *(US)*
Ratenanleihen [ˈra:tənanlaɪən] *f* instalment loans *pl*
Ratenkauf [ˈra:tənkauf] *m* instalment purchase, hire purchase
Ratenkredit [ˈra:tənkredi:t] *m* instalment sales credit
Ratensparvertrag [ˈra:tənʃpa:rfɛrtra:k] *m* saving-by-instalments contract
Ratenwechsel [ˈra:tənvɛksəl] *m* bill payable in instalments
ratenweise [ˈra:tənvaɪzə] *adj* in instalments
Ratenzahlung [ˈra:təntsa:luŋ] *f* payment by instalments, deferred payment
Ratifikationsklausel [ratifikaˈtsjo:nsklausəl] *f* ratification clause
Ratifikation [ratifikaˈtsjo:n] *f* ratification
rationalisieren [ratsjonaliˈzi:rən] *v* rationalize
Rationalisierung [ratsjonaliˈzi:ruŋ] *f* rationalisation
Rationalisierungsgewinn [ratsjonaliˈzi:ruŋsgəvɪn] *m* rationalization profit
Rationalisierungsinvestition [ratsjonaliˈzi:ruŋsɪnvɛstitsjo:n] *f* rationalization investment
Rationalisierungsmaßnahme [ratsjonaliˈzi:ruŋsma:sna:mə] *f* efficiency measure
Rationalität [ratsjonaliˈtɛ:t] *f* efficiency
Rationalkauf [ratsjoˈna:lkauf] *m* rational buying

Rationalverhalten [ratsjo'na:lfɛrhaltən] *n* rational behaviour
rationell [ratsjo'nɛl] *adj* efficient; *(wirtschaftlich)* economical
rationieren [ratsjo'ni:rən] *v* ration
Rationierung [ratsjo'ni:ruŋ] *f* rationing
ratsam ['ra:tza:m] *adj* advisable
Ratschlag ['ra:tʃla:k] *m* piece of advice, advice
Raubbau ['raupbau] *m* ruinous exploitation
Raubkopie ['raupkopi:] *f* pirate copy
Raumbedarf ['raumbədarf] *m* required space
räumen ['rɔymən] *v (Lagerbestände)* clear, sell, sell off
Raummangel ['raummaŋəl] *m* lack of room, restricted space
Raummaße ['raumma:sə] *n/pl* cubic measures *pl*
Räumung ['rɔymuŋ] *f* clearance
Räumungsklage ['rɔymuŋskla:gə] *f* action for eviction
Räumungsverkauf ['rɔymuŋsfɛrkauf] *m* clearance sale, closing-down sale, liquidation sale
Rausschmiss ['rausʃmɪs] *m (fam: Entlassung)* ouster
Reaktor [re'aktɔr] *m* reactor
real [re'al] *adj* real, in real terms, in terms of real value
Realeinkommen [re'a:laɪnkɔmən] *n* real income
Realignment [ri:ə'laɪnmənt] *n* realignment of parities
Realinvestition [re'a:lɪnvɛstitsjo:n] *f* real investment
Realisation [realiza'tsjo:n] *f* realization
realisierbar [reali'zi:rba:ɐ] *adj* practicable, feasible, achievable
Realisierbarkeit [reali'zi:rba:rkaɪt] *f* feasibility, viability
realisieren [reali'zi:rən] *v* realize, convert into money; *(Pläne)* carry out
Realisierung [reali'zi:ruŋ] *f* **1.** realization, liquidation, conversion into money; **2.** carrying out, implementation
realistisch [rea'lɪstɪʃ] *adj* realistic; *adv* realistically
Realkapital [re'a:lkapita:l] *n* **1.** *(Volkswirtschaft)* real capital; **2.** *(Betriebswirtschaft)* tangible fixed assets *pl*
Realkauf [re'a:lkauf] *m* cash sale
Realkredit [re'a:lkredi:t] *m* credit on real estate
Realkreditinstitut [re'a:lkredi:tɪnstitu:t] *n* real-estate credit institution
Reallohn [re'a:llo:n] *m* real wages *pl*
Realsteuern [re'a:lʃtɔyɐn] *f/pl* tax on real estate
Realvermögen [re'a:lfɛrmø:gən] *n* real wealth
Realzins [re'a:ltsɪns] *m* real rate of interest, interest rate in real terms
Recheneinheit ['rɛçənaɪnhaɪt] *f* calculation unit
Rechenkapazität ['rɛçənkapatsɪtɛ:t] *f* computing capacity
Rechenprüfung ['rɛçənpry:fuŋ] *f* arithmetic check
Rechenschaft ['rɛçənʃaft] *f* account; *jdn zur ~ ziehen* hold s.o. responsible; *über etw ~ ablegen* account for sth
Rechenschaftsbericht ['rɛçənʃaftsbərɪçt] *m* report, status report, accounting
Rechenschaftslegung ['rɛçənʃaftsle:guŋ] *f* rendering of account
Rechenzentrum ['rɛçəntsɛntrum] *n* computer centre
Recherche [re'ʃɛrʃə] *f* investigation, enquiry
recherchieren [reʃɛr'ʃi:rən] *v* investigate
rechnen ['rɛçnən] *v* calculate, compute; *auf etw ~* count on sth; *mit etw ~* expect sth; *(zählen)* count
Rechner ['rɛçnɐ] *m (Elektronenrechner)* computer; *(Taschenrechner)* calculator
rechnergesteuert ['rɛçnergəʃtɔyɐt] *adj* computer controlled
Rechnung ['rɛçnuŋ] *f* **1.** invoice, bill; *auf eigene ~* on one's own account; *jdm etw in ~ stellen* bill s.o. for sth; **2.** calculation, arithmetic
Rechnungsabgrenzung ['rɛçnuŋsapgrɛntsuŋ] *f* apportionment between accounting periods
Rechnungsabgrenzungsposten ['rɛçnuŋsapgrɛntsuŋspɔstən] *m/pl* accruals and deferrals *pl*
Rechnungsbetrag ['rɛçnuŋsbətra:k] *m* invoice total

Rechnungsbuch [ˈrɛçnuŋsbu:x] *n* accounts book
Rechnungseinheit [ˈrɛçnuŋsaɪnhaɪt] *f* unit of account
Rechnungseinzugsverfahren [ˈrɛçnuŋsaɪntsu:ksfɛrfa:rən] *n* accounts collection method, direct debit
Rechnungshof [ˈrɛçnuŋsho:f] *m* Court of Auditors
Rechnungsjahr [ˈrɛçnuŋsja:ɐ] *n* financial year, fiscal year
Rechnungslegung [ˈrɛçnuŋsle:guŋ] *f* accounting
Rechnungsnummer [ˈrɛçnuŋsnʊmɐ] *f* invoice number
Rechnungsposten [ˈrɛçnuŋspɔstən] *m* entry, audit
Rechnungsprüfer(in) [ˈrɛçnuŋspry:fɐ(rɪn)] *m/f* auditor
Rechnungsprüfung [ˈrɛçnuŋspry:fuŋ] *f* audit
Rechnungsstellung [ˈrɛçnuŋsʃtɛluŋ] *f* invoicing, rendering in account
Rechnungssumme [ˈrɛçnuŋszʊmə] *f* invoice amount
Rechnungswesen [ˈrɛçnuŋsve:zən] *n* accountancy, accounting, bookkeeping
Rechnungszins [ˈrɛçnuŋstsɪns] *m* interest rate for accounting purposes
Recht [rɛçt] *n* **1.** law; *~ sprechen* administer justice; **2.** *(Anspruch)* right; *sein ~ fordern* demand sth as a right; *zu ~* rightly; *~ haben* to be right; *~ bekommen* have been right; *~ behalten* turn out to be right
rechtfertigen [ˈrɛçtfɛɐtigən] *v* justify
rechtlich [ˈrɛçtlɪç] *adj* legal, lawful; *adv* legally, lawfully
rechtmäßig [ˈrɛçtmɛ:sɪç] *adj* lawful; *adv* in a lawful manner
rechts [rɛçts] *adv* on the right
Rechtsabteilung [ˈrɛçtsaptaɪluŋ] *f* legal department
Rechtsanspruch [ˈrɛçtsanʃprʊx] *m* legal claim
Rechtsanwalt [ˈrɛçtsanvalt] *m* lawyer, solicitor *(UK)*, attorney *(US)*
Rechtsanwältin [ˈrɛçtsanvɛltɪn] *f* (female) lawyer, solicitor *(UK)*, attorney *(US)*
Rechtsanwaltsbüro [ˈrɛçtsanvaltsbyro:] *n* law office
Rechtsaufsicht [ˈrɛçtsaufzɪçt] *f* legal supervision
Rechtsausschuss [ˈrɛçtsausʃus] *m* committee on legal affairs
Rechtsbehelf [ˈrɛçtsbəhɛlf] *m* legal remedy
Rechtsbeistand [ˈrɛçtsbaɪʃtant] *m* legal aid
Rechtsberater(in) [ˈrɛçtsbəra:tɐ(rɪn)] *m/f* legal counsel
Rechtsberatungsstelle [ˈrɛçtsbəra:tuŋsʃtɛlə] *f* legal aid office
Rechtsbeschwerde [ˈrɛçtsbəʃve:rdə] *f* legal appeal, appeal
rechtsfähig [ˈrɛçtsfɛ:ɪç] *adj* having legal capacity, judicable
Rechtsfähigkeit [ˈrɛçtsfɛ:ɪçkaɪt] *f* legal capacity
Rechtsfall [ˈrɛçtsfal] *m* case
Rechtsform [ˈrɛçtsfɔrm] *f* legal structure
Rechtsfrage [ˈrɛçtsfra:gə] *f* point of law, legal matter
Rechtsgeschäft [ˈrɛçtsgəʃɛft] *n* legal transaction
Rechtsgrundlage [ˈrɛçtsgruntla:gə] *f* legal grounds *pl*
rechtsgültig [ˈrɛçtsgyltɪç] *adj* legally valid, legal
Rechtshaftung [ˈrɛçtshaftuŋ] *f* legal responsibility
Rechtshilfe [ˈrɛçtshɪlfə] *f* legal aid
rechtskräftig [ˈrɛçtskrɛftɪç] *adj* legally binding; *(Urteil)* final
Rechtslage [ˈrɛçtsla:gə] *f* legal situation, legal position
Rechtsmittel [ˈrɛçtsmɪtəl] *n* legal remedy, appeal
Rechtsnachfolge [ˈrɛçtsna:çfɔlgə] *f* legal succession
Rechtsnachfolger(in) [ˈrɛçtsna:xfɔlgɐ(rɪn)] *m/f* legal successor
Rechtsnorm [ˈrɛçtsnɔrm] *f* legal norm
Rechtsordnung [ˈrɛçtsɔrdnuŋ] *f* legal system
Rechtsprechung [ˈrɛçtʃprɛçuŋ] *f* administration of justice, judicial decision, court rulings *pl*
Rechtsschutz [ˈrɛçtsʃuts] *m* legal protection
Rechtsstaat [ˈrɛçtsʃta:t] *m* state bound by the rule of law
Rechtsstaatlichkeit [ˈrɛçtsʃta:tlɪçkaɪt] *f* rule of law

Rechtsstellung ['rɛçtsʃtɛluŋ] *f* legal status
Rechtsstreit ['rɛçtsʃtraɪt] *m* legal action, lawsuit, litigation
rechtsverbindlich ['rɛçtsfɛrbɪntlɪç] *adj* legally binding
Rechtsverhältnis ['rɛçtsfɛrhɛltnɪs] *n* legal relationship
Rechtsweg ['rɛçtsveːk] *m* legal recourse; *der ~ ist ausgeschlossen* the judges' decision is final
Rechtswesen ['rɛçtsveːzən] *n* legal system
rechtswidrig ['rɛçtsviːdrɪç] *adj* unlawful, illegal; *adv* unlawfully, illegally
recycelbar [ri'saɪkəlbaːɐ] *adj* recyclable
recyceln [ri'saɪkəln] *v* recycle
Recycling [ri'saɪklɪŋ] *n* recycling
Recyclingpapier [ri'saɪklɪŋpapiːɐ] *n* recycled paper
Recyclingverfahren [ri'zaɪklɪŋfɛrfaːrən] *n* recycling process
redegewandt ['reːdəgəvant] *adj* articulate, eloquent
Redegewandtheit ['reːdəgəvanthaɪt] *f* eloquence
Redezeit ['reːdetsaɪt] *f* time allowed, speaking time
Rediskont [redɪs'kɔnt] *m* rediscount
rediskontieren [redɪskɔn'tiːrən] *v* rediscount
Rediskontierung [redɪskɔn'tiːruŋ] *f* rediscount
Rediskontkontingent [redɪs'kɔntkɔntɪŋgɛnt] *n* rediscount quota
Redner(in) ['reːdnɐ(rɪn)] *m/f* speaker
Reduktion [reduk'tsjoːn] *f* reduction
Redundanz [redun'dants] *f* redundancy
reduzieren [redu'tsiːrən] *v* reduce, cut
Reeder(in) ['reːdɐ(rɪn)] *m/f* shipowner
Reederei [reːdə'raɪ] *f* shipping company, shipping line
Referent(in) [refe'rɛnt(ɪn)] *m/f* **1.** *(Redner)* speaker, orator, reader of a paper; **2.** *(Sachbearbeiter)* consultant, expert
Referenz [refe'rɛnts] *f* reference
Referenzkurs [refe'rɛntskurs] *m* reference rate
referieren [refe'riːrən] *v* report
Refinanzierung [refinan'tsiːruŋ] *f* refinancing, refunding
Refinanzierungspolitik [refinan'tsiːruŋspolitiːk] *f* refinancing policy
Reform [re'fɔrm] *f* reform
reformbedürftig [re'fɔrmbədyrftɪç] *adj* in need of reform
Reformbestrebung [re'fɔrmbəʃtreːbuŋ] *f* reformatory effort
reformieren [refɔr'miːrən] *v* reform
Reformkurs [re'fɔrmkurs] *m* reform policy
Regel ['reːgəl] *f* rule
Regelbindung ['reːgəlbɪnduŋ] *f* rule-bound policy
Regelmäßigkeit ['reːgəlmɛːsɪçkaɪt] *f* regularity
Regelung ['reːgəluŋ] *f* regulation, settlement
Regelwidrigkeit ['reːgəlviːdrɪçkaɪt] *f* irregularity
Regiebetrieb [re'ʒiːbətriːp] *m* publicly owned enterprise, municipal enterprise operated by an administrative agency
regieren [re'giːrən] *v* govern, rule
Regierung [re'giːruŋ] *f* government
Regionalbank [regjo'naːlbaŋk] *f* regional bank
regionale wirtschaftliche Integration [regjo'naːlə 'vɪrtʃaftlɪçə ɪntegra'tsjoːn] *f* regional economic integration
Regionalförderung [regjo'naːlfœrdəruŋ] *f* regional promotion
Register [re'gɪstɐ] *n* register, index
Registratur [regɪstra'tuːɐ] *f* *(Abteilung)* records office; *(Aktenschrank)* filing cabinet
registrieren [regɪs'triːrən] *v* register, record
Registrierung [regɪs'triːruŋ] *f* registration, entry
reglementieren [reglemɛn'tiːrən] *v* regulate
Reglementierung [reglemɛn'tiːruŋ] *f* regimentation
Regress [re'grɛs] *m* recourse
Regressanspruch [re'grɛsanʃprux] *m* recourse claim, claim of recourse
Regression [regrɛ'sjoːn] *f* regression
regresspflichtig [re'grɛspflɪçtɪç] *adj* liable to recourse
Regulierung [regu'liːruŋ] *f* regulation
Rehabilitation [rehabilita'tsjoːn] *f* rehabilitation

reich [raɪç] *adj* rich
Reifezeugnis ['raɪfətsɔyknɪs] *n* *(Abitur)* school-leaving certificate, university entrance certificate
Reihenfertigung ['raɪənfɛrtɪguŋ] *f* flow shop production
Reihenuntersuchung ['raɪənuntərzu:xuŋ] *f* mass screening
Reimport ['reɪmpɔrt] *m* reimportation
Reinerlös ['raɪnɛrlø:s] *m* net proceeds *pl*
Reinertrag ['raɪnɛrtra:k] *m* net proceeds *pl*, net profit
reines Konossement ['raɪnəs kɔnɔsə'mɛnt] *n* clean bill of lading
Reingewicht ['raɪngəvɪçt] *n* net weight
Reingewinn ['raɪngəvɪn] *m* net profit, net earnings *pl*
Reinvermögen ['raɪnfɛrmø:gən] *n* net assets *pl*
Reinvestition ['reɪnvɛstitsjo:n] *f* reinvestment
Reisekosten ['raɪzəkɔstən] *pl* travel expenses *pl*
Reisekostenabrechnung ['raɪzəkɔstənaprɛçnuŋ] *f* deduction of travelling expenses
Reisekostenbuch ['raɪzəkɔstənbu:x] *n* travelling expenses book
Reisekreditbrief ['raɪzəkredi:tbri:f] *m* traveller's letter of credit
Reisescheck ['raɪzəʃɛk] *m* traveller's cheque
Reisespesen ['raɪzəʃpe:zən] *pl* travelling expenses *pl*
Reiseversicherung ['raɪzəfɛrzɪçəruŋ] *f* travel insurance, tourist policy
REIT-Aktie ['raɪt aktsɪə] *f* REIT share
Reklamation [reklama'tsjo:n] *f* complaint
Reklame [re'kla:mə] *f* advertising, publicity; *(Einzelwerbung)* advertisement
reklamieren [rekla'mi:rən] *v* *(beanstanden)* complain about, object to
Rektaindossament ['rɛktaɪndɔsamɛnt] *n* restrictive endorsement
Rektapapiere ['rɛktapapi:rə] *n/pl* non-negotiable instruments *pl*
Rektawechsel ['rɛktavɛksl] *m* non-negotiable bill of exchange
Relaunch ['rɪlɔ:ntʃ] *m* relaunch
Rembourskredit ['rãbu:rskredi:t] *m* documentary acceptance credit
Remittent [remɪ'tɛnt] *m* payee
Rendite [rɛn'di:tə] *f* yield, return
Renommee [renɔ'me:] *n* reputation
renommiert [renɔ'mi:rt] *adj* renowned, famous
rentabel [rɛn'ta:bəl] *adj* profitable, lucrative, profit-earning
Rentabilität [rɛntabili'tɛ:t] *f* profitability, earning power
Rentabilitätsschwelle [rɛntabili'tɛ:tsʃvɛlə] *f* break-even point
Rente ['rɛntə] *f* **1.** *(Altersrente)* pension; **2.** *(aus einer Versicherung)* annuity
Rentenabteilung ['rɛntənaptaɪluŋ] *f* annuity department
Rentenalter ['rɛntənaltɐ] *n* retirement age
Rentenanleihe ['rɛntənanlaɪə] *f* perpetual bonds *pl*, annuity bond
Rentenberater(in) ['rɛntənbəra:tɐ(rɪn)] *m/f* consultant on pensions, pension consultant
Rentenbrief ['rɛntənbri:f] *m* annuity certificate
Rentenfonds ['rɛntənfɔ̃:] *m* pension fund, fixed interest securities fund
Rentenhandel ['rɛntənhandl] *m* bond trading
Rentenmarkt ['rɛntənmarkt] *m* bond market, fixed interest market
Rentenpapiere ['rɛntənpapi:rə] *n/pl* bonds *pl*
Rentenreform ['rɛntənrefɔrm] *f* reform of the national pension system, social security reform *(US)*
Rentenversicherung ['rɛntənfɛrzɪçəruŋ] *f* annuity insurance, social security pension insurance
Rentenwert ['rɛntənve:rt] *m* fixed-interest security
rentieren [rɛn'ti:rən] *v sich* ~ to be worthwhile, to be profitable, yield a profit
Rentner(in) ['rɛntnɐ(rɪn)] *m/f* pensioner, recipient of a pension
Reorganisation ['reɔrganizatsjo:n] *f* reorganization
reorganisieren ['reɔrganizi:rən] *v* reorganize, reconstruct, regroup, revamp
Reparatur [repara'tu:ɐ] *f* repair
reparaturanfällig [repara'tu:ranfɛlɪç] *adj* breakdown-prone

reparieren [repa'ri:rən] *v* repair, mend, fix
Repartierung [repar'ti:ruŋ] *f* apportionment
Report [re'pɔrt] *m (Kursaufschlag)* contango
Reporteffekten [re'pɔrtɛfɛktə] *pl* contango securities *pl*
Reportgeschäft [re'pɔrtgəʃɛft] *n* contango transaction
Repräsentant(in) [reprɛzɛn'tant(ɪn)] *m/f* representative
repräsentieren [reprɛzɛn'ti:rən] *v* represent, act as representative for
Repressalie [reprɛ'sa:ljə] *f* reprisals *pl*
Reprise [re'pri:zə] *f* reprise
Reprivatisierung [reprivati'si:ruŋ] *f* reprivatisation, reversion to private ownership
Reproduktion [reproduk'tsjo:n] *f* reproduction, copy
Reproduktionskosten [reproduk'tsjo:nskɔstən] *pl* reproduction cost
Reproduktionswert [reproduk'tsjo:nsve:rt] *m* reproduction value
Reserve [re'zɛrvə] *f* reserve; *stille ~n* secret reserves
Reservebank [re'zɛrvəbaŋk] *f* reserve bank
Reservefonds [re'zɛrvəfɔ̃:] *m* reserve fund
Reservehaltung [re'zɛrvəhaltuŋ] *f* reserve management
Reserven [re'zɛrvən] *f/pl* reserves *pl*
Reservewährung [re'zɛrvəvɛ:ruŋ] *f* reserve currency
reservieren [rezɛr'vɪ:rən] *v* reserve
Reservierung [rezɛr'vi:ruŋ] *f* reservation
Ressort [rɛ'so:ɐ] *n* department; decision unit, organizational unit
Ressource [rɛ'sʊrsə] *f* resources *pl*
Ressourcenknappheit [rɛ'sʊrsənknaphaɪt] *f* scarcity of resources
Ressourcennutzung [rɛ'sʊrsənnutsuŋ] *f* use of resources
Ressourcentransfer [rɛ'sʊrsəntransfe:ɐ] *m* transfer of resources
Restbestand ['rɛstbəʃtant] *m* remaining stock
Restbetrag ['rɛstbətra:k] *m* remainder, balance, residual amount
Restdarlehen ['rɛstda:rle:ən] *n* purchase-money loan
Restlaufzeit ['rɛstlauftsaɪt] *f* remaining time to maturity
Restnutzungsdauer ['rɛstnutsuŋsdauɐ] *f* remaining life expectancy
Restposten ['rɛstpɔstən] *m* remaining stock, remnant, odd lot
Restquote ['rɛstkvo:tə] *f* residual quota
Restriktion [restrɪk'tsjo:n] *f* restriction
restriktiv [restrɪk'ti:f] *adj* restrictive
Restrisiko ['rɛstri:ziko] *n* remaining risk, acceptable risk
Restschuld ['rɛstʃult] *f* residual debt, unpaid balance in account, remaining debt
Restschuldversicherung ['rɛstʃultfɛrzɪçəruŋ] *f* residual debt insurance
Resturlaub ['rɛstu:rlaup] *m* paid holidays not yet taken *(UK)*, paid vacation days not yet taken *(US)*
Restwert ['rɛstve:rt] *m* net book value
Retention Marketing [rɪ'tenʃən 'markətɪŋ] *n* retention marketing
Retouren [re'tu:rən] *pl* goods returned *pl; (Finanzwesen)* bills and checks returned unpaid *pl*
retrograde Erfolgsrechnung [retro'gra:də ɛr'fɔlgsrɛçnuŋ] *f* inverse method of determining income
retrograde Kalkulation [retro'gra:də kalkula'tsjo:n] *f* inverse method of cost estimating
Return on Investment (ROI) [rɪ'tɛ:n ɔn ɪn'vestmənt] *m* return on investment (ROI)
revidieren [revi'di:rən] *v (prüfen)* examine, check; *(ändern)* revise
Revision [revi'zjo:n] *f* audit
Revisionsabteilung [revi'zjo:nsaptaɪluŋ] *f* audit department
Revisionspflicht [revi'zjo:nspflɪçt] *f* auditing requirements *pl*
revolvierendes Akkreditiv [revɔl'vi:rəndəs akredi'ti:f] *n* revolving letter of credit
Revolving-Kredit [rɪ'vɔlvɪŋkre'di:t] *m* revolving credit
Rezession [retsɛ'sjo:n] *f* recession
Reziprozität [retsiprotsi'tɛ:t] *f* reciprocity

R-Gespräch ['ɛrgəʃprɛ:ç] *n* reversed-charge call, collect call *(US)*
Rhetorik [re'to:rɪk] *f* rhetoric
Richter(in) ['rɪçtɐ(rɪn)] *m/f* judge
Richtlinie ['rɪçtli:njə] *f* guideline, standard directive
Richtpreis ['rɪçtpraɪs] *m* standard price, suggested price, recommended (retail) price
Richtwert ['rɪçtve:rt] *m* approximate value
Rimesse [ri'mɛsə] *f* remittance
Risiko ['ri:ziko] *n* risk; *Risiken abwägen* weigh the risks
Risikobereitschaft ['ri:zikobəraɪtʃaft] *f* willingness to take risks
Risikodeckung ['ri:zikodɛkuŋ] *f* risk cover
Risikokosten ['ri:zikokɔstən] *pl* risk-induced costs *pl*
Risikolebensversicherung ['ri:ziko-le:bənsfɛrzɪçəruŋ] *f* term life insurance
Risikoprämie ['ri:zikoprɛ:mjə] *f* risk premium
Risikozuschlag ['ri:zikotsu:ʃla:k] *m* additional risk premium
Risk Management ['rɪsk mænɪdʒmənt] *n* risk management
riskant [rɪs'kant] *adj* risky
riskieren [rɪs'ki:rən] *v* risk
Roboter ['rɔbɔtɐ] *m* robot
Rohbilanz ['ro:bilants] *f* rough balance
Rohgewinn ['ro:gəvɪn] *m* gross profit on sales
Rohmaterial ['ro:materja:l] *n* raw material
Rohöl ['ro:ø:l] *n* crude oil
Rohstoff ['ro:ʃtɔf] *m* raw material
Rohstofffonds ['ro:ʃtɔffɔ̃:] *m* raw material funds *pl*
Rohstoffkartell ['ro:ʃtɔfkartɛl] *n* commodities cartel
Rohstoffknappheit *f* raw material shortage
Rohstoffmangel ['ro:ʃtɔfmaŋəl] *m* shortage of raw materials
Rohstoffmarkt ['ro:ʃtɔfmarkt] *m* commodity forward transaction
Rohstoffvermarktung ['ro:ʃtɔffɛr-marktuŋ] *f* marketing of raw materials
Rohzustand ['ro:tsu:ʃtant] *m* natural condition, unprocessed condition, unfinished condition
Roll-on-/Roll-off-Verkehr (RoRo) [rəʊl-'ɔn rəʊl'ɔffɛr'ke:ɐ] *m* roll on/roll off transportation (roro)
Rollgeld ['rɔlgɛlt] *n* haulage
Roll-over-Kredit [rəʊl'əʊvərkre'di:t] *m* roll-over credit
rote Zahlen ['ro:tə 'tsa:lən] *f/pl (fig)* red figures *pl*, the red *(fig)*
Route ['ru:tə] *f* route
Routine [ru'ti:nə] *f* routine, experience, daily practice
Rubel ['ru:bəl] *m* rouble, rubel *(US)*
Rückantwort ['rykantvɔrt] *f* reply; *(frankierte Postkarte)* postage-paid reply card
Rückantwort bezahlt (RP) ['rykant-vɔrt bə'tsa:lt] reply-paid (RP)
rückdatieren ['rykdati:rən] *v* backdate, antedate
Rückdelegation ['rykdelegatsjo:n] *f* back delegation
rückerstatten ['rykɛrʃtatən] *v* refund, reimburse
Rückerstattung ['rykɛrʃtatuŋ] *f* reimbursement, repayment
Rückfahrkarte ['rykfa:rkartə] *f* return ticket
Rückfahrt ['rykfa:rt] *f* return journey
Rückfluss ['rykflus] *m* reflux
Rückflussstücke ['rykflusʃtykə] *n/pl* securities repurchased *pl*
Rückfrage ['rykfra:gə] *f* question, further inquiry
Rückgabe ['rykga:bə] *f* return, restitution, restoration
Rückgaberecht ['rykgabərɛçt] *n* **1.** right of return; **2.** *(Fonds)* return privilege
Rückgang ['rykgaŋ] *m* decline, drop, decrease
rückgängig ['rykgɛŋɪç] *adj ~ machen* cancel, undo
Rückgarantie ['rykgaranti:] *f* counter guarantee
Rückgriff ['rykgrɪf] *m* recourse
Rückkauf ['rykkauf] *m* repurchase, buying back
Rückkaufdisagio ['rykkaufdɪza:dʒo] *n* discount on repurchase

Rückkaufgeschäfte [ˈrykkaufgəʃɛftə] *n/pl* buy-back arrangements *pl*
Rückkaufswert [ˈrykkaufsveːrt] *m* redemption value
Rückkoppelung [ˈrykkɔpəluŋ] *f* feedback
Rücklage [ˈryklaːgə] *f* **1.** reserve; **2.** *(Ersparnisse)* savings *pl*
rückläufig [ˈrykləyfɪç] *adj* declining
Rücknahme [ˈryknaːmə] *f* taking back
Rückporto [ˈrykpɔrto] *n* return postage
Rückruf [ˈrʏkruːf] *m* call back
Rückscheck [ˈrykʃɛk] *m* returned cheque
Rückscheckprovision [ˈrykʃɛkprovizjoːn] *f* commission on returned cheque
Rückschein [ˈrykʃaɪn] *m* advice of delivery
Rückschlag [ˈrykʃlaːk] *m (fig)* setback
Rückseite [ˈrykzaɪtə] *f* reverse, back
Rücksendung [ˈrykzɛnduŋ] *f* return
Rücksprache [ˈrykʃpraːxə] *f* consultation; *mit jdm ~ halten* consult with s.o.
Rückstand [ˈrykʃtant] *m* **1.** *(Außenstände)* arrears *pl;* **2.** *(Lieferrückstand, Arbeitsrückstand)* backlog; **3.** *(Abfallprodukt)* residue; **4.** *(Rest)* remains *pl*
rückständig [ˈrykʃtɛndɪç] *adj* **1.** *(Zahlung)* overdue, outstanding; **2.** *(fig: überholt)* out-dated
Rückstellung [ˈrykʃtɛluŋ] *f* reserves *pl*
Rücktransport [ˈryktranspɔrt] *m* return transport
Rücktritt [ˈryktrɪt] *m (Amtsniederlegung)* resignation, retirement; *(von einem Vertrag)* rescission
Rücktrittsklausel [ˈryktrɪtsklauzl] *f* escape clause, opt-out clause
Rücktrittsrecht [ˈryktrɪtsrɛçt] *n* right to rescind a contract
Rückvergütung [ˈrykfɛrgytuŋ] *f* refund
Rückversicherung [ˈrykfɛrzɪçəruŋ] *f* reinsurance
Rückwaren [ˈrykvaːrən] *pl* goods returned *pl*
Rückwechsel [ˈrykvɛksəl] *m* unpaid bill of exchange
rückwirkend [ˈrykvɪrkənt] *adj* retroactive, retrospective
rückzahlbar [ˈryktsaːlbaːɐ] *adj* repayable
Rückzahlung [ˈryktsaːluŋ] *f* repayment, refund, reimbursement
Rückzahlungsagio [ˈryltsaːluŋsaːdʒo] *n* premium payable on redemption
Rückzoll [ˈryktsɔl] *m* customs drawback
Rufnummer [ˈruːfnumɐ] *f* telephone number, dial sequence
rufschädigend [ˈruːfʃɛːdɪgənt] *adj* defamatory
Rüge [ˈryːgə] *f* reprimand, reproof, rebuke
Rügepflicht [ˈryːgəpflɪçt] *f* obligation to lodge a complaint
Ruhestand [ˈruːəʃtant] *m* retirement
Ruhestörung [ˈruːəʃtøːruŋ] *f* disturbance of the peace
Ruhetag [ˈruːətaːk] *m* day off, day of rest; *„Montags ~"* closed Mondays
Rumpfwirtschaftsjahr [ˈrumpfvɪrtʃaftsjaːɐ] *n* short fiscal year
Run [ran] *m* run
runder Tisch [ˈrundər tɪʃ] *m (fig)* round table
Rundfunkwerbung [ˈrundfunkvɛrbuŋ] *f* radio advertising
Rundschreiben [ˈruntʃraɪbən] *n* circular
Rüstkosten [ˈrystkɔstən] *pl* preproduction cost
Rüstungsauftrag [ˈrystuŋsauftraːk] *m* defence contract, arms contract
Rüstungskontrolle [ˈrystuŋskɔntrɔlə] *f* arms control
Rüstungsunternehmen [ˈrystuŋsuntərnɛːmən] *n* armaments manufacturer

S

Sabbatical [sə'bætɪkəl] *n* Sabbatical
Sabotage [zabo'ta:ʒə] *f* sabotage
sabotieren [zabo'ti:rən] *v* sabotage
Sachanlagen ['zaxanla:gən] *f/pl* fixed assets *pl*, tangible assets *pl*, physical assets *pl*
Sachanlagevermögen ['zaxanla:gəfɛrmø:gən] *n* tangible fixed assets *pl*
Sachbearbeiter(in) ['zaxbəarbaɪtɐ(rɪn)] *m/f* official in charge, clerk in charge
Sachbeschädigung ['zaxbəʃɛ:dɪguŋ] *f* damage to property
Sachbezüge ['zaxbətsy:gə] *f/pl* remuneration in kind
Sachdepot ['zaxdepo:] *n* impersonal security deposit
Sachdiskussion ['zaxdɪskusjo:n] *f* factual discussion
Sache ['zaxə] *f* case, lawsuit, action
Sacheinlage ['zaxaɪnla:gə] *f* investment in kind, contribution in kind
Sachenrecht ['zaxənrɛçt] *n* law of real and personal property
sachenrechtliche Wertpapiere ['zaxənrɛçtlɪçə 've:rtpapi:rə] *n/pl* property law securities *pl*
Sachfehler ['zaxfe:lɐ] *m* factual error
Sachfirma ['zaxfɪrma] *f* object company name
Sachgebiet ['zaxgəbi:t] *n* field
Sachkapital ['zaxkapita:l] *n* real capital
Sachkapitalerhöhung ['zaxkapita:lɛrhø:uŋ] *f* capital increase through contribution in kind, increase in noncash capital
Sachkenntnis ['zaxkɛntnɪs] *f* expertise
Sachkredit ['zaxkredi:t] *m* credit based on collateral security
sachkundig ['zaxkundɪç] *adj* expert, competent
Sachleistung ['zaxlaɪstuŋ] *f* payment in kind, allowance
sachlich ['zaxlɪç] *adj* objective
Sachlichkeit ['zaxlɪçkaɪt] *f* objectivity
Sachmangel ['zaxmaŋəl] *m* material defect, material fault
Sachschaden ['zaxʃa:dən] *m* damage to property, physical damage
Sachverhalt ['zaxfɛrhalt] *m* facts *pl*, circumstances *pl*
Sachvermögen ['zaxfɛrmø:gən] *n* material assets *pl*, fixed capital
Sachverstand ['zaxfɛrʃtant] *m* expertise, knowledge
Sachverständige(r) ['zaxfɛrʃtɛndɪgə(-ɐ)] *f/m* expert (witness), authority, specialist
Sachverständigenrat ['zaxfɛrʃtɛndɪgənra:t] *m* panel of experts; German Council of Economic Experts
Sachwert ['zaxve:rt] *m* real value
Sachwertanleihen ['zaxve:rtanlaɪən] *f/pl* material value loans *pl*
Sachwert-Investmentfonds ['zaxve:rtɪnvɛstmɛntfɔ̃] *m* material asset investment funds *pl*
Safe [seɪf] *m* safe
Saison [zɛ'zɔ̃] *f* season
saisonabhängig [zɛ'zɔ̃aphɛŋɪç] *adj* seasonal
Saisonarbeit [zɛ'zɔ̃arbaɪt] *f* seasonal work
Saisonarbeiter(in) [zɛ'zɔ̃arbaɪtɐ(rɪn)] *m/f* seasonal worker
Saisonartikel [zɛ'zɔ̃:artɪkəl] *m* seasonal article
Saisonausverkauf [zɛ'zɔ̃:ausfɛrkauf] *m* end-of-season sale
Saisonbedarf [zɛ'zɔ̃:bədarf] *m* seasonal consumption, seasonal demand
saisonbedingt [zɛ'zɔ̃bədɪŋt] *adj* seasonal
saisonbereinigt [zɛ'zɔ̃bəraɪnɪçt] *adj* seasonally adjusted
Saisonbereinigung [zɛ'zɔ̃bəraɪnɪguŋ] *f* seasonal adjustment
Saisonbeschäftigung [zɛ'zɔ̃:bəʃɛftɪguŋ] *f* seasonal employment
Saisongeschäft [zɛ'zɔ̃gəʃɛft] *n* seasonal business
Saisonkredit [zɛ'zɔ̃kredi:t] *m* seasonal loan
Saisonreserven [zɛ'zɔ̃rezɛrvən] *f/pl* seasonal reserves *pl*

Saisonschwankungen [zɛ'zɔ̃ʃvaŋkuŋən] *f/pl* seasonal fluctuations *pl*
Saldenbilanz ['zaldənbilants] *f* list of balances
saldieren [zal'di:rən] *v* balance
Saldo ['zaldo] *m* balance
Saldoübertrag ['zaldoy:bərtra:k] *m* balance carried forward
Sales Promotion ['seɪlz prɔ'mo:ʃən] *f* *(Verkaufsförderung)* sales promotion
Sammelaktie ['zaməlaktsjə] *f* multiple share certificate, global share
Sammelanleihe ['zaməlanlaɪə] *f* joint loan issue
Sammelauftrag ['zaməlauftra:k] *m* collective (giro) order
Sammelbestellung ['zaməlbəʃtɛluŋ] *f* consolidated order, joint order
Sammeldepot ['zaməldepo:] *n* collective deposit
Sammelinkassoversicherung ['zaməlɪnkasofɛrzɪçəruŋ] *f* group collection security
Sammelkonto ['zaməlkɔnto] *n* collective account
Sammelmappe ['zaməlmapə] *f* collecting folder
Sammel-Schuldbuchforderung ['zaməlʃultbuxfɔrdəruŋ] *f* collective debt register claim
Sammeltransport ['zaməltranspɔrt] *m* collective transport
Sammeltratte ['zaməltratə] *f* collective bill
Sammelüberweisung ['zaməly:bərvaɪzuŋ] *f* combined bank transfer
Sammelwertberichtigung ['zaməlve:rtbərɪçtɪguŋ] *f* global value adjustment
sanieren [za'ni:rən] *v* sanify, recapitalize
Sanierung [za'ni:ruŋ] *f* reconstruction, urban renewal
Sanierungsprogramm [za'ni:ruŋsprogram] *n* rescue package, rescue scheme
Sanktion [zaŋk'tsjo:n] *f* sanction, penalty
sanktionieren [zaŋktsjo'ni:rən] *v* sanction, put sanctions on
Sanktionsmaßnahme [zaŋkt'tsjo:nsma:sna:mə] *f* sanction
sättigen ['zɛtɪgən] *v (Markt)* saturate
Sättigung ['zɛtɪguŋ] *f* saturation
Sättigungspunkt ['zɛtɪguŋspuŋkt] *m* *(Markt)* point of saturation
Satz [zats] *m* **1.** *(Menge)* set, batch; **2.** *(fester Betrag)* rate
Satzung ['zatsuŋ] *f* statutes *pl*
satzungsgemäß ['zatsuŋsgəmɛ:s] *adv* according to the rules/statutes/bylaws
säumig ['zɔymɪç] *adj (Schuldner)* defaulting, dilatory
Säumnis ['zɔymnɪs] *n* **1.** *(Verzug)* delay; **2.** *(Nichteinhaltung)* delay
Säumniszuschlag ['zɔymnɪstsu:ʃla:k] *m* delay penalty
Scanner ['skænɐ] *m* scanner
Scannerkasse ['skænərkasə] *f* checkout scanner
Schaden ['ʃa:dən] *m* **1.** damage, loss, harm; **2.** *(Personenschaden)* injury
Schadenersatz ['ʃa:dənɛrzats] *m* **1.** compensation, indemnity, indemnification; **2.** *(festgesetzte Geldsumme)* damages *pl*
Schadenersatzansprüche ['ʃa:dənɛrzatsanʃpryçə] *m/pl* claim for damages
Schadenhöhe ['ʃa:dənhø:ə] *f* amount of loss
Schadensbegrenzung ['ʃa:dənsbəgrɛntsuŋ] *f* damage control, damage limitation
Schadensersatz ['ʃa:dənsɛrzats] *m* compensation for loss suffered, recovery of damages
Schadensersatzklage ['ʃa:dənsɛrzatskla:gə] *f* action for damages
Schadensersatzpflicht ['ʃa:dənsɛrzatspflɪçt] *f* liability for damages
Schadensfall ['ʃa:dənsfal] *m* case of damage
Schadensforderung ['ʃa:dənsfɔrdəruŋ] *f* claim for damages
Schadensleistung ['ʃa:dənslaɪstuŋ] *f* compensation
Schadensmeldung ['ʃa:dənsmɛlduŋ] *f* notification of damage
Schadensversicherung ['ʃa:dənsfɛrzɪçəruŋ] *f* casualty insurance
schadhaft ['ʃa:thaft] *adj* damaged; *(mangelhaft)* defective, faulty
schädigen ['ʃɛ:dɪgən] *v* damage; *(jdn ~)* harm
schädlich ['ʃɛ:tlɪç] *adj* harmful, damaging, detrimental

Schädlichkeit ['ʃɛ:tlɪçkaɪt] *f* harmfulness, noxiousness, injuriousness
Schadstoff ['ʃa:tʃtɔf] *m* harmful substance, harmful chemical
schadstoffarm ['ʃa:tʃtɔfarm] *adj* low in harmful chemicals
Schalldämmung ['ʃaldɛmuŋ] *f* soundproofing
Schaltbild ['ʃaltbɪlt] *n* connection diagram, wiring diagram
Schalter ['ʃaltɐ] *m* *(Theke, Bank~)* counter
Schaltergeschäft ['ʃaltərgəʃɛft] *n* business over the counter
Schalterprovision ['ʃaltərprovizjo:n] *f* selling commission
Schaltkreis ['ʃaltkraɪs] *m* circuit
Schaltzentrale ['ʃalttsɛntra:lə] *f* central control station; *(fig)* central control, systems control, control centre
Scharfsinn ['ʃarfzɪn] *m* *(geschäftlich)* acumen
Schattenwirtschaft ['ʃatənvɪrtʃaft] *f* underground economy
Schatzanweisung ['ʃatsanvaɪzuŋ] *f* treasury bond
Schatzbrief ['ʃatsbri:f] *m* treasury bond, exchequer bond *(UK)*
Schätze ['ʃɛtsə] *m/pl* treasury bonds *pl*
schätzen ['ʃɛtsən] *v* *(ungefähr berechnen)* estimate; *(annehmen)* suppose, reckon
Schätzer(in) ['ʃɛtsɐ(rɪn)] *m/f* appraiser, valuer, evaluator, assessor
Schätzung ['ʃɛtsuŋ] *f* *(ungefähre Berechnung)* estimate, valuation; *(Annahme)* estimation
S
Schatzwechsel ['ʃatsvɛksəl] *m* treasury bill
Schätzwert ['ʃɛtsve:rt] *m* estimated value, appraised value
Schaufenster ['ʃaufɛnstɐ] *n* shop window, store window *(US)*
Schaufensterwerbung ['ʃaufɛnstərvɛrbuŋ] *f* shop-window advertising, store-window advertising *(US)*
Scheck [ʃɛk] *m* cheque, check *(US)*; *einen ~ einlösen* cash a cheque
Scheckabrechnung ['ʃɛkaprɛçnuŋ] *f* cheque clearance
Scheckabteilung ['ʃɛkaptaɪluŋ] *f* cheque department
Scheckbetrug ['ʃɛkbətru:k] *m* cheque fraud
Scheckeinzug ['ʃɛkaɪntsu:k] *m* cheque collection
Scheckfähigkeit ['ʃɛkfɛ:ɪçkaɪt] *f* capacity to draw cheques
Scheckformular [ʃɛkfɔrmula:ɐ] *n* cheque form
Scheckheft ['ʃɛkhɛft] *n* cheque book *(UK)*, checkbook *(US)*
Scheckkarte ['ʃɛkkartə] *f* cheque card
Scheckklausel ['ʃɛkklauzəl] *f* cheque clause
Scheckrecht ['ʃɛkrɛçt] *n* negotiable instruments law concerning cheques
Scheckregress ['ʃɛkregrɛs] *m* cheque recourse
Schecksperre ['ʃɛkʃpɛrə] *f* stop payment order, cancellation of a check
Scheckverkehr ['ʃɛkfɛrke:ɐ] *m* cheque transactions *pl*
Scheckwiderruf ['ʃɛkvi:dərru:f] *m* cheque stopping
Scheckzahlung ['ʃɛktsa:luŋ] *f* payment by cheque
Scheinblüte [ʃaɪnbly:tə] *f* *(scheinbare Hochkonjunktur)* illusory boom
Scheinfirma ['ʃaɪnfɪrma] *f* bogus company, dummy firm
Scheingeschäft ['ʃaɪngəʃɛft] *n* fictitious transaction, sham deal
Scheingesellschaft ['ʃaɪngəzɛlʃaft] *f* bogus company, dummy company
Scheingewinn ['ʃaɪngəvɪn] *m* fictitious profit, sham gains *pl*
Scheingründung ['ʃaɪngryndυŋ] *f* fictitious formation
Scheinkaufmann ['ʃaɪnkaufman] *m* bogus trader
Scheinkurs ['ʃaɪnkurs] *m* fictitious quotation price
Scheinselbstständigkeit ['ʃaɪnzelpʃtɛndɪçkaɪt] *f* disguised employment
scheitern ['ʃaɪtɐn] *v* fail
Schema [ʃe:ma] *n* *(Entwurf, Plan)* sketch, plan
Schenkung ['ʃɛŋkuŋ] *f* gift, donation
Schenkungssteuer ['ʃɛŋkuŋsʃtɔyɐ] *f* gift tax
Schenkungsurkunde ['ʃɛŋkuŋsu:rkundə] *f* deed of donation

Schicht [ʃɪçt] *f* **1.** layer; **2.** *(Arbeitsschicht)* shift
Schichtarbeit [ˈʃɪçtarbaɪt] *f* shift work
Schichtwechsel [ˈʃɪçtvɛksəl] *m* change of shift
Schieber [ˈʃiːbɐ] *m (Betrüger)* profiteer, racketeer
Schiedsgericht [ˈʃiːtsgərɪçt] *n* court of arbitration, arbitral court
Schiedsrichter(in) [ʃiːtsrɪçtɐ(rɪn)] *m/f* JUR arbitrator
Schiedsspruch [ˈʃiːtsʃprux] *m* arbitration
Schiff [ʃɪf] *n* ship, vessel
schiffbar [ˈʃɪfbaːɐ] *adj* navigable
Schiffbau [ˈʃɪfbau] *m* shipbuilding
Schifffahrt [ˈʃɪffaːrt] *f* navigation, shipping
Schiffsregister [ˈʃɪfsregɪstɐ] *n* register of ships
Schiffswerft [ˈʃɪfsvɛrft] *f* shipyard
schlechte Qualität [ˈʃlɛçtə kvaliˈtɛːt] *f* poor quality
Schlechtwettergeld [ʃlɛçtˈvɛtərgɛlt] *n* bad-weather compensation
schleichende Inflation [ˈʃlaɪçəndə ɪnflaˈtsjoːn] *f* creeping inflation
Schleichhandel [ˈʃlaɪçhandəl] *m* illicit trade, illicit traffic
Schleichwerbung [ˈʃlaɪçvɛrbuŋ] *f* covert advertising, surrepticious advertising
Schleuderpreis [ˈʃlɔydərpraɪs] *m* giveaway price, rock-bottom price
Schleuderware [ˈʃlɔydərvaːrə] *f* giveaway article, giveaway product
Schlichtung [ˈʃlɪçtuŋ] *f* arbitration, settlement
Schlichtungsausschuss [ˈʃlɪçtuŋsausʃus] *m* arbitration committee
Schließfach [ˈʃliːsfax] *n* **1.** *(Bankschließfach)* safe deposit box; **2.** *(Postschließfach)* post-office box
Schluss [ʃlus] *m* closure
Schlussbilanz [ˈʃlusbilants] *f* closing balance
Schlussbrief [ˈʃlusbriːf] *m* sales note
Schlussdividende [ˈʃlusdividɛndə] *f* final dividend
Schlussnotierung [ˈʃlusnotiːruŋ] *f* *(Börse)* closing rate
Schlüsselindustrien [ˈʃlysəlɪndustriːn] *f/pl* key industries *pl*
Schlüsselqualifikation [ˈʃlysəlkvalifikatsjoːn] *f* key qualification
Schlüsseltechnologie [ˈʃlysəltɛçnologiː] *f* key technology
Schlusskurs [ˈʃluskurs] *m* closing price
Schlussverkauf [ˈʃlusfɛrkauf] *m* seasonal clearance sale, end-of-season clearance sale
Schmiergeld [ˈʃmiːrgɛlt] *n (fam)* bribe
Schmuggel [ˈʃmugəl] *m* smuggling
schmuggeln [ˈʃmugəln] *v* smuggle, bootleg
Schmuggelware [ˈʃmugəlvaːrə] *f* smuggled goods *pl*, contraband
Schmutzzulage [ˈʃmutstsuːlaːgə] *f* dirty work bonus, dirty work pay
Schneeballsystem [ˈʃneːbalzysteːm] *n* snowball sales system
Schnellhefter [ˈʃnɛlhɛftɐ] *m* binder
Schnellverfahren [ˈʃnɛlfɛrfaːrən] *n* *(fig: rasche Abwicklung)* expeditious handling, rapid processing
Schnitt [ʃnɪt] *m (Muster)* pattern
Schnittstelle [ˈʃnɪtʃtɛlə] *f* interface
Schrankenwert [ˈʃraŋkənveːrt] *m* officially quoted security
Schreibmaschine [ˈʃraɪpmaʃiːnə] *f* typewriter
Schreibtisch [ˈʃraɪptɪʃ] *m* desk
schriftlich [ˈʃrɪftlɪç] *adj* written; *adv* in writing
Schriftstück [ˈʃrɪftʃtyk] *n* document, record, deed
Schriftverkehr [ˈʃrɪftfɛrkeːɐ] *m* correspondence
Schriftwechsel [ˈʃrɪftvɛksəl] *m* correspondence
Schulabschluss [ˈʃuːlapʃlus] *m* school qualification *(UK)*, diploma *(US)*
Schuld [ʃult] *f (Geldschuld)* debt
Schuldanerkenntnis [ˈʃultanɛrkɛntnɪs] *f* acknowledgement of a debt
Schuldbrief [ˈʃultbriːf] *m* certificate of indebtedness
Schulden [ˈʃuldən] *f/pl* debts *pl*, liabilities *pl*; *sich etw zu ~ kommen lassen (fig)* do sth wrong
schulden [ˈʃuldən] *v* owe
Schuldenabkommen [ˈʃuldənapkɔmən] *n* debt agreement

Schuldendienst ['ʃuldəndi:nst] *m* debt service
Schuldenerlass ['ʃuldənɛrlas] *m* debt relief
schuldenfrei ['ʃuldənfraɪ] *adj* free from debt
Schuldenkonsolidierung ['ʃuldənkɔnzolidi:ruŋ] *f* **1.** *(Recht)* offsetting of receivables and payables in the consolidated financial statements; **2.** *(Finanzen)* consolidation of debts
Schuldenkriterium ['ʃuldənkrite:rjum] *n* debt criterion
Schuldenmasse ['ʃuldənmasə] *f* liabilities *pl*
Schuldenstand ['ʃuldənʃtant] *m* debt position
Schuldentilgung ['ʃuldəntɪlguŋ] *f* debt liquidation
schuldhaft ['ʃulthaft] *adj* culpable
schuldig ['ʃuldɪç] *adj* **1.** *(Geld)* due, owing; **2.** *(verantwortlich)* guilty
Schuldner(in) ['ʃultnɐ(rɪn)] *m/f* debtor, party liable
Schuldrecht ['ʃultrɛçt] *n* law of obligations
Schuldschein (p.n.) ['ʃultʃaɪn] *m* promissory note (p.n.)
Schuldscheindarlehen ['ʃultʃaɪnda:rle:n] *n* promissory note bond
Schuldspruch ['ʃultʃprux] *m* conviction
Schuldübernahme ['ʃulty:bərna:mə] *f* assumption of an obligation
Schuldverhältnis ['ʃultfɛrhɛltnɪs] *n* obligation
Schuldverschreibung ['ʃultfɛrʃraɪbuŋ] *f* debenture bond
Schuldversprechen ['ʃultfɛrʃprɛçən] *n* promise to fulfil an obligation
Schuldwechsel ['ʃultvɛksəl] *m* bill payable
Schuldzins ['ʃulttsɪns] *m* interest on debts, interest on borrowing
Schulung ['ʃu:luŋ] *f* schooling, training
Schulungspersonal ['ʃu:luŋspɛrzona:l] *n* training staff
Schutzbrille ['ʃutsbrɪlə] *f* protective goggles *pl*
Schutzfrist ['ʃutsfrɪst] *f* term of protection
Schutzgemeinschaft für allgemeine Kreditsicherung (Schufa) ['ʃutsgəmaɪnʃaft fy:r 'algəmaɪnə kre'di:tzɪçəruŋ] *f* Schufa (group for general credit protection)
Schutzhelm ['ʃutshɛlm] *m* safety helmet
Schutzkleidung ['ʃutsklaɪduŋ] *f* protective clothing
Schutzmarke ['ʃutsmarkə] *f* trademark
Schutzzoll ['ʃutstsɔl] *m* protective duty
schwach [ʃvax] *adj (Geschäft)* slack
Schwangerschaftsurlaub ['ʃvaŋərʃaftsu:rlaup] *m* maternity leave
Schwankung ['ʃvaŋkuŋ] *f* *(Abweichung)* fluctuation, variation
Schwänze ['ʃvɛntsə] *pl* *(planmäßig herbeigeführter Kursanstieg)* corners *pl*
Schwarzarbeit ['ʃvartsarbaɪt] *f* illicit work
schwarze Börse ['ʃvartsə 'bœrzə] *f* black stock exchange
schwarze Liste ['ʃvartsə 'lɪstə] *f* black bourse
schwarze Zahlen ['ʃvartsə 'tsa:lən] *f/pl* *(fig)* black figures *pl*, „the black“
Schwarzhandel ['ʃvartshandəl] *m* black market operations *pl*, black marketeering
schwebende Geschäfte ['ʃve:bəndə gə'ʃɛftə] *n/pl* pending transactions *pl*
schwebende Schuld ['ʃve:bəndə 'ʃult] *f* floating debt
schwebende Unwirksamkeit ['ʃve:bəndə 'unvɪrkza:mkaɪt] *f* provisionally inefficacy
Schweigepflicht ['ʃvaɪgəpflɪçt] *f* confidentiality
Schweizerische Nationalbank ['ʃvaɪtsərɪʃə natsjo'na:lbaŋk] *f* National Bank of Switzerland
Schwellenland ['ʃvɛlənlant] *n* country undergoing industrialization
Schwemme ['ʃvɛmə] *f (Überangebot)* glut
schwere Papiere ['ʃve:rə pa'pi:re] *n/pl* heavy-priced securities *pl*
Schwergut ['ʃve:rgu:t] *n* heavy freight
Schwestergesellschaft ['ʃvɛstərgəzɛlʃaft] *f* affiliated company
schwimmend ['ʃvɪmənd] *adj* floating
Schwindel ['ʃvɪndəl] *m (Betrug)* swindle, fraud, cheat

Schwindelgründung [ˈʃvɪndəlgryndʊŋ] *f* fraud foundation
Schwund [ʃvunt] *m* dwindling, fading, decrease; *(Schrumpfen)* shrinkage
Schwundgeld [ˈʃvuntgɛlt] *n* scalage
Seefracht [ˈze:fraçt] *f* sea freight, maritime freight
Seefrachtbrief [ˈze:fraxtbri:f] *m* bill of lading
seemäßige Verpackung [ˈze:mɛ:sɪgə fɛɐˈpakuŋ] *f* sea-worthy packing
Seeweg [ˈze:ve:k] *m* sea route
Sekretariat [zekretaˈrja:t] *n* secretary's office, secretariat *(UK)*
Sekretär(in) [zekreˈtɛ:r(ɪn)] *m/f* secretary
Sektor [ˈzɛktɔr] *m* sector, branch
Sektoren der Volkswirtschaft [zɛkˈto:rən de:r ˈfɔlksvɪrtʃaft] *m/pl* sectors of the economy *pl*
sekundärer Sektor [zekunˈdɛ:rər ˈzɛkto:ɐ] *m* secondary sector
Sekundärliquidität [zekunˈdɛ:rlikviditɛ:t] *f* secondary liquidity
Sekundärmarkt [zekunˈdɛ:rmarkt] *m* secondary market
Sekundawechsel [zeˈkundavɛksəl] *m* second of exchange
Sekurisation [zekurizaˈtsjo:n] *f* securization
Selbstauskunft [ˈzɛlpstauskunft] *f* voluntary disclosure
Selbstbeteiligung [ˈzɛlpstbətaɪlɪguŋ] *f* retention
Selbstfinanzierung [ˈzɛlpstfinantsi:ruŋ] *f* self-financing
Selbstkostenpreis [ˈzɛlpstkɔstənpraɪs] *m* cost price
selbstständig [ˈzɛlpʃtɛndɪç] *adj* independent; *sich ~ machen* go into business for o.s.
Selbstständige(r) [ˈzɛlpʃtɛndɪgə(-ɐ)] *f/m* self-employed (person), independent (person)
Selbstständigkeit [ˈzɛlpʃtɛndɪçkaɪt] *f* independence
Sendung [ˈzɛnduŋ] *f (Versand)* shipment, consignment
Senioritätsprinzip [ze:njoriˈtɛ:tsprɪntsi:p] *n* principle of seniority
Serie [ˈze:rjə] *f* series
seriell [ze:ˈrjɛl] *adj* serial
Serienanfertigung [ˈze:rjənanfɛrtɪguŋ] *f* serial production
Serienfertigung [ˈze:rjənfɛrtɪguŋ] *f* series production
Seriengröße [ˈze:rjəngrø:sə] *f* batch size
serienmäßig [ˈze:rjənmɛ:sɪç] *adj* serial; *adv* in series
Serienproduktion [ˈze:rjənprɔdukts-jo:n] *f* mass production
serienreif [ˈze:rjənraɪf] *adj* ready for series production, ready for multiple production
seriös [zeˈriø:s] *adj* reliable, honest
Seriosität [zerjoziˈtɛ:t] *f* seriousness
Server [ˈsə:və] *m (EDV)* server
Service [ˈzø:rvɪs] *m (Kundendienst)* service
Servicenetz [ˈzø:rvɪsnɛts] *n* service network
Shareholdervalue [ˈʃeəhəuldərˈvælju:] *m* shareholder value
Shelf-Space-Competition [ˈʃelfspeɪskɔmpəˈtɪʃən] *f* shelf space competition
Shop-in-the-Shop-Konzept [ˈʃɔpɪnðə ʃɔpkɔnˈtsɛpt] *n* shop-in-the-shop conception
Shoppingcenter [ˈʃɔpɪŋsentɐ] *n* shopping centre
sicherer Server [ˈzɪçərər sɛ:və] *m* secure server
Sicherheit [ˈzɪçərhaɪt] *f (Gewähr)* collateral, security
Sicherheitskopie [ˈzɪçərhaɪtskopi:] *f* back-up copy
Sicherheitsmangel [ˈzɪçərhaɪtsmaŋəl] *m* security gap
Sicherheitsmaßnahmen [ˈzɪçərhaɪtsma:sna:mən] *f/pl* safety measures *pl*, security measures *pl*
Sicherheitsvorschriften [ˈzɪçərhaɪtsfo:rʃrɪftən] *f/pl* safety regulations *pl*
Sicherungsabtretung [ˈzɪçəruŋsaptre:tuŋ] *f* assignment by security
Sicherungsgeschäft [ˈzɪçəruŋsgəʃɛft] *n* security transaction
Sicherungsgrundschuld [ˈzɪçəruŋsgruntʃult] *f* cautionary land charge
Sicherungshypothek [ˈzɪçəruŋshypote:k] *f* cautionary mortgage
Sicherungsschein [ˈzɪçəruŋsʃaɪn] *m* security note

Sicherungsübereignung ['zɪçəruŋs-yːbəraɪgnuŋ] *f* transfer of ownership by way of security
Sichteinlagen ['zɪçtaɪnlaːgən] *f/pl* sight deposits *pl*
Sichthülle ['zɪçthylə] *f* transparent cover
Sichtkurs ['zɪçtkurs] *m* sight rate
Sichtvermerk ['zɪçtfermɛrk] *m* indication that one has looked over a document
Sichtwechsel ['zɪçtvɛksəl] *m* demand bill
Signet [zɪn'jeː] *n* publisher's mark
Silbermünze ['zɪlbərmyntsə] *f* silver coin
Silberwährung ['zɪlbərvɛːruŋ] *f* silver standard
SIM-Karte ['zimkaːtə] *f* SIM card
simsen ['zimzən] *v* text, *jmd* ~ text s.o.
Simulation [zimula'tsjoːn] *f* simulation
Simulator [zimu'laːtɔr] *m* simulator
Single Sourcing ['sɪŋl 'sɔːsɪŋ] *n* single sourcing
Sitz [zɪts] *m* *(Firmensitz)* headquarters
Sitzung ['zɪtsuŋ] *f* session, meeting
Skonto ['skɔnto] *n/m* discount
Skontoabzug ['skɔntoaptsuːk] *m* discount deduction
Skontration [skɔntrats'joːn] *f* settlement of time bargains
Smartphone ['smaːtfoun] *n* smartphone
sofort (ppt.) [zo'fɔrt] *adv* prompt (ppt.)
sofortige Lieferung [zo'fɔrtɪgə 'liːfəruŋ] *f* immediate delivery
sofortige Regulierung [zo'fɔrtɪgə regu'liːruŋ] *f* settlement with immediate effect
sofortiger Versand (i.t.) [zo'fɔrtɪgər fɛr'zant] *m* prompt shipment
sofortige Zahlung [zo'fɔrtɪgə 'tsaːlun] *f* immediate payment
Sofortnachricht [zo'fɔrtnaːxrɪçt] *f* instant message
Software ['sɔftvɛːɐ] *f* software
Solarenergie [zo'laːenɛgiː] *f* solar energy, solar power
Solawechsel ['zoːlavɛksəl] *m* promissory note
Solidarhaftung [zoli'daːrhaftuŋ] *f* joint and several liability
Solidaritätszuschlag [zolidari'tɛːts-tsuːʃlaːk] *m* solidarity surcharge, solidarity taxes
Soll [zɔl] *n* debit
Soll-Ist-Vergleich [zɔl'ɪstfɛrglaɪç] *m* **1.** *(Betriebswirtschaft)* target-performance comparison actual; **2.** *(Produktion)* value comparison
Sollkosten ['zɔlkɔstən] *pl* budgeted costs *pl*
Sollzahlen ['zɔltsaːlən] *f/pl* target figures *pl*
Sollzinsen ['zɔltsɪnsən] *m/pl* debtor interest rates *pl*
Sologeschäft ['zoːlogəʃɛft] *n* single operation
Solvenz [zɔl'vɛnts] *f* solvency
Sonderabgabe ['zɔndərapgaːbə] *f* special tax, special levy
Sonderabschreibungen ['zɔndərapʃraɪbuŋən] *f/pl* special depreciation
Sonderaktion ['zɔndəraktsjoːn] *f* special offer
Sonderanfertigung ['zɔndəranfɛrtɪguŋ] *f* manufactured to customer's specifications
Sonderangebot ['zɔndərangəboːt] *n* special offer, special bargain
Sonderauftrag ['zɔndərauftraːk] *m* special order
Sonderausgaben ['zɔndərausgaːbən] *f/pl* special expenses *pl*
Sonderausgaben-Pauschbetrag ['zɔndərausgaːbən'pauʃbətraːk] *m* blanket allowance for special expenses
Sonderausschüttung ['zɔndərausʃytuŋ] *f* extra dividend
Sonderbetriebsvermögen ['zɔndərbətriːpsfɛrmøːgən] *n* special business property
Sonderbewegung ['zɔndərbəveːguŋ] *f* extraordinary trend
Sonderdepot ['zɔndərdepoː] *n* separate deposit
Sonderfall ['zɔndərfal] *m* special case
Sonderfazilitäten ['zɔndərfatsiliteːtən] *f/pl* special credit facilities *pl*
Sondergenehmigung ['zɔndərgəneːmɪguŋ] *f* special permission, special permit, waiver
Sonderkonto ['zɔndərkɔnto] *n* separate account

S

Sonderlombard ['zɔndərlɔmbart] *m* special lombard facility
Sondermüll ['zɔndərmyl] *m* special (toxic) waste
Sonderposten ['zɔndərpɔstən] *m* separate item
Sonderpreis ['zɔndərpraɪs] *m* special price, exceptional price
Sonderrabatt ['zɔndərrabat] *m* special discount
Sondervergütung ['zɔndərfɛrgy:tuŋ] *f* special allowance
Sondervermögen ['zɔndərfɛrmø:gən] *n* special fund
Sonderziehungsabteilung ['zɔndərtsi:uŋsaptailuŋ] *f* special drawing rights department
Sonderziehungsrechte ['zɔndərtsi:uŋsrɛçtə] *n/pl* special drawing rights *pl*
Sonderzinsen ['zɔndərtsɪnzən] *m/pl* special interests *pl*
sondieren [zɔn'di:rən] *v* study, probe
Sonnenenergie ['zɔnənenɛgi:] *f* solar energy, solar power
Sonntagsarbeit ['zɔnta:ksarbaɪt] *f* sunday work
sonstige Verbindlichkeiten ['zɔnstɪgə fɛr'bɪndlɪçkaɪtən] *f/pl* other liabilities *pl*
Sorte ['zɔrtə] *f (Marke)* brand; *(Sorte)* sort
Sorten ['zɔrtən] *pl* foreign notes and coins *pl*
Sortengeschäft ['zɔrtəngəʃɛft] *n* dealings in foreign notes and coins *pl*
Sortenhandel ['zɔrtənhandəl] *m* dealing in foreign notes and coins
Sortenkurs ['zɔrtənkurs] *m* rate for foreign notes and coins, foreign currency rate
sortieren [zɔr'ti:rən] *v (nach Qualität)* grade
Sortiment [zɔrti'mɛnt] *n* assortment, range, variety
Sozialabgaben [zo'tsja:lapga:bən] *f/pl* social welfare contributions *pl*
soziale Marktwirtschaft [zo'tsia:lə 'marktvɪrtʃaft] *f* social market economy
Soziales Netzwerk [zot'sja:ləs 'nɛtsvɛrk] *n* social network
Sozialfonds [zo'tsia:lfɔ̃:] *m* social fund
Sozialhilfe [zo'tsja:lhɪlfə] *f* social welfare assistance
Sozialisierung [zotsia:li'zi:ruŋ] *f* socialization
Sozialismus [zotsja'lɪsmus] *m* socialism
Sozialist(in) [zotsja'lɪst(ɪn)] *m/f* socialist
Sozialkosten [zo'tsia:lkɔstən] *pl* social costs *pl*
Sozialleistungen [zo'tsja:llaɪstuŋən] *f/pl* employers' social security contributions *pl*, social security benefits *pl*, social services *pl*
Sozialpfandbrief [zo'tsia:lpfantbri:f] *m* mortgage bond serving a social purpose
Sozialplan [zo'tsia:lpla:n] *m* social compensation plan
Sozialpolitik [zo'tsia:lpoliti:k] *f* social policy
Sozialprodukt [zo'tsja:lprɔdukt] *n* national product
Sozialstaat [zo'tsja:lʃta:t] *m* welfare state
Sozialversicherung [zo'tsja:lfɛrzɪçəruŋ] *f* social insurance, Social Security *(US)*
Sozietät [zotsje'tɛ:t] *f* partnership
Sozius ['zotsjus] *m* partner
Spanne ['ʃpanə] *f (Preisspanne)* range, margin
Sparbrief ['ʃpa:rbri:f] *m* savings certificate
Sparbuch ['ʃpa:rbu:x] *n* savings book
Spareinlage ['ʃpa:raɪnla:gə] *f* savings deposit
sparen ['ʃpa:rən] *v* save, economize
Sparer(in) ['ʃpa:rɐ(rɪn)] *m/f* saver
Sparerfreibetrag ['ʃpa:rərfraɪbətra:k] *m* savers' tax-free amount
Sparguthaben ['ʃpa:rgu:tha:bən] *n* savings account
Sparkasse ['ʃpa:rkasə] *f* savings bank
Sparkonto ['ʃpa:rkɔnto] *n* savings account
Sparmaßnahme ['ʃpa:rma:sna:mə] *f* economy measure
Sparobligation ['ʃpa:robligatsjo:n] *f* savings bond
Sparpläne ['ʃpa:rplɛ:nə] *m/pl* savings plans *pl*

Sparpolitik ['ʃpa:rpoliti:k] *f* austerity policy, budgetary restraint
Sparprämie ['ʃpa:rprɛ:mjə] *f* savings premium
Sparte ['ʃpartə] *f* line of business, division
Sparzulage ['ʃpa:rtsu:lagə] *f* savings bonus
Spätschalter ['ʃpɛ:tʃaltɐ] *m* night safe deposit
Spätschicht ['ʃpɛ:tʃɪçt] *f* late shift
Speciality Goods ['speʃəlti gʊdz] *pl* speciality goods *pl*
Spediteur(in) [ʃpedi'tø:r(ɪn)] *m/f* forwarding agent, shipper
Spediteurkonnossement [ʃpedi'tø:r-kɔnɔsəmɛnt] *n* house bill
Spediteurübernahmebescheinigung [ʃpedi'tø:ry:bərna:məbəʃaɪnɪguŋ] *f* forwarder's receipt
Spedition [ʃpedi:ts'jo:n] *f (Firma)* forwarding agency, shipping agency
Speditionsgut [ʃpedi'tsjo:nsgu:t] *n* forwarding goods *pl*
Speditionsunternehmen [ʃpedi'tsjo:ns-untərne:mən] *n* shipping company
Speicher ['ʃpaɪçɐ] *m EDV* memory
Speicherkapazität ['ʃpaɪçərkapatsi-tɛ:t] *f* memory, storage capacity
speichern ['ʃpaɪçɐn] *v* save, store
Speicherplatz ['ʃpaɪçərplats] *m* memory space, storage space
Speicherung ['ʃpaɪçəruŋ] *f* storage, saving
Spekulant(in) [ʃpɛku'lant(ɪn)] *m/f* speculator, speculative dealer
Spekulation [ʃpɛkula'tsjo:n] *f* speculation
Spekulationsgeschäft [ʃpɛkula'ts-jo:nsgəʃɛ:ft] *n* speculative transaction, speculative operation
Spekulationsgewinn [ʃpɛkulats'jo:ns-gəvɪn] *m* speculative profit
Spekulationssteuer [ʃpɛkulats'jo:ns-ʃtɔyɐ] *f* tax on speculative gains
spekulieren [ʃpɛku'li:rən] *v* speculate
Spenden ['ʃpɛndən] *f/pl* donations *pl;* voluntary contributions *pl*
Sperrdepot ['ʃpɛrdepo:] *n* blocked safe-deposit
sperren ['ʃpɛrən] *v (Konto)* block
Sperrgut ['ʃpɛrgu:t] *n* bulky goods *pl*
Sperrguthaben ['ʃpɛrgu:tha:bən] *n* blocked balance
Sperrkonto ['ʃpɛrkɔnto] *n* blocked account, frozen account
Spesen ['ʃpe:zən] *pl* expenses *pl*
Spesenabrechung ['ʃpe:zənaprɛçnuŋ] *f* statement of expenses
Spesenpauschale ['ʃpe:zənpauʃa:lə] *f* allowance for expenses
Spesenrechnung ['ʃpe:zənrɛçnuŋ] *f* expense report
Spezialbank [ʃpe'tsja:lbaŋk] *n* specialized commercial bank
Spezialfonds [ʃpe'tsja:lfɔ̃:] *m* specialized fund
Spezialgeschäft [ʃpe'tsja:lgəʃɛft] *n* specialty shop
spezialisieren [ʃpetsjali'zi:rən] *v sich auf etw ~* specialize in sth
Spezialisierung [ʃpetsjali'zi:ruŋ] *f* specialization
Spezialist(in) [ʃpetsja'lɪst(ɪn)] *m/f* specialist
Spezialitätenfonds [ʃpetsjali'tɛ:tən-fɔ̃:] *m* speciality fund
Spezialvollmacht [ʃpe'tsja:lfɔlmaxt] *f* special power
Spezialwerte [ʃpe'tsja:lve:rtə] *m/pl* specialties *pl*
Spezifikation [ʃpetsifika'tsjo:n] *f* specification
Spielraum ['ʃpi:lraum] *m* margin
Spin-off ['spɪnɔf] *n (Ausgliederung einer Tochtergesellschaft)* spin off (a subsidiary company)
Spitzenleistung ['ʃpɪtsənlaɪstuŋ] *f* top performance, best achievement; peak output
Spitzenlohn ['ʃpɪtsənlo:n] *m* maximum pay, top wage
Splittingverfahren ['splɪtɪŋfɛr'fa:rən] *n* splitting method
sponsern ['ʃpɔnzɐn] *v* sponsor
Sponsor(in) ['ʃpɔnzo:r(ɪn)] *m/f* sponsor
Spotgeschäft ['spɔtgəʃɛft] *n* spot transactions *pl*
Spotmarkt ['spɔtmarkt] *m* spot market
Staat [ʃta:t] *m* state
staatlich ['ʃta:tlɪç] *adj* state, public governmental; *adv* by the state

S

Staatsangehörigkeit [ˈʃta:tsangəhørıçkaıt] *f* nationality, citizenship, national status
Staatsanleihen [ˈʃta:tsanlaıən] *f/pl* government loan, public bonds *pl*
Staatsanwalt [ˈʃta:tsanvalt] *m* public prosecutor, Crown Prosecutor *(UK)*, district attorney *(US)*
Staatsanwältin [ˈʃta:tsanvɛltın] *f* (female) public prosecutor, Crown Prosecutor *(UK)*, district attorney *(US)*
Staatsausgaben [ˈʃta:tsausga:bən] *f/pl* public spending
Staatsbank [ˈʃta:tsbaŋk] *f* state bank
Staatsbankrott [ˈʃta:tsbaŋkrɔt] *m* national bankruptcy
Staatsbetrieb [ˈʃta:tsbətri:p] *m* nationalized enterprise
Staatseigentum [ˈʃta:tsaıgəntum] *n* state property, public property
Staatseinnahmen [ˈʃta:tsaına:mən] *f/pl* public revenue
Staatshaushalt [ˈʃta:tshaushalt] *m* state budget
Staatskasse [ˈʃta:tskasə] *f* treasury
Staatspapiere [ˈʃta:tspapi:rə] *n/pl* public securities *pl*
Staatsschulden [ˈʃta:tsʃuldən] *f/pl* national debt
Staatsverschuldung [ˈʃta:tsfɛrʃulduŋ] *f* state indebtedness
Staatszuschuss [ˈʃta:tstsu:ʃus] *m* government grant
stabil [ʃtaˈbi:l] *adj* **1.** *(robust)* stable; **2.** *(konstant)* steady
stabile Wechselkurse [ʃtaˈbi:lə ˈvɛksəlkurzə] *m/pl* stable exchange rates *pl*
Stabilisierung [ʃtabiliˈzi:ruŋ] *f* stabilization
Stabilität [ʃtabiliˈtɛ:t] *f* stability
Stabilität der Wechselkurse [ʃtabiliˈtɛ:t de:r ˈvɛksəlkurzə] *f* exchange rate stability
stabilitätsgerechte Eintrittsbedingungen [ˈʃtabiliˈtɛ:tsgərɛçtə ˈaıntrıtsbədıŋuŋən] *f/pl* convergence conditions of participation *pl*
Stabilitätspolitik [ʃtabiliˈtɛ:tspoliti:k] *f* stability policy
Stabilitäts- und Wachstumspakt [ʃtabiliˈtɛ:ts unt ˈvakstu:mspakt] *m* Stability and Growth Pact
Stab-Linien-Organisation [ˈʃta:pli:njənɔrganizatsjo:n] *f* line-staff organization structure
Städtebauförderung [ˈʃtɛtəbaufœrdəruŋ] *f* city planning development
städtisch [ˈʃtɛtıʃ] *adj* municipal
Stadtwerke [ˈʃtatvɛrkə] *pl* municipal utilities *pl*
Staffelanleihe [ˈʃtafəlanlaıə] *f* graduated-interest loan
Staffelpreis [ˈʃtafəlpraıs] *m* graduated price
Staffelung [ˈʃtafəluŋ] *f* graduation
Stagflation [ʃtagflaˈtsjo:n] *f* stagflation
Stagnation [ʃtagnaˈtsjo:n] *f* stagnation
stagnieren [ʃtagˈni:rən] *v* stagnate
Stahl [ʃta:l] *m* steel
Stahlindustrie [ˈʃta:lındustri:] *f* steel industry
Stammaktie [ˈʃtamaktsjə] *f* ordinary share
Stammbelegschaft [ˈʃtambəle:kʃaft] *f* key workers *pl*
Stammeinlage [ˈʃtamaınla:gə] *f* original capital contribution, original investment
Stammhaus [ˈʃtamhaus] *n* parent company
Stammkapital [ˈʃtamkapita:l] *n* original stock, original capital, share capital
Stammkunde [ˈʃtamkundə] *m* regular (customer), patron
Stammkundin [ˈʃtamkundın] *f* (female) regular (customer), patron
Stammrecht [ˈʃtamrɛçt] *n* customary law
Stand [ʃtant] *m* **1.** *(Messestand)* booth, stand; **2.** *(Situation)* position, situation; *auf dem neuesten ~ sein* to be up to date; *der ~ der Dinge* the situation; *im ~e sein, etw zu tun* to be capable of doing sth, to be able to do sth; *zu ~e kommen* come about, come off; **3.** *(Rang)* rank, class, status
Standard [ˈʃtandart] *m* standard
Standardabweichung [ˈʃtandartapvaıçuŋ] *f* standard deviation
Standardausrüstung [ˈʃtandartausrystuŋ] *f* standard equipment
Standardbrief [ˈʃtandartbri:f] *m* standard-size letter, standard letter

Standardeinstellung ['ʃtandartaɪnʃtɛluŋ] *f EDV* default
Standardformat ['ʃtandartfɔrma:t] *n* standard size
Standardisierung [ʃtandardi'zi:ruŋ] *f* standardization
Standardmodell ['ʃtandartmodɛl] *n* standard model
Standardwerte ['ʃtandartve:rtə] *m/pl* standard values *pl*
Stand-by-Kredit [stænd'baɪkredi:t] *m* stand-by credit
Standing ['stændɪŋ] *n* standing
Standort ['ʃtantɔrt] *m* location, station
Standortfaktoren ['ʃtantɔrtfakto:rən] *m/pl* location factors *pl*
Standortwahl ['ʃtantɔrtva:l] *f* choice of location
stanzen ['ʃtantsən] *v* stamp, punch
Stapel ['ʃta:pəl] *m* pile, heap, stack; *vom ~ laufen* to be launched
Stapelbestand ['ʃta:pəlbəʃtant] *m* stockpile
Stapelplatz ['ʃta:pəlplats] *m* store, depot
Stapelware ['ʃta:pəlva:rə] *f* staple goods *pl*
Starkstrom ['ʃtarkʃtro:m] *m* high voltage
starrer Wechselkurs ['ʃtarər 'vɛksəlkurs] *m* fixed exchange rate
Startbildschirm ['ʃtartbɪltʃɪrm] *m EDV* splash page, splash screen
Starthilfe ['ʃtarthɪlfə] *f (für ein Unternehmen)* launching aid, starting-up aid
Startkapital ['ʃtartkapita:l] *n* startup money
Startseite ['ʃtartzaɪtə] *f EDV* homepage
Start-Up ['startap] *m* start up
Statistik [ʃta'tɪstɪk] *f* statistics
statistisch [ʃta'tɪstɪʃ] *adj* statistical; *adv* statistically
Statistisches Bundesamt [ʃta'tɪstɪʃəs 'bundəsamt] *n* Federal Statistical Office
Status ['ʃta:tus] *m* status, state
Statussymbol ['ʃta:tuszymbo:l] *n* status symbol
Statut [ʃta'tu:t] *n* statute, regulation
Stecker ['ʃtɛkɐ] *m* plug, connector
steigend ['ʃtaɪgənt] *adj* rising, ascending, mounting
steigern ['ʃtaɪgɐn] *v (erhöhen)* increase, raise, advance
Steigerung ['ʃtaɪgəruŋ] *f (Erhöhung)* increase, raising
Steigerungsrate ['ʃtaɪgəruŋsra:tə] *f* rate of escalation
Stellagegeschäft [ʃtɛ'la:ʒəgəʃɛft] *n* double option operation
Stelle ['ʃtɛlə] *f (Anstellung)* position, job; *(Dienststelle)* authority, office, agency
Stellenangebot ['ʃtɛlənangəbo:t] *n* position offered, vacancy, offer of employment
Stellenanzeige ['ʃtɛlənantsaɪgə] *f* position offered, employment ad
Stellenausschreibung ['ʃtɛlənausʃraɪbuŋ] *f* advertisement of a vacancy
Stellengesuch ['ʃtɛləngəzu:x] *n* situation wanted
Stellenmarkt ['ʃtɛlənmarkt] *m* job market
Stellensuche ['ʃtɛlənzu:xə] *f* job search
Stellenvermittlung ['ʃtɛlənfɛrmɪtluŋ] *f* job placement
Stellgeld ['ʃtɛlgɛlt] *n* premium for double option
Stellgeschäft ['ʃtɛlgəʃɛft] *n* put and call
Stellkurs ['ʃtɛlkurs] *m* put and call price
Stellung ['ʃtɛluŋ] *f (Anstellung)* position, post, job
Stellungnahme ['ʃtɛluŋna:mə] *f* comment
stellvertretend ['ʃtɛlfɛrtre:tənt] *adj* representative, deputy, acting
Stellvertreter(in) ['ʃtɛlfɛrtre:tɐ(rɪn)] *m/f* representative, agent, deputy
Stellvertretung ['ʃtɛlfɛrtre:tuŋ] *f* representation, proxy
Stempel ['ʃtɛmpəl] *m* stamp, postmark; *jdm seinen ~ aufdrücken* leave one's mark on s.o. *den ~ von jdm tragen* bear the stamp of s.o.
Stempelgebühr ['ʃtɛmpəlgəby:ɐ] *f* stamp duty
stempeln ['ʃtɛmpəln] *v* stamp, mark; *~ gehen* to be on the dole
Stempelsteuer ['ʃtɛmpəlʃtɔyɐ] *f* stamp duty
Stenografie [ʃtenogra'fi:] *f* shorthand stenography

S

stenografieren [ʃtenogra'fi:rən] *v* stenograph, write in shorthand
Sterilisierungsfonds [ʃterili'zi:ruŋsfɔ̃:] *m* sterilization funds *pl*
Sterilisierungspolitik [ʃterili'zi:runspoliti:k] *f* policy of sterilization funds
Sternchen ['ʃtɛrnçən] *n* EDV asterisk
Steuer ['ʃtɔyɐ] *f (Abgabe)* tax
Steuerabzug ['ʃtɔyəraptsu:k] *m* tax deduction
Steueraufkommen ['ʃtɔyəraufkɔmən] *n* tax yield, tax revenue, receipts from taxes *pl*
Steuerbefreiung ['ʃtɔyərbəfraɪuŋ] *f* tax exemption
steuerbegünstigt ['ʃtɔyərbəgynstɪçt] *adj* tax sheltered, eligible for tax relief
steuerbegünstigte Wertpapiere ['ʃtɔyərbəgynstɪçtə 've:rtpapi:rə] *n/pl* tax-privileged securities *pl*
steuerbegünstigtes Sparen ['ʃtɔyərbəgynstɪçtəs 'ʃpa:rən] *f* tax-privileged saving
Steuerbehörde ['ʃtɔyərbəhø:rdə] *f* tax authority
Steuerberater(in) ['ʃtɔyərbəra:tɐ(rɪn)] *m/f* tax advisor, tax consultant
Steuerbescheid ['ʃtɔyərbəʃaɪt] *m* notice of tax assessment
Steuerbetrug ['ʃtɔyərbetru:k] *m* fiscal fraud, tax fraud
Steuerbilanz ['ʃtɔyərbilants] *f* tax balance sheet
Steuererhöhung ['ʃtɔyərɛrhø:uŋ] *f* tax increase
Steuererklärung ['ʃtɔyərɛrklɛ:ruŋ] *f* tax return, tax declaration
Steuerermäßigung ['ʃtɔyərɛrmɛ:siguŋ] *f* tax reduction
Steuerfahndung ['ʃtɔyərfa:nduŋ] *f* investigation into tax evasion
Steuerflucht ['ʃtɔyərfluxt] *f* tax evasion by leaving the country, becoming a tax exile
steuerfrei ['ʃtɔyərfraɪ] *adj* tax-free, exempt from taxation
Steuerfreibetrag ['ʃtɔyərfraɪbətra:k] *m* statutory tax exemption
Steuerhinterziehung ['ʃtɔyərhɪntərtsi:uŋ] *f* tax evasion
Steuerhoheit ['ʃtɔyərho:haɪt] *f* jurisdiction to tax
Steuerklasse ['ʃtɔyərklasə] *f* tax bracket
steuerlich ['ʃtɔyərliç] *adj* for tax purposes
steuern ['ʃtɔyɐn] *v* control
Steuernachzahlung ['ʃtɔyərna:xtsa:luŋ] *f* additional payment of taxes
Steuernummer ['ʃtɔyərnumɐ] *f* taxpayer's reference number
Steueroase ['ʃtɔyəroa:zə] *f* tax haven
Steuerparadies ['ʃtɔyərparadi:s] *n* tax haven
steuerpflichtig ['ʃtɔyərpflɪçtɪç] *adj* taxable, subject to tax
Steuerpolitik ['ʃtɔyərpoliti:k] *f* fiscal policy
Steuerrecht ['ʃtɔyərrɛçt] *n* law of taxation, fiscal law
Steuerreform ['ʃtɔyərrefɔrm] *f* tax reform
Steuerstundung ['ʃtɔyərʃtunduŋ] *f* tax deferral
Steuerung ['ʃtɔyəruŋ] *f* control
Steuerveranlagung ['ʃtɔyərferanla:guŋ] *f* tax assessment
Steuerzahler(in) ['ʃtɔyərtsa:lɐ(rɪn)] *m/f* taxpayer
Steuerzahlung ['ʃtɔyərtsa:luŋ] *f* payment of taxes
Steuerzeichen ['ʃtɔyərtsaɪçən] *n* control character
Stichkupon ['ʃtɪçkupõ:] *m* renewal coupon
Stichprobe ['ʃtɪçpro:bə] *f* spot check, random test
stichprobenartig ['ʃtɪçpro:bənartɪç] *adj* random; *adv* on a random basis
Stichtag ['ʃtɪçta:k] *m* effective date, key date
Stichtagsinventur ['ʃtɪçta:ksɪnventu:ɐ] *f* end-of-period inventory
Stichtagskurs ['ʃtɪçta:kskurs] *m* market price on reporting date
Stichtagsumstellung ['ʃtɪçta:ksumʃtɛluŋ] *f* changeover on E-day
Stichwort ['stɪçvɔrt] *n* key word
Stift [ʃtɪft] *m (Bleistift)* pencil; *(Filzstift)* pen, felt-tip pen
Stiftung ['ʃtɪftuŋ] *f* **1.** *(Schenkung)* donation, bequest; **2.** *(Gründung)* establishment, foundation
stille Gesellschaft ['ʃtɪlə ge'zɛlʃaft] *f* dormant partnership

S

stille Reserve [ˈʃtɪlə reˈzɛrvə] *f* hidden reserves *pl*
stille Rücklage [ˈʃtɪlə ˈrykla:gə] *f* latent funds *pl*
stille Zession [ˈʃtɪlə tsɛˈsjo:n] *f* undisclosed assignment
stiller Teilhaber [ˈʃtɪlər ˈtaɪlhɑ:bɐ] *m* silent partner, sleeping partner
Stillhaltekredit [ˈʃtɪlhaltəkredi:t] *m* stand-still credit
stillhalten [ˈʃtɪlhaltən] *v* to sell an option
Stillhalter [ˈʃtɪlhaltɐ] *m* option seller
Stilllegung [ˈʃtɪlle:guŋ] *f* shutdown, closure
Stillstand [ˈʃtɪlʃtant] *m* standstill, stop, stagnation
stillstehen [ˈʃtɪlʃte:ən] *v* *(Maschine)* to be idle
Stimmabgabe [ˈʃtɪmapga:bə] *f* vote
stimmberechtigt [ˈʃtɪmbərɛçtɪçt] *adj* entitled to vote
Stimme [ˈʃtɪmə] *f* *(Wahlstimme)* vote
Stimmenmehrheit [ˈʃtɪmənme:rhaɪt] *f* majority of votes
Stimmenthaltung [ˈʃtɪmɛnthaltuŋ] *f* abstention
Stimmrecht [ˈʃtɪmrɛçt] *n* right to vote, suffrage
Stimmrechtsaktie [ˈʃtɪmrɛçtsaktsjə] *f* voting share
stimmrechtslose Vorzugsaktie [ˈʃtɪmrɛçtslo:zə ˈfo:rtsu:ksaktsjə] *f* non-voting share
Stimmzettel [ˈʃtɪmtsɛtəl] *m* ballot, voting paper
S
Stipendium [ʃtɪˈpɛndjum] *n* scholarship
Stock Exchange [ˈstɔk ɪksˈtʃeɪndʒ] *m* stock exchange
Stockdividende [ˈstɔkdiviˈdɛndə] *f* stock dividend
stocken [ˈʃtɔkən] *v* **1.** *(zum Stillstand kommen)* come to a standstill, stop; **2.** *(Geschäfte)* drop off
Stoppkurs [ˈʃtɔpkurs] *m* stop price
störanfällig [ˈʃtø:ranfɛlɪç] *adj* breakdown-prone
Störanfälligkeit [ˈʃtø:ranfɛlɪçkaɪt] *f* breakdown proneness
stören [ˈʃtø:rən] *v* disturb, trouble, bother
Störfall [ˈʃtø:rfal] *m* breakdown, accident, malfunction
stornieren [ʃtɔrˈni:rən] *v* cancel
Stornierung [ʃtɔrˈni:ruŋ] *f* cancellation
Storno [ˈʃtɔrno] *m* contra entry, reversal; *(Auftragsstorno)* cancellation
Stornobuchung [ˈʃtɔrnobuxuŋ] *f* reversing entry
Stornorecht [ˈʃtɔrnorɛçt] *n* right to cancel credit entry
Störung [ˈʃtø:ruŋ] *f* disturbance, inconvenience, annoyance
Straddle [ˈstrædl] *n* straddle
Strafanstalt [ˈʃtra:fanʃtalt] *f* penal institution
Strafanzeige [ˈʃtra:fantsaɪgə] *f* criminal charge; *~ erstatten gegen* bring a criminal charge against
strafbar [ˈʃtra:fba:ɐ] *adj* punishable, subject to prosecution
Strafe [ˈʃtra:fə] *f* sentence, penalty
strafen [ˈʃtra:fən] *v* punish
Strafsanktionen [ˈʃtra:fzaŋktsjo:nən] *f/pl* punitive sanctions *pl*
Strafzins [ˈstra:ftsɪns] *m* penalty interest
strapazierfähig [ʃtrapaˈtsi:rfɛ:ɪç] *adj* sturdy, resilient, heavy-duty
Straßengebühr [ˈʃtra:səngəby:ɐ] *f* toll
Straßennetz [ˈʃtra:sənnɛts] *n* road network, road system
Strategie [ʃtrateˈgi:] *f* strategy
strategisch [ʃtraˈte:gɪʃ] *adj* strategic
strategische Allianz [ʃtraˈte:giʃə alˈjants] *f* strategic alliance
strategische Führung [ʃtraˈte:giʃə ˈfy:ruŋ] *f* strategic management
strategische Planung [ʃtraˈte:giʃə ˈpla:nuŋ] *f* strategic planning
strategisches Geschäftsfeld [ʃtraˈte:giʃəs geˈʃɛftsfɛlt] *n* strategic business area
streichen [ˈʃtraɪçən] *v irr* **1.** *(durch~)* cross out, delete, strike out; **2.** *(Plan)* cancel; *(annullieren)* cancel
Streichung [ˈʃtraɪçuŋ] *f* deletion
Streifband [ˈʃtraɪfbant] *n* postal wrapper
Streifbanddepot [ˈʃtraɪfbantdepo:] *n* individual deposit of securities
Streik [ʃtraɪk] *m* strike

Streikaufruf ['ʃtraɪkaufru:f] *m* union strike call
Streikbrecher ['ʃtraɪkbrɛçɐ] *m* strikebreaker, blackleg *(fam)*
streiken ['ʃtraɪkən] *v* strike
Streikgelder ['ʃtraɪkgɛldɐ] *n/pl* strike pay
Streikposten ['ʃtraɪkpɔstən] *m* picketer
Streit [ʃtraɪt] *m (Unstimmigkeit)* disagreement, difference; *(Wortgefecht)* argument, dispute, quarrel, debate, discussion
Streitwert ['ʃtraɪtvɛrt] *m* amount in dispute
streng [ʃtrɛŋ] *adj* strict, severe, exacting; *adv* strictly, severely; *~ genommen* strictly speaking
streng vertraulich [ʃtrɛŋ fɛr'traulɪç] *adj* strictly confidential
Stress [ʃtrɛs] *m* stress
Stresssituation ['ʃtrɛszɪtuatsjo:n] *f* stressful situation
Stresstest ['ʃtrɛstɛst] *m* stress test
Streubesitz ['ʃtrɔybəzɪts] *m* diversified holdings
Strichkode ['ʃtrɪçko:d] *m* bar code, UPC code *(US)*
strittig ['ʃtrɪtɪç] *adj* controversial, debatable
Strom [ʃtro:m] *m (elektrischer ~)* current
Stromabnehmer ['ʃtro:mapne:mɐ] *m (Stromverbraucher)* consumer of electricity, power user
Stromausfall ['ʃtro:mausfal] *m* power failure, power outage
Stromgröße ['ʃtro:mgrø:se] *f* rate of flow
Stromkabel ['ʃtro:mka:bəl] *n* electrical cable, power cable
Stromkreis ['ʃtro:mkraɪs] *m* circuit
Stromrechnung ['ʃtro:mrɛçnuŋ] *f* electricity bill
Stromverbrauch ['ʃtro:mfɛrbraux] *m* power consumption, electricity consumption
Stromzähler ['stro:mtsɛ:lɐ] *m* current meter
Struktur [ʃtruk'tu:ɐ] *f* structure
strukturell [ʃtruktu'rɛl] *adj* structural; *adv* structurally
strukturieren [ʃtruktu'ri:rən] *v* structure
Strukturkredit [ʃtruk'tu:rkredi:t] *m* structural loan
Strukturkrise [ʃtruk'tu:rkrɪzə] *f* structural crisis
Strukturpolitik [ʃtruk'tu:rpoliti:k] *f* structural policy
Strukturreform [ʃtruk'tu:rreform] *f* structural reform
strukturschwach [ʃtruk'tu:rʃvax] *adj* lacking in infrastructure, underdeveloped, structurally imbalanced
Strukturwandel [ʃtruk'tu:rvandəl] *m* structural change
Stück [ʃtyk] *n* **1.** piece, bit; **2.** *(Abschnitt)* part, portion, fragment; **3.** *am ~* at a time
Stückdeckungsbeitrag ['ʃtykdɛkuŋsbaɪtra:k] *m* unit contribution margin
Stücke ['ʃtykə] *pl* securities *pl*
Stückekonto ['ʃtykəkɔnto] *n* shares account
Stückelung ['ʃtykəluŋ] *f* fragmentation
Stückgut ['ʃtykgu:t] *n* mixed cargo
Stückgutverkehr ['ʃtykgu:tfɛrke:ɐ] *m* part-load traffic
Stückkosten ['ʃtykkɔstən] *pl* unit cost, cost per unit
Stückkurs ['ʃtykkurs] *m* price per share
Stücklohn ['ʃtyklo:n] *m* piece-work wage, piece-work pay
stückweise ['ʃtykvaɪzə] *adv ~ verkaufen* sell individually
Stückzahl ['ʃtyktsa:l] *f* number of pieces, quantity
Stückzinsen ['ʃtyktsɪnzən] *m/pl* broken-period interest
Student(in) [ʃtu'dɛnt(ɪn)] *m/f* student
Studie ['ʃtu:djə] *f* study
Stufentarif ['ʃtu:fəntari:f] *m* graduated scale of taxes
stufenweise ['ʃtu:fənvaɪzə] *adv* by steps, gradually, progressively
stufenweise Fixkostendeckungsrechnung ['ʃtu:fənvaɪzə 'fɪkskɔstəndɛkuŋsrɛçnuŋ] *f* multi-stage fixed-cost accounting
stunden ['ʃtundən] *v jdm etw ~* give s.o. time to pay sth
Stundenlohn ['ʃtundənlo:n] *m* hourly wage
Stundung ['ʃtunduŋ] *f* extension, respite, deferral (of payment)

Stützungskauf [ˈʃtytsuŋskauf] *m* support buying
subjektiv [zupjɛkˈti:f] *adj* subjective; *adv* subjectively
Subsidiaritätsprinzip [zupzidjariˈtɛ:tsprɪntsi:p] *n* principle of subsidiarity
Subskription [zupskrɪpˈtsjo:n] *f* subscription
Substanzerhaltung [zupˈstantsɛrhaltuŋ] *f* preservation of real-asset values
substanzielle Abnutzung [zupstanˈtsjɛlə ˈapnutsuŋ] *f* asset erosion
Substanzwert [zupˈstantsve:rt] *m* real value
substituierbar [zupstituˈi:rba:ɐ] *adj* replaceable
Substitution [zupstituˈtsjo:n] *f* substitution
Substitutionsgüter [zupstituˈtsjo:nsgy:tɐ] *n/pl* substitute goods *pl*
Subunternehmer(in) [ˈzupuntərne:mɐ(rɪn)] *m/f* subcontractor
Subvention [zupvɛnˈtsjo:n] *f* subsidy
subventionieren [zupvɛntsjoˈni:rən] *v* subsidize
Suchabfrage [ˈzu:xapfra:gə] *f EDV* query
Suchmaschine [ˈzu:xmaʃi:nə] *f EDV* search engine
Summe [ˈzumə] *f* sum, amount
Summenaktie [ˈzumənaktsjə] *f* share at a fixed amount
Summenbilanz [ˈzumənbilants] *f* turnover balance
summieren [zuˈmi:rən] *v* sum up, add up
Sunk Costs [ˈsaŋk ˈkɔsts] *pl* sunk costs *pl*
superiore Güter [zuperˈjo:rə ˈgy:tɐ] *n/pl* superior goods *pl*
Supermarkt [ˈzu:pɛrmarkt] *m* supermarket
surfen [ˈzø:rfən] *v (im Internet)* surf the Internet
suspendieren [zuspɛnˈdi:rən] *v* suspend
Swap [swɔp] *m* swap
Swapabkommen [ˈswɔpapkɔmən] *n* swap agreement
Swapgeschäft [ˈswɔpgəʃɛft] *n* swap transaction
Swaplinie [ˈswɔpli:njə] *f* swap line
Swappolitik [ˈswɔppoliti:k] *f* swap policy
Swapsatz [ˈswɔpzats] *m* swap rate
Swing [swɪŋ] *m (Kreditlinie)* swing
Switch-Geschäft [ˈswɪtʃgəˈʃɛft] *n* switch
Symbol [zymˈbo:l] *n* symbol
Synchronfertigung [zynˈkro:nfɛrtɪguŋ] *f* synchronous production
Syndikat [zyndiˈka:t] *n* syndicate
Syndikatskonto [zyndiˈka:tskɔnto] *n* syndicate account
Syndikus [ˈzyndikus] *m* legal adviser, syndic
Syndizierung [zyndiˈtsi:ruŋ] *f* syndication
Synergie [zynɛrˈgi:] *f* synergy
System [zysˈte:m] *n* system
Systemanalyse [zysˈte:manaly:zə] *f* system analysis
Systemanalytiker(in) [zysˈte:manaly:tɪkɐ(rɪn)] *m/f* systems analyst
systematisch [zysteˈma:tɪʃ] *adj* systematic
Systemberater [zysˈte:mbəra:tɐ] *m* system engineer
Systemplaner [zysˈte:mpla:nɐ] *m* system planner
Systemsteuerung [zysˈte:mʃtɔyəruŋ] *f* system control
Systemverwalter [zysˈte:mfɛrvaltɐ] *m* administrator

T

tabellarisch [tabɛˈla:rɪʃ] *adj* tabular, arranged in tables
Tabelle [taˈbɛlə] *f* table, chart
Tablet [ˈtɛblət] *n* *(PC)* tablet
Tabulator [tabuˈla:to:ɐ] *m* tabulator
Tabulatortaste [tabuˈla:to:rtastə] *f* tab key
Tagegeld [ˈta:gəgɛlt] *n* **1.** *(Reisekosten)* daily allowance, per diem allowance; **2.** *(Krankenversicherung)* daily benefit
Tagelohn [ˈta:gəlo:n] *m* daily wage, daily salary
Tagelöhner(in) [ˈta:gəlø:nɐ(rɪn)] *m/f* day labourer
Tagesablauf [ˈta:gəsaplauf] *m* daily routine
Tagesauszug [ˈta:gəsaustsu:k] *m* daily statement
Tagesbericht [ˈta:gəsbərɪçt] *m* daily report, daily bulletin
Tagesbilanz [ˈta:gəsbilants] *f* daily trial balance sheet
Tageseinnahme [ˈta:gəsaɪnna:mə] *f* day's receipts *pl*
Tageskurs [ˈta:gəskurs] *m* *(von Devisen)* current rate; *(von Effekten)* current price
Tagesleistung [ˈta:gəslaɪstuŋ] *f* daily output
Tagesordnung [ˈta:gəsɔrdnuŋ] *f* agenda; *an der ~ sein (fig)* to be the order of the day; *zur ~ übergehen* carry on as usual
Tagespensum [ˈta:gəspɛnzum] *n* daily quota
Tagessatz [ˈta:gəszats] *m* daily rate
Tagesumsatz [ˈta:gəsumzats] *m* daily turnover
Tageswechsel [ˈta:gəsvɛksəl] *m* day bill
Tageswert [ˈta:gəsve:rt] *m* current value
täglich [ˈtɛ:glɪç] *adj* daily, every day
täglich fälliges Geld [ˈtɛ:glɪç ˈfɛlɪgəs gɛlt] *n* deposit at call
Tagschicht [ˈta:kʃɪçt] *f* day shift
Tagung [ˈta:guŋ] *f* meeting, conference, session
Tagungsbericht [ˈta:guŋsbərɪçt] *m* conference report
Tagungsort [ˈta:guŋsɔrt] *m* meeting place, conference site, venue
Take Over [ˈteɪk əʊvər] *m* take over
taktieren [takˈti:rən] *v* manoeuvre, maneuver *(US)*
Taktik [ˈtaktɪk] *f* tactics
Taktproduktion [ˈtaktproduktsjo:n] *f* cycle operations *pl*
Talfahrt [ˈta:lfa:rt] *f* **1.** *(Devisen)* downward trend; **2.** *(Währung)* downward slide
Tantieme [tanˈtje:mə] *f* percentage, share in profits, *(Aufsichtsratstantieme)* directors' fee, percentage of profits
Tara [ˈtara] *n* tare
tarieren [taˈri:rən] *v* tare
Tarif [taˈri:f] *m* tariff, rate, scale of charges
tarifäre Handelshemmnisse [tariˈfɛ:rə ˈhandəlshɛmnɪsə] *n/pl* tariff barriers *pl*
Tarifautonomie [taˈri:fautonomi:] *f* autonomous wage bargaining
tarifbesteuerte Wertpapiere [taˈri:fbəʃtɔyərtə ˈve:rtpapi:rə] *n/pl* fully-taxed securities *pl*
Tariferhöhung [taˈri:fɛrhø:uŋ] *f* **1.** rate increase; **2.** *(Gehalt)* pay rate increase
Tarifgruppe [taˈri:fgrupə] *f* pay grade
Tarifkonflikt [taˈri:fkɔnflɪkt] *m* conflict over wages
Tariflohn [taˈri:flo:n] *m* standard wage, collectively negotiated wage
Tarifpartner [taˈri:fpartnɐ] *m/pl* both sides of industry, unions and management, parties to a collective pay deal/agreement, labour and management
Tarifpolitik [taˈri:fpoliti:k] *f* pay policy, wages policy
Tarifrunde [taˈri:frundə] *f* bargaining round, contract renegotiation round
Tarifverhandlung [taˈri:fferhandluŋ] *f* collective bargaining, collective negotiations *pl*
Tarifvertrag [taˈri:ffɛrtra:k] *m* collective bargaining agreement

Tarifwert [ta'ri:fve:rt] *m* tariff value

Taschenrechner ['taʃənrɛçnɐ] *m* pocket calculator

Tastatur [tasta'tu:ɐ] *f* keyboard

tätigen ['tɛ:tɪgən] *v* transact

Tätigkeit ['tɛ:tɪçkaɪt] *f (Beruf)* occupation, job

Tätigkeitsbereich ['tɛ:tɪçkaɪtsbəraɪç] *m* range of activities, sphere of action, field of action

Tätigkeitsfeld ['tɛ:tɪçkaɪtsfɛlt] *n* field of activity

Tausch [tauʃ] *m* trade, exchange, swap

Tauschdepot ['tauʃdepo:] *n* security deposit

tauschen ['tauʃən] *v* trade, exchange, swap

Tauschgeschäft ['tauʃgəʃɛft] *n* exchange deal, swap

Tauschhandel ['tauʃhandəl] *m* barter (trade)

Täuschung ['tɔyʃuŋ] *f* deceit

Tauschwaren ['tauʃva:rən] *f/pl* barter goods *pl*, barter articles *pl*

Tauschwirtschaft ['tauʃvɪrtʃaft] *f* barter economy

taxieren [ta'ksi:rən] *v* appraise, value; *(Wert)* estimate

Taxierung [ta'ksi:ruŋ] *f* appraisal

Taxwert ['taksve:rt] *m* estimated value

Team [ti:m] *n* team

Teamarbeit ['ti:marbaɪt] *f* teamwork

Teamfähigkeit ['ti:mfɛ:ɪçkaɪt] *f* ability to be part of a team

Teamgeist ['ti:mgaɪst] *m* team spirit

Technik ['tɛçnɪk] *f* technology; *(Aufbau)* mechanics; *(Verfahren)* technique

Techniker(in) ['tɛçnɪkɐ(rɪn)] *m/f* technician

technisch ['tɛçnɪʃ] *adj* technical; *adv* technically

technische Aktienanalyse ['tɛçnɪʃə 'aktsjənanaly:zə] *f* technical analysis

technische Normen ['tɛçnɪʃə 'nɔrmən] *f/pl* technical standards *pl*

technisches Personal ['tɛçnɪʃəs pɛrzo'na:l] *n* technical staff

Technischer Überwachungsverein (TÜV) ['tɛçnɪʃər y:bər'vaxuŋsfɛraɪn] *m* Technical Control Board

Technisierung [tɛçni'zi:ruŋ] *f* mechanization

Technologie [tɛçnolo'gi:] *f* technology

Technologietransfer [tɛçnolo'gi:transfɛ:ɐ] *m* transfer of technology

Technologiezentren [tɛçnolo'gi:tsɛntrən] *n/pl* technology centres *pl*

technologisch [tɛçno'lo:gɪʃ] *adj* technological

Teilakzept ['taɪlaktsɛpt] *n* partial acceptance

Teilauszahlung ['taɪlaustsa:luŋ] *f* partial payment

Teilbeschädigung (P.A.) ['taɪlbəʃɛ:dɪguŋ] *f* partial average (p.a.); partial damage

Teilbetrag ['taɪlbətra:k] *m* partial amount, instalment, fraction

Teilefertigung ['taɪləfɛrtɪguŋ] *f* production of parts and subassemblies

Teilerfolg ['taɪlɛrfɔlk] *m* partial success

Teilerfüllung ['taɪlɛrfʏluŋ] *f* partial fulfilment

Teilforderung ['taɪlfɔrdəruŋ] *f* partial claim

Teilhaber(in) ['taɪlha:bɐ(rɪn)] *m/f* partner, associate

Teilindossament ['taɪlɪndɔsamɛnt] *n* partial endorsement

Teilkonnossement ['taɪlkɔnɔsəmɛnt] *n* partial bill of lading

Teilkosten ['taɪlkɔstən] *pl* portion of overall costs

Teillieferung ['taɪlli:fəruŋ] *f* partial delivery

Teilnahmebedingung ['taɪlna:məbədɪŋuŋ] *f* condition of entry, condition of participation

Teilnahmebestätigung ['taɪlna:məbəʃtɛ:tɪguŋ] *f* confirmation of attendance

Teilnehmer(in) ['taɪlne:mɐ(rɪn)] *m/* subscriber, party

Teilnehmerland ['taɪlne:mərlant] *n* participant country

Teilnehmerwährung ['taɪlne:mərvɛ:ruŋ] *f* participating currency, currency of a euro-participating country; *die bilateralen Kurse zwischen den ~en* bilatera conversion rates between participating currencies

Teilprivatisierung ['taɪlprivatizi:ruŋ] partial privatisation

Teilrechte ['taɪlrɛçtə] *n/pl* partial rights *pl*

Teilverlust (P.L.) ['taɪlfɛrlust] *m* partial loss (p.l.)
Teilwert ['taɪlve:rt] *m* partial value
Teilzahlung ['taɪltsa:luŋ] *f* instalment payment, partial payment
Teilzahlungsbank ['taɪltsa:luŋsbaŋk] *f* instalment sales financing institution
Teilzahlungskauf ['taɪltsa:luŋskauf] *m* hire purchase
Teilzahlungskredit ['taɪltsa:luŋskre-di:t] *m* instalment credit
Teilzahlungsrate ['taɪltsa:luŋsra:tə] *f* monthly instalment
Teilzeitarbeit ['taɪltsaɪtarbaɪt] *f* part-time work
Teilzeitbeschäftigung ['taɪltsaɪtbəʃɛftɪguŋ] *f* part-time employment
Telearbeit ['te:ləarbaɪt] *f* telework
Telearbeiter(in) ['te:ləarbaɪtɐ(rɪn)] *m/f* teleworker
Telebanking ['te:ləbæŋkɪŋ] *n* telebanking
Telefax ['telefaks] *n* fax, facsimile transmission
Telefaxgerät ['telefaksgərɛ:t] *n* fax machine, facsimile machine
Telefon [tele'fo:n] *n* telephone, phone
Telefonat [telefo'na:t] *n* telephone call
telefonieren [telefo'ni:rən] *v* phone, make a telephone call
Telefonkarte [tele'fo:nkartə] *f* phonecard
Telefonmarketing [tele'fo:nmarkətɪŋ] *n* telephone marketing
Telefonnummer [tele'fo:nnumɐ] *f* telephone number
Telefonverkauf [tele'fo:nfɛrkauf] *m* telephone selling
Telefonzelle [tele'fo:ntsɛlə] *f* call-box *(UK)*, pay phone, phone booth *(US)*
telegrafische Anweisung [tele'gra:fɪʃə 'anvaɪzuŋ] *f* cable payment order
Telegramm [tele'gram] *n* telegram
Telekommunikation ['telekɔmunikatsjo:n] *f* telecommunications *pl*
Telekommunikationsanbieter [telekɔmunika'tsjo:nsanbi:tɐ] *m* telecommunications provider
Telekonferenz ['telekɔnfɛrɛnts] *f* teleconference
Telematik [te:lə'ma:tɪk] *f* telematics *pl*
Teleservice ['telezɜ:rvɪs] *m* teleservice
Teleshopping ['teleʃɔpɪŋ] *n* teleshopping
temporär [tɛmpo'rɛ:ɐ] *adj* temporary
Tendenz [tɛn'dɛnts] *f* tendency
Tender ['tɛndɐ] *m* tender
Tenderverfahren ['tɛndərfɛrfa:rən] *n* tender procedure
Termin [tɛr'mi:n] *m* **1.** *(Datum)* date; **2.** *(Frist)* term, deadline; **3.** *(Verabredung)* appointment; **4.** *(Verhandlung)* hearing
Terminal ['tɜ:rminəl] *m* terminal
Terminbörse [tɛr'mi:nbørzə] *f* futures market
Termindevisen [tɛr'mi:ndevi:zən] *pl* exchange for forward delivery
Termindruck [tɛr'mi:ndruk] *m* deadline pressure
Termineinlagen [tɛr'mi:naɪnla:gən] *f/pl* time deposit
Termingeld [tɛr'mi:ngɛlt] *n* time deposit
termingerecht [tɛr'mi:ngərɛçt] *adj* on schedule, punctual; *adv* on schedule, at the right time, punctually
Termingeschäft [tɛr'mi:ngəʃɛft] *n* futures business
Terminkalender [tɛr'mi:nkalɛndɐ] *m* appointment book, appointment calendar, docket
Terminkontrakt [tɛr'mi:nkɔntrakt] *m* forward contract, futures contract
Terminkurs [tɛr'mi:nkurs] *m* forward price
Terminmarkt [tɛr'mi:nmarkt] *m* futures market
Terminpapiere [tɛr'mi:npapi:rə] *n/pl* forward securities *pl*
Terminplan [tɛrm'i:npla:n] *m* schedule, agenda
Terminplaner [tɛr'mi:npla:nɐ] *m* personal organizer
Terminplanung [tɛr'mi:npla:nuŋ] *f* scheduling
Terminverlängerung [tɛr'mi:nfɛrlɛngəruŋ] *f* extension, prolongation
Terms of Payment [tɛ:mz ɔv 'peɪmənt] *pl (Zahlungsbedingungen)* terms of payment *pl*
Terms of Trade (TOT) [tɛ:mz ɔv 'treɪd] *pl (Austauschverhältnis zwischen importierten und exportierten Gütern)* terms of trade *pl*

T

Tertiärbedarf [tɛr'tsjɛːrbədarf] *m* tertiary demand
tertiärer Sektor [tɛr'tsjɛːrər 'zɛktoːɐ] *m* tertiary sector
Testat [tɛs'taːt] *n* audit opinion
Testbetrieb ['tɛstbətriːp] *m EDV* test mode
Testmarkt ['tɛstmarkt] *m* test market
Testreihe ['tɛstraɪə] *f* battery of tests
Teuerung ['tɔyəruŋ] *f* inflation, rising prices
Teuerungsrate ['tɔyəruŋsraːtə] *f* rate of price increase
Teuerungswelle ['tɔyəruŋsvɛlə] *f* wave of price increase
texten ['tɛkstən] *v* **1.** *(Werbetext)* write copy; **2.** text
Texter(in) ['tɛkstɐ(rɪn)] *m/f (Werbetexter)* copywriter
Textgestaltung ['tɛkstgəʃtaltuŋ] *f* text configuration
Textilarbeiter(in) [tɛks'tiːlarbaɪtɐ(rɪn)] *m/f* textile worker
Textilindustrie [tɛks'tiːlɪndustriː] *f* textile industry
Textilwaren [tɛks'tiːlvaːrən] *f/pl* textiles *pl*
Textverarbeitung ['tɛkstfɛrarbaɪtuŋ] *f* word processing
Thesaurierung [tezau'riːruŋ] *f* accumulation of capital
Thesaurierungsfonds [tezau'riːruŋsfɔ̃ː] *m* accumulative investment fund
Tiefpunkt ['tiːfpuŋkt] *m* low
tilgbar ['tɪlkbaːɐ] *adj* redeemable, repayable
tilgen ['tɪlgən] *v* redeem, repay, pay off
Tilgung ['tɪlguŋ] *f* repayment, redemption, amortization
Tilgungsanleihe ['tɪlguŋsanlaɪə] *f* redemption loan
Tilgungsaussetzung ['tɪlguŋsauszɛtsuŋ] *f* suspension of redemption payments
Tilgungsfonds ['tɪlguŋsfɔ̃ː] *m* redemption fund
Tilgungshypothek ['tɪlguŋshypoteːk] *f* amortizable mortgage loan
Tilgungsrate ['tɪlguŋsraːtə] *f* amortization instalment
Tilgungsrückstände ['tɪlguŋsrykʃtɛndə] *m/pl* redemption in arrears
T
Tilgungsstreckung ['tɪlguŋsʃtrɛkuŋ] *f* repayment extension
Tilgungszeitraum ['tɪlguŋstsaɪtraum] *m* amortization period, redemption period
Timesharing ['taɪmʃərɪŋ] *n* time sharing
Timing ['taɪmɪŋ] *n* timing
tippen ['tɪpən] *v (Maschine schreiben)* type
Tippfehler ['tɪpfeːlɐ] *m* typing error, typographical error
Tochtergesellschaft ['tɔxtərgəzɛlʃaft] *f* subsidiary, affiliate
Top-Down-Prinzip [tɔp'daʊnprɪntsiːp] *n* top-down principle
Topmanagement [tɔp'mænɪdʒmənt] *n* top management
Total Quality Management (TQM) [təʊtl 'kvɔlɪti mænɪdʒmənt] *n* total quality management (TQM)
Totalanalyse [to'taːlanalyːzə] *f* total analysis
Totalausverkauf [to'taːlausfɛrkauf] *m* **1.** clearance sale; **2.** *(Geschäftsaufgabe)* closing-down sale
Totalschaden [to'taːlʃaːdən] *m* total loss
totes Depot ['toːtəs de'poː] *n* dormant deposit
totes Kapital ['toːtəs kapi'taːl] *n* dead capital
totes Konto ['toːtəs 'kɔnto] *n* inoperative account
totes Papier ['toːtəs pa'piːɐ] *n* inactive security
Trade Marts ['treɪd maːrts] *pl* trade marts *pl*
Trade Terms ['treɪd tɛːmz] *pl* trade terms *pl*
Trading-Down ['treɪdɪŋdaʊn] *n* trading down
Trading-Up ['treɪdɪŋap] *n* trading up
traditionell [traditsjoː'nɛl] *adj* traditional; *adv* traditionally
Traditionspapier [tradi'tsjoːnspapiːɐ] *n* negotiable document of title
Trainee [trɛːɪ'niː] *m/f* trainee
Training on the Job [treɪnɪŋ ɔn ðə 'dʒɔb] *n* training on the job
Tranche ['trɑ̃ʃ(ə)] *f* tranche
Transaktion [transak'tsjoːn] *f* transaction

Transaktionsanalyse [transak'tsjo:ns-analy:zə] *f* transactional analysis
Transaktionskasse [transak'tsjo:ns-kasə] *f* transaction balance
Transaktionskosten [transak'tsjo:ns-kɔstən] *pl* conversion charge
Transaktionsnummer (TAN) [trans-ak'tsjo:nsnumɐ] *f* transaction number
Transaktions- und Kurssicherungskosten [transak'tsjo:ns unt 'kurszıçə-ruŋskɔstən] *pl* transaction costs and costs of exchange cover *pl*
Transfer [trans'fe:ɐ] *m* transfer
Transferabkommen [trans'fe:rap-kɔmən] *n* transfer agreement
Transferausgaben [trans'fe:rausga:-bən] *f/pl* transfer expenditure
Transfergarantie [trans'fe:rgaranti:] *f* guarantee of foreign exchange transfer
Transferleistungen [trans'fe:rlaıs-tuŋən] *f/pl* transfer payments *pl*
Transferrisiko [trans'fe:rri:ziko] *n* risk of transfer
Transit ['tranzıt] *m* transit
Transitgüter ['tranzıtgy:tɐ] *n/pl* transit goods *pl*, transit articles *pl*
Transithandel [tran'zıthandəl] *m* transit trade
Transitklausel [tran'zıtklauzəl] *f* transit clause
Transitverkehr ['tranzıtfɛrke:ɐ] *m* transit trade
Transitzoll [tran'zıttsɔl] *m* transit duty
transnationale Unternehmung ['trans-natsjona:lə untər'ne:muŋ] *f* transnational corporations *pl*
Transparenz [transpa'rɛnts] *f* transparency
Transport [trans'pɔrt] *m* transport, transportation *(US)*
transportabel [transpɔr'ta:bəl] *adj* transportable
Transportbehälter [trans'pɔrtbəhɛl-tɐ] *m* container
Transporter [trans'pɔrtɐ] *m* **1.** *(Lastwagen)* van; **2.** *(Flugzeug)* cargo plane
Transporteur [transpɔrt'ø:ɐ] *m* carrier
transportieren [transpɔr'ti:rən] *v* transport
Transportkette [trans'pɔrtkɛtə] *f* transport chain
Transportkosten [trans'pɔrtkɔstən] *pl* transport costs *pl*, forwarding charges *pl*, shipping charges *pl*
Transportmittel [trans'pɔrtmıtəl] *n* means of transport, means of conveyance
Transportpapiere [trans'pɔrtpapi:rə] *n/pl* transport documents *pl*
Transportschaden [trans'pɔrtʃa:dən] *m* loss during transport, damage in transit, transport loss
Transportunternehmen [trans'pɔrt-untərne:mən] *n* haulage company
Transportunternehmer(in) [trans'pɔrt-untərne:mɐ(rın)] *m/f* hauler, haulier
Transportversicherung [trans'pɔrt-fɛrʒıçəruŋ] *f* transport insurance
Transportversicherung gegen alle Risiken (AAR) [trans'pɔrtfɛrzıçəruŋ 'ge:gən alə 'ri:zikən] *f* transportation insurance against all risks (AAR)
Transportweg [trans'pɔrtve:k] *m* route of transportation
Transportwesen [trans'pɔrtve:zən] *n* transportation
Trassant [tra'sant] *m* drawer
Trassat [tra'sa:t] *m* drawee
Trassierung [tra'si:ruŋ] *f* drawing
Trassierungskredit ['trasi:ruŋskredi:t] *m* acceptance credit
Tratte ['tratə] *f* draft
Treasury Bill ['treʒəri bıl] *f* treasury bill
Treasury Bond ['treʒəri bɔnd] *m* treasury bond
Treasury Note ['treʒəri nəutə] *f* treasury note
Trend [trɛnt] *m* trend
Trendanalyse ['trɛntanaly:zə] *f* trend analysis
Trendforschung ['trɛntfɔrʃuŋ] *f* trend research
Trendumkehr ['trɛntumke:ɐ] *f* trend change, trend reversal
Trendwende ['trɛntvɛndə] *f* reversal of a trend
Trennbanksystem ['trɛnbaŋkzyste:m] *n* system of specialized banking
Trennblatt ['trɛnblat] *n* page divider
Trennungsentschädigung ['trɛnuŋs-ɛntʃɛ:dıguŋ] *f* severance pay
Tresor [tre'zo:ɐ] *m* safe

Tresorfach [tre'zo:rfax] *n* safe deposit box
Tresorraum [tre'zo:rraum] *m* strongroom
Treu und Glaube ['trɔy unt glaubə] good faith
Treuepflicht ['trɔyəpflɪçt] *f* allegiance, duty of loyality
Treuerabatt ['trɔyərabat] *m* fidelity rebate, patronage discount
Treuhand ['trɔyhant] *f* trust
Treuhandanstalt ['trɔyhantanʃtalt] *f* institutional trustee
Treuhandbank ['trɔyhantbaŋk] *f* trust bank
Treuhanddepots ['trɔyhantdepo:s] *n/pl* trust deposits *pl*
Treuhänder ['trɔyhɛndɐ] *m* fiduciary, trustee
treuhänderisch ['trɔyhɛndərɪʃ] *adj* fiduciary; *adv* in trust
Treuhandfonds ['trɔyhantfɔ̃:] *m* trust funds *pl*
Treuhandgelder ['trɔyhantgɛldɐ] *pl* trust funds
Treuhandgesellschaft ['trɔyhantgəzɛlʃaft] *f* trust company
Treuhandkredit ['trɔyhantkredi:t] *m* loan on a trust basis
Treuhandschaft ['trɔyhantʃaft] *f* trusteeship
Triade [tri'a:də] *f* company operating in Japan, USA and Europe; triad
Trittbrettverfahren ['trɪtbrɛtfɛrfa:rən] *n* free rider principle
trockener Wechsel ['trɔkənər 'vɛksəl] *m* negotiable promissory note
Trust [trast] *m* trust
Trust Center ['trast sɛntɐ] *n* trust centre
Trust Fonds ['trast fɔ̃:] *m* trust fund
Tuch [tu:x] *n* cloth
Turnaround [tɜ:nəraʊnd] *m* (*Trendwende*) turnaround
Turn-Key-Projekte ['tɜ:nki:pro'jɛktə] *n/pl* turnkey projects *pl*
Turnus ['turnus] *m* rota
TÜV [tyf] *m* **1.** Technical Inspection Agency; **2.** (*technische Überprüfung von Fahrzeugen*) motor vehicle inspection, MOT
twittern ['twitɐn] *v* twitter
Twitternutzer(in) ['twitɐnutsɐ(rɪn)] *m/f* twitter user
Typ ['ty:p] *m* type, model
Typenkauf ['ty:pənkauf] *m* type purchase
Typisierung [typi'zi:ruŋ] *f* typification

T

U

Überangebot [ˈy:bərangəbo:t] *n* oversupply, glut
überarbeiten [y:bərˈarbaɪtən] *v* **1.** *(etw ~)* revise; **2.** *sich ~* overwork o.s.
Überarbeitung [y:bərˈarbaɪtuŋ] *f* **1.** revision; **2.** *(Überanstrengung)* overwork
Überbelastung [ˈy:bərbəlastuŋ] *f* overloading, overtaxing, overworking, strain
Überbeschäftigung [ˈy:bərbəʃɛftɪguŋ] *f* overemployment
überbesetzt [ˈy:bərbəzɛtst] *adj* overstaffed
Überbesetzung [ˈy:bərbəzɛtsuŋ] *f* overstaffing
Überbewertung [ˈy:bərbəve:rtuŋ] *f* overvaluation
überbezahlen [ˈy:bərbətsa:lən] *v* overpay
überbezahlt [ˈy:bərbətsa:lt] *adj* overpaid
überbieten [y:bərˈbi:tən] *v irr* **1.** *(Preis)* overbid, outbid; **2.** *(Leistung)* outdo, beat, surpass
Überbringer(in) [y:bərˈbrɪŋɐ(rɪn)] *m/f* bearer
Überbringerscheck [y:bərˈbrɪŋərʃɛk] *m* bearer-cheque
Überbrückungsfinanzierung [y:berˈbrykuŋsfinantsi:ruŋ] *f* interim financing
Überbrückungsgeld [y:bərˈbrykuŋsgɛlt] *n* temporary assistance
Überbrückungskredit[y:bərˈbrykuŋskrɛdi:t] *m* bridging loan, tide-over credit
Überbrückungsrente [y:bərˈbrykuŋsrɛntə] *f* interim retirement pension
Überdividende [ˈy:bərdividɛndə] *f* super-dividend
übereignen [y:bərˈaɪknən] *v jdm etw ~* make sth over to s.o., transfer sth to s.o.
Übereignung [y:bərˈaɪknuŋ] *f* transfer of ownership, transfer of title
Übereinkommen [y:bərˈaɪnkɔmən] *n* agreement, understanding
übereinkommen [y:bərˈaɪnkɔmən] *v irr* agree, come to an agreement, come to an understanding
Übereinkunft [y:bərˈaɪnkunft] *f* agreement
Übereinstimmung [ˈy:bəraɪnʃtɪmuŋ] *f* match, agreement
überfällig [ˈy:bərfɛlɪç] *adj (zu spät)* overdue; *(abgelaufen)* expired, overdue
Überfinanzierung [ˈy:bərfinantsi:ruŋ] *f* overfinancing
Überfluss [ˈy:bərflus] *m* **1.** *(Überschuss)* surplus; **2.** *(Überangebot)* glut
Überflussgesellschaft [ˈy:bərflusgəzɛlʃaft] *f* affluent society
überfordern [y:bərˈfɔrdɐn] *v* overtax, demand too much of
überfordert [y:bərˈfɔrdɐt] *adj* overtaxed, overstrained
überführen [y:bərˈfy:rən] *v (transportieren)* transport, transfer
Überführung [y:bərˈfy:ruŋ] *f (Transport)* transport, transportation
Übergabe [ˈy:bərga:bə] *f* handing over, delivery
Übergangsbestimmungen [ˈy:bərgaŋsbəʃtɪmuŋən] *f/pl* provisional regulations *pl*, temporary regulations *pl*
Übergangserscheinung [ˈy:bərgaŋsɛrʃaɪnuŋ] *f* transitional phenomenon
Übergangsfrist [ˈy:bərgaŋsfrɪst] *f* transition phase, interim period
Übergangsgeld [ˈy:bərgaŋsgɛlt] *n* transitional pay
Übergangskonten [ˈy:bərgaŋskɔntən] *n/pl* suspense accounts *pl*
Übergangslösung [ˈy:bərgaŋslø:zuŋ] *f* temporary solution
Übergangsregelung [ˈy:bərgaŋsre:gəluŋ] *f* interim arrangement, transitional arrangement
Übergangszeit [ˈy:bərgaŋstsaɪt] *f* period of transition
übergeben [y:bərˈge:bən] *v irr (etw ~)* deliver, hand over; *jdm etw ~* deliver sth over to s.o.
Übergebot [ˈy:bərgəbo:t] *n* higher bid

Übergewicht [ˈy:bərgəvɪçt] *n* overweight
Überhang [ˈy:bərhaŋ] *m (Überschuss)* surplus
überhöht [y:bərˈhø:t] *adj* excessive
Überkapazität [ˈy:bərkapatsitɛ:t] *f* overcapacity
Überkapitalisierung [ˈy:berkapitalizi:ruŋ] *f* overcapitalization
Überkreuzverflechtung [y:bərˈkrɔytsfɛrflɛçtuŋ] *f* interlocking directorate
Überliquidität [ˈy:bərlikviditɛ:t] *f* excess liquidity
übermitteln [y:bərˈmɪtəln] *v* transmit, convey, deliver
Übermittlung [y:bərˈmɪtluŋ] *f* conveyance, transmission
Übernahme [ˈy:bərna:mə] *f* takeover, taking over, taking possession; *(Amtsübernahme)* entering
Übernahmeangebot [ˈy:bərna:məangəbo:t] *n* takeover bid
Übernahmegewinn [ˈy:bərna:məgəvɪn] *m* takeover profit
Übernahmegründung [ˈy:bərna:məgrynduŋ] *f* foundation in which founders take all shares
Übernahmekonsortium [ˈy:bərna:məkɔnzɔrtsjum] *n* security-taking syndicate
Übernahmekurs [ˈy:bərna:məkurs] *m* underwriting price
Übernahmeverlust [ˈy:bərna:məfɛrlust] *m* loss on takeover
übernehmen [y:bərˈne:mən] *v irr* **1.** *(entgegennehmen)* accept; **2.** *(Amt)* take over; **3.** *sich ~ (sich überanstrengen)* overstrain, overextend, undertake too much
überordnen [ˈy:bərɔrdnən] *v* give priority to; *jmd ist jdm übergeordnet* s.o. ranks above s.o.
Überpreis [ˈy:bərpraɪs] *m* excessive price
Überproduktion [ˈy:bərprɔduktsjo:n] *f* overproduction, excess production
überprüfen [y:bərˈpry:fən] *v* check, examine, inspect
Überprüfung [y:bərˈpry:fuŋ] *f* inspection, overhaul, examination
Überqualifikation [ˈy:bərkvalifikatsjo:n] *f* overqualification
überqualifiziert [ˈy:bərkvalifitsi:rt] *adj* overqualified
übersättigt [y:bərˈzɛtɪçt] *adj (Markt)* glutted
Übersättigung [y:bərˈzɛtɪguŋ] *f* repletion, glutting
Überschlag [ˈy:bərʃla:k] *m* rough calculation, rough estimate
überschlagen [y:bərˈʃla:gən] *v (ausrechnen)* estimate, approximate; *(Kosten)* make a rough estimate of
überschreiben [y:bərˈʃraɪbən] *v irr* **1.** transfer by deed, convey; **2.** write over
Überschreibung [y:bərˈʃraɪbuŋ] *f* conveyance, transfer by deed, transfer in a register
überschuldet [y:bərˈʃuldət] *adj* heavily indebted
Überschuldung [y:bərˈʃulduŋ] *f* over-indebtedness, excessive indebtedness
Überschuldungsbilanz [y:bərˈʃulduŋsbilants] *f* statement of overindebtedness
Überschuss [ˈy:bərʃus] *m* surplus, excess
überschüssig [ˈy:bərʃysɪç] *adj* surplus, excess, left over
Überschussproduktion [ˈy:bərʃusprɔduktsjo:n] *f* surplus production
Überschussrechnung [ˈy:bərʃusrɛçnuŋ] *f* surplus accounting, profit calculation
Überschussreserve [ˈy:bərʃusrezɛrvə] *f* surplus reserve
Überschusssparen [ˈy:bərʃusʃpa:rən] *n* surplus saving
überschwemmen [y:bərˈʃvemən] *v (Markt)* glut, flood
überschwemmt [y:bərˈʃvɛmt] *adj (Markt)* glutted
Übersee [ˈy:bərze:] *f in ~* overseas; *von ~* from overseas
Überseehandel [ˈy:bərze:handəl] *m* oversea(s) trade
übersenden [y:bərˈzɛndən] *v irr* send, forward, transmit
Übersendung [y:bərˈzɛnduŋ] *f* sending, conveyance, consignment
Übersetzungssoftware [ˈy:bərˈzetsuŋssɔftvɛ:ɐ] *f* translation software
Übersicht [ˈy:bərzɪçt] *f* **1.** *(Überblick)* general picture, overall view; **2.** *(Zusammenfassung)* outline, summary, review

Übersichtstabelle [ˈy:bərzɪçtstabɛlə] *f* chart
übersteigen [ˈy:bərʃtaɪgən] *v irr (Preise)* top
Überstunde [ˈy:bərʃtundə] *f* overtime; *~n machen* work overtime, put in overtime
übertariflich [ˈy:bərtari:flɪç] *adj* above rate
übertarifliche Bezahlung [ˈy:bərtari:flɪçə bəˈtsa:luŋ] *f* payment in excess of collectively agreed scale
Überteuerung [y:bərˈtɔyəruŋ] *f* overcharge, excessive prices *pl*
Übertrag [ˈy:bərtra:k] *m* sum carried over
übertragbar [y:bərˈtra:kba:ɐ] *adj (Papiere)* assignable, transferable, conveyable
Übertragbarkeit [y:bərˈtra:kbarkaɪt] *f (Papiere)* transferability
übertragen [y:bərˈtra:gən] *v (Auftrag)* transfer, transmit; *(Papiere)* assign, transfer
Übertragung [y:bərˈtra:guŋ] *f* transfer, assignment
Übertragungsfehler [y:bərˈtra:guŋsfe:lɐ] *m* transcription error
Überversicherung [ˈy:bərfɛrzɪçəruŋ] *f* overinsurance
übervorteilen [y:bərˈfo:rtaɪlən] *v* defraud, cheat
Übervorteilung [y:bərˈfo:rtaɪluŋ] *f* cheating
überwachen [y:bərˈvaxən] *v* supervise, monitor
Überwachung [y:bərˈvaxuŋ] *f* supervision, surveillance, observation
überweisen [y:bərˈvaɪzən] *v irr* transfer
Überweisung [y:bərˈvaɪzuŋ] *f (von Geld)* transfer, remittance
Überweisungsauftrag [y:bərˈvaɪzuŋsauftra:k] *m* transfer instruction
Überweisungsformular [y:bərˈvaɪzuŋsfɔrmula:ɐ] *n* credit transfer form
Überweisungsscheck [y:bərˈvaɪzuŋsʃɛk] *m* transfer cheque
Überweisungsträger [y:bərˈvaɪzuŋstrɛ:gɐ] *m* remittance slip
Überweisungsverkehr [y:bərˈvaɪzuŋsfɛrke:ɐ] *m* money transfer transactions *pl*
überzeichnen [y:bərˈtsaɪçnən] *v* oversubscribe
Überzeichnung [y:bərˈtsaɪçnuŋ] *f* oversubscription
überzeugen [y:bərˈtsɔygən] *v* convince; *(überreden)* persuade; *(juristisch)* satisfy
Überzeugungskraft [y:bərˈtsɔyguŋskraft] *f* powers of persuasion *pl*
überziehen [y:bərˈtsi:ən] *v irr (Konto)* over-draw an account
Überziehung [y:bərˈtsi:uŋ] *f (Konto)* overdraft
Überziehungsgrenze [ˈy:bərtsi:uŋsgrɛntsə] *f* credit line, credit limit
Überziehungskredit [y:bərˈtsi:uŋskrɛdi:t] *m* overdraft provision, overdraft credit
Überziehungsprovision [y:bərˈtsi:uŋsprovizjo:n] *f* overdraft commission
überzogen [y:bərˈtso:gən] *adj* **1.** *(Preise)* excessive; **2.** *(Konto)* overdrawn
Überzug [ˈy:bərtsu:k] *m (Beschichtung)* coating
üblich [ˈy:plɪç] *adj* usual, customary, conventional, ordinary
übliche Bedingungen (u.c., u.t.) [ˈy:blɪçə bəˈdɪŋuŋən] *f/pl* usual conditions (u.c.) *pl;* usual terms (u.t.) *pl*
Uhrzeit [ˈu:rtsaɪt] *f* time (of day)
Ultimatum [ultiˈma:tum] *n* ultimatum
ultimo [ˈultimo] *adv* end of the month
Ultimoabrechnung [ˈultimoaprɛçnuŋ] *f* end-of-month settlement
Ultimogeld [ˈultimogɛlt] *n* last-day money
Ultimogeschäft [ˈultimogəʃɛft] *n* last-day business
umbilden [ˈumbɪldən] *v (neu organisieren)* reorganize
Umbrella-Effekt [amˈbrelə ɛˈfɛkt] *m* umbrella effect
Umbruch [ˈumbrux] *m* upheaval, change
Umbruchszeit [ˈumbruxstsaɪt] *f* time of upheaval, time of change
umbuchen [ˈumbu:xən] *v (Konto)* transfer to another account
Umbuchung [ˈumbu:xuŋ] *f (Kontoumbuchung)* transfer (of an entry)
Umbuchungsgebühr [ˈumbu:xuŋsgəby:ɐ] *f* alteration charge

umdisponieren ['umdɪsponi:rən] *v* make new arrangements
Umfang ['umfaŋ] *m (fig: Ausmaß)* scope, scale
Umfinanzierung ['umfinantsi:ruŋ] *f* switch-type financing, refinancing
Umfrage ['umfra:gə] *f* public opinion poll, opinion survey
umgehend ['umge:ənt] *adj* immediate; *adv* immediately
umgestalten ['umgəʃtaltən] *v* reshape, reformat, redesign
Umgestaltung ['umgəʃtaltuŋ] *f* reshaping, reorganization, reformatting, reconfiguration
Umgründung ['umgrynduŋ] *f* reorganization
umgruppieren ['umgrupi:rən] *v (einer Firma)* reshuffle
Umgruppierung ['umgrupi:ruŋ] *f (einer Firma)* reshuffling
umladen ['umla:dən] *v irr* reload; *(einer Schiffsladung)* transship
Umlage ['umla:gə] *f* levy contribution, allocation, charge; *eine ~ machen* split the costs
umlagern ['umla:gɐn] *v* move, put in another place
Umlageverfahren ['umla:gəfɛrfa:rən] *n (Kostenrechnung)* method of cost allocation; *(Sozialversicherung)* social insurance on a pay-as-you-go basis
Umlauf ['umlauf] *m* circulation
umlaufen ['umlaufən] *v irr (Geld)* circulate
Umlaufkapital ['umlaufkapita:l] *n* current liabilities *pl*
Umlaufmappe ['umlaufmapə] *f* circular file
Umlaufmarkt ['umlaufmarkt] *m* secondary market
Umlaufrendite ['umlaufrɛndi:tə] *f* running yield, flat yield
Umlaufgeschwindigkeit ['umlaufgəʃwɪndigkaɪt] *f (des Geldes)* velocity of circulation
Umlaufvermögen ['umlauffɛrmø:gən] *n* floating assets *pl*, current assets *pl*
umlegen ['umle:gən] *v (verteilen)* allocate, distribute, apportion
umpacken ['umpakən] *v* repack
umprogrammieren ['umprogrami:rən] *v* reprogram
umrechnen ['umrɛçnən] *v* convert
Umrechnung ['umrɛçnuŋ] *f* conversion
Umrechnungsfaktor ['umrɛçnuŋsfakto:ɐ] *m* conversion factor
Umrechnungsgebühren ['umrɛçnuŋsgeby:ren] *f/pl* conversion charges *pl*
Umrechnungskurs ['umrɛçnuŋskurs] *m* exchange rate, rate of conversion
Umrechnungstabelle ['umrɛçnuŋstabɛlə] *f* conversion table
umrüsten ['umrystən] *v (technisch)* retool, adapt, convert
umsatteln ['umzatəln] *v (fig: Beruf)* change one's profession
Umsatz ['umzats] *m* turnover, sales volume
Umsatzbeteiligung ['umzatsbətaɪlɪguŋ] *f (Provision)* commission
Umsatzentwicklung ['umzatsɛntvɪkluŋ] *f* turnover trend
Umsatzplan ['umzatspla:n] *m* turnover plan
Umsatzprognose ['umzatsprogno:zə] *f* turnover forecast
Umsatzprovision ['umzatsprovizjo:n] *f* sales commission, commission on turnover
Umsatzrendite ['umzatsrɛndi:tə] *f* net income percentage of turnover
Umsatzrentabilität ['umzatsrɛntabilitɛ:t] *f* net profit ratio
Umsatzrückgang ['umzatsrʏkgaŋ] *m* drop in sales, decline in sales
Umsatzsteigerung ['umzatsʃtaɪgəruŋ] *f* increase in sales, turnover increase
Umsatzsteuer ['umzatsʃtɔyɐ] *f* turnover tax
Umschlag ['umʃla:k] *m* **1.** *(Kuvert)* envelope; **2.** *(Schutzhülle)* cover, wrapping; **3.** *(Umladung)* transshipment, reloading
umschlagen ['umʃla:gən] *v irr (umladen)* transfer, transship
Umschlagplatz ['umʃla:kplats] *m* reloading point; *(Handelsplatz)* trade centre
Umschlagshäufigkeit eines Lagers ['umʃla:kshɔyfɪçkaɪt 'aɪnəs 'la:gərs] *f* inventory sales ratio; rate of inventory turnover

umschreiben [ˈumʃraɪbən] *v irr (übertragen)* transfer
umschulden [ˈumʃuldən] *v (Anleihen)* convert
Umschuldung [ˈumʃulduŋ] *f* debt restructuring
umschulen [ˈumʃu:lən] *v* retrain
Umschulung [ˈumʃu:luŋ] *f (für einen anderen Beruf)* retraining
Umschwung [ˈumʃvuŋ] *m (Meinung)* change, revearsal
umsetzbar [ˈumzɛtsba:ɐ] *adj (verkäuflich)* marketable, salable, sellable
Umsetzbarkeit [ˈumzɛtsba:rkaɪt] *f (Verkäuflichkeit)* marketability, salability
umsetzen [ˈumzɛtsən] *v (verkaufen)* turn over, sell
umsonst [umˈzɔnst] *adv* **1.** *(vergeblich)* in vain, to no avail, uselessly; **2.** *(erfolglos)* without success; **3.** *(unentgeltlich)* free, for nothing, gratis
umstellen [ˈumʃtɛlən] *v (umorganisieren)* reorganize; *sich ~ (anpassen)* accommodate o.s., adapt, adjust
Umstellung [ˈumʃtɛluŋ] *f* **1.** *(Umorganisierung)* reorganization; **2.** *(Anpassung)* adaptation
Umstellungstermin [ˈumʃtɛluŋstɛrmi:n] *m* changeover date
Umstellungszeitplan [ˈumʃtɛluŋstsaɪtpla:n] *m* changeover timetable
umstrukturieren [ˈumʃtrukturi:rən] *v* restructure
Umstrukturierung [ˈumʃtrukturi:ruŋ] *f* restructuring, reorganization
Umtausch [ˈumtauʃ] *m* exchange; *(in eine andere Währung)* conversion
umtauschen [ˈumtauʃən] *v* exchange, convert
Umtauschrecht [ˈumtauʃrɛçt] *n* right to exchange goods
umverteilen [ˈumfɛrtaɪlən] *v* redistribute
Umverteilung [ˈumfɛrtaɪluŋ] *f* redistribution
umwechseln [ˈumvɛksəln] *v* change, exchange
Umwechslung [ˈumvɛksluŋ] *f* exchange
Umwelt [ˈumvɛlt] *f* environment
Umweltabgabe [ˈumvɛltapga:bə] *f* environmental levy
Umweltbelastungen [ˈumvɛltbəlastuŋən] *f/pl* environmentally damaging activities *pl*
umweltfreundlich [ˈumvɛltfrɔyndlɪç] *adj* non-polluting, environment-friendly
Umwelthaftungsgesetz (UmweltHG) [ˈumvɛlthaftuŋsgəzɛts] *n* law on environmental issues
Umweltpolitik [ˈumvɛltpoliti:k] *f* environmental policy
umweltpolitisch [ˈumvɛltpoli:tɪʃ] *adj* ecopolitical
Umweltschutz [ˈumvɛltʃuts] *m* protection of the environment, pollution control, conservation
Umweltverschmutzung [ˈumvɛltfɛrʃmutsuŋ] *f* environmental pollution
Umweltverträglichkeit [ˈumvɛltfɛrtrɛ:klɪçkaɪt] *f* environmental impact, effect on the environment
Umweltzeichen [ˈumvɛlttsaɪçən] *n* environmental label
Unabhängigkeit [ˈunaphɛŋiçkaɪt] *f* independence
unabkömmlich [ˈunapkœmlɪç] *adj* indispensable
Unabkömmlichkeit [ˈunapkœmlɪçkaɪt] *f* indispensability
unaufgefordert [ˈunaufgəfɔrdɐt] *adj* unasked, unsolicited; *adv* without being asked
unausgebildet [ˈunausgəbɪldət] *adj* untrained, unskilled
unbar [ˈunba:ɐ] *adj/adv* non cash
unbeantwortet [ˈunbəantvɔrtət] *adj* unanswered
unbefristet [ˈunbəfrɪstət] *adj* for an indefinite period, permanent
unbefugt [ˈunbəfu:kt] *adj* unauthorized
Unbefugte(r) [ˈunbəfu:ktə(-ɐ)] *f/m* unauthorized person, trespasser
unberechenbar [ˈunbərɛçənba:ɐ] *adj* incalculable, unpredictable
unbeschränkte Steuerpflicht [ˈunbəʃrɛŋktə ˈʃtɔyərpflɪçt] *f* unlimited tax liability
unbeständig [ˈunbəʃtɛndɪç] *adj (Markt)* unsettled
Unbeständigkeit [ˈunbəʃtɛndɪçkaɪt] *f (Markt)* unsettledness

unbewegliche Vermögen [ˈunbəveːklıçə fɛrˈmøːgən] *n/pl* immovable property
unbezahlbar [unbəˈtsaːlbaːɐ] *adj* unaffordable, prohibitively expensive
unbezahlter Urlaub [ˈunbətsaːltɐ ˈurlaup] *m* unpaid vacation
unbeziffert [ˈunbətsıfɐt] *adj* uncosted
unbrauchbar [ˈunbrauxbaːɐ] *adj* useless, of no use
unbürokratisch [ˈunbyrɔkratıʃ] *adj* unbureaucratic
undurchführbar [ˈundurçfyːrbaːɐ] *adj* impracticable, infeasible
unechte Gemeinkosten [ˈunɛçtə gəˈmaınkɔstən] *pl* fictitious overheads *pl*
unechtes Factoring [ˈunɛçtəs ˈfæktərıŋ] *n* false factoring
uneinbringliche Forderung [ˈunaınbrıŋlıçə ˈfɔrdəruŋ] *f* irrecoverable debt
uneingeschränkt [ˈunaıngəʃrɛŋkt] *adj* unrestricted, unlimited
uneinheitlich [ˈunaınhaıtlıç] *adj (Preise)* irregular
unentgeltlich [ˈunɛntgɛltlıç] *adj* free of charge; *adv* free of charge, gratis
unerfahren [ˈunɛrfaːrən] *adj* inexperienced
unfähig [ˈunfɛːıç] *adj* incapable, unable
Unfähigkeit [ˈunfɛːıçkaıt] *f* incompetence, inability
Unfallverhütungsvorschriften [ˈunfalfɛrhyːtuŋsfoːrʃrıftən] *f/pl* accident-prevention rules *pl*
Unfallversicherung [ˈunfalfɛrzıçəruŋ] *f* accident insurance
unfertige Erzeugnisse [ˈunfɛrtıgə ɛrˈtsɔyknısə] *n/pl* **1.** *(Recht)* work in process; **2.** *(Produktion)* partly finished products *pl*
unfrankiert [ˈunfraŋkiːrt] *adj* unpaid, not prepaid
Unfriendly Takeover [ˈanfrendli ˈteıkəuvər] *n (feindliche Übernahme)* unfriendly take over
ungedeckter Kredit [ˈungədɛktər kreˈdiːt] *m* uncovered credit
ungedeckter Scheck [ˈungədɛktər ʃɛk] *m* uncovered cheque
ungenutzt [ˈungənutst] *adj/adv* unused, unutilized
ungesetzlich [ˈungəzɛtslıç] *adj* illegal, illicit, unlawful
ungültig [ˈungyltıç] *adj* invalid, void
Ungültigkeit [ˈungyltıçkaıt] *f* invalidity, nullity
ungünstig [ˈungynstıç] *adj* unfavourable, inopportune; *adv* unfavourably
Unifizierung [unifiˈtsiːruŋ] *f* consolidation
Union [unˈjoːn] *f* union
Universalbank [univɛrˈzaːlbaŋk] *f* all-round bank
unkompensierte Bilanz [ˈunkɔmpɛnziːrtə biˈlants] *f* unoffset balance sheet
Unkosten [ˈunkɔstən] *pl* expenses *pl*, costs *pl; sich in ~ stürzen* go to a great deal of expense
Unkostenbeitrag [ˈunkɔstənbaıtraːk] *m* contribution towards expenses
unkündbar [unˈkyntbaːɐ] *adj* permanent, binding, not terminable
unlautere Werbung [ˈunlautərə ˈvɛrbuŋ] *f* unfair advertising
unlauterer Wettbewerb [ˈunlautərər ˈvɛtbəvɛrp] *m* unfair competition
Unmündigkeit [ˈunmyndıçkaıt] *f* minority
unnotierte Werte [ˈunnotiːrtə ˈveːrtə] *m/pl* unlisted securities *pl*
unnötig [ˈunnøːtıç] *adj* unnecessary, needless
unpraktisch [ˈunpraktıʃ] *adj* unpractical *(UK)*, impractical *(US)*
unrealistisch [ˈunrealıstıʃ] *adj* unrealistic
unrechtmäßig [ˈunrɛçtmɛːsıç] *adj* illegal, unlawful
unregelmäßig [ˈunreːgəlmɛːsıç] *adj* irregular; *adv* irregularly
Unregelmäßigkeit [ˈunreːgəlmɛːsıçkaıt] *f* irregularity
unrentabel [ˈunrɛntaːbəl] *adj* unprofitable
unsachgemäß [ˈunzaxgəmɛːs] *adj* improper, inexpert
unschlüssig [ˈunʃlysıç] *adj* uncertain, undetermined, irresolute
Unsicherheit [ˈunzıçərhaıt] *f* uncertainty
unter dem Strich [untər deːm ˈʃtrıç] *adv* on balance, the bottom line is …

U

Unterbeschäftigung [ˈuntərbəʃɛftɪguŋ] *f* underemployment
unterbesetzt [ˈuntərbəzɛtst] *adj* understaffed
unterbewerten [ˈuntərbəvɛrtən] *v* undervalue
Unterbewertung [ˈuntərbəve:rtuŋ] *f* undervaluation
Unterbilanz [ˈuntərbilants] *f* deficit balance
unterbreiten [untərˈbraɪtən] *v* submit
Unterfinanzierung [ˈuntərfinantsi:ruŋ] *f* underfinancing
unterfordern [untərˈfɔrdɐn] *v* demand too little of, ask too little of
Untergebene(r) [untərˈge:bənə(-ɐ)] *f/m (Mitarbeiter)* subordinate
untergeordnet [ˈuntərgəɔrdnət] *adj* subordinate, secondary
Unterhalt [ˈuntərhalt] *m* support, maintenance
Unterhändler(in) [ˈuntərhɛndlɐ(rɪn)] *m/f* negotiator, mediator
Unterkapitalisierung [ˈuntərkapitalizi:ruŋ] *f* undercapitalization
Unterkonto [ˈuntərkɔnto] *n* subsidiary account, adjunct account, subaccount
Unterkunft [ˈuntərkunft] *f* accommodation
Unterlagen [ˈuntərla:gən] *f/pl (Dokumente)* documents *pl*, materials *pl*, papers *pl*
unterlassen [untərˈlasən] *v irr* fail to do, refrain from doing
Unterliquidität [ˈunterlikviditɛ:t] *f* lack of liquidity
Untermakler [ˈuntərma:klɐ] *m* intermediate broker
Unternehmen [untərˈne:mən] *n (Firma)* business, enterprise, business firm, business undertaking, firm, concern
Unternehmensberater(in) [untərˈne:mənsbəra:tɐ(rɪn)] *m/f* business consultant, management consultant
Unternehmensbesteuerung [untərˈne:mənsbəʃtɔyəruŋ] *f* business taxation
Unternehmenseinheit [untərˈne:mənsaɪnhait] *f* unit company, unit of organization
Unternehmensführung [untərˈne:mənsfy:ruŋ] *f* business management, company management, corporation management; *(leitende Personen)* top management
Unternehmensfusion [untərˈne:mənsfuzjo:n] *f* merger of companies
Unternehmensgewinn [untərˈne:mənsgəvɪn] *m* company profit, profit of the enterprise, business profit
Unternehmenskonzentration [untərˈne:mənskɔntsɛntratsjo:n] *f* business concentration
Unternehmenskultur [untərˈne:mənskultu:ɐ] *f* corporate culture
Unternehmensleitung [untərˈne:mənslaɪtuŋ] *f* corporate management, business management, company management
Unternehmensphilosophie [untərˈne:mənsfilozofi:] *f* company philosophy
Unternehmensplanung [untərˈne:mənspla:nuŋ] *f* company planning
Unternehmenspolitik [untərˈne:mənspoliti:k] *f* company policy
Unternehmensstrategie [untərˈne:mənsʃtrategi:] *f* corporate strategy
Unternehmensvernetzung [untərˈne:ənsfɛrnɛtsuŋ] *f* group relationships *pl*
Unternehmensverträge [untərˈne:mənsfɛrtrɛ:gə] *f* intercompany agreements *pl*
Unternehmensziel [untərˈne:mənstsi:l] *n* company objective
Unternehmenszusammenschluss [untərˈne:mənstsuzamənʃlus] *m* merger, consolidation
Unternehmer(in) [untərˈne:mɐ(rɪn)] *m/f* entrepreneur, industrialist, contractor
Unternehmergewinn [untərˈne:mərgəvɪn] *m* corporate profit
unternehmerisch [untərˈne:mərɪʃ] *adj* entrepreneurial
Unternehmerlohn [untərˈne:mərlo:n] *m* owner's salary
Unternehmung [untərˈne:muŋ] *f* business enterprise
Unternehmungswert [untərˈne:muŋsve:rt] *m* corporate value
Unter-Pari-Emission [untərˈpa:riemɪsjo:n] *f* issue below par
Unterredung [untərˈre:duŋ] *f* conference, interview, business talk
unterschlagen [untərˈʃla:gən] *v irr (Geld)* embezzle

U

Unterschlagung [untər'ʃla:guŋ] *f* embezzlement
unterschreiben [untər'ʃraɪbən] *v irr* sign
Unterschrift ['untərʃrɪft] *f* signature
Unterschriftenmappe ['untərʃrɪftənmapə] *f* signature folder
unterschriftsberechtigt ['untərʃrɪftsbərɛçtɪçt] *adj* authorized to sign
unterschriftsreif ['untərʃrɪftsraɪf] *adj* ready for signing, ready to be signed, final
unterschwellige Werbung ['untərʃvɛlɪgə 'vɛrbuŋ] *f* subliminal advertising
Unterstützungslinie [untər'ʃtytsuŋsli:njə] *f* support level
Untersuchung [untər'zu:xuŋ] *f* examination
unterversichert ['untərferzɪçɐt] *adj* underinsured
unterversorgt ['untərfɛrzɔrgt] *adj* undersupplied
Unterversorgung ['untərfɛrzɔrguŋ] *f* undersupply
Untervertreter ['untərfɛrtre:tɐ] *m* subagent
Untervollmacht ['untərfɔlmaxt] *f* delegated authority
unterweisen [untər'vaɪzən] *v irr* instruct
unterzeichnen [untər'tsaɪçnən] *v* sign, subscribe, affix one's signature
Unterzeichnete(r) [untər'tsaɪçnətə(-ɐ)] *f/m* undersigned
untilgbar [un'tɪlkba:ɐ] *adj* irredeemable
untragbar ['untra:kba:ɐ] *adj* intolerable, unbearable, *(Preise)* prohibitive
Untreue ['untrɔyə] *f* disloyalty
unverbindlich ['unfɛrbɪndlɪç] *adj/adv* not binding
unverbindliche Preisempfehlung ['unfɛrbɪndlɪçə 'praɪsempfe:luŋ] *f* recommended retail price
Unverfallbarkeit ['unfɛrfalba:rkaɪt] *f* non-forfeitability
unverkäuflich ['unfɛrkɔyflɪç] *adj* unsaleable; *(nicht feil)* not for sale
unverpackt ['unfɛrpakt] *adj/adv* unpacked
unverzollt ['unfɛrtsɔlt] *adj/adv* duty-free
unvollkommener Markt ['unfɔlkɔmənər markt] *m* imperfect market

U

unvollständig ['unfɔlʃtɛndɪç] *adj* incomplete
Unvollständigkeit ['unfɔlʃtɛndɪçkaɪt] *f* incompleteness
unvorhergesehen ['unfo:rhe:rgəze:ən] *adj* unforeseen, unanticipated
unwirksam ['unvɪrkza:m] *adj* null and void
unwirtschaftlich ['unvɪrtʃaftlɪç] *adj* uneconomical, inefficient
Unwirtschaftlichkeit ['unvɪrtʃaftlɪçkaɪt] *f* inefficiency, wastefulness
Unzumutbarkeit der Weiterbeschäftigung ['untsu:mu:tba:rkaɪt de:r 'vaɪtərbəʃɛftɪguŋ] *f* unacceptability of continued employment
Urabstimmung ['u:rapʃtɪmuŋ] *f* strike vote
Urheber(in) ['u:rhe:bɐ(rɪn)] *m/f* author, originator
Urheberrecht ['u:rhe:bərɛçt] *n* copyright
urheberrechtlich ['u:rhe:bərɛçtlɪç] *adj* copyright
Urkunde ['u:rkundə] *f* certificate, document, deed
urkundlich ['u:rkuntlɪç] *adj* documentary; *adv* authentically; *~ belegt* documented
Urlaub ['u:rlaup] *m* holidays *pl*, vacation *(US)*; *im ~* on holiday, on vacation *(US)*
Urlaubsgeld ['u:rlaupsgɛlt] *n* holiday allowance
Urlaubsvertretung ['u:rlaupsfertre:tuŋ] *f* replacement (for s.o. who is on holiday/on vacation)
Ursprungsland ['u:rʃpruŋslant] *n* country of origin
Ursprungszeugnis ['u:rʃpruŋstsɔyknɪs] *n* certificate of origin
Usance [y'zɑ̃:s] *f* custon, usage, practice
Usancenhandel [y'zɑ̃:sənhandəl] *m* trading in foreign exchange
U-Schätze ['uʃɛtsə] *pl* non-interest bearing treasury bond
USB-Anschluss [u:ɛs'be:anʃlus] *m* USB-port
USB-Stick [u:ɛs'be:stɪk] *m* USB-drive
USP [u:ɛs'pi:] *m* USP, unique selling proposition

V

vakant [va'kant] *adj* vacant
Vakanz [va'kants] *f* vacancy
vakuumverpackt ['va:kuumfɛrpakt] *adj* vacuum-packed
Vakuumverpackung ['va:kuumfɛrpakuŋ] *f* vacuum packaging
vakuumversiegelt ['va:kuumfɛrzi:gəlt] *adj* vacuum-sealed
Vakuumversiegelung ['va:kuumfɛrzi:gəluŋ] *f* vacuum sealing
Valoren [va'lo:rən] *pl* securities *pl*
Valorisation [valoriza'tsjo:n] *f* valorization
Valuta [va'lu:ta] *f* currency
Valuta-Akzept [va'lutaaktsɛpt] *n* foreign currency acceptance
Valuta-Anleihen [va'lutaanlaɪən] *f/pl* foreign currency loan
Valutageschäft [va'lutagəʃɛft] *n* currency transactions *pl*
Valutaklausel [va'lutaklauzəl] *f* foreign currency clause
Valutakonto [va'lutakɔnto] *n* foreign currency account
Valutakredit [va'lutakredi:t] *m* foreign currency loan
Valutapolitik [va'lutapoliti:k] *f* currency policy
Valutarisiko [va'lutari:ziko] *n* exchange risk
Valutaschuldschein [va'lutaʃultʃaɪn] *m* foreign currency certificate of indebtedness
Valutierung [valu'ti:ruŋ] *f* fixing of exchange rate
variabel [vari'a:bəl] *adj* variable
variable Kosten [va'rja:blə 'kɔstən] *pl* variable costs *pl*
variabler Kurs [va'rja:blər kurs] *m* variable price
variabler Markt [va'rja:blər markt] *m* variable market
variabler Wert [va'rja:blər ve:rt] *m* variable value
variabler Zins [va'rja:blər tsɪns] *m* variable rate of interest
Varianz [va'rjaŋts] *f* variance
verabschieden [fɛɐ'apʃi:dən] *v* dismiss, discharge
Verabschiedung [fɛɐ'apʃi:duŋ] *f* dismissal, discharge
veraltet [fɛɐ'altət] *adj* obsolete, antiquated, out of date
veranlagt [fɛɐ'anla:kt] *adj (steuerlich ~)* assessed, rated
Veranlagung [fɛɐ'anla:guŋ] *f (steuerliche ~)* tax assessment
veranlassen [fɛɐ'anlasən] *v* cause, bring about, arrange for
Veranlassung [fɛɐ'anlasuŋ] *f* cause, occasion, initiative
veranschlagen [fɛɐ'anʃla:gən] *v irr* estimate
Veranschlagung [fɛɐ'anʃla:guŋ] *f* estimate
veranstalten [fɛɐ'anʃtaltən] *v* arrange, organize
Veranstaltung [fɛɐ'anʃtaltuŋ] *f* arrangement, organization
Veranstaltungskalender [fɛɐ'anʃtaltuŋskalɛndɐ] *m* calender of events
Veranstaltungsort [fɛɐ'anʃtaltuŋsɔrt] *m* venue
verantworten [fɛɐ'antvɔrtən] *v* answer for, take responsibility for, to be accountable for; *sich für etw ~* answer for sth
verantwortlich [fɛɐ'antvɔrtlɪç] *adj* responsible, answerable; *(juristisch)* liable
Verantwortlichkeit [fɛɐ'antvɔrtlɪçkaɪt] *f* responsibility, liability, accountability
Verantwortung [fɛɐ'antvɔrtuŋ] *f* responsibility; *jdn für etw zur ~ ziehen* call s.o. to account for sth
Verantwortungsträger(in) [fɛɐ'antvɔrtuŋstrɛ:gɐ(rɪn)] *m/f* person responsible
verarbeiten [fɛɐ'arbaɪtən] *v (bearbeiten)* manufacture, process
Verarbeitung [fɛɐ'arbaɪtuŋ] *f (Bearbeitung)* manufacturing, processing, working

veräußern [fɛɐ'ɔysɐn] *v* *(verkaufen)* sell, dispose of, *(übereignen)* transfer
Veräußerung [fɛɐ'ɔysəruŋ] *f* *(von Rechten)* alienation; *(Verkauf)* sale
Veräußerungsgewinn [fɛɐ'ɔysəruŋsgəvɪn] *m* gain on disposal
Verband [fɛɐ'bant] *m* association
verbessern [fɛɐ'bɛsɐn] *v* improve, change for the better; *(korrigieren)* correct, revise
Verbesserung [fɛɐ'bɛsəruŋ] *f* improvement; *(Korrektur)* correction, amendment
verbesserungsbedürftig [fɛɐ'bɛsəruŋsbədyrftɪç] *adj* in need of improvement, requiring improvement
verbesserungsfähig [fɛɐ'bɛsəruŋsfɛ:ɪç] *adj* capable of improvement
Verbesserungsvorschlag [fɛɐ'bɛsəruŋsfo:rʃla:k] *m* suggested improvement, proposed improvement
verbilligen [fɛɐ'bɪlɪgən] *v* lower the price of, reduce
verbilligter Tarif [fɛɐ'bɪlɪçtər ta'ri:f] *m* cheap rate
verbinden [fɛɐ'bɪndən] *v irr* connect
verbindlich [fɛɐ'bɪntlɪç] *adj* *(verpflichtend)* binding
Verbindlichkeiten [fɛɐ'bɪntlɪçkaɪtən] *f/pl* liabilities *pl*
Verbindung [fɛɐ'bɪnduŋ] *f* connection, line, combination
Verbot [fɛɐ'bo:t] *n* prohibition
verbotene Aktienausgabe [fɛɐ'bo:tənə 'aktsjənausga:bə] *f* prohibited share issue
Verbrauch [fɛɐ'braux] *m* consumption
verbrauchen [fɛɐ'brauxən] *v* consume, use up; *(ausgeben)* spend
Verbraucher(in) [fɛɐ'brauxɐ(rɪn)] *m/f* consumer
Verbraucherberatung [fɛɐ'brauxərbəra:tuŋ] *f* **1.** *(Vorgang)* consumer advice; **2.** *(Geschäftsstelle)* consumer advice centre
verbraucherfreundlich [fɛɐ'brauxərfrɔyntlɪç] *adj* consumer-friendly
Verbraucherfreundlichkeit [fɛɐ'brauxərfroyntlɪçkaɪt] *f* consumer-friendliness
Verbraucherkreditgesetz [fɛɐ'brauxərkredi:tgəzets] *n* consumer credit act
Verbrauchermarkt [fɛɐ'brauxərmarkt] *m* consumer market
Verbrauchernachfrage [fɛɐ'brauxərna:xfra:gə] *f* consumer demand
Verbraucherschutz [fɛɐ'brauxərʃuts] *m* consumer protection
Verbrauchersteuern [fɛɐ'brauxerʃtɔyɐn] *f/pl* general tax on consumption
Verbraucherzentrale [fɛɐ'brauxərtsɛntra:lə] *f* consumer advice centre
Verbrauchsgüter [fɛɐ'brauxsgy:tɐ] *n/pl* consumer goods *pl*
Verbrauchslenkung [fɛɐ'brauxslɛŋkuŋ] *f* consumer control
Verbrauchssteigerung [fɛɐ'brauxsʃtaɪgəruŋ] *f* consumption increase
verbuchen [fɛɐ'bu:xən] *v* **1.** *(eintragen)* entry; **2.** *(fig: Erfolg)* notch up
Verbuchung [fɛɐ'bu:xuŋ] *f* entry
Verbund [fɛɐ'bunt] *m* union
verbundene Unternehmen [fɛɐ'bundənə untər'ne:mən] *n/pl* associated companies *pl*
Verbundwirtschaft [fɛɐ'buntvɪrtʃaft] *f* integrated economy
verbürgen [fɛɐ'bʏrgən] *v* guarantee, vouch
verderblich [fɛɐ'dɛrblɪç] *adj* perishable
verderbliche Ware [fɛɐ'dɛrplɪçə va:rə] *f* perishables *pl*
verdienen [fɛɐ'di:nən] *v* *(Geld)* earn
Verdienst [fɛɐ'di:nst] *m* **1.** earnings *pl*, income; **2.** *(Gehalt)* salary; *n* **3.** *(Anspruch auf Anerkennung)* merit
Verdienstausfall [fɛɐ'di:nstausfal] *m* loss of earnings, loss of salary
Verdienstmöglichkeit [fɛɐ'di:nstmø:klɪçkaɪt] *f* income opportunity
Verdienstspanne [fɛɐ'di:nstʃpanə] *f* profit margin
verdient [fɛɐ'di:nt] *adj* **1.** *(Person)* deserving, outstanding; **2.** *(Erfolg)* well-earned
Verdrängungswettbewerb [fɛɐ'drɛŋuŋsvetbəvɛrp] *m* *(Kartell)* destructive price cutting; *(Finanzwesen)* crowding-out competition
veredeln [fɛɐ'e:dəln] *v* *(Rohstoffe)* process
Veredelung [fɛɐ'e:dəluŋ] *f* processing
Verein [fɛɐ'aɪn] *m* association

Vereinbarung [fɛɐ'aɪnba:rʊŋ] *f* agreement, arrangement
vereinbarungsgemäß [fɛɐ'aɪnba:rʊŋsgəmɛ:s] *adj/adv* as agreed
vereinheitlichen [fɛɐ'aɪnhaɪtlɪçən] *v* standardize
Vereinheitlichung [fɛɐ'aɪnhaɪtlɪçʊŋ] *f* standardization
vereinigen [fɛɐ'aɪnɪgən] *v (fusionieren)* amalgamate, merge
Vereinigung [fɛɐ'aɪnɪgʊŋ] *f (Fusion)* amalgamation, merger
Verfahren [fɛɐ'fa:rən] *n* **1.** *(Vorgehen)* procedure, process; **2.** *(Methode)* method, practice; **3.** *(juristisch)* proceedings *pl*, procedure, suit
Verfahrensfehler [fɛɐ'fa:rənsfe:lɐ] *m* procedural error
Verfahrenstechnik [fɛɐ'fa:rənsteçnɪk] *f* process engineering; *chemische ~* chemical engineering
Verfahrensweise [fɛɐ'fa:rənsvaɪzə] *f* method, approach
Verfall [fɛɐ'fal] *m (Fristablauf)* maturity, expiry, expiration *(US)*
verfallen [fɛɐ'falən] *v irr (ungültig werden)* expire, lapse
Verfallsdatum [fɛɐ'falsda:tum] *n* expiry date, expiration date *(US)*
Verfallstag [fɛɐ'falsta:k] *m* due date, day of expiry, expiration date *(US)*
Verfallzeit [fɛɐ'faltsaɪt] *f* expiry time
verflechten [fɛɐ'fleçtən] *v irr* integrate
verfrachten [fɛɐ'fraxtən] *v* ship
verfügbar [fɛɐ'fy:kba:ɐ] *adj* available; *~ haben* have at one's disposal
verfügbares Einkommen [fɛɐ'fy:kba:rəs 'aɪnkɔmən] *n* disposable income
verfügbares Geld [fɛɐ'fy:kba:rəs 'gɛlt] *n* available cash
Verfügbarkeit [fɛɐ'fy:kba:rkaɪt] *f* availability
verfügen [fɛɐ'fy:gən] *v ~ über* have at one's disposal, have use of
Verfügung [fɛɐ'fy:gʊŋ] *f* disposal, order
verfügungsberechtigt [fɛɐ'fy:gʊŋsbərɛçtɪçt] *adj* free to dispose
Verfügungsrecht [fɛɐ'fy:gʊŋsrɛçt] *n* right of disposal
Verfügungsrechte [fɛɐ'fy:gʊŋsrɛçtə] *n/pl* property rights *pl*
Vergabe [fɛɐ'ga:bə] *f (Auftrag)* placing, award
vergeben [fɛɐ'ge:bən] *v irr (Aufträge)* place, award
vergesellschaften [fɛɐ'gəzɛlʃaftən] *v* nationalize, convert into a company
Vergleich [fɛɐ'glaɪç] *m* comparison; *(Einigung)* settlement
vergleichen [fɛɐ'glaɪçən] *v irr* compare; *(sich ~)* settle
Vergleichsbilanz [fɛɐ'glaɪçsbilants] *f* comparative balance sheet
Vergleichsjahr [fɛɐ'glaɪçsja:ɐ] *n* base year
Vergleichsverfahren [fɛɐ'glaɪçsfɛrfa:rən] *n* composition proceedings *pl*
Vergleichswert [fɛɐ'glaɪçsve:rt] *m* comparative value
vergriffen [fɛɐ'grɪfən] *adj (nicht verfügbar)* unavailable
vergüten [fɛɐ'gy:tən] *v* reimburse, compensate
Vergütung [fɛɐ'gy:tʊŋ] *f* reimbursement, compensation
Verhältnis [fɛɐ'hɛltnɪs] *n* proportion
verhandeln [fɛɐ'handəln] *v* negotiate
Verhandlung [fɛɐ'handlʊŋ] *f* negotiation
Verhandlungsbasis [fɛɐ'handlʊŋsba:zɪs] *f* basis for negotiations
Verhandlungsbereitschaft [fɛɐ'handlʊŋsbəraɪtʃaft] *f* readiness to negotiate, willingness to negotiate
verhandlungsfähig [fɛɐ'handlʊŋsfɛ:ɪç] *adj* able to stand trial
Verhandlungsgeschick [fɛɐ'handlʊŋsgəʃɪk] *n* negotiation skills *pl*
Verhandlungspartner(in) [fɛɐ'handlʊŋspartnɐ(rɪn)] *m/f* negotiating partner
Verhandlungsposition [fɛɐ'handlʊŋspozitsjo:n] *f* bargaining position
verjähren [fɛɐ'jɛ:rən] *v* come under the statute of limitations, become barred by the statute of limitations
Verjährung [fɛɐ'jɛ:rʊŋ] *f* statutory limitation, prescription
Verjährungsfrist [fɛɐ'jɛ:rʊŋsfrɪst] *f* statutory period of limitation
verkalkulieren [fɛɐkalku'li:rən] *v sich ~* miscalculate
Verkauf [fɛɐ'kauf] *m* sale, selling
verkaufen [fɛɐ'kaufən] *v* sell

V

Verkäufer(in) [fɛɐ'kɔyfɐ(rɪn)] *m/f* **1.** seller, vendor; **2.** *(in einem Geschäft)* salesman/saleswoman
Verkäufermarkt [fɛɐ'kɔyfərmarkt] *m* seller's market
Verkäuferprovision [fɛɐ'kɔyfərproviz-jo:n] *f* sales commission
verkäuflich [fɛɐ'kɔyflɪç] *adj* saleable
Verkaufsabschluss [fɛɐ'kaufsapʃlus] *m* sales contract
Verkaufsabteilung [fɛɐ'kaufsaptaɪluŋ] *f* sales department
Verkaufsauftrag [fɛɐ'kaufsauftra:k] *m* order to sell, selling order
Verkaufsbericht [fɛɐ'kaufsbərɪçt] *m* sales report
Verkaufschance [fɛɐ'kaufsʃɑ̃:sə] *f* sales possibilities *pl*
Verkaufserlös [fɛɐ'kaufserløs] *m* sale proceeds *pl*
Verkaufsfläche [fɛɐ'kaufsflɛçə] *f* sales space, selling space
Verkaufsförderung [fɛɐ'kaufsfœrdə-ruŋ] *f* sales promotion
Verkaufsgespräch [fɛɐ'kaufsgəʃprɛ:ç] *n* sales talk
Verkaufsknüller [fɛɐ'kaufsknʏlɐ] *m* *(fam)* moneyspinner, hit
Verkaufsleiter(in) [fɛɐ'kaufslaɪtɐ(rɪn)] *m/f* sales manager
Verkaufsmethoden [fɛɐ'kaufsmeto:-dən] *f/pl* sales strategy
Verkaufsniederlassung [fɛɐ'kaufsni:-dərlasuŋ] *f* sales office
Verkaufsoption [fɛɐ'kaufsɔptsjo:n] *f* option to sell
Verkaufspreis [fɛɐ'kaufspraɪs] *m* selling price
Verkaufsrückgang [fɛɐ'kaufsrʏkgaŋ] *f* drop in sales, decline in sales
Verkaufsstab [fɛɐ'kaufsʃta:p] *m* sales staff
V
Verkaufstechnik [fɛɐ'kaufsteçnɪk] *f* sales technique
Verkaufswert [fɛɐ'kaufsve:rt] *m* selling value
Verkaufszahlen [fɛɐ'kaufstsa:lən] *f/pl* sales figures *pl*
verkehrsgünstig [fɛɐ'ke:rsgynstɪç] *adj* conveniently located
Verkehrshypothek [fɛɐ'ke:rshypote:k] *f* ordinary mortgage
Verkehrssteuern [fɛɐ'ke:rsʃtɔyɐn] *f/pl* taxes on transactions *pl*
Verkehrswert [fɛɐ'ke:rsve:rt] *m* market value
verklagen [fɛɐ'kla:gən] *v* sue, bring action against, take to court
Verladekosten [fɛɐ'la:dəkɔstən] *pl* loading charges *pl*
verladen [fɛɐ'la:dən] *v irr* load, ship, freight
Verladeplatz [fɛɐ'la:dəplats] *m* loading point, entraining point
Verladerampe [fɛɐ'la:dərampə] *f* loading platform
Verladung [fɛɐ'la:duŋ] *f* loading, shipment, shipping
Verlag [fɛɐ'la:k] *m* publishing house, publishers *pl*, publishing firm
Verlängerung [fɛɐ'lɛŋəruŋ] *f* extension
Verleger(in) [fɛɐ'le:gɐ(rɪn)] *m/f* publisher
verloren gegangene Sendung [fɛɐ-'lo:rən gəgaŋənə 'zɛnduŋ] *f* lost shipment
Verlust [fɛɐ'lust] *m* loss, damage
Verlustausgleich [fɛɐ'lustausglaɪç] *m* loss-compensation
Verlust bringend [fɛɐ'lust brɪŋənt] *adj (Geschäfte)* loss-making
Verlustgeschäft [fɛɐ'lustgəʃɛft] *n* money-losing deal, loss-making business
Verlustkonto [fɛɐ'lustkɔnto] *n* deficit account
Verlustrücktrag [fɛɐ'lustryktra:k] *m* tax loss carryback
Verlustvortrag [fɛɐ'lustfo:rtra:k] *m* carry-forward of the losses
Verlustzuweisung [fɛɐ'lusttsu:vaɪ-zuŋ] *f* loss allocation
Vermächtnis [fɛɐ'mɛçtnɪs] *n* legacy
vermarkten [fɛɐ'marktən] *v* market, place on the market; *(fig)* commercialize
Vermarktung [fɛɐ'marktuŋ] *f* marketing
Vermerk [fɛɐ'mɛrk] *m* note, entry, remark
Verminderung [fɛɐ'mɪndəruŋ] *f* reduction, decrease
vermitteln [fɛɐ'mɪtəln] *v* **1.** mediate, act as intermediary, negotiate; **2.** *(beschaffen)* obtain sth for s.o.

Vermittler(in) [fɛɐ'mɪtlɐ(rɪn)] *m/f* mediator; intermediary, agent
Vermittlung [fɛɐ'mɪtluŋ] *f* **1.** mediation; **2.** *(Übereinkunft)* arrangement, negotiation; **3.** *(Telefonvermittlung)* operator; **4.** *(Stellenvermittlung)* agency
Vermittlungsgebühr [fɛɐ'mɪtluŋsgəby:ɐ] *f* commission
Vermittlungsgeschäft [fɛɐ'mɪtluŋsgəʃɛft] *n* brokerage business
Vermittlungsstelle [fɛɐ'mɪtluŋsʃtelə] *f* agency
Vermögen [fɛɐ'mø:gən] *n* *(Besitz)* assets *pl*, wealth, fortune
Vermögensabgabe [fɛɐ'mø:gənsapga:bə] *f* capital levy
Vermögensanlage [fɛɐ'mø:gənsanla:gə] *f* investment
Vermögensarten [fɛɐ'mø:gənsa:rtən] *f/pl* types of property *pl*
Vermögensberater(in) [fɛɐ'mø:gənsbəra:tɐ(rɪn)] *m/f* investment consultant
Vermögensbilanz [fɛɐ'mø:gənsbilants] *f* assets and liability statement
Vermögensbildung [fɛɐ'mø:gənsbɪlduŋ] *f* wealth creation
Vermögenseffekten [fɛɐ'mø:gənsɛfɛktən] *pl* real balance effect
Vermögenseinkommen [fɛɐ'mø:gənsaɪnkɔmən] *n* real balance effect
Vermögenspolitik [fɛɐ'mø:gənspoliti:k] *f* policy relating to capital formation
Vermögenssteuer [fɛɐ'mø:gənsʃtɔyɐ] *f* wealth tax
Vermögenswerte [fɛɐ'mø:gənsve:rtə] *m/pl* property assets *pl*, assets *pl*
vermögenswirksame Leistungen [fɛɐ'mø:gənsvɪrkza:mə 'laɪstuŋən] *f/pl* capital forming benefits *pl*
vernetzen [fɛɐ'nɛtsən] *v* network
Vernetzung [fɛɐ'nɛtsuŋ] *f* networking
Veröffentlichung [fɛɐ'œfəntlɪçuŋ] *f* publication
Veröffentlichungspflicht [fɛɐ'œfəntlɪçuŋspflɪçt] *f* statutory public disclosure
Verordnung [fɛɐ'ɔrdnuŋ] *f* decree
verpacken [fɛɐ'pakən] *v* package, pack
Verpackung [fɛɐ'pakuŋ] *f* packaging, packing, wrapping
Verpackungsmaterial [fɛɐ'pakuŋsmatərja:l] *n* packing material
Verpackungsmüll [fɛɐ'pakuŋsmyl] *m* packing waste
Verpackungstechnik [fɛɐ'pakuŋstɛçnɪk] *f* packaging technology
Verpackungsvorschriften [fɛɐ'pakuŋsfo:rʃrɪftən] *f/pl* packing instructions *pl*
verpfänden [fɛɐ'pfɛndən] *v* *(hypothekarisch)* mortgage
Verpfändung [fɛɐ'pfɛnduŋ] *f* pawning, hocking, pledge
verpflichten [fɛɐ'pflɪçtən] *v* oblige, engage; *(unterschriftlich)* sign on
verpflichtend [fɛɐ'pflɪçtənt] *adj* binding
Verpflichtung [fɛɐ'pflɪçtuŋ] *f* commitment, obligation, undertaking; *(finanziell)* liability
verrechnen [fɛɐ'rɛçnən] *v* **1.** *etw ~* set off against, charge against, settle up; **2.** *sich ~* miscalculate
Verrechnung [fɛɐ'rɛçnuŋ] *f* settlement, compensation; *nur zur ~* not negotiable
Verrechnungseinheit [fɛɐ'rɛçnuŋsaɪnhaɪt] *f* clearing unit
Verrechnungskonto [fɛɐ'rɛçnuŋskɔnto] *n* offset account
Verrechnungspreise [fɛɐ'rɛçnuŋspraɪzə] *m/pl* transfer prices *pl*
Verrechnungsscheck [fɛɐ'rɛçnuŋsʃɛk] *m* crossed cheque *(UK)*, voucher check *(US)*
Verruf [fɛɐ'ru:f] *m* discredit; *in ~ kommen* fall into disrepute; *jdn in ~ bringen* ruin s.o.'s reputation
Versammlung [fɛɐ'zamluŋ] *f* meeting, gathering, assembly
Versand [fɛɐ'zant] *m* shipment, delivery, dispatch
Versandabteilung [fɛɐ'zantaptaɪluŋ] *f* dispatch department
versandbereit [fɛɐ'zantbəraɪt] *adj/adv* ready for dispatch
Versandbox [fɛɐ'zantbɔks] *f* dispatch box
Versandform [fɛɐ'zantfɔrm] *f* manner of delivery
Versandhandel [fɛɐ'zanthandəl] *m* mail order business, mail order firm
Versandhaus [fɛɐ'zanthaus] *n* mail-order house
Versandtasche [fɛɐ'santtaʃə] *f* padded envelope

verschieben [fɛɐ'ʃi:bən] *v irr (aufschieben)* postpone
Verschiebung [fɛɐ'ʃi:buŋ] *f (eines Termins)* postponement
verschiffen [fɛɐ'ʃɪfən] *v* ship, transport
Verschiffung [fɛɐ'ʃɪfuŋ] *f* shipment
Verschleierung der Bilanz [fɛɐ'ʃlaɪəruŋ de:r bi'lants] *f* doctoring a balance sheet
Verschleiß [fɛɐ'ʃlaɪs] *m* wear and tear
verschmelzen [fɛɐ'ʃmɛltsən] *v irr* merge, amalgamate
Verschmelzung [fɛɐ'ʃmɛltsuŋ] *f* merger
verschrotten [fɛɐ'ʃrɔtən] *v* scrap
Verschrottung [fɛɐ'ʃrɔtuŋ] *f* scrapping, junking
verschulden [fɛɐ'ʃuldən] *v* get into debt
Verschulden vor Vertragsabschluss (culpa in contrahendo) [fɛɐ'ʃuldən fo:r fɛr'tra:ksapʃlus (kulpa ɪn kɔntrahɛndo)] *n* culpa in contrahendo
Verschuldung [fɛɐ'ʃulduŋ] *f* indebtedness
Versehen [fɛɐ'ze:ən] *n (Irrtum)* mistake, error; *aus ~* inadvertently, by mistake
versehentlich [fɛɐ'ze:əntlɪç] *adv* inadvertently, by mistake
versenden [fɛɐ'zɛndən] *v irr* dispatch, send, forward
Versendung [fɛɐ'zɛnduŋ] *f* shipment, sending
versichern [fɛɐ'zɪçɐn] *v (Versicherung abschließen)* assure, insure *(US)*
Versicherung [fɛɐ'zɪçəruŋ] *f* **1.** *(Eigentumsversicherung)* insurance; **2.** *(Lebensversicherung)* assurance, life insurance *(US)*
Versicherung auf Gegenseitigkeit [fɛɐ'zɪçəruŋ auf 'ge:gənzaɪtɪçkaɪt] *f* mutual insurance
Versicherungsagent(in) [fɛɐ'zɪçəruŋsagɛnt(ɪn)] *m/f* insurance agent
Versicherungsaktie [fɛɐ'zɪçəruŋsaktsjə] *f* insurance company share
Versicherungsanstalt [fɛɐ'zɪçəruŋsanʃtalt] *f* Social Insurance Office
Versicherungsbeitrag [fɛɐ'zɪçeruŋsbaɪtra:k] *m* insurance premium, premium
Versicherungsbetrug [fɛɐ'zɪçəruŋsbətru:k] *m* insurance fraud
Versicherungsfall [fɛɐ'zɪçəruŋsfal] *m* insurance case, insured loss
Versicherungskauffrau [fɛɐ'zɪçəruŋskauffrau] *f* (female) insurance broker
Versicherungskaufmann [fɛɐ'zɪçəruŋskaufman] *m* insurance broker
Versicherungsmakler(in) [fɛɐ'zɪçəruŋsma:klɐ(rɪn)] *m/f* insurance agent
Versicherungsnehmer(in) [fɛɐ'zɪçəruŋsne:mɐ(rɪn)] *m/f* insured person, policy holder
Versicherungspflicht [fɛɐ'zɪçəruŋspflɪçt] *f* liability to insure
Versicherungspolice [fɛɐ'zɪçəruŋspoli:s(ə)] *f* insurance policy
Versicherungsprämie [fɛɐ'zɪçəruŋsprɛ:mjə] *f* insurance premium
Versicherungsschutz [fɛɐ'zɪçəruŋsʃuts] *m* insurance coverage
Versicherungssumme [fɛɐ'zɪçəruŋszumə] *f* insured sum
Versicherungsverein auf Gegenseitigkeit (VVaG) [fɛɐ'zɪçəruŋsfɛraɪn auf 'ge:gənzaɪtɪçkaɪt] *m* mutual life insurance company
Versicherungsvertrag [fɛɐ'zɪçəruŋsfɛrtra:k] *m* insurance contract
Versicherungszertifikat (C/I) [fɛɐ'zɪçəruŋstsɛrtifika:t] *n* certificate of insurance (C/I)
Versorgung [fɛɐ'zɔrguŋ] *f (Beschaffung)* provision, supply
verspäten [fɛɐ'ʃpɛ:tən] *v sich ~* to be late; *sich ~ (aufgehalten werden)* to be delayed
Verspätung [fɛɐ'ʃpɛ:tuŋ] *f (Verzögerung)* delay
Verstaatlichung [fɛɐ'ʃta:tlɪçuŋ] *f* nationalization, transfer to state ownership
Verständigung [fɛɐ'ʃtɛndɪguŋ] *f* **1.** notification; **2.** *(Einigung)* agreement
Verständigungsbereitschaft [fɛɐ'ʃtɛndɪguŋsbəraɪtʃaft] *f* willingness to negotiate, eagerness to reach an agreement, communicativeness
versteckte Arbeitslosigkeit [fɛɐ'ʃtɛktə 'arbaɪtslo:zɪçkaɪt] *f* hidden unemployment
versteckte Inflation [fɛɐ'ʃtɛktə ɪnfla'tsjo:n] *f* hidden inflation
Versteigerung [fɛɐ'ʃtaɪgəruŋ] *f* auction, public sale

Verstoß [fɛɐ'ʃto:s] *m* offence, breach, infringement
verstoßen [fɛɐ'ʃto:sən] *v irr gegen etw* ~ infringe upon sth, violate sth
Vertagung [fɛɐ'ta:guŋ] *f* postponement
Verteilung [fɛɐ'taɪluŋ] *f* distribution
Verteuerung [fɛɐ'tɔyəruŋ] *f* rise in price, price increase
vertikale Integration ['vɛrtika:lə ɪntegra'tsjo:n] *f* vertical integration
vertikale Konzentration ['vɛrtika:lə kɔntsɛntra'tsjo:n] *f* vertical concentration
Vertrag [fɛɐ'tra:k] *m* contract
vertraglich [fɛɐ'tra:klɪç] *adj* contractual; *adv* according to contract
Vertragsabschluss [fɛɐ'tra:ksapʃlus] *m* conclusion of a contract
Vertragsänderung [fɛɐ'tra:ksɛndəruŋ] *f* amendment of a contract
Vertragsbedingungen [fɛɐ'tra:ksbədɪŋuŋən] *f/pl* conditions of a contract *pl*, terms of a contract *pl*, provisions of a contract *pl*
Vertragsbestimmung [fɛɐ'tra:ksbəʃtɪmuŋ] *f* provisions of a contract *pl*, stipulations of a contract *pl*, terms of a contract *pl*
Vertragsbindung [fɛɐ'tra:ksbɪnduŋ] *f* contractual obligations *pl*
Vertragsbruch [fɛɐ'tra:ksbrux] *m* breach of contract, violation of a treaty
Vertragsdauer [fɛɐ'tra:ksdauɐ] *f* term of a contract
Vertragsfreiheit [fɛɐ'tra:ksfraɪhaɪt] *f* freedom of contract
Vertragsgegenstand [fɛɐ'tra:ksge:gənʃtant] *m* subject matter of a contract, object of agreement
Vertragskontinuität [fɛɐ'tra:kskɔntinuitɛ:t] *f* continuity of contracts, contractual continuity
Vertragspartner(in) [fɛɐ'tra:kspartnɐ(rɪn)] *m/f* party to the contract, party to a contract
Vertragsstrafe [fɛɐ'tra:ksʃtra:fə] *f* penalty for breach of contract, contractual penalty
vertragswidrig [fɛɐ'tra:ksvi:drɪç] *adj* contrary to the contract
vertrauensbildend [fɛɐ'trauənsbɪldənt] *adj* trust-building, confidence-building
Vertrauensbruch [fɛɐ'trauənsbrux] *m* breach of s.o.'s trust
Vertrauensgüter [fɛɐ'trauənsgy:tɐ] *n/pl* credence goods *pl*, trust-based goods *pl*
Vertrauensverhältnis [fɛɐ'trauənsfɛrhɛltnɪs] *n* confidential relationship
vertraulich [fɛɐ'traulɪç] *adj* confidential; *adv* in confidence, confidentially
vertreiben [fɛɐ'traɪbən] *v irr (verkaufen)* sell, market
Vertreter(in) [fɛɐ'tre:tɐ(rɪn)] *m/f (Repräsentant(in))* representative, delegate; *(Stellvertreter(in))* deputy, proxy
Vertretung [fɛɐ'tre:tuŋ] *f (Repräsentanz)* agency, representation; *(Stellvertretung)* replacement; *(Vertreten)* representation
Vertrieb [fɛɐ'tri:p] *m* marketing, sale, distribution
Vertriebsabteilung [fɛɐ'tri:psaptaɪluŋ] *f* sales department
Vertriebsfirma [fɛɐ'tri:psfɪrma] *f* distributor, marketing company
Vertriebsgesellschaft [fɛɐ'tri:psgəzɛlʃaft] *f* distribution company
Vertriebswagnis [fɛɐ'tri:bsva:gnɪs] *n* accounts receivable risk
Vertriebsweg [fɛɐ'tri:psve:k] *m* distribution channel
veruntreuen [fɛɐ'untrɔyən] *v* embezzle, misappropriate
Veruntreuung [fɛɐ'untrɔyuŋ] *f* embezzlement, misappropriation
Verursacherprinzip [fɛɐ'urzaxərprɪntsi:p] *n* polluter pays principle
Vervielfältigung [fɛɐ'fi:lfɛltɪguŋ] *f* reproduction
Verwahrung [fɛɐ'va:ruŋ] *f* custody
Verwahrungsbetrag [fɛɐ'va:ruŋsbetra:k] *m* value of custody
Verwahrungsbuch [fɛɐ'va:ruŋsbu:x] *n* custody ledger
Verwahrungskosten [fɛɐ'va:ruŋskɔstən] *pl* custody fee
verwalten [fɛɐ'valtən] *v* administer, manage, supervise
Verwalter(in) [fɛɐ'valtɐ(rɪn)] *m/f* administrator, manager
Verwaltung [fɛɐ'valtuŋ] *f* administration, management
Verwaltungsaktien [fɛɐ'valtuŋsaktsjən] *f/pl* treasury stock

Verwaltungsgebühr [fɛɐ'valtuŋsgəby:ɐ] *f* official fees *pl*
verwendbar [fɛɐ'vɛntba:ɐ] *adj* usable, serviceable
verwenden [fɛɐ'vɛndən] *v irr* use, utilize, employ; *wieder ~* reuse
Verwendung [fɛɐ'vɛnduŋ] *f* use, application, utilization; *für etw ~ finden* find a purpose for sth
Verwertungsgesellschaft [fɛɐ've:rtuŋsgəzɛlʃaft] *f* collecting society
verzinsen [fɛɐ'tsɪnzən] *v* pay interest on
Verzinsung [fɛɐ'tsɪnzuŋ] *f* payment of interest, interest yield
verzollen [fɛɐ'tsɔlən] *v* pay duty on, declare
verzollt [fɛɐ'tsɔlt] *adj/adv* duty-paid
Verzollung [fɛɐ'tsɔluŋ] *f* payment of duty
Verzug [fɛɐ'tsu:k] *m* delay, default; *mit etw in ~ geraten* fall behind with sth; *mit etw in ~ sein* to be behind in sth, to be in arrears with sth
Verzugszinsen [fɛɐ'tsu:kstsɪnzən] *m/pl* default interest
Videokonferenz ['videokɔnfərɛnts] *f* video conference
vierteljährlich ['fɪrtəljɛ:rlɪç] *adj/adv* quarterly
Vinkulation [vɪŋku'la:tsjon] *f* restriction of transferability
vinkulierte Aktie [vɪŋku'li:rtə 'aktsjə] *f* restricted share
Virtualisierung [vɪrtuali'zi:ruŋ] *f* virtualization
virtuelle Realität [vɪrtu'ɛlə reali'tɛ:t] *f* virtual reality
virtuelles Unternehmen [vɪr'tuɛləs untər'ne:mən] *n* virtual company
Virus ['vi:rus] *m EDV* virus
Visitenkarte [vi'zi:tənkartə] *f* visiting card, business card
Visum ['vi:zum] *n* visa
Voice Mail ['vɔɪsmeɪl] *f* voice mail
Volatilität [volatili'tɛ:t] *f* volatility
Volkseinkommen ['fɔlksaɪnkɔmən] *n* national income
Volksvermögen ['fɔlksfɛrmø:gən] *n* national wealth
Volkswirt(in) ['fɔlksvɪrt(ɪn)] *m/f* economist
Volkswirtschaft ['fɔlksvɪrtʃaft] *f* national economy, political economy
volkswirtschaftlich ['fɔlksvɪrtʃaftlɪç] *adj* national economic, economic
volkswirtschaftliche Gesamtrechnung ['fɔlksvɪrtʃaftlɪçə gə'zamtrɛçnuŋ] *f* national accounting
Volkswirtschaftslehre ['fɔlksvɪrtʃaftsle:rə] *f* economics
Volkszählung ['fɔlkstsɛ:luŋ] *f* census
Vollbeschäftigung ['fɔlbəʃɛftɪguŋ] *f* full employment
Vollkaskoversicherung ['fɔlkaskɔfɛrzɪçəruŋ] *f* fully comprehensive insurance
Vollkaufmann ['fɔlkaufman] *m* registered trader
Vollkosten ['fɔlkɔstən] *pl* full cost
Vollmacht ['fɔlmaxt] *f* authority; *(juristisch)* power of attorney
vollstrecken [fɔl'ʃtrɛkən] *v* execute, enforce
Volumen [vo'lu:mən] *n* volume
Vorankündigung ['fo:rankyndɪguŋ] *f* initial announcement, preliminary announcement
Voranschlag ['fo:ranʃla:k] *m* estimate
Vorarbeiter(in) ['fo:rarbaɪtɐ(rɪn)] *m/f* foreman/forewoman
vorausbezahlt (ppd.) [fo'rausbətsa:lt] *adj/adv* prepaid (ppd.) *adj*
Vorausklage [fo'rauskla:gə] *f* preliminary injunction
Vorauszahlung [for'austsa:luŋ] *f* prepayment, payment in advance, advance payment, cash in advance (c.i.a.)
Vorbehalt ['fo:rbəhalt] *m* reservation; *unter dem ~, dass* provided that
vorbehalten ['fo:rbəhaltən] *v irr* reserve; *alle Rechte ~* all rights reserved; *jdm ~ bleiben* to be reserved for
Vorbesprechung ['fo:rbəʃprɛçuŋ] *f* briefing
vorbestellen ['fo:rbəʃtɛlən] *v* order in advance, reserve, make a reservation
Vorbestellrabatt ['fo:rbəʃtɛlrabat] *m* discount on advance orders
Vorbestellung ['fo:rbəʃtɛluŋ] *f* advance order, advance booking, reservation
Vorbörse ['fo:rbørzə] *f* dealing before official hours

vordatierter Scheck ['fo:rdati:rtɐ ʃɛk] *m* antedated cheque
Vordruck ['fo:rdruk] *m* printed form
Vorentscheidung ['fo:rɛntʃaɪduŋ] *f* precedent
vorfinanzieren ['fo:rfɪnantsi:rən] *v* provide advance financing
Vorfinanzierung ['fo:rfɪnantsi:ruŋ] *f* advance financing
Vorführung ['fo:rfy:ruŋ] *f (Präsentation)* display, demonstration, presentation
Vorgang ['fo:rgaŋ] *m (Akte)* file, record
Vorjahr ['fo:rja:ɐ] *n das ~* the previous year, last year, the preceding year
Vorkalkulation ['fo:rkalkulatsjo:n] *f* estimation of cost
Vorkaufsrecht ['fo:rkaufsrɛçt] *n* right of first refusal, right of preemption
Vorleistung ['fo:rlaɪstuŋ] *f* advance performance
Vormerkung ['fo:rmɛrkuŋ] *f* order, advance order
Vormonat ['fo:rmo:nat] *m* preceding month
Vorprodukte ['fo:rproduktə] *n/pl* intermediate products *pl*
Vorrat ['fo:rra:t] *m* store, stock, supply
vorrätig ['fo:rrɛ:tɪç] *adj* in stock, on hand, available
Vorratsaktie ['fo:ra:tsaktsjə] *f* disposable share
Vorrecht ['fo:rrɛçt] *n* privilege, preferential right, prerogative
Vorruhestand ['fo:rru:əʃtant] *m* early retirement
vorsätzlich ['fo:rzɛtslɪç] *adj* deliberate, intentional; *adv* deliberately, intentionally
Vorschaltkonditionen ['fo:rʃaltkɔnditsjo:nən] *f/pl* preliminary conditions *pl*
Vorschlag ['fo:rʃla:k] *m* suggestion, proposal
vorschlagen ['fo:rʃla:gən] *v irr* propose, suggest
Vorschrift ['fo:rʃrɪft] *f* regulation, rule; *(Anweisung)* instruction
vorschriftsmäßig ['fo:rʃrɪftsmɛ:sɪç] *adj* correct, proper; *adv* in due form, according to regulations, as prescribed
Vorschuss ['fo:rʃus] *m* advance
Vorschusszinsen ['fo:rʃustsɪnzən] *m/pl* negative advance interest
Vorsichtskasse ['fo:rzɪçtskasə] *f* precautionary holding
Vorsitz ['fo:rzɪts] *m* chairmanship
Vorstand ['fo:rʃtant] *m* **1.** board, board of directors, management board; **2.** *(~smitglied)* member of the board, director; *(erster ~)* managing director
Vorstandsvorsitzende(r) ['fo:rʃtantsfo:rzɪtsəndə(-ɐ)] *f/m* chairman/chairwoman of the board, CEO *(US)*
Vorstellungstermin ['fo:rʃtɛluŋstɛrmi:n] *m* interview appointment
Vorsteuer ['fo:rʃtɔyɐ] *f* input tax
Vorsteuerabzug ['fo:rʃtɔyəraptsu:k] *m* deduction of input tax
Vorteil ['fo:rtaɪl] *m* advantage
Vorverkauf ['fo:rfɛrkauf] *m* advance sale
Vorvertrag ['fo:rfɛrtra:k] *m* preliminary contract, provisional contract
Vorwahl ['fo:rva:l] *f* dialling code, area code
Vorwoche ['fo:rvɔxə] *f* preceding week
Vorzimmer ['fo:rtsɪmɐ] *n (eines Büros)* outer office
Vorzugsaktie ['fo:rtsu:ksaktsjə] *f* preference share, preference stock
Vorzugsdividende ['fo:rtsu:ksdividɛndə] *f* preferential dividend
Vorzugskurs ['fo:rtsu:kskurs] *m* preferential price
Vorzugsobligation ['fo:rtsu:ksobligatsjo:n] *f* preference bond
Vorzugsrabatt ['fo:rtsu:ksrabat] *m* preferential discount
Vostrokonto ['vɔstrokɔnto] *n* vostro account

W

Waage [ˈva:gə] *f* scales *pl*, balance
wachsen [ˈvaksən] *v irr (zunehmen)* increase, mount, grow
Wachstum [ˈvakstu:m] *n* growth, *(Zunahme)* increase
Wachstumsfonds [ˈvakstu:msfɔ̃:] *m* growth fund
wachstumsfördernd [ˈvakstu:msfœrdərnt] *adj* growth-stimulating, growth-promoting
wachstumshemmend [ˈvakstu:mshɛmənt] *adj* growth-retarding
Wachstumskurve [ˈvakstu:mskurvə] *f* growth curve
Wachstumsrate [ˈvakstu:msra:tə] *f* growth rate
Wachstumsziel [ˈvakstu:mstsi:l] *n* growth target
Wagenladung [ˈva:gənla:duŋ] *f* lorry-load
Waggon [vaˈgɔ̃:] *m* goods wagon, freight car *(US)*, carriage
Wagnis [ˈva:knɪs] *n* venture
Wahl [va:l] *f* **1.** *(Auswahl)* choice; *erste ~* top quality; **2.** *(Abstimmung)* election
Wahlausgang [ˈva:lausgaŋ] *m* election results *pl*
wählen [ˈvɛ:lən] *v* **1.** *(auswählen)* choose, select; **2.** *(eine Telefonnummer)* dial; **3.** *(stimmen für)* vote for; **4.** *(durch Wahl ermitteln)* elect
Wahlgeheimnis [ˈva:lgəhaɪmnɪs] *n* secrecy of the ballot
Wahlstimme [ˈva:lʃtɪmə] *f* vote
Wahrheitsfindung [ˈva:rhaɪtsfɪnduŋ] *f* ascertaining the truth
Wahrscheinlichkeit [va:rˈʃaɪnlɪçkaɪt] *f* probability
Wahrscheinlichkeitsrechnung [varˈʃaɪnlɪçkaɪtsrɛçnuŋ] *f* calculation of probabilities
Wahrung [ˈva:ruŋ] *f* **1.** *(Instandhaltung)* maintenance; **2.** *von Interessen)* protection, safeguarding
Währung [ˈvɛ:ruŋ] *f* currency
Währungsabkommen [ˈvɛ:ruŋsapkɔmən] *n* currency agreement, monetary agreement
Währungsabsicherung [ˈvɛ:ruŋsapzɪçəruŋ] *f* currency hedging
Währungsausgleich [ˈvɛ:ruŋsausglaɪç] *m* currency conversion compensation
Währungsausgleichsfonds [vɛ:ruŋsˈausglaɪçsfɔ̃:] *m* equalization fund
Währungseinheit [ˈvɛ:ruŋsaɪnhaɪt] *f* currency unit, monetary unit
Währungsfonds [ˈvɛ:ruŋsfɔ̃:] *m* monetary fund
Währungsgebiet [ˈvɛ:ruŋsgəbi:t] *n* currency area
Währungsklausel [ˈvɛ:ruŋsklauzəl] *f* currency clause
Währungskonto [ˈvɛ:ruŋskɔnto] *n* currency account
Währungskorb [ˈvɛ:ruŋskɔrp] *m* currency basket
Währungskrise [ˈvɛ:ruŋskri:zə] *f* monetary crisis
Währungsordnung [ˈvɛ:ruŋsɔrdnuŋ] *f* monetary system
Währungsparität [ˈvɛ:ruŋsparitɛ:t] *f* monetary parity
Währungspolitik [ˈvɛ:ruŋspoliti:k] *f* currency policy, monetary policy
Währungspool [ˈvɛ:ruŋspu:l] *m* currency pool
Währungsreform [ˈvɛ:ruŋsrefɔrm] *f* currency reform, monetary reform
Währungsreserven [ˈvɛ:ruŋsrezɛrvən] *f/pl* monetary reserves *pl*
Währungsrisiko [ˈvɛ:ruŋsri:ziko] *n* currency risk, monetary risk
Währungsschlange [ˈvɛ:ruŋsʃlaŋə] *f* currency snake
Währungsschwankung [ˈvɛ:ruŋsʃvaŋkuŋ] *f* currency fluctuation
Währungsswap [ˈvɛ:ruŋsswɔp] *m* currency swap
Währungssystem [ˈvɛ:ruŋszyste:m] *n* monetary system, currency system
Währungsumstellung [ˈvɛ:ruŋsumʃtɛluŋ] *f* currency conversion
Währungsunion [ˈvɛ:ruŋsunjo:n] *f* monetary union

Währungszone [ˈvɛːruŋstsoːnə] *f* currency zone, currency area
Wahrzeichen [ˈvaːrtsaɪçən] *n* symbol, emblem
Wandelanleihen [ˈvandəlanlaɪən] *f/pl* convertible bonds *pl*
Wandelgeschäft [ˈvandəlgəʃɛft] *n* callable forward transaction
Wandelobligationen [ˈvandəlobligatsjoːnən] *f/pl* convertible bonds *pl*
Wandelschuldverschreibung [ˈvandəlʃultfɛrʃraɪbuŋ] *f* convertible bonds *pl*, convertibles *pl*, convertible loan stock *(US)*
Wandlung [ˈvandluŋ] *f* cancellation (of a sale)
Ware [ˈvaːrə] *f* merchandise, product, goods *pl*, ware
Warenabkommen [ˈvaːrənapkɔmən] *n* trade agreement
Warenabsatz [ˈvaːrənapzats] *m* sale of goods
Warenangebot [ˈvaːrənangəboːt] *n* range of merchandise
Warenannahme [ˈvaːrənannaːmə] *f* **1.** *(Empfang)* receiving merchandise, receiving deliveries; **2.** *(Betriebsabteilung)* receiving department
Warenausfuhr [ˈvaːrənausfuːɐ] *f* export, export of goods
Warenausgang [ˈvaːrənausgaŋ] *m* sale of goods, goods out
Warenaustausch [ˈvaːrənaustauʃ] *m* exchange of goods
Warenbeleihung [ˈvaːrənbəlaɪuŋ] *f* lending on goods
Warenbestand [ˈvaːrənbəʃtant] *m* stock in hand, stock on hand, inventory
Warenbörse [ˈvaːrənbœrzə] *f* commodity exchange
Wareneinfuhr [ˈvaːrənaɪnfuːɐ] *f* import
Wareneingang [ˈvaːrənaɪngaŋ] *m* arrival of goods
Wareneingangsbuch [ˈvaːrənaɪngaŋsbuːx] *n* purchase ledger
Warenhaus [ˈvaːrənhaus] *n* department store, departmental store
Warenknappheit [ˈvaːrənknaphaɪt] *f* shortage of goods
Warenkorb [ˈvaːrənkɔrp] *m* batch of commodities
Warenkredit [ˈvaːrənkrediːt] *m* trade credit
Warenlager [ˈvaːrənlaːgɐ] *n* warehouse, stockroom, storeroom
Warenmuster [ˈvaːrənmustɐ] *n* commercial sample
Warenpapier [ˈvaːrənpapiːɐ] *n* document of title
Warenprobe [ˈvaːrənproːbə] *f* sample
Warensendung [ˈvaːrənzɛnduŋ] *f (Senden von Waren)* shipment of merchandise, *(gesandte Waren)* consignment of goods
Warenterminbörse [ˈvaːrəntɛrmiːnbœrzə] *f* commodity futures exchange
Warentermingeschäft [ˈvaːrəntɛrmiːngəʃɛft] *n* commodity futures trading, forward merchandise dealings *pl*
Warenterminhandel [ˈvaːrəntɛrmiːnhandəl] *m* commodity forward trading
Warentest [ˈvaːrəntɛst] *m* product test
Warenumsatz [ˈvaːrənumzats] *m* turnover of goods
Warenverkehr [ˈvaːrənfɛrkeːɐ] *m* goods traffic
Warenverkehrsbescheinigung [ˈvaːrənfɛrkeːrsbəʃaɪnɪguŋ] *f* movement certificate
Warenverzeichnis [ˈvaːrənfɛrtsaɪçnɪs] *n* inventory, list of stocks, list of goods
Warenwechsel [ˈvaːrənvɛksəl] *m* commercial bill
Warenwertpapiere [ˈvaːrənveːrtpapiːrə] *n/pl* commodity securities *pl*
Warenzeichen [ˈvaːrəntsaɪçən] *n* trademark
Wärmetechnik [ˈvɛrmətɛçnɪk] *f* heat technology, thermal engineering, thermodynamics
Warnanlage [ˈvarnanlaːgə] *f* warning device
Warnleuchte [ˈvarnlɔyçtə] *f* warning light
Warnsignal [ˈvarnzɪgnaːl] *n* warning signal
Warnstreik [ˈvarnʃtraɪk] *m* token strike, warning strike
warten [ˈvartən] *v* *(instand halten)* maintain, service
Wartung [ˈvartuŋ] *f* service, maintenance, servicing

Wartungsarbeit ['vartuŋsarbaıt] *f* maintenance work
Wartungstechniker(in) ['vartuŋsteçnıkɐ(rın)] *m/f* service engineer
Wasserkraft ['vasərkraft] *f* hydraulic power
Wasserschaden ['vasərʃa:dən] *m* water damage
Wasserwerk ['vasərvɛrk] *n* waterworks *pl*
Watt [vat] *n (Maßeinheit)* watt
Webseite ['webzaıtə] *f* web page
Wechsel ['vɛksəl] *m (Geldwechsel)* exchange; *(Zahlungsmittel)* promissory note, bill of exchange, bill
Wechselakzept ['vɛksəlaktsɛpt] *n* acceptance of a bill
Wechselaussteller ['vɛksəlausʃtɛlɐ] *m* drawer of a bill
Wechseldiskont ['vɛksəldıskɔnt] *m* discount of bills
Wechseldiskontkredit ['vɛksəldıskɔntkredi:t] *m* credit by discount of bills
Wechselgeld ['vɛksəlgɛlt] *n* change
Wechselgeschäft ['vɛksəlgəʃɛft] *n* bill transaction
Wechselinkasso ['vɛksəlınkaso] *n* collection of bills of exchange
Wechselkredit ['vɛksəlkredi:t] *m* acceptance credit
Wechselkurs ['vɛksəlkurs] *m* exchange rate
Wechselkursmechanismus ['vɛksəlkursmeçanısmus] *m* exchange rate mechanism
Wechselkursparität ['vɛksəlkursparitɛ:t] *f* exchange rate parity
Wechselkursrisiko ['vɛksəlkursri:ziko] *n* foreign exchange risk
Wechselkursschwankungen ['vɛksəlkursʃvaŋkuŋən] *f/pl* exchange rate fluctuations *pl*, currency fluctuations *pl*
Wechselkurssystem ['vɛksəlkurszyste:m] *n* system of exchange rates
Wechsellombard ['vɛksəllɔmbart] *m* collateral loan based on a bill of exchange, lending on bills
Wechselnehmer ['vɛksəlne:mɐ] *m* payee of a bill of exchange
Wechselobligo ['vɛksəlɔbligo] *n* customer's liability on bills
Wechselprolongation ['vɛksəlprolɔŋgatsjo:n] *f* exention of a bill of exchange
Wechselprotest ['vɛksəlprotɛst] *m* protest
Wechselregress ['vɛksəlregrɛs] *m* legal recourse for non-payment of a bill
Wechselreiterei ['vɛksəlraıtəraı] *f* bill jobbing
Wechselschuld ['vɛksəlʃult] *f* bill debt
Wechselschuldner(in) ['vɛkselʃuldnɐ(rın)] *m/f* bill debtor
wechselseitig ['vɛksəlzaıtıç] *adj* **1.** *(gegenseitig)* reciprocal; **2.** *(von beiden Seiten)* mutual
Wechselseitigkeit ['vɛksəlzaıtıçkaıt] *f* reciprocity
Wechselsteuer ['vɛksəlʃtɔyɐ] *f* tax on drafts and bills of exchange
Wechselstrom ['vɛksəlʃtro:m] *m* alternating current (A.C.)
Wechselstube ['vɛksəlʃtu:bə] *f* exchange bureau
Wegeunfall ['ve:gəunfal] *m* commuting accident
Wegfall der Geschäftsgrundlage ['vɛkfal de:r gə'ʃɛftsgrundla:gə] *m* frustration of contract
wegwerfen ['vɛkvɛrfən] *v irr* throw away
Wegwerfgesellschaft ['vɛkvɛrfgəzɛlʃaft] *f* throwaway society
weiche Währung ['vaıçə 'vɛ:ruŋ] *f* soft currency
weiße Ware ['vaısə 'va:rə] *f* white goods *pl*
Weisung ['vaızuŋ] *f* directive, instructions *pl*
Weisungsbefugnis ['vaızuŋsbəfu:knıs] *f* right to issue instructions to employees
weisungsgebunden ['vaızuŋsgəbundən] *adj* subject to instructions
weisungsgemäß ['vaızuŋgsgəmɛ:s] *adj* as instructed, according to instructions
weiterbefördern ['vaıtərbəfœrdɐn] *v* forward, send on
Weiterbeförderung ['vaıtərbəfœrdəruŋ] *f* forwarding
weiterentwickeln ['vaıtərɛntvıkəln] *v* continue to develop
Weiterentwicklung ['vaıtərɛntvıkluŋ] *f* further development

weiterverarbeiten [ˈvaɪtərfɛrarbaɪtən] *v* process
Weiterverarbeitung [ˈvaɪtərfɛrarbaɪtuŋ] *f* processing
Weiterverkauf [ˈvaɪtərfɛrkauf] *m* resale
weiterverkaufen [ˈvaɪtərfɛrkaufən] *v* resell
Weitsicht [ˈvaɪtzɪçt] *f* *(Weitblick)* foresight, vision
Weltbank [ˈvɛltbaŋk] *f* World Bank
Welterfolg [ˈvɛltɛrfɔlk] *m* worldwide success
Welthandel [ˈvɛlthandəl] *m* world trade, international trade
Welthandelskonferenzen [vɛltˈhandəlskɔnferɛntsən] *f/pl* United Nations Conferences on Trade and Development *pl*
Welthandelsorganisation [vɛltˈhandəlsɔrganizatsjo:n] *f* World Trade Organization (WTO)
Weltmarke [ˈvɛltmarkə] *f* world-famous brand
Weltmarkt [ˈvɛltmarkt] *m* international market, world market
Weltmarktpreis [ˈvɛltmarktpraɪs] *m* world market price
weltumspannend [ˈvɛltumʃpanənt] *adj* global, worldwide
Weltwährungssystem [vɛltˈvɛ:ruŋszyste:m] *n* international monetary system
Weltwirtschaft [ˈvɛltvɪrtʃaft] *f* world economy
Weltwirtschaftsgipfel [vɛltˈvɪrtʃaftsgɪpfəl] *m* world economic summit
Weltwirtschaftskrise [vɛltˈvɪrtʃaftskri:zə] *f* worldwide economic crisis
Weltwirtschaftsordnung [vɛltˈvɪrtʃaftsɔrdnuŋ] *f* international economic system
Werbeabteilung [ˈvɛrbəaptaɪluŋ] *f* publicity department
Werbeagentur [ˈvɛrbəagəntu:ɐ] *f* advertising agency
Werbeaktion [ˈvɛrbəaktsjo:n] *f* advertising activity
Werbebanner [ˈvɛrbəbanɐ] *n* ad banner, banner
Werbebudget [ˈvɛrbəbydʒe:] *n* advertising budget
Werbeerfolgskontrolle [vɛrbəɛrˈfɔlkskɔntrɔlə] *f* control of advertising effectiveness
Werbefachmann [ˈvɛrbəfaxman] *m* advertising expert
Werbegeschenk [ˈvɛrbəgəʃɛŋk] *n* promotional gift
Werbekampagne [ˈvɛrbəkampanjə] *f* advertising campaign, promotion campaign
Werbemittel [ˈvɛrbəmɪtəl] *pl* means of advertising *pl*
werben [ˈvɛrbən] *v irr* advertise, promote
Werbeprospekt [ˈvɛrbəprospɛkt] *m* advertising prospectus
Werber(in) [ˈvɛrbɐ(rɪn)] *m/f* canvasser
Werbeslogan [ˈvɛrbəslo:gən] *m* advertising slogan
Werbespot [ˈvɛrbəspɔt] *m* commercial
Werbetext [ˈvɛrbətɛkst] *m* advertising copy
Werbeveranstaltung [ˈvɛrbəferanʃtaltuŋ] *f* publicity event
Werbeverbot [ˈvɛrbəfɛrbo:t] *n* advertising ban
werbewirksam [ˈvɛrbəvɪrkza:m] *adj* effective; *ein ~er Auftritt* good advertising
Werbung [ˈvɛrbuŋ] *f* advertising, publicity, promotion; *(Fernsehwerbung)* commercial
Werbungskosten [ˈvɛrbuŋskɔstən] *pl* advertising expenses *pl*
Werk [vɛrk] *n* *(Fabrik)* plant, works, factory
Werksangehörige(r) [ˈvɛrksangəhø:rɪgə(-ɐ)] *f/m* employee, plant employee
Werkschutz [ˈvɛrkʃuts] *m* works protection force
Werkstatt [ˈvɛrkʃtat] *f* workshop
Werkstattfertigung [ˈvɛrkʃtatfɛrtɪguŋ] *f* job shop operation
Werkstoff [ˈvɛrkʃtɔf] *m* material
Werkstoffprüfer(in) [ˈvɛrkstɔfpry:fɐ(rɪn)] *m/f* material tester
Werkvertrag [ˈvɛrkfɛrtra:k] *m* contract for work and services
Werkzeug [ˈvɛrktsɔyk] *n* tool
Wert [ve:rt] *m* value, worth
Wertangabe [ˈve:rtanga:bə] *f* declared value, declaration of value

Wertarbeit ['ve:rtarbaɪt] *f* quality work, high-class workmanship
Wertaufholung ['ve:rtaufho:luŋ] *f* **1.** *(Recht)* reinstatement of original values; **2.** *(Steuer)* increased valuation on previous balance-sheet figures
Wertberichtigung ['ve:rtbərɪçtɪguŋ] *f* adjustment of value
wertbeständig ['ve:rtbəʃtendɪç] *adj* of stable value
Wertbrief ['ve:rtbri:f] *m* insured letter
Wertermittlung ['ve:rtɛrmɪtluŋ] *f* determination of the value
Wertgegenstand ['ve:rtge:gənʃtant] *m* article of value, valuable
Wertminderung ['ve:rtmɪndəruŋ] *f* depreciation, decrease in value
Wertpapier ['ve:rtpapi:ɐ] *n* security
Wertpapieranalyse ['ve:rtpapi:ranaly:zə] *f* securities research
Wertpapieranlage ['ve:rtpapi:ranla:gə] *f* investment in securities
Wertpapierarbitrage ['ve:rtpapi:rarbitra:ʒə] *f* arbitrage in securities
Wertpapierbörse ['ve:rtpapi:rbœrzə] *f* stock exchange
Wertpapiere ['ve:rtpapi:rə] *pl* securities *pl*
Wertpapieremission ['ve:rtpapi:remɪsjo:n] *f* issue of securities
Wertpapierfonds ['ve:rtpapi:rfɔ̃:] *m* securities fund
Wertpapiergeschäft ['ve:rtpapi:rgəʃɛft] *n* securities business
Wertpapierleihe ['ve:rtpapi:rlaɪə] *f* lending on securities
Wertpapiermarkt ['ve:rtpapi:rmarkt] *m* securities market
Wertpapierpensionsgeschäft [ve:rtpapi:rpɛn'zjo:nsgəʃɛft] *n* repurchase agreement, repo
Wertpapiersammelbank [ve:rtpapi:r'zaməlbaŋk] *f* central depository for securities
Wertpapiersparvertrag [ve:rtpapi:r'ʃpa:rfɛrtra:k] *m* securities-linked savings scheme
Wertpapier-Terminhandel [ve:rtpapi:rtɛr'mi:nhandəl] *m* trading in security futures
Wertrechtanleihe ['ve:rtrɛçtanlaɪə] *f* government-inscribed debt
Wertschöpfung ['ve:rtʃœpfuŋ] *f* net product
Wertsendung ['ve:rtzɛnduŋ] *f* consignment with value declared
Wertsicherung ['ve:rtzɪçəruŋ] *f* value guarantee
Wertsteigerung ['ve:rtʃtaɪgəruŋ] *f* increase in value
Wertstellung ['ve:rtʃtɛluŋ] *f* availability date
Wertstoff ['ve:rtʃtɔf] *m* material worth recycling, recyclable material
Wertstoffsammlung ['ve:rtʃtɔfzamluŋ] *f* collection of recyclables
Wertverfall ['ve:rtfɛrfal] *m* loss of value
Wertzuwachs ['ve:rttsu:vaks] *m* appreciation
Wettbewerb ['vɛtbəvɛrp] *m* competition; *unlauterer* ~ unfair competition
Wettbewerbaufsicht ['vɛtbəvɛrpsaufzɪçt] *f* competition supervisory office
Wettbewerbsbeschränkung ['vɛtbəvɛrpsbəʃrɛŋkuŋ] *f* restriction on competition
wettbewerbsfähig ['vɛtbəvɛrpsfɛ:ɪç] *adj* competitive
Wettbewerbsfähigkeit ['vɛtbəvɛrpsfɛ:ɪçkaɪt] *f* competitiveness
Wettbewerbsklausel ['vɛtbəvɛrpsklauzəl] *f* restriction on competition clause; exclusive service clause
Wettbewerbsnachteil ['vɛtbəvɛrpsna:xtaɪl] *m* competitive disadvantage
Wettbewerbspolitik ['vɛtbəvɛrpspoli-ti:k] *f* competitive policy
Wettbewerbsrecht ['vɛtbəvɛrpsrɛçt] *n* law on competition
Wettbewerbsverbot ['vɛtbəvɛrpsfɛrbo:t] *n* no competition clause
Wettbewerbsverzerrung ['vɛtbəvɛrpsfɛrtsɛruŋ] *f* distortion of competition
Wettbewerbsvorteil ['vɛtbəvɛrpsfo:rtaɪl] *m* competitive advantage
White-Collar-Crime [waɪtkɔlərkraɪm] *f* *(Wirtschaftskriminalität)* white-collar crime
Widerruf ['vi:dərru:f] *m* revocation, cancellation
widerrufen [vi:dər'ru:fən] *v* revoke
Widerrufsklausel ['vi:dərru:fsklauzəl] *f* revocation clause

W

Widerrufsrecht [ˈviːdərruːfsrɛçt] *n* right of revocation
widersprechen [viːdərˈʃprɛçən] *v irr* contradict, oppose
Widerspruch [ˈviːdərʃprux] *m* contradiction; discrepancy
Widerspruchsvormerkung [ˈviːdərʃpruxsfoːrmɛrkuŋ] *f* provisional filing of an objection
Widerstandslinie [ˈviːdərʃtantsliːnjə] *f* line of resistance
wieder verwerten [ˈviːdər fɛrˈveːrtən] *v* recycle
Wiederanlage [ˈviːdəranlaːgə] *f* reinvestment
Wiederaufbau [ˈviːdəraufbau] *m* reconstruction
Wiederaufbereitung [viːdərˈaufbəraɪtuŋ] *f* reprocessing
Wiederaufbereitungsanlage [viːdərˈaufbəraɪtuŋsanlaːgə] *f* reprocessing plant
Wiederausfuhr [ˈviːdərausfuːɐ] *f* reexportation
Wiederbeschaffung [ˈviːdərbəʃafuŋ] *f* replacement
Wiederbeschaffungswert [ˈviːdərbəʃafuŋsveːrt] *m* replacement value
Wiedereröffnung [ˈviːdərɛrœfnuŋ] *f* reopening
Wiedererstattung [ˈviːdərɛrʃtatuŋ] *f* reimbursement, refunding
Wiedergutmachung [viːdərˈguːtmaxuŋ] *f* reparation
Wiederinstandsetzung [viːdərɪnˈʃtantzɛtsuŋ] *f* repair
Wiederverkaufspreis [ˈviːdərfɛrkaufspraɪs] *m* resale price
Wiederverwendung [ˈviːdərfɛrvenduŋ] *f* reuse
Wiederverwertung [ˈviːdərfɛrveːrtuŋ] *f* reuse, recycling
wilder Streik [ˈvɪldər ˈʃtraɪk] *m* unauthorized strike, wildcat strike
Willenserklärung [ˈvɪlənsɛrklɛːruŋ] *f* declaration of intention
Windenergie [ˈvɪntenɛrgiː] *f* wind energy, wind power
Windhundverfahren [ˈvɪnthuntfɛrfaːrən] *n* first-come-first served principle
Winterausfallgeld [ˈvɪntərausfalgɛlt] *n* winter bonus
Wirtschaft [ˈvɪrtʃaft] *f* **1.** *(Volkswirtschaft)* economy; **2.** *(Handel)* industry, business
wirtschaftlich [ˈvɪrtʃaftlɪç] *adj* economic; *(sparsam)* economical
wirtschaftliche Nutzung [ˈvɪrtʃaftlɪçə ˈnutsuŋ] *f* economic use
Wirtschaftlichkeit [ˈvɪrtʃaftlɪçkaɪt] *f* economic efficiency, profitability
Wirtschaftsabkommen [ˈvɪrtʃaftsapkɔmən] *n* trade agreement
Wirtschaftsanalyse [ˈvɪrtʃaftsanalyːzə] *f* economic analysis
Wirtschaftsaufschwung [ˈvɪrtʃaftsaufʃvuŋ] *m* economic recovery
Wirtschaftsembargo [ˈvɪrtʃaftsɛmbargo] *n* economic embargo
Wirtschaftsexperte [ˈvɪrtʃaftsɛkspɛrtə] *m* economic expert
Wirtschaftsexpertin [ˈvɪrtʃaftsɛkspɛrtɪn] *f* (female) economic expert
Wirtschaftsförderung [ˈvɪrtʃaftsfœrdəruŋ] *f* measures to spur the economy *pl*
Wirtschaftsgemeinschaft [ˈvɪrtʃaftsgəmaɪnʃaft] *f* economic community
Wirtschaftsgut [ˈvɪrtʃaftsguːt] *n* economic goods *pl*
Wirtschaftshilfe [ˈvɪrtʃaftshɪlfə] *f* economic aid, economic assistance
Wirtschaftsinformatik [ˈvɪrtʃaftsɪnfɔrmaːtɪk] *f* business data processing
Wirtschaftsjahr [ˈvɪrtʃaftsjaːɐ] *n* business year
Wirtschaftskreislauf [ˈvɪrtʃaftskraɪslauf] *m* economic process
Wirtschaftskriminalität [ˈvɪrtʃaftskriminalitɛːt] *f* white-collar crime
Wirtschaftskrise [ˈvɪrtʃaftskriːzə] *f* economic crisis
Wirtschaftsministerium [ˈvɪrtʃaftsmɪnɪsteːrjum] *n* Ministry of Economics
Wirtschaftsordnung [ˈvɪrtʃaftsɔrdnuŋ] *f* economic order
Wirtschaftsplan [ˈvɪrtʃaftsplaːn] *m* economic plan
Wirtschaftspolitik [ˈvɪrtʃaftspolitiːk] *f* economic policy
wirtschaftspolitisch [ˈvɪrtʃaftspoliːtɪʃ] *adj* economic; *~e Zusammenarbeit* economic policy cooperation
Wirtschaftsprüfer(in) [ˈvɪrtʃaftspryːfɐ(rɪn)] *m/f* auditor, chartered accountant

W

Wirtschaftsprüfung [ˈvɪrtʃaftspry:fuŋ] *f* auditing
Wirtschaftsrecht [ˈvɪrtʃaftsrɛçt] *n* economic law
Wirtschaftssanktionen [ˈvɪrtʃaftszaŋktsjo:nən] *f/pl* economic sanctions *pl*
Wirtschaftsunion [ˈvɪrtʃaftsunjo:n] *f* economic union
Wirtschaftswachstum [ˈvɪrtʃaftsvakstu:m] *n* growth of the economy, economic growth, expansion of business activity
Wirtschaftswissenschaften [ˈvɪrtʃaftsvɪsənʃaftən] *f/pl* economics
Wirtschaftswunder [ˈvɪrtʃaftsvundɐ] *n* German economic miracle
Wirtschaftszweig [ˈvɪrtʃaftstsvaɪk] *m* economic sector, branch of industry
wissen [ˈvɪsən] *v irr* know
Wissen [ˈvɪsən] *n* knowledge
Wissenschaft [ˈvɪsənʃaft] *f* science
wissenschaftlich [ˈvɪsənʃaftlɪç] *adj* scientific; *adv* scientifically
Wissensmanagement [ˈvɪsənsmænɪdʒmənt] *n* knowledge management
WLAN [ˈve:la:n] *n* Wi-Fi
Wochenarbeitszeit [ˈvɔxənarbaɪtstsaɪt] *f* standard weekly hours *pl*
Wochenausweis [ˈvɔxənausvaɪs] *m* weekly return
Wochenbericht [ˈvɔxənbərɪçt] *m* weekly report
Wochenlohn [ˈvɔxənlo:n] *m* weekly wage, weekly pay
Wochenplaner [ˈvɔxənpla:nɐ] *m* weekly planner
wöchentlich [ˈvœçəntlɪç] *adj* weekly; *adv* weekly, every week
Wohlfahrt [ˈvo:lfa:rt] *f* welfare
Wohlfahrtsökonomie [ˈvo:lfa:rtsøkonomi:] *f* welfare economics
Wohlfahrtsstaat [ˈvo:lfa:rtsʃta:t] *m* welfare state
Wohlstand [ˈvo:lʃtant] *m* prosperity, wealth, affluence
Wohlstandsgesellschaft [ˈvo:lʃtantsgəzɛlʃaft] *f* affluent society
Wohneigentumsförderung [ˈvo:naɪgəntumsfœrdəruŋ] *f* promotion of residential property
Wohngeld [ˈvo:ngɛlt] *n* accommodation allowance, housing benefit
Wohnungsbau [ˈvo:nuŋsbau] *m* housing construction
Wohnungsbauförderung [ˈvo:nuŋsbaufœrdəruŋ] *f* promotion of housing construction
Workstation [ˈwɜ:ksteɪʃn] *f* work station
World Wide Web (WWW) [wɜ:ld waɪdˈweb] *n* world wide web (WWW)
Wucherpreis [ˈvu:xərpraɪs] *m* exorbitant price
Wucherverbot [ˈvu:xərfɛrbo:t] *n* prohibition of usurious money-lending
Wuchsaktie [ˈvuksaktsjə] *f* growth share

X/Y/Z

XYZ-Analyse [ɪksypsilɔn'tsɛtana'ly:zə] *f* XYZ analysis

Zahl [tsa:l] *f* **1.** number; *rote ~en schreiben* to be in the red; *schwarze ~en schreiben* to be in the black; **2.** *(Ziffer)* figure

zahlbar ['tsa:lba:ɐ] *adj* payable

zahlbar bei Ablieferung (POD) ['tsa:lba:r baɪ 'apli:fəruŋ] *adv* payable on delivery (POD)

zahlbar bei Verschiffung (COS) ['tsa:lba:r baɪ fɛr'ʃɪfuŋ] *adv* cash on shipment (COS)

zahlen ['tsa:lən] *v* **1.** pay; *~!* The bill, please! The check, please! *(US)*; **2.** effect, make payment

zählen ['tsɛ:lən] *v* count

Zahlenregister ['tsa:lənregɪstɐ] *n* numbered index

Zähler ['tsɛ:lɐ] *m* *(Messgerät)* meter, counter

Zahlkarte ['tsa:lkartə] *f* Giro inpayment form

Zahlschein ['tsa:lʃaɪn] *m* payment slip

Zahlstelle ['tsa:lʃtɛlə] *f* payments office

Zahltag ['tsa:lta:k] *m* payday

Zahlung ['tsa:luŋ] *f* payment

Zahlung bei Auftragserteilung (CWO) ['tsa:luŋ baɪ 'auftra:ksɛrtaɪluŋ] cash with order (CWO)

Zahlung gegen Dokumente (CAD) ['tsa:luŋ 'ge:gən doku'mɛntə] cash against documents (CAD)

Zahlung per Nachnahme (COD) ['tsa:luŋ pɛr 'na:xna:mə] cash on delivery (COD)

Zahlungsabkommen ['tsa:luŋsapkɔmən] *n* payments agreement

Zahlungsanweisung ['tsa:luŋsanvaɪzuŋ] *f* order for payment

Zahlungsaufforderung ['tsa:luŋsauffɔrdəruŋ] *f* request for payment

Zahlungsaufschub ['tsa:luŋsaufʃu:p] *m* extension of credit

Zahlungsauftrag ['tsa:luŋsauftra:k] *m* order for payment

Zahlungsavis ['tsa:luŋsavi:s] *n/m* advice of payment

Zahlungsbedingungen ['tsa:luŋsbədɪŋuŋən] *f/pl* terms of payment *pl*

Zahlungsbefehl ['tsa:luŋsbəfe:l] *m* order for payment

Zahlungsbefreiung ['tsa:luŋsbəfraɪuŋ] *f* exemption from payment

Zahlungsbilanz ['tsa:luŋsbɪlants] *f* balance of payments

Zahlungsbilanzdefizit [tsa:luŋsbilants'defitsɪt] *n* balance of payments deficit

Zahlungsbilanzgleichgewicht [tsa:luŋsbilants'glaɪçgəvɪçt] *n* balance of payments equilibrium

Zahlungsbilanzstatistik [tsa:luŋsbilants'ʃtatɪstɪk] *f* statistic on the balance of payments

Zahlungsbilanzüberschuss [tsa:luŋsbilants'y:bərʃus] *m* balance of payments surplus

Zahlungseinstellung ['tsa:luŋsaɪnʃtɛluŋ] *f* suspension of payments

Zahlungsempfänger(in) ['tsa:luŋsɛmpfɛŋɐ(rɪn)] *m/f* payee

Zahlungserinnerung ['tsa:luŋsɛrɪnəruŋ] *f* reminder, collection reminder

zahlungsfähig ['tsa:luŋsfɛ:ɪç] *adj* solvent, able to pay

Zahlungsfähigkeit ['tsa:luŋsfɛ:ɪçkaɪt] *f* solvency

Zahlungsform ['tsa:luŋsfɔrm] *f* payment system

Zahlungsfrist ['tsaluŋsfrɪst] *f* time allowed for payment, term of payment

zahlungskräftig ['tsa:luŋskrɛftɪç] *adj* solvent

Zahlungsmittel ['tsa:luŋsmɪtəl] *n* means of payment

Zahlungsmittelumlauf ['tsa:luŋsmɪtlumlauf] *m* notes and coins in circulation

zahlungspflichtig ['tsa:luŋspflɪctɪç] *adj* liable to pay

Zahlungsrisiko ['tsa:luŋsri:ziko] *n* payment risk

Zahlungsrückstand ['tsa:luŋsrykʃtant] *m* payment in arrears

Zahlungsschwierigkeit ['tsa:luŋsʃvi:rɪçkaɪt] *f* financial difficulties *pl*
Zahlungssitte ['tsa:luŋszɪtə] *f* payment habit
Zahlungsstockung ['tsa:luŋsʃtɔkuŋ] *f* liquidity crunch
Zahlungstermin ['tsa:luŋstɛrmi:n] *m* date of payment
zahlungsunfähig ['tsa:luŋsunfɛ:ɪç] *adj* insolvent, unable to pay
Zahlungsunfähigkeit ['tsa:luŋsunfɛ:ɪçkaɪt] *f* insolvency, inability to pay
Zahlungsverkehr ['tsa:luŋsfɛrke:ɐ] *m* payment transaction
Zahlungsverzug ['tsa:luŋsfɛrtsu:k] *m* failure to pay on due date
Zahlungsweise ['tsa:luŋsvaɪzə] *f* payment method
Zahlungsziel ['tsa:luŋstsi:l] *n* period for payment
Zahlung unter Protest ['tsa:luŋ 'untər pro'tɛst] payment supra protest
Zedent [tse'dɛnt] *m* assignor
Zehnerklub ['tse:nərklup] *f* club of ten
Zeichen ['tsaɪçən] *n* character, symbol
zeichnen ['tsaɪçnən] *v* *(unterschreiben)* sign, *(fig)* subscribe; *(entwerfen)* design
Zeichnung ['tsaɪçnuŋ] *f* subscription
zeichnungsberechtigt ['tsaɪçnuŋsbərɛçtɪçt] *adj* authorized to sign
Zeichnungsberechtigung ['tsaɪçnuŋsbərɛçtɪguŋ] *f* authorisation to sign
Zeichnungsfrist ['tsaɪçnuŋsfrɪst] *f* subscription period
Zeichnungsschein ['tsaɪçnuŋsʃaɪn] *m* subscription form
Zeichnungsvollmacht ['tsaɪçnuŋsfɔlmaxt] *f* authority to sign
Zeitabschreibung ['tsaɪtapʃraɪbuŋ] *f* depreciation per period
Zeitarbeit ['tsaɪtarbaɪt] *f* temporary work
Zeitaufwand ['tsaɪtaufvant] *m* expenditure of time
Zeitdruck ['tsaɪtdruk] *m* deadline pressure, time pressure
Zeiteinteilung ['tsaɪtaɪntaɪluŋ] *f* *(Zeitplan)* time plan
Zeitersparnis ['tsaɪtɛrʃpa:rnɪs] *f* time saved
zeitgemäß ['tsaɪtgəmɛ:s] *adj* timely, up to date, modern
Zeitguthaben ['tsaɪtgu:tha:bən] *n* *(bei gleitender Arbeitszeit)* time credit
Zeitkauf ['tsaɪtkauf] *m* sale on credit terms
Zeitlohn ['tsaɪtlo:n] *m* time wages *pl*
Zeitraum ['tsaɪtraum] *m* space of time, period
Zeitstudie ['tsaɪtʃtu:djə] *f* time study
Zeitungsinserat ['tsaɪtuŋsɪnzəra:t] *n* newspaper advertisement
Zeitverschwendung ['tsaɪtfɛrʃvɛnduŋ] *f* waste of time
Zeitvertrag ['tsaɪtfɛrtra:k] *m* fixed-term contract, fixed-duration contract, short-term contract
Zeitwert ['tsaɪtve:rt] *m* current market value
Zentiliter ['tsɛntili:tɐ] *m* centilitre
Zentimeter ['tsɛntime:tɐ] *m* centimetre, centimeter *(US)*
Zentner ['tsɛntnɐ] *m* hundredweight
Zentnergewicht ['tsɛntnərgəvɪçt] *n* metric hundredweight
zentral [tsɛn'tra:l] *adj* central; *adv* centrally
Zentralbank [tsɛn'tra:lbaŋk] *f* central bank
Zentralbankgeld [tsɛn'tra:lbaŋkgɛlt] *n* central bank money
Zentralbankpräsident(in) [tsɛn'tra:lbaŋkprɛzidɛnt(ɪn)] *m/f* President of the Central Bank
Zentralbankrat [tsɛn'tra:lbaŋkra:t] *m* Central Bank Council
Zentralbankstatus [tsɛn'tra:lbaŋkʃta:tus] *m* status of the Central Bank
Zentrale [tsɛn'tra:lə] *f* central office, head office, headquarters *pl*
Zentraleinkauf [tsɛn'tra:laɪnkauf] *m* centralized purchasing
Zentralisation [tsɛntralisa'tsjo:n] *f* centralization
zentralisieren ['tsɛntrali'zi:rən] *v* centralize
Zentralisierung [tsɛntrali'si:ruŋ] *f* centralization
Zentralkasse [tsɛn'tra:lkasə] *f* central credit institution
Zentralverband [tsɛn'tra:lfɛrbant] *m* central federation, national federation, national association
Zerobond ['ze:robɔnt] *m* zero bond

Zertifikat [tsɛrtifi'ka:t] *n* certificate
zertifizierte Bonds [tsɛrtifi'tsi:rtə bɔnts] *m/pl* certified bonds *pl*
Zession [tsɛ'sjo:n] *f* assignment
Zessionar(in) [tsɛsjo'na:r(ɪn)] *m/f* assignee
Zessionskredit [tsɛ'sjo:nskredi:t] *m* advance on receivables
Zeugenaussage ['tsɔygənausza:gə] *f* evidence, testimony
Zeugnis ['tsɔyknɪs] *n* testimonial, letter of reference
Ziehung ['tsi:uŋ] *f* drawing
Ziehungsrechte ['tsi:uŋsrɛçtə] *n/pl* drawing rights *pl*
Ziel [tsi:l] *n (fig: Absicht)* aim, purpose, objective
Zielgruppe ['tsi:lgrupə] *f* target group
Zielhierarchie ['tsi:lhierarçi:] *f* hierarchy of goals
Zielkauf ['tsi:lkauf] *m* purchase on credit
Zielkosten ['tsi:lkɔstən] *pl* target costs *pl*
Zielkostenrechnung ['tsi:lkɔstənrɛçnuŋ] *f* target cost accounting
Zielpreis ['tsi:lpraɪs] *m* target price; norm price
Zielvorgabe ['tsi:lfo:rga:bə] *f* objective, target
Zinsänderungsrisiko ['tsɪnsɛndəruŋsri:ziko] *n* risk of change in interest rates
Zinsanleihe ['tsɪnsanlaɪə] *f* (fixed) interest security
Zinsarbitrage ['tsɪnsarbitra:ʒə] *f* interest rate arbitrage
Zinsbesteuerung ['tsɪnsbəʃtɔyəruŋ] *f* taxation of interest
Zinsbindung ['tsɪnsbɪnduŋ] *f* interest rate control
Zins bringend ['tsɪns brɪŋənt] *adj* interest-bearing
Zinselastizität ['tsɪnselastitsitɛ:t] *f* interest elasticity
Zinsen ['tsɪnzən] *m/pl* interest, interests *pl*
Zinsendienst ['tsɪnzəndi:nst] *m* interest service
Zinserhöhung ['tsɪnsɛrhø:uŋ] *f* interest rate increase
Zinserleichterung ['tsɪnsɛrlaɪçtəruŋ] *f* reduction of interest
Zinsertrag ['tsɪnsɛrtra:k] *m* income from interest
Zinseszins ['tsɪnzəstsɪns] *m* compound interest
Zinseszinsrechnung ['tsɪnzəstsɪnsrɛçnuŋ] *f* calculation of compound interest
Zinsfuß ['tsɪnsfu:s] *m* interest rate
Zinsgarantie ['tsɪnsgaranti:] *f* guaranteed interest
Zinsgefälle ['tsɪnsgəfɛlə] *n* gap between interest rates, margin between interest rates
Zinskappe ['tsɪnskapə] *f* cap rate of interest
Zinskappenvereinbarung ['tsɪnskapənfɛraɪnba:ruŋ] *f* cap rate of interest agreement
zinslos ['tsɪnslo:s] *adj* interest-free, non-interest-bearing
zinsloses Darlehen ['tsɪnslo:zəs 'da:rle:ən] *n* interest-free loan
Zinsmarge ['tsɪnsmarʒə] *m* interest margin
Zinsniveau ['tsɪnsnivo:] *n* interest rate level
Zinsparität ['tsɪnsparitɛ:t] *f* interest parity
Zinspolitik ['tsɪnspoliti:k] *f* interest rate policy
Zinsrückstand ['tsɪnsrykʃtant] *m* arrears on interests
Zinssatz ['tsɪnszats] *m* interest rate, rate of interest
Zinsschein ['tsɪnsʃaɪn] *m* coupon
Zinssenkung ['tsɪnszɛŋkuŋ] *f* interest rate decrease, reduction of interest
Zinsspanne ['tsɪnsʃpanə] *f* interest margin
Zinsstabilität ['tsɪnsʃtabilitɛ:t] *f* interest rate stability
Zinsstaffel ['tsɪnsʃtafəl] *f* interest rate table
Zinsstruktur ['tsɪnsʃtruktu:ɐ] *f* interest rate structure
Zinsswap ['tsɪnsswɔp] *m* interest rate swap
Zinstage ['tsɪnsta:gə] *m/pl* quarter days *pl*
Zinstender ['tsɪnstɛndɐ] *m* interest tender
Zinstermin ['tsɪnstɛrmi:n] *m* interest payment date

Zinstheorie ['tsɪnsteori:] *f* theory of interest
Zinsüberschuss ['tsɪnsy:bərʃus] *m* interest surplus
zinsvariable Anleihe ['tsɪnsvarjablə 'anlaɪə] *f* loan at variable rates
Zinsverlust ['tsɪnsfɛrlust] *m* interest loss
Zinswettbewerb ['tsɪnsvɛtbəvɛrp] *m* interest rate competition
Zinswucher ['tsɪnsvu:xɐ] *m* usury
Zirkulation [tsɪrkula'tsjo:n] *f* circulation
zitieren [tsi'ti:rən] *v* summon
Zivilprozessordnung (ZPO) [tsivi:l-pro'tsɛsɔrdnuŋ] *f* Code of Civil Procedure
Zivilrecht [tsi'vi:lrɛçt] *n* civil law
Zoll [tsɔl] *m* **1.** *(Behörde)* customs *pl;* **2.** *(Maßeinheit)* inch; **3.** *(Gebühr)* customs duty, duty
Zollabfertigung ['tsɔlapfɛrtɪguŋ] *f* customs clearance
Zollabkommen ['tsɔlapkɔmən] *n* customs convention
Zollamt ['tsɔlamt] *n* customs office
Zollausland ['tsɔlauslant] *n* countries outside the customs frontier
Zollbeamte(r) ['tsɔlbəamtə(-ɐ)] *f/m* customs official, customs officer
Zollbereich ['tsɔlbəraɪç] *m* customs matters *pl*
Zolleinfuhrschein [tsɔl'aɪnfu:rʃaɪn] *m* bill of entry
Zollerklärung ['tsɔlɛrklɛ:ruŋ] *f* customs declaration
Zollfaktura ['tsɔlfaktu:ra] *f* customs invoice
zollfrei ['tsɔlfraɪ] *adj* duty-free
Zollgebiet ['tsɔlgəbi:t] *n* customs territory
Zollgebühren ['tsɔlgəby:rən] *f/pl* customs duties *pl*
Zollgrenze ['tsɔlgrɛntsə] *f* customs frontier
Zollinland [tsɔl'ɪnlant] *n* domestic customs territory
Zollkontrolle ['tsɔlkɔntrɔlə] *f* customs control, customs inspection
Zolllager ['tsɔlla:gɐ] *n* customs warehouse, bonded warehouse
Zolllagerung ['tsɔlla:gəruŋ] *f* customs warehouse procedure
Zollpapiere ['tsɔlpapi:rə] *n/pl* customs documents *pl*
zollpflichtig ['tsɔlpflɪçtɪç] *adj* dutiable, subject to customs
Zollstation ['tsɔlʃtatsjo:n] *f* customs post, customs office
Zolltarif ['tsɔltari:f] *m* customs tariff
Zollunion ['tsɔlunjo:n] *f* customs union
Zollverkehr ['tsɔlfɛrke:ɐ] *m* customs procedure
Zollverschluss ['tsɔlfɛrʃlus] *m* customs seal
Zollvertrag ['tsɔlfɛrtra:k] *m* customs agreement
Zone ['tso:nə] *f* zone
Zug um [tsu:k um] concurrent
Zugabe ['tsu:ga:bə] *f* extra, bonus
Zugang ['tsu:gaŋ] *m* *(Warenzugang)* supply, receipt
Zugriffsberechtigung ['tsu:grɪfsbərɛçtɪguŋ] *f EDV* access authorisation
Zukunftswert ['tsu:kunftsve:rt] *m* future bonds *pl*
Zulage ['tsu:la:gə] *f* additional pay, bonus; *(Gehaltserhöhung)* rise *(UK),* raise *(US)*
zulässig ['tsu:lɛsɪç] *adj* permissible, allowed, admissible
Zulassung ['tsu:lasuŋ] *f* admission; *(eines Autos)* registration
Zulassungsbeschränkung ['tsu:lasuŋsbəʃrɛŋkuŋ] *f* restricted admission
Zulassungsstelle ['tsu:lasuŋsʃtɛlə] *f* registration office
zu Lasten [tsu 'lastən] chargeable to
Zulauf ['tsu:lauf] *m* popularity; *großen ~ haben* to be very popular, to be in great demand
Zulieferbetrieb ['tsu:li:fərbətri:p] *m* component producer
Zulieferer ['tsu:li:fərɐ] *m* supplier, component supplier, subcontractor
Zulieferung ['tsu:li:fəruŋ] *f* supply
Zunahme ['tsu:na:mə] *f* increase, growth, rise
Zuname ['tsu:na:mə] *m* family name, surname
zunehmen ['tsu:ne:mən] *v irr* increase, grow, rise
zur Ansicht [tsu:r 'anzɪçt] on approval
zurückerstatten [tsu'rykɛrʃtatən] *v* refund, pay back, reimburse

zurückfordern [tsu'rykfɔrdɐn] *v etw* ~ ask for sth back, demand sth back
zurückgestaute Inflation ['tsurykgəʃtautə ɪnfla'tsjo:n] *f* pent-up inflation
zurückgewinnen [tsu'rykgəvɪnən] *v irr* win back, regain, recoup
zurückrufen [tsu'rykru:fən] *v irr (eine bereits ausgelieferte Ware)* call back
zurücktreten [tsu'ryktre:tən] *v irr (Rücktritt erklären)* resign, retire
zurückweisen [tsu'rykvaɪzən] *v irr* reject, refuse
zurückzahlen [tsu'ryktsa:lən] *v* pay back, repay
Zurückzahlung [tsu'ryktsa:luŋ] *f* repayment
Zusage ['tsu:za:gə] *f (Verpflichtung)* commitment; *(Versprechen)* promise
zusagen ['tsu:za:gən] *v* confirm; *(versprechen)* promise
Zusammenarbeit [tsu'zamənarbaɪt] *f* cooperation, collaboration
zusammenarbeiten [tsu'zamənarbaɪtən] *v* work together, cooperate, collaborate, act in concert, team up
Zusammenbau [tsu'zamənbau] *m* assembly
zusammenbauen [tsu'zamənbauən] *v* assemble
zusammenfassen [tsu'zamənfasən] *v* sum up, summarize
zusammenschließen [tsu'zamənʃli:sən] *v irr sich* ~ get together, team up
Zusammenschluss [tsu'zamənʃlus] *m* union, alliance, merger
Zusammensetzung [tsu'zamənzɛtsuŋ] *f* composition, make-up, construction
zusammenstellen [tsu'zamənʃtɛlən] *v (fig)* make up, put together, combine; *(Daten)* compile
Zusatzaktie ['tsu:zatsaktsjə] *f* bonus share
Zusatzkapital ['tsu:zatskapita:l] *n* additional capital
Zusatzkosten ['tsu:zatskɔstən] *pl* additional cost
Zusatzverkauf ['tsu:zatsfɛrkauf] *m* additional sale
Zusatzversicherung ['tsu:zatsfɛrzɪçəruŋ] *f* additional insurance
Zuschlag ['tsu:ʃla:k] *m* extra charge, surcharge, addition
Zuschlagskalkulation ['tsu:ʃla:kskalkulatsjo:n] *f* job order costing
zuschlagspflichtig ['tsu:ʃla:kspflɪçtɪç] *adj* subject to a supplementary charge
Zuschlagssatz ['tsu:ʃla:kszats] *m* costing rate
Zuschrift ['tsu:ʃrɪft] *f* letter
Zuschuss ['tsu:ʃus] *m* allowance, contribution, subsidy
zusetzen ['tsu:zɛtsən] *v Geld* ~ lose money
Zusicherung ['tsu:zɪçəruŋ] *f* assurance, guarantee
zustellen ['tsu:ʃtɛlən] *v (liefern)* deliver, hand over
Zusteller(in) ['tsu:ʃtɛlɐ(rɪn)] *m/f* deliverer; *(Postbote)* letter carrier, postman/postwoman, mailman
Zustellgebühr ['tsu:ʃtɛlgəby:ɐ] *f* delivery fee, delivery charge
Zustellung ['tsu:ʃtɛluŋ] *f* delivery
Zustimmung ['tsu:ʃtɪmuŋ] *f* consent
Zuteilung ['tsu:taɪluŋ] *f* allocation
Zuteilungsrechte ['tsu:taɪluŋsrɛçtə] *n/pl* allotment right
zu treuen Händen [tsu 'trɔyən 'hɛndən] for safekeeping
zuverlässig ['tsu:fɛrlɛsɪç] *adj/adv* reliable
Zuwachs ['tsu:vaks] *m* growth
Zuwachsrate ['tsu:vaksra:tə] *f* growth rate
zuweisen ['tsu:vaɪzən] *v irr* assign, allocate, allot
Zuweisung ['tsu:vaɪzuŋ] *f* assignment, transfer from profits
Zuwendung ['tsu:vɛnduŋ] *f (Geldbeitrag)* grant, contribution, donation
zuwiderhandeln [tsu'vi:dərhandəln] *v einer Sache* ~ act contrary to sth, go against sth; *(einer Vorschrift)* violate
Zuzahlung ['tsu:tsa:luŋ] *f* additional contribution
zuzüglich ['tsutsy:klɪç] *prep* plus
Zwangsabgabe ['tsvaŋsapga:bə] *f* compulsory charge
Zwangsanleihe ['tsvaŋsanlaɪə] *f* compulsory loan
Zwangsgeld ['tsvaŋsgɛlt] *n* enforcement fine
Zwangsmittel ['tsvaŋsmɪtəl] *n/pl* enforcement measures *pl*

Zwangssparen [ˈtsvaŋsʃpa:rən] *n* compulsory saving
Zwangsvergleich [ˈtsvaŋsfɛrglaiç] *m* legal settlement in bankruptcy
Zwangsverkauf [ˈtsvaŋsfɛrkauf] *m* forced sale
Zwangsversteigerung [ˈtsvaŋsfɛrʃtaɪgəruŋ] *f* compulsory auction
Zwangsvollstreckung [ˈtsvaŋsfɔlʃtrɛkuŋ] *f* enforcement, compulsory execution, levy upon property
zweckentfremden [ˈtsvɛkɛntfrɛmdən] *v* misappropriate, redesignate, misuse
Zweckentfremdung [ˈtsvɛkɛntfrɛmduŋ] *f* misappropriation, misuse
zweckgebunden [ˈtsvɛkgəbundən] *adj* earmarked, appropriated, bound to a specific purpose
Zweckgemeinschaft [ˈtsvɛkgemaɪnʃaft] *f* partnership of convenience
zweckmäßig [ˈtsvɛkmɛ:sɪç] *adj* expedient, practical, proper
Zwecksparen [ˈtsvɛkʃpa:rən] *n* target saving
Zweigniederlassung [ˈtsvaɪkni:dərlasuŋ] *f* branch
Zweigstelle [ˈtsvaɪkʃtɛlə] *f* branch office, branch
Zweitnutzen [ˈtsvaɪtnutsən] *m* secondary benefit
Zwischenaktionär [ˈtsvɪʃənaktsjonɛ:ɐ] *m* interim shareholder
Zwischenbericht [ˈtsvɪʃənbərɪçt] *m* interim report
Zwischenbilanz [ˈtsvɪʃənbɪlants] *f* interim results *pl*, interim balance sheet
Zwischenfinanzierung [ˈtsvɪʃənfinantsi:ruŋ] *f* interim financing
Zwischengesellschaft [ˈtsvɪʃəngəzɛlʃaft] *f* intermediate company
Zwischenhändler(in) [ˈtsvɪʃənhɛndlɐ(rɪn)] *m/f* middleman, intermediate dealer
Zwischenkonto [ˈtsvɪʃənkɔnto] *n* interim account
Zwischenkredit [ˈtsvɪʃənkredi:t] *m* interim loan, intermediate loan
Zwischenlager [ˈtsvɪʃənla:gɐ] *n* intermediate inventory
Zwischenschein [ˈtsvɪʃənʃaɪn] *m* provisional receipt
Zwischensumme [ˈtsvɪʃənzymə] *f* subtotal
Zwischenzinsen [ˈtsvɪʃəntsɪnzən] *m/pl* interim interest
zyklisch [ˈtsy:klɪʃ] *adj* cyclical, cyclic
Zyklus [ˈtsy:klus] *m* cycle

Begriffe und Wendungen

1. Unternehmen und Management

Lines and Forms of Business	Branchen und Unternehmensformen
We have invested heavily in the mining industry in South Africa.	Wir haben in großem Umfang in die **Montanindustrie** Südafrikas investiert.
Coal mines in Yorkshire provide much of Britain's coal.	**Kohlenbergwerke** in Yorkshire liefern einen großen Teil der britischen Kohle.
The north sea oil industry has raised oil prices.	Die **Nordseeölindustrie** hat die Ölpreise erhöht.
The majority of our electricity comes from the coal-fired power station you drove past on your way here.	Der Großteil unserer Elektrizität kommt von dem **Kohlekraftwerk**, an dem Sie auf dem Weg hierher vorbeigefahren sind.
We are trying to close a deal for cheap electricity from the nuclear power station nearby.	Wir versuchen einen Handel mit dem nahegelegenen **Atomkraftwerk** abzuschließen, um billige Elektrizität zu bekommen.
We buy our barley direct from several different farmers in the area.	Wir kaufen unsere Gerste direkt bei einigen **Bauern** aus der Gegend.
The agricultural crisis is effecting the brewing industry.	Die Agrarkrise wirkt sich in der **Brauereiindustrie** aus.
Our paper processing business is dependent upon the forestry industry.	Unsere **Papier verarbeitende Industrie** hängt von der **Holzindustrie** ab.
Our factory reprocesses fish by-products to produce fertilizer.	Unsere Fabrik **verarbeitet** Fischabfälle zur Produktion von Düngemitteln.

In the seventies, Maurice Motors was one of the most notable car manufacturers in Europe.	In den siebziger Jahren war Maurice Motors einer der namhaftesten **Autohersteller** in Europa.
We have good business relations with the manufacturer of our components.	Wir haben gute Geschäftsbeziehungen mit dem Hersteller unserer **Einzelteile**.
Many of our manufactured articles are exported to other EU nations.	Viele unserer **Fabrikate** werden in andere EU-Staaten exportiert.
We are a long-established insurance company with many years' experience behind us.	Wir sind eine alteingesessene **Versicherung** mit langjähriger Erfahrung.
I think that the JA Bank can offer us the best deal for our company account.	Ich glaube, dass die JA Bank uns das beste Angebot für unser **Firmenkonto** machen kann.
The most successful mail order business in Britain for 2012 was Warmers Catalogues.	Das erfolgreichste **Versandhandelsunternehmen** in Großbritannien war 2012 Warmers Catalogues.
We have got in touch with the publishers regarding our "Millennium Catalogue".	Wir haben mit dem **Verlag** wegen unseres „Millennium Katalogs" Kontakt aufgenommen.
In our line of business, one must be prepared to move with the times.	In unserer **Branche** muss man darauf vorbereitet sein mit der Zeit zu gehen.
I need to get in contact with an accounting firm.	Ich muss mit einer **Buchhaltungsfirma** Kontakt aufnehmen.
The advertising company that we use has always produced satisfactory results in the past.	Die **Werbefirma**, mit der wir arbeiten, hat in der Vergangenheit immer zufrieden stellende Ergebnisse geliefert.
My firm of solicitors was founded in 1997.	Meine **Anwaltskanzlei** wurde 1997 gegründet.

I will have to consult my solicitor.	Ich werde meinen **Anwalt** konsultieren müssen.
As a marketing company, we feel that relations with our customers are important.	Wir glauben, dass für uns als **Marketingunternehmen** das Verhältnis zu unseren Kunden entscheidend ist.
Our firm of management consultants advises companies of ways to increase production through improved management.	Unsere **Unternehmensberatungsfirma** berät Unternehmen, wie sie ihre Produktion durch verbessertes **Management** steigern können.
Part of our service as a computer consultancy is free follow-up advice to customers, via e-mail.	Ein Teil unseres **Services** als **EDV-Berater** ist es, unseren Kunden anschließend umsonst per E-mail Ratschläge zu geben.
We are considering referring the problem to an I.T. (Information Technology) consultancy firm.	Wir erwägen hinsichtlich dieses Problems eine **EDV-Beratungsfirma** hinzuzuziehen.
Our head office is in Liverpool.	Unser **Hauptbüro** ist in Liverpool.
Our headquarters are located in Camberwell, London.	Unsere **Zentrale** ist in Camberwell in London.
Our business began in the eighteenth century as a small group of craft traders.	Unser Unternehmen entstand im achtzehnten Jahrhundert aus einer kleinen Gruppe von **Handwerkern**.
Our family has been involved in this business for centuries.	Unsere Familie ist seit Jahrhunderten an diesem Unternehmen beteiligt.
Our ancestors were guildsmen in the middle ages.	Unsere Vorfahren waren im Mittelalter **Mitglieder einer Zunft**.
We are only a small enterprise.	Wir sind nur ein **Kleinbetrieb**.
Our company name plate until recently contained the family coat of arms.	Unser **Firmenschild** enthielt bis vor kurzem noch unser Familienwappen.

As a **medium size enterprise**, we are proud of our friendly working atmosphere.	Als **mittelständischer Betrieb** sind wir stolz auf unser freundliches Arbeitsklima.
My father used to be the **sole owner** of our company.	Früher war mein Vater der **Alleineigentümer** unseres Unternehmens.
Our **company name** is a combination of the names of our **co-founders**.	Unser **Firmenname** ist eine Kombination der Namen der **Mitbegründer**.
Could I please speak to the **proprietor**?	Könnte ich bitte den **Besitzer** sprechen?
The **factory owner** is away on business.	Der **Fabrikeigentümer** ist geschäftlich unterwegs.
The **parent company** of the TEHV group is today an extremely profitable enterprise.	Die **Muttergesellschaft** der TEHV Gruppe ist heute ein enorm profitables Unternehmen.
Our **holding company** was founded in 1997.	Unsere **Dachgesellschaft** wurde 1997 gegründet.
Our company is **based** in Britain, but we have factories and outlets all over the world.	Unser Unternehmen hat seinen **Unternehmenssitz** in Großbritannien, aber wir haben Fabriken und Verkaufsstellen auf der ganzen Welt.
We have **branches** all over the world. Our most important **branches abroad** are in Brazil and Mexico.	Wir haben **Filialen** auf der ganzen Welt. Unsere wichtigsten **Auslandsniederlassungen** sind in Brasilien und Mexiko.
They are one of the largest **multinationals** in the world.	Sie sind eines der größten **multinationalen Unternehmen** auf der ganzen Welt.
Our most notable **agency abroad** is based in Canada.	Unsere namhafteste **Auslandsvertretung** hat ihren Geschäftssitz in Kanada.
TEHV is a **multinational group**.	TEHV ist ein **multinationaler Konzern**.

The private sector in the USA is much stronger than the public sector.	Der **private Sektor** ist in den USA sehr viel stärker als der **öffentliche Sektor**.
We have only limited liability in the event of bankruptcy.	Im Falle eines Bankrotts übernehmen wir nur **beschränkte Haftung**.
SIDA is a private limited liability company.	SIDA ist eine **Gesellschaft mit beschränkter Haftung**.
We became a public limited company in 1993 (US: incorporated company).	Wir wurden 1993 zu einer **Aktiengesellschaft** umgewandelt.
I have sent our major share-holders our sales figures for 2013.	Ich habe unseren **Großaktionären** die **Verkaufszahlen** für 2013 geschickt.
The shareholders meeting is due to take place next week.	Die **Aktionärsversammlung** ist für nächste Woche geplant.
How many will attend the annual general meeting (AGM)?	Wie viele Teilnehmer wird die **Jahreshauptversammlung** haben?
Our company is a limited partnership.	Unser Unternehmen ist eine **Kommanditgesellschaft**.
He is a limited partner in AHB.	Er ist ein **Kommanditist** bei AHB.
May I introduce my general partner, Frank.	Darf ich Ihnen meinen **Komplementär** Frank vorstellen.
She is the youngest person ever to be made junior partner in the firm.	Sie ist die jüngste Person, die jemals **Juniorteilhaber** in unserem Unternehmen geworden ist.
Mr. Taylor is a silent partner in our business.	Mr. Taylor ist **stiller Teilhaber** an unserem Unternehmen.
We are considering going into partnership with ABC.	Wir überlegen uns, eine **Partnerschaft** mit ABC einzugehen.
Our trading partner has not been in contact regarding our factories in Africa.	Unser **Handelspartner** hat uns bisher nicht wegen unserer Fabriken in Afrika kontaktiert.

One of our subsidiaries **(US:** affiliates**) is based almost wholly in the Far East.**	Eine unserer **Tochtergesellschaften** ist fast ausschließlich im Nahen Osten ansässig.
AMV is a subsidiary (US: affiliate) of the TEHV Group.	AMV ist eine Tochtergesellschaft der TEHV Gruppe.
We are hoping to arrange a video conference **in July with the managers of all our** subsidiaries.	Wir hoffen, im Juli eine **Video-konferenz** mit den Leitern aller unserer **Tochtergesellschaften** abhalten zu können.

Dialogbeispiele

A: We have recently renewed the machinery of our assembly line.	A: Wir haben erst neulich die Maschinenausstattung unseres **Fließbandes** erneuert.
B: Do you think it will pay off in the long run?	B: Glauben Sie, dass sich das auf lange Sicht auszahlen wird?
A: Definitely. Control has already recorded a drop in manufactur-ing defects.	A: Auf jeden Fall. Die Aufsicht hat jetzt schon ein Abnehmen der **Fabrikationsfehler** gemeldet.
A: We distribute hand-made **jewellery made by trained gold- and silversmiths.**	A: Wir vertreiben **handgearbeiteten** Schmuck, der von ausgebildeten Gold- und Silberschmieden gefer-tigt wird.
B: Are they all original designs?	B: Sind das alles **Originalentwürfe?**
A: Yes. We also produce designs to order from our customers.	A: Ja. Wir entwerfen auch nach den speziellen Wünschen unserer Kunden.

B: I think we could certainly be of assistance for your business. Marketing of genuine handicrafts is our speciality.	B: Ich glaube, dass wir sehr nützlich für ihr Unternehmen sein könnten. Das Marketing von echtem Kunsthandwerk ist unsere Spezialität.

A: We were considering sending you to our branch office in Chile for six months, Mrs. Richards.	A: Wir überlegen uns, Sie für sechs Monate in unsere Geschäftsstelle in Chile zu schicken, Frau Richards.
B: That sounds very challenging.	B: Das klingt nach einer interessanten Herausforderung.
A: Are you aware of business protocol in South America?	A: Sind Sie sich über das südmerikanische Geschäftsprotokoll im Klaren?
B: I have some basic knowledge.	B: Ich besitze ein paar grundlegende Kenntnisse.

A: One of our affiliates distributes and markets our products in Thailand. They receive our goods at a discounted price and can make a greater profit for themselves.	A: Ein mit uns befreundetes Unternehmen vertreibt und verkauft unsere Produkte in Thailand. Sie bekommen unsere Produkte zu einem ermäßigten Preis und können daher einen größeren Profit machen.

B: That's an ideal arrangement for you both – you must make large savings in distribution costs.	B: Das ist eine ideale Vereinbarung für Sie beide – Sie müssen große Einsparungen bei den Vertriebskosten haben.
A: Yes. It undoubtedly pays off for both our companies.	A: In der Tat. Es zahlt sich zweifellos für beide Unternehmen aus.

Business Organisation

Unternehmensorganisation

The board of directors meets in the boardroom to discuss future strategies.

Die Direktion trifft sich im Sitzungssaal, um zukünftige Strategien zu besprechen.

I will have to bring the matter up in front of the supervisory board.

Ich werde das Thema vor dem Aufsichtsrat ansprechen.

Our production department employs thirty per cent fewer people than in 2007.

Unsere Produktionsabteilung beschäftigt dreißig Prozent weniger Leute als 2007.

Quality control is not satisfied with the standard of goods produced on the factory floor.

Die Qualitätskontrolle ist mit dem Standard der Güter, die in der Fabrikhalle produziert werden, nicht zufrieden.

Administration has been ploughing through red tape all week.

Die Verwaltung hat sich die ganze Woche lang durch den Amtsschimmel gegraben.

Our administration department has arranged an interview for you on Friday 22nd January.

Die Verwaltungsabteilung hat ein Bewerbungsgespräch für Sie am Freitag, den 22. Januar vereinbart.

The administration of our company has been improved considerably over the last few years.

Die Verwaltung unseres Unternehmens hat sich in den letzten Jahren erheblich verbessert.

Our administration department is having some difficulty coping with new European bureaucracy.

Unsere Verwaltungsabteilung hat einige Schwierigkeiten, mit der neuen europäischen Bürokratie zurechtzukommen.

Planning control is based at our headquarters in London. They have produced these planning figures regarding possible developments in East Asia.

Die Planungskontrolle ist in unserer Zentrale in London stationiert. Sie haben diese Planwerte für mögliche Entwicklungen in Ostasien erstellt.

The accounts department will deal with your query – I'll e-mail your details to them now.

Die Rechnungsabteilung wird sich um Ihre Anfrage kümmern – ich werde ihnen sofort die Einzelheiten Ihres Falles e-mailen.

Could you please take these calculations to accounts.

Könnten Sie bitte diese Berechnungen in die Rechnungsabteilung bringen.

Our cost accounting centre is on the second floor.

Unsere Kostenstelle ist im zweiten Stock.

Most of our budgetary planning is developed in our finance department.

Der Großteil unserer Budgetplanung wird in der Finanzabteilung entwickelt.

Only very large companies require a legal department.

Nur sehr große Unternehmen benötigen eine Rechtsabteilung.

Staff of the data processing division are taking part in a training course this morning.

Das Personal der EDV-Abteilung nimmt heute Morgen an einem Trainingskurs teil.

Most of our data processing takes place in our other building.

Ein Großteil der Datenverarbeitung findet in unserem anderen Gebäude statt.

Marketing is more important than ever in the highly competitive world of multinational business.	Marketing ist in der enorm wettbewerbsorientierten Welt des multinationalen Geschäfts wichtiger denn je zuvor.
The marketing department wishes to employ more staff to cope with their increasing workload.	Die Marketingabteilung möchte gerne mehr Personal einstellen, um mit der wachsenden Arbeitslast fertig zu werden.
Our marketing division is on the fifth floor of our main office building.	Unsere Marketingabteilung ist im fünften Stock in unserem Hauptgebäude.
Our advertising department has just completed our new informercial; it will be screened on September the fifth.	Unsere Werbeabteilung hat gerade unsere neue Werbesendung fertig gestellt. Sie wird am fünften September ausgestrahlt.
Our publicity department is working on our new series of billboard advertisements.	Unsere Werbeabteilung arbeitet gerade an einer neuen Serie von Plakatwerbungen.
Our public relations department has suggested holding an open day to combat environmental objections from the public to our proposed expansion.	Unsere Public-Relations-Abteilung hat vorgeschlagen einen Tag der offenen Tür abzuhalten, um Befürchtungen der Öffentlichkeit hinsichtlich der Umwelt aufgrund unserer vorgeschlagenen Expansion entgegenzuwirken.
The sales department is on the second floor.	Die Vertriebsabteilung ist im zweiten Stock.
Our salesroom was understaffed due to illness in January.	Unser Verkaufsraum war im Januar wegen Krankheit unterbesetzt.
The Board of Directors has been considering possibilities for expansion of our business into new areas.	Die Direktion hat die Möglichkeiten einer Expansion unseres Unternehmens in neue Bereiche abgewägt.
Our chairman has had connections to our company for many years.	Unser Vorsitzender hatte seit vielen Jahren Beziehungen zu unserer Firma.

The chairman of the board has called a meeting for next week.	Der **Vorstandsvorsitzende** hat ein **Meeting** für nächste Woche anberaumt.
The chairman of the supervisory board is on holiday (US: vacation) at present.	Der **Aufsichtratsvorsitzende** ist im Moment in Urlaub.
I believe she was delighted to receive the chairmanship.	Ich glaube, sie war sehr erfreut den **Vorsitz** zu erhalten.
Our managing director (US: chief executive officer) originally comes from Japan.	Unser **Generaldirektor** kommt ursprünglich aus Japan.
Our executives are currently in a meeting.	Unsere **Verwaltung** ist im Moment bei einem Meeting.
We need to make an executive decision as soon as possible.	Wir müssen so bald wie möglich eine **geschäftsführende** Entscheidung treffen.
The branch manager is currently away on business.	Die **Filialleiterin** ist im Moment geschäftlich unterwegs.
Her deputy can help you with any further enquiries.	Ihr **Stellvertreter** kann Ihnen bei weiteren Fragen helfen.
I think it would be more fitting if you spoke to the manageress regarding this matter.	Ich denke, es wäre angebrachter, wenn Sie diese Angelegenheit mit der **Managerin** besprechen würden.
The manager is in a meeting at present. The scheduling of his appointments is organised by his secretary.	Der **Geschäftsführer** ist im Moment in einem Meeting. Die Terminplanung organisiert sein **Sekretär**.
Our production manager has been criticised for the inefficiency of production on the factory floor.	Unser **Produktionsleiter** ist für die Ineffizienz in der Fabrikhalle kritisiert worden.
Our purchasing manager is abroad visiting one of our component manufacturers.	Unser **Einkaufsleiter** ist im Ausland, um einen unserer Zulieferer zu besuchen.

Good morning, my name is Allen, John Allen – I'm the financial manager of JMC.	Guten Tag, mein Name ist Allen, John Allen – Ich bin der Finanzdirektor von JMC.
The accounts manager is out of the office this afternooon.	Der Leiter des Rechnungswesens ist heute Nachmittag nicht in seinem Büro.
Mrs. Adam is our accounting division manager.	Frau Adam ist die Leiterin unserer Buchhaltung.
Our public relations department has made several valid suggestions for the improvement of our firm's image.	Unsere Öffentlichkeitsabteilung hat einige sinnvolle Vorschläge zur Verbesserung unseres Firmenimages gemacht.
I would like to introduce the manager of our data processing division, Ms. Meyer.	Ich würde Ihnen gerne die Leiterin der EDV-Abteilung vorstellen, Frau Meyer.
Our advertising manager is not available at present.	Unser Werbeleiter ist momentan nicht erreichbar.
Mr. Mann has been marketing manager of the company since 1989 and will retire next year.	Herr Mann ist seit 1989 unser Marketingleiter und wird nächstes Jahr in Rente gehen.
The human resources manager has arranged a staff meeting for Friday.	Der Personalleiter hat für Freitag ein Personalmeeting vereinbart.
The personnel manager will take six months maternity leave in summer.	Die Personalmanagerin wird im Sommer für sechs Monate in den Mutterschaftsurlaub gehen.
Our research director is in charge of all aspects of scientific research within our company.	Unser Forschungsdirektor ist für alle Bereiche der wissenschaftlichen Forschung in unserem Unternehmen verantwortlich.
We employ several scientists to research and develop new products for our firm.	Wir beschäftigen einige Wissenschaftler um neue Produkte für unsere Firma zu erforschen und zu entwickeln.

Our research laboratory is not situated on our main site.	Unser **Forschungslabor** ist nicht auf unserem Hauptgelände.
My personal assistant can answer any further questions you might have.	Falls Sie noch Fragen haben sollten, steht Ihnen mein **persönlicher Assistent** zur Verfügung.
I will have my P.A. prepare the necessary documentation.	Ich werde meine **P.A.** (persönliche Assistentin) die notwendigen Dokumente vorbereiten lassen.
Our skilled seamstresses prefer shift work.	Unsere **ausgebildeten** Näherinnen bevorzugen **Schichtarbeit**.
Our firm employs over a hundred semi-skilled workers in our production team.	Unsere Firma beschäftigt über einhundert **angelernte Arbeiter** in unserem **Produktionsteam**.
Our foreign workers are mainly from Southern Europe.	Unsere **ausländischen Arbeitnehmer** kommen vor allem aus Südeuropa.
Our factory workers have been complaining regarding the lighting in the factory building.	Unsere **Fabrikarbeiter** haben sich über die Beleuchtung in unserer **Fabrikhalle** beschwert.
Many of our apprentices are based here in our main factory.	Viele unserer **Lehrlinge** arbeiten hier in unserer Hauptfabrik.
An apprenticeship takes at least three years to complete within our firm.	Eine **Lehre** dauert in unserem Unternehmen mindestens drei Jahre.
Our blue-collar workers earn less than our white-collar workers.	Unsere **Arbeiter** verdienen weniger als unsere **Büroangestellten**.
Our office staff are based in the office block on our other site.	Unsere **Bürokräfte** sind in dem **Bürogebäude** auf unserem anderen Gelände.
We have two office juniors under our employ at present.	Wir haben im Moment zwei **Bürogehilfen** beschäftigt.

My secretary can deal with any further queries you might have.	Bei weiteren Fragen wird Ihnen meine **Sekretärin** zur Verfügung stehen.
Clerical work is vital to the smooth running of our firm.	**Büroarbeit** ist entscheidend für das gute Funktionieren einer Firma.
At the moment, we have a temp covering for Josephine's maternity leave.	Im Moment haben wir eine **Aushilfe**, die während Josephines Elternzeit für uns arbeitet.
Our receptionist will direct you to our conference room.	Unsere **Empfangsdame** wird sie in den Konferenzraum bringen.
We have two trainees (US: interns) working for us at the firm.	Wir haben zwei **Praktikanten** in unserem Unternehmen beschäftigt.
I think we are slightly understaffed.	Ich denke, wir sind leicht **unterbesetzt**.
We have called in a marketing consultant to help us in our decision making within the department.	Wir haben einen **Marketingberater** eingeschaltet, um uns bei der Entscheidungsfindung in der Abteilung zu unterstützen.
We do not have an accounts department – we have our own accountant with an accounting firm based in London.	Wir haben keine Buchhaltungsabteilung, wir haben unseren eigenen Buchhalter bei einer **Buchhaltungsagentur** in London.
The firm has its own personal banker, whom we can contact if we have any problems.	Die Firma hat einen persönlichen **Bankier**, den wir kontaktieren, wenn wir irgendwelche Probleme haben.
I would propose that we call in a management consultant.	Ich würde vorschlagen, dass wir einen **Unternehmensberater** hinzuziehen.
I have had my secretary contact the company solicitor (US: lawyer).	Ich hatte meinem Sekretär aufgetragen, den **Firmenanwalt** zu kontaktieren.

Have you met our middleman in South America, Mr. Tetley?	Kennen Sie unseren **Zwischenhändler** in Südamerika, Mr. Tetley?
One of our main distributors is due to meet the manager this afternoon.	Einer unserer **Großhändler** soll heute Nachmittag unseren Geschäftsführer treffen.
I have contacted a subcontractor for our latest building project.	Ich habe einen **Subunternehmer** für unser neuestes Bauprojekt kontaktiert.
We need to contact a transatlantic shipping company to firm-up our transport costs.	Wir müssen eine **Übersee-Reederei** kontaktieren, um unsere Transportkosten abzustützen.
Our sales team is trying to find suitable suppliers for the new components in the USA.	Unser **Vertriebsteam** versucht, passende **Lieferanten** für die neuen Teile in den USA zu finden.
Our business structure has hardly changed at all over the past forty years.	Unsere **Betriebsstruktur** hat sich in den letzten vierzig Jahren kaum verändert.
Many companies have been c hanging their pattern of organisation (US: organization) to move with the times.	Viele Unternehmen haben ihre **Organisationsform** gewechselt, um mit der Zeit zu gehen.
Old-fashioned strictly hierarchical business structures are often replaced by centre organisation (US: center organization) structures.	Altmodische **hierarchische** Geschäftsstrukturen werden oftmals durch die **Center-Organisationsform** ersetzt.
We have taken expert advice and decided against restructuring.	Wir haben Expertenrat eingeholt und uns gegen die **Umstrukturierung** entschieden.
Management consultancy firms are booming due to widespread industrial reorganisation.	**Unternehmensberatungsfirmen** boomen wegen der weit verbreiteten **industriellen Restrukturierung**.

The board has decided in favour of centre organisation (US: center organization) for our firm.	Die Direktion hat sich für die Centerorganisationsform in unserer Firma entschieden.
Our reorganisation will divide the company into divisions, each targeting a particular geographical area.	Unsere Neuorganisierung wird das Unternehmen in Abteilungen gliedern, von denen jede für eine bestimmte geografische Gegend zuständig ist.
My colleagues are very interested in introducing matrix organisation (US: organization) to our firm.	Meine Kollegen sind sehr interessiert daran, die Matrixorganisation in unserem Unternehmen einzuführen.

Dialogbeispiele

A: Where's Francis?	A: Wo ist Francis?
B: She's in admin *(fam)*.	B: Sie ist in der Verwaltung.

A: What do you think of our planning department's proposal for possible future expansion?	A: Was denken Sie über den Vorschlag der Planungsabteilung über eine mögliche zukünftige Expansion?
B: Well, I think we need to bring it before the board.	B: Ich denke, wir müssen ihn der Direktion vorlegen.

A: Would you like a tour of our premises, Mr. Davies?	A: Möchten Sie unser Gelände besichtigen, Mr. Davies?

B: I think that would be very informative. As a management consultant **I always try to investigate companies in depth.**	B: Ich denke, das wäre sehr informativ. Als **Unternehmensberater** versuche ich immer die Unternehmen genau zu untersuchen.
A: Here is our reception area, **where we have two** receptionists **on duty during busy periods. They are both multilingual to handle our worldwide business partners.**	A: Hier ist unser **Empfang**, an dem während betriebsamen Zeiten zwei **Empfangsdamen** arbeiten. Beide sind mehrsprachig, um sich um unsere weltweiten Geschäftspartner kümmern zu können.
B: Which languages do they speak?	B: Welche Sprachen sprechen sie?
A: English, of course, and French, Spanish and German.	A: Natürlich Englisch, außerdem Französisch, Spanisch und Deutsch.
B: Where are your clerical staff **based?**	B: Wo sitzen Ihre **Bürokräfte**?
A: The majority are on the ground floor of our main building. Shall we go to our accounting and finance department**? Our business requires precise** budgeting **– that's why this division is so large.**	A: Die Meisten sind im Erdgeschoss des Hauptgebäudes. Sollen wir zu unserer **Buchhaltungs- und Finanzabteilung** gehen? Unsere Geschäfte verlangen eine präzise **Budgetierung** – das ist der Grund, warum diese Abteilung so groß ist.

B: Very interesting. Where is your marketing department**?**	B: Sehr interessant. Wo ist Ihre **Marketingabteilung?**
A: On the third floor.	A: Im dritten Stock.
B: Your departments seem very self-contained. Perhaps you could consider changing your management strategies**. The** spatial structure **of your main premises could be improved. I hope you would like to engage my services. I will leave you my** business card **(US:** calling card**) and you can contact me regarding our next steps.**	B: Ihre Abteilungen scheinen mir sehr abgeschottet. Vielleicht sollten Sie sich überlegen, Ihre **Leitungsstrategien** zu ändern. Die **Raumstruktur** Ihres Hauptgebäudes könnte verbessert werden. Ich hoffe, Sie wollen meine Dienste in Anspruch nehmen. Ich werde Ihnen meine **Geschäftskarte** dalassen und Sie können dann mit mir wegen unserer nächsten Schritte Kontakt aufnehmen.
A: Great. I will have to discuss the matter with the board of directors.	A: Ausgezeichnet. Ich muss die Angelegenheit auch noch mit der **Direktion** besprechen.

A: We are planning to design joint publicity **with our business partners, Smith and Jones Ltd.**	A: Wir planen eine **Gemeinschaftswerbung** mit unseren Geschäftspartnern von Smith and Jones Ltd. zu entwerfen.

B: What means of advertising **had you considered using?**

B: An welche **Werbemittel** hatten Sie gedacht?

A: We were considering sending out mailshots **describing our new range of products.**

A: Wir haben uns überlegt, **Direktwerbung** zu verschicken, die unser neues Sortiment beschreibt.

B: Have you carried out any market research?

B: Haben Sie **Marktforschung** betrieben?

A: We have consulted a market research institute **in Birmingham.**

A: Wir haben ein **Marktforschungsinstitut** in Birmingham konsultiert.

B: I don't know what they concluded, but I would suggest that you need a broader marketing mix **to increase sales and reach a wider audience.**

B: Ich weiß nicht, was die herausgefunden haben, aber ich würde behaupten, dass Sie einen breiteren **Marketing Mix** brauchen, um die Verkäufe zu erhöhen und ein breiteres Publikum zu erreichen.

A: We were also hoping to make the launch of the range a media event.

A: Außerdem hoffen wir, die Einführung des Sortiments zu einem **Medienereignis** zu machen.

B: Offering discounts **to your loyal** patrons **could be another possible strategy of promoting initial sales of your new products.**

B: Wenn Sie Ihren **Stammkunden** einen **Preisnachlass** anbieten, könnte das eine weitere mögliche Strategie sein, um den Anfangsverkauf Ihrer neuen Produkte zu fördern.

A: Our marketing team has produced a detailed survey based on observation of markets.	A: Unser Marketingteam hat eine detaillierte Studie ausgearbeitet, die auf Marktbeobachtung beruht.
B: What did they conclude?	B: Zu welchem Schluss sind sie gekommen?
A: We should schedule our advertisements to coincide with seasonal increases in demand.	A: Wir sollten unsere Anzeigen so planen, dass sie mit der saisonbedingten Steigerung der Nachfrage zusammenfallen.

A: I demand to speak to the manager!	A: Ich verlange den Geschäftsführer zu sprechen!
B: I'm afraid he's in a meeting at the moment, sir. Could his deputy be of assistance?	B: Es tut mir leid, aber er ist gerade in einem Meeting. Würde Ihnen sein Stellvertreter weiterhelfen?

A: Would you like to discuss your marketing suggestions with our sales manager?	A: Möchten Sie die Marketing-Vorschläge gerne mit unserem Verkaufsleiter besprechen?
B: I think that would be the best option open to us.	B: Ich denke, dass wäre die beste Option für uns.

A: I am telephoning to request a meeting with your production manager.	A: Ich rufe an mit der Bitte um ein Treffen mit dem **Leiter der Produktion**.
B: I'm afraid he's not available at the moment. Would it be possible for a representative from the department to help you?	B: Es tut mir leid, aber er ist im Moment nicht verfügbar. Wäre es möglich, dass Ihnen ein **Vertreter** der Abteilung helfen könnte?
A: I don't know. It was regarding methods of reducing production costs.	A: Ich weiß es nicht. Es handelt sich um Methoden zur Produktionskostenreduzierung.
B: He's very busy at the moment. Perhaps you could discuss the matter with one of his subordinates?	B: Er ist im Moment sehr beschäftigt. Vielleicht könnten Sie die Angelegenheit mit einem seiner **Mitarbeiter** besprechen?
A: I think for a preliminary meeting that would be fine.	A: Ich denke für ein Vorgespräch wäre das in Ordnung.

A: We have agreed to promote you to distributions manager, Miss Green.	A: Wir haben uns darauf geeinigt, Sie zur **Vertriebsleiterin** zu befördern, Miss Green.
B: Thank you. I'm delighted.	B: Danke. Ich bin sehr erfreut.
A: Well, as you're already familiar with our structure of	A: Nun, da Sie schon mit unserer **Vertriebsstruktur** vertraut sind,

distribution, I'm sure you'll prove to be a worthy successor to Mr Dobson.	bin ich sicher, dass Sie sich als würdige Nachfolgerin von Mr Dobson herausstellen werden.

A: Our project leader has suggested several changes to previous plans.	A: Unsere Projektleiterin hat einige Änderungen an unseren bisherigen Plänen vorgeschlagen.
B: For what reasons?	B: Aus welchen Gründen?
A: I think she just disagrees with our overall project management strategy.	A: Ich denke, sie stimmt unserer gesamten Projektmanagement-Strategie nicht zu.
A: Has your company been achieving its sales targets this year?	A: Hat Ihr Unternehmen das Absatzziel für dieses Jahr erreicht?
B: Not as yet. We were considering introducing payment on a commission basis for all our sales staff.	B: Noch nicht. Wir erwägen Bezahlung auf Provisionsbasis für unseren gesamten Verkaufsstab einzuführen.
A: That might provide them with the necessary incentive.	A: Das könnte ihnen den notwendigen Anreiz geben.

A: Do you have many unskilled workers here in your factory?

A: Haben Sie viele **ungelernte Arbeiter** in Ihrer Fabrik?

B: Yes, although most of our workers undergo at least some training during their employment.

B: Ja, obwohl die meisten unserer Arbeiter während ihrer Beschäftigungszeit zumindest irgendeine Ausbildung bekommen.

A: Along what lines have you restructured your firm?

A: Nach welchen Richtlinien haben Sie Ihre Firma **umstrukturiert**?

B: Our workers are now organised into production-oriented teams instead of divided into different departments.

B: Unsere Arbeiter sind jetzt in **produktionsorientierten Teams** organisiert anstatt in verschiedenen Abteilungen.

A: What effect does that have upon the production process?

A: Was für einen Effekt hat das auf das **Fertigungsverfahren**?

B: Well, our workers are more motivated because they are able to follow the production process from beginning to end. It is far less monotonous as the permanent work on the production line.

B: Unsere Arbeiter sind höher **motiviert**, weil sie in der Lage sind, den Herstellungsprozess von Anfang bis Ende zu verfolgen. Es ist sehr viel weniger monoton als die dauernde Arbeit am **Fließband**.

A: **We have allotted a very young,** dynamic team **to target** teens and twens.	A: Wir haben ein sehr junges, dynamisches Team eingeteilt, das sich gezielt an Teenager und Twens richtet.
B: **And has this increased your appeal within this** target group**?**	B: Und konnten sie so diese Zielgruppe stärker ansprechen?
A: **Yes. The method allows us to maximise the potential of our employees and to target** potential customers **precisely.**	A: Ja. Die Methode erlaubt es uns, das Potenzial unserer Mitarbeiter optimal auszuschöpfen und unsere potenziellen Kunden präzise anzusprechen.

A: **We experimented with** matrix organisation **in one of our subsidiaries last year. But it failed to** live up to **our** expectations**. The staff never knew which manager to contact, when they had a problem.**	A: Wir haben letztes Jahr in einer unserer Tochtergesellschaften mit der Matrixorganisation experimentiert. Aber unsere Erwartungen wurden nicht erfüllt. Das Personal wusste nie, welchen Manager es bei Problemen kontaktieren sollte.
B: **What do you mean?**	B: Was meinen Sie?
A: **Well, for example, with a faulty component, they could go to their** team leader **or to the** chief buyer**.**	A: Mit einem fehlerhaften Teil beispielsweise, konnten sie entweder zum Teamleiter oder zum Beschaffungsleiter gehen.
B: **That does sound too confusing.**	B: Das klingt sehr verwirrend.

IT and Internet

IT und Internet

Due to a malfunction our entire computer network has crashed and we are unable to see your homepage at the present time.

Wegen einer **Fehlfunktion** ist unser gesamtes Computer-Netzwerk **abgestürzt** und wir sind daher nicht in der Lage, Ihre **Homepage** zum jetzigen Zeitpunkt anzuschauen.

We have finally debugged the new Homepage.

Wir haben es endlich geschafft, unsere neue Homepage von **Fehlern zu befreien**.

Please follow the link to see the information you requested about our latest special offer.

Folgen Sie dem **Link**, um die gewünschte Information über unser jüngstes Sonderangebot zu erhalten.

If you need to use my PC, to log in type FOG.

Wenn Sie meinen PC benutzen müssen, geben Sie FOG ein, um sich **einzuloggen**.

Our Internet connection is very slow this afternoon.

Heute Nachmittag ist unsere **Internetverbindung** sehr langsam.

You can access the files on our webserver.

Sie haben **Zugriff** auf diese **Dateien** auf unserem **Webserver**.

I have downloaded the data onto a hard disk.

Ich habe die **Daten** auf die **Festplatte** heruntergeladen.

Please don't forget to save your work.

Bitte vergessen Sie nicht, Ihre Arbeit zu **speichern**.

We have a scanner here in the office.

Wir haben einen **Scanner** hier im Büro.

Our programmer lost the best part of a day's work yesterday because of a disk crash.

Unser **Programmierer** hat gestern einen großen Teil seiner Tagesarbeit wegen der **Störung eines Laufwerkes** verloren.

I think the new update has overloaded our system.

Ich glaube, dass das neue **Update** unser System **überlastet** hat.

Since the update, the program doesn't work properly.	Seit dem Update funktioniert das **Programm** nicht mehr richtig.
Have you tried out the new software?	Haben Sie die neue **Software** schon ausprobiert?
There seems to be a problem with the CD drive.	Es scheint ein Problem mit dem **CD-Laufwerk** zu geben.
Are you online?	Sind Sie **online**?
The address of our web page is as follows ...	Die Adresse unserer **Webseite** ist folgende ...
I was very interested in the web site design concepts described in your e-mail yesterday.	Ich war sehr an den **Entwurfs-konzepten der Webseite** in Ihrer **E-Mail** von gestern interessiert.
The attachment is in PDF format.	Das **Attachment** ist im PDF-Format.
I had problems reading your message sent 12/12/14.	Ich hatte Schwierigkeiten, Ihre Mail vom 12.12.14 zu lesen.
I had problems converting your attachment, sent yesterday.	Ich hatte Schwierigkeiten, Ihr gestriges Attachment zu **konvertieren**.
Could you re-send it in PDF format?	Könnten Sie es **noch einmal** als PDF **schicken**?
I could not open your attachment this morning; my virus check program detected a virus.	Ich konnte heute Morgen Ihr Attachment nicht öffnen; mein **Anti-Virus-Programm** hat einen Virus entdeckt.
Our WiFi does not have the capacity needed to download the information.	Unser **WLAN** hat nicht die erforderliche Kapazität, um die Informationen **herunterzuladen**.

2. Personalwesen

Staff retraining is necessary following modernisation of production methods.

Eine **Personalumschulung** ist seit der Modernisierung unserer Herstellungsmethoden notwendig geworden.

She works in personnel.

Sie arbeitet in der **Personalabteilung**.

Personnel are currently reviewing pay scales.

Die Personalabteilung überprüft gerade die **Lohntarife**.

We have informed all members of staff that a meeting will take place in the conference room.

Wir haben alle **Mitglieder des Personals** informiert, dass ein Meeting im Konferenzraum stattfinden wird.

Can we have a copy of the minutes of the meeting posted in all departments, please?

Können wir eine Kopie des **Protokolls** des Meetings an alle Abteilungen verschickt bekommen, bitte?

I have sent an e-mail to all our office staff informing them of the power cut on Tuesday.

Ich habe unserem gesamten **Büropersonal** eine E-Mail geschickt, die sie über den **Stromausfall** am Dienstag informiert.

Dialogbeispiel

A: I was not informed that the meeting was scheduled for Friday.

A: Ich war nicht informiert, dass das Meeting für Freitag **vorgesehen** war.

B: It was clearly an administrative error. We have postponed it until further notice.

B: Das war ganz klar ein **Verwaltungsfehler**. Wir haben es bis auf Weiteres **verschoben**.

Job Applications

Bewerbungen

During April, it became apparent that we had severe staff shortages.

Im April wurde es klar, dass wir einen ernsthaften Personalmangel hatten.

We are hoping to take on two new members of staff with degrees in business administration.

Wir hoffen, zwei neue Mitarbeiter mit Abschlüssen in Betriebswirtschaftslehre einzustellen.

We advertised our vacancy for deputy manager in the Herald.

Wir haben unsere freie Stelle für einen stellvertretenden Geschäftsführer im Herald inseriert.

I have informed the job centre (UK) of our vacancies.

Ich habe die Agentur für Arbeit über unsere offenen Stellen informiert.

We have designed our advert for the Financial Times.

Wir haben ein Inserat für die Financial Times entworfen.

The personnel manager has instructed his secretary to publish the position in the national newspapers and online.

Der Personalleiter hat seinen Sekretär angewiesen, die Stelle in den überregionalen Tageszeitungen und online auszuschreiben.

We have received hundreds of applications for the post.

Wir haben hunderte Bewerbungen für die Stelle erhalten.

I would like to apply for the position of ...

Ich möchte mich um die Stelle als ... bewerben.

I think we should interview this candidate – her C.V. (curriculum vitae) looks very promising.

Ich denke, wir sollten mit dieser Bewerberin ein Gespräch führen – ihr Lebenslauf sieht sehr viel versprechend aus.

This applicant has all the qualities we are looking for, if his résumé (US) is anything to go by.

Dieser Bewerber hat alle Eigenschaften, nach denen wir gesucht haben, wenn man auf den Lebenslauf etwas geben kann.

During the first stage of our recruitment procedure, reading application documents, we reject over fifty per cent of applicants.	Während der ersten Phase des Einstellungsverfahrens, nach dem Lesen der Bewerbungsunterlagen, lehnen wir über fünfzig Prozent der Bewerber ab.
We would like to offer you the position of chief secretary here at JMC.	Wir möchten Ihnen gerne die Stelle als Chefsekretärin bei JMC anbieten.
We feel that you will make a valuable contribution to our finance division.	Wir glauben, dass sie einen wertvollen Beitrag zu unserer Finanzabteilung leisten werden.
We will prepare a contract of employment for signing by the end of the week.	Wir werden einen Arbeitsvertrag unterschriftsreif für das Ende der Woche vorbereiten.
That is a definite offer of employment.	Dies ist ein verbindliches Stellenangebot.
We offer a comprehensive package for our sales employees – a company pension, company car and an expense account.	Wir bieten ein umfassendes Paket für all unsere Verkaufsangestellten – Betriebsrente, Firmenwagen und Spesenkonto.
The recruitment of new staff is particularly difficult this year.	Die Anwerbung neuen Personals ist dieses Jahr besonders schwierig.
Staff changes are necessary.	Ein Personalwechsel ist notwendig.

Dialogbeispiele

A: We have advertised our graduate training scheme in university magazines and national newspapers.	A: Wir haben unser Graduierten-Trainingsprogramm in den Universitätszeitschriften und den überregionalen Zeitungen inseriert.

B: Are you anticipating a large response?	B: Erwarten Sie eine große Reaktion?
A: Last year, we had over four hundred applicants.	A: Letztes Jahr hatten wir über vierhundert Bewerber.

A: Good morning. I wanted to ask a few questions regarding your advertisement for the position in your computing department.	A: Guten Morgen. Ich habe nur ein paar Fragen bezüglich Ihres Inserates für die Stelle in Ihrer EDV-Abteilung.
B: The position would involve almost exclusively work at a computer terminal.	B: Die Stelle ist fast ausschließlich Bildschirmarbeit.
A: I have ten years' experience as a computer programmer.	A: Ich habe zehn Jahre Erfahrung als Programmierer.
B: Then I would certainly recommend that you apply for the position. I will have my secretary send you the application forms.	B: Dann würde ich auf jeden Fall empfehlen, dass Sie sich auf die Stelle bewerben. Ich werde meine Sekretärin anweisen, Ihnen die Antragsformulare zuzuschicken.

A: We expect the initial interviews to take place over two days.	A: Wir erwarten, dass die Vorbewerbungsgespräche zwei Tage dauern werden.

B: **What is the next stage in your selection process?**

A: **From all those interviewed we select the ten we feel could be most suitable for the position. Then we send them to an assessment centre (US: center) for a weekend. During the weekend at the assessment centre, you will participate in a planning game.**

B: Was ist der nächste Schritt in Ihrem **Auswahlverfahren**?

A: Von all denen, mit denen wir gesprochen haben, wählen wir zehn, von denen wir glauben, dass sie für die Position geeignet sind, aus. Dann schicken wir sie für ein Wochenende in ein **Assessment Center**. Während des Wochenendes im **Assessment Center** werden Sie an **Planspielen** teilnehmen.

Working Hours

Arbeitszeiten

What kind of working hours would the job entail?

Was für **Arbeitszeiten** würde der Job beinhalten?

As a secretary, we would employ you to work Monday to Friday, office hours.

Als Sekretär würden wir Sie von Montag bis Freitag zu den normalen **Dienststunden** beschäftigen.

We cannot offer this position as anything other than a full-time job.

Wir können Ihnen diese Stelle nur als **Ganztagsstellung** anbieten.

We have introduced a degree of flexitime in our office, but the majority nevertheless work nine to five.

Wir haben ein gewisses Maß an **Gleitzeit** eingeführt, aber die meisten arbeiten trotzdem **von neun bis fünf**.

Our employees have different working schedules according to their personal preferences and the nature of their work.

Unsere Angestellten haben verschiedene **Arbeitszeitpläne**, die von ihren persönlichen Vorlieben und der Art ihrer Arbeit abhängen.

We could offer you a part-time position.

Wir können Ihnen eine Teilzeitstelle anbieten.

All our factories base their production on shift work.

Alle unsere Fabriken verlassen sich bei der Produktion auf Schichtarbeit.

The afternoon shift has been producing consistently less than the morning shift this week.

Die Nachmittagsschicht hat diese Woche durchgehend weniger produziert als die Frühschicht.

We are finding it difficult to find enough people to work the night shift.

Es ist schwierig für uns, genügend Leute zu finden, die während der Nachtschicht arbeiten.

When you arrive in the morning, you must clock on.

Wenn Sie morgens ankommen, müssen Sie einstempeln (an der Stechuhr).

Don't forget to clock off for lunch and on your way out in the evening.

Vergessen Sie nicht auszustempeln, wenn Sie zum Mittagessen oder nach Hause gehen.

Dialogbeispiele

A: I don't know if I would be interested in a full-time job.

A: Ich weiß nicht, ob ich an einer Ganztagsstellung interessiert wäre.

B: We also have flexitime positions available.

B: Wir können Ihnen auch Gleitzeit anbieten.

A: That would be of interest to me in particular. My wife works part-time as a nurse, so we need to juggle our working hours to pick up our children from school.

A: Das wäre für mich besonders interessant. Meine Frau arbeitet Teilzeit als Krankenschwester, sodass wir unsere Arbeitszeiten so koordinieren müssen, dass wir die Kinder von der Schule abholen können.

A: Would you be interested in job sharing? We could take that into account as another alternative.	A: Wären Sie daran interessiert eine Arbeitsstelle zu teilen? Das könnten wir als Alternative in Betracht ziehen.
B: Definitely.	B: Auf jeden Fall.

Pay / Lohn und Gehalt

Your salary will be paid on the fifteenth of each month.	Ihr Gehalt wird zum Fünfzehnten jeden Monats bezahlt.
If your promotion is agreed within the department, you will receive a salary increase.	Wenn Ihrer Beförderung in der Abteilung zugestimmt wird, dann werden Sie eine Gehaltserhöhung bekommen.
Our managerial team are all in the same salary bracket.	In unserem Direktionsteam sind alle in einer Gehaltsgruppe.
Staff in our distribution department are not all salaried.	Nicht das ganze Personal in unserer Vertriebsabteilung ist angestellt.
If you do go on the business trip with Mr. Allen, we will pay all your expenses.	Wenn Sie mit Mr. Allen auf Geschäftsreise gehen, werden wir die Spesen übernehmen.
Have you received your travelling expenses for the trip to Britain?	Haben Sie Ihre Reisespesen für die Reise nach Großbritannien bekommen?
Does your secretary receive a wage or a salary?	Bekommt Ihre Sekretärin einen Lohn oder ein Gehalt?
Our workers can collect their wages on Friday afternoons.	Unsere Arbeiter können ihren Lohn freitags abholen.

Your wages will be paid every second week.	Ihr Lohn wird vierzehntägig bezahlt.
We have awarded all our office staff a pay rise (US: pay raise) as from this week.	Wir haben unserem gesamten Büropersonal von dieser Woche an den Lohn erhöht.
We have reached a wage agreement with our unskilled labour force.	Wir haben eine Lohnvereinbarung mit unseren ungelernten Arbeitskräften getroffen.
Is Friday pay-day?	Ist am Freitag Zahltag?
What is the wage scale within your company?	Welchen Lohntarif haben Sie in Ihrem Unternehmen?
The tax on earnings for Ms Walker has been miscalculated.	Die Ertragssteuer von Frau Walker ist falsch berechnet worden.
All our factory employees work two weeks in hand.	All unsere Fabrikarbeiter arbeiten zwei Wochen im Voraus.
Did you work any overtime last week?	Haben Sie letzte Woche Überstunden gemacht?
Overtime for your shift is paid time and a half before midnight.	Überstunden werden bei Ihrer Schicht vor Mitternacht mit 150 % bezahlt.
If you do want to work the night shift, you'll receive double time after midnight.	Wenn Sie die Nachtschicht arbeiten wollen, bekommen Sie doppelten Lohn nach Mitternacht.
We pay our workers an hourly wage.	Wir bezahlen unsere Arbeiter nach Stunden.
Although we obviously don't pay wages in kind our workers often take surplus produce home with them.	Obwohl wir natürlich keinen Naturallohn bezahlen, nehmen unsere Arbeiter doch oftmals überschüssige Produkte mit nach Hause.
Have you received your bonus?	Haben Sie Ihre Sondervergütung erhalten?

Many of our sales staff earn on commission basis only.

Ein Großteil unseres Personals verdient nur **auf Provisionsbasis**.

We pay our sales staff a commission bonus for every sale they make, but we also pay them a basic salary.

Wir bezahlen unserem Verkaufspersonal eine **Provision** für jeden Verkauf, aber wir zahlen ihnen auch ein Grundgehalt.

Although piece work is becoming out-dated in Europe, our factory workers in India are paid a piece-work wage.

Obwohl **Akkordarbeit** in Europa aus der Mode kommt, bekommen unsere Arbeiter in Indien einen **Akkordlohn**.

Dialogbeispiele

A: I didn't pay for my hotel last week from the expenses account.	A: Ich habe das Hotel letzte Woche nicht vom **Spesenkonto** bezahlt.
B: Have you still got the receipt?	B: Haben Sie die **Quittung** noch?
A: Yes – I have it here.	A: Ja – ich habe sie hier.
B: Then we can reimburse you with your salary for this month.	B: Dann werden wir Ihnen das zusammen mit Ihrem Monatsgehalt **erstatten**.
A: This receipt here details the special expenses I incurred on the trip.	A: Diese Quittung hier führt detailliert die **Sonderausgaben** auf, die ich während der Reise hatte.
B: We can credit those to your account with your salary.	B: Wir werden sie mit Ihrem Gehalt auf Ihr Konto überweisen.

A: I don't seem to have received my earnings **for last week.**	A: Ich habe meinen **Verdienst** von letzter Woche noch nicht bekommen.
B: Just a moment ... I can't find your name on the payroll.	B: Einen Moment bitte ... ich kann Ihren Namen nicht auf der **Lohnliste** finden.

A: The wage-price spiral **is out of control in Britain at the moment.**	A: Momentan ist die **Lohn-Preis-Spirale** in Großbritannien außer Kontrolle geraten.
B: Yes. The government is considering introducing a wage freeze **to combat the problem.**	B: Ja. Die Regierung erwägt einen **Lohnstopp** einzuführen, um das Problem zu bekämpfen.

A: I think I paid too much wage tax **last week – here is my** pay cheque **(US:** pay check**).**	A: Ich glaube ich habe letzte Woche zu viel **Lohnsteuer** bezahlt. Hier ist mein **Lohnscheck.**
B: Yes – you paid for the wrong tax bracket **– we will reimburse you with next week's wages.**	B: Ja – Sie haben für die falsche **Steuergruppe** bezahlt – wir werden Ihnen das zusammen mit Ihrem Lohn für nächste Woche zurückerstatten.

A: When will I receive my first pay cheque (US: check)?	A: Wann werde ich meinen ersten **Lohnscheck** bekommen?
B: We require all our employees to work a week in hand. That means that you will have to wait until the Friday of your second week with us before you receive your first week's pay.	B: Wir erwarten von all unseren Arbeitnehmern, dass sie **eine Woche im Voraus** arbeiten. Das bedeutet, dass Sie bis zum Freitag der zweiten Woche warten müssen, bevor Sie den Lohn für die erste Woche ausgezahlt bekommen.

A: We were considering introducing a bonus for factory workers with a higher than average output.	A: Wir überlegen uns, eine **Sondervergütung** für Fabrikarbeiter, die ein überdurchschnittliches Ergebnis haben, einzuführen.
B: It might provide an effective incentive to increase production.	B: Das könnte ein effektiver **Anreiz** sein, um die Produktivität zu erhöhen.
A: We are considering introducing a piece work wage for our production team, to make sure the order is completed on time.	A: Wir erwägen es, **Akkordlohn** für unser **Produktionsteam** einzuführen, um sicherzustellen, dass der Auftrag rechtzeitig fertig wird.
B: Will they also retain their basic wage?	B: Werden Sie außerdem Ihren **Grundlohn** behalten?
A: Yes – we anticipate it being a short-term measure only.	A: Ja – wir gehen davon aus, dass es nur eine kurzfristige Maßnahme sein wird.

Working Relations

Betriebsklima

Do you think we could try to work in the office with a little less noise?

Könnten wir nicht versuchen, die Arbeit im Büro etwas leiser zu gestalten?

Would it be possible to complete the project by Wednesday?

Wäre es möglich, das Projekt bis Mittwoch fertig zu machen?

Could you kindly refrain from making such comments during working hours?

Könnten Sie es bitte unterlassen solche Kommentare während der Arbeitszeit zu machen?

Would it be possible for us to discuss this in my office?

Wäre es möglich, dass wir das in meinem Büro besprechen?

Anthony, could you make sure that my correspondence is posted this afternoon?

Anthony, könntest du bitte sicherstellen, dass meine Korrespondenz heute Nachmittag rausgeht.

I don't want to ask you again, Alan, to remain at your post at all times during the shift.

Alan, ich möchte dich nicht nochmal darum bitten müssen, während der Schicht immer auf deinem Posten zu bleiben.

Might I have a word with you regarding this matter, John?

John, könnte ich dich mal kurz in dieser Angelegenheit sprechen?

How are you enjoying your internship with us, Rachel?

Wie gefällt dir dein Praktikum bei uns, Rachel?

We hope you'll find our company a suitable place of employment.

Wir hoffen in unserer Firma einen geeigneten Arbeitsplatz für Sie zu finden.

It is important to us that all members of staff obtain job satisfaction from their work.

Es ist sehr wichtig für uns, dass all unsere Angestellten mit ihrer Arbeit zufrieden sind.

As employers, it is important for us that our workers develop a team spirit.

Als Arbeitgeber ist es sehr wichtig für uns, dass unsere Arbeiter Teamgeist entwickeln.

Personell have been doing all they can to encourage greater worker participation.	Die Personalabteilung hat alles getan, um eine stärkere Arbeitnehmerbeteiligung zu fördern.
Many of our employees have been working with us for many years.	Viele unserer Arbeitnehmer sind schon seit vielen Jahren bei uns beschäftigt.
We must ensure that we maintain standards of working conditions and human relations.	Wir müssen sicherstellen, dass der Standard unseres Betriebsklimas erhalten bleibt.
We have to consider managing our manpower in greater depth than previously.	Wir müssen erwägen, unser Potenzial an Arbeitskraft intensiver als bisher zu verwalten.
JMC has always been a performance-oriented company.	JMC waren schon immer ein leistungsorientiertes Unternehmen.
We like to be considered fair employers.	Wir möchten als faire Arbeitgeber eingeschätzt werden.
Labour relations (US: labor) are the worst they've been for several years.	Die Beziehungen zwischen Arbeitgeber und Arbeitnehmer in den Firmen sind die schlechtesten seit einigen Jahren.
I think that mismanagement has resulted in our present problems.	Ich denke, dass Missmanagement unsere jetzigen Probleme verursacht hat.
We are struggling to settle the present trade dispute in Asia; the workers are demanding that we introduce a higher piece rate.	Wir tun uns schwer, den momentanen Arbeitskampf in Asien zu beenden. Die Arbeiter verlangen, dass wir einen höheren Leistungslohn einführen.
The reduction of staff in October was unavoidable in the face of falling turnover.	Der Personalabbau im Oktober war angesichts des fallenden Umsatzes unvermeidbar.
Our workers have voiced strong objections to piece work pay.	Unsere Arbeiter haben großen Widerstand gegen den Stücklohn zum Ausdruck gebracht.

He has threatened to give his notice.

Er hat gedroht zu **kündigen**.

There has not been a general strike for many years in the UK.

In Großbritannien gab es seit vielen Jahren keinen **Generalstreik** mehr.

The workers of Maurice Motors have begun a go-slow to protest against lay offs.

Die Arbeiter von Maurice Motors haben einen **Bummelstreik** begonnen, um gegen die **Entlassungen** zu protestieren.

There have been increasing demands for a fair minimum wage in the UK.

In Großbritannien hat es immer lautere Forderungen nach einem fairen **Mindestlohn** gegeben.

We have agreed to the demands of the trade union (US: labor union) with one proviso – that they return to work immediately.

Wir sind übereingekommen, die Forderungen der **Gewerkschaft** zu erfüllen, unter dem **Vorbehalt**, dass sie sofort wieder zu arbeiten beginnen.

I'm afraid that we're going to have to let you go, George.

Es tut mir leid, George, aber wir werden **Sie gehen lassen** müssen.

Your work has simply not been up to scratch over the past months.

Ihre Arbeit hat in den letzten Monaten einfach nicht **unseren Erwartungen entsprochen**.

I'm afraid we find your consistent lateness and absenteeism to be something of a problem.

Ich bedauere, aber Ihr ständiges Zuspätkommen und Ihr **unentschuldigtes Fernbleiben** finden wir **etwas problematisch**.

Your absence rate is consistently the highest in the department.

Ihre **Fehlzeitenquote** ist dauernd die höchste der ganzen Abteilung.

We have to consider laying off some staff.

Wir müssen erwägen, etwas Personal **zu entlassen**.

I have given him his notice.

Ich habe ihm gekündigt.

We have given your case deep consideration and we have no alternative than to ask you to leave.	Wir haben lange über Ihren Fall nachgedacht und es bleibt uns keine andere Wahl, als Sie zu **bitten uns zu verlassen.**
Your reputation seems to indicate that you are something of a floater.	Ihr Ruf scheint anzudeuten, dass Sie etwas von einem **Springer** haben.
We have made fifty workers redundant.	Wir haben fünfzig Arbeitsplätze abgebaut.
We have recently dismissed our chief accountant, for fraudulent activities.	Wir haben neulich unseren Chefbuchhalter wegen betrügerischer Aktivitäten **entlassen.**
That's it – you're fired!	Sie sind **gefeuert!**
We have given her the sack.	Wir haben sie **rausgeworfen.**
This time you've gone too far – you're sacked!	Dieses Mal sind Sie zu weit gegangen – **Sie sind raus!**
We should have given him the boot years ago.	Wir hätten ihn schon vor Jahren **vor die Tür setzen** sollen.
She has been given her cards.	Sie hat ihre **Entlassungspapiere bekommen.**
I quit my job because I didn't enjoy working in that kind of atmosphere.	Ich **kündigte** meinen Job, weil es mir keinen Spaß machte, in dieser Atmosphäre zu arbeiten.
I've given them six weeks notice.	Ich habe ihnen eine **sechswöchige Frist** gegeben.
I resign – I cannot work under such conditions.	Ich **höre auf.** Unter diesen Umständen kann ich nicht arbeiten.
I tendered my resignation this Monday.	Ich habe diesen Montag **meine Kündigung eingereicht.**

Dialogbeispiele

A: The new trainees **are in the waiting room. Can you contact the** training staff **for me to let them know?**	A: Die neuen **Auszubildenden** sind im Wartezimmer. Können Sie das **Schulungspersonal** für mich benachrichtigen?
B: Certainly. I'll call them right away.	B: Natürlich. Ich werde sie sofort anrufen.

A: We have considered introducing a job rotation scheme **to encourage** team-work.	A: Wir haben uns überlegt, einen **systematischen Arbeitsplatz-wechsel** einzuführen, um **Team-arbeit** zu fördern.
B: That's certainly one method of improving working relation-ships.	B: Das ist sicherlich einen Möglich-keit um das **Betriebsklima** zu verbessern.
A: Another strategy we have seen implemented in other companies is team oriented production.	A: Eine andere Strategie, die wir bei anderen Unternehmen angewen-det gesehen haben, ist **team-orientierte Produktion.**
B: I think that can help increase worker motivation**, particularly on the** production line.	B: Ich denke, dass das die **Motivation** bei den Arbeitern erhöhen kann, besonders am **Fließband**.
A: It's definitely a sound method of optimising production potential.	A: Es ist sicherlich eine vernünftige Methode, um das **Produktions-potenzial** zu optimieren.

Personalwesen

A: I would like to discuss possible personell management strategies within the firm.	A: Ich würde gerne die möglichen **Personalmanagement-Strategien** innerhalb des Unternehmens besprechen.
B: I will call a meeting of all department managers for this afternoon.	B: Ich werde ein Meeting aller Abteilungsleiter für heute Nachmittag einberufen.
A: Thank you. Once we have clearly defined our objectives, we should have fewer problems with our labour force (US: labor force).	A: Danke. Sobald wir klar definierte **Ziele** haben, sollten wir weniger Probleme mit unserer **Arbeiterschaft** haben.

3. Einkauf und Verkauf

Enquiries	Anfragen
We visited your stand at the Frankfurt fair last week.	Wir haben letzte Woche Ihren Stand auf der Frankfurter Messe besucht.
We saw your advertisement in the latest edition of ...	Wir haben Ihre Anzeige in der aktuellen Ausgabe von ... gesehen.
The British Chamber of Commerce was kind enough to pass on the name and address of your company.	Die britische Handelskammer hat uns freundlicherweise den Namen und die Adresse Ihrer Firma gegeben.
We have previously bought material from your competitors, but they are presently having difficulties with their production.	Wir haben früher Material von Ihren Konkurrenten gekauft, aber sie haben zurzeit Produktionsschwierigkeiten.
We see a good opportunity to sell your products here in the German market.	Wir sehen gute Chancen, Ihre Produkte hier auf dem deutschen Markt zu vertreiben.
We would be interested in pocket notebooks, do you stock such items?	Wir sind an Taschennotizbüchern interessiert, führen Sie solche Artikel?
At the show in New York you let us have some samples; we would now like to receive your offer for...	Auf der Messe in New York haben Sie uns einige Muster mitgegeben; wir würden jetzt gerne Ihr Angebot über ... erhalten.
Please send us a detailed offer based on ...	Bitte schicken Sie Ihr detailliertes Angebot auf der Basis von ...
We would need an offer for shipments ex works including price and present lead time.	Wir benötigen ein Angebot für Lieferungen ab Werk einschließlich Preisen und aktueller Lieferzeit.
Do you offer a discount for large quantities?	Gewähren Sie Mengenrabatte?

Please **quote** on basis of a regular monthly quantity of 500kg.	Bitte **machen Sie Ihr Angebot** auf der Basis einer regelmäßigen monatlichen Menge von 500 kg.
We would appreciate you letting us have a **company brochure** and some samples showing your **product range**.	Wir wären Ihnen sehr dankbar, wenn Sie uns eine **Firmenbroschüre** und einige Muster Ihrer **Produktpalette** zukommen lassen würden.
Are you presently **represented** in the Japanese market?	Werden Sie zurzeit im japanischen Markt **vertreten**?
Looking forward to receiving your offer.	In Erwartung Ihres Angebotes.
Do you have the following material **in stock: ...**?	Haben Sie folgendes Material **auf Lager: ...**?
We have received an **enquiry** for two bottles of item 4379, is this presently **available**?	Wir haben eine **Anfrage** für zwei Flaschen vom Artikel 4379 erhalten, ist er zurzeit **vorrätig**?
Yes, this could be **dispatched** immediately.	Ja, wir könnten ihn sofort **verschicken**.
No, I'm sorry, **we're completely out of this item** at the moment.	Nein, tut mir leid, **wir haben diesen Artikel** im Moment **nicht mehr auf Lager**.
We will have this item **ready for dispatch** by the beginning of next week.	Dieser Artikel wird bis Anfang nächster Woche wieder **lieferbar** sein.
Do you supply item 776 in 50-kg packets?	Liefern Sie Artikel 776 in 50-kg-Packungen?
Could you let us have the following **samples**?	Könnten Sie uns bitte die folgenden **Muster** zukommen lassen?
Yes, I'll make sure they are put in the post this afternoon.	Ja, ich werde dafür sorgen, dass sie heute Nachmittag mit der Post weggeschickt werden.

I only have the samples in brown, would this be acceptable?	Ich habe die Muster nur in Braun, wäre das akzeptabel?
I'll have to check first whether we can accept this.	Ich muss zuerst überprüfen, ob wir das annehmen können.
Do you have any special items that you would like to clear?	Haben Sie irgendwelche Sonderartikel, die Sie räumen möchten?
We would be very interested in regularly receiving advertisements concerning special offers.	Wir wären sehr daran interessiert, regelmäßig Anzeigen über Sonderangebote zu erhalten.
Please leave your e-mail address and I will put you on our mailing list.	Bitte hinterlassen Sie Ihre E-Mail-Adresse und ich werde Sie auf unsere Mailingliste setzen.

Dialogbeispiele

A: Would you be able to dispatch three units at the end of this week?	A: Könnten Sie Ende dieser Woche drei Einheiten zum Versand bringen?
B: Yes, of course, should I enter this for shipment?	B: Ja, natürlich, soll ich das jetzt zur Lieferung eintragen?
A: We would need three boxes this week and two more boxes at the end of next week. Is this possible?	A: Wir bräuchten diese Woche drei Kartons und Ende nächster Woche weitere zwei Kartons. Wäre das möglich?
B: The three boxes will be OK, but the two additional boxes won't be here until the week after next.	B: Die drei Kartons gehen in Ordnung, aber die zwei weiteren Kartons sind vor übernächster Woche nicht hier.

A: We saw your advertisement in "Business Week". We have previously bought material from your competitors, but they are having difficulties with their production. Are you in a position to deliver at short notice?	A: Wir haben Ihre **Anzeige** in der „Business Week" gesehen. Wir haben früher Material von Ihren **Konkurrenten** gekauft, aber sie haben zurzeit Produktionsschwierigkeiten. Sind Sie in der Lage, **kurzfristig zu liefern**?
B: Yes, which products are you interested in?	B: Ja, für welche Produkte interessieren Sie sich?
A: We would need twelve silver frames 36' x 24' by the end of next week.	A: Wir bräuchten zwölf Silberrahmen im Format 36'x 24' bis Ende nächster Woche.
B: We would have these ready by the middle of next week.	B: Wir würden sie bis Mitte nächster Woche fertig stellen.

A: We received the name of your company from mutual business associates in the USA. We are wholesalers and would be interested in selling your products in the Far East.	A: Wir haben den Namen Ihrer Firma von **gemeinsamen Geschäftspartnern** in den USA erhalten. Wir sind **Großhändler** und wären daran interessiert, Ihre Produkte im Fernen Osten zu vertreiben.
B: I'm sorry, but we are represented by a company in Tokyo. They have exclusive rights for Asia.	B: Es tut mir leid, aber wir werden von einer Firma in Tokio vertreten. Sie hat die **Alleinvertriebsrechte** für Asien.

A: Could you e-mail me your detailed offer based on ex works prices? Please also quote on the basis of a regular monthly quantity of 12 units.

A: Könnten Sie mir bitte Ihr detailliertes Angebot per E-Mail schicken, basierend auf Preisen ab Werk? Bitte offerieren Sie auch auf der Basis einer regelmäßigen monatlichen Menge von 12 Einheiten.

B: Certainly, we'll send it this afternoon. I am sure that we can make you a favourable offer.

B: Natürlich, wir schicken es heute Nachmittag ab. Ich bin sicher, dass wir Ihnen ein günstiges Angebot machen können.

A: I saw on your homepage yesterday that you have article no. 669 also in green, now. We would be very interested. When would it be available?

A: Ich habe gestern auf Ihrer Homepage gesehen, dass es jetzt Artikel Nr. 669 auch in Grün gibt. Wir wären sehr interessiert. Wann wäre er lieferbar?

B: According to the latest information, we could dispatch by next Tuesday. Would that be acceptable?

B: Nach dem aktuellsten Stand könnten wir bis nächsten Dienstag liefern. Würde das gehen?

A: I will ring (US: call) my customer and get back to you this afternoon.

A: Ich werde meinen Kunden anrufen und mich heute Nachmittag wieder melden.

A: What is the present lead time **for item 557 in green?**	**A:** Wie ist die aktuelle **Lieferzeit** für Artikel 557 in Grün?
B: At the moment we have five in stock **and four in preparation.**	**B:** Zurzeit haben wir fünf Stück **auf Lager** und vier in Vorbereitung.
A: Would you be able to dispatch three units at the end of the week?	**A:** Könnten Sie Ende dieser Woche drei Einheiten versenden?
B: Yes, of course, should I enter this as a firm order**?**	**B:** Ja, natürlich, soll ich das als **verbindlichen Auftrag** buchen?
A: Yes, and please reserve **two of the other four for dispatch at the end of the month.**	**A:** Ja, und bitte **reservieren** Sie zwei von den anderen vier für Versand Ende des Monats.

A: Do you supply **item 778 in 50-kg packets?**	**A: Liefern Sie** Artikel 778 in 50-kg-Packungen?
B: No, I'm sorry, the largest packet **we supply is 30kg.**	**B:** Nein, es tut mir leid, die größte lieferbare **Packung** hat 30 kg.
A: OK, we'll have to order two 30-kg packets then.	**A:** Gut, dann müssen wir zwei 30-kg-Packungen bestellen.
B: Yes, that would be most helpful.	**B:** Ja, das wäre sehr hilfreich.

A: Do you have any samples **of this item that you could send me?**	**A:** Hätten Sie irgendwelche **Muster** von diesem Artikel, die Sie mir zuschicken könnten?

B: **Yes, certainly, but I only have them in brown. Would this be all right?**	B: Ja, selbstverständlich, aber ich habe sie nur in Braun. Wäre das in Ordnung?
A: **That will be OK for now, we would just like to see how the product looks.**	A: Im Moment reicht es, wir wollen nur sehen, wie das Produkt aussieht.
B: **I could also send you our catalogue, so that you can see our other materials.**	B: Ich könnte Ihnen auch unseren **Katalog** schicken, damit Sie unsere anderen Materialien sehen können.

A: **We would be interested in regularly receiving advertisements concerning special offers.**	A: Wir wären daran interessiert, regelmäßig Ankündigungen von **Sonderangeboten** zu erhalten.
B: **Of course, let me put your e-mail address on our mailing list. Our offers are updated weekly.**	B: Sicher. Ich setze Ihre E-Mail-Adresse auf unsere **Mailingliste**. Die Angebote werden wöchentlich aktualisiert.
A: **Here's my address: tmistry@talcumind.de.**	A: Hier ist meine Adresse: tmistry@talcumind.de.
B: **Thank you. You'll receive our advertisement regularly starting next week.**	B: Danke. Sie werden ab nächster Woche unsere Angebote regelmäßig erhalten.
A: **That would be great. Thank you.**	A: Das wäre wunderbar. Danke.

Offers	Angebote
Last week you visited our stand at the Cologne fair and expressed interest in our products.	Letzte Woche haben Sie unseren Stand auf der Kölner Messe besucht und **Interesse** an unseren Produkten **bekundet.**
We noticed your advert (US: ad) in the latest edition of ...	Wir haben Ihre **Anzeige** in der letzten Ausgabe von ... gesehen.
You were advertising for partners in the European market.	Sie haben für Partner im europäischen Markt inseriert.
Thank you for your interest.	Vielen Dank für Ihr Interesse.
We would first of all like to tell you something about our company.	Wir würden Ihnen zuerst gerne ein bisschen über unsere Firma erzählen.
We are pleased to hear of your interest in our products, but would like more information as to your specific needs.	Wir haben uns über Ihr **Interesse an unseren Produkten** gefreut, möchten aber genauere Informationen über Ihre **speziellen Anforderungen.**
We will then be in a position to make an offer based on the required application.	Wir werden dann in der Lage sein, Ihnen ein Angebot **basierend auf** der gewünschten Anwendung zu machen.
On what terms should we quote?	Zu welchen **Bedingungen** sollen wir anbieten?
Should we base our offer on full shipments or on smaller quantities?	Sollen wir auf der Basis von **vollen Sendungen** oder **kleineren Mengen** anbieten?
The present lead time is ex works three weeks after receipt of firm order.	Die aktuelle **Lieferzeit** ab Werk beträgt drei Wochen nach Erhalt des festen Auftrages.
At the moment there is a tremendous increase in raw material prices, but I'm sure that we can agree on a price.	Zurzeit steigen die Rohstoffpreise erheblich an, aber ich bin sicher, dass wir uns **preislich einigen** können.

We offer a quantity discount if the annual quantity exceeds 50 units.	Wir bieten einen Mengenrabatt an, falls mehr als 50 Einheiten pro Jahr gekauft werden.
All our prices are quoted in euro.	Alle Preise sind in Euro errechnet.
Our general payment term for overseas business is Letter of Credit, less 3% discount, or cash in advance.	Unsere allgemeinen Zahlungsbedingungen für Auslandsgeschäfte lauten gegen Akkreditiv, abzüglich 3 % Skonto, oder Vorauskasse.
We would of course be delighted to send you our company brochure and some samples.	Wir würden Ihnen natürlich gerne eine Firmenbroschüre sowie einige Muster zusenden.
We will confirm this by e-mail.	Wir werden dies per E-Mail bestätigen.
We are pleased to offer as follows:	Wir bieten Ihnen wie folgt an:
All our prices are to be understood FOB German port including packing.	Unsere Preise verstehen sich FOB deutscher Hafen einschließlich Verpackung.
These prices are based on a minimum quantity of 50 units per order.	Diese Preise basieren auf einer Mindestabnahmemenge von 50 Stück pro Auftrag.
For CIF (cost, insurance, freight) deliveries we would have to charge an extra 10% on list price.	Für CIF (Kosten, Versicherung, Fracht) Lieferungen müssen wir einen Aufschlag von 10 % auf den Listenpreis berechnen.
We hope that we have made you a favourable offer and look forward to hearing from you.	Wir hoffen, Ihnen ein günstiges Angebot gemacht zu haben, und würden uns freuen, von Ihnen zu hören.
Please visit our homepage. You can find our latest price lists there.	Bitte besuchen Sie auch unsere Homepage. Hier finden Sie unsere aktuellsten Preislisten.
This offer is subject to availability.	Dieses Angebot gilt, solange der Vorrat reicht.
Please advise whether this offer is of interest to you.	Würden Sie uns bitte mitteilen, ob dieses Angebot für Sie von Interesse ist.

Dialogbeispiele

A: Mr. Davis from Sundale mentioned that you had shown interest in our products.	A: Herr Davis von der Firma Sundale hat erwähnt, dass Sie Interesse an unseren Produkten geäußert haben.
B: Yes, I saw some of your locks when I visited his premises **last week.**	B: Ja, ich habe einige Ihrer Schlösser gesehen, als ich letzte Woche sein Werk besucht habe.
A: For what sort of application **do you need the locks?**	A: Für welche Art von Anwendung brauchen Sie die Schlösser?
B: For high-quality attaché cases.	B: Für hochwertige Aktenkoffer.
A: Then I will send you an offer. **On what** terms **should we quote?**	A: Dann schicke ich Ihnen ein Angebot zu. Zu welchen Bedingungen sollen wir anbieten?
B: Please quote based on full lorry (US: truck) loads free German border.	B: Bitte bieten Sie auf der Basis von vollen LKW-Ladungen frei deutsche Grenze an.
A: For a first order, we could only offer a payment term of Cash against Documents, **less 2% discount. For further deliveries we could consider** open payment terms.	A: Für einen ersten Auftrag können wir nur eine Zahlungsbedingung Kasse gegen Dokumente, abzüglich 2% Skonto anbieten. Für weitere Lieferungen können wir ein offenes Zahlungsziel berücksichtigen.
B: All right, I agree. Could you also let me have some catalogues and a few sample **locks?**	B: Einverstanden. Könnten Sie mir auch ein paar Kataloge und einige Musterschlösser zuschicken?

A: Of course. We will dispatch them today together with our offer.	A: Natürlich. Wir schicken sie heute zusammen mit unserem Angebot los.

A: At the moment we have some items in stock which we would like to clear. We could offer these items at a discount of 15 – 20% depending on quality. Would this be of interest?	A: Zurzeit haben wir einige Posten auf Lager, die wir gerne räumen möchten. Wir können diese Posten abhängig von der Qualität zu einem Rabatt von 15 – 20 % anbieten. Wäre das interessant für Sie?
B: What kind of items are they?	B: Was für Posten sind das?
A: This material is stock remaining from discontinued lines. Should we send you some samples?	A: Dieses Material ist ein Restvorrat an Auslaufmodellen. Sollen wir Ihnen einige Muster zuschicken?
B: Yes, that would be helpful.	B: Ja, das wäre sehr hilfreich.
A: The material has of course been offered to other customers and is subject to being unsold. Please advise whether this offer is of interest to you.	A: Das Material ist natürlich auch anderen Kunden angeboten worden und Zwischenverkauf ist vorbehalten. Bitte sagen Sie mir Bescheid, ob dieses Angebot für Sie interessant wäre.

New developments

Neuheiten

We are pleased to announce that this item is now available in three different new versions.

Wir freuen uns, Ihnen mitteilen zu können, dass dieser Artikel jetzt in drei neuen Ausführungen lieferbar ist.

We have updated our existing technology.

Wir haben unsere jetzige Technologie auf den neuesten Stand gebracht.

We are in the process of developing a new cleaning system.

Wir sind gerade dabei, ein neues Reinigungssystem zu entwickeln.

We have adjusted our machines to better suit the present market requirements.

Wir haben unsere Maschinen geändert, um den aktuellen Anforderungen am Markt besser zu entsprechen.

Would you be interested in seeing some brochures about this material?

Wären Sie daran interessiert, einige Broschüren über dieses Material zu sehen?

Should we send some with your next order?

Sollen wir Ihnen einige mit Ihrem nächsten Auftrag schicken?

We have now appointed a salesman to concentrate on your part of the country.

Wir haben jetzt einen Verkäufer für Ihre Region eingestellt.

Could you send us some information on your new product, please?

Könnten Sie uns bitte Informationen zu Ihrem neuen Produkt zusenden?

This will enable you to benefit from on-the-spot service.

Sie werden jetzt die Vorteile des „Vor-Ort-Services" genießen können.

We have just had our catalogues translated into English.

Wir haben unsere Kataloge gerade ins Englische übersetzen lassen.

We are pleased to inform you that Mr. H. Müller is now responsible for all dealings with your company.

Wir freuen uns, Ihnen mitteilen zu können, dass Herr H. Müller jetzt für Geschäfte mit Ihnen zuständig ist.

You place your orders directly per Internet.

Sie können direkt über das Internet bestellen.

Dialogbeispiele

A: We are pleased to announce that we have updated our technology and developed a new series of machines for the cleaning industry.	A: Wir freuen uns, Ihnen mitteilen zu können, dass wir unsere Technologie auf den neuesten Stand gebracht und eine neue Reihe von Maschinen für die Reinigungsindustrie entwickelt haben.
B: How do these differ from the previous ones?	B: Wie unterscheiden sie sich von den vorherigen?
A: They clean more thoroughly and are more economical. This is something that we have been working on for the last 12 months.	A: Sie reinigen gründlicher und sind wirtschaftlicher. Daran haben wir seit zwölf Monaten gearbeitet.
B: Do you know how much they will cost?	B: Wissen Sie, wie viel sie kosten werden?
A: We will send you more information as soon as we have completed our testing.	A: Wir schicken Ihnen mehr Informationen zu, sobald wir unsere Tests beendet haben.

A: We are proud to tell you that we have added five new colours (US: colors) to our range.	A: Wir sind stolz, Ihnen mitteilen zu können, dass wir fünf neue Farben in unsere Produktpalette aufgenommen haben.

B: What kind of colours?	B: Welche Farben?
A: Five new pastel colours. These were actually developed for the American market, but they were so successful that we have decided to extend them to other markets.	A: Fünf neue Pastelltöne. Diese wurden eigentlich für den amerikanischen Markt entwickelt, aber sie waren so erfolgreich, dass wir sie nun auch auf anderen Märkten vertreiben werden.
B: Please send me more details.	B: Bitte schicken Sie mir nähere Informationen zu.
A: You can also go to our homepage. There we have samples of all our colours.	A: Sie können auch unsere Homepage besuchen. Wir haben dort Muster aller unserer Farben.

A: We have extended our range to include accessories and belts.	A: Wir haben unsere Palette jetzt um Accessoires und Gürtel erweitert.
B: That sounds interesting.	B: Das klingt interessant.
A: We have catalogues showing this new range and would be happy to send you one.	A: Wir haben Kataloge, die unsere neue Reihe zeigen und würden Ihnen sehr gerne einen zusenden.
B: Yes, that would be great.	B: Ja, das wäre gut.
A: Samples of these new items will be available in a few days. Have a look through the catalogue and then we can forward some.	A: Muster dieser neuen Artikel werden in ein paar Tagen verfügbar sein. Sehen Sie sich den Katalog an, und dann können wir Ihnen welche zusenden.

A: We are now in a position to offer a more comprehensive service, as we have just opened a second office in Cologne.	A: Wir sind jetzt in der Lage, Ihnen einen umfassenderen Service anzubieten, da wir jetzt ein zweites Büro in Köln eröffnet haben.
B: Where is this office situated?	B: Wo befindet sich dieses Büro?
A: In the city centre (US: center), not far from the main post office.	A: In der Stadtmitte nicht weit von der Hauptpost.

A: We are pleased to inform you that we now have a representative in the United States.	A: Wir freuen uns, Ihnen mitteilen zu können, dass wir jetzt eine Vertretung in den Vereinigten Staaten haben.
B: In which part of the country?	B: In welchem Teil des Landes?
A: Not far from Boston.	A: Nicht weit von Boston.
B: How will this affect the present situation?	B: Wie wird sich das auf die aktuelle Situation auswirken?
A: You will order as you always do, but they will arrange for customs clearance and domestic transport from within the USA.	A: Sie bestellen wie üblich, aber Verzollung und Inlandstransport werden in den USA organisiert.
B: This will be a great help for us, can you let us have their name and address?	B: Das wird uns sehr helfen, können Sie uns bitte den Namen und die Adresse dieser Firma geben?

Prices / Preise

What is your current list price for item 472?	Wie ist der **aktuelle Listenpreis** für Artikel 472?
Our latest price list is from January of last year.	Unsere **aktuelle** Preisliste ist vom Januar letzten Jahres.
Could you guarantee that you will take this quantity?	Können Sie **garantieren**, dass Sie diese Menge abnehmen?
We would then have to reduce the commission from 5% to 4%.	Wir müssten die **Provision** dann von 5 % auf 4 % **reduzieren**.
Our prices include 5% commission which will be paid monthly as agreed.	Unsere Preise verstehen sich einschließlich 5 % **Provision**, die, wie vereinbart, monatlich bezahlt wird.
Commission will be paid on all orders.	Eine Provision wird auf alle Aufträge bezahlt.
The prices are subject to change.	Die Preise sind **unverbindlich**.
At the moment the exchange rate is very weak, could you grant a currency rebate?	Zurzeit ist der **Währungskurs** sehr schlecht, können Sie uns einen **Währungsrabatt** gewähren?
Unfortunately we have no other choice than to increase our prices.	Leider bleibt uns nichts anderes übrig, als unsere Preise zu **erhöhen**.
The increasing costs of raw materials make it impossible for us to hold our prices any longer.	Die **zunehmenden Kosten** für Rohstoffe lassen nicht zu, dass wir unsere Preise weiter halten können.
The costs of the required environmental measures force us to adjust our prices accordingly.	Die Kosten der erforderlichen Umweltmaßnahmen zwingen uns dazu, unsere **Preise entsprechend zu korrigieren**.

We are, however, prepared to guarantee **these prices until the end of this year.**	Wir sind jedoch in der Lage, diese Preise bis Jahresende zu garantieren.
After that time we would have to reconsider the cost situation.	Nach dieser Zeit müssen wir die Kostensituation neu überdenken.
We also accept payment **in US dollar.**	Wir akzeptieren auch Zahlungen in US-Dollar.
Please keep exchange rates in mind when paying in euro.	Bitte bedenken Sie die Wechselkurse, wenn Sie in Euro bezahlen.

Dialogbeispiele

A: **Would you be able to** accept an order **for 400kg at the 500-kg price?**	A: Können Sie einen Auftrag über 400 kg zum 500-kg-Preis annehmen?
B: **Only if really necessary, we like to keep to the price list.**	B: Nur wenn zwingend notwendig, wir halten uns lieber an die Preisliste.
A: **Could we then place a** larger order with call off **to achieve a cheaper price?**	A: Können wir dann einen größeren Auftrag auf Abruf erteilen, um einen billigeren Preis zu bekommen?
B: **How big would the order be?**	B: Wie groß wäre der Auftrag?
A: **About 2,500kg.**	A: Ungefähr 2.500 kg.
B: **Could you** guarantee **that you will really take this quantity?**	B: Können Sie garantieren, dass Sie diese Menge wirklich abnehmen?

A: Yes, this is a large project.	A: Ja, es ist ein großes Projekt.
B: OK, but we would have to draw up an agreement that the quantity will be called off **within 9 months.**	B: OK, aber wir müssten eine Vereinbarung aufsetzen, dass die Menge innerhalb von 9 Monaten **abgerufen** wird.
A: At the moment the exchange rate **is very weak, could you grant us a** currency rebate**?**	A: Zurzeit ist der **Währungskurs** sehr schlecht, können Sie uns einen **Währungsrabatt** gewähren?
B: How much would you need?	B: Wie viel würden Sie brauchen?
A: We would need at least 2%. The dollar has lost 4% against the euro. This means for us an indirect price increase **of 4%.**	A: Wir würden mindestens 2 % brauchen. Der Dollar hat gegenüber dem Euro 4 % verloren. Das bedeutet für uns eine **indirekte Preiserhöhung** von 4 %.
B: Let me talk it over with my boss and get back to you.	B: Lassen Sie mich mit meinem Chef reden, dann melde ich mich wieder.

A: Our price list has now been in effect for three years. It is time to bring our prices up to date**.**	A: Unsere Preisliste ist jetzt schon seit drei Jahren gültig. Es ist an der Zeit, unsere Preise wieder zu **aktualisieren**.
B: This will weaken our market position **considerably.**	B: Dies wird unsere **Marktposition** erheblich **schwächen**.

A: Unfortunately we have no other choice. The costs of the required environmental measures force us to adjust our prices accordingly.

A: Leider bleibt uns nichts anderes übrig. Die **Kosten** der erforderlichen Umweltmaßnahmen zwingen uns dazu, unsere **Preise entsprechend zu korrigieren**.

B: Will this be the only increase this year?

B: Wird es die einzige Erhöhung in diesem Jahr sein?

A: Yes, we are prepared to guarantee our prices until the end of March next year.

A: Ja, wir sind bereit, unsere Preise bis Ende März nächsten Jahres zu garantieren.

B: Would you also be willing to accept payments in euro?

B: Wären Sie auch bereit, Zahlungen in Euro zu akzeptieren?

A: Yes we would. But please keep the exchange rates in mind when placing your order.

A: Ja dazu wären wir bereit. Aber bitte bedenken Sie bei Ihrer Bestellung die Wechselkurse.

Orders | Bestellungen

We would like to place an order.	Wir möchten einen Auftrag erteilen.
Enclosed our firm order for ...	Anbei unser verbindlicher Auftrag über ...
May we confirm the following order:	Hiermit bestätigen wir den folgenden Auftrag:
We are pleased to order as follows:	Wir freuen uns, wie folgt zu bestellen:
Please accept the following order: 5 cartons of item 4567 in colour navy blue. Price as per our current price list dated November 15th, 2014. Including 5% discount as usual.	Bitte nehmen Sie folgenden Auftrag an: 5 Kartons von Artikel 4567 in Farbe Marineblau. Preis gemäß unserer aktuellen Preisliste vom 15. November 2014. Einschließlich 5% Rabatt wie üblich.
Our commission for this order would be 4%.	Unsere Provision für diesen Auftrag wäre 4%.
Price as per your offer dated September 5th.	Preis gemäß Ihrem Angebot vom 5. September.
Delivery, as agreed on the telephone, on December 7th ex works.	Lieferung, wie telefonisch besprochen, am 7. Dezember ab Werk.
Please fly this order to New York and bill us for the freight.	Bitte schicken Sie den Auftrag nach New York und stellen Sie uns die Fracht in Rechnung.
Please confirm in writing.	Bitte bestätigen Sie dies schriftlich.
Please confirm dispatch date by return e-mail immediately.	Bitte bestätigen Sie den Versandtermin sofort per E-Mail.
Please be sure to supply this item as per our previous order.	Bitte achten Sie darauf, dass dieser Artikel gemäß vorherigem Auftrag geliefert wird.

We have an order from a new customer.	Wir haben einen Auftrag von einem neuen **Kunden.**
This is a new account.	Es handelt sich dabei um einen **Neukunden.**

Dialogbeispiele

A: We would like to place an order.	A: Wir möchten einen **Auftrag erteilen.**
B: Yes, for which item?	B: Ja, für welchen **Artikel**?
A: For five cartons of item 4567.	A: Für fünf Kartons von Artikel 4567.
B: In which colour?	B: In welcher Farbe?
A: Navy blue.	A: Marineblau.
B: Price would be as per our current price list dated November 15th.	B: Der Preis entspricht unserer **aktuellen Preisliste** vom 15. November.
A: No, I spoke to Mr. Jones yesterday and we agreed on a price of EUR 5.20 less the usual 5% discount.	A: Nein, ich habe gestern mit Herrn Jones gesprochen, und wir haben uns auf einen Preis von EUR 5,20 geeinigt, abzüglich der üblichen 5% **Rabatt.**
B: I'll have to check with him.	B: Ich muss es mit ihm abklären.
A: Please fly this order to Sydney and bill us for the freight.	A: Bitte fliegen Sie diesen Auftrag nach Sydney und **stellen Sie uns die Fracht in Rechnung.**
B: OK, fine.	B: Gut, alles klar.

A: Could you please confirm dis-patch date and price **by return e-mail?**	**A:** Bitte **bestätigen Sie uns den Versandtermin und den Preis** sofort per E-Mail.

A: Please note the following order for 300 yards of material with the pattern name "Jasmine". Price as per your offer **dated September 5th, including** commission **of 4%.**	**A:** Bitte notieren Sie folgenden Auftrag über 300 Yards vom Stoff mit dem Musternamen „Jasmine". **Preis gemäß Ihrem Angebot** vom 5. September, einschließlich 4 % **Provision.**
B: Thank you, yes, I'll make a note of it. The usual delivery term**?**	**B:** Danke, ich werde es notieren. Die übliche **Lieferbedingung?**
A: Yes, FOB German port.	**A:** Ja, FOB deutscher Hafen.
B: OK, I'll confirm in writing.	**B:** Gut, ich **bestätige schriftlich.**
A: This is an important new customer**, please send your best quality material.**	**A:** Es handelt sich um einen wichtigen **Neukunden,** bitte schicken Sie Stoff von bester Qualität.
B: I'll make a note on the order.	**B:** Ich notiere es auf dem Auftrag.
A: Could you please also add to this order a sample book **and some samples of your material "Primrose"?**	**A:** Können Sie bitte diesem Auftrag ein **Musterbuch** und einige Muster Ihres Stoffes „Primrose" beifügen?
B: Of course.	**B:** Selbstverständlich.
A: Please mark the samples FAO. **(US:** Attn.**) Mr. Matthews.**	**A:** Bitte senden Sie die Muster **zu Händen von** Herrn Matthews.

Einkauf/Verkauf

Order confirmation

Auftragsbestätigung

We have just received your fax and can confirm the order as stated.

Wir haben gerade Ihr Fax erhalten und **können den Auftrag so bestätigen.**

Confirm price as per our offer dated November 15th.

Wir bestätigen den **Preis gemäß unserem Angebot** vom 15. November.

We received your e-mail concerning the order of article 289 in colour yellow this morning and would like to confirm this order as stated.

Wir haben Ihre E-Mail, die Bestellung über Artikel 289 in Gelb, heute Morgen erhalten und möchten **sie hiermit so bestätigen.**

We confirm your e-mail order dated June 2nd.

Wir bestätigen Ihre Bestellung per E-Mail vom 2. Juni.

We have attached our current price list.

Unsere aktuelle Preisliste haben wir **angehängt.**

Dialogbeispiele

A: We are pleased to confirm the order as per your e-mail dated May 15th.

A: Wir freuen uns, den **Auftrag gemäß Ihrer E-Mail** vom 15. Mai zu bestätigen.

B: How many chairs will the container hold?

B: Wie viele Stühle passen in den Container?

A: The maximum load is 100 chairs.

A: Die **maximale Auslastung** ist 100 Stühle.

B: What is your present price?

B: Wie sind Ihre **aktuellen Preise**?

A: We confirm 100 chairs at a price of EUR 30 each. The container

A: Wir bestätigen 100 Stühle zu einem Preis von EUR 30, – pro

will be loaded on June 1st for shipment ex German port on June 4th, ETA Washington on June 18th.	Stück. Der Container wird am 1. Juni für Verschiffung ab deutschem Hafen am 4. Juni geladen, voraussichtliche Ankunft Washington am 18. Juni.
B: Thank you. Could you put this in writing for me?	B: Danke. Können Sie mir dies schriftlich geben?
A: Of course, could you also confirm the forwarding agents for us?	A: Natürlich, können Sie uns bitte auch die Spediteure bestätigen?
B: I'll e-mail you the details.	B: Ich maile Ihnen die Details.

Fairs and exhibitions / Messen und Ausstellungen

Next month there is an exhibition in Munich.	Nächsten Monat ist eine Ausstellung in München.
We would like to be presented at the "CEBIT Home" next year.	Wir wären gerne nächstes Jahr auf der „CEBIT Home" vertreten.
Last year our company had a stand on the first floor.	Letztes Jahr hatte unsere Firma einen Stand im Erdgeschoss.
The main attractions of the fair will be found in hall no. 7.	Die Hauptattraktionen der Messe werden in Halle Nr. 7 zu finden sein.
We had to rent a booth at the "New York Spring Fair".	Wir mussten auf der „New Yorker Frühlingsmesse" einen Stand mieten.
It would be good for our company if we could exhibit in hall 1.	Es wäre gut für unsere Firma, wenn wir in Halle 1 ausstellen könnten.

Dialogbeispiele

A: We would like to exhibit at the "CEBIT Home" fair. Could you please send us an application form?	A: Wir möchten gerne auf der „CEBIT Home" ausstellen. Könnten Sie uns bitte ein Anmeldeformular zusenden?
B: Of course, in which hall were you thinking of exhibiting?	B: Natürlich, in welcher Halle möchten Sie ausstellen?
A: Would it be possible to exhibit in hall 4?	A: Wäre es möglich, in Halle 4 auszustellen?
B: That hall is very popular, make a note on the form and I will see what I can do.	B: Diese Halle ist sehr beliebt, notieren Sie es auf dem Formular und ich werde sehen, was sich machen lässt.
A: Thank you.	A: Vielen Dank.
B: How large should the stand be?	B: Wie groß soll der Stand sein?
A: Large enough to fit three coffee tables and twelve chairs.	A: Groß genug, dass drei Bistrotische und zwölf Stühle Platz haben.
B: Then tick (US: check) the box for size B.	B: Dann kreuzen Sie das Kästchen für Größe B an.
A: Could you provide us with refreshments?	A: Können Sie Erfrischungen für uns organisieren?
B: We will send all the details with the form.	B: Wir werden alle Details mit dem Formular schicken.
A: Fine. And how about accommodation?	A: In Ordnung. Und wie ist es mit der Unterkunft?

B: We have three hotels on site, I will send the brochures as well. But be sure to book early!	B: Wir haben drei Hotels auf dem Gelände, ich schicke Ihnen dann auch die Broschüren mit. Aber reservieren Sie rechtzeitig!

A: We will be at the "Ideal Home Exhibition" next month. We are exhibiting there for the first time.	A: Wir werden nächsten Monat auf der „Ideal Home Exhibition" sein. Wir stellen dort zum ersten Mal aus.
B: Where will you be?	B: Wo werden Sie sein?
A: We have a stand in hall 6 on the second floor (US: third floor). Will you be there, too?	A: Wir haben einen Stand in Halle 6 im zweiten Stock. Werden Sie auch dort sein?
B: Yes, but I'm not sure exactly when.	B: Ja, aber ich weiß nicht genau wann.
A: Come along and visit us. I will be at the stand on Wednesday and Thursday and my colleague Frank Marshall will be there on Friday and Saturday.	A: Kommen Sie uns einfach besuchen. Ich werde am Mittwoch und Donnerstag am Stand sein und mein Kollege Frank Marshall am Freitag und Samstag.
B: OK, I'll try and stop by on Wednesday or Thursday. I don't really know Frank very well.	B: Gut, ich werde versuchen, am Mittwoch oder Donnerstag vorbeizuschauen. Ich kenne Frank nicht so gut.

4. Auftragsabwicklung

Transport and Forwarding	Transport- und Versandwesen
How should we forward this order?	Wie sollen wir diesen Auftrag **verschicken**?
Should we ship to Singapore as usual?	Sollen wir wie üblich nach Singapur **verschiffen**?
It is possible for us to load this order tomorrow, otherwise it will be next week.	Wir haben eine Möglichkeit, diesen Auftrag morgen zu **verladen**, ansonsten in der nächsten Woche.
We could dispatch this on Thursday for shipment in a TEU container. ETA Busan Port on May 15th.	Wir könnten es am Donnerstag **wegschicken**, für die **Verschiffung** in einem **TEU-Container**. Voraussichtliche Ankunft Busan Hafen am 15. Mai.
The lorry (US: truck) arrived in London yesterday at 4 p.m., but there was no one there to accept the goods.	Der **LKW** kam gestern um 16 Uhr in London an, aber es war niemand da, um die Ware entgegenzunehmen.
We will be charged for the second delivery.	Man wird uns die zweite **Zustellung** berechnen.
Is a specific forwarding agent named?	Wird ein bestimmter **Spediteur** genannt?
As we are delivering CIF (cost insurance, freight) Dublin, we reserve the right to choose the forwarder.	Da wir **CIF** (**Verladekosten**, **Versicherung**, **Fracht inbegriffen**) Dublin liefern, behalten wir uns das Recht vor, den Spediteur auszusuchen.
This forwarding agent has increased his rates, we are looking for another partner.	Dieser Spediteur hat die **Preise** erhöht, wir suchen nach einem anderen Partner.

We will send a trial shipment with this forwarder next week, please keep us informed about the service.	Wir werden nächste Woche eine **Probelieferung** mit diesem Spediteur schicken, bitte halten Sie uns auf dem Laufenden über den Service.
The order was due to leave tomorrow, but the forwarders haven't got any lorries available.	Der Auftrag sollte morgen weggehen, aber die Spediteure haben keine LKWs **verfügbar**.
The lorry has been held up at the border, as the customs officers are on strike.	Der LKW ist an der Grenze aufgehalten worden, da die **Zollbeamten** zurzeit streiken.
On Sundays and public holidays HGVs are banned from the motorways (US: highways), and so this will hold things up even longer.	An Sonn- und Feiertagen haben **LKWs** auf Autobahnen Fahrverbot, was alles noch weiter verzögern wird.
All HGVs (heavy goods vehicles) have to pay motorway (US: highway) tolls.	Alle LKWs müssen **Autobahngebühren** bezahlen.
The necessary repair work was not finished on time.	Die notwendigen Reparaturarbeiten wurden nicht **rechtzeitig** beendet.
We will now have to send this material on the ship next week.	Wir werden das Material jetzt mit dem Schiff nächste Woche schicken müssen.
This ship will only take nine days.	Dieses Schiff hat eine Laufzeit von nur neun Tagen.
Is there really no quicker alternative?	Gibt es wirklich keine **schnellere Alternative**?
We will forward the bill of lading as soon as possible to speed up the customs clearance at your end.	Wir werden das **Konnossement** (Seefrachtbrief) sofort weiterleiten, um bei Ihnen die **Verzollung** zu beschleunigen.
Could you send us a box by air freight?	Könnten Sie uns eventuell einen Karton per **Luftfracht** schicken?

They have **quoted** us €3.20 per kg.	Sie haben uns € 3,20 pro kg **angeboten**.
This **airline** has increased its prices, should we try another?	Diese **Fluglinie** hat die Preise erhöht, sollen wir eine andere probieren?
We are still waiting for the **airway bill**.	Wir erwarten immer noch den **Luftfrachtbrief**.
As this is an **inner-community** purchase we would need your **VAT (value added tax) registration number**.	Da es sich um einen Kauf **innerhalb der EU** handelt, brauchen wir Ihre **Umsatzsteuernummer**.
We have checked with the **Federal Finance Office** in Saarlouis, but they have no record of your company under this name and address.	Wir haben beim **Bundesamt für Finanzen** in Saarlouis nachgefragt, aber Sie werden nicht unter diesem Namen und dieser Adresse geführt.
The **pallets** were broken and the goods were **damaged** on arrival.	Die **Paletten** waren kaputt, und die Ware war bei der Ankunft bereits **beschädigt**.
The **boxes** were not properly sealed.	Die **Kartons** waren nicht richtig ver-schlossen.
The material was wet **on opening**.	Das Material war **beim Öffnen** nass.
The **consignment** was not **insured** at our end.	Die **Sendung** war bei uns nicht **versichert**.
Please get in touch with **this insurance broker**.	Bitte setzen Sie sich mit diesem **Versicherungsmakler** in Verbindung.
Please have the damage **assessed**.	Bitte lassen Sie den Schaden **schätzen**.
Then we can hand in the **claim**.	Dann können wir den **Schadens-anspruch** einreichen.

Dialogbeispiele

A: It is possible for us to load this order tomorrow, otherwise it will be next week.	A: Wir haben die Möglichkeit, diesen Auftrag morgen zu **verladen**, ansonsten erst in der nächsten Woche.
B: No, I can't wait that long, please go ahead with dispatch tomorrow.	B: Nein, so lange kann ich nicht warten, bitte schicken Sie den Auftrag morgen weg.
A: This consignment was due to leave tomorrow, but the forwarders haven't got any lorries available.	A: Diese **Sendung** sollte morgen abgehen, aber die **Spediteure** haben keine LKWs verfügbar.
B: When is the next possibility?	B: Wann ist die nächste Möglichkeit?
A: On Monday morning, this will cause a delay of three days.	A: Am Montagmorgen, dies wird eine **Verzögerung** von drei Tagen verursachen.
B: That will be all right, I will inform my customer straight away.	B: Das wird in Ordnung sein, ich werde meinen **Kunden** sofort informieren.

A: This order has arrived in Hamburg, but we cannot clear it through customs, as we are missing the commercial invoice.	A: Dieser Auftrag ist in Hamburg angekommen, aber wir können die Ware nicht **verzollen**, da die **Handelsrechnung** fehlt.

B: We sent it threefold with the shipment, it must have got lost.	B: Wir haben sie der Sendung in dreifacher Ausführung beigelegt, sie muss verloren gegangen sein.
A: Could you e-mail one directly to our customs broker?	A: Können Sie bitte eine direkt an unseren Zollagenten e-mailen?

A: Please put this and the other two orders in a TEU container.	A: Können Sie bitte diesen und die anderen zwei Aufträge in einen TEU-Container laden?
B: This really isn't quite enough for a container.	B: Es ist eigentlich nicht genug für einen Container.
A: We would be prepared to pay the difference between consolidated and full shipment, as this speeds up the customs clearance.	A: Wir wären bereit, den Unterschied zwischen Stückgut und Vollcontainer zu bezahlen, da die Zollabwicklung damit beschleunigt wird.
B: Fine. Could you give me the name and address of your forwarding agent?	B: In Ordnung. Könnten Sie mir bitte den Namen und die Adresse Ihres Spediteurs mitteilen?

A: We are sorry to inform you that the order was not loaded on the MS "Marie" as planned.	A: Wir müssen Ihnen leider mitteilen, dass der Auftrag nicht wie geplant auf die MS „Marie" geladen wurde.

B: What happened?	B: Was ist passiert?
A: The necessary repair work was not finished on time. We will now have to send this material on the ship next week, but this will only take nine days.	A: Die notwendigen Reparaturarbeiten wurden nicht rechtzeitig fertig. Wir werden das Material jetzt mit dem Schiff nächste Woche schicken müssen, aber dieses hat eine Laufzeit von nur neun Tagen.
B: Is there really no quicker alternative?	B: Gibt es wirklich keine schnellere Alternative?
A: No, I'm sorry. We will forward the bill of lading as soon as possible to speed up the customs clearance at your end.	A: Nein, es tut mir leid. Wir werden das Konnossement (Seefrachtbrief) sofort weiterleiten, um bei Ihnen die Verzollung zu beschleunigen.

A: Unfortunately the goods are still at Frankfurt airport. The freight space was double-booked.	A: Die Ware ist leider noch am Frankfurter Flughafen. Der Frachtraum war doppelt gebucht.
B: When can they be flown now?	B: Wann kann sie jetzt transportiert werden?
A: On Saturday, we can get a better rate for a weekend flight.	A: Am Samstag, wir bekommen bessere Preise für einen Wochenendflug.
B: What would this cost?	B: Was würde es kosten?
A: They have quoted us €3.20 per kg.	A: Sie haben uns € 3,20 pro kg angeboten.

Terms of Payment	Zahlungsbedingungen
cash in advance	Vorauskasse
cash on delivery (COD)	per Nachnahme
cash against documents (CAD)	Kasse gegen Dokumente
Sixty days after date of invoice, net.	Sechzig Tage nach Rechnungsdatum, netto.
The order will be shipped with payment term 30 days after date of invoice, net.	Der Versand des Auftrages erfolgt unter der Zahlungsbedingung 30 Tage nach Rechnungsdatum, netto.
We need a bank guarantee.	Wir benötigen eine Bankgarantie.
The pro forma invoice will be e-mailed.	Die Proformarechnung wird gemailt.
When the invoice is paid, we will arrange for the goods to be sent.	Nachdem die Rechnung bezahlt ist, werden wir den Versand vornehmen.
Payable immediately after receipt of the goods.	Zahlbar sofort nach Erhalt der Ware.
Please open the L/C as follows: Part shipments allowed. Tolerance of 5% for quantity and amount. Latest date of shipment: 31/07/2015.	Bitte eröffnen Sie den Akkreditiv wie folgt: Teillieferungen erlaubt, Toleranzbereich von 5 % für Menge und Betrag. Verschiffung spätestens am: 31.07.2015.
Would it be possible to issue the invoice in US dollars?	Wäre es möglich, die Rechnung in US-Dollar auszustellen?
It is our company policy only to invoice in euros.	Es entspricht unserer Firmenpolitik, nur in Euro zu fakturieren.
What is your usual payment term?	Wie ist Ihre übliche Zahlungsbedingung?
We could offer you cash in advance less 3% discount.	Wir könnten Ihnen Vorauskasse abzüglich 3 % Skonto anbieten.

Dialogbeispiel

A: Would it be possible to **amend** the term of payment to 60 days **after date of invoice**, net?	**A:** Wäre es möglich, die Zahlungskondition auf 60 Tage **nach Rechnungsdatum** netto **abzuändern**?
B: In this case, we would have to apply for **credit insurance** and a **credit limit**.	**B:** In diesem Fall müssten wir eine **Kreditversicherung** und ein **Limit** anfordern.
A: Could you apply and let me know what happens?	**A:** Könnten Sie ein Limit beantragen und mir Bescheid sagen, was passiert?

Reminders	Mahnungen
I'm ringing to enquire about .../ I'm calling regarding ...	Ich rufe an wegen ...
We are still waiting for ...	Wir **warten immer noch auf** ...
We have not yet received ...	Wir haben ... **immer noch nicht bekommen**.
This order was due to dispatch on ...	Dieser Auftrag sollte am ... zum Versand kommen.
When placing the order, we were assured that it would be ready on time.	Als wir den Auftrag erteilt haben, hat man uns versichert, dass er **rechtzeitig fertig** werden würde.
Can you tell me/give me any idea when ...?	Können Sie mir sagen, wann ...?

I have this order entered in my schedule for dispatch on ...	Ich habe diesen Auftrag in meiner **Terminliste** für den Versand am ... eingetragen.
We are now planning to dispatch this material on ...	Wir haben den Versand dieses Materials jetzt für den ... eingeplant.
At the moment we are experiencing production difficulties because of ...	Zur Zeit haben wir Produktionsprobleme wegen ...
We were not able to complete the order any earlier due to a lack of parts/raw materials/manpower.	Wir konnten diesen Auftrag wegen eines **Mangels** an Teilen/Rohstoffen/ Arbeitskräften leider nicht früher fertig stellen.
We're in urgent need of the goods.	Wir **brauchen** die Ware **ganz dringend**.
This will cause us problems.	Das wird bei uns **Probleme verursachen**.
Is there any chance of ...?	Gibt es irgendeine Möglichkeit ...?
Could you maybe dispatch part of the order?	Könnten Sie eventuell eine Teillieferung vornehmen?
This order is to be shipped to our customer in France next week.	Dieser Auftrag soll nächste Woche an unseren Kunden in Frankreich geschickt werden.
Our schedules are very tight.	Unser Terminplan ist sehr **eng**.
Let me check again with ...	Lassen Sie mich noch einmal mit ... reden.
I'll get back to you.	Ich melde mich wieder bei Ihnen.
If we don't receive the material on time, this will cause us contractual problems.	Wenn wir das Material nicht pünktlich erhalten, wird dies zu **vertragsrechtlichen Problemen** führen.
We really must insist that the goods be dispatched tomorrow.	Wir müssen wirklich darauf **bestehen**, dass die Ware morgen zum Versand kommt.

This order has top priority now.	Dieser Auftrag hat jetzt **erste Priorität.**
This invoice has actually been overdue for payment for ... days.	Diese **Rechnung** ist eigentlich seit ... Tagen **überfällig.**
We seem to have overlooked this invoice.	Wir haben diese Rechnung anscheinend **übersehen.**
We'll send you a cheque (US: check) this afternoon.	Wir schicken Ihnen heute Nachmittag einen Scheck.
The payment was made yesterday. You should receive the transfer by tomorrow.	Die **Zahlung** wurde gestern angewiesen, die Überweisung sollte bis morgen **eingehen.**
Our records show that the invoice still has not been paid.	Laut unseren Unterlagen **ist die Rechnung noch offen.**
We actually paid the invoice last week, I will contact our bank and see why the payment has been delayed.	Wir haben die Rechnung eigentlich schon letzte Woche bezahlt. Ich werde mich **mit unserer Bank in Verbindung setzen,** um festzustellen, warum sich die Zahlung verzögert.
When we spoke last week, you assured me that the invoice would be paid.	Als wir letzte Woche miteinander gesprochen haben, haben Sie mir **versichert,** dass die Rechnung bezahlt wird.
We must receive at least a part payment.	Wir brauchen **zumindest** eine Teilzahlung.
We have many outstanding obligations.	Wir haben viele **Verpflichtungen** zu begleichen.
The book-keeping department will only release this order for shipment if we receive a copy of your cheque/ transfer.	Die **Buchhaltungsabteilung** gibt diesen Auftrag nur zur Lieferung frei, wenn wir von Ihnen eine Kopie des Schecks/der **Überweisung** erhalten.

Dialogbeispiele

A: I'm calling to enquire about the status of our order no. 452 dated June 5th. On the order confirmation it states delivery ex works on September 5th. When placing the order, we were assured that it would be ready on time. However, today is September 7th and we still have not received any advice of dispatch. Do you know, by any chance, when the order will be dispatched?	A: Ich rufe wegen unseres Auftrages Nr. 452 vom 5. Juni an. In der Auftragsbestätigung steht als Liefertermin ab Werk der 5. September. Als wir den Auftrag erteilt haben, hat man uns versichert, dass der Auftrag rechtzeitig fertig werden würde. Heute ist aber bereits der 7. September, und wir haben immer noch keine Versandanzeige von Ihnen erhalten. Wissen Sie zufällig, wann wir mit der Lieferung dieses Auftrages rechnen können?
B: I have this order entered in my schedule for dispatch on September 12th. Unfortunately we were not able to complete this order any earlier due to production delays caused by the late delivery of certain parts.	B: Dieser Auftrag ist jetzt in meinem Terminplan für den Versand am 12. September eingetragen. Wir konnten diesen Auftrag leider nicht früher fertig stellen, da die verspätete Lieferung von einigen Teilen zu Verzögerungen in der Produktion geführt hat.
A: September 12th is rather late, this would cause us considerable problems, as the order is to be	A: Der 12. September ist ein bisschen spät, das würde uns erhebliche Probleme bereiten, da der Auftrag

sent on to our depot in Manchester. Is there any chance of sending it a bit earlier than that?	an unser Lagerhaus in Manchester weiter verschickt wird. Gibt es irgendeine Möglichkeit, die Waren früher zu schicken?
B: **Let me check again with our production department and get back to you.**	B: Lassen Sie mich noch einmal mit der Produktionsabteilung reden, dann melde ich mich wieder bei Ihnen.
A: **Could you get back to me this morning? My customer is waiting for an answer.**	A: Könnten Sie mich heute Vormittag zurückrufen? Mein Kunde wartet nämlich auf eine Antwort.
B: **Of course, and I'm sorry for any inconvenience that this delay will cause.**	B: Selbstverständlich und entschuldigen Sie bitte die Unannehmlichkeiten, die Ihnen diese Verzögerung bereitet.

A: **I'm calling once again regarding our order no. 452. Last week you promised us delivery by Friday at the latest. This order has now been delayed by two weeks. If we don't receive the goods by the day after tomorrow, we'll have no other choice but to cancel the**	A: Ich rufe jetzt noch einmal an bezüglich unseres Auftrags Nr. 452. Letzte Woche haben Sie uns die Lieferung bis spätestens Freitag versprochen. Dieser Auftrag ist nun seit zwei Wochen überfällig. Wenn wir die Ware nicht bis übermorgen bekommen haben, sehen wir uns gezwungen,

order and look for another supplier.

den Auftrag zu stornieren und einen anderen Lieferanten zu suchen.

B: I'm really sorry about that, but the delay is due to circumstances beyond our control. At the moment there is a strike at the docks and our deliveries are all still waiting to be unloaded.

B: Es tut mir wirklich leid, aber die Verzögerung beruht auf höherer Gewalt. Zurzeit streiken die Hafenarbeiter und unsere Lieferungen sind immer noch nicht entladen worden.

A: Please check if there is anything you can do, as this order is now top priority.

A: Bitte überprüfen Sie noch einmal, ob Sie irgendetwas erreichen können, da dieser Auftrag mittlerweile erste Priorität hat.

A: I'm calling regarding our invoice no. 5562 dated June 5th. It has actually now been overdue for payment for seven days.

A: Ich rufe wegen unserer Rechnung Nr. 5562 vom 5. Juni an. Diese Rechnung ist nun seit sieben Tagen überfällig.

B: Invoice no. 5562, let me see. Oh yes, here it is. This invoice seems to have been overlooked, I'm sorry about that. We'll transfer the invoice amount this afternoon.

B: Rechnung Nr. 5562, lassen Sie mich nachsehen. O ja, hier habe ich es. Diese Rechnung haben wir anscheinend übersehen, es tut mir leid. Wir überweisen den Rechnungsbetrag gleich heute Nachmittag.

A: May I remind you that our invoice dated April 4th is still overdue?	A: Darf ich Sie daran erinnern, dass unsere Rechnung vom 4. April immer noch überfällig ist?
B: We actually paid the invoice last week, I will contact our bank and see why the payment has been delayed.	B: Wir haben die Rechnung eigentlich schon letzte Woche bezahlt, ich werde bei unserer Bank nachfragen, warum sich die Zahlung verzögert.

A: I'm sorry, but I must ask once again **for payment of our** outstanding **invoices. We have four orders for dispatch next week and I cannot let them be shipped unless we receive at least a part payment of your** outstanding balance.	A: Entschuldigen Sie, aber ich muss **noch einmal** um die Bezahlung Ihrer **fälligen** Rechnungen bitten. Wir haben vier Aufträge zur Lieferung nächste Woche, und ich kann sie nicht verschicken, ohne zumindest eine Teilzahlung Ihrer **Außenstände** zu erhalten.
B: Unfortunately, at the moment we have many outstanding obligations**, could we agree on the** part payment **for the moment?**	B: Zurzeit haben wir leider ausstehende **Verbindlichkeiten**, könnten wir uns für den Augenblick auf eine **Teilzahlung** einigen?
A: Aren't there any other acceptable solutions?	A: Gibt es keine anderen annehmbaren Möglichkeiten?

Delays and problems

Verzögerungen und Probleme

We regret to have to inform you that this order will not be ready for dispatch tomorrow.	Wir bedauern, Ihnen mitteilen zu müssen, dass dieser Auftrag morgen nicht zum Versand fertig sein wird.
We are sorry to have to tell you that the material cannot be completed on time. At the moment we are having problems with the acquisition of materials.	Leider müssen wir Ihnen mitteilen, dass das Material nicht rechtzeitig fertig sein wird. Zurzeit haben wir Probleme mit der Beschaffung von Materialien.
Our production schedule is very tight.	Unser Produktionszeitplan ist sehr eng.
One of our machines has to be repaired.	Eine unserer Maschinen muss repariert werden.
Unfortunately one of our suppliers has let us down.	Leider hat uns einer unserer Lieferanten im Stich gelassen.
We are still waiting for these parts to complete your order.	Wir warten immer noch auf diese Teile, um Ihren Auftrag fertig zu stellen.
This material did not meet the high standards set by our quality control department.	Dieses Material hat die hohen Standards, die unsere Qualitätskontrolle festlegt, nicht erfüllt.
The colour does not correspond to the previous deliveries.	Die Farbe entspricht nicht den früheren Lieferungen.
We are therefore not prepared to release this for dispatch.	Wir sind daher nicht bereit, die Ware zum Versand freizugeben.
We could accept this if you were prepared to grant us a discount.	Wir könnten es akzeptieren, wenn Sie bereit wären, uns einen Rabatt zu gewähren.
We miscalculated the amount required and did not obtain sufficient supplies.	Wir haben die Menge falsch kalkuliert und nicht genügend Vorräte besorgt.

We will do our best to dispatch earlier.	Wir werden **unser Bestes tun**, um früher zu liefern.
We have only received three of the four boxes ordered.	Wir haben nur drei der vier bestellten Kartons erhalten.
Should we go ahead with shipment?	Sollen wir die Ware verschicken?
Should we send the three boxes or wait and send all four together?	Sollen wir die drei Kartons schicken oder warten und alle vier zusammen schicken?
We would of course pay the freight for the extra shipment.	Wir würden natürlich die Frachtkosten für die **zusätzliche Lieferung** übernehmen.
Unfortunately our computer system was not working properly and the material confirmed for dispatch is actually not in stock.	Leider funktionierte unser Computersystem nicht, und das Material, das wir zum Versand bestätigt haben, ist gar **nicht auf Lager**.
The next possible dispatch would be in about two weeks.	Der **nächstmögliche Versand** wäre in ungefähr zwei Wochen.
We could offer you two 25-kg bags as an alternative.	Als Alternative könnten wir Ihnen zwei 25-kg-Beutel anbieten.
We could send the delivery by express.	Wir könnten die Lieferung per Express schicken.
Unfortunately we quoted the wrong price.	Leider haben wir den **falschen Preis** angegeben.
We mixed up the lists for ex works and FOB.	Wir haben die Listen für die Preise ab Werk und FOB **vertauscht**.
We entered your order for the wrong item.	Wir haben Ihren Auftrag für den **falschen Artikel** eingetragen.
We will send you the order confirmation with the correct price.	Wir schicken Ihnen die Auftragsbestätigung mit dem korrekten Preis.

The product you ordered is no longer in our range.	Das von Ihnen bestellte Produkt ist **nicht mehr in unserer Produktpalette.**
May we offer you product 437 as an alternative?	Dürfen wir Ihnen Produkt 437 **als Alternative** anbieten?
We sincerely apologise (US: apologize) for this mistake.	Wir **entschuldigen** uns für diesen **Fehler.**
We are truly sorry about this delay.	Wir **bedauern** diese Verzögerung sehr.
Please accept our apologies.	Wir bitten Sie um **Entschuldigung.**
We will make sure that this does not happen again.	Wir werden darauf achten, dass dies nie wieder passiert.
Thank you for your understanding.	Vielen Dank für Ihr **Verständnis.**
Thank you for your cooperation.	Vielen Dank für Ihre **Hilfe.**

Dialogbeispiele

A: We are sorry to have to tell you that the material cannot be completed on time.	**A:** Leider müssen wir Ihnen mitteilen, dass das Material nicht rechtzeitig fertig sein wird.
B: What exactly is the problem?	**B:** Was genau ist das Problem?
A: Unfortunately one of our suppliers has let us down. A delivery has been delayed. We need these parts to complete your order.	**A:** Leider hat uns einer unserer Lieferanten **im Stich gelassen.** Eine Lieferung ist **verzögert** worden. Wir brauchen diese Teile, um Ihren Auftrag fertig zu stellen.
B: How long a delay will this be?	**B:** Wie lange wird die Verzögerung dauern?

A: About four days.	A: Ungefähr vier Tage.
B: OK, but please dispatch on Friday, and thank you for letting me know.	B: In Ordnung, aber bitte verschicken Sie es am Freitag, und **vielen Dank für die Information.**
A: Unfortunately the material for your order did not meet the high standards set by our quality control department.	A: Leider hat das Material für Ihren Auftrag die hohen Standards, die von unserer **Qualitätskontrolle** festgelegt werden, nicht erfüllt.
B: What is wrong with the material?	B: Was stimmt nicht mit dem Material?
A: The colour does not correspond to the previous deliveries, therefore we cannot dispatch this order without your consent.	A: Die Farbe entspricht nicht den früheren Lieferungen, wir können diesen Auftrag daher nicht ohne **Ihre Zustimmung** verschicken.
B: How long will I have to wait for a new production?	B: Wie lange muss ich dann auf eine neue Produktion warten?
A: About four weeks.	A: Ungefähr vier Wochen.
B: No, that's too long. The colour is not that important, it isn't a series.	B: Nein, das ist zu lang. Die Farbe ist nicht so wichtig, es ist keine Serie.
A: We could send you a sample today by courier service. If the colour is acceptable, we will send the whole order on Thursday.	A: Wir könnten Ihnen heute per **Kurierdienst** ein Muster zuschicken. Wenn die Farbe akzeptabel wäre, würden wir den ganzen Auftrag am Donnerstag versenden.

A: We regret **to have to inform you that this order will not be ready for dispatch tomorrow. We only have three of the four boxes ordered.**	A: Wir bedauern, Ihnen mitteilen zu müssen, dass dieser Auftrag morgen nicht zum Versand fertig sein wird. Wir haben nur drei der vier bestellten Kartons.
B: When will the order be complete?	B: Wann wird der Auftrag komplett sein?
A: The remaining box would be ready by next Wednesday. Should we send the three boxes or wait and send all four together?	A: Der noch ausstehende Karton wäre bis nächsten Mittwoch fertig. Sollen wir die drei Kartons schicken oder warten und alle vier zusammen schicken?
B: That would mean additional transport **costs for us.**	B: Dies würde für uns zusätzliche Transportkosten bedeuten.
A: We would of course be prepared to pay the freight for the extra shipment.	A: Wir würden natürlich die Frachtkosten für die zusätzliche Lieferung übernehmen.
B: OK. Please ship the three boxes, we'll expect the fourth box by the end of next week.	B: Gut. Bitte schicken Sie die drei Kartons, wir erwarten dann den vierten Karton bis Ende nächster Woche.
A: Thank you, and please accept our apologies **for this delay.**	A: Danke, und bitte entschuldigen Sie die Verzögerung.

A: We are sorry to have to tell you that our computer system was not working properly and the material confirmed for dispatch is actually not in stock.	A: Wir müssen Ihnen leider mitteilen, dass unser Computersystem nicht richtig funktioniert hat, und dass das zum Versand bestätigte Material gar nicht auf Lager ist.
B: When could we have it then?	B: Wann können wir es dann haben?
A: The next possible **dispatch would be in two weeks' time.**	A: Der nächstmögliche Versandtermin wäre in ungefähr zwei Wochen.
B: That will be difficult.	B: Das wird schwierig.
A: We could offer you two 25-kg bags as an alternative.	A: Als Alternative könnten wir Ihnen zwei 25-kg-Beutel anbieten.
B: OK, we need the material urgently, **so we'll have to take them.**	B: In Ordnung, wir brauchen das Material sehr dringend. Dann müssen wir also die Beutel nehmen.
A: Thank you for your help. We are really sorry about this mistake.	A: Vielen Dank für Ihre Hilfe. Wir bedauern diesen Fehler sehr.

A: Unfortunately we quoted the wrong price **for this item. We** mixed up **the lists for ex works and FOB.**	A: Leider haben wir den falschen Preis für diesen Artikel angegeben. Wir haben die Listen für die Preise ab Werk und FOB vertauscht.

Auftragsabwicklung

B: How could that happen? I specifically said that I needed the FOB price.	B: Wie konnte das passieren? Ich habe ausdrücklich gesagt, dass ich den FOB-Preis brauche.
A: The person usually in charge of your orders was on holiday (US: on vacation) at that time. We will send you the order confirmation with the correct price.	A: Der Mitarbeiter, der normalerweise für Ihre Aufträge zuständig ist, war zu der Zeit im Urlaub. Wir schicken Ihnen die Auftragsbestätigung mit dem korrekten Preis.
B: OK, but please make sure it doesn't happen again. This makes things quite difficult.	B: Gut, aber bitte achten Sie darauf, dass es nicht wieder passiert. Es macht alles ziemlich schwierig.
A: Of course. Thank you for your understanding and please accept our apologies.	A: Selbstverständlich. Danke für Ihr Verständnis und entschuldigen Sie nochmals.

Complaints	Beschwerden
The material ordered was green and the material we have just received is brown. Please check what has happened.	Wir haben grünes Material bestellt und das Material, das wir bekommen haben, ist braun. Bitte überprüfen Sie, was passiert ist.
Both the order confirmation and the delivery note show three boxes, but we have only received two, what has happened?	Die Auftragsbestätigung und der Lieferschein zeigen beide drei Kartons, aber wir haben nur zwei bekommen, was ist passiert?

We ordered 5mm screws and you have sent us 6mm. We are prepared to keep these, but would need a delivery of 5mm screws by the end of this week.	Wir haben 5-mm-Schrauben bestellt, und Sie haben uns 6-mm-Schrauben geschickt. Wir wären bereit, diese zu behalten, bräuchten aber bis Ende dieser Woche eine Lieferung von 5-mm-Schrauben.
Two of the chairs are badly damaged, the cushion material is ripped.	Zwei der Stühle sind schwer **beschädigt**, das Kissenmaterial ist aufgerissen.
Could you give them back to our driver when he comes on Friday? We will arrange for two replacement chairs to be dispatched tomorrow.	Könnten Sie sie am Freitag dem Fahrer wieder mitgeben? Wir werden dann morgen zwei Ersatzstühle wegschicken.
The quality of this material is not up to your usual standard.	Die Qualität dieses Materials **entspricht nicht Ihrem üblichen Standard**.
The paper we received is too thin.	Das Papier, das wir bekommen haben, ist zu dünn.
Could you send us a few leaves so that we can have our quality control people check this?	Könnten Sie uns ein paar Blätter zuschicken, damit unsere Leute in der Qualitätskontrolle diese überprüfen können?
The material is within our standard tolerance level.	Das Material liegt **innerhalb unserer Standardtoleranzgrenze**.
I cannot accept your claim.	Ich kann Ihre **Reklamation** nicht annehmen.
I will let you know.	Ich werde mich **wieder melden**./ Ich werde Ihnen **Bescheid geben**.
I have passed this on to the person in charge and will get back to you when we have the results.	Ich habe es an die zuständige Person **weitergeleitet** und werde mich melden, wenn die Ergebnisse vorliegen.

You promised to get back to me.	Sie haben versprochen, sich noch einmal bei mir zu melden.
When will I hear from you?	Wann höre ich von Ihnen?
I have sent you an e-mail placing an order last week and I still haven't received any confirmation.	Ich habe Ihnen letzte Woche eine E-Mail über eine Bestellung geschickt und habe immer noch keine Bestätigung erhalten.
We had server problems.	Wir hatten Probleme mit dem Server.
We didn't get your e-mail.	Wir haben Ihre E-Mail nicht bekommen.

Dialogbeispiele

A: We have just received our order no. 156. Upon opening the box, we found that only eleven bottles were sent. We actually ordered twelve.	A: Wir haben soeben unseren Auftrag Nr. 156 erhalten. Als wir den Karton geöffnet haben, fanden wir nur elf Flaschen vor. Wir haben eigentlich zwölf bestellt.
B: I'm sorry about that, there seems to have been a mistake in the packing department on that day.	B: Das tut mir leid, aber es scheint an dem Tag einen Fehler in der Verpackungsabteilung gegeben zu haben.
A: Could you make sure that the invoice is altered?	A: Könnten Sie dafür sorgen, dass die Rechnung abgeändert wird?

A: We ordered 5mm screws and you have sent us 6mm.	**A:** Wir haben 5-mm-Schrauben bestellt, und sie haben uns 6-mm-Schrauben geschickt.
B: Oh yes, the delivery note was incorrectly typed.	**B:** Oh ja, der Lieferschein wurde falsch getippt.
A: We are prepared to keep this delivery, but would need one of 5mm screws by the end of this week.	**A:** Wir wären bereit, diese Lieferung zu behalten, bräuchten aber bis Ende dieser Woche eine von 5-mm-Schrauben.
B: Yes, we'll dispatch them tomorrow.	**B:** Ja, wir werden sie morgen verschicken.
A: As we do not need the 6mm screws until the beginning of next month, could you extend the due date of the invoice by two weeks?	**A:** Da wir die 6-mm-Schrauben erst Anfang nächsten Monats brauchen, könnten Sie das Fälligkeitsdatum der Rechnung um zwei Wochen verlängern?
B: Of course, no problem.	**B:** Natürlich, kein Problem.

A: After unpacking and examining the material, we noticed that two of the items are damaged.	**A:** Nachdem wir das Material ausgepackt und überprüft hatten, stellten wir fest, dass zwei Artikel beschädigt sind.
B: Are the items badly damaged?	**B:** Sind die Artikel schwer beschädigt?

A: They have slight scratch marks on the case.	A: Sie haben leichte Kratzer am Gehäuse.
B: Would you be able to keep them if we granted you a discount?	B: Könnten Sie sie behalten, wenn wir Ihnen einen Rabatt gewährten?
A: Yes, we should be able to sell them.	A: Ja, wir müssten sie eigentlich verkaufen können.
B: OK, we'll credit 20% of the invoice.	B: In Ordnung, dann schreiben wir 20 % des Rechnungsbetrages gut.

A: The quality is not up to your usual standard, the paper we received is too thin.	A: Die Qualität entspricht nicht Ihrem üblichen Standard, das Papier, das wir bekommen haben, ist zu dünn.
B: Our samples show that the material is within our tolerance level. I am sorry, but I cannot accept your claim.	B: Unsere Muster zeigen, dass das Material innerhalb unserer Toleranzgrenze liegt. Es tut mir leid, aber ich kann Ihre Reklamation nicht annehmen.

A: When we ordered, we specifically stated that the colour was to be the same as previously supplied.	A: Als wir bestellten, haben wir ausdrücklich darauf hingewiesen, dass die Farbe genauso wie bei früheren Lieferungen sein muss.

B: **I'm very sorry about that.**	B: Das tut mir sehr leid.
A: **This material is for a special series and must be the same colour.**	A: Dieses Material ist für eine Sonderreihe und muss die gleiche Farbe haben.
B: **Could you let us have a sample, we will have this checked and get back to you.**	B: Könnten Sie uns ein Muster zuschicken, wir werden es überprüfen und uns wieder melden.
A: **We sent you a sample last week.**	A: Wir haben Ihnen bereits letzte Woche ein Muster zugesandt.
B: **Yes, we have had it examined and must agree that this material is not acceptable. How can we solve this problem? Would you be able to sell this as a** closeout item **at 20% discount?**	B: Ja, wir haben es überprüfen lassen und müssen zugeben, dass dieses Material nicht akzeptabel ist. Wie können wir dieses Problem lösen? Würden Sie die Ware als **Sonderposten** zu einem Rabatt von 20 % verkaufen können?
A: **No, I don't think so. I will have to** return **this material.**	A: Nein, ich glaube nicht. Ich werde dieses Material zurückschicken müssen.

5. Rechnungswesen und Finanzen

Accounting	Rechnungswesen
He is our chief accountant.	Er ist unser Buchhalter.
Book-keeping plays a vital role in every business.	Buchhaltung spielt in jedem Unternehmen eine zentrale Rolle.
Accounting methods vary from business to business.	Die Buchführungsmethoden sind von Unternehmen zu Unternehmen verschieden.
Our balance sheets of the past ten years show a steady rate of growth.	Unsere Handelsbilanz der letzten zehn Jahre zeigt ein stetiges Wachstum.
Our budget for 2015 is complete.	Unser Haushalt für 2015 ist vollständig.
John, could you fetch our account books and balance sheets?	John, könnten Sie bitte unsere Geschäftsbücher holen?
Ms. Clarke is in charge of our financial accounting.	Frau Clarke ist für unsere Finanzbuchhaltung verantwortlich.
According to our calculations, the profits for this year are less than those for 2013.	Nach unseren Berechnungen sind die diesjährigen Gewinne geringer ausgefallen als die von 2013.
Our sales analysis for 2013 showed a 10% increase in sales within the EU.	Unsere Absatzanalyse für 2013 zeigte einen Zuwachs von 10% bei den Verkäufen innerhalb der EU.
We insist that members of staff provide a receipt for purchases from the petty cash.	Wir bestehen darauf, dass unsere Mitarbeiter eine Quittung für Einkäufe aus der Portokasse abliefern.

Our gross profits are up on this time last year.	Unsere **Bruttogewinne** sind höher als zum selben Zeitpunkt des letzten Jahres.
Neil's work is a fine example of adequate and orderly accounting.	Neils Arbeit ist ein ausgezeichnetes Beispiel **ordnungsgemäßer Buchführung.**
The end of our first quarter is in July.	Unser **erstes Quartalsende** ist im Juli.
When does your accounting reference day fall?	Wann ist Ihr **Bilanzstichtag?**
Our accounting year will end in May.	Unser **Buchführungsjahr** endet im Mai.
We have published and filed our annual accounts in Companies House.	Wir haben unseren **Jahresabschluss** veröffentlicht und im Companies House archiviert.
Our internal accounting period is three months long.	Unser **Abrechnungszeitraum** beträgt drei Monate.
Our accounting manager will present the annual economic report.	Der Leiter der Buchhaltung wird den **Jahreswirtschaftsbericht** vorlegen.
Our interim accounts were published in the Financial Times in September.	Unsere **Zwischenkonten** wurden im September in der Financial Times veröffentlicht.
The TEHV group have also released interim balance sheets.	Die TEHV Gruppe hat auch ihre **Zwischenbilanz** veröffentlicht.
We have completed our profit and loss accounts.	Wir haben unsere **Ertragsrechnung** fertig gestellt.
Our opening balance sheets for this month are being prepared.	Unsere **Eröffnungsbilanz** für diesen Monat wird vorbereitet.
Our annual audit will take place in April.	Unsere jährliche **Buchprüfung** findet im April statt.

Auditing will be carried out later this month.	Die Wirtschaftsprüfung wird gegen Ende dieses Monats stattfinden.
The audit fees have been paid for 2014.	Die Kosten der Abschlussprüfung für 2014 sind bezahlt worden.
The fiscal audit of operating results for 2014 is complete.	Die Betriebsprüfung für 2014 ist abgeschlossen.
Can you get in touch with our auditor regarding the matter?	Könnten Sie wegen dieses Problems mit unserem Betriebsprüfer Kontakt aufnehmen?
The fiscal audit of operating results was completed in May.	Die Betriebsprüfung wurde im Mai abgeschlossen.
We predict, applying discounting, that our cash flow will remain consistent.	Nach durchgeführter Abzinsung nehmen wir an, dass der Geldfluss konstant bleiben wird.
Our accounting profit shows a marked improvement in comparison to 2013.	Unser Buchgewinn zeigt einen deutlichen Zuwachs gegenüber 2013.
The closing balance of our June accounts has already been carried forward to July.	Die Schlussbilanz unserer Bücher vom Juni ist schon auf den Juli übertragen worden.
Our actual outlay decreased considerably following restructuring in 2013.	Unsere Istausgaben haben seit der 2013 durchgeführten Umstrukturierung erheblich abgenommen.
The total costs of our recent reorganisation were minimal.	Die Gesamtkosten unserer unlängst durchgeführten Reorganisation waren minimal.
The variable costs of commission to be paid to our sales staff cannot be approximated in view of the current unstable economic situation.	Die variablen Kosten, die durch unserem Verkaufspersonal gezahlte Kommissionen entstehen, können in Anbetracht der instabilen wirtschaftlichen Situation nicht abgeschätzt werden.

Our turnover forecasts for the years 2010 to 2013 proved to be incorrect.	Die Umsatzprognose für 2010 bis 2013 hat sich als falsch herausgestellt.
Our company's turnover increased tenfold in comparison to the previous decade.	Der Umsatz unseres Unternehmens hat sich, im Vergleich zu vor zehn Jahren, verzehnfacht.
The turnover increase last year fulfilled our expectations.	Der Umsatzanstieg letztes Jahr hat unsere Erwartungen erfüllt.
The appreciation of our assets is mainly due to the current rate of inflation.	Der Wertzuwachs unserer Aktiva liegt hauptsächlich an der momentanen Inflationsrate.
Accounts payable and accruals are to be entered as current liabilities on the balance sheet.	Verbindlichkeiten und Rückstellungen müssen als laufende Passiva in die Bilanz eingetragen werden.
I instructed her to e-mail me details of our accounts receivable.	Ich habe sie angewiesen, mir Details über die Außenstände zu mailen.
You should enter that under special expenses.	Sie sollten das unter Sonderausgaben eintragen.
Deterioration of our premises has been taken into account as amortization.	Die Wertminderung unserer Gebäude wurde als Amortisation in die Bücher aufgenommen.
The purchase of our new factory will be entered in the books as a capital transaction.	Der Kauf unserer neuen Fabrik wird als Kapitalverkehr in die Bücher eingetragen.
The costs incurred during the renovation of our office buildings will be treated as capital investment.	Die Kosten, die uns durch die Renovierung unserer Geschäftsgebäude entstanden sind, werden als Kapitaleinlage behandelt.
Our calculation of the budget costs for 2015 has changed little from that of 2014.	Unsere Plankostenrechnung für 2015 hat sich gegenüber 2014 kaum verändert.

Our prime costs are low in relation to our profits.	Unsere Selbstkosten sind im Vergleich zum Gewinn gering.
We need to look at ways of lessening our indirect labour costs (US: labor).	Wir müssen Wege finden, die Lohnnebenkosten zu senken.
The rationalisation profits following the modernisation of our factory last year were considerable.	Der Rationalisierungsgewinn nach der Modernisierung unserer Fabrik letztes Jahr war beachtlich.
Our return on capital was higher in 2012 than in the following years.	Unser Kapitalertrag war 2012 höher als in den darauf folgenden Jahren.
I think this entry is incorrect.	Ich glaube, diese Buchung ist nicht korrekt.
Our accounts don't balance.	Unsere Bücher saldieren nicht.
It must be due to a book-keeping error.	Es muss an einem Buchungsfehler liegen.
Our overhead costs don't seem to be entered in the books.	Unsere Gemeinkosten sind scheinbar nicht in die Bücher eingetragen worden.
The tax assessment we received for 2013 appears to be incorrect.	Die Steuerveranlagung, die wir für 2013 bekommen haben, scheint nicht korrekt zu sein.
Someone has completed our tax return incorrectly.	Jemand hat unsere Steuererklärung falsch ausgefüllt.
We can reclaim value added tax at the end of the year.	Wir können die Mehrwertsteuer am Ende des Jahres zurückfordern.
Unfortunately, it seems we are liable for an additional payment of taxes.	Leider scheint es so, als ob wir zu einer Steuernachzahlung verpflichtet wären.

Taking into account the linear depreciation of the value of our assets, there seems to be no alternative than to declare ourselves bankrupt.	Unter Berücksichtigung der **linearen Abschreibung** des Wertes unserer Aktiva scheint es keine Alternative zu einer **Bankrotterklärung** zu geben
The annual profits are fifteen per cent down on last year's figures.	Der **Jahresgewinn** liegt fünfzehn Prozent unter dem des Vorjahres.
Despite stringent measures to bring our budget under control, we seem to be unable to reach break-even point this summer.	Trotz drastischer Maßnahmen um unseren **Haushalt** unter **Kontrolle** zu bringen, werden wir in diesem Sommer wohl nicht in der Lage sein, die **Gewinnschwelle** zu erreichen.
We will have to introduce budget cuts in all departments.	Wir werden **Etatkürzungen** in allen Abteilungen durchführen müssen.
Their budgetary deficit is huge.	Ihr **Haushaltsdefizit** ist riesig.
Although we may have saved money in respect of the initial outlay required, the operating expenses of our factory in Nigeria have exceeded all expectations.	Obwohl wir vielleicht Geld bei der anfänglichen **Auslage** gespart haben, haben die **Betriebskosten** unserer Fabrik in Nigeria unsere Befürchtungen übertroffen.
Our basic income has proved to be less than consistent.	Es hat sich gezeigt, dass unsere **Basiseinkünfte** nicht konstant genug sind.
We will have to plough-back the majority of our 2013 profits.	Wir werden den Großteil unserer Gewinne von 2013 **reinvestieren** müssen.
We have no alternative than to write off our obsolete machinery in our overseas factories.	Wir haben keine andere Wahl als die veraltete Maschinenanlage unserer Fabriken in Übersee **abzuschreiben**.

Dialogbeispiele

A: **Good morning, Ms. Parkin.**	A: Guten Morgen, Frau Parkin.
B: **Good morning. Would you like to see our boockkeeping accounts?**	B: Guten Morgen. Möchten Sie die Buchhaltungsunterlagen sehen?
A: **Yes, please. I think that will be very informative. What accounting system do you use here?**	A: Ja bitte. Ich denke, das wäre sehr aufschlussreich. Was für ein Buchführungssystem benutzen Sie hier?
B: **We use double entry bookkeeping for our accounts.**	B: Wir benutzen doppelte Buchführung für unsere Bücher.
A: **And what does this column show?**	A: Und was bedeutet diese Spalte?
B: **They are the debits.**	B: Das sind unsere Belastungen.
A: **And on this sheet – this figure – what does that represent?**	A: Und auf diesem Sheet – diese Zahl – was bedeutet die?
B: **They're the development costs we needed for the refurbishing of our old premises.**	B: Das sind die Entwicklungskosten, die bei der Renovierung unserer alten Gebäude anfallen.
A: **Do you keep your real accounts in a separate file?**	A: Führen Sie Ihre Bestandskonten in einer separaten Datei?
B: **No, we don't. It is all in this file here.**	B: Nein, es ist alles in dieser Datei.
A: **Have you valued your assets using historical costing?**	A: Haben Sie Ihre Aktiva mit einer Nachkalkulation bewertet?

B: Yes, we have.	B: Ja, haben wir.
A: And here are details of all assets and liabilities?	A: Und hier sind die Details über Aktiva und Passiva?
B: Yes. You can see the net book value **of our assets here.**	B: Ja. Hier können Sie den Nettobuchwert unseres Vermögens sehen.
A: Thank you. Do you have details of net profits **made in the previous ten years?**	A: Danke schön. Haben Sie Details über die Nettogewinne, die Sie in den letzten zehn Jahren gemacht haben?
B: Certainly. Will that be all?	B: Sicherlich. War das dann alles?
A: For the moment, thank you.	A: Im Moment ja, danke.

A: Our debtors **have been slow settling their accounts this month.**	A: Unsere Schuldner haben diesen Monat Ihre Rechnungen spät bezahlt.
B: Settlement day **should have been this Tuesday for the Berry consignment.**	B: Abrechnungstag für die Berry Sendung hätte dieser Dienstag sein sollen.

Financial Policy

Finanzpolitik

Our financial standing has improved considerably.

Unsere **Kreditfähigkeit** hat erheblich zugenommen.

Next year sales financing will take up a considerable percentage of our budget.

Die **Absatzfinanzierung** wird kommendes Jahr einen beträchtlichen Teil unseres Budgets ausmachen.

If our financial status does not improve, we will have to go into liquidation.

Wenn unsere **Vermögenslage** sich nicht verbessert, werden wir in die **Liquidation** gehen müssen.

Maurice Motors have sold some of their assets to pay off their debts.

Maurice Motors haben einige ihrer **Vermögenswerte** verkauft, um ihre Schulden zu bezahlen.

They have only their fixed assets remaining.

Sie haben nur noch ihr **Vermögen** übrig.

We will have to sell everything except our non-core assets to prevent takeover.

Wir werden alles außer dem **Kernvermögen** verkaufen müssen, um eine Übernahme zu vermeiden.

The fiscal year begins in April in the UK.

Das **Geschäftsjahr** beginnt in Großbritannien im April.

Our finances are in dire straits.

Unsere **Finanzen** befinden sich in einer Notlage.

WSC went into receivership.

WSC ist in **Konkurs** gegangen.

Fiona will present our financial report for 2014.

Fiona wird uns den **Finanzbericht** für 2014 vorstellen.

Since 2013 we have faced increasing financial difficulties.

Seit 2013 stehen wir wachsenden **finanziellen Schwierigkeiten** gegenüber.

Our financial assets are steadily increasing.

Unser Geldvermögen wächst stetig.

I think we should consider taking the advice of a financier.

Ich denke, wir sollten uns überlegen einen Finanzier hinzuzuziehen.

Our fiscal policy in Indonesia must adapt with the change of government.

Unsere Steuerpolitik in Indonesien muss nach dem Regierungswechsel angepasst werden.

Did you hear about the fiscal fraud of AW Enterprises?

Haben Sie von dem Steuerbetrug von AW Enterprises gehört?

Banks and activities

Banken und Bankgeschäfte

Many building societies in Britain converted to banks in the 1990s.

Viele Bausparkassen in Großbritannien wurden in den 90ern zu Banken umgewandelt.

I would like to invest in the ANA mortgage bank.

Ich würde gerne in die ANA Hypothekenbank investieren.

The MSG bank is one of the best-known investment banks in Asia.

Die MSG Bank ist eine der bekanntesten Investmentbanken Asiens.

We use the NRR merchant bank for our main company accounts.

Wir haben unsere Hauptgeschäftskonten bei der NRR Handelsbank.

The regional banks of this area are not to be recommended.

Die Regionalbanken dieser Gegend kann man nicht empfehlen.

Our savings bank in Switzerland has neglected to send us our account balance.

Unsere Sparkasse in der Schweiz hat vergessen, uns unseren Kontoauszug zu senden.

We have our business account with TNT bank.

Wir haben unser Geschäftskonto bei der TNT Bank.

We have arranged acceptance credit with the MK bank in Japan.	Wir haben einen **Akzeptkredit** mit der MK Bank in Japan ausgehandelt.
Our account balance looks very positive at the present time.	Unser **Kontostand** sieht im Moment sehr gut aus.
Are you an account holder with this branch?	Sind Sie **Kontoinhaber** bei dieser Filiale?
I would like to open an interest account, please.	Ich würde gerne ein **Zinskonto** eröffnen, bitte.
May I speak to someone from your loan department, please?	Könnte ich mit jemanden aus Ihrer **Kreditabteilung** sprechen, bitte?
Can you tell me your account number, please?	Können Sie mir bitte Ihre **Kontonummer** geben?
I have special drawing rights on that account.	Ich habe **Sonderziehungsrechte** von diesem Konto.
There seems to be some mistake in our company's bank statement.	Der **Kontoauszug** unseres Unternehmens ist scheinbar fehlerhaft.
Your bank charges are too high.	Ihre **Bankgebühren** sind zu hoch.
I demand to see the manager!	Ich verlange den **Filialleiter** zu sprechen!
We will repay the bank loan over a period of five years.	Wir werden das **Bankdarlehen** über einen Zeitraum von fünf Jahren zurückzahlen.
We could apply for a bridging loan to tide us over the first six months.	Wir könnten versuchen, einen **Überbrückungskredit** für die ersten sechs Monate zu bekommen.
Overdrafts will be subject to interest six per cent above our base rate.	**Kontoüberziehungen** werden mit sechs Prozent über dem **Leitzins** verzinst.

We will pay for the goods, upon delivery, by bank transfer.	Bei Lieferung werden wir für die Waren per Banküberweisung bezahlen.
OL Incorporated have set up a banker's order to pay for their regular shipments of goods.	OL Incorporated haben einen Dauerauftrag erteilt, um für die regelmäßige Verschiffung ihrer Waren zu bezahlen.
A banking consortium has loaned ten billion dollars to Mozambique.	Ein Bankenkonsortium hat Mosambik einen Kredit in Höhe von 10 Milliarden Dollar gewährt.
I have brought a bank letter of credit with me from the SK bank, Germany.	Ich habe ein Bankakkreditiv der SK Bank aus Deutschland dabei.

International Financial Markets / Internationale Finanzmärkte

Shares (US: stocks) are at a premium at the moment.	Die Aktien sind im Moment über dem Nennwert.
Our shares fell 2.9% yesterday.	Unser Aktienkurs fiel gestern um 2,9%.
I would like to check out share prices on the stock exchange this afternoon.	Ich würde mich heute Nachmittag gerne über die Aktienpreise an der Börse erkundigen.
I would like a quotation of share (US: stock) prices for Megamarkets P.L.C.	Ich hätte gerne die Notierung des Aktienkurses von Megamarkets P.L.C.
Could I have a quotation for the market price for shares in MK Enterprises?	Könnte ich die Notierung des Börsenkurses der Aktien von MK Enterprises haben?
The bottom price for shares in our company has dropped to a new low.	Der Niedrigstkurs der Aktien unseres Unternehmens ist auf einen neuen Tiefststand gefallen.

We are planning to launch a euro-dominated bond.	Wir überlegen uns, Euro-dominierte Rentenpapiere einzuführen.
If we reinvest the money we made from selling our assets under the enterprise investment scheme, we can avoid paying capital gains tax.	Wenn wir das Geld, das wir durch den Verkauf unserer Aktiva nach dem Investitionsentwurf verdient haben, reinvestieren, können wir die Kapitalertragssteuer vermeiden.
JMC Limited have recently made a loss on their foreign bonds in Switzerland.	JMC Limited haben in der letzten Zeit mit ihren Auslandsanleihen in der Schweiz Verluste gemacht.
The stock exchange index is showing signs of improvement.	Der Börsenindex zeigt Indizien einer Verbesserung.
Did you take note of the Dow Jones share index?	Haben Sie den Dow-Jones-Aktienindex zur Kenntnis genommen?

Stock Markets / Aktienmärkte

Stock markets all over the world were particularly unstable in September.	Die Aktienmärkte auf der ganzen Welt waren im September besonders instabil.
Dealing before official hours is taking place in Tokyo.	Die Vorbörse findet in Tokio statt.
Stock market trading will begin at eight a.m.	Der Börsenhandel wird um acht Uhr morgens beginnen.
Closing of the exchange is due to take place at seventeen hundred hours in London.	Der Börsenschluss wird um siebzehn Uhr in London stattfinden.
Allen and Walsh are a firm of stockbrokers.	Allen und Walsh haben eine Börsenmakler-Firma.
Global markets are currently experiencing a boom.	Die globalen Märkte erleben im Moment einen Boom.

The **stock market crash** of 1929 was the worst last century.	Der **Börsenkrach** von 1929 war der Schlimmste im letzten Jahrhundert.
Taking the strong global **bull market** into account, I think we can view the situation positively.	Wenn man den globalen **Haussemarkt** miteinbezieht, dann denke ich, dass wir die Situation positiv beurteilen können.
He's a **bull**.	Er ist ein **Haussier**.
The stock market this year has been a **buyers market**.	Der Aktienmarkt war dieses Jahr ein **Käufermarkt**.
The market's reaction was not too **bearish**.	Die Reaktion des Marktes war nicht übermäßig **pessimistisch**.
That stockbroker is participating in **bear sales**.	Dieser Börsenmakler beteiligt sich an **Leerverkäufen**.
At the moment, I fear we're looking at a **bear market**.	Ich befürchte, dass es zu einem **ständigen Fallen der Kurse am Markt** (**Baissemarkt**) kommen wird.
He's a **bear**.	Er ist ein **Baissier**.
It's a **seller's market** at the moment.	Im Moment gibt es einen **Verkäufermarkt**.
The bottom has fallen out of the market.	Die Nachfrage und die Preise sind auf einem Tiefstand.
A good place to find **stock exchange news** throughout Europe is the Financial Times.	**Börsenberichte** aus ganz Europa findet man zum Beispiel in der „Financial Times".
Our **share capital** played a part in our survival during the recession.	Unser **Aktienkapital** hat einen Teil zu unserem Überleben während der Rezession beigetragen.
They have invested heavily in **securities**.	Sie haben in großem Umfang in **Wertpapiere** investiert.

The Bank of Taiwan announced that it is trying to strengthen securities business.	Die Bank von Taiwan hat angekündigt, dass sie versuchen wird, ihre Effektengeschäfte zu verstärken.
Futures markets reached an all-time low in May.	Die Terminbörse hat im Mai einen Rekordtiefstand erreicht.
A round of buying boosted Healthman Tea futures on the London International Financial Futures and Options Exchange.	Eine Phase hoher Kaufbereitschaft hat Termingeschäfte der Healthman Tea auf der Londoner Börse für Finanz- und Terminkontrakte in die Höhe getrieben.
JMC have been conducting futures business on the MATIF (Marché à Terme des Instruments Financiers).	JMC haben Termingeschäfte an der MATIF abgewickelt.
Sugar sold extremely well on the commodity futures exchange last month.	Zucker hat sich an der Warenterminbörse im letzten Monat ausgezeichnet verkauft.
We have recently purchased shares in your company.	Wir haben neulich Aktien Ihres Unternehmens gekauft.
Internet share trading is the standard.	Aktienhandel über das Internet ist der Standard.
The internet provides potential investors with an easy method of gathering information.	Das Internet gibt potenziellen Investoren die Möglichkeit, sich auf einem einfachen Weg zu informieren.
Firms trading in stocks on the internet have gained a huge competitive advantage.	Unternehmen, die Aktien über das Internet verkaufen, haben dadurch einen riesigen Wettbewerbsvorteil erlangt.
We offer online trading as part of a package.	Wir bieten Online-Handel als Teil eines Pakets an.
The flotation of our company raised 120 million euro.	Die Emission von Aktien brachte unserem Unternehmen 120 Millionen Euro ein.

They are shareholders in our business.	Sie sind **Aktionäre** unseres Unternehmens.
We are interested in buying a parcel of shares (US: stocks) in your business.	Wir sind daran interessiert, ein **Aktienpaket** Ihres Unternehmen zu kaufen.
We are planning to invest more heavily in blue chip companies.	Wir planen, mehr in Unternehmen mit **erstklassigen Aktien** zu investieren.
Geiger's PLC holds the controlling interest in our company.	Geigers PLC hält in unserem Unternehmen die **Aktienmehrheit**.
JMC is a public limited company (US: joint stock company).	JMC ist eine **Aktiengesellschaft**.
The issuing of shares (US: stock) took place yesterday.	Die **Aktienausgabe** fand gestern statt.
The face value of our shares is lower than their market value.	Der **Nennwert** unserer Aktien ist niedriger als ihr Marktwert.
Did you make a satisfactory earning per share (US: yield on stocks)?	Haben Sie eine zufrieden stellende **Aktienrendite** erreicht?
The risk premium for shares in the TEHV group was greater than expected last year.	Die **Risikoprämie** für Aktien der TEHV Gruppe war letztes Jahr größer als erwartet.
The price-earnings ratio for shares in JMC reflects the fast growth rate of the company.	Das **Kurs-Gewinn-Verhältnis** für JMC-Aktien spiegelt das schnelle Wachstum des Unternehmens wider.
Last year, our shareholders received a dividend of ninety pence per share.	Letztes Jahr erhielten unsere Aktionäre eine **Dividende** von neunzig Pence pro Aktie.
The TEHV group have paid out a distribution from their profits.	Die TEHV Gruppe hat eine **Gewinnausschüttung** durchgeführt.
Their shares have become ex-dividend.	Ihre Aktien sind jetzt **ohne Dividende**.

The executive board has decided to make a one-off pay-out of sixty pence per share to all our shareholders.	Der Vorstand hat entschieden, eine einmalige Ausschüttung von sechzig Pence pro Aktie an alle Aktionäre durchzuführen.
We will pay a percentage of profits to all our investors.	Wir werden all unseren Investoren Tantiemen zahlen.
We are planning to issue bonus shares with our profits from share premiums (or agio).	Wir planen mit unseren Gewinnen aus dem Agio Bonusaktien auszugeben.
The next shareholders' meeting will take place on the 25th of January.	Die nächste Hauptversammlung findet am 25. Januar statt.
The annual general meeting (AGM) is scheduled to take place in March.	Die Jahreshauptversammlung ist für März angesetzt.
The company hopes that the introduction of a profit sharing scheme will inspire greater loyalty among its workers.	Das Unternehmen hofft, dass die Einführung einer Gewinnbeteiligung die Arbeiter zu größerer Loyalität bewegen wird.
He has a subscription right (or share option) to shares (US: stocks) in Wharmby Foods.	Er hat ein Aktienbezugsrecht für Aktien von Wharmby Foods.
Mergers and acquisitions are the favoured means of growth and expansion for many companies.	Fusionen und Akquisitionen sind für viele Unternehmen die bevorzugten Instrumente für Wachstum und Expansion.
The hostile takeover of Runge Ltd. by the TEHV group was the largest this year in the manufacturing sector.	Die feindliche Übernahme von Runge Ltd. durch die TEHV Gruppe war im herstellenden Bereich die größte in diesem Jahr.
The hostile bid to take over JLC failed last week.	Das feindliche Übernahmeangebot für JLC scheiterte letzte Woche.

Walker Developments took advantage of recent economic crises to take over STV of Italy.

Walker Developments nutzte die vor kurzem aufgetretenen wirtschaftlichen Krisen aus, um die italienische STV zu übernehmen.

Maurice Motors have sold some of their assets to pay off their debts.

Maurice Motors haben einige ihrer **Vermögenswerte** verkauft, um ihre Schulden zu bezahlen.

It seems that they have only their fixed assets and some securities remaining.

Es scheint so, als ob sie nur noch ihre **festen Anlagen** und einige Sicherheiten übrig hätten.

A black knight company has made a bid for JMC.

Ein **„schwarzer Ritter“ (Investor, der eine Firma mit einer Übernahme bedroht)** hat ein Übernahmeangebot für JMC gemacht.

A white knight rescued Maurice Motors from a hostile takeover last week.

Ein **„weißer Ritter“ (Investor, der eine Firma vor einer Übernahme rettet)** hat Maurice Motors vor einer feindlichen Übernahme bewahrt.

OL Incorporated and TRIX Products have amalgamated.

OL Incorporated und TRIX Products haben **fusioniert**.

One of our more recent business acquisitions was ABC Limited.

Eines unserer neueren Geschäfte war die **Geschäftsübernahme** von ABC Limited.

We will have to sell some of our non-core assets to resist takeover.

Wir werden einige unserer **Aktiva** verkaufen müssen, um die Übernahme zu vermeiden.

TRIX Products also have debts in the form of debenture loans.

TRIX Products haben zudem Schulden in Form von **Obligationsanleihen**.

CDSA have gone into liquidation.

CDSA sind **in Liquidation getreten**.

Holders of preference shares will receive some of their share capital, others may not be so lucky.

Die Besitzer von **Vorzugsaktien** werden einen Teil Ihres Aktienkapitals wiederbekommen. Andere werden vielleicht nicht so viel Glück haben.

Our **floating assets** have remained stable.

Unser **Umlaufvermögen** ist stabil geblieben.

The figures suggest that we will be able to retain **financial sovereignty**.

Die Zahlen sprechen dafür, dass wir in der Lage sein sollten, unsere **Finanzhoheit** zu behaupten.

Dialogbeispiel

A: It seems that wrangles over the eventual fate of JLC are becoming more complicated.	**A:** Es scheint, als ob der Streit über das endgültige Schicksal von JLC immer komplizierter werden würde.
B: I know that two firms have already expressed their interest.	**B:** Ich weiß, dass schon zwei Firmen ihr Interesse angemeldet haben.
A: But now there is a third on the scene – a **grey knight**.	**A:** Aber es gibt noch einen dritten – einen **„grauen Ritter"** (**Investor mit unklaren Absichten**).
B: What are his intentions?	**B:** Was sind seine Absichten?
A: Well, that's the problem, nobody knows what his plans are.	**A:** Das ist das Problem. Niemand weiß, was er will.

Currencies and Foreign Exchange

Währungen und Devisen

The **monetary zone** covered by the euro will expand in the future.

Die **Währungszone**, die vom Euro abgedeckt wird, wird in der Zukunft expandieren.

Currency risk was lessened by the introduction of the euro.

Das **Währungsrisiko** hat sich durch die Einführung des Euro vermindert.

The value of the US dollar is subject to the fluctuations of the international monetary system.	Der Wert des US-Dollars ist den Schwankungen der **internationalen Währungsordnung** unterworfen.
We would like the currency unit of payment to be the yen.	Als **Zahlungsmittel** hätten wir gerne den Yen.
Although Scotland has its own parliament, the British Isles still has a unified currency.	Obwohl Schottland ein eigenes Parlament hat, haben die Britischen Inseln auch weiterhin eine **Einheitswährung**.
We will accept payment only in hard currency.	Wir werden die Bezahlung ausschließlich in **harter Währung** akzeptieren.
The Malawian Kwacha is a soft currency.	Der Kwacha Malavis ist eine **weiche Währung**.
It is predicted that devaluation of the Indian rupee will take place in the near future.	Es wird davon ausgegangen, dass es in der nahen Zukunft eine **Abwertung** der indischen Rupie geben wird.
We need to invest in a country with prospects of long-term monetary stability.	Wir müssen in einem Land mit Aussicht auf dauerhafte **Währungsstabilität** investieren.
Has the monetary policy of New Zealand changed since the elections?	Hat sich die **Währungspolitik** Neuseelands seit den Wahlen verändert?
The rate of inflation in Brazil is problematic for our investments.	Die **Inflationsrate** in Brasilien ist für unsere Investitionen problematisch.
There have been considerable currency reforms in the area.	In der Region gab es beachtliche **Währungsreformen**.
The monetary agreement between Canada and the USA has collapsed.	Das **Währungsabkommen** zwischen den USA und Kanada ist zusammengebrochen.

Does your company have sufficient foreign exchange to pay immediately? Where is the nearest exchange bureau?	Hat ihr Unternehmen genügend **Devisen** um sofort zu bezahlen? Wo ist die nächste **Wechselstube**?
What is the foreign currency rate for yen in the USA at present?	Wie ist der momentane **Sortenkurs** für Yen in den USA?
We have participated in foreign exchange dealings in the past.	In der Vergangenheit haben wir uns am **Devisenhandel** beteiligt.
Our foreign exchange operations play an important role in our overseas business ventures.	Unsere **Devisenverkehrabkommen** spielen eine wichtige Rolle bei unseren Geschäftsvorhaben in Übersee.
I think we failed to take the two-tier exchange rate into consideration.	Ich glaube, dass wir den **gespaltenen Wechselkurs** nicht in unsere Überlegungen einbezogen haben.
One way to minimize risk of loss when dealing in foreign currency are forward exchange dealings.	Ein Weg das Verlustrisiko bei Geschäften mit fremden Währungen zu minimieren, sind **Devisentermingeschäfte**.
Foreign exchange markets show that the dollar is weakening in relation to the euro.	Die **Devisenmärkte** zeigen, dass der Dollar im Vergleich zum Euro schwächer wird.
What is the current exchange rate of sterling against the dollar? The euro fell to a new low against the dollar yesterday.	Wie ist der **Devisenkurs** des Pfund Sterling gegenüber dem Dollar? Der Euro fiel gestern auf ein neues Tief gegenüber dem Dollar.
The fluctuation margins of the South African Rand have been extreme in the last few months.	Die **Schwankungsbandbreite** des südafrikanischen Rand war in den letzten paar Monaten enorm hoch.
Fixed exchange rates may help the Brazilian economy.	**Feste Wechselkurse** könnten der brasilianischen Wirtschaft helfen.
Sterling has a flexible exchange rate.	Das Pfund Sterling hat einen **flexiblen Wechselkurs**.

Dialogbeispiele

A: Hello, I seem to be having a problem with my bank card.	A: Hallo, ich habe anscheinend ein Problem mit meiner **Geldkarte**.
B: What exactly is the problem?	B: Was genau ist es für ein Problem?
A: A little while ago, I tried to buy something with my bank card and the card was rejected. I have enough money in my account, so I don't understand why there should be a problem.	A: Neulich habe ich versucht, mit meiner Geldkarte etwas zu kaufen, und die Karte wurde **abgewiesen**. Ich habe genug Geld auf meinem **Konto**, also verstehe ich nicht, warum es ein Problem geben soll.
B: Did the sales clerk try a second machine?	B: Hat die Verkäuferin ein anderes Gerät ausprobiert?
A: Yes, she did, but it still didn't work. And the person who paid before me also paid with a card, so it couldn't be the machine.	A: Ja, das hat sie, aber es funktionierte immer noch nicht. Und die Person, die vor mir bezahlt hat, hat auch mit einer Karte bezahlt, also lag es nicht am Gerät.
B: Did you put the card on anything magnetic?	B: Haben Sie die Karte auf etwas Magnetisches gelegt?
A: I don't believe so. It worked yesterday, when I withdrew some money.	A: Das glaube ich nicht. Gestern hat sie noch funktioniert, als ich **Geld abhob**.

B: Okay, let's go and see what happens when we try it here.	B: Okay, sehen wir, was passiert, wenn wir sie hier ausprobieren.
A: Yes, please do.	A: Ja, bitte.
B: Hmm. What kind of account do you have with us, Ms Carter?	B: Hmm. Was für ein Konto haben Sie bei uns, Frau Carter?
A: A gold account.	A: Ein Goldkonto.
B: Okay, now I know what's wrong, ma'am. Didn't you get a letter from us several weeks ago, informing you of the change in our accounts?	B: Okay, jetzt weiß ich, was das Problem ist. Haben Sie nicht vor einigen Wochen einen Brief von uns bekommen, der Sie über die Änderungen zu unseren Konten informierte?
A: I don't remember such a letter.	A: Ich kann mich an einen solchen Brief nicht erinnern.
B: Well, we have reorganised our bank accounts and the gold account no longer exists. That's why the card no longer works. You were supposed to fill out a form and tell us what kind of account you want.	B: Also, wir haben unsere Bankkonten umgestellt, und das Goldkonto existiert nicht mehr. Daran liegt es, dass die Karte nicht mehr funktioniert. Sie sollten ein Formular ausfüllen, um uns mitzuteilen, was für ein Konto Sie haben möchten.
A: And since I didn't do that, you just closed my account.	A: Und weil ich das nicht gemacht habe, haben Sie mein Konto einfach geschlossen.

B: I'm sorry, but all customers were sent two letters and one email requesting them to fill in a form and select a new account.

B: Es tut mir leid, aber allen **Kunden** wurden zwei Briefe und eine Mail zugeschickt, in denen sie gebeten wurden, ein **Formular** auszufüllen und ein neues Konto auszusuchen.

A: That's absurd ...

A: Das ist absurd ...

B: I understand, but we can take care of everything right now, if you have a moment. It just takes five minutes. I just need you to fill this in and sign here.

B: Ich verstehe, aber wir können gleich jetzt alles regeln, wenn Sie einen Augenblick Zeit haben. Es dauert nur fünf Minuten. Sie müssen nur das hier ausfüllen und hier unterschreiben.

Europe

Europa

The European Union has brought with it many benefits for our company.

Die **Europäische Union** hat unserem Unternehmen viele Vorteile gebracht.

The European Monetary System (EMS) controlled the exchange rates of European currencies in relation to each other.

Das **Europäische Währungssystem** (EWS) kontrollierte die Wechselkurse der europäischen Währungen untereinander.

The European Exchange Rate Mechanism (ERM) was designed to keep currencies within laid down fluctuation margins.

Der **Europäische Wechselkursmechanismus** wurde entwickelt, um die Währungen nur innerhalb einer festgelegten Bandbreite fluktuieren zu lassen.

The European Monetary Union has improved our profit margins on exported goods.	Die **Europäische Währungsunion** hat die Gewinnspanne unserer Exporte verbessert.
We pay for the goods by bank transfer in euro when we receive them.	Wir zahlen für die Waren per Überweisung in **Euro**, sobald wir sie erhalten haben.
The European Annuities Market is the second largest in the world after the USA since the monetary union.	Der **Europäische Rentenmarkt** ist seit der **Währungsunion** der zweitgrößte der Welt hinter den USA.
Our company's Eurobonds are selling well, particularly in Japan.	Die **Eurobonds** unseres Unternehmens verkaufen sich sehr gut, vor allem in Japan.
The Euromarket is worth billions of dollars.	Der **Euromarkt** ist Milliarden von Dollar wert.
Their Polish company received a loan from the European Bank for Reconstruction and Development.	Ihr polnisches Unternehmen erhielt einen Kredit von der **Europäischen Bank für Wiederaufbau und Entwicklung**.
The European Investment Bank loaned us the necessary capital to upgrade our plant in Cork.	Die **Europäische Investitionsbank** hat uns das notwendige Kapital zum Ausbau unserer Fabrik in Cork geliehen.
If we do not win in the British courts, we will take our case to the European Parliament.	Sollten wir unseren Fall nicht vor britischen Gerichten gewinnen können, dann wenden wir uns an das **Europäische Parlament**.
The European Central Bank is based in Frankfurt.	Die **Europäische Zentralbank** hat ihren Sitz in Frankfurt.
Despite the euro-crisis we managed to further increase our exports to other EU countries.	Trotz der **Eurokrise** konnten wir unsere Exporte in andere **EU-Länder** weiter steigern.

6. Telefonieren

Telephone Calls	Telefonanrufe
Is that Smith & Co.? (US: Is this ...)	Bin ich richtig bei Smith & Co.?
David Jones here from Smith & Co., may I speak to .... please?	Hier David Jones von Smith & Co., kann ich bitte mit ... sprechen?
Could you put me through to ... please?	Könnten Sie mich bitte mit ... verbinden?
Is ... available?	Ist ... zu sprechen?
I'm sorry, I've dialled (US: dialed) the wrong number.	Es tut mir leid, ich habe mich verwählt.
I can't hear you very clearly, it's a bad line.	Ich kann Sie nur schlecht verstehen, die Verbindung ist sehr schlecht.
Who would you like to speak to?	Wen möchten Sie sprechen?
Who's speaking please?/ May I ask who's calling?	Mit wem spreche ich bitte?
Could I have your name, please?	Könnten Sie mir bitte Ihren Namen sagen?
I'm sorry, he's on the other line at the moment.	Es tut mir leid, er spricht gerade auf der anderen Leitung.
Sorry, he's not in right now.	Tut mir leid, er ist im Augenblick nicht im Büro.
Please hold the line.	Bleiben Sie am Apparat.
Would you like to hold, or should he call you back?	Möchten Sie warten oder soll er Sie zurückrufen?

I'm sorry, but he has recently left the company, Mr. Jones is now in charge of that department.	Es tut mir leid, aber er hat vor kurzem die Firma verlassen, Herr Jones ist jetzt Leiter dieser Abteilung.
May I give him a message?	Kann ich ihm etwas ausrichten?
Can he call you back?	Kann er Sie zurückrufen?
Would you hold the line for a moment, I'll just put you through.	Warten Sie einen Moment, ich verbinde Sie.
Speaking./This is …	Am Apparat.
How can I help you?	Wie kann ich Ihnen behilflich sein?
What is the reason for your call?	Worum geht es bitte?
I'm afraid she's away on business this week.	Leider ist sie diese Woche geschäftlich unterwegs.
I'm sorry, but he's at the Munich fair all week.	Es tut mir leid, aber er ist die ganze Woche auf der Münchener Messe.
He's on holiday (US: on vacation) until the end of next week.	Er befindet sich bis Ende nächster Woche in Urlaub.
May I put you through to her assistant/her secretary?	Kann ich Sie mit ihrer Assistentin/ihrer Sekretärin verbinden?
I have already called twice today.	Ich habe heute schon zweimal angerufen.
May I take your name and number and get someone to call you back?	Kann ich Ihren Namen und Ihre Telefonnummer notieren? Es wird Sie dann jemand zurückrufen.
All of our sales team are presently unavailable.	Alle unsere Verkäufer sind zurzeit nicht zu erreichen.
He's just taking his lunch break.	Er hat gerade Mittagspause.

He's in a meeting this morning, could you call back again this afternoon?	Heute Vormittag hat er eine Besprechung, könnten Sie heute Nachmittag **wieder anrufen**?
She has asked for no calls to be put through.	Sie hat mich gebeten, **keine Anrufe durchzustellen**.
OK, I'll call back later.	Gut, ich **rufe später zurück**.
All right, I'll try again this afternoon.	In Ordnung, ich **probiere es noch einmal** heute Nachmittag.
Could he give me a call back?	Könnte er mich zurückrufen?
I would just like to reconfirm our meeting tomorrow at 11 a.m.	Ich möchte nur unsere Besprechung morgen um 11.00 Uhr **bestätigen**.
When would be the best time to reach you?	Wann wäre die beste Zeit, Sie zu **erreichen**?
I'll be out of the office for the rest of the day.	Ich bin den Rest des Tages nicht mehr im Büro.

Talking / Gespräche führen

A: David Jones here from Smith & Co., may I speak to Mr. Müller please?	A: Hier David Jones von Smith & Co., kann ich bitte mit Herrn Müller sprechen?
B: I'm sorry, he's on the other line at the moment. May I take a message?	B: Es tut mir leid, aber **er spricht gerade auf der anderen Leitung. Kann ich ihm etwas ausrichten?**
A: Yes. Could you please tell him to call me back this afternoon?	A: Ja. Könnten Sie ihm bitte sagen, dass er mich heute Nachmittag **zurückrufen soll**?
B: Yes, of course.	B: Ja, natürlich.

A: Could you put me through to John Smith please?	A: Könnten Sie mich bitte mit John Smith verbinden?
B: May I ask who's calling?	B: Mit wem spreche ich bitte?
A: Jane Dawson, Reeve Electronics.	A: Jane Dawson, Reeve Electronics.
B: Please hold the line for a moment, I'll just put you through.	B: Einen Moment bitte, ich verbinde.

A: May I speak to someone in the sales department?	A: Könnten Sie mich bitte mit der Verkaufsabteilung verbinden?
B: I'm sorry, they are all at lunch until 1.30 p.m. May I take your name and number and get someone to call you back?	B: Es tut mir leid, dort sind alle bis 13.30 Uhr in der Mittagspause. Kann ich Ihren Namen und Ihre Telefonnummer notieren? Es wird Sie dann jemand zurückrufen.
A: That's all right, I'll try again this afternoon.	A: In Ordnung, ich probiere es noch einmal heute Nachmittag.

A: I'd like to speak to Harald Wagner, please.	A: Ich hätte gerne Harald Wagner gesprochen.
B: He's just taking his lunch break. May I help you at all?	B: Er hat gerade Mittagspause. Kann ich Ihnen vielleicht behilflich sein?

A: Yes, you could give him a message.	A: Ja, Sie könnten **ihm etwas ausrichten.**
B: Yes, of course. What would you like me to tell him?	B: Selbstverständlich. Was soll ich ihm ausrichten?
A: I would just like to reconfirm our meeting tomorrow at 11.30 a.m. If there is a problem maybe he can call me back.	A: Ich möchte nur unsere Besprechung morgen um 11.30 Uhr **bestätigen.** Vielleicht kann er mich zurückrufen, wenn es Probleme gibt.
B: When would be the best time to reach you?	B: Wann wäre **die beste Zeit, Sie zu erreichen?**
A: I'm also just going to lunch, but will be back in the office after 2 p.m.	A: Ich gehe jetzt auch gerade zum Mittagessen, werde aber nach 14 Uhr wieder im Büro sein.

A: Hello, Peter. How are you?	A: Hallo Peter, wie geht's Ihnen?
B: I'm fine, thank you. How are you?	B: Gut, danke. Und Ihnen?
A: I'm having a really busy day. And with this wonderful weather outside ... I wish I could go home early.	A: Ich bin **furchtbar beschäftigt** heute. Und das bei diesem wunderbaren Wetter draußen ... Ich wünschte, ich könnte heute früher nach Hause.
B: Then why don't you?	B: Warum tun Sie es nicht?

A: Because we're having trouble with one of our machines. This is actually the reason for my call. I need to see you and talk over our production schedules as soon as possible. Do you have time for a short meeting tomorrow morning at 10?	A: Weil wir Schwierigkeiten mit einer unserer Maschinen haben. Übrigens ist das **der Grund**, **weshalb ich anrufe**. Wir müssen uns so bald wie möglich treffen und den **Produktionszeitplan** besprechen. Haben Sie morgen Vormittag um 10 Uhr Zeit für ein kurzes Meeting?
B: Yes, I think I'll be able to make it.	B: Ja, ich denke ich kann es einrichten.
A: Wonderful. See you tomorrow, then.	A: Wunderbar. Dann also bis morgen.
B: Yes, see you tomorrow.	B: Ja, bis morgen.

7. Korrespondenz

Letters and E-mails	Briefe und E-Mails
Dear Sir,	Sehr geehrter Herr ...,
Dear Madam,	Sehr geehrte Frau ...,
Dear Sirs,	Sehr geehrte Damen und Herren,
Dear Sir or Madam,	Sehr geehrte Damen und Herren, (Adressat unbekannt)
To whom it may concern,	Sehr geehrte Damen und Herren, (Adressat unbekannt)
Dear Mr. Walsh,	Sehr geehrter Herr Walsh,
Dear Mrs. Walsh,	Sehr geehrte Frau Walsh, (verheiratete Frau)
Dear Ms. Walsh,	Sehr geehrte Frau Walsh, (Familienstand nicht bekannt)
Dear Andrew,	Lieber Andrew,
Gentlemen, (US)	Meine Herren,
Enc./Encl.	Anlage
cc.	Verteiler
Att:/Attn:	zu Händen von
F.A.O. (For attention of)	zu Händen von
Your ref.	Ihr Betreff
Our ref.	Unser Betreff
dd. (dated)	datiert

Yours sincerely,/ Sincerely yours, (US)	Mit freundlichen Grüßen
Yours faithfully,	Mit freundlichen Grüßen
Yours truly, (US)	Mit freundlichen Grüßen
Best regards,	Mit freundlichen Grüßen
Kind regards,	Mit herzlichem Gruß
With kindest regards,	Herzliche Grüße Mit herzlichen Grüßen
P.P.	i.A, i.V. oder ppa.
to sign	unterschreiben, abzeichnen
memo	Hausmitteilung/interne Mitteilung
registered letter	Einschreiben
by registered letter	per Einschreiben
recorded delivery (UK)	per Einschreiben
certificate of posting	Einlieferungsschein
express	Eilzustellung
air mail	Luftpost
parcel	Paket
small packet	Päckchen
courier service	Kurierdienst
overnight service	per Eilbote
desk	Schreibtisch
typewriter	Schreibmaschine

photocopier/xerox copier/ copy machine	Fotokopierer
printer	Drucker
e-mail/mail	E-Mail, e-mailen
to dictate	diktieren
shorthand	Kurzschrift/Stenografie
envelope	Umschlag/Kuvert
label	Etikett
letterhead	Briefkopf
business card (US: calling card)	Visitenkarte
index card/filing card	Karteikarte
to file	ablegen, ordnen
We are referring to … /Referring to …	Wir **beziehen uns auf …**
Further to … /With reference to …	**Bezug nehmend auf … / Mit Bezug auf …**
With reference to …	In Bezugnahme auf …
Thank you for your letter of…/ dated…	Vielen Dank für **Ihr Schreiben vom…**
We are writing to you …	Wir wenden uns an Sie …
We are pleased to note from your e-mail …	Ihrer E-Mail entnehmen wir gerne …
We received your address from … /… (kindly) provided us with your address.	Ihre Anschrift hat uns … (freundlicherweise) zur Verfügung gestellt.
Let us draw your attention to … / We would like to point out to you …	Wir möchten **Sie darauf aufmerksam machen …**

We learned from ... that ...	Wie wir von ... erfahren haben ...
You have been mentioned/ recommended to us as one of the leading suppliers of ...	Sie wurden uns als einer der führenden Lieferanten für ... genannt/empfohlen.
We would be grateful if you would ...	Wir wären Ihnen dankbar, wenn ...
Please send us further information.	Bitte senden Sie uns weiteres Informationsmaterial zu.
We require ... /We need the following goods ...	Wir benötigen die folgenden Waren ...
May we draw your attention to .../ point out to you ...	Dürfen wir Sie darauf aufmerksam machen ...
We look forward to hearing from you soon.	Wir freuen uns darauf, bald von Ihnen zu hören.
If you have any further questions ...	Sollten Sie noch weitere Fragen haben ...
Please do not hesitate to contact us if you have any queries.	Für Rückfragen stehen wir Ihnen gerne zur Verfügung.
If we can be of further assistance to you, please do not hesitate to contact us (at any time).	Sollten wir Ihnen noch anderweitig behilflich sein können, zögern Sie nicht, uns (jederzeit) zu kontaktieren.
Please let us know if you need any more help.	Sollten Sie noch weitere Hilfestellung benötigen, lassen Sie es uns einfach wissen.
Please refax.	Bitte noch einmal faxen.
Someone using this fax number tried to fax us this morning.	Jemand mit dieser Faxnummer hat heute Morgen versucht uns etwas zu faxen.
Our fax machine ran out of paper. Please resend.	Unser Faxgerät hatte kein Papier mehr. Bitte schicken Sie es noch einmal.

I apologize for not forwarding this message sooner, but due to a typing error your mail was returned marked "user unknown" on several occasions.	Ich bedauere, Ihre Nachricht nicht früher weitergeleitet zu haben, aber wegen eines Tippfehlers bekam ich Ihre Mail mehrere Male zurück mit dem Vermerk „user unknown".
There's a lot of spam in my inbox, I think the spam filter doesn't work.	In meinem Postfach sind viele Spammails, ich glaube der Spam-filter funktioniert nicht.
For further information please consult our web site at www.ert.blag.	Für weitere Informationen besuchen Sie bitte unsere Webseite unter www.ert.blag.
Our WiFi does not have the capacity needed to download the information.	Unser W-Lan hat nicht die erforderliche Kapazität, um die Information herunterzuladen.
To access our site, please use the XYZ web browser.	Zugang zu unserer Webseite ist nur mit einem XYZ Webbrowser möglich.
The attachment is in PDF format.	Das Attachment ist im PDF-Format.
I had problems reading your message sent 12/12/14.	Ich hatte Schwierigkeiten, Ihre Mail vom 12.12.14 zu lesen.
I had problems converting your attachment, sent yesterday.	Ich hatte Schwierigkeiten, Ihr gestriges Attachment zu konvertieren.
Could you re-send it in PDF format?	Könnten Sie es noch einmal als PDF schicken?
I could not open your attachment this morning; my virus check program detected a virus.	Ich konnte heute Morgen Ihr Attachment nicht öffnen; mein Anti-Virus-Programm hat einen Virus entdeckt.

Sending an attachment

From: viertill@gfd.bav.de
To: wyattjl@dds.bham.uk
Subject: RE: draft amendments

Hi Jeremy,
Many thanks for your mail which I received yesterday.

I have taken into account the changes you suggested and have attached what I would suggest should be the final draft of the marketing concept for your new range of products.

If you have any problems reading the attachment, please let us know and we can adapt the file.

I look forward to hearing from you soon,
Till

Eine Anlage verschicken

Von: viertill@gfd.bav.de
An: wyattjl@dds.bham.uk
Betreff: AW: Änderungen zum Entwurf

Hallo Jeremy,

vielen Dank für deine Mail, die ich gestern bekommen habe.

Ich habe deine Änderungen berücksichtigt und übersende dir jetzt ein Attachment mit meinem endgültigen Vorschlag für das Marketingkonzept für eure neue Produktpalette.

Solltest du irgendwelche Probleme haben, das Attachment zu lesen, bitte sage uns Bescheid, dann passen wir die Datei an.

Ich hoffe bald von dir zu hören.
Till

Confirming an order

From: phildaniel@erba.arl
To: ugreen@xxtu.cam
Subject: Your order no. 123 of 12 units of article 2 in colour grey

Dear Ms. Green,

I would like to confirm your order dated December 4th 2014. Since we have this article in stock, we will be able to dispatch it this week. The invoice will be enclosed as usual.
Please note that we will shut down our plant for Christmas from December 22nd 2014 to January 7th 2015.

With best regards,

P. Daniel

Auftragsbestätigung

Von: phildaniel@erba.arl
An: ugreen@xxtu.cam
Betreff: Ihr Auftrag Nr. 123 über 12 Einheiten des Artikels 2 in Grau

Sehr geehrte Frau Green,

hiermit möchte ich Ihren Auftrag vom 4.12.2014 bestätigen. Da wir diesen Artikel auf Lager haben, können wir ihn noch diese Woche verschicken. Die Rechnung wird, wie immer, beigelegt.
Bitte beachten Sie, dass unser Werk über Weihnachten vom 22.12.14 bis zum 7.1.15 geschlossen bleibt.

Mit freundlichen Grüßen

P. Daniel

Replying to a customer enquiry

From: auction@data.ca
To: cjk.mark@lds.us
Subject: Your enquiry

Dear all,

In response to your enquiry regarding our online auction site, we would like to propose a visit to your company, where we could explain the different packages we provide. Then we can better assess which would be most appropriate for your company's requirements.
Our attachment describes how the online auction system works and details various options available to your firm.

We look forward to meeting you,
F. Watkins – marketing manager

Eine Kundenanfrage beantworten

Von: auction@data.ca
An: cjk.mark@lds.us
Betreff: Ihre Anfrage

An Alle,

als Antwort auf Ihre Frage nach unserer Online-Auktionsseite möchten wir Sie einen Besuch in unserem Unternehmen vorschlagen, bei dem wir Ihnen die verschiedenen Pakete, die wir anbieten, erklären können. Dann können wir abzuschätzen, welches für die Bedürfnisse Ihres Unternehmens am besten geeignet ist.
Unser Attachment beschreibt wie ein Online-Auktions-System funktioniert und stellt genau die verschiedenen Optionen, die für Ihre Firma verfügbar sind, dar.

Wir freuen uns, Sie bald begrüßen zu dürfen.
F. Watkins – Marketingmanagerin

Replying to an offer

From: cjk.mark@lds.us
To: auction@data.ca
Subject: RE: Your offer

Dear Miss Watkins,

We have a couple of questions before we set a date for you to visit our company and make your presentation. Firstly, are your packages user-friendly? We are concerned that we will have difficulties designing our entries for the online auction site – or would you do that for us in any event?
Secondly, we would like to see some figures regarding the performance of your service. Please forward them ASAP.
Pending receipt of your info, I would like to suggest a visit to us next week – how about Tuesday 19th January?
Best regards,
The team at CJK

Auf ein Angebot antworten

Von: cjk.mark@lds.us
An: auction@data.ca
Betreff: AW: Ihr Angebot

Sehr geehrte Frau Watkins,

wir haben ein paar Fragen, bevor wir einen Termin für Ihren Besuch in unserem Unternehmen und Ihre Präsentation vereinbaren. Erstens, sind Ihre Pakete benutzerfreundlich? Wir befürchten, dass wir Schwierigkeiten haben könnten, unsere Einträge für die Online-Seite zu entwerfen – oder würden Sie das sowieso für uns erledigen?
Zweitens würde ich gerne einige Zahlen über die Leistungsfähigkeit Ihrer Dienstleistung haben. Bitte senden Sie sie so schnell wie möglich an uns weiter.
Nach Erhalt dieser Informationen würde ich einen Besuch bei uns für nächste Woche vorschlagen – wie wäre es mit Dienstag, den 19. Januar?
Herzliche Grüße,
Ihr CJK Team

Letter of application

368 East 13th Avenue
Chicago Heights
Illinois 36597
U.S.A

May 5, 2015

Dear Sir/Madam,

Application

I am writing to apply for the position of public relations manager, which I saw advertised in the Chicago Herald on May 2 of this year. I have had several years of experience in the field of public relations and feel that I am fully capable of fulfilling your requirements.

I completed my first class business degree at the University of Chicago in 2009 and was subsequently selected for the graduate training programme with LVL, an affiliate of the TEHV Group. Following my year's training with LVL, I worked for four years in various subsidiaries of the TEHV Group, including six months in Brazil and two years in Europe. Thus I am fully aware of the business culture in South America and in the European Union. My time overseas has taught me to be versatile and flexible in my approach to public relations and to adjust my strategies in accordance with the expectations of very different cultures.

I am multilingual and can speak and write Spanish, French and Portuguese to the high standard necessitated by your company.

I have enclosed my current résumé as requested, including details of two referees and hope to be able to discuss the position with you in more depth at interview.

Yours sincerely,

Mary Hughes (Ms.)

Bewerbungsanschreiben

368 East 13th Avenue
Chicago Heights
Illinois 36597
U.S.A

5. Mai 2015

Bewerbung

Sehr geehrte Damen und Herren,

ich schreibe, um mich für die Stelle eines Public Relations Managers zu bewerben, die ich im Chicago Herald vom 2. Mai dieses Jahres inseriert gesehen habe. Ich habe einige Jahre Erfahrung auf dem Public Relations Sektor und glaube, dass ich absolut in der Lage sein werde, Ihre Anforderungen zu erfüllen.

Ich habe mein Studium der Betriebswirtschaftslehre an der Universität von Chicago 209 mit „Eins" abgeschlossen. Danach wurde ich für das Graduierten-Trainings-Programm der LVL, einer Tochtergesellschaft der TEHV Gruppe, ausgewählt. Nach meinem Trainingsjahr bei LVL arbeitete ich vier Jahre lang bei verschiedenen Tochtergesellschaften der TEHV Gruppe, unter anderem sechs Monate lang in Brasilien und zwei Jahre in Europa. Daher bin ich sowohl mit der südamerikanischen wie auch mit der europäischen Geschäftskultur gut vertraut. Die Zeit in Übersee hat mich gelehrt, vielseitig und flexibel in meinen Methoden in der Öffentlichkeitsarbeit zu sein, und meine Strategien den Erwartungen von verschiedenen Kulturen anzupassen.

Ich bin mehrsprachig und beherrsche Spanisch, Französisch und Portugiesisch in Wort und Schrift auf dem hohen Standard, der von Ihrem Unternehmen benötigt wird.

Wie gewünscht habe ich meinen aktuellen Lebenslauf inklusive zweier Referenzen beigefügt und hoffe, die Stelle mit Ihnen in größerer Ausführlichkeit beim Bewerbungsgespräch besprechen zu können.

Mit freundlichen Grüßen

Mary Hughes (Ms.)

Job offer

Highland Hideouts
Aviemore
Inverness-shire
PH21 7AW
Scotland

Kincardine Cottage
Pityoulish
Aviemore
Inverness-shire
PH22 6JL

7th February 2015

Dear Mrs Norman,

We are delighted to offer you the position of accountant within our firm. We feel that you are fully capable of becoming a valuable and efficient member of our team. We hope that you will accept the position and would be extremely grateful if you could contact us as soon as possible to inform us of your decision.

If at all possible, we would like you to start work with us on Monday 1th March, although we realize that you may have to work a month's notice with your present company and, because of this, will perhaps not be available for work on this date.

I look forward to hearing from you.

Kind regards,

Geraldine Craig

Bewerbungszusage

Highland Hideouts
Aviemore
Inverness-shire
PH21 7AW
Scotland

Kincardine Cottage
Pityoulish
Aviemore
Inverness-shire
PH22 6JL

7. Februar 2015

Sehr geehrte Frau Norman,

wir schätzen uns glücklich, Ihnen die Stelle als Buchhalterin in unserer Firma anbieten zu können. Wir glauben, dass Sie dazu in der Lage sind, ein wertvolles und effizientes Mitglied unseres Teams zu werden. Wir hoffen, dass Sie unser Angebot wahrnehmen und wären Ihnen sehr dankbar, wenn Sie uns so früh wie möglich über Ihre Entscheidung informieren könnten.

Wenn möglich, würden wir unsere Zusammenarbeit gerne am Montag dem 1. März beginnen, obwohl uns klar ist, dass Sie wahrscheinlich bei Ihrem jetzigen Unternehmen eine einmonatige Kündigungsfrist einhalten müssen und uns deshalb zu diesem Zeitpunkt vielleicht noch nicht zur Verfügung stehen werden.

Ich freue mich darauf, von Ihnen zu hören.

Mit freundlichen Grüßen

Geraldine Craig

Rejection of a job application

Stanley Products Limited
Endon
Staffordshire
ST17 6TG
England

Oak Cottage
Bagnall Lane
Endon
ST16 8UG

5th September 2014

Dear Miss Mills,

We are sorry to inform you that despite your extremely convincing interview on August 23rd and your subsequent good performance during our assessment weekend in the Lake District, we cannot offer you the position of trainee marketing manager within our company. We were astonished by the unusually high standard of applicants and our decision was an extremely difficult one.

Your C.V. and application forms are enclosed.

We wish you all the best in your future career.

Yours sincerely,

Sue Hancock
Personnel Manager

Enc.

Absage einer Bewerbung

Stanley Products Limited
Endon
Staffordshire
ST17 6TG
England

Oak Cottage
Bagnall Lane
Endon
ST16 8UG

5. September 2014

Liebe Frau Mills,

es tut uns sehr leid, Ihnen mitteilen zu müssen, dass wir Ihnen trotz Ihres sehr überzeugenden Bewerbungsgesprächs vom 23. August und Ihrer nachfolgenden guten Leistung während unseres Assessment-Wochenendes im Lake District die Stelle als Marketingmanagertrainee in unserem Unternehmen nicht anbieten können. Wir waren selbst von dem ungewöhnlich hohen Standard der Bewerber überrascht und die Entscheidung ist uns sehr schwergefallen.

Ihren Lebenslauf und die Bewerbungsunterlagen haben wir beigefügt.

Für Ihre berufliche Zukunft wünschen wir Ihnen alles Gute.

Mit freundlichen Grüßen,

Sue Hancock
Leiterin der Personalabteilung

Anlage

Memo

Maurice Motors, Pentonville Industrial Estate, Newcastle-upon-Tyne.

MEMO 07/15

TO: All members of staff

FROM: The Board of Directors

SUBJECT: Planned flotation of Maurice Motors

All our staff are already aware of our future plans to float Maurice Motors on the stock market. The Board has now fixed a definite date: Sales of our shares are as from today scheduled to begin on 1st September of this year.

As loyal members of staff within our company, we consider you deserving of receiving a share option to shares in our company. This means that you will be able to buy shares in Maurice Motors, at a reduction of ninety per cent per share. We have agreed, after much discussion, to offer one hundred shares per employee at this special price.

We realize that many of our staff may never have purchased shares before and therefore are unaware of the advantages of doing so. We have decided therefore to give a presentation on shareholding and what you can expect to gain from being a shareholder. This is scheduled to take place on August 3rd.

If employees have any questions before this date or cannot attend the presentation, our financial manager Miss Joyce is prepared to give advice on the matter. Please contact her either via e-mail, address SJB.fin@mm.newc.uk, or by telephone on extension 257. Please do not visit her in her office without prior appointment.

Please note that employees wishing to buy shares must notify us of their interest on or before 14th August, in order to allow enough time for their issue before flotation on 1st September.

Mitteilung

Maurice Motors, Pentonville Industrial Estate, Newcastle-upon-Tyne.

MEMO 07/15

An: Alle Mitarbeiter

Von: Verwaltungsrat

Betreff: Geplanter Börsengang von Maurice Motors

Allen unseren Mitarbeitern ist bekannt, dass wir planen, mit Maurice Motors an die Börse zu gehen. Die Direktion hat jetzt einen endgültigen Termin festgelegt. Der Verkauf unserer Aktien beginnt nach dem heute fixierten Zeitplan am 1. September dieses Jahres.

Wir sind der Meinung, dass Sie als loyale Mitarbeiter unserer Firma ein Aktienbezugsrecht für Aktien unseres Unternehmens verdienen. Das bedeutet, dass Sie die Gelegenheit haben werden, Aktien von Maurice Motors mit einem Preisnachlass von 90 Prozent pro Aktie zu erwerben. Wir sind nach langer Diskussion übereingekommen, jedem Mitarbeiter 100 Aktien zu diesem Vorzugspreis anzubieten.

Es ist uns klar, dass viele unserer Mitarbeiter niemals zuvor Aktien erworben haben und daher die Vorteile eines solchen Kaufes nicht kennen. Wir haben uns daher entschieden eine Informationsveranstaltung zum Aktienbesitz und den damit verbundenen Vorteilen abzuhalten. Diese Veranstaltung wird am 3. August stattfinden.

Wenn Mitarbeiter vor diesem Zeitpunkt Fragen haben sollten oder an der Veranstaltung nicht teilnehmen können, so ist unsere Finanzleiterin Frau Joyce bereit, in dieser Sache zu beraten. Bitte kontaktieren Sie sie entweder über E-Mail unter SJB.fin@mm.newc.uk oder telefonisch unter der Durch-wahl 257. Bitte besuchen Sie sie nicht in ihrem Büro ohne vorherige Anmeldung.

Bitte berücksichtigen Sie, dass Mitarbeiter, die Aktien zu kaufen wünschen, uns dies bis zum 14. August mitteilen müssen, sodass genügend Zeit für ihre Anfrage vor dem Börsengang am 1. September verbleibt.

Delay of delivery

SMITH & CO.,
19 STATION ROAD, LIVERPOOL

Jones Bros. Ltd.
5 Newton Street
Newport, Gwent

7th September 2015
Ref.: Our order no. 452 dated June 5th

Dear Mr Jones,

We refer to our order no. 452 dated June 5th for five boxes of article 372 in green and your order confirmation no. 1357 dated 11th June.

This order, which is the third part of our annual order, was due to leave your factory on the 5th of September to arrive in Liverpool by today, the 7th of September. Up to now, we have received neither your advice of dispatch, nor information as to the status of this order. This material is now required by our depot in Manchester, as it is needed to make up a large order which we need to ship by the end of next week. If we delay our shipment, there is a danger of us losing the order altogether. Therefore we really must insist that the goods are dispatched tomorrow, otherwise this will cause us contractual difficulties.

Please let us know by return email when we can expect delivery of these goods.
We look forward to your positive reply.

Yours sincerely,

D. Smith (Mrs)
smith@smithcompany.co.uk

Lieferverzögerung

SMITH & CO.,
19 STATION ROAD, LIVERPOOL

Jones Bros. Ltd.
5 Newton Street
Newport, Gwent

07. 09. 2015
Unser Auftrag Nr. 452 vom 5. Juni

Sehr geehrter Herr Jones,

wir beziehen uns auf unseren Auftrag Nr. 452 vom 5. Juni über fünf Kisten des Artikels 372 in Grün und Ihre Auftragsbestätigung Nr. 1357 vom 11. Juni.

Dieser Auftrag, der dritte Teil unserer jährlichen Bestellung, sollte am 5. September Ihr Werk verlassen, um spätestens heute, am 7. September, in Liverpool anzukommen. Bis jetzt haben wir weder eine Versandanzeige noch Informationen über den Stand dieses Auftrags erhalten. Das Material wird nun in unserem Lager in Manchester dringend benötigt, um unsererseits einen Auftrag fertigzustellen, den wir bis Ende nächster Woche verschiffen müssen. Wenn wir unsere Lieferung verzögern, besteht die Gefahr, dass wir den Auftrag ganz verlieren. Wir müssen daher darauf bestehen, dass die Ware morgen zum Versand kommt, ansonsten könnte es für uns zu vertragsrechtlichen Problemen kommen.

Bitte lassen Sie uns unverzüglich per E-Mail wissen, wann wir mit der Lieferung der Ware rechnen können.
Wir freuen uns auf Ihre positive Antwort.

Mit freundlichen Grüßen

D. Smith
smith@smithcompany.co.uk

Enquiry

Miller Machines Inc.
1552 South Cherry Avenue
Chicago, IL 60607

Fa. Georg Schmid GmbH
Neckarstraße 15
70469 Stuttgart
Germany

04/30/2015 ff/gn

Ref.: Enquiry

Dear Sirs,

The German Chamber of Commerce was kind enough to pass on the name and address of your company as a manufacturer of small motors for industrial uses. We would like to import your products to the American market and would also be interested to learn whether you are represented in this part of America. We are a medium-sized company with thirty employees. We have seven salesmen in the Chicago area and twelve more across the states of Illinois, Ohio and Indiana.
Please let us have your detailed offer as follows: For full 20' containers CIF port of Chicago via Montreal Gateway, including price per unit and present lead time.
As payment we would suggest 60 days after date of invoice, net.
Would you offer a discount for large quantities or for regular orders?
Please send us a company brochure and some catalogues showing the different kinds of motors and the different applications that you can offer.

We look forward to hearing from you.

Sincerely,

Frank Fitzpatrick
Purchasing Manager

Angebotsanfrage

Miller Machines Inc.
1552 South Cherry Avenue
Chicago, IL 60607

Fa. Georg Schmid GmbH
Neckarstraße 15
70469 Stuttgart
Germany

30. 4. 2015

Angebotsanfrage

Sehr geehrte Damen und Herren,

die Deutsche Handelskammer hat uns freundlicherweise den Namen und die Adresse Ihrer Firma als Hersteller von Kleinmotoren für industrielle Zwecke gegeben. Wir würden gerne Ihre Produkte in den amerikanischen Markt importieren und wären auch interessiert zu erfahren, ob Sie in diesem Teil der Vereinigten Staaten vertreten sind. Wir sind ein mittelständisches Unternehmen mit 30 Angestellten. Im Raum Chicago beschäftigen wir sieben Verkäufer sowie zwölf weitere in den Staaten Illinois, Ohio und Indiana.
Bitte schicken Sie uns Ihr detailliertes Angebot wie folgt:
Auf Basis von vollen TEU Containern CIF Chicago über Montreal Gateway, einschließlich Preis pro Einheit und aktueller Lieferzeit.
Als Zahlungsbedingung würden wir 60 Tage nach Rechnungsdatum, netto vorschlagen. Gewähren Sie Mengenrabatte oder Rabatte für regelmäßige Bestellungen?
Könnten Sie uns bitte auch eine Firmenbroschüre sowie Kataloge über die verschiedenen Motoren und deren Verwendungsmöglichkeiten zukommen lassen?

Wir freuen uns auf Ihre baldige Antwort.
Mit freundlichen Grüßen

Frank Fitzpatrick
Einkaufsleiter

Offer to a new customer

Georg Schmid GmbH, Neckarstraße 15, D-70469 Stuttgart

Miller Machines Inc.
Attn: Mr. Fitzpatrick
Purchasing Manager
1552 South Cherry Avenue
Chicago, IL 60607
USA

May 6, 2015 gs/st

Ref.: Your enquiry dated April 30, 2015

Dear Mr. Fitzpatrick,

Thank you for your letter of April 30, 2015 and the interest you show in our products. We would first of all like to tell you something about our company: Our company was founded in 1935, has at present 120 employees and we are hoping to expand our export activities.
At the moment we are not represented in the eastern United States, and we would be very interested in arranging a meeting to discuss your proposal.
We have enclosed our current price list. Please note the following:
All our prices are to be understood FOB German port including packing. For CIF deliveries we would have to charge an extra 10% on list price. These prices are based on a minimum quantity of 50 units per order in TEU containers. For regular orders we would offer a discount of 5%. Present lead time is ex works four weeks after receipt of order.
For the first order we would prefer payment "Cash against Documents", for which we would offer a discount of 3%. For further orders we would consider an open payment term.
We have enclosed the requested company brochure and various catalogues.
We hope that we have made you a favorable offer and look forward to hearing from you soon.

With best regards,

G. Schmid
Sales Manager

Enc.

Angebot an einen neuen Kunden

Georg Schmid GmbH, Neckarstraße 15, D-70469 Stuttgart

Miller Machines Inc.
Mr. Fitzpatrick
Purchasing Manager
1552 South Cherry Avenue
Chicago, IL 60607
USA

06.05.2015 gs/st

Ihre Anfrage vom 30.04.2015

Sehr geehrter Herr Fitzpatrick,

vielen Dank für Ihren Brief vom 30.04.15 und Ihr Interesse an unseren Produkten. Wir möchten Ihnen zunächst etwas über unsere Firma erzählen. Sie wurde 1935 gegründet und hat zurzeit 120 Mitarbeiter und wir hoffen, unsere Exportaktivitäten weiter ausbauen zu können. Zurzeit sind wir nicht im Osten der USA vertreten und wir wären sehr daran interessiert, ein Treffen zu vereinbaren, um Ihren Vorschlag zu diskutieren.
Anbei unsere aktuelle Preisliste, bitte beachten Sie Folgendes:
Unsere Preise verstehen sich FOB deutscher Hafen einschließlich Verpackung. Für CIF-Lieferungen müssen wir einen Aufschlag von 10 % auf den Listenpreis berechnen. Diese Preise basieren auf einer Mindestabnahmemenge von 50 Stück pro Auftrag in TEU Containern. Für regelmäßige Bestellungen können wir einen Rabatt von 5 % anbieten. Aktuelle Lieferzeit ab Werk ist vier Wochen nach Auftragserhalt. Für den ersten Auftrag würden wir eine Zahlungsbedingung „Kasse gegen Dokumente" vorziehen, wofür wir aber einen Rabatt von 3 % anbieten würden. Für weitere Aufträge könnten wir ein offenes Zahlungsziel berücksichtigen. Wir haben die gewünschte Firmenbroschüre und verschiedene Kataloge beigelegt.
Wir hoffen, Ihnen ein günstiges Angebot gemacht zu haben und würden uns freuen, bald von Ihnen zu hören.

Mit freundlichen Grüßen

G. Schmid
Verkaufsleiter

Anlage

Contract

Dandy Distributions Poland
Attn: Mr. George
21 Zapikamke Street
Gdansk
Poland

Candy Computer Components
Wall Grange Industrial Estate
Buxton
Derbyshire
DB26 8TG
Great Britain

16th October 2014

Re: Agency Agreement

Dear Mr. George,

Following our meeting last week and in reply to yesterday's fax message, I would like to suggest terms, as enclosed, for our proposed agency agreement. This will, as agreed, award you sole agency for the distribution and sale of our products in Poland.

I have enclosed two copies of our proposed contract. I hope you find the terms acceptable for your company. If you would like to make any amendments or have any questions regarding the terms of contract, please do not hesitate to contact me and we can discuss the matter further.

Please read the provisions in the agreement carefully. If you find them to be acceptable, please sign both copies and return them to me as soon as possible.

I look forward to our doing business together and hope that this marks the beginning of a mutually profitable business relationship.

Best regards,

Andy Bartler
Sales Manager

Enc.

Vertragszusendung

Dandy Distributions Poland
z. Hd. Herrn George
21 Zapikamke Street
Gdansk
Poland

Candy Computer Components
Wall Grange Industrial Estate
Buxton
Derbyshire
DB26 8TG
Great Britain

16. Oktober 2014

Vertretungsvertrag

Sehr geehrter Herr George,

nach unserem Treffen letzte Woche und als Antwort auf Ihr gestriges Fax möchte ich Ihnen hiermit die Bedingungen für unseren vorgeschlagenen Vertretungsvertrag übersenden. Diese geben Ihnen wie vereinbart das alleinige Vertretungsrecht für Vertrieb und Verkauf unserer Produkte in Polen.

Ich habe zwei Kopien des vorgeschlagenen Vertrages beigefügt. Ich hoffe, dass die Konditionen für Ihr Unternehmen annehmbar sind. Sollten Sie irgendwelche Nachbesserungen vornehmen wollen oder Fragen hinsichtlich der Vertragsbedingungen haben, so zögern Sie bitte nicht, mich zu kontaktieren, sodass wir die Angelegenheit weiter besprechen können.

Bitte lesen Sie die Bestimmungen des Vertrages sorgfältig. Sollten Sie sie annehmbar finden, so unterzeichnen Sie bitte beide Kopien und schicken Sie sie sobald als möglich an mich zurück.

Ich freue mich darauf, mit Ihnen zusammenzuarbeiten und hoffe, dass dies den Beginn einer für beide Seiten profitablen Geschäftsbeziehung darstellt.

Mit freundlichen Grüßen

Andy Bartler
Verkaufsleiter

Anlage

Sending information broschures

Hans Müller GmbH & Co., Rosenstraße 76, D-60313 Frankfurt

Lloyd Automation Ltd.
Attn: Mr. Patrick Hughes
15 River Bank Industrial Estate
Birmingham B4 8FG
Great Britain

27 May 2015 hm/fe

Ref.: Addition to our product range

Dear Mr Hughes,

We are pleased to announce that item no. 12967 is now available in three different versions: the existing two products and now a third alternative in black leather. This is something we have been working on for almost six months and after extensive tests the new version has been released for sale.
This is an important addition to our product range and we are sure that this will serve to complement the present products. We now have the unique opportunity to cover three different sectors of the market at once and to update our present technology.
We have enclosed a brochure and a revised price list which now includes this item. For initial orders we would be prepared to offer an introductory discount of 5%.
We hope that this new addition to our product range will enable you to consolidate and even to increase your sales, and we look forward to receiving your trial order.

With best regards,

H. Müller
Sales Manager

Encl.: Brochure
Revised price list

Informationsmaterial versenden

Hans Müller GmbH & Co., Rosenstraße 76, D-60313 Frankfurt

Lloyd Automation Ltd.
z. Hd. Herrn Patrick Hughes
15 River Bank Industrial Estate
Birmingham B4 8FG
Großbritannien

27. Mai 2015 hm/fe

Ergänzung unserer Produktpalette

Sehr geehrter Herr Hughes,

wir freuen uns, Ihnen mitteilen zu können, dass unser Artikel Nr. 12967 jetzt in drei verschiedenen Ausführungen lieferbar ist: Die zwei bereits existierenden Versionen und nun eine dritte Alternative in schwarzem Leder. Wir haben fast sechs Monate daran gearbeitet, und nach ausführlichen Tests ist die neue Version nun für den Verkauf freigegeben worden.
Es handelt sich um eine wichtige Erweiterung unserer Produktpalette und wir sind sicher, dass dies unsere bestehenden Produkte ergänzen wird. Wir haben jetzt die einmalige Möglichkeit, drei verschiedene Marktsektoren gleichzeitig abzudecken und unsere jetzige Technologie auf den neuesten Stand zu bringen.
Anbei eine Broschüre und eine revidierte Preisliste, die jetzt diesen Artikel enthält. Für Erstaufträge wären wir bereit, einen Sondereinführungsrabatt von 5 % zu gewähren.
Wir hoffen, dass diese neue Ergänzung unserer Produktpalette es Ihnen ermöglichen wird, Ihre Umsätze zu konsolidieren oder sogar zu steigern. Wir freuen uns auf den Erhalt Ihrer Probebestellung.

Mit freundlichen Grüßen

H. Müller
Verkaufsleiter

Anlage: Broschüre
Revidierte Preisliste

Korrespondenz

Adjustment of prices

Hans Huber GmbH & Co., Isarweg 1, D-80469 München

C. Bryan Chemicals Ltd.
Attn: Mr John Perkins
5 Green Lane
Brighton, BR5 7AF East Sussex
Great Britain

10 December 2014 fh/me

Ref.: Price increase as from 1st of January, 2015

Dear Mr Perkins,

Unfortunately we have to inform you that as of the 1st of January we will be increasing our prices by 5%. This is the first adjustment in two years and has been made necessary by several factors.
The price of raw materials has increased by up to 20% within a matter of months. The prices for natural rubber in particular have been affected.
The introduction of motorway tolls for lorries at the beginning of this year has lead to a 5-10% increase in freight costs, which, as our orders are delivered CIP Brighton, has also to be covered by us.
The increasingly stringent environmental legislation in Great Britain makes it more and more difficult for us to ensure cost-effective production. Also the new laws make it more expensive for us to dispose of our waste and packing materials.
All of these factors leave us no other choice than to adjust our prices accordingly. We are, however, prepared to guarantee these new prices until the end of April 2016. The new price list will be forwarded in the near future.
We sincerely regret having to take this step, but hope that we can nevertheless maintain our position in the European market.

With kindest regards,

F. Huber
Sales Manager

Preisanpassung

Hans Huber GmbH & Co., Isarweg 1, D-80469 München

C. Bryan Chemicals Ltd.
z. Hd. Herrn John Perkins
5 Green Lane
Brighton, BR5 7AF East Sussex
Großbritannien

10. Dezember 2014 fh/me

Preiserhöhung ab 1. Januar 2015

Sehr geehrter Herr Perkins,

leider müssen wir Ihnen mitteilen, dass wir ab 1. Januar 2015 eine Preiserhöhung von 5 % vornehmen werden. Es ist die erste Angleichung seit zwei Jahren und sie ist wegen verschiedener Faktoren notwendig geworden.
Die Preise für Rohstoffe sind innerhalb der letzten Monate um bis zu 20 % gestiegen; besonders die Preise für Naturkautschuk sind davon betroffen. Die Einführung von Autobahngebühren für LKW Anfang dieses Jahres haben zu einer Anhebung der Frachtkosten um 5–10 % geführt, die, da unsere Aufträge CIP Brighton geliefert werden, auch von uns gedeckt werden müssen.
Die zunehmend strengen Umweltgesetze Großbritanniens erschweren es uns, eine kosteneffektive Produktion zu sichern. Zudem machen die neuen Verordnungen es für uns immer teurer, unseren Abfall und unser Verpackungsmaterial zu entsorgen.
All diese Faktoren lassen uns keine andere Wahl als unsere Preise entsprechend anzupassen. Wir sind jedoch bereit, diese neuen Preise bis Ende April 2016 zu garantieren. Die neue Preisliste erhalten Sie in Kürze.
Wir bedauern sehr, diesen Schritt unternehmen zu müssen, hoffen aber, dass wir dennoch unsere Position auf dem europäischen Markt beibehalten können.

Mit freundlichen Grüßen

F. Huber
Verkaufsleiter

Negotiating

Accounting Services,
159 Gastown Street, Vancouver, V1 7KH, British Columbia.

Marie Bardel
Software Showmen
145 Tenth Avenue West
Vancouver
V23 9HG

5th June 2015

Dear Marie,

I am sorry to persist in contacting you regarding this matter, but I remain doubtful of the quality of the service you have provided regarding the training of our staff in the new, "user-friendly" software packages you installed in our offices.

I realize that my employees may share the blame for this problem, but I must admit that it seems to me that they have quite simply been misinformed regarding some aspects of the potential uses of the software you provided. I wonder if it would perhaps be possible for us to arrange a second training day, perhaps at a reduced price with a more senior member of your team, in order to ensure that we can use the new accounting systems to our full advantage.

I do realize that you have made a considerable effort to help us in every way possible thus far and would be most grateful if you would assist us further in this matter.

I look forward to hearing from you.

Best regards,

Paul Bernard
Accounts Manager

Nachverhandlung

Accounting Services,
159 Gastown Street, Vancouver, V1 7KH, British Columbia.

Marie Bardel
Software Showmen
145 Tenth Avenue West
Vancouver
V23 9HG

5. Juni 2015

Liebe Marie,

es tut mir leid, Sie ein weiteres Mal in dieser Angelegenheit zu kontaktieren, aber ich habe immer noch Zweifel an der Qualität des von Ihnen zur Verfügung gestellten Services. Dabei beziehe ich mich auf das Training unserer Mitarbeiter an dem von Ihnen in unseren Büros installierten „benutzerfreundlichen" Softwarepaket.

Es ist mir klar, dass ein Teil des Problems bei unseren Mitarbeitern liegt, aber ich muss zugeben, dass es mir so scheint, als ob sie einfach falsch über einige Aspekte des von Ihnen gelieferten Softwarepakets informiert worden sind. Ich frage mich, ob es vielleicht möglich wäre, einen zweiten Trainingstag für uns zu arrangieren, und zwar möglicherweise zu einem reduzierten Preis und mit einem erfahreneren Mitglied Ihres Teams, sodass sichergestellt ist, dass wir das neue Buchhaltungsprogramm zu unserem größtmöglichen Vorteil ausnützen können.

Es ist mir klar, dass Sie sich bisher große Mühe gegeben haben, uns soweit wie möglich zu unterstützen und ich wäre sehr dankbar, wenn Sie uns auch weiterhin in dieser Angelegenheit helfen würden.

Ich freue mich darauf, von Ihnen zu hören.

Mit herzlichen Grüßen

Paul Bernard
Leiter der Buchhaltung

Delay in delivery

Taylor and Ball Constructions, 189 Paisley Road, Hamilton, Scotland.

Gulliver's Distributions
Attn: Mr J Swift
23 Lilliput Lane
Stoke-on-Trent, S8A 2BR
England

5th October 2014

Ref: Delivery of copper piping

Dear Mr Swift,

Following several telephone conversations with both your secretary and yourself, I feel I have no choice but to inform you that if we do not receive our delivery of copper piping by 10th October 2014 at the very latest, we will be forced to take legal action and sue for damages. I realise that problems can and do occur and I am always reasonable in respect of short delays. As yet, however, your firm has failed to provide a valid reason for the inexcusable delay and we have waited for more than two weeks for our consignment.

Obviously, I would like to avoid the time and trouble involved in a legal case, but feel that there is scarcely another option remaining open to me. We enjoy an extremely good reputation in the Hamilton area and have many loyal customers throughout Scotland who rely on our prompt service. The absence of the copper piping has brought our construction project in the Tomintoul Estate for our loyal customer, Lord Yahoo, to a standstill, as our engineers cannot work without their raw materials.

I expect a response from you or a member of your staff immediately.

Yours sincerely,

Christine Peters
Purchase Manager

Lieferverzögerung

Taylor and Ball Constructions, 189 Paisley Road, Hamilton, Scotland.

Gulliver's Distributions
Mr J Swift
23 Lilliput Lane
Stoke-on-Trent, S8A 2BR
England

5. Oktober 2014

Lieferung von Kupferrohren

Sehr geehrter Herr Swift,

nach mehreren Telefongesprächen mit Ihrem Sekretär und Ihnen, sehe ich keine andere Möglichkeit, als Sie darauf aufmerksam zu machen, dass wir uns gezwungen sehen, rechtliche Schritte einzuleiten und auf unseren Schaden zu klagen, wenn wir unsere Lieferung Kupferrohre nicht bis spätestens zum 10. Oktober 2014 erhalten. Es ist mir bewusst, dass Probleme auftreten können und ich bin sehr verständnisvoll bei kurzen Verzögerungen. Doch Ihre Firma hat bis heute keinen vernünftigen Grund für die unentschuldbare Verzögerung angegeben und wir haben bereits mehr als zwei Wochen auf Ihre Lieferung gewartet.

Natürlich möchte ich gerne die Zeit und den Ärger, die ein Gerichtsverfahren mit sich bringt, vermeiden, aber ich habe kaum noch eine andere Möglichkeit. Wir haben einen sehr guten Ruf in der Region um Hamilton und viele loyale Kunden in ganz Schottland, die sich auf unseren prompten Service verlassen. Das Fehlen der Kupferrohre hat unser Bauprojekt auf dem Tomitoul Besitz für unseren treuen Kunden, Lord Yahoo, zum Stillstand gebracht, da unsere Ingenieure nicht ohne ihre Rohmaterialien arbeiten können.

Ich erwarte umgehend eine Antwort von Ihnen oder einem Ihrer Mitarbeiter.

Hochachtungsvoll,

Christine Peters
Einkaufsleiterin

Reply: delay in delivery

Gulliver's Distributions, 23 Lilliput Lane, Stoke-on-Trent, England

Taylor and Ball Constructions
189 Paisley Road
Hamilton N12 3BT
Scotland

7th October 2014

Ref: Delivery of copper piping

Dear Miss Peters,

I cannot apologise enough for the inconvenience caused by the delay in delivering the copper piping and am pleased to inform you that the piping left the yard this morning and should be with you by the time you receive this letter.

As I explained in our telephone conversation yesterday, our driver was injured during the loading of the piping and as a result, we have been very short-staffed over the past two weeks. I'm afraid to say that in the aftermath of the accident, my secretary failed to realize that the consignment had not been delivered. This meant that the delay went unnoticed.

In view of the unfortunate situation which has arisen, I would like to offer you a discount of fifty per cent on the normal delivery charge. I hope this settles the matter to your satisfaction and I hope that we can continue to do business together in the future.

Once again, please accept my sincere apologies.

Yours sincerely,

Jon Swift
Sales Manager

Antwortschreiben Lieferverzögerung

Gulliver's Distributions, 23 Lilliput Lane, Stoke-on-Trent, England

Taylor and Ball Constructions
189 Paisley Road
Hamilton N12 3BT
Scotland

7. Oktober 2014

Lieferung von Kupferrohren

Sehr geehrte Frau Peters,

ich kann mich nicht genug für die Unannehmlichkeiten entschuldigen, die Ihnen durch die Verzögerung bei der Lieferung der Kupferrohre entstanden sind und bin glücklich, Ihnen mitteilen zu können, dass die Rohre heute Morgen unseren Hof verlassen haben und zu dem Zeitpunkt, zu dem Sie diesen Brief erhalten, bei Ihnen eingetroffen sein sollten.

Wie ich Ihnen in unserem gestrigen Telefonat erklärt hatte, hat sich unser Fahrer beim Verladen der Rohre verletzt und infolgedessen waren wir während der letzten zwei Wochen ziemlich unterbesetzt. Ich befürchte, dass mein Sekretär auf Grund der Nachwirkungen des Unfalls übersehen hatte, dass die Lieferung noch nicht überbracht war. Aus diesem Grund wurde der Lieferverzug leider übersehen.

Angesichts der unglücklichen Situation, die entstanden ist, möchte ich Ihnen einen fünfzigprozentigen Nachlass unseres üblichen Lieferpreises anbieten. Ich hoffe, dass die Angelegenheit auf diese Weise für Sie zufriedenstellend geklärt ist und ich hoffe, dass wir auch in Zukunft noch miteinander Geschäfte machen werden.

Ich möchte Sie noch einmal aufrichtig um Entschuldigung bitten.

Mit freundlichen Grüßen

Jon Swift
Verkaufsleiter

Credit application

TRIX Products
78 South Richmond
Avenue
Palm Springs
50227
California

The Nicey Bank
67 Generous Avenue
Palm Springs
50702
California

April 1st 2015

Re: Credit Application

Dear Sir/Madam,

Having obtained credit from your bank at a competitive rate of interest in the past, we would like to ask whether you would consider offering our company a loan for $100,000.

As you are aware, we have always been very reliable patrons of your bank and can provide good credit references if necessary. We are a large firm with considerable assets, which we could offer as ample security for a loan of this size. If you were nevertheless to require additional securities, these could also be obtained.

We have enclosed details of our accounts and our balance sheets for the past five years. If you require any further information please do not hesitate either to contact myself or a member of our book-keeping division.

I look forward to receiving your reply.

Yours sincerely,

Alan Zimmerman
General Director, TRIX Products
Enc.

Kreditantrag

TRIX Products
78 South Richmond
Avenue
Palm Springs
50227
California

The Nicey Bank
67 Generous Avenue
Palm Springs
50702
California

1. April 2015

Kreditantrag

Sehr geehrte Damen und Herren,

da wir bereits in der Vergangenheit von Ihrer Bank einen Kredit zu einem günstigen Zinssatz erhalten haben, wollten wir Sie bitten, in Erwägung zu ziehen, uns einen weiteren Kredit über $100.000 einzuräumen.

Wie Ihnen bekannt ist, waren wir immer äußerst zuverlässige Kunden Ihrer Bank und sind in der Lage, gute Kreditreferenzen beizubringen, wenn es nötig sein sollte. Wir sind ein großes Unternehmen mit einem beträchtlichem Vermögen, das wir als ausreichende Sicherheit für einen Kredit dieser Größenordnung anbieten können. Sollten Sie trotzdem zusätzliche Sicherheiten benötigen, so können diese beigebracht werden.

Wir haben eine detaillierte Aufstellung unserer Konten und Bilanzen der letzten fünf Jahre beigefügt. Sollten Sie noch zusätzliche Informationen benötigen, so zögern Sie nicht, mich oder einen Mitarbeiter unserer Buchhaltung zu kontaktieren.

Ich freue mich auf Ihre Antwort.

Hochachtungsvoll

Alan Zimmerman
Generaldirekor TRIX Products

Anlage

Reminder for payment

Barmy Books
139 West Richmond
Street
San Fransisco
58739 CA
USA

Tardy Tattlers
35 Late Lane
San Fransisco
12345 CA
USA

July 22nd 2015

Ref: SH 371772/hb

First Reminder

Dear Mr. Tardy,

When balancing our accounts for this month, it came to my attention that there appears to be a payment for $599 outstanding, for a consignment of goods delivered on July 10th, invoice number SH 371772/hb.

As you have always settled your accounts with us punctually in the past, I assume that this was an oversight in your accounts department.

I would be extremely grateful if you could send the outstanding amount to us within the next few days or contact us if you have any queries regarding the payment.

If you have already settled the account, please disregard this notice and accept our thanks for your payment.

Yours sincerely,

Ian Mickleson
Accounts Department

Zahlungserinnerung

Barmy Books
139 West Richmond
Street
San Fransisco
58739 CA
USA

Tardy Tattlers
35 Late Lane
San Fransisco
12345 CA
USA

22. Juli 2015

SH 371772/hb

Erste Erinnerung

Sehr geehrter Herr Tardy,

beim diesmonatigen Abschluss unserer Konten ist mir aufgefallen, dass noch eine Zahlung über $599 für eine Lieferung von Gütern mit der Rechnungsnummer SH 371772/hb vom 10. Juli aussteht.

Da Sie Ihre Rechnungen in der Vergangenheit stets pünktlich beglichen haben, nehme ich an, dass es Ihre Buchhaltung diesmal nur übersehen hat.

Ich wäre Ihnen äußerst dankbar, wenn Sie uns den ausstehenden Betrag innerhalb der nächsten Tage zukommen lassen würden oder uns kontaktieren, falls Sie irgendwelche Fragen hinsichtlich der Bezahlung haben sollten.

Sollten Sie die Rechnung bereits beglichen haben, so betrachten Sie dieses Schreiben als hinfällig und wir bedanken uns für Ihre Bezahlung.

Mit freundlichen Grüßen

Ian Mickleson
Buchhaltung

Annual General Meeting

Brite-on Chemicals Limited
Smithfield Industrial Estate
Brighton
England

16th February 2015 ed/sh

Dear shareholder,

We would like to thank you for your support during the past year and to invite you to our Annual General Meeting, which has been scheduled for 27th March 2015.

This has perhaps been the most successful year for Brite-on since our inauguration in 1963. Our researchers have successfully developed several exciting new products and despite increasingly intense competition we have succeeded in keeping our position at the forefront of chemical dye production. Two of these new products have already been launched and are on the market, one is to be introduced in 2015.

We are pleased to inform you that over the past economic year our net profits have increased by over ten per cent. Consequently, we are hoping to expand into eastern European markets in the coming year and have already signed distribution contracts to maximize the possibilities for sales in the region. If all goes according to plan, we hope to open a regional office there in the year 2018.

Consequently, we anticipate that our dividend payments for 2014 will be higher than those paid in 2013. We will have precise figures available at the AGM next month.

We hope to enjoy your company on 27th March and would like to thank you once again for your support.

Yours sincerely,

Ewan Davidson
Managing Director

Jahreshauptversammlung

Brite-on Chemicals Limited
Smithfield Industrial Estate
Brighton
England

16. Februar 2015 ed/sh

Sehr geehrte(r) Aktionär(in),

wir möchten Ihnen für Ihre Unterstützung während des letzten Jahres unseren Dank aussprechen und Sie zu unserer Jahreshauptversammlung am 27. März 2015 einladen.

Dieses Jahr war vielleicht das erfolgreichste seit unserer Gründung im Jahr 1963. Unsere Forscher haben einige neue aufregende Produkte erfolgreich entwickelt und trotz des zunehmenden Wettbewerbs ist es uns gelungen, unsere Position an der Spitze der chemischen Farbstoffproduktion zu behaupten. Zwei unserer neuen Produkte sind bereits lanciert und auf dem Markt, ein weiteres wird 2015 eingeführt.

Wir freuen uns, Ihnen mitteilen zu können, dass unsere Nettogewinne im Laufe des letzten Wirtschaftsjahres um zehn Prozent zugenommen haben. Folglich hoffen wir, im nächsten Jahr in die osteuropäischen Märkte zu expandieren und haben bereits Vertriebsverträge abgeschlossen, um Verkaufsmöglichkeiten in der Region zu maximieren. Wenn alles gut geht, hoffen wir, im Jahr 2018 dort ein Regionalbüro einzurichten.

Deshalb gehen wir davon aus, dass unsere Dividende für 2014 höher sein wird als die von 2013. Wir werden die exakten Zahlen bei der Hauptversammlung nächsten Monat zur Verfügung haben.

Wir hoffen, uns am 27. März über Ihre Anwesenheit freuen zu können und möchten uns nochmals für Ihre Unterstützung bedanken.

Mit freundlichen Grüßen

Ewan Davidson
Generaldirektor

Travel itinerary

From: wagner@mueller-gmbh.de
To: williams@clarkindustries.co.uk
Subject: My visit next week

Dear Mr Williams,

As discussed, here my itinerary for next week's visit to England:

20th January
9.30 a.m. Arrival London Heathrow on flight BA 723.
2.00 p.m. Meeting at Clark Industries with Messrs. Smith, Jones and Williams.
Subject: Market Strategy in Great Britain.
7.00 p.m. Dinner with Mr. West from Smith & Partners.

21st January
10.00 a.m. Visit to Brighton Seals & Coatings in Maidenhead.

22nd January
9.00 a.m. Visit to Smiths Coatings.
Subject: Market development.
3.00 p.m. Depart London Heathrow on flight BA 724.

Could you please arrange for me to be picked up from the airport and book me a room for two nights in a hotel near you?

I look forward to seeing you again next week.

Best regards,
Ralf Wagner

Reiseplanung

Von: wagner@mueller-gmbh.de
An: williams@clarkindustries.co.uk
Betreff: Mein Besuch in der nächsten Woche

Sehr geehrter Herr Williams,

wie besprochen mein Programm für den Besuch nächste Woche in England:

20. Januar

9.30 Uhr	Ankunft London Heathrow mit Flug BA 723
14.00 Uhr	Besprechung bei Clark Industries mit den Herren Smith, und Williams. Thema: Marktstrategie in Großbritannien
19.00 Uhr	Abendessen mit Herrn West von Smith & Partners

21. Januar

10.00 Uhr	Besuch bei Brighton Seals & Coatings in Maidenhead

22. Januar

9.00 Uhr	Besuch bei Smiths Coatings. Thema: Marktentwicklung
15.00 Uhr	Abflug London Heathrow mit Flug BA 724

Könnten Sie bitte meine Abholung vom Flughafen arrangieren und ein Zimmer für zwei Nächte in einem Hotel in Ihrer Nähe buchen?

Ich freue mich, Sie nächste Woche wiederzusehen.

Mit freundlichen Grüßen
Ralf Wagner

Complaint

From: mtaylor@liverpool-int.co.uk
To: bclarke@wayview.co.uk
Subject: Our order no. 159/15, your invoice no. 3479, 21st May, 2015

Dear Mr Clarke,

We refer to our order no. 159/15 and your invoice no. 3479 dated 21st May, 2015.
The material which was delivered the week before last is not acceptable. The cloth is torn in the middle and the edges are not neatly sewn. We have examined all the material and unfortunately must confirm that the contents of all boxes are faulty.

We have contacted our customer, who is also of our opinion. We must therefore ask you to cancel the invoice no. 3479 and to deliver replacement material without delay.

When could we expect this replacement delivery? The material is needed for some important samples that we need to dispatch to our customer by the end of next week.

Awaiting your comments.

Best regards,

Michael Taylor

cc. Mr Phillips
Mrs Green

Beschwerde

Von: mtaylor@liverpool-int.co.uk

An: bclarke@wayview.co.uk

Betreff: Auftrag Nr. 159/15, Ihre Rechnung Nr. 3479 21. Mai 2015

Sehr geehrter Herr Clarke,

wir beziehen uns auf unseren Auftrag Nr. 159/15 und Ihre Rechnung Nr. 3479 vom 21. Mai 2015.
Das Material, das Sie vorletzte Woche geliefert haben, ist nicht akzeptabel. Der Stoff ist in der Mitte zerrissen und die Ränder sind nicht sauber genäht. Wir haben das ganze Material überprüft und müssen leider feststellen, dass der Inhalt aller Kartons fehlerhaft ist.

Wir haben mit unserem Kunden Kontakt aufgenommen und er ist völlig unserer Meinung. Wir müssen Sie daher bitten, die Rechnung Nr. 3479 zu stornieren und sofort eine Ersatzlieferung vorzunehmen.

Wann können wir diese Ersatzlieferung erwarten? Wir brauchen das Material für einige wichtige Muster, die wir bis Ende nächster Woche an unseren Kunden abschicken müssen.

Ich freue mich auf Ihre schnelle Rückmeldung.

Mit freundlichen Grüßen

Michael Taylor

Verteiler: Herr W. Phillips
Frau C. Green

Delay in delivery

From: cschmidt@wagner-maschinenbau.de

To: robert.jeffries@walsh-electronics.co.uk

Subject: Your order 729/15, dated 2nd September

Dear Claudia,

We regret to have to inform you that order 729/15 dd. 2nd September will not be ready for dispatch on this coming Friday as originally confirmed.

One of our machines has broken down, which in turn affects the whole production line, and until this can be mended our production is at a complete standstill. As a result all our orders are affected, not just yours for this particular item. We are hoping that the maintenance people will be able to start work this morning, and all being well our machines will be running again by tomorrow afternoon.

Unfortunately, I cannot let you have a more concrete answer as concerns dispatch until we know how long the repair work will take. I will, of course, let you know as soon as we have some firm answers. Half of the order is already complete and so we could at least send a part of the order if necessary. Please advise how we should proceed.

We apologize again for this delay and for any inconvenience that this may cause, but hope that we can settle this matter promptly.

Thank you and kind regards,
Robert Jeffries

Lieferverspätung

Von: cschmidt@wagner-maschinenbau.de

An: robert.jeffries@walsh-electronics.co.uk

Betreff: Ihre Bestellung 729/15 vom 2. September

Liebe Claudia,

wir bedauern, Ihnen mitteilen zu müssen, dass der Auftrag 729/15 vom 2. September nicht wie ursprünglich bestätigt am kommenden Freitag zum Versand kommen kann.

Eine unserer Maschinen ist defekt, wovon wiederum die ganze Fertigungsstraße betroffen ist, und bis diese repariert ist, steht unsere gesamte Produktion still. Dies hat Auswirkungen auf alle unsere Aufträge, nicht nur Ihren, die diesen bestimmten Artikel betreffen. Wir hoffen, dass unser Wartungspersonal noch heute Vormittag mit der Reparatur anfangen kann, und wenn alles gut geht, können die Maschinen schon morgen Nachmittag wieder anlaufen.

Ich kann Ihnen leider, was den Versand betrifft, keine konkretere Antwort geben, bis wir wissen, wie lange die Reparaturarbeiten dauern werden. Ich werde Sie selbstverständlich informieren, sobald wir genauere Antworten haben. Die Hälfte des Auftrags ist bereits fertig, und wir könnten – wenn notwendig – zumindest einen Teil des Auftrags verschicken. Bitte geben Sie mir Bescheid.

Wir bitten nochmals um Entschuldigung für diese Verzögerung und für eventuelle Unannehmlichkeiten. Wir hoffen aber, dass wir diese Angelegenheit schnellstens abschließen können.

Mit freundlichen Grüßen
Robert Jeffries

Consultancy meeting

From: colins@taff-management-consultancy.co.uk
To: lampard@aden-products-limited.co.uk
Subject: Results

Dear Katherine,

I am pleased to inform you that following your initial consultation with us on 13th August, our team of management consultants have now completed their plans for what we consider to be the most appropriate restructuring programme for ADEN Products Limited.

The next step forward in our advisory process usually takes the form of a meeting with your executive, to present our recommendations and answer any queries they might have regarding implementation of our strategies. This is subsequently followed by a meeting with all company staff, where we explain the actual effect our measures will have upon the workers themselves. Only after both management and all other members of staff are fully informed of the changes our programme will introduce, do we advise implementing reforms of the company's structure.

Because we suggest that our clients should begin reorganisation as soon as possible to gain maximum benefit from our advice, I have attached a copy of our up-to-date appointments calendar. I have clearly marked when I am personally available. Please reply promptly to ensure that your preferred date remains available, or to make alternative arrangements.

I look forward to hearing from you in the near future,

Simon

Beratungstermin

Von: colins@taff-management-consultancy.co.uk

An: lampard@aden-products-limited.co.uk

Betreff: Ergebnisse

Liebe Katherine,

ich freue mich, dir mitteilen zu können, dass auf der Grundlage unserer ersten Beratung vom 13. August unser Unternehmensberatungsteam jetzt unsere Pläne für eine nach unseren Vorstellungen angemessene Umstrukturierung von Aden Products Limited fertiggestellt haben.

Der nächste Schritt in unserem üblichen Beratungsprozess ist jetzt ein Meeting mit Eurer Verwaltung, um unsere Empfehlungen vorzustellen und um mögliche Fragen zur Anwendung unserer Strategien zu beantworten. Danach folgt ein Meeting mit dem gesamten Personal, bei dem wir die tatsächlichen Konsequenzen unserer Maßnahmen für die Arbeiter selbst erklären. Erst nachdem sowohl die Geschäftsleitung als auch alle anderen Mitarbeiter voll über die Änderungen, die unser Programm mit sich bringen wird, informiert worden sind, empfehlen wir die Anwendung der Reformen der Unternehmensstruktur.

Da wir glauben, dass unsere Kunden so früh wie möglich mit der Reorganisation beginnen sollten, um maximalen Vorteil durch unseren Rat zu erlangen, habe ich eine Kopie unseres aktuellen Terminkalenders angehängt. Ich habe deutlich markiert, wann ich persönlich zur Verfügung stehe.
Bitte antworte unverzüglich, um sicherzustellen, dass dein bevorzugter Termin noch zur Verfügung steht, oder um alternative Vereinbarungen zu treffen.

Ich freue mich auf deine baldige Antwort.

Simon

Arranging a business trip

From: oliver.pebble@ol-incorporated.us
To: linda.lombada@toronto-trinx.ca
Subject: RE: Conference delegation

Dear Linda,

Here are the details you requested regarding our delegation for the forthcoming conference in Toronto.

We will be a party of six, requiring four single rooms and one double room with cot for a child, and we expect to arrive in Toronto on 06/03/15. Our flight is scheduled to arrive at 6 p.m., flight number TWA 9874 and we would be grateful if you could send your driver to collect us from the airport.

Our return flight is provisionally booked for 06/10/15, leaving at 9 p.m. in the evening, flight number TWA 9875. Please confirm by e-mail that these dates are suitable.

If you require any further information please do not hesitate to contact me. I am planning to be in the office all day today, so I should be comparitively easy to get hold of.

I'm looking forward to seeing you on June 3rd.

Kind regards,

Oliver Pebble

Reiseplanung

Von: oliver.pebble@ol-incorporated.us
An: linda.lombada@toronto-trinx.ca
Betreff: RE: Information zur Konferenzdelegation

Liebe Linda,

hier sind die von dir gewünschten Einzelheiten über unsere Delegation für die bevorstehende Konferenz in Toronto.

Wir werden eine Gruppe von sechs Personen sein und benötigen vier Einzelzimmer und ein Doppelzimmer mit einer Wiege für ein Kind. Wir werden voraussichtlich am 3.6.15 um 18.00 Uhr in Toronto landen. Die Flugnummer ist TWA 98749. Wir wären dankbar, wenn du uns einen Fahrer schicken könntest, der uns vom Flughafen abholt.

Unser Rückflug ist vorläufig für den 10.6.15 gebucht und startet um 21.00 Uhr. Die Flugnummer ist TWA 9875. Ich bitte dich, mir per E-Mail zu bestätigen, dass diese Daten in Ordnung gehen.

Solltest du noch zusätzliche Informationen benötigen, zögere bitte nicht mich zu kontaktieren. Ich bin heute wahrscheinlich den ganzen Tag im Büro, sodass es relativ einfach sein sollte, mich zu erreichen.

Ich freue mich darauf, dich am 3. Juni zu treffen.

Mit freundlichen Grüßen

Oliver Pebble

Hotel booking enquiry

From: michael.weber@possum.au
To: info@wallaby-hotel.au
Subject: conference enquiry

Dear Sir/Madam,

Our company is planning to organise a conference in Brisbane this May and business associates of ours recommended your hotel facilities to us. We would like information regarding your facilities and your availability between the 12th and the 14th of December.

We require fifteen en-suite single rooms for all three nights, a large conference room with audio-visual equippment, a flip chart, suitable seating facilities for at least forty people (preferably in a circular formation) and both lunch and dinner on all three days. If possible, we would like to keep numbers approximate at this stage and confirm them nearer the time.

We were also interested in other facilities available at your hotel: do you have a swimming pool or squash courts? Are you centrally located in the city of Brisbane? How many bars are there within the hotel itself?

I would be grateful if you could reply as soon as possible, including a detailed description of your hotel's facilities and a quotation of your best conference rates.

Best regards,

Michael Weber

Hotelbuchungsanfrage

Von: michael.weber@possum.au
An: info@wallaby-hotel.au
Betreff: Konferenzanfrage

Sehr geehrte Damen und Herren,

unser Unternehmen plant, diesen Mai eine Konferenz in Brisbane zu organisieren. Geschäftsfreunde von uns haben uns Ihr Hotel empfohlen. Wir hätten daher gerne Informationen über Ihre Ausstattung und über Ihre Raumauslastung für den Zeitraum vom 12. bis zum 14. Dezember.

Wir benötigen fünfzehn Einzelzimmer mit Bad für alle drei Nächte, einen großen Konferenzraum mit Beamer, Flipchart, geeigneten Sitzgelegenheiten (vorzugsweise kreisförmig angeordnet) und sowohl Mittag- als auch Abendessen für alle drei Tage. Wenn möglich, würden wir die Zahlen im Moment gerne offen lassen und sie zu einem späteren Zeitpunkt bestätigen.

Wir sind zudem auch an den anderen Einrichtungen in Ihrem Hotel interessiert: Haben Sie ein Schwimmbad oder Squash-Courts? Liegen Sie im Zentrum von Brisbane? Wie viele Bars gibt es innerhalb des Hotels?

Ich wäre Ihnen dankbar, wenn Sie mir sobald als möglich antworten und mir eine detaillierte Aufstellung der Ausstattung Ihres Hotels und ein Angebot über den günstigsten Konferenztarif beifügen könnten.

Mit freundlichen Grüßen

Michael Weber

Minutes

Minutes of the meeting held on 15th July 2015 at Walter Hughes Ltd.

Participants:
Mr. W. Hughes
Mr. S. Davies
Mr. R. Humphries
Mr. L. Collins

1. Annual sales to date.
Mr. S. Davis of the sales department reported that the sales as per 30 June 2015 showed an increase of 12% compared to the previous year. This was seen as a positive development and could partly be attributed to the generally positive market trends in all lines of business.

2. Sales strategy.
It was agreed that the present sales strategies are successful and should be continued. New sales should be sought in the Far East, particularly in China. Mr. S. Davies will report on the development at our next quarterly meeting in October.

3. Production.
Mr. R. Humphries of the production department presented the figures for the half year to 30th June. These showed a trend to more cost-effective production which should be continued. There are still too many stoppages for repair and maintenance work. It was agreed to further analyse this area and present more detailed results in October.

4. Miscellaneous.
Several complaints from the staff regarding the new computer system. Mr. W. Hughes will discuss this personally with Mr. Matthews from the EDP department. Christmas shutdown agreed from 23rd December to 3rd. January.
Customers to be informed by the sales department.

The date for the next meeting was set for 20th October.

18/07/15 wh/fl

Protokoll

Protokoll der Besprechung vom 15. Juli 2015 bei Walter Hughes Ltd.

Teilnehmer:
Herr W. Hughes
Herr S. Davies
Herr R. Humphries
Herr L. Collins

1. Jahresumsatz bis dato
Herr S. Davies, Vertrieb, berichtete, dass die Umsätze bis 30. Juni 2015 einen Zuwachs von 12 % gegenüber dem Vorjahr aufwiesen. Dies wurde als eine positive Entwicklung bewertet und könnte teilweise auf die allgemein positiven Markttrends in allen Branchen zurückzuführen sein.

2. Verkaufsstrategie
Man war sich einig, dass die gegenwärtigen Verkaufsstrategien erfolgreich sind und daher weitergeführt werden sollen. Neue Märkte sollen im Fernen Osten, vor allem in China, gesucht werden. Herr S. Davies wird bei der nächsten Quartalsbesprechung im Oktober über die Entwicklung berichten.

3. Produktion
Herr R. Humphries, Produktion, präsentierte die Zahlen für das Halbjahr bis zum 30. Juni. Es zeigte sich ein Trend zu einer kosteneffektiveren Produktion, die fortgeführt werden sollte. Immer noch gibt es zu viele Unterbrechungen für Reparatur- und Wartungsarbeiten. Es wurde vereinbart, diesen Bereich weiter zu analysieren und detailliertere Ergebnisse im Oktober vorzustellen.

4. Sonstiges
Mehrere Beschwerden vom Personal wegen des neuen Computersystems. Herr W. Hughes wird dies mit Herrn Matthews von der EDV-Abteilung persönlich besprechen. Weihnachtsferien wurden festgelegt vom 23. Dezember bis zum 3. Januar. Die Kunden werden von der Verkaufsabteilung informiert.

Der Termin für die nächste Besprechung wurde für den 20. Oktober vorgemerkt.

18.07.15 wh/fl

Invitations	Einladungen
We take pleasure in inviting you to join us in celebrating this year's Christmas party.	Wir möchten Sie zu unserer diesjährigen Weihnachtsfeier einladen.
We would be delighted if you could come.	Über Ihr Kommen würden wir uns sehr freuen.
Enclosed you will find a map of how to get there.	Anbei finden Sie eine Anfahrtsskizze.
We should like to take the opportunity of the presentation of our new ... We hope that you will give us the pleasure of your company.	Wir möchten die Vorstellung unseres neuen ... zum Anlass nehmen ... Wir hoffen, Sie bereiten uns die Freude und nehmen teil.
I am looking forward to meeting you in person at this function.	Ich freue mich, Sie zu diesem Anlass persönlich kennenzulernen.
Accommodation will be provided at ...	Für Ihre Unterkunft ist im Hotel ... gesorgt.
Many thanks for your invitation.	Vielen Dank für Ihre Einladung.
We were delighted to receive your invitation.	Über Ihre Einladung haben wir uns sehr gefreut.
We look forward to seeing you again.	Wir freuen uns darauf, Sie wiederzusehen.
Thank you very much for your invitation which we accept with the greatest pleasure.	Vielen Dank für Ihre Einladung, die wir mit größtem Vergnügen annehmen.
We would love to come.	Wir kommen sehr gerne.
I will be delighted to join you on Thursday.	Ich freue mich sehr, am Donnerstag dabei zu sein.
I hereby register Mr Goody for the conference.	Ich melde hiermit Herrn Goody für die Teilnahme an der Konferenz an.

Thank you for the directions of how to get there.	Vielen Dank für die **Wegbeschreibung**.
We would like to express our gratitude for your invitation and would like to confirm ...	Wir möchten Ihnen für Ihre Einladung **herzlich danken** und bestätigen ...
Many thanks for the invitation to lunch, which we will be delighted to accept.	Vielen Dank für die **Einladung zum Mittagessen**, die wir sehr gerne annehmen.
We deeply regret being unable to ...	Wir **bedauern außerordentlich**, dass es uns unmöglich ist ...
Ms Schmidt is deeply sorry to have to decline your invitation due to family commitments.	Frau Schmidt bedauert außerordentlich, Ihre Einladung aus familiären Verpflichtungen **ablehnen zu müssen**.
Unfortunately, Mr Dräger will be on a business trip at this time.	Unglücklicherweise befindet sich Herr Dräger zu diesem Zeitpunkt auf Geschäftsreise.
Unfortunately I am unable to come to this event as I will be abroad in January.	Leider **kann** ich zu dieser Veranstaltung **nicht kommen**, da ich mich im Januar im Ausland aufhalte.

Invitation acceptance

Annahme einer Einladung

Dear Mr Harper,	Sehr geehrter Herr Harper,
Ms Daisy Angel thanks you for the kind invitation to the opening of your new gallery on Sunday, 13th February at the Pittsburgh Mall in Cambridge and gladly accepts it.	Frau Daisy Angel dankt Ihnen für die **freundliche Einladung** zur Eröffnung Ihrer neuen Galerie am Sonntag, dem 13. Februar, im Pittsburgh Einkaufszentrum in Cambridge, **die sie mit Freuden akzeptiert**.
Yours sincerely, **Lisa Backhouse** **(Secretary to Ms Angel)**	Mit freundlichen Grüßen Lisa Backhouse (Sekretariat Frau Angel)

Declining an invitation	Ablehnung einer Einladung
Dear Mr Smith,	Sehr geehrter Herr Smith,
Many thanks for your invitation. It is with deep regret that we inform you that Ms Davidson will not be able to join you due to other commitments.	vielen Dank für Ihre Einladung. Wir bedauern zutiefst, dass es Frau Davidson aufgrund anderweitiger Verpflichtungen leider nicht möglich ist, an den Feierlichkeiten teilzunehmen.
Ms Davidson appreciates your inviting her and she hopes that she will soon have the opportunity to meet you on a similar occasion.	Frau Davidson hat sich sehr über Ihre Einladung gefreut und hofft, Sie bald bei einem ähnlichen Anlass kennenzulernen.
Yours sincerely, **Delia Lawson**	Mit freundlichen Grüßen Delia Lawson

Invitation

On the occasion of the presentation of this year's Bullog Design Award,
we request the pleasure of the company of Mr David Glan.
The celebrations will be held on Sunday 5th June
at the Winston Churchill Hotel in London.
Following a brief reception by Nick Miller, chairman of the Modern Art
Association, presentation of the awards will take place
in the Regent's Ball Room followed by a 5-course dinner.
R.S.V.P.
black tie

Einladung

Aus Anlass der diesjährigen Verleihung des Bullog Design Award,
möchten wir um die Teilnahme von Herrn David Glan bitten.
Die Feierlichkeiten finden am Sonntag, den 5. Juni,
im Winston Churchill Hotel in London statt.
Nach einer kurzen Begrüßung durch Herrn Nick Miller, Vorsitzender
der Modern Art Association erfolgt die Verleihung der Auszeichnung
im Regent Ballsaal gefolgt von einem fünfgängigen Menü.
u.A.w.g.
Smoking, Abendkleid

8. Geschäftsreisen

Making Appointments / Terminvereinbarungen

Making Appointments	Terminvereinbarungen
Can we arrange a meeting?	Können wir ein Treffen vereinbaren?
I think we should meet.	Ich glaube, wir sollten uns treffen.
I would like an appointment to see Mr. Green, please.	Ich möchte bitte einen Termin bei Herrn Green.
This is best discussed face to face.	Wir sollten es besser persönlich besprechen.
When could we meet?	Wann könnten wir uns treffen?
When would it suit you?	Wann würde es Ihnen passen?
Is next Tuesday OK with you?	Passt Ihnen nächsten Dienstag?
Let me check my organizer.	Lassen Sie mich in meinem Terminplaner nachsehen.
I'll just see if I have any appointments on that day.	Ich sehe nur nach, ob ich an dem Tag irgendwelche Termine habe.
Four o'clock next Thursday? I'll see if he's free.	16 Uhr nächsten Donnerstag? Ich sehe nach, ob er frei ist.
He won't be in until about 10 a.m.	Er wird nicht vor 10 Uhr hier sein.
I have a meeting in the morning.	Ich habe vormittags eine Besprechung.
Could we make it a bit earlier/later?	Ginge es ein bisschen früher/später?
I have a meeting all day, how about Tuesday morning?	Ich habe den ganzen Tag eine Besprechung, wie wäre es mit Dienstagvormittag?
Can you join us next Monday at 4 p.m.?	Können Sie am nächsten Montag um 16 Uhr teilnehmen?

Should we say **Monday at 10 a.m.? Let me check with John whether he can make it as well.**

Sollen wir Montag um 10 Uhr sagen? Lassen Sie mich bei John nachfragen, ob er auch kommen kann.

Where should we meet, in your office?

Wo sollen wir uns treffen, in Ihrem Büro?

In the reception hall **(US:** lobby**).**

In der **Eingangshalle.**

Thursday is a **holiday.**

Donnerstag ist **ein Feiertag.**

Dialogbeispiele

A: We have a problem with the new system.

A: Wir haben ein Problem mit dem neuen System.

B: I think this is best discussed face to face. Can we arrange a meeting?

B: Ich glaube, dass wir es besser persönlich besprechen sollten. Können wir ein **Treffen** verein-baren?

A: Yes, fine. How would next Tuesday at 11 o'clock suit **you?**

A: Ja, in Ordnung. Würde Ihnen nächsten Dienstag um 11 Uhr passen?

B: Let me check my organizer**. No, that's no good. How about Monday, would 10.30 a.m. suit you?**

B: Lassen Sie mich in meinem Termin-planer nachsehen. Nein, das geht nicht. Wie wäre es mit Montag, passt es Ihnen gegen 10.30 Uhr?

A: Yes, that'll be fine.

A: Ja, das passt mir gut.

B: OK, see you next Monday then.

B: Gut, dann bis nächsten Montag.

A: May I come and visit you?	A: Kann ich Sie besuchen?
B: Yes, is next Wednesday OK with you?	B: Ja, passt es Ihnen nächsten Mittwoch?
A: Yes, fine, I'll make a note in my diary (US: calendar).	A: Ja, in Ordnung, ich werde es in meinem Terminkalender notieren.

A: I would like an appointment to see Mr. Green, please.	A: Ich möchte bitte einen Termin bei Herrn Green.
B: Yes, when would you like to come?	B: Ja, wann möchten Sie kommen?
A: Friday the 20th would suit me best.	A: Am Freitag, den 20., würde es mir am besten passen.
B: I'm sorry, but he has a meeting in the city on that day. How about Monday the 23rd?	B: Es tut mir leid, aber er hat an diesem Tag eine Besprechung in der Stadt. Wie wäre es am Montag, den 23.?
A: No, that's a holiday.	A: Nein, da ist ein Feiertag.
B: Oh yes, I overlooked that. On Tuesday the 24th then?	B: Ach ja, das habe ich übersehen. Dann am Dienstag, den 24.?
A: That's OK. At what time?	A: Ja, in Ordnung. Um wie viel Uhr?
B: About 3 o'clock?	B: Gegen 15 Uhr?
A: Fine. Thank you. See you then.	A: Gut. Danke. Bis dann.

Geschäftsreisen

A: **Could we meet for breakfast tomorrow?**	A: Können wir uns morgen zum Frühstück treffen?
B: **Let me check with my secretary if I've any appointments.**	B: Lassen Sie mich bei meiner Sekretärin nachfragen, ob ich schon Termine habe.
A: **OK, I'll wait.**	A: Gut, dann warte ich so lange.
B: **Yes, seems to be OK.**	B: Ja, scheint in Ordnung zu sein.
A: **Should we say 8.30?**	A: Sagen wir 8.30 Uhr?
B: **Fine, see you tomorrow.**	B: In Ordnung, bis morgen.

A: **When is the meeting due to take place?**	A: Wann soll die Besprechung stattfinden?
B: **On Wednesday afternoon at 2 p.m.**	B: Am Mittwochnachmittag um 14 Uhr.
A: **Do you have the agenda?**	A: Haben Sie die Tagesordnung?
B: **Yes, we are supposed to make a presentation of the sales figures.**	B: Ja, wir sollen die Verkaufszahlen präsentieren.
A: **Maybe we should meet for lunch to discuss this.**	A: Vielleicht sollten wir uns zum Mittagessen treffen, um dies zu besprechen.
B: **OK, tomorrow at 1 p.m. at "Dusty's"?**	B: OK, morgen um 13 Uhr im „Dusty's"?

A: Fine. Who else will be at the meeting?	A: In Ordnung. Wer nimmt sonst noch an der Besprechung teil?
B: Stephen and John.	B: Stephen und John.
A: OK. I'll tell them to be there at 1.	A: In Ordnung. Ich sage ihnen, dass sie um 13 Uhr da sein sollen.

A: Sorry to trouble you again, but I can't make it tomorrow at 4. Can we make it a bit earlier, say 2.30?	A: Es tut mir leid, dass ich noch mal störe, aber morgen um 16 Uhr passt mir nicht. Geht es ein bisschen früher, sagen wir um 14.30 Uhr?
B: Fine, I'll change it.	B: In Ordnung, ich ändere es.
A: Thank you. See you then.	A: Danke. Bis dann.

Reservations/Hotel

Reservierungen/Hotel

Do you have any vacancies?	Haben Sie freie Zimmer?
I would like to book a room.	Ich würde gerne ein Zimmer buchen.
We have singles and doubles.	Wir haben Einzel- und Doppelzimmer.
I would need the room for two nights.	Ich bräuchte das Zimmer für zwei Nächte.
Is there frei WiFi available in the rooms?	Ist in den Zimmern kostenloses WLAN verfügbar?

How will I get there from the bus station?	Wie werde ich von der **Bushaltestelle** dorthin kommen?
We would like to place a reservation for a conference room.	Wir würden gerne **einen Konferenzraum reservieren**.
Could you fax this for me?	Können Sie mir das **durchfaxen**?
Please charge everything to my account.	Bitte schreiben Sie **alles auf meine Rechnung**.
Please charge this to my credit card.	Bitte **buchen Sie das von meiner Kreditkarte ab**.
I would need an overhead projector.	Ich bräuchte einen Overheadprojektor.
I'm sorry, we're fully booked due to the exhibition starting next week.	Es tut mir leid, wir sind **völlig ausgebucht** wegen der Messe nächste Woche.
Maybe you could try the Regency.	Vielleicht **versuchen** Sie es beim Hotel Regency.
Do you have special rates for business travellers?	Haben Sie **Sondertarife für Geschäftsreisende**?
How much do you charge for two nights with half board?	Wieviel kostet das Zimmer für zwei Nächte mit **Halbpension**?
Could you confirm the reservation by e-mail?	Können Sie die Reservierung bitte per E-Mail **bestätigen**?
Could you let me have the full address and telephone number, please?	Können Sie mir bitte die vollständige Adresse sowie Telefonnummer geben?
Is it possible to get more information through the internet?	Ist es möglich, über das Internet mehr Informationen zu bekommen?
There are photos of our hotel on our homepage and you can also book online.	Es gibt Fotos unseres Hotels auf unserer Homepage, und Sie können auch **online buchen**.
Thank you for your assistance.	Vielen Dank für Ihre **Hilfe**.

What is the best way to get to the hotel from the airport?	Wie kommt man am besten vom Flughafen zum Hotel?
There is a shuttle bus **to the** main station **every twenty minutes, the hotel is just around the corner.**	Ein **Pendelbus** fährt alle zwanzig Minuten zum **Hauptbahnhof**, das Hotel ist gleich um die Ecke.
There is a map **on our homepage where you can see how to get to us.**	Auf unserer Homepage ist eine **Karte**, der Sie entnehmen können, wie Sie zu uns finden.

Dialogbeispiele

A: **I would like to** book a single room **for two nights from the 21st to 23rd April in the name of Jones. The company is Jones & Son, London.**	A: Ich möchte vom 21. bis zum 23. April ein **Einzelzimmer** auf den Namen Jones **reservieren**. Die Firma ist Jones & Son, London.
B: **Yes, we have** rooms left.	B: Ja, wir haben noch **Zimmer frei**.
A: **Do you have small** conference rooms **available? We would need a room for eight people,** refreshments **and lunch included.**	A: Stehen kleine **Konferenzräume** zur Verfügung? Wir bräuchten einen Raum für acht Personen, inklusive **Erfrischungen** und Mittagessen.
B: **That would be no problem.**	B: Das wäre kein Problem.
A: **Could you send us a** brochure **and a** price list**?**	A: Können Sie uns eine **Broschüre** und eine **Preisliste** zuschicken?
B: **We'll send it off today.**	B: Schicken wir heute weg.

Geschäftsreisen

A: Is it possible to rent a car there?	A: Ist es möglich, dort ein Auto zu mieten?
B: I would recommend renting a car at the airport. We have sufficient parking here.	B: Ich würde empfehlen, ein Auto am Flughafen zu mieten. Wir haben hier genügend Parkplätze.
A: Is it also possible to place a reservation by e-mail?	A: Ist es auch möglich, per E-Mail zu reservieren?
B: Yes, you can do that.	B: Ja, das können Sie tun.
A: Fine, thank you for your help.	A: In Ordnung, vielen Dank für Ihre Hilfe.
B: You are welcome.	B: Gern geschehen.

A: Are there any messages for me?	A: Gibt es irgendwelche Nachrichten für mich?
B: Yes, here, a fax.	B: Ja, hier, ein Fax.
A: Is everything prepared for our meeting tomorrow?	A: Ist alles für unsere morgige Besprechung vorbereitet?
B: Yes, in the Berkeley room.	B: Ja, im Berkeley Zimmer.
A: Do you have a television and DVD player available?	A: Stehen ein Fernseher und ein DVD-Spieler zur Verfügung?
B: Yes, I'll have them brought over.	B: Ja, ich sorge dafür, dass sie herübergebracht werden.

A: And we would like to have a coffee break at 10 a.m.	A: Und wir möchten um 10 Uhr eine Kaffeepause machen.
B: No problem.	B: Kein Problem.
A: When Mr. Smith arrives, can you please tell him that I am waiting in the bar?	A: Wenn Herr Smith ankommt, könnten Sie ihm bitte sagen, dass ich in der Bar auf ihn warte?

Transportation | Verkehrsmittel

When does the next flight to London leave?	Wann geht der nächste Flug nach London?
Is it possible to change my ticket to stop over in Chicago for two days?	Kann ich eventuell mein Ticket umtauschen, damit ich zwei Tage in Chicago bleiben kann?
Is there somewhere here where I can rent a car?	Kann ich hier irgendwo ein Auto mieten?
Could you please tell me where I can find the closest car rental?	Könnten Sie mir bitte sagen, wo ich die nächste Autovermietung finden kann?
How much are the costs for a rental car?	Was kostet ein Mietwagen?
Does the price include tax, insurance and free mileage?	Beinhaltet der Preis Steuer, Versicherung und unbeschränkte Meilen?
What about oneway rentals?	Wie ist es mit „Oneway"-Mieten?
Where is the nearest taxi stand?	Wo ist der nächste Taxistand?

Dialogbeispiele

A: When does the next flight to London leave?	A: Wann geht der nächste Flug nach London?
B: 7.30 p.m. via New York.	B: 19.30 Uhr über New York.
A: Is it possible to change my ticket to stop over in New York for two days?	A: Kann ich eventuell mein Ticket umtauschen, damit ich zwei Tage in New York bleiben kann?
B: Of course, no problem, but we would have to charge you $50.	B: Natürlich, kein Problem, aber wir müssen eine Gebühr von $50 berechnen.

A: My name is Smith, you have a car reserved for me.	A: Mein Name ist Smith, für mich ist ein Auto reserviert.
B: Yes, the white car over there.	B: Ja, das weiße Auto da drüben.
A: There has been a change of plan, can I hand it back in Boston?	A: Meine Pläne haben sich geändert, kann ich das Auto in Boston wieder abgeben?
B: No problem, but that would cost a little more.	B: Kein Problem, aber das kostet ein bisschen mehr.
A: Please charge it to my credit card.	A: Bitte buchen Sie es von meiner Kreditkarte ab.

A: From which platform is the train to London leaving?	A: Von welchem **Gleis** fährt der Zug nach London ab?
B: From platform 5. It is delayed by 15 minutes.	B: Von Gleis 5. Der Zug **hat** 15 Minuten **Verspätung**.

Arrival and Reception

Ankunft und Empfang

Good morning, how are you?	Guten Morgen, wie geht es Ihnen?
I am fine, thank you.	Mir geht es gut, danke.
Nice to meet you.	Schön, Sie kennenzulernen.
How do you do?	Wie geht es Ihnen?
Hello, it's nice to see you again.	Guten Tag, schön, Sie wiederzusehen.
I'm here to see Mr. Lewis.	Ich bin mit Herrn Lewis verabredet.
I have an appointment with Mr. Green.	Ich habe eine **Verabredung** mit Herrn Green.
Is he expecting you?	**Erwartet** er Sie?
Would you like to wait for him in this room?	Möchten Sie hier in diesem Zimmer auf ihn **warten**?
Please take a seat.	Bitte **nehmen Sie Platz**.
Please make yourself comfortable.	Bitte **machen Sie es sich bequem**.
He'll be along shortly.	**Er kommt sofort.**
Ms Rogers will be right with you.	Frau Rogers wird **sofort da sein**.

May I offer you a cup of coffee?	Darf ich Ihnen eine Tasse Kaffee anbieten?
With milk and sugar?	Mit Milch und Zucker?
Would you like some tea?	Möchten Sie eine Tasse Tee?
Would you like something to drink?	Möchten Sie etwas trinken?
Can I get you some more tea?	Kann ich Ihnen noch etwas Tee anbieten?
I'm afraid we have run out of biscuits (US: cookies).	Es tut mir leid, aber wir haben keine Kekse mehr.
Is there somewhere I can hang my coat?	Kann ich irgendwo meinen Mantel aufhängen?
May I use the phone?	Darf ich telefonieren?
Is there a phone here I can use?	Kann ich hier irgendwo telefonieren?
Could you dial this number for me?	Könnten Sie für mich diese Nummer anwählen?
Could you fax this through to my company in London?	Könnten Sie dies bitte an meine Firma in London faxen?
Did you have a good flight?	Hatten Sie einen guten Flug?
How was your trip?	Wie war die Reise?/ Wie war Ihr Flug?
I'll have our driver pick you up at about 1.30 p.m.	Ich werde unserem Fahrer sagen, dass er Sie gegen 13.30 Uhr abholen soll.
When are you leaving Germany?	Wann verlassen Sie Deutschland?
When are you going back to the States?	Wann fliegen Sie zurück in die Vereinigten Staaten?
What time are you leaving?	Um wie viel Uhr fliegen/fahren Sie ab?

Dialogbeispiele

A: **Hello, it's nice to see you again.**	A: Guten Tag, schön, Sie wiederzusehen.
B: **Yes, it's been a long time. I'm here to see Mr. Williams.**	B: Ja, ist schon lange her. Ich bin mit Herrn Williams verabredet.
A: **I'll just call him. Would you like to take a seat?**	A: Ich rufe ihn schnell an. Möchten Sie Platz nehmen?
A: **He'll be along shortly, may I offer you a cup of coffee?**	A: Er kommt sofort, kann ich Ihnen eine Tasse Kaffee anbieten?
B: **Yes, please.**	B: Ja, bitte.
A: **If you would like to wait in here, I'll bring the coffee.**	A: Wenn Sie hier warten möchten, dann bringe ich den Kaffee.

A: **Mr. Gregory, how nice to see you. Mr. Frank has been called away, but should be back in ten minutes. Would you like some coffee while you're waiting?**	A: Mr. Gregory, schön Sie wiederzusehen. Mr. Frank musste kurz weg, aber er sollte in zehn Minuten wieder hier sein. Möchten Sie eine Tasse Kaffee, während Sie warten?
B: **I would prefer tea. Is there a phone here I can use?**	B: Ich trinke lieber Tee. Kann ich hier irgendwo telefonieren?
A: **Yes, please follow me.**	A: Ja, bitte folgen Sie mir.

A: Can I get you some tea? — **A:** Kann ich Ihnen etwas Tee anbieten?

B: No, thank you. Do you have any cold drinks? — **B:** Nein, danke. Haben Sie auch kalte Getränke?

A: Yes, we also have orange juice, cola (US: coke) or mineral water. — **A:** Ja, wir haben auch Orangensaft, Cola oder Mineralwasser.

B: I'll have some orange juice, then. — **B:** Dann nehme ich einen Orangensaft.

A: Here you are. — **A:** Bitte sehr.

B: Thank you. — **B:** Danke.

A: Not at all. — **A:** Bitte schön.

Small talk / Small Talk

Is it much colder in Germany than here in winter?
Ist es in Deutschland viel kälter im Winter als hier?

I hope that the weather was better in Hannover than it is here this morning.
Ich hoffe, dass das Wetter in Hannover heute Morgen besser war als hier.

Isn't it an awful day today?
Ist es nicht ein scheußlicher Tag heute?

The sun shone every day last week but that's very unusual for this time of year.
Letzte Woche schien die Sonne jeden Tag, aber das ist sehr ungewöhnlich zu dieser Jahreszeit.

This rain is terrible, it's a shame that you can't see Liverpool on a sunny day.
Dieser Regen ist schrecklich, es ist schade, dass Sie Liverpool nicht an einem sonnigen Tag sehen können.

Is doing business here very different from doing business in Britain?	Unterscheidet sich das **Geschäftsleben** hier sehr stark von dem in Großbritannien?
How long have you been working for H.G.C. Limited?	Wie lange sind Sie schon bei H.G.C. Limited?
Are you a member of an employer's association?	Sind Sie ein Mitglied des **Arbeitgeberverbandes**?
His latest business venture is proving to be a cash cow.	Sein letztes Geschäft hat sich als wahrer **Goldesel** herausgestellt.
Do you travel abroad much on business?	Machen Sie viele Geschäftsreisen ins Ausland?
Is there a strong work ethic in the US?	Gibt es eine starke **Arbeitsmoral** in den USA?
The Chancellor of the Exchequer (US: Finance Minister) resigned at the weekend.	Der **Finanzminister** ist am Wochenende zurückgetreten.
The balance of payments deficit in the UK contrasts starkly with the balance of payments surplus in Germany.	Das **Zahlungsbilanzdefizit** in Großbritannien steht in völligem Gegensatz zum **Zahlungsbilanzüberschuss** in Deutschland.
The economic recovery in New Zealand won't last.	Der **Konjunkturaufschwung** in Neuseeland wird nicht von Dauer sein.
I don't know if you enjoy the theatre ...?	Mögen Sie **Theater**?
I don't know whether this exhibition would interest you ...?	Würde Sie diese **Ausstellung** interessieren?
If you are interested in art, one possibility for this afternoon would be visiting the Alte Pinakothek here in Munich.	Wenn Sie an Kunst interessiert sind, gäbe es hier in München die Alte Pinakothek, die wir nachmittags besuchen könnten.

Would an evening in the opera be of interest to you?	Wären Sie an einem Abend in der **Oper** interessiert?
I don't know whether you were considering any sight-seeing ...?	Hatten Sie geplant, einige **Sehenswürdigkeiten** zu **besuchen**?
Are you interested in history?	Sind Sie an Geschichte interessiert?
Do you like classical music?	Mögen Sie klassische Musik?
Do you enjoy shopping?	Gehen Sie gerne einkaufen?
It's half-day closing today – if you need anything from the shops you should go this morning.	Die Geschäfte **schließen** heute schon **mittags**. Wenn Sie noch etwas einkaufen wollen, sollten Sie das heute Morgen erledigen.
There are some very good shops in the town centre.	Es gibt einige sehr gute **Geschäfte** in der Stadtmitte.
Market day is Wednesday in Leek.	In Leek ist am Mittwoch **Markttag**.
In London, one of the most famous shopping streets is Oxford Street.	Eine der bekanntesten **Einkaufsstraßen** in London ist die Oxford Street.
What is it like in Frankfurt?	Wie ist es in Frankfurt?
Where do you live in Germany?	Wo leben Sie in Deutschland?
Do you like living in London?	Leben Sie gerne in London?
Do you prefer living in Leipzig or in Berlin?	Leben Sie **lieber** in Leipzig oder in Berlin?
Are you married?	**Sind Sie verheiratet?**
No, I'm divorced/separated/single.	Nein, ich bin geschieden/lebe getrennt/bin ledig.
Do you have a family?	Haben Sie **Familie**?

Does your husband work?	Arbeitet Ihr Mann?
What does he do?	Was macht er?
How old are your children?	Wie alt sind Ihre Kinder?
Do you have a large family?	Haben Sie eine große **Familie**?
Do you ski?	Fahren Sie Ski?
Have you ever been horse-riding?	Sind Sie schon mal geritten?
Do you like playing squash?	Spielen Sie gerne Squash?
Have you ever tried sailing?	Haben Sie schon mal Segeln versucht?
Do you enjoy jogging?	**Mögen** Sie Jogging?
Do you play tennis?	Spielen Sie Tennis?
Do you like doing crosswords?	Lösen Sie gerne Kreuzworträtsel?
Do you play chess?	Spielen Sie Schach?
Have you ever been to Italy?	Waren Sie schon mal in Italien?
Can you speak French?	**Sprechen** Sie Französisch?
Where did you go on holiday (US: vacation) last summer?	Wo haben Sie letzten Sommer Ihren **Urlaub** verbracht?
Was the weather nice?	Hatten Sie gutes Wetter?
What did you do?	Was haben Sie gemacht?
Did you have a nice time?	**Hat** es Ihnen **gefallen**?
What was it like there?	Wie war es da?
Was it very different to the US?	War es sehr anders als in den USA?

Where would you like to go for lunch?	Wo möchten Sie zu Mittag essen?
Do you like Japanese food?	Mögen Sie japanisches Essen?
Would you like to try traditional German food?	Mögen Sie die traditionelle deutsche Küche?
Are you vegetarian?	Sind Sie Vegetarier?
I am allergic to nuts.	Ich bin gegen Nüsse allergisch.
I don't like spicy food.	Ich esse nicht gerne scharf.
Are you ready to order?	Möchten Sie jetzt bestellen?
I think I need a few more minutes to read the menu.	Ich denke ich brauche noch ein paar Minuten, um die Speisekarte zu lesen.
I would like the dish of the day with a side salad, please.	Ich hätte gerne das Tagesgericht und als Beilage einen Salat, bitte.
Would you like a starter?	Möchten Sie eine Vorspeise?
Yes, please. I would like the smoked salmon paté.	Gerne. Ich möchte die Pastete vom geräucherten Lachs.
What would you like to drink?	Was möchten Sie trinken?
I would like a glass of mineral water, please.	Ich hätte gerne ein Glas Mineralwasser, bitte.
Could I have a glass of water, please?	Kann ich ein Glas Leitungswasser haben, bitte?
Would you prefer red or white wine?	Möchten Sie lieber Rotwein oder Weißwein?
Would you like some coffee?	Möchten Sie einen Kaffee?
Yes please, white, no sugar.	Ja, bitte, mit Milch und ohne Zucker.

Can I get you anything else? **No, I'm fine, thank you.**	Möchten Sie etwas anderes? Nein danke.
Could we have the bill, **please?**	Können wir zahlen, bitte?
Keep the change.	Es stimmt so.
I would like a pint of lager and half of bitter, please.	Ich hätte gern ein großes Bier und ein kleines Bitter (britisches Bier).
I'll get these.	Ich werde diese Runde zahlen.
Is it my round?	Ist es meine Runde?
I'd like two brandys, please – and have one yourself.	Ich hätte gerne zwei Weinbrand, bitte – und nehmen Sie auch einen (als Trinkgeld in Großbritannien).
Same again, **please.**	Dasselbe nochmal, bitte.
Are we allowed to smoke here?	Darf man hier rauchen?
Last orders at the bar, please!	Letzte Bestellungen vor der Schließung, bitte!
What time does your train leave?	Um wie viel Uhr geht Ihr Zug?
I hope you enjoyed your stay **in Germany.**	Ich hoffe, Sie hatten einen angenehmen Aufenthalt in Deutschland.
If you have any queries, **please do not hesitate to contact us.**	Sollten Sie noch irgendwelche Fragen haben, zögern Sie bitte nicht, mit uns in Kontakt zu treten.
It was a pleasure **doing business with you.**	Es war ein Vergnügen mit Ihnen Geschäfte zu machen.
Likewise.	Danke, gleichfalls.
I hope that we can continue to work together in the future.	Ich hoffe, dass wir auch in Zukunft zusammenarbeiten werden.

I'll e-mail you to keep you posted of new developments.	Ich werde Ihnen mailen, um Sie über neue Entwicklungen **auf dem Laufenden zu halten**.
We'll see each other at the conference next month.	Wir sehen uns nächsten Monat auf der Tagung.
I hope we have the opportunity to discuss these developments face to face in the near future.	Ich hoffe, wir werden in naher Zukunft die Gelegenheit haben diese Entwicklungen **persönlich** zu besprechen.
Goodbye. It was a pleasure to meet you.	Auf Wiedersehen. Es war ein Vergnügen, Sie kennen gelernt zu haben.
I'm glad to have made your acquaintance.	Ich bin sehr erfreut, Ihre **Bekanntschaft** gemacht zu haben.

Dialogbeispiele

A: How was your business year in comparison to last year?	A: Wie war Ihr **Wirtschaftsjahr** im Vergleich zum letzten Jahr?
B: Our business report shows a considerable improvement.	B: Unser **Geschäftsbericht** zeigt eine beachtliche Verbesserung.
A: What is the unemployment rate in Switzerland?	A: Gibt es eine hohe **Arbeitslosenquote** in der Schweiz?
B: Nowhere in Europe has full employment.	B: In Europa gibt es nirgendwo **Vollbeschäftigung**.
A: We have introduced many job creation schemes in Capetown to combat the problem.	A: In Kapstadt haben wir viele **Arbeitbeschaffungsmaßnahmen** eingeführt, um das Problem zu bekämpfen.

A: **Do you think the US economy is** on the upturn **at the moment?**	A: Glauben Sie, dass sich die US-Wirtschaft im Moment im **Aufschwung** befindet?
B: **The** balance of trade **does seem to indicate that it is improving.**	B: Die **Handelsbilanz** scheint anzuzeigen, dass sie stärker wird.

A: **Have you visited Berlin before?**	A: Waren Sie schon mal in Berlin?
B: **Only briefly, in 2008.**	B: Nur kurz, 2008.
A: **Were you hoping to do some** sightseeing?	A: Hatten Sie eine **Sightseeingtour** geplant?
B: **Certainly. What can you** recommend?	B: Natürlich. Was würden Sie **empfehlen**?
A: **Perhaps a walking tour of the** city centre **– to take advantage of the good weather. Afterwards, I can heartily recommend the Shiva restaurant for lunch.**	A: Vielleicht einen Spaziergang durch das **Stadtzentrum** – bei diesem schönen Wetter. Danach empfehle ich dringend das Restaurant Shiva zum Mittagessen.

A: **Does your wife work?**	A: Arbeitet Ihre Frau?
B: **Yes, she works part-time as a midwife. After we had the children she gave up full-time work.**	B: Ja, sie arbeitet Teilzeit als Hebamme. Seit wir die Kinder haben, hat sie aufgehört, Vollzeit zu arbeiten.

A: Is your daughter in school?	A: Ist Ihre Tochter in der Schule?
B: No, she has already graduated (*UK:* finished school).	B: Nein. Sie ist bereits fertig.

A: What subject is your daughter reading at university?	A: Was studiert Ihre Tochter?
B: She is reading law at the University of Queensland.	B: Sie studiert Jura an der Universität von Queensland.
A: My son graduated from Oxford last year.	A: Mein Sohn hat letztes Jahr seinen Abschluss in Oxford gemacht.
B: Where does your son work?	B: Wo arbeitet Ihr Sohn?

A: What sports do you enjoy?	A: Welche Sportarten mögen Sie?
B: I like golf and enjoy fishing in summer, if I have the time.	B: Ich spiele gerne Golf und im Sommer gehe ich Fischen, wenn ich Zeit habe.
A: You should go to Scotland – there are a lot of golf courses and good fishing rivers there.	A: Sie sollten Schottland besuchen – es gibt dort viele Golfplätze und gute fischreiche Flüsse.
B: I'd like to visit Scotland some day, especially the highlands.	B: Ich würde gerne mal nach Schottland fahren, besonders in die Highlands.

Geschäftsreisen

A: Nicola, I'd like to introduce you to one of our overseas partners, Mr. Franz Deffner. Mr. Deffner, Mrs. Adam, our chief accountant.	A: Nicola, ich würde dich gerne einem unserer ausländischen Partner **vorstellen**, Herrn Franz Deffner. Herr Deffner, Frau Adam, unsere Chefbuchhalterin.
B: Pleased to meet you, Mrs. Adam.	B: Es freut mich Sie kennenzulernen, Frau Adam.
C: Please, call me **Nicola.**	C: Bitte, **nennen Sie mich** Nicola.
A: Have a seat, Mr. Deffner.	A: Setzen Sie sich, Herr Deffner.
B: Thank you. Please call me **Franz.**	B: Danke, **nennen Sie mich** Franz.

A: Did you enjoy **your meal?**	**A: Hat es Ihnen geschmeckt?**
B: It was delicious**, thank you.**	B: Es war **hervorragend**, danke der Nachfrage.
A: Can I get you anything else?	A: Möchten Sie noch etwas Anderes?
B: I would like a cup of coffee, please. Black, no sugar.	B: Ich hätte gerne eine Tasse Kaffee, bitte. Schwarz, ohne Zucker.

A: Can we have the bill, please?	A: Können wir zahlen, bitte?
B: Let me get this.	**B: Darf ich das übernehmen?**
A: No, please, allow me.	A: Bitte überlassen Sie es mir.
B: Thank you.	B: Danke schön.

9. Besprechungen

Presentations	Präsentationen
We will schedule our next quarterly meeting for ...	Wir werden unsere nächste Quartalsbesprechung für ... ansetzen.
We should notify the participants of the next annual production meeting as soon as possible.	Wir sollten die Teilnehmer der nächsten Jahresproduktionsbesprechung so schnell wie möglich benachrichtigen.
Handouts containing the agenda should be sent out beforehand to everybody.	Handouts mit der Tagesordnung sollten vorab an alle verschickt werden.
Will all the staff be able to come?	Wird die gesamte Belegschaft kommen können?
Shall we postpone the meeting?	Sollen wir die Besprechung auf später verschieben?
Should we settle on a later date?	Sollten wir uns auf einen späteren Termin einigen?
Would it be better to cancel the meeting altogether?	Wäre es besser, die Besprechung ganz abzusagen?
Ladies and gentlemen, welcome to today's meeting.	Meine Damen und Herren, ich begrüße Sie zu der heutigen Sitzung.
Ladies and gentlemen, I am happy to welcome you to our annual business meeting.	Meine Damen und Herren, ich freue mich, Sie zu unserer jährlichen Geschäftsbesprechung willkommen zu heißen.
Welcome and thank you for coming today.	Herzlich willkommen und vielen Dank, dass Sie heute erschienen sind.

Ladies and gentlemen, we are here today to listen to Mrs. Smith's presentation on ...	Meine Damen und Herren, wir haben uns heute hier, um Frau Smiths Präsentation über ... zu hören.
We have an extremely important session today.	Wir haben heute eine ausgesprochen wichtige Sitzung.
This month's meeting will have the following subject: ...	Die Besprechung dieses Monats hat folgendes Thema: ...
The subject of tomorrow's session has been decided on by Mr. ...	Das Thema der morgigen Sitzung hat Herr ... bestimmt.
Mr. Daniel's talk on ... will introduce us to today's topic.	Herrn Daniels Vortrag ... wird uns in das heutige Thema einführen.
It is my pleasure to introduce our guest, Mrs. Green, to you.	Es ist mir eine Freude, Ihnen unseren Gast, Frau Green, vorzustellen.
We are pleased to have Mr. Alfons as our guest.	Wir freuen uns, Herrn Alfons als unseren Gast zu haben.
I am sorry to announce that Mr. Wilbert will be late.	Es tut mir leid, Ihnen mitteilen zu müssen, dass Herr Wilbert sich verspäten wird.
We will begin the meeting in five minutes.	Wir werden in fünf Minuten mit der Besprechung beginnen.
I hope that we will have an interesting discussion.	Ich hoffe, dass wir eine interessante Diskussion haben werden.
We will start even if not everybody has arrived.	Wir werden beginnen, auch wenn noch nicht alle da sind.
Handouts are provided for every member.	Jedes Mitglied bekommt ein Handout (Informationsblatt).
The agenda has been handed out in advance.	Die Tagesordnung ist schon vorab ausgeteilt worden.

Everybody should be in possession of a detailed description of today's topic.	Jeder sollte im Besitz einer detaillierten Beschreibung des heutigen Themas sein.
On the handout you can see this meeting's agenda.	Der Tischvorlage können Sie die Tagesordnung dieser Besprechung entnehmen.
The meeting will follow the items on the agenda.	Die Sitzung wird den Punkten der Tagesordnung folgen.
Items can be added to today's agenda.	Der Tagesordnung können Punkte hinzugefügt werden.
Items can be deleted from the agenda.	Es können Punkte von der Tagesordnung gestrichen werden.
We need somebody to keep the minutes.	Wir brauchen jemanden, der Protokoll führt.
Somebody has to be appointed to keep the minutes.	Irgendjemand muss dazu ernannt werden, Protokoll zu führen.
Mr. Wilson, would you be so kind as to keep the minutes today?	Herr Wilson, wären Sie so freundlich, heute Protokoll zu führen?
If nobody volunteers I will have to appoint someone.	Falls sich niemand freiwillig meldet, muss ich jemanden bestimmen.
Before going into detail I will give you the necessary background information.	Bevor ich ins Detail gehe, werde ich Ihnen die notwendigen Hintergrund-informationen geben.
I am going to confront you with some controversial issues.	Ich werde Sie mit einigen sehr umstrittenen Punkten konfrontieren.
Some problematic aspects will be raised during Mr. Daniel's talk.	Während Herrn Daniels Vortrag werden einige problematische Aspekte aufgeworfen werden.

Due to the controversial topic of the presentation we will probably have a very lively discussion.	Aufgrund des umstrittenen Themas der Präsentation werden wir wahrscheinlich eine sehr **lebhafte** Diskussion haben.
Could you please hold back all questions and comments until after I am done?	Könnten Sie bitte alle Fragen und Anmerkungen **zurückhalten** bis ich fertig bin?
I would prefer answering any questions after having finished my talk.	Ich würde es vorziehen, Fragen erst zu beantworten, nachdem ich meinen Vortrag beendet habe.
If any questions arise please do not hesitate to interrupt me.	Falls irgendwelche Fragen aufkommen, scheuen Sie sich bitte nicht, mich zu **unterbrechen**.
Ms. Maier will be happy to react to your comments any time.	Frau Maier wird gerne **jederzeit** auf Ihre Kommentare eingehen.
Please feel free to interrupt me any time.	Bitte **zögern Sie nicht**, mich jederzeit zu unterbrechen.
There will be enough time for questions and comments after the presentation.	Im Anschluss an die Präsentation wird genug Zeit für Fragen sein.
After the first half of the presentation there will be a break of ten minutes.	Nach der ersten Hälfte der Präsentation wird es eine **Pause** von zehn Minuten geben.
I will begin my presentation with giving you an overview of ...	Ich werden meine Präsentation damit beginnen, Ihnen einen **Überblick** über ... zu geben.
We will use slides to present the facts.	Wir werden **Folien** verwenden, um die Sachverhalte darzustellen.
Pie charts are best suited for the presentation of percentages.	**Kreisdiagramme** sind am geeignetsten für prozentuale Darstellungen.
He will be using flip charts to illustrate ...	Er wird **Flipcharts** zur Verdeutlichung von ... benutzen.

To show you ... I have prepared a short presentation.	Um Ihnen ... zu zeigen, habe ich eine kurze Präsentation vorbereitet.
This short film will introduce you to ...	Dieser kurze Film wird Sie mit ... vertraut machen.
I have brought a film to demonstrate ...	Ich habe einen Film mitgebracht, um zu zeigen, ...
From this table you can see ...	Aus dieser Tabelle können Sie ... entnehmen.
For this, two factors are responsible.	Hierfür sind zwei Faktoren verantwortlich.
First, ... Second, ...	Erstens, ... Zweitens, ...
I believe that there are several reasons. **Firstly, ... Secondly, ...**	Ich glaube, dass es verschiedene Gründe gibt. Erstens, ... Zweitens, ...
The main reason for this is, ...	Der Hauptgrund hierfür ist, ...
Furthermore, ...	**Darüber hinaus/des Weiteren ...**
Consequently, ...	**Folglich ...**
Therefore/because of this ...	**Deshalb/deswegen ...**
In addition, ...	**Zusätzlich, ...**
There are still the following aspects of the problem to talk about ...	Über folgende Aspekte des Problems müssen wir noch sprechen ...
I almost forgot to tell you ...	Beinahe vergaß ich, Ihnen zu sagen, dass...
I think that we have finally found a compromise.	Ich glaube, dass wir endlich einen Kompromiss gefunden haben.
The following suggestions have been made.	Folgende Vorschläge sind gemacht worden.

To present a possible way out of this conflict was the intention of my presentation.	Ziel meiner Präsentation war, einen möglichen Weg aus diesem Konflikt aufzuzeigen.
I hope that no misunderstandings will result from this paper, which I have presented here.	Ich hoffe, dass aus dem Bericht, den ich hier vorgestellt habe, keine Missverständnisse erwachsen.
To sum up ...	Um es zusammenzufassen ...
Finally I should say that ...	Abschließend sollte ich sagen, dass ...
With the following quotation I will bring my presentation to an end.	Mit dem folgenden Zitat möchte ich meine Präsentation beenden.
With this last statement we should open the discussion.	Mit dieser letzten Feststellung sollten wir die Diskussion eröffnen.
You may now ask all questions that arose during my presentation.	Sie dürfen jetzt sämtliche Fragen stellen, die während meiner Präsentation aufgekommen sind.
I am now willing to answer any questions.	Ich bin jetzt bereit, Fragen zu beantworten.
We can now discuss whatever you would like to be discussed.	Wir können jetzt alles diskutieren, was Sie zur Diskussion stellen möchten.
Now is the time to comment on Mr. Wilbur's point of view, which he has elaborated on this past hour.	Jetzt ist der Zeitpunkt gekommen, Herrn Wilburs Ansicht zu kommentieren, die er in der letzten Stunde ausführlich dargelegt hat.
Thank you, ladies and gentlemen, for being here today.	Meine Damen und Herren, vielen Dank, dass Sie heute gekommen sind.
Thats's all for now, thank you for listening.	Das ist fürs Erste alles; danke, dass Sie zugehört haben.
I think we should call it a day and leave this problem for the time being.	Ich denke, wir sollten Feierabend machen und dieses Problem vorläufig beiseite lassen.

Dialogbeispiele

A: **I think we should** schedule **our next quarterly meeting for Monday next week.**	A: Ich denke, wir sollten unsere nächste Quartalsbesprechung für Montag kommender Woche **ansetzen.**
B: **That's a good idea, but then we should** notify **everybody as soon as possible. We should also send out** handouts containing the agenda.	B: Das ist eine gute Idee, aber wir sollten dann jeden so schnell wie möglich **benachrichtigen**. Außerdem sollten wir **Handzettel mit der Tagesordnung** verschicken.
A: **O.K., I will do this tomorrow. Do you think that all the** staff **will be able to come?**	A: In Ordnung. Das werde ich morgen machen. Glauben Sie, dass die gesamte **Belegschaft** kommen kann?
B: **I don't know. If not, we can always** postpone **the meeting to a later date.**	B: Ich weiß nicht. Falls nicht, können wir die Besprechung immer noch auf einen späteren Termin **verschieben.**
A: **I hope that we will not have to** cancel **the meeting altogether.**	A: Ich hoffe, dass wir die Besprechung nicht ganz **absagen** müssen.

A: **Ladies and gentlemen, welcome to today's meeting. We are here to listen to Mrs. Smith's** presentation **on the recent marketing strategies of our European branches. Mrs. Smith, thank you**	A: Meine Damen und Herren, herzlich willkommen zur heutigen Besprechung. Wir sind hier, um Frau Smiths **Präsentation** der aktuellen Marketingstrategien unserer europäischen Filialen zu

for being here. Will you be kind and tell us how you will proceed?

hören. Frau Smith, vielen Dank, dass Sie heute hier sind. Würden Sie uns bitte sagen, wie Sie verfahren werden?

B: **Thank you.** I am pleased to be here today. **Before I begin, I will show you a short film about the changes in the European market situation over the last years. My presentation will then cover several very** controversial aspects **and I hope that we will have a very** lively discussion **afterwards. If you have any questions, feel free to interrupt me any time.**

B: Danke. **Ich freue mich, heute hier zu sein.** Bevor ich anfange, werde ich Ihnen einen kurzen Film über die Veränderungen der europäischen Marktsituation in den letzten Jahren zeigen. Meine Präsentation wird dann einige sehr **umstrittene Aspekte** abhandeln und ich hoffe, dass wir danach eine sehr **lebhafte Diskussion** haben werden. Sollten Sie irgendwelche Fragen haben, können Sie mich jederzeit gerne unterbrechen.

A: **We are pleased to have Mr. Alfons, sales coordinator of our Russian branch, as our guest today. His presentation is not on the agenda but will nevertheless be an important** addition **to our topic.**

A: Wir freuen uns, Herrn Alfons, den Verkaufskoordinator unserer russischen Filiale, heute als unseren Gast zu haben. Seine Präsentation steht zwar nicht auf der Tagesordnung, aber sie wird dennoch eine wichtige **Ergänzung** unseres Themas sein.

A: Good morning, ladies and gentlemen. I am pleased to welcome Mr. Daniel of Talcum Industries as our guest. Mr. Daniel's talk on the possibilities of entry into the Chinese market will introduce us to today's topic. Mr. Daniel would you please begin?	A: Guten Morgen, meine Damen und Herren. Ich freue mich, Herrn Daniel von Talcum Industries als unseren Gast willkommen zu heißen. Herrn Daniels Vortrag über die Möglichkeiten des Markteinstiegs in China wird uns in das heutige Thema einführen. Herr Daniel, würden Sie bitte beginnen?
B: Thank you. I am glad to be here. I will begin my presentation with giving you an overview of last year's development of the sales figures of different European companies. In order to present the facts, I will use slides. To illustrate the percentage of European companies in the Chinese market, I have decided that pie charts are most convenient.	B: Danke. Ich freue mich, hier zu sein. Ich werde meine Präsentation damit beginnen, Ihnen einen Überblick über die Entwicklung der Verkaufszahlen des letzten Jahres verschiedener europäischer Firmen zu geben. Um die Fakten darzustellen, werde ich Folien verwenden. Ich habe beschlossen, dass für die Darstellung der Prozentanteile europäischer Firmen auf dem chinesischen Markt Kreisdiagramme am geeignetsten sind.
A: Mr. Daniel, sorry to interrupt you, but before you go into detail could you please give us	A: Herr Daniel, entschuldigen Sie, dass ich Sie unterbreche, aber könnten Sie uns bitte die nötigen

the necessary background information?

Hintergrundinformationen geben, bevor Sie ins Detail gehen?

B: Of course. That is what I had in mind. But could you then please hold back any questions and comments until after the first part of my presentation?

B: Sicher. Das hatte ich vor. Aber könnten Sie dann bitte alle Fragen und Anmerkungen bis nach dem ersten Teil meiner Präsentation zurückhalten?

A: To show you the present situation, I have brought some slides. Later on we can watch a short film which shows how our Brazilian partners have set up the production.

A: Um Ihnen die aktuelle Situation zu zeigen, habe ich einige Folien mitgebracht. Später können wir uns einen kurzen Film anschauen, der zeigt, wie unsere brasilianischen Partner die Produktion eingerichtet haben.

A: From this table you can see how much the foundation of the NAFTA has affected import rates from Mexico. The following suggestions have been made to end this intolerable situation.

A: Aus dieser Tabelle können Sie entnehmen, wie stark sich die Gründung der NAFTA auf die Importraten aus Mexiko ausgewirkt hat. Folgende Vorschläge sind zur Beendigung dieser unerträglichen Situation gemacht worden.

A: I come now to the last point of my presentation. ... To sum up, we can say that there seem to be several ways to solve this problem. The intention of my talk was to confront you with different alternative solutions. Thank you for your attention.	A: Ich komme nun zum letzten Punkt meiner Darstellung. ... Zusammenfassend können wir sagen, dass es mehrere Wege zu geben scheint, dieses Problem zu lösen. Ziel meines Vortrags war es, Sie mit verschiedenen alternativen Lösungen zu konfrontieren. Vielen Dank für Ihre Aufmerksamkeit.

A: Finally, all I have to say is that I think we should leave this aspect of the problem for the time being and call it a day. Good bye, ladies and gentlemen, and thank you for being here. We will meet here again next week.	A: Abschließend bleibt mir nur zu sagen, dass ich denke, wir sollten diesen Aspekt des Problems für heute beiseite lassen und Feierabend machen. Auf Wiedersehen, meine Damen und Herren, vielen Dank, dass Sie hier waren. Nächste Woche treffen wir uns wieder hier.

Argumentation

Argumentation	Argumentation
I think that ...	Ich denke, dass ...
I believe that ...	Ich glaube, dass ...
I am sure/certain that ...	Ich bin sicher, dass ...

I am absolutely sure that ...	Ich bin absolut sicher, dass ...
In my opinion ...	**Meiner Ansicht nach ...**
From my point of view ...	Nach meiner **Auffassung** ...
In my eyes ...	In meinen Augen ....
I presume/assume that ...	Ich **nehme an/vermute**, dass ...
As I see it ...	So wie ich das sehe ...
I am convinced that ...	Ich bin **überzeugt**, dass ...
I am positive that ...	Ich bin (mir) **ganz sicher**, dass ...
The first reason for this I would like to mention is ...	Der erste **Grund** hierfür, den ich erwähnen möchte ist ...
Second/secondly there is ... to talk about.	Zweitens sollten wir über ... sprechen.
In addition, we shouldn't forget that ...	**Zusätzlich** sollten wir nicht vergessen, dass ...
Furthermore ...	**Ferner/des Weiteren ...**
Moreover ...	**Darüber hinaus ...**
I would like to add ...	**Ich würde gerne ... hinzufügen.**
Not only ... but also ...	**Nicht nur ... sondern auch.**
On the one hand ... on the other hand ...	**Einerseits ... andererseits ...**
In general ...	**Im Allgemeinen ...**
Generally speaking ...	**Allgemein gesprochen ...**
On the whole ...	**Im Großen und Ganzen ...**
All in all ...	**Alles in allem ...**

Nevertheless I should not forget to mention ...	Nichtsdestotrotz sollte ich nicht vergessen zu erwähnen ...
In spite of ...	Trotz ...
Despite the fact that ...	Trotz der Tatsache, dass ...
However ...	Aber/trotzdem/jedoch ...
Although ...	Obwohl ...
Instead of ...	Statt/anstatt ...
Instead, ...	Stattdessen ...
Therefore ...	Deshalb/deswegen ...
For that reason ...	Darum/aus diesem Grund ...
I am not at all convinced.	Ich bin überhaupt nicht davon überzeugt.
I am not quite sure if I can agree.	Ich bin nicht ganz sicher, ob ich dem zustimmen kann.
What if you are wrong?	Was ist, wenn Sie sich irren?
Could it be that you got something wrong here?	Könnte es sein, dass Sie hier etwas falsch verstanden haben?
I am afraid I cannot follow your argument.	Ich fürchte, ich kann Ihrem Argument nicht folgen.
Could you please go more into detail?	Könnten Sie bitte mehr ins Detail gehen?
Wouldn't it be better if we stuck to the subject?	Wäre es nicht besser, wenn wir beim Thema blieben?
It might be better if ...	Es wäre vielleicht besser, wenn ...
What about Mr. Fielding's proposal?	Was ist mit Herrn Fieldings Vorschlag?

Shouldn't we take into account other opinions on this subject?	Sollten wir nicht andere Meinungen zu diesem Thema **berücksichtigen**?
Maybe you should consider what Ms. Green said earlier.	Vielleicht sollten Sie **bedenken**, was Frau Green vorhin gesagt hat.
Why don't you tell us more about ...?	Warum erzählen Sie uns nicht mehr zu ... ?
I agree with most of what you presented here, yet don't you think that ...	Dem meisten von dem, was Sie hier vorgestellt haben, **stimme ich zu**, **aber** denken Sie nicht, dass ...
Have you thought about looking at this problem from a different angle?	Haben Sie daran gedacht, dieses Problem **aus einem anderen Blickwinkel** zu betrachten?
Everything you said is fine, but one could also take other aspects into account.	Was Sie gesagt haben ist schön und gut, aber man könnte auch **andere Aspekte in Betracht ziehen.**
I wonder if you have taken into account that ...	Ich **frage mich**, ob Sie berücksichtigt haben, dass ...
Aren't there more sides to this issue?	Hat diese **Angelegenheit** nicht mehrere Seiten?
You are right with what you are saying.	**Sie haben recht**, mit dem was Sie sagen.
Yes, you could also look at it from this point of view.	Ja, Sie könnten es auch aus dieser Sicht sehen.
Let me see!	Lassen Sie mich überlegen!
Yes, you could actually be right.	Ja, Sie könnten tatsächlich recht haben.
No, I think you are mistaken.	Nein, ich denke, dass Sie hier **falsch liegen.**
Really, I am convinced that one couldn't say it this way at all.	Wirklich, ich bin davon überzeugt, dass man das so überhaupt nicht sagen kann.

Are you really convinced that this is a realistic project?	Sind Sie wirklich überzeugt davon, dass es sich um ein realistisches Projekt handelt?
Excuse me, Madam/Sir, may I interrupt you?	Entschuldigen Sie, meine Dame/mein Herr, **darf ich Sie unterbrechen**?
Sorry to break in, but ...	Tut mir leid, dass ich Sie **unterbreche**, aber ...
Excuse me, may I ask you a question?	Entschuldigen Sie, darf ich Ihnen eine Frage stellen?
I would like to say a few words.	Ich würde gerne einige Worte sagen.
There is something I would like to say.	Ich würde gerne etwas sagen.
It would be good if we could have other opinions on that.	Es wäre gut, wenn wir auch **andere Meinungen** dazu **hören** könnten.
If I might just add something?	Wenn ich dazu **etwas ergänzen** dürfte?
Let me conclude with the following statement: ...	Lassen Sie mich mit der folgenden Feststellung **abschließen**: ...
To wrap up this discussion, ...	Um diese Diskussion **zusammenzufassen ...**
Before coming to a hasty decision we should leave it here.	Bevor wir zu einer **übereilten Entscheidung** kommen, sollten wir es hierbei belassen.
I believe that most of us are opposed to this suggestion.	Ich glaube, dass die meisten von uns diesen Vorschlag **ablehnen.**
I am afraid we cannot back up your proposal.	Ich befürchte, dass wir diesen Vorschlag nicht **unterstützen** können.
I am sorry, but we cannot support your idea.	Es tut mir leid, aber wir können Ihre Idee nicht **unterstützen.**

It is impossible to accept this offer.	Es ist (uns) unmöglich, dieses Angebot **anzunehmen.**
I am absolutely sure that this point will not be accepted.	Ich bin absolut sicher, dass dieser Punkt nicht akzeptiert werden wird.
We will definitely not pursue this option.	Wir werden diese Option auf keinen Fall weiterverfolgen.

Dialogbeispiele

A: Mr. Daniel, I am sure that most of us agree with you when you are saying that we should change our marketing strategies. However, I am not at all convinced that the suggestions you made are feasible.	A: Herr Daniel, ich bin sicher, dass die meisten von uns **zustimmen,** wenn Sie sagen, dass wir unsere Marketingstrategien ändern sollten. **Trotzdem** bin ich überhaupt nicht davon überzeugt, dass die Vorschläge, die Sie gemacht haben, umsetzbar sind.
B: Despite the fact that you seem to disagree, I believe that those strategies are realistic. Not only do we have to look at the future of our company in Germany, but we also have to take into account developments in other European countries. Therefore, in my eyes, new ideas are absolutely necessary.	B: Trotz der Tatsache, dass Sie mir **nicht zuzustimmen** scheinen, halte ich diese Strategien für realistisch. Wir müssen **nicht nur** die Zukunft unserer Firma in Deutschland sehen, **sondern auch** Entwicklungen in anderen europäischen Ländern **in Betracht ziehen. Deshalb** sind in meinen Augen neue Ideen absolut notwendig.

A: What you are saying is fine, yet don't you think that we have to keep in mind our budget as well?	A: Was Sie sagen ist schön und gut, aber denken Sie nicht, dass wir auch unser Budget im Auge behalten müssen?
C: Sorry for interrupting. May I just ask a question? I am afraid I cannot follow your arguments. Could you go more into detail, please?	C: Tut mir leid, wenn ich Sie unterbreche. Darf ich Sie etwas fragen? Ich fürchte, ich kann Ihren **Argumenten** nicht folgen. Könnten Sie bitte etwas mehr ins Detail gehen?

A: The main reason for this decline in sales figures is that we have lost one of our best clients. Secondly, the increase in prices that we introduced last year has also affected the sales of this product.	A: Der **Hauptgrund** für den Rückgang der Verkaufszahlen ist der, dass wir einen unserer besten Kunden verloren haben. **Zweitens** hat sich auch die Preiserhöhung, die wir letztes Jahr eingeführt haben, auf den Absatz ausgewirkt.
B: Excuse me, Sir, may I interrupt you? I would like to add something.	B: Entschuldigen Sie, **darf ich Sie unterbrechen?** Ich würde gerne **etwas hinzufügen.**
A: Go ahead, please.	A: Bitte sehr, fahren Sie fort/Nur zu!
B: Thank you. I assume that you are working with the sales figures from last month. In addition, we	B: Danke. Ich **vermute**, dass Sie mit den Verkaufszahlen des letzten Monats arbeiten. **Zusätzlich**

Besprechungen

should not forget that our company is also affected by the closing of one of our American subsidiaries.	sollten wir nicht vergessen, dass unsere Firma auch von der Schließung einer unserer amerikanischen Tochterfirmen **betroffen** ist.
A: Agreeing with all that you talked about I still think that we should go more into detail in certain points. First, in my opinion, there is more than one solution to the problem. Moreover, I am sure that we will find a much cheaper alternative if we tried to adapt our production lines to the new technology. Finally, there is the question of timing that we should talk about. I am absolutely positive that we can save a lot more time than you have estimated.	A: Obwohl ich allem zustimme, worüber Sie gesprochen haben, denke ich trotzdem, dass wir in gewissen Punkten mehr ins Detail gehen sollten. **Erstens** gibt es meiner Ansicht nach mehr als eine Lösung für das Problem. **Darüber hinaus** bin ich sicher, dass wir eine viel billigere Alternative finden können, wenn wir versuchen, die Produktion an die neue Technologie anzupassen. **Schließlich** ist da noch die Frage des Timings, über die wir reden sollten. Ich bin ganz sicher, dass wir viel mehr Zeit einsparen können, als Sie **veranschlagt** haben.
B: I wonder if you realize that we are talking about different things here. I was not trying to point out just one solution. Instead, I intended to set off a discussion that would help	B: **Ich frage mich**, ob Sie sich bewusst sind, dass wir über verschiedene Dinge sprechen. Ich habe nicht versucht, nur eine Lösung **aufzuzeigen**. Stattdessen war mein Ziel, eine Diskussion **in Gang**

Besprechungen

to find the best of several options.	zu bringen, die uns helfen würde, die beste von mehreren Optionen herauszufinden.
A: **There seems to have been some slight** misunderstanding**. Could you please go back to your first point and** clarify **it?**	A: Hier scheint ein kleines **Missverständnis** vorzuliegen. Könnten Sie bitte Ihren ersten Punkt noch einmal aufgreifen und **klären**?
B: Certainly. **Let me show this slide again to illustrate what I had in mind.**	B: **Sicherlich.** Lassen Sie mich diese **Folie** noch einmal zeigen, um zu veranschaulichen, was ich im Sinn hatte.

A: **Ladies and gentlemen, thank you again for coming to this important meeting today.** To wrap up **our session, the only thing there to say for me is that I think that we have had a very** fruitful **discussion.** On the one hand **it is true that we have not come to an agreement concerning the marketing strategies of our different foreign branches in the future.** On the other hand **we have decided on many other points that are equally**	A: Meine Damen und Herren, nochmals vielen Dank, dass Sie zu dieser wichtigen Besprechung heute gekommen sind. Um unsere Sitzung **zusammenfassend abzuschließen**, bleibt mir nur zu sagen, dass ich denke, dass wir eine sehr **ergiebige Diskussion** hatten. **Einerseits** konnten wir uns zwar nicht über die Marketingstrategien unserer Auslandsfilialen einigen. **Andererseits** haben wir über viele andere wichtige Punkte entschieden. **Im Großen**

Besprechungen

important. All in all, I am very satisfied with the result of this meeting. For this reason let me thank you for your participation. I am positive that everybody has learned very much today.	und Ganzen bin ich mit dem Ergebnis dieser Sitzung sehr zufrieden. Lassen Sie mich Ihnen aus diesem Grund für ihre Teilnahme danken. Ich bin ganz sicher, dass jeder heute sehr viel gelernt hat.

Agreement/Disagreement	Zustimmung/Ablehnung
I agree.	Ich stimme zu/bin einverstanden.
I agree with you.	Ich bin Ihrer Meinung.
I can agree with what you said.	Ich kann dem, was Sie sagen, zustimmen.
I can see his point.	Ich verstehe, was er meint.
I absolutely/completely agree with you.	Ich bin absolut/völlig Ihrer Meinung.
We have come to an agreement.	Wir sind zu einer Übereinstimmung gelangt./Wir sind uns einig.
Yes, you are right.	Ja, Sie haben recht.
Maybe you are right.	Vielleicht haben Sie recht.
This is a very good concept.	Dies ist ein sehr gutes Konzept.
This is a great idea.	Das ist eine großartige Idee.
I hope that we can continue on such good terms.	Ich hoffe, dass wir unser gutes Verhältnis weiterhin aufrechterhalten können.

I am definitely positive that this is correct.	Ich bin absolut sicher, dass das richtig ist.
I sympathize with your ideas very much.	Ich bin von Ihren Ideen sehr angetan.
I can support your concept.	Ich kann Ihr Konzept unterstützen.
This is exactly how I see it.	Genauso sehe ich es.
This is exactly my opinion.	Das ist genau meine Meinung.
Me too, I think that this is the only feasible way.	Auch ich denke, dass das der einzig gangbare Weg ist.
In my opinion this is the best solution.	Meiner Meinung nach ist dies die beste Lösung.
We couldn't have found a better solution.	Wir hätten keine bessere Lösung finden können.
That's what I think.	Das ist genau, was ich denke.
These are exactly my words.	Das sind genau meine Worte.
There is no need to worry.	Es gibt keinen Grund zur Sorge.
I disagree.	Ich stimme nicht zu./Ich bin anderer Meinung.
I disagree with you.	Ich bin anderer Meinung als Sie.
We do not agree.	Wir stimmen nicht zu.
I cannot share your point of view.	Ich kann Ihre Ansicht nicht teilen.
I don't think I can agree with your idea.	Ich denke nicht, dass ich Ihrer Idee zustimmen kann.
I am absolutely opposed to his point of view.	Ich bin absolut gegen seine Ansicht.

In my opinion, his figures are wrong.	Meiner Meinung nach sind seine Zahlen falsch.
As a matter of fact, I am convinced that you are on the wrong track.	Ehrlich gesagt bin ich davon überzeugt, dass Sie auf dem falschen Weg sind.
Actually, I do think that you are mistaken.	Eigentlich denke ich wirklich, dass Sie sich irren.
No, I believe that you are wrong.	Nein, ich glaube, dass Sie falsch liegen.
I absolutely/completely disagree with you.	Ich kann Ihnen absolut/überhaupt nicht zustimmen.
To be honest, don't you think that his suggestion is more realistic?	Um ehrlich zu sein, denken Sie nicht, dass sein Vorschlag realistischer ist?
I'm afraid that we cannot come to an agreement.	Ich fürchte, wir können zu keiner Übereinstimmung kommen.
We still have our doubts about the increase in sales.	Wir haben immer noch Zweifel an einer Verkaufssteigerung.
I doubt that you have considered everything.	Ich bezweifle, dass Sie alles in Betracht gezogen haben.
I can't quite agree with your statement.	Ich kann Ihrer Feststellung nicht ganz zustimmen.
I am afraid that I cannot share your point of view.	Ich fürchte, dass ich Ihre Ansicht nicht teilen kann.
I am sorry to say that you are gravely mistaken.	Leider muss ich Ihnen sagen, dass Sie sich sehr irren.
I am sorry, but I disagree entirely.	Es tut mir leid, aber ich bin ganz anderer Meinung.
We cannot agree at all.	Wir können überhaupt nicht zustimmen.

I would like to contradict you in this point.	In diesem Punkt würde ich Ihnen gerne widersprechen.
I really have to contradict you here.	Hier muss ich Ihnen wirklich widersprechen.
I am afraid we cannot support your proposal.	Ich fürchte, wir können Ihren Vorschlag nicht unterstützen.
Unfortunately we have to reject your offer.	Leider müssen wir Ihr Angebot ablehnen.
We cannot back up your suggestion.	Wir können Ihren Vorschlag nicht unterstützen.
In principle, I disagree with your concept, but there are certain points with which I can agree.	Im Prinzip stimme ich mit Ihrem Konzept nicht überein, aber einigen Punkten kann ich zustimmen.
I can see what you mean, yet I still think ...	Ich verstehe, was Sie meinen, aber trotzdem denke ich ...
I think that your proposition is very good, however, ...	Ich denke, dass Ihr Antrag sehr gut ist, dennoch ...
I can agree with you on this point, but ...	Ich stimme Ihnen in diesem Punkt zu, aber ...
Although I respect your attitude towards this development, I still think ...	Obwohl ich Ihre Einstellung gegenüber dieser Entwicklung respektiere, denke ich ...
Even though I can understand what you mean, I am opposed to your strategy.	Obwohl ich verstehe, was Sie meinen, lehne ich Ihre Strategie ab.
Although I am not convinced that this is feasible, I believe that we should give it a try.	Obwohl ich nicht überzeugt bin, dass das machbar ist, glaube ich, dass wir einen Versuch wagen sollten.
Wouldn't it be better if we tried to settle on a compromise?	Wäre es nicht besser, wenn wir versuchten, uns auf einen Kompromiss zu einigen?

What about leaving the differences aside and finding a solution?	Wie wäre es, wenn wir die Meinungsverschiedenheiten beiseite ließen und eine Lösung fänden?
Why can't we decide on the most important issues today and postpone everything else to the next meeting?	Warum können wir nicht über die wichtigsten Punkte heute entscheiden und alles andere auf die nächste Besprechung verschieben?
Would you be willing to support such a proposition?	Würden Sie einen solchen Antrag unterstützen?
Do you think that this would be satisfactory?	Denken Sie, dass dies zufriedenstellend wäre?
Would you have any objections to this idea?	Hätten Sie Einwände gegen diese Idee?
This should be negotiable, don't you think?	Darüber sollten wir verhandeln können, denken Sie nicht?
Would you be prepared to accept this offer?	Wären Sie bereit, dieses Angebot anzunehmen?
If you don't try to understand our point of view, we will not be willing to strike a compromise.	Wenn Sie nicht versuchen, unseren Standpunkt zu verstehen, werden wir nicht bereit sein, einen Kompromiss zu finden.
Provided that ..., I will accept your conditions.	Vorausgesetzt, dass ..., werde ich Ihre Bedingungen akzeptieren.
His solution is as good as mine.	Seine Lösung ist so gut wie meine.
I assume that, in fact, my example is less realistic than yours.	Ich nehme an, dass mein Beispiel in der Tat weniger realistisch ist als Ihres.
This sounds good to me and I think I can accept it.	Das klingt gut und ich denke, ich kann es akzeptieren.
Good then, I will accept your suggestion.	Also gut, ich werde Ihren Vorschlag annehmen.

I am glad that we found a common solution.	Ich bin froh, dass wir eine gemeinsame Lösung gefunden haben.
No, we will not support this compromise.	Nein, wir werden diesen **Kompromiss** nicht unterstützen.
I still have to reject your offer.	Ich muss Ihr Angebot immer noch **zurückweisen.**
That's all I have to say.	Das ist alles, was ich zu sagen habe.
This is my last offer.	Das ist **mein letztes Angebot.**
There is no way that you can convince me.	Sie werden es nie schaffen, mich zu überzeugen.
There is no chance that we will give in.	Wir werden nie **nachgeben.**
He won't ever agree.	Er wird niemals zustimmen.
We will never say yes.	**Wir werden niemals ja sagen.**

Dialogbeispiele

A: Mr. Wilson, I'm afraid I cannot agree with you on the concept of new marketing strategies. Even though I can accept certain points, I still have my doubts about the realization of your idea.	**A:** Mr. Wilson, ich fürchte, ich **kann** Ihnen bei Ihrem Konzept neuer Marketingstrategien **nicht zustimmen.** Obwohl ich einige Punkte akzeptieren kann, habe ich **Zweifel** an der Realisierung Ihrer Idee.
B: I cannot see your point here and I am absolutely convinced that I am right.	**B: Ich verstehe nicht, was Sie meinen,** und ich bin absolut überzeugt davon, dass ich recht habe.

A: I am sorry, but in my opinion **the figures that you presented in your table are wrong.**	A: Es tut mir leid, aber meiner Meinung nach sind die Zahlen, die Sie in Ihrer Tabelle gezeigt haben, falsch.

A: I hope that we can settle on a compromise **between our two companies. We have heard Ms. Green's presentation on the new prototype. Mr. Daniel, would you be willing to support such a** proposition **and start with the production?**	A: Ich hoffe, dass wir uns auf einen Kompromiss zwischen unseren beiden Firmen einigen können. Wir haben Frau Greens Präsentation über den neuen Prototyp gehört. Herr Daniel, würden Sie einen solchen Antrag unterstützen und mit der Produktion beginnen?
B: I am not sure if I can agree with everything Ms. Green said. Although I am not convinced **that this plan is feasible, I believe that we should** give it a try. **Yet, I doubt that you have considered the problem of our tight schedule for the next year.**	B: Ich bin nicht sicher, ob ich allem, was Frau Green gesagt hat, zustimmen kann. Obwohl ich nicht davon überzeugt bin, dass der Plan machbar ist, glaube ich, dass wir einen Versuch wagen sollten. Trotzdem bezweifle ich, dass Sie das Problem unseres engen Zeitplans für das kommende Jahr in Betracht gezogen haben.

A: I can see your point, but I think that there is no need to worry. In my opinion this plan is very good. Of course we could change the timing a little bit. Would this be satisfactory for you?	A: Ich verstehe, was Sie meinen, aber ich denke, dass es keinen Grund zur Sorge gibt. Meiner Meinung nach ist der Plan sehr gut. Natürlich könnten wir das Timing ein wenig ändern. Wäre das für Sie zufrieden stellend?
B: Yes, I think that this is the only feasible way. This sounds good to me and I think we can accept it.	B: Ja, ich denke, dass das der einzig machbare Weg ist. Das klingt gut und ich denke, wir können es akzeptieren.
A: I see that we have come to an agreement.	A: Ich sehe, wir sind uns einig.

A: I can support your concept, Mr. Alfons. Would you be willing to support Mr. Black's proposition?	A: Ich kann Ihr Konzept unterstützen, Herr Alfons. Wären Sie bereit, Herrn Blacks Antrag zu unterstützen?
B: No, I'm afraid I cannot share your point of view. I am sorry, but I think that you are gravely mistaken concerning the future market developments in Europe. You are wrong when you are saying that imports will become easier in the future.	B: Nein, ich fürchte, ich kann Ihre Ansicht nicht teilen. Es tut mir leid, aber ich denke, dass Sie sich in Bezug auf die zukünftigen Marktentwicklungen in Europa sehr irren. Sie liegen falsch, wenn Sie sagen, dass Importgeschäfte in Zukunft einfacher sein werden.

To be honest, don't you think that Mr. Miller's suggestion is more realistic?	Um ehrlich zu sein, denken Sie nicht, dass Herrn Millers Vorschlag realistischer ist?
A: I assume **that, in fact, my example is less realistic than his. Even though I can understand what you mean,** I am opposed to **Mr. Miller's strategy. That's all I have to say.**	A: Ich nehme an, dass mein Beispiel tatsächlich weniger realistisch ist. Obwohl ich verstehe, was Sie meinen, bin ich gegen Herrn Millers Strategie. Das ist alles, was ich dazu zu sagen habe.
B: **Well then, if you don't try to understand our point of view, we will not be willing to** strike a compromise.	B: Gut, wenn Sie nicht versuchen, unseren Standpunkt zu verstehen, werden wir nicht bereit sein, einen Kompromiss einzugehen.
A: **I am sorry, but I have to contradict you. We have to find a solution.** Provided that **Mr. Miller and I can** work out **a new strategy together, I will accept your conditions. Would you be prepared to accept this offer?**	A: Es tut mir leid, aber ich muss Ihnen widersprechen. Wir müssen eine Lösung finden. Vorausgesetzt, dass Herr Miller und ich gemeinsam eine neue Strategie erarbeiten können, werde ich Ihre Bedingungen akzeptieren. Wären Sie bereit, dieses Angebot anzunehmen?
B: There's no need trying to convince us **how good your ideas**	B: Sie brauchen gar nicht versuchen, uns davon zu überzeugen, wie gut

Besprechungen

are. As a matter of fact, I am convinced that you are on the wrong track. I'm afraid that we cannot come to an agreement. There's no chance that we will give in.	Ihre Ideen sind. Ehrlich gesagt, bin ich überzeugt, dass Sie auf dem falschen Weg sind. Ich fürchte, wir werden uns nicht einigen können. Wir werden auf keinen Fall nachgeben.

A: **This was a very fruitful discussion. I hope that we can continue on such good terms. Therefore I think that we should leave the differences aside and try to find a solution together.**	A: Das war eine sehr ergiebige Diskussion. Ich hoffe, dass wir weiterhin ein so gutes Verhältnis aufrechterhalten können. Deshalb denke ich, dass wir die Meinungsverschiedenheiten beiseite lassen und versuchen sollten, gemeinsam eine Lösung zu finden.
B: **This is exactly how I see it. I sympathize with your ideas very much and I can support your concept. If Talcum Industries agrees it should be negotiable, don't you think?**	B: Genauso sehe ich es auch. Ich bin von Ihren Ideen sehr angetan und kann Ihr Konzept unterstützen. Wenn Talcum Industries zustimmt, sollten wir darüber verhandeln können, meinen Sie nicht auch?
C: **I disagree with you. I doubt that you have considered everything.**	C: Ich bin nicht Ihrer Meinung. Ich bezweifle, dass Sie alles bedacht haben.

B: I really have to contradict you here. We have taken every aspect related to the problem into account.	B: Hier muss ich Ihnen wirklich widersprechen. Wir haben jeden Aspekt, der mit dem Problem in Verbindung steht, in Betracht gezogen.
C: Not only do I have my doubts about the figures you presented, but I also believe that your estimation of future sales is wrong.	C: Ich habe nicht nur meine Zweifel was die Zahlen angeht, die Sie vor-gestellt haben, sondern ich glaube auch, dass Ihre Schätzung zukünftiger Verkäufe falsch ist.
B: Excuse me, you are the one who is wrong: the charts and diagrams showed exactly the percentages of different goods sold on the American market.	B: Entschuldigen Sie, Sie liegen falsch: die Schaubilder und Diagramme zeigten genau die Prozentanteile verschiedener Güter, die auf dem amerikanischen Markt verkauft werden.
A: Sirs, I think we should end the discussion. I propose that we decide on the most important issues today and postpone everything else to the next meeting.	A: Meine Herren, ich denke, dass wir die Diskussion beenden sollten. Ich schlage vor, dass wir über die wichtigsten Punkte heute entscheiden und alles andere auf die nächste Besprechung verschieben.

Idioms	Typische Redewendungen
I have heard that their finances are in a sorry state of affairs.	Ich habe gehört, dass Ihre Finanzen in einem traurigen Zustand sind.
I think both were to blame for the dispute.	Ich glaube, der Streit war sicherlich von beiden Seiten gleichermaßen verursacht.
I am determined to get to the bottom of this issue.	Ich bin entschlossen, dieser Sache auf den Grund zu gehen.
Our new product will be launched and on the market next week.	Unser neues Produkt wird nächste Woche auf dem Markt lanciert.
I must say, we don't seem to have much room for manoeuvre.	Ich muss sagen, wir haben nur begrenzten Handlungsspielraum.
At least we had the last word.	Zumindest hatten wir das letzte Wort.
There is undoubtedly room for improvement in your management strategies.	Es gibt zweifellos noch Raum für Verbesserungen in Ihren Managementstrategien.
He knows all the tricks of the trade.	Er kennt alle Tricks in seinem Geschäft.
His arguments cut no ice with me.	Seine Argumente machen keinen Eindruck auf mich.
Our latest series of advertisements is designed with the man in the street in mind.	Unsere letzte Anzeigenserie wurde für den Mann auf der Straße entworfen.
I would be grateful if you could show Clare the ropes.	Ich wäre sehr dankbar, wenn Sie Clare herumführen könnten.
She doesn't seem able to make up her mind.	Sie scheint nicht zu wissen, was sie will.
I had the feeling they were looking down their noses at me.	Ich hatte das Gefühl, dass sie äußerst hochnäsig mir gegenüber waren.

When I caught her secretary's eye I had the feeling that she knew something.	Als ich ihrer Sekretärin einen Blick zuwarf, hatte ich das Gefühl, dass sie etwas wusste.
My suggestion was met with a general raising of eyebrows.	Mein Vorschlag rief ein allgemeines Stirnrunzeln hervor.
Your experience here with us will stand you in good stead when furthering your career.	Ihre Erfahrung hier bei uns wird sehr nützlich für Ihre weitere Karriere sein.
A stitch in time saves nine.	Vorsicht ist besser als Nachsicht.
It would have been better to have fully repaired our machinery in 2013 – as they say, a stitch in time...	Es wäre besser gewesen, wenn wir unsere Maschinenanlage 2013 vollständig repariert hätten – das hätte uns viel Ärger erspart.
When the cat's away, the mice will play.	Wenn die Katze aus dem Haus ist, tanzen die Mäuse.
I'm not at all surprised that deadlines were not met in your absence – when the cat's away...	Ich bin überhaupt nicht überrascht, dass die Deadlines in deiner Abwesenheit nicht eingehalten wurden – wenn die Katze aus dem Haus ist...
Birds of a feather flock together.	Gleich und gleich gesellt sich gern.
In for a penny, in for a pound.	Wer A sagt, muss auch B sagen.
Two's company, three's a crowd.	Drei sind einer zu viel.
What you make on the swings you lose on the roundabouts.	Wie gewonnen so zerronnen.
He has really put his foot in it.	Da ist er wirklich ins Fettnäpfchen getreten.
I think she is quite down in the dumps about the whole thing.	Ich glaube, sie ist ziemlich am Boden zerstört wegen dieser Geschichte.

She can't stand the sight **of him.** — Sie kann ihn nicht ausstehen.

The Clodock Herald has dragged our name through the mud. — Der Clodock Herald hat unseren Namen durch den Schmutz gezogen.

He seems to have taken quite a shine to her. — Ich glaube, er ist sehr von ihr eingenommen.

Dialogbeispiele

A: **I was quite annoyed by his behaviour on Wednesday.**
A: Ich war ziemlich verärgert über sein Verhalten am Mittwoch.

B: **You have to** take him with a pinch of salt.
B: Du darfst ihn nicht zu ernst nehmen.

A: **Yes – but I don't** suffer fools gladly.
A: Ja – aber ich toleriere Ignoranten ungern.

A: **This delay is extremely annoying – I wish they'd come to a decision.**
A: Diese Verzögerung ist sehr ärgerlich – ich wünschte, sie würden zu einer Entscheidung kommen.

B: **I fear they might** chicken out **eventually.**
B: Ich fürchte, dass sie im letzten Moment kalte Füße bekommen werden.

A: **I think you've** hit the nail on the head. **Perhaps we should go ahead without them.**
A: Ich glaube, Sie haben den Nagel auf den Kopf getroffen. Vielleicht sollten wir ohne sie weitermachen.

A: I would be grateful if you could inform me promptly of any further developments.	A: Ich wäre dankbar, wenn Sie mich über weitere Entwicklungen auf dem Laufenden halten könnten.
B: We'll keep our ears to the ground.	B: Wir werden unsere Augen offen halten.

A: Would you be interested in participating in a joint marketing scheme?	A: Wären Sie daran interessiert, an einem gemeinsamen Marketing-Projekt teilzunehmen?
B: I could certainly bear it in mind at the next board meeting.	B: Ich werde sicherlich bei der nächsten Direktionssitzung daran denken.

A: Our sales have declined by ten per cent since we stopped doing business with JMC.	A: Unsere Verkäufe sind um zehn Prozent zurückgegangen seit wir aufgehört haben, mit JMC Geschäfte zu machen.
B: Perhaps we will have to swallow our pride and settle our differences with them.	B: Vielleicht sollten wir unseren Stolz herunterschlucken und unsere Streitigkeiten mit ihnen beilegen.

A: How have you found working with our new deputy manager?	A: Wie fandest du es, mit unserem neuen stellvertretenden Leiter zusammenzuarbeiten?
B: Well, I preferred working just with Sarah – two's company, after all.	B: Ich habe lieber nur mit Sarah gearbeitet – schließlich sind drei einer zu viel.

A: May I explain my plans to you in more depth?	A: Kann ich Ihnen meine Pläne etwas ausführlicher erklären?
B: Certainly. I'm all ears.	B: Selbstveständlich. Ich bin ganz Ohr.

A: I was considering pulling out if I still could.	A: Ich habe mir überlegt, mich zurückzuziehen, wenn ich es noch könnte.
B: I honestly don't think that's possible. You might as well carry on now you've got this far – in for a penny, you know?	B: Ich glaube wirklich nicht, dass das noch möglich ist. Du kannst jetzt auch weiter machen, nachdem du so weit gekommen bist – wer A sagt, muss auch B sagen.

10. Konversation

Welcome | Begrüßung

Greeting people for the first time | Erste Begegnung

Mr .../Ms ...?	Herr .../Frau ...?
Excuse me, are you ...?	Entschuldigen Sie, sind Sie ...?
Hello, you must be Mr/Ms ...	Hallo, Sie müssen Herr/Frau ... sein.
Pleased to meet you. I'm ...	Freut mich, Sie kennenzulernen. Ich bin ...
I'm glad to meet you, too.	Freut mich ebenfalls, Sie kennenzulernen.

Introducing someone | Jemanden vorstellen

I'd like you to meet ...	Ich möchte, dass Sie ... kennenlernen.
Let me introduce you to ...	Darf ich Ihnen ... vorstellen?
May I introduce you to ...?	Darf ich Ihnen ... vorstellen?
Do you happen to know ...?	Kennen Sie bereits ...?
How do you do ...	Guten Tag ...
I'm honoured to meet you.	Es ist mir eine Ehre, Sie kennenzulernen.
I'm delighted to meet you.	Sehr erfreut, Sie kennenzulernen.
I'm very pleased to meet you.	Sehr erfreut, Sie kennenzulernen.
Nice to meet you.	Es freut mich, Sie kennenzulernen.

Glad to meet you, too.	Ganz meinerseits.
The pleasure is mine.	Ganz meinerseits.
I'm very pleased to make your acquaintance.	Sehr erfreut, Ihre Bekanntschaft zu machen.
I'd be honoured if you ...	Es wäre mir eine Ehre, wenn Sie ...
This is ... I've been telling you about.	Das ist ... , von dem/der ich Ihnen erzählt habe.
Come and join us!	Kommen Sie und leisten Sie uns Gesellschaft!
Any friend of ...'s is a friend of mine.	...s Freunde sind auch meine Freunde.

Greeting an acquaintance / Eine(n) Bekannte(n) begrüßen

Hello ..., good to see you again.	Hallo ..., schön, Sie wiederzusehen.
Nice to see you again.	Schön, Sie wiederzusehen.
How do you do?	Guten Tag.
Hello, how are you?	Hallo, wie geht es Ihnen?
How are things?	Wie läuft es so?
How's work?	Wie ist die Arbeit?
How are you keeping?	Wie geht es bei Ihnen so?
How about you?	Und Ihnen?
Fine, thanks.	Danke, gut.
I'm very well.	Mir geht es sehr gut.
Great.	Großartig.

Not so bad, thanks.	**Ganz gut**, danke.
OK, thanks.	**Gut**, danke.
I've been **very busy**.	Ich war **sehr beschäftigt**./ Ich hatte **viel zu tun.**
Very busy, as usual.	Ich bin wie immer sehr beschäftigt.
No complaints.	**Kein Grund zur Klage.**
Can't complain.	Ich **kann mich nicht beschweren.**
Pretty good, thanks.	**Ziemlich gut**, danke.
Things could be worse.	Es könnte schlimmer sein.
So-so.	**So lala.**
Well, surviving, thanks.	Mittelprächtig.
Not so good, actually.	Eigentlich nicht so gut.
And you?	Und Sie?
All right. **It's been some time**.	Gut. **Es ist schon lange her**, **dass wir uns gesehen haben**.
I haven't seen you for a while.	Ich habe Sie eine Weile nicht gesehen.

Asking someone's profession / Jemanden nach dem Beruf fragen

What do you do?	**Was machen Sie** (beruflich)?
I'm assistant director of sales.	Ich bin stellvertretender Direktor der Verkaufsabteilung.
And what do you do?	Und was machen Sie (beruflich)?
I'm (working) **in** finance.	**Ich arbeite im** Finanzwesen.
I used to ..., now I ...	Früher habe ich ..., heute ...

Talking about hobbies	Über Hobbys reden
What do you do at the weekend?	Was machen Sie am Wochenende?
How do you spend your weekends?	Wie verbringen Sie Ihre Wochenenden?
Have you got a hobby?	Haben Sie ein Hobby?
What are your hobbies?	Welche Hobbys haben Sie?
I love ... in my spare time.	Ich ... sehr gern in meiner Freizeit.
It's very relaxing.	Es ist sehr entspannend.
It's very absorbing.	Es füllt mich sehr aus.
Are you interested in sports?	Interessieren Sie sich für Sport?
What kind of sports do you do?	Welche Sportarten betreiben Sie?
Yes, I'm interested in most kinds of sports and enjoy playing myself.	Ja, ich interessiere mich für die meisten Sportarten und bin selbst begeisterter Sportler.
What do you enjoy reading?	Was lesen Sie gern?
I like non-fiction.	Ich lese gern Sachbücher.
I enjoy reading the daily papers.	Ich lese gern die Tageszeitungen.
What are you reading at the moment?	Was lesen Sie denn im Moment?
Who's your favourite author?	Wer ist Ihr Lieblingsschriftsteller?
I love ...'s books.	Ich liebe die Bücher von ...
This book reads well.	Dieses Buch liest sich sehr gut.

Have you read the editorial today?	Haben Sie heute den Leitartikel gelesen?
The editorial is very controversial today.	Der Leitartikel ist heute sehr kontrovers.

Making a date / Sich verabreden

Do let me invite you to ...	Darf ich Sie zu ... einladen?
May I come and visit you?	Darf ich Sie besuchen kommen?
I think we should meet.	Ich glaube, wir sollten uns treffen.
How about meeting in ...?	Wie wäre es, wenn wir uns in ... treffen würden?
What about meeting after ...?	Vielleicht können wir uns nach ... treffen?
Would you like to meet for lunch?	Sollen wir gemeinsam zu Mittag essen?
I suggest that I come and meet you at ...	Ich schlage vor, ich treffe Sie in/bei ...
When could we meet?	Wann könnten wir uns treffen?
When would it suit you?	Wann würde es Ihnen passen?
Is next Thursday OK with you?	Passt es Ihnen nächsten Donnerstag?
How about ...?	Wie wäre es mit ...?
Could we make it a bit earlier/later?	Ginge es etwas früher/später?

Should we say Tuesday at 3 p.m.?	Sollen wir Dienstag um 15 Uhr sagen?
Where shall we meet, in ...?	Wo sollen wir uns treffen, in ...?
Yes, that'll be fine.	Ja, das passt mir gut.

Social activites

Gemeinsame Unternehmungen

I would like to visit the museum.	Ich würde gern das Museum besuchen.
There are some very interesting galleries in the city centre.	Es gibt einige sehr interessante Galerien in der Innenstadt.
I would like to see the exhibition about French Impressionism.	Ich würde gern die Ausstellung über den französischen Impressionismus besuchen.
Have you already visited the cathedral?	Haben Sie schon die Kathedrale besucht?
Let's take a look at the sights.	Lassen Sie uns die Sehenswürdigkeiten besichtigen.
Why don't we get through the cultural part first?	Warum nehmen wir uns nicht zuerst den kulturellen Teil vor?
There's so much to see at the ... museum.	Es gibt im ... Museum so viel zu sehen.
I never pass an opportunity to visit it.	Ich lasse nie eine Gelegenheit aus, es zu besuchen.
The current exhibition has received major exposures in the press.	Die aktuelle Ausstellung hat einen großen Anklang in der Presse erfahren.
Would you like a guide?	Hätten Sie gern einen Führer?

I'll take a catalogue.	Ich nehme einen Katalog.
We'll tackle this gallery first.	Nehmen wir uns diese Galerie zuerst vor.
Let's go to the cinema this evening.	Lassen Sie uns heute Abend ins Kino gehen.
What do you think about going to the cinema?	Was halten Sie davon, ins Kino zu gehen?
What's on at the moment?	Was läuft im Moment?
That film is very popular at the moment.	Der Film ist im Moment sehr populär.
The film has received very good reviews.	Der Film hat sehr gute Kritiken bekommen.
We should reserve tickets.	Wir sollten Karten reservieren.
I've seen that film before.	Ich habe diesen Film schon gesehen.
I'd love to see that film.	Ich würde diesen Film gern sehen.
Did you enjoy the film?	Hat Ihnen der Film gefallen?
I really enjoyed the film.	Mir hat der Film sehr gut gefallen.
I think it's overrated.	Ich glaube, er wird überschätzt.
The acting was very good.	Die schauspielerischen Leistungen waren sehr gut.
The plot was rather weak.	Die Handlung war etwas schwach.
The performance was a success.	Die (Theater-)Aufführung war ein Erfolg.
It's a very old play.	Es ist ein sehr altes Theaterstück.

This is a controversial production.	Die Inszenierung ist umstritten.
The set was wonderful.	Das Bühnenbild war fantastisch.
I was very impressed by the acting.	Die schauspielerische Leistung hat mich sehr beeindruckt.
The acting was not very convincing.	Die schauspielerische Leistung war nicht sehr überzeugend.
An unknown actress is cast in the leading role.	Die Hauptrolle hat eine unbekannte Schauspielerin.
The play has a well-known cast.	Das Stück ist mit bekannten Schauspielern besetzt.

Saying goodbye — Sich verabschieden

Goodbye.	Auf Wiedersehen.
Have a good journey.	Gute Reise.
Give my regards to ...	Grüßen Sie ... von mir.
See you again soon!	Bis bald!
Say hello to ... from me.	Grüßen Sie ... von mir.
I'll take you to the ...	Ich bringe Sie noch zu ...
I enjoyed it very much.	Es hat mir sehr gut gefallen.
When are you leaving?	Um wie viel Uhr reisen Sie ab?
See you then!	Bis dann!
I'll be back in touch once ...	Ich melde mich bei Ihnen sobald ...
I definitely look forward to hearing from you.	Ich freue mich wirklich darauf, von Ihnen zu hören.

I'm really looking forward to it.	Ich freue mich schon darauf.
It was nice to see you again.	Es hat mich gefreut, Sie wiederzusehen.
Nice to meet you, too.	Es hat mich auch gefreut.
You're leaving already? I'm sorry I didn't get more of a chance to speak to you.	Sie gehen schon? Es tut mir leid, **dass ich nicht mehr Gelegenheit hatte**, mit Ihnen zu reden.
I'm sure we'll have more opportunities later.	Ich bin sicher, **dass wir dazu** später **noch Gelegenheiten haben werden**.
It's been a pleasure talking to you.	Es war mir ein Vergnügen, **mich mit Ihnen zu unterhalten**.
Here's my card.	Hier ist meine **Karte.**
And do take mine.	**Und hier ist meine.**
I can put you in touch with some useful contacts.	Ich kann **Ihnen** einige **nützliche Kontakte vermitteln**.
I'll be pleased to see you whenever you get over to London.	Es würde mich freuen, Sie wiederzusehen, **wenn Sie einmal wieder nach London kommen**.
It's been lovely talking to you, but I'm afraid I really have to go now.	Es war schön, mit Ihnen zu reden, aber **ich muss jetzt wirklich gehen**.
We'll have to get together again soon.	Wir müssen **uns** unbedingt **bald einmal wieder treffen**.
Give me a ring when you're free.	**Rufen Sie mich an**, wenn Sie Zeit haben.

Dialogbeispiele

Welcome	Begrüßung
A: Hello, you must be Mr Pale! I'm so pleased to meet you.	A: Guten Tag, Sie müssen Herr Pale sein! Es freut mich sehr, Sie kennenzulernen.
B: Hello, Mrs Jones? I'm glad to meet you, too.	B: Guten Tag, Frau Jones? Freut mich ebenfalls, Sie kennenzulernen.
A: Did you have a good trip?	A: Hatten Sie eine gute Reise?
B: Yes, thank you. The flight was very comfortable.	B: Ja, vielen Dank. Der Flug war sehr angenehm.
A: I'm glad to hear that.	A: Freut mich, das zu hören.

A: Oh, there's Trevor Sharp, the Senior Consultant of Mino Ltd. Trevor! Over here! Come and join us! Trev, I haven't seen you for ages.	A: Ah. Da ist Trevor Sharp, der leitende Berater von Mino Ltd. Trevor! Hier drüben! Komm und leiste uns Gesellschaft! Trev, ich habe dich eine Ewigkeit nicht gesehen.
B: Hi, Mike. Nice to meet you. How are things?	B: Hallo Mike. Schön, dich zu sehen. Wie läuft's so?
A: Pretty good, thanks.	A: Ziemlich gut, danke.
B: I'm glad to hear that.	B: Freut mich zu hören.

A: Trevor, I'd like you to meet my two friends from London. They're businessmen, too. Boys! This is Trevor Sharp, Senior Consultant of a big electronic company. Trev, let me introduce you to Peter Ross and Arthur May.	A: Trevor, ich möchte, dass du meine beiden Freunde aus London kennen lernst. Sie sind ebenfalls Geschäftsleute. Jungs! Das ist Trevor Sharp, leitender Berater einer großen Elektrofirma. Trev, lass mich dir Peter Ross und Arthur May vorstellen.
B: How do you do, I'm pleased to meet you.	B: Guten Tag, sehr erfreut, Sie kennenzulernen.
C: How do you do, I'm delighted to meet you.	C: Guten Tag, sehr erfreut, Sie kennenzulernen.

Becoming acquainted with someone / Miteinander bekannt werden

A: And you, John, what do you do? I know Janet just told me, but I didn't catch it.	A: Und Sie, John, was machen Sie? Ich weiß, Janet hat es mir gerade erzählt, aber ich habe es nicht richtig verstanden.
B: Actually, I'm assistant director of sales. Our director is away on business at the moment, so I'm filling in for him. And what do you do?	B: Eigentlich bin ich stellvertretender Leiter der Verkaufsabteilung. Unser Abteilungsleiter ist gerade auf Geschäftsreise, also vertrete ich ihn. Und was machen Sie?

A: I used to design websites; now I just tell other people how to do it and when they have to be done with it.	A: Früher habe ich Webseiten gestaltet; jetzt sage ich einfach anderen Mitarbeitern, wie sie es machen sollen, und bis wann sie fertig sein müssen.
B: Oh.	B: Ach so.
A: Yeah, everybody says that. But it's really an interesting job and it's creative, too. You have to solve quite a variety of technical problems.	A: Ja, das sagen alle. Aber es ist wirklich ein interessanter Job, und auch kreativ. Man muss viele verschiedene technische Probleme lösen.

A: And what do you do at the weekend, Peter?	A: Und was machen Sie am Wochenende, Peter?
B: It depends on the time of year. I go biking in the summer. In winter, I often go swimming. And you?	B: Es kommt auf die Jahreszeit an. Im Sommer fahre ich Rad. Im Winter gehe ich oft schwimmen. Und Sie?
A: I shop, go swimming, sometimes go for bike rides with a friend. And I go to museums, too, if there's an interesting exhibition. I get ideas for making adverts more interesting while walking around a museum.	A: Ich gehe einkaufen, gehe schwimmen, manchmal mache ich mit einer Freundin eine Fahrradtour. Und ich besuche Museen, wenn es eine interessante Ausstellung gibt. Beim Gang durch ein Museum komme ich auf Ideen, wie man Werbung interessanter gestalten kann.

C: Yes, I get ideas in museums too – in the Manchester museums. We have quite a few. What about you, John, how do you spend your weekends?	C: Ja, ich komme in Museen auch auf Ideen – in den Museen von Manchester. Wir haben ziemlich viele davon. Und was ist mit Ihnen, John, wie verbringen Sie Ihre Wochenenden?
D: I work out, spend some time with my daughters.	D: Ich trainiere, und ich verbringe Zeit mit meinen Töchtern.
A: Oh, so you have children.	A: Ach, Sie haben Kinder?
D: Yes, two daughters. My wife and I are divorced, but I get the girls every other weekend.	D: Ja, zwei Töchter. Meine Frau und ich sind geschieden, aber ich bekomme die Mädchen jedes zweite Wochenende.

A: What are your hobbies?	A: Welche Hobbys haben Sie?
B: Well, I love painting. It's very absorbing. What about you?	B: Also, ich male sehr gern. Es füllt mich sehr aus. Und Ihr Hobby?
A: I enjoy riding very much.	A: Ich reite unheimlich gern.
B: Isn't that a bit expensive?	B: Ist das nicht ein bisschen teuer?
A: Yes, sometimes. But I love it so much that it's worth it.	A: Ja, schon. Aber ich habe solche Freude daran, dass es mir das wert ist.

A: Have you got any children?	A: Haben Sie Kinder?
B: Yes, two. A girl and a boy.	B: Ja, zwei. Ein Mädchen und einen Jungen.
A: And how old are they?	A: Und wie alt sind sie?
B: The elder one is 17 and the younger is only nine.	B: Die Ältere ist 17 und der Jüngere ist erst neun.
A: That's a big difference! Are they both still at school?	A: Das ist ja ein großer Unterschied! Besuchen beide noch die Schule?
B: My son is still at primary school, of course, but my daughter is doing an apprenticeship and has already left home.	B: Mein Sohn besucht natürlich noch die Grundschule, aber meine Tochter macht eine Lehre und ist schon aus dem Haus.
A: That's interesting. What kind of apprenticeship is she doing?	A: Das ist interessant. Was für eine Lehre macht sie denn?
B: She's training to be a jeweller.	B: Sie macht eine Ausbildung zur Juwelierin.

A: Are you interested in sports?	A: Interessieren Sie sich für Sport?
B: Yes, I'm interested in most kinds of sports and enjoy playing myself.	B: Ja, ich interessiere mich für die meisten Sportarten und bin selbst begeisterter Sportler.

A: What kind of sports do you do?	A: Welchen Sport betreiben Sie?
B: I play tennis and I also play football with some friends sometimes. And you?	B: Ich spiele Tennis und manchmal spiele ich auch mit ein paar Freunden Fußball. Und Sie?
A: Oh, I prefer to watch it on TV.	A: Oh, ich bevorzuge Sport im Fernsehen.

Making a date / Sich verabreden

A: When do you leave for Berlin, Peter?	A: Wann fahren Sie nach Berlin zurück, Peter?
B: The day after tomorrow, Ben.	B: Übermorgen, Ben.
A: I'm here until the following week, you know. So we should have a little farewell party. I'll call around and see if people are free tomorrow evening. Unless you have something else in mind?	A: Ich bin bis nächste Woche hier, wissen Sie. Also sollten wir eine kleine Abschiedsparty machen. Ich werde herumtelefonieren und schauen, ob die Leute morgen Abend Zeit haben. Das heißt, wenn Sie nichts anderes vorhaben?
B: No, Ben. I'd like that.	B: Nein, Ben. Das würde mir Spaß machen.

A: I'm free tomorrow afternoon, so let's make an excursion together. Do you know Staten Island?	A: Morgen Nachmittag habe ich frei, lassen Sie uns einen Ausflug zusammen machen. Kennen Sie Staten Island?
B: I know it's there, but I haven't been there yet.	B: Ich weiß, dass es das gibt, aber ich bin bisher noch nicht dort gewesen.
A: It's not the island that's so interesting, but the means of getting there and back – by ferry. If you want to get to know a city on the water then take a boat. So, I'll pick you up at the hotel at two o'clock.	A: Die Insel ist nicht so interessant, aber die Art und Weise, wie man hin- und zurückkommt – mit der Fähre. Wenn Sie eine Stadt am Wasser kennen lernen wollen, nehmen Sie ein Boot. Also, ich hole Sie dann um zwei vom Hotel ab.
B: Great! I'm really looking forward to it, Ben.	B: Großartig! Ich freue mich sehr darauf, Ben.

A: Will you be staying for the final session, John?	A: Werden Sie bis zur Abschlusssitzung bleiben, John?
B: No, I have to get moving. But, look, join me for a drink afterwards. You can then fill me in on the rest of the day's proceedings. I'll wait for you in the lobby	B: Nein, ich muss weiter. Aber gehen wir danach doch noch auf einen Drink. Sie können mich dann über den Rest des Tagesverlaufs informieren. Ich warte in der Lobby

– if you have nothing else in mind, I mean.

auf Sie – wenn Sie nichts anderes vorhaben, meine ich.

A: No, of course. That's a great idea. I'll come straight to the hotel after the session ends.

A: Nein, natürlich nicht. Eine großartige Idee. Ich komme nach Ende der Sitzung direkt ins Hotel.

Social Activites

Gemeinsame Unternehmungen

A: I would like to see some art.

A: Ich würde mir gern ein wenig Kunst ansehen.

B: That's an excellent idea. Do you mind if I accompany you to the museum?

B: Das ist eine hervorragende Idee. Hätten Sie etwas dagegen, wenn ich Sie ins Museum begleiten würde?

A: On the contrary, I would appreciate it! But I would like to visit some art galleries, too.

A: Im Gegenteil, das wäre sehr angenehm. Aber ich würde auch gern einige Kunstgalerien besuchen.

B: There are some excellent ones in the city centre. Very modern. Very avant-garde.

B: Es gibt einige sehr gute in der Innenstadt. Sehr modern. Sehr avantgardistisch.

A: Indeed? So, let's tackle the galleries first, then go to the museum ...

A: Tatsächlich? Nun, nehmen wir uns zuerst die Galerien vor, anschließend gehen wir ins Museum ...

B: ... and after getting through the cultural part, we should have dinner together.

B: ... und wenn wir den kulturellen Teil hinter uns haben, sollten wir gemeinsam zu Abend essen.

A: Brilliant idea! I'm convinced you know a pretty good restaurant in town.

A: Tolle Idee! Ich bin überzeugt davon, dass Sie ein wirklich gutes Restaurant in der Stadt kennen.

A: Have you any plans for this evening?

A: Haben Sie heute Abend schon etwas vor?

B: Actually, I have nothing special in mind.

B: Eigentlich habe ich nichts besonderes vor.

A: What do you think about going to the cinema?

A: Was halten Sie davon, ins Kino zu gehen?

B: Good idea! What's on at the moment?

B: Gute Idee! Was läuft zur Zeit?

A: The new film by NN: It's very popular in Britain at the moment.

A: Der neue Film von NN: Er ist in England momentan sehr populär.

B: Yes, I've heard of it. It has received excellent reviews.

B: Ja, ich habe davon gehört. Er hat hervorragende Kritiken bekommen.

Saying goodbye | Sich verabschieden

Saying goodbye	Sich verabschieden
A: When are you leaving?	A: Um wie viel Uhr reisen Sie ab?
B: My airplane leaves at 5.15, so I will arrive in Berlin in time to have dinner with my family.	B: Mein Flugzeug startet um 17.15 Uhr, so dass ich in Berlin rechtzeitig ankomme, um mit meiner Familie zu Abend zu essen.
A: Well, goodbye then, and have a good journey. And remember: I'll be visiting Germany next spring.	A: Nun, dann auf Wiedersehen und eine gute Reise. Und denken Sie daran: Ich komme im nächsten Frühjahr nach Deutschland.
B: I'm really looking forward to it. See you then!	B: Ich freue mich schon darauf. Bis dann!

Saying goodbye	Sich verabschieden
A: It was nice to see you again, Angela.	A: Es hat mich gefreut, Sie wiederzusehen, Angela.
B: Nice to see you, too, Harry.	B: Es hat mich auch gefreut, Harry.
A: I'll be back in touch once I've had a few more meetings and made some decisions.	A: Ich melde mich bei Ihnen, sobald ich einige weitere Besprechungen geführt und ein paar Entscheidungen getroffen habe.
B: Well, I definitely look forward to hearing from you. Goodbye.	B: Also, ich freue mich wirklich darauf, von Ihnen zu hören. Auf Wiedersehen.

A: **Oh,** you're leaving already?	A: Ach, Sie gehen schon?
B: **Yes,** I've got to catch an early flight **tomorrow morning.**	B: Ja, ich muss morgen einen frühen Flug nehmen.
A: **Well, I'm sorry I** didn't get more of a chance to speak to you.	A: Also, es tut mir leid, dass ich nicht mehr Gelegenheit hatte, mit Ihnen zu reden.
B: **I'm sure we'll** have more opportunities later.	B: Ich bin sicher, dass wir dazu später noch Gelegenheiten haben werden.

A: ... It's been a pleasure talking to you, **Mr. Grant.** Here's my card.	A: ... Es war mir ein Vergnügen, mich mit Ihnen zu unterhalten, Mr. Grant. Hier ist meine Karte.
B: And do take mine. I'll be pleased to see you **whenever you get over to London.**	B: Und hier ist meine. Es würde mich freuen, Sie wiederzusehen, wenn Sie einmal in London sind.
A: **If you ever have to go to Germany** I can put you in touch with **some useful contacts there, too.**	A: Sollten Sie jemals nach Deutschland müssen, kann ich Ihnen auch dort einige nützliche Kontakte vermitteln.

Anhang

Rechtsformen

Deutschland	UK	USA
Aktiengesellschaft (AG)	joint-stock company, public limited company (plc)	open corporation, general corporation (Inc., incorporated)
eingetragene Gesellschaft	registered company	incorporated (Inc.) company
Einzelunternehmung	sole proprietor(ship)	sole proprietor(ship)
gemeinnützige Gesellschaft	non-profit(-making) organization	non-profit(-making) organization
Gesellschaft des bürgerlichen Rechts (GbR)	civil-law company	civil-law company
Gesellschaft mit beschränkter Haftung (GmbH)	(private) limited company (Ltd., Limited)	close(d) corporation, limited liability company (LLC, Corp.)
Kapitalgesellschaft	joint-stock company	corporation
Kommanditgesellschaft (KG)	limited partnership	limited partnership
Offene Handelsgesellschaft (OHG)	general partnership	ordinary partnership
öffentlich-rechtliche Gesellschaft	public-law corporation	public-law corporation
Personengesellschaft	partnership	partnership

Unternehmensaufbau

Chairman and Managing Director
Aufsichtsratsvorsitzende(r)/Vorstandsvorsitzende(r)

- **Marketing Director**
  Direktor(in) der Marketingabteilung
  - **Sales Manager**
    Vertriebsleiter(in)
  - **Client Services Manager**
    Leiter(in) der Kundendienstabteilung
- **Personnel Director**
  Leiter(in) der Personalabteilung
  - **Office Manager**
    Geschäftsstellenleiter(in)
- **Company Secretary**
  Geschäftsführer(in)
  - **Chief Accountant**
    Leiter(in) der Buchhaltung
- **Technical Director**
  Technische(r) Direktor(in)
  - **R&D Manager**
    Leiter(in) Forschung und Entwicklung
- **Production Director**
  Fertigungsleiter(in)
  - **Factory Manager**
    Werksleiter(in)

Die deutschen Übersetzungen sind nur ungefähre Entsprechungen und können je nach Unternehmen variieren.

Occupational Titles

accountant	Buchhalter(in), Rechnungsprüfer(in)
accounts manager	Leiter(in) der Buchhaltung
administrative manager	Verwaltungsdirektor(in), Geschäftsführer(in)
advertising director/manager	Leiter(in) der Werbeabteilung, Werbeleiter(in)
agent	Vertreter(in)
area manager	Bereichsleiter(in), Gebietsleiter(in)
assistant	Assistent(in), Mitarbeiter(in), Stellvertreter(in)
assistant ...	...assistent(in), stellvertretende(r) ...
auditor	Wirtschaftsprüfer(in), Rechnungsprüfer(in)
bank director/manager	Bankdirektor(in)
branch manager	Filialleiter(in), Zweigstellenleiter(in)
broker	(Börsen-)Makler(in), Broker(in)
business (sales) manager	kaufmännische(r) Direktor(in)
business consultant	Unternehmensberater(in)
buyer	Einkäufer(in)
chairman	Vorsitzender, Präsident
chairperson	Vorsitzende(r), Präsident(in)
chairperson of the board (of directors)	Vorstandsvorsitzende(r)
chairperson of the supervisory board	Aufsichtsratsvorsitzende(r)
chairperson and managing director *(UK)*	Vorstandsvorsitzende(r)
chairwoman	Präsidentin, Vorsitzende
chief ...	Chef..., Haupt..., leitende(r) ...
chief accountant	Hauptbuchhalter(in), Leiter(in) der Buchhaltung
chief engineer	leitende(r) Ingenieur(in)
chief executive (officer) *(US)*, **CEO**	Hauptgeschäftsführer(in), Vorstandsvorsitzende(r)

chief financial officer *(US)*, **CFO**	Leiter(in) der Finanzabteilung
civil servant	Staatsbedienstete(r), Beamte(r)
commercial representative	Handelsvertreter(in)
consultant	Berater(in)
copywriter	Werbetexter(in)
customer relations manager	Kundendienstleiter(in)
customer service manager	Kundendienstleiter(in)
data processing manager	Leiter(in) der EDV-Abteilung, Leiter(in) des Rechenzentrums
departmental manager	Abteilungsleiter(in), Referatsleiter(in)
department head	Abteilungsleiter(in), Referatsleiter(in)
deputy	...assistent(in), stellvertretende(r) ...
design engineer	Konstrukteur(in)
development director/manager	Leiter(in) der Entwicklungsabteilung
development engineer	Entwicklungsingenieur(in)
director	Direktor(in), Leiter(in), Vorstandsmitglied
director general	Generaldirektor(in), Hauptgeschäftsführer(in)
director of finance	Leiter(in) der Finanzabteilung
director of marketing	Marketingleiter(in)
director of planning	Leiter(in) der Planungsabteilung
director of public relations/PR	PR-Leiter(in), Leiter(in) der Abteilung Öffentlichkeitsarbeit
director of sales	Verkaufsleiter(in)
director of the ... department	Abteilungsleiter(in) ...
distribution director/manager	Vertriebsleiter(in)
district manager	Gebietsleiter(in), Bezirksleiter(in)
divisional director/manager	Geschäftsbereichsleiter(in)
editor	Redakteur(in)
editor-in-chief	Chefredakteur(in)
employee	Angestellte(r)
engineer	Ingenieur(in)
engineering manager	Leiter(in) der technischen Abteilung
export director/manager	Leiter(in) der Exportabteilung

factory manager	Fabrikdirektor(in), Werksleiter(in)
field sales manager	Außendienstleiter(in)
financial manager	Leiter(in) der Finanzabteilung
general (executive) manager, GM	Generaldirektor(in), leitende(r) Direktor(in), Geschäftsführer(in)
head	Chef(in), Leiter(in), Direktor(in)
head of department/division/section	Abteilungsleiter(in)
head of staff	Personalleiter(in), Leiter(in) der Personalabteilung
human resources manager	Personalleiter(in), Leiter(in) der Personalabteilung
import director/manager	Leiter(in) der Importabteilung
lawyer, solicitor *(UK)*; **attorney** *(US)*	Rechtsanwalt/Rechtsanwältin
lecturer	Dozent(in), Lektor(in)
logistics manager	Leiter(in) der Logistikabteilung
management consultant	Unternehmensberater(in)
manager	Geschäftsführer(in), (Abteilungs-) Leiter(in)
managing director *(UK)*, **MD**	geschäftsführende(r) Direktor(in), Hauptgeschäftsführer(in)
managing partner	geschäftsführende(r) Gesellschafter(in)
marketing (and sales) manager	Verkaufsleiter(in), Vertriebsleiter(in)
marketing assistant	Assistent(in) der Marketingabteilung
marketing manager	Leiter(in) der Marketingabteilung
office manager	Geschäftsstellenleiter(in)
office staff	Bürokräfte
partner	Gesellschafter(in), Teilhaber(in), Partner(in)
personal assistant to managing director, PA *(UK)*	Sekretär(in) der Geschäftsleitung, Direktionsassistent(in)
personnel director/manager	Personalleiter(in)
planning director	Leiter(in) der Planungsabteilung
plant manager	Fabrikdirektor(in), Werksdirektor(in)
president	Vorstandsvorsitzende(r)

press officer	Pressereferent(in), Pressesprecher(in)
principal	Direktor(in)
private secretary	Privatsekretär(in)
product manager	Produktmanager(in), Produktbetreuer(in)
production director/manager	Fertigungsleiter(in), Produktionsleiter(in), Betriebsleiter(in)
programmer	Programmierer(in)
project leader/manager	Projektleiter(in)
public relations/PR director	Leiter(in) der Abteilung Öffentlichkeitsarbeit, Leiter(in) der PR-Abteilung, Pressesprecher(in)
public servant	Staatsbedienstete(r), Beamte(r)
publicity manager	Werbeleiter(in)
purchasing executive/officer	Einkäufer(in)
purchasing manager	Einkaufsleiter(in), Leiter(in) der Abteilung Einkauf
regional director/manager	Bezirksleiter(in), Gebietsleiter(in)
research director/manager	Leiter(in) der Forschungsabteilung
sales director/manager	Verkaufsleiter(in), Vertriebsleiter(in)
sales engineer	Verkaufsingenieur(in), Vertriebsingenieur(in)
salesman	Verkäufer
salesperson	Verkäufer(in)
sales representative	Handelsvertreter(in), Verkäufer(in)
saleswoman	Verkäuferin
semi-skilled worker	angelernte(r) Arbeiter(in)
senior manager	leitende(r) Mitarbeiter(in)
service manager	Leiter(in) der Kundendienstabteilung
shareholder (UK)	Aktionär(in), Anteilseigner(in)
shipping agent	Spediteur(in)
skilled worker	Facharbeiter(in)
special assistant to managing director	Sekretär(in) der Geschäftsleitung, Direktionsassistent(in) mit besonderen Aufgaben

staff director/manager	Leiter(in)/Direktor(in) der Personalabteilung, Personalleiter(in), Personalchef(in)
stockholder *(US)*	Aktionär(in), Anteilseigner(in)
(computer) systems manager	Leiter(in) der EDV-Abteilung
team leader	Gruppenleiter(in), Teamleiter(in)
technical director/manager	technische(r) Direktor(in)/Leiter(in)
treasurer *(US)*	Finanzdirektor(in)
unskilled worker	ungelernte Arbeitskraft
vice chairman, vice president *(US)*	stellvertretende(r) Generaldirektor(in)
works manager	Werksleiter(in), Fabrikdirektor(in)

Berufsbezeichnungen

Abteilungsleiter(in)	department head, (departmental) manager
Abteilungsleiter(in) ...	director of the ... department, head of the ... department/ division/section
Aktionär(in)	shareholder *(UK)*, stockholder *(US)*
angelernte(r) Arbeiter(in)	semi-skilled worker
Angestellte(r)	employee
Assistent(in)	assistant
...assistent(in)	assistant ..., deputy ...
Assistent(in) der Marketingabteilung	marketing assistant
Aufsichtsratsvorsitzende(r)	chairperson of the supervisory board
Außendienstleiter(in)	field sales manager
Bankdirektor(in)	bank director/manager
Beamte(r)	civil servant, public servant
Berater(in)	consultant
Bereichsleiter(in)	area manager
Betriebsleiter(in)	production director/manager
Bezirksleiter(in)	district manager, regional director/ manager
Börsenmakler(in)	broker
Buchhalter(in)	accountant
Bürokräfte	office staff
Chefredakteur(in)	editor-in-chief
Direktionsassistent(in)	personal assistant to managing director *(UK)*
Direktor(in)	director, principal
Dozent(in)	lecturer
Einkäufer(in)	buyer, purchaser, purchasing executive/officer
Einkaufsleiter(in)	purchasing manager
Entwicklungsingenieur(in)	development engineer
Fabrikdirektor(in)	factory/plant manager

Facharbeiter(in)	skilled worker
Filialleiter(in)	branch manager
Finanzdirektor(in)	financial director, treasurer *(US)*
Gebietsleiter(in)	district manager, area manager
Generaldirektor(in)	director general; managing director, MD *(UK)*; chief executive (officer), CEO *(US)*
Geschäftsbereichsleiter(in)	divisional director/manager
Gesellschafter(in)	partner, director
geschäftsführende(r) Direktor(in)	managing director, MD *(UK)*, chief executive (officer), CEO *(US)*
geschäftsführende(r) Gesellschafter	managing partner
Geschäftsführer(in)	manager
Geschäftsstellenleiter(in)	office manager
Gruppenleiter(in)	team leader
Handelsvertreter(in)	commercial representative, sales representative
Hauptbuchhalter(in)	chief accountant
Hauptgeschäftsführer(in)	general (executive) manager, GM; managing director, MD *(UK)*
Ingenieur(in)	engineer
kaufmännische(r) Direktor(in)	business (sales) manager
Konstrukteur(in)	design engineer
Kundenbetreuer(in)	account manager
Kundendienstleiter(in)	customer relations/service manager
leitende(r) Ingenieur(in)	chief engineer
leitende(r) Mitarbeiter(in)	senior manager, executive
Leiter(in) der Abteilung Öffentlichkeitsarbeit	public relations director, PR director
Leiter(in) der Buchhaltung	accounts manager
Leiter(in) der EDV-Abteilung	data processing manager, (computer) systems manager
Leiter(in) der Entwicklungsabteilung	development director/manager
Leiter(in) der Exportabteilung	export director/manager
Leiter(in) der Finanzabteilung	director of finance, financial manager, chief financial officer, CFO *(US)*

Leiter(in) der Forschungsabteilung	research director/manager
Leiter(in) der Importabteilung	import manager
Leiter(in) der Kundendienstabteilung	customer service manager
Leiter(in) der Logistikabteilung	logistics manager
Leiter(in) der Marketingabteilung	marketing manager
Leiter(in) der Personalabteilung	personnel director/manager, staff director/manager, human resources manager
Leiter(in) der Planungsabteilung	director of planning, planning director
Leiter(in) des Rechenzentrums	data processing manager, (computer) systems manager
Leiter(in) der technischen Abteilung	engineering manager
Leiter(in) der Werbeabteilung	advertising director/manager
Marketingleiter(in)	director of marketing
Personalleiter(in)	head of staff, human resources manager, personnel director/manager
Präsident(in)	chairman, chairwoman, chairperson
Pressesprecher(in)	press officer, PR director, spokes-person
Privatsekretär(in)	private secretary
PR-Leiter(in)	director of public relations, PR director
Produktionsleiter(in)	production director/manager
Produktmanager(in)	product manager
Programmierer(in)	programmer
Projektleiter(in)	project leader/manager
Rechnungsprüfer(in)	accountant, auditor
Rechtsanwalt/Rechtsanwältin	lawyer, solicitor *(UK)*, attorney *(US)*
Redakteur(in)	editor
Spediteur(in)	shipping agent
stellvertretende(r) ...	assistant ..., deputy ..., vice ...
stellvertretende(r) Generaldirektor(in)	vice chairman, vice president *(US)*
technische(r) Direktor(in)/Leiter(in)	technical director/manager
Teilhaber(in)	partner, director
ungelernte Arbeitskraft	unskilled worker

Unternehmensberater(in)	business/management consultant
Verkäufer(in)	salesman, saleswoman, salesperson
Verkaufsleiter(in)	director of sales, sales director/manager, marketing (and sales) manager
Vertreter(in)	agent, sales representative
Vertriebsleiter(in)	distribution director/manager, sales director/manager
Verwaltungsdirektor(in)	administrative manager
Vorsitzende(r)	chairman, chairwoman, chairperson
Vorstandsvorsitzende(r)	chairman/chairwoman/chairperson of the board (of directors), chairman/chairwoman/chairperson and managing director *(UK)*, chief executive officer, CEO *(US)*
Werbeleiter(in)	publicity manager, advertising director/manager
Werbetexter(in)	copywriter
Werksleiter(in)	factory/plant/works manager
Wirtschaftsprüfer(in)	auditor
Zweigstellenleiter(in)	branch manager

Im Englischen werden Berufsbezeichnungen bei der Anrede, auch in Briefen, üblicherweise groß geschrieben.

In deutschen Unternehmen werden zunehmend Titel aus dem anglo-amerikanischen Raum zu verwenden. Dabei ist allerdings zu beachten, dass sich die Aufgabenbereiche und Funktionen der einzelnen Positionen in der deutschen und der amerikanischen bzw. britischen Unternehmensstruktur stark unterscheiden.

„Manager", zum Beispiel, bedeutet vor allem im amerikanischen Englisch nicht generell Abteilungsleiter, sondern wird für eine verantwortungsvolle Position in einem bestimmten Bereich verwendet. Differenziert wird der Grad an Verantwortung anhand des Artikels:

He's the sales manager.	Er ist (der) Verkaufsleiter.
He's a sales manager.	sinngemäß: Er ist Leiter eines Verkaufsteams.

Curriculum Vitae *(UK)*/Resumé *(US)*

Personal Information:

Name: Thomas Smith
Address: 5 Harbour Street, London, SW9 8RU
Telephone: 0181-1234567
Mobile: 0734-9876432
Email: thomas.smith@mail.uk
Nationality: British

Education:

10/08 – 05/09	**Know-How Institute of Management,** London: Advanced Diploma Advertising, E-Business & PR
10/07 – 08/08	**University of London, Business School,** final year B.A. International Business
10/06 – 07/07	**Philipps University Marburg,** Germany: one year Erasmus exchange programme - International Business
10/04 – 08/06	**University of London,** Business School, B.A. International Business & German
09/98 – 06/04	**Two Towers Secondary School,** London: A levels German and Mathematics

Professional Experience:

02/12 – 05/15	**AIC Bank Headquarters,** London: Investment Administrator
04/09 – 10/11	**Gilderoy,** London: Temporary Account Manager
01/06 – 10/06	**Brown David International,** London: internship with focus on market research and analysis
06/04 – 04/05	Guppi, London: Sales Consultant

Skills and Interests:

fluent German, good working knowledge of French, sailing, web design, photography

References can be requested from:

Mrs Sarah McLean
Human Resources Management
AIC Bank Headquarters
sarah.mclean@aicbank.co.uk

Prof. John Knower
Business School
University of London
knower@uol.ac.uk

Lebenslauf

Persönliche Daten:

Name: Thomas Smith
Adresse: 5 Harbour Street, London, SW9 8RU
Telefon: 0181-1234567
Mobil: 0734-9876432
Email: thomas.smith@mail.uk
Nationalität: Brite
Geburtsdatum: 29.01.1985

Ausbildung:

10/08 – 05/09	**Know-How Management Institut,** London: Abschluss Werbung, E-Business & PR
10/07 – 08/08	**Universität London,** Fakultät für Wirtschaftswissenschaften: Abschluss: B.A. International Business (VWL)
10/06 – 07/07	**Philipps-Universität Marburg,** Deutschland: Auslandsjahr als Erasmus Student (VWL)
10/04 – 08/06	**Universität London,** Fakultät für Wirtschaftswissenschaften: B.A. International Business (VWL)
09/98 – 06/04	**Two Towers Secondary School,** London: A-Levels in Deutsch und Mathematik

Beruflicher Werdegang:

02/12 – 05/15	AIC Bank Headquarters, London: Sachbearbeiter Investment
04/09 – 10/11	Gilderoy, London: Kundenbetreuer
01/06 – 10/06	Brown David International, London: Praktikum im Bereich Marktforschung und Datenanalyse
06/04 – 04/05	Guppi, London: Verkaufsberater

Sonstige Qualifikationen und Interessen:

Deutsch (fließend), Französisch (gut), Segeln, Webdesign, Fotografie

Thomas Smith
London, 16.05.2015

Die Zahlen

Die Grundzahlen

0	*nought, zero*
1	*one*
2	*two*
3	*three*
4	*four*
5	*five*
6	*six*
7	*seven*
8	*eight*
9	*nine*
10	*ten*
11	*eleven*
12	*twelve*
13	*thirteen*
14	*fourteen*
15	*fifteen*
16	*sixteen*
17	*seventeen*
18	*eighteen*
19	*nineteen*
20	*twenty*
21	*twenty-one*
22	*twenty-two*
etc.	
30	*thirty*
40	*forty*
50	*fifty*
60	*sixty*
70	*seventy*
80	*eighty*
90	*ninety*
100	*one hundred*
101	*one hundred and one*
200	*two hundred*
1,000	*one thousand*
1,001	*one thousand and one*
1,000,000	*one million*

Die Ordnungszahlen

1st	*first*
2nd	*second*
3rd	*third*
4th	*fourth*
5th	*fifth*
6th	*sixth*
7th	*seventh*
8th	*eighth*
9th	*ninth*
10th	*tenth*
11th	*eleventh*
12th	*twelfth*
13th	*thirteenth*
14th	*fourteenth*
15th	*fifteenth*
16th	*sixteenth*
17th	*seventeenth*
18th	*eighteenth*
19th	*nineteenth*
20th	*twentieth*
21st	*twenty-first*
22nd	*twenty-second*
23rd	*twenty-third*
24th	*twenty-fourth*
25th	*twenty-fifth*
26th	*twenty-sixth*
27th	*twenty-seventh*
28th	*twenty-eighth*
29th	*twenty-ninth*
30th	*thirtieth*
40th	*fortieth*
50th	*fiftieth*
60th	*sixtieth*
70th	*seventieth*
80th	*eightieth*
90th	*ninetieth*
100th	*(one) hundredth*
137th	*(one) hundred and thirty-seventh*
1,000th	*(one) thousandth*

Numbers

cardinal numbers

0	*null*
1	*eins*
2	*zwei*
3	*drei*
4	*vier*
5	*fünf*
6	*sechs*
7	*sieben*
8	*acht*
9	*neun*
10	*zehn*
11	*elf*
12	*zwölf*
13	*dreizehn*
14	*vierzehn*
15	*fünfzehn*
16	*sechzehn*
17	*siebzehn*
18	*achtzehn*
19	*neunzehn*
20	*zwanzig*
21	*einundzwanzig*
22	*zweiundzwanzig*
23	*dreiundzwanzig*
30	*dreißig*
40	*vierzig*
50	*fünfzig*
60	*sechzig*
70	*siebzig*
80	*achtzig*
90	*neunzig*
100	*(ein)hundert*
101	*hundert(und)eins*
230	*zweihundert(und)dreißig*
538	*fünfhundert(und)achtundreißig*
1 000	*(ein)tausend*
10 000	*zehntausend*
100 000	*(ein)hunderttausend*
1 000 000	*eine Million*

0 is always read as *null*.

ordinal numbers

1.	*erste*
2.	*zweite*
3.	*dritte*
4.	*vierte*
5.	*fünfte*
6.	*sechste*
7.	*sieb(en)te*
8.	*achte*
9.	*neunte*
10.	*zehnte*
11.	*elfte*
12.	*zwölfte*
13.	*dreizehnte*
14.	*vierzehnte*
15.	*fünfzehnte*
16.	*sechzehnte*
17.	*siebzehnte*
18.	*achtzehnte*
19.	*neunzehnte*
20.	*zwanzigste*
21.	*einundzwanzigste*
22.	*zweiundzwanzigste*
23.	*dreiundzwanzigste*
24.	*vierundzwanzigste*
25.	*fünfundzwanzigste*
26.	*sechsundzwanzigste*
27.	*siebenundzwanzigste*
28.	*achtundzwanzigste*
29.	*neunundzwanzigste*
30.	*dreißigste*
40.	*vierzigste*
50.	*fünfzigste*
60.	*sechzigste*
70.	*siebzigste*
80.	*achtzigste*
90.	*neunzigste*
100.	*(ein)hundertste*
230.	*zweihundert(und)-dreißigste*
1 000.	*(ein)tausendste*

Maße und Gewichte

Seit 1996 gilt in Großbritannien parallel das internationale Einheitensystem (Système International d'Unités = SI).

Längenmaße

1 mm		*0.03937 inches*
1 cm	10 mm	*0.3937 inches*
1 m	100 cm	*3.281 feet*
1 km	1000 m	*0.62138 miles*
1 inch		2,54 cm
1 foot	*12 inches*	30,48 cm
1 yard	*3 feet*	91,44 cm
1 mile	*5280 feet*	1,609 km
1 acre		4046,8 m²

Handelsgewichte

1 Tonne	1.000 kg	*0.984 ton (UK)/ 1.102 tons (US)*
1 dt. Pfund	0,5 kg	
1 ounce		28,35 g
1 pound	*16 ounces*	453,59 g
1 ton	*2,240 s. (UK)* *2,000 lbs. (US)*	1016,05 kg *(UK)* 907,19 kg *(US)*
1 stone	*14 pounds*	6,35 kg

Flüssigkeitsmaße

1 l	*1.76 pints (UK)* *0.88 quarts (UK)* *0.22 gallons (UK)*	*2.11 pints (US)* *1.06 quarts (US)* *0.26 gallons (US)*
1 gill	0,142 l *(UK)*	0,118 l *(US)*
1 pint	0,568 l *(UK)*	0,473 l *(US)*
1 quart 2 pints	1,136 l *(UK)*	0,946 l *(US)*
1 gallon 4 quarts	4,546 l *(UK)*	3,785 l *(US)*

Temperaturumrechnung

Grad Celsius in Grad Fahrenheit: Grad Celsius mal 9 geteilt durch 5 plus 32
Grad Fahrenheit in Grad Celsius: Grad Fahrenheit minus 32 mal 5 geteilt durch 9

Celsius °C	Fahrenheit °F	Celsius °C	Fahrenheit °F	Celsius °C	Fahrenheit °F
−20	−4	0	32	25	77
−17,8	0	5	41	30	86
−15	5	10	50	35	95
−10	14	15	59	37,8	100
−5	23	20	68		

Mineralöl [mine'ra:lø:l] *n* mineral oil
Mineralölkonzern [mine'ra:lø:lkɔn-tsɛrn] *m* oil company
Mineralölsteuer [mine'ra:lø:lʃtɔyɐ] *f* mineral oil tax

Each headword is highlighted in blue

Minimalkosten [mini'malkɔstən] *pl* minimum cost
Minimum ['mɪnimum] *n* minimum

Pronunciation is given in international phonetic alphabet (IPA)

Minus ['mi:nus] *n* deficit
Mischfinanzierung ['mɪʃfinantsi:ruŋ] *f* mixed financing

Main spoken emphasis is indicated

Mischkalkulation ['mɪʃkalkulatsjo:n] *f* compensatory pricing
Mischzoll ['mɪʃtsɔl] *m* mixed tariff
Misfit-Analyse ['mɪsfɪtana'ly:zə] *f* misfit analysis

The gender of German nouns is given

Missbrauch ['mɪsbraux] *m* improper use
missbrauchen [mɪs'brauxən] *v* abuse; *(falsch gebrauchen)* misuse

Irregular verbs are marked

misslingen ['mɪslɪŋən] *v irr* fail, to be a failure
Misswirtschaft ['mɪsvɪrtʃaft] *f* misma-nagement
mit getrennter Post [mɪt gə'trɛntər 'pɔst] under separate cover
Mitarbeit ['mɪtarbaɪt] *f* collaboration

Arabic numerals separate different meanings of a headword

Mitarbeiter(in) ['mɪtarbaɪtɐ(rɪn)] *m/f* **1.** coworker; **2.** *(Angestellte(r))* emplo-yee; **3.** *(an Projekt)* collaborator; **4.** *freie(r)* ~ freelancer

A swung dash replaces the headword

Mitarbeiterbeurteilung ['mɪtarbaɪtər-bəurtaɪluŋ] *f* performance appraisal
Mitarbeitergespräch ['mɪtarbaɪtərgə-ʃprɛ:ç] *n* employee interview
Mitbegründer(in) ['mɪtbəgryndɐ(rɪn)] *m/f* cofounder
mitbestimmen ['mɪtbəʃtɪmən] *v* share in a decision
Mitbestimmung ['mɪtbəʃtɪmuŋ] *f* codetermination, workers' participation
Mitbewerber(in) ['mɪtbəvɛrbɐ(rɪn)] *m/f* other applicant, competitor
Mitglied ['mɪtgli:t] *n* member
Mitgliedschaft ['mɪtgli:tʃaft] *f* mem-bership
Mitinhaber(in) ['mɪtinha:bɐ(rɪn)] *m/f* co-owner
Mitläufereffekt ['mɪtlɔyfərɛfɛkt] *m* bandwagon effect
Mitteilungspflicht ['mɪtaɪluŋspflɪçt] *f* obligation to furnish information